Código Penal

Biblioteca de Textos Legales

Código Penal

LEY ORGÁNICA 10/1995, DE 23 DE NOVIEMBRE

Edición preparada por
ENRIQUE GIMBERNAT ORDEIG
Catedrático de Derecho Penal
de la Universidad Complutense de Madrid

con la colaboración de
ESTEBAN MESTRE DELGADO
Catedrático de Derecho Penal
de la Universidad de Alcalá

DECIMOSEXTA EDICIÓN

tecnos

1.ª edición, 1995
2.ª edición, 1996
3.ª edición, 1997
4.ª edición, 1998
5.ª edición, 1999
6.ª edición, 2000
7.ª edición, 2001
8.ª edición, 2002
9.ª edición, enero de 2004
10.ª edición, septiembre de 2004
1.ª reimpresión, octubre de 2004
2.ª reimpresión, febrero de 2005
11.ª edición, septiembre de 2005
12.ª edición, 2006
13.ª edición, 2007
14.ª edición, 2008
15.ª edición, 2009
16.ª edición, 2010

Diseño de cubierta de J. M. Domínguez y J. Sánchez Cuenca

Juan Ignacio Luca de Tena, 15 - 28027 Madrid
ISBN: 978-84-309-5092-8
Depósito Legal: B-29.871-2010

Printed in Spain. Impreso en España por Novoprint

ÍNDICE SISTEMÁTICO

APÉNDICES

PRÓLOGO A LA DECIMOSEXTA EDICIÓN

La presente edición del Código Penal incorpora la importantísima reforma del texto legal introducida por la Ley Orgánica 5/2010, de 22 de junio, por la que modifica la Ley Orgánica 10/1995, de 23 de noviembre, del Código Penal (*BOE* n.º 152, de 23 de junio), incluyendo, además, como Apéndice 9, la Ley Orgánica 2/2010, de 3 de marzo, de Salud Sexual y Reproductiva y de la Interrupción Voluntaria del Embarazo, que supone un cambio radical en la regulación penal del aborto, sustituyéndose el hasta ahora vigente sistema de las indicaciones por un sistema mixto de plazo y de indicaciones.

Como la reforma del Código Penal no entrará en vigor hasta el 23 de diciembre del presente año, en el texto del Código figura el articulado tal como va a quedar redactado por la Ley Orgánica 5/2010, recogiéndose de manera destacada en las notas a pie de página los viejos artículos que seguirán vigentes hasta el 22 de diciembre. De esta manera se le ofrece al usuario del presente Código Penal una obra que puede utilizar indistintamente tanto antes como después de la entrada en vigor de la reforma introducida por la Ley Orgánica 5/2010.

Nuestro interés en que el lector pueda disponer cuanto antes del nuevo texto del Código Penal, así como la magnitud de la reforma, me ha inclinado a dejar para otra ocasión una valoración crítica de esta nueva modificación del Código. De todas maneras, y para un primer y apresurado balance crítico de la reforma, remito al lector a mis artículos «La insoportable gravedad del Código Penal» y «La secularización del Derecho y el aborto», ambos publicados en mi libro *Estado de Derecho y Ley Penal*, La Ley, Madrid, 2009.

Madrid, julio de 2010

ENRIQUE GIMBERNAT ORDEIG

PRÓLOGO A LA DECIMOCUARTA EDICIÓN

I

Entre la anterior edición y la presente, el Código Penal ha sido modificado por la Ley Orgánica 13/2007, de 19 de noviembre, para la persecución extraterritorial del tráfico ilegal o la inmigración clandestina de personas, y por la Ley Orgánica 15/2007, de 30 de noviembre, por la que se modifica la Ley Orgánica 10/1995, de 23 de noviembre, del Código Penal en materia de seguridad vial. Esta última establece toda una serie de presunciones *iuris et de iure* —para transformar los delitos de peligro concreto en otros de peligro abstracto—, por lo que se refiere a las milimétricas tasas de alcohol de los conductores y al número exacto de kilómetros de más sobre la velocidad permitida que deben concurrir para que entren en juego diversos tipos penales, y convierte el comportamiento hasta ahora sólo administrativamente ilícito de conducción sin permiso en uno criminalmente típico, constituyendo todo ello un ejemplo poco ejemplar, como diría mi maestro Quintano Ripollés, de ese «expansionismo del Derecho penal» que se inicia imparablemente con el Código Penal de 1995.

II

Pero en este Prólogo quiero ocuparme fundamentalmente de la sentencia del TC 59/2008, de 14 de mayo, que ha considerado conforme a la Constitución el artículo 153.1 CP, con lo que es previsible que también va a desestimar las cuestiones de inconstitucionalidad formuladas respecto de los arts. 148.4.º, 171.4 y 172.2 CP.

La Ley Orgánica 1/2004, de 28 de diciembre, de Medidas de Protección Integral contra la Violencia de Género (LVG) —aprobada por el Parlamento español tanto con los votos de socialistas como de populares—, establece, en su artículo 1 que «[l]a presente Ley tiene por objeto actuar contra la violencia que, como manifestación de la discriminación, la situación de desigualdad y las relaciones de poder de los hombres sobre las mujeres, se ejerce sobre éstas por parte de quienes sean o hayan sido sus cónyuges o de quienes estén o hayan estado ligados a ellas por relaciones similares de afectividad, aun sin convivencia». De acuerdo con este dogma de fe del feminismo, en su versión fundamentalista, de que *cualquier* vía de hecho, por muy leve que sea, constituye *siempre* una manifestación de machismo, los artículos 33 y siguientes LVG imponen una pena superior a *idénticas conductas* —lesiones, coacciones y amenazas—, en función de si han sido ejecutadas por una persona perteneciente al sexo masculino o al femenino.

La sentencia del Tribunal Constitucional 59/2008, de 14 de mayo, resolviendo una cuestión de inconstitucionalidad, planteada por el Juzgado de lo Penal número 4 de Murcia, en relación con el artículo 153.1 del Código Penal, en el que se castigan más gravemente las lesiones leves causadas por un hombre sobre una mujer («cuando [ésta] sea o haya sido esposa, o mujer que haya estado ligada a él [al autor] por una análoga relación de afectividad aun sin convivencia») que las provocadas por ésta contra un hombre (que sea o haya sido su pareja sentimental), ha resuelto, por una mayoría de siete votos contra cinco, que ese precepto no es contrario a la Constitución Española. De los cinco magistrados discrepantes de la sentencia mayoritaria, cuatro de ellos han formulado votos particulares, no pudiendo hacerlo el quinto (García-Calvo), ya que falleció antes de poder redactarlo. Diversos Juzgados de lo Penal y Audiencias Provinciales han planteado también ulteriores cuestiones de inconstitucionalidad en referencia a los artículos 148.4.º (lesiones menos graves), 171.4 (amenazas leves) y 172.2 (coacciones leves) CP, en los que también se establece una pena mayor para el autor-hombre, que es o ha sido pareja de la mujer ofendida, que para la mujer que realiza la misma conducta sobre su pareja o ex pareja masculina. A la vista de que el TC ha considerado constitucional el artículo 153.1 CP en su sentencia 59/2008, es prácticamente seguro que, con los mismos argumentos con los que se ha fundamentado esa constitucionalidad del artículo 153.1 CP, las cuestiones de inconstitucionalidad formuladas respecto de los artículos 148.4.º, 171.4 y 172.2 —todos ellos introducidos por la LVG— igualmente serán desestimadas.

La sentencia del TC 59/2008 considera que el artículo 153.1 CP no vulnera el artículo 14 CE («Los españoles son iguales ante la ley, sin que pueda prevalecer discriminación alguna por razón de nacimiento, raza, *sexo*, religión, opinión o cualquier otra condición o circunstancia personal o social») porque, aunque reconoce que es cierto que el principio de igualdad «exige que los supuestos de hecho iguales sean tratados idénticamente en sus consecuencias jurídicas», dicho principio no resulta lesionado cuando se introducen diferencias en el tratamiento de los supuestos de hecho en el caso de que exista «una suficiente justificación de tal diferencia», siendo necesario, en tal caso, «acreditar el carácter justificado de la diferenciación». Esta diferenciación que justificaría el distinto trato penal que reciben en el artículo 153.1 CP las lesiones causadas por un hombre sobre una mujer frente a las que inflinge ésta sobre aquél, dentro del marco de una relación sentimental actual o pretérita, encuentra su explicación, según el TC, en que «atenta de modo intolerable [contra la igualdad] cierta forma de violencia del varón hacia la mujer que es o fue su pareja: no hay forma más grave de minusvaloración que la que se manifiesta con el uso de la violencia con la finalidad de coartar al otro su más esencial autonomía en su ámbito más personal y de negar su igual e inalienable dignidad», debiendo señalarse que la diferencia de pena encontraría, además, «razón justificativa en la mayor necesidad de protección de determinados bienes de mujeres en relación con determinadas conductas delictivas», necesidad que se mostraría por «las altísimas cifras en torno a la frecuencia de una grave criminalidad que tiene por víctima a la mujer y por agente a la persona que es o fue su pareja [...], frecuencia [que] constituye un primer aval de razonabilidad de la estrategia penal del legislador de tratar de compensar esta lesividad con la mayor prevención que puede procurar una elevación de la pena».

De lo expuesto hasta ahora se desprende que el TC avala la constitucionalidad del artículo 153.1 sobre la base de dos clases de consideraciones: en primer lugar de que, en efecto, serían más graves las vías de hecho ejercidas por el hombre sobre su pareja o ex pareja femenina porque considera que la mayor penalidad prevista para el autor masculino cumpliría el «objetivo» de «combatir el origen de un abominable tipo de violencia que se genera en un contexto de desigualdad»; y, en segundo lugar, de las «altísimas cifras» de agresiones reconducibles a la violencia machista que se insertarían en «ciertos parámetros de desigualdad tan arraigados como generadores de graves consecuencias».

Esta sentencia del Tribunal Constitucional debe ser rechazada porque, regresivamente, lesiona principios esenciales del Estado de Derecho y del Derecho penal democrático.

Si un marido, después de veinte años de pacífico y feliz matrimonio, da un tirón de orejas a su mujer o un empujón o le propina una colleja, al enterarse de que ésta ha arruinado irreversiblemente el patrimonio familiar, jugado a la ruleta en el casino de Torrelodones, o al llegar a su conocimiento que durante los últimos años la esposa ha estado abusando sexualmente del hijo común, *naturalmente que debe responder por una falta de lesiones* —aunque castigar esa conducta como delito, y no como falta, infringe el principio de proporcionalidad de las penas—; pero mantener que tal conducta debe ser agravada porque la agresión *obedece siempre*, tal como mantienen la LVG y el TC, a una «manifestación de la discriminación, la situación de desigualdad y las relaciones de poder de los hombres sobre las mujeres», es querer hacernos comulgar con ruedas de molino: porque si es la mujer la que reacciona con el tirón de orejas, el empujón o la colleja frente al marido ludópata o incestuoso, y el origen de aquella agresión masculina hay que reconducirla en *todos los casos* a la violencia machista, entonces la agresión de la mujer sería un comportamiento que no tendría explicación causal —ya que, obviamente, no puede estar generada por un conceptualmente inimaginable machismo femenino—, lo que está en contradicción con el principio científico de que todo efecto —en este caso la agresión femenina— alguna causa tiene que tener, causa que, en estos casos, es, en efecto, muy fácil de encontrar para quien no tenga el raciocinio nublado por el fundamentalismo feminista: la indignación, *que en ningún caso puede justificar la impunidad*, pero que no tiene nada que ver con una prepotencia masculina, que a uno de los cónyuges —sea masculino o femenino— le ha provocado la sorpresa de que está casado o casada con un cónyuge ludópata o sexualmente pervertido. Por lo demás, la teoría que subyace en el artículo 153.1 CP de que *cualquier* vía de hecho ejecutada por un hombre sobre una mujer tiene su origen en una relación de desigualdad entra en el terreno de lo esperpéntico en el caso de que el marido sea un liliputiense que empuja a una esposa que mide 1,85 metros y que, encima, es cinturón negro de judo, marido a quien, según la LVG y el TC, habría que aplicarle, no obstante, e indefectiblemente, ese tipo agravado del Código Penal.

Por supuesto, que esas agresiones leves del tirón de orejas, del empujón o de la colleja pueden ser reconducidas muchas veces a la violencia machista de, por ejemplo, un marido celópata que empuja en una ocasión a su mujer aprovechándose de su superioridad. Pero, como cualquier otra circunstancia de agravación —en este caso: la de la violencia machista—, su concurrencia no puede presuponerse, sino que debe ser acreditada en el juicio oral, por lo que es inconstitucional un precepto como el del artículo 153.1 CP —avalado sin ninguna clase de reservas interpretativas en la sentencia del TC— que, *indiscriminadamente, y prescindiendo de las particularidades del caso concreto*, establezca la presunción —que no admite prueba en contrario— de que cualquier vía de hecho ejercitada por un varón sobre su pareja o ex pareja femenina constituye siempre, y de ahí la diferencia de penalidad, una «manifestación de la discriminación, la situación de desigualdad y las relaciones de poder de los hombres sobre las mujeres».

Ciertamente que la violencia machista podría ser combatida por el Derecho penal introduciendo una pena agravada cuando el delito sea una manifestación de aquélla, de la misma manera que combate la xenofobia con la agravante 4.ª del artículo 22 —«cometer el hecho *por motivos* racistas»—, ya que se trata de una ideología que, en sus manifestaciones más radicales, ha servido de base para respaldar el genocidio de millones de víctimas entre, por ejemplo, las poblaciones judías, armenias o ruandesas. Pero no siempre que la víctima pertenezca a una raza distinta de la del agresor puede entrar en juego la agravante del artículo 22.4.ª, ya que «la apreciación de una agravante genérica o específica, sin prueba alguna que la sustente, vulnera la presunción de inocencia» (sentencia del Tribunal Supremo de 4 de noviembre de 2003). Y así, por ejemplo, si un delincuente tiene decidido previamente atracar un banco matando al cajero y, una vez que ha entrado en el local, percibe que ese cajero es una persona de color, y dispara contra él, matándola, en ese robo homicida no concurre la agravante de «motivos racistas»: porque el ladrón, que no tiene por qué tener una ideología ultraderechista de carácter nazi, no ha matado al cajero porque fuera negro, sino simplemente porque era el cajero.

Como primera conclusión puede retenerse ya que, en contra de lo que mantiene el TC, el artículo 153.1 CP lesiona, efectivamente, el principio de igualdad, porque ese precepto *no hace depender su aplicación de que las vías de hecho que en él se tipifican sean reconducibles a una motivación machista*, de manera que, en el caso de que esa motivación no concurra en la conducta del varón, está sancionando con penas más graves conductas idénticas según que hayan sido ejecutadas por un hombre o por una mujer.

La segunda objeción que hay que formular a la sentencia del TC es que, además del principio de igualdad, y como ha podido deducirse ya de lo que he expuesto hasta ahora, vulnera también el de la responsabilidad penal personal, como derivación de la dignidad de la persona (art. 10.1 CE), entendida aquélla en el sentido de que al autor sólo se le puede imputar aquello que efectivamente ha ejecutado y no lo que hayan podido ejecutar otras personas.

Cuando el TC, en consonancia con la LVG y con su Exposición de Motivos, trata de justificar el distinto tratamiento de las vías de hecho realizadas dentro de una relación presente o pasada de pareja, en función de si han sido ejecutadas por un hombre o por una mujer, apelando a «las altísimas cifras» de agresiones de carácter machista y a que las conductas tipificadas en el artículo 153.1 CP tienen el «significado objetivo» de «reproducción de un arraigado modelo agresivo de conducta contra la mujer por parte del varón en el ámbito de la pareja», ya que «se insertan en ciertos parámetros de desigualdad tan arraigados como generadores de graves consecuencias», es decir: apelando a que *otros* hombres ejercen actualmente la violencia machista y a que *muchos de nuestros antepasados masculinos* contribuyeron a generar esos arraigados parámetros de desigualdad, el Tribunal, con ello, alejándose de la responsabilidad penal personal, se está aproximando a la *Sippenhaftung* (responsabilidad por la estirpe) del Derecho germánico medieval. Según esa *Sippenhaftung*, la responsabilidad de quien había cometido un delito se extendería también a su estirpe (tribus, parientes), aunque estos últimos no hubieran tenido nada que ver con el hecho criminal, viniendo caracterizada esta responsabilidad medieval, por consiguiente, por que los parientes responden, no por lo que han hecho, sino por lo que ha ejecutado *otra persona* que pertenece a la misma estirpe. Por ello, cuando se trata de justificar la superior pena del artículo 153.1 CP, argumentando con que muchos de nuestros antepasados masculinos han contribuido a arraigar un «modelo agresivo de conducta contra la mujer por parte del varón en el ámbito de la pareja», o con que actualmente existen «altísimas cifras» de violencia machista, y que, por ello, no es el *precepto común* de las vías de hecho, sino el *agravado* del artículo 153.1 el que debe ser aplicado a cualquier varón que lesione levemente a su mujer, independientemente de que la agresión —como en los ejemplos de la esposa ludópata o incestuosa, o del marido de escasa altura casado con la judoka cinturón negro— no sea reconducible a machismo de clase alguna, a esos autores no se les está haciendo responder por lo que han hecho personalmente, sino *por pertenecer a la estirpe «hombre»,* donde, efectivamente, existen «altísimas cifras» de autores que han ejercido y que ejercen la violencia sobre sus parejas o ex parejas femeninas de forma prepotente y abusando de una realmente existente situación de desigualdad.

En el Prólogo a la décima edición de este Código Penal —que sigo reproduciendo en esta edición—, y cuando la Ley contra la Violencia de Género era sólo un Proyecto, ya anticipaba algunas de las ideas que en este nuevo Prólogo reitero y amplío al hilo de la sentencia del TC 59/2008, ideas que encontraron el repudio de algunas feministas, como el de la directora del Instituto Andaluz de la Mujer, tal como se recoge en una nota a pie de página de ese Prólogo a la décima edición.

El filósofo polaco Leszek Kolakowski, en su libro *El hombre sin alternativa*[1], escribe, en referencia al marxismo realmente existente en los entonces países socialistas, donde la doctrina marxista se establecía por los aparatos políticos de los correspondientes Partidos Comunistas, y, predominantemente, por el de la Unión Soviética, que «[l]a palabra "marxismo" no significa, en absoluto, una doctrina que venga determinada por su contenido, sino una doctrina que viene determinada de manera exclusivamente formal, y siempre según el correspondiente decreto de una institución infalible», añadiendo: «En 1945 el único pensamiento marxista sobre Hegel se limitaba a la afirmación de que era un chovinista alemán, un apologista de la guerra, un enemigo de los pueblos eslavos y un precursor del fascismo», mientras que «en 1954 se le valoraba como un sobresaliente dialéctico e idealista que había desempeñado un gran papel en la construcción de la filosofía marxista», con lo que Kolakowski llegaba a la conclusión de que «[l]a palabra "marxista" no designa a una persona que posee una u otra concepción del mundo con un contenido perfilado, sino a una persona con una determinada actitud espiritual caracterizada por que acepta las concepciones que son confirmadas por la autoridad; desde este punto de vista, carece de importancia qué contenido actual posee el marxismo: uno deviene marxista si se declara dispuesto a aceptar, de caso en caso, el contenido que presente la autoridad».

Pido disculpas por esta larga cita. Pero encuentro un paralelo entre esa definición del marxismo imperante en los países socialistas de

---

[1] *Der Mensch ohne Alternative. Von der Möglichkeit und Unmöglichkeit Marxist zu sein*, Múnich, 1960. Las citas que se recogen a continuación figuran en las pp. 8 y 19 de ese libro.

entonces y la actitud actual del feminismo integrista cuando se ponen en cuestión algunos de sus postulados u ocurrencias de turno. Independientemente de su contenido, cualquiera de esos postulados u ocurrencias sería «progresista» por la simple y única razón de que constituyen en ese momento la doctrina oficial aprobada por las autoridades feministas, y cualquier crítica que se formule a aquéllos convierte al opositor en un retrógrado, cuando no en un machista. Frente a ello hay que decir que, para quienes no creemos en ninguna clase de «institución infalible», lo determinante no es *quién* lo dice, sino *qué* es lo que se dice, y que, como sucede con el artículo 153.1 CP, no puede ser progresista un precepto penal que vulnera los principios de igualdad y de responsabilidad penal personal.

Madrid, julio de 2008

ENRIQUE GIMBERNAT ORDEIG

PRÓLOGO A LA DÉCIMA EDICIÓN

I

La presente edición incorpora al texto del Código Penal las numerosas reformas introducidas por la Ley Orgánica 15/2003, de 25 de noviembre, por la que se modifica la Ley Orgánica 10/1995, de 23 de noviembre, del Código Penal, que entra en vigor el 1 de octubre de 2004.

La modificación de las cuantías —y la conversión de éstas de pesetas en euros—, y la reforma o innovación de algunas consecuencias punitivas —rebaja de seis a tres meses del límite mínimo de la pena privativa de libertad, ampliación del límite máximo de las penas de alejamiento y de no aproximación a la víctima, y de la privación del derecho a la tenencia de armas, supresión del arresto de fin de semana, introducción de la pena de localización permanente—, traen consigo que muchos artículos del Código Penal, de los casi doscientos afectados por la Ley Orgánica 15/2003, se hayan visto alterados, no en la definición de las conductas delictivas, sino sólo en aquellas cuantías o en la nueva pena que ahora se impone.

La dimensión de la reforma es la que explica que los preparadores de esta edición hayamos considerado conveniente incluir, en un Apéndice 1, el texto de todos los artículos derogados por la Ley Orgánica 15/2003. En primer lugar, para que el intérprete, teniendo a la vista también los artículos derogados, y para los hechos cometidos con anterioridad al 1 de octubre de 2004, pueda disponer de los datos necesarios para decidir qué precepto o preceptos, por ser más favorables, deben ser aplicados: si aquellos que acaban de entrar en vigor o los que han dejado de estarlo. Y, en segundo lugar, para que, comparando los viejos con los nuevos artículos, pueda precisar el contenido y el alcance de esta nueva reforma del Código Penal.

II

Entre los años sesenta y ochenta del siglo pasado se inicia en Occidente, y especialmente en Europa, un movimiento *descriminaliza-*

dor, impulsado por partidos de izquierda, y por juristas y organizaciones de carácter progresista (entre ellas, las feministas), que consiguen que desaparezcan de los Códigos Penales, en gran medida, conductas delictivas que figuraban en ellos desde el siglo XIX. A ese movimiento hay que reconducir la despenalización —en algunos casos sólo parcial— del aborto, de la propaganda y venta de productos anticonceptivos, del adulterio, del estupro, del escándalo público —y, consiguientemente, de la elaboración y comercialización de pornografía de adultos entre personas adultas también—, de la homosexualidad y del incesto entre parejas mayores de edad, o del consumo de drogas.

Pero a partir de los años noventa del siglo XX la tendencia se invierte: los llamados «nuevos gestores de la moral colectiva» (véase sobre ellos el decisivo libro de Silva *La expansión del Derecho penal. Aspectos de la política criminal en las sociedades postindustriales*, 2.ª ed., 2001, pp. 66 ss.), es decir: asociaciones como las feministas, pacifistas o antixenófobas, se convierten en grupos de presión que pretenden —y en muchos casos consiguen— la consagración legislativa de sus postulados, acudiendo precisamente a la *criminalización* o, en su caso, cuando el comportamiento está ya previamente tipificado, al *endurecimiento* de las sanciones, prescindiendo muchas veces de si ello es compatible o no con los principios básicos que deberían informar la legislación penal en un Estado de Derecho.

Ciertamente que todo ello ha adquirido ahora actualidad con motivo del Proyecto socialista de Ley integral contra la violencia de género, recientemente aprobado por el Consejo de Ministros, en el que se elevan de faltas a delitos las amenazas y coacciones *leves* ejercidas por los hombres contra las mujeres; pero ese Proyecto no es más que un ulterior eslabón —de momento, el último— de una cadena de modificaciones previas del Código Penal, propugnadas por los movimientos feministas, e introducidas en los últimos años —casi siempre con el consenso entre los Partidos Popular y Socialista—, que, en lo que sigue, paso a exponer y a criticar.

Entre las novedades introducidas por la Ley Orgánica 11/2003, de 29 de septiembre, figura el desplazamiento del delito de malos tratos habituales desde el Título III del Libro II («De las lesiones») del Código Penal, donde hasta entonces figuraba en su artículo 153, al artículo 173.2 del Título VII («De las torturas y *otros delitos contra la integridad moral*»). Sin embargo, no todos los casos de violencia doméstica lesionan el bien jurídico de la integridad moral, sino sólo algunas modalidades de aquélla, a saber: cuando mediante un (mal)trato se provoca «una humillación o sensación de envilecimiento que alcance un nivel determinado» (sentencia del TC 65/1986, de 22 de mayo).

Como dentro de los malos tratos en el ámbito familiar se puede establecer una graduación entre aquellos que consistan en meros ataques a la integridad física y a la salud de los sujetos pasivos, y aquellos otros —más graves— que además supongan una especial humillación para la víctima —sólo entonces se lesionaría el ulterior bien jurídico de la integridad moral—, la inclusión indiscriminada de todos estos delitos en el Título VII del Libro II —tal como hace la Ley Orgánica 11/2003— equipara hechos *desiguales* e impide, con ello, un tratamiento justo y diferenciado: porque no son lo mismo los malos tratos que sólo afectan a la integridad física, y que tendrían que ser castigados como lo que realmente son, es decir: como un delito de lesiones, que aquellos otros en los que, además, se humilla y envilece a la víctima, los cuales, por afectar a dos bienes jurídicos distintos, deberían ser reprimidos, en concurso ideal, además de como dicho delito de lesiones, también por otro contra la integridad moral.

Teniendo en cuenta que la mayoría de los casos de violencia doméstica tienen como sujeto activo a un hombre y como sujeto pasivo a una mujer, aunque también pueden producirse —y de hecho se producen—, dentro del marco de relaciones de pareja heterosexuales, por autoras del sexo femenino sobre personas del masculino, y, en las homosexuales, por mujeres sobre mujeres y por hombres sobre hombres, el mensaje implícito del nuevo artículo 173.2 —que se aplicará casi exclusivamente a las agresiones ejecutadas por autores del sexo masculino contra víctimas del femenino— es que, en contra de toda evidencia, y en contra de lo que enseña cualquier elemental aproximación a la realidad social, las agresiones de hombres sobre mujeres persiguen siempre vulnerar la integridad moral de éstas. Ese mensaje implícito se ha convertido en explícito en el Proyecto de Ley Orgánica integral de medidas contra la violencia de género, que al elevar a delito, en sus artículos 29 y 30, las faltas de amenazas y de coacciones cometidas por hombres contra mujeres —y *sólo* por hombres contra mujeres—, establece, con una presunción que no admite prueba en contrario, en su artículo 1.º, que la «violencia ejercida sobre las mujeres» se utiliza *siempre* «como instrumento para mantener la discriminación, la desigualdad y las relaciones de poder de los hombres sobre las mujeres». Este postulado del feminismo radical, que, como en su día el nacionalcatolicismo, pretende imponer sus principios al resto de la población no-creyente, por la vía coactiva del Derecho penal, sólo puede defenderse desde un fundamentalismo que, precisamente porque lo es, se niega a ver una realidad que simplemente se coge con las manos: porque la mayoría de las amenazas y coacciones leves ejercidas por un hombre sobre una mujer dentro de una relación de pareja no tienen nada que ver con un «instrumento para mantener la discriminación, la desigualdad y las relaciones de poder de los hombres sobre las mujeres», sino que obedecen a motivos tan pedestres como sobre a qué colegio debe llevarse a los hijos o a cómo reaccionar frente a sus eventuales malas notas escolares, a cuestiones de economía doméstica —«querida: tenemos dificultades para pagar la hipoteca, y, como no reduzcas gastos, te vas a enterar de lo que vale un peine»—, a discusiones sobre materias políticas o religiosas, o a si hay que pasar las vacaciones en la playa o en la montaña.

Cuando se pretende explicar —y ésa es, en efecto, la única explicación plausible— por qué la conducta de dar un *único* empujón a la pareja se ha transformado de falta en un delito de lesiones, y que la pena prevista para ese comportamiento puede ser la de siete meses a un año de prisión (art. 133, introducido por Ley Orgánica 11/2003, de 29 de septiembre), y que una *única* coacción leve del hombre sobre su pareja femenina va a ser castigada con prisión de seis meses a un año (art. 30 del Proyecto contra la violencia de género), con el argumento de que esas acciones aisladas constituyen un indicio de que en el futuro el autor puede cometer ulteriores actos de violencia o de coacciones, los principios que con todo ello se están llevando a la práctica son los mismos que, en su día, inspiraron la Ley de Vagos y Maleantes y, su sucesora, la de Peligrosidad y Rehabilitación Social, que aplicaban medidas de seguridad predelictuales privativas de libertad sobre la base, no del hecho cometido, sino de los que el autor —por su «estado peligroso»— podía llegar a cometer. La única diferencia entre esas reformas, vigentes ya o proyectadas, del Código Penal y aquellas funestas leyes reside en que en éstas el «estado peligroso» —es decir: la consagración del autoritario «Derecho penal de autor» frente al «Derecho penal de hecho» democrático— desencadenaba una medida de seguridad predelictual y que el Código Penal presente y el futuro operan y operarán con una exasperación de la pena convirtiendo, además, lo que siempre ha sido una falta en un delito; pero la filosofía subyacente es la misma: al autor no se le castiga por lo que ha hecho, sino por lo que, sin haberlo hecho, tal vez pudiera hacer.

Las protestas feministas ante la doctrina establecida por el Tribunal Supremo (que no hacía sino aplicar el Código Penal entonces vigente, ateniéndose en su interpretación, como es preceptivo, al principio de legalidad) de que introducir con violencia o intimidación un dedo por la vagina no era constitutivo de un delito de violación, sino de una agresión sexual que podía ser penada con la considerable pena de prisión de siete a diez años (art. 178 en relación con el 180), han surtido su efecto en el legislador: de acuerdo con el nuevo artículo 179, modificado por la Ley Orgánica 15/2003, a partir de ahora también se considerará violación la introducción en la vagina de miembros corporales —como los dedos— distintos del pene. Pero basta describir las características que concurren en un comportamiento y en otro para comprender en qué consiste su distinta gravedad y para rechazar, también, esta reforma: con la penetración con el pene la mujer corre el riesgo de quedarse embarazada y de contraer enfermedades tan graves como el sida, obligándosela, además, a mantener una *relación sexual completa*, mientras que en la introducción de un dedo no se da ninguna de esas circunstancias, por lo que esa equiparación penal de ambos comportamientos debería desaparecer de nuestra legislación.

La prostitución, como tal, no constituye delito alguno en el Código Penal, que sólo castiga a los *terceros* que cooperan con aquélla cuando es ejercida por menores de edad o incapaces, o por mayores de edad sometidos a violencia, intimidación o engaño. Pero el nuevo artículo 188, introducido por la Ley Orgánica 11/2003, tipifica ahora también la conducta de quien se lucra de la prostitución ajena practicada libremente por personas adultas. Como la mayoría de las personas que ejercen ese oficio son mujeres, este retroceso a la legislación anterior a 1995 sólo puede entenderse como una plasmación de la idea de que la prostitución es una actividad degradante que convierte a la mujer en un mero objeto para la satisfacción sexual de los hombres, y que, por consiguiente, hay que castigar penalmente a quien coopera con ella. Pero frente a esta idea hay que decir que uno de los principios básicos del Derecho penal democrático es que, en el ámbito de la sexualidad, la intervención punitiva sólo está justificada cuando se trata de acciones cometidas contra menores (que no pueden manifestar un consentimiento válido) o cuando, si se trata de un mayor de edad, no actúa espontáneamente porque aquél se ha prestado bajo coacción, que el Estado no es quién para tutelar a una persona adulta que, libremente, puede hacer con su cuerpo lo que le venga en gana —también, y por supuesto, convertirse en una mujer-objeto que se dedica a la prostitución—, y disponer de sus ganancias también como le plazca, y que es una perversión del Derecho penal pretender imponer principios morales —sean de la religión católica o de la ideología feminista— no compartidos por esa persona adulta y responsable, criminalizando a su entorno: la forma de vida que han decidido llevar libremente un hombre y una mujer mayores de edad debe ser respetada por todos: también por los nuevos gestores de la moral colectiva. Por todo ello, esta ampliación de los delitos relativos a la prostitución debe ser derogada.

En la mayoría de los procesos de separación legal y de divorcio la guarda y custodia de los hijos es atribuida a la madre, recayendo sobre el padre y marido, o ex marido, la obligación de pagar una pensión alimenticia. El vigente Código Penal, en su artículo 227, castiga como delito a «el que dejare de pagar durante dos meses consecutivos o cuatro meses no consecutivos cualquier tipo de prestación económica a favor de su cónyuge o de sus hijos», pero, en virtud de la Ley Orgánica 15/2003, a partir del 1 de octubre de 2004 el nuevo artículo 618.2 también va a hacer responder penalmente a quien, sin realizar la conducta tipificada en ese artículo 227, «incumpliere obligaciones familiares establecidas en convenio judicialmente aprobado o resolución judicial» en los supuestos de separación o divorcio. Esta innovación también debe ser rechazada: porque sentar en el banquillo de los acusados a un padre o marido, o ex marido, que, en lugar de pagar la pensión alimenticia, tal como ha sido acordado, dentro de los cinco primeros días del mes, la abona cuatro días más tarde, o que infringe el régimen de visitas en una ocasión, y no va a recoger a sus hijos el fin de semana que le corresponde, supone criminalizar cualquier incumplimiento civil, por muy insignificante que sea, poner a disposición del cónyuge separado, o, en su caso, de su ex cónyuge, un instrumento de chantaje respaldado por el Estado, e introducir un factor de tensión en las a menudo, y ya de por sí, conflictivas relaciones postmatrimoniales, impidiendo que éstas discurran, dentro de lo posible, en el marco de un clima de diálogo y de mutuas concesiones en beneficio del superior interés de los hijos comunes.

Las agresiones dentro del marco de la vida de parejas o de ex parejas —además de con políticas de carácter educativo— pueden y deben ser combatidas, como acertadamente ha hecho el legislador español, con medidas *preventivas* como la de alejamiento y de no aproximación o comunicación con la víctima previstas en el nuevo artículo 544 bis LECrim, introducido por Ley Orgánica 14/1999, de 9 de junio, o con la orden de protección de las víctimas de la violencia doméstica, regulada en la Ley 27/2003, de 31 de julio, y, naturalmente, con los tipos penales *represivos* que siempre han existido en el Código penal del homicidio, el asesinato, las lesiones, o las amenazas y coacciones.

El movimiento feminista ha dado origen a la mayor revolución del siglo XX, y a él le corresponde el mérito gigantesco de haber cambiado las condiciones de vida de las mujeres para conseguir —aunque todavía queda mucho por hacer— su equiparación social y profesional con los hombres. Pero ni siquiera esa aportación que ha abierto una nueva época de la Humanidad le legitima para entrar en el ámbito del Derecho penal como un elefante en una cacharrería.

Madrid, septiembre de 2004

ENRIQUE GIMBERNAT ORDEIG *

* Con motivo de este prólogo a la décima edición, la directora del Instituto Andaluz de la Mujer ha dirigido una carta de protesta al director general de Editorial Tecnos que reproduzco a continuación (las cursivas figuran en el texto original). Igualmente reproduzco mi contestación a la referida carta:

Junta de Andalucía
Consejería para la Igualdad y Bienestar Social
Instituto Andaluz de la Mujer

D. Manuel González Moreno
Director General
Editorial Tecnos (Grupo Anaya)
Juan Ignacio Luca de Tena, 15
28027 Madrid

13 de abril de 2005 [con fecha de salida de 5 de mayo]

Estimado Sr. González:
Ante el Instituto Andaluz de la Mujer ha llegado denuncia relativa a las ideas vertidas por el Profesor D. Enrique Gimbernat Ordeig en el prólogo de la décima edición del Código Penal de 1995, anotada y concordada, y que también incorpora las modificaciones introducidas por la Ley Orgánica 15/2003, de 25 de noviembre, que entró en vigor el pasado 1 de octubre de 2004.
Al hilo de estas incorporaciones y actualizaciones del texto legal de referencia, el mencionado profesor emite una serie de juicios de valor en relación a la violencia de géne-

ro que van más allá del derecho de libertad de expresión, pues vulneran el principio constitucional de igualdad entre mujeres y hombres y suponen un grave atentado contra la dignidad humana.

La alarma social ante las referidas valoraciones es justificada pues nos encontramos ante un manual de uso académico y, por ende, orientado a un público joven más fácilmente influenciable y porque estas opiniones claramente sexistas y vejatorias para las mujeres se incorporan en el prólogo del libro y están invitando, desde él, a realizar una lectura sesgada de las modificaciones incorporadas.

Que la editorial Tecnos asuma este prólogo y lo incorpore a su edición supone aceptar como publicidad del texto que edita afirmaciones del siguiente tenor donde nos invita a considerar el ejercicio de la violencia contra las mujeres como actos leves y cotidianos que han de ser asumidos con naturalidad: *la mayoría de las amenazas y coacciones leves ejercidas por un hombre sobre una mujer dentro de una relación de pareja nada tienen que ver con un «instrumento para mantener la discriminación, la desigualdad y las relaciones de poder de los hombres sobre las mujeres», sino que obedecen a motivos tan pedestres sobre a qué colegio debe llevarse a los hijos o a cómo reaccionar frente a sus eventuales malas notas escolares, a cuestiones de economía doméstica —«querida: tenemos dificultades para pagar la hipoteca, y, como no reduzcas gastos, te vas a enterar de lo que vale un peine»— ...*

Más adelante se lamenta de que *la conducta de dar un único empujón a la pareja* se haya transformado de falta en un delito de lesiones. En general, argumenta sus apreciaciones considerando los postulados del feminismo como *radicales, que entran en el ámbito del Derecho penal como un elefante en una cacharrería*, para acabar *identificando el feminismo con el nacionalcatolicismo*.

Difundir tales apreciaciones cuando sabemos muy bien lo que representa la lacra de la violencia de género en nuestra sociedad, gravedad abordada en el marco legal de la recientemente aprobada Ley Orgánica 1/2004 de Medidas de Protección Integral contra la violencia de género, dice poco a favor de la editorial que las ampara. Es más, dado el carácter publicitario que asume todo prólogo, su consideración queda dentro de lo establecido en el capítulo II, artículos 10 y siguientes, de la mencionada Ley.

Ruego, por todo ello, sea revisado en la línea mencionada el prólogo del profesor Gimbernat.

Le informo, asimismo, de que se trasladará copia de este escrito al Observatorio contra la Violencia de Género, sin perjuicio de seguir cuantas actuaciones sean necesarias en la medida en que siga publicitándose esta edición a través del prólogo denunciado.

Atentamente,

DIRECTORA DEL IAM
ANA SOLEDAD RUIZ SEGUÍN

Sra. Ana Soledad Ruiz Seguín
Directora del Instituto Andaluz de la Mujer
Alfonso XII, 52
41002 SEVILLA

Muy señora mía:

Con la exigencia que expresa en su carta de 13 de abril de 2005, dirigida a don Manuel González Moreno, director general de Editorial Tecnos, de que «sea revisado en la línea mencionada [por Ruiz Seguín] el prólogo del profesor Gimbernat», no sólo intenta usted

PRÓLOGO A LA NOVENA EDICIÓN

I

La presente edición se ofrece —además de con los correspondientes Apéndices, a los que se ha añadido un Apéndice 2, en el que se recoge la Ley de Indulto, y, naturalmente, con la puesta al día de las referencias legislativas que figuran en las notas a pie de página— con las últimas modificaciones que se han incorporado al Código Penal.

Como la reforma más importante y extensa del Código es la que se introduce por la Ley Orgánica 15/2003, de 25 de noviembre, pero ésta no entrará en vigor hasta el 1 de octubre de 2004, y, por consiguiente, todavía no es Derecho vigente, su texto íntegro se recoge en el Apéndice 1, a fin de que el lector pueda informarse ya del cambio profundo que va a experimentar el Código Penal dentro de unos pocos meses. En cualquier caso, en el texto todavía vigente del Código Penal —y para que se pueda tener una idea precisa de la situación transitoria en la que nos encontramos— se ha especificado, en notas a pie de página, cuáles son aquellos artículos que van a ser objeto de una más o menos importante modificación a partir de octubre de 2004.

II

Los atentados del 11 de septiembre de 2001 han tenido como consecuencia, en el campo del Derecho internacional, la guerra de agresión a Irak, a pesar de que, según la sentencia de 1 de octubre de 1946 del Tribunal Internacional de Nuremberg, por la que se condenó a Hermann Göring y a otros grandes criminales nazis, «el desencadenamiento de una guerra de agresión es el más grave de los crímenes internacionales, que sólo se distingue de otros crímenes de guerra en que incluye y acumula todos los horrores de los otros crímenes».

Y en el campo del Derecho penal, Guantánamo. Es decir: la prisión preventiva indefinida y al margen de todo control judicial, la tortura de los detenidos, la negación de sus derechos a no declarar, a no confesarse culpables y a informarles de los cargos que se les imputan, la ausencia de asistencia letrada, y, cuando termine ese infierno, su sometimiento a tribunales militares de excepción ante los que se desarrollarán juicios secretos carentes de cualquier clase de publicidad. Es decir: la regresión, de casi trescientos años, a un Derecho penal anterior a Cesare Beccaria.

III

Desgraciadamente, tampoco España se ha sustraído, en su represión penal del terrorismo, a la renuncia a principios fundamentales de la Constitución y del Derecho penal democrático.

1. La pena de cuarenta años de prisión efectiva que ahora prevé el Código Penal para la delincuencia terrorista, introducida por el Partido Popular, con el apoyo del Partido Socialista, por la Ley Orgánica 7/2003, supone subir un peldaño más en la de treinta años, también efectivos, que había establecido ya el CP 1995. Que esa pena es inconstitucional lo había señalado ya en mi «Prólogo» a la segunda edición de este texto (en su apartado II.1). No tengo espacio para —ni ganas de— explicar lo obvio: que con treinta o cuarenta años por delante de prisión efectiva al delincuente se le priva de su derecho constitucional a ser reeducado y reinsertado socialmente.

Con esta finalidad de la pena privativa de libertad de estar orientada a la «reeducación y reinserción social» (art. 25.1 CE) tampoco tiene nada que ver el requisito que el nuevo artículo 90 introduce, para que el delincuente terrorista pueda acceder a la libertad condicional, de que colabore con las autoridades, suministrando información, en la lucha contra las bandas armadas. ¿Qué tendrá que ver una cosa con la otra?: es perfectamente compatible hallarse socialmente reinsertado, estar dispuesto a llevar una vida honesta alejado del crimen, querer incorporarse, como facultativo, en un lejano rincón de África, a, digamos, «Médico sin fronteras», y, sin embargo, negarse a colaborar —por miedo, o por razones bien o mal entendidas de conciencia— para la detención de otros miembros de una organización que ahora tal vez detesta.

2. El artículo 93.3 establece que el delincuente terrorista que ha accedido a la libertad condicional, si ésta le es revocada, «cumplirá el tiempo que reste de cumplimiento de condena con *pérdida del tiempo pasado en libertad condicional*». Lo que significa que si con una condena de treinta años, por ejemplo, se obtiene la libertad condicional después de veintisiete años, y a los dos años de estar en esa situación al penado se le revoca ese beneficio, *la pena que finalmente tendrá que cumplir será de treinta y dos años,* ya que la libertad condicional no es más que una modalidad de ejecución de la pena privativa de libertad (art. 72.1 LOGP). Pero, como la pena de treinta años que realmente se le ha impuesto ha sido decretada por una sentencia *firme*, es simplemente un atentado contra el principio de la «cosa juzgada» que un juez de vigilancia pueda elevar en dos años, sin que se haya celebrado un nuevo juicio, la extensión de la pena privativa de libertad con la que le sancionó el único órgano judicial que tenía competencia para hacerlo: el tribunal sentenciador.

3. La Disposición Transitoria única de la Ley Orgánica 7/2003, de 30 de junio, establece que las restricciones que, frente al Derecho hasta entonces vigente, prevé esa Ley para la concesión de beneficios penitenciarios, «será[n] aplicable[s] a las decisiones que se adopten sobre dichas materias desde su entrada en vigor, con *independencia del momento de comisión de los hechos delictivos o de la fecha de la resolución en virtud de la cual se esté cumpliendo la pena*». De acuerdo con esa Disposición, por consiguiente, los mucho mayores obstáculos que a partir de ahora existen para acceder a la libertad condicional y a la clasificación o progresión al tercer grado penitenciario rigen también con relación a aquellos delitos que se cometieron y se juzgaron con anterioridad a la entrada en vigor de la Ley Orgánica 7/2003. Sin embargo, y como aquí estamos ante normas de carácter sancionador, y éstas no pueden tener efectos retroactivos cuando perjudican al destinatario de las mismas, tal como establece el artículo 25.1 CE, y ha desarrollado el Tribunal Constitucional, de ahí que esa Disposición Transitoria sea inequívocamente inconstitucional y deba ser considerada, en consecuencia, como no vigente.

IV

Por último, la Ley Orgánica 20/2003, de 23 de diciembre, que, entre otros preceptos, ha introducido en el Código Penal el artículo 506 bis, que castiga la convocatoria de consultas populares por vía de referéndum por quien careciera de competencia para ello, debe ser sometida a las siguientes objeciones:

1. En primer lugar, que un texto de la importancia del Código Penal, que impone la consecuencia más grave que conoce el ordenamiento jurídico, como lo es la pena, cuyo supuesto más paradigmático es el de la privación de libertad, y precisamente por ello, no debe modificarse sin período de reflexión alguna y sorpresivamente, y mucho menos aún sin ser sometido al preceptivo dictamen del Consejo General del Poder Judicial.

2. En segundo lugar, que a la legislación penal, a no ser que con ella se trate de abordar fenómenos nuevos, como lo puede ser el de la manipulación genética, difícilmente, si es que realmente son merecedoras de pena, se le puede haber escapado la tipificación de conductas susceptibles de ser consideradas delictivas. Y ello es, efectivamente, lo que sucede en el presente caso, donde la convocatoria de elecciones o de consultas populares por vía de referéndum, que se tipifica en el nuevo artículo 506 bis, ya está prevista como hecho punible, pues o bien constituye un delito de usurpación de atribuciones del vigente artículo 506, o uno de prevaricación del artículo 404, ya que, según la unánime doctrina del Tribunal Supremo, es siempre una «resolución arbitraria» aquella que se dicta por quien carece de absoluta competencia para hacerlo, independientemente de que, desde el punto de vista del Derecho administrativo, tales convocatorias serían siempre nulas de pleno derecho.

3. Finalmente, la pena prevista en el nuevo artículo 506 bis es manifiestamente desproporcionada, porque si la conspiración para una rebelión, es decir: para un *levantamiento armado* destinado a «declarar la independencia de una parte del territorio nacional» se castiga con una sanción que puede ir de tres años y tres meses a siete años y medio de privación de libertad (art. 472.5.º en relación con los arts. 473 y 477 del Código Penal), difícilmente se puede justificar que la convocatoria de un referéndum, como el que pretende efectuar el lehendakari Ibarretxe, que ni siquiera está dirigido directamente a la secesión del País Vasco, ni en el que mucho menos sea imaginable que se esté preparando el uso de la fuerza, merezca ser reprimida con prisión de tres a cinco años.

V

Hace ya unos cuantos años que en los países democráticos —no sólo en España— los políticos descubrieron que en el Derecho penal —más precisamente: que en el *endurecimiento* del Derecho penal— había una gran cantera de votos. Corren malos tiempos.

Madrid, enero de 2004

ENRIQUE GIMBERNAT ORDEIG

PRÓLOGO A LA QUINTA EDICIÓN

LA REFORMA DE LOS DELITOS SEXUALES

A partir de mediados de los años sesenta empieza a imponerse en la Europa democrática el criterio de que, en materias sexuales, el Derecho penal sólo debe intervenir en dos supuestos: en primer lugar, cuando una de las personas involucradas no acepta *libremente* el comportamiento carnal, bien porque se impone la conducta contra —ejerciendo violencia o intimidación— o sin el consentimiento de la víctima —que se encuentra inconsciente—, o bien cuando dicho consentimiento está viciado porque el autor se sirve de engaño o de una situación de superioridad para obtenerlo; y, en segundo lugar, cuando se actúa contra un niño.

De acuerdo con estos principios, el Derecho penal sexual occidental —también el español, a partir de la llegada de la democracia— entra en un radical proceso de reforma despenalizadora, desapareciendo de los Códigos —porque se trata de conductas ejercidas libremente entre adultos— los tradicionales delitos de adulterio y de amancebamiento, de homosexualidad, de comercialización de productos pornográficos, etc.

La reforma del Código Penal, por Ley Orgánica 11/1999, de 30 de abril, de los «delitos contra la libertad e indemnidad sexuales» rellena dos lagunas en referencia a la protección de la infancia que la torpeza o la imprevisión del legislador habían dejado sin cubrir en el CP 1995.

Como el Código anterior sólo castigaba incondicionalmente —es decir: aunque se practicaran con su «consentimiento»— las acciones sexuales ejercidas sobre menores de doce años, y como la jurisprudencia del Tribunal Supremo (TS), para reprimir adecuadamente los abusos cometidos con niños de doce y de trece años, acudía al tipo de la corrupción de menores, la supresión por el CP 1995 de este delito dejó desamparados —a pesar de que todavía se encontraban en una edad infantil— a los sujetos pasivos que tenían tales edades, desamparo que se puso de manifiesto espectacularmente cuando el TS en 1996, al aplicar por primera vez el nuevo Código, tuvo que anular la condena de cuatro años y nueve meses de prisión impuesta a un padre por la Audiencia Provincial de Madrid, por la desaparecida corrupción de menores, que «acariciaba y besaba los senos y los órganos genitales de una hija suya de doce años de edad, llegando incluso en alguna ocasión a introducir los dedos en éstos», dictando una nueva e inevitable sentencia en la que —respetando, como no podía ser de otra manera, el principio de legalidad— se sancionaba al autor solamente con una irrisoria pena pecuniaria.

La torpeza del legislador de 1995, que no previó qué alcance tenía la supresión sin sustitutivo alguno de la corrupción de menores, ha sido enmendada por la Ley Orgánica 11/1999, que, al elevar la protección sexual incondicional del menor hasta abarcar a los que tienen una edad de doce años, va a permitir imponer ahora, en cualquier supuesto semejante al enjuiciado en la referida sentencia de 1996, una pena de prisión de tres años (art. 181.2 en relación con el 180.1.3.ª y 4.ª), y, en el caso de que el abuso llegue al acceso carnal, una de hasta diez años de privación de libertad.

La pornografía infantil es un fenómeno delictivo *nuevo* que empieza a manifestarse masivamente a partir de finales de la década pasada, y que, por la imprevisión del legislador de 1995, no se supo abordar adecuadamente en la redacción del nuevo Código. Para subsanar dicha falta de previsión, la Ley Orgánica 11/1999 tipifica, por primera vez en nuestro Derecho, la comercialización de pornografía infantil —hasta ahora sólo era delito su elaboración—, habiendo sido rechazada en el Congreso de los Diputados, por la oposición de los parlamentarios del PSOE, una enmienda introducida en el Senado —y que contó posteriormente con el apoyo del PP, de IU y de CiU—, que preveía también castigar penalmente la adquisición de ese material pornográfico, conducta ésta que, en mi opinión, asimismo —y aunque sólo se hubiera sancionado con una pena simbólica— debería haberse incorporado al CP, por las razones que expongo a continuación.

En primer lugar, porque estamos ante un comportamiento estructuralmente semejante al clásico delito de la receptación —que se comete, por ejemplo, cuando se compran objetos robados con conocimiento de su ilicitud de origen—, ya que la razón por la cual esa conducta se considera punible reside, por una parte, en que el receptador ataca el mismo bien jurídico (la propiedad) que el delincuente originario, pues al adquirir la cosa sustraída perpetúa y agudiza la situación patrimonial antijurídica creada por el ladrón; y, por otra, en consideraciones de prevención general, ya que el perista supone un estímulo para que se cometan delitos contra la propiedad, en cuanto que —por acudir a un ejemplo característico— muchos robos de joyas no se cometerían si el autor no contara con que, *a posteriori,* iba a encontrar una persona que diera salida a las alhajas sustraídas. De la misma manera, el adquirente de pornografía infantil, por una parte y cada vez que pasa en el vídeo las imágenes reproducidas —a veces de menores de cinco o de seis años o, incluso, de bebés—, perpetúa el ataque a la libertad y a la dignidad de los niños que han sido grabados previamente; y, por otra parte, contribuye al mantenimiento y expansión de una nueva y degradante «industria» que tiene como objeto y presupuesto la comisión de gravísimos delitos sexuales contra niñas y niños, pues aquélla sólo puede desarrollarse sobre la base de que el material filmado va a generar beneficios, encontrando compradores.

En segundo lugar, porque el argumento que a veces se utiliza contra la opinión que aquí se mantiene, de que, igual que no constituye delito la adquisición de droga para el propio consumo, tampoco lo debería constituir la de pornografía infantil, carece de fuerza de convicción, ya que establece una equivocada analogía entre dos supuestos que nada tienen que ver entre sí. El bien jurídico protegido en los delitos de tráfico de drogas es el de la salud, y el titular de ese bien jurídico es el adquirente, por lo que carecería de cualquier clase de lógica politicocriminal que se pretendiera castigar precisamente a aquel a quien la legislación penal trata de amparar; además: como la vida y la integridad física son bienes disponibles por su titular, de ahí que un CP que no castiga ni el suicidio frustrado ni la automutilación, tampoco puede castigar, inconsecuentemente, la adquisición para el propio consumo de una sustancia que sólo potencialmente puede menoscabar la vida o la salud de quien legítima y libremente puede disponer de ellas. En cambio, el bien jurídico protegido en un eventual delito de adquisición de pornografía infantil no pertenece al comprador, sino a un tercero (por ejemplo, al bebé cuya libertad e indemnidad sexuales son brutalmente atropelladas por el productor pornográfico), por lo que, al contrario de lo que sucede con quien se procura droga, el adquirente no tiene ninguna legitimación para disponer de los intereses de un tercero; y, además y como ya he señalado y desde un punto de vista preventivogeneral: si la receptación está ahí y se justifica, entre otras razones, porque trata de dificultar la comisión de delitos patrimoniales al penalizar también a quien se beneficia de ellos, con mucho mayor motivo debería tipificarse la conducta de quien se aprovecha de la pornografía infantil, en cuanto que es más grave y ataca bienes jurídicos mucho más importantes el delito base de filmar a una niña o a un niño practicando una felación que el de hurtar una cosa a su legítimo propietario.

Termino como empecé: Un Derecho penal progresista sólo puede —pero en esos casos: debe— intervenir para proteger de la imposición de comportamientos sexuales contra o sin el consentimiento de la víctima, o cuando se ejecutan sobre niñas o niños. Por ello, y en la medida en que se han cubierto lagunas legales en relación con la protección sexual de la infancia, la reciente reforma supone un avance frente a la regulación del Código Penal de 1995.

Madrid, junio de 1999

ENRIQUE GIMBERNAT ORDEIG

PRÓLOGO A LA TERCERA EDICIÓN

LA FUTURA PRIMERA REFORMA DEL CÓDIGO PENAL DE 1995

«El acusado [...], desde mayo de 1995 y con cada vez más frecuencia, acariciaba y besaba los senos y los órganos genitales de una hija suya de doce años de edad, llegando incluso en alguna ocasión a introducirle los dedos en éstos.» La resolución de la Audiencia Provincial de Madrid que, *mientras todavía regía el ya derogado Código Penal (CP 73)*, había calificado ese supuesto de hecho de un delito de corrupción de menores del antiguo artículo 452 bis b).1, imponiendo al autor la pena de cuatro años, nueve meses y once días de prisión, ha sido anulada por el Tribunal Supremo (TS), en su sentencia de 16 de septiembre de 1996 [Aranzadi (A.) 6843], *dictada después de la entrada en vigor del nuevo CP (CP 95)*, que tiene efectos retroactivos en lo favorable para el reo, sancionando ahora al padre *con una simple pena de multa* como responsable de un abuso sexual del artículo 181.3 CP 95.

El delito del antiguo artículo 452 bis b).1 que la Audiencia había imputado al padre se distinguía de un esporádico abuso o agresión sexuales en que, como consecuencia de la realización de aquél, la menor resultaba corrompida, quedando afectada «una faceta tan importante de la personalidad de la menor, comprometiendo la evolución y desarrollo de su personalidad» (sentencia del TS de 21 de abril de 1995, A. 3533). Sin embargo, y dado que el CP 95 ha decidido suprimir la corrupción de menores, ello ha hecho imposible que el TS pudiera confirmar la sentencia de la Audiencia, ya que, obviamente, no se puede aplicar un tipo penal que ha dejado de existir. Como los hechos tampoco se podían calificar de prostitución —entre otras razones, porque, para conseguir que la niña consintiera en los actos sexuales perpetrados, el padre se prevaleció de la situación de superioridad inherente a la relación que existe entre un progenitor y una niña de tan corta edad, pero no pagó contraprestación económica alguna—, de ahí que el TS no haya tenido más salida que castigar ahora al padre por un mero abuso sexual con una pena pecuniaria que, a la vista de la enorme gravedad de los hechos cometidos, constituye una sanción que, por su insignificancia, simplemente clama al cielo.

Como consecuencia de esta sentencia del TS en la que se aplica estrictamente lo dispuesto en el CP 95, en el Congreso de los Diputados se aprobó en noviembre de 1996, *por unanimidad*, una proposición no de ley en la que se solicitaba al Gobierno que «se tipifique el delito específico de corrupción de menores»: que seis meses después de la entrada en vigor del CP 95 los mismos grupos que lo habían aprobado propongan ahora reintroducir lo que acababa de ser suprimido constituye un política legislativa de pon y quita, de quita y pon, desconocida, por lo que alcanzo a ver, en la historia parlamentaria española.

La supresión de la corrupción de menores no es más que una muestra de otras regulaciones técnica y politicocriminalmente defectuosas, de las que el nuevo Código está plagado, y que condicionarán en el futuro, en la medida en que aquéllas vayan siendo puestas de manifiesto por la jurisprudencia o por la doctrina, ulteriores reformas para remediar los numerosos desaguisados cometidos. De ellas elijo sólo dos ejemplos más, que expongo a continuación.

En la regulación de la injuria, el CP 95, en su artículo 208.3, se aparta de lo regulado tanto en el CP 73, como en los anteriores Proyectos y Anteproyectos del CP, y establece la *exceptio veritatis* en ese delito cuando se manifiesta como *imputación de hechos:* «Las injurias que consistan en la imputación de hechos no se considerarán graves, *salvo cuando se hayan llevado a cabo con conocimiento de su falsedad o temerario desprecio de la verdad.*» Contra esta regulación hay que objetar dos cosas.

En primer lugar, que se introduce un concepto («temerario desprecio») prácticamente desconocido en la terminología juridicopenal española: si ese concepto equivale a dolo eventual o, en su caso, a imprudencia consciente —que son los títulos de imputación con los que hasta ahora se había operado—, así se debería haber especificado expresamente por el CP 95 para evitar el desconcierto y la inseguridad para la práctica y para la ciencia sobre lo que se ha querido decir con esos nuevos términos; y si se trata de una nueva «forma de culpabilidad» a intercalar entre el dolo eventual y la imprudencia consciente, cuyo límite no se ha podido establecer nítidamente después de más de un siglo de discusión, lo único que faltaba ya era añadir un nuevo título de imputación para perder toda esperanza de que esta difícil materia pueda llegar a aclararse algún día.

Por otra parte, que las injurias tengan como elemento del tipo la falsedad de los hechos imputados supone que, por ejemplo y a partir de ahora, impunemente y por todos los medios de comunicación imaginables, se pueda propagar de un pacífico y particular ciudadano y de su esposa que aquél es un cornudo ya que ésta ha mantenido relaciones sexuales con todos los jugadores del equipo de baloncesto local. Pues, si esa afirmación se ajusta a los hechos, la conducta del difamador no constituirá un delito de injurias, ya que no se ha aseverado nada «con conocimiento de su *falsedad*», sino que, por el contrario, sólo se han expresado hechos rigurosamente ciertos; y, si la afirmación no se corresponde con la verdad, difícilmente el marido o la mujer van a acudir a la justicia penal para obtener una reparación, ya que, como la falsedad de lo imputado es un elemento del tipo, éste tiene que quedar acreditado, por lo que, para demostrarlo, habría que hacer pasar a los querellantes por la humillante diligencia de que se recibiera declaración a todos los baloncestistas del lugar para preguntarles si la relación de éstos con la esposa difamada había consistido solamente en una hermosa amistad, o en algo más.

La nueva configuración de la injuria en el artículo 208.3 CP 95 supone, por todo ello, una carta blanca para que se pueda entrar a saco en la intimidad y en el honor de los ciudadanos, a los que el CP 95 deja desamparados, porque, si el hecho desacreditador que se afirma es verdad, entonces no constituye delito de injurias, y porque si es mentira ello tendría que ser demostrado en un procedimiento penal degradante y, por ello, prácticamente inexigible e inviable.

En Derecho penal se distingue entre actos preparatorios y ejecutivos, caracterizándose los primeros por que se realizan en un momento muy alejado aún de la consumación del delito (se compra una navaja para matar a un tercero); y los segundos, por que se llevan a cabo inmediatamente antes de lo que debería ser la lesión del bien jurídico (se intenta ya apuñalar a otro y éste consigue evitarlo). La doctrina española estaba de acuerdo en que *determinados* actos preparatorios (conspiración, proposición y provocación), dentro de los cuales se incluía la inducción frustrada, deberían castigarse, por la ausencia de un peligro inmediato y a diferencia de lo que sucedía en el CP 73, *sólo* cuando lo eran de un delito muy grave. A pesar de ello, el CP 95, en contra de esa opinión mayoritaria y sin que se haya dado ninguna explicación politicocriminalmente plausible de por qué se ha hecho así, ha decidido eliminar como delito la inducción frustrada —que la jurisprudencia del Tribunal Supremo incluía unánimemente en la provocación (art. 4.3 CP 73, art. 18.1 CP 95)— cuando se realiza *directamente* de palabra sobre el provocado, reservando para la provocación punible *únicamente* la incitación al delito a través de los medios de comunicación; por consiguiente, y a partir de la entrada en vigor del nuevo CP, ya no se puede castigar, porque ha dejado de ser delito si el provocado por cualquier circunstancia decide no ejecutar el hecho, a quien, por ejemplo, paga a unos sicarios para que maten a una anciana (sancionado todavía como provocación en la sentencia del TS de 21 de marzo de 1986, A. 1678), ni a quien ordena a otros ejecutar un atentado contra la vida de un miembro de las Fuerzas de Seguridad del Estado (considerado, bajo la vigencia del CP derogado, igualmente una provocación por la sentencia de 22 de septiembre de 1987, A. 6618).

El CP 95 es en su mayor parte una copia literal del Proyecto de 1980 (modificado a su vez, en algunos aspectos puntuales, por el Anteproyecto de 1983). Pero esa recepción masiva debería haberse efectuado teniendo en cuenta que algunas de las circunstancias entonces vigentes se habían modificado con el transcurso del tiempo. Y, así, cuando el Anteproyecto de 1983 decidió suprimir la corrupción de menores ello se hizo porque, en ocasiones, una jurisprudencia conservadora estaba utilizando esa figura delictiva para amenazar la libertad de expresión considerando punible, por ejemplo, la difusión entre niños de obras de educación sexual (caso *Libro rojo del cole*). Pero en 1995, y desde hacía diez años, los Tribunales habían pasado a aplicar la corrupción *única y exclusivamente* a graves agresiones sexuales no violentas contra niños, especialmente en la franja de doce y trece años, con penetración o sin ella, como en el caso de la sentencia de 16 de septiembre de 1996 al que me refería al comienzo de este prólogo.

Por lo demás, y a diferencia de los textos prelegislativos anteriores, incluyendo el Proyecto de 1992, que no quisieron dar por cerrada ninguna cuestión que fuera técnicamente discutida o discutible, a fin de no perturbar el progreso de la jurisprudencia y de la doctrina, los desconocidos redactores del Proyecto que ha servido de base al CP 95 —incapaces, por otra parte, de poner en pie un texto alternativo de Código Penal— han agotado su ingenio en meter la pluma para introducir, de acuerdo con sus particulares y minoritarias opiniones, cambios súbitos que, como la supresión como delito de la inducción frustrada o la pintoresca nueva regulación de la injuria, no habían sido madurados, en cuanto que no venían precedidos de una discusión previa en la que se hubiera llegado a una conclusión unánimemente aceptable y aceptada.

Como consecuencia de esta actitud sectaria, de la que se podrían exponer muchos otros ejemplos, se ha desperdiciado —y dilapidado— en un año lo que el esfuerzo de *toda* la ciencia y de *toda* la jurisprudencia nacionales había aportado a lo largo de dieciséis años al proceso de reforma. España no se merecía este Código Penal.

Madrid, junio de 1997

ENRIQUE GIMBERNAT ORDEIG

PRÓLOGO A LA SEGUNDA EDICIÓN

El nuevo Código Penal (CP 95) debe ser sometido, entre otras, a las siguientes objeciones.

I. EL SECTARISMO DOCTRINAL

Sobre las manifestaciones de sectarismo que con frecuencia aparecen en el CP 95 sólo quiero mencionar las seis que expongo a continuación.

1. La comisión por omisión

El artículo 11 CP 95 regula la comisión por omisión optando por una determinada dirección que parece anclada en el Mezger de 1933 y en la entonces todavía dominante teoría del deber jurídico, desconoce la crisis por la que atraviesan las categorías doctrinales de la omisión impropia tanto en España como en Alemania[1], adopta el criterio de la injerencia a pesar de las críticas recientes y crecientes de las que está siendo objeto, y no tiene en cuenta las aportaciones de un importante sector de la doctrina española, ni, por supuesto, las del mayor especialista nacional de la omisión[2].

Por lo que se refiere al *fondo* de la regulación del artículo 11, hay que decir, en primer lugar, que ya que se adopta la teoría del deber jurídico, al menos se debería haber sido consecuente y prever también la *posibilidad de atenuación* —vinculada de forma prácticamente unánime, como su reverso, a aquella teoría— para la comisión por omisión. En segundo lugar, que el precepto es sumamente confuso, por-

---

[1] En ese país —que es precisamente donde se creó la teoría de la posición de garante como criterio de equivalencia entre la acción y la omisión (impropia)—, especialmente a partir de la monografía de Schünemann, *Grund und Grenzen der unechten Unterlassungsdelikte*, Göttingen, 1971.

[2] Cfr. las numerosas contribuciones de Silva Sánchez sobre el tema y, sobre todo, su libro *El delito de omisión. Concepto y sistema*, Barcelona, 1986.

que no se explica si la omisión se equipara a la acción siempre que concurran los supuestos *a*) y *b*) del artículo 11 CP 95, o si es preciso, *además*, que «según el sentido del texto de la Ley [la omisión] equivalga [...] a su causación [del resultado]». Y finalmente que, aunque en el artículo 11.*b*) se acoge el criterio de la injerencia como fundamentador de una omisión impropia, no obstante en el artículo 195.3 CP 95 al injerente causante (fortuita o imprudentemente) de un accidente se le hace responder inconsecuentemente, no por un delito consumado contra la vida o la integridad física en comisión por omisión —o por esos mismos delitos en grado de tentativa si la lesión del bien jurídico no llega a producirse—, sino por una omisión propia la cual, por consiguiente, según el artículo 195.3 CP 95, y diga lo que diga el artículo 11 del mismo texto legal, «no equivale a una acción»; y que, aunque en el artículo 11.*a*) CP 95 se afirma que la omisión equivale a una acción «cuando exista una específica obligación legal [...] de actuar», a pesar de ello y según el propio CP 95, al padre que, infringiendo su específica obligación legal, no impide que su hijo menor se prostituya, se le hace responder, en el artículo 189.2 CP 95, de una omisión propia sancionada con pena de multa y no, como se derivaría lógicamente del referido artículo 11.*a*), de un favorecimiento o facilitamiento de la prostitución en comisión por omisión del artículo 187.1 CP 95, castigadas con prisión de uno a cuatro años y multa.

A la vista de que es el *propio* CP 95 el que trata como omisiones propias a inactividades que, según lo previsto en los supuestos *a*) y *b*) del artículo 11, deberían constituir en principio comisiones por omisión, hay que deducir que, *según la voluntad objetiva de la ley* y conforme a una interpretación integradora y conjunta de *todo* el CP 95, el criterio de la posición de garante ni es decisivo ni tampoco exclusivo, y que, en consecuencia, a la omisión sólo se le podrá imputar el resultado cuando aquélla equivalga, de acuerdo también con el artículo 11, párrafo 1 —que es donde se encerraría el criterio legal determinante y abierto de equiparación—, y «según el sentido del texto de la Ley, a su causación», formulación ésta que debe ser interpretada estableciendo, primero, cuáles son los mecanismos que permiten atribuir una lesión típica concreta a *una acción*, y determinando, después, cuándo la omisión presenta lo que Silva denomina una «identidad estructural» con aquélla[3].

---

[3] He tratado de establecer esos criterios en mi artículo «Causalidad, omisión e imprudencia», *ADPCP*, 1994, fascículo III, pp. 25 ss.

2. La tentativa

El CP 95, de acuerdo en esto con los anteriores textos prelegislativos, suprime la referencia independizada y expresa que al llamado delito imposible hacía el artículo 52.2 del anterior Código Penal (CP 73), pero, y separándose de los anteriores Proyectos y Propuestas, introduce en la definición de la tentativa una nueva e inesperada exigencia de «objetivismo» en los actos ejecutivos [4], con la que aparentemente se trata de consagrar una *minoritaria* tesis doctrinal [5], según la cual sólo deberían ser punibles aquellos actos ejecutivos que constituyan un supuesto peligro de lesión para el bien jurídico.

Sin embargo, y como se debería saber, desde un punto de vista *estrictamente objetivo*, todas las tentativas son inidóneas, es decir: no peligrosas [6], ya que con un conocimiento completo (objetivo) de los hechos (saber ontológico) y de las leyes cientificonaturales que rigen los cursos causales (saber nomológico) solamente se podrían formular, nunca juicios de probabilidad (todos los juicios de probabilidad son subjetivos), sino únicamente de necesidad [7].

De adoptarse este criterio, y en consecuencia, no serían subsumibles en el artículo 16.1 CP 95 los comportamientos de intentar violar a una niña que fracasa por la desproporción entre los órganos genitales del hombre y de la víctima, de tratar de envenenar a una persona con el contenido que se cree letal de un frasco rotulado como de cianuro, y que, sin embargo y en realidad, sólo contiene sal, de pretender asesinar a otra persona con una bomba-lapa adosada a su vehículo, pero que tiene un pequeño defecto que le impide explosionar, o con una bomba en perfectas condiciones, que, no obstante, se activa un segundo después de que el conductor del automóvil fallezca a consecuencia de un infarto, o con una pistola que se encasquilla, o de realizar actos encaminados a practicar un aborto a una mujer de la que

---

[4] Artículo 16.1 CP 95: «Hay tentativa cuando el sujeto da principio a la ejecución del delito directamente por hechos exteriores, practicando todos o parte de los actos que *objetivamente* deberían producir el resultado, y sin embargo éste no se produce por causas independientes de la voluntad del autor.»

[5] Sobre el estado de la cuestión en la doctrina y en la jurisprudencia informa detalladamente González Cussac, «Principio de ofensividad, aplicación del Derecho y reforma penal», *PJ*, 28 (1992), pp. 10 ss.

[6] Sobre el concepto de peligro, cfr. Gimbernat, *Delitos cualificados por el resultado y causalidad,* Madrid, 1966 (hay reimpresión de 1990), pp. 19 ss.

[7] Si se cree en el libre albedrío, lo único que no estaría predeterminado de manera necesaria en el momento de los hechos sería el comportamiento humano.

se cree que está embarazada, sin estarlo, o de intentar un robo por el procedimiento del butrón que se frustra porque, a la vista del espesor de la pared y de los instrumentos que emplean los autores para forzarla, éstos no eran aptos para forzar aquélla: como en todos estos casos estaban predeterminados la desproporción de los órganos sexuales de autor y víctima, el contenido de sal en el frasco originariamente de cianuro, el defecto de la bomba, la enfermedad cardíaca de la víctima elegida y el momento en el que iba a desembocar en una crisis mortal, el encasquillamiento del arma, el no embarazo de la mujer, o la inidoneidad de los picos y de las palas para vencer la resistencia del muro, de ahí que, desde un punto de vista estrictamente objetivo, esos comportamientos de los autores no hayan supuesto ningún peligro para el bien jurídico, y de ahí también que, al no ser idóneos para «producir objetivamente el resultado», tampoco se podrían castigar como tentativa, por lo que, como tal tentativa, serían impunes.

Como esta interpretación de lo que sea «objetivo» no puede ser correcta, dado que llevaría a la inaplicabilidad de un precepto vigente del CP 95 (del art. 16), de ahí que aquel término deba ser interpretado en el siguiente sentido: cuando un *hombre medio* (objetivo), con el mismo desconocimiento parcial del autor —esto es: ignorando, por ejemplo, la desproporcionalidad de los órganos sexuales entre el violador y la niña, o el no embarazo de la mujer, o el defecto de la bomba— y con un conocimiento nomológico objetivo de las leyes de la naturaleza, hubiera llegado a la misma conclusión del sujeto activo de que el hecho exterior iba a lesionar el bien jurídico protegido, entonces estaremos ante «actos que objetivamente deberían producir el resultado», y, consiguientemente, ante el supuesto de hecho previsto en el artículo 16.1 CP 95; en cambio, si un hombre medio («objetivo»), situado en el lugar del autor y con el mismo conocimiento (más o menos amplio) de los hechos que el autor, *pero con un conocimiento objetivo de las leyes de la naturaleza*, llega a la conclusión de que el comportamiento no suponía ningún peligro de lesión para el bien jurídico, entonces estaremos ante un supuesto en el que los «actos objetivamente *no* deberían producir el resultado», y en el que serían impunes, por consiguiente, como tentativa, que es lo que sucede cuando el autor piensa que puede lesionar a otra persona por el procedimiento del vudú, o matar a un tercero arrojando su zapatilla a una sepultura, ya que aquí el peligro sólo puede estar en la cabeza (subjetiva) de ese autor *particular* que da por vigentes leyes de la naturaleza que, en la realidad, ni existen, ni nadie, objetivamente, piensa que tengan validez alguna.

De acuerdo con lo expuesto, la llamada imprecisamente «tentativa inidónea» (imprecisamente porque todas las tentativas son, por definición, inidóneas) seguiría siendo punible, y sólo quedaría al margen del artículo 16.1 CP 95 la «tentativa irreal o supersticiosa», con lo que se seguiría manteniendo la misma situación jurídica del CP 73[8].

3. La culpabilidad

Un importante sector de la doctrina española fundamenta la llamada «culpabilidad» no en la (según este sector, indemostrable) posibilidad del sujeto de haber podido o no actuar de otra manera, sino en la accesibilidad —vinculada a la presencia o ausencia de ciertas enfermedades o situaciones psíquicas o a determinadas circunstancias de hecho como, por ejemplo, el desconocimiento invencible de la prohibición penal— a la motivación por la norma penal[9].

A pesar de esta diversidad de opiniones realmente existente, el CP 95 toma posición, en el artículo 20.1.º, a favor de la tesis que establece el límite entre la culpabilidad y la inculpabilidad en el libre albedrío, olvidándose, no obstante, del importante detalle de indicar *cómo* se demuestra en el caso concreto si el autor tenía libertad para actuar o carecía de ella.

4. La legítima defensa

El artículo 8.º4.º1.º CP 73, al definir qué entendía por agresión ilegítima en la legítima defensa, establecía lo siguiente: «En caso de defensa de los bienes se reputará agresión ilegítima el ataque a los mismos

---

[8] Por lo que se refiere a aspectos estrictamente formales, el artículo 16.3, al regular el desistimiento de los partícipes, exige de éstos que «impidan o intenten impedir *seria, firme y decididamente* la consumación», redacción cuyo barroquismo de novela mala sólo se ve superado —por lo que alcanzo a ver y por lo que espero— por el artículo 155, párrafo 1.º, donde se habla del «consentimiento *válida, libre, espontánea y expresamente* emitido». No recuerdo haber leído nunca en un texto legal un torrente semejante de adverbios (por lo demás, prácticamente equivalentes), y que le descalifican estilísticamente, pues el rigor gramatical que exige un Código no se alcanza acarreando muchas palabras, sino seleccionando pocas, pero precisas.

[9] Sobre el estado de la cuestión en las doctrinas española y extranjera informa exhaustivamente Pérez Manzano, *Culpabilidad y prevención: Las teorías de la prevención general positiva y la fundamentación de la imputación objetiva y de la pena*, Madrid, 1990.

que constituya *delito* y los ponga en grave peligro de deterioro o pérdida inminentes; en caso de defensa de la morada o sus dependencias, se reputará agresión ilegítima la entrada indebida en aquélla o éstas.»

Tanto en la jurisprudencia como en la ciencia estaba plenamente vigente la polémica sobre si, en el caso de ataque a los bienes, el término «delito» que emplea el CP 73 había de entenderse en un *sentido amplio*, que abarcaría tanto a los delitos del Libro II como a las faltas del Libro III, o si, más bien, debía interpretarse en un *sentido estricto*, con lo que los ataques a la propiedad consistentes en faltas no hubieran podido rechazarse en legítima defensa, sino sólo en estado de necesidad, quedando entonces sometida la acción de defensa a los límites establecidos por el artículo 8.º7.º1.º de «que el mal causado no sea mayor que el que se trata de evitar».

El CP 95, también aquí, ha intentado acabar por decreto con una controversia viva, añadiendo la expresión «falta» al definir qué entiende por agresión ilegítima en los ataques a la propiedad («el ataque a los mismos que constituya delito *o falta*», art. 20.4.º1.º CP 95), y manteniendo íntegramente, en lo demás, el texto del artículo 8.º4.º1.º CP 73.

Sobre el texto del artículo 20.4.º1.º CP 95 hay que decir, en primer lugar, que con la intercalación del término «falta» la nueva regulación se convierte en una perogrullada, pues que la agresión contra *cualquier* bien jurídico, para poder fundamentar una legítima defensa, tiene que constituir por lo menos un delito o falta, es decir: una agresión *penalmente* antijurídica, es algo que se deduce, *a contrario*, de la definición legal de agresión ilegítima a la morada que sigue manteniendo el CP 95; ya que si en ésta se excluye, como fundamentadora de una legítima defensa, el *delito* de allanamiento de morada por omisión, con mayor motivo quedará excluido *cualquier* ataque a *cualquier* bien jurídico que no constituya ni siquiera un ilícito penal (sino, sólo y por ejemplo, un ilícito civil o mercantil). Y, en segundo lugar, que la definición de agresión ilegítima contra los bienes en el CP 73 *permitía* mantener la tesis —en mi opinión, correcta— de que quedaba excluida la legítima defensa frente a agresiones de bagatela en la propiedad (las constitutivas de falta), con lo que en el CP 73 quedaba abierta la puerta a las modernas «restricciones ético-sociales» al derecho de legítima defensa [10], tendencias que, parcial y regresivamente, el CP 95 parece querer despreciar.

---

[10] Sobre ellas cfr., por ejemplo, Baldó, *Estado de necesidad y legítima defensa*, Barcelona, 1994, pp. 321 ss.

5. EL ESTADO DE NECESIDAD

Sobre el estado de necesidad, y teniendo en cuenta que el artículo 8.º7.º CP 73 exigía, para la apreciación de la eximente, que se actuara «impulsado por un estado de necesidad», se discutía en la ciencia y en la jurisprudencia españolas si era preciso que el autor, además de conocer la situación objetiva de estado de necesidad, se comportara o no movido por el «elemento subjetivo de justificación» de querer salvaguardar el orden jurídico. Si se estima que el estado de necesidad requiere ese elemento subjetivo, entonces (y operando como ejemplo con el supuesto de hecho de la sentencia del Tribunal Supremo de 5 de diciembre de 1994) la eximente no podrá aplicarse al delito de colaboración con banda armada cometido por un intermediario en el secuestro de Emiliano Revilla, que interviene, no para salvaguardar la libertad y la vida de aquél, sino para obtener una contraprestación económica a cambio de sus servicios, mientras que si se mantiene que el móvil es irrelevante, entonces no habrá ningún obstáculo para eximir de responsabilidad criminal, dado que el estado de necesidad concurría objetivamente y que el intermediario era consciente de ello.

Inesperadamente, el artículo 20.5.º ha decidido suprimir de la eximente la frase: «*impulsado por* un estado de necesidad», manteniendo en todo lo demás, literalmente, el texto del artículo 8.º7.º CP 73, e introduciendo, así, un factor perturbador y parcial en la discusión aún sin decidir sobre la exigencia o no de elementos subjetivos de lo injusto, y todo ello en el preciso momento en que aquélla se había agudizado como consecuencia del enjuiciamiento de intermediarios en los secuestros de ETA y de la aparición de nada menos que dos monografías sobre el problema publicadas en los tres últimos años [11].

6. LA PARTICIPACIÓN DELICTIVA

El artículo 14 CP 73 disponía lo siguiente:

> Se consideran autores:
> 1.º Los que toman parte directa en la ejecución del hecho.

---

[11] Cfr. Sanz Morán, *Los elementos subjetivos de justificación*, Barcelona, 1993, y Valle Muñiz, *El elemento subjetivo de justificación y la graduación del injusto penal*, Barcelona, 1994.

2.º Los que fuerzan o inducen directamente a otros a ejecutarlo.
3.º Los que cooperan a la ejecución del hecho con un acto sin el cual no se hubiera efectuado.

Sobre cuál era el contenido del artículo 14, en general, y del artículo 14.1.º CP 73, en particular, se mantenían dos tesis distintas en la dogmática española[12].

Para la primera dirección, el artículo 14 CP 73 se debía interpretar en el sentido de que el «verdadero autor» o «autor en sentido estricto» era el descrito en el artículo 14.1.º, mientras que los que «inducen» (art. 14.2.º) o «cooperan necesariamente» (art. 14.3.º) no eran «verdaderos autores», sino únicamente partícipes a los que, mediante la ficción de «considerarles autores», se les equiparaba *—pero únicamente a efectos de punibilidad—* con el autor principal.

De acuerdo con una segunda teoría, «autor en sentido estricto» sería aquel cuya conducta era subsumible, sin más, en el correspondiente tipo penal, esto es: el que *hurtaba*, el que *falsificaba* o el que *violaba*, mientras que el artículo 14.1.º era una «causa de ampliación de la tipicidad» (como lo podían ser las de los n.os 2.º o 3.º del art. 14) aplicable a aquellos que, sin ser «autores en sentido estricto», no obstante intervenían en el hecho con actos ejecutivos.

El CP 95 se entromete nuevamente en una discusión científica abierta y en su artículo 28[13] toma posición descaradamente a favor de la primera tesis. A estos efectos, suprime en la definición del artículo 28 a los que «toman parte directa en la ejecución del hecho» del artículo 14.1.º CP 73, sustituyéndolos por «quienes realizan el hecho [...] conjuntamente», y afirmando de ellos que «*son*» autores, diferenciándoles así de los inductores y de los cooperadores necesarios del artículo 28.*a*) y *b*) CP 95, de los que dice que sólo «serán considerados autores».

Sin embargo, y a pesar de todos estos esfuerzos partidistas del legislador del CP 95, la situación no habrá cambiado en nada. Pues

---

[12] Sobre la polémica en torno al contenido del artículo 14.1.º CP 73 informa ampliamente Díaz y García Conlledo, *La autoría en Derecho penal*, Barcelona, 1991, pp. 488 ss., 708 ss.

[13] Que tiene el siguiente texto:

«Son autores quienes realizan el hecho por sí solos, conjuntamente o por medio de otro del que se sirven como instrumento.

»También serán considerados autores:

»*a*) Los que inducen directamente a otro u otros a ejecutarlo.

»*b*) Los que cooperan a su ejecución con un acto sin el cual no se habría efectuado.»

si A sujeta por la fuerza a una mujer mientras B yace con ella, por mucho que A y B hayan actuado *conjuntamente* y que ambos *sean*, por consiguiente y en el sentido del artículo 28 CP 95, autores, es evidente —por redundante— que sólo ha cumplido el tipo de «atentar con violencia contra la libertad sexual de otra persona mediante acceso carnal» (art. 178 en relación con el 179 CP 95) quien efectivamente ha «atentado contra la libertad sexual mediante acceso carnal»; y que quien ha aplicado fuerza sin tener acceso carnal ha realizado una conducta no subsumible en el tipo de violación, por lo que su responsabilidad —al contrario de lo que sucede con el autor en sentido estricto— sólo puede fundamentarse sobre la base de *poner en relación* el concreto delito con la «causa de ampliación de la tipicidad» del artículo 28, párrafo 1.º, CP 95 («conjuntamente»).

De todo lo expuesto se deriva que a partir de ahora el artículo 28 CP 95 contendrá *dos clases de autores asimilados*, a quienes se les equipara, a los puros efectos de penalidad, *pero sin serlo*, con el autor en sentido estricto: los autores asimilados de la «categoría A», que, sin cumplir el tipo —y de los que se predica, no obstante, que «son» autores—, realizan el hecho conjuntamente con el autor en sentido estricto, y los autores asimilados de la «categoría B», que inducen o cooperan necesariamente al hecho, y de los que se dice, esta vez correctamente —porque *tampoco* son autores en sentido estricto—, que, asimismo y a los únicos efectos de penalidad, deben ser «considerados» autores.

7. Recapitulación

Estos rasgos de sectarismo doctrinal no figuraban en ninguno de los textos prelegislativos anteriores (Proyecto de 1980, Propuesta de 1983, Proyecto de 1992), donde sus autores nunca quisieron —a pesar de que también habrían podido— cerrar legislativamente cuestiones sujetas a discusión. Así debería haber sucedido también con el CP 95, que se «ha llevado a cabo», según su Exposición de Motivos, «desde la idea, profundamente sentida, de que el Código Penal ha de ser de todos»; pero, aparentemente, se ha intentado imponer a un legislador accesible —y, tal vez, ingenuo— lo que no se había conseguido en la discusión doctrinal con la fuerza de convicción de los argumentos. Lo que sucede es que la ley tiene su propia lógica objetiva, independiente de la voluntad subjetiva de quien en concreto ha redactado un determinado precepto, y que, tal como he tratado de demostrar más arriba en referencia a algunas de estas manifestaciones sectarias, a veces se es tan torpe que, después de haberse quedado solo en la controversia científica, tampoco se consigue hacer prevalecer las propias ideas ni aun teniendo la posibilidad de influir nada menos que sobre el mismo legislador.

II. EL SUPUESTO PROGRESISMO DEL NUEVO CÓDIGO PENAL

El nivel de progresismo —progresismo que, según se ha querido trasmitir a la opinión pública, es una de las virtudes que adorna al CP 95— de un Código Penal se puede determinar por el sistema de penas que adopta, por su regulación de la eutanasia, por el grado de despenalización del aborto, por su mayor o menor respeto de la autonomía personal, y, finalmente y en el caso concreto de España, por el tratamiento que da al fenómeno de la insumisión. De la actitud del CP 95 ante estas cinco cuestiones definitorias de su ideología —no están todas las que son, pero sí son todas las que están— paso a ocuparme a continuación.

1. El sistema de penas

El CP 95, como todos los textos prelegislativos del Código penal, desde el Anteproyecto de 1979, ha suprimido de raíz la pena privativa de libertad inferior a los seis meses e intentado, en lo posible, evitar la de hasta dos años mediante la aplicación de la condena condicional, de los días-multa o del arresto de fin de semana. Y con razón, porque esas penas cortas privativas de libertad obligan al condenado a interrumpir —y tal vez a deteriorar irreversiblemente— su vida familiar y profesional, condicionan que difícilmente pueda ocultar ante sus hijos y otros allegados que ha sido estigmatizado como un delincuente, e imponen su ingreso en el mundo carcelario, quedando expuesto, con ello, al inicio o a la consolidación de su degradación personal.

Pero un sistema de penas progresista no puede limitarse a acabar con las penas cortas, sino que igualmente debe erradicar de su catálogo de sanciones las largas privativas de libertad, ya que criminológicamente está demostrado que un internamiento superior a los quince años causa al penado, irremediable e inconstitucionalmente, «daños irreversibles en su personalidad», conduciéndole a «su destrucción como ser social» [14]. El CP 95 no ha tenido inconveniente, sin embargo, en establecer estas sanciones aniquiladoras de la persona y frente al CP 73, en el que una pena de prisión difícilmente podía exceder de quince años de cumplimiento real, no sólo *endurece, de forma generalizada*, las penas privativas de libertad hasta ahora efectivamente aplicables, sino que introduce sanciones de hasta treinta años de duración *efectiva* (arts. 78 y 572.2 CP 95), que sólo pueden encontrar un paralelo, por su brutalidad, en la cadena perpetua de los Códigos españoles del siglo pasado, y que deben ser rechazadas no sólo desde los principios de una política criminal mínimamente progresista y acorde con la Constitución, sino simplemente sobre la base de la más elemental humanidad.

2. La eutanasia

El artículo 409 CP 73, después de establecer que «el que prestare auxilio o induzca a otro para que se suicide será castigado con la pena de prisión menor», añadía, en su segundo inciso: «si se lo prestare hasta el punto de ejecutar él mismo la muerte será castigado con la pena de reclusión menor».

Esta regulación indiferenciada y genérica del homicidio consentido ha permitido en los últimos años formular a prácticamente la totalidad de los penalistas españoles que se habían ocupado de esa materia la tesis —que operaba para ello con la eximente del estado de necesidad y con algunos bienes constitucionales a salvaguardar, como la dignidad humana, el derecho al libre desarrollo de la personalidad o la prohibición de tratos inhumanos o degradantes— de que, de acuerdo con el Derecho hasta ahora vigente en España, habría que concluir que especialmente la eutanasia activa, esto es: la muerte producida con su consentimiento a un enfermo desahuciado, constituía un comportamiento *justificado* y, con ello, *impune* [15].

El CP 95, en su artículo 143.4 («El que causare o cooperare activamente con actos necesarios y directos a la muerte de otro, por la petición expresa, seria e inequívoca de éste, en el caso de que la víctima sufriera una enfermedad grave que conduciría necesariamente a su muerte, o que produjera graves padecimientos permanentes y

---

[14] Cfr., sólo, Mapelli/Terradillos, *Las consecuencias jurídicas del delito*, 3.ª ed., Madrid, 1996, pp. 69 ss.

[15] Sobre la discusión informa ampliamente Díaz Aranda, *Dogmática del suicidio y homicidio consentido*, Madrid, 1995, pp. 217 ss.

difíciles de soportar, será castigado con la pena inferior en uno o dos grados a las señaladas en los números 2 y 3 de este artículo»), toma posición frente a la eutanasia. Y en mala hora.

Pues la *despenalización*, como se deduce *a contrario* del artículo 143.4 CP 95 («el que causare o cooperare *activamente*»), de la llamada eutanasia *pasiva*, esto es: de la conducta de quien decide *no aplicar* técnicas médicas avanzadas para mantener con vida a un enfermo irreversible (casos Francisco Franco, Tito, Hiro-Hito), independientemente de que de hecho se practicaba y se practica en los hospitales españoles, e independientemente de que la doctrina española la había incluido de forma prácticamente unánime entre los supuestos que, de acuerdo *ya* con el Derecho vigente, estaban exentos de pena, ni supone, por ello, ningún progreso frente a la situación actual, ni va a encontrar tampoco objeción alguna entre los sectores más reaccionarios de la sociedad, pues incluso la Iglesia católica —la institución más reacia a la eutanasia— se ha manifestado en reiteradas ocasiones en el sentido de oponerse al llamado «encarnizamiento médico».

En cambio, y como reverso de la despenalización de la eutanasia pasiva, el CP 95 decide ahora castigar *expresamente* a la activa. Lo cual supone: por una parte, una regresión frente a la situación anterior, ya que, como acabo de indicar, la ciencia española había aportado argumentos muy sólidos para fundamentar que esa clase de «homicidio piadoso» era impune, sin que hasta ahora los tribunales hubieran tenido ocasión de pronunciarse sobre esa opinión doctrinal, opinión a la que ahora se le priva de muchos —¿o de todos?— sus argumentos ante la tipificación explícita de la eutanasia activa; y, por otra, supone también un acontecimiento legislativo insólito y desgraciado, pues en el Derecho comparado, o bien se castiga indiferenciadamente el homicidio consentido, intentando la doctrina más progresista —como en España— fundamentar que en el caso de la eutanasia la conducta es, no obstante, impune, o bien los esfuerzos se dirigen —con mayor o menor éxito— a conseguir una reforma legal que despenalice la eutanasia, pero, por lo que alcanzo a ver, hasta ahora ningún legislador había tenido la ocurrencia de describir expresamente los supuestos eutanásicos, no para descriminalizarlos, sino para declarar que son punibles, y haciendo creer, encima, que todo ello constituye un avance.

3. El aborto

El CP 95 *reafirma y consolida* la regulación de la interrupción del embarazo del CP 73, que sólo lo despenaliza en tres casos extremos, adoptando con ello una posición tan restrictiva que únicamente es comparable con la que rige en la archicatólica Irlanda, y despreciando, por consiguiente, la descriminalización absoluta del aborto practicado en los tres primeros meses del embarazo que constituye ya una *seña de identidad* —desde Italia hasta EEUU, pasando por Alemania o por Francia— de los Estados —estén o no gobernados por la izquierda— simplemente civilizados y demócratas. Frente a los que alegan que la ciencia ha demostrado que el óvulo fecundado tiene su propio código genético, que, por consiguiente, es ya un ser humano y que, por ello, su destrucción ha de ser considerada un «asesinato» (con lo que convierten en asesinos, igualmente, a las parejas que utilizan el DIU como método anticonceptivo y a los médicos que practican la fecundación *in vitro*), hay que responder: lo único que la ciencia establece es que a lo que se pone fin con un aborto es, en efecto, a un óvulo (en sus comienzos de tamaño microscópico) fecundado que tiene un código genético; pero que ello sea ya un ser humano, eso es un juicio de valor que, por definición, no puede ser resuelto por las ciencias de la naturaleza, las cuales, porque sólo describen, no tienen competencia ni autoridad alguna para valorar al objeto de su descripción. De todo ello se sigue que estamos ante un problema específicamente moral sobre el que es posible y legítimo mantener posiciones distintas y en el que, por consiguiente y en un Estado pluralista, nada se le ha perdido al Derecho penal.

4. El consentimiento en las lesiones

Desde 1983 el CP 73 eximía de responsabilidad penal, en su artículo 428, al que lesionaba a otro con su consentimiento en los casos de trasplantes de órganos, de esterilizaciones y de cirugía transexual. Pero una opinión muy extendida en la doctrina, y formulada por primera vez por Rodríguez Muñoz [16] en los años treinta, mantiene —acudiendo a distintos argumentos, algunos de ellos de orden constitucional [17]— que, *fuera de los casos previstos por el artículo 428 CP 73*, el asentimiento del sujeto pasivo también podía excluir

[16] Notas al *Tratado de Derecho penal* de Mezger, tomo I, 3.ª ed., Madrid, 1955, pp. 425-427.

[17] Para más detalles cfr., por ejemplo, Berdugo, *El delito de lesiones*, Salamanca, 1982, pp. 59 ss. y pássim.

la punibilidad en otras clases de lesiones. Sin entenderse muy bien por qué, el CP 95, en su artículo 155 («En los delitos de lesiones, si ha mediado el consentimiento válida, libre, espontánea y expresamente emitido del ofendido, se impondrá la pena inferior en uno o dos grados»), niega ahora, *explícitamente y de forma genérica*, eficacia *eximente* al consentimiento en las lesiones, lo que hace imposible —o al menos dificulta— que se pueda seguir sosteniendo esa interpretación doctrinal, con lo que a partir de ahora habrá que considerar delincuentes a todos los adultos que mantienen libremente relaciones sexuales sadomasoquistas, ya que el consentimiento para ser lesionado que se presta en esas prácticas sirve, según declara expresamente el artículo 155 CP 95, sólo para atenuar, pero no para eximir de pena.

5. La insumisión

Finalmente y por lo que se refiere a la insumisión, el CP 95, en sus artículos 527 y 528, castiga a los que se niegan a cumplir la prestación social sustitutoria con una pena de inhabilitación absoluta de hasta dieciocho años, durante los cuales —y en una época que abarca desde su juventud hasta su madurez— no podrán ejercer de Médicos Internos Residentes, ni ser conductores de autobuses municipales, ni jueces, ni bedeles de un Ministerio, ni desempeñar la docencia en la Universidad, ni trabajar como cámaras en TVE, por sólo mencionar algunos ejemplos del horrible ostracismo con el que se les margina. El CP 95 ignora así el reconocimiento que dispensa el Derecho penal moderno a los llamados «autores de conciencia» cuando no están en juego bienes jurídicos esenciales como la vida o la integridad física, y crea, como nueva casta social, una figura de «paria» inexistente en cualquier ordenamiento jurídico conocido.

6. Nueva recapitulación

A la vista de lo expuesto, no se acaba de entender por qué en el pasado debate de investidura el coordinador general de Izquierda Unida, Julio Anguita, formulaba al candidato a la Presidencia del Gobierno, José María Aznar, la exigencia de que se despenalizasen el aborto, la eutanasia activa y la insumisión, siendo así que quien los criminaliza es un Código Penal votado favorable y precisamente por IU, mientras que el ahora partido del Gobierno optó por la abstención. Un Código así, con una pena privativa de libertad de una extensión efectiva *inconstitucional* y contraria a nuestra tradición jurídica, con una regulación del aborto restrictiva hasta decir basta, que penaliza expresamente la eutanasia activa, que trata como parias a los insumisos, y que —para que no falte picante— incluso declara delito las relaciones sexuales sadomasoquistas consentidas entre adultos, colma, sin duda, todas las expectativas de los sectores más conservadores de nuestra sociedad. Y, encima, ni siquiera han tenido que votarlo.

III. EL DESPRECIO POR LA SEGURIDAD JURÍDICA

El CP 95 obedece, según su Exposición de Motivos, a que «en nuestro país [...] el texto vigente data, en lo que pudiera considerarse su núcleo básico, del *pasado siglo* [por lo que] la necesidad de su reforma no puede, pues, discutirse».

No obstante, el CP 95 no se ha limitado a reformar preceptos que se remontan a tiempo atrás, sino que las modificaciones alcanzan, igualmente, a regulaciones muy recientes, resultado de Proyectos de Ley presentados precisamente por Gobiernos socialistas como los que presentaron el Proyecto de CP 95, y aprobados asimismo con el apoyo de los parlamentarios de ese mismo partido que acaban de votar afirmativamente el CP 95.

Así, la regulación del error en el CP 73 [art. 6 bis a)] procede de 1983, por lo que no se entiende que haya podido quedar superada en sólo doce años, siendo de destacar, como ha manifestado verbalmente Enrique Bacigalupo, que las dos parejas conceptuales con las que en materia de error se ha operado siempre por las legislaciones, por la doctrina y por la jurisprudencia son la primitiva de error de hecho-error de Derecho o la moderna de error de tipo-error de prohibición (que es la acogida por el CP 73), pero que hasta ahora no se conocía ese batiburrillo dicotómico que adopta el artículo 14 CP 95 de distinguir entre, por una parte, error de hecho («el error [...] sobre un *hecho* constitutivo de la infracción penal») y, por otra, no error de Derecho, sino de prohibición («el error [...] sobre la *ilicitud* del hecho»).

Igualmente tiene su origen en 1983, produciéndose una radical ruptura con el sistema anterior (con el «pasado siglo»), la tipificación en el CP 73 del hurto, del robo y de la estafa, no obstante lo cual el legislador del CP 95 ha creído necesario introducir nuevas e importantes modificaciones en el régimen de esos tres delitos contra la propiedad (arts. 234 ss., 237 ss. y 248 ss. CP 95).

Pero el punto álgido del «penelopismo» legislativo se alcanza en los delitos de lesiones y en los de contra la libertad sexual. Ambos grupos de delitos fueron reformados hace tan poco tiempo como en 1988 y 1989, estableciéndose entonces un régimen penal totalmente distinto del que había estado en vigor hasta entonces. Sólo seis años más tarde, en el CP 95, el legislador decide dar un tratamiento sustancialmente distinto a los delitos contra la integridad física, y cambiar radicalmente los criterios rectores que habían inspirado la reforma de 1989 de los delitos contra la libertad sexual.

Los tres ejemplos mencionados ponen de manifiesto no sólo una lamentable *falta de criterio* del legislador socialista, sino también el desprecio por un valor tan importante como es el de la seguridad jurídica; pues muchas de las pautas exegéticas que trabajosamente habían ido estableciendo la jurisprudencia y la doctrina en los pocos años en que han estado en vigor los preceptos actuales que regían para el error, y para los delitos contra la propiedad, de lesiones y contra la libertad sexual van a convertirse en inaplicables —por tener un sustrato legal distinto— cuando el texto legal a interpretar sea el CP 95, con el inconveniente añadido de que, por no alcanzar el nivel necesario de pena, muchos de esos delitos no van a poder llegar en casación al Tribunal Supremo, ni, con ello, ser objeto tampoco de una interpretación unitaria.

Desde Radbruch [18] sabemos que la idea del Derecho tiene, como partes integrantes, la justicia, la seguridad jurídica y la oportunidad, y que en toda reforma legislativa se produce una tensión entre el primero y el segundo de los valores: cada innovación legal persigue alcanzar unas soluciones *más justas* para la materia objeto de regulación, pero ello tiene necesariamente un *costo*: el sacrificio de la seguridad jurídica en cuanto que, como acabo de señalar, en gran parte se convierten en inservibles las pautas de interpretación establecidas jurisprudencial y doctrinalmente para los preceptos derogados. De ahí que esta contrarreforma penal de 1995 de sectores nucleares del CP, que, a su vez, acababan de ser modificados, sólo habría estado justificada si se hubiera hecho plausible que las innovaciones de la pasada década eran tan injustas que legitimaban un nuevo ataque a la seguridad jurídica: algo que nadie ha querido —posiblemente, por-

[18] Cfr., por ejemplo, *Rechtsphilosophie*, 3.ª ed., Leipzig, 1932, pp. 70 ss. y pássim.

que tampoco hubiera podido— explicar[19], ya que en todo ello no han desempeñado ningún papel las ideas de justicia y de seguridad, sino únicamente criterios extrajurídicos sobre los supuestos beneficios *políticos* de promulgar un Código Penal de nueva planta.

IV. CONCLUSIÓN

Y con esto finalizaría el presente Prólogo, porque, bajo el impacto de ese sectarismo doctrinal, de esos aspectos regresivos del CP 95 y de su desprecio por la seguridad jurídica, a uno no le quedan ganas ya, de momento, de ponerse a buscar sus eventuales aspectos positivos. Pero no quiero hacerlo sin pronunciar unas palabras de despedida al Código ya derogado. Al mejor que nunca hemos tenido, porque, conservando toda la sabiduría —y también las virtudes formales de precisión y de estilo gramatical en la formulación de los preceptos legales— del movimiento codificador del siglo pasado, supo incorporar, con las distintas reformas aprobadas desde 1976, aquellas —y sólo aquellas— innovaciones («principio de culpabilidad», supresión de la punibilidad por cuantías en los delitos contra la propiedad, regulación de las lesiones evitando cualificaciones por el resultado, equiparación entre el hombre y la mujer en los delitos contra la libertad sexual, etc.) sobre cuya necesidad existía un acuerdo prácticamente unánime, manteniendo en términos generales, y de conformidad con los principios humanitarios y humanistas del movimiento europeo de reforma de los años sesenta, una tendencia de descriminalización y de rebaja de las penas, que se ve ahora sustituida en el nuevo Código Penal, influido por el renacimiento en los últimos años de la ideología de la «ley y el orden», por un incremento descontrolado de nuevas figuras delictivas y por un insoportable rigor punitivo[20].

Teníamos un gran Código Penal; ahora es cuando lo sabemos.

Madrid, julio de 1996

ENRIQUE GIMBERNAT ORDEIG

---

[19] Cfr. Gimbernat, «¿Hace falta un nuevo Código Penal?», Prólogo a la 10.ª ed. (1993) del Código Penal editado por Tecnos, como tomo 11, dentro de esta «Biblioteca de Textos Legales».

[20] Sobre el «impulso criminalizador» y el endurecimiento de penas en el CP 95, cfr. el lúcido trabajo de Ramón Sáez Valcárcel, «El nuevo Código: maximalismo penal», *Jueces para la Democracia*, 26 (1996), pp. 3-7.

ABREVIATURAS

BOE	*Boletín Oficial del Estado.*
BOJA	*Boletín Oficial de la Junta de Andalucía.*
BON	*Boletín Oficial de Navarra.*
BOPV	*Boletín Oficial del País Vasco.*
CC	Código Civil.
C. de C.	Código de Comercio.
C. de la C.	Código de la Circulación.
CE	Constitución Española de 1978.
CP	Código Penal.
CPDHLF	Convenio Europeo para la Protección de los Derechos Humanos y Libertades Fundamentales.
CPM	Código Penal Militar.
DOCE	*Diario Oficial de las Comunidades Europeas.*
DOCLM	*Diario Oficial de Castilla-La Mancha.*
DUDH	Declaración Universal de los Derechos Humanos.
ET	Real Decreto-Ley 1/1995, de 24 de marzo (*BOE* n.º 75, de 29 de marzo), por el que se aprueba el Texto Refundido del Estatuto de los Trabajadores, modificado por Leyes 50/1998, de 30 de diciembre (*BOE* n.º 313, de 31 de diciembre; corrección de errores en *BOE* n.º 109, de 7 de mayo de 1999); 24/1999, de 6 de julio (*BOE* n.º 161, de 7 de julio); 39/1999, de 5 de noviembre (*BOE* n.º 266, de 6 de noviembre), y 55/1999, de 29 de diciembre (*BOE* n.º 312, de 30 de diciembre; corrección de erratas en *BOE* n.º 54, de 3 de marzo de 2000), así como por Real Decreto Legislativo 5/2000, de 4 de agosto (*BOE* n.º 189, de 8 de agosto; corrección de errores en *BOE* n.º 228, de 22 de septiembre); Ley 14/2000, de 29 de diciembre (*BOE* n.º 313, de 30 de diciembre); Real Decreto-Ley 5/2001, de 2 de marzo (*BOE* n.º 54, de 3 de marzo); Ley 33/2002, de 5 de julio (*BOE* n.º 161, de 6 de julio); Ley 22/2003, de 9 de julio (*BOE* n.º 164, de 10 de julio), Concursal; Ley 62/2003, de 30 de diciembre (*BOE* n.º 313, de 31 de diciembre); RDL 5/2006, de 9 de junio (*BOE* n.º 141, de 14 de junio), para la mejora del crecimiento y el empleo; Ley Orgánica 3/2007, de 22 de marzo (*BOE* n.º 71, de 23 de marzo), para la igualdad efectiva de mujeres y hom-

bres; y Ley 38/2007, de 16 de noviembre (*BOE* n.º 276, de 17 de noviembre).

LCAP Real Decreto Legislativo 2/2000, de 16 de junio, por el que se aprueba el texto refundido de la Ley de Contratos de las Administraciones Públicas (*BOE* n.º 148, de 21 de junio; corrección de erratas en *BOE* n.º 227, de 21 de septiembre), modificada por Ley 14/2000, de 29 de diciembre (*BOE* n.º 313, de 30 de diciembre); por Ley 24/2001, de 27 de diciembre (*BOE* n.º 313, de 31 de diciembre, corrección de errores en *BOE* n.º 124, de 24 de mayo de 2002), de Medidas Fiscales, Administrativas y del Orden Social; por Ley 53/2002, de 30 de diciembre (*BOE* n.º 313, de 31 de diciembre); por Ley 13/2003, de 23 de mayo (*BOE* n.º 124, de 24 de mayo), reguladora del contrato de concesión de obras públicas; por Ley 22/2003, de 9 de julio (*BOE* n.º 164, de 10 de julio), Concursal; Ley 62/2003, de 30 de diciembre (*BOE* n.º 313, de 31 de diciembre), de medidas fiscales, administrativas y del orden social; y Ley 3/2004, de 29 de diciembre (*BOE* n.º 314, de 30 de diciembre).

LCD Ley 3/1991, de 10 de enero (*BOE* n.º 10, de 11 de enero), de Competencia Desleal, modificada por Ley 52/1999, de 28 de diciembre (*BOE* n.º 311, de 29 de diciembre); y por Ley 29/2009, de 30 de diciembre (*BOE* n.º 315, de 31 de diciembre), por la que se modifica el régimen legal de la competencia desleal y de la publicidad para la mejora de la protección de los consumidores y usuarios.

LE Ley 4/1985, de 21 de marzo, de Extradición Pasiva.

LEC Ley de Enjuiciamiento Civil.

LEC 2000 Ley 1/2000, de 7 de enero (*BOE* n.º 7, de 8 de enero; corrección de errores en *BOE* n.º 90, de 14 de abril, y *BOE* n.º 180, de 28 de julio de 2001), de Enjuiciamiento Civil, con entrada en vigor el 8 de enero de 2001, modificada por Ley Orgánica 19/2003, de 23 de diciembre (*BOE* n.º 309 de 26 de diciembre); por Ley 60/2003, de 23 de diciembre (*BOE* n.º 309, de 26 de diciembre), de Arbitraje; por Ley 62/2003, de 30 de diciembre (*BOE* n.º 313, de 31 de diciembre), de medidas fiscales, administrativas y del orden social; por Ley 19/2006, de 5 de junio (*BOE* n.º 134, de 6 de junio); por Ley 13/2009, de 3 de noviembre (*BOE* n.º 266, de 4 de noviembre; corrección de errores en *BOE* n.º 84, de 7 de abril de 2010), de reforma de la legislación procesal para la implantación de la nueva Oficina judicial; y por Ley 29/2009, de 30 de diciembre (*BOE* n.º 315, de 31 de diciembre), por la que se modifica el régimen legal de la competencia desleal y de la publicidad para la mejora de la protección de los consumidores y usuarios.

LECr Ley de Enjuiciamiento Criminal.

LI Ley Provisional de 18 de junio de 1870 estableciendo reglas para el ejercicio de la gracia de indulto, modificada por Ley 1/1988, de 14 de enero.

LIE Ley 38/1992, de 28 de diciembre (*BOE* n.º 312, de 29 de diciembre), de Impuestos Especiales, modificada por Leyes 40/1995, de 19 de diciembre (*BOE* n.º 303, de 20 de diciembre); 55/1999, de 29 de diciembre (*BOE* n.º 312, de 30 de diciembre; corrección de erratas en *BOE* n.º 54, de 3 de marzo de 2000); y por Ley 2/2010, de 1 de marzo (*BOE* n.º 53, de 2 de marzo), por la que se trasponen determinadas Directivas en el ámbito de la imposición indirecta y se modifica la Ley del Impuesto sobre la Renta de no Residentes para adaptarla a la normativa comunitaria.

LIRPF Ley 35/2006, de 28 de noviembre (*BOE* n.º 285, de 29 de noviembre; corrección de errores en *BOE* n.º 57, de 7 de marzo), del Impuesto sobre la Renta de las Personas Físicas, y de modificación parcial de las leyes de los Impuestos sobre Sociedades, sobre la Renta de no Residentes y sobre el Patrimonio, modificada por Ley Orgánica 8/2007, de 4 de julio (*BOE* n.º 160, de 5 de julio); por Real Decreto-Ley 3/2009, de 27 de marzo (*BOE* n.º 78, de 31 de marzo); por Ley 22/2009, de 18 de diciembre (*BOE* n.º 305, de 19 de diciembre); por Ley 2/2010, de 1 de marzo (*BOE* n.º 53, de 2 de marzo); y por Real Decreto-Ley 6/2010, de 9 de abril (*BOE* n.º 89, de 13 de abril; correcciones de errores en *BOE* n.º 93, de 17 de abril, y n.º 95, de 20 de abril).

LIVA Ley 37/1992, de 28 de diciembre (*BOE* n.º 312, de 29 de diciembre), del Impuesto sobre el Valor Añadido, modificada por Ley 13/1996, de 30 de diciembre (*BOE* n.º 315, de 31 de diciembre), por Real Decreto-Ley 14/1997, de 29 de agosto (*BOE* n.º 208, de 30 de agosto), por Ley 9/1998, de 21 de abril (*BOE* n.º 96, de 22 de abril), por Ley 50/1998, de 30 de diciembre (*BOE* n.º 313, de 31 de diciembre; corrección de errores en *BOE* n.º 109, de 7 de mayo de 1999); por Ley 54/1999, de 29 de diciembre (*BOE* n.º 312, de 30 de diciembre); por Ley 55/1999, de 29 de diciembre (*BOE* n.º 312, de 30 de diciembre; corrección de erratas en *BOE* n.º 54, de 3 de marzo de 2000); por Ley 6/2000, de 13 de diciembre (*BOE* n.º 299, de 14 de diciembre); por Ley 14/2000, de 29 de diciembre (*BOE* n.º 313, de 30 de diciembre); por Ley 24/2001, de 27 de diciembre (*BOE* n.º 313, de 31 de diciembre; corrección de errores en *BOE* n.º 124, de 24 de mayo de 2002), de Medidas Fiscales, Administrativas y del Orden Social; por Ley 53/2002, de 30 de diciembre (*BOE* n.º 313, de 31 de diciembre); por Real Decreto-Ley 2/2003, de 25 de abril (*BOE* n.º 100, de 26 de abril; corrección de errores en *BOE* n.º 109, de 7 de mayo); por Ley 36/2003, de 11 de noviembre (*BOE* n.º 271, de 12 de noviembre); por Ley 58/2003, de 17 de diciembre (*BOE* n.º 302, de 18 de diciembre); Ley 62/2003, de 30 de diciembre (*BOE* n.º 313, de 31 de diciembre), de medidas fiscales, administrativas y del orden social; por Ley 23/2005, de 18 de noviembre (*BOE* n.º 277, de 19 de noviembre); por Ley 30/2005, de 29 de diciembre (*BOE* n.º 312, de 30 de diciembre; corrección de errores en *BOE* n.º 76, de 30 de marzo); por Ley 3/2006, de 29 de marzo (*BOE n.º* 76, de 30 de marzo); por Ley 6/2006, de 24 de abril (*BOE* n.º 98, de 25 de abril); por Ley 36/2006, de 29 de noviembre (*BOE* n.º 286, de 30 de noviembre; corrección de errores en *BOE* n.º 58, de 8 de marzo de 2007); por Ley Orgánica 8/2007, de 4 de julio (*BOE* n.º 160, de 5 de julio); por Ley 4/2008, de 23 de diciembre (*BOE* n.º 310, de 25 de diciembre); por Ley 2/2010, de 1 de marzo (*BOE* n.º 53, de 2 de marzo); y por RDL 6/2010, de 9 de abril (*BOE* n.º 89, de 13 de abril; correcciones de errores en *BOE* n.º 93, de 17 de abril, y n.º 95, de 20 de abril).

LMV Ley 24/1988, de 28 de julio (*BOE* n.º 181, de 29 de julio; corrección de errores en *BOE* n.º 185, de 4 de agosto), del Mercado de Valores, modificada por Leyes 13/1996, de 30 de diciembre (*BOE* n.º 315, de 31 de diciembre); 37/1998, de 16 de noviembre (*BOE* n.º 275, de 17 de noviembre); 50/1998, de 30 de diciembre (*BOE* n.º 313, de 31 de diciembre; corrección de errores en *BOE* n.º 109, de 7 de mayo de 1999); 55/1999, de 29 de diciembre (*BOE* n.º 312, de 30 de diciembre; corrección de erratas en *BOE* n.º 54, de 3 de marzo de 2000; 14/2000, de 29 de diciembre (*BOE* n.º 313, de 30 de diciembre); 44/2002, de 22 de noviembre (*BOE* n.º 281, de 23 de noviembre; corrección de errores en *BOE* n.º 33, de 7 de febrero de 2003), de medidas de reforma del sistema financiero; 22/2003, de 9 de julio (*BOE* n.º 164, de 10 de julio), Concursal; 26/2003, de 17 de julio (*BOE* n.º 171, de 18 de julio); 35/2003, de 4 de noviembre (*BOE* n.º 265, de 5 de noviembre), de Instituciones de Inversión Colectiva; 62/2003, de 30 de diciembre (*BOE* n.º 313, de 31 de diciembre); 5/2005, de 22 de abril (*BOE* n.º 97, de 23 de abril); 12/2006, de 16 de mayo (*BOE* n.º 117, de 17 de mayo); Ley 36/2006, de 29 de noviembre (*BOE* n.º 286, de 30 de noviembre; corrección de errores en *BOE* n.º 58, de 8 de marzo de 2007); 6/2007, de 12 de abril (*BOE* n.º 89, de 13 de abril); por Ley 5/2009, de 29 de junio (*BOE* n.º 157, de 30 de junio); por Real Decreto-Ley 6/2010, de 9 de abril (*BOE* n.º 89, de 13 de abril; correcciones de errores en *BOE* n.º 93, de 17 de abril, y n.º 95, de 20 de abril); por Ley 12/2010, de 30 de junio (*BOE* n.º 159, de 1 de julio), y por RD-L 1/2010, de 2 de julio (*BOE* n.º 161, de 3 de julio, por el que se aprueba el texto refundido de la Ley de Sociedades de Capital.

LOGP Ley Orgánica General Penitenciaria.

LOPJ Ley Orgánica 6/1985, de 1 de julio, del Poder Judicial, reformada por Ley Orgánica 16/1994, de 8 de noviembre; por Ley Orgánica 11/1999, de 30 de abril (*BOE* n.º 104, de 1 de mayo); por Ley Orgánica 13/1999, de 14 de mayo (*BOE* n.º 116, de 15 de mayo); por Ley Orgánica 7/2000, de 22 de diciembre (*BOE* n.º 307, de 23 de diciembre); por Ley Orgánica 9/2000, de 22 de diciembre (*BOE* n.º 307, de 23 de diciembre); por Ley Orgánica 2/2001, de 28 de junio (*BOE* n.º 155, de 29 de junio); por Ley Orgánica 6/2002, de 27 de junio (*BOE* n.º 154, de 28 de junio); por Ley Orgánica 9/2002, de 10 de diciembre (*BOE* n.º 296, de 11 de diciembre); por Ley Orgánica 2/2003, de 14 de marzo (*BOE* n.º 65, de 17 de marzo), complementaria de la Ley sobre la orden europea de detención y entrega; por Ley Orgánica 4/2003, de 21 de mayo (*BOE* n.º 122, de 22 de mayo), complementaria de la Ley de prevención y bloqueo de la financiación del terrorismo; por Ley Orgánica 8/2003, de 9 de julio (*BOE* n.º 164, de 10 de julio), para la reforma concursal; por Ley Orgánica 13/2003, de 24 de octubre (*BOE* n.º 257, de 27 de octubre), de reforma de la Ley de Enjuiciamiento Criminal en materia de prisión provisional; por Ley Orgánica 19/2003, de 23 de diciembre (*BOE* n.º 309, de 26 de diciembre); por Ley Orgánica 20/2003, de 23 de diciembre (*BOE* n.º 309, de 26 de diciembre); por Ley Orgánica 2/2004, de 28 de diciembre (*BOE* n.º 313, de 29 de diciembre); por Ley Orgánica 3/2005, de 8 de julio (*BOE* n.º 163, de 9 de julio), para perseguir extraterritorialmente la práctica de la mutilación genital femenina; por Ley Orgánica 5/2006, de 5 de junio (*BOE* n.º 134, de 6 de junio; corrección de errores en *BOE* n.º 141, de 14 de junio), complementaria de la Ley para la eficacia en la Unión Europea de las resoluciones de embargo y de aseguramiento de pruebas en procedimientos penales; por Ley Orgánica 3/2007, de 22 de marzo (*BOE* n.º 71, de 23 de marzo), para la igualdad efectiva de mujeres y hombres; por Ley Orgánica 13/2007, de 19 de noviembre (*BOE* n.º 278, de 20 de noviembre), para la persecución extraterritorial del tráfico ilegal o la inmigración clandestina de personas; por Ley Orgánica 2/2008, de 4 de diciembre (*BOE* n.º 293, de 5 de diciembre), complementaria de la Ley para la ejecución en la Unión Europea de resoluciones que impongan sanciones pecuniarias; por Ley Orgánica 1/2009, de 3 de noviembre (*BOE* n.º 266, de 4 de noviembre); por Ley Orgánica 2/2009, de 11 de diciembre (*BOE* n.º 299, de 12 de diciembre); por Ley Orgánica 1/2010, de 19 de febrero (*BOE* n.º 45, de 20 de febrero); por Ley Orgánica 3/2010, de 10 de marzo (*BOE* n.º 61, de 11 de marzo); y por Ley Orgánica 6/2010, de 27 de julio (*BOE* n.º 182, de 28 de julio).

LOPSC Ley Orgánica 1/1992, de 21 de febrero, sobre Protección de la Seguridad Ciudadana, modificada por Ley 10/1999, de 21 de abril (*BOE* n.º 96, de 22 de abril).

LOTJ Ley Orgánica 5/1995, de 22 de mayo (*BOE* n.º 122, de 23 de mayo), del Tribunal del Jurado.

LPPNA Ley Penal y Procesal de Navegación Aérea, modificada por Ley 55/1999, de 29 de diciembre (*BOE* n.º 312, de 30 de diciembre; corrección de erratas en *BOE* n.º 54, de 3 de marzo de 2000).

LRJAP Ley 30/1992, de 26 de noviembre, de Régimen Jurídico de las Administraciones Públicas y del Procedimiento Administrativo Común (*BOE* n.º 285, de 27 de noviembre; corrección de errores en *BOE* n.º 311, de 28 de diciembre, y n.º 23, de 27 de enero de 1993), modificada por Ley 4/1999, de 13 de enero (*BOE* n.º 12, de 14 de enero; corrección de erratas en *BOE* n.ºs 16 y 30, de 19 de enero y 4 de febrero, respectivamente), por Ley 24/2001, de 27 de diciembre (*BOE* n.º 313, de 31 de diciembre; correcciones de errores en *BOE* n.º 124, de 24 de mayo de 2002), de Medidas Fiscales, Administrativas y del Orden Social; por Ley 57/2003, de 16 de diciembre (*BOE* n.º 301, de 17 de diciembre); y 62/2003, de 30 de diciembre (*BOE* n.º 313, de 31 de diciembre).

LTCVM Ley sobre Tráfico, Circulación de Vehículos a Motor y Seguridad Vial, aprobada por Real Decreto-Ley 339/1990, de 2 de marzo (*BOE* n.º 63, de 14 de marzo; corrección de errores en *BOE* n.º 75, de 28 de marzo), y modificada por Leyes 43/1999, de 25 de noviembre (*BOE* n.º 283, de 26 de noviembre); 55/1999, de 29 de diciembre (*BOE* n.º 312, de 30 de diciembre; corrección de erratas en *BOE* n.º 54, de 3 de marzo de 2000); 62/2003, de 30 de diciembre (*BOE* n.º 313, de 31 de diciembre; corrección de errores en *BOE* n.º 3, de 3 de enero de 2004); 17/2005, de 19 de julio (*BOE* n.º 172, de 20 de julio); y Ley Orgánica 15/2007, de 30 de noviembre (*BOE* n.º 288, de 1 de diciembre).

PIDCP Pacto Internacional de Derechos Civiles y Políticos.

RIRPF Real Decreto 439/2007, de 30 de marzo (*BOE* n.º 78, de 31 de marzo), por el que se aprueba el Reglamento del Impuesto sobre la Renta de las Personas Físicas, modificado por Real Decreto 1.804/2008, de 3 de noviembre (*BOE* n.º 278, de 18 de noviembre); y por Real Decreto 2.004/2009, de 23 de diciembre (*BOE* n.º 313, de 29 de diciembre; corrección de errores en *BOE* n.º 315, de 31 de diciembre).

RIVA Real Decreto 1.624/1992, de 29 de diciembre (*BOE* n.º 314, de 31 de diciembre), por el que se aprueba el Reglamento de la Ley 37/1992, de 28 de diciembre, del Impuesto sobre el Valor Añadido. Este Real Decreto ha sido modificado por Real Decreto 215/1999, de 5 de febrero (*BOE* n.º 34, de 9 de febrero); por Real Decreto 1.966/1999, de 23 de diciembre (*BOE* n.º 312, de 30 de diciembre); por Real Decreto 1.082/2001, de 5 de octubre (*BOE* n.º 240, de 6 de octubre); por Real Decreto 2.347/2004, de 23 de diciembre (*BOE* n.º 309, de 24 de diciembre); por Real Decreto 87/2005, de 31 de enero (*BOE* n.º 27, de 1 de febrero); por Real Decreto 1.065/2007, de 27 de julio (*BOE* n.º 213, de 5 de septiembre); por Real Decreto 1.466/2007, de 2 de noviembre (*BOE* n.º 278, de 20 de noviembre); por Real Decreto 2.126/2008, de 26 de diciembre (*BOE* n.º 312, de 27 de diciembre); por Real Decreto 2.004/2009, de 23 de diciembre (*BOE* n.º 313, de 29 de diciembre; corrección de errores en *BOE* n.º 315, de 31 de diciembre); y por Real Decreto 192/2010, de 26 de febrero (*BOE* n.º 53, de 2 de marzo).

RP — Reglamento Penitenciario, aprobado por Real Decreto 190/1996, de 9 de febrero.

STC — Sentencia del Tribunal Constitucional.

STJCE — Sentencia del Tribunal de Justicia de las Comunidades Europeas.

STS — Sentencia del Tribunal Supremo.

CÓDIGO PENAL
DE 1995

LEY ORGÁNICA 10/1995, DE 23 DE NOVIEMBRE, DEL CÓDIGO PENAL*

(*BOE* n.º 281, de 24 de noviembre de 1995; corrección de errores en *BOE* n.º 54, de 2 de marzo de 1996)

EXPOSICIÓN DE MOTIVOS

Si se ha llegado a definir el ordenamiento jurídico como conjunto de normas que regulan el uso de la fuerza, puede entenderse fácilmente la importancia del Código Penal en cualquier sociedad civilizada. El Código Penal define los delitos y faltas que constituyen los presupuestos de la aplicación de la forma suprema que puede revestir el poder coactivo del Estado: la pena criminal. En consecuencia, ocupa un lugar preeminente en el conjunto del ordenamiento, hasta el punto de que, no sin razón, se ha considerado como una especie de «Constitución negativa». El Código Penal ha de tutelar los valores y principios básicos de la convivencia social. Cuando esos valores y principios cambian, debe también

* El texto que se publica incorpora las modificaciones efectuadas por las Leyes Orgánicas 2/1998, de 15 de junio (*BOE* n.º 143, de 16 de junio de 1998), por la que se modificaron el Código Penal y la Ley de Enjuiciamiento Criminal; 7/1998, de 5 de octubre (*BOE* n.º 239, de 6 de octubre), por la que se suprimen las penas de prisión y multa para los supuestos de no cumplimiento del servicio militar obligatorio y prestación social sustitutoria, y se rebajan las penas de inhabilitación para dichos supuestos; 11/1999, de 30 de abril (*BOE* n.º 104, de 1 de mayo), de modificación del Título VIII del Libro II del Código Penal; 14/1999, de 9 de junio (*BOE* n.º 138, de 10 de junio), de modificación del Código Penal de 1995, en materia de protección a las víctimas de malos tratos, y de la Ley de Enjuiciamiento Criminal; 2/2000, de 7 de enero (*BOE* n.º 8, de 10 de enero), de modificación del Código Penal en materia de prohibición del desarrollo y el empleo de armas químicas; 3/2000, de 11 de enero (*BOE* n.º 10, de 12 de enero), de modificación del Código Penal en materia de lucha contra la corrupción de agentes públicos extranjeros en las transacciones comerciales internacionales; 4/2000, de 11 de enero (*BOE* n.º 10, de 12 de enero; corrección de errores en *BOE* n.º 20, de 24 de enero), sobre derechos y libertades de los extranjeros en España y su integración social; 7/2000, de 22 de diciembre (*BOE* n.º 307, de 23 de diciembre), de modificación del Código Penal y de la Ley Orgánica reguladora de la responsabilidad penal de los menores, en relación con los delitos de terrorismo; 8/2000, de 22 de diciembre (*BOE* n.º 307, de 23 de diciembre; corrección de errores en *BOE* n.º 47, de 23 de febrero de 2001), de reforma de la Ley Orgánica sobre derechos y libertades de los extranjeros en España y su integración social; 3/2002, de 22 de mayo (*BOE* n.º 123, de 23 de mayo), por la que se modi-

cambiar. En nuestro país, sin embargo, pese a las profundas modificaciones de orden social, económico y político, el texto vigente

fican la LO 10/1995, de 23 de noviembre, del Código Penal, y la LO 13/1985, de 9 de diciembre, del Código Penal Militar, en materia de delitos relativos al servicio militar y a la prestación social sustitutoria; 9/2002, de 10 de diciembre (*BOE* n.º 296, de 11 de diciembre), de modificación del Código Penal y el Código Civil, sobre sustracción de menores; 1/2003, de 10 de marzo (*BOE* n.º 60, de 11 de marzo; corrección de errores en *BOE* n.º 207, de 29 de agosto), para la garantía de la democracia en los Ayuntamientos y la seguridad de los Concejales; 7/2003, de 30 de junio (*BOE* n.º 156, de 1 de julio), de medidas de reforma para el cumplimiento íntegro y efectivo de las penas; 11/2003, de 29 de septiembre (*BOE* n.º 234, de 30 de septiembre), de medidas concretas en materia de seguridad ciudadana, violencia doméstica e integración social de los extranjeros; 15/2003, de 25 de noviembre (*BOE* n.º 283, de 26 de noviembre; corrección de errores en *BOE* n.º 65, de 16 de marzo, y n.º 80, de 2 de abril, ambos de 2004); 20/2003, de 23 de diciembre (*BOE* n.º 309, de 26 de diciembre); 1/2004, de 28 de diciembre (*BOE* n.º 313, de 29 de diciembre), de Medidas de Protección Integral contra la Violencia de Género; 2/2005, de 22 de junio (*BOE* n.º 149, de 23 de junio); 4/2005, de 10 de octubre (*BOE* n.º 243, de 11 de octubre), en materia de delitos de riesgo provocados por explosivos; 7/2006, de 21 de noviembre (*BOE* n.º 279, de 22 de noviembre), de protección de la salud y de lucha contra el dopaje en el deporte; 13/2007, de 19 de noviembre (*BOE* n.º 278, de 20 de noviembre; corrección de errores en *BOE* n.º 310, de 27 de diciembre), para la persecución extraterritorial del tráfico ilegal o la inmigración clandestina de personas; LO 15/2007, de 30 de noviembre (*BOE* n.º 288, de 1 de diciembre), por la que se modifica el Código Penal en materia de seguridad vial; LO 2/2010, de 3 de marzo (*BOE* n.º 55, de 4 de marzo), de salud sexual y reproductiva y de la interrupción voluntaria del embarazo; y LO 5/2010, de 22 de junio (*BOE* n.º 152, de 23 de junio). La Exposición de Motivos de la LO 5/2010 establece lo siguiente:

«I

«La evolución social de un sistema democrático avanzado como el que configura la Constitución española determina que el ordenamiento jurídico esté sometido a un proceso constante de revisión. La progresiva conquista de niveles de bienestar más elevados no es concebible, en un marco jurídico de respeto a los derechos fundamentales, sin un paralelo avance en materia de libertad y de seguridad, pilares indisolublemente unidos del concepto mismo de Estado de Derecho.

»En este contexto, la presente reforma se enmarca en la confluencia de varias coordenadas que explican tanto su relativa extensión como la variedad de cuestiones que en ella se abordan.

»Por un lado, España tiene contraídas obligaciones internacionales, especialmente en el ámbito de la armonización jurídica europea, que exigen adaptaciones —a veces de considerable calado— de nuestras normas penales. Por otro, la experiencia aplicativa del Código ha ido poniendo en evidencia algunas carencias o desviaciones que es preciso tratar de corregir. Y, en fin, la cambiante realidad social determina el surgimiento de nuevas cuestiones que han de ser abordadas. Sin olvidar que los numerosos y en ocasiones acelerados cambios introducidos en la arquitectura original del texto de 1995 han producido algunos efectos de distorsión o incongruencia necesitados de corrección.

»A todo ello trata de dar respuesta esta Ley, en los términos que siguen.

»II

»En materia de circunstancias modificativas de la responsabilidad criminal se ha considerado conveniente otorgar carta de naturaleza legal a la circunstancia atenuante de dilaciones indebidas. Se exige para su apreciación que el retraso en la tramitación tenga carácter extraordinario, que no guarde proporción con la complejidad de la causa y que no sea atribuible a la con-

data, en lo que pudiera considerarse su núcleo básico, del pasado siglo. La necesidad de su reforma no puede, pues, discutirse.

---

ducta del propio imputado. De esta manera se recogen los elementos fundamentales de la jurisprudencia del Tribunal Supremo, que ha construido esta circunstancia como atenuante por analogía.

»III

»De conformidad con los principios que orientan la reforma, se procede a la modificación del artículo 36. De esta forma, para los casos de penas privativas de libertad superiores a cinco años, la exigencia de cumplimiento de al menos la mitad de la condena antes de poder obtener la clasificación en tercer grado se establece en el caso de delitos cometidos contra la libertad e indemnidad sexual de menores de trece años, delitos referentes a organizaciones y grupos terroristas y delitos de terrorismo, así como los delitos cometidos en el seno de una organización o grupo criminal. Esta modificación, que se estima conveniente para estos grupos de delitos de extrema gravedad, se considera por el contrario innecesaria como régimen general respecto de todos los delitos sancionados con penas de prisión superiores a cinco años. Por esta razón se elimina el automatismo hasta ahora vigente, introduciendo un mecanismo más flexible que permita a los jueces y tribunales adecuar la responsabilidad criminal a la gravedad del hecho y a la personalidad del delincuente. Así, la remodelación del llamado "período de seguridad" garantiza la primordial finalidad constitucional de la pena, la resocialización, sin que por otra parte ello comporte detrimento alguno en la persecución por el Estado de otros fines legítimos de la misma.

»IV

»Es notorio, sin embargo, que en determinados supuestos de especial gravedad ese efecto rehabilitador de la pena se ve dificultado, en la medida en que ésta no resulta suficiente o adecuada para excluir un elevado riesgo de reincidencia.

»La opción inocuizadora, que se traduciría en la prolongación ilimitada y/o indiscriminada de la privación de libertad, choca obviamente con principios elementales del Derecho Penal que la Constitución ampara. Se hace necesario, por tanto, para tales casos de especial gravedad expresamente previstos, contemplar otras soluciones que, sin cejar en el esfuerzo rehabilitador que debe seguir inspirando el tratamiento penitenciario, permitan conciliar las referidas exigencias constitucionales con otros valores no menos dignos de tutela, como son la seguridad y la libertad del resto de los ciudadanos, potenciales víctimas del delincuente no rehabilitado que el sistema penitenciario devuelve a la sociedad. Agotada, pues, la dimensión retributiva de la pena, la peligrosidad subsistente del sujeto halla su respuesta idónea en una medida de seguridad.

»Por ello la presente Ley introduce, mediante la modificación parcial y una leve reordenación del Título IV del Libro Primero del Código Penal, una nueva medida denominada libertad vigilada, que se inserta naturalmente en el régimen general de dichas medidas de seguridad, algunas de las cuales se integran y refunden en ese concepto común (artículo 106).

»Así, la libertad vigilada es una medida de seguridad que el Tribunal impone, de manera facultativa o preceptiva, según la propia norma señala en cada caso, y cuyo contenido se concreta en una serie de limitaciones, obligaciones, prohibiciones o reglas de conducta, aplicables separada o conjuntamente, dentro de los márgenes de duración específicos que en su caso resulten de la parte especial del Código, tendentes no sólo a la protección a las víctimas, sino también a la rehabilitación y la reinserción social del delincuente, objetivo que preside toda la reforma. Y que puede modificarse, ya en fase de ejecución, atendiendo a la evolución del sujeto y mediante un sencillo trámite que se caracteriza por un reforzamiento de la garantía de contradicción, que alcanza incluso a las víctimas que no sean parte en el proceso.

»La novedad sustancial que incorpora la libertad vigilada es que resulta aplica-

A partir de los distintos intentos de reforma llevados a cabo desde la instauración del régimen democrático, el Gobierno ha ela-

ble no sólo cuando el pronóstico de peligrosidad del individuo se relaciona con estados patológicos que han determinado su inimputabilidad o semiinimputabilidad, sino también cuando la peligrosidad deriva del específico pronóstico del sujeto imputable en relación con la naturaleza del hecho cometido, siempre y cuando el propio legislador así lo haya previsto de manera expresa. En estos casos, tal y como resulta del nuevo artículo 106.2, la medida no se establece, por obvias razones, con carácter alternativo a la pena de prisión o para su ejecución previa a ésta, sino que se impone en sentencia junto a la pena privativa de libertad para su ejecución posterior a la excarcelación, y se hará o no efectiva justamente en función de ese pronóstico de peligrosidad, formulado cuando se acerca dicho momento extintivo de la pena y reconsiderado después con cadencia como mínimo anual (artículo 98.1).

»Es importante destacar que en la concreción del contenido de la libertad vigilada y en su eventual sustitución, modificación, suspensión o cesación, intervienen tanto el Juez de Vigilancia Penitenciaria, debidamente informado por los servicios penitenciarios, como el Juez o Tribunal sentenciador al que corresponde hacer ejecutar lo juzgado. Precisamente este último, por haber juzgado, conoce con mayor detalle determinadas circunstancias del caso concurrentes con el pronóstico penitenciario del sujeto, que pueden resultar determinantes para la elección de la medida o medidas en que ha de concretarse la libertad vigilada. Su duración, en fin, se mantiene en general en un máximo de cinco años, que es el que establecía hasta ahora el Código para las medidas de seguridad no privativas de libertad que se refunden bajo el concepto de libertad vigilada, pero a ello se añade, ciertamente pensando en esta nueva modalidad postpenitenciaria, la posibilidad de que el propio Código Penal la extienda hasta los diez años (artículo 105.2), como, de hecho, esta misma Ley dispone para los delitos contra la libertad e indemnidad sexual y de terrorismo.

»V

»En esta línea de evolución de la respuesta jurídico-penal hacia fórmulas más operativas y mejor adaptadas a las actuales necesidades y demandas sociales, la secular carencia de penas alternativas a las penas cortas de prisión del sistema español ha motivado que en esta reforma se haya optado por otorgar un mayor protagonismo a la pena de localización permanente. Con este objetivo, se le confiere una mayor extensión y contenido, si bien se ha pensado que inicialmente, aunque con vocación de futuras ampliaciones, su ámbito de aplicación se reduzca al marco de la sustitución de las penas privativas de libertad. A tal efecto se articula el correspondiente módulo de conversión en el artículo 88.

»A la inversa, la localización permanente, en los supuestos en los que está prevista como pena principal, puede ser el instrumento adecuado para combatir con mayor rigor y eficacia los supuestos de reiteración de faltas que han generado una especial inseguridad ciudadana en los últimos tiempos. A estos efectos, constituyendo un límite axiológico infranqueable la asociación a las faltas de penas de carácter leve, y descartado por tanto el recurso a la genuina pena de prisión, una respuesta proporcionada y disuasoria puede ser el cumplimiento excepcional de la localización permanente en centro penitenciario en régimen de fin de semana y días festivos. Se trata de ofrecer una mayor dureza en la respuesta frente a la reiteración de la infracción que sea al tiempo compatible con la naturaleza leve de la sanción, evitando el efecto desocializador del régimen de cumplimiento continuado que caracteriza a la pena de prisión propiamente dicha.

»Como aclara la nueva redacción dada al artículo 37, serán los concretos preceptos del Libro III los que den al Juez la posibilidad de acudir a este régimen excepcional de cumplimiento. La presente

borado el Proyecto que somete a la discusión y aprobación de las Cámaras. Debe, por ello, exponer, siquiera sea de modo sucinto, los

---

reforma opta por restringir su aplicación a las faltas reiteradas de hurto por un doble motivo. Por una parte, se trata del supuesto que, sobre todo en los núcleos urbanos más importantes, ha generado la mayor preocupación ciudadana y es el que a día de hoy realmente requiere la adopción de esta medida. Por otro, la restricción de esta modalidad de localización permanente a un supuesto puntual permitirá aprovechar adecuadamente los recursos disponibles en el sistema penitenciario.

»La reiteración se hace depender del número de faltas cometidas, ya haya recaído condena por todas ellas en un solo proceso o en procesos distintos. En los casos de faltas de hurto no juzgadas que superen los 400 euros de importe, será de aplicación el párrafo final del artículo 234 y la conducta habrá de ser considerada como delito.

»VI

»Para solucionar los problemas interpretativos surgidos acerca de cuál es el procedimiento penal donde debe abonarse el tiempo de prisión provisional sufrido por un imputado que al mismo tiempo está cumpliendo una pena de privación de libertad impuesta en otra causa, se procede a la modificación del artículo 58 para dejar claro que en esos supuestos solamente será de abono el tiempo de prisión realmente sufrido en la liquidación de condena referente a la pena que esté cumpliendo.

»VII

»Se regula de manera pormenorizada la responsabilidad penal de las personas jurídicas. Son numerosos los instrumentos jurídicos internacionales que demandan una respuesta penal clara para las personas jurídicas, sobre todo en aquellas figuras delictivas donde la posible intervención de las mismas se hace más evidente (corrupción en el sector privado, en las transacciones comerciales internacionales, pornografía y prostitución infantil, trata de seres humanos, blanqueo de capitales, inmigración ilegal, ataques a sistemas informáticos...). Esta responsabilidad únicamente podrá ser declarada en aquellos supuestos donde expresamente se prevea.

»Para la fijación de la responsabilidad de las personas jurídicas se ha optado por establecer una doble vía. Junto a la imputación de aquellos delitos cometidos en su nombre o por su cuenta, y en su provecho, por las personas que tienen poder de representación en las mismas, se añade la responsabilidad por aquellas infracciones propiciadas por no haber ejercido la persona jurídica el debido control sobre sus empleados, naturalmente con la imprescindible consideración de las circunstancias del caso concreto a efectos de evitar una lectura meramente objetiva de esta regla de imputación.

»Se deja claro que la responsabilidad penal de la persona jurídica podrá declararse con independencia de que se pueda o no individualizar la responsabilidad penal de la persona física. En consecuencia, se suprime el actual apartado 2 del artículo 31.

»En este ámbito se concreta un catálogo de penas imponibles a las personas jurídicas, añadiéndose —respecto a las hasta ahora denominadas consecuencias accesorias (disolución, suspensión de actividades, clausura de establecimientos...)—, la multa por cuotas y proporcional y la inhabilitación para obtener subvenciones y ayudas públicas, para contratar con las Administraciones Públicas y para gozar de beneficios e incentivos fiscales o de la seguridad social. Se opta en este punto por el sistema claramente predominante en el Derecho comparado y en los textos comunitarios objeto de transposición, según el cual la multa es la pena común y general para todos los supuestos de responsabilidad, reservándose la imposición adicional de otras medidas más severas sólo para los supuestos cualificados que se ajusten a las reglas fijadas en el nuevo artículo 66 bis. Igualmente, se tiene en cuenta el posible fraccionamiento del pago de las multas que les sean impuestas a las personas jurídicas cuando exista peligro para la supervivencia de aquéllas o la estabilidad de los puestos de trabajo, así como cuando

criterios en que se inspira, aunque éstos puedan deducirse con facilidad de la lectura de su texto.

El eje de dichos criterios ha sido, como es lógico, el de la adaptación positiva del nuevo

---

lo aconseje el interés general. Además, se regulan taxativamente los supuestos de atenuación de la responsabilidad de las personas jurídicas, entre los que destacan la confesión de la infracción a las autoridades, la reparación del daño y el establecimiento de medidas eficaces para prevenir y descubrir los delitos que en el futuro puedan cometerse con los medios o bajo la cobertura de la persona jurídica.

»En este apartado, al objeto de evitar que la responsabilidad penal de las personas jurídicas pueda ser burlada por una disolución encubierta o aparente o por su transformación, fusión, absorción o escisión, se contienen previsiones específicas donde se presume que existe la referida disolución aparente o encubierta cuando aquélla continúe con su actividad económica y se mantenga la identidad sustancial de clientes, proveedores y empleados, trasladándose en aquellos casos la responsabilidad penal a la entidad o entidades en que se transforme, quede fusionada o absorbida y extendiéndose a la entidad o entidades a que dé lugar la escisión.

»VIII

»De singular importancia resulta la transposición de la Decisión Marco 2005/212/JAI del Consejo, de 24 de febrero de 2005, relativa al decomiso de los productos, instrumentos y bienes relacionados con el delito. Como se recoge en el instrumento internacional, el principal objetivo de la delincuencia organizada es el beneficio económico y, en consecuencia, el establecimiento de normas comunes relativas al seguimiento, embargo, incautación y decomiso de los productos del delito es objetivo prioritario para conseguir una eficaz lucha contra aquélla.

»Por ello, se ha completado la regulación existente del comiso encomendando a los jueces y tribunales acordarlo respecto de aquellos efectos, bienes, instrumentos y ganancias procedentes de actividades delictivas cometidas en el marco de una organización o grupo criminal, o bien cuando se trate de delitos de terrorismo, con independencia de si estos últimos se cometen en el seno de una organización o grupo terrorista, tal y como se prevé en la Decisión Marco 2002/475/JAI del Consejo, sobre la lucha contra el terrorismo. Para facilitar la medida, se establece una presunción de procedencia de actividades delictivas cuando el valor del patrimonio sea desproporcionado con respecto a los ingresos legales de todas y cada una de las personas condenadas por delitos cometidos en el seno de la organización o grupo criminal. Asimismo, se faculta a los jueces y tribunales para acordar el comiso cuando se trate de un delito imprudente que lleve aparejado en la ley la imposición de una pena privativa de libertad superior a un año.

»IX

»En el ámbito de la prescripción del delito, con el objetivo de aumentar la seguridad jurídica, se ha optado por una regulación detallada del instituto que ponga fin a las diferencias interpretativas surgidas en los últimos tiempos. Para llevar a cabo esta tarea, se ha prestado especial atención a la necesidad de precisar el momento de inicio de la interrupción de la prescripción, estableciéndose que ésta se produce, quedando sin efecto el tiempo transcurrido, cuando el procedimiento se dirija contra persona determinada que aparezca indiciariamente como penalmente responsable. Para entender que ello ocurre se requiere, cuando menos, una actuación material del Juez Instructor.

»Del mismo modo, se ha considerado necesario abordar el problema de los efectos que para la interrupción de la prescripción puede tener la presentación de denuncias o querellas y para ello se opta por suspender el cómputo de la prescripción por un máximo de seis meses o dos meses, según se trate de delito o falta, desde dicha presentación siempre que sea ante un órgano judicial y contra una persona determinada. Si el órgano judicial no la

Código Penal a los valores constitucionales. Los cambios que introduce en esa dirección el presente Proyecto son innumerables, pero merece la pena destacar algunos.

---

admite a trámite o no dirige el procedimiento contra la persona denunciada o querellada, continúa el cómputo de prescripción desde la fecha de presentación. También continuará el cómputo si dentro de dichos plazos el Juez no adopta ninguna de las resoluciones citadas.

»El replanteamiento del régimen procesal de la prescripción en los términos expuestos aconseja también revisar algunos aspectos de su regulación sustantiva. La impunidad debida a la prescripción de ciertos delitos castigados con penas de no excesiva gravedad (estafas, delitos urbanísticos, por ejemplo, o algunos delitos contra la Administración Pública), cuyo descubrimiento e investigación pueden sin embargo resultar extremadamente complejos y dilatados, ha redundado en descrédito del sistema judicial y en directo perjuicio de las víctimas. En este sentido, se opta por elevar el plazo mínimo de prescripción de los delitos a cinco años, suprimiendo por tanto el plazo de tres años que hasta ahora regía para los que tienen señalada pena de prisión o inhabilitación inferior a tres años.

»Las modificaciones en materia de prescripción del delito se completan con la declaración de la imprescriptibilidad de los delitos de terrorismo que hubieren causado la muerte de una persona. El fundamento de la institución de la prescripción se halla vinculado en gran medida a la falta de necesidad de aplicación de la pena tras el transcurso de cierto tiempo. La reforma se fundamenta en este punto en que tal premisa no puede cumplirse frente a conductas delictivas que presentan las características del tipo mencionado.

»X

»Como respuesta al fenómeno cada vez más extendido de la compraventa de órganos humanos y al llamamiento de diversos foros internacionales a abordar su punición, se ha incorporado como infracción penal la obtención o el tráfico ilícito de órganos humanos, así como el trasplante de los mismos. Ya en el año 2004 la Organización Mundial de la Salud declaró que la venta de órganos era contraria a la Declaración Universal de Derechos Humanos, exhortando a los médicos a que no realizasen trasplantes si tenían sospechas de que el órgano había sido objeto de una transacción. Recientemente, en la Cumbre internacional sobre turismo de trasplantes y tráfico de órganos celebrada en mayo de 2008, representantes de setenta y ocho países consensuaron la denominada "Declaración de Estambul", en donde se deja constancia de que dichas prácticas violan los principios de igualdad, justicia y respeto a la dignidad humana debiendo ser erradicadas. Y, aunque nuestro Código Penal ya contempla estas conductas en el delito de lesiones, se considera necesario dar un tratamiento diferenciado a dichas actividades castigando a todos aquellos que promuevan, favorezcan, faciliten o publiciten la obtención o el tráfico ilegal de órganos humanos ajenos o su trasplante. En este marco, se ha considerado que también debe incriminarse, con posibilidad de moderar la sanción penal en atención a las circunstancias concurrentes, al receptor del órgano que, conociendo su origen ilícito, consienta en la realización del trasplante.

»XI

»Dentro de los delitos de torturas y contra la integridad moral, se incrimina la conducta de acoso laboral, entendiendo por tal el hostigamiento psicológico u hostil en el marco de cualquier actividad laboral o funcionarial que humille al que lo sufre, imponiendo situaciones de grave ofensa a la dignidad. Con ello quedarían incorporadas en el tipo penal todas aquellas conductas de acoso producidas tanto en el ámbito de las relaciones jurídico privadas como en el de las relaciones jurídico-públicas.

»Igualmente, al hilo de la proliferación, durante la última década, de conductas acosadoras en la esfera de la vivienda, se sanciona también el acoso inmobiliario. Con ello se pretende tutelar el derecho al disfrute de

En primer lugar, se propone una reforma total del actual sistema de penas, de modo que permita alcanzar, en lo posible, los objetivos de

---

la vivienda por parte de propietarios o inquilinos frente a los ataques dirigidos a obligar a unos o a otros a abandonarla para así alcanzar, en la mayoría de los casos, objetivos especuladores. Distintos pronunciamientos judiciales habían venido poniendo de manifiesto las dificultades que para la represión de estas conductas se derivaba de la ausencia hasta el momento de una específica regulación penal de este fenómeno.

»XII

»El tratamiento penal unificado de los delitos de trata de seres humanos e inmigración clandestina que contenía el artículo 318 bis resultaba a todas luces inadecuado, en vista de las grandes diferencias que existen entre ambos fenómenos delictivos. La separación de la regulación de estas dos realidades resulta imprescindible tanto para cumplir con los mandatos de los compromisos internacionales como para poner fin a los constantes conflictos interpretativos.

»Para llevar a cabo este objetivo se procede a la creación del Título VII bis, denominado "De la trata de seres humanos". Así, el artículo 177 bis tipifica un delito en el que prevalece la protección de la dignidad y la libertad de los sujetos pasivos que la sufren. Por otro lado, resulta fundamental resaltar que no estamos ante un delito que pueda ser cometido exclusivamente contra personas extranjeras, sino que abarcará todas las formas de trata de seres humanos, nacionales o trasnacionales, relacionadas o no con la delincuencia organizada.

»En cambio, el delito de inmigración clandestina siempre tendrá carácter trasnacional, predominando, en este caso, la defensa de los intereses del Estado en el control de los flujos migratorios.

»Además de la creación del artículo 177 bis, y como consecuencia de la necesidad de dotar de coherencia interna al sistema, esta reestructuración de los tipos ha requerido la derogación de las normas contenidas en los artículos 313.1 y 318 bis.2.

»XIII

»En el ámbito de los delitos sexuales, junto al acrecentamiento del nivel de protección de las víctimas, especialmente de aquellas más desvalidas, ha de mencionarse la necesidad de trasponer la Decisión Marco 2004/68/JAI del Consejo, de 22 de diciembre de 2003, relativa a la lucha contra la explotación sexual de los niños y la pornografía infantil. Resulta indudable que en los casos de delitos sexuales cometidos sobre menores el bien jurídico a proteger adquiere una dimensión especial por el mayor contenido de injusto que presentan estas conductas. Mediante las mismas se lesiona no sólo la indemnidad sexual, entendida como el derecho a no verse involucrado en un contexto sexual sin un consentimiento válidamente prestado, sino también la formación y desarrollo de la personalidad y sexualidad del menor. Por ello se procede a la incorporación, en el Título VIII del Libro II del Código Penal, del Capítulo II bis, denominado "De los abusos y agresiones sexuales a menores de trece años". Por otra parte, la extensión de la utilización de Internet y de las tecnologías de la información y la comunicación con fines sexuales contra menores ha evidenciado la necesidad de castigar penalmente las conductas que una persona adulta desarrolla a través de tales medios para ganarse la confianza de menores con el fin de concertar encuentros para obtener concesiones de índole sexual. Por ello, se introduce un nuevo artículo 183 bis mediante el que se regula el internacionalmente denominado "*child grooming*", previéndose además penas agravadas cuando el acercamiento al menor se obtenga mediante coacción, intimidación o engaño.

»En el ámbito de las figuras de prostitución y pornografía infantil, la traslación de la Decisión Marco a nuestro ordenamiento determina la necesidad de tipificar nuevas conductas. Es el caso de la captación de niños para que participen en espectáculos porno-

resocialización que la Constitución le asigna. El sistema que se propone simplifica, de una parte, la regulación de las penas privativas

---

gráficos, que queda incorporada a la regulación en el artículo 189.1. Lo mismo sucede con la conducta de quien se lucra con la participación de los niños en esta clase de espectáculos, cuya incorporación se realiza en el apartado 1.*a*) del artículo 189. En relación al delito de prostitución, se incorpora la conducta del cliente en aquellos casos en los que la relación sexual se realice con una persona menor de edad o incapaz.

»Para completar el elenco de normas destinadas a otorgar mayor protección a los menores, se considera adecuado crear la pena de privación de la patria potestad o instituciones análogas previstas en la legislación civil de las Comunidades Autónomas que se incluye en el catálogo de penas privativas de derechos previstas en el artículo 39, fijándose su contenido en el artículo 46. Esta nueva pena tendrá el carácter de principal en los supuestos previstos en el artículo 192 y el de pena accesoria de acuerdo a lo establecido en los artículos 55 y 56, cuando los derechos derivados de la patria potestad hubieren tenido una relación directa con el delito cometido.

»XIV

»En el marco de los denominados delitos informáticos, para cumplimentar la Decisión Marco 2005/222/JAI, de 24 de febrero de 2005, relativa a los ataques contra los sistemas de información, se ha resuelto incardinar las conductas punibles en dos apartados diferentes, al tratarse de bienes jurídicos diversos. El primero, relativo a los daños, donde quedarían incluidas las consistentes en dañar, deteriorar, alterar, suprimir o hacer inaccesibles datos o programas informáticos ajenos, así como obstaculizar o interrumpir el funcionamiento de un sistema informático ajeno. El segundo apartado se refiere al descubrimiento y revelación de secretos, donde estaría comprendido el acceso sin autorización vulnerando las medidas de seguridad a datos o programas informáticos contenidos en un sistema o en parte del mismo.

»XV

»Entre las estafas descritas en el artículo 248 del Código Penal, cuyo catálogo en su momento ya se había acrecentado con los fraudes informáticos, ha sido preciso incorporar la cada vez más extendida modalidad consistente en defraudar utilizando las tarjetas ajenas o los datos obrantes en ellas, realizando con ello operaciones de cualquier clase en perjuicio de su titular o de un tercero.

»El sistema de cualificaciones o agravantes específicas propio de la estafa ha venido planteando problemas interpretativos en la praxis, pues da lugar a que se superpongan dobles valoraciones jurídicas sobre unos mismos elementos del hecho, cosa que es particularmente evidente cuando se trata de la modalidad de uso de cheque, pagaré, letra de cambio en blanco o negocio cambiario ficticio —que, además, puede confundirse con alguna modalidad de falsedad documental— que son, a su vez, instrumento y materialización del engaño, y no algo que se sume al ardid defraudatorio, por lo cual su valoración separada es innecesaria.

»XVI

»En el delito de alzamiento de bienes se han agravado las penas en los supuestos en que la deuda u obligación que se trate de eludir sea de Derecho público y la acreedora sea una persona jurídico-pública, así como cuando concurran determinadas circunstancias entre las que destaca la especial gravedad, en función de la entidad del perjuicio y de la situación económica en que deje a la víctima o a su familia.

»XVII

»El agravamiento penológico operado por la Ley Orgánica 15/2003, de 25 de noviembre, en el ámbito de los delitos relativos a la propiedad intelectual e industrial ha evidenciado una cierta quiebra de la necesaria proporcionalidad de la pena en el caso de conductas consistentes en la venta a pequeña escala de copias fraudulentas de obras amparadas por tales dere-

de libertad, ampliando, a la vez, las posibilidades de sustituirlas por otras que afecten a bienes jurídicos menos básicos, y, de otra,

---

chos, máxime cuando frecuentemente los autores de este tipo de conductas son personas en situaciones de pobreza, a veces utilizados por organizaciones criminales, que con tales actos aspiran a alcanzar ingresos mínimos de subsistencia. Por ello, añadiendo un párrafo segundo al apartado 1 del artículo 270 y modificando el apartado 2 del artículo 274, para aquellos casos de distribución al por menor de escasa trascendencia, atendidas las características del culpable y la reducida cuantía del beneficio económico obtenido por éste, siempre que no concurra ninguna de las circunstancias de agravación que el propio Código Penal prevé, se opta por señalar penas de multa o trabajos en beneficio de la comunidad. Además, en tales supuestos, cuando el beneficio no alcance los 400 euros la conducta se castigará como falta.

»XVIII

»Teniendo como referente la Directiva 2003/06 del Consejo, de 28 de enero de 2003, sobre las operaciones con información privilegiada y la manipulación del mercado, se han llevado a cabo reformas en el campo de los delitos relativos al mercado y los consumidores. Así, se incorpora como figura delictiva la denominada estafa de inversores, incriminando a los administradores de sociedades emisoras de valores negociados en los mercados de valores que falseen las informaciones sobre sus recursos, actividades y negocios presentes o futuros, y de ese modo consigan captar inversores u obtener créditos o préstamos.

»Del mismo modo, se castiga la difusión de noticias o rumores sobre empresas donde se ofreciesen datos falsos para alterar o preservar el precio de cotización de un instrumento financiero y la conducta de quienes utilizando información privilegiada realicen transacciones u órdenes de operación que proporcionen o puedan proporcionar indicios falsos o engañosos en cuanto a la oferta, la demanda o el precio de instrumentos financieros, o para asegurar, en concierto con otras personas, el precio de uno o varios instrumentos financieros en un nivel anormal o artificial, así como el concierto para asegurarse una posición dominante sobre la oferta o demanda de un instrumento financiero.

»XIX

»Otro de los aspectos importantes de la reforma es la transposición de la Decisión Marco 2003/568/JAI, relativa a la lucha contra la corrupción en el sector privado. La idea fuerza en este ámbito es que la garantía de una competencia justa y honesta pasa por la represión de los actos encaminados a corromper a los administradores de entidades privadas de forma similar a lo que se hace a través del delito de cohecho. Porque con estos comportamientos, que exceden de la esfera de lo privado, se rompen las reglas de buen funcionamiento del mercado. La importancia del problema es grande si se repara en la repercusión que pueden tener las decisiones empresariales, no sólo para sus protagonistas inmediatos, sino para otras muchas personas. Obviamente, las empresas públicas o las empresas privadas que presten servicios públicos serán sometidas a la disciplina penal del cohecho obviando, por voluntad legal, la condición formal de funcionario que ha de tener al menos una de las partes.

»Se ha considerado conveniente tipificar penalmente las conductas más graves de corrupción en el deporte. En este sentido se castigan todos aquellos sobornos llevados a cabo tanto por los miembros y colaboradores de entidades deportivas como por los deportistas, árbitros o jueces, encaminados a predeterminar o alterar de manera deliberada y fraudulenta el resultado de una prueba, encuentro o competición deportiva, siempre que éstas tengan carácter profesional.

»XX

»Los delitos sobre la ordenación del territorio y el urbanismo son objeto de refor-

introduce cambios en las penas pecuniarias, adoptando el sistema de días-multa y añade los trabajos en beneficio de la comunidad.

---

ma en varios aspectos. De un lado, se modifica la rúbrica del Capítulo I del Título XVI del Libro II, en la que se explicita, junto a la ordenación del territorio, el urbanismo como objeto de tutela. De otro lado, se introducen mejoras. Así, se amplía el ámbito de las conductas típicas a las obras ilegales o clandestinas de urbanización, ya que éstas pueden tener un mayor impacto sobre el territorio que las de mera construcción o edificación, a las que además suelen preceder. A fin de evitar la consolidación de los beneficios del delito por parte del infractor, se perfecciona el sistema en lo que respecta a la pena de multa, estableciéndose, junto a la ya existente previsión de multa por cuotas diarias, la imposición de multa proporcional para aquellos casos en que el beneficio obtenido por el delito fuese superior a la cantidad resultante de la aplicación de aquélla. Además, se concreta que en todo caso se dispondrá el comiso de las ganancias provenientes del delito cualesquiera que sean las transformaciones que hubieren podido experimentar.

»Respecto del delito de prevaricación urbanística, se completa el ámbito de los objetos sobre los que se puede proyectar la conducta prevaricadora con la inclusión de los «instrumentos de planeamiento», así como la de los proyectos de parcelación y reparcelación. Y, como venía siendo demandado por la doctrina, se otorga rango típico a la ocultación de actos ilícitos observados por la inspección y a la omisión de inspecciones que tuvieran carácter obligatorio. En todos estos supuestos, se agravan las penas en correspondencia con la gravedad de este tipo de conductas, suprimiéndose además en el artículo 320 la alternatividad entre la pena de prisión o multa a fin de evitar que los funcionarios y responsables públicos tengan un tratamiento privilegiado.

»XXI

»Las modificaciones en los delitos contra el medio ambiente responden a la necesidad de acoger elementos de armonización normativa de la Unión Europea en este ámbito. De conformidad con las obligaciones asumidas, se produce una agravación de las penas y se incorporan a la legislación penal española los supuestos previstos en la Directiva 2008/99/CE de 19 de noviembre, relativa a la protección del medio ambiente mediante el Derecho penal.

»XXII

»Se perfecciona técnicamente el artículo 337, eliminando el requisito del ensañamiento, que dificultaba de manera notable la aplicación del precepto, al objeto de dotar de una mayor protección a los animales domésticos o amansados frente a los malos tratos que ocasionen su muerte o menoscaben gravemente su salud.

»XXIII

»En el ámbito de los delitos contra la Hacienda Pública y contra la Seguridad Social se ha producido un endurecimiento de las penas al objeto de hacerlas más adecuadas y proporcionales a la gravedad de las conductas. Se prevé asimismo que los jueces y tribunales recaben el auxilio de los servicios de la Administración Tributaria para la ejecución de la pena de multa y la responsabilidad civil.

»En lo que respecta al fraude de subvenciones, se unifica con respecto al delito fiscal la cuantía para considerar delictivos los hechos y se establece que para la determinación de la cantidad defraudada se tomará como referencia el año natural, debiendo tratarse de subvenciones obtenidas para el fomento de la misma actividad privada subvencionable, aunque procedan de distintas Administraciones o entidades públicas.

»XXIV

»En materia de tráfico de drogas se producen algunos reajustes en materia de penas, de conformidad con las normas internacionales, en concreto la Decisión Marco 2004/757/JAI del Consejo, de 25 de octubre de 2004, relativa al estableci-

En segundo lugar, se ha afrontado la antinomia existente entre el principio de intervención mínima y las crecientes necesidades

---

miento de disposiciones mínimas de los elementos constitutivos de delitos y las penas aplicables en el ámbito del tráfico ilícito de drogas. De acuerdo con los criterios punitivos marcados por dicha norma armonizadora, se refuerza el principio de proporcionalidad de la pena reconfigurando la relación entre el tipo básico y los tipos agravados de delito de tráfico de drogas. Las numerosas agravaciones específicas que contiene el Código Penal en esta materia —también de acuerdo con la pauta europea— siguen asegurando dentro de la nueva escala punitiva una respuesta efectiva frente a aquellas conductas que realmente exigen una reacción especialmente firme.

»Asimismo, se acoge la previsión contenida en el Acuerdo del Pleno No Jurisdiccional de la Sala 2.ª del Tribunal Supremo, de 25 de octubre de 2005, en relación con la posibilidad de reducir la pena respecto de supuestos de escasa entidad, siempre que no concurra ninguna de las circunstancias recogidas en los artículos 369 bis, 370 y siguientes.

»Del mismo modo, se precisa más adecuadamente la agravante de buque, en la que venían detectándose algunos problemas de interpretación, añadiéndose el término "embarcación" a fin de permitir la inclusión de otros tipos de embarcaciones habitualmente utilizadas en estos delitos, como, por ejemplo, las semirrígidas.

»XXV

»En la búsqueda de una mayor proporcionalidad en la respuesta jurídico penal a determinadas conductas de peligro abstracto, concretamente en el ámbito de los delitos contra la seguridad vial, se ha considerado conveniente reformar los artículos 379 y 384 en un triple sentido. En primer lugar se equipara la pena de prisión prevista para ambos delitos, al entender que no existe razón de fondo que justifique la diferencia en la respuesta punitiva. Por otra parte, se elimina la actual disyuntiva entre la pena de prisión y la de multa y trabajos en beneficio de la comunidad, estableciéndose los tres tipos de penas como alternativas. De este modo se concede un mayor grado de arbitrio al Juez a la hora de decidir sobre la imposición de cualquiera de las tres penas previstas, permitiendo reservar la pena de prisión, como la de mayor gravedad, para supuestos excepcionales. De otro lado, superando el sistema actual en el que únicamente se prevé para el caso del delito del artículo 381, se introduce un nuevo artículo 385 bis en el que se establece que el vehículo a motor o ciclomotor utilizado en los hechos previstos en el Capítulo se considerará instrumento del delito a los efectos de los artículos 127 y 128.

»Por último, en los supuestos de imposición de la pena de prisión, tratándose de los delitos contenidos en los artículos 379, 383, 384 y 385, se concede a los jueces la facultad excepcional de rebajarla en grado atendiendo a la menor entidad del riesgo y a las demás circunstancias del hecho enjuiciado.

»XXVI

»También se han abordado reformas en ámbitos como el de la falsificación de certificados, a la que se ha de añadir, en todas sus modalidades, la de documentos de identidad que se ha transformado en una práctica intolerablemente extendida. Por razones fácilmente comprensibles, la intervención penal se extiende al tráfico de documentos de identidad falsos, así como a las mismas conductas realizadas en relación con documentos de identidad pertenecientes a otro Estado de la Unión Europea o de un tercer Estado si el objetivo es utilizarlos en España.

»Las tarjetas de crédito o débito requieren también su propia tutela frente a la falsificación, a cuyo fin se describe específicamente esa conducta referida a ellas o a los cheques de viaje. La comprobada frecuencia con la que estas actividades delictivas se descubren como propias de organizaciones criminales obliga al establecimiento de

de tutela en una sociedad cada vez más compleja, dando prudente acogida a nuevas formas de delincuencia, pero eliminando, a la vez,

---

las correspondientes previsiones represoras. La tutela penal se extiende a su vez al tráfico con esos instrumentos falsos y a su uso y tenencia en condiciones que permitan inferir su destino al tráfico, aunque no se haya intervenido en la falsificación.

»XXVII

»En los delitos de cohecho se han producido importantes cambios dirigidos a adecuar nuestra legislación a los compromisos internacionales asumidos, en concreto, al Convenio Penal sobre la corrupción del Consejo de Europa de 27 de enero de 1999 y al Convenio establecido sobre la base de la letra *c*) del apartado 2 del artículo K.3 del Tratado de la Unión Europea, relativo a la lucha contra los actos de corrupción en los que estén implicados funcionarios de las Comunidades Europeas o de los Estados miembros de la Unión Europea.

»Con base en lo establecido en dichos convenios se precisaba una adaptación de las penas, pues se exige que al menos en los casos graves se prevean penas privativas de libertad que puedan dar lugar a la extradición. A ello se suma la conveniencia de extender el concepto de funcionario para que alcance también al funcionario comunitario y al funcionario extranjero al servicio de otro país miembro de la Unión Europea.

»A través de las Leyes Orgánicas 3/2000 y 15/2003 se incorporó a nuestro Código Penal el delito de corrupción de funcionario público extranjero en las transacciones comerciales internacionales, en cumplimiento del Convenio de la Organización para la Cooperación y el Desarrollo Económico (OCDE) de Lucha contra la Corrupción de Agentes Públicos Extranjeros en las Transacciones Comerciales Internacionales. Pese a ello, lo cierto es que la configuración del tipo penal presenta deficiencias que demandan una nueva reforma que, de manera definitiva, acomode nuestro Derecho interno a los términos del Convenio, lo que obliga a dar una nueva redacción al artículo 445 para que así quepa, de una parte, acoger conductas de corrupción que no están suficientemente contempladas en la actualidad, así como regular con precisión la responsabilidad penal de personas jurídicas que intervengan en esa clase de hechos.

»XXVIII

»El devenir de los pronunciamientos jurisprudenciales ha demostrado la incapacidad del actual delito de asociación ilícita para responder adecuadamente a los diferentes supuestos de agrupaciones u organizaciones criminales.

»En primer lugar —y de ello da prueba la escasa aplicación del vigente artículo 515 del Código Penal, fuera de los casos de bandas armadas u organizaciones terroristas— la configuración de dicho delito como una manifestación de ejercicio abusivo, desviado o patológico del derecho de asociación que consagra el artículo 22 de la Constitución, no responde ni a la letra ni al espíritu de esta norma. El texto constitucional declara la ilegalidad de las asociaciones que persigan fines o utilicen medios tipificados como delito; de donde desde luego no es forzoso deducir que cualquier agrupación de personas en torno a una actividad delictiva pueda conceptuarse como asociación, y menos aún asimilarse al ejercicio de un derecho fundamental, como sugiere la ubicación sistemática de la norma penal.

»Las organizaciones y grupos criminales en general no son realmente "asociaciones" que delinquen, sino agrupaciones de naturaleza originaria e intrínsecamente delictiva, carentes en muchos casos de forma o apariencia jurídica alguna, o dotadas de tal apariencia con el exclusivo propósito de ocultar su actividad y buscar su impunidad. Adicionalmente hay que apuntar que la inclusión de las organizaciones terroristas en el artículo 515 del Código Penal había generado problemas en el campo de la cooperación internacional por los problemas que para el cumplimiento

figuras delictivas que han perdido su razón de ser. En el primer sentido, merece destacarse la introducción de los delitos contra el

---

del requisito de doble incriminación suponía la calificación de la organización terrorista como asociación ilícita.

»A sabiendas, precisamente, de la polémica doctrinal surgida en torno a la ubicación sistemática de estos tipos penales, se ha optado finalmente, en el propósito de alterar lo menos posible la estructura del vigente Código Penal, por situarlos dentro del Título XXII del Libro II, es decir, en el marco de los delitos contra el orden público. Lo son, inequívocamente, si se tiene en cuenta que el fenómeno de la criminalidad organizada atenta directamente contra la base misma de la democracia, puesto que dichas organizaciones, aparte de multiplicar cuantitativamente la potencialidad lesiva de las distintas conductas delictivas llevadas a cabo en su seno o a través de ellas, se caracterizan en el aspecto cualitativo por generar procedimientos e instrumentos complejos específicamente dirigidos a asegurar la impunidad de sus actividades y de sus miembros, y a la ocultación de sus recursos y de los rendimientos de aquéllas, en lo posible dentro de una falsa apariencia de conformidad con la ley, alterando a tal fin el normal funcionamiento de los mercados y de las instituciones, corrompiendo la naturaleza de los negocios jurídicos, e incluso afectando a la gestión y a la capacidad de acción de los órganos del Estado.

»La seguridad jurídica, la vigencia efectiva del principio de legalidad, los derechos y las libertades de los ciudadanos, en fin, la calidad de la democracia, constituyen de este modo objetivos directos de la acción destructiva de estas organizaciones. La reacción penal frente a su existencia se sitúa, por tanto, en el núcleo mismo del concepto de orden público, entendido éste en la acepción que corresponde a un Estado de Derecho, es decir, como núcleo esencial de preservación de los referidos principios, derechos y libertades constitucionales.

»Hay que recordar también que la jurisprudencia relativa al delito de asociación ilícita, así como la que ha analizado las ocasionales menciones que el Código Penal vigente hace a las organizaciones criminales (por ejemplo, en materia de tráfico de drogas), requiere la comprobación de una estructura con vocación de permanencia, quedando fuera por tanto otros fenómenos análogos muy extendidos en la sociedad actual, a veces extremadamente peligrosos o violentos, que no reúnen esos requisitos estructurales. La necesidad de responder a esta realidad conduce a la definición, en paralelo con las organizaciones, de los que esta Ley denomina grupos criminales, definidos en el nuevo artículo 570 ter precisamente por exclusión, es decir, como formas de concertación criminal que no encajan en el arquetipo de las citadas organizaciones, pero sí aportan un plus de peligrosidad criminal a las acciones de sus componentes.

»La estructura de las nuevas infracciones responde a un esquema similar en ambos casos, organizaciones y grupos, si bien por un lado las penas son más graves en el caso de las primeras, cuya estructura más compleja responde al deliberado propósito de constituir una amenaza cualitativa y cuantitativamente mayor para la seguridad y orden jurídico, y por otra parte su distinta naturaleza exige algunas diferencias en la descripción de las acciones típicas.

»Así, en el caso de las organizaciones criminales, el nuevo artículo 570 bis tipifica primero las conductas básicas de constitución, dirección y coordinación, distinguiendo según se trate de cometer delitos graves u otras infracciones criminales (incluida la reiteración de faltas), y en un segundo nivel punitivo sitúa las actividades de participación o cooperación, a las que se anuda una respuesta penal inferior, agregando en fin agravaciones específicas en función de las características de la organización y el tipo de delitos que tiene por objeto.

»Los grupos criminales se contemplan en el artículo 570 ter, equiparándose las conductas de constitución de los mismos con la financiación de su actividad o la

orden socieconómico o la nueva regulación de los delitos relativos a la ordenación del territorio y de los recursos naturales; en el segun-

---

integración en ellos, pero siempre distinguiendo la respuesta punitiva a partir de la gravedad de las infracciones criminales que tratan de cometer, en términos análogos a los que rigen para las organizaciones, y con similares agravaciones en razón de las características del grupo.

»XXIX

»Según se ha adelantado, otra de las importantes novedades que introduce la presente ley es una profunda reordenación y clarificación del tratamiento penal de las conductas terroristas, incluyendo entre ellas la propia formación, integración o participación en organizaciones o grupos terroristas, al tiempo que se incorporan algunas novedades que dan cumplimiento a las obligaciones legislativas derivadas de la Decisión Marco 2008/919/JAI.

»El tratamiento de estas organizaciones y grupos se desplaza a un nuevo Capítulo VII del Título XXII, aprovechando a tal fin el artículo 571, cuyo contenido se traslada al 572, lo que permite constituir con aquél una sección primera dedicada a dichas organizaciones y grupos, para mantener en la segunda los actuales delitos de terrorismo. Así, se sitúan las organizaciones y grupos terroristas —por obvias razones de proximidad conceptual, en los términos y por las razones ya expuestas— a continuación de las organizaciones y grupos criminales, al tiempo que se unifica en un mismo capítulo del Código Penal la reacción penal contra todas las manifestaciones de terrorismo.

»En atención a la gravedad intrínseca de la actividad terrorista, considerada como la mayor amenaza para el Estado de Derecho, así como a la peculiar forma de operar de determinados grupos o células terroristas de relativamente reciente desarrollo en el plano internacional, cuyo grado de autonomía constituye precisamente un factor añadido de dificultad para su identificación y desarticulación, se opta —a diferencia del esquema adoptado en el capítulo anterior para las otras organizaciones y grupos criminales— por equiparar plenamente el tratamiento punitivo de los grupos terroristas al de las organizaciones propiamente dichas, manteniendo en este punto la misma respuesta penal que hasta ahora había venido dando la jurisprudencia.

»De conformidad con la pauta marcada por la citada Decisión Marco, al artículo 576 se añade un número 3 que amplía el concepto de colaboración con organización o grupo terrorista, asimilándoles conductas que hasta el presente han planteado algunas dificultades de encaje legal: así se ofrece la oportuna respuesta punitiva a la actuación de los grupos o células —e incluso de las conductas individuales— que tienen por objeto la captación, el adoctrinamiento, el adiestramiento o la formación de terroristas. En la misma línea apuntada por la normativa armonizadora europea, se recogen en el primer apartado del artículo 579 las conductas de distribución o difusión pública, por cualquier medio, de mensajes o consignas que, sin llegar necesariamente a constituir resoluciones manifestadas de delito (esto es, provocación, conspiración o proposición para la realización de una concreta acción criminal) se han acreditado como medios innegablemente aptos para ir generando el caldo de cultivo en el que, en un instante concreto, llegue a madurar la decisión ejecutiva de delinquir, si bien, tal y como exigen la Decisión Marco y el Convenio del Consejo de Europa sobre terrorismo, tales conductas deberán generar o incrementar un cierto riesgo de comisión de un delito de terrorismo.

»Por su parte, el artículo 576 bis, que había quedado vacío de contenido tras su derogación por la Ley Orgánica 2/2005, de 22 de junio, pasa ahora a recoger la tipificación expresa del delito de financiación del terrorismo, que además se completa, siguiendo la línea normativa trazada en materia de blanqueo de capitales, con la inclusión de la conducta imprudente de los

do, la desaparición de las figuras complejas de robo con violencia e intimidación en las personas que, surgidas en el marco de la lucha

---

sujetos especialmente obligados a colaborar con la Administración en la prevención de dicha financiación.

»Para concluir este apartado, y de acuerdo con las consideraciones que en su lugar se realizaron, se ha previsto la aplicación a estos sujetos de la nueva medida postpenitenciaria de libertad vigilada por un tiempo de cinco a diez años, que no obstante puede quedar excluida cuando, tratándose de un solo delito aislado y no grave, cometido por un delincuente primario, quede a juicio del Tribunal acreditada la falta de peligrosidad del autor.

»XXX

»Las normas de desarrollo del Estatuto de Roma de la Corte Penal Internacional, así como la ratificación por España de otros instrumentos de Derecho Internacional Humanitario, entre los que destacan la Convención de 18 de septiembre de 1997 (Tratado de Ottawa) sobre la prohibición del empleo, almacenamiento, producción y transferencia de minas antipersonas y sobre su destrucción, la Convención sobre la seguridad del personal de las Naciones Unidas y el personal asociado de 9 de diciembre de 1994, el Segundo Protocolo de 26 de marzo de 1999 de la Convención de La Haya de 1954, sobre protección de los bienes culturales en caso de conflicto armado y el Protocolo Facultativo de 25 de mayo de 2000 de la Convención de 1989, sobre los derechos del niño, relativo a la participación de los niños en los conflictos armados, han puesto de relieve la necesidad de adecuar los delitos contra la comunidad internacional.

»Es de destacar la especial protección penal dispensada a mujeres y niños en conflictos armados castigándose expresamente a quienes atenten contra la libertad sexual de una persona protegida cometiendo actos de violación, esclavitud sexual, prostitución inducida o forzada, embarazo forzado, esterilización forzada o cualquier otra forma de agresión sexual y, a aquellos que recluten o alisten a menores de dieciocho años o los utilicen para participar directamente en dichos conflictos.

»Por último, se procede a la creación de un nuevo delito de piratería dentro del Título dedicado a los delitos contra la comunidad internacional. La razón de ser de esta reforma radica en la necesidad de dar respuesta a la problemática de los eventuales actos ilícitos contra la seguridad de la navegación marítima y aérea, y se conforma recogiendo los postulados del Convenio de Montego Bay de 10 de diciembre de 1982 sobre el Derecho del mar y de la Convención sobre la navegación marítima firmado en Roma el 10 de marzo de 1988.

»XXXI

»Finalmente, entre las reformas que se realizan con ocasión de esta modificación del Código Penal figura también —en la línea de protección de las víctimas de delitos que la caracteriza— la introducción de una tutela civil específica de los derechos de éstas. No infrecuentemente, en los últimos tiempos han accedido a la programación de los medios de comunicación autores de infracciones penales condenados por sentencia firme que llegan a hacer ostentación de la conducta criminal perpetrada, difunden datos manifiestamente falsos sobre la misma y obtienen además con ello un lucro económico injustificable. Tales comportamientos atentan contra la dignidad de quienes han sufrido las consecuencias de esos actos y de sus allegados, que son sometidos a una nueva experiencia traumática derivada de esta invasión pública de su honor e intimidad. Dadas las limitaciones que caracterizan al Derecho penal, se ha considerado que la vía idónea para responder adecuadamente a este fenómeno consiste en articular una acción civil eficaz que, en el marco de la Ley Orgánica 1/1982, permita a las víctimas actuar frente a este tipo de conductas instando su

contra el bandolerismo, deben desaparecer dejando paso a la aplicación de las reglas generales.

En tercer lugar, se ha dado especial relieve a la tutela de los derechos fundamentales y se ha procurado diseñar con especial mesura el recurso al instrumento punitivo allí donde está en juego el ejercicio de cualquiera de ellos: sirva de ejemplo, de una parte, la tutela específica de la integridad moral y, de otra, la nueva regulación de los delitos contra el honor. Al tutelar específicamente la integridad moral, se otorga al ciudadano una protección más fuerte frente a la tortura, y al configurar los delitos contra el honor del modo en que se propone, se otorga a la libertad de expresión toda la relevancia que puede y debe reconocerle un régimen democrático.

En cuarto lugar, y en consonancia con el objetivo de tutela y respeto a los derechos fundamentales, se ha eliminado el régimen de privilegio de que hasta ahora han venido gozando las injerencias ilegítimas de los funcionarios públicos en el ámbito de los derechos y libertades de los ciudadanos. Por tanto, se propone que las detenciones, entradas y registros en el domicilio llevadas a cabo por autoridad o funcionario fuera de los casos permitidos por la Ley, sean tratadas como formas agravadas de los correspondientes delitos comunes, y no como hasta ahora lo han venido siendo, esto es, como delitos especiales incomprensible e injustificadamente atenuados.

En quinto lugar, se ha procurado avanzar en el camino de la igualdad real y efectiva, tratando de cumplir la tarea que, en ese sentido, impone la Constitución a los poderes públicos. Cierto que no es el Código Penal el instrumento más importante para llevar a cabo esa tarea; sin embargo, puede contribuir a ella, eliminando regulaciones que son un obstáculo para su realización o introduciendo medidas de tutela frente a situaciones discriminatorias. Además de las normas que otorgan una protección específica frente a las actividades tendentes a la discriminación, ha de mencionarse aquí la nueva regulación de los delitos contra la libertad sexual. Se pretende con ella adecuar los tipos penales al bien jurídico protegido, que no es ya, como fuera históricamente, la honestidad de la mujer, sino la libertad sexual de todos. Bajo la tutela de la ho-

---

cese, el resarcimiento del daño moral causado y la evitación de todo enriquecimiento injusto derivado de esta intromisión ilegítima. Además, a fin de reforzar la tutela, se ha optado por legitimar para la acción al Ministerio Fiscal, en tanto que defensor de los derechos de los ciudadanos.»

nestidad de la mujer se escondía una intolerable situación de agravio, que la regulación que se propone elimina totalmente. Podrá sorprender la novedad de las técnicas punitivas utilizadas; pero, en este caso, alejarse de la tradición parece un acierto.

Dejando el ámbito de los principios y descendiendo al de las técnicas de elaboración, el presente proyecto difiere de los anteriores en la pretensión de universalidad. Se venía operando con la idea de que el Código Penal constituyese una regulación completa del poder punitivo del Estado. La realización de esa idea partía ya de un déficit, dada la importancia que en nuestro país reviste la potestad sancionadora de la Administración; pero, además, resultaba innecesaria y perturbadora.

Innecesaria, porque la opción decimonónica a favor del Código Penal y en contra de las leyes especiales se basaba en el hecho innegable de que el legislador, al elaborar un Código, se hallaba constreñido, por razones externas de trascendencia social, a respetar los principios constitucionales, cosa que no ocurría, u ocurría en menor medida, en el caso de una ley particular. En el marco de un constitucionalismo flexible, era ese un argumento de especial importancia para fundamentar la pretensión de universalidad absoluta del Código. Hoy, sin embargo, tanto el Código Penal como las leyes especiales se hayan jerárquicamente subordinados a la Constitución y obligados a someterse a ella, no sólo por esa jerarquía, sino también por la existencia de un control jurisdiccional de la constitucionalidad. Consiguientemente, las leyes especiales no pueden suscitar la prevención que históricamente provocaban.

Perturbadora, porque, aunque es innegable que un Código no merecería ese nombre si no contuviese la mayor parte de las normas penales y, desde luego los principios básicos informadores de toda la regulación, lo cierto es que hay materias que difícilmente pueden introducirse en él. Pues, si una pretensión relativa de universalidad es inherente a la idea de Código, también lo son las de estabilidad y fijeza, y existen ámbitos en que, por la especial situación del resto del ordenamiento, o por la naturaleza misma de las cosas, esa estabilidad y fijeza son imposibles. Tal es, por ejemplo, el caso de los delitos relativos al control de cambios. En ellos, la modificación constante de las condiciones económicas y del contexto normativo, en el que, quiérase o no, se integran tales delitos, aconseja situar las normas penales en dicho contexto y dejarlas fuera del Código: por lo demás, ésa es nuestra tradición, y no faltan, en los países de nuestro entorno, ejemplos caracterizados de un proceder semejante.

Así pues, en ese y en otros

parecidos, se ha optado por remitir a las correspondientes leyes especiales la regulación penal de las respectivas materias. La misma técnica se ha utilizado para las normas reguladoras de la despenalización de la interrupción voluntaria del embarazo. En este caso, junto a razones semejantes a las anteriormente expuestas, podría argüirse que no se trata de normas incriminadoras, sino de normas que regulan supuestos de no incriminación. El Tribunal Constitucional exigió que, en la configuración de dichos supuestos, se adoptasen garantías que no parecen propias de un Código Penal, sino más bien de otro tipo de norma.

En la elaboración del Proyecto se han tenido muy presentes las discusiones parlamentarias del de 1992, el dictamen del Consejo General del Poder Judicial, el estado de la jurisprudencia y las opiniones de la doctrina científica. Se ha llevado a cabo desde la idea, profundamente sentida, de que el Código Penal ha de ser de todos y de que, por consiguiente, han de escucharse todas las opiniones y optar por las soluciones que parezcan más razonables, esto es, por aquellas que todo el mundo debería poder aceptar.

No se pretende haber realizado una obra perfecta, sino, simplemente, una obra útil. El Gobierno no tiene aquí la última palabra, sino solamente la primera. Se limita, pues, con este proyecto, a pronunciarla, invitando a todas las fuerzas políticas y a todos los ciudadanos a colaborar en la tarea de su perfeccionamiento. Solamente si todos deseamos tener un Código Penal mejor y contribuimos a conseguirlo podrá lograrse un objetivo cuya importancia para la convivencia y el pacífico disfrute de los derechos y libertades que la Constitución proclama difícilmente podría exagerarse.

TÍTULO PRELIMINAR

De las garantías penales y de la aplicación de la Ley penal

Artículo 1.º 1. No será castigada ninguna acción ni omisión que no esté prevista como delito o falta por Ley anterior a su perpetración.

Art. 1.º1: V. art. 25.1 CE: «Nadie puede ser condenado o sancionado por acciones u omisiones que en el momento de producirse no constituyan delito, falta o infrac-

2. Las medidas de seguridad sólo podrán aplicarse cuando concurran los presupuestos establecidos previamente por la Ley.

Art. 2.º 1. No será castigado ningún delito ni falta con pena que no se halle prevista por Ley anterior a su perpetración. Carecerán, igualmente, de efecto retroactivo las Leyes que establezcan medidas de seguridad.

2. No obstante, tendrán efecto retroactivo aquellas leyes penales que favorezcan al reo, aunque al entrar en vigor hubiera recaído sentencia firme y el sujeto estuviese cumpliendo condena. En caso de duda sobre la determinación de la Ley más favorable, será oído el reo. Los hechos cometidos bajo la vigencia de una Ley temporal serán juzgados, sin embargo, conforme a ella, salvo que se disponga expresamente lo contrario.

Art. 3.º 1. No podrá ejecutarse pena ni medida de seguridad sino en virtud de sentencia firme dictada por el Juez o Tribunal competente, de acuerdo con las leyes procesales.

2. Tampoco podrá ejecutarse pena ni medida de seguridad en otra forma que la prescrita por la Ley y reglamentos que la desarrollan, ni con otras circunstancias o accidentes que los expresados en su texto. La ejecución de la pena o de la medida de seguridad se realizará bajo el control de los Jueces y Tribunales competentes.

---

ción administrativa, según la legislación vigente en aquel momento». V. art. 15 PIDCP, que dispone lo siguiente:

«1. Nadie será condenado por actos u omisiones que en el momento de cometerse no fueran delictivos según el derecho nacional o internacional. Tampoco se impondrá pena más grave que la aplicable en el momento de la comisión del delito. Si con posterioridad a la comisión del delito la ley dispone la imposición de una pena más leve, el delincuente se beneficiará de ello.

»2. Nada de lo dispuesto en este artículo se opondrá al juicio ni a la condena de una persona por actos u omisiones que, en el momento de cometerse, fueran delictivos según los principios generales del derecho reconocidos por la comunidad internacional.»

V. también Disps. Trans. 1.ª y 2.ª CP y Disp. Trans. 1.ª RP; art. 11.2.º DUDH; art. 7.º CPDHLF; y arts. 1.º2.º y 20 CPM.

Art. 1.º2: V. arts. 6 y 95 ss. CP.

Art. 2.º: El art. 9.º3 CE garantiza «el principio de legalidad, la jerarquía normativa, la publicidad de las normas, la irretroactividad de las disposiciones sancionadoras no favorables o restrictivas de derechos individuales, la seguridad jurídica, la responsabilidad y la interdicción de la arbitrariedad de los poderes públicos», y el art. 4.2 CC establece que «Las leyes penales, las excepcionales y las de ámbito temporal no se aplicarán a supuestos ni en momentos distintos de los comprendidos expresamente en ellas». V. también la Disp. Trans. 11.ª CP y los arts. 1.º LECr, 4.º CPM, y 2.º3, CC, así como la nota al art. 1.º1 precedente.

Art. 3.º: V. arts. 1.º, 145.5.º y 983 ss. LECr; 94 y 95 LOPJ; 2.º, 9.º ss., 72 y 76 ss. LOGP; 3.º RP y 5.º1.º*a*) CPDHLF.

Art. 4.º 1. Las leyes penales no se aplicarán a casos distintos de los comprendidos expresamente en ellas.

2. En el caso de que un Juez o Tribunal, en el ejercicio de su jurisdicción, tenga conocimiento de alguna acción u omisión que, sin estar penada por la Ley, estime digna de represión, se abstendrá de todo procedimiento sobre ella y expondrá al Gobierno las razones que le asistan para creer que debiera ser objeto de sanción penal.

3. Del mismo modo acudirá al Gobierno exponiendo lo conveniente sobre la derogación o modificación del precepto o la concesión de indulto, sin perjuicio de ejecutar desde luego la sentencia, cuando de la rigurosa aplicación de las disposiciones de la Ley resulte penada una acción u omisión que, a juicio del Juez o Tribunal, no debiera serlo, o cuando la pena sea notablemente excesiva, atendidos el mal causado por la infracción y las circunstancias personales del reo.

4. Si mediara petición de indulto, y el Juez o Tribunal hubiere apreciado en resolución fundada que por el cumplimiento de la pena puede resultar vulnerado el derecho a un proceso sin dilaciones indebidas, suspenderá la ejecución de la misma en tanto no se resuelva sobre la petición formulada.

También podrá el Juez o Tribunal suspender la ejecución de la pena, mientras no se resuelva sobre el indulto cuando, de ser ejecutada la sentencia, la finalidad de éste pudiera resultar ilusoria.

Art. 5.º No hay pena sin dolo o imprudencia.

Art. 6.º 1. Las medidas de seguridad se fundamentan en la peligrosidad criminal del sujeto al que se impongan, exteriorizada en la comisión de un hecho previsto como delito.

2. Las medidas de seguridad no pueden resultar ni más gravosas ni de mayor duración que la pena abstractamente aplicable al hecho cometido, ni exceder el

---

Art. 4.º: V. arts. 11, 12, 20 y 28 LI; y 902 LECr. La Real Orden del 14 de abril de 1866 dispone que cuando las Salas de Justicia de las Audiencias expongan lo conveniente con arreglo a lo preceptuado en el párrafo último del art. 2.º CP (antecedente inmediato del presente art. 4) deben proponer siempre, no sólo la rebaja o conmutación de pena que a su juicio proceda en el caso de la exposición, sino el grado y extensión en que debe comprenderse, debiendo al mismo tiempo acompañar a la exposición copia certificada de la sentencia que haya dado ocasión a la consulta.

Art. 6.º: V. arts. 95 ss. CP.

límite de lo necesario para prevenir la peligrosidad del autor.

Art. 7.º A los efectos de determinar la Ley penal aplicable en el tiempo, los delitos y faltas se consideran cometidos en el momento en que el sujeto ejecuta la acción u omite el acto que estaba obligado a realizar.

Art. 8.º Los hechos susceptibles de ser calificados con arreglo a dos o más preceptos de este Código, y no comprendidos en los artículos 73 a 77, se castigarán observando las siguientes reglas:

1.ª El precepto especial se aplicará con preferencia al general.

2.ª El precepto subsidiario se aplicará sólo en defecto del principal, ya se declare expresamente dicha subsidiariedad, ya sea ésta tácitamente deducible.

3.ª El precepto penal más amplio o complejo absorberá a los que castiguen las infracciones consumidas en aquél.

4.ª En defecto de los criterios anteriores, el precepto penal más grave excluirá los que castiguen el hecho con pena menor.

Art. 9.º Las disposiciones de este Título se aplicarán a los delitos y faltas que se hallen penados por leyes especiales. Las restantes disposiciones de este Código se aplicarán como supletorias en lo no previsto expresamente por aquéllas.

Art. 7.º: V. Disps. Trans. 1.ª y 2.ª CP y Disp. Trans. 1.ª RP.

Art. 8.º: V. arts. 136 LO 5/1985, de 19 de junio, del Régimen Electoral General (Apéndice 6), y 3.º LPPNA.

Art. 9.º: V. Disp. Trans. 11.ª CP y arts. 138 LO 5/1985, de 19 de junio, del Régimen Electoral General (Apéndice 6), y 12 LPPNA.

LIBRO PRIMERO

Disposiciones generales sobre los delitos y las faltas, las personas responsables, las penas, medidas de seguridad y demás consecuencias de la infracción penal

TÍTULO PRIMERO

De la infracción penal

CAPÍTULO PRIMERO

DE LOS DELITOS Y FALTAS

Art. 10. Son delitos o faltas las acciones y omisiones dolosas o imprudentes penadas por la Ley.

Art. 11. Los delitos o faltas que consistan en la producción de un resultado sólo se entenderán cometidos por omisión cuando la no evitación del mismo, al infringir un especial deber jurídico del autor, equivalga, según el sentido del texto de la Ley, a su causación. A tal efecto se equiparará la omisión a la acción:

a) Cuando exista una específica obligación legal o contractual de actuar.

b) Cuando el omitente haya creado una ocasión de riesgo para el bien jurídicamente protegido mediante una acción u omisión precedente.

Art. 12. Las acciones u omisiones imprudentes sólo se castigarán cuando expresamente lo disponga la Ley.

Art. 13. 1. Son delitos graves las infracciones que la Ley castiga con pena grave.

2. Son delitos menos graves las infracciones que la Ley castiga con pena menos grave.

3. Son faltas las infracciones que la Ley castiga con pena leve.

4. Cuando la pena, por su extensión, pueda incluirse a la vez

---

Art. 10: V. nota a los arts. 1.º y 2.º de este Código.

Art. 12: V. arts. 142, 146, 152, 158, 159.2.º, 220.5.º, 267, 301.3.º, 317, 324, 331, 344, 347, 358, 367, 391, 447, 467.2.º, 532, 601 y 621 de este Código.

Art. 13: V. art. 33 de este Código.

entre las mencionadas en los dos primeros números de este artículo, el delito se considerará, en todo caso, como grave.

Art. 14. 1. El error invencible sobre un hecho constitutivo de la infracción penal excluye la responsabilidad criminal. Si el error, atendidas las circunstancias del hecho y las personales del autor, fuera vencible, la infracción será castigada, en su caso, como imprudente.

2. El error sobre un hecho que cualifique la infracción o sobre una circunstancia agravante, impedirá su apreciación.

3. El error invencible sobre la ilicitud del hecho constitutivo de la infracción penal excluye la responsabilidad criminal. Si el error fuera vencible, se aplicará la pena inferior en uno o dos grados.

Art. 15. 1. Son punibles el delito consumado y la tentativa de delito.

2. Las faltas sólo se castigarán cuando hayan sido consumadas, excepto las intentadas contra las personas o el patrimonio.

Art. 16. 1. Hay tentativa cuando el sujeto da principio a la ejecución del delito directamente por hechos exteriores, practicando todos o parte de los actos que objetivamente deberían producir el resultado, y sin embargo éste no se produce por causas independientes de la voluntad del autor.

2. Quedará exento de responsabilidad penal por el delito intentado quien evite voluntariamente la consumación del delito, bien desistiendo de la ejecución ya iniciada, bien impidiendo la producción del resultado, sin perjuicio de la responsabilidad en que pudiera haber incurrido por los actos ejecutados, si éstos fueren ya constitutivos de otro delito o falta.

3. Cuando en un hecho intervengan varios sujetos, quedarán exentos de responsabilidad penal aquel o aquellos que desistan de la ejecución ya iniciada, e impidan o intenten impedir, seria, firme y decididamente, la consumación, sin perjuicio de la responsabilidad en que pudieran haber incurrido por los actos ejecutados, si éstos fueren ya constitutivos de otro delito o falta.

Art. 14: El art. 6.º1 CC establece: «La ignorancia de las leyes no excusa de su cumplimiento. El error de derecho producirá únicamente aquellos efectos que las leyes determinen.»

Art. 15: V. arts. 16, 61, 62, 64, 617 ss. y 623 ss. de este Código.

Art. 16: V. arts. 15, 61, 62 y 64 de este Código.

Art. 17. 1. La conspiración existe cuando dos o más personas se conciertan para la ejecución de un delito y resuelven ejecutarlo.

2. La proposición existe cuando el que ha resuelto cometer un delito invita a otra u otras personas a ejecutarlo.

3. La conspiración y la proposición para delinquir sólo se castigarán en los casos especialmente previstos en la Ley.

Art. 18. 1. La provocación existe cuando directamente se incita por medio de la imprenta, la radiodifusión o cualquier otro medio de eficacia semejante, que facilite la publicidad, o ante una concurrencia de personas, a la perpetración de un delito.

Es apología, a los efectos de este Código, la exposición, ante una concurrencia de personas o por cualquier medio de difusión, de ideas o doctrinas que ensalcen el crimen o enaltezcan a su autor. La apología sólo será delictiva como forma de provocación y si por su naturaleza y circunstancias constituye una incitación directa a cometer un delito.

2. La provocación se castigará exclusivamente en los casos en que la Ley así lo prevea.

Si a la provocación hubiese seguido la perpetración del delito, se castigará como inducción.

CAPÍTULO II

DE LAS CAUSAS QUE EXIMEN DE LA RESPONSABILIDAD CRIMINAL*

Art. 19. Los menores de dieciocho años no serán responsables criminalmente con arreglo a este Código.

Cuando un menor de dicha edad cometa un hecho delictivo podrá ser responsable con arreglo a lo dispuesto en la Ley que regule la responsabilidad penal del menor.

Art. 20. Están exentos de responsabilidad criminal:

1.º El que al tiempo de cometer la infracción penal, a causa de cualquier anomalía o alteración psíquica, no pueda comprender la ilicitud del hecho o actuar conforme a esa comprensión.

Art. 17: V. arts. 141, 151, 168, 269, 304, 373, 477, 488, 519, 548, 553, 578, 585 y 615 de este Código.

Art. 18: V. art. 28.*a*) CP y los citados en nota al art. anterior.

* V. arts. 637.3.ª LECr, 21 CPM, y 2.º1.º LPPNA.

Art. 19: V. arts. 375, 376 y 380 LECr; 9.º y 20 LJM; 96, 97 y Disp. Adic. 1.ª LOPJ; y la Convención sobre los Derechos del Niño, de 20 de noviembre de 1989, ratificada por Instrumento de 30 de noviembre de 1990 (*BOE* n.º 313, de 31 de diciembre).

Art. 20.1.º: V. arts. 101, 104 a 107, 118.1.º, 119 y Disp. Adic. 1.ª CP, y 381 a 383, 392 y 991 a 994 LECr.

El trastorno mental transitorio no eximirá de pena cuando hubiese sido provocado por el sujeto con el propósito de cometer el delito o hubiera previsto o debido prever su comisión.

2.º El que al tiempo de cometer la infracción penal se halle en estado de intoxicación plena por el consumo de bebidas alcohólicas, drogas tóxicas, estupefacientes, sustancias psicotrópicas u otras que produzcan efectos análogos, siempre que no haya sido buscado con el propósito de cometerla o no se hubiese previsto o debido prever su comisión, o se halle bajo la influencia de un síndrome de abstinencia, a causa de su dependencia de tales sustancias, que le impida comprender la ilicitud del hecho o actuar conforme a esa comprensión.

3.º El que, por sufrir alteraciones en la percepción desde el nacimiento o desde la infancia, tenga alterada gravemente la conciencia de la realidad.

4.º El que obre en defensa de la persona o derechos propios o ajenos, siempre que concurran los requisitos siguientes:

Primero. Agresión ilegítima. En caso de defensa de los bienes se reputará agresión ilegítima el ataque a los mismos que constituya delito o falta y los ponga en grave peligro de deterioro o pérdida inminentes. En caso de defensa de la morada o sus dependencias, se reputará agresión ilegítima la entrada indebida en aquélla o éstas.

Segundo. Necesidad racional del medio empleado para impedirla o repelerla.

Tercero. Falta de provocación suficiente por parte del defensor.

5.º El que, en estado de necesidad, para evitar un mal propio o ajeno lesione un bien jurídico de otra persona o infrinja un deber, siempre que concurran los siguientes requisitos:

Primero. Que el mal causado no sea mayor que el que se trate de evitar.

Segundo. Que la situación de necesidad no haya sido provocada intencionadamente por el sujeto.

Tercero. Que el necesitado no tenga, por su oficio o cargo, obligación de sacrificarse.

6.º El que obre impulsado por miedo insuperable.

7.º El que obre en cumplimiento de un deber o en el ejercicio legítimo de un derecho, oficio o cargo.

Art. 20.2.º: V. arts. 87, 102, 104 a 107, 118.1.º y 119 de este Código.

Art. 20.3.º: V. arts. 103 a 107, 118.1.º, 119 y Disp. Adic. 1.ª CP y 392 LECr.

Art. 20.4.º: V. art. 2.º2.º*a*) CPDHLF.

Art. 20.5.º: V. arts. 118.1.º y 119 CP y 3.º de la Ley de 12 de enero de 1887, de Protección de Cables Submarinos (*Gaceta* n.º 13, de 13 de enero).

Art. 20.6.º: V. arts. 118.1.º y 119 CP.

Art. 20.7.º: V. arts. 34 Reales Ordenanzas para las Fuerzas Armadas, de 28 de diciembre de 1978; 5.º1.*d*) LO 2/1986, de 13 de marzo, de Fuerzas y Cuerpos de Segu-

En los supuestos de los tres primeros números se aplicarán, en su caso, las medidas de seguridad previstas en este Código.

CAPÍTULO III

DE LAS CIRCUNSTANCIAS QUE ATENÚAN LA RESPONSABILIDAD CRIMINAL*

Art. 21. Son circunstancias atenuantes:

1.ª Las causas expresadas en el capítulo anterior, cuando no concurrieren todos los requisitos necesarios para eximir de responsabilidad en sus respectivos casos.

2.ª La de actuar el culpable a causa de su grave adicción a las sustancias mencionadas en el número 2.º del artículo anterior.

3.ª La de obrar por causas o estímulos tan poderosos que hayan producido arrebato, obcecación u otro estado pasional de entidad semejante.

4.ª La de haber procedido el culpable, antes de conocer que el procedimiento judicial se dirige contra él, a confesar la infracción a las autoridades.

5.ª La de haber procedido el culpable a reparar el daño ocasionado a la víctima, o disminuir sus efectos, en cualquier momento del procedimiento y con anterioridad a la celebración del acto del juicio oral.

6.ª La dilación extraordinaria e indebida en la tramitación del procedimiento, siempre que no sea atribuible al propio inculpado y que no guarde proporción con la complejidad de la causa.

7.ª Cualquier otra circunstancia de análoga significación que las anteriores.

CAPÍTULO IV

DE LAS CIRCUNSTANCIAS QUE AGRAVAN LA RESPONSABILIDAD CRIMINAL**

Art. 22. Son circunstancias agravantes:

1.ª Ejecutar el hecho con alevosía.

Hay alevosía cuando el culpable comete cualquiera de los delitos contra las personas empleando en la ejecución medios, modos o formas que tiendan directa o

---

ridad (*BOE* n.º 63, de 14 de marzo), y 21 CPM.

* V. arts. 66 y 67 CP, 22 CPM y 2.º2.º LPPNA.

Art. 21.1.ª: V. arts. 68 y 104 CP.

Art. 21.6.ª: Este apartado fue incorporado por la LO 5/2010, de 22 de junio (*BOE* n.º 152, de 23 de junio), que entrará en vigor el próximo día 23 de diciembre de 2010.

Art. 21.7.ª: Este apartado ha sido renumerado conforme al texto de la LO 5/2010, de 22 de junio (*BOE* n.º 152, de 23 de junio), que entrará en vigor el próximo día 23 de diciembre de 2010.

** V. arts. 66 y 67 CP, 22 CPM y 2.º2.º LPPNA.

especialmente a asegurarla, sin el riesgo que para su persona pudiera proceder de la defensa por parte del ofendido.

2.ª Ejecutar el hecho mediante disfraz, con abuso de superioridad o aprovechando las circunstancias de lugar, tiempo o auxilio de otras personas que debiliten la defensa del ofendido o faciliten la impunidad del delincuente.

3.ª Ejecutar el hecho mediante precio, recompensa o promesa.

4.ª Cometer el delito por motivos racistas, antisemitas u otra clase de discriminación referente a la ideología, religión o creencias de la víctima, la etnia, raza o nación a la que pertenezca, su sexo, orientación o identidad sexual, la enfermedad que padezca o su discapacidad.

5.ª Aumentar deliberada e inhumanamente el sufrimiento de la víctima, causando a ésta padecimientos innecesarios para la ejecución del delito.

6.ª Obrar con abuso de confianza.

7.ª Prevalerse del carácter público que tenga el culpable.

8.ª Ser reincidente.

Hay reincidencia cuando, al delinquir, el culpable haya sido condenado ejecutoriamente por un delito comprendido en el mismo Título de este Código, siempre que sea de la misma naturaleza.

A los efectos de este número no se computarán los antecedentes penales cancelados o que debieran serlo.

Art. 22.2.ª: V. art. 42.1.º*c*) de la Ley 1/1970, de 4 de abril, de caza (*BOE* n.º 82, de 6 de abril), cuyas disposiciones penales se mantienen en vigor como infracciones administrativas muy graves, de conformidad con la Disp. Derog. 1.*e*) de este Código.

Art. 22.4.ª: Este apartado figura redactado conforme al texto de la LO 5/2010, de 22 de junio (*BOE* n.º 152, de 23 de junio), que entrará en vigor el próximo día 23 de diciembre de 2010. La redacción que sigue vigente hasta entonces es la siguiente:

4.ª Cometer el delito por motivos racistas, antisemitas u otra clase de discriminación referente a la ideología, religión o creencias de la víctima, la etnia, raza o nación a la que pertenezca, su sexo u orientación sexual, o la enfermedad o minusvalía que padezca.

V. arts. 510 y 607 de este Código y notas a los mismos. V. Ley 51/2003, de 2 de diciembre, de igualdad de oportunidades, no discriminación y accesibilidad de las personas con discapacidad (*BOE* n.º 289, de 3 de diciembre); Ley Foral 12/2009, de 19 de noviembre (*BOE* n.º 307, de 22 de diciembre), de la Comunidad Foral de Navarra, de no discriminación por motivos de identidad de género y de reconocimiento de los derechos de las personas transexuales; y RD 203/2010, de 26 de febrero (*BOE* n.º 59, de 9 de marzo), por el que se aprueba el Reglamento de prevención de la violencia, el racismo, la xenofobia y la intolerancia en el deporte.

Art. 22.8.ª: V. arts. 87.2.º, 190, 375, 388 y 580 y Disp. Trans. 7.ª CP y 379 LECr. V. también art. 136 CP y RD 95/2009, de 6 de febrero (*BOE* n.º 33, de 7 de febrero), reproducido en nota al art. 136 de este Código.

CAPÍTULO V

De la circunstancia mixta de parentesco

Art. 23. Es circunstancia que puede atenuar o agravar la responsabilidad, según la naturaleza, los motivos y los efectos del delito, ser o haber sido el agraviado cónyuge o persona que esté o haya estado ligada de forma estable por análoga relación de afectividad, o ser ascendiente, descendiente o hermano por naturaleza o adopción del ofensor o de su cónyuge o conviviente.

CAPÍTULO VI

Disposiciones generales

Art. 24. 1. A los efectos penales se reputará autoridad al que por sí solo o como miembro de alguna corporación, tribunal u órgano colegiado tenga mando o ejerza jurisdicción propia. En todo caso, tendrán la consideración de autoridad los miembros del Congreso de los Diputados, del Senado, de las Asambleas Legislativas de las Comunidades Autónomas y del Parlamento Europeo. Se reputará también autoridad a los funcionarios del Ministerio Fiscal.

Art. 23: Este artículo figura redactado conforme al texto de la Ley Orgánica 11/2003, de 29 de septiembre (*BOE* n.º 234, de 30 de septiembre), de medidas concretas en materia de seguridad ciudadana, violencia doméstica e integración social de los extranjeros. V. arts. 65, 153, 180.4.º, 182.1.º 268 y 424 CP.

Art. 24: V. art. 135.1 Ley Electoral (Apéndice 6); art. 7.º Ley Orgánica 2/1986, de 13 de marzo, de Fuerzas y Cuerpos de Seguridad (*BOE* n.º 63, de 14 de marzo), y Ley Orgánica 3/2003, de 21 de mayo (*BOE* n.º 122, de 22 de mayo), complementaria de la Ley reguladora de los equipos conjuntos de investigación penal en el ámbito de la Unión Europea, por la que se establece el régimen de responsabilidad penal de los miembros destinados en dichos equipos cuando actúen en España.

Además de los preceptos mencionados en el párrafo anterior, otras disposiciones, con rango inferior al de Ley Orgánica, como el art. 23 de la Ley 50/1981, de 30 de diciembre, por el que se aprueba el Estatuto Orgánico del Ministerio Fiscal (*BOE* n.º 11, de 13 de enero de 1982); el art. 174.2 Ley 16/1987, de 30 de julio, de Ordenación de los Transportes Terrestres (*BOE* n.º 182, de 31 de julio), modificada por la Ley 55/1999, de 29 de diciembre (*BOE* n.º 312, de 30 de diciembre; corrección de erratas en *BOE* n.º 54, de 3 de marzo de 2000), o la Resolución de 8 de enero de 1988, de la Dirección General de Recaudación (*BOE* n.º 21, de 25 de enero), atribuyen a determinados funcionarios el carácter de Agente de la Autoridad. A efectos penales, tales disposiciones tienen sólo carácter orientador, pero en ningún caso vinculante; pues como «Agente de la Autoridad» es característica típica de varios delitos del CP (v., por ejemplo, arts. 550 ss.) iría en contra del principio de legalidad (v. arts. 2.º y 10 CP y sus notas correspondientes) que una norma sin rango de Ley —y, desde la entrada en vigor de la Constitución, sin rango de Ley Orgánica— pudiese definir un elemento delictivo cuando no existe una remisión expresa del CP a disposiciones extrapenales para que éstas definan o complementen los requisitos de un hecho punible.

2. Se considerará funcionario público todo el que por disposición inmediata de la Ley o por elección o por nombramiento de autoridad competente participe en el ejercicio de funciones públicas.

Art. 25. A los efectos de este Código se considera incapaz a toda persona, haya sido o no declarada su incapacitación, que padezca una enfermedad de carácter persistente que le impida gobernar su persona o bienes por sí misma.

Art. 26. A los efectos de este Código se considera documento todo soporte material que exprese o incorpore datos, hechos o narraciones con eficacia probatoria o cualquier otro tipo de relevancia jurídica.

TÍTULO II
De las personas criminalmente responsables de los delitos y faltas

Art. 27. Son responsables criminalmente de los delitos y faltas los autores y los cómplices.

Art. 28. Son autores quienes realizan el hecho por sí solos, conjuntamente o por medio de otro del que se sirven como instrumento.

También serán considerados autores:

a) Los que inducen directamente a otro u otros a ejecutarlo.

b) Los que cooperan a su ejecución con un acto sin el cual no se habría efectuado.

Art. 29. Son cómplices los que, no hallándose comprendidos en el artículo anterior, cooperan a la ejecución del hecho con actos anteriores o simultáneos.

Art. 30. 1. En los delitos y faltas que se cometan utilizando medios o soportes de difusión mecánicos no responderán criminalmente ni los cómplices ni quienes los hubieren favorecido personal o realmente.

2. Los autores a los que se refiere el artículo 28 responderán de forma escalonada, excluyente y subsidiaria de acuerdo con el siguiente orden:

1.º Los que realmente hayan redactado el texto o producido el

---

Art. 25: V. arts. 148.3.º, 153, 155, 156, 185 a 188, 192, 197.5.º, 223, 224, 229 a 232 y 618 y Disps. Adics. 1.ª y 2.ª CP.

Art. 26: V. arts. 197, 278, 390 ss., 413 ss., 465, 534.1.2.º, 600 y 603 CP.

Art. 28: V. arts. 61 y 62 CP.

Art. 28.a): V. art. 18.2 CP.

Art. 29: V arts. 63 y 64 CP.

Art. 30: V. arts. 816-823 LECr; arts. 34 y 64 ss. Ley 14/1966, de 18 de marzo, de Prensa e Imprenta (*BOE* n.º 67, de 19 de marzo).

signo de que se trate, y quienes les hayan inducido a realizarlo.

2.º Los directores de la publicación o programa en que se difunda.

3.º Los directores de la empresa editora, emisora o difusora.

4.º Los directores de la empresa grabadora, reproductora o impresora.

3. Cuando por cualquier motivo distinto de la extinción de la responsabilidad penal, incluso la declaración de rebeldía o la residencia fuera de España, no pueda perseguirse a ninguna de las personas comprendidas en alguno de los números del apartado anterior, se dirigirá el procedimiento contra las mencionadas en el número inmediatamente posterior.

Art. 31. 1. El que actúe como administrador de hecho o de derecho de una persona jurídica, o en nombre o representación legal o voluntaria de otro, responderá personalmente, aunque no concurran en él las condiciones, cualidades o relaciones que la correspondiente figura de delito o falta requiera para poder ser sujeto activo del mismo, si tales circunstancias se dan en la entidad o persona en cuyo nombre o representación obre.

2. [...]

Art. 31 bis. 1. En los supuestos previstos en este Código, las personas jurídicas serán penalmente responsables de los delitos cometidos en nombre o por cuenta de las mismas, y en su provecho, por sus representantes legales y administradores de hecho o de derecho.

En los mismos supuestos, las personas jurídicas serán también penalmente responsables de los delitos cometidos, en el ejercicio de actividades sociales y por cuenta y en provecho de las mismas, por quienes, estando sometidos a la autoridad de las personas físicas mencionadas en el

---

Art. 31: Este artículo figura redactado conforme al texto de la Ley Orgánica 15/2003, de 25 de noviembre (*BOE* n.º 283, de 26 de noviembre; corrección de errores en *BOE* n.º 65, de 16 de marzo, y n.º 80, de 2 de abril, ambos de 2004), que entró en vigor el 1 de octubre de 2004. El apartado 2 ha sido suprimido por la LO 5/2010, de 22 de junio (*BOE* n.º 152, de 23 de junio), que entrará en vigor el próximo día 23 de diciembre de 2010. La redacción que sigue vigente hasta entonces es la siguiente:

2. En estos supuestos, si se impusiere en sentencia una pena de multa al autor del delito, será responsable del pago de la misma de manera directa y solidaria la persona jurídica en cuyo nombre o por cuya cuenta actuó.

V. arts. 290 ss. y 318 CP y 7.º3.º de la Ley sobre Régimen Jurídico de Control de Cambios (Apéndice 2).

Art. 31 bis: Este artículo ha sido incorporado por la LO 5/2010, de 22 de junio (*BOE* n.º 152, de 23 de junio), que entrará en vigor el próximo día 23 de diciembre de 2010.

párrafo anterior, han podido realizar los hechos por no haberse ejercido sobre ellos el debido control atendidas las concretas circunstancias del caso.

2. La responsabilidad penal de las personas jurídicas será exigible siempre que se constate la comisión de un delito que haya tenido que cometerse por quien ostente los cargos o funciones aludidas en el apartado anterior, aun cuando la concreta persona física responsable no haya sido individualizada o no haya sido posible dirigir el procedimiento contra ella. Cuando como consecuencia de los mismos hechos se impusiere a ambas la pena de multa, los jueces o tribunales modularán las respectivas cuantías, de modo que la suma resultante no sea desproporcionada en relación con la gravedad de aquéllos.

3. La concurrencia, en las personas que materialmente hayan realizado los hechos o en las que los hubiesen hecho posibles por no haber ejercido el debido control, de circunstancias que afecten a la culpabilidad del acusado o agraven su responsabilidad, o el hecho de que dichas personas hayan fallecido o se hubieren sustraído a la acción de la justicia, no excluirá ni modificará la responsabilidad penal de las personas jurídicas, sin perjuicio de lo que se dispone en el apartado siguiente.

4. Sólo podrán considerarse circunstancias atenuantes de la responsabilidad penal de las personas jurídicas haber realizado, con posterioridad a la comisión del delito y a través de sus representantes legales, las siguientes actividades:

a) Haber procedido, antes de conocer que el procedimiento judicial se dirige contra ella, a confesar la infracción a las autoridades.

b) Haber colaborado en la investigación del hecho aportando pruebas, en cualquier momento del proceso, que fueran nuevas y decisivas para esclarecer las responsabilidades penales dimanantes de los hechos.

c) Haber procedido en cualquier momento del procedimiento y con anterioridad al juicio oral a reparar o disminuir el daño causado por el delito.

d) Haber establecido, antes del comienzo del juicio oral, medidas eficaces para prevenir y descubrir los delitos que en el futuro pudieran cometerse con los medios o bajo la cobertura de la persona jurídica.

5. Las disposiciones relativas a la responsabilidad penal de las personas jurídicas no serán aplicables al Estado, a las Administraciones Públicas territoriales e institucionales, a los Organismos Reguladores, las Agencias y Entidades Públicas Empresariales, a

los partidos políticos y sindicatos, a las organizaciones internacionales de derecho público, ni a aquellas otras que ejerzan potestades públicas de soberanía, administrativas o cuando se trate de Sociedades mercantiles Estatales que ejecuten políticas públicas o presten servicios de interés económico general.

En estos supuestos, los órganos jurisdiccionales podrán efectuar declaración de responsabilidad penal en el caso de que aprecien que se trata de una forma jurídica creada por sus promotores, fundadores, administradores o representantes con el propósito de eludir una eventual responsabilidad penal.

TÍTULO III

De las penas*

CAPÍTULO PRIMERO

DE LAS PENAS, SUS CLASES Y EFECTOS

SECCIÓN 1.ª

*De las penas y sus clases***

Art. 32. Las penas que pueden imponerse con arreglo a este Código, bien con carácter principal bien como accesorias, son privativas de libertad, privativas de otros derechos y multa.

Art. 33. 1. En función de su naturaleza y duración, las penas se clasifican en graves, menos graves y leves.

2. Son penas graves:

a) La prisión superior a cinco años.

---

* V. art. 25.2 CE: «Las penas privativas de libertad y las medidas de seguridad estarán orientadas hacia la reeducación y reinserción social y no podrán consistir en trabajos forzados. El condenado a pena de prisión que estuviere cumpliendo la misma gozará de los derechos fundamentales de este Capítulo a excepción de los que se vean expresamente limitados por el contenido del fallo condenatorio, el sentido de la pena y la ley penitenciaria. En todo caso, tendrá derecho a un trabajo remunerado y a los beneficios correspondientes de la Seguridad Social, así como al acceso a la cultura y al desarrollo integral de su personalidad.»

** V. arts. 24 ss. CPM y 5.º LPPNA. V. igualmente el Protocolo n.º 13 al Convenio para la protección de los Derechos Humanos y las Libertades Fundamentales, relativo a la abolición de la pena de muerte en todas las circunstancias, hecho en Vilna el 3 de mayo de 2002, y ratificado por España por Instrumento de 27 de noviembre de 2009 (*BOE* n.º 77, de 30 de marzo de 2010).

Art. 33: Salvo las modificaciones explicadas en las notas siguientes, este artículo figura redactado conforme al texto de la Ley Orgánica 15/2003, de 25 de noviembre (*BOE* n.º 283, de 26 de noviembre; corrección de errores en *BOE* n.º 65, de 16 de marzo, y n.º 80, de 2 de abril, ambos de 2004), que entró en vigor el 1 de octubre de 2004.

b) La inhabilitación absoluta.

c) Las inhabilitaciones especiales por tiempo superior a cinco años.

d) La suspensión de empleo o cargo público por tiempo superior a cinco años.

e) La privación del derecho a conducir vehículos a motor y ciclomotores por tiempo superior a ocho años.

f) La privación del derecho a la tenencia y porte de armas por tiempo superior a ocho años.

g) La privación del derecho a residir en determinados lugares o acudir a ellos, por tiempo superior a cinco años.

h) La prohibición de aproximarse a la víctima o a aquellos de sus familiares u otras personas que determine el juez o tribunal, por tiempo superior a cinco años.

i) La prohibición de comunicarse con la víctima o con aquellos de sus familiares u otras personas que determine el juez o tribunal, por tiempo superior a cinco años.

j) La privación de la patria potestad.

3. Son penas menos graves:

a) La prisión de tres meses hasta cinco años.

b) Las inhabilitaciones especiales hasta cinco años.

c) La suspensión de empleo o cargo público hasta cinco años.

d) La privación del derecho a conducir vehículos a motor y ciclomotores de un año y un día a ocho años.

e) La privación del derecho a la tenencia y porte de armas de un año y un día a ocho años.

f) La privación del derecho a residir en determinados lugares o acudir a ellos, por tiempo de seis meses a cinco años.

g) La prohibición de aproximarse a la víctima o a aquellos de sus familiares u otras personas que determine el juez o tribunal, por tiempo de seis meses a cinco años.

h) La prohibición de comunicarse con la víctima o con aquellos de sus familiares u otras personas que determine el juez o tribunal, por tiempo de seis meses a cinco años.

i) La multa de más de dos meses.

j) La multa proporcional, cualquiera que fuese su cuantía, salvo lo dispuesto en el apartado 7 de este artículo.

Art. 33.2.j): Este inciso fue añadido por la LO 5/2010, de 22 de junio (*BOE* n.º 152, de 23 de junio), que entrará en vigor el próximo día 23 de diciembre de 2010.

Art. 33.3.j): Este inciso fue añadido por la LO 5/2010, de 22 de junio (*BOE* n.º 152, de 23 de junio), que entrará en vigor el próximo día 23 de diciembre de 2010. La redacción que sigue vigente hasta entonces es la siguiente:

> *j*) La multa proporcional, cualquiera que fuese su cuantía.

k) Los trabajos en beneficio de la comunidad de treinta y uno a ciento ochenta días.

l) La localización permanente de tres meses y un día a seis meses.

m) La pérdida de la posibilidad de obtener subvenciones o ayudas públicas y del derecho a gozar de beneficios o incentivos fiscales o de la Seguridad Social, cualquiera que sea su duración.

4. Son penas leves:

a) La privación del derecho a conducir vehículos a motor y ciclomotores de tres meses a un año.

b) La privación del derecho a la tenencia y porte de armas de tres meses a un año.

c) La privación del derecho a residir en determinados lugares o acudir a ellos, por tiempo inferior a seis meses.

d) La prohibición de aproximarse a la víctima o a aquellos de sus familiares u otras personas que determine el juez o tribunal, por tiempo de un mes a menos de seis meses.

e) La prohibición de comunicarse con la víctima o con aquellos de sus familiares u otras personas que determine el juez o tribunal, por tiempo de un mes a menos de seis meses.

f) La multa de diez días a dos meses.

g) La localización permanente de un día a tres meses.

h) Los trabajos en beneficio de la comunidad de uno a treinta días.

5. La responsabilidad personal subsidiaria por impago de multa tendrá naturaleza menos grave o leve, según la que corresponda a la pena que sustituya.

6. Las penas accesorias tendrán la duración que respectivamente tenga la pena principal, excepto lo que dispongan expresamente otros preceptos de este Código.

7. Las penas aplicables a las personas jurídicas, que tienen todas la consideración de graves, son las siguientes:

a) Multa por cuotas o proporcional.

b) Disolución de la persona jurídica. La disolución producirá la pérdida definitiva de su personalidad jurídica, así como la de

---

Art. 33.3.l) y m): Estos incisos fueron añadidos por la LO 5/2010, de 22 de junio (*BOE* n.º 152, de 23 de junio), que entrará en vigor el próximo día 23 de diciembre de 2010.

Art. 33.4.g): Este inciso figura redactado conforme al texto de la LO 5/2010, de 22 de junio (*BOE* n.º 152, de 23 de junio), que entrará en vigor el próximo día 23 de diciembre de 2010. La redacción que sigue vigente hasta entonces es la siguiente:

g) La localización permanente.

Art. 33.7: Este apartado fue añadido por la LO 5/2010, de 22 de junio (*BOE* n.º 152, de 23 de junio), que entrará en vigor el próximo día 23 de diciembre de 2010.

su capacidad de actuar de cualquier modo en el tráfico jurídico, o llevar a cabo cualquier clase de actividad, aunque sea lícita.

c) Suspensión de sus actividades por un plazo que no podrá exceder de cinco años.

d) Clausura de sus locales y establecimientos por un plazo que no podrá exceder de cinco años.

e) Prohibición de realizar en el futuro las actividades en cuyo ejercicio se haya cometido, favorecido o encubierto el delito. Esta prohibición podrá ser temporal o definitiva. Si fuere temporal, el plazo no podrá exceder de quince años.

f) Inhabilitación para obtener subvenciones y ayudas públicas, para contratar con el sector público y para gozar de beneficios e incentivos fiscales o de la Seguridad Social, por un plazo que no podrá exceder de quince años.

g) Intervención judicial para salvaguardar los derechos de los trabajadores o de los acreedores por el tiempo que se estime necesario, que no podrá exceder de cinco años.

La intervención podrá afectar a la totalidad de la organización o limitarse a alguna de sus instalaciones, secciones o unidades de negocio. El Juez o Tribunal, en la sentencia o, posteriormente, mediante auto, determinará exactamente el contenido de la intervención y determinará quién se hará cargo de la intervención y en qué plazos deberá realizar informes de seguimiento para el órgano judicial. La intervención se podrá modificar o suspender en todo momento previo informe del interventor y del Ministerio Fiscal. El interventor tendrá derecho a acceder a todas las instalaciones y locales de la empresa o persona jurídica y a recibir cuanta información estime necesaria para el ejercicio de sus funciones. Reglamentariamente se determinarán los aspectos relacionados con el ejercicio de la función de interventor, como la retribución o la cualificación necesaria.

La clausura temporal de los locales o establecimientos, la suspensión de las actividades sociales y la intervención judicial podrán ser acordadas también por el Juez Instructor como medida cautelar durante la instrucción de la causa.

Art. 34. No se reputarán penas:

1. La detención y prisión preventiva y las demás medidas cautelares de naturaleza penal.

Art. 34.1: V. arts. 489 ss., 502 ss., 529 bis y 785.8.º*c*) LECr.

2. Las multas y demás correcciones que, en uso de atribuciones gubernativas o disciplinarias, se impongan a los subordinados o administrados.

3. Las privaciones de derechos y las sanciones reparadoras que establezcan las leyes civiles o administrativas.

SECCIÓN 2.ª

De las penas privativas de libertad

Art. 35. Son penas privativas de libertad la prisión, la localización permanente y la responsabilidad personal subsidiaria por impago de multa.

Art. 36. 1. La pena de prisión tendrá una duración mínima de tres meses y máxima de veinte años, salvo lo que excepcionalmente dispongan otros preceptos del presente Código.

Su cumplimiento, así como los beneficios penitenciarios que supongan acortamiento de la condena, se ajustarán a lo dispuesto en las leyes y en este Código.

2. Cuando la duración de la pena de prisión impuesta sea superior a cinco años, el Juez o Tribunal podrá ordenar que la clasificación del condenado en el tercer grado de tratamiento penitenciario no se efectúe hasta el cumplimiento de la mitad de la pena impuesta.

Art. 34.2: V. arts. 127 ss. LRJAP; y RD 1.398/1993, de 4 de agosto, por el que se aprueba el Reglamento del Procedimiento para el ejercicio de la potestad sancionadora de las Administraciones Públicas (*BOE* n.º 189, de 9 de agosto).

Art. 35: Este artículo figura redactado conforme al texto de la Ley Orgánica 15/2003, de 25 de noviembre (*BOE* n.º 283, de 26 de noviembre; corrección de errores en *BOE* n.º 65, de 16 de marzo, y n.º 80, de 2 de abril, ambos de 2004), que entró en vigor el 1 de octubre de 2004. V. arts. 33, 36, 37 y 53 CP.

Art. 36: Este artículo figura redactado conforme al texto de la Ley Orgánica 15/2003, de 25 de noviembre (*BOE* n.º 283, de 26 de noviembre; corrección de errores en *BOE* n.º 65, de 16 de marzo, y n.º 80, de 2 de abril, ambos de 2004), que entró en vigor el 1 de octubre de 2004. El apartado 2 de este artículo figura redactado conforme al texto de la LO 5/2010, de 22 de junio (*BOE* n.º 152, de 23 de junio), que entrará en vigor el próximo día 23 de diciembre de 2010. La redacción que sigue vigente hasta entonces es la siguiente:

> 2. Cuando la duración de la pena de prisión impuesta sea superior a cinco años, la clasificación del condenado en el tercer grado de tratamiento penitenciario no podrá efectuarse hasta el cumplimiento de la mitad de la pena impuesta.
>
> El juez de vigilancia, previo pronóstico individualizado y favorable de reinserción social y valorando, en su caso, las circunstancias personales del reo y la evolución del tratamiento reeducador, cuando no se trate de delitos de terrorismo de la sección segunda del capítulo V del título XXII del libro II de este Código o cometidos en el seno de organizaciones criminales, podrá acordar razonadamente, oídos el Ministerio Fiscal, Instituciones Penitenciarias y las demás partes, la aplicación del régimen general de cumplimiento.

En cualquier caso, cuando la duración de la pena de prisión impuesta sea superior a cinco años y se trate de los delitos enumerados a continuación, la clasificación del condenado en el tercer grado de tratamiento penitenciario no podrá efectuarse hasta el cumplimiento de la mitad de la misma:

a) Delitos referentes a organizaciones y grupos terroristas y delitos de terrorismo del Capítulo VII del Título XXII del Libro II de este Código.

b) Delitos cometidos en el seno de una organización o grupo criminal.

c) Delitos del artículo 183.

d) Delitos del Capítulo V del Título VIII del Libro II de este Código, cuando la víctima sea menor de trece años.

El Juez de Vigilancia, previo pronóstico individualizado y favorable de reinserción social y valorando, en su caso, las circunstancias personales del reo y la evolución del tratamiento reeducador, podrá acordar razonadamente, oídos el Ministerio Fiscal, Instituciones Penitenciarias y las demás partes, la aplicación del régimen general de cumplimiento, salvo en los supuestos contenidos en el párrafo anterior.

Art. 37. 1. La localización permanente tendrá una duración de hasta seis meses. Su cumplimiento obliga al penado a permanecer en su domicilio o en

---

Art. 37: Este artículo figura redactado conforme al texto de la Ley Orgánica 15/2003, de 25 de noviembre (*BOE* n.º 283, de 26 de noviembre; corrección de errores en *BOE* n.º 65, de 16 de marzo, y n.º 80, de 2 de abril, ambos de 2004), que entró en vigor el 1 de octubre de 2004. Su apartado 1 fue modificado y el 4 añadido por la LO 5/2010, de 22 de junio (*BOE* n.º 152, de 23 de junio), que entrará en vigor el próximo día 23 de diciembre de 2010. El texto del apartado 1 de este artículo, vigente hasta entonces, es el siguiente:

> 1. La localización permanente tendrá una duración de hasta doce días. Su cumplimiento obliga al penado a permanecer en su domicilio o en lugar determinado fijado por el juez en sentencia.

V. arts. 88 CP, 8.º LOGP y 163 RP.

Los arts. 2.º*b*) y 12 a 15 del RD 515/2005, de 6 de mayo (*BOE* n.º 109, de 7 de mayo) [modificado por RD 1.849/2009, de 4 de diciembre (*BOE* n.º 293, de 5 de diciembre)], por el que se establecen las circunstancias de ejecución de las penas de trabajos en beneficio de la comunidad y de localización permanente, de determinadas medidas de seguridad, así como de la suspeunsión de la ejecución de las penas privativas de libertad, establecen lo siguiente:

«*Art. 2.º Definiciones.*—A los efectos de este Real Decreto, se entenderá por:

»[...]

»*b*) Localización permanente: la pena privativa de libertad que obliga al penado a permanecer en su domicilio o en un lugar determinado fijado por el juez en la sentencia.

»[...]

»CAPÍTULO III: DEL CUMPLIMIENTO DE LA PENA DE LOCALIZACIÓN PERMANENTE.

»*Art. 12. Comunicación de la resolución judicial.*—Recibido el testimonio de la resolución judicial que determine las

lugar determinado fijado por el Juez en sentencia o posteriormente en auto motivado.

No obstante, en los casos en los que la localización permanente esté prevista como pena principal, atendiendo a la reiteración en la comisión de la infracción y siempre que así lo disponga expresamente el concreto precepto aplicable, el Juez podrá acordar en sentencia que la pena de localización permanente se cumpla los sábados, domingos y días festivos en el centro penitenciario más próximo al domicilio del penado.

2. Si el reo lo solicitare y las circunstancias lo aconsejaren, oído el ministerio fiscal, el juez o tribunal sentenciador podrá acordar que la condena se cumpla durante los sábados y domingos o de forma no continuada.

3. Si el condenado incumpliera la pena, el juez o tribunal sentenciador deducirá testimonio

---

condiciones de cumplimiento de la pena de localización permanente, así como los particulares necesarios, el establecimiento penitenciario del lugar donde el penado tenga fijada su residencia realizará las actuaciones necesarias para hacer efectivo su cumplimiento.

»*Art. 13. Definición del plan de ejecución.*—1. El plan de ejecución, realizado por el establecimiento penitenciario, deberá contener, al menos, los siguientes extremos:

»*a)* Datos de identificación del penado, domicilio o residencia y, en su caso, trabajo y ocupación.

»*b)* Datos penales: falta por la que se le condena y número de días de duración de la localización permanente.

»*c)* Lugar de cumplimiento: domicilio u otro lugar con indicación de población o término municipal.

»*d)* Indicación expresa de si lo va a cumplir de forma continuada o no continuada y si lo realizará los sábados y domingos.

»*e)* Indicación de los medios de control de penas telemáticos o de otra naturaleza.

»2. Al planificar la ejecución se buscará que el cumplimiento de la pena no perjudique la situación personal, familiar y laboral del penado. Por esta razón, será oído con carácter previo a la elaboración del plan por los servicios sociales penitenciarios.

»3. El plan de ejecución será elevado al juez o tribunal sentenciador para su aprobación o rectificación.

»*Art. 14. Seguimiento y control.*—1. En el caso de que se establezca el control por medios telemáticos que requieran de instalación en el domicilio del penado o en el lugar que se designe, se solicitará la conformidad de sus titulares.

»2. En el caso de que la conformidad a que se refiere el apartado anterior no fuera prestada, los servicios sociales penitenciarios lo comunicarán de inmediato al juez o tribunal sentenciador, elevarán la propuesta de modificación del plan de ejecución y señalarán otro medio de control, para su aprobación.

»3. Una vez instalado el sistema de control, se procederá al seguimiento del cumplimiento de la pena y se comunicará al juez o tribunal sentenciador cualquier circunstancia que implique el incumplimiento de la pena.

»*Art. 15. Informe final.*—Una vez cumplida la pena de localización permanente, el establecimiento penitenciario informará al juez o tribunal sentenciador de tal extremo, así como de las incidencias ocurridas durante la ejecución, a los efectos oportunos.»

para proceder de conformidad con lo que disponte el artículo 468.

4. Para garantizar el cumplimiento efectivo, el Juez o Tribunal podrá acordar la utilización de medios mecánicos o electrónicos que permitan la localización del reo.

Art. 38. 1. Cuando el reo estuviere preso, la duración de las penas empezará a computarse desde el día en que la sentencia condenatoria haya quedado firme.

2. Cuando el reo no estuviere preso, la duración de las penas empezará a contarse desde que ingrese en el establecimiento adecuado para su cumplimiento.

SECCIÓN 3.ª

De las penas privativas de derechos

Art. 39. Son penas privativas de derechos:

a) La inhabilitación absoluta.

b) Las de inhabilitación especial para empleo o cargo público, profesión, oficio, industria o comercio, u otras actividades determinadas en este Código, o de los derechos de patria potestad, tutela, guarda o curatela, derecho de sufragio pasivo o de cualquier otro derecho.

c) La suspensión de empleo o cargo público.

d) La privación del derecho a conducir vehículos a motor y ciclomotores.

e) La privación del derecho a la tenencia y porte de armas.

f) La privación del derecho a residir en determinados lugares o acudir a ellos.

g) La prohibición de aproximarse a la víctima o a aquellos de sus familiares u otras personas que determine el juez o tribunal.

h) La prohibición de comunicarse con la víctima o con aquellos de sus familiares u otras personas que determine el juez o tribunal.

i) Los trabajos en beneficio de la comunidad.

j) La privación de la patria potestad.

Art. 40. 1. La pena de inhabilitación absoluta tendrá una

Art. 39: Este artículo figura redactado conforme al texto de la Ley Orgánica 15/2003, de 25 de noviembre (*BOE* n.º 283, de 26 de noviembre; corrección de errores en *BOE* n.º 65, de 16 de marzo, y n.º 80, de 2 de abril, ambos de 2004), que entró en vigor el 1 de octubre de 2004. La letra *j*) de este artículo ha sido añadida por la LO 5/2010, de 22 de junio (*BOE* n.º 152, de 23 de junio), que entrará en vigor el próximo día 23 de diciembre de 2010.

Art. 40: Este artículo figura redactado conforme al texto de la Ley Orgánica 15/2003, de 25 de noviembre (*BOE* n.º 283, de 26 de noviembre; corrección de errores en *BOE* n.º 65, de 16 de marzo, y n.º 80, de 2 de abril, ambos de 2004), que entró en vigor el 1 de octubre de 2004.

duración de seis a veinte años; las de inhabilitación especial, de tres meses a veinte años, y la de suspensión de empleo o cargo público, de tres meses a seis años.

2. La pena de privación del derecho a conducir vehículos a motor y ciclomotores, y la de privación del derecho a la tenencia y porte de armas, tendrán una duración de tres meses a diez años.

3. La pena de privación del derecho a residir en determinados lugares o acudir a ellos tendrá una duración de hasta diez años. La prohibición de aproximarse a la víctima o a aquellos de sus familiares u otras personas, o de comunicarse con ellas, tendrá una duración de un mes a diez años.

4. La pena de trabajos en beneficio de la comunidad tendrá una duración de un día a un año.

5. La duración de cada una de estas penas será la prevista en los apartados anteriores, salvo lo que excepcionalmente dispongan otros preceptos de este Código.

Art. 41. La pena de inhabilitación absoluta produce la privación definitiva de todos los honores, empleos y cargos públicos que tenga el penado, aunque sean electivos. Produce, además, la incapacidad para obtener los mismos o cualesquiera otros honores, cargos o empleos públicos, y la de ser elegido para cargo público, durante el tiempo de la condena.

Art. 42. La pena de inhabilitación especial para empleo o cargo público produce la privación definitiva del empleo o cargo sobre el que recayere, aunque sea electivo, y de los honores que le sean anejos. Produce, además, la incapacidad para obtener el mismo u otros análogos, durante el tiempo de la condena. En la sentencia habrán de especificarse los empleos, cargos y honores sobre los que recae la inhabilitación.

Art. 43. La suspensión de empleo o cargo público priva de su ejercicio al penado durante el tiempo de la condena.

Art. 44. La inhabilitación especial para el derecho de sufragio pasi-

---

Art. 41: V. RD 2.669/1998, de 11 de diciembre, por el que se aprueba el procedimiento a seguir en materia de rehabilitación de los funcionarios públicos en el ámbito de la Administración General del Estado (*BOE* n.º 307, de 24 de diciembre).

Art. 42: Este artículo figura redactado conforme al texto de la Ley Orgánica 15/2003, de 25 de noviembre (*BOE* n.º 283, de 26 de noviembre; corrección de errores en *BOE* n.º 65, de 16 de marzo, y n.º 80, de 2 de abril, ambos de 2004), que entró en vigor el 1 de octubre de 2004.

Art. 44: V. arts. 37 y 137 Ley Orgánica del Régimen Electoral General (Apéndice 6); RD 435/1992, de 30 de abril, sobre comunicación al Registro Central de Penados y Rebeldes y a la Oficina del Censo Electoral de las condenas que lleven aparejadas privación del derecho de sufragio (*BOE* n.º 111, de 8 de mayo).

vo priva al penado, durante el tiempo de la condena, del derecho a ser elegido para cargos públicos.

Art. 45. La inhabilitación especial para profesión, oficio, industria o comercio o cualquier otro derecho, que ha de concretarse expresa y motivadamente en la sentencia, priva al penado de la facultad de ejercerlos durante el tiempo de la condena.

Art. 46. La inhabilitación especial para el ejercicio de la patria potestad, tutela, curatela, guarda o acogimiento, priva al penado de los derechos inherentes a la primera, y supone la extinción de las demás, así como la incapacidad para obtener nombramiento para dichos cargos durante el tiempo de la condena. La pena de privación de la patria potestad implica la pérdida de la titularidad de la misma, subsistiendo los derechos de los que sea titular el hijo respecto del penado. El Juez o Tribunal podrá acordar estas penas respecto de todos o alguno de los menores o incapaces que estén a cargo del penado, en atención a las circunstancias del caso.

A los efectos de este artículo, la patria potestad comprende tanto la regulada en el Código Civil, incluida la prorrogada, como las instituciones análogas previstas en la legislación civil de las Comunidades Autónomas.

Art. 47. La imposición de la pena de privación del derecho a conducir vehículos a motor y ciclomotores inhabilitará al penado para el ejercicio de ambos derechos durante el tiempo fijado en la sentencia.

La imposición de la pena de privación del derecho a la tenencia y porte de armas inhabilitará al penado para el ejercicio de este

---

Art. 46: Este artículo figura redactado conforme al texto de la LO 5/2010, de 22 de junio (*BOE* n.º 152, de 23 de junio), que entrará en vigor el próximo día 23 de diciembre de 2010. La redacción que sigue vigente hasta entonces es la siguiente:

> *Art. 46.* La inhabilitación especial para el ejercicio de la patria potestad, tutela, curatela, guarda o acogimiento, priva al penado de los derechos inherentes a la primera, y supone la extinción de las demás, así como la incapacidad para obtener nombramiento para dichos cargos durante el tiempo de la condena. El juez o tribunal podrá acordar esta pena respecto de todos o de alguno de los menores que estén a cargo del penado, en atención a las circunstancias del caso.

V. arts. 154 ss., 172 ss., 215 ss., 286 ss. y 303 ss. CC y 18 ss. LO 1/1996, de 15 de enero (*BOE* n.º 15, de 17 de enero), de protección jurídica del menor.

Art. 47: El último párrafo de este artículo fue añadido por LO 15/2007, de 30 de noviembre (*BOE* n.º 288, de 1 de diciembre), cuya Exposición de Motivos se reproduce en nota a la rúbrica del Capítulo IV del Título XVII del Libro II del presente Código.

derecho por el tiempo fijado en la sentencia.

Cuando la pena impuesta lo fuere por un tiempo superior a dos años comportará la pérdida de vigencia del permiso o licencia que habilite para la conducción o la tenencia y porte, respectivamente.

Art. 48. 1. La privación del derecho a residir en determinados lugares o acudir a ellos impide al penado residir o acudir al lugar en que haya cometido el delito o falta, o a aquel en que resida la víctima o su familia, si fueren distintos.

2. La prohibición de aproximarse a la víctima, o a aquellos de sus familiares u otras personas que determine el juez o tribunal, impide al penado acercarse a ellos, en cualquier lugar donde se encuentren, así como acercarse a su domicilio, a sus lugares de trabajo y a cualquier otro que sea frecuentado por ellos, quedando en suspenso, respecto de los hijos, el régimen de visitas, comunicación y estancia que, en su caso, se hubiere reconocido en sentencia civil hasta el total cumplimiento de esta pena.

3. La prohibición de comunicarse con la víctima, o con aquellos de sus familiares u otras personas que determine el juez o tribunal, impide al penado establecer con ellas, por cualquier medio de comunicación o medio informático o telemático, contacto escrito, verbal o visual.

4. El juez o tribunal podrá acordar que el control de estas medidas se realice a través de aquellos medios electrónicos que lo permitan.

Art. 49. Los trabajos en beneficio de la comunidad, que no

Art. 48: Este artículo figura redactado conforme al texto de la Ley Orgánica 15/2003, de 25 de noviembre (*BOE* n.º 283, de 26 de noviembre; corrección de errores en *BOE* n.º 65, de 16 de marzo, y n.º 80, de 2 de abril, ambos de 2004), que entró en vigor el 1 de octubre de 2004. El apartado 1 de este artículo figura redactado conforme al texto de la LO 5/2010, de 22 de junio (*BOE* n.º 152, de 23 de junio), que entrará en vigor el próximo día 23 de diciembre de 2010. La redacción que sigue vigente hasta entonces es la siguiente:

> 1. La privación del derecho a residir en determinados lugares o acudir a ellos impide al penado residir o acudir al lugar en que haya cometido el delito, o a aquel en que resida la víctima o su familia, si fueren distintos.

Art. 49: Este artículo figura redactado conforme al texto de la Ley Orgánica 15/2003, de 25 de noviembre (*BOE* n.º 283, de 26 de noviembre; corrección de errores en *BOE* n.º 65, de 16 de marzo, y n.º 80, de 2 de abril, ambos de 2004), que entró en vigor el 1 de octubre de 2004. El párrafo 1.º de este artículo figura redactado conforme al texto de la LO 5/2010, de 22 de junio (*BOE* n.º 152, de 23 de junio), que entrará en vigor el próximo día 23 de

podrán imponerse sin el consentimiento del penado, le obligan a prestar su cooperación no retribuida en determinadas activida-

---

diciembre de 2010. La redacción que sigue vigente hasta entonces es la siguiente:

> Los trabajos en beneficio de la comunidad, que no podrán imponerse sin el consentimiento del penado, le obligan a prestar su cooperación no retribuida en determinadas actividades de utilidad pública, que podrán consistir, en relación con delitos de similar naturaleza al cometido por el penado, en labores de reparación de los daños causados o de apoyo o asistencia a las víctimas. Su duración diaria no podrá exceder de ocho horas y sus condiciones serán las siguientes:

V. arts. 3.º y 26 ss. LOGP y 4.º y 132 ss. RP. Los arts. 2.º*a*) y 3.º a 11 del RD 515/2005, de 6 de mayo (*BOE* n.º 109, de 7 de mayo) [modificados por RD 1.849/2009, de 4 de diciembre (*BOE* n.º 293, de 5 de diciembre], por el que se establecen las circunstancias de ejecución de las penas de trabajos en beneficio de la comunidad y de localización permanente, de determinadas medidas de seguridad; así como de la suspensión de la ejecución de las penas privativas de libertad, establecen lo siguiente:

«*Art. 2.º Definiciones.*—A los efectos de este Real Decreto, se entenderá por:

»*a*) Trabajos en beneficio de la comunidad: la pena privativa de derechos, que no podrá imponerse sin el consentimiento del penado, y que le obliga a prestar su cooperación no retribuida en determinadas actividades de utilidad pública, que podrán consistir, en relación con delitos de similar naturaleza al cometido por el penado, en labores de reparación de los daños causados o de apoyo o asistencia a las víctimas.

»[...]

»CAPÍTULO II: DEL CUMPLIMIENTO DE LA PENA DE TRABAJOS EN BENEFICIO DE LA COMUNIDAD.

»*Art. 3.º Comunicación de la resolución judicial.*—Recibido el testimonio de la resolución judicial que determine las condiciones de cumplimiento de la pena de trabajos en beneficio de la comunidad, así como los particulares necesarios, los servicios sociales penitenciarios del lugar donde el penado tenga fijada su residencia realizarán las actuaciones necesarias para hacer efectivo el cumplimiento de la pena.

»*Art. 4.º Determinación de los puestos de trabajo.*—1. El trabajo en beneficio de la comunidad será facilitado por la Administración estatal, autonómica o local que, a tal fin, podrán establecer los oportunos convenios entre sí o con entidades públicas o privadas que desarrollen actividades de utilidad pública, debiendo remitir mensualmente a la Administración Penitenciaria la relación de plazas disponibles en su territorio.

»2. La Administración Penitenciaria supervisará sus actuaciones y les prestará el apoyo y asistencia necesarios para su eficaz desarrollo.

»3. El penado podrá proponer un trabajo concreto que será valorado, en informe previo, por la Administración Penitenciaria. En este caso, la Administración Penitenciaria, tras analizar la propuesta ofrecida por el penado, emitirá un informe al Juzgado de Vigilancia Penitenciaria en el que valorará la propuesta y, en especial, si cumple los requisitos establecidos en el Código Penal y en este Real Decreto, a fin de que adopte la decisión correspondiente

»*Art. 5.º Entrevista y selección de trabajo.*—1. Los servicios sociales penitenciarios, una vez recibidos el testimonio de la resolución y los particulares necesarios, entrevistarán al penado para conocer sus características personales, capacidad laboral y entorno social, personal y familiar, para determinar la actividad más adecuada. En esta entrevista se informará al penado de las distintas plazas existentes, con indicación expresa de su cometido y del horario en que debería realizarlo; asimismo, se escuchará la propuesta que el penado realice.

des de utilidad pública, que podrán consistir, en relación con delitos de similar naturaleza al cometido por el penado, en labores de

»2. Tras la entrevista los servicios sociales penitenciarios elevarán la propuesta de cumplimiento de la pena al Juzgado de Vigilancia Penitenciaria para su aprobación o rectificación.

»3. Al citar los servicios sociales penitenciarios al penado para la comparecencia del apartado primero le advertirán de las consecuencias de su no comparecencia. En los supuestos de incomparecencia no justificada remitirán los testimonios oportunos al órgano sentenciador.

»*Art. 6.º Jornada, horario e indemnizaciones.*—1. Cada jornada de trabajo tendrá una extensión máxima de ocho horas diarias. Para determinar la duración de la jornada y el plazo en el que deberán cumplirse, se tendrán en cuenta las cargas personales o familiares del penado, así como, en su caso, sus circunstancias laborales.

»2. La ejecución de esta pena estará regida por un principio de flexibilidad para hacer compatible, en la medida de lo posible, el normal desarrollo de las actividades diarias del penado con el cumplimiento de la pena impuesta. A tal efecto, cuando concurra una causa justificada, podrá autorizarse por el juez de vigilancia penitenciaria el cumplimiento de la pena de forma partida, en el mismo o diferentes días.

»3. La realización del trabajo no será retribuida.

»4. La pena de trabajos en beneficio de la comunidad impuesta en delitos contra la seguridad en el tráfico podrá cumplirse mediante la realización de talleres de actividades en materia de seguridad vial organizados por las autoridades correspondientes. Dichos talleres constarán de una fase formativa y otra de realización de actividades de utilidad pública.

»*Art. 7.º Seguimiento y control.*—1. Durante el cumplimiento de la condena, el penado deberá seguir las instrucciones que reciba del Juez de Vigilancia Penitenciaria y de los servicios sociales competentes y las directrices de la entidad para la que preste el trabajo.

»2. Los servicios correspondientes de la Administración que haya facilitado el trabajo informarán periódicamente a los servicios sociales penitenciarios de la actividad que va siendo desarrollada por el penado y de las incidencias relevantes durante el desarrollo del plan de ejecución, así como de la finalización del mismo.

»3. En el supuesto de sustitución regulado en el artículo 88.1 del Código Penal, si se le impusiera, junto a la pena de trabajos en beneficio de la comunidad, la obligación de seguir un programa específico de reeducación y tratamiento psicológico, los servicios sociales penitenciarios remitirán al penado al centro, institución o servicio específico para la realización de dicho programa, de forma compatible con el cumplimiento de la pena, y realizarán el pertinente seguimiento del programa del que informarán oportunamente al juez de vigilancia penitenciaria.

»*Art. 8.º Incidencias durante el cumplimiento.*—Los servicios sociales penitenciarios, hechas las verificaciones necesarias, comunicarán al juez de vigilancia penitenciaria las incidencias relevantes de la ejecución de la pena, a los efectos y en los términos previstos en el artículo 49.6 y 7 del Código Penal.

»*Art. 9.º Información general y particular.*—1. La Administración penitenciaria facilitará, con carácter general y periódico, a las autoridades judiciales y fiscales y a los colegios de abogados, y, singularmente cuando así se reclamen por estas para un penado en concreto, información relativa a esta pena, su forma de ejecución y trabajo disponible.

»2. Esta información también se transmitirá a todas aquellas personas, previa solicitud de estas, que se encuentren en situación procesal susceptible de que se les aplique esta pena, así como a sus letrados.

»*Art. 10. Informe final.*—Una vez cumplidas las jornadas de trabajo, los ser-

reparación de los daños causados o de apoyo o asistencia a las víctimas, así como en la participación del penado en talleres o programas formativos o de reeducación, laborales, culturales, de educación vial, sexual y otros similares. Su duración diaria no podrá exceder de ocho horas y sus condiciones serán las siguientes:

1.ª La ejecución se desarrollará bajo el control del Juez de Vigilancia Penitenciaria, que, a tal efecto, requerirá los informes sobre el desempeño del trabajo a la Administración, entidad pública o asociación de interés general en que se presten los servicios.

2.ª No atentará a la dignidad del penado.

3.ª El trabajo en beneficio de la comunidad será facilitado por la Administración, la cual podrá establecer los convenios oportunos a tal fin.

4.ª Gozará de la protección dispensada a los penados por la legislación penitenciaria en materia de Seguridad Social.

5.ª No se supeditará al logro de intereses económicos.

6.ª Los servicios sociales penitenciarios, hechas las verificaciones necesarias, comunicarán al Juez de Vigilancia Penitenciaria las incidencias relevantes de la ejecución de la pena y, en todo caso, si el penado:

a) Se ausenta del trabajo durante al menos dos jornadas laborales, siempre que ello suponga un rechazo voluntario por su parte al cumplimiento de la pena.

b) A pesar de los requerimientos del responsable del centro de trabajo, su rendimiento fuera sensiblemente inferior al mínimo exigible.

c) Se opusiera o incumpliera de forma reiterada y manifiesta las instrucciones que se le dieren por el responsable de la ocupación referidas al desarrollo de la misma.

d) Por cualquier otra razón, su conducta fuere tal que el responsable del trabajo se negase a seguir manteniéndolo en el centro.

Una vez valorado el informe, el Juez de Vigilancia Penitenciaria podrá acordar su ejecución en el mismo centro, enviar al penado para que finalice la ejecución de la misma en otro centro o

---

vicios sociales penitenciarios informarán al juez de vigilancia penitenciaria de tal extremo a los efectos oportunos.

»*Art. 11. Seguridad Social y prevención de riesgos laborales.*—1. La protección de Seguridad Social de los sometidos a penas de trabajos en beneficio de la comunidad se efectuará de acuerdo con lo establecido en la normativa que resulte de aplicación.

»2. También estarán protegidos por la normativa laboral en materia de prevención de riesgos laborales.

entender que el penado ha incumplido la pena.

En caso de incumplimiento, se deducirá testimonio para proceder de conformidad con el artículo 468.

7.ª Si el penado faltara del trabajo por causa justificada no se entenderá como abandono de la actividad. No obstante, el trabajo perdido no se le computará en la liquidación de la condena, en la que se deberán hacer constar los días o jornadas que efectivamente hubiese trabajado del total que se le hubiera impuesto.

SECCIÓN 4.ª

*De la pena de multa**

Art. 50. 1. La pena de multa consistirá en la imposición al condenado de una sanción pecuniaria.

2. La pena de multa se impondrá, salvo que la Ley disponga otra cosa, por el sistema de días-multa.

3. Su extensión mínima será de diez días y la máxima de dos años. Las penas de multa imponibles a personas jurídicas tendrán una extensión máxima de cinco años.

4. La cuota diaria tendrá un mínimo de dos y un máximo de 400 euros, excepto en el caso de las multas imponibles a las personas jurídicas, en las que la cuota diaria tendrá un mínimo de 30 y un máximo de 5.000 euros. A efectos de cómputo, cuando se fije la duración por meses o por años, se entenderá que los meses son de treinta días y los años de trescientos sesenta.

5. Los Jueces o Tribunales determinarán motivadamente la extensión de la pena dentro de los límites establecidos para cada delito y según las reglas del capítu-

---

* V. Ley 1/2008, de 4 de diciembre, para la ejecución en la Unión Europea de resoluciones que impongan sanciones pecuniarias, y Ley Orgánica 2/2008, de 4 de diciembre, de modificación de la Ley Orgánica 6/1985, de 1 de julio, del Poder Judicial, complementaria de la Ley para la ejecución en la Unión Europea de Resoluciones que impongan sanciones pecuniarias (publicadas ambas en *BOE* n.º 294, de 6 de diciembre).

Art. 50: Este artículo figura redactado conforme al texto de la Ley Orgánica 15/2003, de 25 de noviembre (*BOE* n.º 283, de 26 de noviembre; corrección de errores en *BOE* n.º 65, de 16 de marzo, y n.º 80, de 2 de abril, ambos de 2004), que entró en vigor el 1 de octubre de 2004. Los apartados 3 y 4 de este artículo figuran redactados conforme al texto de la LO 5/2010, de 22 de junio (*BOE* n.º 152, de 23 de junio), que entrará en vigor el próximo día 23 de diciembre de 2010. La redacción que sigue vigente hasta entonces es la siguiente:

> 3. Su extensión mínima será de diez días y la máxima de dos años.
> 4. La cuota diaria tendrá un mínimo de dos y un máximo de 400 euros. A efectos de cómputo, cuando se fije la duración por meses o por años, se entenderá que los meses son de treinta días y los años de trescientos sesenta.

lo II de este Título. Igualmente, fijarán en la sentencia, el importe de estas cuotas, teniendo en cuenta para ello exclusivamente la situación económica del reo, deducida de su patrimonio, ingresos, obligaciones y cargas familiares y demás circunstancias personales del mismo.

6. El tribunal, por causa justificada, podrá autorizar el pago de la multa dentro de un plazo que no exceda de dos años desde la firmeza de la sentencia, bien de una vez o en los plazos que se determinen. En este caso, el impago de dos de ellos determinará el vencimiento de los restantes.

Art. 51. Si, después de la sentencia, variase la situación económica del penado, el juez o tribunal, excepcionalmente y tras la debida indagación de dicha situación, podrá modificar tanto el importe de las cuotas periódicas como los plazos para su pago.

Art. 52. 1. No obstante lo dispuesto en los artículos anteriores y cuando el Código así lo determine, la multa se establecerá en proporción al daño causado, el valor del objeto del delito o el beneficio reportado por el mismo.

2. En estos casos, los jueces y tribunales impondrán la multa dentro de los límites fijados para cada delito, considerando para determinar en cada caso su cuantía, no sólo las circunstancias atenuantes y agravantes del hecho, sino principalmente la situación económica del culpable.

3. Si, después de la sentencia, empeorase la situación económica del penado, el juez o tribunal, excepcionalmente y tras la debida indagación de dicha situación, podrá reducir el importe de la multa dentro de los límites señalados por la ley para el delito de que se trate, o autorizar su pago en los plazos que se determinen.

4. En los casos en los que este Código prevé una pena de multa para las personas jurídicas en proporción al beneficio obtenido o facilitado, al perjuicio causado, al valor del objeto, o a la cantidad

---

Art. 51: Este artículo figura redactado conforme al texto de la Ley Orgánica 15/2003, de 25 de noviembre (*BOE* n.º 283, de 26 de noviembre; corrección de errores en *BOE* n.º 65, de 16 de marzo, y n.º 80, de 2 de abril, ambos de 2004), que entró en vigor el 1 de octubre de 2004.

Art. 52: Este artículo figura redactado conforme al texto de la Ley Orgánica 15/2003, de 25 de noviembre (*BOE* n.º 283, de 26 de noviembre; corrección de errores en *BOE* n.º 65, de 16 de marzo, y n.º 80, de 2 de abril, ambos de 2004), que entró en vigor el 1 de octubre de 2004. El apartado 4 de este artículo ha sido añadido por la LO 5/2010, de 22 de junio (*BOE* n.º 152, de 23 de junio), que entrará en vigor el próximo día 23 de diciembre de 2010.

defraudada o indebidamente obtenida, de no ser posible el cálculo en base a tales conceptos, el Juez o Tribunal motivará la imposibilidad de proceder a tal cálculo y las multas previstas se sustituirán por las siguientes:

a) Multa de dos a cinco años, si el delito cometido por la persona física tiene prevista una pena de prisión de más de cinco años.

b) Multa de uno a tres años, si el delito cometido por la persona física tiene prevista una pena de prisión de más de dos años no incluida en el inciso anterior.

c) Multa de seis meses a dos años, en el resto de los casos.

Art. 53. 1. Si el condenado no satisficiere, voluntariamente o por vía de apremio, la multa impuesta, quedará sujeto a una responsabilidad personal subsidiaria de un día de privación de libertad por cada dos cuotas diarias no satisfechas, que, tratándose de faltas, podrá cumplirse mediante localización permanente. En este caso, no regirá la limitación que en su duración establece el artículo 37.1 de este Código.

También podrá el juez o tribunal, previa conformidad del penado, acordar que la responsabilidad subsidiaria se cumpla mediante trabajos en beneficio de la comunidad. En este caso, cada día de privación de libertad equivaldrá a una jornada de trabajo.

2. En los supuestos de multa proporcional los Jueces y Tribunales establecerán, según su prudente arbitrio, la responsabilidad personal subsidiaria que proceda, que no podrá exceder, en ningún caso, de un año de duración. También podrá el Juez o Tribunal acordar, previa conformidad del penado, que se cumpla mediante trabajos en beneficio de la comunidad.

3. Esta responsabilidad subsidiaria no se impondrá a los condenados a pena privativa de libertad superior a cinco años.

4. El cumplimiento de la responsabilidad subsidiaria extingue la obligación de pago de la multa, aunque mejore la situación económica del penado.

5. Podrá ser fraccionado el pago de la multa impuesta a una persona jurídica, durante un período de hasta cinco años, cuando su cuantía ponga probadamente en peligro la supervivencia de aquélla o el mantenimiento de los pues-

---

Art. 53: Este artículo figura redactado conforme al texto de la Ley Orgánica 15/2003, de 25 de noviembre (*BOE* n.º 283, de 26 de noviembre; corrección de errores en *BOE* n.º 65, de 16 de marzo, y n.º 80, de 2 de abril, ambos de 2004), que entró en vigor el 1 de octubre de 2004. El apartado 5 de este artículo ha sido añadido por la LO 5/2010, de 22 de junio (*BOE* n.º 152, de 23 de junio), que entrará en vigor el próximo día 23 de diciembre de 2010.

tos de trabajo existentes en la misma, o cuando lo aconseje el interés general. Si la persona jurídica condenada no satisficiere, voluntariamente o por vía de apremio, la multa impuesta en el plazo que se hubiere señalado, el Tribunal podrá acordar su intervención hasta el pago total de la misma.

SECCIÓN 5.ª

*De las penas accesorias**

Art. 54. Las penas de inhabilitación son accesorias en los casos en que, no imponiéndolas especialmente, la Ley declare que otras penas las llevan consigo.

Art. 55. La pena de prisión igual o superior a diez años llevará consigo la inhabilitación absoluta durante el tiempo de la condena, salvo que ésta ya estuviere prevista como pena principal para el supuesto de que se trate. El Juez podrá además disponer la inhabilitación especial para el ejercicio de la patria potestad, tutela, curatela, guarda o acogimiento, o bien la privación de la patria potestad, cuando estos derechos hubieren tenido relación directa con el delito cometido. Esta vinculación deberá determinarse expresamente en la sentencia.

Art. 56. 1. En las penas de prisión inferiores a diez años, los jueces o tribunales impondrán, atendiendo a la gravedad del delito, como penas accesorias, alguna o algunas de las siguientes:

---

* V. arts. 28 y 29 CPM.

Art. 54: V. arts. 55, 56 y 79 CP.

Art. 55: Este artículo figura redactado conforme al texto de la LO 5/2010, de 22 de junio (*BOE* n.º 152, de 23 de junio), que entrará en vigor el próximo día 23 de diciembre de 2010. La redacción que sigue vigente hasta entonces es la siguiente:

> *Art. 55.* La pena de prisión igual o superior a diez años llevará consigo la inhabilitación absoluta durante el tiempo de la condena, salvo que ésta ya estuviere prevista como pena principal para el supuesto de que se trate.

V. art. 79 CP.

Art. 56: Este artículo figura redactado conforme al texto de la Ley Orgánica 15/2003, de 25 de noviembre (*BOE* n.º 283, de 26 de noviembre; corrección de errores en *BOE* n.º 65, de 16 de marzo, y n.º 80, de 2 de abril, ambos de 2004), que entró en vigor el 1 de octubre de 2004. El ordinal 3.ª de su apartado 1 figura redactado conforme al texto de la LO 5/2010, de 22 de junio (*BOE* n.º 152, de 23 de junio), que entrará en vigor el próximo día 23 de diciembre de 2010. La redacción que sigue vigente hasta entonces es la siguiente:

> 3.ª Inhabilitación especial para empleo o cargo público, profesión, oficio, industria o comercio o cualquier otro derecho, si éstos hubieran tenido relación directa con el delito cometido, debiendo determinarse expresamente en la sentencia esta vinculación, sin perjuicio de la aplicación de lo previsto en el artículo 579 de este Código.

V. art. 79 CP.

1.ª Suspensión de empleo o cargo público.

2.ª Inhabilitación especial para el derecho de sufragio pasivo durante el tiempo de la condena.

3.ª Inhabilitación especial para empleo o cargo público, profesión, oficio, industria, comercio, ejercicio de la patria potestad, tutela, curatela, guarda o acogimiento o cualquier otro derecho, la privación de la patria potestad, si estos derechos hubieran tenido relación directa con el delito cometido, debiendo determinarse expresamente en la sentencia esta vinculación, sin perjuicio de la aplicación de lo previsto en el artículo 579 de este Código.

2. Lo previsto en este artículo se entiende sin perjuicio de la aplicación de lo dispuesto en otros preceptos de este Código respecto de la imposición de estas penas.

Art. 57. 1. Los jueces o tribunales, en los delitos de homicidio, aborto, lesiones, contra la libertad, de torturas y contra la integridad moral, la libertad e indemnidad sexuales, la intimidad, el derecho a la propia imagen y la inviolabilidad del domicilio, el honor, el patrimonio y el orden socioeconómico, atendiendo a la gravedad de los hechos o al peligro que el delincuente represente, podrán acordar en sus sentencias la imposición de una o varias de las prohibiciones contempladas en el artículo 48, por un tiempo que no excederá de diez años si el delito fuera grave o de cinco si fuera menos grave.

No obstante lo anterior, si el condenado lo fuera a pena de prisión y el juez o tribunal acordara la imposición de una o varias de dichas prohibiciones, lo hará por un tiempo superior entre uno y diez años al de la duración de la pena de prisión impuesta en la sentencia, si el delito fuera grave, y entre uno y cinco años, si fuera menos grave. En este supuesto, la pena de prisión y las prohibiciones antes citadas se cumplirán necesariamente por el condenado de forma simultánea.

2. En los supuestos de los delitos mencionados en el primer párrafo del apartado 1 de este artículo cometidos contra quien

---

Art. 57: Este artículo figura redactado conforme al texto de la Ley Orgánica 15/2003, de 25 de noviembre (*BOE* n.º 283, de 26 de noviembre; corrección de errores en *BOE* n.º 65, de 16 de marzo, y n.º 80, de 2 de abril, ambos de 2004), que entró en vigor el 1 de octubre de 2004. V. art. 48 CP. Téngase en cuenta que existen numerosas cuestiones de inconstitucionalidad planteadas por Juzgados de lo Penal y Audiencias Provinciales, admitidas a trámite por el TC, en relación con el art. 57.2 (v., por ejemplo, *BOE* n.ºs 234, 61, 76 y 112, de, respectivamente, 30 de septiembre de 2005 y 13 de marzo, 30 de marzo y 11 de mayo de 2006; y *BOE* n.º 246, de 12 de octubre de 2009).

sea o haya sido el cónyuge, o sobre persona que esté o haya estado ligada al condenado por una análoga relación de afectividad aun sin convivencia, o sobre los descendientes, ascendientes o hermanos por naturaleza, adopción o afinidad, propios o del cónyuge o conviviente, o sobre los menores o incapaces que con él convivan o que se hallen sujetos a la potestad, tutela, curatela, acogimiento o guarda de hecho del cónyuge o conviviente, o sobre persona amparada en cualquier otra relación por la que se encuentre integrada en el núcleo de su convivencia familiar, así como sobre las personas que por su especial vulnerabilidad se encuentran sometidas a su custodia o guarda en centros públicos o privados se acordará, en todo caso, la aplicación de la pena prevista en el apartado 2 del artículo 48 por un tiempo que no excederá de diez años si el delito fuera grave o de cinco si fuera menos grave, sin perjuicio de lo dispuesto en el párrafo segundo del apartado anterior.

3. También podrán imponerse las prohibiciones establecidas en el artículo 48, por un período de tiempo que no excederá de seis meses, por la comisión de una infracción calificada como falta contra las personas de los artículos 617 y 620.

SECCIÓN 6.ª

Disposiciones comunes

Art. 58. 1. El tiempo de privación de libertad sufrido provisionalmente será abonado en su totalidad por el Juez o Tribunal sentenciador para el cumplimiento de la pena o penas impuestas en la causa en que dicha privación fue acordada, salvo en cuanto haya coincidido con cualquier privación de libertad impuesta al penado en otra causa, que le haya sido abonada o le sea abonable en ella. En ningún caso un mismo período de privación de libertad podrá ser abonado en más de una causa.

Art. 58: Este artículo figura redactado conforme al texto de la Ley Orgánica 15/2003, de 25 de noviembre (*BOE* n.º 283, de 26 de noviembre; corrección de errores en *BOE* n.º 65, de 16 de marzo, y n.º 80, de 2 de abril, ambos de 2004), que entró en vigor el 1 de octubre de 2004. El apartado 1 de este artículo figura redactado conforme al texto de la LO 5/2010, de 22 de junio (*BOE* n.º 152, de 23 de junio), que entrará en vigor el próximo día 23 de diciembre de 2010. La redacción que sigue vigente hasta entonces es la siguiente:

> 1. El tiempo de privación de libertad sufrido provisionalmente será abonado en su totalidad por el juez o tribunal sentenciador para el cumplimiento de la pena o penas impuestas en la causa en que dicha privación fue acordada.

2. El abono de prisión provisional en causa distinta de la que se decretó será acordado de oficio o a petición del penado y previa comprobación de que no ha sido abonada en otra causa, por el Juez de Vigilancia Penitenciaria de la jurisdicción de la que dependa el centro penitenciario en que se encuentre el penado, previa audiencia del ministerio fiscal.

3. Sólo procederá el abono de prisión provisional sufrida en otra causa cuando dicha medida cautelar sea posterior a los hechos delictivos que motivaron la pena a la que se pretende abonar.

4. Las reglas anteriores se aplicarán también respecto de las privaciones de derechos acordadas cautelarmente.

Art. 59. Cuando las medidas cautelares sufridas y la pena impuesta sean de distinta naturaleza, el Juez o Tribunal ordenará que se tenga por ejecutada la pena impuesta en aquella parte que estime compensada.

Art. 60. 1. Cuando, después de pronunciada sentencia

V. arts. 17.4 CE; arts. 502-519, 785.8.ª, apartado *c*), 802.3.º y 986 LECr; Real Orden Circular de 20 de marzo de 1916 (*Gaceta* n.º 82, de 27 de marzo); Circular de 10 de octubre de 1933 (*Gaceta* n.º 285, de 12 de octubre); arts. 5.º y 8.º LOGP; arts. 3.º y 96 a 98 RP.

Véase, finalmente, la Ley de 17 de enero de 1901 sobre abono de tiempo de prisión preventiva en las causas criminales (*Gaceta* n.º 18, de 18 de enero), que en sus artículos vigentes dispone lo siguiente:

«*Art. 2.º* La disposición del primer párrafo del artículo anterior [*sc.* el abono total de la prisión preventiva] es aplicable a la responsabilidad personal subsidiaria por insolvencia para el pago de la multa como pena única, o como conjunta de cualquiera de las que en el mismo se mencionan.

»También se comprenderá a los que actualmente se hallan cumpliendo condena.

»*Art. 4.º* Los Tribunales harán aplicación de las anteriores prescripciones en la parte dispositiva de la sentencia que dictaren, y los funcionarios del Ministerio fiscal las tendrán en cuenta para solicitar en sus conclusiones, acerca de este extremo, lo que sea procedente.

»Las infracciones de esta ley, en cuanto a la prisión preventiva, se considerarán incluidas en el párrafo 6.º [hoy, párrafo primero], art. 849 de la Ley de Enjuiciamiento Criminal.

»*Art. 5.º* Cuando al formular la acusación, o después de formulada en una causa, resultare que el procesado había estado preso preventivamente un tiempo igual o mayor que la pena más grave que contra él se solicite, el Tribunal resolverá, por determinación especial, la libertad del procesado, si no estuviere reducido a prisión por otra causa, sin perjuicio de continuar el procedimiento; y si señalado el día del juicio no compareciere el procesado por motivos no justificados, quedará excluido de los beneficios de esta ley.»

Art. 60: Este artículo figura redactado conforme al texto de la Ley Orgánica 15/2003, de 25 de noviembre (*BOE* n.º 283, de 26 de noviembre; corrección de errores en *BOE* n.º 65, de 16 de marzo, y n.º 80, de 2 de abril, ambos de 2004), que entró en vigor el 1 de octubre de 2004. V. arts. 381-383, 991-994 LECr; art. 39 LOGP; arts. 183 a 191 RP.

firme, se aprecie en el penado una situación duradera de trastorno mental grave que le impida conocer el sentido de la pena, el Juez de Vigilancia Penitenciaria suspenderá la ejecución de la pena privativa de libertad que se le hubiera impuesto, garantizando que reciba la asistencia médica precisa, para lo cual podrá decretar la imposición de una medida de seguridad privativa de libertad de las previstas en este Código que no podrá ser, en ningún caso, más gravosa que la pena sustituida. Si se tratase de una pena de distinta naturaleza, el Juez de Vigilancia Penitenciaria apreciará si la situación del penado le permite conocer el sentido de la pena y, en su caso, suspenderá la ejecución imponiendo las medidas de seguridad que estime necesarias.

El Juez de Vigilancia comunicará al ministerio fiscal, con suficiente antelación, la próxima extinción de la pena o medida de seguridad impuesta, a efectos de lo previsto por la disposición adicional primera de este Código.

2. Restablecida la salud mental del penado, éste cumplirá la sentencia si la pena no hubiere prescrito, sin perjuicio de que el Juez o Tribunal, por razones de equidad, pueda dar por extinguida la condena o reducir su duración, en la medida en que el cumplimiento de la pena resulte innecesario o contraproducente.

CAPÍTULO II

DE LA APLICACIÓN DE LAS PENAS*

SECCIÓN 1.ª

Reglas generales para la aplicación de las penas

Art. 61. Cuando la Ley establece una pena, se entiende que la impone a los autores de la infracción consumada.

Art. 62. A los autores de tentativa de delito se les impondrá la pena inferior en uno o dos grados a la señalada por la Ley para el delito consumado, en la extensión que se estime adecuada, atendiendo al peligro inherente al intento y al grado de ejecución alcanzado.

Art. 63. A los cómplices de un delito consumado o intentado se les impondrá la pena inferior en grado a la fijada por la

* V. arts. 35 ss. CPM.
Art. 61: V. arts. 15 y 28 CP.
Art. 62: V. arts. 16, 28 y 64 CP.
Art. 63: V. arts. 15, 16, 29 y 64 CP.

Ley para los autores del mismo delito.

Art. 64. Las reglas anteriores no serán de aplicación en los casos en que la tentativa y la complicidad se hallen especialmente penadas por la Ley.

Art. 65. 1. Las circunstancias agravantes o atenuantes que consistan en cualquier causa de naturaleza personal agravarán o atenuarán la responsabilidad sólo de aquellos en quienes concurran.

2. Las que consistan en la ejecución material del hecho o en los medios empleados para realizarla, servirán únicamente para agravar o atenuar la responsabilidad de los que hayan tenido conocimiento de ellas en el momento de la acción o de su cooperación para el delito.

3. Cuando en el inductor o en el cooperador necesario no concurran las condiciones, cualidades o relaciones personales que fundamentan la culpabilidad del autor, los jueces o tribunales podrán imponer la pena inferior en grado a la señalada por la ley para la infracción de que se trate.

Art. 66. 1. En la aplicación de la pena, tratándose de

Art. 64: V. arts. 16, 28 y 64 CP.

Art. 65: Este artículo figura redactado conforme al texto de la Ley Orgánica 15/2003, de 25 de noviembre (*BOE* n.º 283, de 26 de noviembre; corrección de errores en *BOE* n.º 65, de 16 de marzo, y n.º 80, de 2 de abril, ambos de 2004), que entró en vigor el 1 de octubre de 2004.

Art. 66: Este artículo figura redactado conforme al texto de la LO 11/2003, de 29 de septiembre (*BOE* n.º 234, de 30 de septiembre), de medidas concretas en materia de seguridad ciudadana, violencia doméstica e integración social de los extranjeros, cuya Exposición de Motivos, a este respecto, establece:

«La realidad social ha puesto de manifiesto que uno de los principales problemas a los que tiene que dar respuesta el ordenamiento jurídico penal es el de la delincuencia que reiteradamente comete sus acciones, o lo que es lo mismo, la delincuencia profesionalizada. Son numerosos los ejemplos de aquellos que cometen pequeños delitos en un gran número de ocasiones, delitos que debido a su cuantía individualizada no obtienen una respuesta penal adecuada.

»El presente texto establece, en primer lugar, medidas dirigidas a dar una respuesta adecuada a aquellos supuestos en que los autores ya han sido condenados por la realización de actividades delictivas, a través de la aplicación de la agravante de reincidencia, en este caso cualificada por el número de delitos cometidos, siguiendo un criterio ya establecido en nuestra doctrina y en nuestros textos legales.

»Se introduce, por tanto, una nueva circunstancia agravante de reincidencia cuando se dé la cualificación de haber sido el imputado condenado ejecutoriamente por tres delitos, permitiéndose, en este caso, elevar la pena en grado. Dicha circunstancia de agravación es compatible con el principio de responsabilidad por el hecho, siendo el juzgador el que, ponderando la magnitud de pena impuesta en las condiciones precedentes y el número de éstas, así como la gravedad de la lesión o el peligro para el bien jurídico producido por el nuevo hecho,

delitos dolosos, los jueces o tribunales observarán, según haya o no circunstancias atenuantes o agravantes, las siguientes reglas:

1.ª Cuando concurra sólo una circunstancia atenuante, aplicarán la pena en la mitad inferior de la que fije la ley para el delito.

2.ª Cuando concurran dos o más circunstancias atenuantes, o una o varias muy cualificadas, y no concurra agravante alguna, aplicarán la pena inferior en uno o dos grados a la establecida por la ley, atendidos el número y la entidad de dichas circunstancias atenuantes.

3.ª Cuando concurra sólo una o dos circunstancias agravantes, aplicarán la pena en la mitad superior de la que fije la ley para el delito.

4.ª Cuando concurran más de dos circunstancias agravantes y no concurra atenuante alguna, podrán aplicar la pena superior en grado a la establecida por la ley, en su mitad inferior.

5.ª Cuando concurra la circunstancia agravante de reincidencia con la cualificación de que el culpable al delinquir hubiera sido condenado ejecutoriamente al menos, por tres delitos comprendidos en el mismo título de este Código, siempre que sean de la misma naturaleza, podrán aplicar la pena superior en grado a la prevista por la ley para el delito de que se trate, teniendo en cuenta las condenas precedentes, así como la gravedad del nuevo delito cometido.

A los efectos de esta regla no se computarán los antecedentes penales cancelados o que debieran serlo.

6.ª Cuando no concurran atenuantes ni agravantes aplicarán la pena establecida por la ley para el delito cometido, en la extensión que estimen adecuada, en atención a las circunstancias personales del delincuente y a la mayor o menor gravedad del hecho.

7.ª Cuando concurran atenuantes y agravantes, las valorarán y compensarán racionalmente para la individualización de la pena. En el caso de persistir un fundamento cualificado de ate-

---

imponga, en su caso, la pena superior en grado.

»Por otra parte, se recogen medidas dirigidas a mejorar la aplicación de la respuesta penal a la habitualidad de la conducta cuando los hechos infractores del Código Penal cometidos con anterioridad no hubieran sido aún juzgados y condenados. Así, los artículos 147, respecto a las lesiones, 234, respecto al hurto y 244, respecto a la sustracción de vehículos, establecen una pena de delito para la reiteración en la comisión de faltas, siempre que la frecuencia sea la de cuatro conductas constitutivas de falta en el plazo de un año, y en el caso de los hurtos o sustracción de vehículos de motor el montante acumulado supere el mínimo exigido para el delito.»

V. arts. 21 a 23 y 70 a 72 CP.

nuación aplicarán la pena inferior en grado. Si se mantiene un fundamento cualificado de agravación, aplicarán la pena en su mitad superior.

8.ª Cuando los jueces o tribunales apliquen la pena inferior en más de un grado podrán hacerlo en toda su extensión.

2. En los delitos imprudentes, los jueces o tribunales aplicarán las penas a su prudente arbitrio, sin sujetarse a las reglas prescritas en el apartado anterior.

Art. 66 bis. En la aplicación de las penas impuestas a las personas jurídicas se estará a lo dispuesto en las reglas 1.ª a 4.ª y 6.ª a 8.ª del primer número del artículo 66, así como a las siguientes:

1.ª En los supuestos en los que vengan establecidas por las disposiciones del Libro II, para decidir sobre la imposición y la extensión de las penas previstas en las letras *b*) a *g*) del apartado 7 del artículo 33 habrá de tenerse en cuenta:

a) Su necesidad para prevenir la continuidad de la actividad delictiva o de sus efectos.

b) Sus consecuencias económicas y sociales, y especialmente los efectos para los trabajadores.

c) El puesto que en la estructura de la persona jurídica ocupa la persona física u órgano que incumplió el deber de control.

2.ª Cuando las penas previstas en las letras *c*) a *g*) del apartado 7 del artículo 33 se impongan con una duración limitada, ésta no podrá exceder la duración máxima de la pena privativa de libertad prevista para el caso de que el delito fuera cometido por persona física.

Para la imposición de las sanciones previstas en las letras *c*) a *g*) por un plazo superior a dos años será necesario que se dé alguna de las dos circunstancias siguientes:

a) Que la persona jurídica sea reincidente.

b) Que la persona jurídica se utilice instrumentalmente para la comisión de ilícitos penales. Se entenderá que se está ante este último supuesto siempre que la actividad legal de la persona jurídica sea menos relevante que su actividad ilegal.

Para la imposición con carácter permanente de las sanciones previstas en las letras *b*) y *e*), y para la imposición por un plazo superior a cinco años de las previstas en las letras *e*) y *f*) del apartado 7 del artículo 33, será nece-

---

Art. 66 bis: Este artículo fue incorporado por la LO 5/2010, de 22 de junio (*BOE* n.º 152, de 23 de junio), que entrará en vigor el próximo día 23 de diciembre de 2010.

sario que se dé alguna de las dos circunstancias siguientes:

a) Que se esté ante el supuesto de hecho previsto en la regla 5.ª del primer número del artículo 66.

b) Que la persona jurídica se utilice instrumentalmente para la comisión de ilícitos penales. Se entenderá que se está ante este último supuesto siempre que la actividad legal de la persona jurídica sea menos relevante que su actividad ilegal.

Art. 67. Las reglas del artículo anterior no se aplicarán a las circunstancias agravantes o atenuantes que la Ley haya tenido en cuenta al describir o sancionar una infracción, ni a las que sean de tal manera inherentes al delito que sin la concurrencia de ellas no podría cometerse.

Art. 68. En los casos previstos en la circunstancia primera del artículo 21, los jueces o tribunales impondrán la pena inferior en uno o dos grados a la señalada por la ley, atendidos el número y la entidad de los requisitos que falten o concurran, y las circunstancias personales de su autor, sin perjuicio de la aplicación del artículo 66 del presente Código.

Art. 69. Al mayor de dieciocho años y menor de veintiuno que cometa un hecho delictivo, podrán aplicársele las disposiciones de la ley que regule la responsabilidad penal del menor en los casos y con los requisitos que ésta disponga.

Art. 70. 1. La pena superior e inferior en grado a la prevista por la ley para cualquier delito tendrá la extensión resultante de la aplicación de las siguientes reglas:

1.ª La pena superior en grado se formará partiendo de la cifra máxima señalada por la ley para el delito de que se trate y aumentando a ésta la mitad de su cuantía, constituyendo la suma resultante su límite máximo. El límite mínimo de la pena superior en grado será el máximo de la pena señalada por la ley para el delito de que se trate, incrementado en un día o en un día

---

Art. 68: Este artículo figura redactado conforme al texto de la Ley Orgánica 15/2003, de 25 de noviembre (*BOE* n.º 283, de 26 de noviembre; corrección de errores en *BOE* n.º 65, de 16 de marzo, y n.º 80, de 2 de abril, ambos de 2004), que entró en vigor el 1 de octubre de 2004. V. arts. 70 a 72 y 101 a 104 CP y 6.º LPPNA.

Art. 69: V. nota al art. 19 CP.

Art. 70: Este artículo figura redactado conforme al texto de la Ley Orgánica 15/2003, de 25 de noviembre (*BOE* n.º 283, de 26 de noviembre; corrección de errores en *BOE* n.º 65, de 16 de marzo, y n.º 80, de 2 de abril, ambos de 2004), que entró en vigor el 1 de octubre de 2004.

multa según la naturaleza de la pena a imponer.

2.ª La pena inferior en grado se formará partiendo de la cifra mínima señalada para el delito de que se trate y deduciendo de ésta la mitad de su cuantía, constituyendo el resultado de tal deducción su límite mínimo. El límite máximo de la pena inferior en grado será el mínimo de la pena señalada por la ley para el delito de que se trate, reducido en un día o en un día multa según la naturaleza de la pena a imponer.

2. A los efectos de determinar la mitad superior o inferior de la pena o de concretar la pena inferior o superior en grado, el día o el día multa se considerarán indivisibles y actuarán como unidades penológicas de más o menos, según los casos.

3. Cuando, en la aplicación de la regla 1.ª del apartado 1 de este artículo, la pena superior en grado exceda de los límites máximos fijados a cada pena en este Código, se considerarán como inmediatamente superiores:

1.º Si la pena determinada fuera la de prisión, la misma pena, con la cláusula de que su duración máxima será de treinta años.

2.º Si fuera de inhabilitación absoluta o especial, la misma pena, con la cláusula de que su duración máxima será de treinta años.

3.º Si fuera de suspensión de empleo o cargo público, la misma pena, con la cláusula de que su duración máxima será de ocho años.

4.º Tratándose de privación del derecho a conducir vehículos a motor y ciclomotores, la misma pena, con la cláusula de que su duración máxima será de quince años.

5.º Tratándose de privación del derecho a la tenencia y porte de armas, la misma pena, con la cláusula de que su duración máxima será de veinte años.

6.º Tratándose de privación del derecho a residir en determinados lugares o acudir a ellos, la misma pena, con la cláusula de que su duración máxima será de veinte años.

7.º Tratándose de prohibición de aproximarse a la víctima o a aquellos de sus familiares u otras personas que determine el juez o tribunal, la misma pena, con la cláusula de que su duración máxima será de veinte años.

8.º Tratándose de prohibición de comunicarse con la víctima o con aquellos de sus familiares u otras personas que determine el juez o tribunal, la misma pena, con la cláusula de que su duración máxima será de veinte años.

9.º Si fuera de multa, la misma pena, con la cláusula de que su duración máxima será de treinta meses.

Art. 71. 1. En la determinación de la pena inferior en grado, los jueces o tribunales no quedarán limitados por las cuantías mínimas señaladas en la ley a cada clase de pena, sino que podrán reducirlas en la forma que resulte de la aplicación de la regla correspondiente, sin que ello suponga la degradación a falta.

2. No obstante, cuando por aplicación de las reglas anteriores proceda imponer una pena de prisión inferior a tres meses, ésta será en todo caso sustituida conforme a lo dispuesto en la sección 2.ª del capítulo III de este título, sin perjuicio de la suspensión de la ejecución de la pena en los casos en que proceda.

Art. 72. Los jueces o tribunales, en la aplicación de la pena, con arreglo a las normas contenidas en este capítulo, razonarán en la sentencia el grado y extensión concreta de la impuesta.

SECCIÓN 2.ª

Reglas especiales para la aplicación de las penas

Art. 73. Al responsable de dos o más delitos o faltas se le impondrán todas las penas correspondientes a las diversas infracciones para su cumplimiento simultáneo, si fuera posible, por la naturaleza y efectos de las mismas.

Art. 74. 1. No obstante lo dispuesto en el artículo anterior, el que, en ejecución de un plan preconcebido o aprovechando idéntica ocasión, realice una pluralidad de acciones u omisiones que ofendan a uno o varios sujetos e infrinjan el mismo precepto penal o preceptos de igual o semejante naturaleza, será castigado como autor de un delito o falta continuados con la pena señalada para la infracción más grave, que se impondrá en su mitad superior, pudiendo llegar

---

Art. 71: Este artículo figura redactado conforme al texto de la Ley Orgánica 15/2003, de 25 de noviembre (*BOE* n.º 283, de 26 de noviembre; corrección de errores en *BOE* n.º 65, de 16 de marzo, y n.º 80, de 2 de abril, ambos de 2004), que entró en vigor el 1 de octubre de 2004. V. arts. 80 ss. y 88 CP.

Art. 72: Este artículo figura redactado conforme al texto de la Ley Orgánica 15/2003, de 25 de noviembre (*BOE* n.º 283, de 26 de noviembre; corrección de errores en *BOE* n.º 65, de 16 de marzo, y n.º 80, de 2 de abril, ambos de 2004), que entró en vigor el 1 de octubre de 2004.

Art. 74: Este artículo figura redactado conforme al texto de la Ley Orgánica 15/2003, de 25 de noviembre (*BOE* n.º 283, de 26 de noviembre; corrección de errores en *BOE* n.º 65, de 16 de marzo, y n.º 80, de 2 de abril, ambos de 2004), que entró en vigor el 1 de octubre de 2004. V. art. 2.º2.º LO 12/1995, de 12 de diciembre, de represión del contrabando (Apéndice 3).

hasta la mitad inferior de la pena superior en grado.

2. Si se tratare de infracciones contra el patrimonio, se impondrá la pena teniendo en cuenta el perjuicio total causado. En estas infracciones el Juez o Tribunal impondrá, motivadamente, la pena superior en uno o dos grados, en la extensión que estime conveniente, si el hecho revistiere notoria gravedad y hubiere perjudicado a una generalidad de personas.

3. Quedan exceptuadas de lo establecido en los apartados anteriores las ofensas a bienes eminentemente personales, salvo las constitutivas de infracciones contra el honor y la libertad e indemnidad sexuales que afecten al mismo sujeto pasivo. En estos casos, se atenderá a la naturaleza del hecho y del precepto infringido para aplicar o no la continuidad delictiva.

Art. 75. Cuando todas o algunas de las penas correspondientes a las diversas infracciones no puedan ser cumplidas simultáneamente por el condenado, se seguirá el orden de su respectiva gravedad para su cumplimiento sucesivo, en cuanto sea posible.

Art. 76. 1. No obstante lo dispuesto en el artículo anterior, el máximo de cumplimiento efec-

---

Art. 76: Este artículo figura redactado conforme al texto de la LO 7/2003, de 30 de junio (*BOE* n.º 156, de 1 de julio), de medidas de reforma para el cumplimiento íntegro y efectivo de las penas, cuya Exposición de Motivos, a este respecto, establece lo siguiente:

«En segundo lugar, se reforma el artículo 76 del Código Penal para modificar el límite máximo de cumplimiento de las penas elevándolo a cuarenta años para los supuestos en que se cometan dos o más delitos de terrorismo, estando algunos de ellos castigados con pena de prisión superior a veinte años, lo que encaja en los casos en que se comenten atentados terroristas causando la muerte de personas.

»Igualmente se eleva cuarenta años el límite máximo de cumplimiento de las penas en los supuestos de que se hayan cometido dos o más delitos de especial gravedad, castigados por la ley con más de veinte años de prisión.

La reforma supone ampliar el límite máximo de cumplimiento de penas a cuarenta años, desde el respeto escrupuloso al principio de que el cumplimiento de todas las penas correspondientes a todos los delitos cometidos por el mismo autor podría privar en algunos supuestos de efectos a los principios constitucionales de cumplimiento de las penas. Sin embargo, también es cierto que existen determinados delitos que por su especial gravedad, la naturaleza del bien jurídico lesionado, la reincidencia con que los cometen sus autores, así como por el hecho de que puedan llevarse a cabo por bandas organizadas con el único fin de subvertir el orden constitucional, alterar gravemente la paz pública o atemorizar con estos fines a los habitantes de una población o a los miembros de un colectivo social, político o profesional, exigen una respuesta más contundente del ordenamiento jurídico penal.

»Más aún cuando, en la práctica, las reglas que el Código Penal estableció con el fin constitucional de dar cumplimiento a principios generales del ordenamiento jurídico penal se están utilizando, preci-

tivo de la condena del culpable no podrá exceder del triple del tiempo por el que se le imponga la más grave de las penas en que haya incurrido, declarando extinguidas las que procedan desde que las ya impuestas cubran dicho máximo, que no podrá exceder de veinte años. Excepcionalmente, este límite máximo será:

a) De veinticinco años, cuando el sujeto haya sido condenado por dos o más delitos y alguno de ellos esté castigado por la ley con pena de prisión de hasta veinte años.

b) De treinta años, cuando el sujeto haya sido condenado por dos o más delitos y alguno de ellos esté castigado por la ley con pena de prisión superior a veinte años.

c) De cuarenta años, cuando el sujeto haya sido condenado por dos o más delitos y, al menos, dos de ellos estén castigados por la ley con pena de prisión superior a veinte años.

d) De cuarenta años, cuando el sujeto haya sido condenado por dos o más delitos de terrorismo de la sección segunda del capítulo V del título XXII del libro II de este Código y alguno de ellos esté castigado por la ley con pena de prisión superior a veinte años.

2. La limitación se aplicará aunque las penas se hayan impuesto en distintos procesos si los hechos, por su conexión o el momento de su comisión, pudieran haberse enjuiciado en uno solo.

Art. 77. 1. Lo dispuesto en los dos artículos anteriores, no es aplicable en el caso de que un solo hecho constituya dos o más infracciones, o cuando una de ellas sea medio necesario para cometer la otra.

2. En estos casos se aplicará en su mitad superior la pena prevista para la infracción más grave, sin que pueda exceder de la que represente la suma de las que correspondería aplicar si se penaran separadamente las infracciones.

3. Cuando la pena así computada exceda de este límite, se sancionarán las infracciones por separado.

---

samente, para vulnerar dichos principios, convirtiéndose en instrumentos que los terroristas utilizan en su beneficio en su constante vulneración de las reglas y principios del Estado de Derecho.»

La Disp. Adic. 1.ª, párrafo 1.º, de la LO 5/2010, de 22 de junio (*BOE* n.º 152, de 23 de junio), que entrará en vigor el próximo día 23 de diciembre de 2010, establece: «Las referencias que se hacen a los delitos de terrorismo de la Sección Segunda del Capítulo V del Título XXII del Libro II en los artículos 76 y 93 del Código Penal, se entenderán hechas a delitos referentes a organizaciones y grupos terroristas y delitos de terrorismo del Capítulo VII del Título XXII del Libro II de dicho Código.»

V. arts. 77 y 78 CP, y 17, 18, 142, regla 4.ª5.º, 300 y 988 LECr.

Art. 78. 1. Si a consecuencia de las limitaciones establecidas en el apartado 1 del artículo 76 la pena a cumplir resultase inferior a la mitad de la suma total de las impuestas, el juez o tribunal sentenciador podrá acordar que los beneficios penitenciarios, los permisos de salida, la clasificación en tercer grado y el cómputo de tiempo para la libertad condicional se refieran a la totalidad de las penas impuestas en las sentencias.

2. Dicho acuerdo será preceptivo en los supuestos previstos en los párrafos *a*), *b*), *c*) y *d*) del apartado 1 del artículo 76 de este Código, siempre que la pena a cumplir resulte inferior a la mitad de la suma total de las impuestas.

3. En estos casos, el juez de vigilancia, previo pronóstico

Art. 78: Este artículo figura redactado conforme al texto de la LO 7/2003, de 30 de junio (*BOE* n.º 156, de 1 de julio), de medidas de reforma para el cumplimiento íntegro y efectivo de las penas, cuya Exposición de Motivos, a este respecto, establece lo siguiente:

«La ley reforma el artículo 78 del Código Penal para que los beneficios penitenciarios, los permisos de salida, la clasificación en tercer grado y el cómputo de tiempo para la libertad condicional en los supuestos de crímenes especialmente graves se refieran siempre a la totalidad de las penas impuestas en las sentencias.

»Se trata de activar una respuesta penal más efectiva frente a los autores de crímenes muy graves, que además han cometido una pluralidad de delitos, es decir, frente a aquellos que se encuentren en los límites máximos señalados por el artículo 76 del Código Penal (veinticinco, treinta o cuarenta años de cumplimiento efectivo de condena a pena de prisión) y siempre que la pena a cumplir resulte inferior a la mitad de la suma total de las impuestas. Cundo no lleguen a entrar en juego estos límites máximos, debe mantenerse plenamente la facultad decisoria del juez o tribunal ya señalada al principio.

»Con esta regla y frente a supuestos de condenas a cien, doscientos o trescientos años, el delincuente cumplirá en la práctica de forma íntegra y efectiva el límite máximo de condena.

»Además, se incorporan igualmente los períodos mínimos de cumplimiento efectivo de las condenas que permitirían acceder a los beneficios penitenciarios, siempre que concurran las condiciones que con carácter general se precisan en la ley. En los casos de delitos de terrorismo o cometidos en el seno de organizaciones criminales, el juez de vigilancia penitenciaria podrá acordar la concesión de un tercer grado cuando quede por cumplir una quinta parte del límite máximo de cumplimiento de la condena impuesta, y podrá acordar la concesión de la libertad condicional cuando quede por cumplir una octava parte del mencionado límite.»

La Disp. Adic. 1.ª, párrafo 2.º, de la LO 5/2010, de 22 de junio (*BOE* n.º 152, de 23 de junio), que entrará en vigor el próximo día 23 de diciembre de 2010, establece: «Las referencias que se hacen a los delitos de terrorismo de la Sección Segunda del Capítulo V del Título XXII del Libro II, o cometidos en el seno de organizaciones criminales, en los artículos 78, 90 y 91 del Código Penal, se entenderán hechas a delitos referentes a organizaciones y grupos terroristas y delitos de terrorismo del Capítulo VII del Título XXII del Libro II de dicho Código, o cometidos en el seno de organizaciones o grupos criminales.»

V. arts. 90 ss. CP; 46, 67, 72.1.º y 3.º y 76.2.º*c*) LOGP y 4.º, 133 y 192 a 206 RP.

individualizado y favorable de reinserción social y valorando, en su caso, las circunstancias personales del reo y la evolución del tratamiento reeducador, podrá acordar razonadamente, oídos el Ministerio Fiscal, Instituciones Penitencias y las demás partes, la aplicación del régimen general de cumplimiento. Si se tratase de delitos de terrorismo de la sección segunda del capítulo V del título XXII del libro II de este Código, o cometidos en el seno de organizaciones criminales, y atendiendo a la suma total de las penas impuestas, la anterior posibilidad sólo sera aplicable:

a) Al tercer grado penitenciario, cuando quede por cumplir una quinta parte del límite máximo de cumplimiento de la condena.

b) A la libertad condicional, cuando quede por cumplir una octava parte del límite máximo de cumplimiento de la condena.

Art. 79. Siempre que los Jueces o Tribunales impongan una pena que lleve consigo otras accesorias condenarán también expresamente al reo a estas últimas.

CAPÍTULO III

DE LAS FORMAS SUSTITUTIVAS DE LA EJECUCIÓN DE LAS PENAS PRIVATIVAS DE LIBERTAD Y DE LA LIBERTAD CONDICIONAL*

SECCIÓN 1.ª

De la suspensión de la ejecución de las penas privativas de libertad

Art. 80. 1. Los jueces o tribunales podrán dejar en suspenso la ejecución de las penas privativas de libertad no superiores a dos años mediante resolución motivada.

En dicha resolución se atenderá fundamentalmente a la peligrosidad criminal del sujeto, así como a la existencia de otros procedimientos penales contra éste.

2. El plazo de suspensión será de dos a cinco años para las

Art. 79: V. arts. 54 ss. CP.

* La rúbrica de este capítulo figura redactada conforme al texto de la Ley Orgánica 15/2003, de 25 de noviembre (*BOE* n.º 283, de 26 de noviembre; corrección de errores en *BOE* n.º 65, de 16 de marzo, y n.º 80, de 2 de abril, ambos de 2004), que entró en vigor el 1 de octubre de 2004.

Art. 80: Este artículo figura redactado conforme al texto de la Ley Orgánica 15/2003, de 25 de noviembre (*BOE* n.º 283, de 26 de noviembre; corrección de errores en *BOE* n.º 65, de 16 de marzo, y n.º 80, de 2 de abril, ambos de 2004), que entró en vigor el 1 de octubre de 2004. V. arts. 44 CPM y 104 y 196 RP.

penas privativas de libertad inferiores a dos años, y de tres meses a un año para las penas leves y se fijará por los Jueces o Tribunales, previa audiencia de las partes, atendidas las circunstancias personales del delincuente, las características del hecho y la duración de la pena.

3. La suspensión de la ejecución de la pena no será extensiva a la responsabilidad civil derivada del delito o falta penados.

4. Los Jueces y Tribunales sentenciadores podrán otorgar la suspensión de cualquier pena impuesta sin sujeción a requisito alguno en el caso de que el penado esté aquejado de una enfermedad muy grave con padecimientos incurables, salvo que en el momento de la comisión del delito tuviera ya otra pena suspendida por el mismo motivo.

Art. 81. Serán condiciones necesarias para dejar en suspenso la ejecución de la pena, las siguientes:

1.ª Que el condenado haya delinquido por primera vez. A tal efecto no se tendrán en cuenta las anteriores condenas por delitos imprudentes ni los antecedentes penales que hayan sido cancelados, o debieran serlo, con arreglo a lo dispuesto en el artículo 136 de este Código.

2.ª Que la pena o penas impuestas, o la suma de las impuestas, no sea superior a dos años, sin incluir en tal cómputo la derivada del impago de la multa.

3.ª Que se hayan satisfecho las responsabilidades civiles que se hubieren originado, salvo que el Juez o Tribunal sentenciador, después de oír a los interesados y al Ministerio Fiscal, declare la imposibilidad total o parcial de que el condenado haga frente a las mismas.

Art. 82. Declarada la firmeza de la sentencia y acreditados los requisitos establecidos en el artículo anterior, los jueces o tribunales se pronunciarán con la mayor urgencia sobre la concesión o no de la

Art. 81: Este artículo figura redactado conforme al texto de la Ley Orgánica 15/2003, de 25 de noviembre (*BOE* n.º 283, de 26 de noviembre; corrección de errores en *BOE* n.º 65, de 16 de marzo, y n.º 80, de 2 de abril, ambos de 2004), que entró en vigor el 1 de octubre de 2004.

Art. 82: Este artículo figura redactado conforme al texto de la Ley Orgánica 15/2003, de 25 de noviembre (*BOE* n.º 283, de 26 de noviembre; corrección de errores en *BOE* n.º 65, de 16 de marzo, y n.º 80, de 2 de abril, ambos de 2004), que entró en vigor el 1 de octubre de 2004.

suspensión de la ejecución de la pena.

Art. 83. 1. La suspensión de la ejecución de la pena que-

Art. 83: Este artículo figura redactado conforme al texto de la Ley Orgánica 15/2003, de 25 de noviembre (*BOE* n.º 283, de 26 de noviembre; corrección de errores en *BOE* n.º 65, de 16 de marzo, y n.º 80, de 2 de abril, ambos de 2004), que entró en vigor el 1 de octubre 2004. El párrafo segundo de su apartado 1.6.ª está redactado conforme a la LO 1/2004, de 28 de diciembre (*BOE* n.º 313, de 29 de diciembre), de medidas de protección integral contra la violencia de género. y su apartado 1.5.ª figura redactado conforme al texto de la LO 5/2010, de 22 de junio (*BOE* n.º 152, de 23 de junio), que entrará en vigor el próximo día 23 de diciembre de 2010. La redacción que sigue vigente hasta entonces es la siguiente:

5.ª Participar en programas formativos, laborales, culturales, de educación vial, sexual y otros similares.

El Capítulo IV del RD 515/2005, de 6 de mayo (*BOE* n.º 109, de 7 de mayo) [modificado por RD 1.849/2009, de 4 de diciembre (*BOE* n.º 293, de 5 de diciembre)], por el que se establecen las circunstancias de ejecución de las penas de trabajos en beneficio de la comunidad y de localización permanente, de determinadas medidas de seguridad, así como de la suspensión de la ejecución de las penas privativas de libertad, establece lo siguiente:

«CAPÍTULO IV: DE LA SUSPENSIÓN DE LA EJECUCIÓN DE PENAS PRIVATIVAS DE LIBERTAD.

»*Art. 16. Comunicación de la resolución judicial.*—Recibido el testimonio de la resolución judicial que determine las condiciones de cumplimiento de la suspensión de la ejecución de una pena privativa de libertad, así como los particulares necesarios, cuando se impongan algunos deberes u obligaciones previstos en el artículo 83.1.5.º y 6.º del Código Penal o la condición de tratamiento y demás requisitos previstos en su artículo 87, los servicios sociales penitenciarios del lugar donde el penado tenga fijada su residencia realizarán las actuaciones necesarias para hacer efectivo su cumplimiento.

»*Art. 17. Elaboración del plan de intervención y seguimiento.*—Una vez recibida en los servicios sociales penitenciarios la documentación prevista en el artículo anterior, procederán al estudio de la situación del penado, mediante el análisis de la documentación, la entrevista con aquel y la información recibida de los centros o servicios donde realiza o va a realizar el tratamiento o programa, y, en atención a ello, se procederá a elaborar el plan individual de intervención y seguimiento, que será elevado al juez o tribunal sentenciador para su aprobación o rectificación.

»*Art. 18. Remisión al centro o servicio específico.*—Una vez recibida la resolución del órgano judicial en la que se aprueba el plan de intervención y seguimiento, los servicios sociales penitenciarios remitirán el caso al servicio o centro correspondiente para que el penado inicie o continúe el tratamiento o programa.

»*Art. 19. Seguimiento y control.*—Los servicios sociales penitenciarios durante el período de suspensión efectuarán el control de las condiciones fijadas en la resolución judicial y en el plan de intervención y seguimiento.

»*Art. 20. Informes.*—1. Los servicios sociales penitenciarios informarán al juez o tribunal sentenciador sobre la observancia de las reglas de conducta impuestas cuando así lo solicite o con la frecuencia que este determine, y, en todo caso, conforme al Código Penal, cada tres meses.

»2. En todo caso informarán cuando las circunstancias personales del penado se modifiquen, cuando se produzca cualquier incumplimiento de las reglas de conducta impuestas y cuando se cumplan las obligaciones impuestas.»

dará siempre condicionada a que el reo no delinca en el plazo fijado por el juez o tribunal, conforme al artículo 80.2 de este Código. En el caso de que la pena suspendida fuese de prisión, el juez o tribunal sentenciador, si lo estima necesario, podrá también condicionar la suspensión al cumplimiento de las obligaciones o deberes que le haya fijado de entre las siguientes:

1.ª Prohibición de acudir a determinados lugares.

2.ª Prohibición de aproximarse a la víctima, o a aquellos de sus familiares u otras personas que determine el juez o tribunal, o de comunicarse con ellos.

3.ª Prohibición de ausentarse sin autorización del juez o tribunal del lugar donde resida.

4.ª Comparecer personalmente ante el juzgado o tribunal, o servicio de la Administración que éstos señalen, para informar de sus actividades y justificarlas.

5.ª Participar en programas formativos, laborales, culturales, de educación vial, sexual, de defensa del medio ambiente, de protección de los animales y otros similares.

6.ª Cumplir los demás deberes que el juez o tribunal estime convenientes para la rehabilitación social del penado, previa conformidad de éste, siempre que no atenten contra su dignidad como persona.

Si se tratase de delitos relacionados con la violencia de género, el Juez o Tribunal condicionará en todo caso la suspensión al cumplimiento de las obligaciones o deberes previstos en las reglas 1.ª, 2.ª y 5.ª de este apartado.

2. Los servicios correspondientes de la Administración competente informarán al Juez o Tribunal sentenciador, al menos cada tres meses, sobre la observancia de las reglas de conducta impuestas.

Art. 84. 1. Si el sujeto delinquiera durante el plazo de suspensión fijado, el Juez o Tribunal revocará la suspensión de la ejecución de la pena.

2. Si el sujeto infringiera durante el plazo de suspensión las obligaciones o deberes impuestos, el Juez o Tribunal podrá, pre-

---

Art. 84: Este artículo figura redactado conforme al texto de la Ley Orgánica 15/2003, de 25 de noviembre (*BOE* n.º 283, de 26 de noviembre; corrección de errores en *BOE* n.º 65, de 16 de marzo, y n.º 80, de 2 de abril, ambos de 2004), que entró en vigor el 1 de octubre de 2004; el apartado 3 está redactado conforme a la LO 1/2004, de 28 de diciembre (*BOE* n.º 313, de 29 de diciembre), de medidas de protección integral contra la violencia de género.

via audiencia de las partes, según los casos:

a) Sustituir la regla de conducta impuesta por otra distinta.

b) Prorrogar el plazo de suspensión, sin que en ningún caso pueda exceder de cinco años.

c) Revocar la suspensión de la ejecución de la pena, si el incumplimiento fuera reiterado.

3. En el supuesto de que la pena suspendida fuera de prisión por la comisión de delitos relacionados con la violencia de género, el incumplimiento por parte del reo de las obligaciones o deberes previstos en las reglas 1.ª, 2.ª y 5.ª del apartado 1 del artículo 83 determinará la revocación de la suspensión de la ejecución de la pena.

Art. 85. 1. Revocada la suspensión, se ordenará la ejecución de la pena.

2. Transcurrido el plazo de suspensión fijado sin haber delinquido el sujeto, y cumplidas, en su caso, las reglas de conducta fijadas por el juez o tribunal, éste acordará la remisión de la pena.

Art. 86. En los delitos que sólo pueden ser perseguidos previa denuncia o querella del ofendido, los Jueces y Tribunales oirán a éste y, en su caso, a quien le represente, antes de conceder los beneficios de la suspensión de la ejecución de la pena.

Art. 87. 1. Aun cuando no concurran las condiciones 1.ª y 2.ª previstas en el artículo 81, el juez o tribunal, con audiencia de las partes, podrá acordar la suspensión de la ejecución de las penas privativas de libertad no superiores a cinco años de los penados que hubiesen cometido el hecho delictivo a causa de su dependencia de las sustancias señaladas en el número 2.º del artículo 20, siempre que se certifique suficientemente, por centro o servicio público o privado debidamente acredita-

---

Art. 85: Este artículo figura redactado conforme al texto de la Ley Orgánica 15/2003, de 25 de noviembre (*BOE* n.º 283, de 26 de noviembre; corrección de errores en *BOE* n.º 65, de 16 de marzo, y n.º 80, de 2 de abril, ambos de 2004), que entró en vigor el 1 de octubre de 2004. V. nota al art. 136 CP.

Art. 87: Este artículo figura redactado conforme al texto de la Ley Orgánica 15/2003, de 25 de noviembre (*BOE* n.º 283, de 26 de noviembre; corrección de errores en *BOE* n.º 65, de 16 de marzo, y n.º 80, de 2 de abril, ambos de 2004), que entró en vigor el 1 de octubre de 2004. V. nota al art. 368 CP, y la Ley 36/1999, de 18 de octubre (*BOE* n.º 250, de 19 de octubre), de concesión del subsidio de desempleo y de garantías de integración sociolaboral para los delincuentes toxicómanos que hayan visto suspendida la ejecución de su pena de conformidad con lo previsto en la legislación penal.

do u homologado, que el condenado se encuentra deshabituado o sometido a tratamiento para tal fin en el momento de decidir sobre la suspensión.

El juez o tribunal solicitará en todo caso informe del Médico forense sobre los extremos anteriores.

2. En el supuesto de que el condenado sea reincidente, el Juez o Tribunal valorará, por resolución motivada, la oportunidad de conceder o no el beneficio de la suspensión de la ejecución de la pena, atendidas las circunstancias del hecho y del autor.

3. La suspensión de la ejecución de la pena quedará siempre condicionada a que el reo no delinca en el período que se señale, que será de tres a cinco años.

4. En el caso de que el condenado se halle sometido a tratamiento de deshabituación, también se condicionará la suspensión de la ejecución de la pena a que no abandone el tratamiento hasta su finalización. Los centros o servicios responsables del tratamiento estarán obligados a facilitar al juez o tribunal sentenciador, en los plazos que señale, y nunca con una periodicidad superior al año, la información precisa para comprobar el comienzo de aquél, así como para conocer periódicamente su evolución, las modificaciones que haya de experimentar así como su finalización.

5. El Juez o Tribunal revocará la suspensión de la ejecución de la pena si el penado incumpliere cualquiera de las condiciones establecidas.

Transcurrido el plazo de suspensión sin haber delinquido el sujeto, el Juez o Tribunal acordará la remisión de la pena si se ha acreditado la deshabituación o la continuidad del tratamiento del reo. De lo contrario, ordenará su cumplimiento, salvo que, oídos los informes correspondientes, estime necesaria la continuación del tratamiento; en tal caso podrá conceder razonadamente una prórroga del plazo de suspensión por tiempo no superior a dos años.

SECCIÓN 2.ª

De la sustitución de las penas privativas de libertad

Art. 88. 1. Los jueces o tribunales podrán sustituir, previa

Art. 88: Este artículo figura redactado conforme al texto de la Ley Orgánica 15/2003, de 25 de noviembre (*BOE* n.º 283, de 26 de noviembre; corrección de errores en *BOE* n.º 65, de 16 de marzo, y n.º 80, de 2 de abril, ambos de 2004), que entró en vigor el 1 de octubre de 2004. El párrafo 1.º del apartado 1 de este artículo figura redactado conforme al texto de la LO 5/2010, de 22 de junio (*BOE* n.º 152, de

audiencia de las partes, en la misma sentencia, o posteriormente en auto motivado, antes de dar inicio a su ejecución, las penas de prisión que no excedan de un año por multa o por trabajos en beneficio de la comunidad, y en los casos de penas de prisión que no excedan de seis meses, también por localización permanente, aunque la Ley no prevea estas penas para el delito de que se trate, cuando las circunstancias personales del reo, la naturaleza del hecho, su conducta y, en particular, el esfuerzo para reparar el daño causado así lo aconsejen, siempre que no se trate de reos habituales, sustituyéndose cada día de prisión por dos cuotas de multa o por una jornada de trabajo o por un día de localización permanente. En estos casos el Juez o Tribunal podrá además imponer al penado la observancia de una o varias obligaciones o deberes previstos en el artículo 83 de este Código, de no haberse establecido como penas en la sentencia, por tiempo que no podrá exceder de la duración de la pena sustituida.

Excepcionalmente, podrán los jueces o tribunales sustituir por multa o por multa y trabajos en beneficio de la comunidad, las penas de prisión que no excedan de dos años a los reos no habi-

---

23 de junio), que entrará en vigor el próximo día 23 de diciembre de 2010. La redacción que sigue vigente hasta entonces es la siguiente:

> Los jueces o tribunales podrán sustituir, previa audiencia de las partes, en la misma sentencia, o posteriormente en auto motivado, antes de dar inicio a su ejecución, las penas de prisión que no excedan de un año por multa o por trabajos en beneficio de la comunidad, aunque la ley no prevea estas penas para el delito de que se trate, cuando las circunstancias personales del reo, la naturaleza del hecho, su conducta y, en particular, el esfuerzo para reparar el daño causado así lo aconsejen, siempre que no se trate de reos habituales, sustituyéndose cada día de prisión por dos cuotas de multa o por una jornada de trabajo. En estos casos el juez o tribunal podrá además imponer al penado la observancia de una o varias obligaciones o deberes previstos en el artículo 83 de este Código, de no haberse establecido como penas en la sentencia, por tiempo que no podrá exceder de la duración de la pena sustituida.

El párrafo 3.º del apartado 1 de este artículo figura redactado conforme al texto de la LO 5/2010, de 22 de junio (*BOE* n.º 152, de 23 de junio), que entrará en vigor el próximo día 23 de diciembre de 2010. La redacción que sigue vigente hasta entonces es la siguiente:

> En el caso de que el reo hubiera sido condenado por un delito relacionado con la violencia de género, la pena de prisión sólo podrá ser sustituida por la de trabajos en beneficio de la comunidad. En estos supuestos, el Juez o Tribunal impondrá adicionalmente, además de la sujeción a programas específicos de reeducación y tratamiento psicológico, la observancia de las obligaciones o deberes previstos en las reglas 1 y 2, del apartado 1 del artículo 83 de este Código.

V. arts. 37, 49, 50 y 71.2.º CP.

tuales, cuando de las circunstancias del hecho y del culpable se infiera que el cumplimiento de aquéllas habría de frustrar sus fines de prevención y reinserción social. En estos casos, la sustitución se llevará a cabo con los mismos requisitos y en los mismos términos y módulos de conversión establecidos en el párrafo anterior para la pena de multa.

En el caso de que el reo hubiera sido condenado por un delito relacionado con la violencia de género, la pena de prisión sólo podrá ser sustituida por la de trabajos en beneficio de la comunidad o localización permanente en lugar distinto y separado del domicilio de la víctima. En estos supuestos, el Juez o Tribunal impondrá adicionalmente, además de la sujeción a programas específicos de reeducación y tratamiento psicológico, la observancia de las obligaciones o deberes previstos en las reglas 1.ª y 2.ª del apartado 1 del artículo 83 de este Código.

2. En el supuesto de incumplimiento en todo o en parte de la pena sustitutiva, la pena de prisión inicialmente impuesta se ejecutará descontando, en su caso, la parte de tiempo a que equivalgan las cuotas satisfechas, de acuerdo con la regla de conversión establecida en el apartado precedente.

3. En ningún caso se podrán sustituir penas que sean sustitutivas de otras.

Art. 89. 1. Las penas privativas de libertad inferiores a

Art. 89: Este artículo figura redactado conforme al texto de la LO 5/2010, de 22 de junio (*BOE* n.º 152, de 23 de junio), que entrará en vigor el próximo día 23 de diciembre de 2010. La redacción que sigue vigente hasta entonces es la siguiente:

Art. 89. 1. Las penas privativas de libertad inferiores a seis años impuestas a un extranjero no residente legalmente en España serán sustituidas en la sentencia por su expulsión del territorio español, salvo que el juez o tribunal, previa audiencia del Ministerio Fiscal, excepcionalmente y de forma motivada, aprecie que la naturaleza del delito justifica el cumplimiento de la condena en un centro penitenciario en España.

Igualmente, los jueces o tribunales, a instancia del Ministerio Fiscal, acordarán en sentencia la expulsión del territorio nacional del extranjero no residente legalmente en España condenado a pena de prisión igual o superior a seis años, en el caso de que se acceda al tercer grado penitenciario o una vez que se entiendan cumplidas las tres cuartas partes de la condena, salvo que, excepcionalmente y de forma motivada, aprecien que la naturaleza del delito justifica el cumplimiento de la condena en un centro penitenciario en España.

La expulsión se llevará a efecto sin que sea de aplicación lo dispuesto en los artículos 80, 87 y 88 del Código Penal.

La expulsión así acordada llevará consigo el archivo de cualquier procedimiento administrativo que tuviera por objeto la autorización para residir o trabajar en España.

En el supuesto de que, acordada la sustitución de la pena privativa de libertad

seis años impuestas a un extranjero no residente legalmente en España serán sustituidas en la sentencia por su expulsión del territorio español, salvo que el Juez o Tribunal, previa audiencia del penado, del Ministerio Fiscal y de las partes personadas, de forma motivada, aprecie razones que justifiquen el cumplimiento de la condena en un centro penitenciario en España.

También podrá acordarse la expulsión en auto motivado posterior, previa audiencia del penado, del Ministerio Fiscal y de las demás partes personadas.

2. El extranjero no podrá regresar a España en un plazo de cinco a diez años, contados desde la fecha de su expulsión, atendidas la duración de la pena sustituida y las circunstancias personales del penado.

3. La expulsión llevará consigo el archivo de cualquier procedimiento administrativo que tuviera por objeto la autorización para residir o trabajar en España.

---

por la expulsión, ésta no pudiera llevarse a efecto, se procederá al cumplimiento de la pena privativa de libertad originariamente impuesta o del período de condena pendiente.

2. El extranjero no podrá regresar a España en un plazo de diez años, contados desde la fecha de su expulsión, y, en todo caso, mientras no haya prescrito la pena.

3. El extranjero que intentara quebrantar una decisión judicial de expulsión y prohibición de entrada a la que se refieren los apartados anteriores será devuelto por la autoridad gubernativa, empezando a computarse de nuevo el plazo de prohibición de entrada en su integridad.

4. Las disposiciones establecidas en los apartados anteriores no serán de aplicación a los extranjeros que hubieren sido condenados por la comisión de delitos a que se refieren los artículos 312, 318 bis, 515.6, 517 y 518 del Código Penal.

V. Protocolos n.os 4 y 7 al Convenio para la protección de los Derechos Humanos y de las Libertades Fundamentales, hechos en Estrasburgo, respectivamente, el 16 de septiembre de 1963 y el 22 de noviembre de 1984, y ratificados por España mediante Instrumentos de 28 de agosto de 2009 (*BOE* n.os 247 y 249, de 13 y 15 de octubre, respectivamente); LO 4/2000, de 11 de enero (*BOE* n.º 10, de 12 de enero; corrección de errores en *BOE* n.º 20, de 24 de enero), sobre derechos y libertades de los extranjeros en España y su integración social, modificada por LO 8/2000, de 22 de diciembre (*BOE* n.º 307, de 23 de diciembre; corrección de errores en *BOE* n.º 47, de 23 de febrero de 2001), por LO 11/2003, de 29 de septiembre (*BOE* n.º 234, de 30 de septiembre), y por LO 2/2009, de 11 de diciembre (*BOE* n.º 299, de 12 de diciembre), y especialmente su art. 57; y su Reglamento, aprobado por RD 2.393/2004, de 30 de diciembre (*BOE* n.º 6, de 7 de enero de 2005; corrección de errores en *BOE* n.º 130, de 1 de junio), y modificado por RD 1.019/2006, de 8 de septiembre (*BOE* n.º 228, de 23 de septiembre), y por RD 1.162/2009, de 10 de julio (*BOE* n.º 177, de 23 de julio). V., también, la Orden de 22 de febrero de 1999 (*BOE* n.º 47, de 24 de febrero), sobre normas de funcionamiento y régimen interior de los centros de internamiento de extranjeros, declarada parcialmente nula por STS (3.ª) de 11 de mayo de 2005.

4. Si el extranjero expulsado regresara a España antes de transcurrir el período de tiempo establecido judicialmente, cumplirá las penas que fueron sustituidas. No obstante, si fuera sorprendido en la frontera, será expulsado directamente por la autoridad gubernativa, empezando a computarse de nuevo el plazo de prohibición de entrada en su integridad.

5. Los jueces o tribunales, a instancia del Ministerio Fiscal y previa audiencia del penado y de las partes personadas, acordarán en sentencia, o durante su ejecución, la expulsión del territorio nacional del extranjero no residente legalmente en España, que hubiera de cumplir o estuviera cumpliendo cualquier pena privativa de libertad, para el caso de que hubiera accedido al tercer grado penitenciario o cumplido las tres cuartas partes de la condena, salvo que previa audiencia del Ministerio Fiscal y de forma motivada aprecien razones que justifiquen el cumplimiento en España.

6. Cuando, al acordarse la expulsión en cualquiera de los supuestos previstos en este artículo, el extranjero no se encuentre o no quede efectivamente privado de libertad en ejecución de la pena impuesta, el Juez o Tribunal podrá acordar, con el fin de asegurar la expulsión, su ingreso en un centro de internamiento de extranjeros, en los términos y con los límites y garantías previstos en la Ley para la expulsión gubernativa.

En todo caso, si acordada la sustitución de la pena privativa de libertad por la expulsión, ésta no pudiera llevarse a efecto, se procederá a la ejecución de la pena originariamente impuesta o del período de condena pendiente, o a la aplicación, en su caso, de la suspensión de la ejecución de la misma o su sustitución en los términos del artículo 88 de este Código.

7. Las disposiciones establecidas en los apartados anteriores no serán de aplicación a los extranjeros que hubieran sido condenados por la comisión de delitos a que se refieren los artículos 312, 313 y 318 bis de este Código.

SECCIÓN 3.ª

*De la libertad condicional**

Art. 90. 1. Se establece la libertad condicional en la pena

---

* V. arts. 67, 72 y 76.2.*b*) LOGP; arts. 192 a 202 y 205 RP; arts. 29 ss. Reglamento de Establecimientos Penitenciarios Militares, aprobado por RD 1.396/1992, de 20 de noviembre (*BOE* n.º 305, de 21 de diciembre); y Ley de 23 de julio de 1914 (*Gaceta* n.º 211, de 30 de julio), sobre libertad condicional.

Art. 90: Este artículo figura redactado conforme al texto de la LO 7/2003, de 30

privativa de libertad para aquellos sentenciados en quienes concurran las circunstancias siguientes:

de junio (*BOE* n.º 156, de 1 de julio), de medidas de reforma para el cumplimiento íntegro y efectivo de las penas. La expresión «banda armada» que figuraba en el párrafo último del apartado 1 ha sido suprimida por la LO 5/2010, de 22 de junio (*BOE* n.º 152, de 23 de junio), que entrará en vigor el próximo día 23 de diciembre de 2010. La redacción de dicho párrafo último del apartado 1 que sigue vigente hasta entonces es la siguiente:

> Asimismo, en el caso de personas condenadas por delitos de terrorismo de la sección segunda del capítulo V del título XXII del libro II de este Código, o por delitos cometidos en el seno de organizaciones criminales, se entenderá que hay pronóstico de reinserción social cuando el penado muestre signos inequívocos de haber abandonado los fines y los medios de la actividad terrorista y además haya colaborado activamente con las autoridades, bien para impedir la producción de otros delitos por parte de la banda armada, organización o grupo terrorista, bien para atenuar los efectos de su delito, bien para la identificación, captura y procesamiento de responsables de delitos terroristas, para obtener pruebas o para impedir la actuación o el desarrollo de las organizaciones o asociaciones a las que haya pertenecido o con las que haya colaborado, lo que podrá acreditarse mediante una declaración expresa de repudio de sus actividades delictivas y de abandono de la violencia y una petición expresa de perdón a las víctimas de su delito, así como por los informes técnicos que acrediten que el preso está realmente desvinculado de la organización terrorista y del entorno y actividades de asociaciones y colectivos ilegales que la rodean y su colaboración con las autoridades.

La Exposición de Motivos de la citada LO 7/2003, de 30 de junio, establece lo siguiente:

«Se modifican, igualmente, en el Código Penal los artículos 90 y 91 relativos a la libertad condicional. Con esta modificación se trata de mejorar técnicamente los supuestos de otorgamiento de dicha libertad condicional y su adaptación a las distintas modalidades delictivas.

»Así, se refuerza la necesidad de valorar en su conjunto todas las circunstancias a las que hace referencia el artículo antes de adoptar la decisión de conceder la libertad condicional. De este modo, el cumplimiento de las tres cuartas partes de la condena no es el único requisito determinante, sino que debe ser valorado junto con las demás circunstancias contempladas en el precepto. Igualmente, se introduce el criterio de la satisfacción de las responsabilidades civiles en los supuestos y en los términos previstos en la Ley Orgánica General Penitenciaria. Por último, también se explicitan las circunstancias que deben considerarse a la hora de conceder la libertad condicional en los casos de delitos de terrorismo y criminalidad organizada.

»Con todo ello se consigue dotar de una mayor seguridad jurídica a la virtualidad de este beneficio penitenciario.»

Téngase igualmente en cuenta que la Disp. Trans. Única de esta LO establece:

«Lo dispuesto, conforme a esta ley, en los artículos 90 y 93.2 del Código Penal, respecto a las circunstancias para acceder a la concesión de la libertad condicional, y en el artículo 72.5 y 6 de la Ley Orgánica General Penitenciaria respecto a la clasificación o progresión al tercer grado de tratamiento penitenciario, será aplicable a las decisiones que se adopten sobre dichas materias desde su entrada en vigor, con independencia del momento de comisión de los hechos delictivos o de la fecha de la resolución en virtud de la cual se esté cumpliendo la pena.»

Los apartados 5 y 6 del artículo 72 de la Ley Orgánica 1/1979, de 26 de septiembre, General Penitenciaria, a que se refie-

a) Que se encuentren en el tercer grado de tratamiento penitenciario.

b) Que se hayan extinguido las tres cuartas partes de la condena impuesta.

---

re esta Disposición, han sido también incorporados por esta Ley Orgánica 7/2003, y tienen el siguiente texto:

»"5. La clasificación o progresión al tercer grado de tratamiento requerirá, además de los requisitos previstos por el Código Penal, que el penado haya satisfecho la responsabilidad civil derivada del delito, considerando a tales efectos la conducta efectivamente observada en orden a restituir lo sustraído, reparar el daño e indemnizar los perjuicios materiales y morales; las condiciones personales y patrimoniales del culpable, a efectos de valorar su capacidad real, presente y futura para satisfacer la responsabilidad civil que le correspondiera; las garantías que permitan asegurar la satisfacción futura; la estimación del enriquecimiento que el culpable hubiera obtenido por la comisión del delito y, en su caso, el daño o entorpecimiento producido al servicio público, así como la naturaleza de los daños y perjuicios causados por el delito, el número de perjudicados y su condición.

»Singularmente, se aplicará esta norma cuando el interno hubiera sido condenado por la comisión de alguno de los siguientes delitos:

»*a*) Delitos contra el patrimonio y contra el orden socioeconómico que hubieran revestido notoria gravedad y hubieran perjudicado a una generalidad de personas.

»*b*) Delitos contra los derechos de los trabajadores.

»*c*) Delitos contra la Hacienda Pública y contra la Seguridad Social.

»*d*) Delitos contra la Administración Pública comprendidos en los capítulos V al IX del título XIX del libro II del Código Penal.

»6. Del mismo modo, la clasificación o progresión al tercer grado de tratamiento penitenciario de personas condenadas por delitos de terrorismo de la sección segunda del capítulo V del título XXII del libro II del Código Penal o cometidos en el seno de organizaciones criminales, requerirá, además de los requisitos previstos por el Código Penal y la satisfacción de la responsabilidad civil con sus rentas y patrimonio presentes y futuros en los términos de apartado anterior, que muestren signos inequívocos de haber abandonado los fines y los medios terroristas, y además hayan colaborado activamente con las autoridades, bien para impedir la producción de otros delitos por parte de la banda armada, organización o grupo terrorista, bien para atenuar los efectos de su delito, bien para la identificación, captura y procesamiento de responsables de delitos terroristas, para obtener pruebas o para impedir la actuación o el desarrollo de las organizaciones o asociaciones a las que hayan pertenecido o con las que haya colaborado, lo que podrá acreditarse mediante una declaración expresa de repudio de sus actividades delictivas y de abandono de la violencia y una petición expresa de perdón a las víctimas de su delito, así como por los informes técnicos que acrediten que el preso está realmente desvinculado de la organización terrorista y del entorno y actividades de asociaciones y colectivos ilegales que la rodean y su colaboración con las autoridades."»

La Disp. Adic. 1.ª, párrafo 2.º, de la LO 5/2010, de 22 de junio (*BOE* n.º 152, de 23 de junio), que entrará en vigor el próximo día 23 de diciembre de 2010, establece: «Las referencias que se hacen a los delitos de terrorismo de la Sección Segunda del Capítulo V del Título XXII del Libro II, o cometidos en el seno de organizaciones criminales, en los artículos 78, 90 y 91 del Código Penal, se entenderán hechas a delitos referentes a organizaciones y grupos terroristas y delitos de terrorismo del Capítulo VII del Título XXII del Libro II de dicho Código, o cometidos en el seno de organizaciones o grupos criminales.»

c) Que hayan observado buena conducta y exista respecto de los sentenciados un pronóstico individualizado y favorable de reinserción social, emitido en el informe final previsto en el artículo 67 de la Ley Orgánica General Penitenciaria.

No se entenderá cumplida la circunstancia anterior si el penado no hubiese satisfecho la responsabilidad civil derivada del delito en los supuestos y conforme a los criterios establecidos por el artículo 72.5 y 6 de la Ley Orgánica General Penitenciaria.

Asimismo, en el caso de personas condenadas por delitos de terrorismo de la sección segunda del capítulo V del título XXII del libro II de este Código, o por delitos cometidos en el seno de organizaciones criminales, se entenderá que hay pronóstico de reinserción social cuando el penado muestre signos inequívocos de haber abandonado los fines y los medios de la actividad terrorista y además haya colaborado activamente con las autoridades, bien para impedir la producción de otros delitos por parte de la organización o grupo terrorista, bien para atenuar los efectos de su delito, bien para la identificación, captura y procesamiento de responsables de delitos terroristas, para obtener pruebas o para impedir la actuación o el desarrollo de las organizaciones o asociaciones a las que haya pertenecido o con las que haya colaborado, lo que podrá acreditarse mediante una declaración expresa de repudio de sus actividades delictivas y de abandono de la violencia y una petición expresa de perdón a las víctimas de su delito, así como por los informes técnicos que acrediten que el preso está realmente desvinculado de la organización terrorista y del entorno y actividades de asociaciones y colectivos ilegales que la rodean y su colaboración con las autoridades.

2. El juez de vigilancia, al decretar la libertad condicional de los penados, podrá imponerles motivadamente la observancia de una o varias de las reglas de conducta o medidas previstas en los artículos 83 y 96.3 del presente Código.

Art. 91. 1. Excepcionalmente, cumplidas las circunstancias de los párrafos *a*) y *c*) del

Art. 91: Este artículo figura redactado conforme al texto de la LO 7/2003, de 30 de junio (*BOE* n.º 156, de 1 de julio), de medidas de reforma para el cumplimiento íntegro y efectivo de las penas, cuya Exposición de Motivos, a este respecto, puede verse en nota al art. 90 de este Código. V. art. 205 RP.

La Disp. Adic. 1.ª, párrafo 2.º, de la LO 5/2010, de 22 de junio (*BOE* n.º 152, de 23 de junio), que entrará en vigor el próximo día 23 de diciembre de 2010, esta-

apartado 1 del artículo anterior, y siempre que no se trate de delitos de terrorismo de la sección segunda del capítulo V del título XXII del libro II de este Código, o cometidos en el seno de organizaciones criminales, el juez de vigilancia penitenciaria, previo informe del Ministerio Fiscal, Instituciones Penitenciarias y las demás partes, podrá conceder la libertad condicional a los sentenciados a penas privativas de libertad que hayan extinguido las dos terceras partes de su condena, siempre que merezcan dicho beneficio por haber desarrollado continuadamante actividades laborales, culturales o ocupacionales.

2. A propuesta de Instituciones Penitenciarias y previo informe del Ministerio Fiscal y de las demás partes, cumplidas las circunstancias de los párrafos *a*) y *c*) del apartado 1 del artículo anterior, el juez de vigilancia penitenciaria podrá adelantar, una vez extinguida la mitad de la condena, la concesión de la libertad condicional en relación con el plazo previsto en el apartado anterior, hasta un máximo de novena días por cada año transcurrido de cumplimiento efectivo de condena, siempre que no se trate de delitos de terrorismo de la sección segunda del capítulo V del título XXII o cometidos en el seno de organizaciones criminales. Esta medida requerirá que el penado haya desarrollado continuamente las actividades indicadas en el apartado anterior y que acredite, además, la participación efectiva y favorable en programas de reparación a las víctimas o programas de tratamiento o desintoxicación, en su caso.

Art. 92. 1. No obstante lo dispuesto en los artículos anteriores, los sentenciados que hubieran cumplido la edad de setenta años, o la cumplan durante la extinción de la condena, y reúnan los requisitos establecidos, excepto el haber extinguido las tres cuartas partes de aquélla, o, en su caso, las dos terceras, podrán obtener la concesión de la libertad condicional.

---

blece: «Las referencias que se hacen a los delitos de terrorismo de la Sección Segunda del Capítulo V del Título XXII del Libro II, o cometidos en el seno de organizaciones criminales, en los artículos 78, 90 y 91 del Código Penal, se entenderán hechas a delitos referentes a organizaciones y grupos terroristas y delitos de terrorismo del Capítulo VII del Título XXII del Libro II de dicho Código, o cometidos en el seno de organizaciones o grupos criminales.»

Art. 92: Este artículo figura redactado conforme al texto de la Ley Orgánica 15/2003, de 25 de noviembre (*BOE* n.º 283, de 26 de noviembre; corrección de errores en *BOE* n.º 65, de 16 de marzo, y n.º 80, de 2 de abril, ambos de 2004), que entró en vigor el 1 de octubre de 2004. V. art. 196 RP.

El mismo criterio se aplicará cuando, según informe médico, se trate de enfermos muy graves con padecimientos incurables.

2. Constando a la Administración penitenciaria que el interno se halla en cualquiera de los casos previstos en los párrafos anteriores, elevará el expediente de libertad condicional, con la urgencia que el caso requiera, al Juez de Vigilancia Penitenciaria que, a la hora de resolverlo, valorará junto a las circunstancias personales la dificultad para delinquir y la escasa peligrosidad del sujeto.

3. Si el peligro para la vida del interno, a causa de su enfermedad o de su avanzada edad, fuera patente, por estar así acreditado por el dictamen del médico forense y de los servicios médicos del establecimiento penitenciario el Juez de Vigilancia Penitenciaria podrá, previa en su caso la progresión de grado, autorizar la libertad condicional sin más trámite que requerir al centro penitenciario el informe de pronóstico final al objeto de poder hacer la valoración a que se refiere el párrafo anterior, todo ello sin perjuicio del seguimiento y control previstos por el artículo 75 de la Ley orgánica General Penitenciaria.

Art. 93. 1. El período de libertad condicional durará todo el tiempo que le falte al sujeto para cumplir su condena. Si en dicho período el reo delinquiere o inobservare las reglas de conducta impuestas, el Juez de Vigilancia Penitenciaria revocará la libertad concedida, y el penado reingresará en prisión en el período o grado penitenciario que corresponda, sin perjuicio del cómputo del tiempo pasado en libertad condicional.

2. En el caso de condenados por delitos de terrorismo de la sección segunda del capítulo V del título XXII del libro II de este

---

Art. 93: Los apartados segundo y tercero de este artículo fueron introducidos por la LO 7/2003, de 30 de junio (*BOE* n.º 156, de 1 de julio), de medidas de reforma para el cumplimiento íntegro y efectivo de las penas, cuya Exposición de Motivos, a este respecto, establece:

«Asimismo, se modifica el artículo 93 del Código Penal, con el fin de que en caso de incumplimiento de las condiciones y reglas de conducta que permitieron obtener la libertad condicional, cuando se trate de delitos de terrorismo, el penado cumpla el tiempo que reste del cumplimiento de condena con pérdida del tiempo pasado en libertad condicional.»

La Disp. Adic. 1.ª, párrafo 1.º, de la LO 5/2010, de 22 de junio (*BOE* n.º 152, de 23 de junio), que entrará en vigor el próximo día 23 de diciembre de 2010, establece: «Las referencias que se hacen a los delitos de terrorismo de la Sección Segunda del Capítulo V del Título XXII del Libro II en los artículos 76 y 93 del Código Penal, se entenderán hechas a delitos referentes a organizaciones y grupos terroristas y delitos de terrorismo del Capítulo VII del Título XXII del Libro II de dicho Código.»

Código, el juez de vigilancia penitenciaria podrá solicitar los informes que permitan acreditar que subsisten las condiciones que permitieron obtener la libertad condicional. Si en este período de libertad condicional el condenado delinquiera, inobservara las reglas de conducta o incumpliera las condiciones que le permitieron acceder a la libertad condicional, el juez de vigilancia penitenciaria revocará la libertad concedida, y el penado reingresará en prisión en el período o grado penitenciario que corresponda.

3. En el supuesto previsto en el apartado anterior, el penado cumplirá el tiempo que reste de cumplimiento de la condena con pérdida del tiempo pasado en libertad condicional.

SECCIÓN 4.ª

Disposiciones comunes

Art. 94. A los efectos previstos en la sección 2.ª de este capítulo, se consideran reos habituales los que hubieren cometido tres o más delitos de los comprendidos en un mismo capítulo, en un plazo no superior a cinco años, y hayan sido condenados por ello.

Para realizar este cómputo se considerarán, por una parte, el momento de posible suspensión o sustitución de la pena conforme al artículo 88 y, por otra parte, la fecha de comisión de aquellos delitos que fundamenten la apreciación de la habitualidad.

Art. 94: Este artículo figura redactado conforme al texto de la Ley Orgánica 15/2003, de 25 de noviembre (*BOE* n.º 283, de 26 de noviembre; corrección de errores en *BOE* n.º 65, de 16 de marzo, y n.º 80, de 2 de abril, ambos de 2004), que entró en vigor el 1 de octubre de 2004.

TÍTULO IV

De las medidas de seguridad

CAPÍTULO PRIMERO

De las medidas de seguridad en general

Art. 95. 1. Las medidas de seguridad se aplicarán por el Juez o Tribunal, previos los informes que estime convenientes, a las personas que se encuentren en los supuestos previstos en el capítulo siguiente de este Código, siempre que concurran estas circunstancias:

1.ª Que el sujeto haya cometido un hecho previsto como delito.

2.ª Que del hecho y de las circunstancias personales del sujeto pueda deducirse un pronóstico de comportamiento futuro que revele la probabilidad de comisión de nuevos delitos.

2. Cuando la pena que hubiere podido imponerse por el delito cometido no fuere privativa de libertad, el juez o tribunal sentenciador sólo podrá acordar alguna o algunas de las medidas previstas en el artículo 96.3.

Art. 96. 1. Las medidas de seguridad que se pueden imponer con arreglo a este Código son

---

Art. 95: Este artículo figura redactado conforme al texto de la Ley Orgánica 15/2003, de 25 de noviembre (*BOE* n.º 283, de 26 de noviembre; corrección de errores en *BOE* n.º 65, de 16 de marzo, y n.º 80, de 2 de abril, ambos de 2004), que entró en vigor el 1 de octubre de 2004. V. art. 6.º CP.

Art. 96: Este artículo figura redactado conforme al texto de la Ley Orgánica 15/2003, de 25 de noviembre (*BOE* n.º 283, de 26 de noviembre; corrección de errores en *BOE* n.º 65, de 16 de marzo, y n.º 80, de 2 de abril, ambos de 2004), que entró en vigor el 1 de octubre de 2004. El apartado 3 de este artículo figura redactado conforme al texto de la LO 5/2010, de 22 de junio (*BOE* n.º 152, de 23 de junio), que entrará en vigor el próximo día 23 de diciembre de 2010. La redacción que sigue vigente hasta entonces es la siguiente:

> 3. Son medidas no privativas de libertad:
>
> 1.ª La inhabilitación profesional.
>
> 2.ª La expulsión del territorio nacional de extranjeros no residentes legalmente en España.
>
> 3.ª La obligación de residir en un lugar determinado.
>
> 4.ª La prohibición de residir en el lugar o territorio que se designe. En este caso, el sujeto quedará obligado a declarar el domicilio que elija y los cambios que se produzcan.
>
> 5.ª La prohibición de acudir a determinados lugares o territorios, espectáculos deportivos o culturales, o de visitar establecimientos de bebidas alcohólicas o de juego.
>
> 6.ª La custodia familiar. El sometido a esta medida quedará sujeto al cuidado y vigilancia del familiar que se designe y que acepte la custodia, quien la ejercerá en rela-

privativas y no privativas de libertad.

2. Son medidas privativas de libertad:

1.ª El internamiento en centro psiquiátrico.

2.ª El internamiento en centro de deshabituación.

3.ª El internamiento en centro educativo especial.

3. Son medidas no privativas de libertad:

1.ª La inhabilitación profesional.

2.ª La expulsión del territorio nacional de extranjeros no residentes legalmente en España.

3.ª La libertad vigilada.

4.ª La custodia familiar. El sometido a esta medida quedará sujeto al cuidado y vigilancia del familiar que se designe y que acepte la custodia, quien la ejercerá en relación con el Juez de Vigilancia Penitenciaria y sin menoscabo de las actividades escolares o laborales del custodiado.

5.ª La privación del derecho a conducir vehículos a motor y ciclomotores.

6.ª La privación del derecho a la tenencia y porte de armas.

Art. 97. Durante la ejecución de la sentencia, el Juez o Tribu-

---

ción con el Juez de Vigilancia Penitenciaria y sin menoscabo de las actividades escolares o laborales del custodiado.

7.ª La privación del derecho a conducir vehículos a motor y ciclomotores.

8.ª La privación del derecho a la tenencia y porte de armas.

9.ª La prohibición de aproximarse a la víctima, o a aquellos de sus familiares u otras personas que determine el Juez o Tribunal.

10.ª La prohibición de comunicarse con la víctima, o con aquellos de sus familiares u otras personas que determine el Juez o Tribunal.

11.ª La sumisión a tratamiento externo en centros médicos o establecimientos de carácter socio-sanitario.

12.ª El sometimiento a programas de tipo formativo, cultural, educativo, profesional, de educación sexual y otros similares.

Art. 96.3.2.ª: V. la Orden de 22 de febrero de 1999 (*BOE* n.º 47, de 24 de febrero), sobre normas de funcionamiento y régimen interior de los centros de internamiento de extranjeros, declarada parcialmente nula por STS (3.ª) de 11 de mayo de 2005.

Art. 97: Este artículo figura redactado conforme al texto de la LO 5/2010, de 22 de junio (*BOE* n.º 152, de 23 de junio), que entrará en vigor el próximo día 23 de diciembre de 2010. La redacción que sigue vigente hasta entonces es la siguiente:

Art. 97. Durante la ejecución de la sentencia, el juez o tribunal sentenciador adoptará, mediante un procedimiento contradictorio, previa propuesta del Juez de Vigilancia Penitenciaria, alguna de las siguientes decisiones:

a) Mantener la ejecución de la medida de seguridad impuesta.

b) Decretar el cese de cualquier medida de seguridad impuesta en cuanto desaparezca la peligrosidad criminal del sujeto.

c) Sustituir una medida de seguridad por otra que estime más adecuada, entre las previstas para el supuesto de que se trate. En el caso de que fuera acordada la

nal sentenciador adoptará, por el procedimiento establecido en el artículo siguiente, alguna de las siguientes decisiones:

a) Mantener la ejecución de la medida de seguridad impuesta.

b) Decretar el cese de cualquier medida de seguridad impuesta en cuanto desaparezca la peligrosidad criminal del sujeto.

c) Sustituir una medida de seguridad por otra que estime más adecuada, entre las previstas para el supuesto de que se trate. En el caso de que fuera acordada la sustitución y el sujeto evolucionara desfavorablemente, se dejará sin efecto la sustitución, volviéndose a aplicar la medida sustituida.

d) Dejar en suspenso la ejecución de la medida en atención al resultado ya obtenido con su aplicación, por un plazo no superior al que reste hasta el máximo señalado en la sentencia que la impuso. La suspensión quedará condicionada a que el sujeto no delinca durante el plazo fijado, y podrá dejarse sin efecto si nuevamente resultara acreditada cualquiera de las circunstancias previstas en el artículo 95 de este Código.

Art. 98. 1. A los efectos del artículo anterior, cuando se trate de una medida de seguridad privativa de libertad o de una medida de libertad vigilada que deba ejecutarse después del cumplimiento de una pena privativa de libertad, el Juez de Vigilancia Penitenciaria estará obligado a elevar al menos anualmente, una propuesta de mantenimiento, cese, sustitución o suspensión de la misma. Para formular dicha propuesta el Juez de Vigilancia Penitenciaria deberá valorar los infor-

sustitución y el sujeto evolucionara desfavorablemente, se dejará sin efecto la sustitución, volviéndose a aplicar la medida sustituida.

d) Dejar en suspenso la ejecución de la medida en atención al resultado ya obtenido con su aplicación, por un plazo no superior al que reste hasta el máximo señalado en la sentencia que la impuso. La suspensión quedará condicionada a que el sujeto no delinca durante el plazo fijado, y podrá dejarse sin efecto si nuevamente resultara acreditada cualquiera de las circunstancias previstas en el artículo 95 de este Código.

A estos efectos, el Juez de Vigilancia Penitenciaria estará obligado a elevar al menos anualmente, una propuesta de mantenimiento, cese, sustitución o suspensión de la medida de seguridad de la pena privativa de libertad impuesta.

Art. 98: Este artículo figura redactado conforme al texto de la LO 5/2010, de 22 de junio (*BOE* n.º 152, de 23 de junio), que entrará en vigor el próximo día 23 de diciembre de 2010. La redacción que sigue vigente hasta entonces es la siguiente:

Art. 98. Para formular la propuesta a que se refiere el artículo anterior el Juez de Vigilancia Penitenciaria deberá valorar los informes emitidos por los facultativos y profesionales que asistan al sometido a medida de seguridad, y, en su caso, el resultado de las demás actuaciones que a este fin ordene.

mes emitidos por los facultativos y profesionales que asistan al sometido a medida de seguridad o por las Administraciones Públicas competentes y, en su caso, el resultado de las demás actuaciones que a este fin ordene.

2. Cuando se trate de cualquier otra medida no privativa de libertad, el Juez o Tribunal sentenciador recabará directamente de las Administraciones, facultativos y profesionales a que se refiere el apartado anterior, los oportunos informes acerca de la situación y la evolución del condenado, su grado de rehabilitación y el pronóstico de reincidencia o reiteración delictiva.

3. En todo caso, el Juez o Tribunal sentenciador resolverá motivadamente a la vista de la propuesta o los informes a los que respectivamente se refieren los dos apartados anteriores, oída la propia persona sometida a la medida, así como el Ministerio Fiscal y las demás partes. Se oirá asimismo a las víctimas del delito que no estuvieren personadas cuando así lo hubieran solicitado al inicio o en cualquier momento de la ejecución de la sentencia y permanezcan localizables a tal efecto.

Art. 99. En el caso de concurrencia de penas y medidas de seguridad privativas de libertad, el juez o tribunal ordenará el cumplimiento de la medida, que se abonará para el de la pena. Una vez alzada la medida de seguridad, el juez o tribunal podrá, si con la ejecución de la pena se pusieran en peligro los efectos conseguidos a través de aquélla, suspender el cumplimiento del resto de la pena por un plazo no superior a la duración de la misma, o aplicar alguna de las medidas previstas en el artículo 96.3.

Art. 100. 1. El quebrantamiento de una medida de seguridad de internamiento dará lugar a que el juez o tribunal ordene el reingreso del sujeto en el mismo centro del que se hubiese evadido o en otro que corresponda a su estado.

2. Si se tratare de otras medidas, el juez o tribunal podrá acordar la sustitución de la quebrantada por la de internamiento si ésta

---

Art. 99: Este artículo figura redactado conforme al texto de la Ley Orgánica 15/2003, de 25 de noviembre (*BOE* n.º 283, de 26 de noviembre; corrección de errores en *BOE* n.º 65, de 16 de marzo, y n.º 80, de 2 de abril, ambos de 2004), que entró en vigor el 1 de octubre de 2004.

Art. 100: Este artículo figura redactado conforme al texto de la Ley Orgánica 15/2003, de 25 de noviembre (*BOE* n.º 283, de 26 de noviembre; corrección de errores en *BOE* n.º 65, de 16 de marzo, y n.º 80, de 2 de abril, ambos de 2004), que entró en vigor el 1 de octubre de 2004. El apartado 3 de este artículo figura redactado conforme al texto de la LO 5/2010, de 22 de junio (*BOE* n.º 152, de 23 de junio), que entrará en vigor el próximo día 23 de diciembre de 2010.

estuviese prevista para el supuesto de que se trate y si el quebrantamiento demostrase su necesidad.

3. En ambos casos el Juez o Tribunal deducirá testimonio por el quebrantamiento. A estos efectos, no se considerará quebrantamiento de la medida la negativa del sujeto a someterse a tratamiento médico o a continuar un tratamiento médico inicialmente consentido. No obstante, el Juez o Tribunal podrá acordar la sustitución del tratamiento inicial o posteriormente rechazado por otra medida de entre las aplicables al supuesto de que se trate.

CAPÍTULO II

DE LA APLICACIÓN DE LAS MEDIDAS DE SEGURIDAD*

SECCIÓN 1.ª

De las medidas privativas de libertad

Art. 101. 1. Al sujeto que sea declarado exento de res-

La redacción que sigue vigente hasta entonces es la siguiente:

> 3. En ambos casos el juez o tribunal deducirá testimonio por el quebrantamiento.

V. art. 468 CP.

* El Capítulo V del RD 515/2005, de 6 de mayo (*BOE* n.º 109, de 7 de mayo), por el que se establecen las circunstancias de ejecución de las penas de trabajos en beneficio de la comunidad y de localización permanente, de determinadas medidas de seguridad, así como de la suspensión de la ejecución de las penas privativas de libertad, establece lo siguiente:

«CAPÍTULO V: DEL CUMPLIMIENTO DE DETERMINADAS MEDIDAS DE SEGURIDAD.

»*Art. 21. Comunicación de la resolución judicial.*—1. Recibido el testimonio de la resolución judicial que acuerde las medidas de seguridad, así como los particulares necesarios, los servicios sociales penitenciarios del lugar donde el penado tenga fijada su residencia, en el ámbito de sus competencias, realizarán las actuaciones necesarias para hacer efectivo su cumplimiento.

»2. No obstante, cuando el juez o tribunal sentenciador acuerde la imposición de una medida de seguridad de internamiento en un establecimiento o unidad psiquiátrica penitenciaria, se estará a lo dispuesto en los artículos 183 a 191 del Reglamento Penitenciario, aprobado por el Real Decreto 190/1996, de 9 de febrero.

»3. Lo dispuesto en el apartado anterior es también aplicable a los casos en los que el juez de vigilancia penitenciaria imponga una medida de seguridad de internamiento al amparo de lo previsto en el artículo 60 del Código Penal. En todo caso, y además, se dispondrán los medios necesarios para el cumplimiento efectivo de las garantías de asistencia médicas dispuestas judicialmente.

»*Art. 22. Elaboración del plan de intervención y seguimiento.*—Los servicios sociales penitenciarios procederán al estudio de la situación del penado mediante el análisis de la documentación, la entrevista con aquel y la información recibida de los centros o servicios donde realiza o va a realizar el tratamiento o programa, y, en atención a la mencionada situación, elaborarán el plan individual de intervención y seguimiento, que será elevado al juez de vigilancia penitenciaria para su aprobación o rectificación, sin perjuicio de la competencia del órgano judicial correspondiente.

»*Art. 23. Remisión al centro o servicio específico.*—Una vez recibida la resolución del juzgado de vigilancia penitenciaria que apruebe el plan de intervención, seguimiento

ponsabilidad criminal conforme al número 1.º del artículo 20, se le podrá aplicar, si fuere necesaria, la medida de internamiento para tratamiento médico o educación especial en un establecimiento adecuado al tipo de anomalía o alteración psíquica que se aprecie, o cualquier otra de las medidas previstas en el apartado 3 del artículo 96. El internamiento no podrá exceder del tiempo que habría durado la pena privativa de libertad, si hubiera sido declarado responsable el sujeto, y a tal efecto el Juez o Tribunal fijará en la sentencia ese límite máximo.

2. El sometido a esta medida no podrá abandonar el establecimiento sin autorización del Juez o Tribunal sentenciador, de conformidad con lo previsto en el artículo 97 de este Código.

Art. 102. 1. A los exentos de responsabilidad penal conforme al número 2.º del artículo 20 se les aplicará, si fuere necesaria, la medida de internamiento en centro de deshabituación público, o privado debidamente acreditado u homologado, o cualquiera otra de las medidas previstas en el apartado 3 del artículo 96. El internamiento no podrá exceder del tiempo que habría durado la pena privativa de libertad, si el sujeto hubiere sido declarado responsable, y a tal efecto el Juez o Tribunal fijará ese límite máximo en la sentencia.

2. El sometido a esta medida no podrá abandonar el establecimiento sin autorización del Juez o Tribunal sentenciador de conformidad con lo previsto en el artículo 97 de este Código.

Art. 103. 1. A los que fueren declarados exentos de responsabilidad conforme al número 3.º del artículo 20, se les podrá aplicar, si fuere necesaria, la

---

y liquidación de la medida, los servicios sociales penitenciarios efectuarán la remisión del caso al servicio o centro correspondiente para que el penado inicie o continúe el tratamiento o programa.

»*Art. 24. Seguimiento y control.*—Los servicios sociales penitenciarios durante el cumplimiento de la medida efectuarán el control y seguimiento de las condiciones fijadas en la resolución judicial y en el plan de intervención y seguimiento.

»*Art. 25. Informes.*—1. Los servicios sociales penitenciarios informarán al juez de vigilancia penitenciaria sobre la observancia de las medidas de seguridad impuestas, cuando así lo solicite o con la frecuencia que este determine, y, en todo caso, conforme al Código Penal, anualmente.

»2. En todo caso informarán cuando las circunstancias personales del penado se modifiquen, cuando la evolución del tratamiento lo aconseje, cuando se produzca cualquier incumplimiento de la medida de seguridad impuesta y cuando finalice su plazo de ejecución.»

Art. 101: V. arts. 100 CP y 182 a 191 RP.

Art. 102: V. arts. 100 CP y 182 RP.

Art. 103: El apartado 3 de este artículo figura redactado conforme al texto de

medida de internamiento en un centro educativo especial o cualquier otra de las medidas previstas en el apartado tercero del artículo 96. El internamiento no podrá exceder del tiempo que habría durado la pena privativa de libertad, si el sujeto hubiera sido declarado responsable y, a tal efecto, el Juez o Tribunal fijará en la sentencia ese límite máximo.

2. El sometido a esta medida no podrá abandonar el establecimiento sin autorización del Juez o Tribunal sentenciador de conformidad con lo previsto en el artículo 97 de este Código.

3. En este supuesto, la propuesta a que se refiere el artículo 98 de este Código deberá hacerse al terminar cada curso o grado de enseñanza.

Art. 104. 1. En los supuestos de eximente incompleta en relación con los números 1.º, 2.º y 3.º del artículo 20, el Juez o Tribunal podrá imponer, además de la pena correspondiente, las medidas previstas en los artículos 101, 102 y 103. No obstante, la medida de internamiento sólo será aplicable cuando la pena impuesta sea privativa de libertad y su duración no podrá exceder de la de la pena prevista por el Código para el delito. Para su aplicación se observará lo dispuesto en el artículo 99.

2. Cuando se aplique una medida de internamiento de las previstas en el apartado anterior o en los artículos 101, 102 y 103, el juez o tribunal sentenciador comunicará al ministerio fiscal, con suficiente antelación, la proximidad de su vencimiento, a efectos de lo previsto por la disposición adicional primera de este Código.

SECCIÓN 2.ª

De las medidas no privativas de libertad

Art. 105. En los casos previstos en los artículos 101 a 104, cuando imponga la medida pri-

---

la LO 5/2010, de 22 de junio (*BOE* n.º 152, de 23 de junio), que entrará en vigor el próximo día 23 de diciembre de 2010. La redacción que sigue vigente hasta entonces es la siguiente:

> 3. En este supuesto, la propuesta a que se refiere el artículo 97 de este Código deberá hacerse al terminar cada curso o grado de enseñanza.

Vid. arts. 100 CP y 182 RP.

Art. 104: Este artículo figura redactado conforme al texto de la Ley Orgánica 15/2003, de 25 de noviembre (*BOE* n.º 283, de 26 de noviembre; corrección de errores en *BOE* n.º 65, de 16 de marzo, y n.º 80, de 2 de abril, ambos de 2004), que entró en vigor el 1 de octubre de 2004.

Art. 105: Este artículo figura redactado conforme al texto de la LO 5/2010, de 22 de junio (*BOE* n.º 152, de 23 de junio), que entrará en vigor el próximo día 23 de

vativa de libertad o durante la ejecución de la misma, el Juez o Tribunal podrá imponer razonadamente una o varias medidas que se enumeran a continuación. Deberá asimismo imponer alguna o algunas de dichas medidas en los demás casos expresamente previstos en este Código.

1. Por un tiempo no superior a cinco años:

a) Libertad vigilada.

b) Custodia familiar. El sometido a esta medida quedará sujeto al cuidado y vigilancia del familiar que se designe y que acepte la custodia, quien la ejercerá en relación con el Juez de Vigilancia y sin menoscabo de las actividades escolares o laborales del custodiado.

2. Por un tiempo de hasta diez años:

a) Libertad vigilada, cuando expresamente lo disponga este Código.

b) La privación del derecho a la tenencia y porte de armas.

c) La privación del derecho a conducir vehículos a motor y ciclomotores.

Para decretar la obligación de observar alguna o algunas de las medidas previstas en este artícu-

---

diciembre de 2010. La redacción que sigue vigente hasta entonces es la siguiente:

> *Art. 105.* En los casos previstos en los artículos 101 a 104, el juez o tribunal cuando imponga la medida privativa de libertad, o durante la ejecución de la misma, podrá acordar razonadamente la obligación de que el sometido a la medida observe una o varias de las siguientes medidas:
>
> 1. Por un tiempo no superior a cinco años:
>
> a) Sumisión a tratamiento externo en centros médicos o establecimientos de carácter sociosanitario.
>
> *b*) Obligación de residir en un lugar determinado.
>
> *c*) Prohibición de residir en el lugar o territorio que se designe. En este caso, el sujeto quedará obligado a declarar el domicilio que elija y los cambios que se produzcan.
>
> *d*) Prohibición de acudir a determinados lugares o territorios, espectáculos deportivos o culturales, o de visitar establecimientos de bebidas alcohólicas o de juego.
>
> *e*) Custodia familiar. El sometido a esta medida quedará sujeto al cuidado y vigilancia del familiar que se designe y que acepte la custodia, quien la ejercerá en relación con el Juez de Vigilancia y sin menoscabo de las actividades escolares o laborales del custodiado.
>
> *f*) Sometimiento a programas de tipo formativo, cultural, educativo profesional, de educación sexual y otros similares.
>
> *g*) Prohibición de aproximarse a la víctima, o a aquellos de sus familiares u otras personas que determine el juez o tribunal, o de comunicarse con ellos.
>
> 2. Por un tiempo de hasta diez años:
>
> *a*) La privación del derecho a la tenencia y porte de armas.
>
> *b*) La privación del derecho a conducir vehículos a motor y ciclomotores.
>
> Para decretar la obligación de observar alguna o algunas de las medidas previstas en este artículo, el juez o tribunal sentenciador deberá valorar los informes emitidos por los facultativos y profesionales encargados de asistir al sometido a la medida de seguridad.
>
> El Juez de Vigilancia Penitenciaria o los servicios de la Administración correspondiente informarán al juez o tribunal sentenciador.

lo, así como para concretar dicha obligación cuando por ley viene obligado a imponerlas, el Juez o Tribunal sentenciador deberá valorar los informes emitidos por los facultativos y profesionales encargados de asistir al sometido a la medida de seguridad.

El Juez de Vigilancia Penitenciaria o los servicios de la Administración correspondiente informarán al Juez o Tribunal sentenciador.

En los casos previstos en este artículo, el Juez o Tribunal sentenciador dispondrá que los servicios de asistencia social competentes presten la ayuda o atención que precise y legalmente le corresponda al sometido a medidas de seguridad no privativas de libertad.

Art. 106. 1. La libertad vigilada consistirá en el sometimiento del condenado a control judicial a través del cumplimiento por su parte de alguna o algunas de las siguientes medidas:

a) La obligación de estar siempre localizable mediante aparatos electrónicos que permitan su seguimiento permanente.

b) La obligación de presentarse periódicamente en el lugar que el Juez o Tribunal establezca.

c) La de comunicar inmediatamente, en el plazo máximo y por el medio que el Juez o Tribunal señale a tal efecto, cada cambio del lugar de residencia o del lugar o puesto de trabajo.

d) La prohibición de ausentarse del lugar donde resida o de un determinado territorio sin autorización del Juez o Tribunal.

e) La prohibición de aproximarse a la víctima, o a aquellos de sus familiares u otras personas que determine el Juez o Tribunal.

f) La prohibición de comunicarse con la víctima, o con aquellos de sus familiares u otras personas que determine el Juez o Tribunal.

g) La prohibición de acudir a determinados territorios, lugares o establecimientos.

h) La prohibición de residir en determinados lugares.

i) La prohibición de desempeñar determinadas actividades

Art. 106: Este artículo figura redactado conforme al texto de la LO 5/2010, de 22 de junio (*BOE* n.º 152, de 23 de junio), que entrará en vigor el próximo día 23 de diciembre de 2010. La redacción que sigue vigente hasta entonces es la siguiente:

> *Art. 106.* En los casos previstos en el artículo anterior, el Juez o Tribunal sentenciador dispondrá que los servicios de asistencia social competentes presten la ayuda o atención que precise y legalmente le corresponda al sometido a medidas de seguridad no privativas de libertad.

V. arts. 74 y 75 LOGP y 2.º, 62 y 227 a 229 RP.

que puedan ofrecerle o facilitarle la ocasión para cometer hechos delictivos de similar naturaleza.

j) La obligación de participar en programas formativos, laborales, culturales, de educación sexual u otros similares.

k) La obligación de seguir tratamiento médico externo, o de someterse a un control médico periódico.

2. Sin perjuicio de lo dispuesto en el artículo 105, el Juez o Tribunal deberá imponer en la sentencia la medida de libertad vigilada para su cumplimiento posterior a la pena privativa de libertad impuesta siempre que así lo disponga de manera expresa este Código.

En estos casos, al menos dos meses antes de la extinción de la pena privativa de libertad, de modo que la medida de libertad vigilada pueda iniciarse en ese mismo momento, el Juez de Vigilancia Penitenciaria, por el procedimiento previsto en el artículo 98, elevará la oportuna propuesta al Juez o Tribunal sentenciador, que, con arreglo a dicho procedimiento, concretará, sin perjuicio de lo establecido en el artículo 97, el contenido de la medida fijando las obligaciones o prohibiciones enumeradas en el apartado 1 de este artículo que habrá de observar el condenado.

Si éste lo hubiera sido a varias penas privativas de libertad que deba cumplir sucesivamente, lo dispuesto en el párrafo anterior se entenderá referido al momento en que concluya el cumplimiento de todas ellas.

Asimismo, el penado a quien se hubiere impuesto por diversos delitos otras tantas medidas de libertad vigilada que, dado el contenido de las obligaciones o prohibiciones establecidas, no pudieran ser ejecutadas simultáneamente, las cumplirá de manera sucesiva, sin perjuicio de que el Juez o Tribunal pueda ejercer las facultades que le atribuye el apartado siguiente.

3. Por el mismo procedimiento del artículo 98, el Juez o Tribunal podrá:

a) Modificar en lo sucesivo las obligaciones y prohibiciones impuestas.

b) Reducir la duración de la libertad vigilada o incluso poner fin a la misma en vista del pronóstico positivo de reinserción que considere innecesaria o contraproducente la continuidad de las obligaciones o prohibiciones impuestas.

c) Dejar sin efecto la medida cuando la circunstancia descrita en la letra anterior se dé en el momento de concreción de las medidas que se regula en el número 2 del presente artículo.

4. En caso de incumplimiento de una o varias obligaciones el Juez o Tribunal, a la vista de las circunstancias concurrentes y por el mismo procedimiento indica-

do en los números anteriores, podrá modificar las obligaciones o prohibiciones impuestas. Si el incumplimiento fuera reiterado o grave, revelador de la voluntad de no someterse a las obligaciones o prohibiciones impuestas, el Juez deducirá, además, testimonio por un presunto delito del artículo 468 de este Código.

Art. 107. El Juez o Tribunal podrá decretar razonadamente la medida de inhabilitación para el ejercicio de determinado derecho, profesión, oficio, industria o comercio, cargo o empleo, por un tiempo de uno a cinco años, cuando el sujeto haya cometido con abuso de dicho ejercicio, o en relación con él, un hecho delictivo, y cuando de la valoración de las circunstancias concurrentes pueda deducirse el peligro de que vuelva a cometer el mismo delito u otros semejantes, siempre que no sea posible imponerle la pena correspondiente por encontrarse en alguna de las situaciones previstas en los números 1.º, 2.º y 3.º del artículo 20.

Art. 108. 1. Si el sujeto fuera extranjero no residente legalmente en España, el juez o tribunal acordará en la sentencia, previa audiencia de aquél, la expulsión del territorio nacional como sustitutiva de las medidas de seguridad que le sean aplicables, salvo que el juez o tribunal, previa audiencia del Ministerio Fiscal, excepcionalmente y de forma motivada, aprecie que la naturaleza del delito justifica el cumplimiento en España.

Art. 108: Este artículo figura redactado conforme el texto de la LO 11/2003, de 29 de septiembre (*BOE* n.º 234, de 30 de septiembre), de medidas concretas en materia de seguridad ciudadana, violencia doméstica e integración social de los extranjeros. V. Protocolos n.os 4 y 7 al Convenio para la protección de los Derechos Humanos y de las Libertades Fundamentales, hechos en Estrasburgo, respectivamente, el 16 de septiembre de 1963 y el 22 de noviembre de 1984, y ratificados por España mediante Instrumentos de 28 de agosto de 2009 (*BOE* n.os 247 y 249, de 13 y 15 de octubre, respectivamente); LO 4/2000, de 11 de enero (*BOE* n.º 10, de 12 de enero; corrección de errores en *BOE* n.º 20, de 24 de enero), sobre derechos y libertades de los extranjeros en España y su integración social, modificada por LO 8/2000, de 22 de diciembre (*BOE* n.º 307, de 23 de diciembre; corrección de errores en *BOE* n.º 47, de 23 de febrero de 2001), por LO 11/2003, de 29 de septiembre (*BOE* n.º 234, de 30 de septiembre), y por LO 2/2009, de 11 de diciembre (*BOE* n.º 299, de 12 de diciembre), y especialmente su art. 57; y su Reglamento, aprobado por RD 2.393/2004, de 30 de diciembre (*BOE* n.º 6, de 7 de enero de 2005; corrección de errores en *BOE* n.º 130, de 1 de junio), y modificado por RD 1.019/2006, de 8 de septiembre (*BOE* n.º 228, de 23 de septiembre), y por RD 1.162/2009, de 10 de julio (*BOE* n.º 177, de 23 de julio). V., también, la Orden de 22 de febrero de 1999 (*BOE* n.º 47, de 24 de febrero), sobre normas de funcionamiento y régimen interior de los centros de internamiento de extranjeros, declarada parcialmente nula por STS (3.ª) de 11 de mayo de 2005.

La expulsión así acordada llevará consigo el archivo de cualquier procedimiento administrativo que tuviera por objeto la autorización para residir o trabajar en España.

En el supuesto de que, acordada la sustitución de la medida de seguridad por la expulsión, ésta no pudiera llevarse a efecto, se procederá al cumplimiento de la medida de seguridad originariamente impuesta.

2. El extranjero no podrá regresar a España en un plazo de diez años, contados desde la fecha de su expulsión.

3. El extranjero que intentara quebrantar una decisión judicial de expulsión y prohibición de entrada a la que se refieren los apartados anteriores será devuelto por la autoridad gubernativa, empezando a computarse de nuevo el plazo de prohibición de entrada en su integridad.

TÍTULO V

De la responsabilidad civil derivada de los delitos y faltas y de las costas procesales*

CAPÍTULO PRIMERO

DE LA RESPONSABILIDAD CIVIL Y SU EXTENSIÓN

Art. 109. 1. La ejecución de un hecho descrito por la Ley como delito o falta obliga a reparar, en los términos previstos en las Leyes, los daños y perjuicios por él causados.

2. El perjudicado podrá optar, en todo caso, por exigir la responsabilidad civil ante la Jurisdicción Civil.

* V. Convenio Europeo sobre Indemnización a las Víctimas de Delitos Violentos, hecho en Estrasburgo el 24 de noviembre de 1983, y ratificado mediante Instrumento de 20 de octubre de 2001 (*BOE* n.º 312, de 29 de diciembre); arts. 100, 107-117, 615 a 621, 635, 650, 655 y 742 LECr; art. 85 C. de C.; arts. 1.089, 1.092, 1.093, 1.813, 1.902 a 1.910, 1.956 CC; arts. 1.º a 11 Ley sobre responsabilidad civil y seguro en la circulación de vehículos de motor, texto refundido aprobado por RDL 8/2004, de 29 de octubre (*BOE* n.º 267, de 5 de noviembre), y modificado por LIRPF, por Ley 21/2007, de 11 de julio (*BOE* n.º 166, de 12 de julio), y por Ley 18/2009, de 23 de noviembre (*BOE* n.º 283, de 24 de noviembre); y su Reglamento, aprobado por RD 1.507/2008, de 12 de septiembre (*BOE* n.º 222, de 13 de septiembre); y RDL 1/2007, de 16 de noviembre (*BOE* n.º 287, de 30 de noviembre), por el que se aprueba el texto refundido de la Ley General para la Defensa de los Consumidores y Usuarios y otras leyes complementarias.

V., también, RD-L 19/1981, de 30 de octubre (*BOE* n.º 229, de 15 de diciembre) sobre pensiones extraordinarias a víctimas del terrorismo, desarrollado por Orden 92/1982, de 8 junio (*BOE* n.º 143, de 10 de junio); RD 288/2003, de 7 de marzo (*BOE* n.º 65, de 17 de marzo), por el que se aprueba el Reglamento de ayudas y resarcimientos a las víctimas de delitos de terrorismo, modificado por RD 199/2006, de 17 de febrero (*BOE* n.º 43, de 20 de febrero); RD 851/1992, de 10 de julio, por el que se regulan determinadas pensiones extraordinarias causadas por actos de terrorismo (*BOE* n.º 184, de 1 de agosto); Ley 32/1999, de 8 de octubre (*BOE* n.º 242, de 9 de octubre), de solidaridad con las víctimas del terrorismo, modificada por Ley 14/2000, de 29 de diciembre (*BOE* n.º 313, de 30 de diciembre) [y ésta, a su vez, por Ley 53/2002, de 30 de diciembre (*BOE* n.º 313, de 31 de diciembre)], por Ley 2/2003, de 12 de marzo (*BOE* n.º 62, de 13 de marzo), y por LIRPF; y su Reglamento, aprobado por RD 1.912/1999, de 17 de diciembre (*BOE* n.º 305, de 22 de diciembre; corrección de errores en *BOE* n.º 19, de 22 de enero de 2000), y modificado por RD 199/2006, de 17 de febrero (*BOE* n.º 43, de 20 de febrero); Ley 12/1996, de 19 de diciembre, de la Comunidad de Madrid, de Ayuda a las víctimas del terrorismo (*BOE* n.º 93, de 18 de abril de 1997), modificada por Ley 7/1997, de 17 de febrero (*BOE* n.º 207, de 29 de agosto), de la Comunidad de Madrid; Ley 1/2004, de 24 de mayo (*BOE* n.º 157, de 30 de junio), de ayuda a las víctimas del terrorismo, de la Comunidad Autónoma Valenciana, modificada por Ley 3/2009, de 14 de abril (*BOE* n.º 110, de 6 de mayo), y desarrollada por Decreto 109/2010, de 16 de julio (*DOCV* n.º 6.314, de 20 de julio), del Consell; Ley 4/2008, de 17 de junio (*BOE* n.º 189, de 6 de agosto), de la Comunidad Autónoma de Aragón, de medidas a favor de las víctimas del terrorismo; Ley Foral 9/2010, de 28 de abril (*BON* n.º 114, de 10 de mayo), de ayuda a las víctimas del terrorismo; Ley 35/1995, de 11 de diciembre (*BOE* n.º 296, de 12 de diciembre), de ayudas y asistencia a las víctimas de delitos violentos y contra la libertad sexual, modificada por Ley 13/1996, de 30 de diciembre, de medidas fiscales, administrativas y del orden social (*BOE* n.º 315, de 31 de diciembre) —y ésta a su vez por Ley 50/1998, de 30 de diciembre (*BOE* n.º 313, de 31 de diciembre; corrección de errores en *BOE* n.º 109, de 7 de mayo de 1999), del mismo nombre, y por Ley 24/2001, de 27 de diciembre (*BOE* n.º 313, de 31 de diciembre; corrección de errores en *BOE* n.º 124, de 24 de mayo de 2002)—, y por Ley 38/1998, de 27 de noviembre (*BOE* n.º 285, de 28 de noviembre), por la que se modifica la composición de la Comisión Nacional de Ayuda y Asistencia a las Víctimas de Delitos Violentos y contra la Libertad Sexual; y desarrollada por RD 738/1997, de 23 de mayo, por el que se aprueba su Reglamento (*BOE* n.º 126, de 27 de mayo), modificado por RRDD 429/2003, de 11 de abril (*BOE* n.º 100, de 16 de abril) y 199/2006, de 17 de febrero (*BOE* n.º 43, de 20 de febrero); RD 1.452/2005, de 2 de diciembre (*BOE* n.º 301, de 17 de diciembre), por el que se regula la ayuda económica establecida en la LO 1/2004; RD 1.795/2008, de 3 de noviembre (*BOE* n.º 278, de 18 de noviembre), por el que se dictan normas sobre la cobertura de la responsabilidad civil por daños causados por la contaminación de los hidrocarburos para combustible de los buques; art. 3.º2 LO 4/1981, de 1 de junio, reguladora de los estados de alarma, excepción y sitio (*BOE* n.º 134, de 5 de junio); art. 1.º2 LO 1/1982, de 5 de mayo, de Protección Civil del Derecho a la Intimidad Personal y Familiar y a la Propia Imagen (*BOE* n.º 115, de 14 de mayo); art. 4.º LO 12/1995, de 12 de diciembre, de contrabando (Apéndice 3); art. 4.º2 LO 9/1983, de 15 de julio, reguladora del derecho de reunión (*BOE* n.º 170, de 18 de julio); art. 48 CPM; RD 948/2001, de 3 de agosto (*BOE* n.º 186, de 4 de agosto), sobre sistemas de indemnización de los inversores; Resolución de 31 de enero de 2010 (*BOE* n.º 31, de 5 de febrero), de la Dirección General de Seguros y Fondos de Pensiones, por la que se da publicidad a las cuantías de las indemnizaciones por muerte, lesiones permanentes e incapacidad temporal que resultarán de aplicar durante 2010 el siste-

Art. 110. La responsabilidad establecida en el artículo anterior comprende:

1.º La restitución.

2.º La reparación del daño.

3.º La indemnización de perjuicios materiales y morales.

Art. 111. 1. Deberá restituirse, siempre que sea posible, el mismo bien, con abono de los deterioros y menoscabos que el Juez o Tribunal determinen. La restitución tendrá lugar aunque el bien se halle en poder de tercero y éste lo haya adquirido legalmente y de buena fe, dejando a salvo su derecho de repetición contra quien corresponda y, en su caso, el de ser indemnizado por el responsable civil del delito o falta.

2. Esta disposición no es aplicable cuando el tercero haya adquirido el bien en la forma y con los requisitos establecidos por las Leyes para hacerlo irreivindicable.

Art. 112. La reparación del daño podrá consistir en obligaciones de dar, de hacer o de no hacer que el Juez o Tribunal establecerá atendiendo a la naturaleza de aquél y a las condiciones personales y patrimoniales del culpable, determinando si han de ser cumplidas por él mismo o pueden ser ejecutadas a su costa.

Art. 113. La indemnización de perjuicios materiales y morales comprenderá no sólo los que se hubieren causado al agraviado, sino también los que se hubieren irrogado a sus familiares o a terceros.

Art. 114. Si la víctima hubiere contribuido con su conducta a la producción del daño o perjuicio sufrido, los Jueces o Tribunales podrán moderar el importe de su reparación o indemnización.

---

ma para valoración de los daños y perjuicios causados a las personas en accidentes de circulación; y Orden TAS/1.040/ 2005, de 18 de abril (*BOE* n.º 96, de 22 de abril), por la que se actualizan las cantidades a tanto alzado de las indemnizaciones por lesiones, mutilaciones y deformidades de carácter definitivo y no invalidantes.

Art. 110: V. arts. 111 a 113 CP y 1.089, 1.092 y 1.813 CC.

Art. 111: V. arts. 367, 619, 620, 635, 843 y 844 LECr; arts. 85, 86, 324, 545, n.º 3.º, 547 ss. 560 y 561 C. de C.; arts. 464 y 1.940 ss. CC; arts. 34 ss. Ley Hipotecaria de 8 de febrero de 1946 (*BOE* n.º 58, de 27 de febrero, corrección de errores en el *BOE* n.º 63, de 14 de marzo de 1956).

Art. 112: V. 365 LECr.

Art. 113: V. arts. 1.107, 1.902 a 1.910 CC; art. 189 del texto refundido regulador de la Legislación de Accidentes de Trabajo, aprobado por Decreto de 22 de junio de 1956 (*BOE* n.º 197, de 15 de julio; corrección de errores en *BOE* n.ºs 200 y 247, de 18 de julio y 3 de septiembre).

V., además, la Real Orden de 27 de enero de 1851 (*Gaceta* n.º 43, de 29 de enero), la cual, en virtud de lo dispuesto en el art. 104 CP ya derogado, dispone que los hospitales y demás establecimientos de beneficencia, como subrogados en lugar del ofendido, tienen derecho a la indemnización de los gastos de curación y demás que ocasionen los enfermos a consecuencia de un delito.

Art. 115. Los Jueces y Tribunales, al declarar la existencia de responsabilidad civil, establecerán razonadamente, en sus resoluciones las bases en que fundamenten la cuantía de los daños e indemnizaciones, pudiendo fijarla en la propia resolución o en el momento de su ejecución.

CAPÍTULO II

De las personas civilmente responsables

Art. 116. 1. Toda persona criminalmente responsable de un delito o falta lo es también civilmente si del hecho se derivaren daños o perjuicios. Si son dos o más los responsables de un delito o falta los Jueces o Tribunales señalarán la cuota de que deba responder cada uno.

2. Los autores y los cómplices, cada uno dentro de su respectiva clase, serán responsables solidariamente entre sí por sus cuotas, y subsidiariamente por las correspondientes a los demás responsables.

La responsabilidad subsidiaria se hará efectiva: primero, en los bienes de los autores, y después, en los de los cómplices.

Tanto en los casos en que se haga efectiva la responsabilidad solidaria como la subsidiaria, quedará a salvo la repetición del que hubiere pagado contra los demás por las cuotas correspondientes a cada uno.

3. La responsabilidad penal de una persona jurídica llevará consigo su responsabilidad civil en los términos establecidos en el artículo 110 de este Código de forma solidaria con las personas físicas que fueren condenadas por los mismos hechos.

Art. 117. Los aseguradores que hubieren asumido el riesgo de

Art. 116: El apartado 3 de este artículo ha sido añadido por la LO 5/2010, de 22 de junio (*BOE* n.º 152, de 23 de junio), que entrará en vigor el próximo día 23 de diciembre de 2010.

Art. 117: V. art. 636 CP y Ley sobre responsabilidad civil y seguro en la circulación de vehículos de motor, texto refundido aprobado por RDL 8/2004, de 29 de octubre (*BOE* n.º 267, de 5 de noviembre), y modificado por LIRPF y por Ley 21/2007, de 11 de julio (*BOE* n.º 166, de 12 de julio); y RDL 6/2004, de 29 de octubre (*BOE* n.º 267, de 5 de noviembre; corrección de errores en *BOE* n.º 28, de 2 de febrero de 2005), por el que se aprueba el texto refundido de la Ley de ordenación y supervisión de los seguros privados, modificado por Leyes 5/2005, de 22 de abril (*BOE* n.º 97, de 23 de abril), 44/2006, de 29 de diciembre (*BOE* n.º 312, de 30 de diciembre), de mejora de la protección de los consumidores y usuarios, 13/2007, de 2 de julio (*BOE* n.º 158, de 3 de julio); 21/2007, de 11 de julio (*BOE* n.º 166, de 12 de julio); y 5/2009, de 29 de junio (*BOE* n.º 157, de 30 de junio). V. también el RDL 14/2001, de 28 de septiembre (*BOE* n.º 234, de 29 de septiem-

las responsabilidades pecuniarias derivadas del uso o explotación de cualquier bien, empresa, industria o actividad cuando, como consecuencia de un hecho previsto en este Código, se produzca el evento que determine el riesgo asegurado, serán responsables civiles directos hasta el límite de la indemnización legalmente establecida o convencionalmente pactada, sin perjuicio del derecho de repetición contra quien corresponda.

Art. 118. 1. La exención de la responsabilidad criminal declarada en los números 1.º, 2.º, 3.º, 5.º y 6.º del artículo 20, no comprende la de la responsabilidad civil, que se hará efectiva conforme a las reglas siguientes:

1.ª En los casos de los números 1.º y 3.º, son también responsables por los hechos que ejecuten los declarados exentos de responsabilidad penal quienes los tengan bajo su potestad o guarda legal o de hecho, siempre que haya mediado culpa o negligencia por su parte y sin perjuicio de la responsabilidad civil directa que pudiera corresponder a los imputables.

Los Jueces o Tribunales graduarán de forma equitativa la medida en que deba responder con sus bienes cada uno de dichos sujetos.

2.ª Son igualmente responsables el ebrio y el intoxicado en el supuesto del número 2.º

3.ª En el caso del número 5.º serán responsables civiles directos las personas en cuyo favor se haya precavido el mal, en proporción al perjuicio que se les haya evitado, si fuera estimable o, en otro caso, en la que el Juez o Tribunal establezca según su prudente arbitrio.

Cuando las cuotas de que deba responder el interesado no sean equitativamente asignables por el Juez o Tribunal, ni siquiera por aproximación, o cuando la responsabilidad se extienda a las Administraciones Públicas o a la mayor parte de una población y, en todo caso, siempre que el daño se haya causado con asentimiento de la autoridad o de sus agentes, se acordará, en su caso, la indemnización en la

---

bre), por el que se establece el régimen del reaseguro por cuenta del Estado de los riesgos de guerra y terrorismo que puedan afectar a la navegación aérea; disposición convalidada por Acuerdo de 31 de octubre de 2001 (*BOE* n.º 269, de 9 de noviembre), del Congreso de los Diputados; y el RDL 7/2004, de 29 de octubre (*BOE* n.º 267, de 5 de noviembre), modificado por Leyes 12/2006, de 16 de mayo (*BOE* n.º 117, de 17 de mayo), y 6/2009, de 3 de julio (*BOE* n.º 161, de 4 de julio), por el que se aprueba el texto refundido del Estatuto Legal del Consorcio de Compensación de Seguros.

Art. 118: V. arts. 1.447 a 1.455 LEC; arts. 615 a 621 LECr; arts. 589 a 614, 1.902 y 1.903 CC; art. 14 LJM; art. 3.º Ley de 12 de enero de 1887 de protección de cables submarinos (*Gaceta* n.º 13, de 13 de enero).

forma que establezcan las leyes y reglamentos especiales.

4.ª En el caso del número 6.º, responderán principalmente los que hayan causado el miedo, y en defecto de ellos, los que hayan ejecutado el hecho.

2. En el caso del artículo 14, serán responsables civiles los autores del hecho.

Art. 119. En todos los supuestos del artículo anterior, el Juez o Tribunal que dicte sentencia absolutoria por estimar la concurrencia de alguna de las causas de exención citadas, procederá a fijar las responsabilidades civiles salvo que se haya hecho expresa reserva de las acciones para reclamarlas en la vía que corresponda.

Art. 120. Son también responsables civilmente, en defecto de los que lo sean criminalmente:

1.º Los padres o tutores, por los daños y perjuicios causados por los delitos o faltas cometidos por los mayores de dieciocho años sujetos a su patria potestad o tutela y que vivan en su compañía, siempre que haya por su parte culpa o negligencia.

2.º Las personas naturales o jurídicas titulares de editoriales, periódicos, revistas, estaciones de radio o televisión o de cualquier otro medio de difusión escrita, hablada o visual, por los delitos o faltas cometidos utilizando los medios de los que sean titulares, dejando a salvo lo dispuesto en el artículo 212 de este Código.

3.º Las personas naturales o jurídicas, en los casos de delitos o faltas cometidos en los establecimientos de los que sean titulares, cuando por parte de los que los dirijan o administren, o de sus dependientes o empleados, se hayan infringido los reglamentos de policía o las disposiciones de la autoridad que estén relacionados con el hecho punible cometido, de modo que éste no se hubiera producido sin dicha infracción.

4.º Las personas naturales o jurídicas dedicadas a cualquier género de industria o comercio, por los delitos o faltas que hayan cometido sus empleados o dependientes, representantes o gestores en el desempeño de sus obligaciones o servicios.

5.º Las personas naturales o jurídicas titulares de vehículos susceptibles de crear riesgos para terceros, por los delitos o faltas cometidos en la utilización de aquéllos por sus dependientes o representantes o personas autorizadas.

Art. 120: V. arts. 1.783, 1.784 y 1.903 CC y 615 ss. LECr, y Ley 22/1994, de 6 de julio (*BOE* n.º 161, de 7 de julio), de responsabilidad civil por los daños causados por productos defectuosos.

Art. 121. El Estado, la Comunidad Autónoma, la provincia, la isla, el municipio y demás entes públicos, según los casos, responden subsidiariamente de los daños causados por los penalmente responsables de los delitos dolosos o culposos, cuando éstos sean autoridad, agentes y contratados de la misma o funcionarios públicos en el ejercicio de sus cargos o funciones siempre que la lesión sea consecuencia directa del funcionamiento de los servicios públicos que les estuvieren confiados, sin perjuicio de la responsabilidad patrimonial derivada del funcionamiento normal o anormal de dichos servicios exigible conforme a las normas de procedimiento administrativo, y sin que, en ningún caso, pueda darse duplicidad indemnizatoria.

Si se exigiera en el proceso penal la responsabilidad civil de la autoridad, agentes y contratados de la misma o funcionarios públicos, la pretensión deberá dirigirse simultáneamente contra la Administración o ente público presuntamente responsable civil subsidiario.

Art. 122. El que por título lucrativo hubiere participado de los efectos de un delito o falta, está obligado a la restitución de la cosa o al resarcimiento del daño hasta la cuantía de su participación.

CAPÍTULO III

DE LAS COSTAS PROCESALES

Art. 123. Las costas procesales se entienden impuestas por la Ley a los criminalmente responsables de todo delito o falta.

Art. 124. Las costas comprenderán los derechos e indemnizaciones ocasionados en las actuaciones judiciales e incluirán siempre los honorarios de la acusación particular en los delitos sólo perseguibles a instancia de parte.

Art. 121: V. arts. 120 ss. Ley de Expropiación Forzosa, de 16 de diciembre de 1954 (*BOE* n.º 351, de 17 de diciembre), modificada por la Ley 11/1996, de 27 de diciembre, de Presupuestos Generales del Estado para 1997 (*BOE* n.º 313, de 28 de diciembre); arts. 139 ss. LRJAP; RD 429/1993, de 26 de marzo, por el que se aprueba el Reglamento de los procedimientos de las Administraciones Públicas en materia de responsabilidad patrimonial (*BOE* n.º 106, de 4 de mayo); y art. 25 del Reglamento Interno del Banco de España, aprobado por Resolución de 28 de marzo de 2000 (*BOE* n.º 83, de 6 de abril), de su Consejo de Gobierno.

Art. 122: V. arts. 615 ss. LECr.

Art. 123: V. arts. 239 ss. LECr y 9.º LI.

Art. 124: V. art. 241 LECr.

CAPÍTULO IV

DEL CUMPLIMIENTO DE LA RESPONSABILIDAD CIVIL Y DEMÁS RESPONSABILIDADES PECUNIARIAS

Art. 125. Cuando los bienes del responsable civil no sean bastantes para satisfacer de una vez todas las responsabilidades pecuniarias, el Juez o Tribunal, previa audiencia al perjudicado, podrá fraccionar su pago, señalando, según su prudente arbitrio y en atención a las necesidades del perjudicado y a las posibilidades económicas del responsable, el período e importe de los plazos.

Art. 126. 1. Los pagos que se efectúen por el penado o el responsable civil subsidiario se imputarán por el orden siguiente:

1.º A la reparación del daño causado e indemnización de los perjuicios.

2.º A la indemnización al Estado por el importe de los gastos que se hubieran hecho por su cuenta en la causa.

3.º A las costas del acusador particular o privado cuando se impusiere en la sentencia su pago.

4.º A las demás costas procesales, incluso las de la defensa del procesado, sin preferencia entre los interesados.

5.º A la multa.

2. Cuando el delito hubiere sido de los que sólo pueden perseguirse a instancia de parte, se satisfarán las costas del acusador privado con preferencia a la indemnización del Estado.

TÍTULO VI

De las consecuencias accesorias

Art. 127. 1. Toda pena que se imponga por un delito o falta dolosos llevará consigo la pérdida de los efectos que de ellos pro-

---

Art. 126: V. arts. 378 CP y 246 LECr.

Art. 127: Este artículo figura redactado conforme al texto de la LO 5/2010, de 22 de junio (*BOE* n.º 152, de 23 de junio), que entrará en vigor el próximo día 23 de diciembre de 2010. La redacción que sigue vigente hasta entonces es la siguiente:

Art. 127. 1. Toda pena que se imponga por un delito o falta dolosos llevará consigo la pérdida de los efectos que de ellos provengan y de los bienes, medios o instrumentos con que se haya preparado o ejecutado, así como las ganancias provenientes del delito o falta, cualesquiera que sean las transformaciones que hubieren podido experimentar. Los unos y las otras serán decomisados, a no ser que pertenezcan a un tercero de buena fe no responsable

vengan y de los bienes, medios o instrumentos con que se haya preparado o ejecutado, así como las ganancias provenientes del delito o falta, cualesquiera que sean las transformaciones que hubieren podido experimentar. Los unos y las otras serán decomisados, a no ser que pertenezcan a un tercero de buena fe no responsable del delito que los haya adquirido legalmente.

El Juez o Tribunal deberá ampliar el decomiso a los efectos, bienes, instrumentos y ganancias procedentes de actividades delictivas cometidas en el marco de una organización o grupo criminal o terrorista, o de un delito de terrorismo. A estos efectos se entenderá que proviene de la actividad delictiva el patrimonio de todas y cada una de las personas condenadas por delitos cometidos en el seno de la organización o grupo criminal o terrorista o por un delito de terrorismo cuyo valor sea desproporcionado con respecto a los ingresos obtenidos legalmente por cada una de dichas personas.

---

del delito que los haya adquirido legalmente.

2. Si por cualquier circunstancia no fuera posible el comiso de los bienes señalados en el apartado anterior, se acordará el comiso por un valor equivalente de otros bienes que pertenezcan a los criminalmente responsables del hecho.

3. El juez o tribunal podrá acordar el comiso previsto en los apartados anteriores de este artículo aun cuando no se imponga pena a alguna persona por estar exenta de responsabilidad criminal o por haberse ésta extinguido, en este último caso, siempre que quede demostrada la situación patrimonial ilícita.

4. Los que se decomisan se venderán, si son de lícito comercio, aplicándose su producto a cubrir las responsabilidades civiles del penado si la ley no previera otra cosa, y, si no lo son, se les dará el destino que se disponga reglamentariamente y, en su defecto, se inutilizarán.

V. Ley 4/2010, de 10 de marzo (*BOE* n.º 61, de 11 de marzo), para la ejecución en la Unión Europea de resoluciones judiciales de decomiso; LO 3/2010, de 10 de marzo (*BOE* n.º 61, de 11 de marzo), de modificación de la Ley Orgánica del Poder Judicial, y complementaria a la Ley para la ejecución en la Unión Europea de resoluciones judiciales de decomiso por la comisión de infracciones penales; Convenio relativo al blanqueo, seguimiento embargo y decomiso de los productos del delito, hecho en Estrasburgo el 8 de noviembre de 1990, y ratificado por España mediante Instrumento de 22 de julio de 1998 (*BOE* n.º 252, de 21 de octubre), Instrumento de ratificación, por parte de España, del Convenio relativo al blanqueo, seguimiento, embargo y comiso de los productos del delito y a la financiación del terrorismo, hecho en Varsovia el 16 de mayo de 2005 (*BOE* n.º 155, de 26 de junio de 2010); arts. 334 y 338 LECr; art. 50 Ley 1/1970, de 4 de abril, de Caza (*BOE* n.º 82, de 6 de abril); art. 7.º5 Ley sobre Régimen Jurídico de Control de Cambios (Apéndice 2); arts. 5.º ss. Ley Orgánica 12/1995, de 12 de diciembre, de Contrabando (Apéndice 3). V., finalmente, Orden de 14 de julio de 1983 sobre Depósitos Judiciales para la Conservación de Piezas de Convicción (*BOE* n.º 173, de 21 de julio), y Ley 17/2003, de 29 de marzo (*BOE* n.º 129, de 30 de mayo), por la que se regula el Fondo de bienes decomisados por tráfico ilícito de drogas y otros delitos relacionados.

2. En los casos en que la ley prevea la imposición de una pena privativa de libertad superior a un año por la comisión de un delito imprudente, el Juez o Tribunal podrá acordar la pérdida de los efectos que provengan del mismo y de los bienes, medios o instrumentos con que se haya preparado o ejecutado, así como las ganancias provenientes del delito, cualquiera que sean las transformaciones que hubieran podido experimentar.

3. Si por cualquier circunstancia no fuera posible el comiso de los bienes señalados en los apartados anteriores de este artículo, se acordará el comiso por un valor equivalente de otros bienes que pertenezcan a los criminalmente responsables del hecho.

4. El Juez o Tribunal podrá acordar el comiso previsto en los apartados anteriores de este artículo aun cuando no se imponga pena a alguna persona por estar exenta de responsabilidad criminal o por haberse ésta extinguido, en este último caso, siempre que quede demostrada la situación patrimonial ilícita.

5. Los que se decomisan se venderán, si son de lícito comercio, aplicándose su producto a cubrir las responsabilidades civiles del penado si la ley no previera otra cosa, y, si no lo son, se les dará el destino que se disponga reglamentariamente y, en su defecto, se inutilizarán.

Art. 128. Cuando los referidos efectos e instrumentos sean de lícito comercio y su valor no guarde proporción con la naturaleza o gravedad de la infracción penal, o se hayan satisfecho completamente las responsabilidades civiles, podrá el Juez o Tribunal no decretar el decomiso, o decretarlo parcialmente.

Art. 129. 1. En caso de delitos o faltas cometidos en el

Art. 128: V. nota al art. 127 precedente.

Art. 129: Este artículo figura redactado conforme al texto de la LO 5/2010, de 22 de junio (*BOE* n.º 152, de 23 de junio), que entrará en vigor el próximo día 23 de diciembre de 2010. La redacción que sigue vigente hasta entonces es la siguiente:

> *Art. 129.* 1. El juez o tribunal, en los supuestos previstos en este Código, y sin perjuicio de lo establecido en el artículo 31 del mismo, previa audiencia del ministerio fiscal y de los titulares o de sus representantes legales podrá imponer, motivadamente, las siguientes consecuencias:
>
> *a*) Clausura de la empresa, sus locales o establecimientos, con carácter temporal o definitivo. La clausura temporal no podrá exceder de cinco años.
>
> *b*) Disolución de la sociedad, asociación o fundación.
>
> *c*) Suspensión de las actividades de la sociedad, empresa, fundación o asociación por un plazo que no podrá exceder de cinco años.

seno, con la colaboración, a través o por medio de empresas, organizaciones, grupos o cualquier otra clase de entidades o agrupaciones de personas que, por carecer de personalidad jurídica, no estén comprendidas en el artículo 31 bis de este Código, el Juez o Tribunal podrá imponer motivadamente a dichas empresas, organizaciones, grupos, entidades o agrupaciones una o varias consecuencias accesorias a la pena que corresponda al autor del delito, con el contenido previsto en los apartados *c*) a *g*) del artículo 33.7. Podrá también acordar la prohibición definitiva de llevar a cabo cualquier actividad, aunque sea lícita.

2. Las consecuencias accesorias a las que se refiere en el apartado anterior sólo podrán aplicarse a las empresas, organizaciones, grupos o entidades o agrupaciones en él mencionados cuando este Código lo prevea expresamente, o cuando se trate de alguno de los delitos o faltas por los que el mismo permite exigir responsabilidad penal a las personas jurídicas.

3. La clausura temporal de los locales o establecimientos, la suspensión de las actividades sociales y la intervención judicial podrán ser acordadas también por el Juez Instructor como medida cautelar durante la instrucción de la causa a los efectos establecidos en este artículo y con los límites señalados en el artículo 33.7.

---

d) Prohibición de realizar en el futuro actividades, operaciones mercantiles o negocios de la clase de aquellos en cuyo ejercicio se haya cometido, favorecido o encubierto el delito. Esta prohibición podrá tener carácter temporal o definitivo. Si tuviere carácter temporal, el plazo de prohibición no podrá exceder de cinco años.

e) La intervención de la empresa para salvaguardar los derechos de los trabajadores o de los acreedores por el tiempo necesario y sin que exceda de un plazo máximo de cinco años.

2. La clausura temporal prevista en el subapartado *a*) y la suspensión señalada en el subapartado *c*) del apartado anterior, podrán ser acordadas por el Juez Instructor también durante la tramitación de la causa.

3. Las consecuencias accesorias previstas en este artículo estarán orientadas a prevenir la continuidad en la actividad delictiva y los efectos de la misma.

TÍTULO VII
De la extinción de la responsabilidad criminal y sus efectos*

CAPÍTULO PRIMERO
DE LAS CAUSAS QUE EXTINGUEN LA RESPONSABILIDAD CRIMINAL

Art. 130. 1. La responsabilidad criminal se extingue:

1.º Por la muerte del reo.

2.º Por el cumplimiento de la condena.

3.º Por la remisión definitiva de la pena, conforme a lo dispuesto en el artículo 85.2 de este Código.

4.º Por el indulto.

5.º Por el perdón del ofendido, cuando la Ley así lo prevea.

---

* V. arts. 45 ss. CPM.

Art. 130: Este artículo figura redactado conforme al texto de la LO 5/2010, de 22 de junio (*BOE* n.º 152, de 23 de junio), que entrará en vigor el próximo día 23 de diciembre de 2010, que numeró como apartado 1 su anterior apartado único y añadió el apartado 2.

Art. 130.1.1.º: V. art. 115 LECr.

Art. 130.1.4.º y 5.º: V. art. 62.*i*) CE; art. 666.4.º LECr. V. también Ley Provisional de 18 de junio de 1870 estableciendo Reglas para el Ejercicio de la Gracia de Indulto (*Gaceta* n.º 175, de 24 de junio), modificada por Ley 1/1988, de 14 de enero (*BOE* n.º 13, de 15 de enero) (Apéndice 1); art. 206 RP y art. 18.3 LOPJ. V. también Orden de 10 de septiembre de 1993 por la que se dan instrucciones sobre la tramitación de solicitudes de indulto (*BOE* n.º 226, de 21 de septiembre), y que tiene el siguiente contenido:

«La especial naturaleza del acto jurídico por el que el Rey ejerce el derecho de gracia conferido por el artículo 62.*i*) de la Constitución excluye la aplicación directa a la tramitación de las solicitudes y propuestas de concesión de indulto del régimen de obligatoriedad de términos y plazos dispuesto para el dictado de resoluciones en el procedimiento administrativo común.

»Este peculiar régimen jurídico establecido por la Ley de 18 de junio de 1870 y posteriores disposiciones de reforma y desarrollo, no obsta a la conveniencia de que se apliquen a algunas de las fases de tramitación de los expedientes preparatorios del ejercicio del derecho de gracia similares principios generales a los que conforman el procedimiento administrativo común.

»Así, la actual regulación contenida en la norma cuarta de la Real Orden de 24 de diciembre de 1914, por la que se impide la tramitación de nueva solicitud de indulto en el año siguiente a la emisión en sentido desfavorable de un mero acto de trámite, responde a una cautela de economía procedimental en clara contraposición con el principio general de facilitación administrativa en el ejercicio de derechos y en la promoción de intereses legítimos por parte de los ciudadanos que informa el artículo 35.*i*) de la Ley 30/1992, de 26 de noviembre.

»La inadecuación de dicha norma al estatuto jurídico de los ciudadanos en sus relaciones con las Administraciones Públicas abona que se proceda a su derogación expresa, así como de las restantes previsiones de la Orden en que se enmarca; pero, de otra parte, ha de dotarse de una adecuada respuesta normativa al problema de economía procedimental que mediante aquella norma se abordaba. Este efecto puede ser adecuadamente obtenido mediante un expreso refuerzo de las facultades conferi-

El perdón habrá de ser otorgado de forma expresa antes de que se haya dictado sentencia, a cuyo efecto el juez o tribunal sentenciador deberá oír al ofendido por el delito antes de dictarla.

En los delitos o faltas contra menores o incapacitados, los jueces o tribunales, oído el ministerio fiscal, podrán rechazar la eficacia del perdón otorgado por los representantes de aquéllos, ordenando la continuación del procedimiento, con intervención del ministerio Fiscal, o el cumplimiento de la condena.

Para rechazar el perdón a que se refiere el párrafo anterior, el juez o tribunal deberá oír nuevamente al representante del menor o incapaz.

6.º Por la prescripción del delito.

7.º Por la prescripción de la pena o de la medida de seguridad.

---

das a la Subsecretaría de Justicia por el número 2 del apartado dos del artículo 2.º del Real Decreto 10/1991, de 11 de enero, por el que se determina la estructura orgánica del Ministerio de Justicia.

»Concretamente, la experiencia adquirida en la tramitación de expedientes de indulto permite apreciar que la emisión en sentido favorable de los informes previstos en la Ley de 18 de junio de 1870 no resulta en todos los casos suficiente para la formación de criterios sobre la conveniencia o sobre la forma de la concesión de la gracia. En estos supuestos, la aplicación de los principios señalados hace aconsejable una mayor flexibilidad que permita ampliar el tiempo de tramitación de aquéllos, aun después de la recepción de los informes preceptivos, a fin de que pueda complementarse la observación de la conducta del penado posterior a la ejecutoria.

»En su virtud, en uso de la facultad que me confiere el artículo 14.3 de la Ley de Régimen Jurídico de la Administración del Estado, he dispuesto:

»*1.º* Cuando, a criterio de la Subsecretaría de Justicia, la propuesta de un indulto requiera ampliar el tiempo de su tramitación, se podrá prolongar ésta durante el plazo de seis meses a partir de la recepción de los informes preceptivos.

»*2.º* De la anterior decisión se dará traslado al Tribunal sentenciador, al solicitante o proponente del indulto si no fuera aquél y al Director del establecimiento en que se halle cumpliendo condena el penado o, en otro caso, al Gobernador civil de su residencia, a efectos de que, si lo consideran oportuno, puedan comunicar a la Subsecretaría de Justicia la producción, en su caso, de circunstancias sobrevenidas que pudieran afectar a la determinación, conocimiento y comprobación de los datos requeridos para la concesión del indulto.

»*3.º* La tramitación de los expedientes para el ejercicio del derecho de gracia por indulto en ningún caso podrá interferir el ejercicio de la potestad jurisdiccional ni condicionar las medidas que pudieran adoptarse por el órgano judicial en orden al inmediato cumplimiento o a la suspensión en el cumplimiento de la ejecutoria.

»*4.º* Queda derogada la Real Orden de 24 de diciembre de 1914, sobre normativa para cursar instancia de penados.

»*5.º* La presente Orden entrará en vigor el día siguiente al de su publicación en el *Boletín Oficial del Estado*.»

Art. 130.1.6.º: V. arts. 131 CP y 666.3.º LECr.

Art. 130.1.7.º: V. art. 133 CP.

2. La transformación, fusión, absorción o escisión de una persona jurídica no extingue su responsabilidad penal, que se trasladará a la entidad o entidades en que se transforme, quede fusionada o absorbida y se extenderá a la entidad o entidades que resulten de la escisión. El Juez o Tribunal podrá moderar el traslado de la pena a la persona jurídica en función de la proporción que la persona jurídica originariamente responsable del delito guarde con ella.

No extingue la responsabilidad penal la disolución encubierta o meramente aparente de la persona jurídica. Se considerará en todo caso que existe disolución encubierta o meramente aparente de la persona jurídica cuando se continúe su actividad económica y se mantenga la identidad sustancial de clientes, proveedores y empleados, o de la parte más relevante de todos ellos.

Art. 131. 1. Los delitos prescriben:

A los veinte años, cuando la pena máxima señalada al delito sea prisión de quince o más años.

A los quince, cuando la pena máxima señalada por la ley sea inhabilitación por más de diez años, o prisión por más de diez y menos de quince años.

A los diez, cuando la pena máxima señalada por la ley sea prisión o inhabilitación por más de cinco años y que no exceda de diez.

A los cinco, los demás delitos, excepto los de injuria y calumnia, que prescriben al año.

Los delitos de calumnia e injuria prescriben al año.

2. Las faltas prescriben a los seis meses.

3. Cuando la pena señalada por la Ley fuere compuesta, se estará, para la aplicación de las reglas comprendidas en este ar-

---

Art. 131: Este artículo figura redactado conforme al texto de la Ley Orgánica 15/2003, de 25 de noviembre (*BOE* n.º 283, de 26 de noviembre; corrección de errores en *BOE* n.º 65, de 16 de marzo, y n.º 80, de 2 de abril, ambos de 2004), que entró en vigor el 1 de octubre de 2004. El apartado 1, párrafo 4.º, y el apartado 4 de este artículo figuran redactados conforme a la LO 5/2010, de 22 de junio (*BOE* n.º 52, de 23 de junio), que entrará en vigor el próximo día 23 de diciembre de 2010. Esta norma también ha suprimido del párrafo 5.º del apartado 1 de este artículo y ha añadido un apartado 5. Obviamente por un error, no ha suprimido el párrafo 6.º del 1, que repite la regulación expresada en el 4.º La redacción de los apartados 1, párrafos 4.º y 5.º, y del apartado 4 que sigue vigente hasta entonces es la siguiente:

> A los cinco, cuando la pena máxima señalada por la ley sea prisión o inhabilitación por más de tres años y que no exceda de cinco.
>
> A los tres años, los restantes delitos menos graves.
>
> 4. Los delitos de lesa humanidad y de genocidio y los delitos contra las personas y bienes protegidos en caso de conflicto armado, no prescribirán en ningún caso.

V. arts. 666.3.º LECr y 45 CPM.

tículo, a la que exija mayor tiempo para la prescripción.

4. Los delitos de lesa humanidad y de genocidio y los delitos contra las personas y bienes protegidos en caso de conflicto armado, salvo los castigados en el artículo 614, no prescribirán en ningún caso.

Tampoco prescribirán los delitos de terrorismo, si hubieren causado la muerte de una persona.

5. En los supuestos de concurso de infracciones o de infracciones conexas, el plazo de prescripción será el que corresponda al delito más grave.

Art. 132. 1. Los términos previstos en el artículo precedente se computarán desde el día en que se haya cometido la infracción punible. En los casos de delito continuado, delito permanente, así como en las infracciones que exijan habitualidad, tales términos se computarán, respectivamente, desde el día en que se realizó la última infracción, desde que se eliminó la situación ilícita, o desde que cesó la conducta.

En la tentativa de homicidio y en los delitos de aborto no consentido, lesiones, contra la libertad, de torturas y contra la integridad moral, la libertad e indemnidad sexuales, la intimidad, el derecho a la propia imagen y la inviolabilidad del domicilio, cuando la víctima fuere menor de edad, los términos se computarán desde el día en que ésta haya alcanzado la mayoría de edad, y si falleciere antes de alcanzarla, a partir de la fecha del fallecimiento.

2. La prescripción se interrumpirá, quedando sin efecto el tiempo transcurrido, cuando el procedimiento se dirija contra la persona indiciariamente responsable del delito o falta, comen-

---

Art. 132: Este artículo figura redactado conforme al texto de la Ley Orgánica 15/2003, de 25 de noviembre (*BOE* n.º 283, de 26 de noviembre; corrección de errores en *BOE* n.º 65, de 16 de marzo, y n.º 80, de 2 de abril, ambos de 2004), que entró en vigor el 1 de octubre de 2004. El apartado 2 este artículo figura redactado conforme al texto de la LO 5/2010, de 22 de junio (*BOE* n.º 152, de 23 de junio), que entrará en vigor el próximo día 23 de diciembre de 2010. La redacción que sigue vigente hasta entonces es la siguiente:

> 2. La prescripción se interrumpirá, quedando sin efecto el tiempo transcurrido, cuando el procedimiento se dirija contra el culpable, comenzando a correr de nuevo el término de la prescripción desde que se paralice el procedimiento o se termine sin condena.
>
> En los delitos de homicidio, aborto no consentido, lesiones, malos tratos, detenciones ilegales, torturas y otros delitos contra la integridad moral, contra la libertad sexual y contra la intimidad, cuando la víctima fuera menor de edad, desde el día en que ésta haya alcanzado la mayoría de edad. Si la víctima falleciere antes de la mayoría de edad el plazo de prescripción se computará a partir de la fecha del fallecimiento.

zando a correr de nuevo desde que se paralice el procedimiento o termine sin condena de acuerdo con las reglas siguientes:

1.ª Se entenderá dirigido el procedimiento contra una persona determinada desde el momento en que, al incoar la causa o con posterioridad, se dicte resolución judicial motivada en la que se le atribuya su presunta participación en un hecho que pueda ser constitutivo de delito o falta.

2.ª No obstante lo anterior, la presentación de querella o la denuncia formulada ante un órgano judicial, en la que se atribuya a una persona determinada su presunta participación en un hecho que pueda ser constitutivo de delito o falta, suspenderá el cómputo de la prescripción por un plazo máximo de seis meses para el caso de delito y de dos meses para el caso de falta, a contar desde la misma fecha de presentación de la querella o de formulación de la denuncia.

Si dentro de dicho plazo se dicta contra el querellado o denunciado, o contra cualquier otra persona implicada en los hechos, alguna de las resoluciones judiciales mencionadas en el apartado anterior, la interrupción de la prescripción se entenderá retroactivamente producida, a todos los efectos, en la fecha de presentación de la querella o denuncia.

Por el contrario, el cómputo del término de prescripción continuará desde la fecha de presentación de la querella o denuncia si, dentro del plazo de seis o dos meses, en los respectivos supuestos de delito o falta, recae resolución judicial firme de inadmisión a trámite de la querella o denuncia o por la que se acuerde no dirigir el procedimiento contra la persona querellada o denunciada. La continuación del cómputo se producirá también si, dentro de dichos plazos, el Juez de Instrucción no adoptara ninguna de las resoluciones previstas en este artículo.

3.ª A los efectos de este artículo, la persona contra la que se dirige el procedimiento deberá quedar suficientemente determinada en la resolución judicial, ya sea mediante su identificación directa o mediante datos que permitan concretar posteriormente dicha identificación en el seno de la organización o grupo de personas a quienes se atribuya el hecho.

Art. 133. 1. Las penas impuestas por sentencia firme prescriben:

Art. 133: Este artículo figura redactado conforme al texto de la Ley Orgánica 15/2003, de 25 de noviembre (*BOE* n.º 283, de 26 de noviembre; corrección de errores

A los treinta años, las de prisión por más de veinte años.

A los veinticinco años, las de prisión de quince o más años sin que excedan de veinte.

A los veinte, las de inhabilitación por más de diez años y las de prisión por más de diez y menos de quince.

A los quince, las de inhabilitación por más de seis años y que no excedan de diez, y las de prisión por más de cinco años y que no excedan de diez.

A los diez, las restantes penas graves.

A los cinco, las penas menos graves.

Al año, las penas leves.

2. Las penas impuestas por los delitos de lesa humanidad y de genocidio y por los delitos contra las personas y bienes protegidos en caso de conflicto armado, salvo los castigados en el artículo 614, no prescribirán en ningún caso.

Tampoco prescribirán las penas impuestas por delitos de terrorismo, si éstos hubieren causado la muerte de una persona.

Art. 134. El tiempo de la prescripción de la pena se computará desde la fecha de la sentencia firme, o desde el quebrantamiento de la condena, si ésta hubiese comenzado a cumplirse.

Art. 135. 1. Las medidas de seguridad prescribirán a los diez años, si fueran privativas de libertad superiores a tres años, y a los cinco años si fueran privativas de libertad iguales o inferiores a tres años o tuvieran otro contenido.

2. El tiempo de la prescripción se computará desde el día en que haya quedado firme la resolución en la que se impuso la medida o, en caso de cumplimiento sucesivo, desde que debió empezar a cumplirse.

3. Si el cumplimiento de una medida de seguridad fuere posterior al de una pena, el plazo se computará desde la extinción de ésta.

---

en *BOE* n.º 65, de 16 de marzo, y n.º 80, de 2 de abril, ambos de 2004), que entró en vigor el 1 de octubre de 2004. El apartado 2 este artículo figura redactado conforme al texto de la LO 5/2010, de 22 de junio (*BOE* n.º 152, de 23 de junio), que entrará en vigor el próximo día 23 de diciembre de 2010. La redacción que sigue vigente hasta entonces es la siguiente:

2. Las penas impuestas por los delitos de lesa humanidad y de genocidio y por los delitos contra las personas y bienes protegidos en caso de conflicto armado, no prescribirán en ningún caso.

V. art. 46 CPM.

CAPÍTULO II

DE LA CANCELACIÓN DE ANTECEDENTES DELICTIVOS

Art. 136. 1. Los condenados que hayan extinguido su responsabilidad penal tienen derecho a obtener del Ministerio de Justicia, de oficio o a instancia de parte, la cancelación de sus antecedentes penales, previo informe del juez o tribunal sentenciador.

Art. 136: Este artículo figura redactado conforme al texto de la Ley Orgánica 15/2003, de 25 de noviembre (*BOE* n.º 283, de 26 de noviembre; corrección de errores en *BOE* n.º 65, de 16 de marzo, y n.º 80, de 2 de abril, ambos de 2004), que entró en vigor el 1 de octubre de 2004. Los arts. 19 a 26 del RD 95/2009, de 6 de febrero (*BOE* n.º 33, de 7 de febrero), por el que se regula el Sistema de registros administrativos de apoyo a la Administración de Justicia, establecen:

«*Art. 19. Cancelación de inscripciones de antecedentes penales.*—1. Las inscripciones de antecedentes penales se cancelarán, de oficio o a instancia del titular de los datos, o por comunicación del órgano judicial, cuando habiéndose extinguido la responsabilidad penal, hubiesen trascurrido, sin delinquir de nuevo los plazos previstos y se hubiesen cumplido los restantes requisitos señalados en el artículo 136 del Código Penal.

»2. Cuando el procedimiento se inicie de oficio o a instancia del interesado y no constara el informe del Juzgado o Tribunal en relación con el cumplimiento de los requisitos establecidos en el artículo 136 del Código Penal, el Registro de Penados remitirá el expediente en el plazo de quince días a fin de que informe preceptivamente en el plazo máximo de dos meses sobre la cancelación solicitada. El plazo máximo para resolver y notificar el procedimiento será de tres meses.

»3. La información relativa a las inscripciones canceladas se conservará en una sección especial y separada a disposición únicamente de los Juzgados y Tribunales españoles.

»*Art. 20. Cómputo del plazo de cancelación de inscripciones de penas suspendidas.*—Cuando la cancelación de las inscripciones de antecedentes penales se refiera a penas privativas de libertad suspendidas por habérseles aplicado la remisión condicional, el plazo de cancelación, una vez obtenida la remisión definitiva, se computará en la forma establecida en el artículo 136.3 del Código Penal.

»*Art. 21. Pluralidad de antecedentes penales.*—Cuando se inicie un expediente de cancelación de antecedentes penales de oficio o a instancia de parte, y deba cursarse a varios Juzgados o Tribunales, se remitirá el original al que hubiera dictado la última sentencia y copias autenticadas a cada uno de los restantes, debiendo constar en el oficio de remisión el listado de Juzgados o Tribunales a los que se solicita información.

»*Art. 22. Cancelación de inscripciones de medidas cautelares, órdenes de protección, órdenes de busca, sentencias no firmes y autos de rebeldía penal.*—1. La cancelación se producirá con carácter automático cuando se produzca la comunicación judicial en la que se exprese el cese de su vigencia.

»2. También se cancelarán las inscripciones de medidas cautelares, órdenes de protección y Sentencias No Firmes relativas a un procedimiento en tramitación cuando se proceda a la inscripción de una sentencia firme recaída en el mismo procedimiento.

»3. Asimismo, la acumulación de un procedimiento o la inhibición en favor de otro juzgado, producirán la cancelación de las correspondientes anotaciones cuando el encargado del Registro verifique la inscripción de la medida cautelar, orden de protección, orden de busca o auto de rebel-

2. Para el reconocimiento de este derecho serán requisitos indispensables:

1.º Tener satisfechas las responsabilidades civiles provenientes de la infracción, excepto en los supuestos de insolvencia declarada por el juez o tribunal sentenciador, salvo que hubiera mejorado la situación económica del reo.

No obstante lo dispuesto en el párrafo anterior, en el caso previsto en el artículo 125 será suficiente que el reo se halle al corriente de los pagos fraccionados que le hubieran sido señalados por el juez o tribunal y preste, a juicio de éste, garantía suficiente con respecto a la cantidad aplazada.

2.º Haber transcurrido, sin delinquir de nuevo el culpable, los siguientes plazos: seis meses para las penas leves; dos años para las penas que no excedan de doce meses y las impuestas por delitos imprudentes; tres años para las restantes penas menos graves; y cinco para las penas graves.

3. Estos plazos se contarán desde el día siguiente a aquel en

---

día penal en el procedimiento resultante de la acumulación o la inhibición.

»*Art. 23. Cancelación de las inscripciones de rebeldes civiles.*—1. Procederá la cancelación de la inscripción del rebelde civil a instancia del interesado. También podrá el interesado dirigirse al órgano judicial remitente de la comunicación originaria para que sea el órgano judicial el que se dirija al Registro solicitando la cancelación de la inscripción en cuestión. En la solicitud deberá indicar el domicilio al que se puedan dirigir las comunicaciones judiciales.

»2. Cuando se acuerde la cancelación, el Registro deberá comunicar el nuevo domicilio a los órganos judiciales que aparecieran anotados junto a la inscripción.

»3. En el caso de que se deniegue la cancelación instada por el interesado por existir dudas racionales sobre la exactitud del domicilio facilitado, el Registro deberá indicarle los defectos que haya apreciado y recordarle la posibilidad de instar nuevamente esa cancelación en cuanto hayan quedado subsanados.

»*Art. 24. Cancelación de las inscripciones del Registro Central de Sentencias sobre Responsabilidad Penal de los Menores.*—Trascurridos diez años, a contar desde que el menor hubiera alcanzado la mayoría de edad y siempre que las medidas judicialmente impuestas hayan sido ejecutadas en su plenitud o hayan prescrito, el Ministerio de Justicia procederá de oficio a la cancelación de cuantas inscripciones de sentencias referentes al mismo consten en el Registro.

»*Art. 25. Efectos de la cancelación.*—La cancelación registral prevista en este Real Decreto dará lugar a la eliminación de los datos de carácter personal, sin perjuicio de lo dispuesto en el artículo 19.3 del presente Real Decreto y a excepción de aquellos que resulten necesarios para que sea posible elaborar las estadísticas previstas en su artículo 27.

»*Art. 26. Tutela de derechos.*—De conformidad con lo dispuesto en el artículo 18.2 de la Ley Orgánica 15/1999, de 13 de diciembre, de Protección de Datos de Carácter Personal, los interesados podrán recabar la tutela de la Agencia Española de Protección de Datos en relación con el ejercicio de sus derechos de acceso, rectificación o cancelación.»

que quedara extinguida la pena, pero si ello ocurriese mediante la remisión condicional, el plazo, una vez obtenida la remisión definitiva, se computará retrotrayéndolo al día siguiente a aquel en que hubiere quedado cumplida la pena si no se hubiere disfrutado de este beneficio. En este caso, se tomará como fecha inicial para el cómputo de la duración de la pena, el día siguiente al del otorgamiento de la suspensión.

4. Las inscripciones de antecedentes penales en las distintas Secciones del Registro Central de Penados y Rebeldes no serán públicas. Durante su vigencia sólo se emitirán certificaciones con las limitaciones y garantías previstas en sus normas específicas y en los casos establecidos por la Ley. En todo caso, se librarán las que soliciten los Jueces o Tribunales, se refieran o no a inscripciones canceladas, haciendo constar expresamente, si se da, esta última circunstancia.

5. En los casos en que, a pesar de cumplirse los requisitos establecidos en este artículo para la cancelación, bien por solicitud del interesado, bien de oficio por el Ministerio de Justicia, ésta no se haya producido, el juez o tribunal, acreditadas tales circunstancias, ordenará la cancelación y no tendrá en cuenta dichos antecedentes.

Art. 137. Las anotaciones de las medidas de seguridad impuestas conforme a lo dispuesto en este Código o en otras leyes penales serán canceladas una vez cumplida o prescrita la respectiva medida; mientras tanto, sólo figurarán en las certificaciones que el Registro expida con destino a Jueces o Tribunales o autoridades administrativas, en los casos establecidos por la Ley.

LIBRO II

Delitos y sus penas

TÍTULO PRIMERO

Del homicidio y sus formas*

Art. 138. El que matare a otro será castigado, como reo de homicidio, con la pena de prisión de diez a quince años.

---

* El art. 15 CE establece: «Todos tienen derecho a la vida y a la integridad física y moral, sin que, en ningún caso, puedan ser sometidos a torturas ni a penas o tratos inhumanos o degradantes. Queda abolida la pena de muerte, salvo lo que puedan disponer las leyes penales militares para tiempo de guerra.» V., también, art. 3.º DUDH; art. 6.º, n.º 1, PIDCP, y art. 2.º CPDHLF; así como el Protocolo número 6, de 28 de abril de 1983, al CPDHLF, relativo a la abolición de la pena de muerte, ratificado por Instrumento de 20 de diciembre de 1984 (*BOE* n.º 92, de 17 de abril de 1985; texto refundido en *BOE* n.º 108, de 6 de mayo de 1999; corrección de erratas en *BOE* n.º 140, de 12 de junio), el Segundo Protocolo Facultativo del PIDCP destinado a abolir la pena de muerte adoptado por la Asamblea General de las Naciones Unidas, y ratificado por Instrumento de 22 de marzo de 1991 (*BOE* n.º 164, de 10 de julio); la LO 11/1995, de 27 de noviembre (*BOE* n.º 284, de 28 de noviembre), de abolición de la pena de muerte en tiempo de guerra; y el Protocolo n.º 13 al Convenio para la protección de los Derechos Humanos y las Libertades Fundamentales, relativo a la abolición de la pena de muerte en todas las circunstancias, ratificado por Instrumento de 27 de noviembre de 2009 (*BOE* n.º 77, de 30 de marzo de 2010). V. art. 1.º1.º*a*) y 1.º2.º*a*) LOTJ, y la Ley 35/1995, de 11 de diciembre (*BOE* n.º 296, de 12 de diciembre), de ayudas y asistencia a las víctimas de delitos violentos y contra la libertad sexual, modificada por Ley 13/1996, de 30 de diciembre, de medidas fiscales, administrativas y del orden social (*BOE* n.º 315, de 31 de diciembre) y por Ley 38/1998, de 27 de noviembre (*BOE* n.º 285, de 28 de noviembre), por la que se modifica la composición de la Comisión Nacional de Ayuda y Asistencia a las Víctimas de Delitos Violentos y contra la Libertad Sexual; y desarrollada por RD 738/1997, de 23 de mayo, por el que se aprueba su Reglamento (*BOE* n.º 126, de 27 de mayo), modificado por RRDD 429/2003, de 11 de abril (*BOE* n.º 100, de 26 de abril), y 199/2006, de 17 de febrero (*BOE* n.º 43, de 20 de febrero). V., también, arts. 13, 109 y 544 bis LECr.; RD 32/2009, de 16 de enero (*BOE* n.º 32, de 6 de febrero), por el que se aprueba el Protocolo nacional de actuación Médico-forense y de Policía Científica en sucesos con víctimas múltiples; Ley 27/2003, de 31 de julio (*BOE* n.º 183, de 1 de agosto; corrección de errores en *BOE* n.º 126, de 25 de mayo de 2004), reguladora de la Orden de protección de las víctimas de la violencia doméstica; RD 95/2009, de 6 de febrero (*BOE* n.º 33, de 7 de febrero), por el que se regula el Sistema de regis-

Art. 139. Será castigado con la pena de prisión de quince a veinte años, como reo de asesinato, el que matare a otro concurriendo alguna de las circunstancias siguientes:

1.ª Con alevosía.

2.ª Por precio, recompensa o promesa.

3.ª Con ensañamiento, aumentando deliberada e inhumanamente el dolor del ofendido.

Art. 140. Cuando en un asesinato concurran más de una de las circunstancias previstas en el artículo anterior, se impondrá la pena de prisión de veinte a veinticinco años.

Art. 141. La provocación, la conspiración y la proposición para cometer los delitos previstos en los tres artículos precedentes, será castigada con la pena inferior en uno o dos grados a la señalada en su caso en los artículos anteriores.

Art. 142. 1. El que por imprudencia grave causare la muerte de otro, será castigado, como reo de homicidio imprudente, con la pena de prisión de uno a cuatro años.

---

tros administrativos de apoyo a la Administración de Justicia; Ley Foral 22/2002, de 2 de julio (*BOE* n.º 199, de 20 de agosto), para la adopción de medidas integrales contra la violencia sexista, modificada por Ley Foral 12/2003, de 7 de marzo (*BOE* n.º 99, de 25 de abril); Ley 16/2003, de 8 de abril (*BOE* n.º 162, de 8 de julio), de la Comunidad Autónoma de Canarias, de Prevención y Protección Integral de las Mujeres contra la Violencia de Género; y Ley 1/2004, de 1 de abril (*BOE* n.º 101, de 26 de abril), de la Comunidad Autónoma de Cantabria, Integral para la Prevención de la Violencia contra las Mujeres y la Protección a sus Víctimas.

Sobre el momento de la determinación de la muerte, v. art. 5.º Ley 30/1979, de 27 de octubre, sobre extracción y trasplante de órganos (*BOE* n.º 266, de 6 de noviembre), y el art. 10 RD 426/1980, de 22 de febrero, por el que se desarrolla la Ley 30/1979, de 27 de octubre (*BOE* n.º 63, de 13 de marzo).

Art. 142.1: V. art. 621.2.º, 4.º y 5.º CP.

Art. 142.2: V. RDL 339/1990, de 2 de marzo (*BOE* n.º 63, de 14 de marzo; corrección de errores en *BOE* n.º 185, de 3 de agosto), por el que se aprueba el texto articulado de la Ley sobre tráfico, circulación de vehículos a motor y seguridad vial, modificado por Ley 30/1995, de 8 de noviembre (*BOE* n.º 268, de 9 de noviembre), de ordenación y supervisión de los seguros privados; RD 13/1992, de 17 de enero (*BOE* n.º 27, de 31 de enero; corrección de errores en *BOE* n.º 61, de 11 de marzo), por el que se aprueba el Reglamento General de Circulación, modificado por RD 1.333/1994, de 20 de junio (*BOE* n.º 169, de 16 de julio; corrección de errores en *BOE* n.º 14, de 17 de enero de 1995), RD 116/1998, de 30 de enero (*BOE* n.º 42, de 18 de febrero), y RD 2.282/1998, de 23 de octubre (*BOE* n.º 266, de 6 de noviembre; corrección de erratas en *BOE* n.º 22, de 26 de enero de 1999); y Ley sobre responsabilidad civil y seguro en la circulación de vehículos de motor, texto refundido aprobado por Decreto 632/1968, de 21 de marzo (*BOE* n.º 85, de 8 de abril), modificada por Ley 21/1990, de 19 de diciembre (*BOE* n.º 304, de 20 de diciembre), por la ya indicada Ley 30/1995; por Ley 40/1998, de 9 de diciembre (*BOE* n.º 295, de 10 de diciembre), y por Ley 14/2000, de 29 de diciembre (*BOE* n.º 313, de 30 de diciembre). V. también RD 137/1993, de 29 de enero (*BOE* n.º 55, de 5 de marzo; corrección de errores en *BOE* n.º 95, de 5 de abril), por el que se aprueba el Reglamento de Armas.

2. Cuando el homicidio imprudente sea cometido utilizando un vehículo a motor, un ciclomotor o un arma de fuego, se impondrá asimismo, y respectivamente, la pena de privación del derecho a conducir vehículos a motor y ciclomotores o la privación del derecho a la tenencia y porte de armas, de uno a seis años.

3. Cuando el homicidio fuere cometido por imprudencia profesional se impondrá además la pena de inhabilitación especial para el ejercicio de la profesión, oficio o cargo por un período de tres a seis años.

Art. 143. 1. El que induzca al suicidio de otro será castigado con la pena de prisión de cuatro a ocho años.

2. Se impondrá la pena de prisión de dos a cinco años al que coopere con actos necesarios al suicidio de una persona.

3. Será castigado con la pena de prisión de seis a diez años si la cooperación llegara hasta el punto de ejecutar la muerte.

4. El que causare o cooperare activamente con actos necesarios y directos a la muerte de otro, por la petición expresa, seria e inequívoca de éste, en el caso de que la víctima sufriera una enfermedad grave que conduciría necesariamente a su muerte, o que produjera graves padecimientos permanentes y difíciles de soportar, será castigado con la pena inferior en uno o dos grados a las señaladas en los números 2 y 3 de este artículo.

TÍTULO II

Del aborto*

Art. 144. El que produzca el aborto de una mujer, sin su consentimiento, será castigado con la pena de prisión de cuatro a ocho años e inhabilitación especial para ejercer cualquier pro-

---

Art. 143.4: V. Ley 2/2010, de 8 de abril (*BOE* n.º 127, de 25 de mayo), de la Comunidad Autónoma de Andalucía, de Derechos y Garantías de la Dignidad de la Persona en el Proceso de la Muerte; Ley 5/2003, de 9 de octubre (*BOE* n.º 279, de 21 de noviembre), de declaración de voluntad vital anticipada, de la Comunidad Autónoma de Andalucía, modificada por aquélla; y Ley 1/2006, de 3 de marzo (*BOE* n.º 81, de 5 de abril), de la Comunidad Autónoma de las Illes Balears, de voluntades anticipadas.

* V. la LO 2/2010, de 3 de marzo (*BOE* n.º 55, de 4 de marzo), de salud sexual y reproductiva, y de la interrupción voluntaria del embarazo, que se reproduce íntegramente en el Apéndice 9 de esta obra; y los RRDD 825 y 831/2010, ambos de 25 de junio (*BOE* n.º 155, de 26 de junio), que la desarrollan; así como los arts. 13, 109 y 544 bis LECr y

fesión sanitaria, o para prestar servicios de toda índole en clínicas, establecimientos o consultorios ginecológicos, públicos o privados, por tiempo de tres a diez años.

Las mismas penas se impondrán al que practique el aborto habiendo obtenido la anuencia de la mujer mediante violencia, amenaza o engaño.

Art. 145. 1. El que produzca el aborto de una mujer, con su consentimiento, fuera de los casos permitidos por la ley será castigado con la pena de prisión de uno a tres años e inhabilitación especial para ejercer cualquier profesión sanitaria, o para prestar servicios de toda índole en clínicas, establecimientos o consultorios ginecológicos, públicos o privados, por tiempo de uno a seis años. El juez podrá imponer la pena en su mitad superior cuando los actos descritos en este apartado se realicen fuera de un centro o establecimiento público o privado acreditado.

2. La mujer que produjere su aborto o consintiere que otra persona se lo cause, fuera de los casos permitidos por la ley, será castigada con la pena de multa de seis a veinticuatro meses.

3. En todo caso, el juez o tribunal impondrá las penas respectivamente previstas en este artículo en su mitad superior cuando la conducta se llevare a cabo a partir de la vigésimo segunda semana de gestación.

Art. 145 bis. 1. Será castigado con la pena de multa de seis a doce meses e inhabilitación especial para prestar servicios de toda índole en clínicas, establecimientos o consultorios ginecológicos, públicos o privados, por tiempo de seis meses a dos años, el que dentro de los casos contemplados en la ley, practique un aborto:

a) sin haber comprobado que la mujer haya recibido la

Ley 14/2006, de 26 de mayo (*BOE* n.º 126, de 27 de mayo), sobre técnicas de reproducción humana asistida, parcialmente derogada por Ley 14/2007, de 3 de julio (*BOE* n.º 159, de 4 de julio); RD 415/1997, de 21 de marzo, por el que se crea la Comisión Nacional de Reproducción Humana Asistida (*BOE* n.º 70, de 22 de marzo); Ley 14/2007, de 3 de julio (*BOE* n.º 159, de 4 de julio), de Investigación biomédica.

V. Orden de 16 de junio de 1986 sobre estadística e información epidemiológica de las interrupciones voluntarias del embarazo realizadas conforme a la Ley Orgánica 9/1985, de 5 de julio, así como la Resolución de 15 de octubre de 1990 de la Subsecretaría de Sanidad y Consumo (*BOE* n.º 259, de 29 de octubre).

Art. 145: Este artículo figura redactado conforme al texto de la LO 2/2010, de 3 de marzo (*BOE* n.º 55, de 4 de marzo), de salud sexual y reproductiva, y de la interrupción voluntaria del embarazo.

Art. 145 bis: Este artículo fue introducido por la LO 2/2010, de 3 de marzo (*BOE* n.º 55, de 4 de marzo), de salud sexual y reproductiva, y de la interrupción voluntaria del embarazo.

información previa relativa a los derechos, prestaciones y ayudas públicas de apoyo a la maternidad;

b) sin haber transcurrido el período de espera contemplado en la legislación;

c) sin contar con los dictámenes previos preceptivos;

d) fuera de un centro o establecimiento público o privado acreditado. En este caso, el juez podrá imponer la pena en su mitad superior.

2. En todo caso, el juez o tribunal impondrá las penas previstas en este artículo en su mitad superior cuando el aborto se haya practicado a partir de la vigésimo segunda semana de gestación.

3. La embarazada no será penada a tenor de este precepto.

Art. 146. El que por imprudencia grave ocasionare un aborto será castigado con la pena de prisión de tres a cinco meses o multa de seis a diez meses.

Cuando el aborto fuere cometido por imprudencia profesional se impondrá asimismo la pena de inhabilitación especial para el ejercicio de la profesión, oficio o cargo por un período de uno a tres años.

La embarazada no será penada a tenor de este precepto.

TÍTULO III

De las lesiones*

Art. 147. 1. El que, por cualquier medio o procedimiento, causare a otro una lesión que menoscabe su integridad corporal o su

---

Art. 146: Este artículo figura redactado conforme al texto de la Ley Orgánica 15/2003, de 25 de noviembre (*BOE* n.º 283, de 26 de noviembre; corrección de errores en *BOE* n.º 65, de 16 de marzo, y n.º 80, de 2 de abril, ambos de 2004), que entró en vigor el 1 de octubre de 2004.

* V. la Ley 35/1995, de 11 de diciembre (*BOE* n.º 296, de 12 de diciembre), de ayudas y asistencia a las víctimas de delitos violentos y contra la libertad sexual, modificada por Ley 13/1996, de 30 de diciembre, de medidas fiscales, administrativas y del orden social (*BOE* n.º 315, de 31 de diciembre), y por Ley 38/1998, de 27 de noviembre (*BOE* n.º 285, de 28 de noviembre), por la que se modifica la composición de la Comisión Nacional de Ayuda y Asistencia a las Víctimas de Delitos Violentos y contra la Libertad Sexual; y desarrollada por RD 738/1997, de 23 de mayo, por el que se aprueba su Reglamento (*BOE* n.º 126, de 27 de mayo), modificado por RRDD 429/2003, de 11 de abril (*BOE* n.º 100, de 26 de abril), 199/2006, de 17 de febrero (*BOE* n.º 43, de 20 de febrero); y 253/2006, de 3 de marzo (*BOE* n.º 62, de 14 de marzo). V., también, las Leyes 27/2003, de 31 de julio (*BOE* n.º 183, de 1

salud física o mental, será castigado como reo del delito de lesiones con la pena de prisión de seis meses a tres años, siempre que la lesión requiera objetivamente para su sanidad, además de una primera asistencia facultativa, tratamiento médico o quirúrgico. La simple vigilancia o seguimiento facultativo del curso de la lesión no se considerará tratamiento médico.

Con la misma pena será castigado el que, en el plazo de un año, haya realizado cuatro veces la acción descrita en el artículo 617 de este Código.

---

de agosto; corrección de errores en *BOE* n.º 126, de 25 de mayo de 2004), reguladora de la Orden de protección de las víctimas de la violencia doméstica; 5/2001, de 17 de mayo (*BOE* n.º 148, de 21 de junio), de Prevención de Malos Tratos y de Protección a las Mujeres Maltratadas, de Castilla-La Mancha; Ley Foral 22/2002, de 2 de julio (*BOE* n.º 199, de 20 de agosto), modificada por Ley Foral 12/2003, de 7 de marzo (*BOE* n.º 99, de 25 de abril), para la adopción de medidas integrales contra la violencia sexista; 16/2003, de 8 de abril (*BOE* n.º 162, de 8 de julio), de la Comunidad Autónoma de Canarias, de Prevención y Protección Integral de las Mujeres contra la Violencia de Género; 1/2004, de 1 de abril (*BOE* n.º 101, de 26 de abril), de la Comunidad Autónoma de Cantabria, Integral para la Prevención de la Violencia contra las Mujeres y la Protección a sus Víctimas; 5/2005, de 20 de diciembre (*BOE* n.º 52, de 2 de marzo de 2006), integral contra la violencia de género de la Comunidad de Madrid; 4/2007, de 22 de marzo (*BOE* n.º 141, de 13 de junio), de Prevención y Protección Integral a las Mujeres Víctimas de Violencia en Aragón; 11/2007, de 28 de junio (*BOE* n.º 226, de 20 de septiembre), gallega para la prevención y el tratamiento integral de la violencia de género; 13/2007, de 26 de noviembre (*BOE* n.º 38, de 13 de febrero de 2008), de la Comunidad Autónoma de Andalucía, de medidas de prevención y protección integral contra la violencia de género; 5/2008, de 24 de abril (*BOE* n.º 131, de 30 de mayo), de la Generalitat catalana, del derecho de las mujeres a erradicar la violencia machista; Ley 7/2007, de 4 de abril (*BOE* n.º 176, de 22 de julio de 2008), para la Igualdad entre Mujeres y Hombres, y de Protección contra la Violencia de Género en la Región de Murcia; y Ley 1/2010, de 26 de febrero (*BOE* n.º 67, de 8 de marzo; corrección de errores en *BOE* n.º 100, de 26 de abril, y rectificación en *BOE* n.º 144, de 14 de junio), canaria de igualdad entre mujeres y hombres; así como RD 95/2009, de 6 de febrero (*BOE* n.º 33, de 7 de febrero), por el que se regula el Sistema de registros administrativos de apoyo a la Administración de Justicia; la Orden JUS/242/2009, de 10 de febrero (*BOE* n.º 39, de 14 de febrero), por la que se aprueban los modelos de remisión al Registro Central para la Protección de las Víctimas de Violencia Doméstica de la información que debe inscribirse en el mismo; el RD 1.917/2008, de 21 de noviembre (*BOE* n.º 297, de 10 de diciembre), por el que se aprueba el programa de inserción sociolaboral para mujeres víctimas de violencia de género; y los arts. 13, 109 y 544 bis LECr. V., también, art. 82 Ley 7/2007, de 12 de abril (*BOE* n.º 89, de 13 de abril), del Estatuto Básico del Empleado Público.

Art. 147: Este artículo figura redactado conforme al texto de la Ley Orgánica 15/2003, de 25 de noviembre (*BOE* n.º 283, de 26 de noviembre; corrección de errores en *BOE* n.º 65, de 16 de marzo, y n.º 80, de 2 de abril, ambos de 2004), que entró en vigor el 1 de octubre de 2004. El texto del primer apartado de este artículo figura redactado conforme a la LO 11/2003, de 29 de septiembre), de medidas concretas en materia de seguridad ciudadana, violencia doméstica e integración social de los extranjeros, cuya Exposición de Motivos, a este respecto, puede verse en nota al art. 66 de este Código. V. art. 617.1.º CP.

2. No obstante, el hecho descrito en el apartado anterior será castigado con la pena de prisión de tres a seis meses o multa de seis a doce meses, cuando sea de menor gravedad, atendidos el medio empleado o el resultado producido.

Art. 148. Las lesiones previstas en el apartado 1 del artículo anterior podrán ser castigadas con la pena de prisión de dos a cinco años, atendiendo al resultado causado o riesgo producido:

1.º Si en la agresión se hubieren utilizado armas, instrumentos, objetos, medios, métodos o formas concretamente peligrosas para la vida o salud, física o psíquica, del lesionado.

2.º Si hubiera mediado ensañamiento o alevosía.

3.º Si la víctima fuere menor de doce años o incapaz.

4.º Si la víctima fuere o hubiere sido esposa, o mujer que estuviere o hubiere estado ligada al autor por una análoga relación de afectividad, aun sin convivencia.

5.º Si la víctima fuera una persona especialmente vulnerable que conviva con el autor.

Art. 149. 1. El que causara a otro, por cualquier medio o procedimiento, la pérdida o la

---

Art. 148: Este artículo figura redactado conforme al texto de la LO 1/2004, de 28 de diciembre (*BOE* n.º 313, de 29 de diciembre), de medidas de protección integral contra la violencia de género.

Art. 149: Este artículo figura redactado conforme al texto de la LO 11/2003, de 29 de septiembre (*BOE* n.º 234, de 30 de septiembre), de medidas concretas en materia de seguridad ciudadana, violencia doméstica e integración social de los extranjeros, cuya Exposición de Motivos, en lo que a este aspecto se refiere, establece:

«[...] la reforma se plantea desde el reconocimiento de que con la integración social de los extranjeros en España aparecen nuevas realidades a las que el ordenamiento debe dar adecuada respuesta. Así, como novedad igualmente reseñable, se tipifica el delito de mutilación genital o ablación. Y ello porque la mutilación genital de las mujeres y niñas es una práctica que debe combatirse con la máxima firmeza, sin que pueda en absoluto justificarse por razones pretendidamente religiosas o culturales. Esta reforma ya había sido planteada en el seno de las Cortes a través de una proposición de ley que pretendía introducir una cláusula interpretativa sobre la represión de la mutilación genital femenina.

»En la actual reforma se modifica el artículo 149 del Código Penal, mencionando expresamente en su nuevo apartado 2 la mutilación genital, en cualquiera de sus manifestaciones, como una conducta encuadrable entre las lesiones de dicho artículo, castigadas con prisión de seis a doce años.

»Se prevé, además, que, si la víctima fuera menor de edad o incapaz, se aplicará la pena de inhabilitación especial para el ejercicio de la patria potestad, si el juez lo estima adecuado al interés del menor. En la mayoría de las ocasiones, son los padres o familiares directos de la víctima quienes la obligan a someterse a este tipo de mutilaciones aberrantes, por lo cual la inhabilitación especial resulta absolutamente necesaria para combatir estas conductas y proteger a la niña de futuras agresiones o vejaciones.»

V., finalmente, la LO 3/2005, de 8 de julio (*BOE* n.º 163, de 9 de julio), de modificación de la LOPJ para perseguir extrraterritorialmente la práctica de la mutilación genital femenina.

inutilidad de un órgano o miembro principal, o de un sentido, la impotencia, la esterilidad, una grave deformidad, o una grave enfermedad somática o psíquica, será castigado con la pena de prisión de seis a doce años.

2. El que causara a otro una mutilación genital en cualquiera de sus manifestaciones será castigado con la pena de prisión de seis a doce años. Si la víctima fuera menor o incapaz, será aplicable la pena de inhabilitación especial para el ejercicio de la patria potestad, tutela, curatela, guarda o acogimiento por tiempo de cuatro a diez años, si el juez lo estima adecuado al interés del menor o incapaz.

Art. 150. El que causare a otro la pérdida o la inutilidad de un órgano o miembro no principal, o la deformidad, será castigado con la pena de prisión de tres a seis años.

Art. 151. La provocación, la conspiración y la proposición para cometer los delitos previstos en los artículos precedentes de este Título, será castigada con la pena inferior en uno o dos grados a la del delito correspondiente.

Art. 152. 1. El que por imprudencia grave causare alguna de las lesiones previstas en los artículos anteriores será castigado:

1.º Con la pena de prisión de tres a seis meses, si se tratare de las lesiones del artículo 147.1.

2.º Con la pena de prisión de uno a tres años, si se tratare de las lesiones del artículo 149.

3.º Con la pena de prisión de seis meses a dos años, si se tratare de las lesiones del artículo 150.

2. Cuando los hechos referidos en este artículo se hayan cometido utilizando un vehículo a motor, un ciclomotor o un arma de fuego, se impondrá asimismo, y respectivamente, la pena de privación del derecho a conducir vehículos a motor y ciclomotores o del derecho a la tenencia y porte de armas por término de uno a cuatro años.

3. Cuando las lesiones fueren cometidas por imprudencia profesional se impondrá asimismo la pena de inhabilitación especial para el ejercicio de la profesión, oficio o cargo por un período de uno a cuatro años.

Art. 152: Este artículo figura redactado conforme al texto de la Ley Orgánica 15/2003, de 25 de noviembre (*BOE* n.º 283, de 26 de noviembre; corrección de errores en *BOE* n.º 65, de 16 de marzo, y n.º 80, de 2 de abril, ambos de 2004), que entró en vigor el 1 de octubre de 2004.

Art. 152.1: V. art. 621.1.º y 3.º CP.

Art. 152.2: V. nota al art. 142.2.º CP.

Art. 153. 1. El que por cualquier medio o procedimiento causare a otro menoscabo psíquico o una lesión no definidos como delito en este Código, o golpeare o maltratare de obra a otro sin causarle lesión, cuando la ofendida sea o haya sido esposa, o mujer que esté o haya estado ligada a él por una análoga relación de afectividad aun sin convivencia, o persona especialmente vulnerable que conviva con el autor, será castigado con la pena de prisión de seis meses a un año o de trabajos en beneficios de la comunidad de treinta y uno a ochenta días y, en todo caso, privación del derecho a la tenencia y porte de armas de un año y un día a tres años, así como, cuando el Juez o Tribunal lo estime adecuado al interés del menor o incapaz, inhabilitación para el ejercicio de la patria potestad, tutela, curatela, guarda o acogimiento hasta cinco años.

Art. 153: Figura redactado conforme al texto establecido en la LO 1/2004, de 28 de diciembre (*BOE* n.º 313, de 29 de diciembre), de medidas de protección integral contra la violencia de género. Previamente, la LO 11/2003, de 29 de septiembre (*BOE* n.º 234, de 30 de septiembre), de medidas concretas en materia de seguridad ciudadana, violencia doméstica e integración social de los extranjeros, había modificado también este precepto para luchar contra la violencia doméstica. Su Exposición de Motivos, a este respecto, decía:

«El fenómeno de la violencia doméstica tiene un alcance ciertamente pluridisciplinar. Es preciso abordarlo con medidas preventivas, con medidas asistenciales y de intervención social a favor de la víctima, con medidas incentivadoras de la investigación, y también con medidas legislativas orientadas a disuadir de la comisión de estos delitos.

»Por ello, los delitos relacionados con la violencia doméstica han sido objeto en esta reforma de una preferente atención, para que el tipo delictivo alcance a todas sus manifestaciones y para que su regulación cumpla su objetivo en los aspectos preventivos y represivos. También se ha incrementado de manera coherente y proporcionada su penalidad y se han incluido todas las conductas que puedan afectar al bien jurídico protegido.

»En esta línea, en primer lugar, las conductas que son consideradas en el Código Penal como falta de lesiones, cuando se cometen en el ámbito doméstico pasan a considerarse delitos, con lo cual se abre la posibilidad de imponer pena de prisión y, en todo caso, la pena de privación del derecho a la tenencia y porte de armas. Por esta razón se ajusta técnicamente la falta regulada en el artículo 617.

»En segundo lugar, respecto a los delitos de violencia doméstica cometidos con habitualidad, se les dota de una mejor sistemática, se amplía el círculo de sus posibles víctimas, se impone, en todo caso, la privación del derecho a la tenencia y porte de armas y se abre la posibilidad de que el juez o tribunal sentenciador acuerde la privación de la patria potestad, tutela, curatela, guarda o acogimiento.» V., entre otras, las SSTC 59/2008, de 14 de mayo (*BOE* n.º 135, de 4 de junio); 76/2008, de 3 de julio (*BOE* n.º 178, de 24 de julio); 80, 81, 82 y 83/2008, todas de 17 de julio (*BOE* n.º 200, de 19 de agosto); 95, 96, 97, 98, 99 y 100/2008, todas de 24 de julio (*BOE* n.º 200, de 19 de agosto); 178/2009, de 21 de julio (*BOE* n.º 203, de 22 de agosto); y 201, 202 y 203/2009, todas de 27 de octubre (*BOE* n.º 284, de 25 de noviembre), por las que se desestiman las cuestiones de inconstitucionalidad planteadas contra el primer apartado de este artículo.

V., también, las leyes autonómicas contra la violencia de género citadas en la nota a la rúbrica de este Título.

2. Si la víctima del delito previsto en el apartado anterior fuere alguna de las personas a que se refiere el artículo 173.2, exceptuadas las personas contempladas en el apartado anterior de este artículo, el autor será castigado con la pena de prisión de tres meses a un año o de trabajos en beneficio de la comunidad de treinta y uno a ochenta días y, en todo caso, privación del derecho a la tenencia y porte de armas de un año y un día a tres años, así como, cuando el Juez o Tribunal lo estime adecuado al interés del menor o incapaz, inhabilitación para el ejercicio de la patria potestad, tutela, curatela, guarda o acogimiento de seis meses a tres años.

3. Las penas previstas en los apartados 1 y 2 se impondrán en su mitad superior cuando el delito se perpetre en presencia de menores, o utilizando armas, o tenga lugar en el domicilio común o en el domicilio de la víctima, o se realice quebrantando una pena de las contempladas en el artículo 48 de este Código o una medida cautelar o de seguridad de la misma naturaleza.

4. No obstante lo previsto en los apartados anteriores, el Juez o Tribunal, razonándolo en sentencia, en atención a las circunstancias personales del autor y las concurrentes en la realización del hecho, podrá imponer la pena inferior en grado.

Art. 154. Quienes riñeren entre sí, acometiéndose tumultuariamente, y utilizando medios o instrumentos que pongan en peligro la vida o integridad de las personas, serán castigados por su participación en la riña con la pena de prisión de tres meses a un año o multa de seis a veinticuatro meses.

Art. 155. En los delitos de lesiones, si ha mediado el consentimiento válida, libre, espontánea y expresamente emitido del ofendido, se impondrá la pena inferior en uno o dos grados.

No será válido el consentimiento otorgado por un menor de edad o un incapaz.

Art. 154: Este artículo figura redactado conforme al texto de la Ley Orgánica 15/2003, de 25 de noviembre (*BOE* n.º 283, de 26 de noviembre; corrección de errores en *BOE* n.º 65, de 16 de marzo, y n.º 80, de 2 de abril, ambos de 2004), que entró en vigor el 1 de octubre de 2004.

Art. 155: V. arts. 15 ss. Convenio de 4 de abril de 1997 para la protección de los derechos humanos y la dignidad del ser humano con respecto a las aplicaciones de la Biología y la Medicina, ratificado por Instrumento de 23 de julio de 1999 (*BOE* n.º 251, de 20 de octubre; corrección de erratas en *BOE* n.º 270, de 11 de noviembre). V. también nota al art. 156 de este Código.

Art. 156. No obstante lo dispuesto en el artículo anterior, el consentimiento válida, libre, consciente y expresamente emitido exime de responsabilidad penal en los supuestos de trasplante de órganos efectuado con arreglo a lo dispuesto en la Ley, esterilizaciones y cirugía transexual realizadas por facultativo,

---

Art. 156: V. Ley 30/1979, de 27 de octubre, sobre extracción y trasplante de órganos (*BOE* n.º 266, de 6 de noviembre), y RD 2.070/ 1999, de 30 de diciembre (*BOE* n.º 3, de 4 de enero de 2000), por el que se regulan las actividades de obtención y utilización clínica de órganos humanos y la coordinación territorial en materia de donación y trasplante de órganos y tejidos; así como el RD 1.301/2006, de 10 de noviembre (*BOE* n.º 270, de 11 de noviembre), por el que se establecen las normas de calidad y seguridad para la donación, la obtención, la evaluación, el procesamiento, la preservación, el almacenamiento y la distribución de células y tejidos humanos, y se aprueban las normas de coordinación y funcionamiento para su uso en humanos; arts. 19 ss. Convenio de 4 de abril de 1997 para la protección de los derechos humanos y la dignidad del ser humano con respecto a las aplicaciones de la Biología y la Medicina, ratificado por Instrumento de 23 de julio de 1999 (*BOE* n.º 251, de 20 de octubre; corrección de erratas en *BOE* n.º 270, de 11 de noviembre); RD 1.088/2005, de 16 de septiembre (*BOE* n.º 225, de 20 de septiembre), por el que se establecen los requisitos técnicos y condiciones mínimas de la hemodonación y de los centros y servicios de transfusión; RD 223/2004, de 6 de febrero, por el que se regulan los ensayos clínicos con medicamentos (*BOE* n.º 33, de 7 de febrero), desarrollado por Orden SCO/256/2007, de 5 de febrero (*BOE* n.º 38, de 13 de febrero), modificada por Orden SCO/362/2008, de 4 de febrero (*BOE* n.º 41, de 16 de febrero); y RD 1.343/2007, de 11 de octubre (*BOE* n.º 262, de 1 de noviembre), por el que se establecen normas y especificaciones relativas al sistema de calidad de los centros y servicios de transfusión.

V., también, Ley 6/2002, de 25 de abril (*BOE* n.º 121, de 21 de mayo), de Salud de Aragón, modificada por Leyes 2/2005, de 24 de febrero (*BOE* n.º 71, de 24 de marzo), y 8/2009, de 22 de diciembre (*BOE* n.º 30, de 4 de febrero de 2010); Ley 41/2002, de 14 de noviembre (*BOE* n.º 274, de 15 de noviembre) [modificada por la LO 2/2010, de 3 de marzo (*BOE* n.º 55, de 4 de marzo)], básica reguladora de la autonomía del paciente y de derechos y obligaciones en materia de información y documentación clínica; Ley 3/2001, de 28 de mayo, de la Comunidad Autónoma de Galicia, reguladora del consentimiento informado y de la historia clínica de los pacientes (*BOE* n.º 158, de 3 de julio), modificada por Ley 3/2005, de 7 de marzo (*BOE* n.º 93, de 19 de abril); Ley Foral 11/2002, de 6 de mayo (*BOE* n.º 129, de 30 de mayo; corrección de errores en *BOE* n.º 153, de 27 de junio), modificada por la Ley Foral 29/2003, de 4 de abril (*BOE* n.º 120, de 20 de mayo), sobre los derechos del paciente a las voluntades anticipadas, a la información y la documentación clínica; Ley 1/2003, de 28 de enero (*BOE* n.º 48, de 25 de febrero), de derechos e información al paciente de la Comunidad Valenciana; Ley 5/2003, de 9 de octubre (*BOE* n.º 279, de 21 de noviembre), de la Comunidad Autónoma de Andalucía, de declaración de voluntad vital anticipada; Ley 3/2005, de 8 de julio (*BOE* n.º 186, de 5 de agosto), de la Comunidad Autónoma de Extremadura, de información sanitaria y autonomía del paciente; Ley 6/2005, de 7 de julio (*BOE* n.º 203, de 25 de agosto), de la Comunidad Autónoma de Castilla-La Mancha, sobre la declaracion de voluntades anticipadas en materia de la propia salud; y Ley 1/2006, de 3 de marzo (*BOE* n.º 81, de 5 de abril), de la Comunidad Autónoma de las Illes Balears, de voluntades anticipadas.

salvo que el consentimiento se haya obtenido viciadamente, o mediante precio o recompensa, o el otorgante sea menor de edad o incapaz; en cuyo caso no será válido el prestado por éstos ni por sus representantes legales.

Sin embargo, no será punible la esterilización de persona incapacitada que adolezca de grave deficiencia psíquica cuando aquélla, tomándose como criterio rector el del mayor interés del incapaz, haya sido autorizada por el Juez, bien en el mismo procedimiento de incapacitación, bien en un expediente de jurisdicción voluntaria, tramitado con posterioridad al mismo, a petición del representante legal del incapaz, oído el dictamen de dos especialistas, el Ministerio Fiscal y previa exploración del incapaz.

Art. 156 bis. 1. Los que promuevan, favorezcan, faciliten o publiciten la obtención o el tráfico ilegal de órganos humanos ajenos o el trasplante de los mismos serán castigados con la pena de prisión de seis a doce años si se tratara de un órgano principal, y de prisión de tres a seis años si el órgano fuera no principal.

2. Si el receptor del órgano consintiera la realización del trasplante conociendo su origen ilícito será castigado con las mismas penas que en el apartado anterior, que podrán ser rebajadas en uno o dos grados atendiendo a las circunstancias del hecho y del culpable.

3. Cuando de acuerdo con lo establecido en el artículo 31 bis una persona jurídica sea responsable de los delitos comprendidos en este artículo, se le impondrá la pena de multa del triple al quíntuple del beneficio obtenido.

Atendidas las reglas establecidas en el artículo 66 bis, los jueces y tribunales podrán asimismo imponer las penas recogidas en las letras *b*) a *g*) del apartado 7 del artículo 33.

TÍTULO IV
De las lesiones al feto

Art. 157. El que, por cualquier medio o procedimiento, causare en un feto una lesión o enfermedad que perjudique gra-

---

Art. 156 bis: Este artículo ha sido incorporado por la LO 5/2010, de 22 de junio (*BOE* n.º 152, de 23 de junio), que entrará en vigor el próximo día 23 de diciembre de 2010.

Art. 157: V. Ley 14/2007, de 3 de julio (*BOE* n.º 159, de 4 de julio), de Investigación biomédica).

vemente su normal desarrollo, o provoque en el mismo una grave tara física o psíquica, será castigado con pena de prisión de uno a cuatro años e inhabilitación especial para ejercer cualquier profesión sanitaria, o para prestar servicios de toda índole en clínicas, establecimientos o consultorios ginecológicos, públicos o privados, por tiempo de dos a ocho años.

Art. 158. El que, por imprudencia grave, cometiere los hechos descritos en el artículo anterior, será castigado con la pena de prisión de tres a cinco meses o multa de seis a diez meses.

Cuando los hechos descritos en el artículo anterior fueren cometidos por imprudencia profesional se impondrá asimismo la pena de inhabilitación especial para el ejercicio de la profesión, oficio o cargo por un período de seis meses a dos años.

La embarazada no será penada a tenor de este precepto.

TÍTULO V

Delitos relativos a la manipulación genética*

Art. 159. 1. Serán castigados con la pena de prisión de dos a seis años e inhabilitación especial para empleo o cargo público,

---

Art. 158: Este artículo figura redactado conforme al texto de la Ley Orgánica 15/2003, de 25 de noviembre (*BOE* n.º 283, de 26 de noviembre; corrección de errores en *BOE* n.º 65, de 16 de marzo, y n.º 80, de 2 de abril, ambos de 2004), que entró en vigor el 1 de octubre de 2004.

* V. el Convenio para la protección de los derechos humanos y la dignidad del ser humano con respecto a las aplicaciones de la Biología y la Medicina, hecho en Oviedo el 4 de abril de 1997, y ratificado por Instrumento de 23 de julio de 1999 (*BOE* n.º 251, de 20 de octubre; corrección de erratas en *BOE* n.º 270, de 11 de noviembre), y su Protocolo Adicional, por el que se prohíbe la clonación de seres humanos, hecho en París el 12 de enero de 1998, y ratificado por Instrumento de 7 de enero de 2000 (*BOE* n.º 52, de 1 de marzo de 2001); Ley 14/2006, de 26 de mayo (*BOE* n.º 126, de 27 de mayo), sobre técnicas de reproducción humana asistida; el RD 412/1996, de 1 de marzo (*BOE* n.º 72, de 23 de marzo), por los que se establecen los protocolos obligatorios de estudio de los donantes y usuarios relacionados con las técnicas de reproducción humana asistida, y se regula la creación y organización del Registro Nacional de Donantes de Gametos y Preembriones con fines de reproducción humana; el RD 413/ 1996, de 1 de marzo (*BOE* n.º 72, de 23 de marzo), por el que se establecen los requisitos técnicos y funcionales precisos para la autorización y homologación de los centros y servicios sanitarios relacionados con las técnicas de reproducción humana asistida; el RD 415/1997, de 21 de marzo, por el que se crea la Comisión Nacional de Reproducción Humana Asistida (*BOE* n.º 70, de 22 de marzo); el RD 120/2003, de 31 de enero

profesión u oficio de siete a diez años los que, con finalidad distinta a la eliminación o disminución de taras o enfermedades graves, manipulen genes humanos de manera que se altere el genotipo.

2. Si la alteración del genotipo fuere realizada por imprudencia grave, la pena será de multa de seis a quince meses e inhabilitación especial para empleo o cargo público, profesión u oficio de uno a tres años.

Art. 160. 1. La utilización de la ingeniería genética para producir armas biológicas o exterminadoras de la especie humana, será castigada con la pena de prisión de tres a siete años e inhabilitación especial para empleo o cargo público, profesión u oficio por tiempo de siete a diez años.

2. Serán castigados con la pena de prisión de uno a cinco años e inhabilitación especial para empleo o cargo público, profesión u oficio de seis a diez años quienes fecunden óvulos humanos con cualquier fin distinto a la procreación humana.

3. Con la misma pena se castigará la creación de seres humanos idénticos por clonación u otros procedimientos dirigidos a la selección de la raza.

Art. 161. 1. Quien practicare reproducción asistida en una mujer, sin su consentimiento, será castigado con la pena de prisión de dos a seis años, e inhabilitación especial para empleo o cargo público, profesión u ofi-

---

(*BOE* n.° 40, de 15 de febrero), por el que se regulan los requisitos para la realización de experiencias controladas, con fines reproductivos, de fecundación de ovocitos o tejido ovárico previamente congelados, relacionados con las técnicas de reproducción humana asistida; el RD 2.132/2004, de 29 de octubre (*BOE* n.° 262, de 30 de octubre), por el que se establecen los requisitos y procedimientos para solicitar el desarrollo de proyectos de investigación con células troncales obtenidas de preembriones sobrantes; la Orden de 25 de marzo de 1996 (*BOE* n.° 106, de 2 de mayo), por la que se establecen las normas de funcionamiento del Registro Nacional de Donantes de Gametos y Preembriones; la Ley 14/2007, de 3 de julio (*BOE* n.° 159, de 4 de julio), de Investigación biomédica; y la Ley 7/2003, de 20 de octubre, de la Comunidad Autónoma de Andalucía, por la que se regula la investigación en Andalucía con preembriones humanos no viables para la fecundación *in vitro* (*BOE* n.° 279, de 21 de noviembre).

Art. 160: Este artículo figura redactado conforme al texto de la Ley Orgánica 15/2003, de 25 de noviembre (*BOE* n.° 283, de 26 de noviembre; corrección de errores en *BOE* n.° 65, de 16 de marzo, y n.° 80, de 2 de abril, ambos de 2004), que entró en vigor el 1 de octubre de 2004.

Art. 161: Este artículo figura redactado conforme al texto de la Ley Orgánica 15/2003, de 25 de noviembre (*BOE* n.° 283, de 26 de noviembre; corrección de errores en *BOE* n.° 65, de 16 de marzo, y n.° 80, de 2 de abril, ambos de 2004), que entró en vigor el 1 de octubre de 2004.

cio por tiempo de uno a cuatro años.

2. Para proceder por este delito será precisa denuncia de la persona agraviada o de su representante legal. Cuando aquélla sea menor de edad, incapaz, o una persona desvalida, también podrá denunciar el Ministerio Fiscal.

Art. 162. En los delitos contemplados en este título, la autoridad judicial podrá imponer alguna o algunas de las consecuencias previstas en el artículo 129 de este Código cuando el culpable perteneciere a una sociedad, organización o asociación, incluso de carácter transitorio, que se dedicare a la realización de tales actividades.

TÍTULO VI

Delitos contra la libertad*

CAPÍTULO PRIMERO

DE LAS DETENCIONES ILEGALES Y SECUESTROS**

Art. 163. 1. El particular que encerrare o detuviere a otro, privándole de su libertad, será castigado con la pena de prisión de cuatro a seis años.

2. Si el culpable diera libertad al encerrado o detenido dentro de los tres primeros días de su detención, sin haber logrado el objeto

---

Art. 162: Este artículo figura redactado conforme al texto de la Ley Orgánica 15/2003, de 25 de noviembre (*BOE* n.º 283, de 26 de noviembre; corrección de errores en *BOE* n.º 65, de 16 de marzo, y n.º 80, de 2 de abril, ambos de 2004), que entró en vigor el 1 de octubre de 2004.

* V. arts. 1.º1.º*d)* LOTJ y 13, 109 y 544 bis LECr.

** El art. 17 CE establece lo siguiente:

«1. Toda persona tiene derecho a la libertad y a la seguridad. Nadie puede ser privado de su libertad, sino con la observancia de lo establecido en este artículo y en los casos y en la forma previstos en la Ley.

»2. La detención preventiva no podrá durar más del tiempo estrictamente necesario para la realización de las averiguaciones tendentes al esclarecimiento de los hechos, y, en todo caso, en el plazo máximo de setenta y dos horas, el detenido deberá ser puesto en libertad o a disposición de la autoridad judicial.

»3. Toda persona detenida debe ser informada de forma inmediata, y de modo que le sea comprensible, de sus derechos y de las razones de su detención, no pudiendo ser obligada a declarar. Se garantiza la asistencia de abogado al detenido en las diligencias policiales y judiciales, en los términos que la Ley establezca.

»4. La Ley regulará un procedimiento de *habeas corpus* para producir la inmediata puesta a disposición judicial de toda persona detenida ilegalmente. Asimismo, por ley se determinará el plazo máximo de duración de la prisión provisional.»

V., también, LO 6/1984, de 24 de mayo, reguladora del procedimiento de *Habeas Corpus* (*BOE* n.º 126, de 26 de mayo); arts.

3.º y 9.º DUDH; art. 5.º CPDHLF, y art. 9.º PIDCP; este último artículo dispone lo siguiente:

«1. Todo individuo tiene derecho a la libertad y a la seguridad personales. Nadie podrá ser sometido a detención o prisión arbitrarias. Nadie podrá ser privado de su libertad, salvo por las causas fijadas por ley y con arreglo al procedimiento establecido en ésta.

»2. Toda persona detenida será informada, en el momento de su detención, de las razones de la misma, y notificada, sin demora, de la acusación formulada contra ella.

»3. Toda persona detenida o presa a causa de una infracción penal será llevada sin demora ante un Juez u otro funcionario autorizado por la Ley para ejercer funciones judiciales, y tendrá derecho a ser juzgada dentro de un plazo razonable o a ser puesta en libertad. La prisión preventiva de las personas que hayan de ser juzgadas no debe ser la regla general, pero su libertad podrá estar subordinada a garantías que aseguren la comparecencia del acusado en el acto del juicio, o en cualquier otro momento de las diligencias procesales y, en su caso, para la ejecución del fallo.

»4. Toda persona que sea privada de libertad en virtud de detención o prisión tendrá derecho a recurrir ante un tribunal a fin de que éste decida a la brevedad posible sobre la legalidad de su prisión y ordene su libertad si la prisión fuera ilegal.

»5. Toda persona que haya sido ilegalmente detenida o presa, tendrá el derecho efectivo a obtener reparación.»

V., también, art. 20 LOPSC, que dispone lo siguiente:

«1. Los agentes de las Fuerzas y Cuerpos de Seguridad podrán requerir, en el ejercicio de sus funciones de indagación o prevención, la identificación de las personas y realizar las comprobaciones pertinentes en la vía pública o en el lugar donde se hubiere hecho el requerimiento, siempre que el conocimiento de la identidad de las personas requeridas fuere necesario para el ejercicio de las funciones de protección de la seguridad que a los agentes encomiendan la presente Ley y la Ley Orgánica de Fuerzas y Cuerpos de Seguridad.

»2. De no lograrse la identificación por cualquer medio, y cuando resulte necesario a los mismos fines del apartado anterior, los agentes, para impedir la comisión de un delito o falta, o al objeto de sancionar una infracción, podrán requerir a quienes no pudieran ser identificados a que les acompañen a dependencias próximas y que cuenten con medios adecuados para realizar las diligencias de identificación, a estos solos efectos y por el tiempo imprescindible.

»3. En las dependencias a que se hace referencia en el apartado anterior se llevará un Libro-Registro en el que se harán constar las diligencias de identificación realizadas en aquéllas, así como los motivos y duración de las mismas, y que estará en todo momento a disposición de la autoridad judicial competente y del Ministerio Fiscal. No obstante lo anterior, el Ministerio del Interior remitirá periódicamente extracto de las diligencias de identificación al Ministerio Fiscal.

»4. En los casos de resistencia o negativa infundada a identificarse o a realizar voluntariamente las comprobaciones o prácticas de identificación, se estará a lo dispuesto en el Código Penal y en la Ley de Enjuiciamiento Criminal.»

V., asimismo, arts. 309, 489 y 750 LECr, y Convención Internacional contra la Toma de Rehenes de 17 de diciembre de 1979, a la que España se adhirió por Instrumento de 9 de marzo de 1984 (*BOE* n.º 162, de 7 de julio), reproducida parcialmente en nota al art. 1 LE (Apéndice 4).

El art. 19 CE, por su parte, establece:

«Los españoles tienen derecho a elegir libremente su residencia y a circular por el territorio nacional.

»Asimismo, tienen derecho a entrar y salir libremente de España en los términos que la Ley establezca. Este derecho no podrá ser limitado por motivos políticos o ideológicos.»

V. LO 4/2000, de 11 de enero (*BOE* n.º 10, de 12 de enero; corrección de errores en *BOE* n.º 20, de 24 de enero), sobre derechos y libertades de los extranjeros en

que se había propuesto, se impondrá la pena inferior en grado.

3. Se impondrá la pena de prisión de cinco a ocho años si el encierro o detención ha durado más de quince días.

4. El particular que, fuera de los casos permitidos por las leyes, aprehendiere a una persona para presentarla inmediatamente a la autoridad, será castigado con la pena de multa de tres a seis meses.

Art. 164. El secuestro de una persona exigiendo alguna condición para ponerla en libertad, será castigado con la pena de prisión de seis a diez años. Si en el secuestro se hubiera dado la circunstancia del artículo 163.3, se impondrá la pena superior en grado, y la inferior en grado si se dieren las condiciones del artículo 163.2.

Art. 165. Las penas de los artículos anteriores se impondrán en su mitad superior, en los respectivos casos, si la detención ilegal o secuestro se ha ejecutado con simulación de autoridad o función pública, o la víctima fuere menor de edad o incapaz o fun-

---

España y su integración social, modificada por LO 8/2000, de 22 de diciembre (*BOE* n.º 307, de 23 de diciembre; corrección de errores en *BOE* n.º 47, de 23 de febrero de 2001), y por LO 11/2003, de 29 de septiembre (*BOE* n.º 234, de 30 de septiembre).

V., también, arts. 9.º y 13 DUDH y el art. 12 PIDCP, que dispone lo siguiente:

«1. Toda persona que se halle legalmente en el territorio de un Estado tendrá derecho a circular libremente por él y a escoger libremente en él su residencia.

»2. Toda persona tendrá derecho a salir libremente de cualquier país incluso del propio.

»3. Los derechos antes mencionados no podrán ser objeto de restricciones salvo cuando éstas se hallen previstas en la Ley, sean necesarias para proteger la seguridad nacional, el orden público, la salud o la moral públicas o los derechos y libertades de terceros, y sean compatibles con los demás derechos reconocidos en el presente Pacto.

»4. Nadie podrá ser arbitrariamente privado del derecho a entrar en su propio país.»

Art. 163: V. arts. 489 a 491, 495 y 496 LECr.

Art. 164: V. art. 282 bis LECr., reproducido en nota al art. 368 de este Código.

Art. 165: V. Convenio Europeo relativo al reconocimiento y ejecución de decisiones en materia de custodia de menores, así como al restablecimiento de dicha custodia, de 20 de mayo de 1980, ratificado por Instrumento de 9 de mayo de 1984 (*BOE* n.º 210, de 1 de septiembre; la retirada de la reserva de España a su art. 2.º se publicó en el *BOE* n.º 248, de 17 de octubre de 1995); Convenio de 25 de octubre de 1980 sobre los aspectos civiles de la sustracción internacional de menores, ratificado por Instrumento de 28 de mayo de 1987 (*BOE* n.º 202, de 24 de agosto; corrección de errores en *BOE* n.º 155, de 30 de junio de 1989, y *BOE* n.º 21, de 24 de enero de 1996), y Declaración, relativa a este Convenio, de 17 de noviembre de 1994 (*BOE* n.º 285, de 29 de noviembre); Convención sobre los Derechos del Niño, adoptado por la Asamblea General de las Naciones Unidas el 20 de noviembre de 1989 y ratificada por Instrumento de 30 de noviembre de 1990 (*BOE* n.º 313, de 31 de diciembre); Convenio relativo a la protección del niño y a la cooperación en materia de adopción internacional, ratificado por Instrumento de 30 de junio de 1995 (*BOE* n.º 182, de 1 de agosto).

cionario público en el ejercicio de sus funciones.

Art. 166. El reo de detención ilegal o secuestro que no dé razón del paradero de la persona detenida será castigado, según los casos, con las penas superiores en grado a las señaladas en los artículos anteriores de este capítulo, salvo que la haya dejado en libertad.

Art. 167. La autoridad o funcionario público que, fuera de los casos permitidos por la Ley, y sin mediar causa por delito, cometiere alguno de los hechos descritos en los artículos anteriores será castigado con las penas respectivamente previstas en éstos, en su mitad superior y, además, con la de inhabilitación absoluta por tiempo de ocho a doce años.

Art. 168. La provocación, la conspiración y la proposición para cometer los delitos previstos en este capítulo se castigarán con la pena inferior en uno o dos grados a la señalada al delito de que se trate.

CAPÍTULO II

DE LAS AMENAZAS

Art. 169. El que amenazare a otro con causarle a él, a su familia o a otras personas con las que esté íntimamente vinculado un mal que constituya delitos de homicidio, lesiones, aborto, contra la libertad, torturas y contra la integridad moral, la libertad sexual, la intimidad, el honor, el patrimonio y el orden socioeconómico, será castigado:

1.º Con la pena de prisión de uno a cinco años, si se hubiere hecho la amenaza exigiendo una cantidad o imponiendo cualquier otra condición, aunque no sea ilícita, y el culpable hubiere conseguido su propósito. De no conseguirlo, se impondrá la pena de prisión de seis meses a tres años.

Las penas señaladas en el párrafo anterior se impondrán en su mitad superior si las amenazas se hicieren por escrito, por teléfono o por cualquier medio de comunicación o de reproducción, o en

---

Art. 167: V. arts. 492 ss. LECr y 5.º3.º LO 2/1986, de 13 de marzo (*BOE* n.º 63, de 14 de marzo), de Fuerzas y Cuerpos de Seguridad. Ténganse en cuenta, no obstante, arts. 55 y 116 CE, así como art. 520 bis LECr y LO 4/2000, de 11 de enero (*BOE* n.º 10, de 12 de enero; corrección de errores en *BOE* n.º 20, de 24 de enero), sobre derechos y libertades de los extranjeros en España y su integración social, modificada por Ley Orgánica 8/2000, de 22 de diciembre (*BOE* n.º 307, de 23 de diciembre; corrección de errores en *BOE* n.º 47, de 23 de febrero de 2001), por LO 11/2003, de 29 de septiembre (*BOE* n.º 234, de 30 de septiembre), y por Ley Orgánica 14/2003, de 20 de noviembre (*BOE* n.º 279, de 21 de noviembre), y la Ley Orgánica 4/1981, de 1 de junio, de los estados de alarma, excepción y sitio (*BOE* n.º 134, de 5 de junio).

Art. 169.1: V. arts. 620 CP y 1.2.º*b*) LOTJ.

nombre de entidades o grupos reales o supuestos.

2.º Con la pena de prisión de seis meses a dos años, cuando la amenaza no haya sido condicional.

Art. 170. 1. Si las amenazas de un mal que constituyere delito fuesen dirigidas a atemorizar a los habitantes de una población, grupo étnico, cultural o religioso, o colectivo social o profesional, o a cualquier otro grupo de personas, y tuvieran la gravedad necesaria para conseguirlo, se impondrán respectivamente las penas superiores en grado a las previstas en el artículo anterior.

2. Serán castigados con la pena de prisión de seis meses a dos años, los que, con la misma finalidad y gravedad, reclamen públicamente la comisión de acciones violentas por parte de organizaciones o grupos terroristas.

Art. 171. 1. Las amenazas de un mal que no constituya delito serán castigadas con pena de prisión de tres meses a un año o multa de seis a veinticuatro meses, atendidas la gravedad y circunstancia del hecho, cuando la amenaza fuere condicional y la condición no consistiere en una conducta debida. Si el culpable hubiere conseguido su propósito se le impondrá la pena en su mitad superior.

2. Si alguien exigiere de otro una cantidad o recompensa bajo la amenaza de revelar o difundir hechos referentes a su vida privada o relaciones familiares que

---

Art. 170: El primer apartado de este artículo figura redactado conforme al texto establecido en la Ley Orgánica 2/1998, de 15 de junio (*BOE* n.º 143, de 16 de junio), por la que se modificaron el Código Penal y la Ley de Enjuiciamiento Criminal; y el segundo figura redactado conforme al texto de la Ley Orgánica 15/2003, de 25 de noviembre (*BOE* n.º 283, de 26 de noviembre; corrección de errores en *BOE* n.º 65, de 16 de marzo, y n.º 80, de 2 de abril, ambos de 2004), que entró en vigor el 1 de octubre de 2004. La expresión «bandas armadas» que figuraba en el apartado 2 ha sido suprimida por la LO 5/2010, de 22 de junio (*BOE* n.º 152, de 23 de junio), que entrará en vigor el próximo día 23 de diciembre de 2010. La redacción de dicho apartado 2 que sigue vigente hasta entonces es la siguiente:

> 2. Serán castigados con la pena de prisión de seis meses a dos años, los que, con la misma finalidad y gravedad, reclamen públicamente la comisión de acciones violentas por parte de bandas armadas, organizaciones o grupos terroristas.

Art. 171: Este artículo figura redactado conforme al texto de la Ley Orgánica 15/2003, de 25 de noviembre (*BOE* n.º 283, de 26 de noviembre; corrección de errores en *BOE* n.º 65, de 16 de marzo, y n.º 80, de 2 de abril, ambos de 2004), que entró en vigor el 1 de octubre de 2004. Sus tres últimos apartados fueron añadidos por LO 1/2004, de 28 de diciembre (*BOE* n.º 313, de 29 de diciembre), de medidas de protección integral contra la violencia de género, cuya Exposición de Motivos puede verse en nota al art. 172 de este Código.

no sean públicamente conocidos y puedan afectar a su fama, crédito o interés, será castigado con la pena de prisión de dos a cuatro años, si ha conseguido la entrega de todo o parte de lo exigido, y con la de cuatro meses a dos años, si no lo consiguiere.

3. Si el hecho descrito en el apartado anterior consistiere en la amenaza de revelar o denunciar la comisión de algún delito el ministerio fiscal podrá, para facilitar el castigo de la amenaza, abstenerse de acusar por el delito cuya revelación se hubiere amenazado, salvo que éste estuviere castigado con pena de prisión superior a dos años. En este último caso, el juez o tribunal podrá rebajar la sanción en uno o dos grados.

4. El que de modo leve amenace a quien sea o haya sido su esposa, o mujer que esté o haya estado ligada a él por una análoga relación de afectividad aun sin convivencia, será castigado con la pena de prisión de seis meses a un año o de trabajos en beneficio de la comunidad de treinta y uno a ochenta días y, en todo caso, privación del derecho a la tenencia y porte de armas de un año y un día a tres años, así como, cuando el Juez o Tribunal lo estime adecuado al interés del menor o incapaz, inhabilitación especial para el ejercicio de la patria potestad, tutela, curatela, guarda o acogimiento hasta cinco años.

Igual pena se impondrá al que de modo leve amenace a una persona especialmente vulnerable que conviva con el autor.

5. El que de modo leve amenace con armas u otros instrumentos peligrosos a alguna de las personas a las que se refiere el artículo 173.2, exceptuadas las contempladas en el apartado anterior de este artículo, será castigado con la pena de prisión de tres meses a un año o trabajos en beneficio de la comunidad de treinta y uno a ochenta días y, en todo caso, privación del derecho a la tenencia y porte de armas de uno a tres años, así como, cuando el Juez o Tribunal lo estime adecuado al interés del menor o incapaz, inhabilitación especial para el ejercicio de la patria potestad, tutela, curatela, guarda o acogimiento por tiempo de seis meses a tres años.

Se impondrán las penas previstas en los apartados 4 y 5, en su mitad superior cuando el delito se perpetre en presencia de menores, o tenga lugar en el domicilio común o en el domicilio de la víc-

---

Art. 171.4: V, las SSTC 45/2009, de 19 de febrero (*BOE* n.º 63, de 14 de marzo), 177, 178, 179 y 180/2009, todas de 21 de julio (*BOE* n.º 203, de 22 de agosto), y 201, 202 y 203/2009, todas de 27 de octubre (*BOE* n.º 284, de 25 de noviembre), por las que se inadmiten y desestiman diversas cuestiones de inconstitucionalidad interpuestas contra este apartado.

tima, o se realice quebrantando una pena de las contempladas en el artículo 48 de este Código o una medida cautelar o de seguridad de la misma naturaleza.

6. No obstante lo previsto en los apartados 4 y 5, el Juez o Tribunal, razonándolo en sentencia, en atención a las circunstancias personales del autor y a las concurrentes en la realización del hecho, podrá imponer la pena inferior en grado.

CAPÍTULO III

DE LAS COACCIONES

Art. 172. 1. El que, sin estar legítimamente autorizado, impidiere a otro con violencia hacer lo que la ley no prohíbe, o le compeliere a efectuar lo que no quiere, sea justo o injusto, será castigado con la pena de prisión de seis meses a tres años o con multa de doce a veinticuatro meses, según la gravedad de la coacción o de los medios empleados.

Cuando la coacción ejercida tuviera como objeto impedir el ejercicio de un derecho fundamental se le impondrán las penas en su mitad superior, salvo que el hecho tuviera señalada mayor pena en otro precepto de este Código.

También se impondrán las penas en su mitad superior cuando la coacción ejercida tuviera por objeto impedir el legítimo disfrute de la vivienda.

2. El que de modo leve coaccione a quien sea o haya sido su esposa, o mujer que esté o haya

---

Art. 172: Los dos primeros párrafos del apartado 1 de este artículo figuran redactados conforme al texto de la LO 15/2003, de 25 de noviembre (*BOE* n.º 283, de 26 de noviembre; correcciones de errores en *BOE* n.º 65, de 16 de marzo, y n.º 80 de 2 de abril, ambos de 2004), que entró en vigor el 1 de octubre de 2004. El 3.º ha sido añadido por la LO 5/2010, de 22 de junio (*BOE* n.º 152, de 23 de junio), que entrará en vigor el próximo día 23 de diciembre de 2010.

Art. 172.2: Este apartado fue introducido por la LO 1/2004, de 28 de diciembre (*BOE* n.º 313, de 29 de diciembre), de medidas de protección integral contra la violencia de género, en cuya Exposición de Motivos se decía, a este respecto, lo siguiente:

«En su título IV la Ley introduce normas de naturaleza penal, mediante las que se pretende incluir, dentro de los tipos agravados de lesiones, uno específico que incremente la sanción penal cuando la lesión se produzca contra quien sea o haya sido la esposa del autor, o mujer que esté o haya estado ligada a él por una análoga relación de afectividad, aun sin convivencia. También se castigarán como delito las coacciones leves y las amenazas leves de cualquier clase cometidas contra las mujeres mencionadas con anterioridad.

»Para la ciudadanía, para los colectivos de mujeres y específicamente para aquellas que sufren este tipo de agresiones, la Ley quiere dar una respuesta firme y contundente y mostrar firmeza plasmándolas en tipos penales específicos.»

V. arts. 510 ss. de este Código y 13, 109 y 544 bis LECr.

V., también la STC 127/2009, de 26 de mayo (*BOE* n.º 149, de 20 de junio), por la que se inadmiten varias cuestiones de inconstitucionalidad referidas a los párrafos segundo, tercero y cuarto del art. 172.2.

estado ligada a él por una análoga relación de afectividad, aun sin convivencia, será castigado con la pena de prisión de seis meses a un año o de trabajos en beneficio de la comunidad de treinta y uno a ochenta días y, en todo caso, privación del derecho a la tenencia y porte de armas de un año y un día a tres años, así como, cuando el Juez o Tribunal lo estime adecuado al interés del menor o incapaz, inhabilitación especial para el ejercicio de la patria potestad, tutela, curatela, guarda o acogimiento hasta cinco años.

Igual pena se impondrá al que de modo leve coaccione a una persona especialmente vulnerable que conviva con el autor.

Se impondrá la pena en su mitad superior cuando el delito se perpetre en presencia de menores, o tenga lugar en el domicilio común o en el domicilio de la víctima, o se realice quebrantando una pena de las contempladas en el artículo 48 de este Código o una medida cautelar o de seguridad de la misma naturaleza.

No obstante lo previsto en los párrafos anteriores, el Juez o Tribunal, razonándolo en sentencia, en atención a las circunstancias personales del autor y a las concurrentes en la realización del hecho, podrá imponer la pena inferior en grado.

TÍTULO VII

De las torturas y otros delitos contra la integridad moral*

Art. 173. 1. El que infligiera a otra persona un trato degradante, menoscabando gravemente su integridad moral, será

* V. art. 15.1 CE: «Todos tienen derecho a la vida y a la integridad física y moral, sin que, en ningún caso, puedan ser sometidos a tortura ni a penas o tratos inhumanos o degradantes. Queda abolida la pena de muerte salvo lo que puedan disponer las leyes penales militares para tiempo de guerra.» V. también art. 5.º DUDH; art. 7.º PIDCP; art. 3.º CPDHLF; art. 6.º LOGP; art. 4.º RP; Convención de 10 de diciembre de 1984 contra la tortura y otros tratos o penas crueles, inhumanos o degradantes, ratificado por Instrumento de 19 de octubre de 1987 (*BOE* n.º 268, de 9 de noviembre), y Protocolo facultativo, hecho en Nueva York el 18 de diciembre de 2002, y ratificado por España mediante Instrumento de 3 de marzo de 2006 (*BOE* n.º 148, de 22 de junio); Convenio Europeo de 26 de noviembre de 1987 para la prevención de la tortura y de las penas o tratos inhumanos o degradantes, ratificado por Instrumento de 28 de abril de 1989 (*BOE* n.º 159, de 5 de julio), y Protocolos n.ºs 1 y 2 a este Convenio, hechos en Estrasburgo el 4 de noviembre de1993, y ratificados mediante Instrumentos de 11 de mayo de 1995 (*BOE* n.º 35, de 9 de febrero de 2002; corrección de erratas en *BOE* n.º 142, de 14 de junio).

Art. 173: Este artículo figura redactado conforme al texto de la LO 11/2003, de 29

castigado con la pena de prisión de seis meses a dos años.

Con la misma pena serán castigados los que, en el ámbito de cualquier relación laboral o funcionarial y prevaliéndose de su relación de superioridad, realicen contra otro de forma reiterada actos hostiles o humillantes que, sin llegar a constituir trato degradante, supongan grave acoso contra la víctima.

Se impondrá también la misma pena al que de forma reiterada lleve a cabo actos hostiles o humillantes que, sin llegar a constituir trato degradante, tengan por objeto impedir el legítimo disfrute de la vivienda.

2. El que habitualmente ejerza violencia física o psíquica sobre quien sea o haya sido su cónyuge o sobre persona que esté o haya estado ligada a él por una análoga relación de afectividad aun sin convivencia, o sobre los descendientes, ascendientes o hermanos por naturaleza, adopción o afinidad, propios o del cónyuge o conviviente, o sobre los menores o incapaces que con él convivan o que se hallen sujetos a la potestad, tutela, curatela, acogimiento o guarda de hecho del cónyuge o conviviente, o sobre persona amparada en cualquier otra relación por la que se encuentre integrada en el núcleo de su convivencia familiar, así como sobre las personas que por su especial vulnerabilidad se encuentran sometidas a custodia o guarda en centros públicos o privados, será castigado con la pena de prisión de seis meses a tres años, privación del derecho a la tenencia y porte de armas de dos a cinco años y, en su caso, cuando el juez o tribunal lo estime adecuado al interés del menor o incapaz, inhabilitación especial para el ejercicio de la patria potestad, tutela, curatela, guarda o acogimiento por tiempo de uno a cinco años, sin perjuicio de las penas que pudieran corresponder a los delitos o faltas en que se hubieran concretado los actos de violencia física o psíquica.

Se impondrán las penas en su mitad superior cuando alguno o algunos de los actos de violencia se perpetren en presencia de menores, o utilizando armas, o tengan lugar en el domicilio común o en el domicilio de la víctima, o se realicen quebrantando una pena de las contempladas en el artículo 48 de

---

de septiembre (*BOE* n.º 234, de 30 de septiembre), de medidas concretas en materia de seguridad ciudadana, violencia doméstica e integración social de los extranjeros. V. la Exposición de Motivos de esta norma, en lo que al presente artículo interesa, en nota al art. 153 de este Código. Los párrafos 2.º y 3.º del apartado 1 han sido añadidos por la LO 5/2010, de 22 de junio (*BOE* n.º 152, de 23 de junio), que entrará en vigor el próximo día 23 de diciembre de 2010.

este Código o una medida cautelar o de seguridad o prohibición de la misma naturaleza.

3. Para apreciar la habitualidad a que se refiere el apartado anterior, se atenderá al número de actos de violencia que resulten acreditados, así como a la proximidad temporal de los mismos, con independencia de que dicha violencia se haya ejercido sobre la misma o diferentes víctimas de las comprendidas en este artículo, y de que los actos violentos hayan sido o no objeto de enjuiciamiento en procesos anteriores.

Art. 174. 1. Comete tortura la autoridad o funcionario público que, abusando de su cargo, y con el fin de obtener una confesión o información de cualquier persona o de castigarla por cualquier hecho que haya cometido o se sospeche que ha cometido, o por cualquier razón basada en algún tipo de discriminación, la sometiere a condiciones o procedimientos que por su naturaleza, duración u otras circunstancias, le supongan sufrimientos físicos o mentales, la supresión o disminución de sus facultades de conocimiento, discernimiento o decisión o que, de cualquier otro modo, atenten contra su integridad moral. El culpable de tortura será castigado con la pena de prisión de dos a seis años si el atentado fuera grave, y de prisión de uno a tres años si no lo es. Además de las penas señaladas se impondrá, en todo caso, la pena de inhabilitación absoluta de ocho a doce años.

2. En las mismas penas incurrirán, respectivamente, la autoridad o funcionario de instituciones penitenciarias o de centros de protección o corrección de menores que cometiere, respecto de detenidos, internos o presos, los actos a que se refiere el apartado anterior.

Art. 175. La autoridad o funcionario público que, abusando de su cargo y fuera de los casos comprendidos en el artículo anterior, atentare contra la integridad moral de una persona será castigado con la pena de prisión de dos a cuatro años si el atentado fuera grave, y de prisión de seis meses a dos años si no lo es. Se impondrá, en todo caso, al autor, además de las penas señaladas, la de inhabilitación especial para empleo o cargo público de dos a cuatro años.

Art. 176. Se impondrán las penas respectivamente establecidas en los artículos precedentes a la autoridad o funcionario que,

---

Art. 174: Este artículo figura redactado conforme al texto de la Ley Orgánica 15/2003, de 25 de noviembre (*BOE* n.º 283, de 26 de noviembre; corrección de errores en *BOE* n.º 65, de 16 de marzo, y n.º 80, de 2 de abril, ambos de 2004), que entró en vigor el 1 de octubre de 2004.

Art. 174.2: V. arts. 6 LOGP y 4 RP.

faltando a los deberes de su cargo, permitiere que otras personas ejecuten los hechos previstos en ellos.

Art. 177. Si en los delitos descritos en los artículos precedentes, además del atentado a la integridad moral, se produjere lesión o daño a la vida, integridad física, salud, libertad sexual o bienes de la víctima o de un tercero, se castigarán los hechos separadamente con la pena que les corresponda por los delitos o faltas cometidos, excepto cuando aquél ya se halle especialmente castigado por la Ley.

TÍTULO VII BIS*

De la trata de seres humanos**

Art. 177 bis. 1. Será castigado con la pena de cinco a ocho años de prisión como reo de trata de seres humanos el que, sea en territorio español, sea desde España, en tránsito o con destino a ella, empleando violencia, intimidación o engaño, o abusando de una situación de superioridad o de necesidad o de vulnerabilidad de la víctima nacional o extranjera, la captare, transportare, trasladare, acogiere, recibiere o la alojare con cualquiera de las finalidades siguientes:

a) La imposición de trabajo o servicios forzados, la esclavitud o prácticas similares a la esclavitud o a la servidumbre o a la mendicidad.

b) La explotación sexual, incluida la pornografía.

c) La extracción de sus órganos corporales.

2. Aun cuando no se recurra a ninguno de los medios enunciados en el apartado anterior, se considerará trata de seres humanos cualquiera de las acciones indicadas en el apartado anterior cuando se llevare a cabo respecto de menores de edad con fines de explotación.

3. El consentimiento de una víctima de trata de seres huma-

---

* Este Título ha sido incorporado por la LO 5/2010, de 22 de junio (*BOE* n.º 52, de 23 de junio), que entrará en vigor el próximo día 23 de diciembre de 2010.

** V. el Convenio del Consejo de Europa sobre la lucha contra la trata de seres humanos, hecho en Varsovia el 16 de mayo de 2005, y ratificado por España mediante Instrumento de 23 de febrero de 2009 (*BOE* n.º 219, de 10 de septiembre).

Art. 177 bis: Este artículo ha sido incorporado por la LO 5/2010, de 22 de junio (*BOE* n.º 52, de 23 de junio), que entrará en vigor el próximo día 23 de diciembre de 2010.

nos será irrelevante cuando se haya recurrido a alguno de los medios indicados en el apartado primero de este artículo.

4. Se impondrá la pena superior en grado a la prevista en el apartado primero de este artículo cuando:

a) con ocasión de la trata se ponga en grave peligro a la víctima;

b) la víctima sea menor de edad;

c) la víctima sea especialmente vulnerable por razón de enfermedad, discapacidad o situación.

Si concurriere más de una circunstancia se impondrá la pena en su mitad superior.

5. Se impondrá la pena superior en grado a la prevista en el apartado 1 de este artículo e inhabilitación absoluta de seis a doce años a los que realicen los hechos prevaliéndose de su condición de autoridad, agente de ésta o funcionario público. Si concurriere además alguna de las circunstancias previstas en el apartado 4 de este artículo se impondrán las penas en su mitad superior.

6. Se impondrá la pena superior en grado a la prevista en el apartado 1 de este artículo e inhabilitación especial para profesión, oficio, industria o comercio por el tiempo de la condena, cuando el culpable perteneciera a una organización o asociación de más de dos personas, incluso de carácter transitorio, que se dedicase a la realización de tales actividades. Si concurriere alguna de las circunstancias previstas en el apartado 4 de este artículo se impondrán las penas en la mitad superior. Si concurriere la circunstancia prevista en el apartado 5 de este artículo se impondrán las penas señaladas en éste en su mitad superior.

Cuando se trate de los jefes, administradores o encargados de dichas organizaciones o asociaciones, se les aplicará la pena en su mitad superior, que podrá elevarse a la inmediatamente superior en grado. En todo caso se elevará la pena a la inmediatamente superior en grado si concurriera alguna de las circunstancias previstas en el apartado 4 o la circunstancia prevista en el apartado 5 de este artículo.

7. Cuando de acuerdo con lo establecido en el artículo 31 bis una persona jurídica sea responsable de los delitos comprendidos en este artículo, se le impondrá la pena de multa del triple al quíntuple del beneficio obtenido. Atendidas las reglas establecidas en el artículo 66 bis, los jueces y tribunales podrán asimismo imponer las penas recogidas en las letras *b*) a *g*) del apartado 7 del artículo 33.

8. La provocación, la conspiración y la proposición para cometer el delito de trata de seres

humanos serán castigadas con la pena inferior en uno o dos grados a la del delito correspondiente.

9. En todo caso, las penas previstas en este artículo se impondrán sin perjuicio de las que correspondan, en su caso, por el delito del artículo 318 bis de este Código y demás delitos efectivamente cometidos, incluidos los constitutivos de la correspondiente explotación.

10. Las condenas de jueces o tribunales extranjeros por delitos de la misma naturaleza que los previstos en este artículo producirán los efectos de reincidencia, salvo que el antecedente penal haya sido cancelado o pueda serlo con arreglo al Derecho español.

11. Sin perjuicio de la aplicación de las reglas generales de este Código, la víctima de trata de seres humanos quedará exenta de pena por las infracciones penales que haya cometido en la situación de explotación sufrida, siempre que su participación en ellas haya sido consecuencia directa de la situación de violencia, intimidación, engaño o abuso a que haya sido sometida y que exista una adecuada proporcionalidad entre dicha situación y el hecho criminal realizado.

TÍTULO VIII

Delitos contra la libertad e indemnidad sexuales*

CAPÍTULO PRIMERO

DE LAS AGRESIONES SEXUALES

Art. 178. El que atentare contra la libertad sexual de otra persona, utilizando violencia o intimidación, será castigado como responsable de agresión sexual con la pena de prisión de uno a cinco años.

---

* V. Ley 35/1995, de 11 de diciembre (*BOE* n.º 296, de 12 de diciembre), de ayudas y asistencia a las víctimas de delitos violentos y contra la libertad sexual, modificada por Ley 13/1996, de 30 de diciembre, de medidas fiscales, administrativas y del orden social (*BOE* n.º 315, de 31 de diciembre), y por Ley 38/1998, de 27 de noviembre (*BOE* n.º 285, de 28 de noviembre), por la que se modifica la composición de la Comisión Nacional de Ayuda y Asistencia a las Víctimas de Delitos Violentos y contra la Libertad Sexual; y desarrollada por RD 738/1997, de 23 de mayo, por el que se aprueba su Reglamento (*BOE* n.º 126, de 27 de mayo), modificado por RRDD 429/2003, de 11 de abril (*BOE* n.º 100, de 16 de abril), y 199/2006, de 17 de febrero (*BOE* n.º 43, de 20 de febrero). V., también, arts. 13, 109 y 544 bis LECr.

Art. 178: Este artículo figura redactado conforme al texto de la LO 5/2010, de 22 de junio (*BOE* n.º 152, de 23 de junio),

Art. 179. Cuando la agresión sexual consista en acceso carnal por vía vaginal, anal o bucal, o introducción de miembros corporales u objetos por alguna de las dos primeras vías, el responsable será castigado como reo de violación con la pena de prisión de seis a doce años.

Art. 180. 1. Las anteriores conductas serán castigadas con las penas de prisión de cinco a diez años para las agresiones del artículo 178, y de doce a quince años para las del artículo 179, cuando concurra alguna de las siguientes circunstancias:

1.ª Cuando la violencia o intimidación ejercidas revistan un carácter particularmente degradante o vejatorio.

2.ª Cuando los hechos se cometan por la actuación conjunta de dos o más personas.

3.ª Cuando la víctima sea especialmente vulnerable, por razón de su edad, enfermedad, discapacidad o situación, salvo lo dispuesto en el artículo 183.

4.ª Cuando, para la ejecución del delito, el responsable se haya prevalido de una relación de superioridad o parentesco, por ser ascendiente, descendiente o hermano, por naturaleza o adopción, o afines, con la víctima.

5.ª Cuando el autor haga uso de armas u otros medios igualmente peligrosos, susceptibles de producir la muerte o alguna de las lesiones previstas en los artículos 149 y 150 de

---

que entrará en vigor el próximo día 23 de diciembre de 2010. La redacción que sigue vigente hasta entonces es la siguiente:

> *Art. 178.* El que atentare contra la libertad sexual de otra persona, con violencia o intimidación será castigado como responsable de agresión sexual con la pena de prisión de uno a cuatro años.

Art. 179: Este artículo figura redactado conforme al texto de la Ley Orgánica 15/2003, de 25 de noviembre (*BOE* n.º 283, de 26 de noviembre; corrección de errores en *BOE* n.º 65, de 16 de marzo, y n.º 80, de 2 de abril, ambos de 2004), que entró en vigor el 1 de octubre de 2004.

Art. 180: El párrafo 1.º y la circunstancia 3.ª del apartado 1 de este artículo figuran redactados conforme al texto de la LO 5/2010, de 22 de junio (*BOE* n.º 152, de 23 de junio), que entrará en vigor el próximo día 23 de diciembre de 2010. La redacción que sigue vigente hasta entonces es la siguiente:

> 1. Las anteriores conductas serán castigadas con las penas de prisión de cuatro a diez años para las agresiones del artículo 178, y de doce a quince años para las del artículo 179, cuando concurra alguna de las siguientes circunstancias:
>
> [...]
>
> 3.ª Cuando la víctima sea especialmente vulnerable, por razón de su edad, enfermedad o situación, y, en todo caso, cuando sea menor de trece años.

este Código, sin perjuicio de la pena que pudiera corresponder por la muerte o lesiones causadas.

2. Si concurrieren dos o más de las anteriores circunstancias, las penas previstas en este artículo se impondrán en su mitad superior.

CAPÍTULO II

DE LOS ABUSOS SEXUALES

Art. 181. 1. El que, sin violencia o intimidación y sin que medie consentimiento, realizare actos que atenten contra la libertad o indemnidad sexual de otra persona, será castigado, como responsable de abuso sexual, con la pena de prisión de uno a tres años o multa de dieciocho a veinticuatro meses.

2. A los efectos del apartado anterior, se consideran abusos sexuales no consentidos los que se ejecuten sobre personas que se hallen privadas de sentido o de cuyo trastorno mental se abusare, así como los que se cometan anulando la voluntad de la víctima mediante el uso de fármacos, drogas o cualquier otra sustancia natural o química idónea a tal efecto.

3. La misma pena se impondrá cuando el consentimiento se obtenga prevaliéndose el responsable de una situación de superioridad manifiesta que coarte la libertad de la víctima.

4. En todos los casos anteriores, cuando el abuso sexual consista en acceso carnal por vía vaginal, anal o bucal, o introducción de miembros corporales u objetos por alguna de las dos primeras vías, el responsable será castigado con la pena de prisión de cuatro a diez años.

5. Las penas señaladas en este artículo se impondrán en su mitad superior si concurriere la

---

Art. 181: El apartado 2 ha sido modificado, el 4 añadido y el anterior apartado 4 renumerado como 5 por la LO 5/2010, de 22 de junio (*BOE* n.º 152, de 23 de junio), que entrará en vigor el próximo día 23 de diciembre de 2010. La redacción que sigue vigente hasta entonces es la siguiente:

> 2. A los efectos del apartado anterior, se consideran abusos sexuales no consentidos los que se ejecuten sobre menores de trece años, sobre personas que se hallen privadas de sentido o de cuyo trastorno mental se abusare.
>
> [...]
>
> 4. Las penas señaladas en este artículo se impondrán en su mitad superior si concurriere la circunstancia 3.ª o la 4.ª, de las previstas en el apartado 1 del artículo 180 de este Código.

circunstancia 3.ª o la 4.ª, de las previstas en el apartado 1 del artículo 180 de este Código.

Art. 182. 1. El que, interviniendo engaño, realice actos de carácter sexual con persona mayor de trece años y menor de dieciséis, será castigado con la pena de prisión de uno a dos años, o multa de doce a veinticuatro meses.

2. Cuando los actos consistan en acceso carnal por vía vaginal, anal o bucal, o introducción de miembros corporales u objetos por alguna de las dos primeras vías, la pena será de prisión de dos a seis años. La pena se impondrá en su mitad superior si concurriera la circunstancia 3.ª, o la 4.ª, de las previstas en el artículo 180.1 de este Código.

CAPÍTULO II BIS*

DE LOS ABUSOS Y AGRESIONES SEXUALES A MENORES DE TRECE AÑOS

Art. 183. 1. El que realizare actos que atenten contra la indemnidad sexual de un menor de trece años será castigado como

---

Art. 182: Este artículo figura redactado conforme al texto de la LO 5/2010, de 22 de junio (*BOE* n.º 152, de 23 de junio), que entrará en vigor el próximo día 23 de diciembre de 2010. La redacción que sigue vigente hasta entonces es la siguiente:

> *Art. 182.* 1. En todos los casos del artículo anterior, cuando el abuso sexual consista en acceso carnal por vía vaginal, anal o bucal, o introducción de miembros corporales u objetos por alguna de las dos primeras vías, el responsable será castigado con la pena de prisión de cuatro a diez años.
>
> 2. La pena señalada en el apartado anterior se impondrá en su mitad superior cuando concurra la circunstancia 3.ª o la 4.ª de las previstas en el artículo 180.1 de este Código.

* Este Capítulo ha sido incorporado por la LO 5/2010, de 22 de junio (*BOE* n.º 152, de 23 de junio), que entrará en vigor el próximo día 23 de diciembre de 2010.

Art. 183: Este artículo figura redactado conforme al texto de la LO 5/2010, de 22 de junio (*BOE* n.º 152, de 23 de junio), que entrará en vigor el próximo día 23 de diciembre de 2010. La redacción que sigue vigente hasta entonces es la siguiente:

> *Art. 183.* 1. El que, interviniendo engaño, cometiere abuso sexual con persona mayor de trece años y menor de dieciséis, será castigado con la pena de prisión de uno a dos años, o multa de doce a veinticuatro meses.
>
> 2. Cuando el abuso consista en acceso carnal por vía vaginal, anal o bucal, o introducción de miembros corporales u objetos por alguna de las dos primeras vías, la pena será de prisión de dos a seis años. La pena se impondrá en su mitad superior si concurriera la circunstancia 3.ª, o la 4.ª, de las previstas en el artículo 180.1 de este Código.

responsable de abuso sexual a un menor con la pena de prisión de dos a seis años.

2. Cuando el ataque se produzca con violencia o intimidación el responsable será castigado por el delito de agresión sexual a un menor con la pena de cinco a diez años de prisión.

3. Cuando el ataque consista en acceso carnal por vía vaginal, anal o bucal, o introducción de miembros corporales u objetos por alguna de las dos primeras vías, el responsable será castigado con la pena de prisión de ocho a doce años, en el caso del apartado 1 y con la pena de doce a quince años, en el caso del apartado 2.

4. Las conductas previstas en los tres números anteriores serán castigadas con la pena de prisión correspondiente en su mitad superior cuando concurra alguna de las siguientes circunstancias:

a) Cuando el escaso desarrollo intelectual o físico de la víctima la hubiera colocado en una situación de total indefensión y, en todo caso, cuando sea menor de cuatro años.

b) Cuando los hechos se cometan por la actuación conjunta de dos o más personas.

c) Cuando la violencia o intimidación ejercidas revistan un carácter particularmente degradante o vejatorio.

d) Cuando, para la ejecución del delito, el responsable se haya prevalido de una relación de superioridad o parentesco, por ser ascendiente, o hermano, por naturaleza o adopción, o afines, con la víctima.

e) Cuando el autor haya puesto en peligro la vida del menor.

f) Cuando la infracción se haya cometido en el seno de una organización o de un grupo criminales que se dedicaren a la realización de tales actividades.

5. En todos los casos previstos en este artículo, cuando el culpable se hubiera prevalido de su condición de autoridad, agente de ésta o funcionario público, se aplicará, además, la pena de inhabilitación absoluta de seis a doce años.

Art. 183 bis. El que a través de Internet, del teléfono o de cualquier otra tecnología de la infor-

---

Art. 183 bis: Este artículo ha sido incorporado por la LO 5/2010, de 22 de junio (*BOE* n.º 152, de 23 de junio), que entrará en vigor el próximo día 23 de diciembre de 2010.

mación y la comunicación contacte con un menor de trece años y proponga concertar un encuentro con el mismo a fin de cometer cualquiera de los delitos descritos en los artículos 178 a 183 y 189, siempre que tal propuesta se acompañe de actos materiales encaminados al acercamiento, será castigado con la pena de uno a tres años de prisión o multa de doce a veinticuatro meses, sin perjuicio de las penas correspondientes a los delitos en su caso cometidos. Las penas se impondrán en su mitad superior cuando el acercamiento se obtenga mediante coacción, intimidación o engaño.

CAPÍTULO III

DEL ACOSO SEXUAL

Art. 184. 1. El que solicitare favores de naturaleza sexual, para sí o para un tercero, en el ámbito de una relación laboral, docente o de prestación de servicios, continuada o habitual, y con tal comportamiento provocare a la víctima una situación objetiva y gravemente intimidatoria, hostil o humillante, será castigado, como autor de acoso sexual, con la pena de prisión de tres a cinco meses o multa de seis a diez meses.

2. Si el culpable de acoso sexual hubiera cometido el hecho prevaliéndose de una situación de superioridad laboral, docente o jerárquica, o con el anuncio expreso o tácito de causar a la víctima un mal relacionado con las legítimas expectativas que aquélla pueda tener en el ámbito de la indicada relación, la pena será de prisión de cinco a siete meses o multa de diez a catorce meses.

3. Cuando la víctima sea especialmente vulnerable, por razón de su edad, enfermedad o situación, la pena será de prisión de cinco a siete meses o multa de diez a catorce meses en los supuestos previstos en el apartado 1, y de prisión de seis meses a un año en los supuestos previstos en el apartado 2 de este artículo.

Art. 184: Este artículo figura redactado conforme al texto de la Ley Orgánica 15/2003, de 25 de noviembre (*BOE* n.º 283, de 26 de noviembre; corrección de errores en *BOE* n.º 65, de 16 de marzo, y n.º 80, de 2 de abril, ambos de 2004), que entró en vigor el 1 de octubre de 2004. V., también, art. 7.º Ley Orgánica 3/2007, de 22 de marzo (*BOE* n.º 71, de 23 de marzo), para la igualdad efectiva de mujeres y hombres.

CAPÍTULO IV

DE LOS DELITOS DE EXHIBICIONISMO Y PROVOCACIÓN SEXUAL*

Art. 185. El que ejecutare o hiciere ejecutar a otra persona actos de exhibición obscena ante menores de edad o incapaces, será castigado con la pena de prisión de seis meses a un año o multa de doce a veinticuatro meses.

Art. 186. El que, por cualquier medio directo, vendiere, difundiere o exhibiere material

---

* V. arts. 20.4 CE; 5.º LO 1/1996, de 15 de enero (*BOE* n.º 15, de 17 de enero), de protección jurídica del menor, y de modificación parcial del Código Civil y de la Ley de Enjuiciamiento Civil, y 64.2.º Ley de Prensa e Imprenta; RD 3.449/1977, de 16 de diciembre, por el que se regula la publicidad exterior de espectáculos (*BOE* n.º 19, de 23 de enero de 1978), desarrollado por Orden de 28 de abril de 1978 (*BOE* n.º 117, de 17 de mayo) y Orden de 17 de julio de 1978 (*BOE* n.º 189, de 9 de agosto); RD 3.471/1977, de 16 de diciembre, sobre clasificación de publicaciones periódicas, desarrollado por Orden de 5 de septiembre de 1978 (*BOE* n.º 248, de 17 de octubre); RD 262/1978, de 27 de enero, sobre libertad de representación de espectáculos teatrales (*BOE* n.º 53, de 3 de marzo); RD 1.189/1982, de 4 de junio, sobre regulación de determinadas actividades inconvenientes o peligrosas para la infancia (*BOE* n.º 138, de 10 de junio); Ley 55/2007, de 28 de diciembre (*BOE* n.º 312, de 29 de diciembre), del Cine; y RD 2.062/2008, de 12 de diciembre (*BOE* n.º 10, de 12 de enero de 2009) [modificado por RD 490/2010, de 23 de abril (*BOE* n.º 115, de 11 de mayo)], que la desarrolla; Ley 1/1982, de 24 de febrero, por la que se regulan las salas especiales de exhibición cinematográfica, la filmoteca española y las tarifas de las tasas por licencia de doblaje (*BOE* n.º 50, de 27 de febrero, corrección de errores en *BOE* n.º 251, de 20 de octubre de 1983), parcialmente derogada por la Ley 55/2007; RD 81/1997, de 24 de enero, por el que se desarrolla parcialmente la Ley de Protección y Fomento de la Cinematografía y se actualizan y refunden normas relativas a la realización de películas en coproducción, salas de exhibición y calificación de películas cinematográficas (*BOE* n.º 46, de 22 de febrero; corrección de errores en *BOE* n.º 90, de 15 de abril), modificado por RD 196/2000, de 11 de febrero (*BOE* n.º 45, de 22 de febrero) y por RD 526/2002, de 14 de junio (*BOE* n.º 154, de 28 de junio), y parcialmente derogado por la Ley 55/2007; así como la Orden de 7 de julio de 1997 (*BOE* n.º 167, de 14 de julio; corrección de errores en *BOE* n.º 183, de 1 de agosto), modificada por Orden CUL/2.594/2006, de 26 de julio (*BOE* n.º 188, de 8 de agosto), y parcialmente derogada por la Ley 55/2007, por la que se dictan normas de aplicación de aquel RD en materias de cuotas de pantalla y distribución de películas, salas de exhibición, registro de empresas y calificación de obras cinematográficas y audiovisuales.

Art. 185: Este artículo figura redactado conforme al texto de la Ley Orgánica 15/2003, de 25 de noviembre (*BOE* n.º 283, de 26 de noviembre; corrección de errores en *BOE* n.º 65, de 16 de marzo, y n.º 80, de 2 de abril, ambos de 2004), que entró en vigor el 1 de octubre de 2004.

Art. 186: Este artículo figura redactado conforme al texto de la Ley Orgánica 15/2003, de 25 de noviembre (*BOE* n.º 283, de 26 de noviembre; corrección de errores en *BOE* n.º 65, de 16 de marzo, y n.º 80, de 2 de abril, ambos de 2004), que entró en vigor el 1 de octubre de 2004.

pornográfico entre menores de edad o incapaces, será castigado con la pena de prisión de seis meses a un año o multa de doce a veinticuatro meses.

CAPÍTULO V

DE LOS DELITOS RELATIVOS A LA PROSTITUCIÓN Y LA CORRUPCIÓN DE MENORES *

Art. 187. 1. El que induzca, promueva, favorezca o facilite la prostitución de una persona menor de edad o incapaz será castigado con las penas de uno a cinco años y multa de doce a veinticuatro meses. La misma pena se impondrá al que solicite, acepte u obtenga a cambio de una remuneración o promesa, una relación sexual con persona menor de edad o incapaz.

2. El que realice las conductas descritas en el apartado 1 de este artículo siendo la víctima menor de trece años será casti-

* V. art. 853.3.º CC; art. 23 LOPJ, reproducido en nota al art. 3.1 LE (Apéndice 4); y art. 282 bis LECr., reproducido en nota al art. 368 de este Código.

V., también, el Convenio de 21 de marzo de 1950, al que España se adhirió el 18 de junio de 1962, para la Represión de la Trata de Personas y de la Explotación de la Prostitución Ajena (*BOE* n.º 230, de 25 de septiembre de 1962), reproducido parcialmente en nota al art. 1.º LE (Apéndice 4), y el art. 6.º de la Convención sobre la eliminación de todas las formas de discriminación contra la mujer de 18 de diciembre de 1979 (*BOE* n.º 69, de 21 de marzo de 1984). V. también el Protocolo Facultativo de esta Convención, hecho en Nueva York el 6 de octubre de 1999, y ratificado mediante Instrumento de 29 de junio de 2001 (*BOE* n.º 190, de 9 de agosto); el Protocolo Facultativo de la Convención sobre los Derechos del Niño, relativo a la venta de niños, la prostitución infantil y la utilización de niños en la pornografía, hecho en Nueva York el 25 de mayo de 2000, y ratificado mediante Instrumento de 5 de diciembre de 2001 (*BOE* n.º 27, de 31 de enero de 2002); el Protocolo para prevenir, reprimir y sancionar la trata de personas, especialmente mujeres y niños, que complementa la Convención de las Naciones Unidas contra la delincuencia organizada transnacional, ratificado por Instrumento de 21 de febrero de 2002 (*BOE* n.º 296, de 11 de diciembre de 2003); y el Convenio del Consejo de Europa sobre la lucha contra la trata de seres humanos, hecho en Varsovia el 16 de mayo de 2005, y ratificado por España mediante Instrumento de 23 de febrero de 2009 (*BOE* n.º 219, de 10 de septiembre).

Art. 187: Este artículo figura redactado conforme al texto de la LO 5/2010, de 22 de junio (*BOE* n.º 152, de 23 de junio), que entrará en vigor el próximo día 23 de diciembre de 2010. La redacción que sigue vigente hasta entonces es la siguiente:

> *Art. 187.* 1. El que induzca, promueva, favorezca o facilite la prostitución de una persona menor de edad o incapaz, será castigado con las penas de prisión de uno a cuatro años y multa de doce a veinticuatro meses.
>
> 2. Incurrirán en la pena de prisión indicada, en su mitad superior, y además en la de inhabilitación absoluta de seis a doce años, los que realicen los hechos pre-

gado con la pena de prisión de cuatro a seis años.

3. Incurrirán en la pena de prisión indicada, en su mitad superior, y además en la de inhabilitación absoluta de seis a doce años, los que realicen los hechos prevaliéndose de su condición de autoridad, agente de ésta o funcionario público.

4. Se impondrán las penas superiores en grado a las previstas en los apartados anteriores, en sus respectivos casos, cuando el culpable perteneciere a una organización o asociación, incluso de carácter transitorio, que se dedicare a la realización de tales actividades.

5. Las penas señaladas se impondrán en sus respectivos casos sin perjuicio de las que correspondan por las infracciones contra la libertad o indemnidad sexual cometidas sobre los menores e incapaces.

Art. 188. 1. El que determine, empleando violencia, intimidación o engaño, o abusando de una situación de superioridad o de necesidad o vulnerabilidad de la víctima, a persona mayor de edad a ejercer la prostitución o a mantenerse en ella, será castigado con las penas de prisión de dos a cuatro años y multa de doce a veinticuatro meses. En la misma pena incurrirá el que se lucre explotando la prostitución de otra persona, aun con el consentimiento de la misma.

---

valiéndose de su condición de autoridad, agente de ésta o funcionario público.

3. Se impondrán las penas superiores en grado a las previstas en los apartados anteriores, en sus respectivos casos, cuando el culpable perteneciere a una organización o asociación, incluso de carácter transitorio, que se dedicare a la realización de tales actividades.

V. art. 3.º*b*) del Convenio n.º 182, de la OIT, sobre la prohibición de las peores formas de trabajo infantil y la acción inmediata para su eliminación, hecho en Ginebra el 17 de junio de 1999, y ratificado por Instrumento de 14 de marzo de 2001 (*BOE* n.º 118, de 17 de mayo).

Art. 188: Este artículo figura redactado conforme al texto de la LO 5/2010, de 22 de junio (*BOE* n.º 152, de 23 de junio), que entrará en vigor el próximo día 23 de diciembre de 2010. La redacción que sigue vigente hasta entonces es la siguiente:

2. Se impondrán las penas correspondientes en su mitad superior, y además la pena de inhabilitación absoluta de seis a doce años, a los que realicen las conductas descritas en el apartado anterior prevaliéndose de su condición de autoridad, agente de ésta o funcionario público.

3. Si las mencionadas conductas se realizaran sobre persona menor de edad o incapaz, para iniciarla o mantenerla en una situación de prostitución, se impondrá al responsable la pena superior en grado a la que corresponda según los apartados anteriores.

4. Las penas señaladas se impondrán en sus respectivos casos sin perjuicio de las que correspondan por las agresiones o abusos sexuales cometidos sobre la persona prostituida.

2. Si las mencionadas conductas se realizaran sobre persona menor de edad o incapaz, para iniciarla o mantenerla en una situación de prostitución, se impondrá al responsable la pena de prisión de cuatro a seis años.

3. El que lleve a cabo la conducta prevista en el apartado anterior, siendo la víctima menor de trece años será castigado con la pena de prisión de cinco a diez años.

4. Se impondrán las penas previstas en los apartados anteriores en su mitad superior, en sus respectivos casos, cuando concurra alguna de las siguientes circunstancias:

a) Cuando el culpable se hubiera prevalido de su condición de autoridad, agente de ésta o funcionario público. En este caso se aplicará, además, la pena de inhabilitación absoluta de seis a doce años.

b) Cuando el culpable perteneciere a una organización o grupo criminales que se dedicaren a la realización de tales actividades.

c) Cuando el culpable hubiere puesto en peligro, de forma dolosa o por imprudencia grave, la vida o salud de la víctima.

5. Las penas señaladas se impondrán en sus respectivos casos sin perjuicio de las que correspondan por las agresiones o abusos sexuales cometidos sobre la persona prostituida.

Art. 189. 1. Será castigado con la pena de prisión de uno a cinco años:

Art. 189: El apartado 1 y el párrafo 1.º del apartado 3 de este artículo figuran redactados conforme al texto de la LO 5/2010, de 22 de junio (*BOE* n.º 52, de 23 de junio), que entrará en vigor el próximo día 23 de diciembre de 2010, y que también ha suprimido al apartado 8. La redacción que sigue vigente hasta entonces es la siguiente:

> 1. Será castigado con la pena de prisión de uno a cuatro años:
>
> *a*) El que utilizare a menores de edad o a incapaces con fines o en espectáculos exhibicionistas o pornográficos, tanto públicos como privados, o para elaborar cualquier clase de material pornográfico, cualquiera que sea su soporte, o financiare cualquiera de estas actividades.
>
> *b*) El que produjere, vendiere, distribuyere, exhibiere o facilitare la producción, venta, difusión o exhibición por cualquier medio de material pornográfico en cuya elaboración hayan sido utilizados menores de edad o incapaces, o lo poseyere para estos fines, aunque el material tuviere su origen en el extranjero o fuere desconocido.
>
> [...]
>
> 3. Serán castigados con la pena de prisión de cuatro a ocho años los que realicen los actos previstos en el apartado 1 de este artículo cuando concurra alguna de las circunstancias siguientes:
>
> [...]
>
> 8. En los casos previstos en los apartados anteriores, se podrán imponer las medidas previstas en el artículo 129 de este Código cuando el culpable perteneciere a una sociedad, organización o asociación, incluso de carácter transitorio, que se dedicare a la realización de tales actividades.

a) El que captare o utilizare a menores de edad o a incapaces con fines o en espectáculos exhibicionistas o pornográficos, tanto públicos como privados, o para elaborar cualquier clase de material pornográfico, cualquiera que sea su soporte, o financiare cualquiera de estas actividades o se lucrare con ellas.

b) El que produjere, vendiere, distribuyere, exhibiere, ofreciere o facilitare la producción, venta, difusión o exhibición por cualquier medio de material pornográfico en cuya elaboración hayan sido utilizados menores de edad o incapaces, o lo poseyere para estos fines, aunque el material tuviere su origen en el extranjero o fuere desconocido.

2. El que para su propio uso posea material pornográfico en cuya elaboración se hubieran utilizado menores de edad o incapaces, será castigado con la pena de tres meses a un año de prisión o con multa de seis meses a dos años.

3. Serán castigados con la pena de prisión de cinco a nueve años los que realicen los actos previstos en el apartado 1 de este artículo cuando concurra alguna de las circunstancias siguientes:

a) Cuando se utilicen a niños menores de trece años.

b) Cuando los hechos revistan un carácter particularmente degradante o vejatorio.

c) Cuando los hechos revistan especial gravedad atendiendo al valor económico del material pornográfico.

d) Cuando el material pornográfico represente a niños o a incapaces que son víctimas de violencia física o sexual.

e) Cuando el culpable perteneciere a una organización o asociación, incluso de carácter transitorio, que se dedicare a la realización de tales actividades.

f) Cuando el responsable sea ascendiente, tutor, curador, guardador, maestro o cualquier otra persona encargada, de hecho o de derecho, del menor o incapaz.

4. El que haga participar a un menor o incapaz en un comportamiento de naturaleza sexual que perjudique la evolución o desarrollo de la personalidad de éste, será castigado con la pena de prisión de seis meses a un año.

5. El que tuviere bajo su potestad, tutela, guarda o acogimiento a un menor de edad o incapaz y que, con conocimiento de su estado de prostitución o

---

V. art. 3.º*b*) del Convenio n.º 182, de la OIT, sobre la prohibición de las peores formas de trabajo infantil, y de la acción inmediata para su eliminación, hecho en Ginebra el 17 de junio de 1999, y ratificado mediante Instrumento de 14 de marzo de 2001 (*BOE* n.º 118, de 17 de mayo).

corrupción, no haga lo posible para impedir su continuación en tal estado, o no acuda a la autoridad competente para el mismo fin si carece de medios para la custodia del menor o incapaz, será castigado con la pena de prisión de tres a seis meses o multa de seis a doce meses.

6. El ministerio fiscal promoverá las acciones pertinentes con objeto de privar de la patria potestad, tutela, guarda o acogimiento familiar, en su caso, a la persona que incurra en alguna de las conductas descritas en el apartado anterior.

7. Será castigado con la pena de prisión de tres meses a un año o multa de seis meses a dos años el que produjere, vendiere, distribuyere, exhibiere o facilitare por cualquier medio material pornográfico en el que no habiendo sido utilizados directamente menores o incapaces, se emplee su voz o imagen alterada o modificada.

Art. 189 bis. Cuando de acuerdo con lo establecido en el artículo 31 bis una persona jurídica sea responsable de los delitos comprendidos en este Capítulo, se le impondrán las siguientes penas:

a) Multa del triple al quíntuple del beneficio obtenido, si el delito cometido por la persona física tiene prevista una pena de prisión de más de cinco años.

b) Multa del doble al cuádruple del beneficio obtenido, si el delito cometido por la persona física tiene prevista una pena de prisión de más de dos años no incluida en el anterior inciso.

c) Multa del doble al triple del beneficio obtenido, en el resto de los casos.

Atendidas las reglas establecidas en el artículo 66 bis, los jueces y tribunales podrán asimismo imponer las penas recogidas en las letras *b*) a *g*) del apartado 7 del artículo 33.

Art. 190. La condena de un Juez o Tribunal extranjero, impuesta por delitos comprendidos en este capítulo, será equiparada a las sentencias de los Jueces o Tribunales españoles a los efectos de la aplicación de la circunstancia agravante de reincidencia.

Art. 189 bis: Este artículo ha sido incorporado por la LO 5/2010, de 22 de junio (*BOE* n.º 152, de 23 de junio), que entrará en vigor el próximo día 23 de diciembre de 2010.

Art. 190: V. art. 7.º del Convenio de 21 de marzo de 1950 para la represión de la trata de personas y de la explotación de la prostitución ajena, al que España se adhirió el 18 de junio de 1962 (*BOE* n.º 230, de 25 de septiembre).

CAPÍTULO VI

DISPOSICIONES COMUNES A LOS CAPÍTULOS ANTERIORES

Art. 191. 1. Para proceder por los delitos de agresiones, acoso o abusos sexuales, será precisa denuncia de la persona agraviada, de su representante legal o querella del Ministerio Fiscal, que actuará ponderando los legítimos intereses en presencia. Cuando la víctima sea menor de edad, incapaz o una persona desvalida, bastará la denuncia del Ministerio Fiscal.

2. En estos delitos el perdón del ofendido o del representante legal no extingue la acción penal ni la responsabilidad de esa clase.

Art. 192. 1. A los condenados a pena de prisión por uno o más delitos comprendidos en este Título se les impondrá además la medida de libertad vigilada, que se ejecutará con posterioridad a la pena privativa de libertad. La duración de dicha medida será de cinco a diez años, si alguno de los delitos fuera grave, y de uno a cinco años, si se trata de uno o más delitos menos graves. En este último caso, cuando se trate de un solo delito cometido por un delincuente primario, el Tribunal podrá imponer o no la medida de libertad vigilada en atención a la menor peligrosidad del autor.

2. Los ascendientes, tutores, curadores, guardadores, maestros o cualquier otra persona encargada de hecho o de derecho del menor o incapaz, que intervengan como autores o cómplices en la perpetración de los delitos comprendidos en este Título, serán castigados con la pena que les corresponda, en su mitad superior.

Art. 192: Este artículo figura redactado conforme al texto de la LO 5/2010, de 22 de junio (*BOE* n.º 152, de 23 de junio), que entrará en vigor el próximo día 23 de diciembre de 2010. La redacción que sigue vigente hasta entonces es la siguiente:

> 1. Los ascendientes, tutores, curadores, guardadores, maestros o cualquier otra persona encargada de hecho o de derecho del menor o incapaz, que intervengan como autores o cómplices en la perpetración de los delitos comprendidos en este Título, serán castigados con la pena que les corresponda, en su mitad superior.
>
> No se aplicará esta regla cuando la circunstancia en ella contenida esté específicamente contemplada en el tipo penal de que se trate.
>
> 2. El Juez o Tribunal podrá imponer razonadamente, además, la pena de inhabilitación especial para el ejercicio de los derechos de la patria potestad, tutela, curatela, guarda, empleo o cargo público o ejercicio de la profesión u oficio, por el tiempo de seis meses a seis años.

No se aplicará esta regla cuando la circunstancia en ella contenida esté específicamente contemplada en el tipo penal de que se trate.

3. El Juez o Tribunal podrá imponer razonadamente, además, la pena de inhabilitación especial para el ejercicio de los derechos de la patria potestad, tutela, curatela, guarda, empleo o cargo público o ejercicio de la profesión u oficio, por el tiempo de seis meses a seis años, o bien la privación de la patria potestad.

Art. 193. En las sentencias condenatorias por delitos contra la libertad sexual, además del pronunciamiento correspondiente a la responsabilidad civil, se harán, en su caso, los que procedan en orden a la filiación y fijación de alimentos.

Art. 194. En los supuestos tipificados en los capítulos IV y V de este Título, cuando en la realización de los actos se utilizaren establecimientos o locales, abiertos o no al público, podrá decretarse en la sentencia condenatoria su clausura temporal o definitiva. La clausura temporal, que no podrá exceder de cinco años, podrá adoptarse también con carácter cautelar.

TÍTULO IX
De la omisión del deber de socorro

Art. 195. 1. El que no socorriere a una persona que se halle desamparada y en peligro manifiesto y grave, cuando pudiere hacerlo sin riesgo propio ni de terceros, será castigado con la pena de multa de tres a doce meses.

2. En las mismas penas incurrirá el que, impedido de prestar

Art. 193: V. arts. 111 y 120 ss. CC. V., también, los arts. 189 y 190 del Reglamento del Registro Civil de 14 de noviembre de 1958.

Art. 195: Este artículo figura redactado conforme al texto de la Ley Orgánica 15/2003, de 25 de noviembre (*BOE* n.º 283, de 26 de noviembre; corrección de errores en *BOE* n.º 65, de 16 de marzo, y n.º 80, de 2 de abril, ambos de 2004), que entró en vigor el 1 de octubre de 2004. V. arts. 33 y 42 ss. LPPNA; art. 289 C. de la C.; art. 51 LTCVM; art. 129 Reglamento General de Circulación, aprobado por RD 13/1992, de 17 de enero (*BOE* n.º 27, de 31 de enero; corrección de errores en *BOE* n.º 61, de 11 de marzo), modificado por RD 1.333/1994, de 20 de junio (*BOE* n.º 169, de 16 de julio de 1994; corrección de errores en *BOE* n.º 14, de 17 de enero de 1995), RD 116/1998, de 30 de enero (*BOE* n.º 42, de 18 de febrero), y RD 2.282/1998, de 23 de octubre (*BOE* n.º 266, de 6 de noviembre de 1998; corrección de erratas en *BOE* n.º 22, de 26 de enero de 1999); arts. 1.º1.º*d*) y 1.º2.º*c*) LOTJ.

socorro, no demande con urgencia auxilio ajeno.

3. Si la víctima lo fuere por accidente ocasionado fortuitamente por el que omitió el auxilio, la pena será de prisión de seis meses a dieciocho meses, y si el accidente se debiere a imprudencia, la de prisión de seis meses a cuatro años.

Art. 196. El profesional que, estando obligado a ello, denegare asistencia sanitaria o abandonare los servicios sanitarios, cuando de la denegación o abandono se derive riesgo grave para la salud de las personas, será castigado con las penas del artículo precedente en su mitad superior y con la de inhabilitación especial para empleo o cargo público, profesión u oficio, por tiempo de seis meses a tres años.

TÍTULO X

Delitos contra la intimidad, el derecho a la propia imagen y la inviolabilidad del domicilio*

CAPÍTULO PRIMERO

DEL DESCUBRIMIENTO Y REVELACIÓN DE SECRETOS**

Art. 197. 1. El que, para descubrir los secretos o vulnerar la intimidad de otro, sin su consentimiento, se apodere de sus papeles, cartas, mensajes de correo electrónico o cualesquiera otros documentos o efectos personales o intercepte sus telecomunicaciones o utilice artificios

* V. arts. 13, 109 y 544 bis LECr.

** El art. 18 CE garantiza, entre otros derechos, el de la intimidad personal. V. Convenio para la protección de las personas con respecto al tratamiento automatizado de datos de carácter personal, de 28 de enero de 1981, ratificado por Instrumento de 27 de enero de 1984 (*BOE* n.º 274, de 15 de noviembre de 1985); art. 13 LCD; art. 20.*a*) LCAP; LO 15/1999, de 13 de diciembre (*BOE* n.º 298, de 14 de diciembre), de Protección de Datos de Carácter Personal, modificada por Ley 62/2003, de 30 de diciembre (*BOE* n.º 313, de 31 de diciembre), y desarrollada por RD 1.720/2007, de 21 de diciembre (*BOE* n.º 17, de 19 de enero de 2008); arts. 102 ss. y 126 ss., referidos a la protección de datos de carácter personal, del Acuerdo de Adhesión del Reino de España al Convenio de Aplicación del Acuerdo de Schengen, de 14 de junio de 1985, ratificado por Instrumento de 23 de julio de 1993 (*BOE* n.º 81, de 5 de abril de 1994); art. 37 LRJAP; Ley 5/1998, de 6 de marzo, de incorporación al Derecho español de la Directiva 96/9/CE, del Parlamento Europeo y del Consejo, de 11 de marzo de 1996, sobre la protección jurídica de las bases de datos (*BOE* n.º 57, de 7 de marzo), e Instrucción 1/2000, de 1 de diciembre (*BOE* n.º 301, de 16 de diciembre), de la Agencia de Protección de Datos, relativa a las normas por los que se rigen los movimientos internacionales de datos.

técnicos de escucha, transmisión, grabación o reproducción del sonido o de la imagen, o de cualquier otra señal de comunicación, será castigado con las penas de prisión de uno a cuatro años y multa de doce a veinticuatro meses.

2. Las mismas penas se impondrán al que, sin estar autorizado, se apodere, utilice o modifique, en perjuicio de tercero, datos reservados de carácter personal o familiar de otro que se hallen registrados en ficheros o soportes informáticos, electrónicos o telemáticos, o en cualquier otro tipo de archivo o registro público o privado. Iguales penas se impondrán a quien, sin estar autorizado, acceda por cualquier medio a los mismos y a quien los altere o utilice en perjuicio del titular de los datos o de un tercero.

3. El que por cualquier medio o procedimiento y vulnerando las medidas de seguridad establecidas para impedirlo, acceda sin autorización a datos o programas informáticos contenidos en un sistema informático o en parte del

---

En el art. 18.3 CE también se garantiza el secreto de las comunicaciones y, en especial, de las postales, telegráficas y telefónicas, salvo resolución judicial. Ténganse en cuenta, no obstante, los arts. 55 y 116 CE, así como los arts. 579 LECr, 51.4.º LOGP, 49 ss. de la Ley 11/1998, de 24 de abril (*BOE* n.º 99, de 25 de abril; corrección de erratas en *BOE* n.º 162, de 8 de julio), General de Telecomunicaciones; y 3.º de la Ley 24/1998, de 13 de julio (*BOE* n.º 167, de 14 de julio), del Servicio Postal Universal y de Liberalización de los Servicios Postales; y la LO 4/1981, de 1 de junio, de los estados de alarma, excepción y sitio.

V., también, art. 12 DUDH; art. 17 PIDCP y art. 8 CPDHLF.

Art. 197: Este artículo figura redactado conforme al texto de la LO 5/2010, de 22 de junio (*BOE* n.º 152, de 23 de junio), que entrará en vigor el próximo día 23 de diciembre de 2010. La redacción que sigue vigente hasta entonces es la siguiente:

3. Se impondrá la pena de prisión de dos a cinco años si se difunden, revelan o ceden a terceros los datos o hechos descubiertos o las imágenes captadas a que se refieren los números anteriores.

Será castigado con las penas de prisión de uno a tres años y multa de doce a veinticuatro meses, el que, con conocimiento de su origen ilícito y sin haber tomado parte en su descubrimiento, realizare la conducta descrita en el párrafo anterior.

4. Si los hechos descritos en los apartados 1 y 2 de este artículo se realizan por las personas encargadas o responsables de los ficheros, soportes informáticos, electrónicos o telemáticos, archivos o registros, se impondrá la pena de prisión de tres a cinco años, y si se difunden, ceden o revelan los datos reservados, se impondrá la pena en su mitad superior.

5. Igualmente, cuando los hechos descritos en los apartados anteriores afecten a datos de carácter personal que revelen la ideología, religión, creencias, salud, origen racial o vida sexual, o la víctima fuere un menor de edad o un incapaz, se impondrán las penas previstas en su mitad superior.

6. Si los hechos se realizan con fines lucrativos, se impondrán las penas respectivamente previstas en los apartados 1 al 4 de este artículo en su mitad superior. Si además afectan a datos de los mencionados en el apartado 5, la pena a imponer será la de prisión de cuatro a siete años.

mismo o se mantenga dentro del mismo en contra de la voluntad de quien tenga el legítimo derecho a excluirlo, será castigado con pena de prisión de seis meses a dos años.

Cuando de acuerdo con lo establecido en el artículo 31 bis una persona jurídica sea responsable de los delitos comprendidos en este artículo, se le impondrá la pena de multa de seis meses a dos años. Atendidas las reglas establecidas en el artículo 66 bis, los jueces y tribunales podrán asimismo imponer las penas recogidas en las letras *b*) a *g*) del apartado 7 del artículo 33.

4. Se impondrá la pena de prisión de dos a cinco años si se difunden, revelan o ceden a terceros los datos o hechos descubiertos o las imágenes captadas a que se refieren los números anteriores.

Será castigado con las penas de prisión de uno a tres años y multa de doce a veinticuatro meses, el que, con conocimiento de su origen ilícito y sin haber tomado parte en su descubrimiento, realizare la conducta descrita en el párrafo anterior.

5. Si los hechos descritos en los apartados 1 y 2 de este artículo se realizan por las personas encargadas o responsables de los ficheros, soportes informáticos, electrónicos o telemáticos, archivos o registros, se impondrá la pena de prisión de tres a cinco años, y si se difunden, ceden o revelan los datos reservados, se impondrá la pena en su mitad superior.

6. Igualmente, cuando los hechos descritos en los apartados anteriores afecten a datos de carácter personal que revelen la ideología, religión, creencias, salud, origen racial o vida sexual, o la víctima fuere un menor de edad o un incapaz, se impondrán las penas previstas en su mitad superior.

7. Si los hechos se realizan con fines lucrativos, se impondrán las penas respectivamente previstas en los apartados 1 al 4 de este artículo en su mitad superior. Si además afectan a datos de los mencionados en el apartado 5, la pena a imponer será la de prisión de cuatro a siete años.

8. Si los hechos descritos en los apartados anteriores se cometiesen en el seno de una organización o grupo criminales, se aplicarán respectivamente las penas superiores en grado.

Art. 198. La autoridad o funcionario público que, fuera de los

Art. 198: V. LO 4/1997, de 4 de agosto (*BOE* n.º 186, de 5 de agosto), por la que se regula la utilización de videocámaras por las Fuerzas y Cuerpos de Seguridad en lugares públicos, y su Reglamento, aprobado por RD 596/1999, de 16 de abril (*BOE* n.º 93, de 19 de abril); y LO 2/2002, de 6 de mayo (*BOE* n.º 109, de 7 de mayo), reguladora del control judicial previo del Centro Nacional de Inteligencia.

casos permitidos por la Ley, sin mediar causa legal por delito, y prevaliéndose de su cargo, realizare cualquiera de las conductas descritas en el artículo anterior, será castigado con las penas respectivamente previstas en el mismo, en su mitad superior y, además, con la de inhabilitación absoluta por tiempo de seis a doce años.

Art. 199. 1. El que revelare secretos ajenos, de los que tenga conocimiento por razón de su oficio o sus relaciones laborales, será castigado con la pena de prisión de uno a tres años y multa de seis a doce meses.

2. El profesional que, con incumplimiento de su obligación de sigilo o reserva, divulgue los secretos de otra persona, será castigado con la pena de prisión de uno a cuatro años, multa de doce a veinticuatro meses e inhabilitación especial para dicha profesión por tiempo de dos a seis años.

Art. 200. Lo dispuesto en este capítulo será aplicable al que descubriere, revelare o cediere datos reservados de personas jurídicas, sin el consentimiento de sus representantes, salvo lo dispuesto en otros preceptos de este Código.

Art. 201. 1. Para proceder por los delitos previstos en este capítulo será necesaria denuncia de la persona agraviada o de su representante legal. Cuando aquélla sea menor de edad, incapaz o una persona desvalida, también podrá denunciar el Ministerio Fiscal.

2. No será precisa la denuncia exigida en el apartado anterior para proceder por los hechos descritos en el artículo 198 de este Código, ni cuando la comisión del delito afecte a los intereses generales o a una pluralidad de personas.

3. El perdón del ofendido o de su representante legal, en su caso, extingue la acción penal sin perjuicio de lo dispuesto en el segundo párrafo del número 5.º del apartado 1 del artículo 130 de este Código.

Art. 199: V. arts. 279, 466 y 467 CP y 5.º*a*), 54.2.º*d*) y 65.2.º ET.

Art. 201: El apartado 3 de este artículo figura redactado conforme al texto de la LO 5/2010, de 22 de junio (*BOE* n.º 152, de 23 de junio), que entrará en vigor el próximo día 23 de diciembre de 2010. La redacción que sigue vigente hasta entonces es la siguiente:

> 3. El perdón del ofendido o de su representante legal, en su caso, extingue la acción penal o la pena impuesta, sin perjuicio de lo dispuesto en el segundo párrafo del número 4.º del artículo 130.

CAPÍTULO II

DEL ALLANAMIENTO DE MORADA, DOMICILIO DE PERSONAS JURÍDICAS Y ESTABLECIMIENTOS ABIERTOS AL PÚBLICO*

Art. 202. 1. El particular que, sin habitar en ella, entrare en morada ajena o se mantuviere en la misma contra la voluntad de su morador, será castigado con la pena de prisión de seis meses a dos años.

2. Si el hecho se ejecutare con violencia o intimidación la pena será de prisión de uno a cuatro años y multa de seis a doce meses.

Art. 203. 1. Será castigado con las penas de prisión de seis

---

* V. art. 18.2 CE: «El domicilio es inviolable. Ninguna entrada o registro podrán hacerse en él sin consentimiento del titular o resolución judicial, salvo en caso de flagrante delito»; y art. 87.2 LOPJ. No obstante, v. también los arts. 55 y 116 CE y 553 LECr, y la LO 4/1981, de 1 de junio, de los estados de alarma, excepción y sitio (*BOE* n.º 134, de 5 de junio).

V., también, art. 12 DUDH, y el art. 17 PIDCP, que dispone lo siguiente:

«1. Nadie será objeto de injerencias arbitrarias o ilegales en su vida privada, su familia, su domicilio o su correspondencia, ni de ataques ilegales a su honra y reputación.

»2. Toda persona tiene derecho a la protección de la Ley contra esas injerencias o esos ataques.»

V., también, art. 8 CPDHLF; arts. 545 ss. LECr; art. 34 Ley 16/1989, de 17 de julio, de Defensa de la Competencia (*BOE* n.º 170, de 18 de julio).

V., finalmente, art. 21 LOPSC, que dispone lo siguiente:

«1. Los agentes de las Fuerzas y Cuerpos de Seguridad sólo podrán proceder a la entrada y registro en domicilio en los casos permitidos por la Constitución en los términos que fijen las leyes.

»2. *A los efectos de lo dispuesto en el párrafo anterior, será causa legítima para la entrada y registro en domicilio por delito flagrante el conocimiento fundado por parte de las Fuerzas y Cuerpos de Seguridad que les lleve a la constancia de que se está cometiendo o se acaba de cometer alguno de los delitos que, en materia de drogas tóxicas, estupefacientes o sustancias psicotrópicas, castiga el Código Penal, siempre que la urgente intervención de los agentes sea necesaria para impedir la consumación del delito, la huida del delincuente o la desaparición de los efectos o instrumentos del delito.*

»3. Será causa legítima suficiente para la entrada en domicilio la necesidad de evitar daños inminentes y graves a las personas y a las cosas, en supuestos de catástrofe, calamidad, ruina inminente u otros semejantes de extrema y urgente necesidad.

»En tales supuestos, y para la entrada en edificios ocupados por organismos oficiales o entidades públicas, no será preciso el consentimiento de la autoridad o funcionario que los tuviere a su cargo.

»4. Cuando por las causas previstas en el presente artículo las Fuerzas y Cuerpos de Seguridad entrasen en un domicilio, remitirán sin dilación el acta o atestado que redactaren a la autoridad judicial competente.»

Téngase en cuenta que el apartado 2 del art. 21 LOPSC ha sido declarado inconstitucional y consiguientemente nulo por la sentencia del Tribunal Constitucional 341/1993, de 18 de noviembre.

V., también, art. 1.º2.º*d*) LOTJ.

meses a un año y multa de seis a diez meses el que entrare contra la voluntad de su titular en el domicilio de una persona jurídica pública o privada, despacho profesional u oficina, o en establecimiento mercantil o local abierto al público fuera de las horas de apertura.

2. Será castigado con la pena de prisión de seis meses a tres años, el que con violencia o intimidación entrare o se mantuviere contra la voluntad de su titular en el domicilio de una persona jurídica pública o privada, despacho profesional u oficina, o en establecimiento mercantil o local abierto al público.

Art. 204. La autoridad o funcionario público que, fuera de los casos permitidos por la Ley y sin mediar causa legal por delito, cometiere cualquiera de los hechos descritos en los dos artículos anteriores, será castigado con la pena prevista respectivamente en los mismos, en su mitad superior, e inhabilitación absoluta de seis a doce años.

TÍTULO XI
Delitos contra el honor*

CAPÍTULO PRIMERO
DE LA CALUMNIA

Art. 205. Es calumnia la imputación de un delito hecha con conocimiento de su falsedad o temerario desprecio hacia la verdad.

Art. 206. Las calumnias serán castigadas con las penas de prisión de seis meses a dos años o multa de doce a veinticuatro meses, si se propagaran con publicidad y, en otro caso, con multa de seis a doce meses.

Art. 204: V., también, art. 534.1.º de este Código.

* V. arts. 13, 104, 109, 544 bis y 804 a 815 LECr; LO 1/1982, de 5 de mayo, de protección civil del derecho al honor, a la intimidad personal y familiar y a la propia imagen (*BOE* n.º 115, de 14 de mayo), modificada por LO 3/1985, de 29 de mayo (*BOE* n.º 129, de 30 de mayo); Disp. Final 4.ª de este Código; art. 18.1 CE, que dispone lo siguiente: «Se garantiza el derecho al honor, a la intimidad personal y familiar y a la propia imagen»; art. 20.4 CE, reproducido en nota al art. 538; art. 12 DUDH; art. 17 PIDCP, reproducido en nota a la rúbrica del Capítulo II del Título X precedente; art. 19, n.º 3.º, apartado *a*), Pacto Internacional de Derechos Económicos, Sociales y Culturales, reproducido en nota al art. 538; art. 148 Ley Orgánica del Régimen Electoral General (Apéndice 6); art. 1.º1.*c*) LOTJ.

Art. 206: Este artículo figura redactado conforme al texto de la Ley Orgánica 15/2003, de 25 de noviembre (*BOE* n.º 283, de 26 de noviembre; corrección de errores en *BOE* n.º 65, de 16 de marzo, y n.º 80, de 2 de abril, ambos de 2004), que entró en vigor el 1 de octubre de 2004. V. art. 211 CP.

Art. 207. El acusado por delito de calumnia quedará exento de toda pena probando el hecho criminal que hubiere imputado.

CAPÍTULO II

De la injuria

Art. 208. Es injuria la acción o expresión que lesionan la dignidad de otra persona, menoscabando su fama o atentando contra su propia estimación.

Solamente serán constitutivas de delito las injurias que, por su naturaleza, efectos y circunstancias, sean tenidas en el concepto público por graves.

Las injurias que consistan en la imputación de hechos no se considerarán graves, salvo cuando se hayan llevado a cabo con conocimiento de su falsedad o temerario desprecio hacia la verdad.

Art. 209. Las injurias graves hechas con publicidad se castigarán con la pena de multa de seis a catorce meses y, en otro caso, con la de tres a siete meses.

Art. 210. El acusado de injuria quedará exento de responsabilidad probando la verdad de las imputaciones cuando éstas se dirijan contra funcionarios públicos sobre hechos concernientes al ejercicio de sus cargos o referidos a la comisión de faltas penales o de infracciones administrativas.

CAPÍTULO III

Disposiciones generales

Art. 211. La calumnia y la injuria se reputarán hechas con publicidad cuando se propaguen por medio de la imprenta, la radiodifusión o por cualquier otro medio de eficacia semejante.

Art. 212. En los casos a los que se refiere el artículo anterior, será responsable civil solidaria la persona física o jurídica propietaria del medio informativo a través del cual se haya propagado la calumnia o injuria.

Art. 213. Si la calumnia o injuria fueren cometidas mediante precio, recompensa o promesa, los Tribunales impondrán, además de las penas señaladas para los delitos de que se trate, la de inhabilitación especial prevista en los artículos 42 ó 45 del presente Código, por tiempo de seis meses a dos años.

Art. 214. Si el acusado de calumnia o injuria reconociere

Art. 208: V. art. 853.2.º CC.

Art. 209: V. arts. 211 CP y 853.2.º CC.

Art. 212: V. arts. 120.2.º CP, 65 Ley 14/1966, de 18 de marzo (*BOE* n.º 67, de 19 de marzo), de Prensa e Imprenta, y 1.137 CC.

Art. 214: V. LO 2/1984, de 26 de marzo, reguladora del derecho de rectificación (*BOE* n.º 74, de 27 de marzo; corrección de errores en *BOE* n.º 90, de 14 de abril).

ante la autoridad judicial la falsedad o falta de certeza de las imputaciones y se retractare de ellas, el Juez o Tribunal impondrá la pena inmediatamente inferior en grado y podrá dejar de imponer la pena de inhabilitación que establece el artículo anterior.

El Juez o Tribunal ante quien se produjera el reconocimiento ordenará que se entregue testimonio de retractación al ofendido y, si éste lo solicita, ordenará su publicación en el mismo medio en que se vertió la calumnia o injuria, en espacio idéntico o similar a aquel en que se produjo su difusión y dentro del plazo que señale el Juez o Tribunal sentenciador.

Art. 215. 1. Nadie será penado por calumnia o injuria sino en virtud de querella de la persona ofendida por el delito o de su representante legal. Se procederá de oficio cuando la ofensa se dirija contra funcionario público, autoridad o agente de la misma sobre hechos concernientes al ejercicio de sus cargos.

2. Nadie podrá deducir acción de calumnia o injuria vertidas en juicio sin previa licencia del Juez o Tribunal que de él conociere o hubiere conocido.

3. El perdón del ofendido o de su representante legal, en su caso, extingue la acción penal sin perjuicio de lo dispuesto en el segundo párrafo del número 5.º del apartado 1 del artículo 130 de este Código.

Art. 216. En los delitos de calumnia o injuria se considera que la reparación del daño comprende también la publicación o divulgación de la sentencia condenatoria, a costa del condenado por tales delitos, en el tiempo y forma que el Juez o Tribunal consideren más adecuado a tal fin, oídas las dos partes.

Art. 215: Este artículo figura redactado conforme al texto de la Ley Orgánica 15/2003, de 25 de noviembre (*BOE* n.º 283, de 26 de noviembre; corrección de errores en *BOE* n.º 65, de 16 de marzo, y n.º 80, de 2 de abril, ambos de 2004), que entró en vigor el 1 de octubre de 2004. Su apartado 3 ha sido modificado por la LO 5/2010, de 22 de junio (*BOE* n.º 52, de 23 de junio), que entrará en vigor el próximo día 23 de diciembre de 2010. La redacción que sigue vigente hasta entonces es la siguiente:

3. El culpable de calumnia o injuria quedará exento de responsabilidad criminal mediante el perdón de la persona ofendida por el delito o de su representante legal, sin perjuicio de lo dispuesto en el segundo párrafo del número 4.º del artículo 130 de este Código.

Art. 216: V. art. 104 LECr; LO 2/1984, de 26 de marzo, reguladora del derecho de rectificación (*BOE* n.º 74, de 27 de marzo, corrección de errores en *BOE* n.º 90, de 14 de abril).

TÍTULO XII

Delitos contra las relaciones familiares*

CAPÍTULO PRIMERO

DE LOS MATRIMONIOS ILEGALES

Art. 217. El que contrajere segundo o ulterior matrimonio, a sabiendas de que subsiste legalmente el anterior, será castigado con la pena de prisión de seis meses a un año.

Art. 218. 1. El que, para perjudicar al otro contrayente, celebrare matrimonio inválido será castigado con la pena de prisión de seis meses a dos años.

2. El responsable quedará exento de pena si el matrimonio fuese posteriormente convalidado.

Art. 219. 1. El que autorizare matrimonio en el que concurra alguna causa de nulidad conocida o denunciada en el expediente, será castigado con la pena de prisión de seis meses a dos años e inhabilitación especial para empleo o cargo público de dos a seis años.

2. Si la causa de nulidad fuere dispensable, la pena será de suspensión de empleo o cargo público de seis meses a dos años.

CAPÍTULO II

DE LA SUPOSICIÓN DE PARTO Y DE LA ALTERACIÓN DE LA PATERNIDAD, ESTADO O CONDICIÓN DEL MENOR

Art. 220. 1. La suposición de un parto será castigada con las penas de prisión de seis meses a dos años.

2. La misma pena se impondrá al que ocultare o entregare a terceros un hijo para alterar o modificar su filiación.

3. La sustitución de un niño por otro será castigada con las penas de prisión de uno a cinco años.

4. Los ascendientes, por naturaleza o por adopción, que cometieran los hechos descritos en los tres apartados anteriores

---

* V. la Instrucción de 20 de marzo de 2006 (*BOE* n.º 97, de 24 de abril), de la Dirección General de los Registros y del Notariado, sobre prevención del fraude documental en materia de estado civil.

Art. 217: V. arts. 46, 73 y 85 CC.

Art. 218: V. arts. 46 a 48 CC y 74 Ley sobre el Registro Civil, de 8 de junio de 1957 (*BOE* n.º 151, de 10 de junio).

Art. 219: V. notas a los dos arts. precedentes.

podrán ser castigados además con la pena de inhabilitación especial para el ejercicio del derecho de patria potestad que tuvieren sobre el hijo o descendiente supuesto, ocultado, entregado o sustituido, y, en su caso, sobre el resto de hijos o descendientes por tiempo de cuatro a diez años.

5. Las sustituciones de un niño por otro que se produjeren en centros sanitarios o socio-sanitarios por imprudencia grave de los responsables de su identificación y custodia, serán castigadas con la pena de prisión de seis meses a un año.

Art. 221. 1. Los que, mediando compensación económica, entreguen a otra persona un hijo, descendiente o cualquier menor aunque no concurra relación de filiación o parentesco, eludiendo los procedimientos legales de la guarda, acogimiento o adopción, con la finalidad de establecer una relación análoga a la de filiación, serán castigados con las penas de prisión de uno a cinco años y de inhabilitación especial para el ejercicio del derecho de la patria potestad, tutela, curatela o guarda por tiempo de cuatro a diez años.

2. Con la misma pena serán castigados la persona que lo reciba y el intermediario, aunque la entrega del menor se hubiese efectuado en país extranjero.

3. Si los hechos se cometieren utilizando guarderías, colegios u otros locales o establecimientos donde se recojan niños, se impondrá a los culpables la pena de inhabilitación especial para el ejercicio de las referidas actividades por tiempo de dos a seis años y se podrá acordar la clausura temporal o definitiva de los establecimientos. En la clausura temporal, el plazo no podrá exceder de cinco años.

Art. 222. El educador, facultativo, autoridad o funcionario público que, en el ejercicio de su profesión o cargo, realice las conductas descritas en los dos artículos anteriores, incurrirá en la pena en ellos señalada y, además, en la de inhabilitación especial para empleo o cargo público, profesión u oficio, de dos a seis años.

A los efectos de este artículo, el término facultativo comprende los médicos, matronas, perso-

---

Art. 221: Este artículo figura redactado conforme al texto de la Ley Orgánica 15/2003, de 25 de noviembre (*BOE* n.º 283, de 26 de noviembre; corrección de errores en *BOE* n.º 65, de 16 de marzo, y n.º 80, de 2 de abril, ambos de 2004), que entró en vigor el 1 de octubre de 2004. V. arts. 172 ss. CP, y LO 1/1996, de 15 de enero (*BOE* n.º 15, de 17 de enero), de protección jurídica del menor, y de modificación parcial del Código Civil y de la Ley de Enjuiciamiento Civil.

nal de enfermería y cualquier otra persona que realice una actividad sanitaria o socio-sanitaria.

CAPÍTULO III

DE LOS DELITOS CONTRA LOS DERECHOS Y DEBERES FAMILIARES

SECCIÓN 1.ª

*Del quebrantamiento de los deberes de custodia y de la inducción de menores al abandono de domicilio**

Art. 223. El que, teniendo a su cargo la custodia de un menor de edad o un incapaz, no lo presentare a sus padres o guardadores sin justificación para ello, cuando fuere requerido por ellos, será castigado con la pena de prisión de seis meses a dos años, sin perjuicio de que los hechos constituyan otro delito más grave.

Art. 224. El que indujere a un menor de edad o a un incapaz a que abandone el domicilio familiar, o lugar donde resida con anuencia de sus padres, tutores o guardadores, será castigado con la pena de prisión de seis meses a dos años.

En la misma pena incurrirá el progenitor que induzca a su hijo menor a infringir el régimen de custodia establecido por la autoridad judicial o administrativa.

Art. 225. Cuando el responsable de los delitos previstos en los dos artículos anteriores restituya al menor de edad o al incapaz a su domicilio o residencia, o lo deposite en lugar conocido y seguro, sin haberle hecho objeto de vejaciones, sevicias o acto delictivo alguno, ni haber puesto en peligro su vida, salud, integridad física o libertad sexual, el

---

* V. art. 165 y nota al mismo; LO 1/1996, de 15 de enero (*BOE* n.º 115, de 17 de enero), de protección jurídica del menor, y de modificación parcial del Código Civil y de la Ley de Enjuiciamiento Civil; Ley 1/2006, de 28 de febrero (*BOE* n.º 70, de 23 de marzo), de protección de menores de La Rioja; Ley 12/2008, de 3 de julio (*BOE* n.º 200, de 19 de agosto), de protección integral de la infancia y la adolescencia de la Comunitat Valenciana; y Decreto 4/2010, de 26 de enero (*DOCLM* n.º 19, de 29 de enero), de la Junta de Comunidades de Castilla-La Mancha, de protección social y jurídica de los menores en Castilla-La Mancha.

Art. 224: El segundo párrafo de este artículo fue introducido por LO 9/2002, de 10 de diciembre (*BOE* n.º 296, de 11 de diciembre). V. la Exposición de Motivos de esta modificación en nota a la Sección 2.ª de este mismo Capítulo III.

Art. 225: Este artículo figura redactado conforme al texto de la Ley Orgánica 15/2003, de 25 de noviembre (*BOE* n.º 283, de 26 de noviembre; corrección de errores en *BOE* n.º 65, de 16 de marzo, y n.º 80, de 2 de abril, ambos de 2004), que entró en vigor el 1 de octubre de 2004.

hecho será castigado con la pena de prisión de tres meses a un año o multa de seis a veinticuatro meses, siempre y cuando el lugar de estancia del menor de edad o el incapaz haya sido comunicado a sus padres, tutores o guardadores, o la ausencia no hubiera sido superior a veinticuatro horas.

SECCIÓN 2.ª

*De la sustracción de menores**

Art. 225 bis. 1. El progenitor que sin causa justificada para ello sustrajere a su hijo menor será castigado con la pena de prisión de dos a cuatro años e inhabilitación especial para el ejercicio del derecho de patria potestad por tiempo de cuatro a diez años.

2. A los efectos de este artículo, se considera sustracción:

1.º El traslado de un menor de su lugar de residencia sin consentimiento del progenitor con quien conviva habitualmente o de las personas o instituciones a las cuales estuviese confiada su guarda o custodia.

2.º La retención de un menor incumpliendo gravemente el deber establecido por resolución judicial o administrativa.

3. Cuando el menor sea trasladado fuera de España o fuese exigida alguna condición para su restitución la pena señalada en el apartado 1 se impondrá en su mitad superior.

4. Cuando el sustractor haya comunicado el lugar de estancia al otro progenitor o a quien corresponda legalmente su cuidado dentro de las veinticuatro horas siguientes a la sustracción con el

---

* Esta Sección fue incorporada por LO 9/2002, de 10 de diciembre (*BOE* n.º 296, de 11 de diciembre), en cuya Exposición de Motivos se establecía lo siguiente al respecto:

«La protección de los intereses del menor ha definido una línea de actuación primordial a la hora de legislar en España desde nuestra Constitución. Ello ha sido especialmente así en aquellas cuestiones relacionadas con su custodia, tratando con ello de evitar, en lo posible, los efectos perjudiciales que en supuestos de crisis familiares puedan ocasionarles determinadas actuaciones de sus progenitores.

»El Código Penal de 1995, entre otras importancias novedades, procedió a suprimir como delito, con sustantividad propia, la sustracción de menores de siete años. En cambio agravó la pena para los delitos de detención ilegal o secuestro cuando la víctima fuera menor de edad o incapaz. No obstante, en aquellos supuestos donde quien verifica la conducta de sustracción o de negativa a restituir al menor es uno de sus progenitores, cuando las facultades inherentes a la custodia del menor han sido atribuidas legalmente al otro progenitor o alguna persona o institución en interés del menor, resulta necesario prever una respuesta penal clara, distinta del delito de desobediencia genérico, así como prever medidas cautelares en el ámbito civil que eviten las sustracciones o retenciones ilícitas de menores.»

compromiso de devolución inmediata que efectivamente lleve a cabo, o la ausencia no hubiere sido superior a dicho plazo de veinticuatro horas, quedará exento de pena.

Si la restitución la hiciere, sin la comunicación a que se refiere el párrafo anterior, dentro de los quince días siguientes a la sustracción, le será impuesta la pena de prisión de seis meses a dos años.

Estos plazos se computarán desde la fecha de la denuncia de la sustracción.

5. Las penas señaladas en este artículo se impondrán igualmente a los ascendientes del menor y a los parientes del progenitor hasta el segundo grado de consanguinidad o afinidad que incurran en las conductas anteriormente descritas.

SECCIÓN 3.ª

*Del abandono de familia, menores o incapaces**

Art. 226. 1. El que dejare de cumplir los deberes legales de asistencia inherentes a la patria potestad, tutela, guarda o acogimiento familiar o de prestar la asistencia necesaria legalmente establecida para el sustento de sus descendientes, ascendientes o cónyuge, que se hallen necesitados, será castigado con la pena de prisión de tres a seis meses o multa de seis a doce meses.

2. El Juez o Tribunal podrá imponer, motivadamente, al reo la pena de inhabilitación especial para el ejercicio del derecho de patria potestad, tutela, guarda o acogimiento familiar por tiempo de cuatro a diez años.

* V. art. 39.3 CE, que dispone lo siguiente: «Los padres deben prestar asistencia de todo orden a los hijos habidos dentro o fuera del matrimonio, durante su minoría de edad y en los demás casos en que legalmente proceda»; arts. 66 ss., 142 ss. y 269 CC. V. también Convenio sobre reconocimiento y ejecución de decisiones en materia de obligaciones alimenticias con respecto a menores, de 15 de abril de 1958 (*BOE* de 12 de noviembre de 1973); Convenio de 2 de octubre de 1973 sobre la Ley aplicable a las obligaciones alimenticias, ratificado por Instrumento de 16 de mayo de 1986 (*BOE* n.º 222, de 16 de septiembre); Convenio de 2 de octubre de 1973, referente al reconocimiento y a la ejecución de las resoluciones relativas a las obligaciones alimenticias, ratificado por Instrumento de 28 de mayo de 1987 (*BOE* n.º 192, de 12 de agosto).

Art. 226: Este artículo figura redactado conforme al texto de la Ley Orgánica 15/2003, de 25 de noviembre (*BOE* n.º 283, de 26 de noviembre; corrección de errores en *BOE* n.º 65, de 16 de marzo, y n.º 80, de 2 de abril, ambos de 2004), que entró en vigor el 1 de octubre de 2004. V. arts. 66 a 71 y 142 a 145 CC, y LO 1/1996, de 15 de enero (*BOE* n.º 15, de 17 de enero), de protección jurídica del menor, y de modificación parcial del Código Civil y de la Ley de Enjuiciamiento Civil.

Art. 227. 1. El que dejare de pagar durante dos meses consecutivos o cuatro meses no consecutivos cualquier tipo de prestación económica en favor de su cónyuge o sus hijos, establecida en convenio judicialmente aprobado o resolución judicial en los supuestos de separación legal, divorcio, declaración de nulidad del matrimonio, proceso de filiación, o proceso de alimentos a favor de sus hijos, será castigado con la pena de prisión de tres meses a un año o multa de seis a veinticuatro meses.

2. Con la misma pena será castigado el que dejare de pagar cualquier otra prestación económica establecida de forma conjunta o única en los supuestos previstos en el apartado anterior.

3. La reparación del daño procedente del delito comportará siempre el pago de las cuantías adeudadas.

Art. 228. Los delitos previstos en los dos artículos anteriores, sólo se perseguirán previa denuncia de la persona agraviada o de su representante legal. Cuando aquélla sea menor de edad, incapaz o una persona desvalida, también podrá denunciar el Ministerio Fiscal.

Art. 229. 1. El abandono de un menor de edad o un incapaz por parte de la persona encargada de su guarda, será castigado con la pena de prisión de uno a dos años.

2. Si el abandono fuere realizado por los padres, tutores o guardadores legales, se impondrá la pena de prisión de dieciocho meses a tres años.

3. Se impondrá la pena de prisión de dos a cuatro años cuando por las circunstancias del abandono se haya puesto en concreto peligro la vida, salud, integridad física o libertad sexual del menor de edad o del incapaz, sin perjuicio de castigar el hecho como corresponda si constituyera otro delito más grave.

Art. 230. El abandono temporal de un menor de edad o de un incapaz será castigado, en sus respectivos casos, con las penas inferiores en grado a las previstas en el artículo anterior.

Art. 231. 1. El que, teniendo a su cargo la crianza o educa-

Art. 227: Este artículo figura redactado conforme al texto de la Ley Orgánica 15/2003, de 25 de noviembre (*BOE* n.º 283, de 26 de noviembre; corrección de errores en *BOE* n.º 65, de 16 de marzo, y n.º 80, de 2 de abril, ambos de 2004), que entró en vigor el 1 de octubre de 2004.

Art. 228: V. arts. 73 ss. CC.

ción de un menor de edad o de un incapaz, lo entregare a un tercero o a un establecimiento público sin la anuencia de quien se lo hubiere confiado, o de la autoridad, en su defecto, será castigado con la pena de multa de seis a doce meses.

2. Si con la entrega se hubiere puesto en concreto peligro la vida, salud, integridad física o libertad sexual del menor de edad o del incapaz se impondrá la pena de prisión de seis meses a dos años.

Art. 232. 1. Los que utilizaren o prestaren a menores de edad o incapaces para la práctica de la mendicidad, incluso si ésta es encubierta, serán castigados con la pena de prisión de seis meses a un año.

2. Si para los fines del apartado anterior se traficare con menores de edad o incapaces, se empleare con ellos violencia o intimidación, o se les suministrare sustancias perjudiciales para su salud, se impondrá la pena de prisión de uno a cuatro años.

Art. 233. 1. El Juez o Tribunal, si lo estima oportuno en atención a las circunstancias del menor, podrá imponer a los responsables de los delitos previstos en los artículos 229 al 232 la pena de inhabilitación especial para el ejercicio de la patria potestad o de los derechos de guarda, tutela, curatela o acogimiento familiar por tiempo de cuatro a diez años.

2. Si el culpable ostentare la guarda del menor por su condición de funcionario público, se le impondrá además la pena de inhabilitación especial para empleo o cargo público por tiempo de dos a seis años.

3. En todo caso, el Ministerio Fiscal instará de la autoridad competente las medidas pertinentes para la debida custodia y protección del menor.

Art. 232: V. el Convenio n.º 182, de la OIT, sobre la prohibición de las peores formas de trabajo infantil, y de la acción inmediata para su eliminación, hecho en Ginebra el 17 de junio de 1999, y ratificado mediante Instrumento de 14 de marzo de 2001 (*BOE* n.º 118, de 17 de mayo).

TÍTULO XIII

Delitos contra el patrimonio y contra el orden socioeconómico*

CAPÍTULO PRIMERO

DE LOS HURTOS**

Art. 234. El que, con ánimo de lucro, tomare las cosas muebles ajenas sin la voluntad de su dueño será castigado, como reo de hurto, con la pena de prisión de seis a dieciocho meses si la cuantía de lo sustraído excede de 400 euros.

Con la misma pena se castigará al que en el plazo de un año realice tres veces la acción descrita en el apartado 1 del artículo 623 de este Código, siempre que el montante acumulado de las infracciones sea superior al mínimo de la referida figura del delito.

---

* V. art. 33 CE, que dispone lo siguiente:

«1. Se reconoce el derecho a la propiedad privada y a la herencia.

»2. La función social de estos derechos delimitará su contenido, de acuerdo con las leyes.

»3. Nadie podrá ser privado de sus bienes y derechos sino por causa justificada de utilidad pública o interés social, mediante la correspondiente indemnización y de conformidad con lo dispuesto por las leyes.» Y ténganse en cuenta las previsiones de los cuatro primeros apartados del art. 2.º de la LO 10/1998, de 17 de diciembre (*BOE* n.º 302, de 18 de diciembre), complementaria de la Ley sobre introducción del euro, reproducidos en nota al art. 50 de este Código.

V., también, arts. 13. 109, 282 bis (reproducido en nota al art. 368 de este Código) y 544 bis LECr.; 547 a 566 C. de C.; art. 20.*a*) LCAP; la Ley 10/1995, de 24 de abril (*BOE* n.º 98, de 25 de abril), por la que se crea la Fiscalía Especial para la Represión de los Delitos Económicos relacionados con la Corrupción; el RD 923/1995, de 9 de junio (*BOE* n.º 162, de 8 de julio), por el que se fija la plantilla orgánica de la Fiscalía Especial para la Represión de los Delitos Económicos relacionados con la Corrupción; y la Resolución de 8 de enero de 1996 (*BOE* n.º 11, de 12 de enero), de la Agencia Estatal de Administración Tributaria, por la que se crea la Unidad de Apoyo a la Fiscalía Especial para la Represión de los Delitos Económicos Relacionados con la Corrupción.

** V. arts. 59 ss. LPPNA.

Art. 234: Este artículo figura redactado conforme al texto de la LO 5/2010, de 22 de junio (*BOE* n.º 152, de 23 de junio), que entrará en vigor el próximo día 23 de diciembre de 2010. La redacción que sigue vigente hasta entonces es la siguiente:

> *Art. 234.* El que, con ánimo de lucro, tomare las cosas muebles ajenas sin la voluntad de su dueño será castigado, como reo de hurto, con la pena de prisión de seis a dieciocho meses si la cuantía de lo sustraído excede de 400 euros.
>
> Con la misma pena se castigará al que en el plazo de un año realice cuatro veces la acción descrita en el artículo 623.1 de este Código, siempre que el montante acumulado de las infracciones sea superior al mínimo de la referida figura del delito.

V. art. 623.1.º de este Código.

Art. 235. El hurto será castigado con la pena de prisión de uno a tres años:

1.º Cuando se sustraigan cosas de valor artístico, histórico, cultural o científico.

2.º Cuando se trate de cosas de primera necesidad o destinadas a un servicio público, siempre que la sustracción ocasionare un grave quebranto a éste o una situación de desabastecimiento.

3.º Cuando revista especial gravedad, atendiendo al valor de los efectos sustraídos, o se produjeren perjuicios de especial consideración.

4.º Cuando ponga a la víctima o a su familia en grave situación económica o se haya realizado abusando de las circunstancias personales de la víctima.

5.º Cuando se utilice a menores de catorce años para la comisión del delito.

Art. 236. Será castigado con multa de tres a doce meses el que,

---

Art. 235: Este artículo figura redactado conforme al texto de la LO 5/2010, de 22 de junio (*BOE* n.º 152, de 23 de junio), que entrará en vigor el próximo día 23 de diciembre de 2010. La redacción que sigue vigente hasta entonces es la siguiente:

> *Art. 235.* El hurto será castigado con la pena de prisión de uno a tres años:
>
> 1. Cuando se sustraigan cosas de valor artístico, histórico, cultural o científico.
>
> 2. Cuando se trate de cosas de primera necesidad o destinadas a un servicio público, siempre que la sustracción ocasionare un grave quebranto a éste, o una situación de desabastecimiento.
>
> 3. Cuando revista especial gravedad, atendiendo al valor de los efectos sustraídos, o se produjeren perjuicios de especial consideración.
>
> 4. Cuando ponga a la víctima o a su familia en grave situación económica o se haya realizado abusando de las circunstancias personales de la víctima.

Art. 235.1: V. art. 46 CE, que dispone lo siguiente:

«Los poderes públicos garantizarán la conservación y promoverán el enriquecimiento del patrimonio histórico, cultural y artístico de los pueblos de España y de los bienes que lo integran, cualquiera que sea su régimen jurídico y su titularidad. La ley penal sancionará los atentados contra este patrimonio.»

V., también, Ley 13/1985, de 25 de junio, del Patrimonio Histórico Español (*BOE* n.º 155, de 29 de junio), modificada por Ley 62/2003, de 30 de diciembre (*BOE* n.º 313, de 31 de diciembre), así como su desarrollo parcial en el RD 111/1986, de 10 de enero (*BOE* n.º 24, de 28 de enero), modificado por RD 64/1994 de 21 de enero (*BOE* n.º 52, de 2 de marzo); RD 1.164/2002, de 8 de noviembre (*BOE* n.º 274, de 15 de noviembre), por el que se regula la conservación del patrimonio documental con valor histórico; Ley 12/1998, de Patrimonio Histórico de las Illes Balears, reformada por Ley 2/2006, de 10 de marzo (*BOE* n.º 88, de 13 de abril de 2006); Ley 11/2002, de 21 de noviembre (*BOE* n.º 302, de 18 de diciembre), de Patrimonio Histórico de Canarias; y Convenio de UNIDROIT sobre bienes culturales robados o exportados ilegalmente, de 24 de junio de 1995, al que España se ha adherido por Instrumento de 9 de mayo de 2002 (*BOE* n.º 248, de 16 de octubre).

Art. 236: Este artículo figura redactado conforme al texto de la Ley Orgánica 15/2003, de 25 de noviembre (*BOE* n.º 283, de 26 de noviembre; corrección de errores en *BOE* n.º 65, de 16 de marzo, y n.º 80, de 2 de abril, ambos de 2004), que entró en vigor el 1 de octubre de 2004. V. art. 623.2.º CP.

siendo dueño de una cosa mueble o actuando con el consentimiento de éste, la sustrajere de quien la tenga legítimamente en su poder, con perjuicio del mismo o de un tercero, siempre que el valor de aquélla excediere de 400 euros.

CAPÍTULO II

DE LOS ROBOS*

Art. 237. Son reos del delito de robo los que, con ánimo de lucro, se apoderaren de las cosas muebles ajenas empleando fuerza en las cosas para acceder al lugar donde éstas se encuentran o violencia o intimidación en las personas.

Art. 238. Son reos del delito de robo con fuerza en las cosas los que ejecuten el hecho cuando concurra alguna de las circunstancias siguientes:

1.º Escalamiento.

2.º Rompimiento de pared, techo o suelo, o fractura de puerta o ventana.

3.º Fractura de armarios, arcas u otra clase de muebles u objetos cerrados o sellados, o forzamiento de sus cerraduras o descubrimiento de sus claves para sustraer su contenido, sea en el lugar del robo o fuera del mismo.

4.º Uso de llaves falsas.

5.º Inutilización de sistemas específicos de alarma o guarda.

Art. 239. Se considerarán llaves falsas:

1. Las ganzúas u otros instrumentos análogos.

2. Las llaves legítimas perdidas por el propietario u obtenidas por un medio que constituya infracción penal.

3. Cualesquiera otras que no sean las destinadas por el propietario para abrir la cerradura violentada por el reo.

A los efectos del presente artículo, se consideran llaves las

---

* V. arts. 59 ss. LPPNA.

Art. 238: V. art.328 LECr.

Art. 239: Este artículo figura redactado conforme al texto de la LO 5/2010, de 22 de junio (*BOE* n.º 152, de 23 de junio), que entrará en vigor el próximo día 23 de diciembre de 2010. La redacción que sigue vigente hasta entonces es la siguiente:

> *Art. 239.* Se considerarán llaves falsas:
>
> 1.º Las ganzúas u otros instrumentos análogos.
>
> 2.º Las llaves legítimas perdidas por el propietario u obtenidas por un medio que constituya infracción penal.
>
> 3.º Cualesquiera otras que no sean las destinadas por el propietario para abrir la cerradura violentada por el reo.
>
> A los efectos del presente artículo, se consideran llaves las tarjetas, magnéticas o perforadas, y los mandos o instrumentos de apertura a distancia.

tarjetas, magnéticas o perforadas, los mandos o instrumentos de apertura a distancia y cualquier otro instrumento tecnológico de eficacia similar.

Art. 240. El culpable de robo con fuerza en las cosas será castigado con la pena de prisión de uno a tres años.

Art. 241. 1. Se impondrá la pena de prisión de dos a cinco años cuando concurra alguna de las circunstancias previstas en el artículo 235, o el robo se cometa en casa habitada, edificio o local abiertos al público o en cualquiera de sus dependencias.

2. Se considera casa habitada todo albergue que constituya morada de una o más personas, aunque accidentalmente se encuentren ausentes de ella cuando el robo tenga lugar.

3. Se consideran dependencias de casa habitada o de edificio o local abiertos al público, sus patios, garajes y demás departamentos o sitios cercados y contiguos al edificio y en comunicación interior con él, y con el cual formen una unidad física.

Art. 242. 1. El culpable de robo con violencia o intimidación en las personas será castigado con la pena de prisión de dos a cinco años, sin perjuicio de la que pudiera corresponder a los actos de violencia física que realizase.

2. Cuando el robo se cometa en casa habitada o en cualquiera de sus dependencias, se impondrá la pena de prisión de tres años y seis meses a cinco años.

3. Las penas señaladas en los apartados anteriores se impondrán en su mitad superior cuando el delincuente hiciere uso de armas u otros medios igualmente peligrosos, sea al cometer el

---

Art. 242: Este artículo figura redactado conforme al texto de la LO 5/2010, de 22 de junio (*BOE* n.º 152, de 23 de junio), que entrará en vigor el próximo día 23 de diciembre de 2010. La redacción que sigue vigente hasta entonces es la siguiente:

> *Art. 242.* 1. El culpable de robo con violencia o intimidación en las personas será castigado con la pena de prisión de dos a cinco años, sin perjuicio de la que pudiera corresponder a los actos de violencia física que realizase.
>
> 2. La pena se impondrá en su mitad superior cuando el delincuente hiciere uso de las armas u otros medios igualmente peligrosos que llevare, sea al cometer el delito o para proteger la huida y cuando el reo atacare a los que acudiesen en auxilio de la víctima o a los que le persiguieren.
>
> 3. En atención a la menor entidad de la violencia o intimidación ejercidas y valorando además las restantes circunstancias del hecho, podrá imponerse la pena inferior en grado a la prevista en el apartado primero de este artículo.

delito o para proteger la huida, y cuando atacare a los que acudiesen en auxilio de la víctima o a los que le persiguieren.

4. En atención a la menor entidad de la violencia o intimidación ejercidas y valorando además las restantes circunstancias del hecho, podrá imponerse la pena inferior en grado a la prevista en los apartados anteriores.

CAPÍTULO III

DE LA EXTORSIÓN

Art. 243. El que, con ánimo de lucro, obligare a otro, con violencia o intimidación, a realizar u omitir un acto o negocio jurídico en perjuicio de su patrimonio o del de un tercero, será castigado con la pena de prisión de uno a cinco años, sin perjuicio de las que pudieran imponerse por los actos de violencia física realizados.

CAPÍTULO IV

DEL ROBO Y HURTO DE USO DE VEHÍCULOS

Art. 244. 1. El que sustrajere o utilizare sin la debida autorización un vehículo a motor o ciclomotor ajenos, cuyo valor excediere de 400 euros, sin ánimo de apropiárselo, será castigado con la pena de trabajos en beneficio de la comunidad de treinta y uno a noventa días o multa de seis a doce meses si lo restituyera, directa o indirectamente, en un plazo no superior a cuarenta y ocho horas, sin que, en ningún caso, la pena impuesta pueda ser igual o superior a la que correspondería si se apropiare definitivamente del vehículo.

Con la misma pena se castigará al que en el plazo de un año realice cuatro veces la acción descrita en el artículo 623.3 de este Código, siempre que el montante acumulado de las infracciones sea superior al mínimo de la referida figura del delito.

Art. 244: El primer párrafo del apartado primero de este artículo figura redactado conforme al texto de la Ley Orgánica 15/2003, de 25 de noviembre (*BOE* n.º 283, de 26 de noviembre; corrección de errores en *BOE* n.º 65, de 16 de marzo, y n.º 80, de 2 de abril, ambos de 2004), que entró en vigor el 1 de octubre de 2004. El párrafo segundo del apartado primero de este artículo fue incorporado por LO 11/2003, de 29 de septiembre (*BOE* n.º 234, de 30 de septiembre), de medidas concretas en materia de seguridad ciudadana, violencia doméstica e integración social de los extranjeros, cuya Exposición de Motivos, en lo que a este particular se refiere, puede verse en nota al art. 66 de este Código. V. arts. 60 LPPNA y 623.3.º de este Código.

2. Si el hecho se ejecutare empleando fuerza en las cosas, la pena se aplicará en su mitad superior.

3. De no efectuarse la restitución en el plazo señalado, se castigará el hecho como hurto o robo en sus respectivos casos.

4. Si el hecho se cometiere con violencia o intimidación en las personas, se impondrán, en todo caso, las penas del artículo 242.

CAPÍTULO V

DE LA USURPACIÓN

Art. 245. 1. Al que con violencia o intimidación en las personas ocupare una cosa inmueble o usurpare un derecho real inmobiliario de pertenencia ajena, se le impondrá, además de las penas en que incurriere por las violencias ejercidas, la pena de prisión de uno a dos años, que se fijará teniendo en cuenta la utilidad obtenida y el daño causado.

2. El que ocupare, sin autorización debida, un inmueble, vivienda o edificio ajenos que no constituyan morada, o se mantuviere en ellos contra la voluntad de su titular, será castigado con la pena de multa de tres a seis meses.

Art. 246. El que alterare términos o lindes de pueblos o heredades o cualquier clase de señales o mojones destinados a fijar los límites de propiedades o demarcaciones de predios contiguos, tanto de dominio público como privado, será castigado con la pena de multa de tres a dieciocho meses, si la utilidad reportada o pretendida excede de 400 euros.

Art. 247. El que, sin hallarse autorizado, distrajere las aguas

---

Art. 245: El apartado 1 de este artículo figura redactado conforme al texto de la LO 5/2010, de 22 de junio (*BOE* n.º 152, de 23 de junio), que entrará en vigor el próximo día 23 de diciembre de 2010. La redacción que sigue vigente hasta entonces es la siguiente:

> 1. Al que con violencia o intimidación en las personas ocupare una cosa inmueble o usurpare un derecho real inmobiliario de pertenencia ajena, se le impondrá, además de las penas en que incurriere por las violencias ejercidas, una multa de seis a dieciocho meses, que se fijará teniendo en cuenta la utilidad obtenida y el daño causado.

Art. 246: Este artículo figura redactado conforme al texto de la Ley Orgánica 15/2003, de 25 de noviembre (*BOE* n.º 283, de 26 de noviembre; corrección de errores en *BOE* n.º 65, de 16 de marzo, y n.º 80, de 2 de abril, ambos de 2004), que entró en vigor el 1 de octubre de 2004.

Art. 247: Este artículo figura redactado conforme al texto de la Ley Orgánica 15/2003, de 25 de noviembre (*BOE* n.º 283, de 26 de noviembre; corrección de errores en *BOE* n.º 65, de 16 de marzo, y n.º 80, de 2 de abril, ambos de 2004), que entró en vigor el 1 de octubre de 2004.

de uso público o privativo de su curso, o de su embalse natural o artificial, será castigado con la pena de multa de tres a seis meses si la utilidad reportada excediere de 400 euros.

CAPÍTULO VI

DE LAS DEFRAUDACIONES*

SECCIÓN 1.ª

*De las estafas***

Art. 248. 1. Cometen estafa los que, con ánimo de lucro, utilizaren engaño bastante para producir error en otro, induciéndolo a realizar un acto de disposición en perjuicio propio o ajeno.

2. También se consideran reos de estafa:

a) Los que, con ánimo de lucro y valiéndose de alguna manipulación informática o artificio semejante, consigan una transferencia no consentida de cualquier activo patrimonial en perjuicio de otro.

b) Los que fabricaren, introdujeren, poseyeren o facilitaren programas informáticos específicamente destinados a la comi-

---

* Conforme al art. 65.1.º*c*) LOPJ, la Audiencia Nacional conocerá del enjuiciamiento, salvo que corresponda en primera instancia a los Juzgados Centrales de lo Penal, de las «defraudaciones que produzcan o puedan producir grave repercusión en la seguridad del tráfico mercantil, en la economía nacional o perjuicio patrimonial en una generalidad de personas en el territorio de más de una Audiencia». V. también la Ley 10/1995, de 24 de abril (*BOE* n.º 98, de 25 de abril), por la que se crea la Fiscalía Especial para la Represión de los Delitos Económicos relacionados con la Corrupción; el RD 923/1995, de 9 de junio (*BOE* n.º 162, de 8 de julio), por el que se fija la plantilla orgánica de la Fiscalía Especial para la Represión de los Delitos Económicos relacionados con la Corrupción; y la Resolución de 8 de enero de 1996 (*BOE* n.º 11, de 12 de enero), de la Agencia Estatal de Administración Tributaria, por la que se crea la Unidad de Apoyo a la Fiscalía Especial para la Represión de los Delitos Económicos relacionados con la Corrupción, así como art. 20.*b*) LCAP.

** V. art. 40 Ley sobre Hipoteca Naval de 21 de agosto de 1983 (*Gaceta* n.º 235, de 23 de agosto). V. también art. 75 Ley de Ordenación de la Emigración de 3 de mayo de 1962 (*BOE* n.º 116, de 15 de mayo).

Art. 248: Este artículo figura redactado conforme al texto de la LO 5/2010, de 22 de junio (*BOE* n.º 152, de 23 de junio), que entrará en vigor el próximo día 23 de diciembre de 2010. La redacción que sigue vigente hasta entonces es la siguiente:

> *Art. 248.* 1. Cometen estafa los que, con ánimo de lucro, utilizaren engaño bastante para producir error en otro, induciéndolo a realizar un acto de disposición en perjuicio propio o ajeno.
>
> 2. También se consideran reos de estafa los que, con ánimo de lucro, y valiéndose de alguna manipulación informática o artificio semejante consigan la transferencia no consentida de cualquier activo patrimonial en perjuicio de tercero.
>
> 3. La misma pena se aplicará a los que fabricaren, introdujeren, poseyeren o facilitaren programas de ordenador específicamente destinados a la comisión de las estafas previstas en este artículo.

sión de las estafas previstas en este artículo.

c) Los que utilizando tarjetas de crédito o débito, o cheques de viaje, o los datos obrantes en cualquiera de ellos, realicen operaciones de cualquier clase en perjuicio de su titular o de un tercero.

Art. 249. Los reos de estafa serán castigados con la pena de prisión de seis meses a tres años, si la cuantía de lo defraudado excediere de 400 euros. Para la fijación de la pena se tendrá en cuenta el importe de lo defraudado, el quebranto económico causado al perjudicado, las relaciones entre éste y el defraudador, los medios empleados por éste y cuantas otras circunstancias sirvan para valorar la gravedad de la infracción.

Art. 250. 1. El delito de estafa será castigado con las penas de prisión de un año a seis años y multa de seis a doce meses, cuando:

1.º Recaiga sobre cosas de primera necesidad, viviendas u otros bienes de reconocida utilidad social.

2.º Se perpetre abusando de firma de otro, o sustrayendo, ocultando o inutilizando, en todo o en parte, algún proceso, expe-

---

V. arts. 4.º y 5.º de la Ley 34/1988, de 11 de noviembre, General de Publicidad (*BOE* n.º 274, de 15 de noviembre).

Art. 249: Este artículo figura redactado conforme al texto de la Ley Orgánica 15/2003, de 25 de noviembre (*BOE* n.º 283, de 26 de noviembre; corrección de errores en *BOE* n.º 65, de 16 de marzo, y n.º 80, de 2 de abril, ambos de 2004), que entró en vigor el 1 de octubre de 2004.

Art. 250: Este artículo figura redactado conforme al texto de la LO 5/2010, de 22 de junio (*BOE* n.º 152, de 23 de junio), que entrará en vigor el próximo día 23 de diciembre de 2010. La redacción que sigue vigente hasta entonces es la siguiente:

> *Art. 250.* 1. El delito de estafa será castigado con las penas de prisión de uno a seis años y multa de seis a doce meses, cuando:
>
> 1.º Recaiga sobre cosas de primera necesidad, viviendas u otros bienes de reconocida utilidad social.
>
> 2.º Se realice con simulación de pleito o empleo de otro fraude procesal.
>
> 3.º Se realice mediante cheque, pagaré, letra de cambio en blanco o negocio cambiario ficticio.
>
> 4.º Se perpetre abusando de firma de otro, o sustrayendo, ocultando o inutilizando, en todo o en parte, algún proceso, expediente, protocolo o documento público u oficial de cualquier clase.
>
> 5.º Recaiga sobre bienes que integren el patrimonio artístico, histórico, cultural o científico.
>
> 6.º Revista especial gravedad, atendiendo al valor de la defraudación, a la entidad del perjuicio y a la situación económica en que deje a la víctima o a su familia.
>
> 7.º Se cometa abuso de las relaciones personales existentes entre víctima y defraudador, o aproveche éste su credibilidad empresarial o profesional.
>
> 2. Si concurrieran las circunstancias 6.ª o 7.ª con la 1 del número anterior, se impondrán las penas de prisión de cuatro a ocho años y multa de doce a veinticuatro meses.

Art. 250.2.º: V. art. 11.2.º LOPJ.

diente, protocolo o documento público u oficial de cualquier clase.

3.º Recaiga sobre bienes que integren el patrimonio artístico, histórico, cultural o científico.

4.º Revista especial gravedad, atendiendo a la entidad del perjuicio y a la situación económica en que deje a la víctima o a su familia.

5.º Cuando el valor de la defraudación supere los 50.000 euros.

6.º Se cometa abuso de las relaciones personales existentes entre víctima y defraudador, o aproveche éste su credibilidad empresarial o profesional.

7.º Se cometa estafa procesal. Incurren en la misma los que, en un procedimiento judicial de cualquier clase, manipularen las pruebas en que pretendieran fundar sus alegaciones o emplearen otro fraude procesal análogo, provocando error en el Juez o Tribunal y llevándole a dictar una resolución que perjudique los intereses económicos de la otra parte o de un tercero.

2. Si concurrieran las circunstancias 4.ª, 5.ª o 6.ª con la 1.ª del número anterior, se impondrán las penas de prisión de cuatro a ocho años y multa de doce a veinticuatro meses.

Art. 251. Será castigado con la pena de prisión de uno a cuatro años:

1.º Quien, atribuyéndose falsamente sobre una cosa mueble o inmueble facultad de disposición de la que carece, bien por no haberla tenido nunca, bien por haberla ya ejercitado, la enajenare, gravare o arrendare a otro, en perjuicio de éste o de tercero.

2.º El que dispusiere de una cosa mueble o inmueble ocultando la existencia de cualquier carga sobre la misma, o el que, habiéndola enajenado como libre, la gravare o enajenare nuevamente antes de la definitiva transmisión al adquirente, en perjuicio de éste, o de un tercero.

3.º El que otorgare en perjuicio de otro un contrato simulado.

Art. 251 bis. Cuando de acuerdo con lo establecido en el artículo 31 bis una persona jurídica sea responsable de los delitos comprendidos en esta Sección, se le impondrán las siguientes penas:

Art. 250.3.º: V. Ley 19/1985, de 16 de julio (*BOE* n.º 172, de 19 de julio; corrección de errores en *BOE* n.º 249, de 17 de octubre), Cambiaria y del Cheque, modificada por Ley 22/2003, de 9 de julio (*BOE* n.º 164, de 10 de julio), Concursal.

Art. 251 bis: Este artículo ha sido incorporado por la LO 5/2010, de 22 de junio (*BOE* n.º 152, de 23 de junio), que entrará en vigor el próximo día 23 de diciembre de 2010.

a) Multa del triple al quíntuple de la cantidad defraudada, si el delito cometido por la persona física tiene prevista una pena de prisión de más de cinco años.

b) Multa del doble al cuádruple de la cantidad defraudada, en el resto de los casos.

Atendidas las reglas establecidas en el artículo 66 bis, los jueces y tribunales podrán asimismo imponer las penas recogidas en las letras *b*) a *g*) del apartado 7 del artículo 33.

SECCIÓN 2.ª

De la apropiación indebida

Art. 252. Serán castigados con las penas del artículo 249 ó 250, en su caso, los que en perjuicio de otro se apropiaren o distrajeren dinero, efectos, valores o cualquier otra cosa mueble o activo patrimonial que hayan recibido en depósito, comisión o administración, o por otro título que produzca obligación de entregarlos o devolverlos, o negaren haberlos recibido, cuando la cuantía de lo apropiado exceda de cuatrocientos euros. Dicha pena se impondrá en su mitad superior en el caso de depósito necesario o miserable.

Art. 253. Serán castigados con la pena de multa de tres a seis meses los que, con ánimo de lucro, se apropiaren de cosa perdida o de dueño desconocido, siempre que en ambos casos el valor de lo apropiado exceda

Art. 252: Este artículo figura redactado conforme al texto de la Ley Orgánica 15/2003, de 25 de noviembre (*BOE* n.º 283, de 26 de noviembre; corrección de errores en *BOE* n.º 65, de 16 de marzo, y n.º 80, de 2 de abril, ambos de 2004), que entró en vigor el 1 de octubre de 2004. V. arts. 623.4.º CP, 615, 616, 1.762 y 1.781 a 1.783 CC; arts. 264 y 306 C. de C.

V. art. 108 Reglamento de Ordenación Triguera de 6 de octubre de 1937 (*BOE* n.º 353, de 8 de octubre).

V. art. 59 de la Ley de 16 de diciembre de 1954 sobre hipoteca mobiliaria y prenda sin desplazamiento de posesión (*BOE* n.º 352, de 18 de diciembre).

V. art. 184 Reglamento General de Recaudación, aprobado por Real Decreto 1.684/1990, de 20 de diciembre (*BOE* n.º 3, de 3 de enero, de 1991; corrección de errores en *BOE* n.º 28, de 1 de febrero), y modificado por RD 1.065/2007, de 27 de julio (*BOE* n.º 213, de 5 de septiembre).

V., además, art. 150 Ley Orgánica del Régimen Electoral General (Apéndice 6).

Art. 253: Este artículo figura redactado conforme al texto de la Ley Orgánica 15/2003, de 25 de noviembre (*BOE* n.º 283, de 26 de noviembre; corrección de errores en *BOE* n.º 65, de 16 de marzo, y n.º 80, de 2 de abril, ambos de 2004), que entró en vigor el 1 de octubre de 2004. V. art. 623.4.º de este Código.

de 400 euros. Si se tratara de cosas de valor artístico, histórico, cultural o científico, la pena será de prisión de seis meses a dos años.

Art. 254. Será castigado con la pena de multa de tres a seis meses el que, habiendo recibido indebidamente, por error del transmitente, dinero o alguna otra cosa mueble, niegue haberla recibido o, comprobado el error, no proceda a su devolución, siempre que la cuantía de lo recibido exceda de 400 euros.

SECCIÓN 3.ª

*De las defraudaciones de fluido eléctrico y análogas**

Art. 255. Será castigado con la pena de multa de tres a doce meses el que cometiere defraudación por valor superior a 400 euros, utilizando energía eléctrica, gas, agua, telecomunicaciones u otro elemento, energía o fluido ajenos, por alguno de los medios siguientes:

1.º Valiéndose de mecanismos instalados para realizar la defraudación.

2.º Alterando maliciosamente las indicaciones o aparatos contadores.

3.º Empleando cualesquiera otros medios clandestinos.

Art. 256. El que hiciere uso de cualquier equipo terminal de telecomunicación, sin consentimiento de su titular, ocasionando a éste un perjuicio superior a 400 euros, será castigado con la pena de multa de tres a doce meses.

Art. 254: Este artículo figura redactado conforme al texto de la Ley Orgánica 15/2003, de 25 de noviembre (*BOE* n.º 283, de 26 de noviembre; corrección de errores en *BOE* n.º 65, de 16 de marzo, y n.º 80, de 2 de abril, ambos de 2004), que entró en vigor el 1 de octubre de 2004. V. art. 623.4.º de este Código.

* V. arts. 60 a 64 Reglamento de Verificaciones Eléctricas y Regularidad en el Suministro de Energía, aprobado por Decreto de 12 de marzo de 1954 (*BOE* n.º 105, de 15 de abril) y arts. 79 a 87 Reglamento General del Servicio Público de Gases Combustibles, aprobado por Decreto 2.913/1973 de 26 de octubre (*BOE* n.º 279, de 21 de noviembre).

Art. 255: Este artículo figura redactado conforme al texto de la Ley Orgánica 15/2003, de 25 de noviembre (*BOE* n.º 283, de 26 de noviembre; corrección de errores en *BOE* n.º 65, de 16 de marzo, y n.º 80, de 2 de abril, ambos de 2004), que entró en vigor el 1 de octubre de 2004. V. art. 623.4.º de este Código.

Art. 256: Este artículo figura redactado conforme al texto de la Ley Orgánica 15/2003, de 25 de noviembre (*BOE* n.º 283, de 26 de noviembre; corrección de errores en *BOE* n.º 65, de 16 de marzo, y n.º 80, de 2 de abril, ambos de 2004), que entró en vigor el 1 de octubre de 2004. V. art. 623.4.º de este Código.

CAPÍTULO VII

DE LAS INSOLVENCIAS PUNIBLES*

Art. 257. 1. Será castigado con las penas de prisión de uno a cuatro años y multa de doce a veinticuatro meses:

1.º El que se alce con sus bienes en perjuicio de sus acreedores.

2.º Quien con el mismo fin, realice cualquier acto de disposición patrimonial o generador de obligaciones que dilate, dificulte o impida la eficacia de un embargo o de un procedimiento ejecutivo o de apremio, judicial, extrajudicial o administrativo, iniciado o de previsible iniciación.

2. Lo dispuesto en el presente artículo será de aplicación cualquiera que sea la naturaleza u origen de la obligación o deuda cuya satisfacción o pago se intente eludir, incluidos los derechos económicos de los trabajadores, y con independencia de que el acreedor sea un particular o cualquier persona jurídica, pública o privada.

3. En el caso de que la deuda u obligación que se trate de eludir sea de Derecho público y la acreedora sea una persona jurídico pública, la pena a imponer será de uno a seis años y multa de doce a veinticuatro meses.

4. Las penas previstas en el presente artículo se impondrán en su mitad superior en los supuestos previstos en los ordinales 1.º, 4.º y 5.º del apartado primero del artículo 250.

5. Este delito será perseguido aun cuando tras su comisión se iniciara una ejecución concursal.

Art. 258. El responsable de cualquier hecho delictivo que, con posterioridad a su comisión, y con la finalidad de eludir el cumplimiento de las responsabilidades civiles dimanantes del mismo, realizare actos de disposición o contrajere obligaciones que disminuyan su patrimonio, haciéndose total o parcialmente insolvente, será castigado con la

---

* V. Ley 22/2003, de 9 de julio (*BOE* n.º 164, de 10 de julio), Concursal, modificada por RDL 3/2009, de 27 de marzo (*BOE* n.º 78, de 31 de marzo), y por Ley 4/2010, de 10 de marzo (*BOE* n.º 61, de 11 de marzo), para la ejecución en la Unión Europea de resoluciones policiales de decomiso.

Art. 257: Los apartados 3 y 4 han sido añadidos, y el anterior apartado 3 renumerado como 5, conforme al texto de la LO 5/2010, de 22 de junio (*BOE* n.º 152, de 23 de junio), que entrará en vigor el próximo día 23 de diciembre de 2010. La redacción que sigue vigente hasta entonces es la siguiente:

> 3. Este delito será perseguido aun cuando tras su comisión se iniciara una ejecución concursal.

pena de prisión de uno a cuatro años y multa de doce a veinticuatro meses.

Art. 259. Será castigado con la pena de uno a cuatro años de prisión y multa de doce a veinticuatro meses, el deudor que, una vez admitida a trámite la solicitud de concurso, sin estar autorizado para ello ni judicialmente ni por los administradores concursales, y fuera de los casos permitidos por la ley, realice cualquier acto de disposición patrimonial o generador de obligaciones, destinado a pagar a uno o varios acreedores, privilegiados o no, con posposición del resto.

Art. 260. 1. El que fuere declarado en concurso será castigado con la pena de prisión de dos a seis años y multa de ocho a veinticuatro meses, cuando la situación de crisis económica o la insolvencia sea causada o agravada dolosamente por el deudor o persona que actúe en su nombre.

2. Se tendrá en cuenta para graduar la pena la cuantía del perjuicio inferido a los acreedores, su número y condición económica.

3. Este delito y los delitos singulares relacionados con él, cometidos por el deudor o persona que haya actuado en su nombre, podrán perseguirse sin esperar a la conclusión del proceso civil y sin perjuicio de la continuación de éste. El importe de la responsabilidad civil derivada de dichos delitos deberá incorporarse, en su caso, a la masa.

4. En ningún caso, la calificación de la insolvencia en el proceso civil vincula a la jurisdicción penal.

Art. 261. El que en procedimiento concursal presentare, a sabiendas, datos falsos relativos al estado contable, con el fin de lograr indebidamente la declaración de aquél, será castigado con

---

Art. 259: Este artículo figura redactado conforme al texto de la Ley Orgánica 15/2003, de 25 de noviembre (*BOE* n.º 283, de 26 de noviembre; corrección de errores en *BOE* n.º 65, de 16 de marzo, y n.º 80, de 2 de abril, ambos de 2004), que entró en vigor el 1 de septiembre de 2004.

Art. 260: Este artículo figura redactado conforme al texto de la Ley Orgánica 15/2003, de 25 de noviembre (*BOE* n.º 283, de 26 de noviembre; corrección de errores en *BOE* n.º 65, de 16 de marzo, y n.º 80, de 2 de abril, ambos de 2004), que entró en vigor el 1 de septiembre de 2004. (V. su Disp. Final 5.ª) V. arts. 1.762 y 1.781 ss. CC, 1.300 y 1.302 LEC.

Art. 261: Este artículo figura redactado conforme al texto de la Ley Orgánica 15/2003, de 25 de noviembre (*BOE* n.º 283, de 26 de noviembre; corrección de errores en *BOE* n.º 65, de 16 de marzo, y n.º 80, de 2 de abril, ambos de 2004), que entró en vigor el 1 de septiembre de 2004. V. arts. 290 y 392 de este Código.

la pena de prisión de uno a dos años y multa de seis a doce meses.

Art. 261 bis. Cuando de acuerdo con lo establecido en el artículo 31 bis una persona jurídica sea responsable de los delitos comprendidos en este Capítulo, se le impondrán las siguientes penas:

a) Multa de dos a cinco años, si el delito cometido por la persona física tiene prevista una pena de prisión de más de cinco años.

b) Multa de uno a tres años, si el delito cometido por la persona física tiene prevista una pena de prisión de más de dos años no incluida en el inciso anterior.

c) Multa de seis meses a dos años, en el resto de los casos.

Atendidas las reglas establecidas en el artículo 66 bis, los jueces y tribunales podrán asimismo imponer las penas recogidas en las letras *b*) a *g*) del apartado 7 del artículo 33.

CAPÍTULO VIII

DE LA ALTERACIÓN DE PRECIOS EN CONCURSOS Y SUBASTAS PÚBLICAS*

Art. 262. 1. Los que solicitaren dádivas o promesas para

Art. 261 bis: Este artículo ha sido incorporado por la LO 5/2010, de 22 de junio (*BOE* n.º 152, de 23 de junio), que entrará en vigor el próximo día 23 de diciembre de 2010.

* Conforme al art. 65.1.º*c*) LOPJ, la Audiencia Nacional conocerá del enjuiciamiento, salvo que corresponda en primera instancia a los Juzgados Centrales de lo Penal, de las «maquinaciones para alterar el precio de las cosas que produzcan o puedan producir grave repercusión en la seguridad del tráfico mercantil, en la economía nacional o perjuicio patrimonial en una generalidad de personas en el territorio de más de una Audiencia». V. también Ley 10/1995, de 24 de abril, por la que se crea la Fiscalía Especial para la Represión de los Delitos Económicos relacionados con la Corrupción (*BOE* n.º 98, de 25 de abril); el RD 923/1995, de 9 de junio (*BOE* n.º 162, de 8 de julio), por el que se fija la plantilla orgánica de la Fiscalía Especial para la Represión de los Delitos Económicos relacionados con la Corrupción; y la Resolución de 8 de enero de 1996 (*BOE* n.º 11, de 12 de enero), de la Agencia Estatal de Administración Tributaria, por la que se crea la Unidad de Apoyo a la Fiscalía Especial para la Represión de los Delitos Económicos relacionados con la Corrupción.

Art. 262: Este artículo figura redactado conforme al texto de la Ley Orgánica 15/2003, de 25 de noviembre (*BOE* n.º 283, de 26 de noviembre; corrección de errores en *BOE* n.º 65, de 16 de marzo, y n.º 80, de 2 de abril, ambos de 2004), que entró en vigor el 1 de octubre de 2004. V. Ley 15/2007, de 3 de julio (*BOE* n.º 159, de 4 de julio), de Defensa de la Competencia; arts. 78 ss. LMV; y LCD. V., también, arts. 1.481 ss. LEC; 131 del Decreto de 8 de febrero de 1946 (*BOE* n.ºs 58 y 149, de 27 de febrero y 29 de mayo), por el que se aprueba el texto refundido de la Ley Hipotecaria, modificado por la Ley 7/1998, de 13 de abril (*BOE* n.º 89, de 14 de abril), sobre condiciones generales de la contratación; 84 de la Ley de 16 de diciembre de 1954 (*BOE* n.º 352, de 18 de diciembre), sobre hipoteca mobiliaria y prenda sin desplazamiento de posesión; y LCAP.

no tomar parte en un concurso o subasta pública; los que intentaren alejar de ella a los postores por medio de amenazas, dádivas, promesas o cualquier otro artificio; los que se concertaren entre sí con el fin de alterar el precio del remate, o los que fraudulentamente quebraren o abandonaren la subasta habiendo obtenido la adjudicación, serán castigados con la pena de prisión de uno a tres años y multa de doce a veinticuatro meses, así como inhabilitación especial para licitar en subastas judiciales entre tres y cinco años. Si se tratara de un concurso o subasta convocados por las Administraciones o entes públicos, se impondrá además al agente y a la persona o empresa por él representada la pena de inhabilitación especial que comprenderá, en todo caso, el derecho a contratar con las Administraciones públicas por un período de tres a cinco años.

2. El juez o tribunal podrá imponer alguna o algunas de las consecuencias previstas en el artículo 129 si el culpable perteneciere a alguna sociedad, organización o asociación, incluso de carácter transitorio, que se dedicare a la realización de tales actividades.

CAPÍTULO IX

DE LOS DAÑOS*

Art. 263. 1. El que causare daños en propiedad ajena no comprendidos en otros títulos de este Código, será castigado con la pena de multa de seis a veinti-

* V. arts. 1.902 a 1.910 CC; 62 y 63 LPPNA; Convenio de 29 de julio de 1960, acerca de la responsabilidad civil, en materia de energía nuclear, enmendado por el Protocolo Adicional de 28 de enero de 1964, que fue ratificado por Instrumento de 24 de junio de 1988 (*BOE* n.º 262, de 1 de noviembre de 1988); Convenio de 31 de enero de 1963, complementario al Convenio de 29 de julio de 1960, y modificado por Protocolo de 16 de noviembre de 1982 (*BOE* n.º 257 de 26 de octubre de 1991); Convención de 3 de marzo de 1980 sobre protección física de los materiales nucleares, ratificada por Instrumento de 20 de abril de 1987 (*BOE* n.º 256, de 15 de octubre de 1990).

Art. 263: El anterior contenido de este artículo ha pasado a ser su apartado 1, y el apartado 2 ha sido añadido, por la LO 5/2010, de 22 de junio (*BOE* n.º 152, de 23 de junio), que entrará en vigor el próximo día 23 de diciembre de 2010. La redacción que sigue vigente hasta entonces es la siguiente:

> *Art. 263.* El que causare daños en propiedad ajena no comprendidos en otros títulos de este Código, será castigado con la pena de multa de seis a veinticuatro meses, atendidas la condición económica de la víctima y la cuantía del daño, si éste excediera de 400 euros.

V. art. 625 de este Código.

cuatro meses, atendidas la condición económica de la víctima y la cuantía del daño, si éste excediera de 400 euros.

2. Será castigado con la pena de prisión de uno a tres años y multa de doce a veinticuatro meses el que causare daños expresados en el apartado anterior, si concurriere alguno de los supuestos siguientes:

1.º Que se realicen para impedir el libre ejercicio de la autoridad o como consecuencia de acciones ejecutadas en el ejercicio de sus funciones, bien se cometiere el delito contra funcionarios públicos, bien contra particulares que, como testigos o de cualquier otra manera, hayan contribuido o puedan contribuir a la ejecución o aplicación de las Leyes o disposiciones generales.

2.º Que se cause por cualquier medio, infección o contagio de ganado.

3.º Que se empleen sustancias venenosas o corrosivas.

4.º Que afecten a bienes de dominio o uso público o comunal.

5.º Que arruinen al perjudicado o se le coloque en grave situación económica.

Art. 264. 1. El que por cualquier medio, sin autorización y de manera grave borrase, dañase, deteriorase, alterase, suprimiese, o hiciese inaccesibles datos, programas informáticos o documentos electrónicos ajenos, cuando el resultado producido fuera grave, será castigado con la pena de prisión de seis meses a dos años.

2. El que por cualquier medio, sin estar autorizado y de manera

---

Art. 264: Este artículo figura redactado conforme al texto de la LO 5/2010, de 22 de junio (*BOE* n.º 152, de 23 de junio), que entrará en vigor el próximo día 23 de diciembre de 2010. La redacción que sigue vigente hasta entonces es la siguiente:

> *Art. 264.* 1. Será castigado con la pena de prisión de uno a tres años y multa de doce a veinticuatro meses el que causare daños expresados en el artículo anterior, si concurriere alguno de los supuestos siguientes:
>
> 1.º Que se realicen para impedir el libre ejercicio de la autoridad o en venganza de sus determinaciones, bien se cometiere el delito contra funcionarios públicos, bien contra particulares que, como testigos o de cualquier otra manera, hayan contribuido o puedan contribuir a la ejecución o aplicación de las Leyes o disposiciones generales.
>
> 2.º Que se cause por cualquier medio infección o contagio de ganado.
>
> 3.º Que se empleen sustancias venenosas o corrosivas.
>
> 4.º Que afecten a bienes de dominio o uso público o comunal.
>
> 5.º Que arruinen al perjudicado o se le coloque en grave situación económica.
>
> 2. La misma pena se impondrá al que por cualquier medio destruya, altere, inutilice o de cualquier otro modo dañe los datos, programas o documentos electrónicos ajenos contenidos en redes, soportes o sistemas informáticos.

grave obstaculizara o interrumpiera el funcionamiento de un sistema informático ajeno, introduciendo, transmitiendo, dañando, borrando, deteriorando, alterando, suprimiendo o haciendo inaccesibles datos informáticos, cuando el resultado producido fuera grave, será castigado, con la pena de prisión de seis meses a tres años.

3. Se impondrán las penas superiores en grado a las respectivamente señaladas en los dos apartados anteriores y, en todo caso, la pena de multa del tanto al décuplo del perjuicio ocasionado, cuando en las conductas descritas concurra alguna de las siguientes circunstancias:

1.º Se hubiese cometido en el marco de una organización criminal.

2.º Haya ocasionado daños de especial gravedad o afectado a los intereses generales.

4. Cuando de acuerdo con lo establecido en el artículo 31 bis una persona jurídica sea responsable de los delitos comprendidos en este artículo, se le impondrán las siguientes penas:

a) Multa del doble al cuádruple del perjuicio causado, si el delito cometido por la persona física tiene prevista una pena de prisión de más de dos años.

b) Multa del doble al triple del perjuicio causado, en el resto de los casos.

Atendidas las reglas establecidas en el artículo 66 bis, los jueces y tribunales podrán asimismo imponer las penas recogidas en las letras *b*) a *g*) del apartado 7 del artículo 33.

Art. 265. El que destruyere, dañare de modo grave, o inutilizare para el servicio, aun de forma temporal, obras, establecimientos o instalaciones militares, buques de guerra, aeronaves militares, medios de transporte o transmisión militar, material de guerra, aprovisionamiento u otros medios o recursos afectados al servicio de las Fuerzas Armadas o de las Fuerzas y Cuerpos de Seguridad, será castigado con la pena de prisión de dos a cuatro años si el daño causado excediere de cincuenta mil pesetas.

Art. 266. 1. Será castigado con la pena de prisión de uno a tres años el que cometiere los daños previstos en el artículo 263 mediante incendio, o provocando

---

Art. 265: V. arts. 57 a 62 CPM.

Art. 266: Este artículo está redactado conforme al texto extablecido por la Ley Orgánica 7/2000, de 22 de diciembre (*BOE* n.º 307, de 23 de diciembre), cuya Exposición de Motivos, en lo que a este precepto se refiere, puede verse en nota al art. 577 de este mismo Código.

explosiones o utilizando cualquier otro medio de similar potencia destructiva, o poniendo en peligro la vida o la integridad de las personas.

2. Será castigado con la pena de prisión de tres a cinco años y multa de doce a veinticuatro meses el que cometiere los daños previstos en el artículo 264, en cualquiera de las circunstancias mencionadas en el apartado anterior.

3. Será castigado con la pena de prisión de cuatro a ocho años el que cometiere los daños previstos en los artículos 265, 323 y 560, en cualquiera de las circunstancias mencionadas en el apartado 1 del presente artículo.

4. En cualquiera de los supuestos previstos en los apartados anteriores, cuando se cometieren los daños concurriendo la provocación de explosiones o la utilización de otros medios de similar potencia destructiva y, además, se pusiera en peligro la vida o integridad de las personas, la pena se impondrá en su mitad superior.

En caso de incendio será de aplicación lo dispuesto en el artículo 351.

Art. 267. Los daños causados por imprudencia grave en cuantía superior a 80.000 euros, serán castigados con la pena de multa de tres a nueve meses, atendiendo a la importancia de los mismos.

Las infracciones a que se refiere este artículo sólo serán perseguibles previa denuncia de la persona agraviada o de su representante legal. El Ministerio Fiscal también podrá denunciar cuando aquélla sea menor de edad, incapaz o una persona desvalida.

En estos casos, el perdón del ofendido o de su representante legal, en su caso, extingue la acción penal sin perjuicio de lo dispuesto en el segundo párrafo del número 5.º del apartado 1 del artículo 130 de este Código.

Art. 267: Este artículo figura redactado conforme al texto de la Ley Orgánica 15/2003, de 25 de noviembre (*BOE* n.º 283, de 26 de noviembre; corrección de errores en *BOE* n.º 65, de 16 de marzo, y n.º 80, de 2 de abril, ambos de 2004), que entró en vigor el 1 de octubre de 2004. El párrafo 3.º figura redactado conforme al texto de la LO 5/2010, de 22 de junio (*BOE* n.º 152, de 23 de junio), que entrará en vigor el próximo día 23 de diciembre de 2010. La redacción que sigue vigente hasta entonces es la siguiente:

> En estos casos, el perdón de la persona agraviada o de su representante legal extinguirá la pena o la acción penal, sin perjuicio de lo dispuesto en el segundo párrafo del número 4.º del artículo 130 de este Código.

V. arts. 1.902 ss. CC y 65 LPPNA, y nota al art. 142.2.º, y Disp. Adic. 3.ª de este Código.

CAPÍTULO X

DISPOSICIONES COMUNES A LOS CAPÍTULOS ANTERIORES

Art. 268. 1. Están exentos de responsabilidad criminal y sujetos únicamente a la civil los cónyuges que no estuvieren separados legalmente o de hecho o en proceso judicial de separación, divorcio o nulidad de su matrimonio y los ascendientes, descendientes y hermanos por naturaleza o por adopción, así como los afines en primer grado si viviesen juntos, por los delitos patrimoniales que se causaren entre sí, siempre que no concurra violencia o intimidación.

2. Esta disposición no es aplicable a los extraños que participaren en el delito.

Art. 269. La provocación, la conspiración y la proposición para cometer los delitos de robo, extorsión, estafa o apropiación indebida, serán castigadas con la pena inferior en uno o dos grados a la del delito correspondiente.

CAPÍTULO XI

DE LOS DELITOS RELATIVOS A LA PROPIEDAD INTELECTUAL E INDUSTRIAL, AL MERCADO Y A LOS CONSUMIDORES

SECCIÓN 1.ª

*De los delitos relativos a la propiedad intelectual**

Art. 270. 1. Será castigado con la pena de prisión de seis meses a dos años y multa de doce a vein-

* V. arts. 282 bis y 338 LECr. V. también Ley 19/2006, de 5 de junio (*BOE* n.º 134, de 6 de junio), por la que se amplían los medios de tutela de los derechos de propiedad intelectual e industrial y se establecen normas procesales para facilitar la aplicación de diversos reglamentos comunitarios; Orden CUL/1.079/2005, de 21 de abril (*BOE* n.º 99, de 26 de abril), por la que se dispone la publicación del Acuerdo del Consejo de Ministros, de 8 de abril de 2005, por el que se aprueba el Plan integral del Gobierno para la disminución y la eliminación de las actividades vulneradoras de la propiedad intelectual, y RD 1.228/2005, de 13 de octubre (*BOE* n.º 258, de 28 de octubre; corrección de errores en *BOE* n.º 263, de 3 de noviembre), por el que se crea y regula la Comisión intersectorial para actuar contra las actividades vulneradoras de los derechos de propiedad intelectual.

Art. 270: Este artículo figura redactado conforme al texto de la Ley Orgánica 15/2003, de 25 de noviembre (*BOE* n.º 283, de 26 de noviembre; corrección de errores en *BOE* n.º 65, de 16 de marzo, y n.º 80, de 2 de abril, ambos de 2004), que entró en vigor el 1 de octubre de 2004. El párrafo 2.º del apartado 1 ha sido añadido por la LO 5/2010, de 22 de junio (*BOE* n.º 152, de 23 de junio), que entrará en vigor el próximo día 23 de diciembre de 2010. V. arts. 20.1.º*b*) y 149.1.º9.ª CE; 428 y 429 CC; RDL 1/1996, de 12 de abril (*BOE* n.º 97, de 22 de abril), por el que se aprueba el texto refundido de la Ley de Propiedad Intelectual, regularizando, aclarando y armonizando las disposiciones legales vigentes sobre la materia, texto modificado por la Ley 5/1998, de 6 de marzo (*BOE* n.º 57, de 7 de marzo), de incorporación al Derecho español de la Directiva 96/9/CE, del Parlamento Europeo y del

ticuatro meses quien, con ánimo de lucro y en perjuicio de tercero, reproduzca, plagie, distribuya o comunique públicamente, en todo

---

Consejo, de 11 de marzo de 1996, sobre protección jurídica de las bases de datos, por la Ley 19/2006, de 5 de junio (*BOE* n.º 134, de 6 de junio), por la que se amplían los medios de tutela de los derechos de propiedad intelectual e industrial, y se establecen nomas procesales para facilitar la aplicación de diversos reglamentos comunitarios, por la Ley 23/2006, de 7 de julio (*BOE* n.º 162, de 8 de julio), por la Ley 10/2007, de 22 de junio (*BOE* n.º 150, de 23 de junio), de la lectura, del libro y de las bibliotecas, por la Ley 3/2008, de 23 de diciembre (*BOE* n.º 310, de 25 de diciembre), relativa al derecho de participación en beneficio del autor de una obra de arte original, y por la Ley 25/2009, de 22 de diciembre (*BOE* n.º 308, de 23 de diciembre), de adaptación a la Ley sobre el libre acceso a las actividades de servicio y su ejercicio; y complementado por la Sentencia del Tribunal Supremo de 1 de marzo de 2001 (*BOE* n.º 121, de 21 de mayo); su Reglamento, aprobado por RD de 3 de septiembre de 1880 (*Gaceta* n.º 250, de 6 de septiembre); Ley 10/2007, de 22 de junio (*BOE* n.º 150, de 23 de junio), de la lectura, del libro y de las bibliotecas; Ley 55/2007, de 28 de diciembre), del Cine; RD 2.062/2008, de 12 de diciembre (*BOE* n.º 10, de 12 de enero de 2009), que la desarrolla, y art. 7.º3 RD 448/1988, de 22 de abril, por el que se regula la difusión de películas cinematográficas y otras obras audiovisuales recogidas en soporte videográfico (*BOE* n.º 116, de 14 de mayo); y RD 287/1989, de 21 de marzo, por el que se desarrolla el art. 25 de la Ley de Propiedad Intelectual (*BOE* n.º 72, de 25 de marzo); Reglamento del Registro General de la Propiedad Intelectual, aprobado por RD 281/2003, de 7 de marzo (*BOE* n.º 75, de 28 de marzo de 2003), y Decretos autonómicos 138/2001, de 5 de diciembre (*BOE* n.º 14, de 16 de enero de 2002), por el que se establece el Registro de la Propiedad Intelectual del Principado de Asturias; 281/2001, de 20 de diciembre (*BOE* n.º 61, de 12 de marzo de 2002), por el que se establece el Registro Territorial de la Propiedad Intelectual de la Comunidad de Madrid y se fija la fecha en que iniciará su funcionamiento, y 48/2002, de 12 de febrero (*BOE* n.º 69, de 21 de marzo), por el que se establece el Registro Territorial de la Propiedad Intelectual de la Comunidad Autónoma de Andalucía, y Orden de 20 de noviembre de 2001 (*BOE* n.º 148, de 21 de junio de 2002), por lo que se establece el Registro de Propiedad Intelectual de Galicia.

Con referencia a la protección internacional de los derechos de autor, véanse: Convenio de 14 de julio de 1967 que establece la Organización Mundial de Propiedad Intelectual, ratificado por Instrumento de 12 de mayo de 1969 (*BOE* de 30 de enero de 1974), modificado por Anuncio de 9 de agosto de 1984 (*BOE* de 17 de agosto); Convenio de Berna para la Protección de Obras Literarias y Artísticas, revisado en París el 24 de julio de 1971 y ratificado por Instrumento de 2 de julio de 1973 (*BOE* n.ºs 81 y 260, de 4 de abril y 30 de octubre de 1974); Convenio de 29 de octubre de 1971 para la protección de los productores de fonogramas contra la reproducción no autorizada de sus fonogramas (*BOE* n.º 215, de 7 de septiembre de 1974); Convención Universal sobre los Derechos de Autor, revisada en París el 24 de julio de 1971 y ratificada —al igual que su Protocolo 2— por Instrumento de 7 de marzo de 1974 (*BOE* n.º 13, de 15 de enero de 1975); el Protocolo 1 de dicha Convención fue ratificado por Instrumento de 30 de abril de 1974 (*BOE* n.º 9, de 10 de enero de 1975); Convención Internacional de 26 de octubre de 1961 sobre la Protección de los Artistas Intérpretes o Ejecutantes, los Productores de Fonogramas y los Organismos de Radiodifusión, ratificado por Instrumento de 2 de agosto de 1991 (*BOE* n.º 273, de 14 de noviembre); Tratado de la OMPI sobre interpretación o ejecución y fonogramas, ratificado por Instrumento de 15 de septiembre de 1998

o en parte, una obra literaria, artística o científica, o su transformación, interpretación o ejecución artística fijada en cualquier tipo de soporte o comunicada a través de cualquier medio, sin la autorización de los titulares de los correspondientes derechos de propiedad intelectual o de sus cesionarios.

No obstante, en los casos de distribución al por menor, atendidas las características del culpable y la reducida cuantía del beneficio económico, siempre que no concurra ninguna de las circunstancias del artículo siguiente, el Juez podrá imponer la pena de multa de tres a seis meses o trabajos en beneficio de la comunidad de treinta y uno a sesenta días. En los mismos supuestos, cuando el beneficio no exceda de 400 euros, se castigará el hecho como falta del artículo 623.5.

2. Será castigado con la pena de prisión de seis meses a dos años y multa de doce a veinticuatro meses quien intencionadamente exporte o almacene ejemplares de las obras, producciones o ejecuciones a que se refiere el apartado anterior sin la referida autorización. Igualmente incurrirán en la misma pena los que importen intencionadamente estos productos sin dicha autorización, tanto si éstos tienen un origen lícito como ilícito en su país de procedencia; no obstante, la importación de los referidos productos de un Estado perteneciente a la Unión Europea no será punible cuando aquellos se hayan adquirido directamente del titular de los derechos en dicho Estado, o con su consentimiento.

3. Será castigado también con la misma pena quien fabrique, importe, ponga en circulación o tenga cualquier medio específicamente destinado a facilitar la supresión no autorizada o la neutralización de cualquier dispositivo técnico que se haya utilizado para proteger programas de ordenador o cualquiera de las otras obras, interpretaciones o ejecuciones en los términos previstos en el apartado 1 de este artículo.

Art. 271. Se impondrá la pena de prisión de uno a cuatro años, multa de doce a veinticuatro meses e inhabilitación especial para el ejercicio de la profesión

(*BOE* n.º 148, de 18 de junio de 2010); y Tratado de la OMPI sobre Derecho de Autor, ratificado por Instrumento de 15 de septiembre de 1998 (*BOE* n.º 148, de 18 de junio de 2010).

Art. 271: Este artículo figura redactado conforme al texto de la Ley Orgánica 15/2003, de 25 de noviembre (*BOE* n.º 283, de 26 de noviembre; corrección de errores en *BOE* n.º 65, de 16 de marzo, y n.º 80, de 2 de abril, ambos de 2004), que entró en vigor el 1 de octubre de 2004. V. nota al art. anterior.

relacionada con el delito cometido, por un período de dos a cinco años, cuando concurra alguna de las siguientes circunstancias:

a) Que el beneficio obtenido posea especial trascendencia económica.

b) Que los hechos revistan especial gravedad, atendiendo el valor de los objetos producidos ilícitamente o a la especial importancia de los perjuicios ocasionados.

c) Que el culpable perteneciere a una organización o asociación, incluso de carácter transitorio, que tuviese como finalidad la realización de actividades infractoras de derechos de propiedad intelectual.

d) Que se utilice a menores de dieciocho años para cometer estos delitos.

Art. 272. 1. La extensión de la responsabilidad civil derivada de los delitos tipificados en los dos artículos anteriores se regirá por las disposiciones de la Ley de Propiedad Intelectual relativas al cese de la actividad ilícita y a la indemnización de daños y perjuicios.

2. En el supuesto de sentencia condenatoria, el Juez o Tribunal podrá decretar la publicación de ésta, a costa del infractor, en un periódico oficial.

SECCIÓN 2.ª

*De los delitos relativos a la propiedad industrial**

Art. 273. 1. Será castigado con la pena de prisión de seis meses

---

Art. 272: V. nota al art. 270 y, especialmente, RDL 1/1996, de 12 de abril (*BOE* n.º 97, de 22 de abril), por el que se aprueba el texto refundido de la Ley de Propiedad Intelectual, modificado por la Ley 5/1998, de 6 de marzo (*BOE* n.º 57, de 7 de marzo), de incorporación al Derecho español de la Directiva 96/9/CE, del Parlamento Europeo y del Consejo, de 11 de marzo de 1996, sobre la protección jurídica de las bases de datos, por Ley 19/2006, de 5 de junio (*BOE* n.º 134, de 6 de junio), por la que se amplían los medios de tutela de los derechos de propiedad intelectual e industrial y se estabecen normas procesales para facilitar la aplicación de diversos reglamentos comunitarios, por Ley 23/2006, de 7 de julio (*BOE* n.º 162, de 8 de julio); y por Ley 3/2008, de 23 de diciembre (*BOE* n.º 310, de 25 de diciembre), relativa al derecho de participación en beneficio del autor de una obra de arte original.

* V. arts. 282 bis y 338 LECr, y Ley 19/2006, de 5 de junio (*BOE* n.º 134, de 6 de junio), por la que se amplían los medios de tutela de los derechos de propiedad intelectual e industrial y se establecen normas procesales para facilitar la aplicación de diversos reglamentos comunitarios.

Art. 273: Este artículo figura redactado conforme al texto de la Ley Orgánica 15/2003, de 25 de noviembre (*BOE* n.º 283, de 26 de noviembre; corrección de errores en *BOE* n.º 65, de 16 de marzo, y n.º 80, de 2 de abril, ambos de 2004), que entró en vigor el 1 de octubre de 2004. V. arts. 149.1.º9.ª CE; 19 Ley 3/2000, de 7 de enero (*BOE* n.º 8, de 10 de enero; corrección de errores en *BOE* n.º 33, de 8 de febrero), de régimen jurídico de la protección de las obtenciones vege-

a dos años y multa de doce a veinticuatro meses el que, con fines industriales o comerciales, sin consentimiento del titular de una patente o modelo de utilidad y con conocimiento de su registro, fabrique,

---

tales, modificada por Ley 3/2002, de 12 de marzo (*BOE* n.º 62, de 13 de marzo), y desarrollada por RD 1.261/2005, de 21 de octubre (*BOE* n.º 265, de 5 de noviembre), por el que se aprobó su Reglamento, y cuyos arts. 7.º1 y 18 han sido anulados por la Sentencia del Tribunal Supremo de 5 de junio de 2007; RD 1.270/1997, de 24 de julio (*BOE* n.º 208, de 30 de agosto), por el que se regula la Oficina Española de Patentes y Marcas, modificado por RD 397/2006, de 31 de marzo (*BOE* n.º 96, de 22 de abril); Ley 11/1986, de 20 de marzo, de Patentes (*BOE* n.º 73, de 26 de marzo [cuyo Reglamento fue aprobado por RD 2.245/1986, de 10 de octubre (*BOE* n.º 261, de 31 de octubre), y modificado por RD 245/2010, de 5 de marzo (*BOE* n.º 71, de 23 de marzo)], modificada por RD-L 8/1998, de 31 de julio (*BOE* n.º 194, de 14 de agosto), de medidas urgentes en materia de propiedad industrial, por Ley 50/1998, de 30 de diciembre (*BOE* n.º 313, de 31 de diciembre de 1998; corrección de errores en *BOE* n.º 109, de 7 de mayo de 1999), de Medidas Fiscales, Administrativas y del Orden Social; por Ley 3/2000, de 7 de enero (*BOE* n.º 8, de 10 de enero), de régimen jurídico de la protección de las obtenciones vegetales; por Ley 17/2001, de 7 de diciembre (*BOE* n.º 294, de 8 de diciembre), de Marcas, cuyo Reglamento ha sido aprobado por RD 687/2002, de 12 de julio (*BOE* n.º 167, de 13 de julio), modificado por RD 1.431/2008, de 29 de agosto (*BOE* n.º 223, de 15 de septiembre); por Ley 10/2002, de 29 de abril (*BOE* n.º 103, de 30 de abril), para la incorporación al Derecho español de la Directiva 98/44/CE, del Parlamento Europeo y del Consejo, de 6 de julio de 1998, relativa a la protección jurídica de las invenciones biotecnológicas, por Ley 20/2003, de 7 de julio (*BOE* n.º 162, de 8 de julio de 2003), de Protección Jurídica del Diseño Industrial, por Ley 19/2006, de 5 de junio (*BOE* n.º 134, de 6 de junio, por la que se amplían los medios de tutela de los derechos de propiedad intelectual e industrial y se establecen normas procesales para facilitar la aplicación de diversos reglamentos comunitarios, y por Ley 25/2009, de 22 de diciembre (*BOE* n.º 308, de 23 de diciembre), así como su Reglamento de ejecución, aprobado por RD 2.245/1986, de 10 de octubre, y modificado por RD 1.431/2008, de 29 de agosto (*BOE* n.º 223, de 15 de septiembre), y RD 1.123/1995, de 3 de julio, para la aplicación del Tratado de Cooperación en materia de patentes, elaborado en Washington el 19 de junio de 1970 (*BOE* n.º 214, de 7 de septiembre de 1995); Ley 11/1988, de 3 de mayo, de Protección Jurídica de las topografías de los productos semiconductores (*BOE* n.º 108, de 5 de mayo), cuyo Reglamento fue aprobado por RD 1.465/1988, de 2 de diciembre (*BOE* n.º 294, de 8 de diciembre); y Ley 20/2003, de 7 de julio (*BOE* n.º 162, de 8 de julio de 2003), de Protección Jurídica del Diseño Industrial, modificada por Ley 19/2006, de 5 de junio (*BOE* n.º 134, de 6 de junio); así como RD 1.937/2004, de 27 de septiembre (*BOE* n.º 250, de 16 de octubre), por el que se aprueba su Reglamento, modificado por RD 1.431/2008, de 29 de agosto (*BOE* n.º 223, de 15 de septiembre); y RD 1.370/1992, de 13 de noviembre, por el que se amplía con carácter permanente la protección jurídica de las topografías de los productos semiconductores a las personas originarias de determinados países y territorios, habiendo sido sustituido el anexo de este RD por el RD 1.166/1995, de 7 de julio (*BOE* n.º 181, de 31 de julio); RD 149/1996, de 2 de febrero (*BOE* n.º 59, de 8 de marzo), por el que se amplía la protección jurídica de las topografías de los productos semiconductores a los nacionales de los miembros de la Organización Mundial del Comercio; y RD 996/2001, de 10 de septiembre (*BOE* n.º 218, de 11 de septiembre), por el que se establece la aplicación con carácter general del procedimiento de concesión de patentes nacionales con examen previo. V., también, art. 6.º Ley 34/1988, de 11 de noviembre, General de Publicidad

importe, posea, utilice, ofrezca o introduzca en el comercio objetos amparados por tales derechos.

2. Las mismas penas se impondrán al que, de igual manera, y para los citados fines, utilice u ofrezca la utilización de un procedimiento objeto de una patente, o posea, ofrezca, introduzca en el comercio, o utilice el producto directamente obtenido por el procedimiento patentado.

3. Será castigado con las mismas penas el que realice cualquiera de los actos tipificados en el párrafo primero de este artículo concurriendo iguales circunstancias en relación con objetos amparados en favor de tercero por un modelo o dibujo industrial o artístico o topografía de un producto semiconductor.

Art. 274. 1. Será castigado con las penas de seis meses

(*BOE* n.º 274, de 15 de noviembre); LCD; RD 1.224/2005, de 13 de octubre, por el que se crea y regula la Comisión intersectorial para actuar contra las actividades vulneradoras de los derechos de propiedad industrial (*BOE* n.º 258, de 28 de octubre).

Sobre la protección internacional de la Propiedad Industrial, véanse: Tratado de Singapur sobre el Derecho de Marcas, hecho en Singapur el 27 de marzo de 2006, y ratificado por España mediante Instrumento de 6 de febrero de 2009 (*BOE* n.º 108, de 4 de mayo); Arreglo de Madrid relativo a la represión de las indicaciones de procedencia falsas o engañosas, revisado en Lisboa el 31 de octubre de 1958 y al que España se adhirió por Instrumento depositado el 14 de julio de 1967 (*BOE* n.º 25, de 29 de enero de 1974); Convenio de París de 20 de marzo de 1883, revisado en Estocolmo el 14 de julio de 1967 y ratificado por Instrumento de 13 de diciembre de 1971 (*BOE* n.º 28, de 1 de febrero de 1974); Acta de Ginebra del Arreglo de La Haya relativo al Registro Internacional de Dibujos y Modelos Industriales, y Reglamento del Acta de Ginebra, hecha en Ginebra el 2 de julio de 1999 y ratificado por Instrumento de 4 de septiembre de 2003 (*BOE* n.º 297, de 12 de diciembre); y Convenio Internacional para la Protección de las Obtenciones Vegetales, hecho en Ginebra el 19 de marzo de 1991, y ratificado por España mediante Instrumento de 1 de junio de 2007 (*BOE* n.º 173, de 20 de julio).

Art. 274: Este artículo figura redactado conforme al texto de la Ley Orgánica 15/2003, de 25 de noviembre (*BOE* n.º 283, de 26 de noviembre; corrección de errores en *BOE* n.º 65, de 16 de marzo, y n.º 80, de 2 de abril, ambos de 2004), que entró en vigor el 1 de octubre de 2004. Los apartados 1 y 2 figuran redactados conforme al texto de la LO 5/2010, de 22 de junio (*BOE* n.º 152, de 23 de junio), que entrará en vigor el próximo día 23 de diciembre de 2010. La redacción que sigue vigente hasta entonces es la siguiente:

> 1. Será castigado con la pena de seis meses a dos años de prisión y multa de doce a veinticuatro meses el que, con fines industriales o comerciales, sin consentimiento del titular de un derecho de propiedad industrial registrado conforme a la legislación de marcas y con conocimiento del registro, reproduzca, imite, modifique o de cualquier otro modo utilice un signo distintivo idéntico o confundible con aquél, para distinguir los mismos o similares productos, servicios, actividades o establecimientos para los que el derecho de propiedad industrial se encuentre registrado. Igualmente, incurrirán en la misma pena los que importen

a dos años de prisión y multa de doce a veinticuatro meses el que, con fines industriales o comerciales, sin consentimiento del titular de un derecho de propiedad industrial registrado conforme a la legislación de marcas y con conocimiento del registro, reproduzca, imite, modifique o de cualquier otro modo usurpe un signo distintivo idéntico o confundible con aquél, para distinguir los mismos o similares productos, servicios, actividades o establecimientos para los que el derecho de propiedad industrial se encuentre registrado. Igualmente, incurrirán en la misma pena los que importen estos productos.

2. Las mismas penas se impondrán al que, a sabiendas, posea para su comercialización o ponga en el comercio, productos o servicios con signos distintivos que, de acuerdo con el apartado 1 de este artículo, suponen una infracción de los derechos exclusivos del titular de los mismos, aun cuando se trate de productos importados.

No obstante, en los casos de distribución al por menor, atendidas las características del cul-

---

intencionadamente estos productos sin dicho consentimiento, tanto si éstos tienen un origen lícito como ilícito en su país de procedencia; no obstante, la importación de los referidos productos de un Estado perteneciente a la Unión Europea no será punible cuando aquéllos se hayan adquirido directamente del titular de los derechos de dicho Estado, o con su consentimiento.

2. Las mismas penas se impondrán al que, a sabiendas posea para su comercialización, o ponga en el comercio, productos o servicios con signos distintivos que, de acuerdo con el apartado 1 de este artículo, suponen una infracción de los derechos exclusivos del titular de los mismos, aun cuando se trate de productos importados del extranjero.

V. nota al art. anterior y, además, Ley 17/2001, de 7 de diciembre (*BOE* n.º 294, de 8 de diciembre), de Marcas, modificada por Ley 20/2003, de 7 de julio (*BOE* n.º 162, de 8 de julio), de Protección Jurídica del Diseño Industrial, y por Ley 19/2006, de 5 de junio (*BOE* n.º 134, de 6 de junio), por la que se amplían los medios de tutela de los derechos de propiedad intelectual e industrial y se establecen normas procesales para facilitar la aplicación de diversos reglamentos comunitarios; RD 687/2002, de 12 de julio (*BOE* n.º 167, de 13 de julio), por el que se aprueba el Reglamento para la ejecución de la Ley de Marcas, modificado por RD 1.431/2008, de 29 de agosto (*BOE* n.º 223, de 15 de septiembre); RD 1.261/2005, de 21 de octubre, por el que se aprueba el Reglamento de protección de obtenciones vegetales (*BOE* n.º 265, de 5 de noviembre); e Instrumento de 8 de abril de 1991 (*BOE* n.º 276, de 18 de noviembre de 1995), por el que se ratifica el Protocolo concerniente al Arreglo de Madrid relativo al Registro Internacional de Marcas, adoptado en Madrid el 27 de junio de 1989; y el Tratado sobre el Derecho de Marcas y Reglamento, hecho en Ginebra el 27 de octubre de 1994 y ratificado por España mediante Instrumento de 13 de noviembre de 1998 (*BOE* n.º 41, de 17 de febrero de 1999).

pable y la reducida cuantía del beneficio económico, siempre que no concurra ninguna de las circunstancias del artículo 276, el Juez podrá imponer la pena de multa de tres a seis meses o trabajos en beneficio de la comunidad de treinta y uno a sesenta días. En los mismos supuestos, cuando el beneficio no exceda de 400 euros, se castigará el hecho como falta del artículo 623.5.

3. Será castigado con la misma pena quien, con fines agrarios o comerciales, sin consentimiento del titular de un título de obtención vegetal y con conocimiento de su registro, produzca o reproduzca, acondicione con vistas a la producción o reproducción, ofrezca en venta, venda o comercialice de otra forma, exporte o importe, o posea para cualquiera de los fines mencionados, material vegetal de reproducción o multiplicación de una variedad vegetal protegida conforme a la legislación sobre protección de obtenciones vegetales.

4. Será castigado con la misma pena quien realice cualesquiera de los actos descritos en el apartado anterior utilizando, bajo la denominación de una variedad vegetal protegida, material vegetal de reproducción o multiplicación que no pertenezca a tal variedad.

Art. 275. Las mismas penas previstas en el artículo anterior se impondrán a quien intencionadamente y sin estar autorizado para ello, utilice en el tráfico económico una denominación de origen o una indicación geográfica representativa de una calidad determinada legalmente protegidas para distinguir los productos amparados por ellas,

---

Art. 275: V. arts. 4.º y 5.º Ley 34/1988, de 11 de noviembre (*BOE* n.º 274, de 15 de noviembre), General de Publicidad, y 7.º LCD; RD 1.906/1995, de 24 de noviembre (*BOE* n.º 302, de 19 de diciembre), por el que se modifica el RD 157/1988, de 22 de febrero, por el que se establece la normativa a la que deben ajustarse las denominaciones de origen y las denominaciones de origen calificadas de vinos y sus respectivos Reglamentos; RD 1.069/2007, de 27 de julio (*BOE* n.º 213, de 5 de septiembre), por el que se regula el procedimiento para la tramitación de las solicitudes de inscripción en el Registro comunitario de las denominaciones de origen protegidas y de las indicaciones geográficas protegidas y la oposición a ellas; RD 373/2001, de 6 de abril (*BOE* n.º 84, de 7 de abril), por el que se modifica el RD 2.004/1979, de 13 de julio, por el que se regula la constitución de los Consejos Reguladores de las Denominaciones de Origen y el Consejo General del Instituto Nacional de Denominaciones de Origen; y RD 409/ 2001, de 20 de abril (*BOE* n.º 114, de 12 de mayo), por el que se establecen las reglas generales de utilización de indicaciones geográficas en la designación de vinos de mesa.

con conocimiento de esta protección.

Art. 276. Se impondrá la pena de prisión de uno a cuatro años, multa de doce a veinticuatro meses e inhabilitación especial para el ejercicio de la profesión relacionada con el delito cometido, por un período de dos a cinco años, cuando concurra alguna de las siguientes circunstancias:

a) Que el beneficio obtenido posea especial trascendencia económica.

b) Que los hechos revistan especial gravedad, atendiendo al valor de los objetos producidos ilícitamente o a la especial importancia de los perjuicios ocasionados.

c) Que el culpable perteneciere a una organización o asociación, incluso de carácter transitorio, que tuviese como finalidad la realización de actividades infractoras de derechos de propiedad industrial.

d) Que se utilice a menores de dieciocho años para cometer estos delitos.

Art. 277. Será castigado con las penas de prisión de seis meses a dos años y multa de seis a veinticuatro meses, el que intencionadamente haya divulgado la invención objeto de una solicitud de patente secreta, en contravención con lo dispuesto en la legislación de patentes, siempre que ello sea en perjuicio de la defensa nacional.

SECCIÓN 3.ª

*De los delitos relativos al mercado y a los consumidores**

Art. 278. 1. El que, para descubrir un secreto de empresa se apoderare por cualquier medio de datos, documentos escritos o electrónicos, soportes informáticos u otros objetos que se refie-

---

Art. 276: Este artículo figura redactado conforme al texto de la Ley Orgánica 15/2003, de 25 de noviembre (*BOE* n.º 283, de 26 de noviembre; corrección de errores en *BOE* n.º 65, de 16 de marzo, y n.º 80, de 2 de abril, ambos de 2004), que entró en vigor el 1 de octubre de 2004.

Art. 277: V. art. 598 CP.

* V. art. 20.*a*) LCAP; RDL 1/2007, de 16 de noviembre (*BOE* n.º 287, de 30 de noviembre; corrección de errores en *BOE* n.º 38, de 13 de febrero de 2008) [modificado por Leyes 25/2009, de 22 de diciembre (*BOE* n.º 308, de 23 de diciembre), y 29/2009, de 30 de diciembre (*BOE* n.º 315, de 31 de diciembre)], por el que se aprueba el texto refundido de la Ley General para la Defensa de los Consumidores y Usuarios y otras leyes complementarias; y Ley Foral 7/2006, de 20 de junio (*BOE* n.º 172, de 20 de julio), de Defensa de los Consumidores y Usuarios de la Comunidad Foral de Navarra.

ran al mismo, o empleare alguno de los medios o instrumentos señalados en el apartado 1 del artículo 197, será castigado con la pena de prisión de dos a cuatro años y multa de doce a veinticuatro meses.

2. Se impondrá la pena de prisión de tres a cinco años y multa de doce a veinticuatro meses si se difundieren, revelaren o cedieren a terceros los secretos descubiertos.

3. Lo dispuesto en el presente artículo se entenderá sin perjuicio de las penas que pudieran corresponder por el apoderamiento o destrucción de los soportes informáticos.

Art. 279. La difusión, revelación o cesión de un secreto de empresa llevada a cabo por quien tuviere legal o contractualmente obligación de guardar reserva, se castigará con la pena de prisión de dos a cuatro años y multa de doce a veinticuatro meses.

Si el secreto se utilizara en provecho propio, las penas se impondrán en su mitad inferior.

Art. 280. El que, con conocimiento de su origen ilícito, y sin haber tomado parte en su descubrimiento, realizare alguna de las conductas descritas en los dos artículos anteriores, será castigado con la pena de prisión de uno a tres años y multa de doce a veinticuatro meses.

Art. 281. 1. El que detrajere del mercado materias primas o productos de primera necesidad con la intención de desabastecer un sector del mismo, de forzar una alteración de precios, o de perjudicar gravemente a los consumidores, será castigado con la pena de prisión de uno a cinco años y multa de doce a veinticuatro meses.

2. Se impondrá la pena superior en grado si el hecho se realiza en situaciones de grave necesidad o catastróficas.

Art. 282. Serán castigados con la pena de prisión de seis meses a un año o multa de doce a veinticuatro meses los fabricantes o comerciantes que, en

---

Art. 279: V. arts. 5.º*a*), 54.2.º*d*) y 65.2.º ET.

Art. 282: Este artículo figura redactado conforme al texto de la Ley Orgánica 15/2003, de 25 de noviembre (*BOE* n.º 283, de 26 de noviembre; corrección de errores en *BOE* n.º 65, de 16 de marzo, y n.º 80, de 2 de abril, ambos de 2004), que entró en vigor el 1 de octubre de 2004. V. RDL 1/2007, de 16 de noviembre (*BOE* n.º 287, de 30 de noviembre; corrección de errores en *BOE* n.º 38, de 13 de febrero de 2008) [modificado por Ley 29/2009, de 30 de diciembre (*BOE* n.º 315, de 31 de diciembre)], por el que se aprueba el texto refundido de la Ley General para la Defensa de los Consumidores y Usuarios y otras leyes complementarias; Ley 34/1988, de 11 de

sus ofertas o publicidad de productos o servicios, hagan alegaciones falsas o manifiesten características inciertas sobre los mismos, de modo que puedan causar un perjuicio grave y manifiesto a los consumidores, sin perjuicio de la pena que corresponda aplicar por la comisión de otros delitos.

Art. 282 bis. Los que, como administradores de hecho o de derecho de una sociedad emisora de valores negociados en los mercados de valores, falsearan la información económico-financiera contenida en los folletos de emisión de cualesquiera instrumentos financieros o las informaciones que la sociedad debe publicar y difundir conforme a la legislación del mercado de valores sobre sus recursos, actividades y negocios presentes y futuros, con el propósito de captar inversores o depositantes, colocar cualquier tipo de activo financiero, u obtener financiación por cualquier medio, serán castigados con la pena de prisión de uno a cuatro años, sin perjuicio de lo dispuesto en el artículo 308 de este Código.

En el supuesto de que se llegue a obtener la inversión, el depósito, la colocación del activo o la financiación, con perjuicio para el inversor, depositante, adquiriente de los activos financieros o acreedor, se impondrá la pena en la mitad superior. Si el perjuicio causado fuera de notoria gravedad, la pena a imponer será de uno a seis años de prisión y multa de seis a doce meses.

Art. 283. Se impondrán las penas de prisión de seis meses a un año y multa de seis a dieciocho meses a los que, en perjuicio del consumidor, facturen cantidades superiores por productos o servicios cuyo costo o precio se mida por aparatos automáticos, mediante la alteración o manipulación de éstos.

---

noviembre (*BOE* n.º 274, de 15 de noviembre), General de Publicidad, modificada por Ley 39/2002, de 28 de octubre (*BOE* n.º 259, de 29 de octubre), y por Ley 29/2009, de 30 de diciembre (*BOE* n.º 315, de 31 de diciembre); LCD; Ley 15/2007, de 3 de julio (*BOE* n.º 159, de 4 de julio), de Defensa de la Competencia; RD 864/2003, de 4 de julio (*BOE* n.º 164, de 10 de julio), por el que se aprueba el Estatuto del Tribunal de Defensa de la Competencia; y RD 3.423/ 2000, de 15 de diciembre (*BOE* n.º 311, de 28 de diciembre), por el que se regula la indicación de los precios de los productos ofrecidos a los consumidores y usuarios.

Art. 282 bis: Este artículo ha sido incorporado por la LO 5/2010, de 22 de junio (*BOE* n.º 152, de 23 de junio), que entrará en vigor el próximo día 23 de diciembre de 2010.

Art. 284. Se impondrá la pena de prisión de seis meses a dos años o multa de doce a veinticuatro meses a los que:

1.º Empleando violencia, amenaza o engaño, intentaren alterar los precios que hubieren de resultar de la libre concurrencia de productos, mercancías, títulos valores o instrumentos financieros, servicios o cualesquiera otras cosas muebles o inmuebles que sean objeto de contratación, sin perjuicio de la pena que pudiere corresponderles por otros delitos cometidos.

2.º Difundieren noticias o rumores, por sí o a través de un medio de comunicación, sobre personas o empresas en que a sabiendas se ofrecieren datos económicos total o parcialmente falsos con el fin de alterar o preservar el precio de cotización de un valor o instrumento financiero, obteniendo para sí o para tercero un beneficio económico superior a los 300.000 euros o causando un perjuicio de idéntica cantidad.

3.º Utilizando información privilegiada, realizaren transacciones o dieren órdenes de operación susceptibles de proporcionar indicios engañosos sobre la oferta, la demanda o el precio de valores o instrumentos financieros, o se aseguraren utilizando la misma información, por sí o en concierto con otros, una posición dominante en el mercado de dichos valores o instrumentos con la finalidad de fijar sus precios en niveles anormales o artificiales.

En todo caso se impondrá la pena de inhabilitación de uno a dos años para intervenir en el mercado financiero como actor, agente o mediador o informador.

Art. 284: Este artículo figura redactado conforme al texto de la LO 5/2010, de 22 de junio (*BOE* n.º 152, de 23 de junio), que entrará en vigor el próximo día 23 de diciembre de 2010. La redacción que sigue vigente hasta entonces es la siguiente:

> *Art. 284.* Se impondrá la pena de prisión de seis meses a dos años o multa de doce a veinticuatro meses, a los que, difundiendo noticias falsas, empleando violencia, amenaza o engaño, o utilizando información privilegiada, intentaren alterar los precios que habrían de resultar de la libre concurrencia de productos, mercancías, títulos valores, servicios o cualesquiera otras cosas muebles o inmuebles que sean objeto de contratación, sin perjuicio de la pena que pudiera corresponderles por otros delitos cometidos.

V. arts. 78 ss. LMV; 20.*a*) LCAP; Ley 15/2007, de 3 de julio (*BOE* n.º 159, de 4 de julio), de Defensa de la Competencia; RD 629/1993, de 3 de mayo, sobre normas de actuación en los mercados de valores y registros obligatorios, y Orden de 25 de octubre de 1995, de desarrollo parcial de dicho RD (*BOE* n.º 262, de 2 de noviembre de 1995), así como Circular 1/1996, de 27 de marzo, de la Comisión Nacional del Mercado de Valores (*BOE* n.º 86, de 9 de abril); LCD; y RD 1.333/2005, de 11 de noviembre, por el que se desarrolla la Ley 24/1988, de 28 de julio, del Mercado de Valores, en materia de abuso de mercado (*BOE* n.º 280, de 23 de noviembre).

Art. 285. 1. Quien de forma directa o por persona interpuesta usare de alguna información relevante para la cotización de cualquier clase de valores o instrumentos negociados en algún mercado organizado, oficial o reconocido, a la que haya tenido acceso reservado con ocasión del ejercicio de su actividad profesional o empresarial, o la suministrare obteniendo para sí o para un tercero un beneficio económico superior a 600.000 euros o causando un perjuicio de idéntica cantidad, será castigado con la pena de prisión de uno a cuatro años, multa del tanto al triplo del beneficio obtenido o favorecido e inhabilitación especial para el ejercicio de la profesión o actividad de dos a cinco años.

2. Se aplicará la pena de prisión de cuatro a seis años, la multa del tanto al triplo del beneficio obtenido o favorecido e inhabilitación especial para el ejercicio de la profesión o actividad de dos a cinco años, cuando en las conductas descritas en el apartado anterior concurra alguna de las siguientes circunstancias:

1.ª Que los sujetos se dediquen de forma habitual a tales prácticas abusivas.

2.ª Que el beneficio obtenido sea de notoria importancia.

3.ª Que se cause grave daño a los intereses generales.

Art. 286. 1. Será castigado con las penas de prisión de seis meses a dos años y multa de seis a veinticuatro meses el que, sin consentimiento del prestador de servicios y con fines comerciales, facilite el acceso inteligible a un servicio de radiodifusión sonora o televisiva, a servicios interactivos prestados a distancia por vía electrónica, o suministre el acceso condicional a los mismos, considerado como servicio independiente, mediante:

1.º La fabricación, importación, distribución, puesta a disposición por vía electrónica, venta, alquiler, o posesión de cualquier equipo o programa informático, no autorizado en otro Estado miembro de la Unión Europea, diseñado o adaptado para hacer posible dicho acceso.

2.º La instalación, mantenimiento o sustitución de los equi-

Art. 285: Este artículo figura redactado conforme al texto de la Ley Orgánica 15/2003, de 25 de noviembre (*BOE* n.º 283, de 26 de noviembre; corrección de errores en *BOE* n.º 65, de 16 de marzo, y n.º 80, de 2 de abril, ambos de 2004), que entró en vigor el 1 de octubre de 2004. V. arts. 81 y 99 LMV.

Art. 286: Este artículo figura redactado conforme al texto de la Ley Orgánica 15/2003, de 25 de noviembre (*BOE* n.º 283, de 26 de noviembre; corrección de errores en *BOE* n.º 65, de 16 de marzo, y n.º 80, de 2 de abril, ambos de 2004), que entró en vigor el 1 de octubre de 2004.

pos o programas informáticos mencionados en el párrafo 1.º

2. Con idéntica pena será castigado quien, con ánimo de lucro, altere o duplique el número identificativo de equipos de telecomunicaciones, o comercialice equipos que hayan sufrido alteración fraudulenta.

3. A quien, sin ánimo de lucro, facilite a terceros el acceso descrito en el apartado 1, o por medio de una comunicación pública, comercial o no, suministre información a una pluralidad de personas sobre el modo de conseguir el acceso no autorizado a un servicio o el uso de un dispositivo o programa, de los expresados en ese mismo apartado 1, incitando a lograrlos, se le impondrá la pena de multa en él prevista.

4. A quien utilice los equipos o programas que permitan el acceso no autorizado a servicios de acceso condicional o equipos de telecomunicación, se le impondrá la pena prevista en el artículo 255 de este Código con independencia de la cuantía de la defraudación.

SECCIÓN 4.ª *

De la corrupción entre particulares

Art. 286 bis. 1. Quien por sí o por persona interpuesta prometa, ofrezca o conceda a directivos, administradores, empleados o colaboradores de una empresa mercantil o de una sociedad, asociación, fundación u organización un beneficio o ventaja de cualquier naturaleza no justificados para que le favorezca a él o a un tercero frente a otros, incumpliendo sus obligaciones en la adquisición o venta de mercancías o en la contratación de servicios profesionales, será castigado con la pena de prisión de seis meses a cuatro años, inhabilitación especial para el ejercicio de industria o comercio por tiempo de uno a seis años y multa del tanto al triplo del valor del beneficio o ventaja.

2. Con las mismas penas será castigado el directivo, administrador, empleado o colaborador de una empresa mercantil, o de una sociedad, asociación, funda-

* Esta Sección ha sido incorporada por la LO 5/2010, de 22 de junio (*BOE* n.º 152, de 23 de junio), que entrará en vigor el próximo día 23 de diciembre de 2010.

Art. 286 bis: Este artículo ha sido incorporado por la LO 5/2010, de 22 de junio (*BOE* n.º 152, de 23 de junio), que entrará en vigor el próximo día 23 de diciembre de 2010. *Vid.* los Convenios Civil (n.º 174) y Penal (n.º 173), del Consejo de Europa sobre la Corrupción, hechos en Estraburgo el 4 de noviembre de 1999 y el 27 de enero de 1999, respectivamente, y ratificados por España mediante Instrumentos de 1 de diciembre de 2009 (*BOE* n.º 78, de 31 de marzo de 2010), y 26 de enero de 2010 (*BOE* n.º 182, de 28 de julio).

ción u organización que, por sí o por persona interpuesta, reciba, solicite o acepte un beneficio o ventaja de cualquier naturaleza no justificados con el fin de favorecer frente a terceros a quien le otorga o del que espera el beneficio o ventaja, incumpliendo sus obligaciones en la adquisición o venta de mercancías o en la contratación de servicios profesionales.

3. Los jueces y tribunales, en atención a la cuantía del beneficio o al valor de la ventaja, y la trascendencia de las funciones del culpable, podrán imponer la pena inferior en grado y reducir la de multa a su prudente arbitrio.

4. Lo dispuesto en este artículo será aplicable, en sus respectivos casos, a los directivos, administradores, empleados o colaboradores de una entidad deportiva, cualquiera que sea la forma jurídica de ésta, así como a los deportistas, árbitros o jueces, respecto de aquellas conductas que tengan por finalidad predeterminar o alterar de manera deliberada y fraudulenta el resultado de una prueba, encuentro o competición deportiva profesionales.

SECCIÓN 5.ª *

Disposiciones comunes a las secciones anteriores

Art. 287. 1. Para proceder por los delitos previstos en la Sección 3.ª de este Capítulo, excepto los previstos en los artículos 284 y 285, será necesaria denuncia de la persona agraviada o de sus representantes legales. Cuando aquélla sea menor de edad, incapaz o una persona desvalida, también podrá denunciar el Ministerio Fiscal.

2. No será precisa la denuncia exigida en el apartado anterior cuando la comisión del delito afecte a los intereses generales o a una pluralidad de personas.

* Anteriormente Sección 4.ª, ha sido renumerada por la LO 5/2010, de 22 de junio (*BOE* n.º 152, de 23 de junio), que entrará en vigor el próximo día 23 de diciembre de 2010.

Art. 287: Este artículo figura redactado conforme al texto de la LO 5/2010, de 22 de junio (*BOE* n.º 152, de 23 de junio), que entrará en vigor el próximo día 23 de diciembre de 2010. La redacción que sigue vigente hasta entonces es la siguiente:

Art. 287. 1. Para proceder por los delitos previstos en la sección III de este capítulo será necesaria denuncia de la persona agraviada o de sus representantes legales. Cuando aquélla sea menor de edad, incapaz o una persona desvalida, también podrá denunciar el ministerio fiscal.

2. No será precisa la denuncia exigida en el apartado anterior cuando la comisión del delito afecte a los intereses generales o a una pluralidad de personas.

Art. 288. En los supuestos previstos en los artículos anteriores se dispondrá la publicación de la sentencia en los periódicos oficiales y, si lo solicitara el perjudicado, el Juez o Tribunal podrá ordenar su reproducción total o parcial en cualquier otro medio informativo, a costa del condenado.

Cuando de acuerdo con lo establecido en el artículo 31 bis una persona jurídica sea responsable de los delitos recogidos en este Capítulo, se le impondrán las siguientes penas:

1. En el caso de los delitos previstos en los artículos 270, 271, 273, 274, 275, 276, 283, 285 y 286:

a) Multa del doble al cuádruple del beneficio obtenido o favorecido, si el delito cometido por la persona física tiene prevista una pena de prisión de más de dos años.

b) Multa del doble al triple del beneficio obtenido o favorecido, en el resto de los casos.

En el caso de los delitos previstos en los artículos 277, 278, 279, 280, 281, 282, 282 bis y 286 bis:

a) Multa de uno a tres años, si el delito cometido por la persona física tiene prevista una pena de más de dos años de privación de libertad.

b) Multa de seis meses a dos años, en el resto de los casos.

2. Atendidas las reglas establecidas en el artículo 66 bis, los jueces y tribunales podrán asimismo imponer las penas recogidas en las letras *b*) a *g*) del apartado 7 del artículo 33.

CAPÍTULO XII

DE LA SUSTRACCIÓN DE COSA PROPIA A SU UTILIDAD SOCIAL O CULTURAL

Art. 289. El que por cualquier medio destruyera, inutilizara o dañara una cosa propia de utilidad social o cultural, o de

---

Art. 288: Este artículo figura redactado conforme al texto de la LO 5/2010, de 22 de junio (*BOE* n.º 152, de 23 de junio), que entrará en vigor el próximo día 23 de diciembre de 2010. La redacción que sigue vigente hasta entonces es la siguiente:

> *Art. 288.* En los supuestos previstos en los artículos anteriores se dispondrá la publicación de la sentencia en los periódicos oficiales y, si lo solicitara el perjudicado, el Juez o Tribunal podrá ordenar su reproducción total o parcial en cualquier otro medio informativo, a costa del condenado.
>
> Además, el Juez o Tribunal, a la vista de las circunstancias del caso, podrá adoptar las medidas previstas en el artículo 129 del presente Código.

Art. 289: Este artículo figura redactado conforme al texto de la Ley Orgánica 15/2003, de 25 de noviembre (*BOE* n.º 283, de 26 de noviembre; corrección de errores en *BOE* n.º 65, de 16 de marzo, y n.º 80, de 2 de abril, ambos de 2004), que entró en vigor el 1 de octubre de 2004. V. art. 33.2.º CE, reproducido en nota al art. 228 de este Código.

cualquier modo la sustrajera al cumplimiento de los deberes legales impuestos en interés de la comunidad, será castigado con la pena de prisión de tres a cinco meses o multa de seis a diez meses.

CAPÍTULO XIII

DE LOS DELITOS SOCIETARIOS*

Art. 290. Los administradores, de hecho o de derecho, de una sociedad constituida o en formación, que falsearen las cuentas anuales u otros documentos que deban reflejar la situación jurídica o económica de la entidad, de forma idónea para causar un perjuicio económico a la misma, a alguno de sus socios, o a un tercero, serán castigados con la pena de prisión de uno a tres años y multa de seis a doce meses.

Si se llegare a causar el perjuicio económico se impondrán las penas en su mitad superior.

Art. 291. Los que, prevaliéndose de su situación mayoritaria en la Junta de accionistas

---

* V. arts. 116 ss. C. de C.; LMV; Ley 26/1988, de 29 de julio (*BOE* n.º 182, de 30 de julio; corrección de errores en *BOE* n.º 185, de 4 de agosto de 1989), sobre Disciplina e Intervención de las Entidades de Crédito, modificada por Leyes 44/2002, de 22 de noviembre (*BOE* n.º 281, de 23 de noviembre; corrección de errores en *BOE* n.º 33, de 7 de febrero de 2003), 22/2003, de 9 de julio (*BOE* n.º 164, de 10 de julio), Concursal, y por Ley 5/2009, de 29 de junio (*BOE* n.º 157, de 30 de junio); Ley 13/1989, de 26 de mayo (*BOE* n.º 129, de 31 de mayo), de Cooperativas de Crédito, modificada por Ley 3/2009, de 3 de abril (*BOE* n.º 82, de 4 de abril), sobre modificaciones estructurales de las sociedades mercantiles; RD 1.784/1996, de 19 de julio (*BOE* n.º 184, de 31 de julio), por el que se aprueba el Reglamento del Registro Mercantil, modificado por RD 685/2005, de 10 de junio (*BOE* n.º 139, de 11 de junio); Ley 1/1994, de 11 de marzo, de Régimen Jurídico de Sociedades de Garantía Recíproca, y RD 2.345/1996, de 8 de noviembre, por el que se dictan normas de autorización administrativa y requisitos de solvencia de estas sociedades (*BOE* n.º 281, de 21 de noviembre); RD-L 1/2010, de 2 de julio (*BOE* n.º 161, de 3 de julio), por el que se aprueba el texto refundido de la Ley de Sociedades de Capital; Ley 1/1999, de 5 de enero (*BOE* n.º 5, de 6 de enero), reguladora de las Entidades de Capital-Riesgo y de sus sociedades gestoras; RD 692/1996, de 26 de abril (*BOE* de 24 de mayo), sobre el régimen jurídico de los establecimientos financieros de crédito; RD 1.251/1999, de 16 de julio, sobre sociedades anónimas deportivas (*BOE* n.º 170, de 17 de julio; corrección de errores en *BOE* n.º 174, de 22 de julio); y Circular 1/1998, de 10 de junio (*BOE* n.º 146, de 19 de junio; corrección de erratas en *BOE* n.º 173, de 21 de julio), de la Comisión Nacional del Mercado de Valores, modificada por Circular 2/2000, de 30 de mayo (*BOE* n.º 141, de 13 de junio), sobre sistemas internos de control, seguimiento y evaluación continuada de riesgos.

o el órgano de administración de cualquier sociedad constituida o en formación, impusieren acuerdos abusivos, con ánimo de lucro propio o ajeno, en perjuicio de los demás socios, y sin que reporten beneficios a la misma, serán castigados con la pena de prisión de seis meses a tres años o multa del tanto al triplo del beneficio obtenido.

Art. 292. La misma pena del artículo anterior se impondrá a los que impusieren o se aprovecharen para sí o para un tercero, en perjuicio de la sociedad o de alguno de sus socios, de un acuerdo lesivo adoptado por una mayoría ficticia, obtenida por abuso de firma en blanco, por atribución indebida del derecho de voto a quienes legalmente carezcan del mismo, por negación ilícita del ejercicio de este derecho a quienes lo tengan reconocido por la Ley, o por cualquier otro medio o procedimiento semejante, y sin perjuicio de castigar el hecho como corresponde si constituyese otro delito.

Art. 293. Los administradores de hecho o de derecho de cualquier sociedad constituida o en formación, que sin causa legal negaren o impidieren a un socio el ejercicio de los derechos de información, participación en la gestión o control de la actividad social, o suscripción preferente de acciones reconocidos por las Leyes, serán castigados con la pena de multa de seis a doce meses.

Art. 294. Los que, como administradores de hecho o de derecho de cualquier sociedad constituida o en formación, sometida o que actúe en mercados sujetos a supervisión administrativa, negaren o impidieren la actuación de las personas, órganos o entidades inspectoras o supervisoras, serán castigados con la pena de prisión de seis meses a tres años o multa de doce a veinticuatro meses.

Además de las penas previstas en el párrafo anterior, la autoridad judicial podrá decretar algunas de las medidas previstas en el artículo 129 de este Código.

Art. 295. Los administradores de hecho o de derecho o los socios de cualquier sociedad constituida o en formación, que en beneficio propio o de un tercero, con abuso de las funciones propias de su cargo, dispongan fraudulentamente de los bienes

Art. 294: V. la Resolución de 10 de julio de 2003 (*BOE* n.º 171, de 18 de julio), del Consejo de la Comisión Nacional del Mercado de Valores, por la que se aprueba el Reglamento de Régimen Interior de la Comisión Nacional del Mercado de Valores.

de la sociedad o contraigan obligaciones a cargo de ésta causando directamente un perjuicio económicamente evaluable a sus socios, depositarios, cuentapartícipes o titulares de los bienes, valores o capital que administren, serán castigados con la pena de prisión de seis meses a cuatro años, o multa del tanto al triplo del beneficio obtenido.

Art. 296. 1. Los hechos descritos en el presente capítulo, sólo serán perseguibles mediante denuncia de la persona agraviada o de su representante legal. Cuando aquélla sea menor de edad, incapaz o una persona desvalida, también podrá denunciar el Ministerio Fiscal.

2. No será precisa la denuncia exigida en el apartado anterior cuando la comisión del delito afecte a los intereses generales o a una pluralidad de personas.

Art. 297. A los efectos de este capítulo se entiende por sociedad toda cooperativa, Caja de Ahorros, mutua, entidad financiera o de crédito, fundación, sociedad mercantil o cualquier otra entidad de análoga naturaleza que para el cumplimiento de sus fines participe de modo permanente en el mercado.

CAPÍTULO XIV

DE LA RECEPTACIÓN Y EL BLANQUEO DE CAPITALES *

Art. 298. 1. El que, con ánimo de lucro y con conocimiento de la comisión de un delito contra el patrimonio o el orden socioeconómico, en el que no haya intervenido ni como autor ni como cómplice, ayude a los responsables a aprovecharse de los efectos del mismo, o reciba, adquiera u oculte tales efectos, será castigado con la pena de prisión de seis meses a dos años.

2. Esta pena se impondrá en su mitad superior a quien reciba, adquiera u oculte los efectos del delito para traficar con ellos. Si el tráfico se realizase utilizando un establecimiento o local comercial

---

* La rúbrica de este Capítulo figura redactada conforme al texto de la LO 5/2010, de 22 de junio (*BOE* n.º 152, de 23 de junio), que entrará en vigor el próximo día 23 de diciembre de 2010. La redacción que sigue vigente hasta entonces es la siguiente:

De la receptación y otras conductas afines.

Art. 298: Este artículo figura redactado conforme al texto de la Ley Orgánica 15/2003, de 25 de noviembre (*BOE* n.º 283, de 26 de noviembre; corrección de errores en *BOE* n.º 65, de 16 de marzo, y n.º 80, de 2 de abril, ambos de 2004), que entró en vigor el 1 de octubre de 2004.

o industrial, se impondrá, además, la pena de multa de doce a veinticuatro meses. En estos casos los Jueces o Tribunales, atendiendo a la gravedad del hecho y a las circunstancias personales del delincuente, podrán imponer también a éste la pena de inhabilitación especial para el ejercicio de su profesión o industria, por tiempo de dos a cinco años, y acordar la medida de clausura temporal o definitiva del establecimiento o local. Si la clausura fuese temporal, su duración no podrá exceder de cinco años.

3. En ningún caso podrá imponerse pena privativa de libertad que exceda de la señalada al delito encubierto. Si éste estuviese castigado con pena de otra naturaleza, la pena privativa de libertad será sustituida por la de multa de doce a veinticuatro meses, salvo que el delito encubierto tenga asignada pena igual o inferior a ésta; en tal caso, se impondrá al culpable la pena de aquel delito en su mitad inferior.

Art. 299. 1. El que con ánimo de lucro y con conocimiento de la comisión de hechos constitutivos de falta contra la propiedad, habitualmente se aprovechara o auxiliara a los culpables para que se beneficien de los efectos de las mismas, será castigado con la pena de prisión de seis meses a un año.

2. Si los efectos los recibiere o adquiriere para traficar con ellos, se impondrá la pena en su mitad superior y, si se realizaran los hechos en local abierto al público, se impondrá, además, la multa de doce a veinticuatro meses. En estos casos los jueces o tribunales, atendiendo a la gravedad del hecho y a las circunstancias personales del delincuente, podrán imponer también a éste la pena de inhabilitación especial para el ejercicio de su profesión o industria por tiempo de uno a tres años, y acordar la medida de clausura temporal o definitiva del establecimiento o local. Si la clausura fuese temporal, su duración no podrá exceder de cinco años.

Art. 300. Las disposiciones de este capítulo se aplicarán aun cuando el autor o el cómplice del hecho de que provengan los efectos aprovechados fuera irresponsable o estuviera personalmente exento de pena.

Art. 299: Este artículo figura redactado conforme al texto de la Ley Orgánica 15/2003, de 25 de noviembre (*BOE* n.º 283, de 26 de noviembre; corrección de errores en *BOE* n.º 65, de 16 de marzo, y n.º 80, de 2 de abril, ambos de 2004), que entró en vigor el 1 de octubre de 2004.

Art. 301. 1. El que adquiera, posea, utilice, convierta, o transmita bienes, sabiendo que éstos tienen su origen en una acti-

---

Art. 301: Este artículo figura redactado conforme al texto de la Ley Orgánica 15/2003, de 25 de noviembre (*BOE* n.º 283, de 26 de noviembre; corrección de errores en *BOE* n.º 65, de 16 de marzo, y n.º 80, de 2 de abril, ambos de 2004), que entró en vigor el 1 de octubre de 2004. El apartado 1 figura redactado conforme al texto de la LO 5/2010, de 22 de junio (*BOE* n.º 152, de 23 de junio), que entrará en vigor el próximo día 23 de diciembre de 2010. La redacción que sigue vigente hasta entonces es la siguiente:

> 1. El que adquiera, convierta o transmita bienes, sabiendo que éstos tienen su origen en un delito, o realice cualquier otro acto para ocultar o encubrir su origen ilícito, o para ayudar a la persona que haya participado en la infracción o infracciones a eludir las consecuencias legales de sus actos, será castigado con la pena de prisión de seis meses a seis años y multa del tanto al triplo del valor de los bienes. En estos casos, los jueces o tribunales, atendiendo a la gravedad del hecho y a las circunstancias personales del delincuente, podrán imponer también a éste la pena de inhabilitación especial para el ejercicio de su profesión o industria por tiempo de uno a tres años, y acordar la medida de clausura temporal o definitiva del establecimiento o local. Si la clausura fuese temporal, su duración no podrá exceder de cinco años.
>
> La pena se impondrá en su mitad superior cuando los bienes tengan su origen en alguno de los delitos relacionados con el tráfico de drogas tóxicas, estupefacientes o sustancias psicotrópicas descritos en los artículos 368 a 372 de este Código.
>
> En estos supuestos se aplicarán las disposiciones contenidas en el artículo 374 de este Código.

V. Ley 12/2003, de 21 de mayo (*BOE* n.º 122, de 22 de mayo), de bloqueo de la financiación del terrorismo, modificada por Ley 10/2010, de 28 de abril; Ley 19/2003, de 4 de julio (*BOE* n.º 160, de 5 de julio), sobre régimen jurídico de los movimientos de capitales y de las transacciones económicas con el exterior y sobre determinadas medidas de prevención del blanqueo de capitales (Apéndice 2 de esta obra), modificada por Ley 10/2010, de 28 de abril; Ley 10/2010, de 28 de abril (*BOE* n.º 103, de 29 de abril), de prevención del blanqueo de capitales y de la financiación del terrorismo; RD 925/1995, de 9 de junio (*BOE* n.º 160, de 6 de julio; correcciones de errores en *BOE* n.os 172 y 260, de 20 de julio y 31 de octubre), modificado por RD 54/2005, de 21 de enero (*BOE* n.º 19, de 22 de enero; corrección de errores en *BOE* n.º 22, de 26 de enero), por el que se aprueba el Reglamento de la Ley 19/1993, de 28 de diciembre (derogada); la Orden de 24 de octubre de 2002 (*BOE* n.º 260, de 30 de octubre), del Ministerio de Economía [modificada por Orden EHA/1.464/2010, de 28 de mayo (*BOE* n.º 138, de 7 de junio)], que desarrolla las obligaciones de comunicación de operaciones al Servicio Ejecutivo de la Comisión de Prevención del Blanqueo de Capitales e Infracciones Monetarias; la Orden de 3 de mayo de 2006 (*BOE* n.º 114, de 13 de mayo), del Ministerio de Economía y Hacienda, reguladora de la declaración de movimientos de medios de pago en el ámbito de la prevención del blanqueo de capitales; la Orden EHA/2.619/2006, de 28 de julio (*BOE* n.º 190, de 10 de agosto), por la que se desarrollan determinadas obligaciones de prevención de blanqueo de capitales de los sujetos obligados que realicen actividad de cambio de moneda o gestión de transferencias con el exterior; y la Orden EHA/2444/2007, de 31 de julio (*BOE* n.º 190, de 9 de agosto), por la que se desarrolla el Reglamento en relación con el informe de experto externo sobre los procedimientos y órganos de control interno y comunicación establecidos para prevenir el blanqueo de capitales. V., también,

vidad delictiva, cometida por él o por cualquiera tercera persona, o realice cualquier otro acto para ocultar o encubrir su origen ilícito, o para ayudar a la persona que haya participado en la infracción o infracciones a eludir las consecuencias legales de sus actos, será castigado con la pena de prisión de seis meses a seis años y multa del tanto al triplo del valor de los bienes. En estos casos, los jueces o tribunales, atendiendo a la gravedad del hecho y a las circunstancias personales del delincuente, podrán imponer también a éste la pena de inhabilitación especial para el ejercicio de su profesión o industria por tiempo de uno a tres años, y acordar la medida de clausura temporal o definitiva del establecimiento o local. Si la clausura fuese temporal, su duración no podrá exceder de cinco años.

La pena se impondrá en su mitad superior cuando los bienes tengan su origen en alguno de los delitos relacionados con el tráfico de drogas tóxicas, estupefacientes o sustancias psicotrópicas descritos en los artículos 368 a 372 de este Código. En estos supuestos se aplicarán las disposiciones contenidas en el artículo 374 de este Código.

También se impondrá la pena en su mitad superior cuando los bienes tengan su origen en alguno de los delitos comprendidos en los Capítulos V, VI, VII, VIII, IX y X del Título XIX o en algu-

---

la Ley 17/2003, de 29 de marzo (*BOE* n.º 129, de 30 de mayo), por la que se regula el Fondo de bienes decomisados por tráfico ilícito de drogas y otros delitos relacionados; los arts. 263 bis y 282 bis LECr., reproducidos en nota al art. 368 de este Código; el Convenio relativo al blanqueo, seguimiento, embargo y decomiso de los productos del delito, hecho en Estrasburgo el 8 de noviembre de 1990 y ratificado por España mediante Instrumento de 22 de julio de 1998 (*BOE* n.º 252, de 21 de octubre); el Protocolo establecido sobre la base del art. K.3 del Tratado de la Unión Europea, sobre la definición del concepto de blanqueo de capitales, hecho en Bruselas el 12 de marzo de 1999 (*BOE* n.º 142, de 11 de junio de 2010); las Instrucciones de 10 de diciembre de 1999 (*BOE* n.º 311, de 29 de diciembre) y 30 de noviembre de 2004 (*BOE* n.º 3, de 4 de enero de 2005), de la Dirección General de los Registros y del Notariado, sobre obligaciones de los Notarios y Registradores de la Propiedad y Mercantiles en materia de prevención del blanqueo de capitales; la Orden EHA/2.963/2005, de 20 de septiembre (*BOE* n.º 229, de 24 de septiembre), reguladora del Órgano Centralizado de Prevención en materia de blanqueo de capitales en el Consejo General del Notariado; la Orden EHA/114/2008, de 29 de enero (*BOE* n.º 27, de 31 de enero), reguladora del cumplimiento de determinadas obligaciones de los notarios en el ámbito de la prevención del blanqueo de capitales; y la Resolución de 10 de septiembre de 2008 (*BOE* n.º 238, de 2 de octubre), de la Dirección General del Tesoro y Política Financiera, por la que se publica el Acuerdo de 14 de julio de 2008, de la Comisión de Prevención del Blanqueo de Capitales e Infracciones Monetarias, por el que se determinan las jurisdicciones que establecen requisitos equivalentes a los de la legislación española de prevención del blanqueo de capitales.

no de los delitos del Capítulo I del Título XVI.

2. Con las mismas penas se sancionará, según los casos, la ocultación o encubrimiento de la verdadera naturaleza, origen, ubicación, destino, movimiento o derechos sobre los bienes o propiedad de los mismos, a sabiendas de que proceden de alguno de los delitos expresados en el apartado anterior o de un acto de participación en ellos.

3. Si los hechos se realizasen por imprudencia grave, la pena será de prisión de seis meses a dos años y multa del tanto al triplo.

4. El culpable será igualmente castigado aunque el delito del que provinieren los bienes, o los actos penados en los apartados anteriores hubiesen sido cometidos, total o parcialmente, en el extranjero.

5. Si el culpable hubiera obtenido ganancias, serán decomisadas conforme a las reglas del artículo 127 de este Código.

Art. 302. 1. En los supuestos previstos en el artículo anterior se impondrán las penas privativas de libertad en su mitad superior a las personas que pertenezcan a una organización dedicada a los fines señalados en los mismos, y la pena superior en grado a los jefes, administradores o encargados de las referidas organizaciones.

2. En tales casos, cuando de acuerdo con lo establecido en el artículo 31 bis sea responsable una persona jurídica, se le impondrán las siguientes penas:

a) Multa de dos a cinco años, si el delito cometido por la persona física tiene prevista una pena de prisión de más de cinco años.

b) Multa de seis meses a dos años, en el resto de los casos.

Atendidas las reglas establecidas en el artículo 66 bis, los jue-

---

Art. 302: Este artículo figura redactado conforme al texto de la Ley Orgánica 15/2003, de 25 de noviembre (*BOE* n.º 283, de 26 de noviembre; corrección de errores en *BOE* n.º 65, de 16 de marzo, y n.º 80, de 2 de abril, ambos de 2004), que entró en vigor el 1 de octubre de 2004. El apartado 2 figura redactado conforme al texto de la LO 5/2010, de 22 de junio (*BOE* n.º 152, de 23 de junio), que entrará en vigor el próximo día 23 de diciembre de 2010. La redacción que sigue vigente hasta entonces es la siguiente:

> 2. En tales casos, los jueces o tribunales impondrán, además de las penas correspondientes, la de inhabilitación especial del reo para el ejercicio de su profesión o industria por tiempo de tres a seis años, el comiso de los bienes objeto del delito y de los productos y beneficios obtenidos directa o indirectamente del acto delictivo, y podrán decretar, asimismo, alguna de las medidas siguientes:
>
> *a*) La aplicación de cualquiera de las medidas previstas en el artículo 129 de este Código.
>
> *b*) La pérdida de la posibilidad de obtener subvenciones o ayudas públicas y del derecho a gozar de beneficios o incentivos fiscales o de la Seguridad Social, durante el tiempo que dure la mayor de las penas privativas de libertad impuesta.

ces y tribunales podrán asimismo imponer las penas recogidas en las letras *b*) a *g*) del apartado 7 del artículo 33.

Art. 303. Si los hechos previstos en los artículos anteriores fueran realizados por empresario, intermediario en el sector financiero, facultativo, funcionario público, trabajador social, docente o educador, en el ejercicio de su cargo, profesión u oficio, se le impondrá, además de la pena correspondiente, la de inhabilitación especial para empleo o cargo público, profesión u oficio, industria o comercio, de tres a diez años. Se impondrá la pena de inhabilitación absoluta de diez a veinte años cuando los referidos hechos fueren realizados por autoridad o agente de la misma.

A tal efecto, se entiende que son facultativos los médicos, psicólogos, las personas en posesión de títulos sanitarios, los veterinarios, los farmacéuticos y sus dependientes.

Art. 304. La provocación, la conspiración y la proposición para cometer los delitos previstos en los artículos 301 a 303 se castigará, respectivamente, con la pena inferior en uno o dos grados.

TÍTULO XIV

De los delitos contra la Hacienda Pública y contra la Seguridad Social*

Art. 305. 1. El que, por acción u omisión, defraude a la Hacienda Pública estatal, autonómica, foral o local, eludiendo

* V. art. 31.1 CE; art. 36 Ley 50/1977, de 14 de noviembre (*BOE* n.º 274, de 16 de noviembre); Ley 58/2003, de 17 de diciembre (*BOE* n.º 302, de 18 de diciembre), General Tributaria, modificada por Ley 36/2006, de 29 de noviembre (*BOE* n.º 286, de 30 de noviembre; corrección de errores en *BOE* n.º 58, de 8 de marzo de 2007), por Ley 17/2009, de 23 de noviembre (*BOE* n.º 283, de 24 de noviembre), y por Ley 22/2009, de 18 de diciembre (*BOE* n.º 305, de 19 de diciembre); LIRPF, RIRPF, y Ley 4/2008, de 23 de diciembre (*BOE* n.º 310, de 25 de diciembre); RDL 4/2004, de 5 de marzo (*BOE* n.º 61, de 11 de marzo; corrección de errores en *BOE* n.º 73, de 25 de marzo), por el que se aprueba el texto refundido de la Ley del Impuesto sobre Sociedades (modificado por Leyes 23/2005, de 18 de noviembre —*BOE* n.º 277 de 19 de noviembre—; LIRPF; Ley 36/2006, de 29 de noviembre —*BOE* n.º 286, de 30 de noviembre; corrección de errores en *BOE* n.º 58, de 8 de marzo de 2007—; Ley 16/2007, de 4 de julio —*BOE* n.º 160, de 5 de julio—, Ley Orgánica 8/2007, de 4 de julio —*BOE* n.º 160, de 5 de julio—, Ley 4/2008, de 23 de diciembre —*BOE* n.º 310, de 25 de noviembre—; RDL 3/2009, de

el pago de tributos, cantidades retenidas o que se hubieran debido retener o ingresos a cuenta de retribuciones en especie obte-

---

27 de marzo —*BOE* n.º 78, de 31 de marzo—; Ley 2/2010, de 1 de marzo —*BOE* n.º 53, de 2 de marzo; corrección de errores en *BOE* n.º 128, de 26 de mayo—; y RDL 6/2010, de 9 de abril —*BOE* n.º 89, de 13 de abril; correcciones de errores en *BOE* n.os 93 y 95, de 17 y 20 de abril—; RD 1.777/2004, de 30 de julio (*BOE* n.º 189, de 6 de agosto), por el que se aprueba su Reglamento, modificado por RD 1.122/2005, de 26 de septiembre (*BOE* n.º 239, de 6 de octubre), por RD 1.576/2006, de 22 de diciembre (*BOE* n.º 306, de 23 de diciembre), por RD 1.793/2008, de 3 de noviembre (*BOE* n.º 278, de 18 de noviembre; corrección de errores en *BOE* n.º 305, de 19 de diciembre), y por RD 897/2010, de 9 de julio (*BOE* n.º 167, de 10 de julio), y por RD 897/2010, de 9 de julio (*BOE* n.º 167, de 10 de julio); RDL 5/2004, de 5 de marzo (*BOE* n.º 62, de 12 de marzo), por el que se aprueba el texto refundido de la Ley del Impuesto sobre la Renta de no Residentes, modificado por la LIRPF, la Ley 36/2006, de 29 de noviembre (*BOE* n.º 286, de 30 de noviembre; corrección de errores en *BOE* n.º 58, de 8 de marzo de 2007), la Ley 4/2008, de 23 de diciembre (*BOE* n.º 310, de 25 de diciembre), y la Ley 2/2010, de 1 de marzo (*BOE* n.º 53, de 2 de marzo; corrección de errores en *BOE* n.º 128, de 26 de mayo); RD 1.776/2004, de 30 de julio (*BOE* n.º 188, de 5 de agosto), por el que se aprueba su Reglamento, modificado por RD 1.576/2006, de 22 de diciembre (*BOE* n.º 306, de 23 de diciembre), y por RD 1.804/2008, de 3 de noviembre (*BOE* n.º 278, de 18 de noviembre); RD 1.794/ 2008, de 3 de noviembre (*BOE* n.º 278, de 18 de noviembre), por el que se aprueba el Reglamento de procedimientos amistosos en materia de imposición directa; Disp. Adic. 1.ª4 de la Ley 14/1985, de 29 de mayo, de Régimen Fiscal de Determinados Activos Financieros (*BOE* n.º 129, de 30 de mayo); RD 2.063/2004, de 15 de octubre (*BOE* n.º 260, de 28 de octubre), por el que se aprueba el Reglamento general del régimen sancionador tributario, modificado por RD 1.804/2008, de 3 de noviembre; Título VIII del RD Legislativo 781/1986, de 18 de abril, por el que se aprueba el texto refundido de las disposiciones legales vigentes en materia de Régimen Local (*BOE* n.os 96 y 97, de 22 y 23 de abril); RD 1.065/2007, de 27 de julio (*BOE* n.º 213, de 5 de septiembre), por el que se aprueba el Reglamento General de las actuaciones y los procedimientos de gestión e inspección tributaria y de desarrollo de las normas comunes de los procedimientos de aplicación de los tributos, modificado por RD 1.804/2008, de 3 de noviembre (*BOE* n.º 278, de 18 de noviembre), por RD 2.126/ 2008, de 26 de diciembre (*BOE* n.º 312, de 27 de diciembre), por RD 2.004/2009, de 23 de diciembre (*BOE* n.º 313, de 29 de diciembre; corrección de errores en *BOE* n.º 315, de 31 de diciembre), y por RD 192/2010, de 26 de febrero (*BOE* n.º 53, de 2 de marzo); arts. 87 y 170 ss. LIVA, y RIVA; LIE; art. 54 de la Ley 21/2001, de 27 de diciembre (*BOE* n.º 313, de 31 de diciembre), por la que se regulan las medidas fiscales y administrativas del nuevo sistema de financiación de las Comunidades Autónomas de régimen común y Ciudades con Estatuto de Autonomía; art. 5.º Convenio Europeo de Extradición, reproducido con nota al Preámbulo de la LE (Apéndice 4); Ley 10/1995, de 24 de abril, por la que se crea la Fiscalía Especial para la Represión de los Delitos Económicos relacionados con la Corrupción (*BOE* n.º 98, de 25 de abril); RD 923/ 1995, de 9 de junio (*BOE* n.º 162, de 8 de julio), por el que se fija la plantilla orgánica de la Fiscalía Especial para la Represión de los Delitos Económicos relacionados con la Corrupción; Resolución de 8 de enero de 1996 (*BOE* n.º 11, de 12 de enero), de la Agencia Estatal de Administración Tributaria, por la que se crea la Unidad de Apoyo a la Fiscalía Espe-

niendo indebidamente devoluciones o disfrutando beneficios fiscales de la misma forma, siempre que la cuantía de la cuota defraudada, el importe no ingresado de las retenciones o ingresos a cuenta o de las devoluciones o beneficios fiscales indebidamente obtenidos o disfrutados exceda de ciento vein-

---

cial para la Represión de los Delitos Económicos relacionados con la Corrupción; art. 20.*a*) LCAP; y Resolución de 27 de octubre de 1998, de la Presidencia de la Agencia Estatal de Administración Tributaria, por la que se crea la Oficina Nacional de Investigación del Fraude (*BOE* n.º 266, de 6 de noviembre).

Respecto de la Seguridad Social, v. arts. 41 y 129.1 CE, RDL 1/1994, de 20 de junio (*BOE* n.º 154, de 29 de junio), por el que se aprueba el Texto refundido de la Ley General de la Seguridad Social, modificado por la Ley 13/1996, de 30 de diciembre, de medidas fiscales, administrativas y del orden social (*BOE* n.º 315, de 31 de diciembre); por la Ley 50/1998, de 30 de diciembre (*BOE* n.º 313, de 31 de diciembre de 1998; corrección de errores en *BOE* n.º 109, de 7 de mayo de 1999), del mismo nombre, por la Ley 36/1999, de 18 de octubre (*BOE* n.º 250, de 19 de octubre), por la Ley 39/1999, de 5 de noviembre (*BOE* n.º 266, de 6 de noviembre); por Ley 55/1999, de 29 de diciembre (*BOE* n.º 312, de 30 de diciembre; corrección de erratas en *BOE* n.º 54, de 3 de marzo de 2000); por Ley 14/2000, de 29 de diciembre (*BOE* n.º 313, de 30 de diciembre); por Ley 24/2001, de 27 de diciembre (*BOE* n.º 313, de 31 de diciembre; corrección de errores en *BOE* n.º 124, de 24 de mayo de 2002); por el RD-L 2/2003, de 25 de abril (*BOE* n.º 100, de 26 de abril, corrección de errores en *BOE* n.º 109, de 7 de mayo); por Ley 12/2003, de 21 de mayo (*BOE* n.º 122, de 22 de mayo), de prevención y bloqueo de la financiación del terrorismo; por Ley 22/2003, de 9 de julio (*BOE* n.º 164, de 10 de julio), Concursal; por Ley 36/2003, de 11 de noviembre (*BOE* n.º 271, de 12 de noviembre), de medidas de reforma económica; por Ley 62/2003, de 30 de diciembre (*BOE* n.º 313, de 31 de diciembre); por Ley 30/2005, de 29 de diciembre (*BOE* n.º 312, de 30 de diciembre; corrección de errores en *BOE* n.º 76, de 30 de marzo), de Presupuestos Generales del Estado para 2006; y por Ley 40/2007, de 4 de diciembre (*BOE* n.º 291, de 5 de diciembre), de medidas en materia de Seguridad Social; la Orden de 11 de enero de 1996, sobre Bases de Cotización a la Seguridad Social, Desempleo y Fondo de Garantía Salarial; y la Disp. Adic. 1.ª del RD 1.804/2008, de 3 de noviembre (*BOE* n.º 278, de 18 de noviembre).

Art. 305: Este artículo figura redactado conforme al texto de la Ley Orgánica 15/2003, de 25 de noviembre (*BOE* n.º 283, de 26 de noviembre; corrección de errores en *BOE* n.º 65, de 16 de marzo, y n.º 80, de 2 de abril, ambos de 2004), que entró en vigor el 1 de octubre de 2004; salvo el párrafo 1.º de su apartado 1, y su apartado 5, que han sido redactado y añadido, respectivamente, por la LO 5/2010, de 22 de junio (*BOE* n.º 152, de 23 de junio), que entrará en vigor el próximo día 23 de diciembre de 2010. La redacción del párrafo 1.º del apartado 1 que sigue vigente hasta entonces es la siguiente:

> El que, por acción u omisión, defraude a la Hacienda Pública estatal, autonómica, foral o local, eludiendo el pago de tributos, cantidades retenidas o que se hubieran debido retener o ingresos a cuenta de retribuciones en especie obteniendo indebidamente devoluciones o disfrutando beneficios fiscales de la misma forma, siempre que la cuantía de la cuota defraudada, el importe no ingresado de las retenciones o ingresos a cuenta o de las devoluciones o beneficios fiscales indebidamente obtenidos o disfrutados exceda de 120.000 euros, será castigado con la pena de prisión de uno a cuatro años y multa del tanto al séxtuplo de la citada cuantía.

te mil euros, será castigado con la pena de prisión de uno a cinco años y multa del tanto al séxtuplo de la citada cuantía.

Las penas señaladas en el párrafo anterior se aplicarán en su mitad superior cuando la defraudación se cometiere concurriendo alguna de las circunstancias siguientes:

a) La utilización de persona o personas interpuestas de manera que quede oculta la identidad del verdadero obligado tributario.

b) La especial trascendencia y gravedad de la defraudación atendiendo al importe de lo defraudado o a la existencia de una estructura organizativa que afecte o pueda afectar a una pluralidad de obligados tributarios.

Además de las penas señaladas, se impondrá al responsable la pérdida de la posibilidad de obtener subvenciones o ayudas públicas y del derecho a gozar de beneficios o incentivos fiscales o de la Seguridad Social durante un período de tres a seis años.

2. A los efectos de determinar la cuantía mencionada en el apartado anterior, si se trata de tributos, retenciones, ingresos a cuenta o devoluciones, periódicos o de declaración periódica, se estará a lo defraudado en cada período impositivo o de declaración, y si éstos son inferiores a doce meses, el importe de lo defraudado se referirá al año natural. En los demás supuestos, la cuantía se entenderá referida a cada uno de los distintos conceptos por los que un hecho imponible sea susceptible de liquidación.

3. Las mismas penas se impondrán cuando las conductas descritas en el apartado 1 de este artículo se cometan contra la Hacienda de la Comunidad Europea, siempre que la cuantía defraudada excediera de 50.000 euros.

4. Quedará exento de responsabilidad penal el que regularice su situación tributaria, en relación con las deudas a que se refiere el apartado primero de este artículo, antes de que se le haya notificado por la Administración Tributaria la iniciación de actuaciones de comprobación tendentes a la determinación de las deudas tributarias objeto de regularización, o en el caso de que tales actuaciones no se hubieran producido, antes de que el Ministerio Fiscal, el Abogado del Estado o el representante procesal de la Administración autonómica, foral o local de que se trate, interponga querella o denuncia contra aquél dirigida, o

---

Art. 305.4: V. Disp. Final 5.ª de este Código.

cuando el Ministerio Fiscal o el Juez de Instrucción realicen actuaciones que le permitan tener conocimiento formal de la iniciación de diligencias.

La exención de responsabilidad penal contemplada en el párrafo anterior alcanzará igualmente a dicho sujeto por las posibles irregularidades contables u otras falsedades instrumentales que, exclusivamente en relación a la deuda tributaria objeto de regularización, el mismo pudiera haber cometido con carácter previo a la regularización de su situación tributaria.

5. En los procedimientos por el delito contemplado en este artículo, para la ejecución de la pena de multa y la responsabilidad civil, que comprenderá el importe de la deuda tributaria que la Administración Tributaria no haya podido liquidar por prescripción u otra causa legal en los términos previstos en la Ley General Tributaria, incluidos sus intereses de demora, los jueces y tribunales recabarán el auxilio de los servicios de la Administración Tributaria que las exigirá por el procedimiento administrativo de apremio en los términos establecidos en la citada ley.

Art. 306. El que por acción u omisión defraude a los presupuestos generales de la Unión Europea u otros administrados por ésta, en cuantía superior a cincuenta mil euros, eludiendo el pago de cantidades que se deban ingresar, o dando a los fondos obtenidos una aplicación distinta de aquella a que estuvieren destinados, será castigado con la pena de prisión de uno a cinco años y multa del tanto al séxtuplo de la citada cuantía.

Art. 306: Este artículo figura redactado conforme al texto de la LO 5/2010, de 22 de junio (*BOE* n.º 152, de 23 de junio), que entrará en vigor el próximo día 23 de diciembre de 2010. La redacción que sigue vigente hasta entonces es la siguiente:

> *Art. 306.* El que por acción u omisión defraude a los presupuestos generales de la Comunidad Europea u otros administrados por ésta, en cuantía superior a 50.000 euros, eludiendo el pago de cantidades que se deban ingresar, o dando a los fondos obtenidos una aplicación distinta de aquella a que estuvieren destinados, será castigado con la pena de prisión de uno a cuatro años y multa del tanto al séxtuplo de la citada cuantía.

V. arts. 309 y 628 de este Código, y Convenio establecido sobre la base del art. K.3 del Tratado de la Unión Europea, relativo a la protección de los intereses financieros de las Comunidades Europeas, hecho en Bruselas el 26 de julio de 1995, y sus Protocolos, hecho el primero en Dublín el 27 de septiembre de 1996 (*BOE* n.º 180, de 29 de julio de 2003), y el segundo en Bruselas el 10 de junio de 1997 (*BOE* n.º 286, de 27 de noviembre de 2009).

Art. 307. 1. El que, por acción u omisión, defraude a la Seguridad Social eludiendo el pago de las cuotas de ésta y conceptos de recaudación conjunta, obteniendo indebidamente devoluciones de las mismas o disfrutando de deducciones por cualquier concepto asimismo de forma indebida, siempre que la cuantía de las cuotas defraudadas o de las devoluciones o deducciones indebidas exceda de ciento veinte mil euros será castigado con la pena de prisión de uno a cinco años y multa del tanto al séxtuplo de la citada cuantía.

Las penas señaladas en el párrafo anterior se aplicarán en su mitad superior cuando la defraudación se cometa concurriendo alguna de las circunstancias siguientes:

a) La utilización de persona o personas interpuestas de manera que quede oculta la identidad del verdadero obligado frente a la Seguridad Social.

b) La especial trascendencia y gravedad de la defraudación atendiendo al importe de lo defraudado o a la existencia de una estructura organizativa que afecte o pueda afectar a una pluralidad de obligados frente a la Seguridad Social.

2. A los efectos de determinar la cuantía mencionada en el apartado anterior, se estará a lo defraudado en cada liquidación, devolución o deducción, refiriéndose al año natural el importe de lo defraudado cuando aquéllas correspondan a un período inferior a doce meses.

3. Quedará exento de responsabilidad penal el que regularice su situación ante la Seguridad Social, en relación con las deudas a que se refiere el apartado primero de este artículo, antes de que se le haya notificado la iniciación de actuaciones inspectoras dirigidas a la determinación de dichas deudas o, en caso de

---

Art. 307: Este artículo figura redactado conforme al texto de la Ley Orgánica 15/2003, de 25 de noviembre (*BOE* n.º 283, de 26 de noviembre; corrección de errores en *BOE* n.º 65, de 16 de marzo, y n.º 80, de 2 de abril, ambos de 2004), que entró en vigor el 1 de octubre de 2004. El párrafo 1.º del apartado 1 figura redactado conforme al texto de la LO 5/2010, de 22 de junio (*BOE* n.º 152, de 23 de junio), que entrará en vigor el próximo día 23 de diciembre de 2010. La redacción que sigue vigente hasta entonces es la siguiente:

> El que, por acción u omisión, defraude a la Seguridad Social eludiendo el pago de las cuotas de ésta y conceptos de recaudación conjunta, obteniendo indebidamente devoluciones de las mismas o disfrutando de deducciones por cualquier concepto asimismo de forma indebida, siempre que la cuantía de las cuotas defraudadas o de las devoluciones o deducciones indebidas exceda de 120.000 euros será castigado con la pena de prisión de uno a cuatro años y multa del tanto al séxtuplo de la citada cuantía.

Art. 307.3: V. Disp. Final 5.ª de este Código.

que tales actuaciones no se hubieran producido, antes de que el Ministerio Fiscal o el Letrado de la Seguridad Social interponga querella o denuncia contra aquél dirigida.

La exención de responsabilidad penal contemplada en el párrafo anterior alcanzará igualmente a dicho sujeto por las posibles falsedades instrumentales que, exclusivamente en relación a la deuda objeto de regularización, el mismo pudiera haber cometido con carácter previo a la regularización de su situación.

Art. 308. 1. El que obtenga subvenciones, desgravaciones o ayudas de las Administraciones públicas de más de ciento veinte mil euros falseando las condiciones requeridas para su concesión u ocultando las que la hubiesen impedido, será castigado con la pena de prisión de uno a cinco años y multa del tanto al séxtuplo de su importe.

Para la determinación de la cantidad defraudada se estará al año natural y deberá tratarse de subvenciones obtenidas para el fomento de la misma actividad

---

Art. 308: Este artículo figura redactado conforme al texto de la Ley Orgánica 15/2003, de 25 de noviembre (*BOE* n.º 283, de 26 de noviembre; corrección de errores en *BOE* n.º 65, de 16 de marzo, y n.º 80, de 2 de abril, ambos de 2004), que entró en vigor el 1 de octubre de 2004. Los apartados 1 y 2 figuran redactados conforme al texto de la LO 5/2010, de 22 de junio (*BOE* n.º 152, de 23 de junio), que entrará en vigor el próximo día 23 de diciembre de 2010. La redacción que sigue vigente hasta entonces es la siguiente:

> 1. El que obtenga una subvención, desgravación o ayuda de las Administraciones públicas de más de 80.000 euros falseando las condiciones requeridas para su concesión u ocultando las que la hubiesen impedido, será castigado con la pena de prisión de uno a cuatro años y multa del tanto al séxtuplo de su importe.
>
> 2. Las mismas penas se impondrán al que, en el desarrollo de una actividad subvencionada con fondos de las Administraciones públicas cuyo importe supere los 80.000 euros, incumpla las condiciones establecidas alterando sustancialmente los fines para los que la subvención fue concedida.

V. Ley 38/2003, de 17 de noviembre (*BOE* n.º 276, de 18 de noviembre), General de Subvenciones, modificada por Ley 24/2005, de 18 de noviembre (*BOE* n.º 277, de 19 de noviembre), de reformas para el impulso a la productividad, y por RDL 6/2010, de 9 de abril (*BOE* n.º 89, de 13 de abril; correcciones de errores en *BOE* n.ºs 93 y 95, de 17 y 20 de abril), y desarrollada por RD 887/2006, de 21 de julio (*BOE* n.º 176, de 25 de julio; corrección de errores en *BOE* n.º 270, de 11 de noviembre), por el que se aprueba su Reglamento; Ley Foral 11/2005, de 9 de noviembre (*BOE* n.º 304, de 21 de diciembre), de Subvenciones de Navarra; Ley 7/2005, de 18 de noviembre (*BOE* n.º 133, de 5 de junio de 2006), de subvenciones de la Comunidad Autónoma de la Región de Murcia; Ley 10/2006, de 17 de julio (*BOE* n.º 203, de 25 de agosto), de Subvenciones de Cantabria; y Ley 5/2008, de 25 de septiembre (*BOE* n.º 250, de 16 de octubre), de subvenciones de la Comunidad de Castilla y León.

privada subvencionable, aunque procedan de distintas Administraciones o entidades públicas.

2. Las mismas penas se impondrán al que, en el desarrollo de una actividad subvencionada con fondos de las Administraciones públicas cuyo importe supere los ciento veinte mil euros, incumpla las condiciones establecidas alterando sustancialmente los fines para los que la subvención fue concedida.

3. Además de las penas señaladas, se impondrá al responsable la pérdida de la posibilidad de obtener subvenciones o ayudas públicas y del derecho a gozar de beneficios o incentivos fiscales o de la Seguridad Social durante un período de tres a seis años.

4. Quedará exento de responsabilidad penal, en relación con las subvenciones, desgravaciones o ayudas a que se refieren los apartados primero y segundo de este artículo, el que reintegre las cantidades recibidas, incrementadas en un interés anual equivalente al interés legal del dinero aumentado en dos puntos porcentuales, desde el momento en que las percibió, antes de que se le haya notificado la iniciación de actuaciones de inspección o control en relación con dichas subvenciones, desgravaciones o ayudas o, en el caso de que tales actuaciones no se hubieran producido, antes de que el Ministerio Fiscal, el Abogado del Estado o el representante de la Administración autonómica o local de que se trate interponga querella o denuncia contra aquél dirigida.

La exención de responsabilidad penal contemplada en el párrafo anterior alcanzará igualmente a dicho sujeto por las posibles falsedades instrumentales que, exclusivamente en relación a la deuda objeto de regularización, el mismo pudiera haber cometido con carácter previo a la regularización de su situación.

Art. 309. El que obtenga indebidamente fondos de los presupuestos generales de la Unión Europea u otros administrados por ésta, en cuantía superior a cin-

---

Art. 308.4: V. Disp. Final 5.ª de este Código.

Art. 309: Este artículo figura redactado conforme al texto de la LO 5/2010, de 22 de junio (*BOE* n.º 152, de 23 de junio), que entrará en vigor el próximo día 23 de diciembre de 2010. La redacción que sigue vigente hasta entonces es la siguiente:

> *Art. 309.* El que obtenga indebidamente fondos de los presupuestos generales de la Comunidad Europea u otros administrados por ésta, en cuantía superior a 50.000 euros, falseando las condiciones requeridas para su concesión u ocultando las que la hubieran impedido, será castigado con la pena de prisión de uno a cuatro años y multa del tanto al séxtuplo de la citada cuantía.

V. arts. 307 y 628 de este Código.

cuenta mil euros, falseando las condiciones requeridas para su concesión u ocultando las que la hubieran impedido, será castigado con la pena de prisión de uno a cinco años y multa del tanto al séxtuplo de la citada cuantía.

Art. 310. Será castigado con la pena de prisión de cinco a siete meses el que estando obligado por ley tributaria a llevar contabilidad mercantil, libros o registros fiscales:

a) Incumpla absolutamente dicha obligación en régimen de estimación directa de bases tributarias.

b) Lleve contabilidades distintas que, referidas a una misma actividad y ejercicio económico, oculten o simulen la verdadera situación de la empresa.

c) No hubiere anotado en los libros obligatorios negocios, actos, operaciones o, en general, transacciones económicas, o los hubiese anotado con cifras distintas a las verdaderas.

d) Hubiere practicado en los libros obligatorios anotaciones contables ficticias.

La consideración como delito de los supuestos de hecho, a que se refieren los párrafos *c*) y *d*) anteriores, requerirá que se hayan omitido las declaraciones tributarias o que las presentadas fueren reflejo de su falsa contabilidad y que la cuantía, en más o menos, de los cargos o abonos omitidos o falseados exceda, sin compensación aritmética entre ellos, de 240.000 euros por cada ejercicio económico.

Art. 310 bis. Cuando de acuerdo con lo establecido en el artículo 31 bis una persona jurídica sea responsable de los delitos recogidos en este Título, se le impondrán las siguientes penas:

a) Multa del doble al cuádruple de la cantidad defraudada o indebidamente obtenida, si el delito cometido por la persona física tiene prevista una pena de prisión de más de dos años.

b) Multa de seis meses a un año, en los supuestos recogidos en el artículo 310.

Atendidas las reglas establecidas en el artículo 66 bis, los jueces y tribunales podrán asimismo imponer las penas recogidas en las letras *b*) a *g*) del apartado 7 del artículo 33.

Art. 310: Este artículo figura redactado conforme al texto de la Ley Orgánica 15/2003, de 25 de noviembre (*BOE* n.º 283, de 26 de noviembre; corrección de errores en *BOE* n.º 65, de 16 de marzo, y n.º 80, de 2 de abril, ambos de 2004), que entró en vigor el 1 de octubre de 2004.

Art. 310 bis: Este artículo ha sido incorporado por la LO 5/2010, de 22 de junio (*BOE* n.º 152, de 23 de junio), que entrará en vigor el próximo día 23 de diciembre de 2010.

TÍTULO XV

De los delitos contra los derechos de los trabajadores*

Art. 311. Serán castigados con las penas de prisión de seis meses a tres años y multa de seis a doce meses:

1.º Los que, mediante engaño o abuso de situación de necesidad impongan a los trabajadores a su servicio condiciones laborales o de Seguridad Social que perjudiquen, supriman o restrinjan los derechos que tengan reconocidos por disposiciones legales, convenios colectivos o contrato individual.

2.º Los que en el supuesto de transmisión de empresas, con conocimiento de los procedimientos descritos en el apartado anterior, mantengan las referidas condiciones impuestas por otro.

3.º Si las conductas reseñadas en los apartados anteriores se

---

* V. art. 20.*a*) LCAP.

Art. 311: V. arts. 35.1.º y 41 CE, Ley 51/1980, de 8 de octubre (*BOE* n.º 250, de 17 de octubre), Básica de Empleo; ET; y RD 1.659/1998, de 24 de julio (*BOE* n.º 192, de 12 de agosto), por el que se desarrolla su art. 8.º5, en materia de información al trabajador sobre los elementos esenciales del contrato de trabajo; Real Decreto Legislativo 5/2000, de 4 de agosto (*BOE* n.º 189, de 8 de agosto; corrección de errores en *BOE* n.º 228, de 22 de septiembre), por el que se aprueba el texto refundido de la Ley sobre Infracciones y Sanciones en el Orden Social, modificado por Ley 14/2000, de 29 de diciembre (*BOE* n.º 313, de 30 de diciembre), por Ley 24/2001, de 27 de diciembre (*BOE* n.º 313, de 31 de diciembre; corrección de errores en *BOE* n.º 124, de 24 de marzo de 2002); por Ley 54/2003, de 12 de diciembre (*BOE* n.º 298, de 13 de diciembre); por Ley 62/2003, de 30 de diciembre (*BOE* n.º 313, de 31 de diciembre); por RD-L 5/2006, de 9 de junio (*BOE* n.º 141, de 14 de junio), por RD 306/2007, de 2 de marzo (*BOE* n.º 67, de 19 de marzo), y por Ley Orgánica 3/2007, de 22 de marzo (*BOE* n.º 71, de 23 de marzo), para la igualdad efectiva de mujeres y hombres; Ley 42/1997, de 14 de noviembre (*BOE* n.º 274, de 15 de noviembre), Ordenadora de la Inspección de Trabajo y Seguridad Social, y RD 928/1998, de 14 de mayo (*BOE* n.º 132, de 3 de junio), modificado por RD 689/2005, de 10 de junio (*BOE* n.º 149, de 23 de junio; corrección de errores en *BOE* n.º 205, de 27 de agosto), por el que se aprueba el Reglamento general sobre procedimientos para la imposición de sanciones por infracciones de orden social y para los expedientes liquidatorios de cuotas de la Seguridad Social, y por RD 103/2010, de 5 de febrero (*BOE* n.º 47, de 23 de febrero); art. 20.*d*) LCAP; RDL 1/1994, de 20 de junio (*BOE* n.º 154, de 29 de junio), por el que se aprueba el Texto Refundido de la Ley General de la Seguridad Social, modificado por las Leyes 13/1996, de 30 de diciembre, de medidas fiscales, administrativas y del orden social (*BOE* n.º 315, de 31 de diciembre), 50/1998, de 30 de diciembre (*BOE* n.º 313, de 31 de diciembre; corrección de errores en *BOE* n.º 109, de 7 de mayo de 1999); 36/1999, de 18 de octubre (*BOE* n.º 266, de 6 de noviembre), y 55/1999, de 29 de diciembre (*BOE* n.º 54, de 3 de marzo de 2000); y Orden de 11 de enero de 1996, sobre Bases de Cotización a la Seguridad Social, Desempleo y Fondo de Garantía Salarial.

llevaren a cabo con violencia o intimidación se impondrán las penas superiores en grado.

Art. 312. 1. Serán castigados con las penas de prisión de dos a cinco años y multa de seis a doce meses, los que trafiquen de manera ilegal con mano de obra.

2. En la misma pena incurrirán quienes recluten personas o las determinen a abandonar su puesto de trabajo ofreciendo empleo o condiciones de trabajo engañosas o falsas, y quienes empleen a súbditos extranjeros sin permiso de trabajo en condiciones que perjudiquen, supriman o restrinjan los derechos que tuviesen reconocidos por disposiciones legales, convenios colectivos o contrato individual.

Art. 312: El primer apartado de este artículo figura redactado conforme al texto dado por la LO 4/2000, de 11 de enero (*BOE* n.º 10, de 12 de enero; corrección de errores en *BOE* n.º 20, de 24 de enero), sobre derechos y libertades de los extranjeros en España y su integración social. V. art. 54 Ley 33/1971, de 21 de julio (*BOE* n.º 175, de 23 de julio), de Emigración; Ley 12/2009, de 30 de octubre (*BOE* n.º 263, de 31 de octubre), reguladora del derecho de asilo y de la protección subsidiaria; LO 4/2000, de 11 de enero (*BOE* n.º 10, de 12 de enero; corrección de errores en *BOE* n.º 20, de 24 de enero), sobre derechos y libertades de los extranjeros en España y su integración social, modificada por Ley Orgánica 8/2000, de 22 de diciembre (*BOE* n.º 307, de 23 de diciembre; corrección de errores en *BOE* n.º 47, de 23 de febrero de 2001), por LO 11/2003, de 29 de septiembre (*BOE* n.º 234, de 30 de septiembre), por LO 14/2003, de 20 de noviembre (*BOE* n.º 279, de 21 de noviembre), y por LO 2/2009, de 11 de diciembre (*BOE* n.º 299, de 12 de diciembre), y especialmente su art. 57; Orden de 11 de abril de 1996 (*BOE* n.º 93, de 17 de abril), del Ministerio de Justicia e Interior, sobre exenciones de visado; Resolución de 15 de abril de 1996 (*BOE* n.º 93, de 17 de abril; corrección de errores en *BOE* n.º 108, de 4 de mayo), de la Subsecretaría del Ministerio de la Presidencia, por la que se dispone la publicación del Acuerdo del Consejo de Ministros de 12 de abril de 1996, por el que se desarrolla el proceso de documentación de extranjeros en situación irregular; y Resolución de 17 de abril de 1996 (*BOE* n.º 100, de 25 de abril), de la Dirección General de Migraciones, por la que se establece la correspondencia entre permisos de trabajo cuando se ejercite la opción prevista en la Disp. Trans. 2.ª del RD 155/1996. V. también art. 282 bis LECr., reproducido en nota al art. 368 de este Código, y Protocolo de 15 de noviembre de 2000 contra el tráfico ilícito de migrantes por tierra, mar y aire, que complementa la Convención de las Naciones Unidas contra la delincuencia organizada transnacional, ratificado por Instrumento de 21 de febrero de 2002 (*BOE* n.º 295, de 10 de diciembre de 2003); así como Convenio relativo a la profundización de la cooperación transfronteriza, en particular en materia de lucha contra el terrorismo, la delincuencia transfronteriza y la migración ilegal, de 27 de mayo de 2005, ratificado por Instrumento de 18 de julio de 2006 (*BOE* n.º 307, de 25 de diciembre); y Convenio del Consejo de Europa sobre la lucha contra la trata de seres humanos, hecho en Varsovia el 16 de mayo de 2005, y ratificado por España mediante Instrumento de 23 de febrero de 2009 (*BOE* n.º 219, de 10 de septiembre).

Art. 313. El que determinare o favoreciere la emigración de alguna persona a otro país simulando contrato o colocación, o usando de otro engaño semejante, será castigado con la pena prevista en el artículo anterior.

Art. 314. Los que produzcan una grave discriminación en el empleo, público o privado, contra alguna persona por razón de su ideología, religión o creencias, su pertenencia a una etnia, raza o nación, su sexo, orientación sexual, situación familiar, enfermedad o minusvalía, por ostentar la representación legal o sindical de los trabajadores, por el parentesco con otros trabajadores de la empresa o por el uso de alguna de las lenguas oficiales dentro del Estado español, y no restablezcan la situación de igualdad ante la ley tras requerimiento o sanción administrativa, reparando los daños económicos que se hayan derivado, serán castigados con la pena de prisión de seis meses a dos años o multa de doce a veinticuatro meses.

Art. 315. 1. Serán castigados con las penas de prisión de seis meses a tres años y multa

---

Art. 313: Este artículo figura redactado conforme al texto de la LO 5/2010, de 22 de junio (*BOE* n.º 152, de 23 de junio), que entrará en vigor el próximo día 23 de diciembre de 2010. La redacción que sigue vigente hasta entonces es la siguiente:

> *Art. 313. 1.* El que promoviere o favoreciere por cualquier medio la inmigración clandestina de trabajadores a España, o a otro país de la Unión Europea, será castigado con la pena prevista en el artículo anterior.
>
> 2. Con la misma pena será castigado el que, simulando contrato o colocación, o usando de otro engaño semejante, determinare o favoreciere la emigración de alguna persona a otro país.

Art. 314: Este artículo figura redactado conforme al texto de la Ley Orgánica 15/2003, de 25 de noviembre (*BOE* n.º 283, de 26 de noviembre; corrección de errores en *BOE* n.º 65, de 16 de marzo, y n.º 80, de 2 de abril, ambos de 2004), que entró en vigor el 1 de octubre de 2004. V. Protocolo número 12 al Convenio para la Protección de los Derechos Humanos y de las Libertades Fundamentales, de 4 de noviembre de 2000, ratificado por Instrumento de 25 de enero de 2008 (*BOE* n.º 64, de 14 de marzo).

Art. 315: El art. 28 CE dispone lo siguiente:

«1. Todos tienen derecho a sindicarse libremente. La Ley podrá limitar o exceptuar el ejercicio de este derecho a las Fuerzas o Institutos armados o a los demás Cuerpos sometidos a disciplina militar y regulará las peculiaridades de su ejercicio para los funcionarios públicos. La libertad sindical comprende el derecho a fundar sindicatos y a afiliarse al de su elección, así como el derecho de los sindicatos a formar confederaciones y a fundar organizaciones sindicales internacionales o afiliarse a las mismas. Nadie podrá ser obligado a afiliarse a un sindicato.

»2. Se reconoce el derecho a la huelga de los trabajadores para la defensa de sus intereses. La Ley que regule el ejercicio de este derecho establecerá las garantías precisas para asegurar el manteni-

de seis a doce meses los que mediante engaño o abuso de situación de necesidad, impidieren o limitaren el ejercicio de la libertad sindical o el derecho de huelga.

2. Si las conductas reseñadas en el apartado anterior se llevaren a cabo con fuerza, violencia o intimidación se impondrán las penas superiores en grado.

3. Las mismas penas del apartado segundo se impondrán a los que, actuando en grupo, o individualmente pero de acuerdo con otros, coaccionen a otras personas a iniciar o continuar una huelga.

Art. 316. Los que con infracción de las normas de prevención de riesgos laborales y estando

---

miento de los servicios esenciales de la comunidad.»

V., además de lo citado en las notas precedentes, art. 23.4 DUDH; art. 22.1 PIDCP; art. 5.º Carta Social Europea de 18 de octubre de 1961, ratificada por Instrumento de 29 de abril de 1980 (*BOE* n.º 153, de 26 de junio; corrección de errores en *BOE* n.º 192, de 12 de agosto de 1980). V., además, arts. 1.º ss. Real Decreto-Ley 17/1977, de 4 de marzo, sobre Relaciones de Trabajo (*BOE* n.º 58, de 9 de mayo); art. 4.º1 ET; LO 11/1985, de 2 de agosto, de Libertad Sindical (*BOE* n.º 189, de 8 de agosto).

Art. 316: V., además de lo citado en las notas precedentes, Ley 31/1995, de 8 de noviembre (*BOE* n.º 269, de 10 de noviembre), de Prevención de Riesgos Laborales, modificada por Leyes 50/1998, de 30 de diciembre (*BOE* n.º 313, de 31 de diciembre; corrección de errores en *BOE* n.º 109, de 7 de mayo de 1999), 39/1999, de 5 de noviembre (*BOE* n.º 266, de 6 de noviembre), 54/2003, de 12 de diciembre (*BOE* n.º 298, de 13 de diciembre), y 30/2005, de 29 de diciembre (*BOE* n.º 312, de 30 de diciembre; corrección de errores en *BOE* n.º 76, de 30 de marzo), de Presupuestos Generales del Estado para 2006; por RDL 5/2000, de 4 de agosto (*BOE* n.º 189, de 8 de agosto; corrección de errores en *BOE* n.º 228, de 22 de septiembre); por Ley Orgánica 3/2007, de 22 de marzo (*BOE* n.º 71, de 23 de marzo), para la igualdad efectiva de mujeres y hombres; y por Ley 25/2009, de 22 de diciembre (*BOE* n.º 308, de 23 de diciembre); y desarrollada por RRDD 485, 486, 487 y 488/1997, todos ellos de 14 de abril, y 773/1997, de 30 de mayo, sobre disposiciones mínimas de seguridad y salud en distintas actividades laborales (*BOE* n.º 97, de 23 de abril, y *BOE* n.º 140, de 12 de junio, corrección de erratas en *BOE* n.º 171, de 18 de julio), modificado el primero de ellos por RD 2.177/2004, de 12 de noviembre (*BOE* n.º 274, de 13 de noviembre); por RRDD 664 y 665/1997, ambos de 12 de mayo, sobre protección de los trabajadores frente a diversos riesgos (*BOE* n.º 124, de 24 de mayo), actualizado el primero de ellos por Orden de 25 de marzo de 1998 (*BOE* n.º 76, de 30 de marzo; corrección de erratas en *BOE* n.º 90, de 15 de abril), y el segundo por RD 1.124/2000, de 16 de junio (*BOE* n.º 145, de 17 de junio), y por RD 349/2003, de 21 de marzo (*BOE* n.º 82, de 5 de abril); por RD 1.215/1997, de 18 de julio (*BOE* n.º 188, de 7 de agosto), por el que se establecen las disposiciones mínimas de seguridad y salud para la utilización por los trabajadores de los equipos de trabajo, modificado por RD 2.177/2004, de 12 de noviembre (*BOE* n.º 274, de 13 de noviembre); por RRDD 1.389/1997, de 5 de septiembre, y 1.627/ 1997, de 24 de octubre (*BOE* n.ºs 240 y 256, de 7 y 25 de octubre, respectivamente), sobre disposiciones mínimas de seguridad y salud en actividades mineras y en obras de construcción, modificado por RD 2.177/2004, de 12 de noviembre (*BOE* n.º 274, de 13 de noviembre), y por RD 604/2006, de 19 de mayo (*BOE* n.º 127, de 29 de mayo);

---

por RRDD 216/1999, de 5 de febrero, y 258/1999, de 12 de febrero (*BOE* n.º 47, de 24 de febrero, en ambos casos, con corrección de errores del segundo en *BOE* n.º 103, de 30 de abril), por los que se establecen condiciones mínimas sobre la protección de la salud en el ámbito de las empresas de trabajo temporal, y respecto de los trabajadores del mar, respectivamente; por RD 374/2001, de 6 de abril (*BOE* n.º 104, de 1 de mayo; corrección de erratas en *BOE* n.os 129, de 30 de mayo, y 149, de 22 de junio), sobre la protección de la salud y seguridad de los trabajadores contra los riesgos relacionados con los agentes químicos durante el trabajo; por RD 614/2001, de 8 de junio (*BOE* n.º 148, de 21 de junio), sobre disposiciones mínimas para la protección de la salud y seguridad de los trabajadores frente al riesgo electrónico; por RD 681/2003, de 12 de junio (*BOE* n.º 145, de 18 de junio), sobre la protección de la salud y la seguridad de los trabajadores expuestos a los riesgos derivados de atmósferas explosivas en el lugar de trabajo; por RD 1.311/2005, de 4 de noviembre (*BOE* n.º 265, de 5 de noviembre), sobre la protección de la salud y la seguridad de los trabajadores frente a los riesgos derivados o que puedan derivarse de la exposición a vibraciones mecánicas, modificado por RD 330/2009, de 13 de marzo (*BOE* n.º 73, de 26 de marzo); por RD 2/2006, de 16 de enero (*BOE* n.º 14, de 17 de enero; corrección de errores en *BOE* n.º 36, de 11 de febrero), por el que se estableen normas sobre prevención de riesgos laborales en la actividad de los funcionarios del Cuerpo Nacional de Policía; por RD 286/2006, de 10 de marzo (*BOE* n.º 60, de 11 de marzo; corrección de erratas en *BOE* n.º 62, de 14 de marzo; y de errores en *BOE* n.º 71, de 24 de marzo), sobre la protección de la salud y la seguridad de los trabajadores contra los riesgos relacionados con la exposición al ruido; por RD 396/2006, de 31 de marzo (*BOE* n.º 86, de 11 de abril), por el que se establecen las disposiciones mínimas de seguridad y salud aplicables a los trabajos con riesgo de exposición al amianto; y por RD 1.755/2007, de 28 de diciembre (*BOE* n.º 16, de 18 de enero de 2008), de prevención de riesgos laborales del personal militar de las Fuerzas Armadas y de la organización de los servicios de prevención del Ministerio de Defensa; RD 57/2005, de 21 de enero (*BOE* n.º 30, de 4 de febrero), por el que se establecen prescripciones para el incremento de la seguridad del parque de ascensores existente; RD 1.644/2008, de 10 de octubre (*BOE* n.º 246, de 11 de octubre), por el que se establecen las normas para la comercialización y puesta en servicio de las máquinas; RD 67/2010, de 29 de enero (*BOE* n.º 36, de 10 de febrero), de adaptación de la legislación de Prevención de Riesgos Laborales a la Administración General del Estado; y RD 486/2010, de 23 de abril (*BOE* n.º 99, de 24 de abril; corrección de errores en *BOE* n.º 110, de 6 de mayo), sobre la protección de la salud y la seguridad de los trabajadores contra los riesgos relacionados con la exposición a radiaciones ópticas artificiales; art. 19 ET, Ley 8/1988, de 7 de abril (*BOE* n.º 91, de 15 de abril), sobre infracciones y sanciones en el orden social, modificada por la Ley 13/1996, de 30 de diciembre, de medidas fiscales, administrativas y del orden social (*BOE* n.º 315, de 31 de diciembre), y por Ley 50/1998, de 30 de diciembre (*BOE* n.º 313, de 31 de diciembre; corrección de errores en *BOE* n.º 109, de 7 de mayo de 1999); RD 928/1998, de 14 de mayo (*BOE* n.º 132, de 3 de junio), por el que se aprueba el Reglamento General sobre procedimiento para la imposición de sanciones por infracciones de orden social y para los expedientes liquidatorios de cuotas de la Seguridad Social; y, además, Ley 12/2008, de 31 de julio (*BOE* n.º 204, de 23 de agosto), de seguridad industrial de la Comunidad Autónoma de Cataluña; y art. 7.º*b*) Pacto Internacional de Derechos Económicos, Sociales y Culturales de 19 de diciembre de 1966, ratificado por Instrumento de 13 de abril de 1977 (*BOE* n.º 103, de 30 abril); 3.º de la Carta Social Europea de 18 de octubre de 1961, ratificada por Instrumento de 29 de abril de 1980 (*BOE* n.º 153, de 26 de junio; corrección de errores en *BOE* n.º 192, de 11 de agosto); Ins-

legalmente obligados, no faciliten los medios necesarios para que los trabajadores desempeñen su actividad con las medidas de seguridad e higiene adecuadas, de forma que pongan así en peligro grave su vida, salud o integridad física, serán castigados con las penas de prisión de seis meses a tres años y multa de seis a doce meses.

Art. 317. Cuando el delito a que se refiere el artículo anterior se cometa por imprudencia grave, será castigado con la pena inferior en grado.

Art. 318. Cuando los hechos previstos en los artículos de este título se atribuyeran a personas jurídicas, se impondrá la pena señalada a los administradores o

---

trumento de Ratificación del Convenio n.º 187 de la OIT, sobre el marco promocional para la seguridad y salud en el trabajo, hecho en Ginebra el 31 de mayo de 2006 (*BOE* n.º 187, de 4 de agosto de 2009); art. 20.*d*) LCAP; y RD 1.879/1996, de 2 de agosto (*BOE* n.º 192, de 9 de agosto; corrección de errores en *BOE* n.º 252, de 18 de octubre), por el que se regula la composición de la Comisión Nacional de Seguridad y Salud en el Trabajo.

Art. 318: Este artículo figura redactado conforme al texto de la LO 11/2003, de 29 de septiembre (*BOE* n.º 234, de 30 de septiembre), de medidas concretas en materia de seguridad ciudadana, violencia doméstica e integración social de los extranjeros, cuya Exposición de Motivos, en lo que a este texto se refiere, dice:

«La modificación de los artículos 318 y 318 bis del Código Penal (y la necesaria adaptación técnica a los mismos del 188) tienen como finalidad combatir el tráfico ilegal de personas, que impide la integración de los extranjeros en el país de destino.

»La Unión Europea ha desplegado un notable esfuerzo en este sentido, ya que el Tratado establece, entre los objetivos atribuidos a la Unión, la lucha contra la trata de seres humanos, aproximando cuando proceda las normas de derecho penal de los Estados miembros. La prioridad de esta acción se recordó en el Consejo Europeo de Tampere, y se ha concretado en las recientes iniciativas del Consejo para establecer un marco penal común de ámbito europeo relativo a la lucha contra la trata de seres humanos y a la lucha contra la inmigración clandestina.

»Nuestro ordenamiento jurídico ya recogía medidas para combatir este tipo de delincuencia, realizando la presente reforma una tarea de consolidación y perfeccionamiento de las mismas. El nuevo texto contiene un importante aumento de la penalidad al respecto, estableciendo que el tráfico ilegal de personas —con independencia de que sean o no trabajadores— será castigado con prisión de cuatro a ocho años. Con ello, los umbrales de penas resultantes satisfacen plenamente los objetivos de armonización que se contienen en la Decisión marco del Consejo de la Unión Europea destinada a reforzar el marco penal para la represión de la ayuda a la entrada, a la circulación y a la estancia irregulares.

»En aras a una efectiva protección de las personas mediante la prevención de este tipo de conductas, se agravan las penas cuando el tráfico ilegal, entre otros supuestos, ponga en peligro la vida, la salud o la integridad de las personas, o la víctima sea menor de edad o incapaz.

»Por último, se ha incluido en el artículo 318 la posibilidad de que los jueces o tribunales impongan alguna o algunas de las medidas previstas en el artículo 129 del Código Penal.» V. art. 31 del presente Código.

encargados del servicio que hayan sido responsables de los mismos y a quienes, conociéndolos y pudiendo remediarlo, no hubieran adoptado medidas para ello. En estos supuestos la autoridad judicial podrá decretar, además, alguna o algunas de las medidas previstas en el artículo 129 de este Código.

TÍTULO XV BIS

Delitos contra los derechos de los ciudadanos extranjeros*

Art. 318 bis. 1. El que, directa o indirectamente, promueva, favorezca o facilite el tráfico ilegal o la inmigración clandestina

---

* Este Título fue introducido por la LO 4/2000, de 11 de enero (*BOE* n.º 10, de 12 de enero; corrección de errores en *BOE* n.º 20, de 24 de enero), sobre derechos y libertades de los extranjeros en España y su integración social. El texto del art. 318 bis (salvo su primer apartado, que fue introducido por LO 13/2007, de 19 de noviembre —*BOE* n.º 278, de 20 de noviembre—) es el que figura en la LO 11/2003, de 29 de septiembre (*BOE* n.º 234, de 30 de septiembre), de medidas concretas en materia de seguridad ciudadana, violencia doméstica e integración social de los extranjeros, cuya Exposición de Motivos, en lo que a este precepto se refiere, puede verse en nota al art. 318 de este Código.

Art. 318 bis: El anterior apartado 2 de este artículo ha sido suprimido, los apartados 3, 4, 5 y 6 renumerados como 2, 3, 4 y 5, y modificados a continuación los apartados 2 y 4, por la LO 5/2010, de 22 de junio (*BOE* n.º 152, de 23 de junio), que entrará en vigor el próximo día 23 de diciembre de 2010. La redacción que sigue vigente hasta entonces es la siguiente:

2. Si el propósito del tráfico ilegal o la inmigración clandestina fuera la explotación sexual de las personas, serán castigados con la pena de cinco a diez años de prisión.

3. Los que realicen las conductas descritas en cualquiera de los dos apartados anteriores con ánimo de lucro o empleando violencia, intimidación, engaño, o abusando de una situación de superioridad o de especial vulnerabilidad de la víctima, o siendo la víctima menor de edad o incapaz o poniendo en peligro la vida, la salud o la integridad de las personas, serán castigados con las penas en su mitad superior.

4. En las mismas penas del apartado anterior y además en la de inhabilitación absoluta de seis a doce años, incurrirán los que realicen los hechos prevaliéndose de su condición de autoridad, agente de ésta o funcionario público.

5. Se impondrán las penas superiores en grado a las previstas en los apartados 1 a 4 de este artículo, en sus respectivos casos, e inhabilitación especial para profesión, oficio, industria o comercio por el tiempo de la condena, cuando el culpable perteneciera a una organización o asociación, incluso de carácter transitorio, que se dedicase a la realización de tales actividades.

Cuando se trate de los jefes, administradores o encargados de dichas organizaciones o asociaciones, se les aplicará la pena en su mitad superior, que podrá elevarse a la inmediatamente superior en grado.

En los supuestos previstos en este apartado la autoridad judicial podrá decretar, además, alguna o algunas de las medidas previstas en el artículo 129 de este Código.

de personas desde, en tránsito o con destino a España, o con destino a otro país de la Unión Europea, será castigado con la pena de cuatro a ocho años de prisión.

2. Los que realicen las conductas descritas en el apartado anterior con ánimo de lucro o empleando violencia, intimidación, engaño, o abusando de una situación de superioridad o de especial vulnerabilidad de la víctima, o poniendo en peligro la vida, la salud o la integridad de las personas, serán castigados con las penas en su mitad superior. Si la víctima fuera menor de edad o incapaz, serán castigados con las penas superiores en grado a las previstas en el apartado anterior.

3. En las mismas penas del apartado anterior y además en la de inhabilitación absoluta de seis a doce años, incurrirán los que realicen los hechos prevaliéndose de su condición de autoridad, agente de ésta o funcionario público.

4. Se impondrán las penas superiores en grado a las previstas en los apartados 1 a 3 de este artículo, en sus respectivos casos, e inhabilitación especial para profesión, oficio, industria o comercio por el tiempo de la condena, cuando el culpable perteneciera a una organización o asociación, incluso de carácter transitorio, que se dedicase a la realización de tales actividades.

Cuando se trate de los jefes, administradores o encargados de dichas organizaciones o asociaciones, se les aplicará la pena en su mitad superior, que podrá elevarse a la inmediatamente superior en grado.

Cuando de acuerdo con lo establecido en el artículo 31 bis una persona jurídica sea responsable de los delitos recogidos en este Título, se le impondrá la pena de multa de dos a cinco años, o la del triple al quíntuple del beneficio obtenido si la cantidad resultante fuese más elevada.

Atendidas las reglas establecidas en el artículo 66 bis, los jueces y tribunales podrán asimismo imponer las penas recogidas en las letras *b*) a *g*) del apartado 7 del artículo 33.

5. Los tribunales, teniendo en cuenta la gravedad del hecho y sus circunstancias, las condiciones del culpable y la finalidad perseguida por éste, podrán imponer la pena inferior en un grado a la respectivamente señalada.

6. Los tribunales, teniendo en cuenta la gravedad del hecho y sus circunstancias, las condiciones del culpable y la finalidad perseguida por éste, podrán imponer la pena inferior en un grado a la respectivamente señalada.

TÍTULO XVI

De los delitos relativos a la ordenación del territorio y el urbanismo, la protección del patrimonio histórico y el medio ambiente *

CAPÍTULO PRIMERO

DE LOS DELITOS SOBRE LA ORDENACIÓN DEL TERRITORIO Y EL URBANISMO **

Art. 319. 1. Se impondrán las penas de prisión de un año y seis meses a cuatro años, multa de doce a veinticuatro meses, salvo que el beneficio obtenido por el delito fuese superior a la cantidad resultante en cuyo caso la multa será del tanto al triplo del montante de dicho beneficio, e inhabilitación espe-

---

* La rúbrica de este Título figura redactada conforme al texto de la LO 5/2010, de 22 de junio (*BOE* n.º 152, de 23 de junio), que entrará en vigor el próximo día 23 de diciembre de 2010. La redacción que sigue vigente hasta entonces es la siguiente:

> De los delitos relativos a la ordenación del territorio y la protección del patrimonio histórico y del medio ambiente.

** La rúbrica de este Capítulo figura redactada conforme al texto de la LO 5/2010, de 22 de junio (*BOE* n.º 152, de 23 de junio), que entrará en vigor el próximo día 23 de diciembre de 2010. La redacción que sigue vigente hasta entonces es la siguiente:

> De los delitos sobre la ordenación del territorio.

Art. 319: Este artículo figura redactado conforme al texto de la LO 5/2010, de 22 de junio (*BOE* n.º 152, de 23 de junio), que entrará en vigor el próximo día 23 de diciembre de 2010. La redacción que sigue vigente hasta entonces es la siguiente:

> *Art. 319.* 1. Se impondrán las penas de prisión de seis meses a tres años, multa de doce a veinticuatro meses e inhabilitación especial para profesión u oficio por tiempo de seis meses a tres años, a los promotores, constructores o técnicos directores que lleven a cabo una construcción no autorizada en suelos destinados a viales, zonas verdes, bienes de dominio público o lugares que tengan legal o administrativamente reconocido su valor paisajístico, ecológico, artístico, histórico o cultural, o por los mismos motivos hayan sido considerados de especial protección.
>
> 2. Se impondrá la pena de prisión de seis meses a dos años, multa de doce a veinticuatro meses e inhabilitación especial para profesión u oficio por tiempo de seis meses a tres años, a los promotores, constructores o técnicos directores que lleven a cabo una edificación no autorizable en el suelo no urbanizable.
>
> 3. En cualquier caso, los Jueces o Tribunales, motivadamente, podrán ordenar, a cargo del autor del hecho, la demolición de la obra, sin perjuicio de las indemnizaciones debidas a terceros de buena fe.

V. RDL 2/2008, de 20 de junio (*BOE* n.º 154, de 26 de junio), por el que se aprueba el texto refundido de la ley de suelo, modificado por RDL 6/2010, de 9

cial para profesión u oficio por tiempo de uno a cuatro años, a los promotores, constructores o técnicos directores que lleven a cabo obras de urbanización, construcción o edificación no autorizables en suelos destinados a viales, zonas verdes, bienes de dominio público o lugares que tengan legal o administrativamente reconocido su valor paisajístico, ecológico, artístico, histórico o cultural, o por los mismos motivos hayan sido considerados de especial protección.

2. Se impondrá la pena de prisión de uno a tres años, multa de doce a veinticuatro meses, salvo que el beneficio obtenido por el delito fuese superior a la cantidad resultante en cuyo caso la multa será del tanto al triplo del montante de dicho beneficio, e inhabilitación especial para profesión u oficio por tiempo de uno a cuatro años, a los promotores, constructores o técnicos directores que lleven a cabo obras de urbanización, construcción o edificación no autorizables en el suelo no urbanizable.

---

de abril (*BOE* n.º 89, de 13 de abril; correcciones de errores en *BOE* n.os 93 y 95, de 17 y 20 de abril), y RRDD 2.159/1978, de 23 de junio (*BOE* n.os 221 y 222, de 15 y 16 de agosto), 2.187/1978, de 23 de junio (*BOE* n.os 27 y 28, de 31 de enero y 1 de febrero de 1979), y 3.288/1978, de 25 de agosto (*BOE* n.os 27 y 28, de 31 de enero y 1 de febrero de 1979), por los que, respectivamente, se aprueban los Reglamentos de Planeamiento, Disciplina y Gestión Urbanística. V. igualmente la Ley 10/1998, de 5 de diciembre, modificada por Leyes 14/2006, de 4 de diciembre (*BOE* n.º 4, de 4 de enero de 2007), y 3/2010, de 26 de marzo (*BOE* n.º 100, de 26 de abril), de ordenación del territorio de la Comunidad de Castilla y León, y las Leyes 3/2008, de 17 de junio (*BOE* n.º 181, de 28 de julio), de aprobación de las directrices esenciales de ordenación del territorio de Castilla y León, y 4/2008, de 15 de septiembre (*BOE* n.º 243, de 8 de octubre), de medidas sobre urbanismo y suelo; Ley 2/2001, de 25 de junio (*BOE* n.º 206, de 28 de agosto), de Ordenación Territorial y Régimen Urbanístico del Suelo de Cantabria, modificada por Ley 2/2009, de 3 de julio (*BOE* n.º 198, de 17 de agosto), Ley 7/2002, de 17 de diciembre (*BOE* n.º 12, de 14 de enero de 2003), de Ordenación Urbanística de Andalucía, modificada por Ley 1/2006, de 16 de mayo (*BOE* n.º 139, de 12 de junio); Ley Foral 35/2002, de 20 de diciembre (*BOE* n.º 13, de 15 de enero de 2003), de ordenación del territorio y urbanismo; Ley 9/2002, de 30 de diciembre (*BOE* n.º 18, de 21 de enero de 2003), de Ordenación Urbanística y protección del medio rural de Galicia, modificada por Ley 6/2008, de 19 de junio (*BOE* n.º 174, de 19 de julio); Ley 7/2008, de 7 de julio (*BOE* n.º 201, de 20 de agosto), del paisaje de Galicia, y Ley 2/2010, de 25 de marzo (*BOE* n.º 174, de 19 de julio); DLeg. 1/2010, de 18 de mayo (*DOCM* n.º 97, de 21 de mayo), de la Comunidad Autónoma de Castilla-La Mancha, por el que se aprueba el texto refundido de la Ley de Ordenación del Territorio y de la Actividad Urbanística; D-L 1/2004, de 22 de abril (*BOE* n.º 131, de 31 de mayo), de la Comunidad Autónoma del Principado de Asturias, por el que se aprueba el texto refundido de las disposiciones legales vigentes en materia de ordenación del territorio y urbanismo; Leyes 10/2004, de

3. En cualquier caso, los jueces o tribunales, motivadamente, podrán ordenar, a cargo del autor del hecho, la demolición de la obra y la reposición a su estado originario de la realidad física alterada, sin perjuicio de las indemnizaciones debidas a terceros de buena fe. En todo caso se dispondrá el comiso de las ganancias provenientes del delito cualesquiera que sean las transformaciones que hubieren podido experimentar.

4. En los supuestos previstos en este artículo, cuando fuere responsable una persona jurídica de acuerdo con lo establecido en el artículo 31 bis de este Código se le impondrá la pena de multa de uno a tres años, salvo que el beneficio obtenido por el delito fuese superior a la cantidad resultante en cuyo caso la multa será del doble al cuádruple del montante de dicho beneficio.

Atendidas las reglas establecidas en el artículo 66 bis, los jueces y tribunales podrán asimismo imponer las penas recogidas en las letras *b*) a *g*) del apartado 7 del artículo 33.

Art. 320. 1. La autoridad o funcionario público que, a sabiendas de su injusticia, haya informado favorablemente instrumentos de planeamiento, proyectos de urbanización, parcela-

---

9 de diciembre (*BOE* n.º 16, de 19 de enero de 2005), de la Comunidad Valenciana, del Suelo no urbanizable; 8/2005, de 8 de junio, de la Comunidad Autónoma de Cataluña, de Protección, Gestión y Ordenación del Paisaje (*BOE* n.º 162, de 8 de julio); 16/2005, de 30 de diciembre (*BOE* n.º 44, de 21 de febrero de 2006), urbanística valenciana; 5/2006, de 2 de mayo (*BOE* n.º 123, de 24 de mayo), de ordenación del territorio y urbanismo de La Rioja. V. también Convenio Europeo del Paisaje (n.º 176 del Consejo de Europa), de 28 de octubre de 2000 (*BOE* n.º 31, de 5 de febrero de 2008).

Art. 320: Este artículo figura redactado conforme al texto de la LO 5/2010, de 22 de junio (*BOE* n.º 152, de 23 de junio), que entrará en vigor el próximo día 23 de diciembre de 2010. La redacción que sigue vigente hasta entonces es la siguiente:

> *Art. 320.* 1. La autoridad o funcionario público que, a sabiendas de su injusticia, haya informado favorablemente proyectos de edificación o la concesión de licencias contrarias a las normas urbanísticas vigentes será castigado con la pena establecida en el artículo 404 de este Código y, además, con la de prisión de seis meses a dos años o la de multa de doce a veinticuatro meses.
>
> 2. Con las mismas penas se castigará a la autoridad o funcionario público que por sí mismo o como miembro de un organismo colegiado haya resuelto o votado a favor de su concesión a sabiendas de su injusticia.

V. nota al art. anterior y Ley 7/1985, de 2 de abril (*BOE* n.º 80, de 3 de abril; corrección de errores en *BOE* n.º 139, de 11 de julio), reguladora de las Bases de Régimen Local, modificada por Leyes 11/1999, de 21 de abril (*BOE* n.º 96, de 22 de abril; corrección de errores en *BOE* n.º 184, de 3 de agosto), y 55/1999, de 29 de diciembre (*BOE* n.º 312, de 30 de diciembre; corrección de erratas en *BOE* n.º 54, de 3 de marzo de 2000); y RDL 781/1986, de 18 de abril (*BOE* n.os 96 y 97, de 22 y 23 de abril; correcciones de errores en *BOE* n.os 165

ción, reparcelación, construcción o edificación o la concesión de licencias contrarias a las normas de ordenación territorial o urbanística vigentes, o que con motivo de inspecciones haya silenciado la infracción de dichas normas o que haya omitido la realización de inspecciones de carácter obligatorio será castigado con la pena establecida en el artículo 404 de este Código y, además, con la de prisión de un año y seis meses a cuatro años y la de multa de doce a veinticuatro meses.

2. Con las mismas penas se castigará a la autoridad o funcionario público que por sí mismo o como miembro de un organismo colegiado haya resuelto o votado a favor de la aprobación de los instrumentos de planeamiento, los proyectos de urbanización, parcelación, reparcelación, construcción o edificación o la concesión de las licencias a que se refiere el apartado anterior, a sabiendas de su injusticia.

CAPÍTULO II

DE LOS DELITOS SOBRE EL PATRIMONIO HISTÓRICO*

Art. 321. Los que derriben o alteren gravemente edificios singularmente protegidos por su inte-

y 282, de 11 de julio y 25 de noviembre), por el que se aprueba el Texto Refundido de las disposiciones legales vigentes en materia de Régimen Local; y Ley 7/1995, reguladora de las Bases de Régimen Local.

* V. art. 46 CE, cuyo texto se reproduce en nota al art. 235.1.º de este Código, y Ley 13/1985, de 25 de junio, del Patrimonio Histórico Español (*BOE* n.º 155, de 29 de junio), así como su desarrollo parcial en el RD 111/1986, de 10 de enero (*BOE* n.º 24, de 28 de enero), modificado por RD 64/1994, de 21 de enero (*BOE* n.º 52, de 2 de marzo).

V., también, Ley 23/1982, de 16 de junio, del Patrimonio Nacional, y su Reglamento, aprobado por RD 496/1987, de 18 de marzo; RD 1.305/2009, de 31 de julio (*BOE* n.º 204, de 24 de agosto), por el que se crea la Red de Museos de España; Ley 4/1990, de 30 de mayo, de Patrimonio Histórico de Castilla-La Mancha, modificada por Ley 9/2007, de 29 de marzo (*BOE* n.º 119, de 18 de mayo); Ley 6/1991, de 19 de abril (*BOE* n.º 134, de 5 de junio), de la Comunidad de Castilla y León, de Archivos y Patrimonio Documental, modificada por Ley 7/2004, de 22 de diciembre (*BOE* n.º 14, de 17 de enero de 2005); Ley 4/1998, de 11 de junio (*BOE* n.º 174, de 22 de julio), del Patrimonio Cultural Valenciano, modificada por Ley 7/2004, de 19 de octubre (*BOE* n.º 279, de 19 de noviembre), y por Ley 5/2007, de 9 de febrero (*BOE* n.º 71, de 23 de marzo); Ley 10/1998, de 9 de julio (*BOCM* de 16 de julio), de Patrimonio Histórico de la Comunidad de Madrid; Leyes 12/1998, de 21 de diciembre (*BOE* n.º 31, de 5 de febrero de 1999), del Patrimonio Histórico de las Illes Balears, modificada por Ley 2/2006, de 10 de marzo (*BOE* n.º 88, de 13 de abril), y 4/2003, de 26 de marzo, de museos de las Illes Balears, modificada por Ley 9/2006, de 17 de julio (*BOE* n.º 224, de 19 de septiembre); Ley 1/2001, de 6 de marzo (*BOE* n.º 135, de 6 de junio), de la Comunidad Autónoma del Principado de Asturias, del Patrimonio Cultural; Ley 7/2004,

rés histórico, artístico, cultural o monumental serán castigados con las penas de prisión de seis meses a tres años, multa de doce a veinticuatro meses y, en todo caso, inhabilitación especial para profesión u oficio por tiempo de uno a cinco años.

En cualquier caso, los Jueces o Tribunales, motivadamente, podrán ordenar, a cargo del autor del hecho, la reconstrucción o restauración de la obra, sin perjuicio de las indemnizaciones debidas a terceros de buena fe.

Art. 322. 1. La autoridad o funcionario público que, a sabiendas de su injusticia, haya informado favorablemente proyectos de derribo o alteración de edificios singularmente protegidos será castigado además de con la pena establecida en el artículo 404 de este Código con la de prisión de seis meses a dos años o la de multa de doce a veinticuatro meses.

2. Con las mismas penas se castigará a la autoridad o funcionario público que por sí mismo o como miembro de un organismo colegiado haya resuelto o votado a favor de su concesión a sabiendas de su injusticia.

Art. 323. Será castigado con la pena de prisión de uno a tres años y multa de doce a veinticuatro meses el que cause daños en un archivo, registro, museo, biblioteca, centro docente, gabinete científico, institución análoga o bienes de valor histórico, artístico, científico, cultural o monumental, así como en yacimientos arqueológicos.

En este caso, los Jueces o Tribunales podrán ordenar, a cargo del autor del daño, la adopción de medidas encaminadas a restaurar, en lo posible, el bien dañado.

---

de 18 de octubre (*BOE* n.º 272, de 11 de noviembre), de Patrimonio, Cultural, Histórico y Artístico de La Rioja; Ley 8/2004, de 22 de diciembre (*BOE* n.º 14, de 17 de enero de 2005), del Patrimonio Cultural de Castilla y León; Ley 3/2005, de 15 de junio (*BOE* n.º 167, de 14 de julio), de la Comunidad Valenciana, de Archivos; Ley Foral 14/2005, de 22 de noviembre (*BOE* n.º 304, de 21 de diciembre), del Patrimonio Cultural de Navarra; Ley 15/2006, de 17 de octubre (*BOE* n.º 285, de 29 de noviembre; corrección de errores en *BOE* n.º 75, de 28 de marzo de 2007), de archivos y patrimonio documental de las Illes Balears; Ley Foral 12/2007, de 4 de abril (*BOE* n.º 113, de 11 de mayo), de Archivos y Documentos de Navarra; Ley 2/2007, de 12 de abril (*BOE* n.º 127, de 28 de mayo), de Archivos y Patrimonio Documental de Extremadura; Ley 14/2007, de 26 de noviembre (*BOE* n.º 38, de 13 de febrero de 2008), del Patrimonio Histórico de Andalucía; Ley 4/2007, de 16 de marzo (*BOE* n.º 176, de 22 de julio), de Patrimonio Cultural de la Comunidad Autónoma de la Región de Murcia; y Ley Foral 10/2009, de 2 de julio (*BOE* n.º 197, de 15 de agosto).

V., también, la Convención sobre la protección del Patrimonio cultural subacuático, hecha en París el 2 de noviembre de 2001, y ratificada por España mediante Instrumento de 25 de mayo de 2005 (*BOE* n.º 55, de 5 de marzo de 2009).

Art. 324. El que por imprudencia grave cause daños, en cuantía superior a 400 euros, en un archivo, registro, museo, biblioteca, centro docente, gabinete científico, institución análoga o en bienes de valor artístico, histórico, cultural, científico o monumental, así como en yacimientos arqueológicos, será castigado con la pena de multa de tres a dieciocho meses, atendiendo a la importancia de los mismos.

CAPÍTULO III

DE LOS DELITOS CONTRA LOS RECURSOS NATURALES Y EL MEDIO AMBIENTE*

Art. 325. Será castigado con las penas de prisión de dos a

Art. 324: Este artículo figura redactado conforme al texto de la Ley Orgánica 15/2003, de 25 de noviembre (*BOE* n.º 283, de 26 de noviembre; corrección de errores en *BOE* n.º 65, de 16 de marzo, y n.º 80, de 2 de abril, ambos de 2004), que entró en vigor el 1 de octubre de 2004.

* El art. 45 CE establece:

«1. Todos tienen el derecho a disfrutar de un medio ambiente adecuado para el desarrollo de la persona, así como el deber de conservarlo.

»2. Los poderes públicos velarán por la utilización racional de todos los recursos naturales, con el fin de proteger y mejorar la calidad de la vida y defender y restaurar el medio ambiente, apoyándose en la indispensable solidaridad colectiva.

»3. Para quienes violen lo dispuesto en el apartado anterior, en los términos que la Ley fije se establecerán sanciones penales o, en su caso, administrativas, así como la obligación de reparar el daño causado.»

V. arts. 42 a 44 Ley 1/1970, de 4 de abril, de caza (*BOE* n.º 82, de 6 de abril), parcialmente derogada por la Ley 42/2007, de 13 de diciembre (*BOE* n.º 299, de 14 de diciembre; corrección de errores en *BOE* n.º 36, de 11 de febrero de 2008), del Patrimonio Natural y de la Biodiversidad, y modificada por la Ley 25/2009, de 22 de diciembre (*BOE* n.º 308, de 25 de diciembre); Ley 26/2007, de 23 de octubre (*BOE* n.º 255, de 24 de octubre), de responsabilidad medioambiental, desarrollada por RD 2.090/2008, de 22 de diciembre (*BOE* n.º 308, de 23 de diciembre; corrección de errores en *BOE* n.º 73, de 26 de marzo de 2009); Ley 1/1995, de 8 de marzo (*BOE* n.º 78, de 3 de abril), de protección del medio ambiente de la Región de Murcia, modificada por Ley 13/2007, de 27 de diciembre (*BOE* n.º 177, de 23 de julio); Ley 5/2002, de 8 de octubre (*BOE* n.º 253, de 22 de octubre), de protección del medio ambiente en La Rioja; Ley 11/2003, de 8 de abril (*BOE* n.º 103, de 30 de abril) de Prevención Ambiental de Castilla y León, modificada por Ley 3/2005, de 23 de mayo (*BOE* n.º 139, de 11 de junio), por Ley 8/2007, de 24 de octubre (*BOE* n.º 270, de 10 de noviembre), y por Ley 1/2009, de 26 de febrero (*BOE* n.º 66, de 18 de marzo); Ley Foral 4/2005, de 22 de marzo (*BOE* n.º 108, de 6 de mayo), de la Comunidad de Navarra, de intervención para la protección ambiental; Ley 5/2005, de 26 de mayo, de la Comunidad Autónoma de las Illes Balears, para la conservación de los espacios de relevancia ambiental (*BOE* n.º 155, de 30 de junio); Ley 2/2006, de 5 de mayo, de la Comunidad Valenciana, de prevención de la contaminación y calidad ambiental (*BOE* n.º 154, de 29 de junio); Ley 5/2006, de la Comunidad Autónoma de Galicia, para la protección, la conservación y la mejora de los ríos gallegos

(*BOE* n.º 198, de 19 de agosto); Ley 17/2006, de 11 de diciembre (*BOE* n.º 15, de 17 de enero de 2007), de control medioambiental integrado, de la Comunidad Autónoma de Cantabria; Ley 7/2007, de 9 de julio (*BOE* n.º 190, de 9 de agosto), de la Comunidad Autónoma de Andalucía, de Gestión Integrada de la Calidad Ambiental; Ley 20/2009, de 4 de diciembre (*BOE* n.º 12, de 14 de enero de 2010), de la Comunidad Autónoma de Cataluña, de prevención y control ambiental de las actividades; y Ley 5/2010, de 23 de junio (*BOE* n.º 171, de 15 de julio), de prevención y calidad ambiental de la Comunidad Atónoma de Extremadura. *Sobre medio ambiente atmosférico*, v. Ley 34/2007, de 15 de noviembre (*BOE* n.º 275, de 16 de noviembre), de calidad del aire y protección de la atmósfera; RD 1.073/2002, de 18 de octubre (*BOE* n.º 260, de 30 de octubre), sobre evaluación y gestión de la calidad del aire ambiente; RD 117/2003, de 31 de enero, sobre limitación de emisiones de compuestos orgánicos volátiles debidas al uso de disolventes en determinadas actividades (*BOE* n.º 33, de 7 de febrero); RD 1.796/2003, de 26 de diciembre (*BOE* n.º 11, de 13 de enero de 2004), relativo al ozono en el aire ambiente; RD 430/2004, de 12 de marzo (*BOE* de 20 de marzo), por el que se establecen nuevas normas sobre limitación de emisiones a la atmósfera de determinados agentes contaminantes procedentes de grandes instalaciones de combustión, y se fijan ciertas condiciones para el control de las emisiones a la atmósfera de las refinerías de petróleo; Ley 8/2002, de 18 de diciembre (*BOE* n.º 18, de 21 de enero de 2003), de la Comunidad Autónoma de Galicia, de protección del ambiente atmosférico; RD 1.866/2004, de 6 de septiembre, modificado por RD 777/2006, de 23 de junio (*BOE* n.º 150, de 24 de junio); RD-Ley 5/2004, de 27 de agosto, por el que se regula el régimen del comercio de emisiones de gases de efecto invernadero (*BOE* n.º 208, de 28 de agosto); Ley 1/2005, de 9 de marzo, por la que se regula el régimen del comercio de derechos de emisión de gases de efecto invernadero (*BOE* n.º 59, de 10 de marzo), modificada por Ley 13/2010, de 5 de julio (*BOE* n.º 163, de 6 de julio); RD 341/2010, de 19 de marzo (*BOE* n.º 71, de 23 de marzo), por el que se desarrollan determinadas obligaciones de información para actividades que se incorporan al régimen de comercio de derechos de emisión de gases de efecto invernadero; Ajustes al Protocolo de Montreal, relativo a las sustancias que agotan la capa de ozono, adoptados en la XIX Reunión de las Partes, en Montreal (Canadá), del 17 al 21 de septiembre de 2007 (*BOE* n.º 137, de 6 de junio de 2009); Protocolo sobre registros de emisiones y transferencias de contaminantes, hecho en Kiev el 21 de mayo de 2003, y ratificado por España mediante Instrumento de 28 de agosto de 2009 (*BOE* n.º 285, de 26 de noviembre); y Orden PRE/3.539/2008, de 28 de noviembre (*BOE* n.º 294, de 6 de diciembre), por la que se regulan las disposiciones necesarias en relación con la información que deben remitir a la Administración General del Estado los titulares de las grandes instalaciones de combustión existentes, así como las medidas de control, seguimiento y evaluación del Plan Nacional de Reducción de Emisiones de las Grandes Instalaciones de Combustión existentes. *Sobre suelos contaminados*, v. RD 9/2005, de 14 de enero (*BOE* n.º 15, de 18 de enero), por el que se establece la relación de actividades potencialmente contaminantes del suelo, y los criterios y estándares para la declaración de suelos contaminados. *Sobre contaminación del mar y las aguas*, v. Ley 21/1977, de 1 de abril, sobre Vertidos desde Buques y Aeronaves al Mar; Convenio para la prevención de la Contaminación Marina de Origen Terrestre de 11 de junio de 1974, ratificado por Instrumento de 27 de febrero de 1980 (*BOE* n.º 18, de 21 de febrero de 1981; corrección de errores en *BOE* n.º 36, de 11 de febrero); Convenio Internacional de 1973 para prevenir la contaminación por los buques, así como anexo del Protocolo de 1978 (*BOE* n.os 249 y 250, de 17 y 18 de octubre de 1984), Enmiendas a dicho anexo de 1997 (*BOE* n.º 164, de 10 de julio de 1999), Enmiendas de 1996 (*BOE* n.º 168, de 15 de julio de 1999), y Protocolo de 1997 (*BOE* n.º 251, de 18 de octubre); Convenio sobre la prevención de la contaminación del mar por vertimiento de desechos y otras materias, 1972, hecho en Londres el 7 de noviembre de 1996, y ratificado por España mediante Instrumento de 12 de marzo de 1999 (*BOE* n.º 77, de 31 de marzo de 2006); Protocolo sobre cooperación para prevenir la contaminación por los buques y, en situaciones de emergencia, combatir la contaminación del Mar Mediterráneo, hecho en La Valetta el 25 de enero de 2002, y ratificado por España mediante Instrumento de 9 de julio de 2007 (*BOE* n.º 178, de 26 de julio); Ley 9/2002, de 13 de diciembre (*BOE* n.º 299, de 14 de diciembre), por el que se adoptan medidas para buques tanque que transporten mercancías peligrosas o contaminantes; RD 1.514/2009, de 2 de octubre (*BOE* n.º 255, de 22 de octubre), por el que se regula la protección de las aguas subterráneas contra la contaminación y el deterioro; Ley 6/2002, de 18 de junio, sobre protección de los ecosistemas acuáticos y de regulación de la pesca en aguas continentales, de la Comunidad Autónoma del Principado de Asturias (*BOE* n.º 188, de 7 de agosto); Ley 4/2010, de 8 de junio (*BOJA* n.º 121, de 22 de junio), de Aguas de la Comunidad Autónoma de Andalucía; RD 253/2004, de 13 de febrero (*BOE* n.º 39, de 14 de febrero), por el que se establecen medidas de prevención y lucha contra la contaminación en las operaciones de carga, descarga y manipulación de hidrocarburos en el ámbito marítimo y portuario; RD 2.182/2004, de 12 de noviembre (*BOE* n.º 276, de 16 de noviembre), por el que se crea el Centro para la Prevención y Lucha contra la Contaminación Marítima y del Litoral; y RD 1.795/2008, de 3 de noviembre (*BOE* n.º 278, de 18 de noviembre), por el que se dictan normas sobre la cobertura de la responsabilidad civil por daños causados por la contaminación de los hidrocarburos para combustible de los buques. *Sobre impacto ambiental*, v. Convención sobre la Protección del Patrimonio Mundial Cultural y Natural de 23 de noviembre de 1972, aceptado por Instrumento de 18 de marzo de 1982 (*BOE* n.º 189, de 8 de agosto); Real Decreto Legislativo 1/2008, de 11 de enero (*BOE* n.º 23, de 26 de enero), por el que se aprueba el texto refundido de la Ley de Evaluación de Impacto Ambiental de Proyectos, modificado por Ley 6/2010, de 24 de marzo (*BOE* n.º 73, de 25 de marzo); Ley 11/1990, de 13 de julio (*BOE* n.º 224, de 18 de septiembre), de Prevención del Impacto Ecológico, de la Comunidad Autónoma de Canarias, modificada por Ley 4/2008, de 12 de noviembre (*BOE* n.º 292, de 4 de diciembre); Ley 2/2002, de 19 de junio (*BOE* n.º 176, de 24 de julio), de Evaluación Ambiental de la Comunidad de Madrid; Ley 8/2004, de 20 de diciembre, de la Comunidad Autónoma de Aragón, de Medidas Urgentes en Materia de Medio Ambiente (*BOE* n.º 36, de 11 de febrero de 2005); Ley 11/2006, de 14 de septiembre (*BOE* n.º 245, de 13 de octubre), de evaluaciones de impacto ambiental y evaluaciones ambientales estratégicas en las Illes Balears; Ley 4/2007, de 8 de marzo (*BOE* n.º 118, de 17 de mayo), de Evaluación Ambiental en Castilla-La Mancha; y Ley 6/2009, de 28 de abril (*BOE* n.º 123, de 21 de mayo), de evaluación ambiental de planes y programas, de la Comunidad Autónoma de Cataluña. *Sobre residuos*, v. Ley 10/1998, de 21 de abril (*BOE* n.º 96, de 22 de abril), de Residuos, modificada por Ley 16/2002, de 1 de julio (*BOE* n.º 157, de 2 de julio), de prevención y control integrados de la contaminación, por Ley 62/2003, de 30 de diciembre (*BOE* n.º 313, de 31 de diciembre), y por Ley 34/2007, de 15 de noviembre (*BOE* n.º 275, de 16 de noviembre), de calidad del aire y protección de la atmósfera; y, en la parte aún vigente, RD 833/1988, de 20 de julio (*BOE* n.º 182, de 30 de julio), por el que se aprobó el Reglamento de la Ley 20/1986, de 14 de mayo, texto modificado por RD 952/1997, de 20 de junio (*BOE* n.º 160, de 5 de julio); RD 653/2003, de 30 de mayo (*BOE* n.º 142, de 14 de junio; corrección de errores en *BOE* n.º 224, de 18 de septiembre); Resolución de 17 de noviembre de 1998 (*BOE* n.º 7, de 8 de enero de 1999), de la Dirección General de Calidad y Evaluación Ambiental, por la que se dispone la publicación del catálogo europeo de residuos, aprobado mediante la Decisión 94/3/CE de la Comisión, de 20 de diciembre de 1993; Resolución de 20 de enero de 2009 (*BOE* n.º 49, de 26 de febrero), de la Secretaría de Estado de Cambio Climático, por la que se publica el Acuerdo del Consejo de Ministros por el que se aprueba el Plan Nacional Integrado de Residuos para el período 2008-2015; arts. 56 ss. de la Ley 22/1988, de 28 de julio, de Costas (*BOE* n.º 181, de 29 de julio), cuyo Reglamento ha sido aprobado por RD 1.471/1989, de 1 de diciembre (*BOE* n.º 297, de 12 de diciembre); RD 258/ 1989, de 10 de marzo, por el que se establece la normativa general sobre vertidos de sustancias peligrosas desde tierra al mar (*BOE* n.º 64, de 16 de marzo); RD 1.481/2001, de 27 de diciembre (*BOE* n.º 25, de 29 de enero de 2002) [modificado por RD 1.304/2009, de 31 de julio (*BOE* n.º 185, de 1 de agosto)], por el que se regula la eliminación de residuos mediante depósito en vertedero; RD 105/2008, de 1 de febrero (*BOE* n.º 38, de 13 de febrero), por el que se regula la producción y gestión de los residuos de construcción y demolición; RD 106/2008, de 1 de febrero (*BOE* n.º 37, de 12 de febrero), sobre pilas y acumuladores, y la gestión ambiental de sus residuos; RD 975/2009, de 12 de junio (*BOE* n.º 143, de 13 de junio), sobre gestión de los residuos de las industrias extractivas y de protección y rehabilitación del espacio afectado por actividades mineras; Ley 5/2002, de 3 de junio (*BOE* n.º 170, de 17 de julio), de la Comunidad Autónoma del Principado de Asturias, sobre vertidos de aguas residuales industriales a los sistemas públicos de saneamiento; Ley 5/2003, de 20 de mayo (*BOE* n.º 128, de 29 de mayo), de residuos de la Comunidad de Madrid; DLeg. 1/2009, de 21 de julio (*BOE* n.º 262, de 30 de octubre), de la Generalidad de Cataluña, por el que se aprueba el Texto refundido de la Ley reguladora de los residuos; y Ley 10/2008, de 3 de noviembre (*BOE* n.º 294, de 6 de diciembre), de residuos de Galicia. *Sobre protección de espacios naturales*, v. Ley 4/1989, de 27 de marzo, de Conservación de los Espacios Naturales y de la Flora y Fauna Silvestres (*BOE* n.º 74, de 28 de marzo), reformada por Leyes 40 y 41/1997, de 5 de noviembre (*BOE* n.º 266, de 6 de noviembre); Ley del Principado de Asturias 5/1991, de 5 de abril (*BOE* n.º 121, de 21 de mayo), de protección de los espacios naturales, modificada por Ley 9/2006, de 22 de diciembre (*BOE* n.º 65, de 16 de marzo de 2007); Ley 16/1994, de 30 de junio (*BOE* n.º 93, de 17 de abril), de Conservación de la Naturaleza del País Vasco, modificada por Ley 1/2010, de 11 de marzo (*BOE* n.º 93, de 17 de abril); Ley 4/2003, de 26 de marzo (*BOE* n.º 87, de 11 de abril), de conservación de espacios naturales de La Rioja; Ley 4/2006, de 19 de mayo (*BOE* n.º 184, de 3 de agosto), de Conservación de la Naturaleza de Cantabria; Ley 12/2006, de 27 de julio (*BOE* n.º 200, de 22 de agosto; corrección de errores en *BOE* n.º 264, de 2 de noviembre de 2009), de medidas en materia de medio ambiente de la Comunidad Autónoma de Cataluña; Ley 8/1998, de 26 de junio (*BOE* n.º 200, de 21 de agosto), de Conservación de la Naturaleza y Espacios Naturales de Extremadura, modificada por Ley 9/2006, de 23 de diciembre (*BOE* n.º 24, de 27 de enero de 2007); Ley 9/1999, de 26 de mayo (*BOE* n.º 179, de 28 de julio), de Conservación de la Naturaleza, de Castilla-La Mancha, modificada por Ley 8/2007, de 15 de marzo (*BOE* n.º 119, de 18 de mayo); RD 108/1991, de 1 de febrero, sobre la prevención y reducción de la contaminación del medio ambiente producida por el amianto; RD 224/1994, de 14 de febrero, por el que se crea el Consejo Asesor de Medio Ambiente (*BOE* n.º 58, de 9 de mayo), y RD 686/2002, de 12 de julio, por el que se regulan la estructura y funciones del Consejo Asesor del Medio Ambiente (*BOE* n.º 170, de 17 de julio); RD 948/2009, de 5 de junio (*BOE* n.º 149, de 20 de junio), por el que se determinan la composición, las funciones y las normas de funcionamiento del Consejo Estatal para el Patrimonio Natural y la Biodiversidad; RD 484/1995, de 7 de abril, sobre medidas de regularización y control de vertidos (*BOE* n.º 95, de 21 de abril; corrección de errores en *BOE* n.º 114, de 13 de mayo); Convenio internacional sobre cooperación, preparación y lucha contra la Contaminación por hidrocarburos, 1990, ratificado por Instrumento de 3 de diciembre de 1993 (*BOE* n.º 133, de 5 de junio de 1995); Instrumento de 6 de junio de 1995 (*BOE* n.º 225, de 20 de septiembre; corrección de errores en *BOE* de 24 de octubre), de adhesión de España al Protocolo de 1992 que enmienda el Convenio internacional sobre responsabilidad civil nacida de daños debidos a contaminación de las aguas del mar por hidrocarburos, Convenio denunciado por España con fecha 13 de mayo de 1997 (*BOE* n.º 176, de 24 de julio), y Declaración efectuada por España, Francia e Italia el 27 de septiembre de 2000 (*BOE* n.º 150, de 23 de junio de 2001); así como RD 1.892/2004, de 10 de septiembre (*BOE* n.º 226, de 18 de septiembre), por el que se dictan normas para la ejecución de este Convenio. *Sobre contaminación transfronteriza*, v. Protocolos del Convenio sobre contaminación atmosférica transfronteriza a larga distancia de 1979, relativos a la lucha contra las emisiones de compuestos orgánicos volátiles o sus flujos transfronterizos, hecho en Ginebra el 18 de noviembre de 1991, y ratificado por Instrumento de 25 de enero de 1994 (*BOE* n.º 225, de 19 de septiembre de 1997); a reducciones adicionales de las emisiones de azufre, hecho en Oslo el 14 de junio de 1994, y ratificado por Instrumento de 23 de julio de 1997 (*BOE* n.º 150, de 24 de junio de 1998); y a la reducción de la acidificación, de la eutrofización y del ozono en la troposfera, hecho en Gotemburgo (Suecia) el 30 de noviembre de 1999, y ratificado por Instrumento de 14 de enero de 2005 (*BOE* n.º 87, de 12 de abril); Convenio de 17 de marzo de 1992, sobre la protección y utilización de los cursos de agua transfronterizos y de los lagos internacionales, ratificado por Instrumento de 23 de julio de 1997 (*BOE* n.º 81, de 4 de abril de 2000); Instrumento de 7 de febrero de 1994 (*BOE* n.º 227, de 22 de septiembre), por el que se ratifica el Convenio de Basilea de 22 de marzo de 1989, sobre el control de los movimientos transfronterizos de los desechos peligrosos y su eliminación, y enmiendas al mismo, adoptadas en Kuching (Malasia) el 27 de febrero de 1998 (*BOE* n.º 120, de 20 de mayo de 1999); Instrumento de ratificación del Protocolo sobre evaluación ambiental estratégica al Convenio sobre la evaluación del impacto en el medio ambiente en un contexto transfronterizo, hecho en Kiev el 21 de mayo de 2003 (*BOE* n.º 162, de 5 de julio de 2010); RD 1.800/1995, de 3 de noviembre (*BOE* de 8 de diciembre), de modificación del RD 646/1991, de 22 de abril, por el que se establecen nuevas normas sobre limitación de las emisiones a la atmósfera de determinados agentes contaminantes procedentes de grandes instalaciones de combustión, y se fijan las condiciones para el control de los límites de emisión de SO_2 en la actividad del refino de petróleo; RD-Ley 11/1995, de 28 de diciembre, por el que se establecen las normas aplicables al tratamiento de las aguas residuales urbanas, y RD 509/1996, de 15 de marzo (*BOE* de 29 de marzo de 1996), que lo desarrolla, modificado por RD 2.116/1998, de 2 de octubre (*BOE* n.º 251, de 20 de octubre; corrección de erratas en *BOE* n.º 286, de 30 de noviembre); RD 261/ 1996, de 16 de febrero (*BOE* n.º 61, de 11 de marzo de 1996), sobre protección de las aguas contra la contaminación producida por los nitratos procedentes de fuentes agrarias; y Ley 16/2002, de 1 de julio (*BOE* n.º 157, de 2 de julio), de prevención y control integrados de la contaminación, desarrollada por RD 509/2007, de 20 de abril (*BOE* n.º 96, de 21 de abril). *Sobre contaminación acústica y lumínica,* v. Ley 37/2003, de 17 de noviembre (*BOE* n.º 276, de 18 de noviembre), del Ruido, y RD 1.513/2005, de 16 de diciembre (*BOE* n.º 301, de 17 de diciembre), y RD 1.367/2007, de 19 de octubre (*BOE* n.º 254, de 23 de octubre), que la desarrollan; Ley 16/2002, de 28 de junio (*BOE* n.º 177, de 25 de julio), de la Generalidad de Cataluña, de protección contra la contaminación acústica; Ley 7/2002, de 3 de diciembre (*BOE* n.º 9, de 10 de enero de 2003), de la Comunidad Autónoma Valenciana, de protección contra la contaminación acústica; Ley 6/2001, de 31 de mayo, de la Comunidad Autónoma de Cataluña, de Ordenación Ambiental del Alumbrado para la Protección del Medio Nocturno (*BOE* n.º 149, de 22 de junio); Ley 6/2006, de 9 de junio (*BOE* n.º 184, de 3 de agosto), de prevención de la contaminación lumínica, de Cantabria; Ley 1/2007, de 16 de marzo (*BOE* n.º 97, de 23 de abril), contra la contaminación acústica de las Illes Balears; y Ley 5/2009, de 4 de junio (*BOE* n.º 162, de 6 de julio), del ruido de Castilla y León. V. también Tratado Antártico sobre Protección del Medio Ambiente y sus anejos de 4 de octubre de 1991, ratificado por Instrumento de 1 de junio de 1997 (*BOE* n.º 42, de 18 de febrero de 1998), y de 18 de octubre de 1991, ratificado por Instrumento de 5 de noviembre de 1993 (*BOE* n.º 248, de 16 de octubre de 2002); Convenio para la Protección del Medio Ambiente Marítimo del Atlántico del Nordeste, de 22 de septiembre de 1997, ratificado por Instrumento de 25 de enero de 1994 (*BOE* n.º 150, de 24 de junio de 1998), así como Instrumento de aceptación por parte de España del anexo V y apéndice 3 del citado Convenio (*BOE* n.º 45, de 21 de febrero de 2001); Convenio de 22 de mayo de 2001 sobre Contaminantes Orgánicos Persistentes, ratificado por Instrumento de 18 de mayo de 2004 (*BOE* n.º 151, de 23 de junio); Protocolo de Kioto al Convenio Marco de las Naciones Unidas sobe el Cambio Climático, ratificado por Instrumento de 10 de mayo de 2002 (*BOE* n.º 33, de 8 de febrero de 2005; correción de errores en *BOE* n.º 97, de 23 de abril), y RD 1.031/2007, de 20 de julio (*BOE* n.º 174, de 21 de julio; corrección de errores en *BOE* n.º 221, de 14 de septiembre), por el que se desarrolla el marco de participación en los mecanismos de flexibilidad del Protocolo de Kioto; y Protocolo sobre Cooperación, Preparación y Lucha contra los sucesos de contaminación por sustancias nocivas y potencialmente peligrosas, hecho en Londres el 15 de marzo de 2000, y ratificado por Instrumento de 14 de enero de 2005 (*BOE* n.º 201, de 23 de agosto de 2006).

Art. 325: Este artículo figura redactado conforme al texto de la LO 5/2010, de 22 de junio (*BOE* n.º 152, de 23 de junio), que entrará en vigor el próximo día 23 de diciembre de 2010. La redacción que sigue vigente hasta entonces es la siguiente:

> *Art. 325.* 1. Será castigado con las penas de prisión de seis meses a cuatro años, multa de ocho a veinticuatro meses e inhabilitación especial para profesión u oficio por tiempo de uno a tres años el que, contraviniendo las leyes u otras disposiciones de carácter general protectoras del medio ambiente, provoque o realice directa o indirectamente emisiones, vertidos, radiaciones, extracciones o excavaciones, aterramientos, ruidos, vibraciones, inyecciones o depósitos, en la atmósfera, el suelo, el subsuelo o las aguas terrestres, marítimas o subterráneas, con incidencia, incluso, en los espacios transfronterizos, así como las captaciones de aguas que puedan perjudicar gravemente el equilibrio de los sistemas naturales. Si el riesgo de grave perjuicio fuese para la salud de las personas, la pena de prisión se impondrá en su mitad superior.
>
> 2. El que dolosamente libere, emita o introduzca radiaciones ionizantes u otras sustancias en el aire, tierra o aguas marítimas, continentales, superficiales o subterráneas, en cantidad que produzca en alguna persona la muerte o enfermedad que, además de una primera asistencia facultativa, requiera tratamiento médico o quirúrgico o produzca secuelas irreversibles, será castigado, además de con la pena que corresponda por el daño causado a las personas, con la prisión de dos a cuatro años.

cinco años, multa de ocho a veinticuatro meses e inhabilitación especial para profesión u oficio por tiempo de uno a tres años el que, contraviniendo las leyes u otras disposiciones de carácter general protectoras del medio ambiente, provoque o realice directa o indirectamente emisiones, vertidos, radiaciones, extracciones o excavaciones, aterramientos, ruidos, vibraciones, inyecciones o depósitos, en la atmósfera, el suelo, el subsuelo o las aguas terrestres, subterráneas o marítimas, incluido el alta mar, con incidencia incluso en los espacios transfronterizos, así como las captaciones de aguas que puedan perjudicar gravemente el equilibrio de los sistemas naturales. Si el riesgo de grave perjuicio fuese para la salud de las personas, la pena de prisión se impondrá en su mitad superior.

Art. 326. Se impondrá la pena superior en grado, sin perjuicio de las que puedan corresponder con arreglo a otros preceptos de este Código, cuando en la comisión de cualquiera de los hechos descritos en el artículo anterior concurra alguna de las circunstancias siguientes:

a) Que la industria o actividad funcione clandestinamente, sin haber obtenido la preceptiva autorización o aprobación administrativa de sus instalaciones.

b) Que se hayan desobedecido las órdenes expresas de la autoridad administrativa de corrección o suspensión de las actividades tipificadas en el artículo anterior.

c) Que se haya falseado u ocultado información sobre los aspectos ambientales de la misma.

d) Que se haya obstaculizado la actividad inspectora de la Administración.

e) Que se haya producido un riesgo de deterioro irreversible o catastrófico.

f) Que se produzca una extracción ilegal de aguas en período de restricciones.

Art. 327. Cuando de acuerdo con lo establecido en el artículo 31 bis una persona jurídica sea responsable de los delitos recogidos en los dos artículos anteriores, se le impondrán las siguientes penas:

Art. 327: Este artículo figura redactado conforme al texto de la LO 5/2010, de 22 de junio (*BOE* n.º 152, de 23 de junio), que entrará en vigor el próximo día 23 de diciembre de 2010. La redacción que sigue vigente hasta entonces es la siguiente:

> *Art. 327.* En todos los casos previstos en los dos artículos anteriores, el Juez o Tribunal podrá acordar alguna de las medidas previstas en las letras *a*) o *e*) del artículo 129 de este Código.

a) Multa de dos a cinco años, si el delito cometido por la persona física tiene prevista una pena de prisión superior a cinco años.

b) Multa de uno a tres años, en el resto de los casos.

Atendidas las reglas establecidas en el artículo 66 bis, los jueces y tribunales podrán asimismo imponer las penas recogidas en las letras *b*) a *g*) del apartado 7 del artículo 33.

Art. 328. 1. Serán castigados con la pena de prisión de seis meses a dos años, multa de diez a catorce meses e inhabilitación especial para profesión u oficio por tiempo de uno a dos años quienes establezcan depósitos o vertederos de desechos o residuos sólidos o líquidos que sean tóxicos o peligrosos y puedan perjudicar gravemente el equilibrio de los sistemas naturales o la salud de las personas.

2. Con las mismas penas previstas en el apartado anterior serán castigados quienes, contraviniendo las leyes u otras disposiciones de carácter general, lleven a cabo la explotación de instalaciones en las que se realice una actividad peligrosa o en las que se almacenen o utilicen sustancias o preparados peligrosos y que causen o puedan causar la muerte o lesiones graves a personas, o daños sustanciales a la calidad del aire, la calidad del suelo o la calidad de las aguas, o a animales o plantas.

3. Serán castigados con la pena de prisión de uno a dos años los que en la recogida, el transporte, la valorización, la eliminación o el aprovechamiento de residuos, incluida la omisión de los deberes de vigilancia sobre tales procedimientos, pongan en grave peligro la vida, integridad o la salud de las personas, o la calidad del aire, del suelo o de las aguas, o a animales o plantas.

4. El que contraviniendo las leyes u otras disposiciones de carácter general traslade una cantidad importante de residuos, tanto en el caso de uno como en el de varios traslados que aparezcan vinculados, será castigado con la pena de prisión de uno a dos años.

5. Cuando con ocasión de las conductas previstas en los aparta-

---

Art. 328: Este artículo figura redactado conforme al texto de la LO 5/2010, de 22 de junio (*BOE* n.º 152, de 23 de junio), que entrará en vigor el próximo día 23 de diciembre de 2010. La redacción que sigue vigente hasta entonces es la siguiente:

Art. 328. Serán castigados con la pena de prisión de cinco a siete meses y multa de diez a catorce meses quienes estableciesen depósitos o vertederos de desechos o residuos sólidos o líquidos que sean tóxicos o peligrosos y puedan perjudicar gravemente el equilibrio de los sistemas naturales o la salud de las personas.

dos anteriores se produjera, además del riesgo prevenido, un resultado lesivo constitutivo de delito, cualquiera que sea su gravedad, los jueces o tribunales apreciarán tan sólo la infracción más gravemente penada, aplicando la pena en su mitad superior.

6. Cuando de acuerdo con lo establecido en el artículo 31 bis una persona jurídica sea responsable de los delitos recogidos en este artículo, se le impondrán las siguientes penas:

a) Multa de uno a tres años, o del doble al cuádruple del perjuicio causado cuando la cantidad resultante fuese más elevada, si el delito cometido por la persona física tiene prevista una pena de más de dos años de privación de libertad.

b) Multa de seis meses a dos años, o del doble al triple del perjuicio causado si la cantidad resultante fuese más elevada, en el resto de los casos.

Atendidas las reglas establecidas en el artículo 66 bis, los jueces y tribunales podrán asimismo imponer las penas recogidas en las letras *b*) a *g*) del apartado 7 del artículo 33.

7. Cuando en la comisión de cualquiera de los hechos previstos en los apartados anteriores de este artículo concurra alguna de las circunstancias recogidas en los apartados *a*), *b*), *c*) o *d*) del artículo 326 se impondrán las penas superiores en grado a las respectivamente previstas, sin perjuicio de las que puedan corresponder con arreglo a otros preceptos de este Código.

Art. 329. 1. La autoridad o funcionario público que, a sabiendas, hubiere informado favorablemente la concesión de licencias manifiestamente ilegales que autoricen el funcionamiento de las industrias o actividades contaminantes a que se refieren los artículos anteriores, o que con motivo de sus inspecciones hubiere silenciado la infracción de leyes o disposiciones normativas de

Art. 329: El apartado 1 de este artículo figura redactado conforme al texto de la LO 5/2010, de 22 de junio (*BOE* n.º 152, de 23 de junio), que entrará en vigor el próximo día 23 de diciembre de 2010. La redacción que sigue vigente hasta entonces es la siguiente:

> 1. La autoridad o funcionario público que, a sabiendas, hubiere informado favorablemente la concesión de licencias manifiestamente ilegales que autoricen el funcionamiento de las industrias o actividades contaminantes a que se refieren los artículos anteriores, o que con motivo de sus inspecciones hubieren silenciado la infracción de Leyes o disposiciones normativas de carácter general que las regulen será castigado con la pena establecida en el artículo 404 de este Código y, además, con la de prisión de seis meses a tres años o la de multa de ocho a veinticuatro meses.

V. notas a la rúbrica del presente Capítulo y al art. 320 de este Código.

carácter general que las regulen, o que hubiere omitido la realización de inspecciones de carácter obligatorio, será castigado con la pena establecida en el artículo 404 de este Código y, además, con la de prisión de seis meses a tres años y la de multa de ocho a veinticuatro meses.

2. Con las mismas penas se castigará a la autoridad o funcionario público que por sí mismo o como miembro de un organismo colegiado hubiese resuelto o votado a favor de su concesión a sabiendas de su injusticia.

Art. 330. Quien, en un espacio natural protegido, dañare gravemente alguno de los elementos que hayan servido para calificarlo, incurrirá en la pena de prisión de uno a cuatro años y multa de doce a veinticuatro meses.

Art. 331. Los hechos previstos en este capítulo serán sancionados, en su caso, con la pena inferior en grado, en sus respectivos supuestos, cuando se hayan cometido por imprudencia grave.

CAPÍTULO IV

DE LOS DELITOS RELATIVOS A LA PROTECCIÓN DE LA FLORA, FAUNA Y ANIMALES DOMÉSTICOS*

Art. 332. El que con grave perjuicio para el medio ambien-

* Esta rúbrica figura redactada conforme al texto de la Ley Orgánica 15/2003, de 25 de noviembre (*BOE* n.º 283, de 26 de noviembre; corrección de errores en *BOE* n.º 65, de 16 de marzo, y n.º 80, de 2 de abril, ambos de 2004), que entró en vigor el 1 de octubre de 2004. V. Ley 42/2007, de 13 de diciembre (*BOE* n.º 299, de 14 de diciembre; corrección de errores en *BOE* n.º 36, de 11 de febrero de 2008), del Patrimonio Natural y de la Biodiversidad, modificada por Ley 25/2009, de 22 de diciembre (*BOE* n.º 308, de 23 de diciembre); Ley 14/1998, de 1 de junio (*BOE* n.º 131, de 2 de junio; corrección de erratas en *BOE* n.º 134, de 5 de junio), por la que se establece el régimen de control para protección de los recursos pesqueros; Ley 3/2001, de 26 de marzo (*BOE* n.º 75, de 28 de marzo; corrección de erratas en *BOE* n.º 174, de 21 de julio), de Pesca Marítima del Estado; Ley 31/2003, de 27 de octubre (*BOE* n.º 258, de 28 de octubre), de conservación de la fauna silvestre en los parques zoológicos; Ley 5/2007, de 3 de abril (*BOE* n.º 81, de 4 de abril), de la Red de Parques Nacionales; RD 1.095/1989, de 8 de septiembre (*BOE* n.º 218, de 12 de septiembre), por el que se declaran las especies objeto de caza y pesca y se establecen normas para su protección, y cuyo art. 7.º2.*a*) ha sido declarado parcialmente nulo por Sentencia de 22 de febrero de 2000 (*BOE* n.º 74, de 27 de marzo), del Tribunal Supremo; RD 1.118/ 1989, de 15 de septiembre, por el que se determinan las especies objeto de caza y pesca comercializables y se dictan normas al respecto; RD 439/1990, de 30 de marzo (*BOE* n.º 82, de 5 de abril), por el que se regula el Catálogo Nacional de Especies Amenazadas; RD 1.727/2007, de 21 de diciembre (*BOE* n.º 11, de 12 de enero de 2008), por el que se establecen medidas de protección de los cetáceos, y Órdenes de 9 de julio de 1998 (*BOE* n.º 172, de 20 de julio; corrección de errores en *BOE* n.º 191, de 11 de agosto), 9 de junio de 1999 (*BOE*

n.º 148, de 22 de junio), 10 de marzo de 2000 (*BOE* n.º 72, de 24 de marzo; corrección de errores en *BOE* n.º 96, de 21 de abril), 28 de mayo de 2001 (*BOE* n.º 134, de 5 de junio), 21 de octubre de 2002 (*BOE* n.º 265, de 5 de noviembre), 5 de junio de 2003 (*BOE* n.º 149, de 23 de junio), y 27 de junio de 2005 (*BOE* n.º 165, de 12 de julio), por las que se incluyen determinadas especies en el Catálogo Nacional de Especies Amenazadas y cambian de categoría otras especies que ya están incluidas en el mismo; RD 1.997/1995, de 7 de diciembre (*BOE* n.º 310, de 28 de diciembre; corrección de errores en *BOE* n.º 131, de 30 de mayo de 1996), modificado por RRDD 1.193/ 1998, de 12 de junio (*BOE* n.º 151, de 25 de junio), y por la Ley 42/2007, de 13 de diciembre (*BOE* n.º 299, de 14 de diciembre; corrección de errores en *BOE* n.º 36, de 11 de febrero de 2008), por el que se establecen medidas para contribuir a garantizar la biodiversidad mediante la conservación de los hábitats naturales y de la fauna y flora silvestres, y cuyo art. 13.2 ha sido anulado por Sentencia de 15 de marzo de 1999 (*BOE* n.º 141, de 14 de junio), del Tribunal Supremo, y 1.421/2006, de 1 de diciembre (*BOE* n.º 288, de 2 de diciembre); RD 435/2004, de 12 de marzo (*BOE* n.º 73, de 25 de marzo), por el que se regula el Inventario nacional de zonas húmedas; Acuerdo de 4 de agosto de 1995, relativo a la conservación y ordenación de las poblaciones de peces transzonales y las poblaciones de peces altamente migratorios, ratificado por Instrumento de 24 de noviembre de 2002 (*BOE* n.º 175, de 21 de julio de 2004); RD 1.415/2005, de 25 de noviembre (*BOE* n.º 293, de 8 de diciembre), por el que se regula la pesca del coral rojo y su primera venta; Orden ARM/1.647/2009, de 15 de junio (*BOE* n.º 150, de 22 de junio), por la que se regula la pesca de especies altamente migratorias; Ley 2/1993, de 15 de julio, de Caza de Castilla-La Mancha, modificada por Ley 3/2006, de 19 de octubre (*BOE* n.º 17, de 19 de enero de 2007); Ley 4/1996, de 12 de julio (*BOE* n.º 210, de 30 de agosto), modificada por Ley 4/2006, de 25 de mayo (*BOE* n.º 151, de 26 de junio), de Caza de Castilla y León; Ley 4/1997, de 25 de junio, de Caza de Galicia, modificada por Ley 6/2006, de 23 de octubre (*BOE* n.º 280, de 23 de noviembre); Ley 8/1998, de 26 de junio, de Conservación de la Naturaleza y Especies Naturales de Extremadura, modificada por Ley 9/2006, de 23 de diciembre (*BOE* n.º 24, de 27 de enero de 2007); Ley 9/1999, de 26 de mayo, de conservación de la naturaleza de Castilla-La Mancha, modificada por Ley 8/2007, de 15 de marzo (*BOE* n.º 119, de 18 de mayo); Ley 9/2001, de 21 de agosto (*BOE* n.º 230, de 25 de septiembre), de la Comunidad Autónoma de Galicia, de Conservación de la Naturaleza; Leyes Forales 18/2002, de 13 de junio (*BOE* n.º 199, de 20 de agosto), de protección y gestión de la fauna silvestre y sus hábitat, y 17/2005, de 22 de diciembre (*BOE* n.º 17, de 20 de enero de 2006), de Caza y Pesca de Navarra; Ley 22/2003, de 4 de julio (*BOE* n.º 189, de 8 de agosto), de la Comunidad Autónoma de Cataluña, modificada por Ley 12/2006, de 27 de julio (*BOE* n.º 200, de 22 de agosto; corrección de errores en *BOE* n.º 264, de 2 de noviembre de 2009); Ley 8/2003, de 28 de octubre (*BOE* n.º 288, de 2 de diciembre), de la Flora y la Fauna Silvestres, de la Comunidad Autónoma de Andalucía; Ley 7/2003, de 12 de noviembre (*BOE* n.º 47, de 24 de febrero de 2004), de Caza y Pesca Fluvial de la Región de Murcia; Ley 13/2004, de 27 de diciembre, de caza de la Comunidad Valenciana (*BOE* n.º 78, de 14 de febrero de 2005), modificada por Ley 7/2009, de 22 de octubre (*BOE* n.º 281, de 21 de noviembre); Ley 4/2006, de 19 de mayo (*BOE* n.º 184, de 3 de agosto), de Conservación de la Naturaleza de Cantabria; Ley 12/2006, de 17 de julio (*BOE* n.º 205, de 28 de agosto), de Caza de Cantabria; RD 1.201/2005, de 10 de octubre, sobre protección de los animales utilizados para experimentación y otros fines científicos (*BOE* n.º 252, de 21 de octubre); Ley 2/2006, de 28 de febrero (*BOE* n.º 70, de 23 de marzo), de Pesca de La Rioja; Ley 6/2006, de 12 de abril (*BOE* n.º 122, de 23 de mayo), balear de caza y pesca fluvial; Ley 4/2006, de 19 de mayo, de la Comunidad Valenciana, de patrimonio arbóreo monumental (*BOE* n.º 154, de

te corte, tale, queme, arranque, recolecte o efectúe tráfico ilegal de alguna especie o subespecie de flora amenazada o de sus propágulos, o destruya o altere gravemente su hábitat, será castigado con la pena de prisión de cuatro meses a dos años o multa de ocho a veinticuatro meses.

---

29 de junio); Ley 11/2008, de 3 de diciembre (*BOE* n.º 154, de 17 de enero de 2009), de pesca de Galicia, modificada por Ley 1/2009, de 15 de junio (*BOE* n.º 155, de 27 de junio), y por Ley 6/2009, de 11 de diciembre (*BOE* n.º 30, de 4 de febrero de 2010); Ley 9/2008, de 18 de diciembre (*BOE* n.º 154, de 17 de enero de 2009), de protección de los ecosistemas acuáticos y de regulación de la pesca en Castilla y León; y Ley 4/2010, de 4 de junio (*BOE* n.º 150, de 21 de junio), del Catálogo Canario de Especies Protegidas. V., también, el Convenio Internacional de Especies Amenazadas de la Fauna y Flora Silvestres (CITES), hecho en Washington el 3 de marzo de 1973 (*BOE* de 30 de julio de 1986 y 10 de agosto de 1991, con modificaciones a los apéndices en *BOE* n.os 50, de 27 de febrero de 1996 —corrección de errores en *BOE* n.º 103, de 29 de abril—, 104, de 30 de abril de 1996, 88, de 13 de abril de 1998, 179, de 27 de julio de 2001), 111, de 9 de mayo de 2003, y 45, de 21 de febrero de 2007), y el RD 1.739/1997, de 20 de noviembre, sobre medidas de aplicación del CITES y del Reglamento (CE) 338/97, del Consejo, de 9 de diciembre de 1996, relativo a la protección de especies de la fauna y flora silvestres mediante el control de su comercio (*BOE* n.º 285, de 28 de noviembre), modificado por el Reglamento (CE) n.º 318/2008 de la Comisión, de 31 de marzo de 2008 (*DOUE* de 8 de abril); el Reglamento (CEE) n.º 3626/82/82, del Consejo, de 3 de diciembre de 1982 (*DOCE* n.º L 384, de 31 de diciembre), relativo a la aplicación en la Comunidad de ese Convenio sobre el comercio internacional de especies amenazadas de fauna y flora silvestres; Convención sobre la conservación de las especies migratorias de animales silvestres, hecha en Bonn el 13 de junio de 1979 (*BOE* n.º 259, de 29 de octubre; corrección de errores en *BOE* n.º 296, de 11 de diciembre de 1985), así como Resolución de 12 de julio de 1999, relativa a los apéndices I y II de dicha Convención (*BOE* n.º 174, de 22 de julio), así como Resolución de 23 de febrero de 2000, relativa igualmente a dichos apéndices I y II (*BOE* n.º 60, de 10 de marzo) y la Resolución de 8 de julio de 2003 (*BOE* n.º 175, de 23 de julio); Convenio relativo a la conservación de la vida silvestre y del medio natural en Europa, hecho en Berna el 19 de septiembre de 1979 (*BOE* de 1 de octubre de 1986 y de 7 de junio y 5 de diciembre de 1988), así como la Relación de especies que deben ser incluidas en el anejo I del Convenio (*BOE* n.º 121, de 21 de mayo de 1997); Acuerdo sobre la Conservación de los Cetáceos del Mar Negro, el Mar Mediterráneo y la Zona Atlántica Contigua, hecho en Mónaco el 24 de noviembre de 1996, y ratificado mediante Instrumento de 7 de enero de 1999 (*BOE* n.º 150, de 23 de junio), y Protocolo de Cartagena sobre seguridad de la biotecnología del Convenio sobre la diversidad biológica, ratificado por Instrumento de 10 de diciembre de 2001 (*BOE* n.º 181, de 30 de julio de 2003). V., también, los arts. 263 bis y 282 bis LECr., reproducidos en nota al art. 368 de este Código, y el RD 1.333/2006, de 21 de noviembre (*BOE* n.º 286, de 30 de noviembre), por el que se regula el destino de los especímenes decomisados de las especies amenazadas de fauna y flora silvestres protegidas mediante el control de su comercio.

Art. 332: Este artículo figura redactado conforme al texto de la Ley Orgánica 15/2003, de 25 de noviembre (*BOE* n.º 283, de 26 de noviembre; corrección de errores en *BOE* n.º 65, de 16 de marzo, y n.º 80, de 2 de abril, ambos de 2004), que entró en vigor el 1 de octubre de 2004.

Art. 333. El que introdujera o liberara especies de flora o fauna no autóctona, de modo que perjudique el equilibrio biológico, contraviniendo las leyes o disposiciones de carácter general protectoras de las especies de flora o fauna, será castigado con la pena de prisión de cuatro meses a dos años o multa de ocho a veinticuatro meses y, en todo caso, inhabilitación especial para profesión u oficio por tiempo de uno a tres años.

Art. 334. 1. El que cace o pesque especies amenazadas, realice actividades que impidan o dificulten su reproducción o migración, o destruya o altere gravemente su hábitat, contraviniendo las leyes o disposiciones de carácter general protectoras de las especies de fauna silvestre, o comercie o trafique con ellas o con sus restos, será castigado con la pena de prisión de cuatro meses a dos años o multa de ocho a veinticuatro meses y, en cualquier caso, la de inhabilitación especial para profesión u oficio e inhabilitación especial para el ejercicio del derecho de cazar o pescar por tiempo de dos a cuatro años.

2. La pena se impondrá en su mitad superior si se trata de especies o subespecies catalogadas en peligro de extinción.

Art. 333: Este artículo figura redactado conforme al texto de la LO 5/2010, de 22 de junio (*BOE* n.º 152, de 23 de junio), que entrará en vigor el próximo día 23 de diciembre de 2010. La redacción que sigue vigente hasta entonces es la siguiente:

> *Art. 333.* El que introdujera o liberara especies de flora o fauna no autóctona, de modo que perjudique el equilibrio biológico, contraviniendo las leyes o disposiciones de carácter general protectoras de las especies de flora o fauna, será castigado con la pena de prisión de cuatro meses a dos años o multa de ocho a veinticuatro meses.

Art. 334: Este artículo figura redactado conforme al texto de la Ley Orgánica 15/2003, de 25 de noviembre (*BOE* n.º 283, de 26 de noviembre; corrección de errores en *BOE* n.º 65, de 16 de marzo, y n.º 80, de 2 de abril, ambos de 2004), que entró en vigor el 1 de octubre de 2004. El apartado 1 de este artículo figura redactado conforme al texto de la LO 5/2010, de 22 de junio (*BOE* n.º 152, de 23 de junio), que entrará en vigor el próximo día 23 de diciembre de 2010. La redacción que sigue vigente hasta entonces es la siguiente:

> 1. El que cace o pesque especies amenazadas, realice actividades que impidan o dificulten su reproducción o migración, contraviniendo las leyes o disposiciones de carácter general protectoras de las especies de fauna silvestre, comercie o trafique con ellas o con sus restos será castigado con la pena de prisión de cuatro meses a dos años o multa de ocho a veinticuatro meses y, en todo caso, inhabilitación especial para el ejercicio del derecho de cazar o pescar por tiempo de dos a cuatro años.

Art. 335. 1. El que cace o pesque especies distintas de las indicadas en el artículo anterior, cuando esté expresamente prohibido por las normas específicas sobre su caza o pesca, será castigado con la pena de multa de ocho a doce meses e inhabilitación especial para el ejercicio del derecho de cazar o pescar por tiempo de dos a cinco años.

2. El que cace o pesque especies a las que se refiere el apartado anterior en terrenos públicos o privados ajenos, sometidos a régimen cinegético especial, sin el debido permiso de su titular, será castigado con la pena de multa de cuatro a ocho meses e inhabilitación especial para el ejercicio del derecho de cazar o pescar por tiempo de uno a tres años, además de las penas que pudieran corresponderle, en su caso, por la comisión del delito previsto en el apartado 1 de este artículo.

3. Si las conductas anteriores produjeran graves daños al patrimonio cinegético de un terreno sometido a régimen cinegético especial, se impondrá la pena de prisión de seis meses a dos años e inhabilitación especial para el ejercicio de los derechos de cazar y pescar por tiempo de dos a cinco años.

4. Se impondrá la pena en su mitad superior cuando las conductas tipificadas en este artículo se realicen en grupo de tres o más personas o utilizando artes o medios prohibidos legal o reglamentariamente.

Art. 336. El que, sin estar legalmente autorizado, emplee para la caza o pesca veneno, medios explosivos u otros instrumentos o artes de similar eficacia destructiva o no selectiva para la fauna, será castigado con la pena de prisión de cuatro meses a dos años o multa de ocho a veinticuatro meses y, en cualquier caso, la de inhabilitación especial para el ejercicio del

---

Art. 335: Este artículo figura redactado conforme al texto de la Ley Orgánica 15/2003, de 25 de noviembre (*BOE* n.º 283, de 26 de noviembre; corrección de errores en *BOE* n.º 65, de 16 de marzo, y n.º 80, de 2 de abril, ambos de 2004), que entró en vigor el 1 de octubre de 2004.

Art. 336: Este artículo figura redactado conforme al texto de la LO 5/2010, de 22 de junio (*BOE* n.º 152, de 23 de junio), que entrará en vigor el próximo día 23 de diciembre de 2010. La redacción que sigue vigente hasta entonces es la siguiente:

Art. 336. El que, sin estar legalmente autorizado, emplee para la caza o pesca veneno, medios explosivos u otros instrumentos o artes de similar eficacia destructiva para la fauna, será castigado con la pena de prisión de cuatro meses a dos años o multa de ocho a veinticuatro meses y, en todo caso, inhabilitación especial para el ejercicio del derecho de cazar o pescar por tiempo de uno a tres años. Si el daño causado fuera de notoria importancia, se impondrá la pena de prisión antes mencionada en su mitad superior.

derecho a cazar o pescar por tiempo de uno a tres años. Si el daño causado fuera de notoria importancia, se impondrá la pena de prisión antes mencionada en su mitad superior.

Art. 337. El que por cualquier medio o procedimiento maltrate injustificadamente a un animal doméstico o amansado, causándole la muerte o lesiones que menoscaben gravemente su salud, será castigado con la pena de tres meses a un año de prisión e inhabilitación especial de uno a tres años para el ejercicio de profesión, oficio o comercio que tenga relación con los animales.

CAPÍTULO V

DISPOSICIONES COMUNES

Art. 338. Cuando las conductas definidas en este Título afecten a algún espacio natural protegido, se impondrán las penas superiores en grado a las respectivamente previstas.

Art. 339. Los jueces o tribunales ordenarán la adopción, a cargo del autor del hecho, de las medidas necesarias encaminadas a restaurar el equilibrio ecológico perturbado, así como de cualquier otra medida cautelar necesaria para la protección de los bienes tutelados en este Título.

Art. 337: Este artículo figura redactado conforme al texto de la LO 5/2010, de 22 de junio (*BOE* n.º 152, de 23 de junio), que entrará en vigor el próximo día 23 de diciembre de 2010. La redacción que sigue vigente hasta entonces es la siguiente:

> *Art. 337.* Los que maltrataren con ensañamiento e injustificadamente a animales domésticos causándoles la muerte o provocándoles lesiones que produzcan un grave menoscabo físico serán castigados con la pena de prisión de tres meses a un año e inhabilitación especial de uno a tres años para el ejercicio de profesión, oficio o comercio que tenga relación con los animales.

V. Convenio europeo de 1986 sobre protección de los animales vertebrados utilizados con fines experimentales y otros fines científicos, ratificado por Instrumento de 2 de agosto de 1989 (*BOE* n.º 256, de 25 de octubre de 1990), y enmendado por el Protocolo de 22 de junio de 1998, ratificado por Instrumento de 30 de octubre de 2003 (*BOE* n.º 294, de 9 de diciembre de 2005); RD 1.201/2005, de 10 de octubre (*BOE* n.º 252, de 21 de octubre), sobre protección de los animales utilizados para experimentación y otros fines científicos; Ley 7/2005, de 27 de diciembre, de modificación de la Ley 5/2002, de 23 de mayo, de protección de los animales en Extremadura (*BOE* n.º 40, de 16 de febrero); y Ley 32/2007, de 7 de noviembre, para el cuidado de los animales, en su explotación, transporte, experimentación y sacrificio (*BOE* n.º 268, de 8 de noviembre).

Art. 339: Este artículo figura redactado conforme al texto de la LO 5/2010, de 22 de junio (*BOE* n.º 152, de 23 de junio), que entrará en vigor el próximo día 23 de

Art. 340. Si el culpable de cualquiera de los hechos tipificados en este Título hubiera procedido voluntariamente a reparar el daño causado, los Jueces y Tribunales le impondrán la pena inferior en grado a las respectivamente previstas.

TÍTULO XVII

De los delitos contra la seguridad colectiva

CAPÍTULO PRIMERO

De los delitos de riesgo catastrófico

SECCIÓN 1.ª

*De los delitos relativos a la energía nuclear y a las radiaciones ionizantes**

Art. 341. El que libere energía nuclear o elementos radiactivos que pongan en peligro la vida o la salud de las personas o sus bienes, aunque no se produzca explosión, será sancionado con la pena de prisión de quince a veinte años, e inhabilitación especial para empleo o cargo público, profesión u oficio por tiempo de diez a veinte años.

Art. 342. El que, sin estar comprendido en el artículo anterior, perturbe el funcionamiento de una instalación nuclear o radiactiva, o altere el desarrollo de actividades en las que intervengan materiales o equipos productores de radiaciones ionizantes, creando una situación de grave peligro para la vida o la salud de las personas, será sancionado con la pena de prisión

---

diciembre de 2010. La redacción que sigue vigente hasta entonces es la siguiente:

> *Art. 339.* Los Jueces o Tribunales, motivadamente, podrán ordenar la adopción, a cargo del autor del hecho, de medidas encaminadas a restaurar el equilibrio ecológico perturbado, así como adoptar cualquier otra medida cautelar necesaria para la protección de los bienes tutelados en este Título.

* V. Ley 25/1964, de 29 de abril (*BOE* n.º 107, de 4 de mayo; corrección de errores en *BOE* n.º 109, de 6 de mayo), sobre Energía Nuclear, modificada por Ley 40/1994, de 30 de diciembre (*BOE* n.º 313, de 31 de diciembre), de Ordenación del Sistema Eléctrico Nacional, por Ley 62/2003, de 30 de diciembre (*BOE* n.º 313, de 31 de diciembre), y por Ley 24/2005, de 18 de noviembre (*BOE* n.º 277, de 19 de noviembre), de reformas para el impulso a la productividad, y parcialmente derogada por la Disp. Derog. 1.*f)* de este Código; RD 1.836/1999, de 3 de diciembre (*BOE* n.º 313, de 31 de diciembre; corrección de errores en *BOE* n.º 22, de 26 de enero de 2000, y de erratas en *BOE* n.º 31, de 5 de febrero de 2000), por el que se aprueba el Reglamento

de cuatro a diez años, e inhabilitación especial para empleo o cargo público, profesión u oficio por tiempo de seis a diez años.

---

sobre instalaciones nucleares y radiactivas, modificado por RD 35/2008, de 18 de enero (*BOE* n.º 42, de 18 de febrero); Ley 15/1980, de 22 de abril (*BOE* n.º 100, de 25 de abril), de creación del Consejo de Seguridad Nuclear, modificada por Ley 33/2007, de 7 de noviembre (*BOE* n.º 268, de 8 de noviembre); RD 783/2001, de 6 de julio (*BOE* n.º 178, de 26 de julio), por el que se aprueba el Reglamento sobre Protección Sanitaria contra Radiaciones Ionizantes, y RD 815/2001, de 13 de julio (*BOE* n.º 168, de 14 de julio), sobre justificación del uso de las radiaciones ionizantes para la protección radiológica de las personas con ocasión de exposiciones médicas; RD 243/2009, de 27 de febrero (*BOE* n.º 80, de 2 de abril), por el que se regula la vigilancia y control de traslados de residuos radiactivos y combustible nuclear gastado entre Estados miembros o procedentes o con destino al exterior de la Comunidad; RD 158/1995, de 3 de febrero (*BOE* n.º 54, de 4 de marzo de 1995), sobre protección física de los materiales nucleares; RD 413/1997, de 21 de marzo, sobre protección operacional de los trabajadores externos con riesgo de exposición a radiaciones ionizantes por intervención en zona controlada (*BOE* n.º 91, de 16 de abril); RD 1.976/1999, de 23 de diciembre (*BOE* n.º 311, de 29 de diciembre; corrección de errores en *BOE* n.º 29, de 3 de febrero de 2000), por el que se establecen los criterios de calidad en radiodiagnóstico; RD 1.546/2004, de 25 de junio (*BOE* n.º 169, de 14 de julio; corrección de errores en *BOE* n.º 264, de 2 de noviembre), por el que se aprueba el Plan Básico de Emergencia Nuclear, modificado por RD 1.428/2009, de 11 de septiembre (*BOE* n.º 221, de 12 de septiembre); Orden INT/1.695/2005, de 27 de mayo (*BOE* n.º 137, de 9 de junio), por la que se aprueba el Plan de Emergencia Nuclear del Nivel Central de Respuesta y Apoyo; e Instrucciones IS-22, de 1 de julio de 2009 (*BOE* n.º 166, de 10 de julio), e IS-26, de 16 de junio de 2010 (*BOE* n.º 165, de 8 de julio), del Consejo de Seguridad Nuclear, sobre requisitos de seguridad para la gestión del envejecimiento y la operación a largo plazo de centrales nucleares, y sobre requisitos básicos de seguridad nuclear aplicables a las instalaciones nucleares, respectivamente. V., también, la Convención sobre Seguridad Nuclear, hecha en Viena el 20 de septiembre de 1994, firmada por España el 15 de noviembre siguiente y ratificada por Instrumento de 19 de junio de 1995 (*BOE* n.º 236, de 30 de septiembre de 1996; corrección de errores en *BOE* n.º 95, de 21 de abril de 1997); el Acuerdo entre España y la Comisión preparatoria de la Organización del Tratado de prohibición completa de los ensayos nucleares sobre la realización de actividades relacionadas con instalaciones del sistema internacional de vigilancia del Tratado de prohibición completa de los ensayos nucleares, comprendidas las actividades posteriores a la homologación, hecho en Viena el 14 de septiembre de 2000 (*BOE* n.º 286, de 29 de noviembre); la Convención conjunta sobre seguridad en la gestión del combustible gastado y sobre seguridad en la gestión de desechos radiactivos, hecho en Viena el 5 de septiembre de 1997, y ratificado mediante Instrumento de 30 de abril de 1999 (*BOE* n.º 97, de 23 de abril de 2001); el Convenio Internacional para la represión de los actos de terrorismo nuclear, hecho en Nueva York el 15 de abril de 2005, y ratificado por España mediante Instrumento de 29 de enero de 2007 (*BOE* n.º 146, de 19 de junio de 2007), y el Real Decreto 1.206/2003, de 19 de septiembre (*BOE* n.º 241, de 8 de octubre), para la aplicación de los compromisos contraídos por el Estado español en el Protocolo adicional al Acuerdo de salvaguardias derivado del Tratado sobre la no proliferación de las armas nucleares, desarrollado por Orden de 21 de julio de 2004 (*BOE* n.º 187, de 4 de agosto), del Ministerio de Industria, Turismo y Comercio.

Art. 343. 1. El que mediante el vertido, la emisión o la introducción en el aire, el suelo o las aguas de una cantidad de materiales o de radiaciones ionizantes, o la exposición por cualquier otro medio a dichas radiaciones ponga en peligro la vida, integridad, salud o bienes de una o varias personas, será sancionado con la pena de prisión de seis a doce años e inhabilitación especial para empleo o cargo público, profesión u oficio por tiempo de seis a diez años. La misma pena se impondrá cuando mediante esta conducta se ponga en peligro la calidad del aire, del suelo o de las aguas o a animales o plantas.

2. Cuando con ocasión de la conducta descrita en el apartado anterior se produjere, además del riesgo prevenido, un resultado lesivo constitutivo de delito, cualquiera que sea su gravedad, los jueces o tribunales apreciarán tan sólo la infracción más gravemente penada, aplicando la pena en su mitad superior.

3. Cuando de acuerdo con lo establecido en el artículo 31 bis una persona jurídica sea responsable de los delitos recogidos en este artículo, se le impondrá la pena de multa de dos a cinco años.

Atendidas las reglas establecidas en el artículo 66 bis, los jueces y tribunales podrán asimismo imponer las penas recogidas en las letras *b*) a *g*) del apartado 7 del artículo 33.

Art. 344. Los hechos previstos en los artículos anteriores serán sancionados con la pena inferior en grado, en sus respectivos supuestos, cuando se hayan cometido por imprudencia grave.

Art. 345. 1. El que se apodere de materiales nuclea-

Art. 343: Este artículo figura redactado conforme al texto de la LO 5/2010, de 22 de junio (*BOE* n.º 152, de 23 de junio), que entrará en vigor el próximo día 23 de diciembre de 2010. La redacción que sigue vigente hasta entonces es la siguiente:

> *Art. 343.* El que exponga a una o varias personas a radiaciones ionizantes que pongan en peligro su vida, integridad, salud o bienes, será sancionado con la pena de prisión de seis a doce años, e inhabilitación especial para empleo o cargo público, profesión u oficio por tiempo de seis a diez años.

Art. 345: Este artículo figura redactado conforme al texto de la LO 5/2010, de 22 de junio (*BOE* n.º 152, de 23 de junio), que entrará en vigor el próximo día 23 de diciembre de 2010. La redacción que sigue vigente hasta entonces es la siguiente:

> *Art. 345.* 1. El que se apodere de materiales nucleares o elementos radiactivos, aun sin ánimo de lucro, será sancionado con la pena de prisión de uno a cinco años. La misma pena se impondrá al que sin la debida autorización facilite, reciba, transporte o posea materiales radiactivos o sustancias nucleares, trafique con ellos, retire o utilice sus desechos o haga uso de isótopos radiactivos.

res o elementos radiactivos, aun sin ánimo de lucro, será sancionado con la pena de prisión de uno a cinco años. La misma pena se impondrá al que sin la debida autorización posea, trafique, facilite, trate, transforme, utilice, almacene, transporte o elimine materiales nucleares u otras sustancias radiactivas peligrosas que causen o puedan causar la muerte o lesiones graves a personas, o daños sustanciales a la calidad del aire, la calidad del suelo o la calidad de las aguas o a animales o plantas.

2. Si el hecho se ejecutara empleando fuerza en las cosas, se impondrá la pena en su mitad superior.

3. Si el hecho se cometiera con violencia o intimidación en las personas, el culpable será castigado con la pena superior en grado.

4. El que sin la debida autorización produjere tales materiales o sustancias será castigado con la pena superior en grado.

2. Si la sustracc ón se ejecutara empleando fuerza en las cosas, se impondrá la pena en su mitad superior.

3. Si el hecho se cometiera con violencia o intimidación en las personas, el culpable será castigado con la pena superior en grado.

SECCIÓN 2.ª

De los estragos

Art. 346. 1. Los que, provocando explosiones o utilizando cualquier otro medio de similar potencia destructiva, causaren la destrucción de aeropuertos, puertos, estaciones, edificios, locales públicos, depósitos que contengan materiales inflamables o explosivos, vías de comunicación, medios de transporte colectivos, o la inmersión o varamiento de nave, inundación, explosión de una mina o instalación industrial, levantamiento de los carriles de una vía férrea, cambio malicioso de las señales empleadas en el servicio de ésta para la seguridad de los medios de transporte, voladura de puente, destrozo de calzada pública, perturbación grave de cualquier clase o medio de comunicación, pertubación o interrupción del suministro de agua, electricidad u otro recurso natural fundamental incurrirán en la pena de prisión de diez a veinte años, cuando los estragos comportaran necesaria-

Art. 346: Este artículo figura redactado conforme al texto de la Ley Orgánica 15/2003, de 25 de noviembre (*BOE* n.º 283, de 26 de noviembre; corrección de errores en *BOE* n.º 65, de 16 de marzo, y n.º 80, de 2 de abril, ambos de 2004), que entró en vigor el 1 de octubre de 2004. V. art. 13 LPPNA.

mente un peligro para la vida o integridad de las personas.

2. Cuando no concurriere tal peligro, se castigarán como daños previstos en el artículo 266 de este Código.

3. Si, además del peligro, se hubiere producido lesión para la vida, integridad física o salud de las personas, los hechos se castigarán separadamente con la pena correspondiente al delito cometido.

Art. 347. El que por imprudencia grave provocare un delito de estragos será castigado con la pena de prisión de uno a cuatro años.

SECCIÓN 3.ª

*De otros delitos de riesgo provocados por explosivos y otros agentes**

Art. 348. 1. Los que en la fabricación, manipulación, transporte, tenencia o comercialización de explosivos, sustancias inflamables o corrosivas, tóxicas y asfixiantes, o cualesquiera otras materias, aparatos o artificios que puedan causar estragos, contravinieran las normas de seguridad establecidas, poniendo en concreto peligro la vida, la integridad física o la salud de las personas, o el medio ambiente, serán castigados con la pena de prisión de

* La rúbrica de esta Sección figura redactada conforme al texto de la Ley Orgánica 4/2005, de 10 de octubre (*BOE* n.º 243, de 11 de octubre), de modificación del Código Penal en materia de delitos de riesgo provocados por explosivos.

Art. 348: Este artículo figura redactado conforme al texto de la Ley Orgánica 4/2005, de 10 de octubre (*BOE* n.º 243, de 11 de octubre), de modificación del Código Penal en materia de delitos de riesgo provocados por explosivos. Los apartados 1 y 3 de este artículo figuran redactados conforme al texto de la LO 5/2010, de 22 de junio (*BOE* n.º 152, de 23 de junio), que entrará en vigor el próximo día 23 de diciembre de 2010. La redacción que sigue vigente hasta entonces es la siguiente:

> 1. Los que en la fabricación, manipulación, transporte, tenencia o comercialización de explosivos, sustancias inflamables o corrosivas, tóxicas y asfixiantes, o cualesquiera otras materias, aparatos o artificios que puedan causar estragos, contravinieran las normas de seguridad establecidas, poniendo en concreto peligro la vida, la integridad física o la salud de las personas, o el medio ambiente, serán castigados con la pena de prisión de seis meses a tres años, multa de doce a veinticuatro meses e inhabilitación especial para empleo o cargo público, profesión u oficio por tiempo de seis a doce años.
>
> [...]
>
> 3. Las penas establecidas en los apartados anteriores se impondrán en su mitad superior cuando se trate de los directores, administradores o encargados de la sociedad, empresa, organización o explotación. En estos supuestos la autoridad judicial podrá decretar, además, alguna o algunas de las medidas previstas en el artículo 129 de este Código.

La Exposición de Motivos de la citada Ley Orgánica 4/2005, de 10 de octubre, establecía lo siguiente:

seis meses a tres años, multa de doce a veinticuatro meses e inhabilitación especial para empleo o cargo público, profesión u oficio

---

«El Gobierno ha elaborado un conjunto de medidas antiterroristas para impulsar la lucha contra las bandas armadas tanto originarias de nuestro país como aquellas otras organizaciones criminales de ámbito internacional. Frente a la amenaza terrorista se hace preciso introducir mejoras en el ordenamiento sancionador con las que nuestro Estado Social y Democrático de Derecho pueda responder a esta amenaza de forma garantista, legítima y eficaz.

»A tal efecto, la actual reforma trata de reforzar la intervención sancionadora en un ámbito susceptible de mejorar, como es el de la utilización de sustancias explosivas que puedan causar estragos, con el objetivo de elevar el reproche penal del tráfico indebido y el incumplimiento de los deberes relativos a la seguridad colectiva en la tenencia de tan peligrosas sustancias.

»La presente reforma adopta como ineludible punto de partida la necesidad de tutelar la vida y la integridad física de las personas, que encuentran su referente constitucional en los derechos fundamentales del artículo 15 de la Constitución Española, frente a cualesquiera atentados contra la seguridad colectiva, entre otros bienes jurídicos.

»Al dotar al ordenamiento jurídico de nuevas medidas para intensificar el control y la seguridad de los explosivos que pueden causar estragos se pretende evitar que esas bandas armadas puedan apoderarse de ellos de forma ilícita y puedan, así, cometer gravísimos atentados contra la vida y la integridad física de las personas. La potestad sancionadora administrativa se revela como insuficiente para atajar la conducta de quienes estando obligados a ello no observan las medidas de vigilancia y control de los explosivos. Es evidente que las normas penales vigentes no permiten sancionar estas conductas que pueden coadyuvar en ocasiones a que los terroristas puedan disponer de los explosivos con los que cometen sus actos criminales.

»En consecuencia, las mejoras de la legislación penal que ahora se introducen se justifican en la protección de bienes como la vida y la integridad física y, en última instancia, en la protección de la seguridad colectiva frente a infracciones de extremada gravedad realizadas empleando instrumentos explosivos.

»Se introducen, por consiguiente, tres nuevos apartados, numerados como 2, 3 y 4, en el artículo 348 del Código Penal, con los que se trata de endurecer la respuesta sancionadora frente a conductas ilícitas de los responsables de la vigilancia, el control y la utilización de explosivos.

»En primer lugar, se trata ahora de incriminar expresamente la conducta de los sujetos obligados legal o contractualmente a la vigilancia, la custodia y el consumo de sustancias explosivas que puedan causar estragos que contravengan la normativa de explosivos, básicamente el Reglamento de Explosivos, aprobado por el Real Decreto 230/1998, de 16 de febrero, y las disposiciones generales que lo desarrollan. Se requiere, en todo caso, que dicho incumplimiento haya facilitado la efectiva pérdida o sustracción de los explosivos, lo que permite diferenciar esta conducta penalmente relevante del correspondiente ilícito administrativo, que quedará restringido a los casos no comprendidos en la descripción típica, entre otros, la vulneración imprudente del deber de vigilancia o la vulneración dolosa o imprudente de la vigilancia de artefactos pirotécnicos y cartuchería en general.

»En segundo lugar, se castigan determinadas infracciones que, en la práctica, impiden constatadamente un control eficaz de los explosivos, como son las obstaculizaciones a la actividad inspectora de la Administración, la falsedad u ocultación de información relevante en el ámbito de medidas de seguridad y la desobediencia expresa a las órdenes de la Administración que obliguen a subsanar importantes defectos denunciados en materia de seguridad.

por tiempo de seis a doce años. Las mismas penas se impondrán a quien, de forma ilegal, produzca, importe, exporte, comerciali-

»Por otra parte, se aumentan las penas previstas en el apartado 1 del artículo 348 del Código Penal, para equiparar las consecuencias jurídicas de este delito a aquellas con las que se conminan los ilícitos del nuevo apartado 2 del mismo artículo. De este modo, las conductas referidas en ambos apartados se castigan con idéntica pena conjunta de prisión, multa e inhabilitación especial, penas que se impondrán en su mitad superior cuando las conductas se cometan por personas que tengan responsabilidad sobre las empresas o sociedades que manejan y utilizan explosivos. En este último caso, se incluye, como eficaz previsión, la posibilidad de imponer alguna de las consecuencias accesorias del artículo 129 del Código Penal.

»Por su parte, los delitos del nuevo apartado 4 serán castigados con pena de prisión de seis meses a un año, así como con multa e inhabilitación especial de duración inferior a las previstas en los apartados 1 y 2.

»Lógica consecuencia de las anteriores reformas es, por último, la modificación de la rúbrica de la sección 3.ª del capítulo I del título XVII del libro II, que ahora pasa a denominarse "De otros delitos de riesgo provocados por explosivos y otros agentes", con lo que se trata de destacar que en la *ratio legis* o finalidad objetiva que informa la interpretación de estos preceptos cobra relevancia la idea de la peligrosidad de las sustancias explosivas que puedan causar estragos, por cuanto pueden perturbar gravemente la seguridad colectiva y poner en riesgo bienes jurídicos individuales tan esenciales para la convivencia en nuestra sociedad democrática como son la vida o la integridad física.»

V. RD 230/1998, de 16 de febrero (*BOE* n.º 61, de 12 de marzo; corrección de errores en *BOE* n.º 157, de 2 de julio), por el que se aprueba el Reglamento de Explosivos, modificado por RD 277/2005, de 11 de marzo (*BOE* n.º 61, de 12 de marzo), y RD 248/2010, de 5 de marzo (*BOE* n.º 67, de 18 de marzo), y parcialmente derogado por RD 563/2010, de 7 de mayo (*BOE* n.º 113, de 8 de mayo); Orden PRE/252/2006, de 6 de febrero (*BOE* n.º 34, de 9 de febrero), por la que se actualiza la Instrucción Técnica Complementaria n.º 10, sobre prevención de accidentes graves, de este Reglamento; Orden PRE/1.263/2009, de 21 de mayo (*BOE* n.º 124, de 22 de mayo), por la que se actualizan las Instrucciones Técnicas Complementarias n.os 2 y 15; Orden INT/703/2006, de 3 de marzo, por la que se dictan instrucciones para la adquisición de material explosivo y cartuchería metálica por parte de los Cuerpos de Policía de las Comunidades Autónomas y de las Entidades Locales (*BOE* n.º 63, de 15 de marzo); Orden PRE/174/2007, de 31 de enero (*BOE* n.º 30, de 3 de febrero), por la que se actualizan las instrucciones técnicas complementarias números 8, 15, 19 y 23 del Reglamento de Explosivos, modificada por Orden PRE/532/2007, de 9 de marzo (*BOE* n.º 60, de 10 de marzo); RD 1.196/2003, de 19 de septiembre (*BOE* n.º 242, de 9 de octubre), por el que se aprueba la Directriz básica de protección civil para el control y planificación ante el riesgo de accidentes graves en los que intervienen sustancias peligrosas; RD 1.256/2003, de 3 de octubre (*BOE* n.º 243, de 10 de octubre), por el que se determinan las autoridades competentes de la Administración General del Estado en materia de transporte de mercancías peligrosas y se regula la Comisión para la coordinación de dicho transporte; art. 24 de la Ley 15/2009, de 11 de noviembre (*BOE* n.º 273, de 12 de noviembre), del contrato de transporte terrestre de mercancías; RD 412/2001, de 20 de abril (*BOE* n.º 110, de 8 de mayo), por el que se regulan diversos aspectos relacionados con el transporte de mercancías peligrosas por ferrocarril, cuyos Anejos han sido modificados por Orden ITC/254/2007, de 1 de febrero (*BOE* n.º 38, de 13 de febrero); RD 1.749/1984, de 1 de agosto, por el que se aprueba el

ce o utilice sustancias destructoras del ozono.

2. Los responsables de la vigilancia, control y utilización de explosivos que puedan causar estragos que, contraviniendo la normativa en materia de explosivos, hayan facilitado su efectiva pérdida o sustracción serán castigados con las penas de prisión de seis meses a tres años, multa de doce a veinticuatro meses e inhabilitación especial para empleo o cargo público, pro-

---

Reglamento Nacional sobre el Transporte sin Riesgos de Mercancías Peligrosas por Vía Aérea (*BOE* n.os 236 a 245, de 2 a 12 de octubre), y Órdenes de 27 de junio de 1997 (*BOE* n.º 164, de 10 de julio; corrección de errores en *BOE* n.º 222, de 16 de septiembre), 29 de mayo de 1998 (*BOE* n.º 141, de 13 de junio), 23 de diciembre de 1999 (*BOE* n.º 15, de 18 de enero de 2000), 4 de diciembre de 2001 (*BOE* n.º 299, de 14 de diciembre), y 7 de marzo de 2006 (*BOE* n.º 69, de 22 de marzo), del Ministerio de Fomento, por las que se establecen sus Instrucciones Técnicas; RD 1.253/1997, de 24 de julio (*BOE* n.º 198, de 19 de agosto), modificado por RD 701/1999, de 30 de abril (*BOE* n.º 115, de 14 de mayo), por el que se dictan normas sobre condiciones mínimas exigidas a los buques que transporten mercancías peligrosas o contaminantes, con origen o destino en puertos marítimos nacionales, y RD-L 9/2002, de 13 de diciembre (*BOE* n.º 299, de 14 de diciembre), por el que se adoptan medidas para buques tanque que transportan mercancías peligrosas o contaminantes; RD 551/2006, de 5 de mayo (*BOE* n.º 113, de 12 de mayo), por el que se regulan las operaciones de transporte de mercancías peligrosas por carretera en territorio español; RD 1.566/1999, de 8 de octubre (*BOE* n.º 251, de 20 de octubre), sobre los consejeros de seguridad para el transporte de mercancías peligrosas por carretera, por ferrocarril o por vía navegable, modificado por RD 551/2006, de 5 de mayo (*BOE*, n.º 113, de 12 de mayo), y Orden de 11 de enero de 2001 (*BOE* n.º 23, de 26 de enero), que lo desarrolla; Orden de 28 de octubre de 2004 (*BOE* n.º 276, de 16 de noviembre), por la que se publican las fichas de intervención para la actuación de los servicios operativos en situaciones de emergencia provocadas por accidentes en el transporte de mercancías peligrosas por carretera y ferrocarril; Resolución de 21 de noviembre de 2005 (*BOE* n.º 286, de 30 de noviembre), de la Dirección General de Transportes por Carretera, sobre la inspección y control por riesgos inherentes al transporte de mercancías peligrosas por carretera; RD 1.254/1999, de 16 de julio (*BOE* n.º 172, de 20 de julio; corrección de errores en *BOE* n.º 264, de 4 de noviembre), por el que se aprueban medidas de control de los riesgos inherentes a los accidentes graves los que intervengan sustancias peligrosas, modificado por RD 119/2005, de 4 de febrero (*BOE* n.º 36, de 11 de febrero), y parcialmente anulado por STS (Sala 3.ª) de 20 de enero de 2009 (*BOE* n.º 67, de 19 de marzo); y RD 255/2003, de 28 de febrero (*BOE* n.º 54, de 4 de marzo; corrección de errores en *BOE* n.º 56, de 5 de marzo) [modificado por RD 717/2010, de 28 de mayo (*BOE* n.º 139, de 8 de junio)], por el que se aprueba el Reglamento sobre clasificación, envasado y etiquetado de preparados peligrosos, cuyo Anexo VI ha sido modificado por Orden PRE/1.648/2007, de 7 de junio (*BOE* n.º 138, de 9 de junio). Véase también el Acuerdo europeo sobre transporte internacional de mercancías peligrosas por carretera, hecho en Ginebra el 30 de septiembre de 1957, cuyo texto refundido se publicó en *BOE* n.º 138, de 10 de junio de 1997; y las enmiendas a sus anejos A y B en el *BOE* n.º 300, de 16 de diciembre de 1998 (corrección de errores en *BOE* n.º 120, de 20 de mayo de 1999), en *BOE* de 4 de agosto de 2003, y en *BOE* n.º 18, de 21 de enero de 2005.

fesión u oficio de seis a doce años.

3. En los supuestos recogidos en los apartados anteriores, cuando de los hechos fuera responsable una persona jurídica de acuerdo con lo establecido en el artículo 31 bis de este Código, se le impondrá la pena de multa de uno a tres años, salvo que, acreditado el perjuicio producido, su importe fuera mayor, en cuyo caso la multa será del doble al cuádruple del montante de dicho perjuicio.

Atendidas las reglas establecidas en el artículo 66 bis, los jueces y tribunales podrán asimismo imponer las penas recogidas en las letras *b*) a *g*) del apartado 7 del artículo 33.

Las penas establecidas en los apartados anteriores se impondrán en su mitad superior cuando se trate de los directores, administradores o encargados de la sociedad, empresa, organización o explotación.

4. Serán castigados con las penas de prisión de seis meses a un año, multa de seis a doce meses e inhabilitación especial para empleo o cargo público, profesión u oficio por tiempo de tres a seis años los responsables de las fábricas, talleres, medios de transporte, depósitos y demás establecimientos relativos a explosivos que puedan causar estragos, cuando incurran en alguna o algunas de las siguientes conductas:

a) Obstaculizar la actividad inspectora de la Administración en materia de seguridad de explosivos.

b) Falsear u ocultar a la Administración información relevante sobre el cumplimiento de las medidas de seguridad obligatorias relativas a explosivos.

c) Desobedecer las órdenes expresas de la Administración encaminadas a subsanar las anomalías graves detectadas en materia de seguridad de explosivos.

Art. 349. Los que en la manipulación, transporte o tenencia de organismos contravinie-

Art. 349: V. Ley 43/2002, de 20 de noviembre (*BOE* n.º 279, de 21 de noviembre) de sanidad vegetal, modificada por Ley 62/2003, de 30 de diciembre (*BOE* n.º 313, de 31 de diciembre); Ley 9/2003, de 25 de abril (*BOE* n.º 100, de 26 de abril), por la que se establece el régimen jurídico de la utilización confinada, liberación voluntaria y comercialización de organismos modificados genéticamente; RD 401/1996, de 1 de marzo (*BOE* n.º 68, de 19 de marzo), por el que se establecen las condiciones para la introducción en el territorio nacional de determinados organismos nocivos, vegetales, productos vegetales y otros objetos, con fines de ensayo, científicos y para la actividad de selección de variedades; y RD 58/2005, de 21 de enero (*BOE* n.º 19, de 22 de enero), por el que se adoptan medidas de protección contra la introducción y difusión en el territorio nacional y de la Comunidad Europea de organismos nocivos para los vegetales o productos vegetales, así como para la exportación y tránsito hacia países terceros, modificado por RD 471/2006, de 21 de abril (*BOE* n.º 112, de 11 de mayo), y cuyos Anexos han sido modificados por Órdenes de 18 de febre-

ren las normas o medidas de seguridad establecidas, poniendo en concreto peligro la vida, la integridad física o la salud de las personas, o el medio ambiente, serán castigados con las penas de prisión de seis meses a dos años, multa de seis a doce meses, e inhabilitación especial para el empleo o cargo público, profesión u oficio por tiempo de tres a seis años.

Art. 350. Sin perjuicio de lo dispuesto en el artículo 316, incurrirán en las penas previstas en el artículo anterior los que en la apertura de pozos o excavaciones, en la construcción o demolición de edificios, presas, canalizaciones u obras análogas o, en su conservación, acondicionamiento o mantenimiento infrinjan las normas de seguridad establecidas cuya inobservancia pueda ocasionar resultados catastróficos, y pongan en concreto peligro la vida, la integridad física de las personas o el medio ambiente.

CAPÍTULO II

DE LOS INCENDIOS

SECCIÓN 1.ª

De los delitos de incendio

Art. 351. Los que provocaren un incendio que comporte un peligro para la vida o integridad física de las personas, serán castigados con la pena de prisión de diez a veinte años. Los Jueces o Tribunales podrán imponer la pena inferior en grado atendidas la menor entidad del peligro causado y las demás circunstancias del hecho.

---

ro (*BOE* n.º 49, de 26 de febrero), 16 de marzo (*BOE* n.º 66, de 18 de marzo), 17 de mayo (*BOE* n.º 122, de 23 de mayo; corrección de errores en *BOE* n.º 143, de 16 de junio) de 2005, 10 de marzo (*BOE* n.º 64, de 16 de marzo) y 26 de abril de 2006 (*BOE* n.º 101, de 28 de abril), del Ministerio de Agricultura, Pesca y Alimentación; y por Órdenes ARM/183/2009, de 4 de febrero (*BOE* n.º 33, de 7 de febrero), y ARM/3.196/2009, de 26 de noviembre (*BOE* n.º 287, de 28 de noviembre), del Ministerio de Medio Ambiente, y Medio Rural y Marino.

Art. 350: V. RD 863/1985, de 2 de abril (*BOE* n.º 140, de 12 de junio; corrección de errores en *BOE* n.º 302, de 18 de diciembre), por el que se aprueba el Reglamento General de normas básicas de seguridad minera; y la Orden de 12 de marzo de 1996 (*BOE* de 30 de marzo de 1996), por la que se aprueba el Reglamento Técnico sobre seguridad de presas y embalses.

Art. 351: El segundo párrafo de este artículo fue introducido por Ley Orgánica 7/2000, de 22 de diciembre (*BOE* n.º 307, de 23 de diciembre), cuya Exposición de Motivos, en lo que a este precepto se refiere, está parcialmente reproducida en nota al art. 577 de este mismo Código.

Cuando no concurra tal peligro para la vida o integridad física de las personas, los hechos se castigarán como daños previstos en el artículo 266 de este Código.

SECCIÓN 2.ª

*De los incendios forestales**

Art. 352. Los que incendiaren montes o masas forestales, serán castigados con las penas de prisión de uno a cinco años y multa de doce a dieciocho meses.

Si ha existido peligro para la vida o integridad física de las personas, se castigará el hecho conforme a lo dispuesto en el artículo 351, imponiéndose, en todo caso, la pena de multa de doce a veinticuatro meses.

Art. 353. 1. Las penas señaladas en el artículo anterior se impondrán en su mitad superior cuando el incendio alcance especial gravedad, atendida la concurrencia de alguna de las circunstancias siguientes:

1.º Que afecte a una superficie de considerable importancia.

2.º Que se deriven grandes o graves efectos erosivos en los suelos.

3.º Que altere significativamente las condiciones de vida animal o vegetal o afecte a algún espacio natural protegido.

4.º En todo caso, cuando se ocasione grave deterioro o destrucción de los recursos afectados.

2. También se impondrán dichas penas en su mitad superior cuando el autor actúe para

* V. Ley 43/2003, de 21 de noviembre (*BOE* n.º 280, de 22 de noviembre), de Montes, modificada por Ley 10/2006, de 28 de abril (*BOE* n.º 102, de 29 de abril), y por RDL 6/2010, de 9 de abril (*BOE* n.º 89, de 13 de abril; correcciones de errores en *BOE* n.ºs 93 y 95, de 17 y 20 de abril); arts. 131 a 147 del Reglamento de la Ley de Incendios Forestales, aprobado por Decreto 3.769/1972, de 23 de diciembre (*BOE* n.º 38, de 13 de febrero de 1973; corrección de errores en *BOE* n.º 69, de 21 de marzo); RD 938/1987, de 26 de junio, por el que se regula el pago de indemnizaciones por gastos derivados de la extinción de incendios forestales (*BOE* n.º 173, de 21 de julio); Ley 5/2004, de 24 de junio (*BOE* n.º 172, de 17 de julio), de la Comunidad Autónoma de Extremadura, de prevención y lucha contra los incendios forestales; Ley 3/2007, de 9 de abril (*BOE* n.º 119, de 18 de mayo; corrección de errores en *BOE* n.º 137, de 8 de junio), de prevención y defensa contra los incendios forestales de Galicia; Ley 3/2008, de 12 de junio (*BOE* n.º 193, de 11 de agosto), de Montes y Gestión Forestal Sostenible de Castilla-La Mancha; y Ley 3/2009, de 6 de abril (*BOE* n.º 113, de 9 de mayo), de montes de Castilla y León. V., también, art. 1.2.*e*) LOTJ.

obtener un beneficio económico con los efectos derivados del incendio.

Art. 354. 1. El que prendiere fuego a montes o masas forestales sin que llegue a propagarse el incendio de los mismos, será castigado con la pena de prisión de seis meses a un año y multa de seis a doce meses.

2. La conducta prevista en el apartado anterior quedará exenta de pena si el incendio no se propaga por la acción voluntaria y positiva de su autor.

Art. 355. En todos los casos previstos en esta sección, los Jueces o Tribunales podrán acordar que la calificación del suelo en las zonas afectadas por un incendio forestal no pueda modificarse en un plazo de hasta treinta años. Igualmente podrán acordar que se limiten o supriman los usos que se vinieran llevando a cabo en las zonas afectadas por el incendio, así como la intervención administrativa de la madera quemada procedente del incendio.

SECCIÓN 3.ª

De los incendios en zonas no forestales

Art. 356. El que incendiare zonas de vegetación no forestales perjudicando gravemente el medio natural, será castigado con la pena de prisión de seis meses a dos años y multa de seis a veinticuatro meses.

SECCIÓN 4.ª

De los incendios en bienes propios

Art. 357. El incendiario de bienes propios será castigado con la pena de prisión de uno a cuatro años si tuviere propósito de defraudar o perjudicar a terceros, hubiere causado defraudación o perjuicio, existiere peligro de propagación a edificio, arbolado o plantío ajeno o hubiere perjudicado gravemente las condiciones de la vida silvestre, los bosques o los espacios naturales.

SECCIÓN 5.ª

Disposición común

Art. 358. El que por imprudencia grave provocare alguno de los delitos de incendio penados en las secciones anteriores, será castigado con la pena inferior en grado, a las respectivamente previstas para cada supuesto.

CAPÍTULO III

DE LOS DELITOS CONTRA LA SALUD PÚBLICA*

Art. 359. El que, sin hallarse debidamente autorizado, elabore sustancias nocivas para la salud o productos químicos que puedan causar estragos, o los despache o suministre, o comer-

---

Art. 358: V. RD 2.267/2004, de 3 de diciembre (*BOE* n.º 303, de 17 de diciembre; corrección de errores y erratas en *BOE* n.º 55, de 5 de marzo de 2005), por el que se aprueba el Reglamento de seguridad contra incendios en los establecimientos industriales.

* V. art. 43 CE; art. 75 Ley de Ordenación de la Emigración, aprobada por Decreto 1.000/1962, de 3 de mayo (*BOE* n.º116, de 15 de mayo); RD 1.945/1983, de 22 de junio, por el que se regulan las infracciones y sanciones en materia de Defensa del Consumidor y de la Producción Agro-Alimentaria (*BOE* n.º 178, de 15 de julio, corrección de errores en *BOE* n.os 250 y 259, de 19 y 29 de octubre); RDL 1/2007, de 16 de noviembre (*BOE* n.º 287, de 30 de noviembre), por el que se aprueba el texto refundido de la Ley General para la Defensa de los Consumidores y Usuarios y otras leyes complementarias; art. 32 Ley 14/1986, de 25 de abril, General de Sanidad (*BOE* n.º 102, de 29 de abril), modificada por Ley 62/2003, de 30 de diciembre (*BOE* n.º 313, de 31 de diciembre), y por Ley Orgánica 3/2007, de 22 de marzo (*BOE* n.º 71, de 23 de marzo), para la igualdad efectiva de mujeres y hombres; RD 820/1990, de 22 de junio, por el que se prohíbe la fabricación y comercialización de los modelos de apariencia engañosa que pongan en peligro la salud o seguridad de los consumidores (*BOE* n.º 153, de 27 de junio); RD 1.801/2003, de 26 de diciembre (*BOE* n.º 9, de 10 de enero de 2004), sobre seguridad general de los productos; art. 12.3 LOPSC; Ley 9/2003, de 25 de abril (*BOE* n.º 100, de 26 de abril), por la que se establece el régimen jurídico de la utilización confinada, liberación voluntaria y comercialización de organismos modificados genéticamente, a fin de prevenir los riesgos para la salud humana y el medio ambiente; Ley 11/2001, de 5 de julio (*BOE* n.º 161, de 6 de julio), por la que se crea la Agencia Española de Seguridad Alimentaria, modificada por Ley 44/2006, de 29 de diciembre (*BOE* n.º 312, de 30 de diciembre), de mejora de la protección de los consumidores y usuarios; RD 709/2002, de 19 de julio (*BOE* n.º 178, de 26 de julio), por el que se aprueba el Estatuto de la Agencia Española de Seguridad Alimentaria, y Ley 20/2002, de 5 de julio (*BOE* n.º 181, de 30 de julio), de la Comunidad Autónoma de Cataluña, de Seguridad Alimentaria.

De acuerdo con el art. 65.1.º*d*) LOPJ, la Audiencia Nacional conocerá del enjuiciamiento, salvo que corresponda en primera instancia a los Juzgados Centrales de lo Penal, de los delitos de «tráfico de drogas o estupefacientes, fraudes alimenticios y de sustancias farmacéuticas o medicinales, siempre que sean cometidos por bandas o grupos organizados y produzcan efectos en lugares pertenecientes a distintas Audiencias.»

Art. 359: Téngase presente el Código Alimentario Español aprobado por Decreto 2.484/1967, de 21 de septiembre (*BOE*

cie con ellos, será castigado con la pena de prisión de seis meses a tres años y multa de seis a doce meses, e inhabilitación especial para profesión o industria por tiempo de seis meses a dos años.

Art. 360. El que, hallándose autorizado para el tráfico de las

---

n.os 248 a 253, de 17 a 23 de octubre), y desarrollado o modificado por los RRDD 106/1985, de 23 de enero (*BOE* n.º 27, de 31 de enero), y 841/1985, de 25 de mayo, y 842/1985, de 25 de mayo (*BOE* n.º 136, de 7 de junio), y el Decreto 2.519/1974, de 9 de agosto, sobre entrada en vigor, aplicación y desarrollo del Código Alimentario Español (*BOE* n.º 220, de 13 de septiembre; corrección de errores en *BOE* n.º 242, de 9 de octubre).

Art. 360: V. el Reglamento para la elaboración y venta de especialidades farmacéuticas, aprobado por RD de 9 de febrero de 1924 (*Gaceta* n.º 14, de 13 de febrero); este Reglamento ha sido modificado por Decreto 2.201/1959, de 3 de diciembre (*BOE* n.º 299, de 15 de diciembre). V., también, Orden de 1 de febrero de 1977 por la que se regulan los servicios farmacéuticos de hospitales (*BOE* n.º 43, de 19 de febrero); Orden de 11 de mayo de 1977 sobre Receta Médica (*BOE* n.º 139, de 21 de mayo); RD 726/1982, de 17 de marzo, sobre caducidad y devolución de especialidades farmacéuticas; RD 1.910/1984, de 26 de septiembre, de receta médica (*BOE* n.º 259, de 29 de octubre); Orden de 30 de abril de 1986 (*BOE* n.º 106, de 3 de mayo; corrección de errores en *BOE* n.º 122, de 22 de mayo). V., también, arts. 95 ss. Ley 14/1986, de 25 de abril, General de Sanidad (*BOE* n.º 102, de 29 de abril), modificada por Ley 62/2003, de 30 de diciembre (*BOE* n.º 313, de 31 de diciembre); Ley 29/2006, de 26 de julio (*BOE* n.º 178, de 27 de julio; corrección de error en *BOE* n.º 100, de 25 de abril de 2008), de garantías y uso racional de los medicamentos y productos sanitarios; RD 478/1993, de 2 de abril, por el que se regulan los medicamentos derivados de la sangre y plasma humano, modificado por RD 1.088/2005, de 16 de septiembre (*BOE* n.º 225, de 20 de septiembre); y RD 479/1993, de 2 de abril, por el que se regulan los medicamentos radiofármacos de uso humano (ambos publicados en *BOE* n.º 109, de 7 de mayo); RD 767/1993, de 21 de mayo, por el que se regula la evaluación, autorización, registro y condiciones de dispensación de especialidades farmacéuticas y otros medicamentos de uso humano fabricados industrialmente (*BOE* n.º 157, de 2 de julio), modificado por RD 2.000/1995, de 7 de diciembre (*BOE* n.º 11, de 12 de enero de 1996), y cuyo Anexo II fue actualizado por Orden del Ministerio de Sanidad y Consumo de 26 de noviembre de 2003 (*BOE* n.º 297, de 12 de diciembre); RD 2.236/ 1993, de 17 de diciembre, por el que se regula el etiquetado y el prospecto de los medicamentos de uso humano (*BOE* n.º 42, de 18 de febrero de 1994); Orden de 23 de mayo de 1994 sobre modelos oficiales de receta médica para la prestación farmacéutica del Sistema Nacional de Salud (*BOE* n.º 129, de 31 de mayo); RD 1.416/1994, de 25 de junio (*BOE* n.º 180, de 29 de julio) [modificado por RD 109/2010, de 5 de febrero (*BOE* n.º 44, de 19 de febrero)], por el que se regula la publicidad de los medicamentos de uso humano; RD 414/1996, de 1 de marzo, por el que se regulan los productos sanitarios, modificado por RD 2.727/1998, de 18 de diciembre (*BOE* n.º 10, de 12 de enero de 1999), y RD 710/2002, de 19 de julio (*BOE* n.º 173, de 20 de julio); RD 520/1999, de 26 de marzo (*BOE* n.º 77, de 31 de marzo), por el que se aprueba el Estatuto de la Agencia Española del Medicamento; RD 1.785/2000, de 27 de octubre (*BOE* n.º 259, de 28 de octubre), sobre la circulación intracomunitaria de medicamentos de uso humano, modificado por RD 11/2005, de 14 de enero (*BOE* n.º 24, de 28 de enero); RD 175/2001, de 23 de febrero (*BOE* n.º 65, de 16 de marzo), por el que se aprueban las normas de correcta elaboración y control de cali-

sustancias o productos a que se refiere el artículo anterior, los despache o suministre sin cumplir con las formalidades previstas en las Leyes y Reglamentos respectivos, será castigado con la pena de multa de seis a doce meses e inhabilitación para la profesión u oficio de seis meses a dos años.

Art. 361. Los que expendan o despachen medicamentos deteriorados o caducados, o que incumplan las exigencias técnicas relativas a su composición, estabilidad y eficacia, o sustituyan unos por otros, y con ello pongan en peligro la vida o la salud de las personas serán castigados con las penas de prisión de seis meses a dos años, multa de seis a dieciocho meses e inhabilitación especial para profesión u oficio de seis meses a dos años.

Art. 361 bis. 1. Los que, sin justificación terapéutica, prescri-

---

dad de fórmulas magistrales y preparados oficinales, modificado por RD 905/2003, de 11 de julio (*BOE* n.º 166, de 12 de julio); RD 1.344/2007, de 11 de octubre (*BOE* n.º 262, de 1 de noviembre) [modificado por RD 109/2010, de 5 de febrero (*BOE* n.º 44, de 19 de febrero)], por el que se regula la farmacovigilancia de medicamentos de uso humano; RD 618/2007, de 11 de mayo (*BOE* n.º 114, de 12 de mayo), por el que se regula el procedimiento para el establecimiento, mediante visado, de reservas singulares a las condiciones de prescripción y dispensación de los medicamentos; Orden de 14 de febrero de 1997 por la que se establecen determinados requisitos en la prescripción y dispensación de fórmulas magistrales y preparados oficinales para tratamientos peculiares (*BOE* n.º 49, de 26 de febrero), Orden SCO/190/2004, de 28 de enero (*BOE* n.º 32, de 6 de febrero), por la que se establece la lista de plantas cuya venta al público queda prohibida o restringida por razón de su toxicidad; Orden SCO/3.129/2005, de 30 de septiembre (*BOE* n.º 243, de 11 de octubre), del Ministerio de Sanidad y Consumo, por la que se aprueba la tercera edición de la Real Farmacopea Española; Orden SCO/869/2004, de 17 de marzo (*BOE* n.º 81, de 3 de abril; corrección de errores en *BOE* n.º 181, de 28 de julio), por la que se aprueban adiciones y actualizaciones a la Real Farmacopea Española; y Orden de 7 de octubre de 2004 (*BOE* n.º 266, de 4 de noviembre), por la que se establece el documento oficial de control sanitario de mercancías destinadas a uso y consumo humano.

Art. 361: V. nota al art. anterior.

Art. 361 bis: Este artículo fue introducido por LO 7/2006, de 21 de noviembre (*BOE* n.º 279, de 22 de noviembre), de protección de la salud y de lucha contra el dopaje en el deporte. Su Exposición de Motivos, en lo que a este concreto aspecto se refiere, dice: «Se introduce un nuevo artículo 361 bis en el Código Penal, cuya finalidad es castigar al entorno del deportista y preservar la salud pública, gravemente amenazada por la comercialización y dispensación sin control de productos carentes de garantía alguna y dañinos para la salud.

»Con el establecimiento de este nuevo ilícito penal, se completa el diseño integral de una política criminal contra el dopaje, iniciado en febrero de 2005 al dar luz verde el Consejo de Ministros a la puesta en marcha de un Plan de Acción Integral contra el Dopaje en el Deporte. Entre las cincuenta y nueve medidas aprobadas, se incluía la puesta en marcha de un grupo operativo de intervención, en

ban, proporcionen, dispensen, suministren, administren, ofrezcan o faciliten a deportistas federados no competitivos, deportistas no federados que practiquen el deporte por recreo, o deportistas que participen en competiciones organizadas en España por entidades deportivas, sustancias o grupos farmacológicos prohibidos, así como métodos no reglamentarios, destinados a aumentar sus capacidades físicas o a modificar los resultados de las competiciones, que por su contenido, reiteración de la ingesta u otras circunstancias concurrentes, pongan en peligro la vida o la salud de los mismos, serán castigados con las penas de prisión de seis meses a dos años, multa de seis a dieciocho meses e inhabilitación especial para empleo o cargo público, profesión u oficio, de dos a cinco años.

2. Se impondrán las penas previstas en el apartado anterior en su mitad superior cuando el delito se perpetre concurriendo alguna de las circunstancias siguientes:

1.ª Que la víctima sea menor de edad.

2.ª Que se haya empleado engaño o intimidación.

3.ª Que el responsable se haya prevalido de una relación de superioridad laboral o profesional.

Art. 362. 1. Serán castigados con las penas de prisión de seis meses a tres años, multa de seis a dieciocho meses e inhabilitación especial para profesión u oficio de uno a tres años:

1.º El que altere, al fabricarlo o elaborarlo o en un momento posterior, la cantidad, la dosis o

---

el seno de la Comisaría General de Policía Judicial, especializado en la persecución de las redes de dopaje, así como la creación por parte de la Fiscalía General del Estado de una unidad especializada en la persecución de delitos relacionados con el dopaje en el deporte.»

V. la Convención Internacional contra el Dopaje en el Deporte, hecha en París el 18 de noviembre de 2005 (*BOE* n.º 41, de 16 de febrero de 2007), y cuyo Anejo fue modificado el 7 de febrero de 2007 (*BOE* n.º 102, de 28 de abril; corrección de errores en *BOE* n.º 169, de 16 de julio), el 1 de enero de 2009 (*BOE* n.º 131, de 30 de mayo) y el 1 de marzo de 2010 (*BOE* n.º 70, de 22 de marzo); el RD 63/2008, de 25 de enero (*BOE* n.º 30, de 4 de febrero), por el que se regula el procedimiento para la imposición y revisión de sanciones disciplinarias en materia de dopaje; el RD 641/2009, de 17 de abril (*BOE* n.º 112, de 8 de mayo), por el que se regulan los procesos de control de dopaje y los laboratorios de análisis autorizados, y por el que se establecen medidas complementarias de prevención del dopaje y de protección de la salud en el deporte, modificado por RD 1.462/2009, de 18 de septiembre (*BOE* n.º 227, de 19 de septiembre); y la Resolución de 18 de diciembre de 2009 (*BOE* n.º 310, de 25 de diciembre), corregida por otra de 8 de febrero de 2010 (*BOE* n.º 47, de 27 de febrero), de la Presidencia del Consejo Superior de Deportes, por la que se aprueba la lista de sustancias y métodos prohibidos en el deporte.

Art. 362: V. nota al art. 360.

la composición genuina, según lo autorizado o declarado, de un medicamento, privándole total o parcialmente de su eficacia terapéutica, y con ello ponga en peligro la vida o la salud de las personas.

2.º El que, con ánimo de expenderlos o utilizarlos de cualquier manera, imite o simule medicamentos o sustancias productoras de efectos beneficiosos para la salud, dándoles apariencia de verdaderos, y con ello ponga en peligro la vida o la salud de las personas.

3.º El que, conociendo su alteración y con propósito de expenderlos o destinarlos al uso por otras personas, tenga en depósito, anuncie o haga publicidad, ofrezca, exhiba, venda, facilite o utilice en cualquier forma los medicamentos referidos y con ello ponga en peligro la vida o la salud de las personas.

2. Las penas de inhabilitación previstas en este artículo y en los anteriores serán de tres a seis años cuando los hechos sean cometidos por farmacéuticos, o por los directores técnicos de laboratorios legalmente autorizados, en cuyo nombre o representación actúen.

3. En casos de suma gravedad, los Jueces o Tribunales, teniendo en cuenta las circunstancias personales del autor y las del hecho, podrán imponer las penas superiores en grado a las antes señaladas.

Art. 363. Serán castigados con la pena de prisión de uno a cuatro años, multa de seis a doce meses e inhabilitación especial para profesión, oficio, industria o comer-

---

Art. 362.1.3.º: V. RD 1.907/1996, de 2 de agosto, sobre publicidad y promoción comercial de productos, actividades o servicios con pretendida finalidad sanitaria (*BOE* n.º 189, de 6 de agosto).

Art. 363: V. nota al art. 359, y, además, RD 1.945/1983, de 22 de junio, por el que se regulan las infracciones y sanciones en materia de defensa del consumidor y de la producción agro-alimentaria (*BOE* n.º 168, de 15 de julio; corrección de errores en *BOE* n.os 250 y 259, de 19 y 29 de octubre); RDL 1/2007, de 16 de noviembre (*BOE* n.º 287, de 30 de noviembre), por el que se aprueba el texto refundido de la Ley General para la Defensa de los Consumidores y Usuarios y otras leyes complementarias; RD 930/1992, de 17 de julio (*BOE* n.º 187, de 5 de agosto), por el que se aprueba la norma de etiquetado sobre propiedades nutritivas de los productos alimenticios, modificado por RD 2.180/2004, de 12 de noviembre (*BOE* n.º 274, de 13 de noviembre), y por RD 1.669/2009, de 6 de noviembre (*BOE* n.º 269, de 7 de noviembre); el RD 1.334/1999, de 31 de julio (*BOE* n.º 202, de 24 de agosto; corrección de errores en *BOE* n.º 280, de 23 de noviembre), por el que se aprueba la Norma general de etiquetado, presentación y publicidad de los productos alimenticios, modificado por RD 238/2000, de 18 de febrero (*BOE* n.º 43, de 19 de febrero), por RD 1.324/2002, de 13 de diciembre (*BOE* n.º 305, de 21 de diciembre), por RD 2.220/2004, de 26 de noviembre (*BOE* n.º 286, de 27 de noviembre), por RD 1.164/2005, de 30 de septiembre (*BOE* n.º 235, de 1 de octubre), por RD 226/2006, de

cio por tiempo de tres a seis años los productores, distribuidores o comerciantes que pongan en peligro la salud de los consumidores:

1. Ofreciendo en el mercado productos alimentarios con omisión o alteración de los requisitos establecidos en las leyes o reglamentos sobre caducidad o composición.

2. Fabricando o vendiendo bebidas o comestibles destinados al consumo público y nocivos para la salud.

3. Traficando con géneros corrompidos.

4. Elaborando productos cuyo uso no se halle autorizado y sea perjudicial para la salud, o comerciando con ellos.

5. Ocultando o sustrayendo efectos destinados a ser inutilizados o desinfectados, para comerciar con ellos.

Art. 364. 1. El que adulterare con aditivos u otros agentes no autorizados susceptibles de causar daños a la salud de las per-

---

24 de febrero (*BOE* n.º 48, de 25 de febrero), por RD 36/2008, de 18 de enero (*BOE* n.º 23, de 26 de enero), y por RD 1.245/2008, de 18 de julio (*BOE* n.º 184, de 31 de julio); RD 1.397/1995, de 4 de agosto (*BOE* n.º 246, de 14 de octubre), por el que se aprueban medidas adicionales sobre el control oficial de productos alimenticios; RD 2.207/1995, de 28 de diciembre (*BOE* n.º 50, de 27 de febrero de 1996), por el que se establecen las normas de higiene relativas a los productos alimenticios; Ley 10/1998, de 21 de abril (*BOE* n.º 96, de 22 de abril), de Residuos; y RD 361/2009, de 20 de marzo (*BOE* n.º 75, de 28 de marzo), por el que se regula la información sobre la cadena alimentaria que debe acompañar a los animales destinados a sacrificio.

Art. 364: V. Ley 8/2003, de 24 de abril (*BOE* n.º 99, de 25 de abril), de sanidad animal, modificada por Ley 62/2003, de 30 de diciembre (*BOE* n.º 313, de 31 de diciembre), y por Ley 29/2006, de 26 de julio (*BOE* n.º 178, de 27 de julio), y su Anexo por Orden PRE/2.833/2009, de 19 de octubre (*BOE* n.º 257, de 24 de octubre); 1.246/2008, de 18 de julio (*BOE* n.º 193, de 11 de agosto), por el que se regula el procedimiento de autorización, registro y farmacovigilancia de los medicamentos veterinarios fabricados industrialmente; RD 1.904/1993, de 29 de octubre (*BOE* n.º 36, de 11 de febrero de 1994), por el que se establecen las condiciones sanitarias de producción y comercialización de productos cárnicos y otros determinados productos de origen animal, cuyos anexos han sido actualizados por Órdenes de 25 de septiembre de 1997 (*BOE* n.º 236, de 2 de octubre) y de 25 de noviembre de 1998 (*BOE* n.º 288, de 2 de diciembre); RD 465/2003, de 25 de abril (*BOE* n.º 102, de 29 de abril), sobre las sustancias indeseables en la alimentación animal, y Órdenes de 5 de noviembre de 2003 (*BOE* n.º 266, de 6 de noviembre), 23 de mayo (*BOE* n.º 125, de 26 de mayo) y 5 de junio (*BOE* n.º 138, de 10 de junio; corrección de erratas en *BOE* n.º 140, de 13 de junio) de 2006, y Órdenes PRE/1.501/2009, de 4 de junio (*BOE* n.º 140, de 10 de junio), y PRE/2.396/2009, de 8 de septiembre (*BOE* n.º 221, de 12 de septiembre), que modifican su Anexo; RD 1.409/2009, de 4 de septiembre (*BOE* n.º 226, de 18 de septiembre), por el que se regula la elaboración, comercialización, uso y control de los piensos medicamentosos; RD 2.002/1995, de 7 de diciembre (*BOE* n.º 305, de 22 de diciembre), por el que se aprueba la lista positiva de aditivos edulcorantes autorizados para su uso en la elaboración de productos alimenticios, así como sus condiciones de utilización, modi-

sonas los alimentos, sustancias o bebidas destinadas al comercio alimentario, será castigado con las penas del artículo anterior. Si el reo fuera el propietario o el responsable de producción de una fábrica de productos alimenticios, se le impondrá, además, la pena de inhabilitación especial para profesión, oficio, industria o comercio de seis a diez años.

2. Se impondrá la misma pena al que realice cualquiera de las siguientes conductas:

1.º Administrar a los animales cuyas carnes o productos se destinen al consumo humano sustancias no permitidas que generen riesgo para la salud de las personas, o en dosis superiores o para fines distintos a los autorizados.

2.º Sacrificar animales de abasto o destinar sus productos al consumo humano, sabiendo que se les ha administrado las sustancias mencionadas en el número anterior.

3.º Sacrificar animales de abasto a los que se hayan aplicado tratamientos terapéuticos mediante sustancias de las referidas en el apartado 1.º

4.º Despachar al consumo público las carnes o productos de los animales de abasto sin respetar los períodos de espera en su caso reglamentariamente previstos.

Art. 365. Será castigado con la pena de prisión de dos a seis años

---

ficado por RD 2.197/2004, de 25 de noviembre (*BOE* n.º 291, de 3 de diciembre); RD 299/2009, de 6 de marzo (*BOE* n.º 68, de 20 de marzo), por el que se establecen las normas de identidad y pureza de los edulcorantes utilizados en los productos alimenticios; RD 1.465/2009, de 18 de septiembre (*BOE* n.º 243, de 8 de octubre), por el que se establecen las normas de identidad y pureza de los colorantes utilizados en los productos alimenticios; RD 142/2002, de 1 de febrero (*BOE* n.º 44, de 20 de febrero), por el que se aprueba la lista positiva de aditivos distintos de colorantes y edulcorantes para su uso en la elaboración de productos alimenticios, así como sus condiciones de utilización, modificado por RD 257/2004, de 13 de febrero (*BOE* n.º 39, de 14 de febrero), RD 2.196/2004, de 25 de noviembre (*BOE* n.º 291, de 3 de diciembre), RD 698/2007, de 1 de junio (*BOE* n.º 142, de 14 de junio), y RD 1.118/2007, de 24 de agosto (*BOE* n.º 221, de 14 de septiembre; corrección de erratas en *BOE* n.º 85, de 8 de abril de 2008); RD 1.466/2009, de 18 de septiembre (*BOE* n.º 243, de 8 de octubre), por el que se establecen las normas de identidad y pureza de los aditivos alimentarios distintos de los colorantes y edulcorantes utilizados en los productos alimenticios; RD 2.599/1998, de 4 de diciembre (*BOE* n.º 301, de 17 de diciembre), sobre los aditivos en la alimentación de los animales; RD 348/2001, de 4 de abril (*BOE* n.º 82, de 5 de abril), por el que se regula la elaboración, comercialización e importación de productos alimenticios e ingredientes alimentarios tratados con radiaciones ionizantes; RD 906/2003, de 11 de julio (*BOE* n.º 166, de 12 de julio), relativo al etiquetado de los productos alimenticios que contienen quinina o cafeína, y RD 1.487/2009, de 26 de septiembre (*BOE* n.º 244, de 9 de octubre), relativo a los complementos alimenticios.

Art. 365: V. notas a los arts. precedentes.

el que envenenare o adulterare con sustancias infecciosas, u otras que puedan ser gravemente nocivas para la salud, las aguas potables o las sustancias alimenticias destinadas al uso público o al consumo de una colectividad de personas.

Art. 366. En el caso de los artículos anteriores, se podrá imponer la medida de clausura del establecimiento, fábrica, laboratorio o local por tiempo de hasta cinco años, y en los supuestos de extrema gravedad podrá decretarse el cierre definitivo conforme a lo previsto en el artículo 129.

Art. 367. Si los hechos previstos en todos los artículos anteriores fueran realizados por imprudencia grave, se impondrán, respectivamente, las penas inferiores en grado.

Art. 368. Los que ejecuten actos de cultivo, elaboración o

Art. 368: Este artículo figura redactado conforme al texto de la LO 5/2010, de 22 de junio (*BOE* n.º 152, de 23 de junio), que entrará en vigor el próximo día 23 de diciembre de 2010. La redacción que sigue vigente hasta entonces es la siguiente:

> *Art. 368.* Los que ejecuten actos de cultivo, elaboración o tráfico, o de otro modo promuevan, favorezcan o faciliten el consumo ilegal de drogas tóxicas, estupefacientes o sustancias psicotrópicas, o las posean con aquellos fines, serán castigados con las penas de prisión de tres a nueve años y multa del tanto al triplo del valor de la droga objeto del delito si se tratare de sustancias o productos que causen grave daño a la salud, y de prisión de uno a tres años y multa del tanto al duplo en los demás casos.

V. la Ley 17/1967, de 8 de abril, de Estupefacientes (*BOE* n.º 86, de 11 de abril). V. también la Orden de 31 de julio de 1967 (*BOE* n.º 196, de 17 de agosto) dictada en virtud de las facultades conferidas en el Capítulo I, art. 2.º, de la Ley 17/1967, de 8 de abril, así como el RD 75/1990, de 19 de enero, por el que se regulan los tratamientos con opiáceos de personas dependientes de los mismos (*BOE* n.º 20, de 23 de enero), modificado por RD 1.131/1990, de 14 de septiembre (*BOE* n.º 224, de 18 de septiembre), y RD 5/1996, de 15 de enero (*BOE* n.º 44, de 20 de febrero); RD 1.573/1993, de 10 de septiembre, por el que se somete a ciertas restricciones la circulación de los productos psicotrópicos y estupefacientes (*BOE* n.º 235, de 1 de octubre); Orden de 25 de abril de 1994 por la que se regulan las recetas y los requisitos especiales de prescripción y dispensación de estupefacientes para uso humano (*BOE* n.º 105, de 3 de mayo).

V. el Convenio Único de 1961 sobre estupefacientes, ratificado por Instrumento de 3 de febrero de 1966 (*BOE* n.º 96, de 22 de abril) y enmendado por el Protocolo de 25 de marzo de 1972 de modificación de la Convención Única de 1961, ratificado por Instrumento de 15 de diciembre de 1976 (*BOE* n.º 39, de 15 de febrero de 1977), habiéndose publicado el texto de la Convención Única modificado por dicho Protocolo en *BOE* n.º 264, de 4 de noviembre de 1981 y cuyo art. 36 se reproduce en nota al art. 1 LE (Apéndice 4). Posteriormente, se han incluido otras drogas en las listas anexas al Convenio o se ha dado nueva redacción a lo dispuesto en esas listas por Órdenes de 31 de julio de 1967 (*BOE* n.º 196, de 17 de agosto; corrección de errores en *BOE* n.º 267, de 8 de noviembre), de 31 de diciembre de 1971 (*BOE* n.º 22, de 26 de enero de 1972), de 12 de agosto de 1974 (*BOE* n.º 248, de 16 de octubre), de 5 de febrero de

1975 (*BOE* n.º 46, de 22 de febrero), de 26 de febrero de 1975 (*BOE* n.º 92, de 17 de abril), de 18 de junio de 1975 (*BOE* n.º 167, de 14 de julio), de 15 de enero de 1981 (*BOE* n.º 22, de 26 de enero), de 11 de febrero de 1981 (*BOE* n.º 46, de 23 de febrero), de 18 de febrero de 1982 (*BOE* n.º 48, de 25 de febrero), de 30 de mayo de 1984 (*BOE* n.º 139, de 11 de junio; corrección de errores en *BOE* n.º 155, de 29 de junio), de 20 de diciembre de 1988 (*BOE* n.º 8, de 10 de enero de 1989), de 19 de octubre de 1990 (*BOE* n.º 259, de 29 de octubre), de 7 de febrero de 2000 (*BOE* n.º 42, de 18 de febrero) y por Orden SCO/1.870/2008, de 17 de junio (*BOE* n.º 156, de 28 de junio).

V., también, el Convenio de 26 de junio de 1936 para la supresión del tráfico ilícito de drogas nocivas, ratificado por Instrumento de 8 de mayo de 1970 (*BOE* n.º 233, de 29 de septiembre), el Convenio de 21 de febrero de 1971 sobre sustancias psicotrópicas, al que España se adhirió por Instrumento de 2 de febrero de 1973 (*BOE* n.º 218, de 10 de septiembre de 1976), el Anexo sobre sustancias enumeradas en las listas de este último convenio (*BOE* n.º 246, de 13 de octubre de 1976), y el Acuerdo entre Irlanda, el Reino de los Países Bajos, el Reino de España, la República Italiana, la República Portuguesa, la República Francesa y el Reino Unido de Gran Bretaña e Irlanda del Norte, por el que se crea un Centro de Análisis y Operaciones Marítimas en materia de drogas, hecho en Lisboa el 30 de septiembre de 2007 (*BOE* n.º 126, de 24 de mayo de 2010); así como la enmienda a ese Anexo (*BOE* n.º 159, de 10 de marzo de 1978), y las Órdenes de 11 de febrero de 1981 (*BOE* n.º 46, de 23 de febrero), 22 de julio de 1983 (*BOE* n.º 184, de 3 de agosto), 30 de mayo de 1984 (*BOE* n.º 138, de 9 de junio), 30 de mayo de 1986 (*BOE* n.º 135, de 6 de junio), 20 de diciembre de 1988 (*BOE* n.º 8, de 10 de enero de 1989), 28 de septiembre de 1989 (*BOE* n.º 243, de 10 de octubre; corrección de errores en *BOE* n.º 252, de 20 de octubre), 19 de octubre de 1990 (*BOE* n.º 259, de 29 de octubre) y 27 de febrero de 1992 (*BOE* n.º 66, de 17 de marzo). V., además, el RD 2.829/1977, de 8 de octubre (*BOE* n.º 274, de 16 de noviembre), por el que se regulan las sustancias y preparados medicinales psicotrópicos, así como la Orden de 14 de enero de 1981 (*BOE* n.º 25, de 29 de enero), la Orden de 12 de junio de 1985 (*BOE* n.º 177, de 25 de julio), la Orden de 27 de diciembre de 1995 (*BOE* n.º 26, de 30 de enero de 1996), la Orden de 31 de enero de 2000 (*BOE* n.º 33, de 8 de febrero), la Orden SCO/469/2002, de 19 de febrero, modificada por Orden SCO/2004/2006, de 19 de junio (*BOE* n.º 150, de 24 de junio), la Orden SCO/1.906/2002, de 15 de julio (*BOE* n.º 178, de 26 de julio), la Orden SCO/3.685/2003, de 22 de diciembre (*BOE* n.º 2, de 2 de enero de 2004), la Orden SCO/2.359/2004, de 2 de julio (*BOE* n.º 171, de 16 de julio), y la Orden SAS/1.916/2009, de 8 de julio (*BOE* n.º 172, de 17 de julio), que lo desarrollan. V., además, art. 22.3 LOPG; arts. 3.º1, 4.º1.*b*) y 12.4.*b*) RD 1.910/1984, de 26 de septiembre, de receta médica (*BOE* n.º 259, de 29 de octubre); Orden de 30 de abril de 1986 (*BOE* n.º 106, de 3 de mayo; corrección de errores en *BOE* n.º 122, de 22 de mayo); Ley 20/1985, de 25 de julio, de la Comunidad Autónoma de Cataluña, de prevención y asistencia en materia de sustancias que puedan generar dependencia, modificada por Ley 8/1988, de 10 de julio (*BOE* n.º 198, de 19 de agosto), y Ley 1/2002, de 11 de marzo (*BOE* n.º 85, de 9 de abril); Ley 3/1994, de 29 de marzo, de prevención, asistencia e integración social de drogodependientes de Castilla y León, modificada por Ley 3/2007, de 7 de marzo (*BOE* n.º 80, de 3 de abril); Ley 4/1997, de 9 de julio, de la Comunidad Autonóma de Andalucía, de Prevención y Asistencia en Materia de Drogas, modificada por Ley 1/2001, de 3 de mayo (*BOE* n.º 135, de 6 de junio de 2001), y 12/2003, de 24 de noviembre (*BOE* n.º 303, de 19 de diciembre); 3/1997, de 16 de junio, de la Comunidad Autónoma Valenciana, sobre drogodependencias y otros trastornos adictivos (*BOE* n.º 171, de 18 de julio), modificada por Ley 4/2002, de 18 de junio (*BOE* n.º 170, de 17 de julio); 9/1998, de 22 de julio (*BOE* n.º 198, de 19 de agosto), de la Comunidad

Autónoma de Canarias, sobre prevención, asistencia e inserción social en materia de drogodependencias; 1/1999, de 29 de marzo, de Prevención, Asistencia y Reinserción de las Drogodependencias de la Comunidad Autónoma de Extremadura (*BOE* n.º 125, de 26 de mayo); 3/2001, de 4 de abril (*BOE* n.º 118, de 17 de mayo), de la Comunidad Autónoma de Aragón, de prevención, asistencia y reinserción social en materia de drogodependencias; 5/2001, de 17 de octubre (*BOE* n.º 266, de 6 de noviembre), de la Comunidad Autónoma de La Rioja, sobre drogodependencias y otras adicciones; 6/2001, de 20 de noviembre (*BOE* n.º 302, de 18 de diciembre; corrección de errores en *BOE* n.º 13, de 15 de enero de 2002), de la Comunidad Autónoma de Cantabria, de Atención y Protección a las Personas en Situación de Dependencia; 5/2002, de 27 de junio (*BOE* n.º 176, de 24 de julio), sobre Drogodependencias y otros Transtornos Adictivos, de la Comunidad de Madrid; 15/2002, de 11 de julio (*BOE* n.º 224, de 18 de septiembre), sobre Drogodependencias y otros Transtornos Adictivos, de la Comunidad Autónoma de Castilla-La Mancha; y Ley 4/2005, de 29 de abril (*BOE* n.º 131, de 2 de junio), sobre drogodependencias y otras adicciones en las Illes Balears.

V. art. 23 LOPJ, reproducido en nota al art. 3.1 LE (Apéndice 4); art. 2.º3.º*a*) Ley de Contrabando (Apéndice 3); Ley 5/1988, de 24 de marzo, por la que se crea la Fiscalía Especial para la Prevención y Represión del Tráfico Ilegal de Drogas (*BOE* n.º 76, de 29 de marzo), y Convenio sobre comunicación de antecedentes penales, y de información sobre condenas judiciales por tráfico ilícito de estupefacientes y sustancias psicotrópicas, de 12 de octubre de 1984, ratificado por Instrumento de 11 de abril de 1989 (*BOE* n.º 166, de 13 de julio; corrección de errores en *BOE* n.º 226, de 21 de septiembre); Orden de 10 de diciembre de 1991 (*BOE* de 19 de diciembre) y Circular 1.029/1991, de 19 de diciembre, de la Dirección General de Aduanas e Impuestos Especiales, sobre precursores (*BOE* n.º 10, de 11 de enero de 1992), así como arts. 70 ss., referidos a tráfico de estupefacientes, del Acuerdo de Adhesión del Reino de España al Convenio de Aplicación del Acuerdo de Schengen, ratificado por Instrumento de 23 de julio de 1993 (*BOE* n.º 81, de 5 de abril de 1994); RD 783/1998, de 30 de abril (*BOE* n.º 115, de 14 de mayo), por el que se establece en el Ministerio del Interior el Observatorio Español de la Droga y las Toxicomanías, desarrollado por Orden de 24 de noviembre de 1998 (*BOE* n.º 299, de 15 de diciembre); y Resolución de 2 de febrero de 2009 (*BOE* n.º 38, de 13 de febrero), de la Delegación del Gobierno para el Plan Nacional sobre Drogas, por la que se publica el Acuerdo del Consejo de Ministros por el que se aprueba la Estrategia Nacional sobre Drogas 2009-2016.

V. Convención de las Naciones Unidas de 20 de diciembre de 1988 contra el tráfico ilícito de estupefacientes y sustancias psicotrópicas, ratificado por Instrumento de 30 de julio de 1990 (*BOE* n.º 270, de 10 de noviembre), así como art. 21 LOPSC, reproducido en nota a la rúbrica del Capítulo II del Título X de este Libro II, y los arts. 12.3, 23.*h*) y 25 de la mencionada LOPSC, si bien hay que tener en cuenta que el apartado 2 del art. 21 LOPSC ha sido declarado inconstitucional y nulo por la sentencia del Tribunal Constitucional 341/1993, de 18 de noviembre. V. también RD 1.079/1993, de 2 de julio, por el que se regula la remisión de las sanciones administrativas en materia de drogas (*BOE* n.º 172, de 20 de julio).

V., el art. 263 bis LECr, en la redacción dada por la LO 5/1999, de 13 de enero (*BOE* n.º 12, de 14 de enero), de modificación de la LECr. en materia de perfeccionamiento de la acción investigadora relacionada con el tráfico ilegal de drogas y otras actividades ilícitas graves, y que tiene el siguiente texto:

«1. El Juez de Instrucción competente y el Ministerio Fiscal, así como los Jefes de las Unidades Orgánicas de Policía Judicial, centrales o de ámbito provincial, y sus mandos superiores podrán autorizar la circulación o entrega vigilada de drogas tóxicas, estupefacientes o sustancias psicotrópicas, así como de otras sustancias prohibidas. Esta medida deberá acordarse por resolución fundada, en la que se determine explícitamente, en cuanto sea posible, el objeto de autorización o entrega vigilada, así como el tipo y cantidad de la sustancia de que se trate. Para adoptar estas medidas se tendrá en cuenta su necesidad a los fines de investigación en relación con la importancia del delito y con las posibilidades de vigilancia. El Juez que dicte la resolución dará traslado de copia de la misma al Juzgado Decano de su jurisdicción, el cual tendrá custodiado un registro de dichas resoluciones.

»También podrá ser autorizada la circulación o entrega vigilada de los equipos, materiales y sustancias a los que se refiere el artículo 371 del Código Penal, de los bienes y ganancias a que se hace referencia en el artículo 301 de dicho Código en todos los supuestos previstos en el mismo, así como de los bienes, materiales, objetos y especies animales y vegetales a los que se refieren los artículos 332, 334, 386, 566, 568 y 569, también del Código Penal.

»2. Se entenderá por circulación o entrega vigilada la técnica consistente en permitir que remesas ilícitas o sospechosas de drogas tóxicas, sustancias psicotrópicas u otras sustancias prohibidas, los equipos, materiales y sustancias a que se refiere el apartado anterior, las sustancias por las que se haya sustituido las anteriormente mencionadas, así como los bienes y ganancias procedentes de las actividades delictivas tipificadas en los artículos 301 a 304 y 368 a 373 del Código Penal, circulen por territorio español o salgan o entren en él sin interferencia obstativa de la autoridad o sus agentes y bajo su vigilancia, con el fin de descubrir o identificar a las personas involucradas en la comisión de algún delito relativo a dichas drogas, sustancias, equipos, materiales, bienes y ganancias, así como también prestar auxilio a autoridades extranjeras en esos mismos fines.

»3. El recurso a la entrega vigilada se hará caso por caso y, en el plano internacional, se adecuará a lo dispuesto en los tratados internacionales.

»Los Jefes de las Unidades Orgánicas de la Policía Judicial centrales o de ámbito provincial o sus mandos superiores darán cuenta inmediata al Ministerio Fiscal sobre las autorizaciones que hubiesen otorgado de conformidad con el apartado 1 de este artículo y, si existiese procedimiento judicial abierto, al Juez de Instrucción competente.

»4. La interceptación y apertura de envíos postales sospechosos de contener estupefacientes y, en su caso, la posterior sustitución de la droga que hubiese en su interior se llevarán a cabo respetando en todo momento las garantías judiciales establecidas en el ordenamiento jurídico, con excepción de lo previsto en el artículo 584 de la presente Ley.»

Por esta misma LO se introduce en la LECr. un nuevo art. 282 bis, con el siguiente contenido:

«1. A los fines previstos en el artículo anterior, y cuando se trate de investigaciones que afecten a actividades propias de la delincuencia organizada, el Juez de Instrucción competente o el Ministerio Fiscal dando cuenta inmediata al Juez, podrán autorizar a funcionarios de la Policía Judicial, mediante resolución fundada y teniendo en cuenta su necesidad a los fines de la investigación, a actuar bajo identidad supuesta y a adquirir y transportar los objetos, efectos e instrumentos del delito y diferir la incautación de los mismos. La identidad supuesta será otorgada por el Ministerio del Interior por el plazo de seis meses prorrogables por períodos de igual duración, quedando legítimamente habilitados para actuar en todo lo relacionado con la investigación concreta y a participar en el tráfico jurídico y social bajo tal identidad.

»La resolución por la que se acuerde deberá consignar el nombre verdadero del agente y la identidad supuesta con la que actuará en el caso concreto. La resolución será reservada y deberá conservarse fuera de las actuaciones con la debida seguridad.

»La información que vaya obteniendo el agente encubierto deberá ser puesta a la mayor brevedad posible en conocimiento de quien autorizó la investigación. Asimismo, dicha información deberá aportarse al proceso en su integridad y se valorará en conciencia por el órgano judicial competente.

»2. Los funcionarios de la Policía Judicial que hubieran actuado en una investigación con identidad falsa de conformidad a lo previsto en el apartado 1, podrán man-

tráfico, o de otro modo promuevan, favorezcan o faciliten el consumo ilegal de drogas tóxicas, estupefacientes o sustancias psicotrópicas, o las posean con aquellos fines, serán castigados con las penas de prisión de tres a seis años y multa del tanto al triplo del valor de la droga objeto del delito si se tratare de sustancias o productos que causen grave daño a la salud, y de prisión de uno a tres años y multa del tanto al duplo en los demás casos.

---

tener dicha identidad cuando testifiquen en el proceso que pudiera derivarse de los hechos en que hubieran intervenido y siempre que así se acuerde mediante resolución judicial motivada, siéndole también de aplicación lo previsto en la Ley Orgánica 19/1994, de 23 de diciembre.

»Ningún funcionario de la Policía Judicial podrá ser obligado a actuar como agente encubierto.

»3. Cuando las actuaciones de investigación puedan afectar a los derechos fundamentales, el agente encubierto deberá solicitar del órgano judicial competente las autorizaciones que, al respecto, establezca la Constitución y la Ley, así como cumplir las demás previsiones legales aplicables.»

4. A los efectos señalados en el apartado 1 de este artículo, se considerará como delincuencia organizada la asociación de tres o más personas para realizar, de forma permanente o reiterada, conductas que tengan como fin cometer alguno o algunos de los delitos siguientes:

»*a*) Delito de secuestro de personas previsto en los artículos 164 a 166 del Código Penal.

»*b*) Delitos relativos a la prostitución previstos en los artículos 187 a 189 del Código Penal.

»*c*) Delitos contra el patrimonio y contra el orden socioeconómico previstos en los artículos 237, 243, 244, 248 y 301 del Código Penal.

»*d*) Delitos contra los derechos de los trabajadores previstos en los artículos 312 y 313 del Código Penal.

»*e*) Delitos de tráfico de especies de flora o fauna amenazada previstos en los artículos 332 y 334 del Código Penal.

»*f*) Delito de tráfico de material nuclear y radiactivo previsto en el artículo 345 del Código Penal.

»*g*) Delitos contra la salud pública previstos en los artículos 368 a 373 del Código Penal.

»*h*) Delito de falsificación de moneda previsto en el artículo 386 del Código Penal.

»*i*) Delito de tráfico y depósito de armas, municiones o explosivos previsto en los artículos 566 a 568 del Código Penal.

»*j*) Delitos de terrorismo previstos en los artículos 571 a 578 del Código Penal.

»*k*) Delitos contra el Patrimonio Histórico previstos en el artículo 2.1.*e*) de la Ley Orgánica 12/1995, de 12 de diciembre, de represión del contrabando.

»5. El agente encubierto estará exento de responsabilidad criminal por aquellas actuaciones que sean consecuencia necesaria del desarrollo de la investigación, siempre que guarden la debida proporcionalidad con la finalidad de la misma y no constituyan una provocación al delito.

»Para poder proceder penalmente contra el mismo por las actuaciones realizadas a los fines de la investigación, el Juez competente para conocer la causa deberá, tan pronto tenga conocimiento de la actuación de algún agente encubierto en la misma, requerir informe relativo a tal circunstancia de quien hubiere autorizado la identidad supuesta, en atención al cual resolverá lo que a su criterio proceda.»

V. también art. 338 LECr, sobre destrucción de la droga decomisada, modificado por Ley 21/1994, de 6 de julio (*BOE* n.º 161, de 7 de julio).

No obstante lo dispuesto en el párrafo anterior, los tribunales podrán imponer la pena inferior en grado a las señaladas en atención a la escasa entidad del hecho y a las circunstancias personales del culpable. No se podrá hacer uso de esta facultad si concurriere alguna de las circunstancias a que se hace referencia en los artículos 369 bis y 370.

Art. 369. Se impondrán las penas superiores en grado a las señaladas en el artículo anterior y multa del tanto al cuádruplo

---

Art. 369: Este artículo figura redactado conforme al texto de la LO 5/2010, de 22 de junio (*BOE* n.º 152, de 23 de junio), que entrará en vigor el próximo día 23 de diciembre de 2010. La redacción de este art. 369 que sigue vigente hasta entonces es la siguiente:

Art. 369. 1. Se impondrán las penas superiores en grado a las señaladas en el artículo anterior y multa del tanto al cuádruplo cuando concurran alguna de las siguientes circunstancias:

1.ª El culpable fuere autoridad, funcionario público, facultativo, trabajador social, docente o educador y obrase en el ejercicio de su cargo, profesión u oficio.

2.ª El culpable perteneciere a una organización o asociación, incluso de carácter transitorio, que tuviese como finalidad difundir tales sustancias o productos aun de modo ocasional.

3.ª El culpable participare en otras actividades organizadas o cuya ejecución se vea facilitada por la comisión del delito.

4.ª Los hechos fueren realizados en establecimientos abiertos al público por los responsables o empleados de los mismos.

5.ª Las sustancias a que se refiere el artículo anterior se faciliten a menores de dieciocho años, a disminuidos psíquicos o a personas sometidas a tratamiento de deshabituación o rehabilitación.

6.ª Fuere de notoria importancia la cantidad de las citadas sustancias objeto de las conductas a que se refiere el artículo anterior.

7.ª Las referidas sustancias se adulteren, manipulen o mezclen entre sí o con otras, incrementando el posible daño a la salud.

8.ª Las conductas descritas en el artículo anterior tengan lugar en centros docentes, en centros, establecimientos o unidades militares, en establecimientos penitenciarios o en centros de deshabituación o rehabilitación, o en sus proximidades.

9.ª El culpable empleare violencia o exhibiere o hiciese uso de armas para cometer el hecho.

10.ª El culpable introdujera o sacare ilegalmente las referidas sustancias o productos del territorio nacional, o favoreciese la realización de tales conductas.

2. En los supuestos previstos en las circunstancias 2.ª, 3.ª y 4.ª del apartado anterior de este artículo, se impondrá a la organización, asociación o persona titular del establecimiento una multa del tanto al triplo del valor de la droga objeto del delito, el comiso de los bienes objeto del delito y de los productos y beneficios obtenidos directa o indirectamente del acto delictivo y, además, la autoridad judicial podrá decretar alguna de las siguientes medidas:

1.ª La pérdida de la posibilidad de obtener subvenciones o ayudas públicas y del derecho a gozar de beneficios o incentivos fiscales o de la Seguridad Social, durante el tiempo que dure la mayor de las penas privativas de libertad impuesta.

2.ª La aplicación de las medidas previstas en el artículo 129 de este Código.

cuando concurran alguna de las siguientes circunstancias:

1.ª El culpable fuere autoridad, funcionario público, facultativo, trabajador social, docente o educador y obrase en el ejercicio de su cargo, profesión u oficio.

2.ª El culpable participare en otras actividades organizadas o cuya ejecución se vea facilitada por la comisión del delito.

3.ª Los hechos fueren realizados en establecimientos abiertos al público por los responsables o empleados de los mismos.

4.ª Las sustancias a que se refiere el artículo anterior se faciliten a menores de dieciocho años, a disminuidos psíquicos o a personas sometidas a tratamiento de deshabituación o rehabilitación.

5.ª Fuere de notoria importancia la cantidad de las citadas sustancias objeto de las conductas a que se refiere el artículo anterior.

6.ª Las referidas sustancias se adulteren, manipulen o mezclen entre sí o con otras, incrementando el posible daño a la salud.

7.ª Las conductas descritas en el artículo anterior tengan lugar en centros docentes, en centros, establecimientos o unidades militares, en establecimientos penitenciarios o en centros de deshabituación o rehabilitación, o en sus proximidades.

8.ª El culpable empleare violencia o exhibiere o hiciese uso de armas para cometer el hecho.

Art. 369 bis. Cuando los hechos descritos en el artículo 368 se hayan realizado por quienes pertenecieren a una organización delictiva, se impondrán las penas de prisión de nueve a doce años y multa del tanto al cuádruplo del valor de la droga si se tratara de sustancias y productos que causen grave daño a la salud y de prisión de cuatro años y seis meses a diez años y la misma multa en los demás casos.

A los jefes, encargados o administradores de la organización se les impondrán las penas superiores en grado a las señaladas en el párrafo primero.

Cuando de acuerdo con lo establecido en el artículo 31 bis una persona jurídica sea responsable de los delitos recogidos en los dos artículos anteriores, se le impondrán las siguientes penas:

Art. 369.1.5.º: V. el Acuerdo de 19 de octubre de 2001, de la Sala Segunda del Tribunal Supremo, en Pleno no Jurisdiccional, respecto de las cantidades «de notoria importancia» que posibilitan la aplicación de este precepto.

Art. 369 bis: Este artículo ha sido incorporado por la LO 5/2010, de 22 de junio (*BOE* n.º 152, de 23 de junio), que entrará en vigor el próximo día 23 de diciembre de 2010.

a) Multa de dos a cinco años, o del triple al quíntuple del valor de la droga cuando la cantidad resultante fuese más elevada, si el delito cometido por la persona física tiene prevista una pena de prisión de más de cinco años.

b) Multa de uno a tres años, o del doble al cuádruple del valor de la droga cuando la cantidad resultante fuese más elevada, si el delito cometido por la persona física tiene prevista una pena de prisión de más de dos años no incluida en el anterior inciso.

Atendidas las reglas establecidas en el artículo 66 bis, los jueces y tribunales podrán asimismo imponer las penas recogidas en las letras *b*) a *g*) del apartado 7 del artículo 33.

Art. 370. Se impondrá la pena superior en uno o dos grados a la señalada en el artículo 368 cuando:

1.º Se utilice a menores de dieciocho años o a disminuidos psíquicos para cometer estos delitos.

2.º Se trate de los jefes, administradores o encargados de las organizaciones a que se refiere la circunstancia 2.ª del apartado 1 del artículo 369.

3.º Las conductas descritas en el artículo 368 fuesen de extrema gravedad.

Se consideran de extrema gravedad los casos en que la cantidad de las sustancias a que se refiere el artículo 368 excediere notablemente de la considerada como de notoria importancia, o se hayan utilizado buques, embarcaciones o aeronaves como medio de transporte específico, o se hayan llevado a cabo las conduc-

---

Art. 370: Este artículo figura redactado conforme al texto de la Ley Orgánica 15/2003, de 25 de noviembre (*BOE* n.º 283, de 26 de noviembre; corrección de errores en *BOE* n.º 65, de 16 de marzo, y n.º 80, de 2 de abril, ambos de 2004), que entró en vigor el 1 de octubre de 2004. El ordinal 2.º y el párrafo 2.º del ordinal 3.º figuran redactados conforme al texto de la LO 5/2010, de 22 de junio (*BOE* n.º 152, de 23 de junio), que entrará en vigor el próximo día 23 de diciembre de 2010. La redacción que sigue vigente hasta entonces es la siguiente:

> 2.º Se trate de los jefes, administradores o encargados de las organizaciones a que se refieren las circunstancias 2 y 3 del apartado 1 del artículo anterior.
>
> 3.º [...]
>
> Se consideran de extrema gravedad los casos en que la cantidad de las sustancias a que se refiere el artículo 368 excediere notablemente de la considerada como de notoria importancia, o se hayan utilizado buques o aeronaves como medio de transporte específico, o se hayan llevado a cabo las conductas indicadas simulando operaciones de comercio internacional entre empresas, o se trate de redes internaciones dedicadas a este tipo de actividades, o cuando concurrieren tres o más de las circunstancias previstas en el artículo 369.1.

tas indicadas simulando operaciones de comercio internacional entre empresas, o se trate de redes internacionales dedicadas a este tipo de actividades, o cuando concurrieren tres o más de las circunstancias previstas en el artículo 369.1.

En los supuestos de los anteriores números 2.º y 3.º se impondrá a los culpables, además, una multa del tanto al triplo del valor de la droga objeto del delito.

Art. 371. 1. El que fabrique, transporte, distribuya, comercie o tenga en su poder equipos, materiales o sustancias enumeradas en el cuadro I y cuadro II de la convención de Naciones Unidas, hecha en Viena el 20 de diciembre de 1988, sobre el tráfico ilícito de estupefacientes y sustancias psicotrópicas, y cualesquiera otros productos adicionados al mismo Convenio o que se incluyan en otros futuros Convenios de la misma naturaleza, ratificados por España, a sabiendas de que van a utilizarse en el cultivo, la producción o la fabricación ilícitas de drogas tóxicas, estupefacientes o sustancias psicotrópicas, o para estos fines, será castigado con la pena de prisión de tres a seis años y multa del tanto al triplo del valor de los géneros o efectos.

2. Se impondrá la pena señalada en su mitad superior cuando las personas que realicen los hechos descritos en el apartado anterior pertenezcan a una organización dedicada a los fines en él señalados, y la pena superior en grado cuando se trate de los jefes, administradores o encargados de las referidas organizaciones o asociaciones.

En tales casos, los jueces o tribunales impondrán, además de las penas correspondientes, la de inhabilitación especial del reo para el ejercicio de su profesión o industria por tiempo de tres a

---

Art. 371: El apartado segundo de este artículo figura redactado conforme al texto de la Ley Orgánica 15/2003, de 25 de noviembre (*BOE* n.º 283, de 26 de noviembre; corrección de errores en *BOE* n.º 65, de 16 de marzo, y n.º 80, de 2 de abril, ambos de 2004), que entró en vigor el 1 de octubre de 2004. Los cuadros I y II de la Convención de Naciones Unidas de 20 de diciembre de 1988, a los que se refiere el art. 371, tienen el siguiente contenido. Cuadro I: «Ácido lisérgico; efedrina; ergometrina; ergotamina; 1-fenil-2-propanona; seudoefedrina; las sales de las sustancias enumeradas en el presente Cuadro, siempre que la existencia de dichas sales sea posible.» Cuadro II: «Acetona; ácido antranílico; ácido fenilacético; anhídrido acético; éter etílico; piperidina; las sales de las sustancias enumeradas en el presente Cuadro, siempre que la existencia de dichas sales sea posible.» V. Ley 4/2009, de 15 de junio (*BOE* n.º 145, de 16 de junio), de control de precursores de drogas; y arts. 263 bis y 282 bis LECr., reproducidos en nota al art. 368 de este Código.

seis años, y las demás medidas previstas en el artículo 369.2.

Art. 372. Si los hechos previstos en este capítulo fueran realizados por empresario, intermediario en el sector financiero, facultativo, funcionario público, trabajador social, docente o educador, en el ejercicio de su cargo, profesión u oficio, se le impondrá, además de la pena correspondiente, la de inhabilitación especial para empleo o cargo público, profesión u oficio, industria o comercio, de tres a diez años. Se impondrá la pena de inhabilitación absoluta de diez a veinte años cuando los referidos hechos fueren realizados por autoridad o agente de la misma, en el ejercicio de su cargo.

A tal efecto, se entiende que son facultativos los médicos, psicólogos, las personas en posesión de título sanitario, los veterinarios, los farmacéuticos y sus dependientes.

Art. 373. La provocación, la conspiración y la proposición para cometer los delitos previstos en los artículos 368 a 372, se castigarán con la pena inferior en uno a dos grados a la que corresponde, respectivamente, a los hechos previstos en los preceptos anteriores.

Art. 374. 1. En los delitos previstos en los artículos 301.1, párrafo segundo, y 368 a 372, además de las penas que corresponda imponer por el delito cometido, serán objeto de decomiso las drogas tóxicas, estupefacientes o sustancias psicotrópicas, los equipos, materiales y sustancias a que se refiere el artículo 371, así como los bienes, medios, instrumentos y ganancias con sujeción a lo dispuesto en el artículo 127 de este Código y a las siguientes normas especiales:

1.ª Las drogas, estupefacientes y sustancias psicotrópicas serán destruidas por la autoridad administrativa bajo cuya custodia se encuentren, una vez realizados los informes analíticos pertinentes y guardadas muestras bastantes de las mismas, salvo que la autoridad judicial competente haya ordenado su conservación íntegra. Una vez que la sentencia

---

Art. 374: Este artículo figura redactado conforme al texto de la Ley Orgánica 15/2003, de 25 de noviembre (*BOE* n.º 283, de 26 de noviembre; corrección de errores en *BOE* n.º 65, de 16 de marzo, y n.º 80, de 2 de abril, ambos de 2004), que entró en vigor el 1 de octubre de 2004. V. arts. 127 y 128 CP; Convenio relativo al blanqueo, seguimiento, embargo y decomiso de los productos del delito, hecho en Estrasburgo el 8 de noviembre de 1990, y ratificado por España mediante Instrumento de 22 de julio de 1998 (*BOE* n.º 252, de 21 de octubre); y Ley 17/2003 de 29 de mayo (*BOE* n.º 129, de 30 de mayo), por la que se regula el Fondo de bienes decomisados por tráfico ilícito de drogas y otros delitos relacionados.

sea firme, se procederá a la destrucción de las muestras que se hubieran apartado, o a la destrucción de la totalidad de lo incautado, en el caso de que el órgano judicial competente hubiera ordenado su conservación.

2.ª A fin de garantizar la efectividad del decomiso, los bienes, medios, instrumentos y ganancias podrán ser aprehendidos o embargados y puestos en depósito por la autoridad judicial desde el momento de las primeras diligencias.

3.º La autoridad judicial podrá acordar que, con las debidas garantías para su conservación y mientras se sustancia el procedimiento, el objeto del decomiso, si fuese de lícito comercio, pueda ser utilizado provisionalmente por la Policía Judicial encargada de la represión del tráfico ilegal de drogas.

4.ª Si, por cualquier circunstancia, no fuera posible el decomiso de los bienes y efectos señalados en el párrafo anterior, podrá acordarse el de otros por un valor equivalente.

5.ª Cuando los bienes, medios, instrumentos y ganancias del delito hayan desaparecido del patrimonio de los presuntos responsables, podrá acordarse el decomiso de su valor sobre otros bienes distintos incluso de origen lícito, que pertenezcan a los responsables.

2. Los bienes decomisados podrán ser enajenados, sin esperar el pronunciamiento de firmeza de la sentencia, en los siguientes casos:

a) Cuando el propietario haga expreso abandono de ellos.

b) Cuando su conservación pueda resultar peligrosa para la salud o seguridad públicas, o dar lugar a una disminución importante de su valor, o afectar gravemente a su uso y funcionamiento habituales. Se entenderán incluidos los que sin sufrir deterioro material se deprecien por el transcurso del tiempo.

Cuando concurran estos supuestos, la autoridad judicial ordenará la enajenación, bien de oficio o a instancia del Ministerio Fiscal, el Abogado del Estado o la representación procesal de las comunidades autónomas, entidades locales u otras entidades públicas, y previa audiencia del interesado.

El importe de la enajenación, que se realizará por cualquiera de las formas legalmente previstas, quedará depositado a resultas del correspondiente proceso legal, una vez deducidos los gastos de cualquier naturaleza que se hayan producido.

3. En los delitos a que se refieren los apartados precedentes, los jueces y tribunales que conozcan de la causa podrán declarar la nulidad de los actos o negocios jurídicos en virtud de los cuales se hayan transmitido, gravado o modificado la titulari-

dad real o derechos relativos a los bienes y efectos señalados en los apartados anteriores.

4. Los bienes, medios, instrumentos y ganancias definitivamente decomisados por sentencia, que no podrán ser aplicados a la satisfacción de las responsabilidades civiles derivadas del delito ni de las costas procesales, serán adjudicados íntegramente al Estado.

Art. 375. Las condenas de Jueces o Tribunales extranjeros por delitos de la misma naturaleza que los previstos en los artículos 368 a 372 de este capítulo producirán los efectos de reincidencia, salvo que el antecedente penal haya sido cancelado o puede serlo con arreglo al Derecho español.

Art. 376. En los casos previstos en los artículos 368 a 372, los jueces o tribunales, razonándolo en la sentencia, podrán imponer la pena inferior en uno o dos grados a la señalada por la ley para el delito de que se trate, siempre que el sujeto haya abandonado voluntariamente sus actividades delictivas y haya colaborado activamente con las autoridades o sus agentes bien para impedir la producción del delito, bien para obtener pruebas decisivas para la identificación o captura de otros responsables o para impedir la actuación o el desarrollo de las organizaciones o asociaciones a las que haya pertenecido o con las que haya colaborado.

Igualmente, en los casos previstos en los artículos 368 a 372, los jueces o tribunales podrán imponer la pena inferior en uno o dos grados al reo que, siendo drogodependiente en el momento de comisión de los hechos, acredite suficientemente que ha finalizado con éxito un tratamiento de deshabituación, siempre que la cantidad de drogas tóxicas, estupefacientes o sustancias psicotrópicas no fuese de notoria importancia o de extrema gravedad.

Art. 377. Para la determinación de la cuantía de las multas que se impongan en aplicación de los artículos 368 a 372, el valor de la droga objeto del delito o de los géneros o efectos intervenidos será el precio final del producto o, en su caso, la recompensa o ganancia obtenida por el reo, o que hubiera podido obtener.

Art. 378. Los pagos que se efectúen por el penado por uno o varios de los delitos a que se

---

Art. 376: Este artículo figura redactado conforme al texto de la Ley Orgánica 15/2003, de 25 de noviembre (*BOE* n.º 283, de 26 de noviembre; corrección de errores en *BOE* n.º 65, de 16 de marzo, y n.º 80, de 2 de abril, ambos de 2004), que entró en vigor el 1 de octubre de 2004.

refieren los artículos 368 a 372 se imputarán por el orden siguiente:

1.º A la reparación del daño causado e indemnización de perjuicios.

2.º A la indemnización del Estado por el importe de los gastos que se hayan hecho por su cuenta en la causa.

3.º A la multa.

4.º A las costas del acusador particular o privado cuando se imponga en la sentencia su pago.

5.º A las demás costas procesales, incluso las de la defensa del procesado, sin preferencia entre los interesados.

CAPÍTULO IV

DE LOS DELITOS CONTRA LA SEGURIDAD VIAL*

Art. 379. 1. El que condujere un vehículo de motor o un ciclomotor a velocidad superior

---

* La rúbrica de este capítulo, y todo su contenido, fueron modificados por LO 15/2007, de 30 de noviembre (*BOE* n.º 288, de 1 de diciembre), cuyo Preámbulo dice:

«Entre las resoluciones aprobadas como consecuencia del debate sobre el Estado de la Nación de 2006 se incluye la número diecinueve, en la que se declara, entre otros aspectos, que el Congreso de los Diputados considera oportuno impulsar la modificación del Código Penal, teniendo en cuenta las distintas propuestas que se están estudiando en la Comisión de Seguridad Vial del Congreso de los Diputados, con el objetivo de definir con mayor rigor todos los delitos contra la seguridad del tráfico y los relacionados con la seguridad vial, evitando que determinadas conductas calificadas como de violencia vial puedan quedar impunes.

»La reforma sobre los delitos contra la seguridad vial cuenta con un amplio consenso de los grupos parlamentarios en torno a las propuestas formuladas ante la Comisión sobre Seguridad Vial. Por ello, se presenta esta Proposición de Ley Orgánica de reforma del Código Penal en materia de Seguridad Vial, cuyo contenido básico persigue, de una parte, incrementar el control sobre el riesgo tolerable por la vía de la expresa previsión de excesos de velocidad que se han de tener por peligrosos o de niveles de ingesta alcohólica que hayan de merecer la misma consideración. A partir de esa estimación de fuente de peligro se regulan diferentes grados de conducta injusta, trazando un arco que va desde el peligro abstracto hasta el perceptible desprecio por la vida de los demás, como ya venía haciendo el Código. Las penas y consecuencias se incrementan notablemente, en especial, en lo concerniente a la privación del permiso de conducir, y a ello se añade la no menos severa posibilidad de considerar instrumento del delito al vehículo de motor o ciclomotor, en orden a disponer su comiso.

»Al igual que sucede en el derecho vigente, se ofrece una específica regla para salvar el concurso de normas cuando se hubiera ocasionado además del riesgo prevenido un resultado lesivo. En tal caso se apreciará tan sólo la infracción más gravemente penada, aplicando la pena en su mitad superior y condenando, en todo caso, al resarcimiento de la responsabilidad civil que se hubiera originado. La negativa a someterse a las pruebas legalmente establecidas para detectar el grado de alcoholemia o de impregnación tóxica, en cambio, pierde su innecesario calificativo de delito de desobediencia y pasa a ser autónomamente castigada.

»Una criticada ausencia era la conducción de vehículos por quienes hubieran sido privados, judicial o administrativamente, del derecho a hacerlo por pérdida de vigencia del mismo. Cierto que algu-

en sesenta kilómetros por hora en vía urbana o en ochenta kilómetros por hora en vía interurbana a la permitida reglamentaria-

---

nos casos podrían tenerse como delitos de quebrantamiento de condena o de desobediencia, pero no todos; por ello se ha considerado más ágil y preciso reunir todas esas situaciones posibles en un solo precepto sancionador.

»La creación del Centro de Tratamiento de Denuncias automatizadas, además de la práctica de la delegación con una casuística muy variada, así como la necesidad de acortar los plazos de tramitación de las sanciones, sin merma de las garantías del sancionado, urge a llevar a cabo una modificación del Real Decreto Legislativo 339/1990, de 2 de marzo, por el que se aprueba el Texto Articulado de la Ley sobre Tráfico, Circulación de Vehículos a Motor y Seguridad Vial.

»La modificación que se propone conlleva la supresión del párrafo tercero de la Disposición Adicional cuarta de la Ley 6/1997, de 14 de abril, de Organización y Funcionamiento de la Administración General del Estado, que es la que atribuye a los Delegados y Subdelegados del Gobierno la competencia para sancionar las infracciones previstas en la Ley de Seguridad Vial.

»La modificación de la Ley de Seguridad Vial se refiere al artículo 68 sobre Competencias, para atribuir la competencia sancionadora a los Jefes de Tráfico, previendo de manera expresa la posibilidad de que éstos deleguen en el Director del Centro de Tratamiento de Denuncias Automatizadas en las infracciones detectadas a través de medios de captación y reproducción de imágenes que permitan la identificación del vehículo.

»Como consecuencia de la modificación anterior, se modifica también el artículo 80, sobre Recursos, ya que, con la nueva atribución de la competencia, el Director General de Tráfico es el competente para resolver el recurso de alzada contra las resoluciones sancionadoras de los Jefes de Tráfico o del Director del Centro; así como el artículo 82, sobre anotación y cancelación, para que la anotación de las sanciones firmes graves y muy graves en el Registro de conductores e infractores, se haga por el órgano competente de la Jefatura Central de Tráfico, en unos casos, por la Jefatura de Tráfico instructora del procedimiento y, en otros, por el propio Centro.»

V. RD 818/2009, de 8 de mayo (*BOE* n.º 138, de 8 de junio), por el que se aprueba el Reglamento General de Conductores; arts. 9.º ss. LTCVM; Reglamento General de Circulación para la aplicación y desarrollo del texto articulado de la Ley sobre Tráfico, Circulación de Vehículos a Motor y Seguridad Vial, aprobado por RD 1.428/2003, de 21 de noviembre (*BOE* n.º 306, de 23 de diciembre), y modificado por RD 965/2006, de 1 de septiembre (*BOE* n.º 212, de 5 de septiembre); Reglamento de procedimiento sancionador en materia de tráfico, circulación de vehículos a motor y seguridad vial, aprobado por RD 320/1994, de 25 de febrero (*BOE* n.º 95, de 21 de abril), y modificado por RRDD 1.161/1998, de 30 de enero (*BOE* n.º 42, de 18 de febrero), 137/2000, de 4 de febrero (*BOE* n.º 42, de 18 de febrero), y 318/2003, de 14 de marzo (*BOE* n.º 82, de 5 de abril).

Art. 379: Este artículo figura redactado conforme al texto de la LO 5/2010, de 22 de junio (*BOE* n.º 152, de 23 de junio), que entrará en vigor el próximo día 23 de diciembre de 2010. La redacción que sigue vigente hasta entonces es la siguiente:

Art. 379. 1. El que condujere un vehículo de motor o un ciclomotor a velocidad superior en sesenta kilómetros por hora en vía urbana o en ochenta kilómetros por hora en vía interurbana a la permitida reglamentariamente, será castigado con la pena de prisión de tres a seis meses o a la de multa de seis a doce meses y trabajos en beneficio de la comunidad de treinta y uno a noventa días, y, en cual-

mente, será castigado con la pena de prisión de tres a seis meses o con la de multa de seis a doce meses o con la de trabajos en beneficio de la comunidad de treinta y uno a noventa días, y, en cualquier caso, con la de privación del derecho a conducir vehículos a motor y ciclomotores por tiempo superior a uno y hasta cuatro años.

2. Con las mismas penas será castigado el que condujere un vehículo de motor o ciclomotor bajo la influencia de drogas tóxicas, estupefacientes, sustancias psicotrópicas o de bebidas alcohólicas. En todo caso será condenado con dichas penas el que condujere con una tasa de alcohol en aire espirado superior a 0,60 miligramos por litro o con una tasa de alcohol en sangre superior a 1,2 gramos por litro.

Art. 380. 1. El que condujere un vehículo a motor o un ciclomotor con temeridad manifiesta y pusiere en concreto peligro la vida o la integridad de las personas será castigado con las penas de prisión de seis meses a

---

quier caso, a la de privación del derecho a conducir vehículos a motor y ciclomotores por tiempo superior a uno y hasta cuatro años.

2. Con las mismas penas será castigado el que condujere un vehículo de motor o ciclomotor bajo la influencia de drogas tóxicas, estupefacientes, sustancias psicotrópicas o de bebidas alcohólicas. En todo caso será condenado con dichas penas el que condujere con una tasa de alcohol en aire espirado superior a 0,60 miligramos por litro o con una tasa de alcohol en sangre superior a 1,2 gramos por litro.

V. art. 31 LPPNA. V., también, Orden de 29 de julio de 1981 sobre investigación del grado de impregnación alcohólica de los usuarios de las vías públicas (*BOE* n.º 186, de 5 de agosto), así como art. 12 LTCVM; y arts. 20 ss. Reglamento General de Circulación, aprobado por RD 13/1992, de 17 de enero (*BOE* n.º 27, de 31 de enero; corrección de errores en *BOE* n.º 61, de 11 de marzo) y modificado por RD 1.333/1994, de 20 de junio (*BOE* n.º 169, de 16 de julio; corrección de errores en *BOE* n.º 14, de 17 de enero de 1995), RD 116/1998, de 30 de enero (*BOE* n.º 42, de 18 de febrero), y RD 2.282/1998, de 23 de octubre (*BOE* n.º 266, de 6 de noviembre de 1998; corrección de erratas en *BOE* n.º 22, de 26 de enero de 1999). V., también, Orden de 27 de julio de 1994 por la que se establece el control metrológico del Estado para los instrumentos destinados a medir la concentración de alcohol en el aire espirado (*BOE* n.º 181, de 30 de julio), V., también, RD 2.484/1994, de 23 de diciembre (*BOE* n.º 18, de 21 de enero de 1995), por el que se regula la utilización, instalación y comprobación de funcionamiento de dispositivos de limitación de velocidad en determinadas categorías de vehículos. Téngase en cuenta que el Anexo de este RD ha sido modificado por Orden de 28 de octubre de 1996 (*BOE* n.º 273, de 12 de noviembre).

V., finalmente, el RD 2.242/1996, de 18 de octubre (*BOE* n.º 259, de 26 de octubre), por el que se establecen normas sobre tiempos de conducción, descanso y uso del tacógrafo.

dos años y privación del derecho a conducir vehículos a motor y ciclomotores por tiempo superior a uno y hasta seis años.

2. A los efectos del presente precepto se reputará manifiestamente temeraria la conducción en la que concurrieren las circunstancias previstas en el apartado primero y en el inciso segundo del apartado segundo del artículo anterior.

Art. 381. 1. Será castigado con las penas de prisión de dos a cinco años, multa de doce a veinticuatro meses y privación del derecho a conducir vehículos a motor y ciclomotores durante un período de seis a diez años el que, con manifiesto desprecio por la vida de los demás, realizare la conducta descrita en el artículo anterior.

2. Cuando no se hubiere puesto en concreto peligro la vida o la integridad de las personas, las penas serán de prisión de uno a dos años, multa de seis a doce meses y privación del derecho a conducir vehículos a motor y ciclomotores por el tiempo previsto en el párrafo anterior.

3. […]

Art. 381: El apartado 3 de este artículo ha sido suprimido por la LO 5/2010, de 22 de junio (*BOE* n.º 152, de 23 de junio), que entrará en vigor el próximo día 23 de diciembre de 2010. La redacción que sigue vigente hasta entonces es la siguiente:

> 3. El vehículo a motor o ciclomotor utilizado en los hechos previstos en el presente precepto se considerará instrumento del delito a los efectos del artículo 127 de este Código.

Art. 382. Cuando con los actos sancionados en los artículos 379, 380 y 381 se ocasionare, además del riesgo prevenido, un resultado lesivo constitutivo de delito, cualquiera que sea su gravedad, los Jueces o Tribunales apreciarán tan sólo la infracción más gravemente penada, aplicando la pena en su mitad superior y condenando, en todo caso, al resarcimiento de la responsabilidad civil que se hubiera originado.

Art. 383. El conductor que, requerido por un agente de la autoridad, se negare a someterse a las pruebas legalmente establecidas para la comprobación de las tasas de alcoholemia y la presencia de las drogas tóxicas, estupefacientes y sustancias psicotrópicas a que se refieren los artículos anteriores, será castigado con la pena de prisión de seis meses a un año y privación del derecho a conducir vehículos a motor y ciclomotores por tiempo superior a uno y hasta cuatro años.

Art. 384. El que condujere un vehículo de motor o ciclomotor en los casos de pérdida de vigencia del permiso o licencia por pérdida

Art. 384: Este artículo figura redactado conforme al texto de la LO 5/2010, de

total de los puntos asignados legalmente, será castigado con la pena de prisión de tres a seis meses o con la de multa de doce a veinticuatro meses o con la de trabajos en beneficio de la comunidad de treinta y uno a noventa días.

La misma pena se impondrá al que realizare la conducción tras haber sido privado cautelar o definitivamente del permiso o licencia por decisión judicial y al que condujere un vehículo de motor o ciclomotor sin haber obtenido nunca permiso o licencia de conducción.

Art. 385. Será castigado con la pena de prisión de seis meses a dos años o a las de multa de doce a veinticuatro meses y trabajos en beneficio de la comunidad de diez a cuarenta días, el que originare un grave riesgo para la circulación de alguna de las siguientes formas:

1.ª Colocando en la vía obstáculos imprevisibles, derramando sustancias deslizantes o inflamables o mutando, sustrayendo o anulando la señalización o por cualquier otro medio.

2.ª No restableciendo la seguridad de la vía, cuando haya obligación de hacerlo.

Art. 385 bis. El vehículo a motor o ciclomotor utilizado en los hechos previstos en este Capítulo se considerará instrumento del delito a los efectos de los artículos 127 y 128.

Art. 385 ter. En los delitos previstos en los artículos 379, 383, 384 y 385, el Juez o Tribunal, razonándolo en sentencia, podrá rebajar en un grado la pena de prisión en atención a la menor entidad del riesgo causado y a las demás circunstancias del hecho.

---

22 de junio (*BOE* n.º 152, de 23 de junio), que entrará en vigor el próximo día 23 de diciembre de 2010. La redacción que sigue vigente hasta entonces es la siguiente:

> *Art. 384.* El que condujere un vehículo de motor o ciclomotor en los casos de pérdida de vigencia del permiso o licencia por pérdida total de los puntos asignados legalmente, será castigado con la pena de prisión de tres a seis meses o con la de multa de doce a veinticuatro meses y trabajos en beneficio de la comunidad de treinta y uno a noventa días.
>
> Las mismas penas se impondrán al que realizare la conducción tras haber sido privado cautelar o definitivamente del permiso o licencia por decisión judicial y al que condujere un vehículo de motor o ciclomotor sin haber obtenido nunca permiso o licencia de conducción.

Art. 385 bis: Este artículo ha sido incorporado por la LO 5/2010, de 22 de junio (*BOE* n.º 152, de 23 de junio), que entrará en vigor el próximo día 23 de diciembre de 2010.

Art. 385 ter: Este artículo ha sido incorporado por la LO 5/2010, de 22 de junio (*BOE* n.º 152, de 23 de junio), que entrará en vigor el próximo día 23 de diciembre de 2010.

TÍTULO XVIII
De las falsedades*

CAPÍTULO PRIMERO
DE LA FALSIFICACIÓN DE MONEDA Y EFECTOS TIMBRADOS**

Art. 386. Será castigado con la pena de prisión de ocho a doce años y multa del tanto al décuplo del valor aparente de la moneda:

1.º El que altere la moneda o fabrique moneda falsa.

2.º El que introduzca en el país o exporte moneda falsa o alterada.

3.º El que transporte, expenda o distribuya, en connivencia con el falsificador, alterador, introductor o exportador, moneda falsa o alterada.

La tenencia de moneda falsa para su expendición o distribución será castigada con la pena inferior en uno o dos grados, atendiendo al valor de aquélla y al grado de connivencia con los autores mencionados en los números anteriores. La misma pena se impondrá al que, sabiéndola falsa, adquiera moneda con el fin de ponerla en circulación.

El que habiendo recibido de buena fe moneda falsa la expenda o distribuya después de cons-

---

* V. arts. 237, n.º 2.º, y 681, n.º 6.º, CC., art. 75 Ley de ordenación de la Emigración, aprobado por Decreto 1.000/1962, de 3 de mayo (*BOE* n.º 116, de 15 de mayo); v. también art. 20.*a*) LCAP.

** El art. 65.1.º*b*) LOPJ atribuye a la Audiencia Nacional la competencia para enjuiciar los delitos comprendidos en este Capítulo, salvo que correspondan en primera instancia a los Juzgados Centrales de lo Penal. V., también, art. 23 de la mencionada LOPJ, reproducido en nota al art. 3.º1 LE (Apéndice 4), Orden de 18 de octubre de 2001 (*BOE* n.º 267, de 7 de noviembre), del Ministerio de Economía, de retirada de monedas de curso legal denominadas en pesetas integrantes del sistema monetario vigente, y Real Decreto 857/2003, de 4 de julio (*BOE* n.º 168, de 15 de julio de 2003), sobre coordinación de actuaciones entre las Fuerzas y Cuerpos de Seguridad y la Brigada de Investigación del Banco de España en la lucha contra la falsificación de billetes y monedas.

Art. 386: Este artículo figura redactado conforme al texto de la Ley Orgánica 15/2003, de 25 de noviembre (*BOE* n.º 283, de 26 de noviembre; corrección de errores en *BOE* n.º 65, de 16 de marzo, y n.º 80, de 2 de abril, ambos de 2004), que entró en vigor el 1 de octubre de 2004. V. Convenio de Ginebra de 20 de abril de 1929, para la Represión de la Falsificación de Moneda, ratificado por España el 28 de abril de 1930 (*Gaceta* n.º 98, de 8 de abril de 1931) y reproducido parcialmente en nota al art. 1 LE (Apéndice 4), y Notificación del Reino de España de designación de una Oficina central conforme a los arts. 12 a 15 del Convenio (*BOE* n.º 191, de 11 de agosto de 2006); arts. 263 bis y 282 bis LECr., reproducidos en nota al art. 368 de este Código; y art. 629 CP.

tarle su falsedad será castigado con la pena de prisión de tres a seis meses o multa de seis a veinticuatro meses, si el valor aparente de la moneda fuera superior a 400 euros.

Si el culpable perteneciere a una sociedad, organización o asociación, incluso de carácter transitorio, que se dedicare a la realización de estas actividades, el juez o tribunal podrá imponer alguna o algunas de las consecuencias previstas en el artículo 129 de este Código.

Art. 387. A los efectos del artículo anterior, se entiende por moneda la metálica y el papel moneda de curso legal. Se equipararán a la moneda nacional las de otros países de la Unión Europea y las extranjeras.

Art. 388. La condena de un Tribunal extranjero, impuesta por delito de la misma naturaleza de los comprendidos en este capítulo, será equiparada a las sentencias de los Jueces o Tribunales españoles a los efectos de reincidencia, salvo que el antecedente penal haya sido cancelado o pudiese serlo con arreglo al Derecho español.

Art. 389. El que falsificare o expendiere, en connivencia con el falsificador, sellos de correos o efectos timbrados, o los introdujera en España conociendo su falsedad, será castigado con la pena de prisión de seis meses a tres años.

El adquirente de buena fe de sellos de correos o efectos timbrados que, conociendo su false-

---

Art. 387: Este artículo figura redactado conforme al texto de la LO 5/2010, de 22 de junio (*BOE* n.º 152, de 23 de junio), que entrará en vigor el próximo día 23 de diciembre de 2010. La redacción que sigue vigente hasta entonces es la siguiente:

> *Art. 387.* A los efectos del artículo anterior, se entiende por moneda la metálica y papel moneda de curso legal. A los mismos efectos, se considerarán moneda las tarjetas de crédito, las de débito y las demás tarjetas que puedan utilizarse como medio de pago, así como los cheques de viaje. Igualmente, se equipararán a la moneda nacional las de otros países de la Unión Europea y las extranjeras.

V. art. 5.º del Convenio de Ginebra citado en nota al art. anterior. V. Circular monetaria 1/1995, de 28 de febrero, del Banco de España (*BOE* n.º 59, de 10 de marzo), sobre utilización publicitaria de billetes o monedas o sus reproducciones.

Art. 388: V. art. 6.º del Convenio de Ginebra citado en nota al art. 386.

Art. 389: Este artículo figura redactado conforme al texto de la Ley Orgánica 15/2003, de 25 de noviembre (*BOE* n.º 283, de 26 de noviembre; corrección de errores en *BOE* n.º 65, de 16 de marzo, y n.º 80, de 2 de abril, ambos de 2004), que entró en vigor el 1 de octubre de 2004. V. art. 629 CP.

dad, los distribuyera o utilizara en cantidad superior a 400 euros, será castigado con la pena de prisión de tres a seis meses o multa de seis a veinticuatro meses.

CAPÍTULO II

DE LAS FALSEDADES DOCUMENTALES*

SECCIÓN 1.ª

De la falsificación de documentos públicos, oficiales y mercantiles y de los despachos transmitidos por servicios de telecomunicación

Art. 390. 1. Será castigado con las penas de prisión de tres a seis años, multa de seis a veinticuatro meses e inhabilitación especial por tiempo de dos a seis años, la autoridad o funcionario público que, en el ejercicio de sus funciones, cometa falsedad:

1.º Alterando un documento en alguno de sus elementos o requisitos de carácter esencial.

2.º Simulando un documento en todo o en parte, de manera que induzca a error sobre su autenticidad.

3.º Suponiendo en un acto la intervención de personas que no la han tenido, o atribuyendo a las que han intervenido en él declaraciones o manifestaciones diferentes de las que hubieran hecho.

4.º Faltando a la verdad en la narración de los hechos.

2. Será castigado con las mismas penas a las señaladas en el apartado anterior el responsable de cualquier confesión religiosa que incurra en alguna de las conductas descritas en los números anteriores, respecto de actos y documentos que puedan producir efecto en el estado de las personas o en el orden civil.

Art. 391. La autoridad o funcionario público que por imprudencia grave incurriere en alguna de las falsedades previstas en el artículo anterior o diere lugar a que otro las cometa, será castigado con la pena de multa de seis a doce meses y suspen-

* V. art. 954, n.º 3.º, LECr.; arts. 596 y 1.796.2.º LEC, y 317 a 323, y 510.2.º LEC 2000; art. 1.216 CC; arts. 54 ss. LPPNA; art. 135.2 Ley Electoral (Apéndice 6); RD-L 14/1999, de 17 de septiembre (*BOE* n.º 224, de 18 de septiembre), convalidado por Resolución de 21 de octubre de 1999 (*BOE* n.º 257, de 27 de octubre), del Congreso de los Diputados, sobre firma electrónica; y la Instrucción de 20 de marzo de 2006 (*BOE* n.º 97, de 24 de abril), de la Dirección General de los Registros y del Notariado, sobre prevención del fraude documental en materia de estado civil.

Art. 390: V. art. 140 Ley de Régimen Electoral General (Apéndice 6).

sión de empleo o cargo público por tiempo de seis meses a un año.

Art. 392. 1. El particular que cometiere en documento público, oficial o mercantil, alguna de las falsedades descritas en los tres primeros números del apartado 1 del artículo 390, será castigado con las penas de prisión de seis meses a tres años y multa de seis a doce meses.

2. Las mismas penas se impondrán al que, sin haber intervenido en la falsificación, traficare de cualquier modo con un documento de identidad falso. Se impondrá la pena de prisión de seis meses a un año y multa de tres a seis meses al que hiciere uso, a sabiendas, de un documento de identidad falso.

Esta disposición es aplicable aun cuando el documento de identidad falso aparezca como perteneciente a otro Estado de la Unión Europea o a un tercer Estado o haya sido falsificado o adquirido en otro Estado de la Unión Europea o en un tercer Estado si es utilizado o se trafica con él en España.

Art. 393. El que, a sabiendas de su falsedad, presentare en juicio o, para perjudicar a otro, hiciere uso de un documento falso de los comprendidos en los artículos precedentes, será castigado con la pena inferior en grado a la señalada a los falsificadores.

Art. 394. 1. La autoridad o funcionario público encargado de los servicios de telecomunicación que supusiere o falsificare un despacho telegráfico u otro propio de dichos servicios, incurrirá en la pena de prisión de seis

---

Art. 392: Este artículo figura redactado conforme al texto de la LO 5/2010, de 22 de junio (*BOE* n.º 152, de 23 de junio), que entrará en vigor el próximo día 23 de diciembre de 2010. La redacción que sigue vigente hasta entonces es la siguiente:

> *Art. 392.* El particular que cometiere en documento público, oficial o mercantil, alguna de las falsedades descritas en los tres primeros números del apartado 1 del artículo 390, será castigado con las penas de prisión de seis meses a tres años y multa de seis a doce meses.

V. el RD 1.553/2005, de 23 de diciembre (*BOE* n.º 307, de 24 de diciembre), por el que se regula la expedición del documento nacional de identidad y sus certificados de firma electrónica, modificado por RD 1.586/2009, de 16 de octubre (*BOE* n.º 265, de 3 de noviembre); y el RD 896/2003, de 11 de julio (*BOE* n.º 166, de 12 de julio), por el que se regula la expedición del pasaporte ordinario y se determinan sus características.

V., también, art. 141 Ley Orgánica del Régimen Electoral General (Apéndice 6).

Art. 393: V. arts. 461 CP, 514 y 1.796.2.º LEC, y 317 a 323 y 510.2.º LEC 2000, y 954.3.º LECr.

meses a tres años e inhabilitación especial por tiempo de dos a seis años.

2. El que, a sabiendas de su falsedad, hiciere uso del despacho falso para perjudicar a otro, será castigado con la pena inferior en grado a la señalada a los falsificadores.

SECCIÓN 2.ª

De la falsificación de documentos privados

Art. 395. El que, para perjudicar a otro, cometiere en documento privado alguna de las falsedades previstas en los tres primeros números del apartado 1 del artículo 390, será castigado con la pena de prisión de seis meses a dos años.

Art. 396. El que, a sabiendas de su falsedad, presentare en juicio o, para perjudicar a otro, hiciere uso de un documento falso de los comprendidos en el artículo anterior, incurrirá en la pena inferior en grado a la señalada a los falsificadores.

SECCIÓN 3.ª

De la falsificación de certificados

Art. 397. El facultativo que librare certificado falso será castigado con la pena de multa de tres a doce meses.

Art. 398. La autoridad o funcionario público que librare certificación falsa será castigado con la pena de suspensión de seis meses a dos años.

Art. 399. 1. El particular que falsificare una certificación de las designadas en los artículos anteriores será castigado con la pena de multa de tres a seis meses.

2. La misma pena se impondrá al que hiciere uso, a sabiendas, de la certificación, así como al que, sin haber intervenido en

---

Art. 395: V. arts. 1.225 y 1.230 CC.

Art. 399: Este artículo figura redactado conforme al texto de la LO 5/2010, de 22 de junio (*BOE* n.º 152, de 23 de junio), que entrará en vigor el próximo día 23 de diciembre de 2010. La redacción que sigue vigente hasta entonces es la siguiente:

Art. 399. 1. El particular que falsificare una certificación de las designadas en los artículos anteriores será castigado con la pena de multa de tres a seis meses.

2. La misma pena se aplicará al que hiciere uso, a sabiendas, de la certificación falsa.

su falsificación, traficare con ella de cualquier modo.

3. Esta disposición es aplicable aun cuando el certificado aparezca como perteneciente a otro Estado de la Unión Europea o a un tercer Estado o haya sido falsificado o adquirido en otro Estado de la Unión Europea o en un tercer Estado si es utilizado en España.

SECCIÓN 4.ª *

De la falsificación de tarjetas de crédito y débito y cheques de viaje

Art. 399 bis. 1. El que altere, copie, reproduzca o de cualquier otro modo falsifique tarjetas de crédito o débito o cheques de viaje, será castigado con la pena de prisión de cuatro a ocho años. Se impondrá la pena en su mitad superior cuando los efectos falsificados afecten a una generalidad de personas o cuando los hechos se cometan en el marco de una organización criminal dedicada a estas actividades.

Cuando de acuerdo con lo establecido en el artículo 31 bis una persona jurídica sea responsable de los anteriores delitos, se le impondrá la pena de multa de dos a cinco años.

Atendidas las reglas establecidas en el artículo 66 bis, los jueces y tribunales podrán asimismo imponer las penas recogidas en las letras *b*) a *g*) del apartado 7 del artículo 33.

2. La tenencia de tarjetas de crédito o débito o cheques de viaje falsificados destinados a la distribución o tráfico será castigada con la pena señalada a la falsificación.

3. El que sin haber intervenido en la falsificación usare, en perjuicio de otro y a sabiendas de la falsedad, tarjetas de crédito o débito o cheques de viaje falsificados será castigado con la pena de prisión de dos a cinco años.

CAPÍTULO III

DISPOSICIONES GENERALES**

Art. 400. La fabricación o tenencia de útiles, materiales, ins-

* Esta Sección ha sido incorporada por la LO 5/2010, de 22 de junio (*BOE* n.º 152, de 23 de junio), que entrará en vigor el próximo día 23 de diciembre de 2010.

Art. 399 bis: Este artículo ha sido incorporado por la LO 5/2010, de 22 de junio (*BOE* n.º 152, de 23 de junio), que entrará en vigor el próximo día 23 de diciembre de 2010.

** La rúbrica de este Capítulo figura redactada conforme al texto de la LO 5/2010, de 22 de junio (*BOE* n.º 152, de 23 de junio), que entrará en vigor el próximo día 23 de diciembre de 2010.

trumentos, sustancias, máquinas, programas de ordenador o aparatos, específicamente destinados a la comisión de los delitos descritos en los capítulos anteriores, se castigarán con la pena señalada en cada caso para los autores.

Art. 400 bis. En los supuestos descritos en los artículos 392, 393, 394, 396 y 399 de este Código también se entenderá por uso de documento, despacho, certificación o documento de identidad falsos el uso de los correspondientes documentos, despachos, certificaciones o documentos de identidad auténticos realizado por quien no esté legitimado para ello.

CAPÍTULO IV

DE LA USURPACIÓN DEL ESTADO CIVIL

Art. 401. El que usurpare el estado civil de otro será castigado con la pena de prisión de seis meses a tres años.

CAPÍTULO V

DE LA USURPACIÓN DE FUNCIONES PÚBLICAS Y DEL INTRUSISMO

Art. 402. El que ilegítimamente ejerciere actos propios de una autoridad o funcionario público atribuyéndose carácter oficial, será castigado con la pena de prisión de uno a tres años.

Art. 403. El que ejerciere actos propios de una profesión sin poseer el correspondiente título académico expedido o reconocido en España de acuerdo con la legislación vigente, incurrirá en la pena de multa de seis a doce meses. Si la actividad profesional desarrollada exigiere un título oficial que acredite la capacitación necesaria y

---

Art. 400 bis: Este artículo ha sido incorporado por la LO 5/2010, de 22 de junio (*BOE* n.º 152, de 23 de junio), que entrará en vigor el próximo día 23 de diciembre de 2010.

Art. 401: V. arts. 325 ss. CC.

Art. 402: V. art. 637 de este Código.

Art. 403: V. art. 36 CE; art. 38 LPPNA; art. 14, apartado *a*), RD 606/ 1977, de 24 de marzo (*BOE* n.º 86, de 11 de abril); art. 5.º, apartado 1), Ley 2/1974, de 13 de febrero, de Colegios Profesionales (*BOE* n.º 40, de 15 de febrero), parcialmente modificada por Ley 74/1978, de 26 de diciembre (*BOE* n.º 10, de 11 de enero de 1979), y por RD-L 5/1996, de 7 de junio (*BOE* n.º 139, de 8 de junio), de medidas liberalizadoras en materia de suelo y de Colegios Profesionales, luego convertido en Ley 7/1997, de 14 de abril (*BOE* n.º 90, de 15 de abril); RD 1.754/1998, de 31 de julio (*BOE* n.º 188, de 7 de agosto; corrección de erratas en *BOE* n.º 253, de 22 de octubre), por el que se incorporan al Derecho español las Directivas 95/43/CE y 97/38/CE y se modifican los anexos de los RRDD 1.665/1991,

habilite legalmente para su ejercicio, y no se estuviere en posesión de dicho título, se impondrá la pena de multa de tres a cinco meses.

Si el culpable, además, se atribuyese públicamente la cualidad de profesional amparada por el título referido, se le impondrá la pena de prisión de seis meses a dos años.

TÍTULO XIX

Delitos contra la Administración pública*

CAPÍTULO PRIMERO

DE LA PREVARICACIÓN DE LOS FUNCIONARIOS PÚBLICOS Y OTROS COMPORTAMIENTOS INJUSTOS**

Art. 404. A la autoridad o funcionario público que, a sabiendas de su injusticia, dictare una resolución arbitraria en un asunto administrativo se le castigará con la pena de inhabilitación especial para empleo o cargo público por tiempo de siete a diez años.

Art. 405. A la autoridad o funcionario público que, en el ejer-

---

de 25 de octubre, y 1.396/1995, de 4 de agosto, relativos al sistema general de reconocimientos de títulos y formaciones profesionales de los Estados miembros de la Unión Europea y demás Estados signatarios del Acuerdo sobre el Espacio Económico Europeo; y RD-L 6/1999, de 16 de abril (*BOE* n.º 92, de 17 de abril; corrección de errores en *BOE* n.º 101, de 28 de abril), de Medidas Urgentes de Liberalización e Incremento de la Competencia.

V., también, art. 637 de este Código.

* V. arts. 757 a 778 LECr; arts. 81.3 Ley de Funcionarios Civiles del Estado (*BOE* n.º 40, de 15 de febrero de 1964), modificada por Ley 53/2002, de 30 de diciembre (*BOE* n.º 313, de 31 de diciembre); 62/2003, de 30 de diciembre (*BOE* n.º 313, de 31 de diciembre), Ley Orgánica 3/2007, de 22 de marzo (*BOE* n.º 71, de 23 de marzo), para la igualdad efectiva de mujeres y hombres, y Ley 7/2007, de 12 de abril (*BOE* n.º 89, de 13 de abril), del Estatuto Básico del Empleado Público; art. 31 Ley 30/1984, de 2 de agosto, de medidas para la reforma de la función pública (*BOE* n.º 185, de 3 de agosto), reformada por la Ley 13/1996, de 30 de diciembre, de medidas fiscales, administrativas y del orden social (*BOE* n.º 315, de 31 de diciembre), por Ley 50/1998, de 30 de diciembre (*BOE* n.º 313, de 31 de diciembre de 1998; corrección de errores en *BOE* n.º 109, de 7 de mayo de 1999), y por Leyes 39/1999, de 5 de noviembre (*BOE* n.º 266, de 6 de noviembre), 55/1999, de 29 de diciembre (*BOE* n.º 312, de 30 de diciembre; corrección de errores en *BOE* n.º 54, de 3 de marzo de 2000), 14/2000, de 29 de diciembre (*BOE* n.º 313, de 30 de diciembre), 53/2002, de 30 de diciembre (*BOE* n.º 313, de 31 de diciembre); 57/2003, de 16 de diciembre (*BOE* n.º 301, de 17 de diciembre), y 62/2003, de 30 de diciembre (*BOE* n.º 313, de 31 de diciembre); arts. 4.º a 8.º del Reglamento de Régimen Disciplinario de los Funcionarios de la Administración del Estado,

cicio de su competencia y a sabiendas de su ilegalidad, propusiere, nombrare o diere posesión para el ejercicio de un determinado cargo público a cualquier persona sin que concurran los requisitos legalmente establecidos para ello, se le castigará con las penas de multa de tres a ocho meses y suspensión de empleo o cargo público por tiempo de seis meses a dos años.

Art. 406. La misma pena de multa se impondrá a la persona que acepte la propuesta, nombramiento o toma de posesión mencionada en el artículo anterior, sabiendo que carece de los requisitos legalmente exigibles.

CAPÍTULO II

DEL ABANDONO DE DESTINO Y DE LA OMISIÓN DEL DEBER DE PERSEGUIR DELITOS

Art. 407. 1. A la autoridad o funcionario público que abandonare su destino con el propósito de no impedir o no perseguir cual-

---

aprobado por RD 33/1986, de 10 de enero (*BOE* n.º 15, de 17 de enero); arts. 5.º y 7.º del RD 1.398/1993, de 4 de agosto, por el que se aprueba el Reglamento del procedimiento para el ejercicio de la potestad sancionadora de las Administraciones Públicas (*BOE* n.º 189, de 9 de agosto); art. 60 Ley 50/1981, de 30 de diciembre, por la que se regula el Estatuto Orgánico del Ministerio Fiscal (*BOE* n.º 11, de 13 de enero de 1982), modificada por Ley 14/2003, de 26 de mayo (*BOE* n.º 126, de 27 de mayo); Ley 10/1995, de 24 de abril, por la que se crea la Fiscalía Especial para la Represión de los Delitos Económicos relacionados con la Corrupción (*BOE* n.º 98, de 25 de abril); RD 923/1995, de 9 de junio (*BOE* n.º 162, de 8 de julio), por el que se fija la plantilla orgánica de la Fiscalía Especial para la Represión de los Delitos Económicos relacionados con la Corrupción; Resolución de 8 de enero de 1996 (*BOE* n.º 11, de 12 de enero), de la Agencia Estatal de Administración Tributaria, por la que se crea la Unidad de Apoyo a la Fiscalía Especial para la Represión de los Delitos Económicos relacionados con la Corrupción; art. 1.º1.º*b*) LOTJ; y Ley 14/2008, de 5 de noviembre (*BOE* n.º 292, de 4 de diciembre), de la Oficina Antifraude de Cataluña, modificada por Ley 7/2009, de 13 de mayo (*BOE* n.º 138, de 8 de junio). V., también, el Convenio establecido sobre la base de la letra *c*) del apartado 2 del artículo K.3 del Tratado de la Unión Europea, relativo a la lucha contra los actos de corrupción en los que estén implicados funcionarios de las Comunidades Europeas o de los Estados miembros de la Unión Europea, hecho en Bruselas el 26 de mayo de 1997 (*BOE* n.º 74, de 28 de marzo de 2006); la Convención de las Naciones Unidas contra la corrupción, de 31 de octubre de 2003, ratificada por Instrumento de 9 de junio de 2006 (*BOE* n.º 171, de 19 de julio); el Convenio Civil sobre la Corrupción (n.º 174 del Consejo de Europa), hecho en Estrasburgo el 4 de noviembre de 1999, y ratificado por España mediante Instrumento de 1 de diciembre de 2009 (*BOE* n.º 78, de 31 de marzo de 2010); y Convenio Penal sobre la corrupción (Convenio n.º 173 del Consejo de Europa), hecho en Estrasburgo el 27 de enero de 1999, y ratificado por España mediante Instrumento de 26 de enero de 2010 (*BOE* n.º 182, de 28 de julio).

** V. art. 184 CPM y art. 75 Ley de Ordenación de la Emigración de 3 de mayo de 1962 (*BOE* n.º 116, de 15 de mayo).

Art. 404: V. art. 62.1.*d*) LRJAP.

Art. 407: V. art. 143 Ley Orgánica del Régimen Electoral General (Apéndice 6) y Apéndice 8.

quiera de los delitos comprendidos en los Títulos XXI, XXII, XXIII y XXIV se le castigará con la pena de prisión de uno a cuatro años e inhabilitación absoluta para empleo o cargo público por tiempo de seis a diez años. Si hubiera realizado el abandono para no impedir o no perseguir cualquier otro delito, se le impondrá la pena de inhabilitación especial para empleo o cargo público por tiempo de uno a tres años.

2. Las mismas penas se impondrán, respectivamente, cuando el abandono tenga por objeto no ejecutar las penas correspondientes a estos delitos impuestas por la autoridad judicial competente.

Art. 408. La autoridad o funcionario que, faltando a la obligación de su cargo, dejare intencionadamente de promover la persecución de los delitos de que tenga noticia o de sus responsables, incurrirá en la pena de inhabilitación especial para empleo o cargo público por tiempo de seis meses a dos años.

Art. 409. A las autoridades o funcionarios públicos que promovieren, dirigieren u organizaren el abandono colectivo y manifiestamente ilegal de un servicio público, se les castigará con la pena de multa de ocho a doce meses y suspensión de empleo o cargo público por tiempo de seis meses a dos años.

Las autoridades o funcionarios públicos que meramente tomaren parte en el abandono colectivo o manifiestamente ilegal de un servicio público esencial y con grave perjuicio de éste o de la comunidad, serán castigados con la pena de multa de ocho a doce meses.

CAPÍTULO III

DE LA DESOBEDIENCIA Y DENEGACIÓN DE AUXILIO*

Art. 410. 1. Las autoridades o funcionarios públicos que se negaren abiertamente a dar el debido cumplimiento a resoluciones judiciales, decisiones u órdenes de la autoridad superior, dictadas dentro del ámbito de su respectiva competencia y revestidas de las formalidades legales, incurrirán en

---

Art. 408: V. art. 181 CPM.

Art. 409: V. RD 1.478/1988, de 9 de diciembre (*BOE* n.º 296, de 10 de diciembre; corrección de errores en *BOE* n.º 298, de 13 de diciembre), por el que se establecen las normas básicas para garantizar el mantenimiento de los servicios esenciales en la Administración del Estado.

* V. arts. 149 ss. CPM y 49 ss. LPPNA.

Art. 410: V. arts. 103 ss. Ley 29/1998, de 13 de julio, reguladora de la Jurisdicción Contencioso-Administrativa (*BOE* n.º 167, de 14 de julio), modificada por Ley 50/1998, de 30 de diciembre (*BOE* n.º 313, de 31 de diciembre de 1998; corrección de errores en *BOE* n.º 109, de 7 de mayo de 1999), y por Ley Orgánica 19/2003, de 23 de diciembre (*BOE* n.º 309, de 26 de diciembre); y 17.2.º LOPJ.

la pena de multa de tres a doce meses e inhabilitación especial para empleo o cargo público por tiempo de seis meses a dos años.

2. No obstante lo dispuesto en el apartado anterior, no incurrirán en responsabilidad criminal las autoridades o funcionarios por no dar cumplimiento a un mandato que constituya una infracción manifiesta, clara y terminante de un precepto de Ley o de cualquier otra disposición general.

Art. 411. La autoridad o funcionario público que, habiendo suspendido, por cualquier motivo que no sea el expresado en el apartado segundo del artículo anterior, la ejecución de las órdenes de sus superiores, las desobedeciere después de que aquéllos hubieren desaprobado la suspensión, incurrirá en las penas de multa de doce a veinticuatro meses, e inhabilitación especial para empleo o cargo público por tiempo de uno a tres años.

Art. 412. 1. El funcionario público que, requerido por autoridad competente, no prestare el auxilio debido para la Administración de Justicia u otro servicio público, incurrirá en las penas de multa de tres a doce meses, y suspensión de empleo o cargo público por tiempo de seis meses a dos años.

2. Si el requerido fuera autoridad, jefe o responsable de una fuerza pública o un agente de la autoridad, se impondrán las penas de multa de doce a dieciocho meses y suspensión de empleo o cargo público por tiempo de dos a tres años.

3. La autoridad o funcionario público que, requerido por un particular a prestar algún auxilio a que venga obligado por razón de su cargo para evitar un delito contra la vida de las personas, se abstuviera de prestarlo, será castigado con la pena de multa de dieciocho a veinticuatro meses e inhabilitación especial para empleo o cargo público por tiempo de tres a seis años.

Si se tratase de un delito contra la integridad, libertad sexual, salud o libertad de las personas, será castigado con la pena de multa de doce a dieciocho meses y suspensión de empleo o cargo público de uno a tres años.

En el caso de que tal requerimiento lo fuera para evitar cualquier otro delito u otro mal, se castigará con la pena de multa de tres a doce meses y suspensión de empleo o cargo público por tiempo de seis meses a dos años.

Art. 412: V. arts. 118 CE y 17.1.º LOPJ.

CAPÍTULO IV

DE LA INFIDELIDAD EN LA CUSTODIA DE DOCUMENTOS Y DE LA VIOLACIÓN DE SECRETOS*

Art. 413. La autoridad o funcionario público que, a sabiendas, sustrajere, destruyere, inutilizare u ocultare, total o parcialmente, documentos cuya custodia le esté encomendada por razón de su cargo, incurrirá en las penas de prisión de uno a cuatro años, multa de siete a veinticuatro meses, e inhabilitación especial para empleo o cargo público por tiempo de tres a seis años.

Art. 414. 1. A la autoridad o funcionario público que, por razón de su cargo, tenga encomendada la custodia de documentos respecto de los que la autoridad competente haya restringido el acceso, y que a sabiendas destruya o inutilice los medios puestos para impedir ese acceso o consienta su destrucción o inutilización, incurrirá en la pena de prisión de seis meses a un año o multa de seis a veinticuatro meses y, en cualquier caso, inhabilitación especial para empleo o cargo público por tiempo de uno a tres años.

2. El particular que destruyere o inutilizare los medios a que se refiere el apartado anterior, será castigado con la pena de multa de seis a dieciocho meses.

Art. 415. La autoridad o funcionario público no comprendido en el artículo anterior que, a sabiendas y sin la debida autorización, accediere o permitiere acceder a documentos secretos cuya custodia le esté confiada por razón de su cargo, incurrirá en la pena de multa de seis a doce meses, e inhabilitación especial para empleo o cargo público por tiempo de uno a tres años.

Art. 416. Serán castigados con las penas de prisión o multa inmediatamente inferiores a las respectivamente señaladas en los tres artículos anteriores los particulares encargados accidentalmente del despacho o custodia de documentos, por comisión del Gobierno o de las autoridades o funcionarios públicos a quienes hayan sido confiados por razón de

---

* V. art. 13 Ley 9/1968, de 5 de abril, de Secretos Oficiales (*BOE* n.º 84, de 6 de abril), modificada por Ley 48/1978, de 7 de octubre; Ley 10/1995, de 24 de abril, por la que se crea la Fiscalía Especial para la Represión de los Delitos Económicos relacionados con la Corrupción (*BOE* n.º 98, de 25 de abril); Apéndice 6; nota al rótulo del Título X del Libro II de este Código, y arts. 1.º1.º*b*) y 1.º2.º*f*) LOTJ y 20.*a*) LCAP.

Art. 413: V. art. 579 LECr.

Art. 414: V. arts. 573 ss. LECr.

su cargo, que incurran en las conductas descritas en los mismos.

Art. 417. 1. La autoridad o funcionario público que revelare secretos o informaciones de los que tenga conocimiento por razón de su oficio o cargo y que no deban ser divulgados, incurrirá en la pena de multa de doce a dieciocho meses e inhabilitación especial para empleo o cargo público por tiempo de uno a tres años.

Si de la revelación a que se refiere el párrafo anterior resultara grave daño para la causa pública o para tercero, la pena será de prisión de uno a tres años, e inhabilitación especial para empleo o cargo público por tiempo de tres a cinco años.

2. Si se tratara de secretos de un particular, las penas serán las de prisión de dos a cuatro años, multa de doce a dieciocho meses, y suspensión de empleo o cargo público por tiempo de uno a tres años.

Art. 418. El particular que aprovechare para sí o para un tercero el secreto o la información privilegiada que obtuviere de un funcionario público o autoridad, será castigado con multa del tanto al triplo del beneficio obtenido o facilitado. Si resultara grave daño para la causa pública o para tercero, la pena será de prisión de uno a seis años.

CAPÍTULO V

DEL COHECHO*

Art. 419. La autoridad o funcionario público que, en prove-

Art. 417: V. arts. 301 y 417.2.º LECr.

* V. art. 185 CPM; art. 75 Ley de Ordenación de la Emigración de 3 de mayo de 1962 (*BOE* n.º 116, de 15 de mayo); Ley 10/1995, de 24 de abril, por la que se crea la Fiscalía Especial para la Represión de los Delitos Económicos relacionados con la Corrupción (*BOE* n.º 98, de 25 de abril); RD 923/1995, de 9 de junio (*BOE* n.º 162, de 8 de julio), por el que se fija la plantilla orgánica de la Fiscalía Especial para la Represión de los Delitos Económicos relacionados con la Corrupción; Resolución de 8 de enero de 1996 (*BOE* n.º 11, de 12 de enero), de la Agencia Estatal de Administración Tributaria, por la que se crea la Unidad de Apoyo a la Fiscalía Especial para la Represión de los Delitos Económicos relacionados con la Corrupción; y arts. 20.*a*) LCAP; y 1.º1.º*b*) y 1.º2.º*g*) LOTJ.

Art. 419: Este artículo figura redactado conforme al texto de la LO 5/2010, de 22 de junio (*BOE* n.º 152, de 23 de junio), que entrará en vigor el próximo día 23 de diciembre de 2010. La redacción que sigue vigente hasta entonces es la siguiente:

> *Art. 419.* La autoridad o funcionario público que, en provecho propio o de un tercero, solicitare o recibiere, por sí o por persona interpuesta, dádiva o presente o aceptare ofrecimiento o promesa para realizar en el ejercicio de su cargo una acción u omisión constitutivas de delito, incurrirá en la pena de prisión de dos a

cho propio o de un tercero, recibiere o solicitare, por sí o por persona interpuesta, dádiva, favor o retribución de cualquier clase o aceptare ofrecimiento o promesa para realizar en el ejercicio de su cargo un acto contrario a los deberes inherentes al mismo o para no realizar o retrasar injustificadamente el que debiera practicar, incurrirá en la pena de prisión de tres a seis años, multa de doce a veinticuatro meses e inhabilitación especial para empleo o cargo público por tiempo de siete a doce años, sin perjuicio de la pena correspondiente al acto realizado, omitido o retrasado en razón de la retribución o promesa, si fuera constitutivo de delito.

Art. 420. La autoridad o funcionario público que, en provecho propio o de un tercero, recibiere o solicitare, por sí o por persona interpuesta, dádiva, favor o retribución de cualquier clase o aceptare ofrecimiento o promesa para realizar un acto propio de su cargo, incurrirá en la pena de prisión de dos a cuatro años, multa de doce a veinticuatro meses e inhabilitación especial para empleo o cargo público por tiempo de tres a siete años.

Art. 421. Las penas señaladas en los artículos precedentes se impondrán también cuando la dádiva, favor o retribución se recibiere o solicitare por la autoridad

---

seis años, multa del tanto al triplo del valor de la dádiva e inhabilitación especial para empleo o cargo público por tiempo de siete a doce años, sin perjuicio de la pena correspondiente al delito cometido en razón de la dádiva o promesa.

V. arts. 954.3.º LECr. y 1.796.4.º LEC.

Art. 420: Este artículo figura redactado conforme al texto de la LO 5/2010, de 22 de junio (*BOE* n.º 152, de 23 de junio), que entrará en vigor el próximo día 23 de diciembre de 2010. La redacción que sigue vigente hasta entonces es la siguiente:

Art. 420. La autoridad o funcionario público que, en provecho propio o de un tercero, solicite o reciba, por sí o por persona interpuesta, dádiva o promesa por ejecutar un acto injusto relativo al ejercicio de su cargo que no constituya delito, y lo ejecute, incurrirá en la pena de prisión de uno a cuatro años e inhabilitación especial para empleo o cargo público por tiempo de seis a nueve años, y de prisión de uno a dos años e inhabilitación especial para empleo o cargo público por tiempo de tres a seis años, si no llegara a ejecutarlo. En ambos casos se impondrá, además, la multa del tanto al triplo del valor de la dádiva.

Art. 421: Este artículo figura redactado conforme al texto de la LO 5/2010, de 22 de junio (*BOE* n.º 152, de 23 de junio), que entrará en vigor el próximo día 23 de diciembre de 2010. La redacción que sigue vigente hasta entonces es la siguiente:

Art. 421. Cuando la dádiva solicitada, recibida o prometida tenga por objeto que la autoridad o funcionario público se abstenga de un acto que debiera practicar en el ejercicio de su cargo, las penas serán de multa del tanto al duplo del valor de la dádiva e inhabilitación especial para empleo o cargo público por tiempo de uno a tres años.

o funcionario público, en sus respectivos casos, como recompensa por la conducta descrita en dichos artículos.

Art. 422. La autoridad o funcionario público que, en provecho propio o de un tercero, admitiera, por sí o por persona interpuesta, dádiva o regalo que le fueren ofrecidos en consideración a su cargo o función, incurrirá en la pena de prisión de seis meses a un año y suspensión de empleo y cargo público de uno a tres años.

Art. 423. Lo dispuesto en los artículos precedentes será igualmente aplicable a los jurados, árbitros, peritos, administradores o interventores designados judicialmente, o a cualesquiera personas que participen en el ejercicio de la función pública.

Art. 424. 1. El particular que ofreciere o entregare dádiva o retribución de cualquier otra clase a una autoridad, funcionario público o persona que participe en el ejercicio de la función pública para que realice un acto contrario a los deberes inherentes a su cargo o un acto propio de su cargo, para que no realice o retrase el que debiera practicar, o en consideración a su cargo o función, será castiga-

---

Art. 422: Este artículo figura redactado conforme al texto de la LO 5/2010, de 22 de junio (*BOE* n.º 152, de 23 de junio), que entrará en vigor el próximo día 23 de diciembre de 2010. La redacción que sigue vigente hasta entonces es la siguiente:

> *Art. 422.* Lo dispuesto en los artículos precedentes será también aplicable a los jurados, árbitros, peritos, o cualesquiera personas que participen en el ejercicio de la función pública.

Art. 423: Este artículo figura redactado conforme al texto de la LO 5/2010, de 22 de junio (*BOE* n.º 152, de 23 de junio), que entrará en vigor el próximo día 23 de diciembre de 2010. La redacción que sigue vigente hasta entonces es la siguiente:

> *Art. 423.* 1. Los que con dádivas, presentes, ofrecimientos o promesas corrompieren o intentaren corromper a las autoridades o funcionarios públicos serán castigados con las mismas penas de prisión y multa que éstos.
>
> 2. Los que atendieren las solicitudes de las autoridades o funcionarios públicos, serán castigados con la pena inferior en grado a la prevista en el apartado anterior.

Art. 424: Este artículo figura redactado conforme al texto de la LO 5/2010, de 22 de junio (*BOE* n.º 152, de 23 de junio), que entrará en vigor el próximo día 23 de diciembre de 2010. La redacción que sigue vigente hasta entonces es la siguiente:

> *Art. 424.* Cuando el soborno mediare en causa criminal en favor del reo por parte de su cónyuge u otra persona a la que se halle ligado de forma estable por análoga relación de afectividad, o de algún ascendiente, descendiente o hermano, por naturaleza, por adopción o afines en los mismos grados, se impondrá al sobornador la pena de multa de tres a seis meses.

do en sus respectivos casos, con las mismas penas de prisión y multa que la autoridad, funcionario o persona corrompida.

2. Cuando un particular entregare la dádiva o retribución atendiendo la solicitud de la autoridad, funcionario público o persona que participe en el ejercicio de la función pública, se le impondrán las mismas penas de prisión y multa que a ellos les correspondan.

3. Si la actuación conseguida o pretendida de la autoridad o funcionario tuviere relación con un procedimiento de contratación, de subvenciones o de subastas convocados por las Administraciones o entes públicos, se impondrá al particular y, en su caso, a la sociedad, asociación u organización a que representare la pena de inhabilitación para obtener subvenciones y ayudas públicas, para contratar con entes, organismos o entidades que formen parte del sector público y para gozar de beneficios o incentivos fiscales y de la Seguridad Social por un tiempo de tres a siete años.

Art. 425. Cuando el soborno mediare en causa criminal a favor del reo por parte de su cónyuge u otra persona a la que se halle ligado de forma estable por análoga relación de afectividad, o de algún ascendiente, descendiente o hermano por naturaleza, por adopción o afines en los mismos grados, se impondrá al sobornador la pena de prisión de seis meses a un año.

Art. 426. Quedará exento de pena por el delito de cohecho el particular que, habiendo accedido ocasionalmente a

Art. 425: Este artículo figura redactado conforme al texto de la LO 5/2010, de 22 de junio (*BOE* n.º 152, de 23 de junio), que entrará en vigor el próximo día 23 de diciembre de 2010. La redacción que sigue vigente hasta entonces es la siguiente:

> *Art. 425.* 1. La autoridad o funcionario público que solicitare dádiva o presente o admitiere ofrecimiento o promesa para realizar un acto propio de su cargo o como recompensa del ya realizado, incurrirá en la pena de multa del tanto al triplo del valor de la dádiva y suspensión de empleo o cargo público por tiempo de seis meses a tres años.
>
> 2. En el caso de recompensa por el acto ya realizado, si éste fuera constitutivo de delito se impondrá, además, la pena de prisión de uno a tres años, multa de seis a diez meses e inhabilitación especial para empleo o cargo público por tiempo de diez a quince años.

Art. 426: Este artículo figura redactado conforme al texto de la LO 5/2010, de 22 de junio (*BOE* n.º 152, de 23 de junio), que entrará en vigor el próximo día 23 de diciembre de 2010. La redacción que sigue vigente hasta entonces es la siguiente:

> *Art. 426.* La autoridad o funcionario público que admitiere dádiva o regalo que le fueren ofrecidos en consideración a su función o para la consecución de un acto no prohibido legalmente, incurrirá en la pena de multa de tres a seis meses.

la solicitud de dádiva u otra retribución realizada por autoridad o funcionario público, denunciare el hecho a la autoridad que tenga el deber de proceder a su averiguación antes de la apertura del procedimiento, siempre que no haya transcurrido más de dos meses desde la fecha de los hechos.

Art. 427. 1. Lo dispuesto en los artículos precedentes será también aplicable cuando los hechos sean imputados o afecten a los funcionarios de la Unión Europea o a los funcionarios nacionales de otro Estado miembro de la Unión.

A estos efectos se entenderá que es funcionario de la Unión Europea:

1.º toda persona que tenga la condición de funcionario o de agente contratado en el sentido del Estatuto de los funcionarios de las Comunidades Europeas o del Régimen aplicable a otros agentes de la Unión Europea;

2.º toda persona puesta a disposición de la Unión Europea por los Estados miembros o por cualquier organismo público o privado que ejerza en ellas funciones equivalentes a las que ejercen los funcionarios u otros agentes de la Unión Europea;

3.º los miembros de organismos creados de conformidad con los Tratados constitutivos de las Comunidades Europeas, así como el personal de dichos organismos, en la medida en que el Estatuto de los funcionarios de las Comunidades Europeas o el Régimen aplicable a otros agentes de la Unión Europea no les sea aplicable.

Asimismo, se entenderá por funcionario nacional de otro Estado miembro de la Unión el que tenga esta condición a los fines de la aplicación del Derecho penal de dicho Estado miembro.

2. Cuando de acuerdo con lo establecido en el artículo 31 bis una persona jurídica sea responsable de los delitos recogidos en este Capítulo, se le impondrán las siguientes penas:

a) Multa de dos a cinco años, o del triple al quíntuple del beneficio obtenido cuando la cantidad resultante fuese más elevada, si el delito cometido por la persona

---

Art. 427: Este artículo figura redactado conforme al texto de la LO 5/2010, de 22 de junio (*BOE* n.º 152, de 23 de junio), que entrará en vigor el próximo día 23 de diciembre de 2010. La redacción que sigue vigente hasta entonces es la siguiente:

> *Art. 427.* Quedará exento de pena por el delito de cohecho el particular que haya accedido ocasionalmente a la solicitud de dádiva o presente realizada por autoridad o funcionario público y denunciare el hecho a la autoridad que tenga el deber de proceder a su averiguación, antes de la apertura del correspondiente procedimiento, siempre que no hayan transcurrido más de diez días desde la fecha de los hechos.

física tiene prevista una pena de prisión de más de cinco años.

b) Multa de uno a tres años, o del doble al cuádruple del beneficio obtenido cuando la cantidad resultante fuese más elevada, si el delito cometido por la persona física tiene prevista una pena de más de dos años de privación de libertad no incluida en el anterior inciso.

c) Multa de seis meses a dos años, o del doble al triple del beneficio obtenido si la cantidad resultante fuese más elevada, en el resto de los casos.

Atendidas las reglas establecidas en el artículo 66 bis, los jueces y tribunales podrán asimismo imponer las penas recogidas en las letras *b*) a *g*) del apartado 7 del artículo 33.

CAPÍTULO VI

DEL TRÁFICO DE INFLUENCIAS*

Art. 428. El funcionario público o autoridad que influyere en otro funcionario público o

---

* V. arts. 1.º1.º*b*) y 1.º2.º*h*) LOTJ; Ley 53/1984, de 26 de diciembre, de Incompatibilidades del Personal al Servicio de las Administraciones Públicas (*BOE* n.º 4, de 4 de enero de 1985), modificada por Ley 7/2007, de 12 de abril (*BOE*, n.º 89, de 13 de abril), del Estatuto Básico del Empleado Público; y RD 598/1985, de 30 de abril, sobre Incompatibilidades del Personal al Servicio de la Administración del Estado, de la Seguridad Social y de los Entes, Organismos y Empresas dependientes (*BOE* n.º 107, de 4 de mayo), modificada por la Ley 13/1996, de 30 de diciembre, de medidas fiscales, administrativas y del orden social (*BOE* n.º 315, de 31 de diciembre); así como el art. 159 de la Ley Orgánica del Régimen Electoral General, en la redacción dada por la LO 8/1991, de 13 de marzo (*BOE* n.º 63, de 14 de marzo); Ley 12/1995, de 11 de mayo, de Incompatibilidades de los Miembros del Gobierno de la Nación y de los Altos Cargos de la Administración General del Estado (*BOE* n.º 113, de 12 de mayo); Ley 5/2006, de 10 de abril (*BOE* n.º 86, de 11 de abril), de regulación de los conflictos de intereses de los miembros del Gobierno y de los Altos Cargos de la Administración General del Estado, y su Reglamento, aprobado por RD 432/2009, de 27 de marzo (*BOE* n.º 91, de 14 de abril; corrección de errores en *BOE* n.º 121, de 19 de mayo); y arts. 20.*a*) y 20.*e*) LCAP.

Art. 428: Este artículo figura redactado conforme al texto de la LO 5/2010, de 22 de junio (*BOE* n.º 152, de 23 de junio), que entrará en vigor el próximo día 23 de diciembre de 2010. La redacción que sigue vigente hasta entonces es la siguiente:

> *Art. 428.* El funcionario público o autoridad que influyere en otro funcionario público o autoridad prevaliéndose del ejercicio de las facultades de su cargo o de cualquier otra situación derivada de su relación personal o jerárquica con éste o con otro funcionario o autoridad para conseguir una resolución que le pueda generar directa o indirectamente un beneficio económico para sí o para un tercero, incurrirá en las penas de prisión de seis meses a un año, multa del tanto al duplo del beneficio perseguido u obtenido, e inhabilitación especial para empleo o cargo público por tiempo de tres a seis años. Si obtuviere el beneficio perseguido se impondrán las penas en su mitad superior.

autoridad prevaliéndose del ejercicio de las facultades de su cargo o de cualquier otra situación derivada de su relación personal o jerárquica con éste o con otro funcionario o autoridad para conseguir una resolución que le pueda generar directa o indirectamente un beneficio económico para sí o para un tercero, incurrirá en las penas de prisión de seis meses a dos años, multa del tanto al duplo del beneficio perseguido u obtenido e inhabilitación especial para empleo o cargo público por tiempo de tres a seis años. Si obtuviere el beneficio perseguido, estas penas se impondrán en su mitad superior.

Art. 429. El particular que influyere en un funcionario público o autoridad prevaliéndose de cualquier situación derivada de su relación personal con éste o con otro funcionario público o autoridad para conseguir una resolución que le pueda generar directa o indirectamente un beneficio económico para sí o para un tercero, será castigado con las penas de prisión de seis meses a dos años y multa del tanto al duplo del beneficio perseguido u obtenido. Si obtuviere el beneficio perseguido, estas penas se impondrán en su mitad superior.

Art. 430. Los que, ofreciéndose a realizar las conductas descritas en los artículos anteriores, solicitaren de terceros dádivas, presentes o cualquier otra remuneración, o aceptaren ofrecimiento o promesa, serán castigados con la pena de prisión de seis meses a un año.

Art. 429: Este artículo figura redactado conforme al texto de la LO 5/2010, de 22 de junio (*BOE* n.º 152, de 23 de junio), que entrará en vigor el próximo día 23 de diciembre de 2010. La redacción que sigue vigente hasta entonces es la siguiente:

> *Art. 429.* El particular que influyere en un funcionario público o autoridad prevaliéndose de cualquier situación derivada de su relación personal con éste o con otro funcionario público o autoridad para conseguir una resolución que le pueda generar, directa o indirectamente, un beneficio económico para sí o para un tercero, será castigado con las penas de prisión de seis meses a un año, y multa del tanto al duplo del beneficio perseguido u obtenido. Si obtuviere el beneficio perseguido se impondrán las penas en su mitad superior.

Art. 430: El párrafo 2.º de este artículo ha sido modificado, y el párrafo 3.º añadido, por la LO 5/2010, de 22 de junio (*BOE* n.º 152, de 23 de junio), que entrará en vigor el próximo día 23 de diciembre de 2010. La redacción del párrafo 2.º que sigue vigente hasta entonces es la siguiente:

> En cualquiera de los supuestos a que se refiere este artículo, la autoridad judicial podrá imponer también la suspensión de las actividades de la sociedad, empresa, organización o despacho y la clausura de sus dependencias abiertas al público por tiempo de seis meses a tres años.

Cuando de acuerdo con lo establecido en el artículo 31 bis de este Código una persona jurídica sea responsable de los delitos recogidos en este Capítulo, se le impondrá la pena de multa de seis meses a dos años.

Atendidas las reglas establecidas en el artículo 66 bis, los jueces y tribunales podrán asimismo imponer las penas recogidas en las letras *b*) a *g*) del apartado 7 del artículo 33.

Art. 431. En todos los casos previstos en este capítulo y en el anterior, las dádivas, presentes o regalos caerán en decomiso.

CAPÍTULO VII

DE LA MALVERSACIÓN*

Art. 432. 1. La autoridad o funcionario público que, con ánimo de lucro, sustrajere o consintiere que un tercero, con igual ánimo, sustraiga los caudales o efectos públicos que tenga a su cargo por razón de sus funciones, incurrirá en la pena de prisión de tres a seis años e inhabilitación absoluta por tiempo de seis a diez años.

2. Se impondrá la pena de prisión de cuatro a ocho años y la de inhabilitación absoluta por tiempo de diez a veinte años si la malversación revistiera especial gravedad atendiendo al valor de las cantidades sustraídas y al daño o entorpecimiento producido al servicio público. Las mismas penas se aplicarán si las cosas malversadas hubieran sido declaradas de valor histórico o artístico, o si se tratara de efectos destinados a aliviar alguna calamidad pública.

3. Cuando la sustracción no alcance la cantidad de 4.000 euros, se impondrán las penas de multa superior a dos y hasta cuatro meses, prisión de seis meses a tres años y suspensión de em-

---

* V. arts. 189 ss. CPM; Ley 10/1995, de 24 de abril, por la que se crea la Fiscalía Especial para la Represión de los Delitos Económicos relacionados con la Corrupción (*BOE* n.º 98, de 25 de abril); RD 923/1995, de 9 de junio (*BOE* n.º 162, de 8 de julio), por el que se fija la plantilla orgánica de la Fiscalía Especial para la Represión de los Delitos Económicos relacionados con la Corrupción; Resolución de 8 de enero de 1996 (*BOE* n.º 11, de 12 de enero), de la Agencia Estatal de Administración Tributaria, por la que se crea la Unidad de Apoyo a la Fiscalía Especial para la Represión de los Delitos Económicos relacionados con la Corrupción; Ley 11/1995, de 11 de mayo (*BOE* n.º 113, de 12 de mayo), reguladora de la utilización y control de los créditos destinados a gastos reservados; y arts. 20.*a*) LCAP; y 1.º1.º*b*) y 1.º2.º*i*) LOTJ.

Art. 432: Este artículo figura redactado conforme al texto de la Ley Orgánica 15/2003, de 25 de noviembre (*BOE* n.º 283, de 26 de noviembre; corrección de errores en *BOE* n.º 65, de 16 de marzo, y n.º 80, de 2 de abril, ambos de 2004), que entró en vigor el 1 de octubre de 2004.

pleo o cargo público por tiempo de hasta tres años.

Art. 433. La autoridad o funcionario público que destinare a usos ajenos a la función pública los caudales o efectos puestos a su cargo por razón de sus funciones, incurrirá en la pena de multa de seis a doce meses, y suspensión de empleo o cargo público por tiempo de seis meses a tres años.

Si el culpable no reintegrara el importe de lo distraído dentro de los diez días siguientes al de la incoación del proceso, se le impondrán las penas del artículo anterior.

Art. 434. La autoridad o funcionario público que, con ánimo de lucro propio o ajeno y con grave perjuicio para la causa pública, diere una aplicación privada a bienes muebles o inmuebles pertenecientes a cualquier Administración o Entidad estatal, autonómica o local u Organismos dependientes de alguna de ellas, incurrirá en las penas de prisión de uno a tres años e inhabilitación especial para empleo o cargo público por tiempo de tres a seis años.

Art. 435. Las disposiciones de este capítulo son extensivas:

1.º A los que se hallen encargados por cualquier concepto de fondos, rentas o efectos de las Administraciones públicas.

2.º A los particulares legalmente designados como depositarios de caudales o efectos públicos.

3.º A los administradores o depositarios de dinero o bienes embargados, secuestrados o depositados por autoridad pública, aunque pertenezcan a particulares.

CAPÍTULO VIII

DE LOS FRAUDES Y EXACCIONES ILEGALES*

Art. 436. La autoridad o funcionario público que, interviniendo por razón de su cargo en

* V. art. 1.º1.º*b*) y 1.º2.º*j*) LOTJ.

Art. 436: Este artículo figura redactado conforme al texto de la LO 5/2010, de 22 de junio (*BOE* n.º 152, de 23 de junio), que entrará en vigor el próximo día 23 de diciembre de 2010. La redacción que sigue vigente hasta entonces es la siguiente:

> *Art. 436.* La autoridad o funcionario público que, interviniendo por razón de su cargo en cualquiera de los actos de las modalidades de contratación pública o en liquidaciones de efectos o haberes públicos, se concertara con los interesados o usase de cualquier otro artificio para defraudar a cualquier ente público, incurrirá en las penas de prisión de uno a tres años e inhabilitación especial para empleo o cargo público por tiempo de seis a diez años.

V. LCAP.

cualesquiera de los actos de las modalidades de contratación pública o en liquidaciones de efectos o haberes públicos, se concertara con los interesados o usase de cualquier otro artificio para defraudar a cualquier ente público, incurrirá en las penas de prisión de uno a tres años e inhabilitación especial para empleo o cargo público por tiempo de seis a diez años. Al particular que se haya concertado con la autoridad o funcionario público se le impondrá la misma pena de prisión que a éstos, así como la de inhabilitación para obtener subvenciones y ayudas públicas, para contratar con entes, organismos o entidades que formen parte del sector público y para gozar de beneficios o incentivos fiscales y de la Seguridad Social por un tiempo de dos a cinco años.

Art. 437. La autoridad o funcionario público que exigiere, directa o indirectamente, derechos, tarifas por aranceles o minutas que no sean debidos o en cuantía mayor a la legalmente señalada, será castigado, sin perjuicio de los reintegros a que viniere obligado, con las penas de multa de seis a veinticuatro meses y de suspensión de empleo o cargo público por tiempo de seis meses a cuatro años.

Art. 438. La autoridad o funcionario público que, abusando de su cargo, cometiere algún delito de estafa o apropiación indebida, incurrirá en las penas respectivamente señaladas a éstos, en su mitad superior, e inhabilitación especial para empleo o cargo público por tiempo de dos a seis años.

CAPÍTULO IX

DE LAS NEGOCIACIONES Y ACTIVIDADES PROHIBIDAS A LOS FUNCIONARIOS PÚBLICOS Y DE LOS ABUSOS EN EL EJERCICIO DE SU FUNCIÓN*

Art. 439. La autoridad o funcionario público que, debiendo

Art. 439. La autoridad o funcionario público que, debiendo informar, por razón de su cargo, en cualquier clase de contrato, asunto, operación o actividad, se aproveche de tal circunstancia para forzar o facilitarse cualquier forma de participación, directa o por persona interpuesta, en tales negocios o actuaciones, incurrirá en la pena de multa de doce a veinticuatro meses e inhabilitación especial para empleo o cargo público por tiempo de uno a cuatro años.

Art. 437: V. arts 13 ss. Ley 8/1989, de 13 de abril (*BOE* n.º 90, de 15 de abril), de Tasas y Precios Públicos.

* V. art. 1.º1.º*b*) y 1.º2.º*k*) LOTJ.

Art. 439: Este artículo figura redactado conforme al texto de la LO 5/2010, de 22 de junio (*BOE* n.º 152, de 23 de junio), que entrará en vigor el próximo día 23 de diciembre de 2010. La redacción que sigue vigente hasta entonces es la siguiente:

intervenir por razón de su cargo en cualquier clase de contrato, asunto, operación o actividad, se aproveche de tal circunstancia para forzar o facilitarse cualquier forma de participación, directa o por persona interpuesta, en tales negocios o actuaciones, incurrirá en la pena de prisión de seis meses a dos años, multa de doce a veinticuatro meses e inhabilitación especial para empleo o cargo público por tiempo de uno a cuatro años.

Art. 440. Los peritos, árbitros y contadores partidores que se condujeren del modo previsto en el artículo anterior, respecto de los bienes o cosas en cuya tasación, partición o adjudicación hubieran intervenido, y los tutores, curadores o albaceas respecto de los pertenecientes a sus pupilos o testamentarías, serán castigados con la pena de multa de doce a veinticuatro meses e inhabilitación especial para empleo o cargo público, profesión u oficio, guarda, tutela o curatela, según los casos, por tiempo de tres a seis años.

Art. 441. La autoridad o funcionario público que, fuera de los casos admitidos en las Leyes o Reglamentos, realizare, por sí o por persona interpuesta, una actividad profesional o de asesoramiento permanente o accidental, bajo la dependencia o al servicio de entidades privadas o de particulares, en asunto en

---

Art. 441: V. Ley 53/1984, de 26 de diciembre, de Incompatibilidades del Personal al Servicio de las Administraciones Públicas (*BOE* n.º 4, de 4 de enero de 1985), modificada por la Ley 13/1996, de 30 de diciembre, de medidas fiscales, administrativas y del orden social (*BOE* n.º 315, de 31 de diciembre); y RD 598/1985, de 30 de abril, sobre Incompatibilidades del Personal al Servicio de la Administración del Estado, de la Seguridad Social y de los Entes, Organismos y Empresas dependientes (*BOE* n.º 107, de 4 de mayo). V. también la Ley 5/2006, de 10 de abril (*BOE* n.º 86, de 11 de abril), de regulación de los conflictos de intereses de los miembros del Gobierno y de los Altos Cargos de la Administración General del Estado, y su Reglamento, aprobado por RD 432/2009, de 27 de marzo (*BOE* n.º 91, de 14 de abril; corrección de errores en *BOE* n.º 121, de 19 de mayo); arts. 20.*a*) y 20.*e*) LCAP; art. 159 de la Ley Orgánica del Régimen Electoral General, en la redacción dada por la Ley Orgánica 8/1991, de 13 de marzo (*BOE* n.º 63, de 14 de marzo); Ley 10/1995, de 24 de abril, por la que se crea la Fiscalía Especial para la Represión de los Delitos Económicos relacionados con la Corrupción (*BOE* n.º 98, de 25 de abril); RD 923/1995, de 9 de junio (*BOE* n.º 162, de 8 de julio), por el que se fija la plantilla orgánica de la Fiscalía Especial para la Represión de los Delitos Económicos relacionados con la Corrupción; y Resolución de 8 de enero de 1996 (*BOE* n.º 11, de 12 de enero), de la Agencia Estatal de Administración Tributaria, por la que se crea la Unidad de Apoyo a la Fiscalía Especial para la Represión de los Delitos Económicos relacionados con la Corrupción.

que deba intervenir o haya intervenido por razón de su cargo, o en los que se tramiten, informen o resuelvan en la oficina o centro directivo en que estuviere destinado o del que dependa, incurrirá en las penas de multa de seis a doce meses, y suspensión de empleo o cargo público por tiempo de uno a tres años.

Art. 442. La autoridad o funcionario público que haga uso de un secreto del que tenga conocimiento por razón de su oficio o cargo, o de una información privilegiada, con ánimo de obtener un beneficio económico para sí o para un tercero, incurrirá en las penas de multa del tanto al triplo del beneficio perseguido, obtenido o facilitado e inhabilitación especial para empleo o cargo público por tiempo de dos a cuatro años. Si obtuviere el beneficio perseguido se impondrán las penas en su mitad superior.

Si resultara grave daño para la causa pública o para tercero, la pena será de prisión de uno a seis años, e inhabilitación especial para empleo o cargo público por tiempo de siete a diez años. A los efectos de este artículo, se entiende por información privilegiada toda información de carácter concreto que se tenga exclusivamente por razón del oficio o cargo público y que no haya sido notificada, publicada o divulgada.

Art. 443. 1. Será castigado con la pena de prisión de uno a dos años e inhabilitación absoluta por tiempo de seis a doce años, la autoridad o funcionario público que solicitare sexualmente a una persona que, para sí misma o para su cónyuge u otra persona con la que se halle ligado de forma estable por análoga relación de afectividad, ascendiente, descendiente, hermano, por naturaleza, por adopción, o afín en los mismos grados, tenga pretensiones pendientes de la resolución de aquél o acerca de las cuales deba evacuar informe o elevar consulta a su superior.

2. El funcionario de Instituciones Penitenciarias o de cen-

Art. 442: Sobre información privilegiada en los mercados de valores, v. arts. 81, 99, 100, 102, 103 y 105 de la LMV. V., también, Circular 1/1996, de 27 de marzo (*BOE* n.º 86, de 9 de abril), de la Comisión Nacional del Mercado de Valores, sobre normas de actuación, transparencia e identificación de los clientes en las operaciones del Mercado de Valores, y art. 20.*a*) LCAP.

Art. 443: Este artículo figura redactado conforme al texto de la Ley Orgánica 15/2003, de 25 de noviembre (*BOE* n.º 283, de 26 de noviembre; corrección de errores en *BOE* n.º 65, de 16 de marzo, y n.º 80, de 2 de abril, ambos de 2004), que entró en vigor el 1 de octubre de 2004.

tros de protección o corrección de menores que solicitara sexualmente a una persona sujeta a su guarda será castigado con la pena de prisión de uno a cuatro años e inhabilitación absoluta por tiempo de seis a doce años.

3. En las mismas penas incurrirán cuando la persona solicitada fuera ascendiente, descendiente, hermano, por naturaleza, por adopción, o afines en los mismos grados de persona que tuviere bajo su guarda. Incurrirá, asimismo, en estas penas cuando la persona solicitada sea cónyuge de persona que tenga bajo su guarda o se halle ligada a ésta de forma estable por análoga relación de afectividad.

Art. 444. Las penas previstas en el artículo anterior se impondrán sin perjuicio de las que correspondan por los delitos contra la libertad sexual efectivamente cometidos.

CAPÍTULO X*

DE LOS DELITOS DE CORRUPCIÓN EN LAS TRANSACCIONES COMERCIALES INTERNACIONALES

Art. 445. 1. Los que mediante el ofrecimiento, promesa o concesión de cualquier beneficio indebido, pecuniario o de otra clase, corrompieren o intentaren

---

Art. 444: Este artículo figura redactado conforme al texto de la Ley Orgánica 15/2003, de 25 de noviembre (*BOE* n.º 283, de 26 de noviembre; corrección de errores en *BOE* n.º 65, de 16 de marzo, y n.º 80, de 2 de abril, ambos de 2004), que entró en vigor el 1 de octubre de 2004.

* Este Capítulo figura redactado conforme al texto de la LO 15/203, de 25 de noviembre (*BOE* n.º 283, de 26 de noviembre; corrección de errores en *BOE* n.º 65, de 16 de marzo, y n.º 80, de 2 de abril, ambos de 2004), que entró en vigor el 1 de octubre de 2004.

Art. 445: Este artículo figura redactado conforme al texto de la LO 5/2010, de 22 de junio (*BOE* n.º 152, de 23 de junio), que entrará en vigor el próximo día 23 de diciembre de 2010. La redacción que sigue vigente hasta entonces es la siguiente:

> *Art. 445.* 1. Los que con dádivas, presentes, ofrecimientos o promesas, corrompieren o intentaren corromper, por sí o por persona interpuesta, a las autoridades o funcionarios públicos extranjeros o de organizaciones internacionales en el ejercicio de su cargo en beneficio de éstos o de un tercero, o atendieran a sus solicitudes al respecto, con el fin de que actúen o se abstengan de actuar en relación con el ejercicio de funciones públicas para conseguir o conservar un contrato u otro beneficio irregular en la realización de actividades económicas internacionales, serán castigados con las penas previstas en el artículo 423, en sus respectivos casos.
>
> 2. Si el culpable perteneciere a una sociedad, organización o asociación, incluso de carácter transitorio, que se dedicare a la realización de estas actividades, el juez o tribunal podrá imponer alguna o algunas de las consecuencias previstas en el artículo 129 de este Código.

V. el Convenio de lucha contra la corrupción de Agentes Públicos extranje-

corromper, por sí o por persona interpuesta, a los funcionarios públicos extranjeros o de organizaciones internacionales, en beneficio de éstos o de un tercero, o atendieran sus solicitudes al respecto, con el fin de que actúen o se abstengan de actuar en relación con el ejercicio de funciones públicas para conseguir o conservar un contrato u otro beneficio irregular en la realización de actividades económicas internacionales, serán castigados con las penas de prisión de dos a seis años y multa de doce a veinticuatro meses, salvo que el beneficio obtenido fuese superior a la cantidad resultante, en cuyo caso la multa será del tanto al duplo del montante de dicho beneficio.

Además de las penas señaladas, se impondrá al responsable la pena de prohibición de contratar con el sector público, así como la pérdida de la posibilidad de obtener subvenciones o ayudas públicas y del derecho a gozar de beneficios o incentivos fiscales y de la Seguridad Social, y la prohibición de intervenir en transacciones comerciales de trascendencia pública por un período de siete a doce años.

Las penas previstas en los párrafos anteriores se impondrán en su mitad superior si el objeto del negocio versara sobre bienes o servicios humanitarios o cualesquiera otros de primera necesidad.

2. Cuando de acuerdo con lo establecido en el artículo 31 bis de este Código una persona jurídica sea responsable de este delito, se le impondrá la pena de multa de dos a cinco años, o la del triple al quíntuple del beneficio obtenido si la cantidad resultante fuese más elevada.

Atendidas las reglas establecidas en el artículo 66 bis, los jueces y tribunales podrán asimismo imponer las penas recogidas en las letras *b*) a *g*) del apartado 7 del artículo 33.

3. A los efectos de este artículo se entiende por funcionario público extranjero:

a) Cualquier persona que ostente un cargo legislativo, ad-

---

ros en las transacciones comerciales internacionales, hecho en París el 17 de diciembre de 1997, y ratificado por España por Instrumento de 3 de enero de 2000 (*BOE* n.º 46, de 22 de febrero de 2002); el Convenio establecido sobre la base de la letra *c*) del apartado 2 del artículo K.3 del Tratado de la Unión Europea relativo a la lucha contra los actos de corrupción en los que estén implicados funcionarios de las Comunidades Europeas o de los Estados miembros de la Unión Europea, hecho en Bruselas el 26 de mayo de 1997 (*BOE* n.º 74, de 28 de marzo de 2006); y el Convenio Civil sobre la Corrupción (n.º 174 del Consejo de Europa), hecho en Estrasburgo el 4 de noviembre de 1999, y ratificado por España mediante Instrumento de 1 de diciembre de 2009 (*BOE* n.º 78, de 31 de marzo de 2010).

ministrativo o judicial de un país extranjero, tanto por nombramiento como por elección.

b) Cualquier persona que ejerza una función pública para un país extranjero, incluido un organismo público o una empresa pública.

c) Cualquier funcionario o agente de una organización internacional pública.

TÍTULO XX

Delitos contra la Administración de Justicia

CAPÍTULO PRIMERO

DE LA PREVARICACIÓN

Art. 446. El Juez o Magistrado que, a sabiendas, dictare sentencia o resolución injusta será castigado:

1.º Con la pena de prisión de uno a cuatro años si se trata de sentencia injusta contra el reo en causa criminal por delito y la sentencia no hubiera llegado a ejecutarse, y con la misma pena en su mitad superior y multa de doce a veinticuatro meses si se ha ejecutado. En ambos casos se impondrá, además, la pena de inhabilitación absoluta por tiempo de diez a veinte años.

2.º Con la pena de multa de seis a doce meses e inhabilitación especial para empleo o cargo público por tiempo de seis a diez años, si se tratara de una sentencia injusta contra el reo dictada en proceso por falta.

3.º Con la pena de multa de doce a veinticuatro meses e inhabilitación especial para empleo o cargo público por tiempo de diez a veinte años, cuando dictara cualquier otra sentencia o resolución injustas.

Art. 447. El Juez o Magistrado que por imprudencia grave

Art. 446: V. arts. 23 LOPJ, reproducido en nota al art. 3.º1 LE (Apéndice 4); 757 a 778 LECr; 184 CPM; Ley 10/1995, de 24 de abril (*BOE* n.º 98, de 25 de abril), por la que se crea la Fiscalía Especial para la Represión de los Delitos Económicos relacionados con la Corrupción; el RD 923/1995, de 9 de junio (*BOE* n.º 162, de 8 de julio), por el que se fija la plantilla orgánica de la Fiscalía Especial para la Represión de los Delitos Económicos relacionados con la Corrupción; y la Resolución de 8 de enero de 1996 (*BOE* n.º 11, de 12 de enero), de la Agencia Estatal de Administración Tributaria, por la que se crea la Unidad de Apoyo a la Fiscalía Especial para la Represión de los Delitos Económicos relacionados con la Corrupción.

o ignorancia inexcusable dictara sentencia o resolución manifiestamente injusta incurrirá en la pena de inhabilitación especial para empleo o cargo público por tiempo de dos a seis años.

Art. 448. El Juez o Magistrado que se negase a juzgar, sin alegar causa legal, o so pretexto de oscuridad, insuficiencia o silencio de la Ley, será castigado con la pena de inhabilitación especial para empleo o cargo público por tiempo de seis meses a cuatro años.

Art. 449. 1. En la misma pena señalada en el artículo anterior incurrirá el Juez, Magistrado o Secretario Judicial culpable de retardo malicioso en la Administración de Justicia. Se entenderá por malicioso el retardo provocado para conseguir cualquier finalidad ilegítima.

2. Cuando el retardo sea imputable a funcionario distinto de los mencionados en el apartado anterior, se le impondrá la pena indicada, en su mitad inferior.

CAPÍTULO II

DE LA OMISIÓN DE LOS DEBERES DE IMPEDIR DELITOS O DE PROMOVER SU PERSECUCIÓN

Art. 450. 1. El que, pudiendo hacerlo con su intervención inmediata y sin riesgo propio o ajeno, no impidiere la comisión de un delito que afecte a las personas en su vida, integridad o salud, libertad o libertad sexual, será castigado con la pena de prisión de seis meses a dos años si el delito fuera contra la vida, y la de multa de seis a veinticuatro meses en los demás casos, salvo que al delito no impedido le correspondiera igual o menor pena, en cuyo caso se impondrá la pena inferior en grado a la de aquél.

2. En las mismas penas incurrirá quien, pudiendo hacerlo, no acuda a la autoridad o a sus agentes para que impidan un delito de los previstos en el apartado anterior y de cuya próxima o actual comisión tenga noticia.

Art. 448: V. arts. 759 y 767 LECr; art. 361 LEC. El art. 1.º7 CC dispone lo siguiente: «Los Jueces y Tribunales tienen el deber inexcusable de resolver en todo caso los asuntos de que conozcan, ateniéndose al sistema de fuentes establecido.»

Art. 449: V. arts. 417 ss. LOPJ.

CAPÍTULO III

DEL ENCUBRIMIENTO

Art. 451. Será castigado con la pena de prisión de seis meses a tres años el que, con conocimiento de la comisión de un delito y sin haber intervenido en el mismo como autor o cómplice, interviniere con posterioridad a su ejecución, de alguno de los modos siguientes:

1.º Auxiliando a los autores o cómplices para que se beneficien del provecho, producto o precio del delito, sin ánimo de lucro propio.

2.º Ocultando, alterando o inutilizando el cuerpo, los efectos o los instrumentos de un delito, para impedir su descubrimiento.

3.º Ayudando a los presuntos responsables de un delito a eludir la investigación de la autoridad o de sus agentes, o a sustraerse a su busca o captura, siempre que concurra alguna de las circunstancias siguientes:

a) Que el hecho encubierto sea constitutivo de traición, homicidio del Rey, de cualquiera de sus ascendientes o descendientes, de la Reina consorte o del consorte de la Reina, del Regente o de algún miembro de la Regencia, o del Príncipe heredero de la Corona, genocidio, delito de lesa humanidad, delito contra las personas y bienes protegidos en caso de conflicto armado, rebelión, terrorismo, homicidio, piratería, trata de seres humanos o tráfico ilegal de órganos.

b) Que el favorecedor haya obrado con abuso de funciones públicas. En este caso se impondrá, además de la pena de privación de libertad, la de inhabilitación especial para empleo o cargo público por tiempo de dos a cuatro años si el delito encubierto fuere menos grave, y la inhabilitación absoluta por tiempo de seis a doce años si aquél fuera grave.

Art. 452. En ningún caso podrá imponerse pena privativa de libertad que exceda de la señalada al delito encubierto. Si éste estuviera castigado con pena de otra naturaleza, la pena pri-

---

Art. 451: La letra *a*) del ordinal 3.º de este artículo figura redactada conforme al texto de la LO 5/2010, de 22 de junio (*BOE* n.º 152, de 23 de junio), que entrará en vigor el próximo día 23 de diciembre de 2010. La redacción que sigue vigente hasta entonces es la siguiente:

> *a*) Que el hecho encubierto sea constitutivo de traición, homicidio del Rey, de cualquiera de sus ascendientes o descendientes, de la Reina consorte o del consorte de la Reina, del Regente o de algún miembro de la Regencia, o del Príncipe heredero de la Corona, genocidio, delito de lesa humanidad, delito contra las personas y bienes protegidos en caso de conflicto armado, rebelión, terrorismo u homicidio.

vativa de libertad será sustituida por la de multa de seis a veinticuatro meses, salvo que el delito encubierto tenga asignada pena igual o inferior a ésta, en cuyo caso se impondrá al culpable la pena de aquel delito en su mitad inferior.

Art. 453. Las disposiciones de este capítulo se aplicarán aun cuando el autor del hecho encubierto sea irresponsable o esté personalmente exento de pena.

Art. 454. Están exentos de las penas impuestas a los encubridores los que lo sean de su cónyuge o de persona a quien se hallen ligados de forma estable por análoga relación de afectividad, de sus ascendientes, descendientes, hermanos, por naturaleza, por adopción, o afines en los mismos grados, con la sola excepción de los encubridores que se hallen comprendidos en el supuesto del número 1.º del artículo 451.

CAPÍTULO IV

DE LA REALIZACIÓN ARBITRARIA DEL PROPIO DERECHO

Art. 455. 1. El que, para realizar un derecho propio, actuando fuera de las vías legales, empleare violencia, intimidación o fuerza en las cosas, será castigado con la pena de multa de seis a doce meses.

2. Se impondrá la pena superior en grado si para la intimidación o violencia se hiciera uso de armas u objetos peligrosos.

CAPÍTULO V

DE LA ACUSACIÓN Y DENUNCIA FALSAS Y DE LA SIMULACIÓN DE DELITOS

Art. 456. 1. Los que, con conocimiento de su falsedad o temerario desprecio hacia la verdad, imputaren a alguna persona hechos que, de ser ciertos, constituirían infracción penal, si esta imputación se hiciera ante funcionario judicial o administrativo que tenga el deber de proceder a su averiguación, serán sancionados:

1.º Con la pena de prisión de seis meses a dos años y multa de doce a veinticuatro meses, si se imputara un delito grave.

2.º Con la pena de multa de doce a veinticuatro meses, si se imputara un delito menos grave.

3.º Con la pena de multa de tres a seis meses, si se imputara una falta.

Art. 456: V. arts. 102, n.º. 2.º, y 239 ss. LECr; art. 9.º LO 6/1984, de 24 de mayo, reguladora del procedimiento de *Habeas Corpus* (*BOE* n.º 126, de 26 de mayo).

2. No podrá procederse contra el denunciante o acusador sino tras sentencia firme o auto también firme, de sobreseimiento o archivo del Juez o Tribunal que haya conocido de la infracción imputada. Éstos mandarán proceder de oficio contra el denunciante o acusador siempre que de la causa principal resulten indicios bastantes de la falsedad de la imputación, sin perjuicio de que el hecho pueda también perseguirse previa denuncia del ofendido.

Art. 457. El que, ante alguno de los funcionarios señalados en el artículo anterior, simulare ser responsable o víctima de una infracción penal o denunciare una inexistente, provocando actuaciones procesales, será castigado con la multa de seis a doce meses.

CAPÍTULO VI

DEL FALSO TESTIMONIO*

Art. 458. 1. El testigo que faltare a la verdad en su testimonio en causa judicial, será castigado con las penas de prisión de seis meses a dos años y multa de tres a seis meses.

2. Si el falso testimonio se diera en contra del reo en causa criminal por delito, las penas serán de prisión de uno a tres años y multa de seis a doce meses. Si a consecuencia del testimonio hubiera recaído sentencia condenatoria, se impondrán las penas superiores en grado.

3. Las mismas penas se impondrán si el falso testimonio tuviera lugar ante Tribunales In-

---

Art. 457: V. art. 9.º LO 6/1984, de 24 de mayo, reguladora del procedimiento de *Habeas Corpus*; art. 180 CPM.

* V. art. 183 CPM.

Art. 458: V. arts. 715 y 954.3.º LECr; 637 ss. LEC; 360 a 381 y 429 y 433 LEC 2000; 60 y 78 Ley 29/1998, de 13 de julio (*BOE* n.º 167, de 14 de julio), reguladora de la Jurisdicción Contencioso-Administrativa, modificada por Ley 50/1998, de 30 de diciembre (*BOE* n.º 313, de 31 de diciembre de 1998; corrección de errores en *BOE* n.º 109, de 7 de mayo de 1999), por LO 4/2003, de 21 de mayo (*BOE* n.º 122, de 22 de mayo), complementaria de la Ley de prevención y bloqueo de la financiación del terrorismo; por Ley Orgánica 19/2003, de 23 de diciembre (*BOE* n.º 309, de 26 de diciembre); por Ley 62/2003, de 30 de diciembre (*BOE* n.º 313, de 31 de diciembre); por Leyes Orgánicas 7/2006, de 21 de noviembre (*BOE* n.º 279, de 22 de noviembre), de protección de la salud y de lucha contra el dopaje en el deporte, y 3/2007, de 22 de marzo (*BOE* n.º 71, de 23 de marzo), para la igualdad efectiva de mujeres y hombres; y por Ley 15/2007, de 3 de julio (*BOE* n.º 159, de 4 de julio); y 90 ss. RDL 2/1995, de 7 de abril, por el que se aprueba el Texto Refundido de la Ley de Procedimiento Laboral, modificado por la misma Ley 50/1998, de 30 de diciembre, por Ley Orgánica 3/2007, de 22 de marzo (*BOE* n.º 71, de 23 de marzo), para la igualdad efectiva de mujeres y hombres, y por Ley 20/2007, de 11 de julio (*BOE* n.º 166, de 12 de julio).

ternacionales que, en virtud de Tratados debidamente ratificados conforme a la Constitución Española, ejerzan competencias derivadas de ella, o se realizara en España al declarar en virtud de comisión rogatoria remitida por un Tribunal extranjero.

Art. 459. Las penas de los artículos precedentes se impondrán en su mitad superior a los peritos o intérpretes que faltaren a la verdad maliciosamente en su dictamen o traducción, los cuales serán, además, castigados con la pena de inhabilitación especial para profesión u oficio, empleo o cargo público, por tiempo de seis a doce años.

Art. 460. Cuando el testigo, perito o intérprete, sin faltar sustancialmente a la verdad, la alterase con reticencias, inexactitudes o silenciando hechos o datos relevantes que le fueran conocidos, será castigado con la pena de multa de seis a doce meses y, en su caso, de suspensión de empleo o cargo público, profesión u oficio, de seis meses a tres años.

Art. 461. 1. El que presentare a sabiendas testigos falsos o peritos o intérpretes mendaces, será castigado con las mismas penas que para ellos se establecen en los artículos anteriores.

2. Si el responsable de este delito fuese abogado, procurador, graduado social o representante del Ministerio Fiscal, en actuación profesional o ejercicio de su función, se impondrá en cada caso la pena en su mitad superior y la de inhabilitación especial para empleo o cargo público, profesión u oficio, por tiempo de dos a cuatro años.

Art. 462. Quedará exento de pena el que, habiendo prestado un falso testimonio en causa criminal, se retracte en tiempo y forma, manifestando la verdad para que surta efecto antes de que se dicte sentencia en el proceso de que se trate. Si a consecuencia del falso testimonio, se hubiese producido la privación de libertad, se impondrán las penas correspondientes inferiores en grado.

Art. 459: V. arts. 456 ss. y 723 ss. LECr; 610 ss. LEC; y 335 a 352, y 429 y 433 LEC 2000.

Art. 461: Este artículo figura redactado conforme al texto de la Ley Orgánica 15/2003, de 25 de noviembre (*BOE* n.º 283, de 26 de noviembre; corrección de errores en *BOE* n.º 65, de 16 de marzo, y n.º 80, de 2 de abril, ambos de 2004), que entró en vigor el 1 de octubre de 2004.

CAPÍTULO VII

DE LA OBSTRUCCIÓN A LA JUSTICIA Y LA DESLEALTAD PROFESIONAL

Art. 463. 1. El que, citado en legal forma, dejare voluntariamente de comparecer, sin justa causa, ante un juzgado o tribunal en proceso criminal con reo en prisión provisional, provocando la suspensión del juicio oral, será castigado con la pena de prisión de tres a seis meses o multa de seis a veinticuatro meses. En la pena de multa de seis a diez meses incurrirá el que, habiendo sido advertido, lo hiciera por segunda vez en causa criminal sin reo en prisión, haya provocado o no la suspensión.

2. Si el responsable de este delito fuese abogado, procurador o representante del Ministerio Fiscal, en actuación profesional o ejercicio de su función, se le impondrá la pena en su mitad superior y la de inhabilitación especial para empleo o cargo público, profesión u oficio, por tiempo de dos a cuatro años.

3. Si la suspensión tuviera lugar, en el caso del apartado 1 de este artículo, como consecuencia de la incomparecencia del juez o miembro del tribunal o de quien ejerza las funciones de secretario judicial, se impondrá la pena de prisión de tres a seis meses o multa de seis a veinticuatro meses y, en cualquier caso, inhabilitación especial por tiempo de dos a cuatro años.

Art. 464. 1. El que con violencia o intimidación intentare influir directa o indirectamente en quien sea denunciante, parte o imputado, abogado, procurador, perito, intérprete o testigo en un procedimiento para que modifique su actuación procesal, será castigado con la pena de prisión de uno a cuatro años y multa de seis a veinticuatro meses.

Si el autor del hecho alcanzara su objetivo se impondrá la pena en su mitad superior.

2. Iguales penas se impondrán a quien realizare cualquier acto atentatorio contra la vida, integridad, libertad, libertad sexual o bienes, como represalia contra las personas citadas en el apartado anterior, por su actuación en procedimiento judicial,

---

Art. 463: Este artículo figura redactado conforme al texto de la Ley Orgánica 15/2003, de 25 de noviembre (*BOE* n.º 283, de 26 de noviembre; corrección de errores en *BOE* n.º 65, de 16 de marzo, y n.º 80, de 2 de abril, ambos de 2004), que entró en vigor el 1 de octubre de 2004. V. arts. 410 a 449, 462, 463 y 661 LECr; art. 143 Ley Orgánica del Régimen Electoral General (Apéndice 6).

Art. 464: V. art. 182 CPM; LO 19/1994, de 23 de diciembre, de protección a testigos y peritos en causas criminales (*BOE* n.º 307, de 24 de diciembre).

sin perjuicio de la pena correspondiente a la infracción de que tales hechos sean constitutivos.

Art. 465. 1. El que, interviniendo en un proceso como abogado o procurador, con abuso de su función, destruyere, inutilizare u ocultare documentos o actuaciones de los que haya recibido traslado en aquella calidad, será castigado con la pena de prisión de seis meses a dos años, multa de siete a doce meses e inhabilitación especial para su profesión, empleo o cargo público de tres a seis años.

2. Si los hechos descritos en el apartado primero de este artículo fueran realizados por un particular, la pena será de multa de tres a seis meses.

Art. 466. 1. El abogado o procurador que revelare actuaciones procesales declaradas secretas por la autoridad judicial, será castigado con las penas de multa de doce a veinticuatro meses e inhabilitación especial para empleo, cargo público, profesión u oficio de uno a cuatro años.

2. Si la revelación de las actuaciones declaradas secretas fuese realizada por el Juez o miembro del Tribunal, representante del Ministerio Fiscal, Secretario Judicial o cualquier funcionario al servicio de la Administración de Justicia, se le impondrán las penas previstas en el artículo 417 en su mitad superior.

3. Si la conducta descrita en el apartado primero fuere realizada por cualquier otro particular que intervenga en el proceso, la pena se impondrá en su mitad inferior.

Art. 467. 1. El abogado o procurador que, habiendo asesorado o tomado la defensa o representación de alguna persona, sin el consentimiento de ésta defienda o represente en el mismo asunto a quien tenga intereses contrarios, será castigado con la pena de multa de seis a doce meses e inhabilitación especial para su profesión de dos a cuatro años.

2. El abogado o procurador que, por acción u omisión, perjudique de forma manifiesta los intereses que le fueren encomendados será castigado con las

---

Art. 467: V. arts. 263, 301 y 416, n.º 2, LECr.; Estatuto General de los Procuradores de los Tribunales de España, aprobado por RD 1.281/2002, de 5 de diciembre (*BOE* n.º 305, de 21 de diciembre), y modificado por RD 351/2006, de 24 de marzo (*BOE* n.º 87, de 12 de abril), aunque este último fue anulado por STS (Sala 3.ª) de 21 de enero de 2009 (*BOE* n.º 58, de 9 de marzo); arts. 30 a 46 Estatuto General de la Abogacía, aprobado por RD 658/2001, de 22 junio (*BOE* n.º 164, de 10 de julio); arts. 437.2 y 438.2 LOPJ.

penas de multa de doce a veinticuatro meses e inhabilitación especial para empleo, cargo público, profesión u oficio de uno a cuatro años.

Si los hechos fueran realizados por imprudencia grave, se impondrán las penas de multa de seis a doce meses e inhabilitación especial para su profesión de seis meses a dos años.

CAPÍTULO VIII

DEL QUEBRANTAMIENTO DE CONDENA

Art. 468. 1. Los que quebrantaren su condena, medida de seguridad, prisión, medida cautelar, conducción o custodia serán castigados con la pena de prisión de seis meses a un año si estuvieran privados de libertad, y con la pena de multa de doce a veinticuatro meses en los demás casos.

2. Se impondrá en todo caso la pena de prisión de seis meses a un año a los que quebrantaren una pena de las contempladas en el artículo 48 de este Código o una medida cautelar o de seguridad de la misma naturaleza impuesta en procesos criminales en los que el ofendido sea alguna de las personas a las que se refiere el artículo 173.2, así como a aquellos que quebrantaren la medida de libertad vigilada.

Art. 469. Los sentenciados o presos que se fugaren del lugar en que estén recluidos, haciendo uso de violencia o intimidación en las personas o fuerza en las cosas o tomando parte en motín, serán castigados con la pena de prisión de seis meses a cuatro años.

Art. 470. 1. El particular que proporcionare la evasión a un condenado, preso o detenido, bien del lugar en que esté recluido, bien

---

Art. 468: Este artículo, que fue modificado por la Ley Orgánica 15/2003, de 25 de noviembre (*BOE* n.º 283, de 26 de noviembre; correcciones de errores en *BOE* n.º 65, de 16 de marzo, y n.º 80, de 2 de abril, ambos de 2004), figura redactado conforme al texto de la LO 1/2004, de 28 de diciembre (*BOE* n.º 313, de 29 de diciembre). El apartado 2 de este artículo figura redactado conforme al texto de la LO 5/2010, de 22 de junio (*BOE* n.º 152, de 23 de junio), que entrará en vigor el próximo día 23 de diciembre de 2010. La redacción que sigue vigente hasta entonces es la siguiente:

> 2. Se impondrá en todo caso la pena de prisión de seis meses a un año a los que quebrantaren una pena de las contempladas en el artículo 48 de este Código o una medida cautelar o de seguridad de la misma naturaleza impuestas en procesos criminales en los que el ofendido sea alguna de las personas a las que se refiere el artículo 173.2.

V. art. 785.8.º, apartado *c*), LECr; arts. 4.º1.*a*) y 45.1.*a*) LOGP; y arts. 108 y 157 RP.

durante su conducción, será castigado con la pena de prisión de seis meses a un año y multa de doce a veinticuatro meses.

2. Si se empleara al efecto violencia o intimidación en las personas, fuerza en las cosas o soborno, la pena será de prisión de seis meses a cuatro años.

3. Si se tratara de alguna de las personas citadas en el artículo 454, se les castigará con la pena de multa de tres a seis meses, pudiendo en este caso el Juez o Tribunal imponer tan sólo las penas correspondientes a los daños causados o a las amenazas o violencias ejercidas.

Art. 471. Se impondrá la pena superior en grado, en sus respectivos casos, si el culpable fuera un funcionario público encargado de la conducción o custodia de un condenado, preso o detenido. El funcionario será castigado, además, con la pena de inhabilitación especial para empleo o cargo público de seis a diez años si el fugitivo estuviera condenado por sentencia ejecutoria, y con la inhabilitación especial para empleo o cargo público de tres a seis años en los demás casos.

CAPÍTULO IX

DE LOS DELITOS CONTRA LA ADMINISTRACIÓN DE JUSTICIA DE LA CORTE PENAL INTERNACIONAL*

Art. 471 bis. 1. El testigo que, intencionadamente, faltare a la verdad en su testimonio ante la Corte Penal Internacional, estando obligado a decir verdad conforme a las normas estatutarias y reglas de procedimiento y prueba de dicha Corte, será castigado con prisión de seis meses a dos años. Si el falso testimonio se diera en contra del acusado, la pena será de prisión de dos a cuatro años. Si a consecuencia del testimonio se dictara un fallo condenatorio, se impondrá pena de prisión de cuatro a cinco años.

2. El que presentare pruebas ante la Corte Penal Internacional a sabiendas de que son falsas o han sido falsificadas será castigado con las penas señaladas en el apartado anterior de este artículo.

3. El que intencionadamente destruya o altere pruebas, o interfiera en las diligencias de prueba ante la Corte Penal Internacional será castigado con la pena de pri-

---

Art. 471: V. art. 1.º1.º*b*) y 1.º2.º*l*) LOTJ.

* Este capítulo figura redactado conforme al texto de la Ley Orgánica 15/2003, de 25 de noviembre (*BOE* n.º 283, de 26 de noviembre; corrección de errores en *BOE* n.º 65, de 16 de marzo, y n.º 80, de 2 de abril, ambos de 2004), que entró en vigor el 1 de octubre de 2004.

sión de seis meses a dos años y multa de siete a doce meses.

4. El que corrompiera a un testigo, obstruyera su comparecencia o testimonio ante la Corte Penal Internacional o interfiriera en ellos será castigado con la pena de prisión de uno a cuatro años y multa de seis a veinticuatro meses.

5. Será castigado con prisión de uno a cuatro años y multa de seis a veinticuatro meses quien pusiera trabas a un funcionario de la Corte, lo corrompiera o intimidara, para obligarlo o inducirlo a que no cumpla sus funciones o a que lo haga de manera indebida.

6. El que tomara represalias contra un funcionario de la Corte Penal Internacional en razón de funciones que haya desempeñado él u otro funcionario será castigado con la pena de prisión de uno a cuatro años y multa de seis a veinticuatro meses. En la misma pena incurrirá quien tome represalias contra un testigo por su declaración ante la Corte.

7. El que solicitara o aceptara un soborno en calidad de funcionario de la Corte y en relación con sus funciones oficiales incurrirá en la pena de prisión de dos a cinco años y multa del tanto al triplo del valor de la dádiva solicitada o aceptada.

TÍTULO XXI

Delitos contra la Constitución

CAPÍTULO PRIMERO

REBELIÓN*

Art. 472. Son reos del delito de rebelión los que se alzaren violenta y públicamente para cualquiera de los fines siguientes:

1.º Derogar, suspender o modificar total o parcialmente la Constitución.

2.º Destituir o despojar en todo o en parte de sus prerrogativas y facultades al Rey o al Regente o miembros de la Regencia, u obligarles a ejecutar un acto contrario a su voluntad.

---

* V. art. 3.º LI; arts. 79 ss. CPM; arts. 384 bis, 504 bis (este precepto ha sido declarado inconstitucional y nulo por la sentencia del Tribunal Constitucional 71/1994, de 3 de marzo), 520 bis, 553, 579 y 779 LECr, así como la Disp. Trans. de la LO 4/1988, de 25 de mayo, de reforma de la LECr (*BOE* n.º 126, de 26 de mayo), que dice:

3.º Impedir la libre celebración de elecciones para cargos públicos.

4.º Disolver las Cortes Generales, el Congreso de los Diputados, el Senado o cualquier Asamblea Legislativa de una Comunidad Autónoma, impedir que se reúnan, deliberen o resuelvan, arrancarles alguna resolución o sustraerles alguna de sus atribuciones o competencias.

5.º Declarar la independencia de una parte del territorio nacional.

6.º Sustituir por otro el Gobierno de la Nación o el Consejo de Gobierno de una Comunidad Autónoma, o usar o ejercer por sí o despojar al Gobierno o Consejo de Gobierno de una Comunidad Autónoma, o a cualquiera de sus miembros de sus facultades, o impedirles o coartarles su libre ejercicio, u obligar a cualquiera de ellos a ejecutar actos contrarios a su voluntad.

7.º Sustraer cualquier clase de fuerza armada a la obediencia del Gobierno.

Art. 473. 1. Los que, induciendo a los rebeldes, hayan promovido o sostengan la rebelión, y los jefes principales de ésta, serán castigados con la pena de prisión de quince a veinticinco años e inhabilitación absoluta por el mismo tiempo; los que ejerzan un mando subalterno, con la de prisión de diez a quince años e inhabilitación absoluta de diez a quince años, y los meros participantes, con la de prisión de cinco a diez años e inhabilitación especial para empleo o cargo público por tiempo de seis a diez años.

2. Si se han esgrimido armas, o si ha habido combate entre la fuerza de su mando y los sectores leales a la autoridad legítima, o la rebelión hubiese causado estragos en propiedades de titularidad pública o privada, cortado las comunicaciones telegráficas, telefónicas, por ondas, ferroviarias o de otra clase, ejercido violencias graves contra las personas, exigido contribuciones o distraído los caudales públicos de su legítima inversión, las penas de prisión serán, respectivamente, de veinti-

---

«Los Juzgados Centrales de Instrucción y la Audiencia Nacional continuarán conociendo de la instrucción y enjuiciamiento de las causas por delitos cometidos por personas integradas en bandas armadas o relacionadas con elementos terroristas o rebeldes cuando la comisión del delito contribuya a su actividad, y por quienes de cualquier modo cooperen o colaboren con la actuación de aquellos grupos o individuos. Conocerán también de los delitos conexos con los anteriores.

»La legislación que pueda modificar esta atribución de competencias se inspirará en el principio de inmediación judicial.»

V., igualmente, art. 23.3*c*) LOPJ, reproducido en nota al art. 3.1 LE (Apéndice 4).

cinco a treinta años para los primeros, de quince a veinticinco años para los segundos y de diez a quince años para los últimos.

Art. 474. Cuando la rebelión no haya llegado a organizarse con jefes conocidos, se reputarán como tales los que de hecho dirijan a los demás, o lleven la voz por ellos, o firmen escritos expedidos a su nombre, o ejerzan otros actos semejantes de dirección o representación.

Art. 475. Serán castigados como rebeldes con la pena de prisión de cinco a diez años e inhabilitación absoluta por tiempo de seis a doce años los que sedujeren o allegaren tropas o cualquier otra clase de fuerza armada para cometer el delito de rebelión.

Si llegara a tener efecto la rebelión, se reputarán promotores y sufrirán la pena señalada en el artículo 473.

Art. 476. 1. El militar que no empleare los medios a su alcance para contener la rebelión en las fuerzas de su mando, será castigado con las penas de prisión de dos a cinco años e inhabilitación absoluta de seis a diez años.

2. Será castigado con las mismas penas previstas en el apartado anterior en su mitad inferior el militar que, teniendo conocimiento de que se trata de cometer un delito de rebelión, no lo denuncie inmediatamente a sus superiores o a las autoridades o funcionarios que, por razón de su cargo, tengan la obligación de perseguir el delito.

Art. 477. La provocación, la conspiración y la proposición para cometer rebelión serán castigadas, además de con la inhabilitación prevista en los artículos anteriores, con la pena de prisión inferior en uno o dos grados a la del delito correspondiente.

Art. 478. En el caso de hallarse constituido en autoridad el que cometa cualquiera de los delitos previstos en este capítulo, la pena de inhabilitación que estuviese prevista en cada caso se sustituirá por la inhabilitación absoluta por tiempo de quince a veinte años, salvo que tal circunstancia se halle específicamente contemplada en el tipo penal de que se trate.

Art. 479. Luego que se manifieste la rebelión, la autoridad gubernativa intimará a los sublevados a que inmediatamente se disuelvan y retiren.

Si los sublevados no depusieran su actitud inmediatamente

Art. 475: V. Ley Orgánica del Régimen Electoral General (Apéndice 6).

después de la intimación, la autoridad hará uso de la fuerza de que disponga para disolverlos.

No será necesaria la intimación desde el momento en que los rebeldes rompan el fuego.

Art. 480. 1. Quedará exento de pena el que, implicado en un delito de rebelión, lo revelare a tiempo de poder evitar sus consecuencias.

2. A los meros ejecutores que depongan las armas antes de haber hecho uso de ellas, sometiéndose a las autoridades legítimas, se les aplicará la pena de prisión inferior en grado. La misma pena se impondrá si los rebeldes se disolvieran o sometieran a la autoridad legítima antes de la intimación o a consecuencia de ella.

Art. 481. Los delitos particulares cometidos en una rebelión o con motivo de ella serán castigados, respectivamente, según las disposiciones de este Código.

Art. 482. Las autoridades que no hayan resistido la rebelión, serán castigadas con la pena de inhabilitación absoluta de doce a veinte años.

Art. 483. Los funcionarios que continúen desempeñando sus cargos bajo el mando de los alzados o que, sin habérseles admitido la renuncia de su empleo, lo abandonen cuando haya peligro de rebelión, incurrirán en la pena de inhabilitación especial para empleo o cargo público de seis a doce años.

Art. 484. Los que aceptaren empleo de los rebeldes, serán castigados con la pena de inhabilitación absoluta de seis a doce años.

CAPÍTULO II

DELITOS CONTRA LA CORONA*

Art. 485. 1. El que matare al Rey, o a cualquiera de sus ascendientes o descendientes, a la Reina consorte o al consorte de la Reina, al Regente o a algún miembro de la Regencia, o al Príncipe heredero de la Corona, será castigado con la pena de prisión de veinte a veinticinco años.

2. La tentativa del mismo delito se castigará con la pena inferior en un grado.

3. Si concurrieran en el delito dos o más circunstancias agra-

---

* V. arts. 56 ss. CE y 3.º y 29 LI. Téngase en cuenta que, conforme al art. 65.1.ª*a*) LOPJ, la Audiencia Nacional conocerá, salvo que corresponda en primera instancia a los Juzgados Centrales de lo Penal, del enjuiciamiento de los delitos comprendidos en este Capítulo. V., también, art. 23 de la mencionada LOPJ, reproducido en nota al art. 3.1 LE (Apéndice 4).

vantes, se impondrá la pena de prisión de veinticinco a treinta años.

Art. 486. 1. El que causare al Rey, o a cualquiera de sus ascendientes o descendientes, a la Reina consorte o al consorte de la Reina, al Regente o a algún miembro de la Regencia, o al Príncipe heredero de la Corona, lesiones de las previstas en el artículo 149, será castigado con la pena de prisión de quince a veinte años.

Si se tratara de alguna de las lesiones previstas en el artículo 150, se castigará con la pena de prisión de ocho a quince años.

2. El que les causare cualquier otra lesión, será castigado con la pena de prisión de cuatro a ocho años.

Art. 487. Será castigado con la pena de prisión de quince a veinte años el que privare al Rey, o a cualquiera de sus ascendientes o descendientes, a la Reina consorte o al consorte de la Reina, al Regente o a algún miembro de la Regencia, o al Príncipe heredero de la Corona, de su libertad personal, salvo que los hechos estén castigados con mayor pena en otros preceptos de este Código.

Art. 488. La provocación, la conspiración y la proposición para los delitos previstos en los artículos anteriores se castigará con la pena inferior en uno o dos grados a las respectivamente previstas.

Art. 489. El que con violencia o intimidación grave obligare a las personas referidas en los artículos anteriores a ejecutar un acto contra su voluntad, será castigado con la pena de prisión de ocho a doce años.

En el caso previsto en el párrafo anterior, si la violencia o la intimidación no fueran graves, se impondrá la pena inferior en grado.

Art. 490. 1. El que allanare con violencia o intimidación la morada de cualquiera de las personas mencionadas en los artículos anteriores será castigado con la pena de prisión de tres a seis años. Si no hubiere violencia o intimidación la pena será de dos a cuatro años.

2. Con la pena de prisión de tres a seis años será castigado el que amenazare gravemente a cualquiera de las personas mencionadas en el apartado anterior, y con la pena de prisión de uno a tres años si la amenaza fuera leve.

3. El que calumniare o injuriare al Rey o a cualquiera de sus ascendientes o descendientes, a la Reina consorte o al consorte de la Reina, al Regente o a algún miembro de la Regencia, o al Príncipe heredero de la Corona, en el ejercicio de sus funciones o con moti-

vo u ocasión de éstas, será castigado con la pena de prisión de seis meses a dos años si la calumnia o injuria fueran graves, y con la multa de seis a doce meses si no lo son.

Art. 491. 1. Las calumnias e injurias contra cualquiera de las personas mencionadas en el artículo anterior, y fuera de los supuestos previstos en el mismo, serán castigadas con la pena de multa de cuatro a veinte meses.

2. Se impondrá la pena de multa de seis a veinticuatro meses al que utilizare la imagen del Rey o de cualquiera de sus ascendientes o descendientes, o de la Reina consorte o del consorte de la Reina, o del Regente o de algún miembro de la Regencia, o del Príncipe heredero, de cualquier forma que pueda dañar el prestigio de la Corona.

CAPÍTULO III

DE LOS DELITOS CONTRA LAS INSTITUCIONES DEL ESTADO Y LA DIVISIÓN DE PODERES

SECCIÓN 1.ª

*Delitos contra las Instituciones del Estado**

Art. 492. Los que, al vacar la Corona o quedar inhabilitado su Titular para el ejercicio de su

* V. arts. 66 ss. CE; Reglamento del Congreso de los Diputados de 10 de febrero de 1982 (*BOE* n.º 55, de 5 de marzo), reformado por Acuerdos de 23 de septiembre de 1993 (*BOE* n.º 237, de 4 de octubre), 26 de septiembre de 1996 (*BOE* n.º 273, de 12 de noviembre), 11 de mayo de 2000 (*BOE* n.º 118, de 17 de mayo; corrección de errores en *BOE* n.º 119, de 18 de mayo), 27 de junio de 2001 (*BOE* n.º 156, de 30 de junio), 28 de abril de 2004 (*BOE* n.º 108, de 4 de mayo), 29 de abril de 2008 (*BOE* n.º 112, de 8 de mayo), 15 de octubre de 2009 (*BOE* n.º 256, de 23 de octubre) y 29 de octubre de 2009 (*BOE* n.º 266, de 4 de noviembre); Reglamento del Senado, Texto Refundido aprobado el 3 de mayo de 1994 (*BOE* n.º 114, de 13 de mayo), y modificado por Acuerdos de 24 de octubre de 1995 (*BOE* n.º 266, de 7 de noviembre), 11 de mayo (*BOE* n.º 124, de 24 de mayo), 14 de junio (*BOE* n.º 145, de 17 de junio) y 17 de octubre (*BOE* n.º 265, de 4 de noviembre), todos ellos de 2000, 27 de junio de 2001 (*BOE* n.º 155, de 29 de junio), 12 de mayo y 3 de noviembre de 2004, 4 de julio de 2005 (*BOE* n.º 159, de 5 de julio), 22 de febrero de 2006 (*BOE* n.º 50, de 28 de febrero), 22 de noviembre de 2007 (*BOE* n.º 284, de 27 de noviembre), 14 de mayo de 2008 (*BOE* n.º 123, de 21 de mayo), 22 de octubre de 2009 (*BOE* n.º 259, de 27 de octubre) y 18 de noviembre de 2009 (*BOE* n.º 284, de 25 de noviembre), y 21 de julio de 2010 (*BOE* n.º 181, de 27 de julio); LO 2/1979, de 3 de octubre (*BOE* n.º 239, de 5 de octubre), del Tribunal Constitucional; modificada por LO 6/1988, de 9 de junio (*BOE* n.º 140, de 11 de junio; corrección de errores en *BOE* n.º 143, de 15 de junio), LO 7/1999, de 21 de abril (*BOE* n.º 96, de 22 de abril) y LO 1/2000, de 7 de enero (*BOE* n.º 8, de 10 de enero); LO 3/1981, de 6 de abril (*BOE* n.º 109, de 7 de mayo), del Defensor del Pueblo; y LO 2/1982, de 12 de mayo (*BOE* n.º 121, de 21 de mayo), del Tribunal de Cuentas.

autoridad, impidieren a las Cortes Generales reunirse para nombrar la Regencia o el tutor del Titular menor de edad, serán sancionados con la pena de prisión de diez a quince años e inhabilitación absoluta por tiempo de diez a quince años, sin perjuicio de la pena que pudiera corresponderles por la comisión de otras infracciones más graves.

Art. 493. Los que, sin alzarse públicamente, invadieren con fuerza, violencia o intimidación las sedes del Congreso de los Diputados, del Senado o de una Asamblea Legislativa de Comunidad Autónoma, si están reunidos, serán castigados con la pena de prisión de tres a cinco años.

Art. 494. Incurrirán en la pena de prisión de seis meses a un año o multa de doce a veinticuatro meses los que promuevan, dirijan o presidan manifestaciones u otra clase de reuniones ante las sedes del Congreso de los Diputados, del Senado o de una Asamblea Legislativa de Comunidad Autónoma, cuando estén reunidos, alterando su normal funcionamiento.

Art. 495. 1. Los que, sin alzarse públicamente, portando armas u otros instrumentos peligrosos, intentaren penetrar en las sedes del Congreso de los Diputados, del Senado o de la Asamblea Legislativa de una Comunidad Autónoma, para presentar en persona o colectivamente peticiones a los mismos, incurrirán en la pena de prisión de tres a cinco años.

2. La pena prevista en el apartado anterior se aplicará en su mitad superior a quienes promuevan, dirijan o presidan el grupo.

Art. 496. El que injuriare gravemente a las Cortes Generales o a una Asamblea Legislativa de Comunidad Autónoma, hallándose en sesión, o a alguna de sus Comisiones en los actos públicos en que las representen, será castigado con la pena de multa de doce a dieciocho meses.

El imputado de las injurias descritas en el párrafo anterior quedará exento de pena si se dan las circunstancias previstas en el artículo 210.

Art. 497. 1. Incurrirán en la pena de prisión de seis meses a un año quienes, sin ser miembros del Congreso de los Diputados, del Senado o de una Asamblea Legislativa de Comunidad Autónona, perturben gravemente el orden de sus sesiones.

Art. 495: V. arts. 29 y 77 CE. V. LO 4/2001, de 12 de noviembre (*BOE* n.º 272, de 13 de noviembre), reguladora del Derecho de Petición.

2. Cuando la perturbación del orden de las sesiones a que se refiere el apartado anterior no sea grave, se impondrá la pena de multa de seis a doce meses.

Art. 498. Los que emplearen fuerza, violencia, intimidación o amenaza grave para impedir a un miembro del Congreso de los Diputados, del Senado o de una Asamblea Legislativa de Comunidad Autónoma asistir a sus reuniones, o, por los mismos medios, coartaren la libre manifestación de sus opiniones o la emisión de su voto, serán castigados con la pena de prisión de tres a cinco años.

Art. 499. La autoridad o funcionario público que quebrantare la inviolabilidad de las Cortes Generales o de una Asamblea Legislativa de Comunidad Autónoma, será castigado con las penas de inhabilitación especial para empleo o cargo público por tiempo de diez a veinte años, sin perjuicio de las que pudieran corresponderle si el hecho constituyera otro delito más grave.

Art. 500. La autoridad o funcionario público que detuviere a un miembro de las Cortes Generales o de una Asamblea Legislativa de Comunidad Autónoma fuera de los supuestos o sin los requisitos establecidos por la legislación vigente incurrirá, según los casos, en las penas previstas en este Código, impuestas en su mitad superior, y además en la de inhabilitación especial para empleo o cargo público de seis a doce años.

Art. 501. La autoridad judicial que inculpare o procesare a un miembro de las Cortes Generales o de una Asamblea Legislativa de Comunidad Autónoma sin los requisitos establecidos por la legislación vigente, será castigada con la pena de inhabilitación especial para empleo o cargo público de diez a veinte años.

Art. 502. 1. Los que, habiendo sido requeridos en forma legal y bajo apercibimiento, dejaren de comparecer ante una Comisión de investigación de las Cortes Generales o de una Asamblea Legislativa de Comunidad Autónoma, serán castigados como reos del delito de desobediencia. Si el reo fuera autoridad o funcionario público, se le impondrá además la pena de suspensión de empleo o

---

Art. 502: Este artículo figura redactado conforme al texto de la Ley Orgánica 15/2003, de 25 de noviembre (*BOE* n.º 283, de 26 de noviembre; corrección de errores en *BOE* n.º 65, de 16 de marzo, y n.º 80, de 2 de abril, ambos de 2004), que entró en vigor el 1 de octubre de 2004.

cargo público por tiempo de seis meses a dos años.

2. En las mismas penas incurrirá la autoridad o funcionario que obstaculizare la investigación del Defensor del Pueblo, Tribunal de Cuentas u órganos equivalentes de las Comunidades Autónomas, negándose o dilatando indebidamente el envío de los informes que éstos solicitaren o dificultando su acceso a los expedientes o documentación administrativa necesaria para tal investigación.

3. El que convocado ante una comisión parlamentaria de investigación faltare a la verdad en su testimonio será castigado con la pena de prisión de seis meses a un año o multa de doce a veinticuatro meses.

Art. 503. Incurrirán en la pena de prisión de dos a cuatro años:

1.º Los que invadan violentamente o con intimidación el local donde esté constituido el Consejo de Ministros o un Consejo de Gobierno de Comunidad Autónoma.

2.º Los que coarten o por cualquier medio pongan obstáculos a la libertad del Gobierno reunido en Consejo o de los miembros de un Gobierno de Comunidad Autónoma, reunido en Consejo, salvo que los hechos sean constitutivos de otro delito más grave.

Art. 504. 1. Incurrirán en la pena de multa de doce a dieciocho meses los que calumnien, injurien o amenacen gravemente al Gobierno de la Nación, al Consejo General del Poder Judicial, al Tribunal Constitucional, al Tribunal Supremo, o al Consejo de

---

Art. 504: El segundo apartado de este artículo fue introducido por Ley Orgánica 7/2000, de 22 de diciembre (*BOE* n.º 307, de 23 de diciembre), cuya Exposición de Motivos, en lo que a este precepto se refiere, dice:

«También mediante la introducción de nuevos tipos penales se pretende otorgar mayor protección jurídica a los miembros de las Corporaciones locales, legítimamente elegidos, y a los Plenos que celebran para el ejercicio de las funciones de la Corporación. A tal fin, se incorpora un nuevo artículo 505 en el Código Penal, que viene a sancionar las perturbaciones graves que se provoquen en las sesiones plenarias de estas Corporaciones, y se modifica el apartado 2 del artículo 551 para definir como atentado a la autoridad el realizado contra los miembros de las mismas, en términos similares a la protección que el Código otorga a los miembros de otras instituciones.

»Como consecuencia de la inclusión del nuevo artículo 505, se modifica también el artículo 504, que ahora refunde, en párrafos separados, los anteriores artículos 504 y 505, sobre injurias o amenazas graves a diversas instituciones.

»Con el mismo propósito de reforzar las instituciones democráticas y representativas y la dignidad de la función que legítimamente corresponde a quienes resultan elegidos por sus conciudadanos y con la finalidad de adecuar las penas a la naturaleza de los delitos cometidos, se ha considerado necesario limitar la posibilidad de que quien resulte condenado por delitos de terrorismo y que, por tanto, ha aten-

Gobierno o al Tribunal Superior de Justicia de una Comunidad Autónoma.

El culpable de calumnias o injurias conforme a lo dispuesto en el párrafo anterior quedará exento de pena si se dan las circunstancias previstas, respectivamente, en los artículos 207 y 210 de este Código.

Se impondrá la pena de prisión de tres a cinco años a los que empleen fuerza, violencia o intimidación para impedir a los miembros de dichos Organismos asistir a sus respectivas reuniones.

2. Los que injuriaren o amenazaren gravemente a los Ejércitos, Clases o Cuerpos y Fuerzas de Seguridad, serán castigados con la pena de multa de doce a dieciocho meses.

El culpable de las injurias previstas en el párrafo anterior quedará exento de pena si se dan las circunstancias descritas en el artículo 210 de este Código.

Art. 505. 1. Incurrirán en la pena de prisión de seis meses a un año quienes, sin ser miembros de la corporación local,

---

tado gravemente contra la democracia y el propio Estado de Derecho acceda inmediatamente a cargos públicos representativos. Para ello, la pena de inhabilitación absoluta, configurada en el Código Penal hasta esta fecha como pena accesoria en los delitos de terrorismo, se introduce como pena principal con una duración de seis a veinte años en el apartado segundo del nuevo artículo 579.»

V. arts. 58 a 60, 97 ss., 122, 123, 143 ss. y 159 a 165 CE. V., también, LO 2/1979, de 3 de octubre, del Tribunal Constitucional (*BOE* n.º 239, de 5 de octubre), modificada por LO 6/1988, de 9 de junio (*BOE* n.º 140, de 11 de junio; corrección de errores en *BOE* n.º 143, de 15 de junio), LO 7/1999, de 21 de abril (*BOE* n.º 96 de 22 de abril), LO 1/2000 de 7 de enero (*BOE* n.º 8, de 10 de enero), LO 6/2007, de 24 de mayo (*BOE* n.º 125, de 25 de mayo), y LO 1/2010, de 19 de febrero (*BOE* n.º 45, de 20 de febrero); y arts. 107 ss. LOPJ y 90 CPM.

Art. 505: Este artículo está redactado conforme al texto de la Ley Orgánica 1/2003, de 10 de marzo (*BOE* n.º 60, de 11 de marzo; corrección de errores en *BOE* n.º 207, de 29 de agosto), para la garantía de la democracia en los Ayuntamientos y la seguridad de los Concejales. La expresión «bandas armadas» que figuraba en este artículo ha sido suprimida por la LO 5/2010, de 22 de junio (*BOE* n.º 152, de 23 de junio), que entrará en vigor el próximo día 23 de diciembre de 2010. La redacción que sigue vigente hasta entonces es la siguiente:

Art. 505. 1. Incurrirán en la pena de prisión de seis meses a un año quienes, sin ser miembros de la corporación local, perturben de forma grave el orden de sus plenos impidiendo el acceso a los mismos, el desarrollo del orden del día previsto, la adopción de acuerdos o causen desórdenes que tengan por objeto manifestar el apoyo a bandas armadas, organizaciones o grupos terroristas.

2. Quienes, amparándose en la existencia de bandas armadas, organizaciones o grupos terroristas, calumnien, injurien, coaccionen o amenacen a los miembros de corporaciones locales, serán castigados con la pena superior en grado a la que corresponda por el delito cometido.

perturben de forma grave el orden de sus plenos impidiendo el acceso a los mismos, el desarrollo del orden del día previsto, la adopción de acuerdos o causen desórdenes que tengan por objeto manifestar el apoyo a organizaciones o grupos terroristas.

2. Quienes, amparándose en la existencia de organizaciones o grupos terroristas, calumnien, injurien, coaccionen o amenacen a los miembros de corporaciones locales, serán castigados con la pena superior en grado a la que corresponda por el delito cometido.

SECCIÓN 2.ª

De la usurpación de atribuciones

Art. 506. La autoridad o funcionario público que, careciendo de atribuciones para ello, dictare una disposición general o suspendiere su ejecución, será castigado con la pena de prisión de uno a tres años, multa de seis a doce meses e inhabilitación especial para empleo o cargo público por tiempo de seis a doce años.

Art. 506 bis. [*Suprimido por Ley Orgánica 2/2005, de 22 de junio.*]

La Exposición de Motivos de la citada Ley Orgánica 1/2003, de 10 de marzo, dice:

«Hacer efectiva la voluntad política expresada por quienes tienen plena confianza en que el sistema democrático garantiza la adecuada convivencia de nuestra sociedad, y con ello el derecho que la Constitución otorga a todos los ciudadanos, obliga a modificar determinadas normas de nuestro ordenamiento jurídico de manera que se permita hacer realidad la decisión de aislar a los terroristas, garantizando una mayor eficacia en el uso de los recursos de los que puede disponer nuestro sistema político.»

Art. 506 bis: Este artículo fue introducido en el Código por la Ley Orgánica 20/2003, de 23 de diciembre (*BOE* n.º 309, de 26 de diciembre), y suprimido por LO 2/2005, de 22 de junio (*BOE* n.º 149, de 23 de junio), cuya Exposición de Motivos dice lo siguiente:

«La Ley Orgánica 20/2003, de 23 de diciembre, de modificación de la Ley Orgánica del Poder Judicial y del Código Penal, en su artículo segundo, modificó el Código Penal introduciendo en él los artículos 506 bis, 521 bis y 576 bis. El artículo 506 bis castiga con penas de tres a cinco años de prisión e inhabilitación a la autoridad que convocara procesos electorales o consultas populares por vía de referéndum, careciendo de competencias para ello. Este artículo y el 521 bis también penalizan a quienes facilitaran, promovieran o aseguraran la realización de tales procesos o consultas. Por su parte, el artículo 576 bis castiga con pena de prisión a la autoridad o funcionario que allegara fondos, bienes, subvenciones o ayudas públicas a asociaciones o partidos disueltos o suspendidos por su relación con delitos de la sección segunda del capítulo V del título XXII del Código Penal.

»Los artículos anteriores, cuya derogación se lleva a cabo por la presente Ley, se refieren a conductas que no tienen la suficiente entidad como para merecer el reproche penal, y menos aún si la pena que se contempla es la prisión.

»El derecho penal se rige por los principios de intervención mínima y proporcionalidad, según tiene señalado el Tribu-

Art. 507. El Juez o Magistrado que se arrogare atribuciones administrativas de las que careciere, o impidiere su legítimo ejercicio por quien las ostentare, será castigado con la pena de prisión de seis meses a un año, multa de tres a seis meses y suspensión de empleo o cargo público por tiempo de uno a tres años.

Art. 508. 1. La autoridad o funcionario público que se arrogare atribuciones judiciales o impidiere ejecutar una resolución dictada por la autoridad judicial competente, será castigado con las penas de prisión de seis meses a un año, multa de tres a ocho meses y suspensión de empleo o cargo público por tiempo de uno a tres años.

2. La autoridad o funcionario administrativo o militar que atentare contra la independencia de los Jueces o Magistrados, garantizada por la Constitución, dirigiéndoles instrucción, orden o intimación relativas a causas o actuaciones que estén conociendo, será castigado con la pena de prisión de uno a dos años, multa de cuatro a diez meses e inhabilitación especial para empleo o cargo público por tiempo de dos a seis años.

Art. 509. El Juez o Magistrado, la autoridad o el funcionario público que, legalmente requerido de inhibición, continuare procediendo sin esperar a que se decida el correspondiente conflicto jurisdiccional, salvo en los casos permitidos por la Ley, será castigado con la pena de multa de tres a diez meses e inhabilitación especial para empleo o cargo público por tiempo de seis meses a un año.

---

nal Constitucional, que ha reiterado que no se puede privar a una persona del derecho a la libertad sin que sea estrictamente imprescindible. En nuestro ordenamiento hay otras formas de control de la legalidad diferentes de la vía penal.

»Así, el ejercicio de las potestades de convocar o promover consultas por quien no las tiene legalmente atribuidas es perfectamente controlable por vías diferentes a la penal.

»En cuanto a las ayudas públicas a asociaciones o partidos disueltos o suspendidos, el ordenamiento ya prevé una sanción penal si constituyeran actos de participación en asociación ilícita.

»En suma, las conductas que se contemplan en estos tipos penales no presentan las notas exigidas para proceder a su incriminación. La Constitución y el conjunto del ordenamiento jurídico ya cuentan con los instrumentos suficientes y adecuados para asegurar el respeto a la legalidad y a las instituciones democráticas y garantizar la convivencia pacífica de todos los ciudadanos.»

Art. 507: V. arts. 38 ss. LOPJ.

Art. 508: V. arts. 117.3.º CE y 442 LEC.

Art. 509: V. arts. 19 a 50 LECr y 72 ss. LEC; y LO 2/1987, de 18 de mayo (*BOE* n.º 120, de 20 de mayo), de Conflictos Jurisdiccionales.

CAPÍTULO IV

DE LOS DELITOS RELATIVOS AL EJERCICIO DE LOS DERECHOS FUNDAMENTALES Y LIBERTADES PÚBLICAS*

SECCIÓN 1.ª

*De los delitos cometidos con ocasión del ejercicio de los derechos fundamentales y de las libertades públicas garantizados por la Constitución***

Art. 510. 1. Los que provocaren a la discriminación, al odio o a la violencia contra grupos o asociaciones, por motivos racistas, antisemitas u otros referentes a la ideología, religión o creencias, situación familiar, la pertenencia de sus miembros a una etnia o raza, su origen nacional, su sexo, orientación sexual, enfermedad o minusvalía, serán castigados con la pena de prisión de uno a tres años y multa de seis a doce meses.

2. Serán castigados con la misma pena los que, con conocimiento de su falsedad o temerario desprecio hacia la verdad, difundieren informaciones injuriosas sobre grupos o asociaciones en relación a su ideología, religión o creencias, la pertenencia de sus miembros a una etnia o raza, su origen nacional, su sexo, orientación sexual, enfermedad o minusvalía.

Art. 511. 1. Incurrirá en la pena de prisión de seis meses a dos años y multa de doce a vein-

---

* La presente rúbrica figura redactada conforme a la LO 3/2002, de 22 de mayo (*BOE* n.º 123, de 23 de mayo), por la que se modifican la LO 10/1995, de 23 de noviembre, del Código Penal, y la LO 13/1985, de 9 de diciembre, del Código Penal Militar, en materia de delitos relativos al servicio militar y a la prestación social sustitutoria.

** V. arts 3.º y 29 LI.

Art. 510: V. art. 14 CE y nota al art. 607 de este Código. V. Ley 19/2007, de 11 de julio (*BOE* n.º 166, de 12 de julio), contra la violencia, el racismo, la xenofobia y la intolerancia en el deporte; y su Reglamento, aprobado por RD 203/2010, de 26 de febrero (*BOE* n.º 59, de 9 de marzo).

Art. 511: V. arts. 14 y 16 CE; art. 2.º DUDH; art. 26 PIDCP; art. 14 CPDHLF; Convención sobre la eliminación de todas las formas de discriminación contra la mujer de 18 de diciembre de 1979, ratificado por Instrumento de 16 de diciembre de 1983 (*BOE* n.º 69, de 21 de marzo de 1984); Convención sobre los Derechos del Niño, adoptada por la Asamblea General de las Naciones Unidas el 20 de noviembre de 1989 y ratificada por Instrumento de 30 de noviembre de 1990 (*BOE* n.º 313, de 31 de diciembre); Convención sobre el Estatuto de los Apátridas, de 28 de septiembre de 1954, a la que España se adhirió por Instrumento de 24 de abril de 1997 (*BOE* n.º 159, de 4 de julio); y Convenio-marco para la protección de las Minorías Nacionales (n.º 153 del Consejo de Europa), de 1 de febrero de 1995, ratificado por Instrumento de 20 de julio de 1995 (*BOE* n.º 20, de 23 de enero de 1998; corrección de errores en *BOE* n.º 37, de 12 de febrero, y corrección de erratas en *BOE* n.º 14 de febrero).

ticuatro meses e inhabilitación especial para empleo o cargo público por tiempo de uno a tres años el particular encargado de un servicio público que deniegue a una persona una prestación a la que tenga derecho por razón de su ideología, religión o creencias, su pertenencia a una etnia o raza, su origen nacional, su sexo, orientación sexual, situación familiar, enfermedad o minusvalía.

2. Las mismas penas serán aplicables cuando los hechos se cometan contra una asociación, fundación, sociedad o corporación o contra sus miembros por razón de su ideología, religión o creencias, la pertenencia de sus miembros o de alguno de ellos a una etnia o raza, su origen nacional, su sexo, orientación sexual, situación familiar, enfermedad o minusvalía.

3. Los funcionarios públicos que cometan alguno de los hechos previstos en este artículo, incurrirán en las mismas penas en su mitad superior y en la de inhabilitación especial para empleo o cargo público por tiempo de dos a cuatro años.

Art. 512. Los que en el ejercicio de sus actividades profesionales o empresariales denegaren a una persona una prestación a la que tenga derecho por razón de su ideología, religión o creencias, su pertenencia a una etnia, raza o nación, su sexo, orientación sexual, situación familiar, enfermedad o minusvalía, incurrirán en la pena de inhabilitación especial para el ejercicio de profesión, oficio, industria o comercio, por un período de uno a cuatro años.

Art. 513. Son punibles las reuniones o manifestaciones ilícitas, y tienen tal consideración:

Art. 512: V. nota al art. precedente; y art. 2.º LO 2/1997, de 19 de junio, reguladora de la cláusula de conciencia de los profesionales de la información (*BOE* n.º 147, de 20 de junio).

Art. 513: V. art. 21, 1 CE; art. 20 DUDH; art. 21 PIDCP; art. 11 CPDHLF; LO 4/2000, de 11 de enero (*BOE* n.º 10, de 12 de enero; corrección de errores en *BOE* n.º 20, de 24 de enero), sobre derechos y libertades de los extranjeros en España y su integración social, modificada por LO 8/2000, de 22 de diciembre (*BOE* n.º 307, de 23 de diciembre; corrección de errores en *BOE* n.º 47, de 23 de febrero de 2001), por LO 11/2003, de 29 de septiembre (*BOE* n.º 234, de 30 de septiembre), y por LO 14/2003, de 20 de noviembre (*BOE* n.º 279, de 21 de noviembre).

La LO 9/1983, de 15 de julio, reguladora del Derecho de reunión (*BOE* n.º 170, de 18 de julio), modificada por LO 9/1999, de 21 de abril (*BOE* n.º 96, de 22 de abril), dispone lo siguiente:

«CAPÍTULO PRIMERO: ÁMBITO DE APLICACIÓN.

»*Art. 1.º* 1. El derecho de reunión pacífica y sin armas, reconocido en el art. 21 de la Constitución, se ejercerá conforme a lo dispuesto en la presente Ley Orgánica.

»2. A los efectos de la presente Ley, se entiende por reunión la concurrencia concertada y temporal de más de 20 personas, con finalidad determinada.

1.º Las que se celebren con el fin de cometer algún delito.

2.º Aquellas a las que concurran personas con armas, arte-

»3. Son reuniones ilícitas las así tipificadas por las Leyes penales.

»*Art. 2.º* Se podrá ejercer el derecho de reunión, sin sujeción a las prescripciones de la presente Ley Orgánica, cuando se trate de las reuniones siguientes:

»*a*) Las que celebren las personas físicas en sus propios domicilios.

»*b*) Las que celebren las personas físicas en locales públicos o privados por razones familiares o de amistad.

»*c*) Las que celebren los Partidos políticos, Sindicatos, Organizaciones empresariales, Sociedades civiles y mercantiles, Asociaciones, Corporaciones, Fundaciones, Cooperativas, Comunidades de propietarios y demás Entidades legalmente constituidas en lugares cerrados, para sus propios fines y mediante convocatoria que alcance exclusivamente a sus miembros, o a otras personas nominalmente invitadas.

»*d*) Las que celebren los profesionales con sus clientes en lugares cerrados para los fines propios de su profesión.

»*e*) Las que se celebren en unidades, buques y recintos militares, a las que se refieren las Reales Ordenanzas de las Fuerzas Armadas, que se regirán por su legislación específica.

»CAPÍTULO II: DISPOSICIONES GENERALES.

»*Art. 3.º* 1. Ninguna reunión estará sometida al régimen de previa autorización.

»2. La autoridad gubernativa protegerá las reuniones y manifestaciones frente a quienes trataren de impedir, perturbar o menoscabar el lícito ejercicio de este derecho.

»*Art. 4.º* 1. Las reuniones, sometidas a la presente Ley, sólo podrán ser promovidas y convocadas por personas que se hallen en el pleno ejercicio de sus derechos civiles.

»2. Del buen orden de las reuniones y manifestaciones serán responsables sus organizadores, quienes deberán adoptar las medidas para el adecuado desarrollo de las mismas.

»3. Las personas naturales o jurídicas que figuren como organizadoras o promotoras de reuniones o manifestaciones, sólo responderán civilmente de los daños que los participantes causen a terceros cuando hayan omitido la diligencia razonablemente exigible para prevenir el daño causado.

»4. La asistencia de militares de uniforme, o haciendo uso de su condición militar, a reuniones o manifestaciones públicas se regirá por su legislación específica.

»*Art. 5.º* La autoridad gubernativa suspenderá y, en su caso, procederá a disolver las reuniones y manifestaciones en los siguientes supuestos:

»*a*) Cuando se consideren ilícitas de conformidad con las Leyes penales.

»*b*) Cuando se produzcan alteraciones del orden público, con peligro para personas o bienes.

»*c*) Cuando se hiciere uso de uniformes paramilitares por los asistentes.

»Tales resoluciones se comunicarán previamente a los concurrentes en la forma legalmente prevista.

»CAPÍTULO III: DE LAS REUNIONES EN LUGARES CERRADOS.

»*Art. 6.º* Los organizadores y promotores de reuniones, incluidas en el ámbito de aplicación de la presente Ley, que se celebren en lugares, locales o recintos cerrados, podrán solicitar la presencia de delegados de la autoridad gubernativa.

»*Art. 7.º* Los delegados de la autoridad gubernativa no intervendrán en las discusiones o debates ni harán uso de la palabra para advertir o corregir a los participantes, todo ello sin perjuicio de lo establecido en la Ley de Enjuiciamiento Civil.

»CAPÍTULO IV: DE LAS REUNIONES EN LUGARES DE TRÁNSITO PÚBLICO Y MANIFESTACIONES.

»*Art. 8.º* La celebración de reuniones en lugares de tránsito público y de manifestaciones deberán ser comunicadas por escrito a la autoridad gubernativa correspondiente por los organizadores o promotores de aquéllas, con una antelación de diez días naturales, como mínimo, y treinta como máximo. Si se tratare de personas jurídicas la comunicación deberá hacerse por su representante.

»Cuando existan causas extraordinarias y graves que justifiquen la urgencia de convocatoria y celebración de reuniones en lugares de tránsito público o manifestaciones, la comunicación, a que hace referencia el párrafo anterior, podrá hacerse con una antelación mínima de veinticuatro horas.

»*Art. 9.º* 1. En el escrito de comunicación se hará constar:

»*a*) Nombre, apellidos, domicilio y documento oficial de identificación del organizador u organizadores o de su representante, caso de personas jurídicas, consignando también la denominación, naturaleza y domicilio de éstas.

»*b*) Lugar, fecha, hora y duración prevista.

»*c*) Objeto de la misma.

»*d*) Itinerario proyectado, cuando se prevea la circulación por las vías públicas.

»*e*) Medidas de seguridad previstas por los organizadores o que se soliciten de la autoridad gubernativa.

»2. La autoridad gubernativa notificará al Ayuntamiento afectado los datos contenidos en el escrito de comunicación, excepto cuando se trate de una convocatoria urgente de las previstas en el párrafo segundo del artículo anterior, a fin de que éste informe en un plazo de veinticuatro horas sobre las circunstancias del recorrido propuesto. En caso de no recibirse el informe en dicho plazo, el mismo se entenderá favorable. El informe se referirá a causas objetivas tales como el estado de los lugares donde pretenda realizarse, la concurrencia con otros actos, las condiciones de seguridad de los lugares con arreglo a la normativa vigente y otras análogas de índole técnico. En todo caso, el informe no tendrá carácter vinculante y deberá ser motivado.

»*Art. 10.* Si la autoridad gubernativa considerase que existen razones fundadas de que puedan producirse alteraciones del orden público, con peligro para personas o bienes, podrá prohibir la reunión o manifestación o, en su caso, proponer la modificación de la fecha, lugar, duración o itinerario de la reunión o manifestación. La resolución deberá adoptarse en forma motivada, y notificarse en el plazo máximo de setenta y dos horas desde la comunicación prevista en el artículo 8.º, de acuerdo con los requisitos establecidos en la Ley 30/1992, de 26 de noviembre, de Régimen Jurídico de las Administraciones Públicas y del Procedimiento Administrativo Común.

»*Art. 11.* De no ser aceptada por los organizadores o promotores la prohibición u otras modificaciones propuestas, podrán interponer recursos contencioso-administrativos ante la Audiencia competente, en el plazo de cuarenta y ocho horas, trasladando copia de dicho recurso debidamente registrada a la autoridad gubernativa con el objeto de que aquélla remita inmediatamente el expediente a la Audiencia.

»El Tribunal tramitará dicho recurso de conformidad con lo establecido en el art. 7.6 de la Ley 62/1978, de 26 de diciembre, de protección jurisdiccional de los derechos fundamentales de la persona.

»*Disp. Adicional.* Tendrán la consideración de autoridad gubernativa a los efectos de la presente Ley, además de las de la Administración General del Estado, las correspondientes de las Comunidades Autónomas con competencias para protección de personas y bienes y para el mantenimiento de la seguridad ciudadana, con arreglo a lo dispuesto en los respectivos Estatutos y en la Ley Orgánica de Fuerzas y Cuerpos de Seguridad y conforme al proceso de despliegue de las respectivas policías autónomas.

»*Disps. Finales.*

»*1.ª* Esta Ley tiene carácter general y supletorio respecto de cualquiera [*sic*] otras en las que se regule el ejercicio del derecho de reunión.

»*2.ª* Queda derogada la Ley 17/1976, de 29 de mayo, reguladora del Derecho de Reunión, y cuantas disposiciones se opongan a lo dispuesto en la presente Ley.

factos explosivos u objetos contundentes o de cualquier otro modo peligroso.

Art. 514. 1. Los promotores o directores de cualquier reunión o manifestación comprendida en el número 1.º del artículo anterior y los que, en relación con el número 2.º del mismo, no hayan tratado de impedir por todos los medios a su alcance las circunstancias en ellos mencionadas, incurrirán en las penas de prisión de uno a tres años y multa de doce a veinticuatro meses. A estos efectos, se reputarán directores o promotores de la reunión o manifestación los que las convoquen o presidan.

2. Los asistentes a una reunión o manifestación que porten armas u otros medios igualmente peligrosos serán castigados con la pena de prisión de uno a dos años y multa de seis a doce meses. Los Jueces o Tribunales, atendiendo a los antecedentes del sujeto, circunstancias del caso y características del arma o instrumento portado, podrán rebajar en un grado la pena señalada.

3. Las personas que, con ocasión de la celebración de una reunión o manifestación, realicen actos de violencia contra la autoridad, sus agentes, personas o propiedades públicas o privadas, serán castigadas con la pena que a su delito corresponda, en su mitad superior.

4. Los que impidieren el legítimo ejercicio de las libertades de reunión o manifestación, o perturbaren gravemente el desarrollo de una reunión o manifestación lícita serán castigados con la pena de prisión de dos a tres años si los hechos se realizaren con violencia, y con la pena de prisión de tres a seis meses o multa de seis a doce meses si se cometieren mediante vías de hecho o cualquier otro procedimiento ilegítimo.

5. Los promotores o directores de cualquier reunión o manifestación que convocaren, celebraren o intentaren celebrar de

---

»*Disp. Transitoria.* En tanto no se promulgue la Ley Electoral prevista en el art. 81.1 de la Constitución, las reuniones y manifestaciones que se realicen con motivo de campaña de propaganda electoral estarán sujetas a la jurisdicción de los órganos de la Administración electoral.»

Ténganse, finalmente, en cuenta los arts. 16, 17 y 23.*c*) LOPSC.

Art. 514: El apartado 4 de este artículo figura redactado conforme al texto de la Ley Orgánica 15/2003, de 25 de noviembre (*BOE* n.º 283, de 26 de noviembre; corrección de errores en *BOE* n.º 65, de 16 de marzo, y n.º 80, de 2 de abril, ambos de 2004), que entró en vigor el 1 de octubre de 2004. Y el apartado 5 de este artículo había sido introducido por la Ley Orgánica 2/1998, de 15 de junio (*BOE* n.º 143, de 16 de junio), por la que se modificaron el Código Penal y la Ley de Enjuiciamiento Criminal.

nuevo una reunión o manifestación que hubiese sido previamente suspendida o prohibida, y siempre que con ello pretendieran subvertir el orden constitucional o alterar gravemente la paz pública, serán castigados con las penas de prisión de seis meses a un año y multa de seis a doce meses, sin perjuicio de la pena que pudiera corresponder, en su caso, conforme a los apartados precedentes.

Art. 515. Son punibles las asociaciones ilícitas, teniendo tal consideración:

Art. 515: El primer apartado de este artículo figura redactado conforme al texto de la LO 11/2003, de 29 de septiembre (*BOE* n.º 234, de 30 de septiembre), de medidas concretas en materia de seguridad ciudadana, violencia doméstica e integración social de los extranjeros; su apartado 6.º fue suprimido por la LO 15/2003, de 25 de noviembre (*BOE* n.º 283, de 26 de noviembre; corrección de errores en *BOE* n.º 65, de 16 de marzo, y n.º 80, de 2 de abril, ambos de 2004), que entró en vigor el 1 de octubre de 2004; y el ordinal 2.º lo ha sido por la LO 5/2010, de 22 de junio (*BOE* n.º 152, de 23 de junio), que entrará en vigor el próximo día 23 de diciembre de 2010. La redacción que sigue vigente hasta entonces es la siguiente:

> 2.º Las bandas armadas, organizaciones o grupos terroristas.

V. art. 22 CE, que dispone:

«1. Se reconoce el derecho de asociación.

»2. Las asociaciones que persigan fines o utilicen medios tipificados como delito son ilegales.

»3. Las asociaciones constituidas al amparo de este artículo deberán inscribirse en un registro a los solos efectos de publicidad.

»4. Las asociaciones sólo podrán ser disueltas o suspendidas en sus actividades en virtud de resolución judicial motivada.

»5. Se prohíben las asociaciones secretas y las de carácter paramilitar.»

V. art. 22 del PIDCP, que tiene el siguiente texto:

«1. Toda persona tiene derecho a asociarse libremente con otras, incluso el derecho a fundar sindicatos y afiliarse a ellos para la protección de sus intereses.

»2. El ejercicio de tal derecho sólo podrá estar sujeto a las restricciones previstas por la Ley que sean necesarias en una sociedad democrática, en interés de la seguridad nacional, de la seguridad pública o del orden público, o para proteger la salud o la moral públicas o los derechos y libertades de los demás. El presente artículo no impedirá la imposición de restricciones legales al ejercicio de tal derecho cuando se trate de miembros de las fuerzas armadas y de la policía.

»3. Ninguna disposición de este artículo autoriza a los Estados Partes en el Convenio de la Organización Internacional del Trabajo de 1948 relativo a la libertad sindical y a la protección del derecho de sindicación a adoptar medidas legislativas que puedan menoscabar las garantías previstas en él ni a aplicar la Ley de tal manera que pueda menoscabar esas garantías.»

V. también art. 20 DUDH; art. 11 CPDHLF; LO 1/2002, de 22 de marzo (*BOE* n.º 73, de 26 de marzo), reguladora del Derecho de Asociación, modificada por Ley 62/2003, de 30 de diciembre (*BOE* n.º 313, de 31 de diciembre); y LO 6/2002, de 27 de junio (*BOE* n.º 154, de 28 de junio), de Partidos Políticos. Téngase en cuenta, finalmente, la LO 4/2000, de 11 de enero (*BOE* n.º 10, de 12 de enero; corrección de errores en *BOE* n.º 20, de 24 de enero), sobre derechos y libertades de los extranjeros en España y su integración social, modificada por Ley Orgánica

1.º Las que tengan por objeto cometer algún delito o, después de constituidas, promuevan su comisión, así como las que tengan por objeto cometer o promover la comisión de faltas de forma organizada, coordinada y reiterada.

2.º [...].

3.º Las que, aun teniendo por objeto un fin lícito, empleen medios violentos o de alteración o control de la personalidad para su consecución.

4.º Las organizaciones de carácter paramilitar.

5.º Las que promuevan la discriminación, el odio o la violencia contra personas, grupos o asociaciones por razón de su ideología, religión o creencias, la pertenencia de sus miembros o de alguno de ellos a una etnia, raza o nación, su sexo, orientación sexual, situación familiar, enfermedad o minusvalía, o inciten a ello.

Art. 516. [*Suprimido por LO 5/2010, de 22 de junio.*]

Art. 517. En los casos previstos en los números 1.º y 3.º al 6.º del artículo 515 se impondrán las siguientes penas:

1.º A los fundadores, directores y presidentes de las asociaciones, las de prisión de dos a cuatro años, multa de doce a veinticuatro meses e inhabilitación especial para empleo o cargo público por tiempo de seis a doce años.

2.º A los miembros activos, las de prisión de uno a tres años y multa de doce a veinticuatro meses.

8/2000, de 22 de diciembre (*BOE* n.º 307, de 23 de diciembre; corrección de errores en *BOE* n.º 47, de 23 de febrero de 2001), por LO 11/2003, de 29 de septiembre (*BOE* n.º 234, de 30 de septiembre), y por LO 14/2003, de 20 de noviembre (*BOE* n.º 279, de 21 de noviembre).

Art. 516: Este artículo ha sido suprimido por la LO 5/2010, de 22 de junio (*BOE* n.º 152, de 23 de junio), que entrará en vigor el próximo día 23 de diciembre de 2010. La redacción que sigue vigente hasta entonces es la siguiente:

> *Art. 516.* En los casos previstos en el número 2 del artículo anterior, se impondrán las siguientes penas:
>
> 1.º A los promotores y directores de las bandas armadas y organizaciones terroristas, y a quienes dirijan cualquiera de sus grupos, las de prisión de ocho a catorce años y de inhabilitación especial para empleo o cargo público por tiempo de ocho a quince años.
>
> 2.º A los integrantes de las citadas organizaciones, la de prisión de seis a doce años, e inhabilitación especial para empleo o cargo público por tiempo de seis a catorce años.

Art. 517: El primer párrafo de este artículo figura redactado conforme al texto de la LO 4/2000, de 11 de enero (*BOE* n.º 10, de 12 de enero; corrección de errores en *BOE* n.º 20, de 24 de enero), sobre derechos y libertades de los extranjeros en España y su integración social.

Art. 518. Los que con su cooperación económica o de cualquier otra clase, en todo caso relevante, favorezcan la fundación, organización o actividad de las asociaciones comprendidas en los números 1.º y 3.º al 6.º del artículo 515, incurrirán en la pena de prisión de uno a tres años, multa de doce a veinticuatro meses, e inhabilitación para empleo o cargo público por tiempo de uno a cuatro años.

Art. 519. La provocación, la conspiración y la proposición para cometer el delito de asociación ilícita se castigarán con la pena inferior en uno o dos grados a la que corresponda, respectivamente, a los hechos previstos en los artículos anteriores.

Art. 520. Los Jueces o Tribunales, en los supuestos previstos en el artículo 515, acordarán la disolución de la asociación ilícita y, en su caso, cualquier otra de las consecuencias accesorias del artículo 129 de este Código.

Art. 521. En el delito de asociación ilícita, si el reo fuera autoridad, agente de ésta o funcionario público, se le impondrá, además de las penas señaladas, la de inhabilitación absoluta de diez a quince años.

Art. 521 bis. [*Suprimido por Ley Orgánica 2/2005, de 22 de junio.*]

SECCIÓN 2.ª

*De los delitos contra la libertad de conciencia, los sentimientos religiosos y el respeto a los difuntos**

Art. 522. Incurrirán en la pena de multa de cuatro a diez meses:

Art. 518: Este artículo figura redactado conforme al texto de la LO 4/2000, de 11 de enero (*BOE* n.º 10, de 12 de enero; corrección de errores en *BOE* n.º 20, de 24 de enero), sobre derechos y libertades de los extranjeros en España y su integración social.

Art. 521 bis: Este artículo fue incorporado al Código por la Ley Orgánica 20/2003, de 23 de diciembre (*BOE* n.º 309, de 26 de diciembre), y suprimido por LO 2/2005, de 22 de junio (*BOE* n.º 149, de 23 de junio), cuya Exposición de Motivos se reproduce en nota al art. 506 bis de este Código.

* V. arts. 14 y 16 CE; este último precepto dispone lo siguiente:

«1. Se garantiza la libertad ideológica, religiosa y de culto de los individuos y las comunidades sin más limitación, en sus manifestaciones, que la necesaria para el mantenimiento del orden público protegido por la Ley.

»2. Nadie podrá ser obligado a declarar sobre su ideología, religión o creencias.

»3. Ninguna confesión tendrá carácter estatal. Los poderes públicos tendrán en cuenta las creencias religiosas de la sociedad española y mantendrán las consiguientes relaciones de cooperación con la Iglesia Católica y las demás confesiones.»

V., también, art. 18 PIDCP, que tiene el siguiente texto:

«1. Toda persona tiene derecho a la libertad de pensamiento, de conciencia y de religión; este derecho incluye la libertad

1.º Los que por medio de violencia, intimidación, fuerza o cualquier otro apremio ilegítimo impidan a un miembro o miembros de una confesión religiosa practicar los actos propios de las creencias que profesen, o asistir a los mismos.

2.º Los que por iguales medios fuercen a otro u otros a practicar o concurrir a actos de culto o ritos, o a realizar actos reveladores de profesar o no profesar una religión, o a mudar la que profesen.

Art. 523. El que con violencia, amenaza, tumulto o vías de hecho, impidiere, interrumpiere o perturbare los actos, funciones, ceremonias o manifestaciones de las confesiones religiosas inscritas en el correspondiente registro público del Ministerio de Justicia e Interior, será castigado con la pena de prisión de seis meses a seis años, si el hecho se ha cometido en lugar destinado al culto, y con la de multa de cuatro a diez meses si se realiza en cualquier otro lugar.

Art. 524. El que en templo, lugar destinado al culto o en ceremonias religiosas ejecutare actos de profanación en ofensa de los sentimientos religiosos legalmente tutelados será castigado con la pena de prisión de seis meses a un año o multa de doce a veinticuatro meses.

Art. 525. 1. Incurrirán en la pena de multa de ocho a doce meses los que, para ofender los sentimientos de los miembros de una confesión religiosa, hagan públicamente, de palabra, por

---

de tener o adoptar la religión o las creencias de su elección, así como la libertad de manifestar su religión o sus creencias, individual o colectivamente, tanto en público como en privado, mediante el culto, la celebración de los ritos, las prácticas y la enseñanza.

»2. Nadie será objeto de medidas coercitivas que puedan menoscabar su libertad de tener o de adoptar la religión o las creencias de su elección.

»3. La libertad de manifestar la propia religión o las propias creencias estará sujeta únicamente a las limitaciones prescritas por la Ley que sean necesarias para proteger la seguridad, el orden, la salud o la moral públicos, o los derechos y libertades fundamentales de los demás.

»4. Los Estados Partes en el presente Pacto se comprometen a respetar la libertad de los padres y, en su caso, de los tutores legales, para garantizar que los hijos reciban la educación religiosa y moral que esté de acuerdo con sus propias convicciones.»

V., además, art. 18 DUDH; art. 9.º CPDHLF; LO 7/1980, de 5 de julio, de Libertad Religiosa (*BOE* n.º 177, de 24 de julio); Acuerdo entre el Estado Español y la Santa Sede sobre Asuntos Jurídicos de 3 de enero de 1977, ratificado por Instrumento de 4 de diciembre de 1979 (*BOE* n.º 300, de 15 de diciembre).

Art. 524: Este artículo figura redactado conforme al texto de la Ley Orgánica 15/2003, de 25 de noviembre (*BOE* n.º 283, de 26 de noviembre; corrección de errores en *BOE* n.º 65, de 16 de marzo, y n.º 80, de 2 de abril, ambos de 2004), que entró en vigor el 1 de octubre de 2004.

escrito o mediante cualquier tipo de documento, escarnio de sus dogmas, creencias, ritos o ceremonias, o vejen, también públicamente, a quienes los profesan o practican.

2. En las mismas penas incurrirán los que hagan públicamente escarnio, de palabra o por escrito, de quienes no profesan religión o creencia alguna.

Art. 526. El que, faltando al respeto debido a la memoria de los muertos, violare los sepulcros o sepulturas, profanare un cadáver o sus cenizas o, con ánimo de ultraje, destruyere, alterare o dañare las urnas funerarias, panteones, lápidas o nichos será castigado con la pena de prisión de tres a cinco meses o multa de seis a diez meses.

SECCIÓN 3.ª

[*Suprimida por la LO 3/2002, de 22 de mayo*]*

Art. 527. [*Sin contenido por la LO 3/2002, de 22 de mayo.*]

Art. 528. [*Derogado por Ley Orgánica 7/1998, de 5 de octubre.*]

Art. 526: Este artículo figura redactado conforme al texto de la Ley Orgánica 15/2003, de 25 de noviembre (*BOE* n.º283, de 26 de noviembre; corrección de errores en *BOE* n.º 65, de 16 de marzo, y n.º 80, de 2 de abril, ambos de 2004), que entró en vigor el 1 de octubre de 2004.

* La LO 3/2002, de 22 de mayo (*BOE* n.º 123, de 23 de mayo), por la que se modifican la LO 10/1995, de 23 de noviembre, del Código Penal, y la LO 13/1985, de 9 de diciembre, del Código Penal Militar, en materia de delitos relativos al servicio militar y a la prestación social sustitutoria, tiene la siguiente Exposición de Motivos:

«El actual proceso de profesionalización de las Fuerzas Armadas en que se encuentra España ha permitido que, desde el 31 de diciembre del año 2001, tanto el cumplimiento del servicio militar como la prestación social sustitutoria hayan quedado suspendidos, en virtud de los Reales Decretos 247/2001, de 9 de marzo, y 342/2001, de 4 de abril, dictados en uso de la autorización concedida al Gobierno por la disposición transitoria decimoctava de la Ley 17/1999, de 18 de mayo, de Régimen de Personal de las Fuerzas Armadas.

»Este cambio trascendental debe tener su inmediato reflejo en la normativa penal, sin perjuicio de una posterior regulación de los supuestos de incumplimiento de las obligaciones relativas a la participación de todos los ciudadanos en la defensa, en consonancia con el derecho y el deber establecidos en el artículo 30.1 de la Constitución.

»Por ello, mediante la presente Ley Orgánica se dejan sin contenido los artículos 527 y 604 de la Ley Orgánica 10/1995, de 23 de noviembre, del Código Penal, que tipifican los delitos contra los deberes de cumplimiento de la prestación social sustitutoria y de prestación del servicio militar, hoy de imposible comisión.

»La reforma sería incompleta si no afectara también a la Ley Orgánica 13/1985, de 9 de diciembre, del Código Penal Militar. Así, se deroga su artículo 119 bis, que castiga al militar de reemplazo que injustificadamente se ausentare de su unidad, destino o lugar de residencia por más de quince días o no se presentare transcurrido dicho plazo desde el momento en que debió efec-

CAPÍTULO V

DE LOS DELITOS COMETIDOS POR LOS FUNCIONARIOS PÚBLICOS CONTRA LAS GARANTÍAS CONSTITUCIONALES*

SECCIÓN 1.ª

De los delitos cometidos por los funcionarios públicos contra la libertad individual

Art. 529. 1. El Juez o Magistrado que entregare una causa criminal a otra autoridad o funcionario, militar o administrativo, que ilegalmente se la reclame, será castigado con la pena de inhabilitación especial para empleo o cargo público por tiempo de seis meses a dos años.

2. Si además entregara la persona de un detenido, se le impondrá la pena superior en grado.

Art. 530. La autoridad o funcionario público que, mediando causa por delito, acordare, practicare o prolongare cualquier privación de libertad de un detenido, preso o sentenciado, con violación de los plazos o demás garantías constitucionales o legales, será castigado con la pena de inhabilitación especial para

---

tuar su incorporación. Y también se da nueva redacción a su artículo 120, que tifipica el delito de deserción, que a partir de ahora sólo podrán cometer los militares profesionales y los reservistas incorporados a las unidades, centros u organismos correspondientes del Ministerio de Defensa.

»Finalmente se incluye una disposición transitoria con la finalidad de que se revisen las sentencias firmes dictadas en relación con la comisión de los delitos que se despenalizan por la presente Ley Orgánica, y de que se sobresean y archiven los procedimientos penales incoados por dichos delitos»

* V. arts. 489 a 491, 495 y 496 LECr; art. 146 LRJAP; y arts. 4.º y 7.º del RD 1.398/1993, de 4 de agosto, por el que se aprueba el Reglamento de Procedimiento para el ejercicio de la potestad sancionadora de las Administraciones Públicas (*BOE* n.º 189, de 9 de agosto).

Art. 529: V. Ley 3/2003, de 14 de marzo (*BOE* n.º 65, de 17 de marzo), sobre la orden europea de detención y entrega (Apéndice 5).

Art. 530: V. nota a la rúbrica del Capítulo Primero del Título VI del Libro II de este Código y, especialmente, art. 17.4.º CE; y LO 6/1984, de 24 de mayo (*BOE* n.º 126, de 26 de mayo), reguladora del procedimiento de *Habeas Corpus*. V. también arts. 309, 489, 492 ss. y 750 LECr; 15, 17 y 51 a 53 LOGP y 15, 16, 19, 23 y 41 ss. RP. Ténganse en cuenta, no obstante, arts. 55 y 116 CE, así como art. 520 bis LECr y la LO 4/2000, de 11 de enero (*BOE* n.º 10, de 12 de enero; corrección de errores en *BOE* n.º 20, de 24 de enero), sobre derechos y libertades de los extranjeros en España y su integración social, modificada por LO 8/2000, de 22 de diciembre (*BOE* n.º 307, de 23 de diciembre; corrección de errores en *BOE* n.º 47, de 23 de febrero de 2001), por LO 11/2003, de 29 de septiembre (*BOE* n.º 234, de 30 de septiembre), y por LO 2/2009, de 11 de diciembre (*BOE* n.º 299, de 12 de diciembre); y la LO 4/1981, de 1 de junio, reguladora de los estados de alarma, excepción y sitio (*BOE* n.º 134, de 5 de junio).

empleo o cargo público por tiempo de cuatro a ocho años.

Art. 531. La autoridad o funcionario público que, mediando causa por delito, decretare, practicare o prolongare la incomunicación de un detenido, preso o sentenciado, con violación de los plazos o demás garantías constitucionales o legales, será castigado con la pena de inhabilitación especial para empleo o cargo público por tiempo de dos a seis años.

Art. 532. Si los hechos descritos en los dos artículos anteriores fueran cometidos por imprudencia grave, se castigarán con la pena de suspensión de empleo o cargo público por tiempo de seis meses a dos años.

Art. 533. El funcionario penitenciario o de centros de protección o corrección de menores que impusiere a los reclusos o internos sanciones o privaciones indebidas, o usare con ellos de un rigor innecesario, será castigado con la pena de inhabilitación especial para empleo o cargo público por tiempo de dos a seis años.

SECCIÓN 2.ª

De los delitos cometidos por los funcionarios públicos contra la inviolabilidad domiciliaria y demás garantías de la intimidad

Art. 534. 1. Será castigado con las penas de multa de seis a doce meses e inhabilitación especial para empleo o cargo público de dos a seis años la autoridad o funcionario público que, mediando causa por delito, y sin respetar las garantías constitucionales o legales:

1.º Entre en un domicilio sin el consentimiento del morador.

2.º Registre los papeles o documentos de una persona o los efectos que se hallen en su domicilio, a no ser que el dueño haya prestado libremente su consentimiento.

Si no devolviera al dueño, inmediatamente después del registro, los papeles, documentos y efectos registrados, las penas serán las de inhabilitación especial para empleo o cargo público de seis a doce años y multa de doce a veinticuatro meses, sin perjuicio de la pena que pudiera corresponderle por la apropiación.

Art. 531: V. nota al art. anterior.

Art. 533: V. arts. 41 a 45 LOGP y 4.º y 232 ss. RP.

Art. 534: V. nota a la rúbrica del Capítulo II del Título X del Libro II de este Código.

2. La autoridad o funcionario público que, con ocasión de lícito registro de papeles, documentos o efectos de una persona, cometa cualquier vejación injusta o daño innecesario en sus bienes, será castigado con las penas previstas para estos hechos, impuestas en su mitad superior, y, además, con la pena de inhabilitación especial para empleo o cargo público por tiempo de dos a seis años.

Art. 535. La autoridad o funcionario público que, mediando causa por delito, interceptare cualquier clase de correspondencia privada, postal o telegráfica, con violación de las garantías constitucionales o legales, incurrirá en la pena de inhabilitación especial para empleo o cargo público de dos a seis años.

Si divulgara o revelara la información obtenida, se impondrá la pena de inhabilitación especial, en su mitad superior, y, además, la de multa de seis a dieciocho meses.

Art. 536. La autoridad, funcionario público o agente de éstos que, mediando causa por delito, interceptare las telecomunicaciones o utilizare artificios técnicos de escuchas, transmisión, grabación o reproducción del sonido, de la imagen o de cualquier otra señal de comunicación, con violación de las garantías constitucionales o legales, incurrirá en la pena de inhabilitación especial para empleo o cargo público de dos a seis años.

Si divulgare o revelare la información obtenida, se impondrán las penas de inhabilitación especial, en su mitad superior y, además, la de multa de seis a dieciocho meses.

SECCIÓN 3.ª

De los delitos cometidos por los funcionarios públicos contra otros derechos individuales

Art. 537. La autoridad o funcionario público que impida u obstaculice el derecho a la asistencia de abogado al detenido o preso, procure o favorezca la renuncia del mismo a dicha asistencia o no le informe de forma

---

Art. 535: V. nota a la rúbrica del Capítulo I del Título X del Libro II de este Código.

Art. 536: V. arts. 18.3.º CE, 51 LOGP, 43 y 46 ss. RP y 579 LECr.

Art. 537: V. arts. 17.3 CE, 520 ss. LECr, 51.2.º y 52.3.º LOGP y 41.3.º y 46 ss. RP.

inmediata y de modo que le sea comprensible de sus derechos y de las razones de su detención, será castigado con la pena de multa de cuatro a diez meses e inhabilitación especial para empleo o cargo público de dos a cuatro años.

Art. 538. La autoridad o funcionario público que establezca la censura previa o, fuera de los casos permitidos por la Constitución y las Leyes, recoja ediciones de libros o periódicos o suspenda su publicación o la difusión de cualquier emisión radiotelevisiva, incurrirá en la pena de inhabilitación absoluta de seis a diez años.

Art. 539. La autoridad o funcionario público que disuelva o suspenda en sus actividades a una

---

Art. 538: V. art. 20 CE (no obstante, v. arts. 55.1 y 116 CE y la LO 4/1981, de 1 de junio, de los estados de alarma, excepción y sitio), que dispone lo siguiente:

«1. Se reconocen y protegen los derechos:

»*a*) A expresar y difundir libremente los pensamientos, ideas y opiniones mediante la palabra, el escrito o cualquier otro medio de reproducción.

»*b*) A la producción y creación literaria, artística, científica y técnica.

»*c*) A la libertad de cátedra.

»*d*) A comunicar o recibir libremente información veraz por cualquier medio de difusión. La Ley regulará el derecho a la cláusula de conciencia y al secreto profesional en el ejercicio de estas libertades.

»2. El ejercicio de estos derechos no puede restringirse mediante ningún tipo de censura previa.

»3. La Ley regulará la organización y el control parlamentario de los medios de comunicación social dependientes del Estado o de cualquier ente público y garantizará el acceso a dichos medios de los grupos sociales y políticos significativos, respetando el pluralismo de la sociedad y de las diversas lenguas de España.

»4. Estas libertades tienen su límite en el respeto a los derechos reconocidos en este Título, en los preceptos de las leyes que lo desarrollen y, especialmente, en el derecho al honor, a la intimidad, a la propia imagen y a la protección de la juventud y de la infancia.

»5. Sólo podrá acordarse el secuestro de publicaciones, grabaciones y otros medios de información en virtud de resolución judicial.»

V. también art. 19 PIDCP:

«1. Nadie podrá ser molestado a causa de sus opiniones.

»2. Toda persona tiene derecho a la libertad de expresión; este derecho comprende la libertad de buscar, recibir y difundir informaciones e ideas de toda índole, sin consideración de fronteras, ya sea oralmente, por escrito o en forma impresa o artística, o por cualquier otro procedimiento de su elección.

»3. El ejercicio del derecho previsto en el párrafo 2 de este artículo entraña deberes y responsabilidades especiales. Por consiguiente, puede estar sujeto a ciertas restricciones que deberán, sin embargo, estar expresamente fijadas por la Ley y ser necesarias para:

»*a*) Asegurar el respeto a los derechos o a la reputación de los demás.

»*b*) La protección de la seguridad nacional, el orden público o la salud o la moral públicas.»

V., finalmente, arts. 19 DUDH y 10 CPDHLF.

Art. 539: V. art. 22 CE, y LO 1/2002, de 22 de marzo (*BOE* n.º 73, de 26 de marzo), reguladora del Derecho de Asociación.

asociación legalmente constituida, sin previa resolución judicial, o sin causa legítima le impida la celebración de sus sesiones, será castigado con la pena de inhabilitación especial para empleo o cargo público de ocho a doce años y multa de seis a doce meses.

Art. 540. La autoridad o funcionario público que prohiba una reunión pacífica o la disuelva fuera de los casos expresamente permitidos por las Leyes, será castigado con la pena de inhabilitación especial para empleo o cargo público de cuatro a ocho años y multa de seis a nueve meses.

Art. 541. La autoridad o funcionario público que expropie a una persona de sus bienes fuera de los casos permitidos y sin cumplir los requisitos legales, incurrirá en las penas de inhabilitación especial para empleo o cargo público de uno a cuatro años y multa de seis a doce meses.

Art. 542. Incurrirá en la pena de inhabilitación especial para empleo o cargo público por tiempo de uno a cuatro años la autoridad o el funcionario público que, a sabiendas, impida a una persona el ejercicio de otros derechos cívicos reconocidos por la Constitución y las Leyes.

Art. 540: V. art. 21 CE, y LO 9/1983, de 15 de julio (*BOE* n.º 170, de 18 de julio), reguladora del derecho de reunión, modificada por LO 9/1999, de 21 de abril (*BOE* n.º 96, de 22 de abril). V. igualmente la STS de 4 de marzo de 2002 (*BOE* n.º 87, de 11 de abril), por la que se fija la siguiente doctrina legal en relación con los arts. 5.º*a*) y 10 de esta LO: «En aplicación conjunta de los artículos 5.*a*) y 10 de la Ley Orgánica 9/1983, reguladora del Derecho de Reunión, la autoridad gubernativa tiene la facultad de prohibir una manifestación si estima razonadamente que concurren indicios de que pueda ser constitutiva de delito y, como tal, potencialmente generadora de alteraciones del orden público, con peligro para personas o bienes.»

Art. 541: V. art. 33 CE, reproducido en nota a la rúbrica del Título XIII del Libro II de este Código. V., además, art. 17 DUDH; Ley de Expropiación Forzosa de 16 de diciembre de 1954 (*BOE* n.º 351, de 17 de diciembre), modificada por la Ley 11/1996, de 27 de diciembre, de Presupuestos Generales del Estado para 1997 (*BOE* n.º 313, de 28 de diciembre), por Ley 53/2002, de 30 de diciembre (*BOE* n.º 313, de 31 de diciembre), y por Ley 8/2007, de 28 de mayo (*BOE* n.º 128, de 29 de mayo), de suelo; Reglamento de dicha Ley de 26 de abril de 1957 (*BOE* n.º 160, de 20 de junio); Decreto de 23 de diciembre de 1955 sobre Disposiciones Vigentes sobre Expropiación Forzosa (*BOE* n.º 17, de 17 de enero de 1956); Ley 40/1994, de 30 de diciembre (*BOE* n.º 313, de 31 de diciembre), de ordenación del Sistema Eléctrico Nacional.

Art. 542: V. arts. 10 ss. CE.

CAPÍTULO VI

De los ultrajes a España

Art. 543. Las ofensas o ultrajes de palabra, por escrito o de hecho a España, a sus Comunidades Autónomas o a sus símbolos o emblemas, efectuados con publicidad, se castigarán con la pena de multa de siete a doce meses.

Art. 543: V. art. 4 CE; art. 87 CPM. V., además, Ley 33/1981, de 5 de octubre, del Escudo de España (*BOE* de 19 de octubre), y RD 2.864/1981, de 18 de diciembre, por el que se hace público el modelo oficial del Escudo de España (*BOE* n.º 303, de 19 de diciembre).

V., finalmente, Ley 39/1981, de 28 de octubre, por la que se regula el uso de la Bandera de España y de otras Banderas y Enseñas (*BOE* n.º 271, de 12 de noviembre), y, en especial, su art. 10 que dispone lo siguiente:

«1. Los ultrajes y ofensas a la bandera de España y a las contempladas en el artículo 4.º del presente texto, se castigarán conforme a lo dispuesto en las leyes.

»2. *Las infracciones de lo previsto en esta ley se considerarán incursas en lo establecido en el artículo 123 y concordantes del Código Penal y, en su caso, en el artículo 316 del Código de Justicia Militar, sin perjuicio de las sanciones administrativas que pudieran proceder.*

»3. *Los ultrajes y ofensas a las banderas a que se refiere el artículo 3.º de esta ley, se considerarán siempre como cometidos con publicidad a los efectos de lo dispuesto en el citado artículo 123 del Código Penal.*

»4. Sin perjuicio de la responsabilidad en que incurran los autores de las infracciones de lo dispuesto en esta Ley, lo establecido en el artículo 123 del Código Penal o 316 del Código de Justicia Militar, en los casos de personas y lugares previstos en este último, serán asimismo de aplicación a los Presidentes, Directores o titulares de organismos, instituciones, centros o dependencias y a los representantes legales de partidos políticos, sindicatos, asociaciones o entidades privadas de toda índole que, tras ser requeridos para el cumplimiento de esta Ley por la autoridad gubernativa, incumplan lo preceptuado en los artículos anteriores.»

El art. 10.3 de la Ley 39/1981, de 28 de octubre, ha sido declarado inconstitucional por la Sentencia 118/1992, de 16 de septiembre, del Tribunal Constitucional, y el art. 10.2 de la referida Ley ha sido declarado igualmente inconstitucional por la Sentencia 119/1992, de 18 de septiembre, del mismo Tribunal.

TÍTULO XXII

Delitos contra el orden público

CAPÍTULO PRIMERO

SEDICIÓN*

Art. 544. Son reos de sedición los que, sin estar comprendidos en el delito de rebelión, se alcen pública y tumultuariamente para impedir, por la fuerza o fuera de las vías legales, la aplicación de las Leyes o a cualquier autoridad, corporación oficial o funcionario público, el legítimo ejercicio de sus funciones o el cumplimiento de sus acuerdos, o de las resoluciones administrativas o judiciales.

Art. 545. 1. Los que hubieren inducido, sostenido o dirigido la sedición o aparecieren en ella como sus principales autores, serán castigados con la pena de prisión de ocho a diez años, y con la de diez a quince años, si fueran personas constituidas en autoridad. En ambos casos se impondrá, además, la inhabilitación absoluta por el mismo tiempo.

2. Fuera de estos casos, se impondrá la pena de cuatro a ocho años de prisión, y la de inhabilitación especial para empleo o cargo público por tiempo de cuatro a ocho años.

Art. 546. Lo dispuesto en el artículo 474 es aplicable al caso de sedición cuando ésta no haya llegado a organizarse con jefes conocidos.

Art. 547. En el caso de que la sedición no haya llegado a entorpecer de un modo grave el ejercicio de la autoridad pública y no haya tampoco ocasionado la perpetración de otro delito al que la Ley señale penas graves, los Jueces o Tribunales rebajarán en uno o dos grados las penas señaladas en este capítulo.

Art. 548. La provocación, la conspiración y la proposición para la sedición serán castigadas con las penas inferiores en uno o dos grados a las respectivamente previstas, salvo que llegue a tener efecto la sedición, en cuyo caso se castigará con la pena señalada en el primer apartado del artículo 545, y a sus

* V. art. 3 LI; arts. 91 ss. CPM; arts. 20 a 27 LPPNA; art. 23 LOPJ, reproducido en nota al art. 3.1 LE (Apéndice 4).

Art. 544: V. Ley Orgánica del Régimen Electoral General (Apéndice 6).

autores se los considerará promotores.

Art. 549. Lo dispuesto en los artículos 479 a 484 es también aplicable al delito de sedición.

CAPÍTULO II

DE LOS ATENTADOS CONTRA LA AUTORIDAD, SUS AGENTES Y LOS FUNCIONARIOS PÚBLICOS, Y DE LA RESISTENCIA Y DESOBEDIENCIA*

Art. 550. Son reos de atentado los que acometan a la autoridad, a sus agentes o funcionarios públicos, o empleen fuerza contra ellos, los intimiden gravemente o les hagan resistencia activa también grave, cuando se hallen ejecutando las funciones de sus cargos o con ocasión de ellas.

Art. 551. 1. Los atentados comprendidos en el artículo anterior serán castigados con las penas de prisión de dos a cuatro años y multa de tres a seis meses si el atentado fuera contra autoridad y de prisión de uno a tres años en los demás casos.

2. No obstante lo previsto en el apartado anterior, si la autoridad contra la que se atentare fuera miembro del Gobierno, de los Consejos de Gobierno de las Comunidades Autónomas, del Congreso de los Diputados, del Senado o de las Asambleas Legislativas de las Comunidades Autónomas, de las Corporaciones locales, del Consejo General del Poder Judicial o Magistrado del Tribunal Constitucional, se impondrá la pena de prisión de cuatro a seis años y multa de seis a doce meses.

Art. 552. Se impondrán las penas superiores en grado a las respectivamente previstas en el artículo anterior siempre que en el atentado concurra alguna de las circunstancias siguientes:

1.ª Si la agresión se verificara con armas u otro medio peligroso.

2.ª Si el autor del hecho se prevaliera de su condición de autoridad, agente de ésta o funcionario público.

---

* V. arts. 87 CPM y 23 LOPJ, reproducido en nota al art. 3.1 LE (Apéndice 4). V., también, LO 2/1986, de 13 de marzo (*BOE* n.º 63, de 14 de marzo), de Fuerzas y Cuerpos de Seguridad; y LOPSC.

Art. 551: El apartado 2 de este artículo figura redactado conforme al texto de la Ley Orgánica 7/2000, de 22 de diciembre (*BOE* n.º 307, de 23 de diciembre), cuya Exposición de Motivos, en lo que a este precepto se refiere, está parcialmente reproducida en nota al art. 504 de este mismo Código.

Art. 553. La provocación, la conspiración y la proposición para cualquiera de los delitos previstos en los artículos anteriores, será castigada con la pena inferior en uno o dos grados a la del delito correspondiente.

Art. 554. 1. El que maltratare de obra o hiciere resistencia activa grave a fuerza armada en el ejercicio de sus funciones o con ocasión de ellas, será castigado con las penas establecidas en los artículos 551 y 552, en sus respectivos casos.

2. A estos efectos, se entenderán por fuerza armada los militares que, vistiendo uniforme, presten un servicio que legalmente esté encomendado a las Fuerzas Armadas y les haya sido reglamentariamente ordenado.

Art. 555. Las penas previstas en los artículos 551 y 552 se impondrán en un grado inferior, en sus respectivos casos, a los que acometan o intimiden a las personas que acudan en auxilio de la autoridad, sus agentes o funcionarios.

Art. 556. Los que, sin estar comprendidos en el artículo 550, resistieren a la autoridad o sus agentes, o los desobedecieren gravemente, en el ejercicio de sus funciones, serán castigados con la pena de prisión de seis meses a un año.

CAPÍTULO III

De los desórdenes públicos*

Art. 557. 1. Serán castigados con la pena de prisión de seis meses a tres años los que, actuando en grupo, y con el fin de aten-

Art. 554: V. art. 85 CPM.

Art. 556: V. art. 24.2 LO 3/1981, de 6 de abril, del Defensor del Pueblo (*BOE* n.º 109, de 7 de mayo). Lo dispuesto en el art. 46.6 de la Ley 16/1989, de 17 de julio, de Defensa de la Competencia (*BOE* n.º 170, de 18 de julio), modificada por RD-L 6/1999, de 16 de abril (*BOE* n.º 92, de 17 de abril; corrección de errores en *BOE* n.º 101, de 28 de abril), Ley 52/1999, de 28 de diciembre (*BOE* n.º 311, de 29 de diciembre), y RD-L 2/2001, de 2 de febrero (*BOE* n.º 30, de 3 de febrero): «La desobediencia a las intimaciones del Tribunal será castigada conforme a lo establecido en el Código Penal», es penalmente irrelevante, en cuanto que este art. 556 no es una norma penal en blanco, y en cuanto que una Ley ordinaria, como lo es la 16/1989, no puede tipificar conductas como delitos.

* V. Convenio Europeo de 19 de agosto de 1985 sobre la violencia e irrupciones de espectadores con motivo de manifestaciones deportivas y especialmente de partidos de fútbol, ratificado por Instrumento de 22 de junio de 1987 (*BOE* n.º 193, de 13 de agosto); arts. 60 ss. Ley 10/1990, de 15 de octubre, del Deporte (*BOE* n.º 249, de 17 de octubre); Ley 19/2007, de 11 de julio (*BOE* n.º 166, de 12 de julio), contra la violencia, el racismo, la xenofobia y la intolerancia en el deporte; RD 75/1992, de 31 de

tar contra la paz pública, alteren el orden público causando lesiones a las personas, produciendo daños en las propiedades, obstaculizando las vías públicas o los accesos a las mismas de manera peligrosa para los que por ellas circulen, o invadiendo instalaciones o edificios, sin perjuicio de las penas que les puedan corresponder conforme a otros preceptos de este Código.

2. Se impondrá la pena superior en grado a las previstas en el apartado precedente a los autores de los actos allí citados cuando éstos se produjeren con ocasión de la celebración de eventos o espectáculos que congreguen a gran número de personas. Con idéntica pena serán castigados quienes en el interior de los recintos donde se celebren estos eventos alteren el orden público mediante comportamientos que provoquen o sean susceptibles de provocar avalanchas u otras reacciones en el público que pusieren en situación de peligro a parte o a la totalidad de los asistentes. En estos casos se podrá imponer también la pena de privación de acudir a eventos o espectáculos de la misma naturaleza por un tiempo superior hasta tres años a la pena de prisión impuesta.

Art. 558. Serán castigados con la pena de prisión de tres a seis meses o multa de seis a doce meses, los que perturben grave-

---

enero, sobre la Comisión Nacional contra la Violencia en los Espectáculos Deportivos (*BOE* n.º 37, de 12 de febrero); art. 8.º LOPSC; RD 1.591/1992, de 23 de diciembre, sobre Disciplina Deportiva (*BOE* n.º 43, de 19 de febrero de 1993); Reglamento para la Prevención de la Violencia en los Espectáculos Deportivos, aprobado por RD 769/1993, de 21 de mayo (*BOE* n.º 146, de 19 de junio), y modificado por RD 1.247/1998, de 19 de junio (*BOE* n.º 152, de 26 de junio); RD 203/2010, de 26 de febrero (*BOE* n.º 59, de 9 de marzo), por el que se aprueba el Reglamento de prevención de la violencia, el racismo, la xenofobia y la intolerancia en el deporte; y Orden de 22 de diciembre de 1998 (*BOE* n.º 309, de 26 de diciembre), por la que se regulan las Unidades de Control Organizativo para la prevención de la violencia en los espectáculos deportivos.

Art. 557: Este artículo figura redactado conforme al texto de la Ley Orgánica 15/2003, de 25 de noviembre (*BOE* n.º 283, de 26 de noviembre; corrección de errores en *BOE* n.º 65, de 16 de marzo, y n.º 80, de 2 de abril, ambos de 2004), que entró en vigor el 1 de octubre de 2004. V. art. 147 Ley Orgánica del Régimen Electoral General (Apéndice 6).

Art. 558: Este artículo figura redactado conforme al texto de la Ley Orgánica 15/2003, de 25 de noviembre (*BOE* n.º 283, de 26 de noviembre; corrección de errores en *BOE* n.º 65, de 16 de marzo, y n.º 80, de 2 de abril, ambos de 2004), que entró en vigor el 1 de octubre de 2004. V. nota al art. anterior, y arts. 258 y 684 LECr, 437 ss. LEC y 191 LOPJ. V. Ley 19/2007, de 11 de julio (*BOE* n.º 166, de 12 de julio), contra la violencia, el racismo, la xenofobia y la intolerancia en el deporte, y RD 748/2008, de 9 de mayo (*BOE* n.º 120, de 17 de mayo), por el que se regula la Comisión Estatal contra la violencia, el racismo, la xenofobia y la intolerancia en el deporte.

mente el orden en la audiencia de un tribunal o juzgado, en los actos públicos propios de cualquier autoridad o corporación, en colegio electoral, oficina o establecimiento público, centro docente o con motivo de la celebración de espectáculos deportivos o culturales. En estos casos se podrá imponer también la pena de privación de acudir a los lugares, eventos o espectáculos de la misma naturaleza por un tiempo superior hasta tres años a la pena de prisión impuesta.

Art. 559. Los que perturben gravemente el orden público con objeto de impedir a alguna persona el ejercicio de sus derechos cívicos, serán castigados con las penas de multa de tres a doce meses y de inhabilitación especial para el derecho de sufragio pasivo por tiempo de dos a seis años.

Art. 560. 1. Los que causaren daños que interrumpan, obstaculicen o destruyan líneas o instalaciones de telecomunicaciones o la correspondencia postal, serán castigados con la pena de prisión de uno a cinco años.

2. En la misma pena incurrirán los que causen daños en vías férreas u originen un grave daño para la circulación ferroviaria de alguna de las formas previstas en el artículo 382.

3. Igual pena se impondrá a los que dañen las conducciones o transmisiones de agua, gas o electricidad para las poblaciones, interrumpiendo o alterando gravemente el suministro o servicio.

Art. 561. El que, con ánimo de atentar contra la paz pública, afirme falsamente la existencia de aparatos explosivos u otros que puedan causar el mismo efecto, o de sustancias químicas, biológicas o tóxicas que puedan causar daño a la salud, será castigado con la pena de prisión de seis meses a un año o multa de doce a veinticuatro meses, atendida la alarma o alteración del orden efectivamente producida.

Art. 560: V. art. 3.º Ley de 12 de enero de 1887, de Protección de Cables Submarinos (*Gaceta* n.º 13, de 13 de enero), y art. 4.º Decreto-Ley de 23 de marzo de 1956 (*BOE* n.º 96, de 5 de abril).

Art. 561: Este artículo figura redactado conforme al texto de la Ley Orgánica 15/2003, de 25 de noviembre (*BOE* n.º 283, de 26 de noviembre; corrección de errores en *BOE* n.º 65, de 16 de marzo, y n.º 80, de 2 de abril, ambos de 2004), que entró en vigor el 1 de octubre de 2004. V. art. 59 CPM.

CAPÍTULO IV

DISPOSICIÓN COMÚN A LOS CAPÍTULOS ANTERIORES

Art. 562. En el caso de hallarse constituido en autoridad el que cometa cualquiera de los delitos expresados en los capítulos anteriores de este Título, la pena de inhabilitación que estuviese prevista en cada caso se sustituirá por la inhabilitación absoluta por tiempo de diez a quince años, salvo que dicha circunstancia esté específicamente contemplada en el tipo penal de que se trate.

CAPÍTULO V

DE LA TENENCIA, TRÁFICO Y DEPÓSITO DE ARMAS, MUNICIONES O EXPLOSIVOS *

Art. 563. La tenencia de armas prohibidas y la de aquellas que sean resultado de la modificación sustancial de las caracte-

* La rúbrica de este Capítulo figura redactada conforme al texto de la LO 5/2010, de 22 de junio (*BOE* n.º 152, de 23 de junio), que entrará en vigor el próximo día 23 de diciembre de 2010. La redacción que sigue vigente hasta entonces es la siguiente:

> De la tenencia, tráfico y depósito de armas, municiones o explosivos y de los delitos de terrorismo.

Aunque la redacción del apartado 139 del art. único de esta norma sólo se refiere a la supresión de las rúbricas de las Secciones 1.ª y 2.ª de este Capítulo, el contenido de las siguientes modificaciones hace concluir que la supresión comprende no sólo las rúbricas sino las propias Secciones, cuyo texto, vigente hasta el próximo día 23 de diciembre de 2010, es el siguiente

> Sección 1.ª: De la tenencia, tráfico y depósito de armas, municiones o explosivos y de los delitos de terrorismo.
>
> Sección 2.ª: De los delitos de terrorismo.

V. art. 23 LOPJ, reproducido en nota al art. 3.º1 LE (Apéndice 4).

V., además, Convenio Europeo para la Represión del Terrorismo de 27 de enero de 1977, ratificado por Instrumento de 9 de mayo de 1980 (*BOE* n.º 242, de 8 de octubre), reproducido parcialmente en nota al art. 1 LE (Apéndice 4); el Convenio del Consejo de Europa (n.º 196), para la prevención del terrorismo, hecho en Varsovia el 16 de mayo de 2005, y ratificado por España mediante Instrumento de 23 de febrero de 2009 (*BOE* n.º 250, de 16 de octubre); el Protocolo contra la fabricación y el tráfico ilícitos de armas de fuego, sus piezas y componentes, y municiones, hecho en Nueva York el 31 de mayo de 2001, y al que España se adhirió por Instrumento de 25 de enero de 2007 (*BOE* n.º 71, de 23 de marzo de 2007), y la Directiva 91/477/CEE, del Consejo, de 18 de junio de 1991, sobre el control y la adquisición y tenencia de armas (*Diario Oficial de las Comunidades Europeas*, de 13 de septiembre).

V. Reglamento de Explosivos, aprobado por RD 230/1998, de 16 de febrero (*BOE* n.º 61, de 12 de marzo; corrección de errores en *BOE* n.º 157, de 2 de julio), modificado por RD 277/2005, de 11 de marzo (*BOE* n.º 61, de 12 de marzo), y RD 248/2010, de 5 de marzo

rísticas de fabricación de armas reglamentadas, será castigada con la pena de prisión de uno a tres años.

(*BOE* n.º 67, de 18 de marzo), y parcialmente derogado por RD 563/2010, de 7 de mayo (*BOE* n.º 113, de 8 de mayo), así como la Orden PRE/174/2007, de 31 de enero (*BOE* n.º 30, de 3 de febrero), modificada por Orden PRE/532/2007, de 9 de marzo (*BOE* n.º 60, de 10 de marzo), por la que se actualizan sus instrucciones técnicas complementarias; el Reglamento de Armas aprobado por RD 137/1993, de 29 de enero (*BOE* n.º 55, de 5 de marzo; corrección de errores en *BOE* n.º 95, de 21 de abril), modificado por RD 540/1994, de 25 de marzo (*BOE* n.º 73, de 26 de marzo); RD 316/2000, de 3 de marzo (*BOE* n.º 55, de 4 de marzo); RD 1.628/2009, de 30 de octubre (*BOE* n.º 263, de 2 de noviembre); RD 563/2010, de 7 de mayo (*BOE* n.º 113, de 8 de mayo), por el que se aprueba el Reglamento de artículos pirotécnicos y cartuchería; Órdenes de 24 de febrero de 1994, por la que se aprueban los modelos de licencias, autorizaciones, tarjetas y guías de pertenencia que serán utilizados para documentar las diversas clases de armas (*BOE* n.º 54, de 4 de marzo) —modificada por Orden de 17 de diciembre de 2004 (*BOE* n.º 3, de 4 de enero de 2005; corrección de errores en *BOE* n.º 64, de 16 de marzo)—, y de 2 de marzo de 1995, por la que se determinan las armas que, amparadas con licencia tipo F, son consideradas de concurso (*BOE* n.º 55, de 6 de marzo), y de 28 de febrero de 1996, por la que se regula la utilización, por parte de los armeros, de procedimientos informáticos para llevar los libros-registros y cumplimentar otras obligaciones documentales (*BOE* n.º 59, de 8 de marzo). V., también, arts. 77 ss., referidos a armas de fuego y municiones, del Acuerdo de Adhesión del Reino de España al Convenio de aplicación del Acuerdo de Schengen, de 14 de junio de 1985, ratificado por Instrumento de 23 de julio de 1993 (*BOE* n.º 81, de 5 de abril de 1994). V., finalmente, art. 2.º3.º, LO 12/1995, de 12 de diciembre, de Contrabando (Apéndice 3); arts. 6, 7, 18, 23.*a*) y 26.*c*) LOPSC; arts. 5 y 6 RD 1.631/1992, de 29 de diciembre, sobre restricciones a la circulación de ciertos bienes y mercancías (*BOE* n.º 1, de 1 de enero de 1993); RD 2.487/1998, de 20 de noviembre, por el que se regula la acreditación de la aptitud psicofísica necesaria para tener y usar armas y para prestar servicios de seguridad privada (*BOE* n.º 289, de 3 de diciembre), así como la Orden de 14 de enero de 1999, por la que se aprueban los modelos de informes de aptitud psicofísica necesaria para tener y usar armas y para prestar servicios de seguridad privada (*BOE* n.º 20, de 23 de enero); Orden de 7 de marzo de 2000, sobre pruebas de capacitación para obtener licencia de armas, modificada parcialmente por Orden de 21 de julio de 2000 (*BOE* n.º 179, de 27 de julio); Orden de 27 de octubre de 2000 (*BOE* n.º 262, de 1 de noviembre), del Ministerio del Interior, por la que se determina el régimen reglamentario aplicable a un artefacto denominado cañón lanza-redes; Resolución de 26 de noviembre de 1998, de la Dirección General de la Guardia Civil, por la que se determinan las medidas de seguridad mínimas que deben reunir las cajas fuertes y armarios o armeros para guardar las armas en domicilios particulares (*BOE* n.º 291, de 5 de diciembre); y Resolución de 17 de agosto de 2006 (*BOE* n.º 220, de 14 de septiembre), de la Dirección General de la Guardia Civil, por la que se crea el documento para la Transferencia Intracomunitaria de Explosivos.

Art. 563: Téngase en cuenta que la STC de 24 de febrero de 2004 ha declarado que el primer inciso de este artículo sólo es constitucional interpretado en el sentido que se expone en el Fundamento Jurídico 8.º de la misma, que dice: «[...] a tenor del art. 563 CP las armas cuya tenencia se pro-

Art. 564. 1. La tenencia de armas de fuego reglamentadas, careciendo de las licencias o permisos necesarios, será castigada:

1.º Con la pena de prisión de uno a dos años, si se trata de armas cortas.

2.º Con la pena de prisión de seis meses a un año, si se trata de armas largas.

2. Los delitos previstos en el número anterior se castigarán, respectivamente, con las penas de prisión de dos a tres años y de uno a dos años, cuando concurra alguna de las circunstancias siguientes:

1.ª Que las armas carezcan de marcas de fábrica o de número, o los tengan alterados o borrados.

2.ª Que hayan sido introducidas ilegalmente en territorio español.

3.ª Que hayan sido transformadas, modificando sus características originales.

Art. 565. Los Jueces o Tribunales podrán rebajar en un grado las penas señaladas en los artículos anteriores, siempre que por las circunstancias del hecho y del culpable se evidencie la falta de intención de usar las armas con fines ilícitos.

---

híbe penalmente son, exclusivamente, aquellas que cumplan los siguientes requisitos: en primer lugar, y aunque resulte obvio afirmarlo, que sean materialmente armas (pues no todos los objetos prohibidos con este nombre en la norma administrativa lo son); en segundo lugar, que su tenencia se prohíba por una norma extrapenal con rango de ley o por el reglamento al que la ley se remite, debiendo excluirse del ámbito de prohibición del art. 563 CP todas aquellas armas que se introduzcan en el catálogo de los arts. 4 y 5 del Reglamento de armas mediante una Orden ministerial conforme a lo previsto en la disposición final cuarta, por impedirlo la reserva formal de ley que rige en material penal; en tercer lugar, que posean una especial potencialidad lesiva y, por último, que la tenencia se produzca en condiciones o circunstancias que la conviertan, en el caso concreto, en especialmente peligrosa para la seguridad ciudadana, quedando excluida la intervención del Derecho penal cuando no concurra realmente ese concreto peligro sin perjuicio de que se acuda, en ese caso, al Derecho administrativo sancionador (STC 111/1999, de 14 de junio, JF 3).

»A través de esta interpretación restrictiva, el tipo resulta compatible con las exigencias constitucionales derivadas del principio de legalidad, tanto desde la perspectiva de las garantías formales y materiales inherentes al principio de reserva de ley, como desde la perspectiva de la proporcionalidad de la reacción penal; pues bien solamente así entendido el precepto puede ser declarado conforme a la Constitución. Todo ello sin perjuicio de dejar constancia de la conveniencia de que el legislador defina expresamente el tipo del art. 563 CP con mayor precisión formal.» V. arts. 88 ss., y 120 ss. del Reglamento de Armas citado en nota a la rúbrica de este Capítulo; Orden de 20 de mayo de 1993 por la que se aprueba el modelo de Tarjeta Europea de Armas de Fuego (*BOE* n.º 132, de 3 de junio).

Art. 564: Sobre marcas y numeración de armas, v. arts. 28 ss. del Reglamento de Armas citado en la nota a la rúbrica de este Capítulo; sobre importación de armas, v. arts. 59 ss. del citado Reglamento.

Art. 566. 1. Los que fabriquen, comercialicen o establezcan depósitos de armas o municiones no autorizados por las leyes o la autoridad competente serán castigados:

1.º Si se trata de armas o municiones de guerra o de armas químicas o biológicas o de minas antipersonas o municiones en racimo, con la pena de prisión de cinco a diez años los promotores y organizadores, y con la de prisión de tres a cinco años los que hayan cooperado a su formación.

2.º Si se trata de armas de fuego reglamentadas o municiones para las mismas, con la pena de prisión de dos a cuatro años los promotores y organizadores, y con la de prisión de seis meses a dos años los que hayan cooperado a su formación.

3.º Con las mismas penas será castigado, en sus respectivos casos, el tráfico de armas o municiones de guerra o de defensa, o de armas químicas o biológicas o de minas antipersonas o municiones en racimo.

2. Las penas contempladas en el punto 1.º del apartado anterior se impondrán a los que desarrollen o empleen armas químicas o biológicas o minas antipersonas o municiones en racimo, o inicien preparativos militares para su empleo o no las destruyan con infracción de los tratados o convenios internacionales en los que España sea parte.

Art. 567. 1. Se considera depósito de armas de guerra la fabricación, la comercialización o la tenencia de cualquiera de

---

Art. 566: Este artículo figura redactado conforme al texto de la Ley Orgánica 15/2003, de 25 de noviembre (*BOE* n.º 283, de 26 de noviembre; corrección de errores en *BOE* n.º 65, de 16 de marzo, y n.º 80, de 2 de abril, ambos de 2004), que entró en vigor el 1 de octubre de 2004. Los ordinales 1.º y 3.º del apartado 1 y el apartado 2 figuran redactados conforme al texto de la LO 5/2010, de 22 de junio (*BOE* n.º 152, de 23 de junio), que entrará en vigor el próximo día 23 de diciembre de 2010. La redacción que sigue vigente hasta entonces es la siguiente:

> 1.º Si se trata de armas o municiones de guerra o de armas químicas o biológicas con la pena de prisión de cinco a diez años los promotores y organizadores, y con la de prisión de tres a cinco años los que hayan cooperado a su formación.
>
> [...]
>
> 3.º Con las mismas penas será castigado, en sus respectivos casos, el tráfico de armas o municiones de guerra o de defensa, o de armas químicas o biológicas.
>
> 2. Las penas contempladas en el punto 1 del apartado anterior se impondrán a los que desarrollen o empleen armas químicas o biológicas o inicien preparativos militares para su empleo.

V. art. 6.º Reglamento de Armas y arts. 263 bis y 282 bis LECr., reproducidos en nota al art. 368 de este Código.

Art. 567: Este artículo figura redactado conforme al texto de la Ley Orgánica 15/2003, de 25 de noviembre (*BOE* n.º 283, de 26 de noviembre; corrección de errores

dichas armas, con independencia de su modelo o clase, aun cuando se hallen en piezas desmontadas. Se considera depósito de armas químicas o biológicas o de minas antipersonas o de municiones en racimo la fabricación, la comercialización o la tenencia de las mismas.

El depósito de armas, en su vertiente de comercialización, comprende tanto la adquisición como la enajenación.

2. Se consideran armas de guerra las determinadas como tales en las disposiciones reguladoras de la defensa nacional. Se consideran armas químicas o biológicas, minas antipersonas o municiones en racimo las determinadas como tales en los tratados o convenios internacionales en los que España sea parte.

Se entiende por desarrollo de armas químicas o biológicas, minas antipersonas o municiones en racimo cualquier actividad consistente en la investigación o estudio de carácter científico o técnico encaminada a la creación de una nueva arma química o biológica, mina antipersona o munición en racimo o la modificación de una preexistente.

3. Se considera depósito de armas de fuego reglamentadas la fabricación, comercialización o reunión de cinco o más de dichas armas, aun cuando se hallen en piezas desmontadas.

4. Respecto de las municiones, los Jueces y Tribunales,

---

en *BOE* n.º 65, de 16 de marzo, y n.º 80, de 2 de abril, ambos de 2004), que entró en vigor el 1 de octubre de 2004. Los apartados 1 y 2 figuran redactados conforme al texto de la LO 5/2010, de 22 de junio (*BOE* n.º 152, de 23 de junio), que entrará en vigor el próximo día 23 de diciembre de 2010. La redacción que sigue vigente hasta entonces es la siguiente:

> 1. Se considera depósito de armas de guerra la fabricación, la comercialización o la tenencia de cualquiera de dichas armas, con independencia de su modelo o clase, aun cuando se hallen en piezas desmontadas. Se considera depósito de armas químicas o biológicas la fabricación, la comercialización o la tenencia de las mismas.
>
> El depósito de armas, en su vertiente de comercialización, comprende tanto la adquisición como la venta.
>
> 2. Se consideran armas de guerra las determinadas como tales en las disposiciones reguladoras de la defensa nacional. Se consideran armas químicas o biológicas las determinadas como tales en los tratados o convenios internacionales en los que España sea parte.
>
> Se entiende por desarrollo de armas químicas o biológicas cualquier actividad consistente en la investigación o estudio de carácter científico o técnico encaminada a la creación de una nueva arma química o biológica o la modificación de una preexistente.

V. las referencias de la nota al art. 610 de este Código. V. art. 107 Reglamento de Armas; Orden DEF/425/2004, de 11 de febrero (*BOE* n.º 47, de 24 de febrero), por la que se crea el Subregistro de Fábricas de Armas de Guerra; y arts. 263 bis y 282 bis LECr., reproducidos en nota al art. 368 de este Código.

teniendo en cuenta la cantidad y clase de las mismas, declararán si constituyen depósito a los efectos de este capítulo.

Art. 568. La tenencia o el depósito de sustancias o aparatos explosivos, inflamables, incendiarios o asfixiantes, o sus componentes, así como su fabricación, tráfico o transporte, o suministro de cualquier forma, no autorizado por las Leyes o la autoridad competente, serán castigados con la pena de prisión de cuatro a ocho años, si se trata de sus promotores y organizadores, y con la pena de prisión de tres a cinco años para los que hayan cooperado a su formación.

Art. 569. Los depósitos de armas, municiones o explosivos establecidos en nombre o por cuenta de una asociación con propósito delictivo, determinarán la declaración judicial de ilicitud y su consiguiente disolución.

Art. 570. 1. En los casos previstos en este capítulo se podrá imponer la pena de privación del derecho a la tenencia y porte de armas por tiempo superior en tres años a la pena de prisión impuesta.

2. Igualmente, si el delincuente estuviera autorizado para fabricar o traficar con alguna o algunas de las sustancias, armas y municiones mencionadas en el mismo, sufrirá, además de las penas señaladas, la de inhabilitación especial para el ejercicio de su industria o comercio por tiempo de doce a veinte años.

CAPÍTULO VI *

DE LAS ORGANIZACIONES Y GRUPOS CRIMINALES

Art. 570 bis. 1. Quienes promovieren, constituyeren, organizaren, coordinaren o dirigieren

---

Art. 568: V. arts. 31 ss., 106 ss., 135 ss., 150 ss., 194 ss., 214 ss. y 238 ss. del Reglamento de Explosivos citado en nota a la rúbrica de este Capítulo; arts. 263 bis y 282 bis LECr., reproducidos en nota al art. 368 de este Código; Ley 10/1998, de 21 de abril (*BOE* n.º 96, de 22 de abril), de Residuos; y Orden INT/3.543/2007, de 29 de noviembre (*BOE* n.º 292, de 6 de diciembre), por la que se modifica y determina el modelo, contenido y formato de la guía de circulación para explosivos y cartuchería metálica, y se dictan instrucciones para su confección.

Art. 570: Este artículo figura redactado conforme al texto de la Ley Orgánica 15/2003, de 25 de noviembre (*BOE* n.º 283, de 26 de noviembre; corrección de errores en *BOE* n.º 65, de 16 de marzo, y n.º 80, de 2 de abril, ambos de 2004), que entró en vigor el 1 de octubre de 2004.

* Este Capítulo ha sido incorporado por la LO 5/2010, de 22 de junio (*BOE* n.º 152, de 23 de junio), que entrará en vigor el próximo día 23 de diciembre de 2010.

Art. 570 bis: Este artículo ha sido incorporado por la LO 5/2010, de 22 de junio

una organización criminal serán castigados con la pena de prisión de cuatro a ocho años si aquélla tuviere por finalidad u objeto la comisión de delitos graves, y con la pena de prisión de tres a seis años en los demás casos; y quienes participaren activamente en la organización, formaren parte de ella o cooperaren económicamente o de cualquier otro modo con la misma serán castigados con las penas de prisión de dos a cinco años si tuviere como fin la comisión de delitos graves, y con la pena de prisión de uno a tres años en los demás casos.

A los efectos de este Código se entiende por organización criminal la agrupación formada por más de dos personas con carácter estable o por tiempo indefinido, que de manera concertada y coordinada se repartan diversas tareas o funciones con el fin de cometer delitos, así como de llevar a cabo la perpetración reiterada de faltas.

2. Las penas previstas en el número anterior se impondrán en su mitad superior cuando la organización:

a) esté formada por un elevado número de personas;

b) disponga de armas o instrumentos peligrosos;

c) disponga de medios tecnológicos avanzados de comunicación o transporte que por sus características resulten especialmente aptos para facilitar la ejecución de los delitos o la impunidad de los culpables.

Si concurrieran dos o más de dichas circunstancias se impondrán las penas superiores en grado.

3. Se impondrán en su mitad superior las penas respectivamente previstas en este artículo si los delitos fueren contra la vida o la integridad de las personas, la libertad, la libertad e indemnidad sexuales o la trata de seres humanos.

Art. 570 ter. 1. Quienes constituyeren, financiaren o integraren un grupo criminal serán castigados:

a) Si la finalidad del grupo es cometer delitos de los mencionados en el apartado 3 del artículo anterior, con la pena de dos a cuatro años de prisión si se trata de uno o más delitos graves y con la de uno a tres años de prisión si se trata de delitos menos graves.

(*BOE* n.º 152, de 23 de junio), que entrará en vigor el próximo día 23 de diciembre de 2010.

Art. 570 ter: Este artículo ha sido incorporado por la LO 5/2010, de 22 de junio

(*BOE* n.º 152, de 23 de junio), que entrará en vigor el próximo día 23 de diciembre de 2010.

b) Con la pena de seis meses a dos años de prisión si la finalidad del grupo es cometer cualquier otro delito grave.

c) Con la pena de tres meses a un año de prisión cuando se trate de cometer uno o varios delitos menos graves no incluidos en el apartado *a*) o de la perpetración reiterada de faltas, debiéndose imponer en este último caso la pena en su mitad inferior, salvo que la finalidad del grupo fuera la perpetración reiterada de la falta prevista en el número 1 del artículo 623, en cuyo caso podrá imponerse la pena en toda su extensión.

A los efectos de este Código se entiende por grupo criminal la unión de más de dos personas que, sin reunir alguna o algunas de las características de la organización criminal definida en el artículo anterior, tenga por finalidad o por objeto la perpetración concertada de delitos o la comisión concertada y reiterada de faltas.

2. Las penas previstas en el número anterior se impondrán en su mitad superior cuando el grupo:

a) esté formado por un elevado número de personas;

b) disponga de armas o instrumentos peligrosos;

c) disponga de medios tecnológicos avanzados de comunicación o transporte que por sus características resulten especialmente aptos para facilitar la ejecución de los delitos o la impunidad de los culpables.

Si concurrieran dos o más de dichas circunstancias se impondrán las penas superiores en grado.

Art. 570 quáter. 1. Los jueces o tribunales, en los supuestos previstos en este Capítulo, acordarán la disolución de la organización o grupo y, en su caso, cualquier otra de las consecuencias del artículo 31 bis de este Código.

2. Asimismo se impondrá a los responsables de las conductas descritas en los dos artículos anteriores, además de las penas en ellos previstas, la de inhabilitación especial para todas aquellas actividades económicas o negocios jurídicos relacionados con la actividad de la organización o grupo criminal o con su actuación en el seno de los mismos, por un tiempo superior entre seis y veinte años al de la duración de la pena de privación de

---

Art. 570 quáter: Este artículo ha sido incorporado por la LO 5/2010, de 22 de junio (*BOE* n.º 152, de 23 de junio), que entrará en vigor el próximo día 23 de diciembre de 2010.

libertad impuesta en su caso, atendiendo proporcionalmente a la gravedad del delito, al número de los cometidos y a las circunstancias que concurran en el delincuente.

En todo caso, cuando las conductas previstas en dichos artículos estuvieren comprendidas en otro precepto de este Código, será de aplicación lo dispuesto en la regla 4.ª del artículo 8.

3. Las disposiciones de este Capítulo serán aplicables a toda organización o grupo criminal que lleve a cabo cualquier acto penalmente relevante en España, aunque se hayan constituido, estén asentados o desarrollen su actividad en el extranjero.

4. Los jueces o tribunales, razonándolo en la sentencia, podrán imponer al responsable de cualquiera de los delitos previstos en este Capítulo la pena inferior en uno o dos grados, siempre que el sujeto haya abandonado de forma voluntaria sus actividades delictivas y haya colaborado activamente con las autoridades o sus agentes, bien para obtener pruebas decisivas para la identificación o captura de otros responsables o para impedir la actuación o el desarrollo de las organizaciones o grupos a que haya pertenecido, bien para evitar la perpetración de un delito que se tratara de cometer en el seno o a través de dichas organizaciones o grupos.

CAPÍTULO VII *

DE LAS ORGANIZACIONES Y GRUPOS TERRORISTAS Y DE LOS DELITOS DE TERRORISMO

SECCIÓN 1.ª **

De las organizaciones y grupos terroristas

Art. 571. 1. Quienes promovieren, constituyeren, organi-

* Este Capítulo ha sido incorporado por la LO 5/2010, de 22 de junio (*BOE* n.º 152, de 23 de junio), que entrará en vigor el próximo día 23 de diciembre de 2010.

V. art. 55.2 CE:

«Una ley orgánica podrá determinar la forma y los casos en los que, de forma individual y con la necesaria intervención judicial y el adecuado control parlamentario, los derechos reconocidos en los artículos 17, apartado 2, y 18, apartados 2 y 3, pueden ser suspendidos para personas determinadas, en relación con las investigaciones correspondientes a la actuación de bandas armadas o elementos terroristas.

»La utilización injustificada o abusiva de las facultades reconocidas en dicha ley orgánica producirá responsabilidad penal, como violación de los derechos y libertades reconocidos por las leyes.»

Sobre extradición y terrorismo, art. 13.3 CE: «La extradición sólo se concederá en cumplimiento de un tratado o de la ley, atendiendo al principio de reciprocidad. Quedan excluidos de la extradición los delitos políticos, no considerándose como tales los actos de terrorismo»; art. 4.1 LE (Apéndice 4); Declaración de España al art. 3 del Convenio Europeo de Extradición reproducido en nota al preámbulo de la LE (Apéndice 4); Convenio Europeo de 27 de enero de 1977 para la Represión del Terrorismo, cuyos arts. 1.º a 7.º se reproducen en nota al art. 1.º de la LE (Apéndice 4); Convenio Internacional para la represión de los atentados terroristas cometidos con bombas, hecho en Nueva York el 15 de diciembre de 1997, y ratificado por Instrumento de 22 de abril de 1999 (*BOE* n.º 140, de 12 de junio de 2001); Convenio relativo a la profundización de la cooperación transfronteriza, en particular en materia de lucha contra el terrorismo, la delincuencia transfronteriza y la migración ilegal, hecho en Prüm, el 27 de mayo de 2005, y ratificado por España mediante Instrumento de 18 de julio de 2006 (*BOE* n.º 307, de 25 de diciembre de 2006); Convenio del Consejo de Europa (n.º 196), para la prevención del terrorismo, hecho en Varsovia el 16 de mayo de 2005, y ratificado por España mediante Instrumento de 23 de febrero de 2009 (*BOE* n.º 250, de 16 de octubre); e Instrumento de ratificación, por parte de España, del Convenio relativo al blanqueo, seguimiento, embargo y comiso de los productos del delito y a la financiación del terrorismo, hecho en Varsovia el 16 de mayo de 2005 (*BOE* n.º 155, de 26 de junio de 2010).

Sobre la competencia de los Tribunales españoles por delitos de rebelión y de terrorismo realizados en el extranjero, art. 23 LOPJ, reproducido en nota al art. 3.º1 LE (Apéndice 4).

V., asimismo, los arts. 170 y 514 de este Código, y los arts. 384 bis, 504 bis (este precepto ha sido declarado inconstitucional y nulo por la sentencia del Tribunal Constitucional 71/1994, de 3 de marzo), 520 bis, 553 y 579 LECr, todos ellos introducidos por Ley Orgánica 4/1988, de 25 de mayo, de reforma de la Ley de Enjuiciamiento Criminal (*BOE* n.º 126, de 26 de mayo), así como la disposición transitoria de esta Ley Orgánica, que dice:

«Los Juzgados Centrales de Instrucción y la Audiencia Nacional continuarán conociendo de la instrucción y enjuiciamiento de las causas por delitos cometidos por personas integradas en bandas armadas o relacionadas con elementos terroristas o rebeldes cuando la comisión del delito contribuya a su actividad, y por quienes de cualquier modo cooperen o colaboren con la actuación de aquellos grupos o individuos. Conocerán también de los delitos conexos con los anteriores.

»La legislación que pueda modificar esta atribución de competencias se inspirará en el principio de inmediación judicial.»

V., también, art. 282 bis LECr., reproducido en nota al art. 368 de este Código; Ley 12/2003, de 21 de mayo (*BOE* n.º 122, de 22 de mayo), de bloqueo de la financiación del terrorismo, modificada por Ley 10/2010, de 28 de abril (*BOE* n.º 103, de 29 de abril), de prevención del blanqueo de capitales y de la financiación del terrorismo, así como ésta; Resolución 1.373 (2001), sobre medidas para combatir el terrorismo, aprobada por el Consejo de Seguridad de las Naciones Unidas en su 4.385.ª sesión, celebrada el 28 de septiembre de 2001 (*BOE* n.º 281, de 23 de noviembre; corrección de erratas en *BOE* n.º 8, de 9 de enero de 2002); Convenio Internacional para la Represión de la Financiación del Terrorismo, hecho en Nueva York el 9 de diciembre de 1999, y ratificado mediante Instrumento de 1 de abril de 2002 (*BOE* n.º 123, de 23 de mayo; corrección de erratas en *BOE* n.º 141, de 13 de junio).

V., finalmente, por lo que se refiere a indemnizaciones como consecuencia de delitos terroristas, RD 1.576/1990, de 7 de diciembre, por el que se regula la concesión en el sistema de la Seguridad Social de pensiones extraordinarias motivadas por actos de terrorismo (*BOE* n.º 294, de 8 de diciembre); RD 288/2003, de 7 de marzo (*BOE* n.º 65, de 17 de marzo), por el que se aprueba el Reglamento de ayudas y resarcimientos a las víctimas de delitos de terrorismo, modificado por RD 199/2006, de 17 de febrero

(*BOE* n.º 43, de 20 de febrero); RD 851/1992, de 10 de julio, por el que se regulan determinadas pensiones extraordinarias causadas por actos de terrorismo (*BOE* n.º 184, de 1 de agosto); Ley 32/1999, de 8 de octubre (*BOE* n.º 242, de 9 de octubre), de solidaridad con las víctimas del terrorismo, modificada por Ley 14/2000, de 29 de diciembre (*BOE* n.º 313, de 30 de diciembre) [y ésta, a su vez, por Ley 53/2002, de 30 de diciembre (*BOE* n.º 313, de 31 de diciembre)], por Ley 2/2003, de 12 de marzo (*BOE* n.º 62, de 13 de marzo), y por LIRPF; y su Reglamento, aprobado por RD 1.912/1999, de 17 de diciembre (*BOE* n.º 305, de 22 de diciembre; corrección de errores en *BOE* n.º 19, de 22 de enero de 2000), y modificado por RD 199/2006, de 17 de febrero (*BOE* n.º 43, de 20 de febrero); RD-L 14/2001, de 28 de septiembre (*BOE* n.º 234, de 29 de septiembre), convalidado por Acuerdo del Congreso de los Diputados de 31 de octubre de 2001 (*BOE* n.º 269, de 9 de noviembre), por el que se establece el régimen del reaseguro por cuenta del Estado de los riesgos de guerra y terrorismo que puedan afectar a la navegación aérea; Disps. Adics. 22.ª y 23.ª de la Ley 23/2001, de 27 de diciembre (*BOE* n.º 313, de 31 de diciembre), de Presupuestos Generales del Estado para el año 2002; Ley 12/1996, de 19 de diciembre, de la Comunidad de Madrid, de ayuda a las víctimas del terrorismo (*BOE* n.º 93, de 18 de abril de 1997), modificada por Ley 7/1997, de 17 de febrero (*BOE* n.º 207, de 29 de agosto), de la Comunidad de Madrid; Ley 1/2004, de 24 de mayo, de la Comunidad Valenciana, de ayuda a las víctimas del terrorismo (*BOE* n.º 157, de 30 de junio), modificada por Ley 3/2009, de 14 de abril (*BOE* n.º 110, de 6 de mayo), y desarrollada por Decreto 109/2010, de 16 de julio (*DOCV* n.º 6.314, de 20 de julio), del Consell; Ley de la Comunidad Autónoma de Aragón 4/2008, de 17 de junio (*BOE* n.º 189, de 6 de agosto), de medidas a favor de las Víctimas del Terrorismo; Ley Foral 9/2010, de 28 de abril (*BON* n.º 111, de 10 de mayo); Orden TAS/475/2005, de 18 de febrero, por la que se crean la Unidad Administradora para la gestión del fondo de ayuda a las víctimas y afectados del atentado terrorista de 11 de marzo de 2004 y la Comisión de seguimiento de la misma y se regulan las prestaciones y servicios con cargo a dicho fondo (*BOE* n.º 52, de 1 de marzo); arts. 93 a 96 de la Ley 13/1996, de 30 de diciembre, de medidas fiscales, administrativas y del orden social (*BOE* n.º 315, de 31 de diciembre) —modificada ésta, a su vez, por la Ley 50/1998, de 30 de diciembre (*BOE* n.º 313, de 31 de diciembre; corrección de errores en *BOE* n.º 109, de 7 de mayo de 1999), del mismo nombre, por la Ley 24/2001, de 27 de diciembre (*BOE* n.º 313, de 31 de diciembre, corrección de errores en *BOE* n.º 124, de 24 de mayo de 2002)—, y por el art. 49 de la Ley 53/2002, de 30 de diciembre, desarrolladas por RD 288/2003, de 7 de marzo (*BOE* n.º 65, de 17 de marzo); arts. 120 a 123 Ley de Expropiación Forzosa de 16 de diciembre de 1954 (*BOE* n.º 351, de 17 de diciembre), modificada por Ley 11/1996, de 27 de diciembre, de Presupuestos Generales del Estado para 1997 (*BOE* n.º 313, de 28 de diciembre); RD 429/1993, de 26 de marzo, por el que se aprueba el Reglamento de los procedimientos de las Administraciones Públicas en materia de responsabilidad patrimonial (*BOE* n.º 106, de 4 de mayo); Orden de 17 de julio de 1998 (*BOE* n.º 180, de 29 de julio), del Ministerio del Interior, por la que se crea y regula el fichero automatizado «Asister», sobre víctimas del terrorismo; y RD 1.974/1999, de 23 de diciembre (*BOE* n.º 307, de 24 de diciembre), por el que se aprueba el Reglamento de la Real Orden de Reconocimiento Civil a las Víctimas del Terrorismo; Ley 6/2005, de 27 de diciembre, de la Comunidad de Extremadura, de medidas para la asistencia y atención de las víctimas del terrorismo y de creación del Centro Extremeño de Estudios para la Paz (*BOE* n.º 40, de 16 de febrero de 2006); RD-Ley 6/2006, de 23 de junio, sobre pensiones excepcionales derivadas de atentados terroristas (*BOE* n.º 150, de 24 de junio; corrección de errores en *BOE* n.º 179, de 28 de julio). Téngase finalmente en cuenta que, por RD 991/2006, de 8 de

zaren o dirigieren una organización o grupo terrorista serán castigados con las penas de prisión de ocho a catorce años e inhabilitación especial para empleo o cargo público por tiempo de ocho a quince años.

2. Quienes participaren activamente en la organización o grupo, o formaren parte de los mismos, serán castigados con las penas de prisión de seis a doce años e inhabilitación especial para empleo o cargo público por tiempo de seis a catorce.

3. A los efectos de este Código, se considerarán organizaciones o grupos terroristas aquellas agrupaciones que, reuniendo las características respectivamente establecidas en el párrafo segundo del apartado 1 del artículo 570 bis y en el párrafo segundo del apartado 1 del artículo 570 ter, tengan por finalidad o por objeto subvertir el orden constitucional o alterar gravemente la paz pública mediante la perpetración de cualquiera de los delitos previstos en la Sección siguiente.

---

septiembre (*BOE* n.º 218, de 12 de septiembre), se creó la Dirección General de Apoyo a Víctimas del Terrorismo, dependiente de la Subsecretaría de Interior, para asumir el ejercicio de las competencias del Ministerio del Interior en materia de atención y apoyo a las víctimas del terrorismo.

** Esta Sección ha sido incorporada por la LO 5/2010, de 22 de junio (*BOE* n.º 152, de 23 de junio), que entrará en vigor el próximo día 23 de diciembre de 2010. Su Disp. Adic. 1.ª, párrafos 1.º y 2.º, LO establece:

«Las referencias que se hacen a los delitos de terrorismo de la Sección Segunda del Capítulo V del Título XXII del Libro II en los artículos 76 y 93 del Código Penal, se entenderán hechas a delitos referentes a organizaciones y grupos terroristas y delitos de terrorismo del Capítulo VII del Título XXII del Libro II de dicho Código.

»Las referencias que se hacen a los delitos de terrorismo de la Sección Segunda del Capítulo V del Título XXII del Libro II, o cometidos en el seno de organizaciones criminales, en los artículos 78, 90 y 91 del Código Penal, se entenderán hechas a delitos referentes a organizaciones y grupos terroristas y delitos de terrorismo del Capítulo VII del Título XXII del Libro II de dicho Código, o cometidos en el seno de organizaciones o grupos criminales.»

Art. 571: Este artículo figura redactado conforme al texto de la LO 5/2010, de 22 de junio (*BOE* n.º 152, de 23 de junio), que entrará en vigor el próximo día 23 de diciembre de 2010. La redacción que sigue vigente hasta entonces es la siguiente:

Art. 571. Los que perteneciendo, actuando al servicio o colaborando con bandas armadas, organizaciones o grupos cuya finalidad sea la de subvertir el orden constitucional o alterar gravemente la paz pública, cometan los delitos de estragos o de incendios tipificados en los artículos 346 y 351, respectivamente, serán castigados con la pena de prisión de quince a veinte años, sin perjuicio de la pena que les corresponda si se produjera lesión para la vida, integridad física o salud de las personas.

SECCIÓN 2.ª *

De los delitos de terrorismo

Art. 572. 1. Los que perteneciendo, actuando al servicio o colaborando con organizaciones o grupos terroristas cometan los delitos de estragos o de incendios tipificados en los artículos 346 y 351, respectivamente, serán castigados con la pena de prisión de quince a veinte años, sin perjuicio de la pena que les corresponda si se produjera lesión para la vida, integridad física o salud de las personas.

2. Los que perteneciendo, actuando al servicio o colaborando con las organizaciones o grupos terroristas atentaren contra las personas, incurrirán:

1.º En la pena de prisión de veinte a treinta años si causaran la muerte de una persona.

2.º En la pena de prisión de quince a veinte años si causaran lesiones de las previstas en los artículos 149 y 150 o secuestraran a una persona.

3.º En la pena de prisión de diez a quince años si causaran cualquier otra lesión o detuvieran ilegalmente, amenazaran o coaccionaran a una persona.

3. Si los hechos se realizaran contra las personas mencionadas en el apartado 2 del artículo 551 o contra miembros de las Fuerzas Armadas, de las Fuerzas y Cuerpos de Seguridad del Estado, Policías de las Comunidades Autónomas o de los Entes loca-

---

* Esta Sección ha sido incorporada por la LO 5/2010, de 22 de junio (*BOE* n.º 152, de 23 de junio), que entrará en vigor el próximo día 23 de diciembre de 2010.

Art. 572: Este artículo figura redactado conforme al texto de la LO 5/2010, de 22 de junio (*BOE* n.º 152, de 23 de junio), que entrará en vigor el próximo día 23 de diciembre de 2010. La redacción que sigue vigente hasta entonces es la siguiente:

Art. 572. 1. Los que perteneciendo, actuando al servicio o colaborando con las bandas armadas, organizaciones o grupos terroristas descritos en el artículo anterior, atentaren contra las personas, incurrirán:

1.º En la pena de prisión de veinte a treinta años si causaran la muerte de una persona.

2.º En la pena de prisión de quince a veinte años si causaran lesiones de las previstas en los artículos 149 y 150 o secuestraran a una persona.

3.º En la pena de prisión de diez a quince años si causaran cualquier otra lesión o detuvieran ilegalmente, amenazaran o coaccionaran a una persona.

2. Si los hechos se realizaran contra las personas mencionadas en el apartado 2 del artículo 551 o contra miembros de las Fuerzas Armadas, de las Fuerzas y Cuerpos de Seguridad del Estado, Policías de las Comunidades Autónomas o de los Entes locales, se impondrá la pena en su mitad superior.

les, se impondrá la pena en su mitad superior.

Art. 573. El depósito de armas o municiones o la tenencia o depósito de sustancias o aparatos explosivos, inflamables, incendiarios o asfixiantes, o de sus componentes, así como su fabricación, tráfico, transporte o suministro de cualquier forma, y la mera colocación o empleo de tales sustancias o de los medios o artificios adecuados, serán castigados con la pena de prisión de seis a diez años cuando tales hechos sean cometidos por quienes pertenezcan, actúen al servicio o colaboren con las organizaciones o grupos terroristas descritos en los artículos anteriores.

Art. 574. Los que perteneciendo, actuando al servicio o colaborando con organizaciones o grupos terroristas, cometan cualquier otra infracción con alguna de las finalidades expresadas en el apartado 3 del artículo 571, serán castigados con la pena señalada al delito o falta ejecutados en su mitad superior.

Art. 575. Los que, con el fin de allegar fondos a las organizaciones o grupos terroristas señala-

---

Art. 573: La expresión «bandas armadas» que figuraba en este artículo ha sido suprimida conforme al texto de la LO 5/2010, de 22 de junio (*BOE* n.º 152, de 23 de junio), que entrará en vigor el próximo día 23 de diciembre de 2010. La redacción que sigue vigente hasta entonces es la siguiente:

> *Art. 573.* El depósito de armas o municiones o la tenencia o depósito de sustancias o aparatos explosivos, inflamables, incendiarios o asfixiantes, o de sus componentes, así como su fabricación, tráfico, transporte o suministro de cualquier forma, y la mera colocación o empleo de tales sustancias o de los medios o artificios adecuados, serán castigados con la pena de prisión de seis a diez años cuando tales hechos sean cometidos por quienes pertenezcan, actúen al servicio o colaboren con las bandas armadas, organizaciones o grupos terroristas descritos en los artículos anteriores.

Art. 574: Este artículo figura redactado conforme al texto de la LO 5/2010, de 22 de junio (*BOE* n.º 152, de 23 de junio), que entrará en vigor el próximo día 23 de diciembre de 2010. La redacción que sigue vigente hasta entonces es la siguiente:

> *Art. 574.* Los que perteneciendo, actuando al servicio o colaborando con bandas armadas, organizaciones o grupos terroristas, cometan cualquier otra infracción con alguna de las finalidades expresadas en el artículo 571, serán castigados con la pena señalada al delito o falta ejecutados en su mitad superior.

Art. 575: La expresión «bandas armadas» que figuraba en este artículo ha sido suprimida conforme al texto de la LO 5/2010, de 22 de junio (*BOE* n.º 152, de 23 de junio), que entrará en vigor el próximo día 23 de diciembre de 2010. La redacción que sigue vigente hasta entonces es la siguiente:

> *Art. 575.* Los que, con el fin de allegar fondos a las bandas armadas, organizaciones o grupos terroristas señalados anteriormente, o con el propósito de favorecer sus finalidades, atentaren contra el patrimonio, serán castigados con la pena superior en grado a la que correspondie-

dos anteriormente, o con el propósito de favorecer sus finalidades, atentaren contra el patrimonio, serán castigados con la pena superior en grado a la que correspondiere por el delito cometido, sin perjuicio de las que proceda imponer conforme a lo dispuesto en el artículo siguiente por el acto de colaboración.

Art. 576. 1. Será castigado con las penas de prisión de cinco a diez años y multa de dieciocho a veinticuatro meses el que lleve a cabo, recabe o facilite cualquier acto de colaboración con las actividades o las finalidades de una organización o grupo terrorista.

2. Son actos de colaboración la información o vigilancia de personas, bienes o instalaciones; la construcción, el acondicionamiento, la cesión o la utilización de alojamientos o depósitos; la ocultación o traslado de personas vinculadas a organizaciones o grupos terroristas; la organización de prácticas de entrenamiento o la asistencia a ellas, y, en general, cualquier otra forma equivalente de cooperación, ayuda o mediación, económica o de otro género, con las actividades de las citadas organizaciones o grupos terroristas.

Cuando la información o vigilancia de personas mencionada en el párrafo anterior ponga en peligro la vida, la integridad física, la libertad o el patrimonio de las mismas, se impondrá la pena prevista en el apartado 1 en su mitad

re por el delito cometido, sin perjuicio de las que proceda imponer conforme a lo dispuesto en el artículo siguiente por el acto de colaboración.

Art. 576: Este artículo figura redactado conforme al texto de la LO 5/2010, de 22 de junio (*BOE* n.º 152, de 23 de junio), que entrará en vigor el próximo día 23 de diciembre de 2010. La redacción que sigue vigente hasta entonces es la siguiente:

Art. 576. 1. Será castigado con las penas de prisión de cinco a diez años y multa de dieciocho a veinticuatro meses el que lleve a cabo, recabe o facilite, cualquier acto de colaboración con las actividades o las finalidades de una banda armada, organización o grupo terrorista.

2. Son actos de colaboración la información o vigilancia de personas, bienes o instalaciones; la construcción, el acondicionamiento, la cesión o la utilización de alojamientos o depósitos; la ocultación o traslado de personas vinculadas a las bandas armadas, organizaciones o grupos terroristas; la organización de prácticas de entrenamiento o la asistencia a ellas, y, en general, cualquier otra forma equivalente de cooperación, ayuda o mediación, económica o de otro género, con las actividades de las citadas bandas armadas, organizaciones o grupos terroristas.

Cuando la información o vigilancia de personas mencionada en el párrafo anterior ponga en peligro la vida, la integridad física, la libertad o el patrimonio de las mismas, se impondrá la pena prevista en el apartado 1, en su mitad superior. Si llegara a ejecutarse el riesgo prevenido, se castigará el hecho como coautoría o complicidad, según los casos.

superior. Si llegara a ejecutarse el riesgo prevenido, se castigará el hecho como coautoría o complicidad, según los casos.

3. Las mismas penas previstas en el número 1 de este artículo se impondrán a quienes lleven a cabo cualquier actividad de captación, adoctrinamiento, adiestramiento o formación, dirigida a la incorporación de otros a una organización o grupo terrorista o a la perpetración de cualquiera de los delitos previstos en este Capítulo.

Art. 576 bis. 1. El que por cualquier medio, directa o indirectamente, provea o recolecte fondos con la intención de que se utilicen, o a sabiendas de que serán utilizados, en todo o en parte, para cometer cualquiera de los delitos comprendidos en este Capítulo o para hacerlos llegar a una organización o grupo terroristas, será castigado con penas de prisión de cinco a diez años y multa de dieciocho a veinticuatro meses.

Si los fondos llegaran a ser empleados para la ejecución de actos terroristas concretos, el hecho se castigará como coautoría o complicidad, según los casos, siempre que le correspondiera una pena mayor.

2. El que estando específicamente sujeto por la ley a colaborar con la autoridad en la prevención de las actividades de financiación del terrorismo dé lugar, por imprudencia grave en el cumplimiento de dichas obligaciones, a que no sea detectada o impedida cualquiera de las conductas descritas en el apartado primero de este artículo, será castigado con la pena inferior en uno o dos grados a la prevista en él.

3. Cuando de acuerdo con lo establecido en el artículo 31 bis de este Código una persona jurídica sea responsable de los delitos recogidos en este artículo, se le impondrán las siguientes penas:

a) Multa de dos a cinco años, si el delito cometido por la persona física tiene prevista una pena de prisión de más de cinco años.

b) Multa de uno a tres años, si el delito cometido por la persona física tiene prevista una pena de más de dos años de privación de libertad no incluida en el anterior inciso.

Atendidas las reglas establecidas en el artículo 66 bis de este Código, los jueces y tribunales podrán asimismo imponer las penas recogidas en las letras *b*) a *g*) del apartado 7 del artículo 33.

Art. 576 bis: Este artículo ha sido incorporado por la LO 5/2010, de 22 de junio (*BOE* n.º 152, de 23 de junio), que entrará en vigor el próximo día 23 de diciembre de 2010.

Art. 577. Los que, sin pertenecer a organización o grupo terrorista, y con la finalidad de subvertir el orden constitucional o de alterar gravemente la paz pública, o la de contribuir a estos fines atemorizando a los habitantes de una población o a los miembros de un colectivo social, político o profesional, cometieren homicidios, lesiones de las tipificadas en los artículos 147 a 150, detenciones ilegales, secuestros, amenazas o coacciones contra las personas, o llevaren a cabo cualesquiera delitos de incendios, estragos, daños de los tipificados en los artículos 263 a 266, 323 ó 560, o tenencia, fabricación, depósito, tráfico, transporte o suministro de armas, municiones o sustancias o aparatos explosivos, inflamables, incendiarios o asfixiantes, o de sus componentes, serán castigados con la pena que corresponda al hecho cometido en su mitad superior.

Art. 577: Este artículo figura redactado conforme al texto de la Ley Orgánica 7/2000, de 22 de diciembre (*BOE* n.º 307, de 23 de diciembre). La expresión «banda armada» que figuraba en este artículo ha sido suprimida conforme al texto de la LO 5/2010, de 22 de junio (*BOE* n.º 152, de 23 de junio), que entrará en vigor el próximo día 23 de diciembre de 2010. La redacción que sigue vigente hasta entonces es la siguiente:

> *Art. 577.* Los que, sin pertenecer a banda armada, organización o grupo terrorista, y con la finalidad de subvertir el orden constitucional o de alterar gravemente la paz pública, o la de contribuir a estos fines atemorizando a los habitantes de una población o a los miembros de un colectivo social político o profesional, cometieren homicidios, lesiones de las tipificadas en los artículos 147 a 150, detenciones ilegales secuestros amenazas o coacciones contra las personas, o llevaren a cabo cualesquiera delitos de incendios, estragos, daños de los tipificados en los artículos 263 a 266, 323 o 560 o tenencia, fabricación, depósito, tráfico, transporte o suministro de armas, municiones o sustancias o aparatos explosivos, inflamables, incendiarios o asfixiantes, o de sus componentes, serán castigados con la pena que corresponda al hecho cometido en su mitad superior.

La Exposición de Motivos de la citada Ley Orgánica 7/2000, de 22 de diciembre, dice:

«En primer término, cabe mencionar la modificación del artículo 577, que se ocupa del denominado "terrorismo urbano". En su actual redacción, dicho artículo tipifica las acciones de los que, sin pertenecer a banda armada, comparten sus fines y contribuyen a subvertir el orden constitucional o a alterar gravemente la paz pública. La experiencia demuestra, sin embargo, que estas previsiones no están cumpliendo el objetivo perseguido. Por una parte, porque los sucesos de terrorismo urbano sólo vienen considerados como tales en el caso de que exista riesgo para la vida o la integridad física de las personas. Por otra, porque la actual legislación no facilita que se condene a quienes interviniendo en estas acciones portan, no ya los explosivos o armas que provocan incendios o destrozos, sino solamente los componentes necesarios para provocar la explosión.

»Frente a estas complejidades, la nueva redacción del artículo 577, partiendo de

Art. 578. El enaltecimiento o la justificación por cualquier medio de expresión pública o difusión de los delitos comprendidos en los artículos 571 a 577 de este Código o de quienes hayan participado en su ejecución, o la realización de actos que entrañen descrédito, menosprecio o humillación de las víctimas de los delitos terroristas o de sus familiares se castigará con la pena de prisión de uno a dos años. El Juez también podrá acordar en la sentencia, durante el período de tiempo que el mismo señale, alguna o algunas de las prohibiciones previstas en el artículo 57 de este Código.

---

que, según se dice ahora expresamente, estas acciones no se limitan a dañar bienes materiales individuales o colectivos, sino que persiguen atemorizar a toda una población o colectivo para favorecer los fines terroristas, poniendo con ello en entredicho valores constitucionales que, como el respeto a la vida o a la dignidad de las personas o la propia libertad, deben ser objeto de la máxima protección, incorpora el delito de daños al elenco de los enumerados en dicho precepto y resuelve las dudas interpretativas sobre la tenencia de explosivos utilizados para cometer actos de terrorismo.

»En lógica consonancia con ello, se modifican los artículos 266, 346 y 351 del propio Código, agravando los delitos de daños causados por incendio, explosión o con riesgo para las personas, cubriendo determinadas lagunas técnicas apreciadas en la redacción actual.»

Art. 578: Este artículo está redactado conforme al texto de la Ley Orgánica 7/2000, de 22 de diciembre (*BOE* n.º 307, de 23 de diciembre), cuya Exposición de Motivos, en lo que a este precepto se refiere, dice:

«La introducción de un nuevo tipo penal de exaltación del terrorismo en el nuevo artículo 578 del Código Penal se dirige a sancionar a quienes enaltezcan o justifiquen por cualquier medio de expresión pública o difusión los delitos de terrorismo o a quienes participen en su ejecución, o la realización de actos que entrañen descrédito, menosprecio o humillación de las víctimas de los delitos terroristas o de sus familiares.

»Las acciones que aquí se penalizan, con independencia de lo dispuesto en el artículo 18 del propio Código, constituyen no sólo un refuerzo y apoyo a actuaciones criminales muy graves y a la sostenibilidad y perdurabilidad de las mismas, sino también otra manifestación muy notoria de cómo por vías diversas generará el terror colectivo para hacer avanzar los fines terroristas.

»No se trata, con toda evidencia, de prohibir el elogio o la defensa de ideas o doctrinas, por más que éstas se alejen o incluso pongan en cuestión el marco constitucional, ni, menos aún, de prohibir la expresión de opiniones subjetivas sobre acontecimientos históricos o de actualidad. Por el contrario, se trata de algo tan sencillo como perseguir la exaltación de los métodos terroristas, radicalmente ilegítimos desde cualquier perspectiva constitucional, o de los autores de estos delitos, así como las conductas especialmente perversas de quienes calumnian o humillan a las víctimas al tiempo que incrementan el horror de sus familiares. Actos todos ellos que producen perplejidad e indignación en la sociedad y que merecen un claro reproche penal.

»La incorporación de este nuevo delito en el artículo 578 origina la reforma de los anteriores artículos 578 y 579, que ahora se refunden en el nuevo artículo 579, con algunas modificaciones.»

Art. 579. 1. La provocación, la conspiración y la proposición para cometer los delitos previstos en los artículos 571 a 578 se castigarán con la pena inferior en uno o dos grados a la que corresponda, respectivamente, a los hechos previstos en los artículos anteriores.

Cuando no quede comprendida en el párrafo anterior o en otro precepto de este Código que establezca mayor pena, la distribución o difusión pública por cualquier medio de mensajes o consignas dirigidos a provocar, alentar o favorecer la perpetración de cualquiera de los delitos previstos en este capítulo, generando o incrementando el riesgo de su efectiva comisión, será castigada con la pena de seis meses a dos años de prisión.

2. Los responsables de los delitos previstos en este Capítulo, sin perjuicio de las penas que correspondan con arreglo a los artículos precedentes, serán también castigados con la pena de inhabilitación absoluta por un tiempo superior entre seis y veinte años al de la duración de la pena de privación de libertad impuesta en su caso en la sentencia, atendiendo proporcionalmente a la gravedad del delito, el número de los cometidos y a las circunstancias que concurran en el delincuente.

3. A los condenados a pena grave privativa de libertad por

Art. 579: Este artículo figura redactado conforme al texto de la LO 5/2010, de 22 de junio (*BOE* n.º 152, de 23 de junio), que entrará en vigor el próximo día 23 de diciembre de 2010. La redacción que sigue vigente hasta entonces es la siguiente:

> *Art. 579.* 1. La provocación, la conspiración y la proposición para cometer los delitos previstos en los artículos 571 a 578 se castigarán con la pena inferior en uno o dos grados a la que corresponda, respectivamente, a los hechos previstos en los artículos anteriores.
>
> 2. Los responsables de los delitos previstos en esta sección, sin perjuicio de las penas que correspondan con arreglo a los artículos precedentes, serán también castigados con la pena de inhabilitación absoluta por un tiempo superior entre seis y veinte años al de la duración de la pena de privación de libertad impuesta en su caso en la sentencia, atendiendo proporcionalmente a la gravedad del delito, el número de los cometidos y a las circunstancias que concurran en el delincuente.
>
> 3. En los delitos previstos en esta sección, los Jueces y Tribunales, razonándolo en sentencia, podrán imponer la pena inferior en uno o dos grados a la señalada por la Ley para el delito de que se trate, cuando el sujeto haya abandonado voluntariamente sus actividades delictivas y se presente a las autoridades confesando los hechos en que haya participado y además colabore activamente con éstas para impedir la producción del delito o coadyuve eficazmente a la obtención de pruebas decisivas para la identificación o captura de otros responsables o para impedir la actuación o el desarrollo de bandas armadas, organizaciones o grupos terroristas a los que haya pertenecido o con los que haya colaborado.

uno o más delitos comprendidos en este Capítulo se les impondrá además la medida de libertad vigilada de cinco a diez años, y de uno a cinco años si la pena privativa de libertad fuera menos grave. No obstante lo anterior, cuando se trate de un solo delito que no sea grave cometido por un delincuente primario, el Tribunal podrá imponer o no la medida de libertad vigilada en atención a la menor peligrosidad del autor.

4. En los delitos previstos en esta sección, los jueces y tribunales, razonándolo en sentencia, podrán imponer la pena inferior en uno o dos grados a la señalada por la ley para el delito de que se trate, cuando el sujeto haya abandonado voluntariamente sus actividades delictivas y se presente a las autoridades confesando los hechos en que haya participado, y además colabore activamente con éstas para impedir la producción del delito o coadyuve eficazmente a la obtención de pruebas decisivas para la identificación o captura de otros responsables o para impedir la actuación o el desarrollo de organizaciones o grupos terroristas a los que haya pertenecido o con los que haya colaborado.

Art. 580. En todos los delitos relacionados con la actividad de las organizaciones o grupos terroristas, la condena de un Juez o Tribunal extranjero será equiparada a las sentencias de los Jueces o Tribunales españoles a los efectos de aplicación de la agravante de reincidencia.

Art. 580: La expresión «bandas armadas» que figuraba en este artículo ha sido suprimida conforme al texto de la LO 5/2010, de 22 de junio (*BOE* n.º 152, de 23 de junio), que entrará en vigor el próximo día 23 de diciembre de 2010. La redacción que sigue vigente hasta entonces es la siguiente:

> En todos los delitos relacionados con la actividad de las bandas armadas, organizaciones o grupos terroristas, la condena de un Juez o Tribunal extranjero será equiparada a las sentencias de los Jueces o Tribunales españoles a los efectos de aplicación de la agravante de reincidencia.

TÍTULO XXIII

De los delitos de traición y contra la paz o la independencia del Estado, y relativos a la defensa nacional*

CAPÍTULO PRIMERO

DELITOS DE TRAICIÓN**

Art. 581. El español que indujere a una potencia extranjera a declarar la guerra a España o se concertare con ella para el mismo fin, será castigado con la pena de prisión de quince a veinte años.

Art. 582. Será castigado con la pena de prisión de doce a veinte años:

1.º El español que facilite al enemigo la entrada en España, la toma de una plaza, puesto militar, buque o aeronave del Estado o almacenes de intendencia o armamento.

2.º El español que seduzca o allegue tropa española o que se halle al servicio de España, para que se pase a las filas enemigas o deserte de sus banderas estando en campaña.

3.º El español que reclute gente o suministre armas u otros medios eficaces para hacer la guerra a España, bajo banderas enemigas.

Art. 583. Será castigado con la pena de prisión de doce a veinte años:

1.º El español que tome las armas contra la Patria bajo banderas enemigas.

Se impondrá la pena superior en grado al que obre como jefe o promotor, o tenga algún mando, o esté constituido en autoridad.

2.º El español que suministre a las tropas enemigas caudales, armas, embarcaciones, aeronaves, efectos o municiones de intendencia o armamento u otros medios directos y eficaces para hostilizar a España, o favorezca el progreso de las armas enemigas de un modo no comprendido en el artículo anterior.

3.º El español que suministre al enemigo planos de fortalezas, edificios o de terrenos, documentos o noticias que conduzcan directamente al mismo fin de hostilizar a España o de favorecer el progreso de las armas enemigas.

4.º El español que, en tiempo de guerra, impida que las

---

* V. art. 23 LOPJ.

** V. arts. 49 ss. CPM.

tropas nacionales reciban los auxilios expresados en el número 2.º o los datos y noticias indicados en el número 3.º de este artículo.

Art. 584. El español que, con el propósito de favorecer a una potencia extranjera, asociación u organización internacional, se procure, falsee, inutilice o revele información clasificada como reservada o secreta, susceptible de perjudicar la seguridad nacional o la defensa nacional, será castigado, como traidor, con la pena de prisión de seis a doce años.

Art. 585. La provocación, la conspiración y la proposición para cualquiera de los delitos previstos en los artículos anteriores de este capítulo, serán castigadas con la pena de prisión inferior en uno o dos grados a la del delito correspondiente.

Art. 586. El extranjero residente en España que cometiere alguno de los delitos comprendidos en este capítulo será castigado con la pena inferior en grado a la señalada para ellos, salvo lo establecido por Tratados o por el Derecho de gentes acerca de los funcionarios diplomáticos, consulares y de Organizaciones internacionales.

Art. 587. Las penas señaladas en los artículos anteriores de este capítulo son aplicables a los que cometieren los delitos comprendidos en los mismos contra una potencia aliada de España, en caso de hallarse en campaña contra el enemigo común.

Art. 588. Incurrirán en la pena de prisión de quince a veinte años los miembros del Gobierno que, sin cumplir con lo dispuesto en la Constitución, declararan la guerra o firmaran la paz.

Art. 584: V. Ley 9/1968, de 5 de abril (*BOE* n.º 84, de 6 de abril), de Secretos Oficiales, modificada por Ley 48/1978, de 7 de octubre (*BOE* n.º 243, de 11 de octubre).

Art. 586: V. art. 13.4 CE; Ley 12/2009, de 30 de octubre (*BOE* n.º 263, de 31 de octubre), reguladora del derecho de asilo y de la protección subsidiaria; LO 4/2000, de 11 de enero (*BOE* n.º 10, de 12 de enero; corrección de errores en *BOE* n.º 20, de 24 de enero), sobre derechos y libertades de los extranjeros en España y su integración social, modificada por Ley Orgánica 8/2000, de 22 de diciembre (*BOE* n.º 307, de 23 de diciembre; corrección de errores en *BOE* n.º 47, de 23 de febrero de 2001); por LO 11/2003, de 29 de septiembre (*BOE* n.º 234, de 30 de septiembre); y por LO 2/2009, de 11 de diciembre (*BOE* n.º 299, de 12 de diciembre); y desarrollada por RD 2.393/2004, de 30 de diciembre (*BOE* n.º 6, de 7 de enero de 2005; corrección de errores en *BOE* n.º 130, de 1 de junio), modificado por RD 1.019/2006, de 8 de septiembre (*BOE* n.º 228, de 23 de septiembre), y por RD 1.162/2009, de 10 de julio (*BOE* n.º 177, de 23 de julio).

CAPÍTULO II

DELITOS QUE COMPROMETEN LA PAZ O LA INDEPENDENCIA DEL ESTADO

Art. 589. El que publicare o ejecutare en España cualquier orden, disposición o documento de un Gobierno extranjero que atente contra la independencia o seguridad del Estado, se oponga a la observancia de sus Leyes o provoque su incumplimiento, será castigado con la pena de prisión de uno a tres años.

Art. 590. 1. El que, con actos ilegales o que no estén debidamente autorizados, provocare o diere motivo a una declaración de guerra contra España por parte de otra potencia, o expusiere a los españoles a experimentar vejaciones o represalias en sus personas o en sus bienes, será castigado con la pena de prisión de ocho a quince años si es autoridad o funcionario, y de cuatro a ocho si no lo es.

2. Si la guerra no llegara a declararse ni a tener efecto las vejaciones o represalias, se impondrá, respectivamente, la pena inmediata inferior.

Art. 591. Con las mismas penas señaladas en el artículo anterior será castigado, en sus respectivos casos, el que, durante una guerra en que no intervenga España, ejecutare cualquier acto que comprometa la neutralidad del Estado o infringiere las disposiciones publicadas por el Gobierno para mantenerla.

Art. 592. 1. Serán castigados con la pena de prisión de cuatro a ocho años los que, con el fin de perjudicar la autoridad del Estado o comprometer la dignidad o los intereses vitales de España, mantuvieran inteligencia o relación de cualquier género con Gobiernos extranjeros, con sus agentes o con grupos, Organismos o Asociaciones internacionales o extranjeras.

2. Quien realizara los actos referidos en el apartado anterior con la intención de provocar una guerra o rebelión será castigado con arreglo a los artículos 581, 473 ó 475 de este Código según los casos.

Art. 593. Se impondrá la pena de prisión de ocho a quince años a quien violare tregua o armisticio acordado entre la Nación española y otra enemiga, o entre sus fuerzas beligerantes.

Art. 594. 1. El español que, en tiempo de guerra, comunicare o hiciere circular noticias o rumores falsos encaminados a perjudicar el crédito del Estado o los intereses de la Nación, será castigado con las penas de prisión de seis meses a dos años.

2. En las mismas penas incurrirá el extranjero que en el territorio español realizare cualquiera de los hechos comprendidos en el apartado anterior.

Art. 595. El que, sin autorización legalmente concedida, levantare tropas en España para el servicio de una potencia extranjera, cualquiera que sea el objeto que se proponga o la Nación a la que intente hostilizar, será castigado con la pena de prisión de cuatro a ocho años.

Art. 596. 1. El que, en tiempo de guerra y con el fin de comprometer la paz, seguridad o independencia del Estado, tuviere correspondencia con un país enemigo u ocupado por sus tropas cuando el Gobierno lo hubiera prohibido, será castigado con la pena de prisión de uno a cinco años. Si en la correspondencia se dieran avisos o noticias de las que pudiera aprovecharse el enemigo se impondrá la pena de prisión de ocho a quince años.

2. En las mismas penas incurrirá el que ejecutare los delitos comprendidos en este artículo, aunque dirija la correspondencia por país amigo o neutral para eludir la Ley.

3. Si el reo se propusiera servir al enemigo con sus avisos o noticias, se estimará comprendido en el número 3.º o el número 4.º del artículo 583.

Art. 597. El español o extranjero que, estando en el territorio nacional, pasare o intentare pasar a país enemigo cuando lo haya prohibido el Gobierno, será castigado con la pena de multa de seis a doce meses.

CAPÍTULO III

DEL DESCUBRIMIENTO Y REVELACIÓN DE SECRETOS E INFORMACIONES RELATIVAS A LA DEFENSA NACIONAL*

Art. 598. El que, sin propósito de favorecer a una potencia

* Rúbrica redactada conforme a la LO 3/2002, de 22 de mayo (*BOE* n.º 123, de 23 de mayo). V. Ley 9/1968, de 5 de abril, de Secretos Oficiales (*BOE* n.º 84, de 6 de abril), modificada por Ley 48/1978, de 7 de octubre; arts. 53 a 56 CPM; Acuerdo de 21 de septiembre de 1960 de la OTAN para la salvaguardia mutua del secreto de invenciones relativas a la defensa respecto de las cuales se hayan presentado solicitudes de patentes, al que España se adhirió por Instrumento de 17 de julio de 1987 (*BOE* n.º 217, de 10 de septiembre); Acuerdo de 19 de octubre de 1970 de la OTAN sobre la comunicación de información técnica

extranjera, se procurare, revelare, falseare o inutilizare información legalmente calificada como reservada o secreta, relacionada con la seguridad nacional o la defensa nacional o relativa a los medios técnicos o sistemas empleados por las Fuerzas Armadas o las industrias de interés militar, será castigado con la pena de prisión de uno a cuatro años.

Art. 599. La pena establecida en el artículo anterior se aplicará en su mitad superior cuando concurra alguna de las circunstancias siguientes:

1.º Que el sujeto activo sea depositario o conocedor del secreto o información por razón de su cargo o destino.

2.º Que la revelación consistiera en dar publicidad al secreto o información en algún medio de comunicación social o de forma que asegure su difusión.

Art. 600. 1. El que sin autorización expresa reprodujere planos o documentación referentes a zonas, instalaciones o materiales militares que sean de acceso restringido y cuyo conocimiento esté protegido y reservado por una información legalmente calificada como reservada o secreta, será castigado con la pena de prisión de seis meses a tres años.

2. Con la misma pena será castigado el que tenga en su poder objetos o información legalmente calificada como reservada o secreta, relativos a la seguridad o a la defensa nacional, sin cumplir las disposiciones establecidas en la legislación vigente.

Art. 601. El que, por razón de su cargo, comisión o servicio, tenga en su poder o conozca oficialmente objetos o información legalmente calificada como reservada o secreta o de interés militar, relativos a la seguridad nacional o la defensa nacional, y por imprudencia grave dé lugar a que sean conocidos por persona no autorizada o divulgados, publicados o inutilizados, será castigado con la pena de prisión de seis meses a un año.

Art. 602. El que descubriere, violare, revelare, sustrajere o utilizare información legalmen-

---

con fines de defensa, al que España se adhirió por Instrumento de 17 de julio de 1987 (*BOE* n.º 217, de 10 de septiembre); Acuerdo de Seguridad de la Unión Europea Occidental (UEO), hecho en Bruselas el 28 de marzo de 1995 y ratificado por España por Instrumento de 2 de febrero de 1996 (*BOE* n.º 60, de 11 de marzo de 1997); Disp. Adic. 2.ª y arts. 44 ss. y 49 del Estatuto del personal del Centro Superior de Información de la Defensa, aprobado por RD 1.324/1995, de 28 de julio (*BOE* n.º 198, de 19 de agosto).

te calificada como reservada o secreta relacionada con la energía nuclear, será castigado con la pena de prisión de seis meses a tres años, salvo que el hecho tenga señalada pena más grave en otra Ley.

Art. 603. El que destruyere, inutilizare, falseare o abriere sin autorización la correspondencia o documentación legalmente calificada como reservada o secreta, relacionadas con la defensa nacional y que tenga en su poder por razones de su cargo o destino, será castigado con la pena de prisión de dos a cinco años e inhabilitación especial de empleo o cargo público por tiempo de tres a seis años.

Art. 604. [*Sin contenido por la LO 3/2002, de 22 de mayo.*]*

TÍTULO XXIV

Delitos contra la Comunidad Internacional

CAPÍTULO PRIMERO

DELITOS CONTRA EL DERECHO DE GENTES

Art. 605. 1. El que matare al Jefe de un Estado extranjero, o a otra persona internacionalmente protegida por un Tratado, que se halle en España, será castigado con la pena de prisión de veinte a veinticinco años. Si concurrieran en el hecho dos o más circunstancias agravantes se impondrá la pena de prisión de veinticinco a treinta años.

2. El que causare lesiones de las previstas en el artículo 149 a las personas mencionadas en el apartado anterior, será castigado

* La LO 3/2002, de 22 de mayo (*BOE* n.º 123, de 23 de mayo), por la que se modifican la LO 10/1995, de 23 de noviembre, del Código Penal, y la LO 13/1985, de 9 de diciembre, del Código Penal Militar, en materia de delitos relativos al servicio militar y a la prestación social sustitutoria, suprimió la división en secciones de este Capítulo III, y dejó sin contenido el art. 604. V. la Exposición de Motivos de esta Ley en nota al art. 527 del presente Código.

Art. 605: V. Convención sobre la Prevención y el Castigo de Delitos contra Personas Internacionalmente Protegidas, inclusive los Agentes Diplomáticos, de 14 de diciembre de 1973, al que España se ha adherido por Instrumento de 26 de julio de 1985 (*BOE* n.º 33, de 7 de febrero de 1986); y Convención sobre la Seguridad del Personal de las Naciones Unidas y el Personal Asociado, hecho en Nueva York el 9 de diciembre de 1994, y que España ha ratificado por Instrumento de 11 de diciembre de 1997 (*BOE* n.º 124, de 25 de mayo de 1999).

con la pena de prisión de quince a veinte años.

Si se tratara de alguna de las lesiones previstas en el artículo 150 se castigará con la pena de prisión de ocho a quince años, y de cuatro a ocho años si fuera cualquier otra lesión.

3. Cualquier otro delito cometido contra las personas mencionadas en los números precedentes, o contra los locales oficiales, la residencia particular o los medios de transporte de dichas personas, será castigado con las penas establecidas en este Código para los respectivos delitos, en su mitad superior.

Art. 606. 1. El que violare la inmunidad personal del Jefe de otro Estado o de otra persona internacionalmente protegida por un Tratado, será castigado con la pena de prisión de seis meses a tres años.

2. Cuando los delitos comprendidos en este artículo y en el anterior no tengan señalada una penalidad recíproca en las leyes del país a que correspondan las personas ofendidas, se impondrá al delincuente la pena que sería propia del delito, con arreglo a las disposiciones de este Código, si la persona ofendida no tuviese el carácter oficial mencionado en el apartado anterior.

CAPÍTULO II

DELITOS DE GENOCIDIO

Art. 607. 1. Los que, con propósito de destruir total o parcialmente un grupo nacional, étnico, racial, religioso o determinado por la discapacidad de sus integrantes, perpetraren alguno de los actos siguientes, serán castigados:

1.º Con la pena de prisión de quince a veinte años, si mataran a alguno de sus miembros.

Art. 607: El inciso inicial del apartado 1 de este artículo figura redactado conforme al texto de la LO 5/2010, de 22 de junio (*BOE* n.º 152, de 23 de junio), que entrará en vigor el próximo día 23 de diciembre de 2010. La redacción que sigue vigente hasta entonces es la siguiente:

> 1. Los que, con propósito de destruir total o parcialmente a un grupo nacional, étnico, racial o religioso, perpetraren alguno de los actos siguientes, serán castigados:

V. el Convenio de 9 de diciembre de 1948 para la prevención y sanción del delito de genocidio, al que España se adhirió el 13 de septiembre de 1968 (*BOE* n.º 34, de 8 de febrero de 1969) y, en especial, su art. VII, que dispone lo siguiente:

«A los efectos de extradición, el genocidio y los otros actos enumerados en el art. III no serán considerados como delitos políticos.

»Las Partes Contratantes se comprometen, en tal caso, a conceder la extradición conforme a su legislación y a los tratados vigentes.»

Si concurrieran en el hecho dos o más circunstancias agravantes, se impondrá la pena superior en grado.

V. también el art. 3.º, en especial el párrafo 3.º, del PIDCP:

«1. El derecho a la vida es inherente a la persona humana. Este derecho estará protegido por la Ley. Nadie podrá ser privado de la vida arbitrariamente.

»2. En los países que no hayan abolido la pena capital sólo podrá imponerse la pena de muerte por los más graves delitos y de conformidad con leyes que estén en vigor en el momento de cometerse el delito y que no sean contrarias a las disposiciones del presente Pacto ni a la Convención para la prevención y la sanción del delito de genocidio. Esta pena sólo podrá imponerse en cumplimiento de sentencia definitiva de un Tribunal competente.

»3. Cuando la privación de la vida constituya delito de genocidio se tendrá entendido que nada de lo dispuesto en este artículo excusará en modo alguno a los Estados Partes del cumplimiento de ninguna de las obligaciones asumidas en virtud de las disposiciones de la Convención para la prevención y la sanción del delito de genocidio.

»4. Toda persona condenada a muerte tendrá derecho a solicitar el indulto o la conmutación de la pena. La amnistía, el indulto o la conmutación de la pena capital podrán ser concedidos en todos los casos.

»5. No se impondrá la pena de muerte por delitos cometidos por personas de menos de 18 años de edad, ni se la aplicará a las mujeres en estado de gravidez.

»6. Ninguna disposición de este artículo podrá ser invocada por un Estado parte en el presente Pacto para demorar o impedir la abolición de la pena capital.»

V. también art. 23 LOPJ, reproducido en nota al art. 3.º1 LE (Apéndice 4); el Convenio-marco para la protección de las Minorías Nacionales (n.º 157 del Consejo de Europa), hecho en Estrasburgo el 1 de febrero de 1995, y ratificado por España por Instrumento de 20 de julio de 1995 (*BOE* n.º 20, de 23 de enero de 1998; corrección de errores en *BOE* n.º 37, de 12 de febrero, y corrección de erratas en *BOE* n.º 39, de 14 de febrero); la Resolución de 19 de octubre de 1993, de la Secretaría General Técnica, por la que se publica la Resolución 827/1993, de 25 de mayo, del Consejo de Seguridad de las Naciones Unidas creando un Tribunal Internacional para el castigo de los crímenes perpetrados en la antigua Yugoslavia y documento anejo (*BOE* n.º 281, de 24 de noviembre), modificada por Resolución 1329 (2000), de 30 de noviembre, del mismo Consejo, publicada por Resolución de 26 de febrero de 2001 (*BOE* n.º 64, de 15 de marzo; corrección de erratas en *BOE* n.º 80, de 3 de abril); LO 15/1994, de 1 de junio, para la cooperación con el Tribunal Internacional para el enjuiciamiento de los presuntos responsables de violaciones graves del Derecho internacional humanitario cometidas en el territorio de la ex Yugoslavia (*BOE* n.º 131, de 2 de junio); Acuerdo entre el Reino de España y las Naciones Unidas sobre la ejecución de condenas impuestas por el Tribunal Penal Internacional para la ex Yugoslavia, hecho en La Haya el 28 de marzo de 2000 (*BOE* n.º 54, de 3 de marzo de 2001); Resolución de 10 de mayo de 1995, de la Secretaría General Técnica, por la que se publica la Resolución 955 (1994), de 8 de noviembre de 1994, del Consejo de Seguridad de las Naciones Unidas, por lo que se crea un Tribunal Internacional para el enjuiciamiento de los crímenes internacionales perpetrados en Ruanda (*BOE* n.º 123, de 24 de mayo de 1995), modificada por Resolución 1.329 (2000), de 30 de noviembre, del mismo Consejo, publicada por Resolución de 26 de febrero de

2.º Con la prisión de quince a veinte años, si agredieran sexualmente a alguno de sus miembros o produjeran alguna de las lesiones previstas en el artículo 149.

3.º Con la prisión de ocho a quince años, si sometieran al grupo o a cualquiera de sus individuos a condiciones de existencia que pongan en peligro su vida o perturben gravemente su salud, o cuando les produjeran algunas de las lesiones previstas en el artículo 150.

4.º Con la misma pena, si llevaran a cabo desplazamientos forzosos del grupo o sus miembros, adoptaran cualquier medida que tienda a impedir su género de vida o reproducción, o bien trasladaran por la fuerza individuos de un grupo a otro.

5.º Con la de prisión de cuatro a ocho años, si produjeran cualquier otra lesión distinta de las señaladas en los números 2.º y 3.º de este apartado.

2. La difusión por cualquier medio de ideas o doctrinas que *nieguen o* justifiquen los delitos tipificados en el apartado anterior de este artículo, o pretendan la rehabilitación de regímenes o instituciones que amparen prácticas generadoras de los mismos, se castigará con la pena de prisión de uno a dos años.

CAPÍTULO II BIS*

DE LOS DELITOS DE LESA HUMANIDAD

Art. 607 bis. 1. Son reos de delitos de lesa humanidad quienes cometan los hechos previstos en el apartado siguiente como parte de un ataque generalizado o sistemático contra la

---

2001 (*BOE* n.º 64, de 15 de marzo; corrección de erratas en *BOE* n.º 80, de 3 de abril); LO 4/1998, de 1 de julio (*BOE* n.º 157, de 2 de julio), para la Cooperación con el Tribunal Internacional para Ruanda; LO 6/2000, de 4 de octubre (*BOE* n.º 239, de 5 de octubre), por la que se autoriza la ratificación por España del Estatuto de la Corte Penal Internacional. Ésta se hizo mediante Instrumento de 19 de octubre de 2000 (*BOE* n.º 126, de 27 de mayo de 2002); y LO 18/2003, de 10 de diciembre (*BOE* n.º 296, de 11 de diciembre), de Cooperación con la Corte Penal Internacional.

Art. 607.2: La STC 235/2007, de 7 de noviembre (*BOE* n.º 295, de 10 de diciembre), declaró «inconstitucional y nula la inclusión de la expresión "nieguen o" en el primer inciso» de este párrafo, e interpretó el resto de su primer inciso, «que castiga la difusión de ideas o doctrinas tendentes a justificar un delito de genocidio».

* Este Capítulo figura redactado conforme al texto de la Ley Orgánica 15/2003, de 25 de noviembre (*BOE* n.º 283, de 26 de noviembre; corrección de errores en *BOE* n.º 65, de 16 de marzo, y n.º 80, de 2 de abril, ambos de 2004), que entró en vigor el 1 de octubre de 2004.

Art. 607 bis : El ordinal 1.º del apartado 1 de este artículo figura redactado conforme al texto de la LO 5/2010, de 22 de

población civil o contra una parte de ella.

En todo caso, se considerará delito de lesa humanidad la comisión de tales hechos:

1.º Por razón de pertenencia de la víctima a un grupo o colectivo perseguido por motivos políticos, raciales, nacionales, étnicos, culturales, religiosos, de género, discapacidad u otros motivos universalmente reconocidos como inaceptables con arreglo al derecho internacional.

2.º En el contexto de un régimen institucionalizado de opresión y dominación sistemáticas de un grupo racial sobre uno o más grupos raciales y con la intención de mantener ese régimen.

2. Los reos de delitos de lesa humanidad serán castigados:

1.º Con la pena de prisión de quince a veinte años si causaran la muerte de alguna persona.

Se aplicará la pena superior en grado si concurriera en el hecho alguna de las circunstancias previstas en el artículo 139.

2.º Con la pena de prisión de doce a quince años si cometieran una violación, y de cuatro a seis años de prisión si el hecho consistiera en cualquier otra agresión sexual.

3.º Con la pena de prisión de doce a quince años si produjeran alguna de las lesiones del artículo 149, y con la de ocho a doce años de prisión si sometieran a las personas a condiciones de existencia que pongan en peligro su vida o perturben gravemente su salud o cuando les produjeran alguna de las lesiones previstas en el artículo 150. Se aplicará la pena de prisión de cuatro a ocho años si cometieran alguna de las lesiones del artículo 147.

4.º Con la pena de prisión de ocho a doce años si deportaran o trasladaran por la fuerza, sin motivos autorizados por el derecho internacional, a una o más personas a otro Estado o lugar, mediante la expulsión u otros actos de coacción.

---

junio (*BOE* n.º 152, de 23 de junio), que entrará en vigor el próximo día 23 de diciembre de 2010. La redacción que sigue vigente hasta entonces es la siguiente:

> 1.º Por razón de la pertenencia de la víctima a un grupo o colectivo perseguido por motivos políticos, raciales, nacionales, étnicos, culturales, religiosos o de género u otros motivos universalmente reconocidos como inaceptables con arreglo al derecho internacional.

5.º Con la pena de prisión de seis a ocho años si forzaran el embarazo de alguna mujer con intención de modificar la composición étnica de la población, sin perjuicio de la pena que corresponda, en su caso, por otros delitos.

6.º Con la pena de prisión de doce a quince años cuando detuvieran a alguna persona y se negaran a reconocer dicha privación de libertad o a dar razón de la suerte o paradero de la persona detenida.

7.º Con la pena de prisión de ocho a doce años si detuvieran a otro, privándolo de su libertad, con infracción de las normas internacionales sobre la detención.

Se impondrá la pena inferior en grado cuando la detención dure menos de quince días.

8.º Con la pena de cuatro a ocho años de prisión si cometieran tortura grave sobre personas que tuvieran bajo su custodia o control, y con la de prisión de dos a seis años si fuera menos grave.

A los efectos de este artículo, se entiende por tortura el sometimiento de la persona a sufrimientos físicos o psíquicos.

La pena prevista en este número se impondrá sin perjuicio de las penas que correspondieran, en su caso, por los atentados contra otros derechos de la víctima.

9.º Con la pena de prisión de cuatro a ocho años si cometieran alguna de las conductas relativas a la prostitución recogidas en el artículo 187.1, y con la de seis a ocho años en los casos previstos en el artículo 188.1.

Se impondrá la pena de seis a ocho años a quienes trasladen a personas de un lugar a otro, con el propósito de su explotación sexual, empleando violencia, intimidación o engaño, o abusando de una situación de superioridad o de necesidad o de vulnerabilidad de la víctima.

Cuando las conductas previstas en el párrafo anterior y en el artículo 188.1 se cometan sobre menores de edad o incapaces, se impondrán las penas superiores en grado.

10.º Con la pena de prisión de cuatro a ocho años si sometieran a alguna persona a esclavitud o la mantuvieran en ella. Esta pena se aplicará sin perjuicio de las que, en su caso, correspondan por los concretos atentados cometidos contra los derechos de las personas.

Por esclavitud se entenderá la situación de la persona sobre la que otro ejerce, incluso de hecho, todos o algunos de los atributos del derecho de propiedad, como comprarla, venderla, prestarla o darla en trueque.

CAPÍTULO III

DE LOS DELITOS CONTRA LAS PERSONAS Y BIENES PROTEGIDOS EN CASO DE CONFLICTO ARMADO

Art. 608. A los efectos de este capítulo, se entenderá por personas protegidas:

1.º Los heridos, enfermos o náufragos y el personal sanitario o religioso, protegidos por el I y II Convenios de Ginebra de 12 de agosto de 1949 o por el Protocolo I Adicional de 8 de junio de 1977.

2.º Los prisioneros de guerra protegidos por el III Convenio de Ginebra de 12 de agosto de 1949 o por el Protocolo I Adicional de 8 de junio de 1977.

3.º La población civil y las personas civiles protegidas por el IV Convenio de Ginebra de 12 de agosto de 1949 o por el Protocolo I Adicional de 8 de junio de 1977.

4.º Las personas fuera de combate y el personal de la Potencia Protectora y de su sustituto protegidos por los Convenios de Ginebra de 12 de agosto de 1949 o por el Protocolo I Adicional de 8 de junio de 1977.

5.º Los parlamentarios y las personas que los acompañen, protegidos por el Convenio II de La Haya de 29 de julio de 1899.

6.º El personal de Naciones Unidas y personal asociado, protegidos por la Convención sobre la Seguridad del Personal de las Naciones Unidas y del Personal Asociado, de 9 de diciembre de 1994.

7.º Cualquier otra que tenga aquella condición en virtud del Protocolo II Adicional de 8 de junio de 1977 o de cualesquiera otros Tratados internacionales en los que España fuere parte.

Art. 609. El que, con ocasión de un conflicto armado, maltrate de obra o ponga en grave peligro la vida, la salud o la integridad de cualquier persona protegida, la haga objeto de tortura o tratos inhumanos, incluidos los experimentos biológicos, le cause grandes sufrimientos o la someta a cualquier acto médico que no esté indicado por su estado de salud ni de acuerdo con las normas médicas generalmente reconocidas que la Parte responsable de la actuación aplicaría, en análogas circunstancias médicas, a sus propios nacionales no privados de libertad, será castigado con la pena de prisión de cuatro a

---

Art. 608: Este artículo figura redactado conforme al texto de la Ley Orgánica 15/2003, de 25 de noviembre (*BOE* n.º 283, de 26 de noviembre; corrección de errores en *BOE* n.º 65, de 16 de marzo, y n.º 80, de 2 de abril, ambos de 2004), que entró en vigor el 1 de octubre de 2004.

ocho años, sin perjuicio de la pena que pueda corresponder por los resultados lesivos producidos.

Art. 610. El que, con ocasión de un conflicto armado, emplee u ordene emplear métodos o medios de combate prohibidos o destinados a causar sufrimientos innecesarios o males superfluos, así como aquellos concebidos para causar o de los que fundamentalmente quepa prever que causen daños extensos, duraderos y graves al medio ambiente natural, comprome-

---

Art. 610: Este artículo figura redactado conforme al texto de la Ley Orgánica 15/2003, de 25 de noviembre (*BOE* n.º 283, de 26 de noviembre; corrección de errores en *BOE* n.º 65, de 16 de marzo, y n.º 80, de 2 de abril, ambos de 2004), que entró en vigor el 1 de octubre de 2004. Por error material no corregido, el texto publicado en el *BOE* dice «fundamentalmente» cuando el texto precedente decía «fundadamente». Véase la Convención sobre prohibiciones o restricciones del empleo de ciertas armas convencionales que puedan considerarse excesivamente nocivas o de efectos indiscriminados, hecha en Ginebra el 10 de octubre de 1980 y ratificada por España por Instrumento de 3 de diciembre de 1993 (*BOE* n.º 89, de 14 de abril de 1994; corrección de errores en *BOE* n.º 99, de 23 de abril de 2004); el Protocolo Adicional a esta Convención, hecho en Viena el 13 de octubre de 1995 (*BOE* n.º 114, de 13 de mayo de 1998), el Protocolo II anexo a la misma, sobre prohibiciones o restricciones del empleo de minas, armas trampa y otros artefactos, enmendado el 3 de mayo de 1996, y aceptado por España por Instrumento de 19 de enero de 1998 (*BOE* n.º 269, de 10 de noviembre), y el Protocolo V anejo a ella, sobre los restos explosivos de guerra, hecho en Ginebra el 28 de noviembre de 2003, y aceptado por España mediante Instrumento de 25 de enero de 2007 (*BOE* n.º 57, de 7 de marzo); la Convención sobre la prohibición del desarrollo, la producción, el almacenamiento y el empleo de armas químicas y sobre su destrucción, firmada en París el 13 de enero de 1993 y ratificada por España por Instrumento de 22 de julio de 1994 (*BOE* n.º 300, de 13 de diciembre de 1996; corrección de errores en *BOE* n.º 163, de 9 de julio de 1997); el Convenio sobre la marcación de explosivos plásticos para los fines de detección, hecho en Montreal el 1 de marzo de 1991, y ratificado por España por Instrumento de 23 de febrero de 1994 (*BOE* n.º 288, de 2 de diciembre de 1998); la Convención sobre la prohibición del empleo, almacenamiento, producción y transferencia de minas antipersonal y sobre su destrucción, hecha en Oslo el 18 de septiembre de 1997, y ratificada por España mediante Instrumento de 7 de enero de 1999 (*BOE* n.º 62, de 13 de marzo), y la Convención sobre municiones de racimo, hecha en Dublín el 30 de mayo de 2008, y ratificada por España mediante Instrumento de 8 de junio de 2009 (*BOE* n.º 68, de 19 de marzo de 2010, corrección de errores en *BOE* n.º 171, de 25 de julio); así como la Ley 33/1998, de 5 de octubre, de prohibición total de minas antipersonal y armas de efecto similar (*BOE* n.º 239, de 6 de octubre); la Ley 49/1999, de 20 de diciembre (*BOE* n.º 304, de 21 de diciembre), sobre medidas de control de sustancias químicas susceptibles de desvío para la fabricación de armas químicas; el RD 663/1997, de 12 de mayo, por el que se regula la composición y funciones de la Autoridad Nacional para la Prohibición de las Armas Químicas (*BOE* n.º 114, de 13 de mayo), y la Circular de 2 de febrero de 2000 (*BOE* n.º 41, de 17 de febrero), de la Secretaría General de Comercio Exterior, relativa a la prohibición de importar/exportar de/a determinados países algunas sustancias químicas tóxicas y precursores químicos.

tiendo la salud o la supervivencia de la población u ordene no dar cuartel, será castigado con la pena de prisión de diez a quince años, sin perjuicio de la pena que corresponda por los resultados producidos.

Art. 611. Será castigado con la pena de prisión de diez a quince años, sin perjuicio de la pena que corresponda por los resultados producidos, el que, con ocasión de un conflicto armado:

1.º Realice u ordene realizar ataques indiscriminados o excesivos o haga objeto a la población civil de ataques, represalias o actos o amenazas de violencia cuya finalidad principal sea aterrorizarla.

2.º Destruya o dañe, violando las normas del Derecho Internacional aplicables en los conflictos armados, buque o aeronave no militares de una Parte adversa o neutral, innecesariamente y sin dar tiempo o sin adoptar las medidas necesarias para proveer a la seguridad de las personas y a la conservación de la documentación de a bordo.

3.º Obligue a un prisionero de guerra o persona civil a servir, en cualquier forma, en las Fuerzas Armadas de la Parte adversa, o les prive de su derecho a ser juzgados regular e imparcialmente.

4.º Deporte, traslade de modo forzoso, tome como rehén o detenga o confine ilegalmente a cualquier persona protegida o la utilice para poner ciertos puntos, zonas o fuerzas militares a cubierto de los ataques de la parte adversa.

5.º Traslade y asiente, directa o indirectamente, en territorio ocupado a población de la parte ocupante, para que resida en él de modo permanente.

6.º Realice, ordene realizar o mantenga, respecto de cualquier persona protegida, prácticas de segregación racial y demás prácticas inhumanas y degradantes basadas en otras distinciones de carácter desfavorable, que entrañen un ultraje contra la dignidad personal.

7.º Impida o demore, injustificadamente, la liberación o la repatriación de prisioneros de guerra o de personas civiles.

Art. 611: Este artículo figura redactado conforme al texto de la Ley Orgánica 15/2003, de 25 de noviembre (*BOE* n.º 283, de 26 de noviembre; corrección de errores en *BOE* n.º 65, de 16 de marzo, y n.º 80, de 2 de abril, ambos de 2004), que entró en vigor el 1 de octubre de 2004.

Los ordinales 8.º y 9.º de este artículo han sido añadidos por la LO 5/2010, de 22 de junio (*BOE* n.º 152, de 23 de junio), que entrará en vigor el próximo día 23 de diciembre de 2010.

8.º Declare abolidos, suspendidos o inadmisibles ante un Juez o Tribunal los derechos y acciones de los nacionales de la parte adversa.

9.º Atente contra la libertad sexual de una persona protegida cometiendo actos de violación, esclavitud sexual, prostitución inducida o forzada, embarazo forzado, esterilización forzada o cualquier otra forma de agresión sexual.

Art. 612. Será castigado con la pena de prisión de tres a siete años, sin perjuicio de la pena que corresponda por los resultados producidos, el que, con ocasión de un conflicto armado:

1.º Viole a sabiendas la protección debida a hospitales, instalaciones, material, unidades y medios de transporte sanitarios, campos de prisioneros, zonas y localidades sanitarias y de seguridad, zonas neutralizadas, lugares de internamiento de la población civil, localidades no defendidas y zonas desmilitarizadas, dadas a conocer por los signos o señales distintivos apropiados.

2.º Ejerza violencia sobre el personal sanitario o religioso o integrante de la misión médica, o de las sociedades de socorro o contra el personal habilitado para usar los signos o señales distintivos de los Convenios de Ginebra, de conformidad con el derecho internacional.

3.º Injurie gravemente, prive o no procure el alimento indispensable o la asistencia médica necesaria a cualquier persona protegida o la haga objeto de tratos humillantes o degradantes, omita informarle, sin demora justificada y de modo comprensible, de su situación, imponga castigos colectivos por actos individuales o viole las prescripciones sobre el alojamiento de mujeres y familias o sobre protección especial de mujeres y niños establecidas en los tratados internacionales en los que España fuera parte y, en particular, reclute o aliste a menores de dieciocho años o los utilice para participar directamente en las hostilidades.

Art. 612: Este artículo figura redactado conforme al texto de la Ley Orgánica 15/2003, de 25 de noviembre (*BOE* n.º 283, de 26 de noviembre; corrección de errores en *BOE* n.º 65, de 16 de marzo, y n.º 80, de 2 de abril, ambos de 2004), que entró en vigor el 1 de octubre de 2004. Los ordinales 3.º y 4.º de este artículo figuran redactados, y los ordinales 8.º, 9.º y 10.º añadidos, conforme al texto de la LO 5/2010, de 22 de junio (*BOE* n.º 152, de 23 de junio), que entrará en vigor el próximo día 23 de diciembre de 2010.

4.º Use indebidamente los signos protectores o distintivos, emblemas o señales establecidos y reconocidos en los tratados internacionales en los que España fuere parte, especialmente los signos distintivos de la Cruz Roja, de la Media Luna Roja y del Cristal Rojo

5.º Utilice indebidamente o de modo pérfido bandera, uniforme, insignia o emblema distintivo de Estados neutrales, de las Naciones Unidas o de otros Estados que no sean partes en el conflicto o de Partes adversas, durante los ataques o para cubrir, favorecer, proteger u obstaculizar operaciones militares, salvo en los casos exceptuados expresamente previstos en los Tratados internacionales en los que España fuere parte.

6.º Utilice indebidamente o de modo pérfido bandera de parlamento o de rendición, atente contra la inviolabilidad o retenga indebidamente a parlamentario o a cualquiera de las personas que lo acompañen, a personal de la Potencia Protectora o su sustituto, o a miembro de la Comisión Internacional de Encuesta.

7.º Despoje de sus efectos a un cadáver, herido, enfermo, náufrago, prisionero de guerra o persona civil internada.

8.º Haga padecer intencionadamente hambre a la población civil como método de guerra, privándola de los bienes indispensables para su supervivencia, incluido el hecho de obstaculizar arbitrariamente los suministros de socorro, realizados de conformidad con los Convenios de Ginebra y sus Protocolos Adicionales.

9.º Viole suspensión de armas, armisticio, capitulación u otro convenio celebrado con la parte adversa.

10.º Dirija intencionadamente ataques contra cualquier miembro del personal de las Naciones Unidas, personal asociado o participante en una misión de paz o de asistencia humanitaria, de conformidad con la Carta de las Naciones Unidas, siempre que tengan derecho a la protección otorgada a personas o bienes civiles, con arreglo al derecho internacional de los conflictos armados, o les amenace con tal ataque para obligar a una persona natural o jurídica a realizar o abstenerse de realizar algún acto.

Art. 613. 1. Será castigado con la pena de prisión de cua-

Art. 613: Este artículo figura redactado conforme al texto de la LO 5/2010, de 22 de junio (*BOE* n.º 152, de 23 de junio), que entrará en vigor el próximo día 23 de diciembre de 2010. La redacción que sigue vigente hasta entonces es la siguiente:

tro a seis años el que, con ocasión de un conflicto armado, realice u ordene realizar alguna de las siguientes acciones:

a) Ataque o haga objeto de represalias o actos de hostilidad contra bienes culturales o lugares de culto que constituyen el patrimonio cultural o espiritual de los pueblos, siempre que tales bienes o lugares no estén situados en la inmediata proximidad de un objetivo militar o no sean utilizados en apoyo del esfuerzo militar del adversario y estén debidamente señalizados;

b) Use indebidamente los bienes culturales o lugares de culto referidos en la letra *a*) en apoyo de una acción militar;

c) Se apropie a gran escala, robe, saquee o realice actos de vandalismo contra los bienes culturales o lugares de culto referidos en la letra *a*);

d) Ataque o haga objeto de represalias o de actos de hostilidad a bienes de carácter civil de la parte adversa, causando su destrucción, siempre que ello no ofrezca, en las circunstancias del caso, una ventaja militar definida o que tales bienes no contri-

---

Art. 613. 1. Será castigado con la pena de prisión de cuatro a seis años el que, con ocasión de un conflicto armado, realice u ordene realizar alguna de las siguientes acciones:

a) Ataque o haga objeto de represalias o actos de hostilidad contra bienes culturales o lugares de culto, claramente reconocidos, que constituyen el patrimonio cultural o espiritual de los pueblos, y a los que se haya conferido protección en virtud de acuerdos especiales, o bienes culturales bajo protección reforzada, causando como consecuencia extensas destrucciones, siempre que tales bienes no estén situados en la inmediata proximidad de objetivos militares o no sean utilizados en apoyo del esfuerzo militar del adversario.

b) Ataque o haga objeto de represalias o de actos de hostilidad a bienes de carácter civil de la Parte adversa, causando su destrucción, siempre que ello no ofrezca, en las circunstancias del caso, una ventaja militar definida o que tales bienes no contribuyan eficazmente a la acción militar del adversario.

c) Ataque, destruya, sustraiga o inutilice los bienes indispensables para la supervivencia de la población civil, salvo que la Parte adversa utilice tales bienes en apoyo directo de una acción militar o exclusivamente como medio de subsistencia para los miembros de sus Fuerzas Armadas.

d) Ataque o haga objeto de represalias a las obras o instalaciones que contengan fuerzas peligrosas, cuando tales ataques puedan producir la liberación de aquellas fuerzas y causar, en consecuencia, pérdidas importantes en la población civil, salvo que tales obras o instalaciones se utilicen en apoyo regular, importante y directo de operaciones militares y que tales ataques sean el único medio factible de poner fin a tal apoyo.

e) Destruya, dañe o se apodere, sin necesidad militar, de cosas que no le pertenezcan, obligue a otro a entregarlas o realice cualesquiera otros actos de pillaje.

2. En el caso de que se trate de bienes culturales bajo protección especial, o en los supuestos de extrema gravedad, se podrá imponer la pena superior en grado.

buyan eficazmente a la acción militar del adversario;

e) Ataque, destruya, sustraiga o inutilice los bienes indispensables para la supervivencia de la población civil, salvo que la parte adversa utilice tales bienes en apoyo directo de una acción militar o exclusivamente como medio de subsistencia para los miembros de sus fuerzas armadas;

f) Ataque o haga objeto de represalias a las obras o instalaciones que contengan fuerzas peligrosas, cuando tales ataques puedan producir la liberación de aquellas fuerzas y causar, en consecuencia, pérdidas importantes en la población civil, salvo que tales obras o instalaciones se utilicen en apoyo regular, importante y directo de operaciones militares y que tales ataques sean el único medio factible de poner fin a tal apoyo;

g) Destruya, dañe o se apodere, sin necesidad militar, de cosas que no le pertenezcan, obligue a otro a entregarlas o realice cualesquiera otros actos de pillaje;

h) Requise, indebida o innecesariamente, bienes muebles o inmuebles en territorio ocupado o destruya buque o aeronave no militares, y su carga, de una parte adversa o neutral o los capture, con infracción de las normas internacionales aplicables a los conflictos armados en la mar;

i) Ataque o realice actos de hostilidad contra las instalaciones, material, unidades, residencia privada o vehículos de cualquier miembro del personal referido en el ordinal 10.º del artículo 612 o amenace con tales ataques o actos de hostilidad para obligar a una persona natural o jurídica a realizar o abstenerse de realizar algún acto.

2. Cuando el ataque, la represalia, el acto de hostilidad o la utilización indebida tengan por objeto bienes culturales o lugares de culto bajo protección especial o a los que se haya conferido protección en virtud de acuerdos especiales, o bienes culturales inmuebles o lugares de culto bajo protección reforzada o sus alrededores inmediatos, se podrá imponer la pena superior en grado.

En los demás supuestos previstos en el apartado anterior de este artículo, se podrá imponer la pena superior en grado cuando se causen destrucciones extensas e importantes en los bienes, obras o instalaciones sobre los que recaigan o en los supuestos de extrema gravedad.

Art. 614. El que, con ocasión de un conflicto armado, rea-

Art. 614: Este artículo figura redactado conforme al texto de la LO 5/2010, de 22 de junio (*BOE* n.º 152, de 23 de junio), que entrará en vigor el próximo día 23 de

lice u ordene realizar cualesquiera otras infracciones o actos contrarios a las prescripciones de los tratados internacionales en los que España fuere parte y relativos a la conducción de las hostilidades, regulación de los medios y métodos de combate, protección de los heridos, enfermos y náufragos, trato debido a los prisioneros de guerra, protección de las personas civiles y protección de los bienes culturales en caso de conflicto armado, será castigado con la pena de prisión de seis meses a dos años.

Art. 614 bis. Cuando cualquiera de las conductas contenidas en este capítulo formen parte de un plan o política o se cometan a gran escala, se aplicarán las respectivas penas en su mitad superior.

CAPÍTULO IV

DISPOSICIONES COMUNES

Art. 615. La provocación, la conspiración y la proposición para la ejecución de los delitos previstos en los capítulos anteriores de este Título se castigarán con la pena inferior en uno o dos grados a la que correspondería a los mismos.

---

diciembre de 2010. La redacción que sigue vigente hasta entonces es la siguiente:

> *Art. 614.* El que, con ocasión de un conflicto armado, realizare u ordenare realizar cualesquiera otras infracciones o actos contrarios a las prescripciones de los Tratados internacionales en los que España fuere parte y relativos a la conducción de las hostilidades, protección de los heridos, enfermos y náufragos, trato a los prisioneros de guerra, protección de las personas civiles y protección de los bienes culturales en caso de conflicto armado, será castigado con la pena de prisión de seis meses a dos años.

V. el Protocolo Facultativo de la Convención sobre los Derechos del Niño, sobre la participación de niños en conflictos armados, hecho en Nueva York el 25 de mayo de 2000 y ratificado mediante Instrumento de 1 de marzo de 2002 (*BOE* n.º 92, de 17 de abril).

Art. 614 bis: Este artículo fue introducido por la LO 15/2003, de 25 de noviembre (*BOE* n.º 283, de 26 de noviembre; corrección de errores en *BOE* n.º 65, de 16 de marzo, y n.º 80, de 2 de abril, ambos de 2004), que entró en vigor el 1 de octubre de 2004.

Art. 615: Este artículo figura redactado conforme al texto de la LO 5/2010, de 22 de junio (*BOE* n.º 152, de 23 de junio), que entrará en vigor el próximo día 23 de diciembre de 2010. La redacción que sigue vigente hasta entonces es la siguiente:

> *Art. 615.* La provocación, la conspiración y la proposición para la ejecución de los delitos previstos en este Título, se castigarán con la pena inferior en uno o dos grados a la que correspondería a los mismos.

Art. 615 bis. 1. La autoridad o jefe militar o quien actúe efectivamente como tal que no adoptara las medidas a su alcance para evitar la comisión, por las fuerzas sometidas a su mando o control efectivo, de alguno de los delitos comprendidos en los capítulos II, II bis y III de este título, será castigado con la misma pena que los autores.

2. Si la conducta anterior se realizara por imprudencia grave, la pena será la inferior en uno o dos grados.

3. La autoridad o jefe militar o quien actúe efectivamente como tal que no adoptara las medidas a su alcance para que sean perseguidos los delitos comprendidos en los capítulos II, II bis y III de este título cometidos por las personas sometidas a su mando o control efectivo será castigada con la pena inferior en dos grados a la de los autores.

4. El superior no comprendido en los apartados anteriores que, en el ámbito de su competencia, no adoptara las medidas a su alcance para evitar la comisión por sus subordinados de alguno de los delitos comprendidos en los capítulos II, II bis y III de este título será castigado con la misma pena que los autores.

5. El superior que no adoptara las medidas a su alcance para que sean perseguidos los delitos comprendidos en los capítulos II, II bis y III de este título cometidos por sus subordinados será castigado con la pena inferior en dos grados a la de los autores.

6. El funcionario o autoridad que, sin incurrir en las conductas previstas en los apartados anteriores, y faltando a la obligación de su cargo, dejara de promover la persecución de alguno de los delitos de los comprendidos en los capítulos II, II bis y III de este título de que tenga noticia será castigado con la pena de inhabilitación especial para empleo o cargo público por tiempo de dos a seis años.

Art. 616. En el caso de cometerse cualquiera de los

Art. 615 bis: Este artículo fue introducido por la LO 15/2003, de 25 de noviembre (*BOE* n.º 283, de 26 de noviembre; corrección de errores en *BOE* n.º 65, de 16 de marzo, y n.º 80, de 2 de abril, ambos de 2004), que entró en vigor el 1 de octubre de 2004.

Art. 616: Este artículo figura redactado conforme al texto de la LO 5/2010, de 22 de junio (*BOE* n.º 152, de 23 de junio), que entrará en vigor el próximo día 23 de diciembre de 2010. La redacción que sigue vigente hasta entonces es la siguiente:

delitos comprendidos en los Capítulos anteriores de este Título, excepto los previstos en el artículo 614 y en los apartados 2 y 6 del 615 bis, y en el Título anterior por una autoridad o funcionario público, se le impondrá, además de las penas señaladas en ellos, la de inhabilitación absoluta por tiempo de diez a veinte años; si fuese un particular, los jueces y tribunales podrán imponerle la de inhabilitación especial para empleo o cargo público por tiempo de uno a diez años.

Art. 616 bis. Lo dispuesto en el artículo 20.7 de este Código en ningún caso resultará aplicable a quienes cumplan mandatos de cometer o participar en los hechos incluidos en los capítulos II y II bis de este título.

CAPÍTULO V*

DELITO DE PIRATERÍA

Art. 616 ter. El que con violencia, intimidación o engaño, se apodere, dañe o destruya una aeronave, buque u otro tipo de embarcación o plataforma en el mar, o bien atente contra las personas, cargamento o bienes que se hallaren a bordo de las mismas, será castigado como reo del delito de piratería con la pena de prisión de diez a quince años.

En todo caso, la pena prevista en este artículo se impondrá sin perjuicio de las que correspondan por los delitos cometidos.

Art. 616. En el caso de cometerse cualquiera de los delitos comprendidos en este Título y en el anterior por una autoridad o funcionario público, se le impondrá, además de las penas señaladas en ellos, la de inhabilitación absoluta por tiempo de diez a veinte años; si fuese un particular, los Jueces o Tribunales podrán imponerle la de inhabilitación especial para empleo o cargo público por tiempo de uno a diez años.

Art. 616 bis: Este artículo fue introducido por la LO 15/2003, de 25 de noviembre (*BOE* n.º 283, de 26 de noviembre; corrección de errores en *BOE* n.º 65, de 16 de marzo, y n.º 80, de 2 de abril, ambos de 2004), que entró en vigor el 1 de octubre de 2004.

* Este Capítulo ha sido incorporado por la LO 5/2010, de 22 de junio (*BOE* n.º 152, de 23 de junio), que entrará en vigor el próximo día 23 de diciembre de 2010.

Art. 616 ter: Este artículo figura redactado conforme al texto de la LO 5/2010, de 22 de junio (*BOE* n.º 152, de 23 de junio), que entrará en vigor el próximo día 23 de diciembre de 2010.

Vid. los Instrumentos de 31 de mayo de 2008 (*BOE* n.º 170, de 14 de julio de 2010, y 172, de 15 de julio de 2010), de ratificación de los protocolos de 2005, relativos al Convenio para la represión de los actos ilícitos contra la seguridad de la navegación marítima y para la represión de actos ilícitos contra la seguridad de las plataformas fijas emplazadas en la plataforma continental, respectivamente, hechos en Londres el 14 de octubre de 2005.

Art. 616 quáter. 1. El que con ocasión de la prevención o persecución de los hechos previstos en el artículo anterior, se resistiere o desobedeciere a un buque de guerra o aeronave militar u otro buque o aeronave que lleve signos claros y sea identificable como buque o aeronave al servicio del Estado español y esté autorizado a tal fin, será castigado con la pena de prisión de uno a tres años.

2. Si en la conducta anterior se empleare fuerza o violencia se impondrá la pena de diez a quince años de prisión.

3. En todo caso, las penas previstas en este artículo se impondrán sin perjuicio de las que correspondan por los delitos cometidos.

Art. 616 quáter: Este artículo figura redactado conforme al texto de la LO 5/2010, de 22 de junio (*BOE* n.º 152, de 23 de junio), que entrará en vigor el próximo día 23 de diciembre de 2010.

LIBRO III

Faltas y sus penas

TÍTULO PRIMERO

Faltas contra las personas

Art. 617. 1. El que, por cualquier medio o procedimiento, causara a otro una lesión no definida como delito en este Código será castigado con la pena de localización permanente de seis a doce días o multa de uno a dos meses.

2. El que golpeare o maltratare de obra a otro sin causarle lesión será castigado con la pena de localización permanente de dos a seis días o multa de diez a treinta días.

Art. 618. 1. Serán castigados con la pena de localización permanente de seis a doce días o multa de doce a veinticuatro días los que, encontrando abandonado a un menor de edad o a un incapaz, no lo presenten a la autoridad o a su familia o no le presten, en su caso, el auxilio que las circunstancias requieran.

2. El que incumpliere obligaciones familiares establecidas en convenio judicialmente aprobado o resolución judicial en los supuestos de separación legal, divorcio, declaración de nulidad del matrimonio, proceso de filiación o proceso de alimentos a favor de sus hijos, que no constituya delito, será castigado con la pena de multa de diez días a dos meses o trabajos en beneficio de la comunidad de uno a treinta días.

Art. 619. Serán castigados con la pena de multa de diez a veinte días los que dejaren de prestar asistencia o, en su caso,

---

Art. 617: Este artículo figura redactado conforme al texto de la Ley Orgánica 15/2003, de 25 de noviembre (*BOE* n.° 283, de 26 de noviembre; corrección de errores en *BOE* n.° 65, de 16 de marzo, y n.° 80, de 2 de abril, ambos de 2004), que entró en vigor el 1 de octubre de 2004. V., también, arts. 57, 147 ss. y 153 CP y 14.1.° LECr.

Art. 618: Este artículo figura redactado conforme al texto de la Ley Orgánica 15/2003, de 25 de noviembre (*BOE* n.° 283, de 26 de noviembre; corrección de errores en *BOE* n.° 65, de 16 de marzo, y n.° 80, de 2 de abril, ambos de 2004), que entró en vigor el 1 de octubre de 2004. V. art. 195 CP.

Art. 619: V. art. 195 CP.

el auxilio que las circunstancias requieran a una persona de edad avanzada o discapacitada que se encuentre desvalida y dependa de sus cuidados.

Art. 620. Serán castigados con la pena de multa de diez a veinte días:

1.º Los que de modo leve amenacen a otro con armas u otros instrumentos peligrosos, o los saquen en riña, como no sea en justa defensa, salvo que el hecho sea constitutivo de delito.

2.º Los que causen a otro una amenaza, coacción, injuria o vejación injusta de carácter leve, salvo que el hecho sea constitutivo de delito.

Los hechos descritos en los dos números anteriores sólo serán perseguibles mediante denuncia de la persona agraviada o de su representante legal.

En los supuestos del número 2.º de este artículo, cuando el ofendido fuere alguna de las personas a las que se refiere el artículo 173.2, la pena será la de localización permanente de cuatro a ocho días, siempre en domicilio diferente y alejado del de la víctima, o trabajos en beneficio de la comunidad de cinco a diez días. En estos casos no será exigible la denuncia a que se refiere el párrafo anterior de este artículo, excepto para la persecución de las injurias.

Art. 621. 1. Los que por imprudencia grave causaren alguna de las lesiones previstas en el apartado 2 del artículo 147, serán castigados con la pena de multa de uno a dos meses.

2. Los que por imprudencia leve causaren la muerte de otra persona, serán castigados con la pena de multa de uno a dos meses.

3. Los que por imprudencia leve causaran lesión constitutiva de delito serán castigados con pena de multa de diez a treinta días.

4. Si el hecho se cometiera con vehículo a motor o ciclomotor, podrá imponerse además la pena de privación del derecho a conducir vehículos a motor y ciclomotores por tiempo de tres meses a un año.

Art. 620: Este artículo, que fue modificado por la Ley Orgánica 15/2003, de 25 de noviembre (*BOE* n.º 283, de 26 de noviembre; correcciones de errores en *BOE* n.º 65, de 16 de marzo, y n.º 80, de 2 de abril, ambos de 2004), figura ahora redactado conforme al texto de la LO 1/2004, de 28 de diciembre (*BOE* n.º 313, de 29 de diciembre), de medidas de protección integral contra la violencia de género, cuya Exposición de Motivos, en lo que a este precepto se refiere, está reproducida en nota al art. 172 de este Código. V. arts. 57, 169 ss., 208 ss. y 639 CP y 26.*g*) LOPSC.

Art. 621: Este artículo figura redactado conforme al texto de la Ley Orgánica 15/2003, de 25 de noviembre (*BOE* n.º 283, de 26 de noviembre; corrección de errores en *BOE* n.º 65, de 16 de marzo, y n.º 80, de 2 de abril, ambos de 2004), que entró en vigor el 1 de octubre de 2004. V. arts. 47, 142, 152, 158, 639 y Disp. Adic. 3.ª CP, 1.902 ss. CC y 65 LPPNA.

5. Si el hecho se cometiera con arma podrá imponerse, además, la privación del derecho a la tenencia y porte de armas por tiempo de tres meses a un año.

6. Las infracciones penadas en este artículo sólo serán perseguibles mediante denuncia de la persona agraviada o de su representante legal.

Art. 622. Los padres que sin llegar a incurrir en delito contra las relaciones familiares o, en su caso, de desobediencia infringiesen el régimen de custodia de sus hijos menores establecido por la autoridad judicial o administrativa serán castigados con la pena de multa de uno a dos meses.

TÍTULO II
Faltas contra el patrimonio

Art. 623. Serán castigados con localización permanente de cuatro a doce días o multa de uno a dos meses:

1. Los que cometan hurto, si el valor de lo hurtado no excediera de 400 euros. En los casos de perpetración reiterada de esta falta, se impondrá en todo caso la pena de localización permanente. En este último supuesto, el Juez podrá disponer en sentencia que la localización permanente se cumpla en sábados, domingos y días festivos en el centro penitenciario más próximo al domicilio del penado, de acuerdo con lo dispuesto en el párrafo segundo del artículo 37.1.

Para apreciar la reiteración, se atenderá al número de infracciones cometidas, hayan sido o no enjuiciadas, y a la proximidad temporal de las mismas.

2. Los que realicen la conducta descrita en el artículo 236, siempre que el valor de la cosa no exceda de 400 euros.

Art. 622: Este artículo figura redactado conforme al texto de la LO 9/2002, de 10 de diciembre (*BOE* n.º 296, de 11 de diciembre). V. la Exposición de Motivos, al respecto, en nota al rótulo de la Sección 2.ª del Capítulo III del Título XII del Libro II de este Código. V. arts. 172 a 174 y 215 ss. CC y 17 ss. LJM.

Art. 623: Este artículo figura redactado conforme al texto de la Ley Orgánica 15/2003, de 25 de noviembre (*BOE* n.º 283, de 26 de noviembre; corrección de errores en *BOE* n.º 65, de 16 de marzo, y n.º 80, de 2 de abril, ambos de 2004), que entró en vigor el 1 de octubre de 2004. V. arts. 234, 236, 244, 248 y 249, 252 ss., 255 y 256 CP. El apartado 1 de este artículo figura redactado, y el apartado 5 5añadido, conforme al texto de la LO 5/2010, de 22 de junio (*BOE* n.º 152, de 23 de junio), que entrará en vigor el próximo día 23 de diciembre de 2010. La redacción del apartado 1 que sigue vigente hasta entonces es la siguiente:

> 1. Los que cometan hurto, si el valor de lo hurtado no excediera de 400 euros.

3. Los que sustraigan o utilicen sin la debida autorización, sin ánimo de apropiárselo, un vehículo a motor o ciclomotor ajeno, si el valor del vehículo utilizado no excediera de 400 euros.

Si el hecho se ejecutase empleando fuerza en las cosas, se impondrá la pena en su mitad superior. Si se realizara con violencia o intimidación en las personas, se penará conforme a lo dispuesto en el artículo 244.

4. Los que cometan estafa, apropiación indebida, o defraudación de electricidad, gas, agua u otro elemento, energía o fluido, o en equipos terminales de telecomunicación, en cuantía no superior a 400 euros.

5. Los que realicen los hechos descritos en el párrafo segundo de los artículos 270.1 y 274.2, cuando el beneficio no sea superior a 400 euros, salvo que concurra alguna de las circunstancias prevenidas en los artículos 271 y 276, respectivamente.

Art. 624. 1. El que ejecutare los actos comprendidos en el artículo 246 será castigado con multa de diez a treinta días si la utilidad no excede de 400 euros o no sea estimable, siempre que medie denuncia del perjudicado.

2. Será castigado con multa de diez días a dos meses el que ejecute los actos contemplados en el artículo 247, si la utilidad reportada no excede de 400 euros.

Art. 625. 1. Serán castigados con la pena de localización permanente de dos a doce días o multa de diez a veinte días los que intencionadamente causaran daños cuyo importe no exceda de 400 euros.

2. Se impondrá la pena en su mitad superior si los daños se causaran en los lugares o bienes a que refiere el artículo 323 de este Código.

Art. 626. Los que deslucieren bienes muebles o inmuebles

Art. 624: Este artículo figura redactado conforme al texto de la Ley Orgánica 15/2003, de 25 de noviembre (*BOE* n.º 283, de 26 de noviembre; corrección de errores en *BOE* n.º 65, de 16 de marzo, y n.º 80, de 2 de abril, ambos de 2004), que entró en vigor el 1 de octubre de 2004. V. art. 639 CP.

Art. 625: Este artículo figura redactado conforme al texto de la Ley Orgánica 15/2003, de 25 de noviembre (*BOE* n.º 283, de 26 de noviembre; corrección de errores en *BOE* n.º 65, de 16 de marzo, y n.º 80, de 2 de abril, ambos de 2004), que entró en vigor el 1 de octubre de 2004. V art. 263 y nota al art. 235.1.º CP.

Art. 626: Este artículo figura redactado conforme al texto de la LO 5/2010, de 22 de junio (*BOE* n.º 152, de 23 de junio), que entrará en vigor el próximo día 23 de diciembre de 2010. La redacción que sigue vigente hasta entonces es la siguiente:

> *Art. 626.* Los que deslucieren bienes inmuebles de dominio público o privado, sin la debida autorización de la Administración o de sus propietarios, serán castigados con la pena de localización per-

de dominio público o privado, sin la debida autorización de la Administración o de sus propietarios, serán castigados con la pena de localización permanente de dos a seis días o tres a nueve días de trabajos en beneficio de la comunidad.

Art. 627. El que defraudara a la Hacienda de la Comunidad Europea más de cuatro mil euros por cualquiera de los procedimientos descritos en el artículo 305, será castigado con multa de uno a dos meses.

Art. 628. El que defraudare a los presupuestos generales de la Comunidad Europea, u otros administrados por ésta, u obtuviera indebidamente fondos de las mismas, por alguno de los procedimientos descritos en los artículos 306 y 309, en cuantía superior a cuatro mil euros, será castigado con la pena de multa de uno a dos meses.

TÍTULO III

Faltas contra los intereses generales

Art. 629. Serán castigados con la pena de localización permanente de dos a ocho días o multa de veinte a sesenta días los que, habiendo recibido de buena fe moneda, billetes, sellos de correos o efectos timbrados falsos, los expendieran en cantidad que no exceda de 400 euros, a sabiendas de su falsedad.

Art. 630. Los que abandonaren jeringuillas, en todo caso, u

---

manente de dos a seis días o tres a nueve días de trabajos en beneficio de la comunidad.

V. arts. 23.*m*) LOPSC y 14.1.º LECr.

Art. 627: Este artículo figura redactado conforme al texto de la Ley Orgánica 15/2003, de 25 de noviembre (*BOE* n.º 283, de 26 de noviembre; corrección de errores en *BOE* n.º 65, de 16 de marzo, y n.º 80, de 2 de abril, ambos de 2004), que entró en vigor el 1 de octubre de 2004. V. arts. 305, 306, 309 y 628 CP.

Art. 628: Este artículo figura redactado conforme al texto de la Ley Orgánica 15/2003, de 25 de noviembre (*BOE* n.º 283, de 26 de noviembre; corrección de errores en *BOE* n.º 65, de 16 de marzo, y n.º 80, de 2 de abril, ambos de 2004), que entró en vigor el 1 de octubre de 2004. V. arts. 306, 309 y 627 CP.

Art. 629: Este artículo figura redactado conforme al texto de la Ley Orgánica 15/2003, de 25 de noviembre (*BOE* n.º 283, de 26 de noviembre; corrección de errores en *BOE* n.º 65, de 16 de marzo, y n.º 80, de 2 de abril, ambos de 2004), que entró en vigor el 1 de octubre de 2004. V. arts. 386, 387 y 389 CP.

Art. 630: Este artículo figura redactado conforme al texto de la Ley Orgánica 15/2003, de 25 de noviembre (*BOE* n.º 283, de 26 de noviembre; corrección de errores en *BOE* n.º 65, de 16 de marzo, y n.º 80, de 2 de abril, ambos de 2004), que entró en vigor el 1 de octubre de 2004. V. art. 25 LOPSC y art. 14.1.º LECr.

otros instrumentos peligrosos de modo o con circunstancias que pudieran causar daño a las personas o contagiar enfermedades, o en lugares frecuentados por menores, serán castigados con las penas de localización permanente de seis a diez días o multa de uno a dos meses.

Art. 631. 1. Los dueños o encargados de la custodia de animales feroces o dañinos que los dejaren sueltos o en condiciones de causar mal serán castigados con la pena de multa de uno a dos meses.

2 Quienes abandonen a un animal doméstico en condiciones en que pueda peligrar su vida o su integridad serán castigados con la pena de multa de quince días a dos meses.

Art. 632. 1. El que corte, tale, queme, arranque, recolecte alguna especie o subespecie de flora amenazada o de sus propágulos, sin grave perjuicio para el medio ambiente, será castigado con la pena de multa de diez a treinta días o trabajos en beneficio de la comunidad de diez a veinte días.

Art. 631: Este artículo figura redactado conforme al texto de la LO 5/2010, de 22 de junio (*BOE* n.º 152, de 23 de junio), que entrará en vigor el próximo día 23 de diciembre de 2010. La redacción que sigue vigente hasta entonces es la siguiente:

> *Art. 631.* 1. Los dueños o encargados de la custodia de animales feroces o dañinos que los dejaren sueltos o en condiciones de causar mal serán castigados con la pena de multa de veinte a treinta días.
> 2. Quienes abandonen a un animal doméstico en condiciones en que pueda peligrar su vida o su integridad serán castigados con la pena de multa de diez a treinta días.

V. arts. 1.905 y 1.906 CC; Ley 50/1999, de 23 de diciembre (*BOE* n.º 307, de 24 de diciembre), sobre el régimen jurídico de la tenencia de animales potencialmente peligrosos, desarrollada por RD 287/2002, de 22 de marzo (*BOE* n.º 74, de 27 de marzo), modificado por RD 1.570/2007, de 30 de noviembre (*BOE* n.º 297, de 12 de diciembre); Ley 1/1990, de 1 de febrero, de Protección de Animales Domésticos de la Comunidad Autónoma de Madrid, modificada por Ley 1/2000, de 11 de febrero (*BOE* n.º 126, de 26 de mayo); Ley 13/2002, de 23 de diciembre, de tenencia, protección y derechos de los animales de la Comunidad Autónoma del Principado de Asturias (*BOE* n.º 28, de 1 de febrero de 2003); Ley 5/2002, de 23 de mayo, de protección de los animales en la Comunidad Autónoma de Extremadura (*BOE* n.º 201, de 22 de agosto), modificada por Ley 7/2005, de 27 de diciembre (*BOE* n.º 40, de 16 de febrero de 2006); Ley 11/2003, de 24 de noviembre, de protección de los animales de la Comunidad Autónoma de Andalucía (*BOE* n.º 303, de 19 de diciembre).

Art. 632: Este artículo figura redactado conforme al texto de la Ley Orgánica 15/2003, de 25 de noviembre (*BOE* n.º 283, de 26 de noviembre; corrección de errores en *BOE* n.º 65, de 16 de marzo, y n.º 80, de 2 de abril, ambos de 2004), que entró en vigor el 1 de octubre de 2004. V. art. 14.1.º LECr.; Convenio europeo de 1986 sobre protección de los animales vertebrados utilizados con fines experimentales y otros fines científicos, ratificado por Instrumento de 2 de agosto de 1989 (*BOE* n.º 256, de 25 de octubre de 1990), y enmendado por el Protocolo de 22 de junio de 1998, ratificado por Instrumento de 30 de octubre de 2003 (*BOE* n.º 294, de 9 de diciembre de 2005); RD 1.201/2005, de 10 de octubre (*BOE* n.º 252, de 21 de

2. Los que maltrataren cruelmente a los animales domésticos o a cualesquiera otros en espectáculos no autorizados legalmente sin incurrir en los supuestos previstos en el artículo 337 serán castigados con la pena de multa de veinte a sesenta días o trabajos en beneficio de la comunidad de veinte a treinta días.

TÍTULO IV

Faltas contra el orden público

Art. 633. Los que perturbaren levemente el orden en la audiencia de un tribunal o juzgado, en los actos públicos, en espectáculos deportivos o culturales, solemnidades o reuniones numerosas serán castigados con las penas de localización permanente de dos a doce días y multa de diez a treinta días.

Art. 634. Los que faltaren al respeto y consideración debida a la autoridad o sus agentes, o los desobedecieren levemente, cuando ejerzan sus funciones, serán castigados con la pena de multa de diez a sesenta días.

Art. 635. Será castigado con la pena de localización permanente de dos a diez días o multa de uno a dos meses el que se mantuviere contra la voluntad de su titular, fuera de las horas de

---

octubre), sobre protección de los animales utilizados para experimentación y otros fines científicos; así como las Leyes 5/2002, de 23 de mayo (*BOE* n.° 201, de 22 de agosto), de la Comunidad Autónoma de Extremadura, de Protección de los Animales; 13/2002, de 23 de diciembre (*BOE* n.° 28, de 1 de febrero de 2003), de la Comunidad Autónoma del Principado de Asturias, de tenencia, protección y derechos de los animales; 11/2003, de 19 de marzo (*BOE* n.° 96, de 22 de abril), de la Comunidad Autónoma de Aragón, de Protección Animal; y 11/2003, de 24 de noviembre (*BOE* n.° 303, de 19 de diciembre), de protección de los animales, de la Comunidad Autónoma de Andalucía.

Art. 633: Este artículo figura redactado conforme al texto de la Ley Orgánica 15/2003, de 25 de noviembre (*BOE* n.° 283, de 26 de noviembre; corrección de errores en *BOE* n.° 65, de 16 de marzo, y n.° 80, de 2 de abril, ambos de 2004), que entró en vigor el 1 de octubre de 2004. V. arts. 558 CP, 14.1.°, 258 y 684 LECr, 437 ss. LEC y 23 y 26.*y*) LOPSC; RD 203/2010, de 26 de febrero (*BOE* n.° 59, de 9 de marzo), por el que se aprueba el Reglamento de prevención de la violencia, el racismo, la xenofobia y la intolerancia en el deporte; Ley 4/2003, de 26 de febrero (*BOE* n.° 81, de 4 de abril), de la Comunidad Autónoma Valenciana, de Espectáculos Públicos, Actividades Recreativas y Establecimientos Públicos; y Ley 11/2009, de 6 de julio (*BOE* n.° 186, de 3 de agosto), de la Comunidad Autónoma de Cataluña, de regulación administrativa de los espectáculos públicos y las actividades recreativas.

Art. 634: V. arts. 556 CP y 26.*h*) LOPSC.

Art. 635: Este artículo figura redactado conforme al texto de la Ley Orgánica 15/2003, de 25 de noviembre (*BOE* n.° 283, de 26 de noviembre; corrección de errores en *BOE* n.°

apertura, en el domicilio de una persona jurídica pública o privada, despacho profesional u oficina o establecimiento mercantil o local abierto al público.

Art. 636. Los que realizaren actividades careciendo de los seguros obligatorios de responsabilidad civil que se exigieran legalmente para el ejercicio de aquéllas, serán castigados con la pena de multa de uno a dos meses.

No se considerará comprendida entre las actividades a las que se refiere el párrafo anterior la conducción de vehículos a motor y ciclomotores.

Art. 637. El que usare pública e indebidamente uniforme, traje, insignia o condecoración oficiales, o se atribuyere públicamente la cualidad de profesional amparada por un título académico que no posea, será castigado con la pena de localización permanente de dos a diez días o multa de diez a treinta días.

TÍTULO V
Disposiciones comunes a las faltas

Art. 638. En la aplicación de las penas de este Libro procederán los Jueces y Tribunales, según su prudente arbitrio, dentro de los límites de cada una, atendiendo a las circunstancias del caso y del culpable, sin ajustarse a las reglas de los artículos 61 a 72 de este Código.

Art. 639. En las faltas perseguibles a instancias de la persona agraviada también podrá

65, de 16 de marzo, y n.º 80, de 2 de abril, ambos de 2004), que entró en vigor el 1 de octubre de 2004. V. arts. 203 y 204 CP.

Art. 636: Este artículo figura redactado conforme al texto de la Ley Orgánica 15/2003, de 25 de noviembre (*BOE* n.º 283, de 26 de noviembre; corrección de errores en *BOE* n.º 65, de 16 de marzo, y n.º 80, de 2 de abril, ambos de 2004), que entró en vigor el 1 de octubre de 2004. V., entre otras normas, RD 63/1994, de 21 de enero, por el que se aprueba el Reglamento del seguro de responsabilidad civil del cazador; RD 1.575/1989, de 22 de diciembre, por el que se aprueba el Reglamento del Seguro Obligatorio de Viajeros; Ley 22/1994, de 6 de julio, sobre responsabilidad civil por productos defectuosos; y RD 607/1999, de 16 de abril (*BOE* n.º 103, de 30 de abril), por el que se aprueba el Reglamento del seguro de responsabilidad civil de suscripción obligatoria para embarcaciones de recreo o deportivas.

Art. 637: Este artículo figura redactado conforme al texto de la Ley Orgánica 15/2003, de 25 de noviembre (*BOE* n.º 283, de 26 de noviembre; corrección de errores en *BOE* n.º 65, de 16 de marzo, y n.º 80, de 2 de abril, ambos de 2004), que entró en vigor el 1 de octubre de 2004. V. arts. 402 y 403 CP y 164 CPM.

Art. 639: V. arts. 620, 621 y 624 CP. Téngase en cuenta que la referencia que se efectúa al art. 130.4.º debe entenderse hecha al art. 130.5.º de este Código.

denunciar el Ministerio Fiscal si aquélla fuere menor de edad, incapaz o una persona desvalida.

La ausencia de denuncia no impedirá la práctica de diligencias a prevención.

En estas faltas, el perdón del ofendido o su representante legal extinguirá la acción penal o la pena impuesta, salvo lo dispuesto en el segundo párrafo del número 4.º del artículo 130.

DISPOSICIONES ADICIONALES

1.ª Cuando una persona sea declarada exenta de responsabilidad criminal por concurrir alguna de las causas previstas en los números 1.º y 3.º del artículo 20 de este Código, el Ministerio Fiscal instará, si fuera procedente, la declaración de incapacidad ante la Jurisdicción Civil, salvo que la misma hubiera sido ya anteriormente acordada y, en su caso, el internamiento conforme a las normas de la legislación civil.

2.ª Cuando la autoridad gubernativa tenga conocimiento de la existencia de un menor de edad o de un incapaz que se halla en estado de prostitución, sea o no por su voluntad, pero con anuencia de las personas que sobre él ejerzan autoridad familiar o ético-social o de hecho, o que carece de ellas, o éstas lo tienen en abandono y no se encargan de su custodia, lo comunicará de inmediato a la entidad pública que en el respectivo territorio tenga encomendada la protección de menores y al Ministerio Fiscal, para que actúen de conformidad con sus respectivas competencias.

Asimismo, en los supuestos en que el Juez o Tribunal acuerde la inhabilitación especial para el ejercicio de la patria potestad, el acogimiento, la guarda, tutela o curatela, o la privación de la patria potestad lo comunicará de inmediato a la entidad pública que en el respectivo territorio tenga encomendada la protección

---

Disp. Adic. 2.ª: El párrafo 2.º de esta Disp. Adic. figura redactado conforme al texto de la LO 5/2010, de 22 de junio (*BOE* n.º 152, de 23 de junio), que entrará en vigor el próximo día 23 de diciembre de 2010. La redacción que sigue vigente hasta entonces es la siguiente:

> Asimismo, en los supuestos en que el Juez o Tribunal acuerde la inhabilitación especial para el ejercicio de la patria potestad, el acogimiento, la guarda, tutela o curatela, lo comunicará de inmediato a la entidad pública que en el respectivo territorio tenga encomendada la protección de los menores y al Ministerio Fiscal para que actúen de conformidad con sus respectivas competencias.

V. arts. 46, 189, 192, 220.4.º, 226.2.º y 233 CP.

de los menores y al Ministerio Fiscal para que actúen de conformidad con sus respectivas competencias.

3.ª Cuando, mediando denuncia o reclamación del perjudicado, se incoe un procedimiento penal por hechos constitutivos de infracciones previstas y penadas en los artículos 267 y 621 del presente Código, podrán comparecer en las diligencias penales que se incoen y mostrarse parte todos aquellos otros implicados en los mismos hechos que se consideren perjudicados, cualquiera que sea la cuantía de los daños que reclamen.

DISPOSICIONES TRANSITORIAS

1.ª Los delitos y faltas cometidos hasta el día de la entrada en vigor de este Código se juzgarán conforme al cuerpo legal y demás

---

Disp. Trans. 1.ª: Las Disps. Trans. de la LO 5/2010, de 22 de junio (*BOE* n.º 152, de 23 de junio), establecen:

«*Disp. Trans. 1.ª Legislación aplicable.*—1. Los delitos y faltas cometidos hasta el día de la entrada en vigor de esta Ley se juzgarán conforme a la legislación penal vigente en el momento de su comisión. No obstante lo anterior, se aplicará esta Ley, una vez que entre en vigor, si las disposiciones de la misma son más favorables para el reo, aunque los hechos hubieran sido cometidos con anterioridad a su entrada en vigor.

»2. Para la determinación de cuál sea la ley más favorable se tendrá en cuenta la pena que correspondería al hecho enjuiciado con la aplicación de las normas completas del Código actual y de la reforma contenida en esta Ley.

»3. En todo caso, será oído el reo.

»*Disp Trans. 2.ª Revisión de sentencias.*—1. El Consejo General del Poder Judicial, en el ámbito de las competencias que le atribuye el artículo 98 de la Ley Orgánica del Poder Judicial, podrá asignar a uno o varios de los Juzgados de lo Penal o secciones de las Audiencias Provinciales dedicados en régimen de exclusividad a la ejecución de sentencias penales la revisión de las sentencias firmes dictadas antes de la vigencia de esta Ley.

»Dichos jueces o tribunales procederán a revisar las sentencias firmes y en las que el penado esté cumpliendo efectivamente la pena, aplicando la disposición más favorable considerada taxativamente y no por el ejercicio del arbitrio judicial. En las penas privativas de libertad no se considerará más favorable esta Ley cuando la duración de la pena anterior impuesta al hecho con sus circunstancias sea también imponible con arreglo a esta reforma del Código. Se exceptúa el supuesto en que esta Ley contenga para el mismo hecho la previsión alternativa de una pena no privativa de libertad; en tal caso, deberá revisarse la sentencia.

»2. No se revisarán las sentencias en que el cumplimiento de la pena esté suspendido, sin perjuicio de hacerlo en caso de que se revoque la suspensión y antes de proceder al cumplimiento efectivo de la pena suspendida.

»Igual regla se aplicará si el penado se encuentra en período de libertad condicional.

»Tampoco se revisarán las sentencias en que, con arreglo a la redacción anterior de los artículos del Código y a la presente reforma, corresponda exclusivamente pena de multa.

»3. No serán revisadas las sentencias en que la pena esté ejecutada o suspendida, aunque se encuentren pendientes de ejecutar

leyes penales especiales que se derogan. Una vez que entre en vigor el presente Código, si las disposiciones del mismo son más favorables para el reo, se aplicarán éstas.

2.ª Para la determinación de cuál sea la ley más favorable se tendrá en cuenta la pena que correspondería al hecho enjuiciado con la aplicación de las normas completas de uno u otro Código. Las

---

otros pronunciamientos del fallo, así como las ya totalmente ejecutadas, sin perjuicio de que el Juez o Tribunal que en el futuro pudiera tenerlas en cuenta a efectos de reincidencia deba examinar previamente si el hecho en ellas penado ha dejado de ser delito o pudiera corresponderle una pena menor de la impuesta en su día, conforme a esta Ley.

»4. En los supuestos de indulto parcial, no se revisarán las sentencias cuando la pena resultante que se halle cumpliendo el condenado se encuentre comprendida en un marco imponible inferior respecto a esta Ley.

»*Disp. Trans. 3.ª Reglas de invocación de la normativa aplicable en materia de recursos.*—En las sentencias dictadas conforme a la legislación que se deroga y que no sean firmes por estar pendientes de recurso, se observarán, una vez transcurrido el período de *vacatio*, las siguientes reglas:

»*a*) Si se trata de un recurso de apelación, las partes podrán invocar y el Juez o Tribunal aplicará de oficio los preceptos de la nueva ley, cuando resulten más favorables al reo.

»*b*) Si se trata de un recurso de casación, aún no formalizado, el recurrente podrá señalar las infracciones legales basándose en los preceptos de la nueva ley.

»*c*) Si, interpuesto recurso de casación, estuviera sustanciándose, se pasará de nuevo al recurrente, de oficio o a instancia de parte, por el término de ocho días, para que adapte, si lo estima procedente, los motivos de casación alegados a los preceptos de la nueva ley, y del recurso así modificado se instruirán las partes interesadas, el fiscal y el magistrado ponente, continuando la tramitación conforme a derecho.»

Disp. Trans. 2.ª: La Disp. Trans. 1.ª RP establece:

«1. Continuarán aplicándose después de la fecha de entrada en vigor del Reglamento Penitenciario que se aprueba por este Real Decreto los artículos 65 a 73 del Reglamento de Servicios de Prisiones, aprobado por Decreto de 2 de febrero de 1956, y las disposiciones complementarias dictadas hasta dicha fecha por la Administración penitenciaria correspondiente en materia de redención de penas por el trabajo, a los únicos efectos siguientes:

»*a*) Para determinar la ley penal más favorable para el reo, conforme a lo establecido en las disposiciones transitorias primera, segunda, tercera y cuarta de la Ley Orgánica 10/1995, de 23 de noviembre, del Código Penal.

»*b*) Para el cumplimiento de las penas impuestas y que se ejecuten conforme al Código Penal que se deroga por la Ley Orgánica 10/1995, de 23 de noviembre, del Código Penal, en aplicación de lo previsto en las citadas disposiciones transitorias de dicha Ley Orgánica.

»2. Cuando en aplicación de las citadas disposiciones transitorias de la Ley Orgánica 10/1995, de 23 de noviembre, del Código Penal, los Jueces o Tribunales no hubiesen acordado la revisión de la sentencia por considerar más favorable la liquidación efectuada conforme al Código Penal derogado y como consecuencia de la pérdida por el interno del beneficio de la redención de penas por el trabajo resulte que la pena que se está ejecutando pueda ser de duración superior a la que le correspondería por la citada Ley Orgánica 10/1995, el Director del centro penitenciario, de oficio o a solicitud del interno, lo pondrá en conocimiento del Juez o Tribunal.

»3. En ningún caso resultarán aplicables las disposiciones sobre redención de penas por el trabajo a quienes se les apliquen las disposiciones de la Ley Orgánica 10/1995, de 23 de noviembre, del Código Penal.

disposiciones sobre redención de penas por el trabajo sólo serán de aplicación a todos los condenados conforme al Código derogado y no podrán gozar de ellas aquellos a quienes se les apliquen las disposiciones del nuevo Código.

En todo caso, será oído el reo.

3.ª Los Directores de los establecimientos penitenciarios remitirán a la mayor urgencia, a partir de la publicación del nuevo Código Penal, a los Jueces o Tribunales que estén conociendo de la ejecutoria, relación de los penados internos en el Centro que dirijan, y liquidación provisional de la pena en ejecución, señalando los días que el reo haya redimido por el trabajo y los que pueda redimir, en su caso, en el futuro conforme al artículo 100 del Código Penal que se deroga y disposiciones complementarias.

4.ª Los Jueces o Tribunales mencionados en la disposición

»4. Cuando un penado deba cumplir dos o más penas privativas de libertad, unas de las cuales se deban ejecutar conforme a las normas del Código Penal derogado y otras con arreglo a la Ley Orgánica 10/1995, de 23 de noviembre, del Código Penal, comenzará el cumplimiento por las penas cuya ejecución deba regirse por el Código derogado, aplicándose, entre éstas, el criterio de prelación fijado en el artículo 70.1 del mismo.

»Cumplidas todas éstas, se iniciará la ejecución de las penas impuestas o revisadas al amparo de la Ley Orgánica 10/1995, de 23 de noviembre, del Código Penal, aplicándose entre las mismas el criterio de prelación del artículo 75 de dicho Cuerpo legal. En ningún caso resultará de aplicación a estas penas el beneficio de la redención de penas por el trabajo.

»Fijado el orden de cumplimiento conforme a lo dispuesto en los dos párrafos anteriores, el Director del centro lo pondrá en conocimiento del Juez de Vigilancia correspondiente a los efectos oportunos.

»5. Para computar las tres cuartas partes de la condena u otros plazos con efectos legales, se aplicarán las siguientes reglas:

»1.ª Se sumarán todas las penas de prisión, con independencia de que correspondan a uno u otro Código, de tal manera que la suma de las mismas será considerada como una sola pena. De la suma parcial de las penas cuya ejecución se rija por el Código derogado se rebajarán los días de redención concedidos al interno.

»2.ª En los casos en que el interno esté condenado a varias penas, de las cuales unas se rijan por el Código derogado y otras por la Ley Orgánica 10/1995, de 23 de noviembre, del Código Penal, y resultasen de aplicación las reglas penales de acumulación de condenas previstas en el artículo 70.2 del Código derogado o en el artículo 76.2 de la citada Ley Orgánica 10/1995, para la ejecución de la pena resultante se estará a lo que disponga el Juez o Tribunal, en orden al sometimiento de la ejecución a las normas de uno u otro Código.»

Téngase en cuenta, no obstante, que la Sala 2.ª TS está declarando (así, en sus SS de 18 de julio de 1996 ó 9 de mayo de 1997) que esta Disp. Trans. debe interpretarse de forma restrictiva respecto de la prohibición de aplicación de la redención de penas, debiendo entenderse que tal prohibición está únicamente referida a la redención que pudiera producirse después de la entrada en vigor de la nueva norma penal.

Disp. Trans. 3.ª: V. nota a la Disp. Trans. 2.ª de este mismo Código.

Disp. Trans. 4.ª: V. Circular 1/1996, de 23 de febrero, de la Fiscalía General del Estado, sobre el régimen transitorio de aplicación del CP.

anterior procederán, una vez recibida la anterior liquidación de condena, a dar traslado al Ministerio Fiscal, para que informe sobre si procede revisar la sentencia y, en tal caso, los términos de la revisión. Una vez haya informado el Fiscal, procederán también a oír al reo, notificándole los términos de la revisión propuesta, así como a dar traslado al Letrado que asumió su defensa en el juicio oral, para que exponga lo que estime más favorable para el reo.

5.ª El Consejo General del Poder Judicial, en el ámbito de las competencias que le atribuye el artículo 98 de la Ley Orgánica del Poder Judicial, podrá asignar a uno o varios de los Juzgados de lo Penal o Secciones de las Audiencias Provinciales dedicados en régimen de exclusividad a la ejecución de sentencias penales, la revisión de las sentencias firmes dictadas antes de la vigencia de este Código.

Dichos Jueces o Tribunales procederán a revisar las sentencias firmes y en las que el penado esté cumpliendo efectivamente la pena, aplicando la disposición más favorable considerada taxativamente y no por el ejercicio del arbitrio judicial. En las penas privativas de libertad no se considerará más favorable este Código cuando la duración de la pena anterior impuesta al hecho con sus circunstancias sea también imponible con arreglo al nuevo Código. Se expectúa el supuesto en que este Código contenga para el mismo hecho la previsión alternativa de una pena no privativa de libertad; en tal caso deberá revisarse la sentencia.

No se revisarán las sentencias en que el cumplimiento de la pena esté suspendido, sin perjuicio de hacerlo en caso de que se revoque la suspensión y antes de proceder al cumplimiento efectivo de la pena suspendida. Igual regla se aplicará si el penado se encuentra en período de libertad condicional.

Tampoco se revisarán las sentencias en que, con arreglo al Código derogado y al nuevo, corresponda, exclusivamente, pena de multa.

6.ª No serán revisadas las sentencias en que la pena esté ejecutada o suspendida, aunque se encuentren pendientes de ejecutar otros pronunciamientos del fallo, así como las ya totalmente ejecutadas, sin perjuicio de que el Juez o Tribunal que en el futuro pudiera tenerlas en cuenta a efectos de reincidencia deba examinar previamente si el hecho en ellas penado ha dejado de ser delito o pudiera corresponderle una pena menor de la impuesta conforme a este Código.

En los supuestos de indulto parcial, no se revisarán las sentencias cuando la pena resultante que se halle cumpliendo el condenado se encuentre comprendida en un marco imponible inferior respecto al nuevo Código.

7.ª A efectos de la apreciación de la agravante de reincidencia, se entenderán comprendidos en el mismo Título de este Código, aquellos delitos previstos en el Cuerpo legal que se deroga y que tengan análoga denominación y ataquen del mismo modo a idéntico bien jurídico.

8.ª En los casos en que la pena que pudiera corresponder por la aplicación de este Código fuera la de arresto de fin de semana, se considerará, para valorar su gravedad comparativa, que la duración de la privación de libertad equivale a dos días por cada fin de semana que correspondiera imponer. Si la pena fuera la de multa, se considerará que cada día de arresto sustitutorio que se haya impuesto o pudiese imponer el Juez o Tribunal conforme al Código que se deroga, equivale a dos cuotas diarias de la multa del presente Cuerpo legal.

9.ª En las sentencias dictadas conforme a la legislación que se deroga y que no sean firmes por estar pendientes de recurso, se observarán, una vez transcurrido el período de vacatio, las siguientes reglas:

a) Si se trata de un recurso de apelación, las partes podrán invocar y el Juez o Tribunal aplicará de oficio los preceptos del nuevo Código, cuando resulten más favorables al reo.

b) Si se trata de un recurso de casación, aún no formalizado, el recurrente podrá señalar las infracciones legales basándose en los preceptos del nuevo Código.

c) Si, interpuesto recurso de casación, estuviera sustanciándose, se pasará de nuevo al recurrente, de oficio o a instancia de parte, por el término de ocho días, para que adapte, si lo estima procedente, los motivos de casación alegados a los preceptos del nuevo Código, y del recurso así modificado se instruirán las partes interesadas, el Fiscal y el Magistrado Ponente, continuando la tramitación conforme a Derecho.

10.ª Las medidas de seguridad que se hallen en ejecución o pendientes de ella, acordadas conforme a la Ley de Peligrosidad y Rehabilitación Social, o en aplicación de los números 1.º y 3.º del artículo 8 o del número 1.º del artículo 9 del Código Penal que se deroga, serán revisadas conforme a los preceptos del Título IV del Libro I de este Código y a las reglas anteriores.

En aquellos casos en que la duración máxima de la medida prevista en este Código sea inferior al tiempo que efectivamente hayan cumplido los sometidos a la misma, el Juez o Tribunal dará por extinguido dicho cumplimiento y, en el caso de tratarse de una medida de internamiento, ordenará su inmediata puesta en libertad.

11.ª 1. Cuando se hayan de aplicar Leyes penales especiales o procesales por la jurisdicción ordinaria, se entenderán sustituidas:

a) La pena de reclusión mayor, por la de prisión de quince a veinte años, con la cláusula de elevación de la misma a la pena de prisión de veinte a veinticinco años cuando concurran en el hecho dos o más circunstancias agravantes.

b) La pena de reclusión menor, por la de prisión de ocho a quince años.

c) La pena de prisión mayor, por la de prisión de tres a ocho años.

d) La pena de prisión menor, por la de prisión de seis meses a tres años.

e) La pena de arresto mayor, por la de arresto de siete a quince fines de semana.

f) La pena de multa impuesta en cuantía superior a cien mil pesetas señalada para hechos castigados como delito, por la multa de tres a diez meses.

g) La pena de multa impuesta en cuantía inferior a cien mil pesetas señalada para hechos castigados como delito, por la de multa de dos a tres meses.

h) La pena de multa impuesta para hechos delictivos en cuantía proporcional al lucro obtenido o al perjuicio causado seguirá aplicándose proporcionalmente.

i) La pena de arresto menor, por la de arresto de uno a seis fines de semana.

j) La pena de multa establecida para hechos definidos como falta, por la multa de uno a sesenta días.

k) Las penas privativas de derechos se impondrán en los términos y por los plazos fijados en este Código.

l) Cualquier otra pena de las suprimidas en este Código, por la pena o medida de seguridad que el Juez o Tribunal estime más análoga y de igual o menor gravedad. De no existir o de ser todas más graves, dejará de imponerse.

2. En caso de duda, será oído el reo.

12.ª *Hasta la aprobación de la ley que regule la responsabilidad penal del menor, en los procedimientos que se sustancien por razón de un delito o falta presuntamente cometido por un menor de dieciocho años, el Juez o Tri-*

Disp. Trans. 12.ª: Esta Disposición ha sido derogada por la Disp. Final 5.ª de la LO 5/2000, de 12 de enero (que se reproduce en el Apéndice 8 de esta obra). V. Disp. Derog. 1.*a*) de este Código.

bunal competente requerirá a los equipos técnicos que están al servicio de los Jueces de menores, la elaboración de un informe sobre la situación psicológica, educativa y familiar del menor, así como sobre su entorno social y, en general, sobre cualquier otra circunstancia que pueda haber influido en el hecho que se le imputa.

DISPOSICIÓN DEROGATORIA

1. Quedan derogados:

a) El texto refundido del Código Penal publicado por el Decreto 3.096/1973, de 14 de septiembre, conforme a la Ley 44/1971, de 15 de noviembre, con sus modificaciones posteriores, excepto los artículos 8.2, 9.3, la regla 1.ª del artículo 20 en lo que que se refiere al número 2.º del artículo 8, el segundo párrafo del artículo 22, 65, y las

---

Disp. Derog.: Esta Disposición está redactada conforme al texto de la LO 2/2010, de 3 de marzo (*BOE* n.º 55, de 4 de marzo), de salud sexual y reproductiva, y de la interrupción voluntaria del embarazo. Las Disp. Derog. 1.ª y 2.ª de la LO 3/1989 establecen:

«*Disp. Adic. 1.ª* 1. Los procesos civiles cualquiera que sea su cuantía, relativos a la indemnización de los daños y perjuicios ocasionados con motivo de la circulación de vehículos de motor, se decidirán en juicio verbal.

»2. En todo caso, será competente para conocer del juicio el Juez de Primera Instancia del lugar en que se causaron los daños, quien examinará de oficio su propia competencia territorial.

»3. El Juez podrá de oficio o a instancia de parte, solicitar de las Autoridades correspondientes los atestados que hubieren instruido y los informes que juzgue oportunos.

»4. Para interponer recurso de apelación contra la resolución que ponga fin a los procesos a que se refiere la presente disposición, el condenado al pago de la indemnización deberá acreditar haber constituido depósito en el establecimiento destinado al efecto del importe de la condena que se le hubiere impuesto incrementado con los intereses y recargos exigibles.

»*Disp. Adic. 2.ª* 1. En los procesos a que se refiere la disposición anterior, cuando la parte apelada solicite la ejecución provisional de la sentencia al amparo de lo dispuesto en el artículo 385 de la Ley de Enjuiciamiento Civil, el Juez accederá a ella aunque no se ofrezca la constitución de fianza, si bien en este caso la ejecución se limitará a la parte de la condena de la que deba responder el asegurador. No obstante, no se entregará al apelado el importe de la condena hasta que se haya resuelto el recurso de apelación, mientras no preste la fianza o aval bancario a que se refiere el artículo 385 de la Ley de Enjuiciamiento Civil, quedando entre tanto en depósito en el establecimiento destinado al efecto.

»2. El perjudicado podrá obtener la ejecución de la sentencia de primera instancia cuando fuese él mismo quien hubiere interpuesto el recurso de apelación.»

Téngase en cuenta, no obstante, que el 13 de enero de 2001 entró en vigor la LO 5/2000, de 12 de enero (que se reproduce en el Apéndice 8 de esta obra), reguladora de la responsabilidad penal de los menores, y cuya Disp. Final 5.ª deroga los arts. 8.º2, 9.º3, 20.1.ª, 22.2.ª y 65 citados en el texto.

disposiciones adicionales primera y segunda de la Ley Orgánica 3/1989, de 21 de junio.

b) La Ley de 17 de marzo de 1908 de condena condicional, con sus modificaciones posteriores y disposiciones complementarias.

c) La Ley 16/1970, de 4 de agosto, sobre Peligrosidad y Rehabilitación Social, con sus modificaciones posteriores y disposiciones complementarias.

d) La Ley de 26 de julio de 1878, de prohibición de ejercicios peligrosos ejecutados por menores.

e) Los preceptos penales sustantivos de las siguientes leyes especiales:

Ley de 19 de septiembre de 1896, para la protección de pájaros insectívoros.

Ley de 16 de mayo de 1902, sobre la propiedad industrial.

Ley de 23 de julio de 1903, sobre mendicidad de menores.

Ley de 20 de febrero de 1942, de pesca fluvial.

Ley de 31 de diciembre de 1946, sobre pesca con explosivos.

Ley 1/1970, de 4 de abril, de caza. Los delitos y faltas previstos en dicha Ley, no contenidos en este Código, tendrán la consideración de infracciones administrativas muy graves, sancionándose con multa de cincuenta mil a quinientas mil pesetas y retirada de la licencia de caza, o de la facultad de obtenerla, por un plazo de dos a cinco años.

f) Los siguientes preceptos:

El artículo 256 del Reglamento Penitenciario, aprobado por Real Decreto 1.201/1981, de 8 de mayo.

Los artículos 65 a 73 del Reglamento de los servicios de prisiones, aprobado por Decreto de 2 de febrero de 1956.

Los artículos 84 a 90 de la Ley 25/1964, de 29 de abril, de Energía Nuclear.

El artículo 54 de la Ley 33/1971, de 21 de julio, de Emigración.

El segundo párrafo del artículo 24 de la Ley Orgánica 2/1981, de 6 de abril, del Defensor del Pueblo.

El artículo 2 de la Ley Orgánica 8/1984, de 26 de diciembre, sobre régimen de recursos en caso de objeción de conciencia y su régimen penal.

El artículo 4.º de la Ley Orgánica 5/1984, de 24 de mayo, de Comparecencia ante las Comisiones de Investigación del Congreso y del Senado o de ambas Cámaras.

Los artículos 29 y 49 de la Ley 209/1964, de 24 de diciembre, Penal y Procesal de la Navegación Aérea.

Los términos «activo y» del artículo 137 de la Ley Orgánica 5/1985, de 19 de junio, del Régimen Electoral General.

El artículo 6 de la Ley 57/1968, de 27 de julio, sobre Percibo de Cantidades Anticipadas en la Construcción y Venta de Viviendas.

2. Quedan también derogadas cuantas normas sean incompatibles con lo dispuesto en este Código.

DISPOSICIONES FINALES

1.ª La Ley de Enjuiciamiento Criminal quedará modificada en los siguientes términos:

«*Art. 14. Tercero. Para el conocimiento y fallo de las causas por delitos menos graves, así como de las faltas, sean o no incidentales, imputables a los autores de esos delitos o a otras personas, cuando la comisión de la falta o su prueba estuviesen relacionadas con aquéllos, el Juez de lo Penal de la circunscripción donde el delito fue cometido o el Juez Central de lo Penal en el ámbito que le es propio.*»

«*Art. 779.* Sin perjuicio de lo establecido para los demás procesos especiales, el procedimiento regulado en este Título se aplicará al enjuiciamiento de los delitos castigados con pena privativa de libertad no superior a nueve años, o bien con cualesquiera otras penas de distinta naturaleza, bien sean únicas, conjuntas o alternativas, cualquiera que sea su cuantía o duración.»

2.ª El apartado 2 del artículo 1 de la Ley Orgánica 5/1995, sobre el Tribunal del Jurado, queda redactado en los siguientes términos:

«2. Dentro del ámbito de enjuiciamiento previsto en el apartado anterior, el Tribunal del Jurado será competente para el conocimiento y fallo de las causas por los delitos tipificados en

---

Disp. Final 1.ª: Téngase en cuenta que el art. 14.3.º LECr. ha sido modificado por la Ley 36/1998, de 10 de noviembre, de modificación del artículo 14, apartados primero y tercero, de la LECr. (*BOE* n.º 270, de 11 de noviembre). El texto en la actualidad vigente es el siguiente:

«*Art. 14.* Tercero. Para el conocimiento y fallo de las causas por delitos a los que la Ley señale pena privativa de libertad de duración no superior a cinco años, o pena de multa cualquiera que sea su cuantía, o cualesquiera otras de distinta naturaleza, bien sean únicas, conjuntas o alternativas, siempre que la duración de éstas no exceda de diez años, así como por faltas, sean o no incidentales, imputables a los autores de esos delitos o a otras personas, cuando la comisión de la falta o su prueba estuviesen relacionadas con aquéllos, el Juez de lo Penal de la circunscripción donde el delito fue cometido o el Juez Central de lo Penal en el ámbito que le es propio.

»No obstante, en los supuestos de competencia del Juez de lo Penal, si el delito fuere de los atribuidos al Tribunal del Jurado, el conocimiento y fallo corresponderá a éste.»

los siguientes preceptos del Código Penal:

a) Del homicidio (artículos 138 a 140).

b) De las amenazas (artículo 169.1.º).

c) De la omisión del deber de socorro (artículos 195 y 196).

d) Del allanamiento de morada (artículos 202 y 204).

e) De los incendios forestales (artículos 352 a 354).

f) De la infidelidad en la custodia de documentos (artículos 413 a 415).

g) Del cohecho (artículos 419 a 426).

h) Del tráfico de influencias (artículos 428 a 430).

i) De la malversación de caudales públicos (artículos 432 a 434).

j) De los fraudes y exacciones ilegales (artículos 436 a 438).

k) De las negociaciones prohibidas a funcionarios (artículos 439 y 440).

l) De la infidelidad en la custodia de presos (artículo 471).»

3.ª 1. El capítulo VI de la Ley 35/1988, de 22 de noviembre, sobre Técnicas de Reproducción Asistida, quedará modificado en los siguientes términos:

1.º Quedan suprimidas las letras *a*), *k*), *l*) y *v*) del apartado 2.B) del artículo 20.

2.º El texto de la letra *r*) de dicho apartado 2.B) se sustituirá por el siguiente: «la transferencia de gametos o preembriones humanos en el útero de otra especie animal o la operación inversa, así como las fecundaciones entre gametos humanos y animales que no estén autorizadas».

2. El artículo 21 del capítulo VII de la Ley 35/1988, sobre Técnicas de Reproducción Asistida, pasará a ser artículo 24.

4.ª La Ley Orgánica 1/1982, de 5 de mayo, de Protección del Derecho al Honor, a la Intimidad Personal y Familiar y a la Propia Imagen, quedará modificada en los siguientes términos:

«*Art. 1.º* 2. El carácter delictivo de la intromisión no impedirá el recurso al procedimiento de tutela judicial previsto en el artículo 9.º de esta Ley. En cualquier caso, serán aplicables los criterios de esta Ley para la determinación de la responsabilidad civil derivada de delito.»

«*Art. 7.º* 7. La imputación de hechos o la manifestación de juicios de valor a través de acciones o expresiones que de cualquier modo lesionen la dignidad de otra persona, menoscabando su fama o atentando contra su propia estimación.»

5.ª La disposición adicional segunda de la Ley Orgánica

6/1995, de 29 de junio, quedará modificada en los siguientes términos:

«La exención de responsabilidad penal contemplada en los párrafos segundos de los artículos 305, apartado 4; 307, apartado 3, y 308, apartado 4, resultará igualmente aplicable aunque las deudas objeto de regularización sean inferiores a las cuantías establecidas en los citados artículos.»

6.ª El Título V del Libro I de este Código, los artículos 193, 212, 233.3 y 272, así como las disposiciones adicionales primera y segunda, la disposición transitoria duodécima y las disposiciones finales primera y tercera tienen carácter de Ley ordinaria.

7.ª El presente Código entrará en vigor a los seis meses de su completa publicación en el *Boletín Oficial del Estado* y se aplicará a todos los hechos punibles que se cometan a partir de su vigencia.

No obstante lo anterior, queda exceptuada la entrada en vigor de su artículo 19 hasta tanto adquiera vigencia la ley que regule la responsabilidad penal del menor a que se refiere dicho precepto.

Disp. Final 7.ª: Téngase en cuenta que el 13 de enero de 2001 entró en vigor la LO 5/2000, de 12 de enero (que se reproduce en el Apéndice 8 de esta obra), reguladora de la responsabilidad penal de los menores, a que se refiere el texto.

APÉNDICES

APÉNDICE 1

LEY PROVISIONAL DE 18 DE JUNIO DE 1870, ESTABLECIENDO REGLAS PARA EL EJERCICIO DE LA GRACIA DE INDULTO, MODIFICADA POR LEY 1/1988, DE 14 DE ENERO

(*Gaceta de Madrid* de 21 de junio de 1870, y *BOE* n.º 13, de 15 de enero de 1988, respectivamente)

EXPOSICIÓN DE MOTIVOS

En el artículo 73 de la Constitución del Estado se otorga al Rey la facultad de conceder indultos particulares con sujeción a las leyes. Es, por consiguiente, manifiesto que debe haber una ley con arreglo a cuyas disposiciones la Corona ha de ejercer tan preciosa prerrogativa. He aquí por qué el *Ministro de Gracia y Justicia* tiene el honor de someter a la aprobación de las Cortes Constituyentes el adjunto Proyecto.

Cuatro han sido las principales disposiciones, en diversas épocas publicadas, para regular el ejercicio de la gracia de indulto, mereciendo por su importancia el primer lugar, entre ellas, el decreto de 7 de diciembre de 1866.

La carencia de fuerza verdaderamente legislativa de estos decretos, simplemente administrativos, y la naturaleza misma de la prerrogativa de indultar, en cuyo ejercicio el sentimiento se sobrepone fácilmente a la razón, han sido indudablemente las causas más importantes y permanentes que produjeron con frecuencia lamentable la inobservancia de aquellas disposiciones, y dieron margen a la abusiva facilidad con que los delincuentes lograron muchas veces eximirse del cumplimiento de las penas a que se habían hecho acreedores por sus crímenes.

La necesidad cada vez más apremiante de hacer de una vez imposibles para siempre estos abusos, que tanto quebrantan la recta administración de justicia, el prestigio de los Tribunales, y la misma moralidad y orden público, reclamarían este proyecto de ley, si el precepto constitucional no lo hubiese hecho indispensable.

Cree, pues, el Ministro, que al presentarla, a la vez que cumple un deber constitucional, satisface también una necesidad fuertemente sentida por todos los hombres honrados, que exigen con perfecto derecho que la garantía judicial de su honra, de su vida y de su fortuna, no pierda su eficacia por una compasión indiscreta y ya intolerable.

El artículo 74 de la Constitución prescribe que no se concedan amnistías e indultos generales sino en virtud de una ley especial. La forma y solemnidades, por lo tanto, de la concesión de estas gracias generales, que en último término vienen a ofrecer la importancia y a producir los efectos de una derogación transitoria de la ley penal, no es ya hoy cuestión en la esfera del derecho escrito, como antes de ahora lo era en la de la ciencia.

A los indultos particulares se limita este proyecto. Y el Ministro, al redactarlo, ha procurado evitar, así los males consiguientes a la facilidad exagerada e irreflexiva en conceder las gracias de esta clase, como las consecuencias siempre lamentables de la inflexibilidad de la sentencia ejecutoria, que por mil variadas causas conviene en ciertos y determinados casos suavizar, a fin de que la equidad, que se inspira en la prudencia, no choque nunca con el rigor característico de la justicia.

Se divide el proyecto en tres capítulos. En el primero se declara quiénes pueden obtener la gracia de indulto, quedando de ella excluidos los que no hayan sido aún condenados por sentencia firme, por no ser conocida la pena de que convenga eximirles; los que se hallan en rebeldía, y los reincidentes en la misma clase de delito, a no concurrir circunstancias especiales; porque no son dignos de la gracia, que si se les otorgase produciría el funesto efecto de favorecer la impunidad y de alentar al delincuente en la senda del crimen.

Los reos de los delitos de sedición y rebelión podrán, no obstante, ser indultados, aunque se hallaren en estas circunstancias. La naturaleza de los delitos de esta clase, el carácter y condiciones de la sociedad de nuestra época, y aun altas consideraciones de gobierno, demuestran la necesidad de esta excepción.

En el capítulo II se prefijan las clases y efectos de los indultos. Se establece el principio de que en rarísimos casos debe ser concedido el indulto total, y aun en ellos tan sólo cuando estén conformes el Tribunal sentenciador *y el Consejo de Estado* respecto a la justicia o conveniencia pública de la concesión. Más que eximirse de la pena, se debe tan sólo en el mayor número de los casos conmutarla en otra menos grave, pero que por su naturaleza tenga con el delito la analogía a que se aspira en el Código penal, por la clasificación de las penas en las escalas graduales. Por esto se prescribe en el artículo del proyecto que la conmutación se hará dentro de la escala a que corresponda la pena conmutada.

El indulto no debe concederse sino con pleno conocimiento de los hechos y de todas sus circunstancias, y después de un estudio detenido sobre las consecuencias que haya de producir, bajo el aspecto de la justicia, de la equidad o de la conveniencia social. Por esto se prohíben en absoluto y se declara la nulidad de los que se concedan en términos generales y sin determinar la pena que se remite. Los indultos de este modo concedidos llevarán en sí mismos la prueba más incontrovertible de la ligereza o de la irreflexión con que habían sido otorgados.

Por el indulto vuelve el delincuente a adquirir los siempre importantes derechos de que le había privado justamente la sentencia. Esta sola indicación es suficiente para demostrar cuán necesario es alejar hasta la sombra de la duda sobre los efectos que ha de producir la gracia que se otorgue. En esta necesidad se halla el fundamento de lo prescrito en los artículos 6.º, 8.º, 13, 14, 15, 16 y 18 del proyecto.

El indulto no puede perjudicar los derechos de tercera persona. Por esto, el que se conceda de las penas pecuniarias accesorias no alcanzará nunca a la remisión del pago de las que no correspondan al Estado. Por la misma razón no podrá concederse, y en todo caso no podrá llevarse a efecto, el indulto que cause perjuicio a tercero o lesione su derecho, ni el de pena impuesta por delito privado, si no ha otorgado el perdón al delincuente la parte ofendida. El respeto debido al derecho individual es causa suficientemente legítima de esta limitación impuesta al poder social.

Pero, una vez concedido el indulto, debe tener toda la fuerza de una sentencia ejecutoria. Los intereses más sagrados lo exigen así. Los principios más elementales de justicia lo proclaman también. Por esto se declaran irrevocables las concesiones de estas gracias, según las condiciones con que hayan sido hechas.

En el capítulo III se establece el procedimiento que se ha de observar en la petición y concesión de los indultos. Para pedir el perdón de un semejante, todo ciudadano, todo hombre, está suficientemente autorizado. Nadie, pues, necesitará poder escrito para satisfacer los impulsos de su piadoso corazón. El hombre siempre tiene para hacer el bien poder bastante de Dios. Los mismos Tribunales, al cumplir la severa misión de aplicar la ley, y aun el Fiscal encargado de pedir su cumplimiento, podrán proponer el indulto del sentenciado cuando crean que la justicia o la equidad pueden sufrir agravio por el inflexible rigor del precepto escrito.

Mas, si debe ser ilimitada la libertad de pedir, es necesario poner fuertes trabas a la de conceder el indulto. Por esto no podrá otorgarse desde luego y sin que antes sean conocidos todos los hechos y circunstancias, así como la opinión del Tribunal que haya sentenciado al reo *y la del Consejo de Estado*.

Ilustrado así el Gobierno, no son de temer las consecuencias de la precipitación y ligereza en tan delicada materia.

Y para asegurar aún más, si cabe, el acierto, no será el *Ministro de Gracia y Justicia*, sino todo el *Consejo*, quien habrá de tomar la última resolución en un decreto motivado, a fin de que consten siempre las razones que le movieron a ejercer la prerrogativa constitucional.

Los Gobiernos que se inspiran en el cumplimiento de sus deberes no temen la publicidad y el juicio de la opinión. Por esto, los decretos de indulto se habrán de insertar en la *Gaceta de Madrid*.

Si todavía altas consideraciones, a que da margen el estado social de España, no permiten borrar de nuestras leyes la horrible pena de muerte, conviene, sin embargo, ya reducir su aplicación a los raros casos en que ni la justicia, ni la equidad, ni la conveniencia social consientan por ningún concepto su conmutación en otra menos terrible. Por otra parte, tampoco está en armonía con nuestros hábitos el rigor absoluto de la ley con muchos de los que, más por un extravío de su razón que por la perversidad de corazón, alteran el orden público o se alzan en armas contra los poderes del Estado. Por esto, el Gobierno podrá otorgar la conmutación de la pena de muerte y de las impuestas por delitos de rebelión y sedición en otras menos graves, sin necesidad de oír previamente al Tribunal sentenciador y al *Consejo de Estado*.

Es altamente necesario que el indulto, aun en los casos en que más justificado sea, no quebrante el prestigio de que deben gozar siempre los Tribunales, y sin el cual se haría imposible su misión social. Por esto, al Tribunal sentenciador habrá de encargarse la aplicación de la gracia, a fin de que el delincuente reciba, de la misma mano que le impuso la pena, el beneficio del perdón que se le otorgue.

La naturaleza de la última pena y lo irreparable de sus efectos, además de lo ya indicado sobre ella, inspiraron al Ministro la excepción contenida en el último artículo del proyecto, que a la vez se halla en armonía con lo que sobre las causas de muerte se establece en el de casación criminal.

La pena de muerte no se impondrá sin que antes haya sido

propuesto el indulto y el Gobierno haya tenido tiempo suficiente para resolver acerca de él.

He aquí las más capitales prescripciones que el proyecto contiene y los principales fundamentos en que descansan. Ahora falta que las Cortes Constituyentes, con la sabiduría que tanto resalta siempre en sus deliberaciones, lo purifiquen de los defectos de que sin duda adolece, imprimiendo hasta donde sea posible el sello de la perfección en el modesto trabajo que el Ministro tiene el honor de ofrecerles.

CAPÍTULO PRIMERO

DE LOS QUE PUEDEN SER INDULTADOS

Artículo 1.º Los reos de toda clase de delitos podrán ser indultados, con arreglo a las disposiciones de esta ley, de toda o parte de la pena en que por aquéllos hubiesen incurrido.

Art. 2.º Se exceptúan de lo establecido en el artículo anterior:

1.º Los procesados criminalmente que no hubieren sido aún condenados por sentencia firme.

2.º Los que no estuvieren a disposición del Tribunal sentenciador para el cumplimiento de la condena.

3.º Los reincidentes en el mismo o en otro cualquier delito, por el cual hubiesen sido condenados por sentencia firme. Se exceptúa, sin embargo, el caso en que, a juicio del Tribunal sentenciador, hubiese razones suficientes de justicia, equidad o conveniencia pública para otorgarles la gracia.

Art. 3.º Lo dispuesto en el artículo anterior no será aplicable a los penados por delitos comprendidos en el capítulo I, secciones primera y segunda del capítulo II, y en los capítulos III, IV y V, todos del título II del libro II del Código Penal.

Art. 2.º: Este artículo figura redactado conforme al texto de la Ley 1/1988, de 14 de enero (*BOE* n.º 13, de 15 de enero).

Art. 3.º: Este artículo figura redactado conforme al texto de la Ley 1/1988, de 14 de enero (*BOE* n.º 13, de 15 de enero). Las referencias normativas que se contienen en el mismo se hacían, en la fecha de la reforma de esta Ley, a los arts. 142 a 204 bis a), y 214 a 230 del Código Penal de 1973, entonces vigente. Tras la entrada en vigor del Código de 1995, tales referencias pueden entenderse efectuadas a los artículos que se corresponden con aquéllos, y que son los n.os 167, 174, 176, 198, 315, 437, 441, 472 a 477, 476, 479 a 491, 493 a 504, 508, 510, 511, 513 a 518, 529 a 531, 533 a 536, 538, 541, 542, 544 a 546, 548, 549, y 576 a 578 del Código actualmente vigente.

CAPÍTULO II

DE LAS CLASES Y EFECTOS DEL INDULTO

Art. 4.º El indulto podrá ser total o parcial.

Será indulto total, la remisión de todas las penas a que hubiese sido condenado y que todavía no hubiese cumplido el delincuente.

Será indulto parcial la remisión de alguna o algunas de las penas impuestas, o de parte de todas en las que hubiese incurrido y no hubiese cumplido todavía el delincuente.

Se reputará también indulto parcial la conmutación de la pena o penas impuestas al delincuente en otras menos graves.

Art. 5.º Será nula, y no producirá efecto ni deberá ejecutarse por el Tribunal a quien corresponda, la concesión del indulto en que no se hiciese mención expresa, a lo menos, de la pena principal sobre que recaiga la gracia.

Art. 6.º El indulto de la pena principal llevará consigo el de las accesorias que con ella se hubiesen impuesto al penado, a excepción de las de inhabilitación para cargos públicos y derechos políticos y sujeción a la vigilancia de la Autoridad, las cuales no se tendrán por comprendidas, si de ellas no se hubiese hecho mención especial en la concesión.

Tampoco se comprenderá nunca en ésta la indemnización civil.

Art. 7.º Podrá concederse indulto de las penas accesorias, con exclusión de las principales y viceversa, a no ser de aquellas que sean inseparables por su naturaleza y efectos.

Art. 8.º El indulto de pena pecuniaria eximirá al indultado del pago de la cantidad que aún no hubiese satisfecho; pero no comprenderá la devolución de la ya pagada, a no ser que así se determine expresamente.

Art. 9.º El indulto no se extenderá a las costas procesales.

Art. 10. Si el penado hubiere fallecido al tiempo o después de existir causas bastantes para la concesión de su indulto, podrá relevarse a sus herederos de la pena accesoria de multa, con arreglo a lo dispuesto en los artículos 8.º y 9.º

Art. 9.º: Este artículo figura redactado conforme al texto de la Ley 1/1988, de 14 de enero (*BOE* n.º 13, de 15 de enero).

Art. 11. El indulto total se otorgará a los penados tan sólo en el caso de existir a su favor razones de justicia, equidad o utilidad pública, a juicio del Tribunal sentenciador.

Art. 12. En los demás casos se concederá tan sólo el parcial y con preferencia la conmutación de la pena impuesta en otra menos grave dentro de la misma escala gradual.

Sin embargo de lo dispuesto en el párrafo anterior, podrá también conmutarse la pena en otra de distinta escala cuando haya méritos suficientes para ello, a juicio del Tribunal sentenciador *o del Consejo de Estado*, y el penado además se conformare con la conmutación.

Art. 13. Conmutada la pena principal, se entenderán también conmutadas las accesorias por las que correspondan, según las prescripciones del Código, a la que hubiere de sufrir el indultado.

Se exceptúa, sin embargo, el caso en que se hubiere dispuesto otra cosa en la concesión de la gracia.

Art. 14. La conmutación de la pena quedará sin efecto desde el día en que el indultado deje de cumplir por cualquier causa dependiente de su voluntad la pena a que por la conmutación hubiere quedado sometido.

Art. 15. Serán condiciones tácitas de todo indulto:

1.ª Que no causen perjuicio a tercera persona o no lastimen sus derechos.

2.ª Que haya sido oída la parte ofendida, cuando el delito por el que hubiese sido condenado el reo fuere de los que solamente se persiguen a instancia de parte.

Art. 16. Podrán además imponerse al penado en la concesión de la gracia las demás condiciones que la justicia, la equidad o la utilidad pública aconsejen.

Art. 17. El Tribunal sentenciador no dará cumplimiento a ninguna concesión de indulto cuyas condiciones no hayan sido previamente cumplidas por el penado, salvas las que por su naturaleza no lo permitan.

Art. 11: Este artículo figura redactado conforme al texto de la Ley 1/1988, de 14 de enero (*BOE* n.º 13, de 15 de enero).

Art. 12: Téngase en cuenta que la Ley 1/1988, de 14 de enero (*BOE* n.º 13, de 15 de enero), suprimió la intervención del Consejo de Estado en la tramitación de los expedientes de indulto.

Art. 15: Este artículo figura redactado conforme al texto de la Ley 1/1988, de 14 de enero (*BOE* n.º 13, de 15 de enero).

Art. 18. La concesión del indulto es por su naturaleza irrevocable, con arreglo a las cláusulas con que hubiere sido otorgado.

CAPÍTULO III *

DEL PROCEDIMIENTO PARA SOLICITAR Y CONCEDER LA GRACIA DE INDULTO

Art. 19. Pueden solicitar el indulto los penados, sus parientes o cualquier otra persona en su nombre, sin necesidad de poder escrito que acredite su representación.

Art. 20. Puede también proponer el indulto el Tribunal sentenciador, o el Tribunal Supremo, o el Fiscal de cualquiera de ellos, con arreglo a lo que se dispone en el párrafo segundo del artículo 2.º del Código penal, y se disponga además en las leyes de procedimiento y casación criminal.

La propuesta será reservada hasta que el Ministro de Justicia, con su vista, decrete la formación del oportuno expediente.

Art. 21. Podrá también el Gobierno mandar formar el oportuno expediente, con arreglo a las disposiciones de esta ley, para la concesión de indultos que no hubiesen sido solicitados por los particulares ni propuestos por los Tribunales de Justicia.

Art. 22. Las solicitudes de indulto se dirigirán al Ministro de Justicia por conducto del Tribunal sentenciador, del Jefe del establecimiento o del Gobernador de la provincia en que el penado se halle cumpliendo la condena, según los respectivos casos.

Art. 23. Las solicitudes de indulto, inclusas las que directamente se presentaren al Ministro de Justicia, se remitirán a informe del Tribunal sentenciador.

Art. 24. Éste pedirá a su vez informe sobre la conducta

* V. Orden de 10 de septiembre de 1993 (*BOE* n.º 226, de 21 de septiembre), por la que se dan instrucciones sobre la tramitación de solicitudes de indulto, reproducida en nota al artículo 130.3.º del Código Penal.

Art. 20: Este artículo figura redactado conforme al texto de la Ley 1/1988, de 14 de enero (*BOE* n.º 13, de 15 de enero).

Art. 22: Este artículo figura redactado conforme al texto de la Ley 1/1988, de 14 de enero (*BOE* n.º 13, de 15 de enero).

Art. 23: Este artículo figura redactado conforme al texto de la Ley 1/1988, de 14 de enero (*BOE* n.º 13, de 15 de enero).

Art. 24: Este artículo figura redactado conforme al texto de la Ley 1/1988, de 14 de enero (*BOE* n.º 13, de 15 de enero).

del penado al Jefe del establecimiento en que aquél se halle cumpliendo la condena, o al Gobernador de la provincia de su residencia, si la pena no consistiese en la privación de la libertad, y oirá después al Fiscal y a la parte ofendida, si la hubiere.

Art. 25. El Tribunal sentenciador hará constar en su informe, siendo posible, la edad, estado y profesión del penado, su fortuna, si fuere conocida, sus méritos y antecedentes, si el penado fue con anterioridad procesado y condenado por otro delito, y si cumplió la pena impuesta o fue de ella indultado, por qué causa y en qué forma, las circunstancias agravantes o atenuantes que hubiesen concurrido en la ejecución del delito, el tiempo de prisión preventiva que hubiese sufrido durante la causa, la parte de la condena que hubiere cumplido, su conducta posterior a la ejecutoria, y especialmente las pruebas o indicios de su arrepentimiento que se hubiesen observado, si hay o no parte ofendida, y si el indulto perjudica el derecho de tercero, y cualesquiera otros datos que puedan servir para el mejor esclarecimiento de los hechos, concluyendo por consignar su dictamen sobre la justicia o conveniencia y forma de la concesión de la gracia.

Art. 26. El Tribunal sentenciador remitirá con su informe al Ministro de Justicia la hoja histórico-penal y el testimonio de la sentencia ejecutoria del penado, con los demás documentos que considere necesarios para la justificación de los hechos.

Art. 27. Los Tribunales Supremo o sentenciador que de oficio propongan al Gobierno el indulto de un penado acompañarán desde luego con la propuesta el informe y documentos a que se refieren los artículos anteriores.

Art. 28. Los expedientes que se formen al amparo del párrafo segundo del artículo 2.° del Código Penal se tramitarán en turno preferente cuando los informes del Ministerio Fiscal y del Establecimiento Penitenciario y del ofendido, en su caso, no se opusieran a la propuesta del Tribunal.

Art. 26: Este artículo figura redactado conforme al texto de la Ley 1/1988, de 14 de enero (*BOE* n.° 13, de 15 de enero).

Art. 28: Este artículo figura redactado conforme al texto de la Ley 1/1988, de 14 de enero (*BOE* n.° 13, de 15 de enero).

También se tramitarán en turno preferente los expedientes calificados de especial urgencia o importancia.

Art. 29. Sin embargo de lo dispuesto en los artículos anteriores, podrá concederse la *conmutación de la pena de muerte* y de las impuestas por los delitos comprendidos en los capítulos I y II, Título II, libro II, y capítulos I, II y III, Título III del mismo libro del Código Penal, últimamente reformado, sin oír previamente al Tribunal sentenciador.

Art. 30. La concesión de los indultos, cualquiera que sea su clase, se hará en Real Decreto, que se insertará en el *Boletín Oficial del Estado*.

Art. 31. La aplicación de la gracia habrá de encomendarse indispensablemente al Tribunal sentenciador.

Art. 32. La solicitud o propuesta de indulto no suspenderá el cumplimiento de la sentencia ejecutoria, salvo el caso en que la pena impuesta fuese la de muerte, la cual no se ejecutará hasta que el Gobierno haya acusado el recibo de la solicitud o propuesta al Tribunal sentenciador.

Art. 29: Este artículo figura redactado conforme al texto de la Ley 1/1988, de 14 de enero (*BOE* n.° 13, de 15 de enero). Téngase en cuenta que la pena de muerte desapareció formalmente del Código Penal en la reforma efectuada por LO 3/1989, de 21 de junio (*BOE* n.° 148, de 22 de junio), y del Código de Justicia Militar mediante la LO 2/1989, de 13 de abril (*BOE* n.° 92, de 18 de abril). Las referencias normativas que se contienen en el mismo se hacían, en la fecha de la reforma de esta Ley, a los arts. 142 a 213 y 269 a 301 del Código Penal de 1973, entonces vigente. Tras la entrada en vigor del Código de 1995, tales referencias pueden entenderse efectuadas a los artículos que se corresponden con aquéllos, y que son los n.os 167, 174, 176, 198, 315, 437, 386 a 389, 441, 472, 785 a 491, 493 a 504, 508, 510, 511, 513 a 518, 522 a 525, 529 a 531, 533 a 536, 538, 541, 542, 576, 577, del Código actualmente vigente.

Art. 30: Este artículo figura redactado conforme al texto de la Ley 1/1988, de 14 de enero (*BOE* n.° 13, de 15 de enero).

APÉNDICE 2

CONTROL DE CAMBIOS

A) LEY 40/1979, DE 10 DE DICIEMBRE, SOBRE RÉGIMEN JURÍDICO DE CONTROL DE CAMBIOS, MODIFICADA POR LEY ORGÁNICA 10/1983, DE 16 DE AGOSTO, Y POR LEY 19/2003, DE 4 DE JULIO *

(*BOE* n.º 298, de 13 de diciembre de 1979; y *BOE* n.º 197, de 18 de agosto de 1983; corrección de errores en *BOE* n.º 290, de 5 de diciembre de 1983, y *BOE* n.º 160, de 5 de julio de 2003, respectivamente)

* La LO 10/1983, de 16 de agosto, que ha modificado la parte de contenido penal de la LO 40/1979, de 10 de diciembre, tiene el siguiente preámbulo:

«La experiencia adquirida en la aplicación de la Ley 40/1979, de 10 de diciembre, sobre régimen jurídico de control de cambios, ha aconsejado introducir determinadas modificaciones, de alcance fundamentalmente técnico, en la tipificación de las conductas constitutivas de delito monetario; y en aras de una mayor seguridad jurídica de los ciudadanos, de acuerdo con nuestro orden constitucional y por resultar afectado el derecho a la libertad personal, conferir naturaleza de Ley Orgánica al capítulo II, que contiene las normas que disciplinan los delitos monetarios.»

La Disp. Trans. de dicha LO 10/1983, de 16 de agosto, tiene el siguiente texto:

«La presente Ley entrará en vigor a los treinta días de su publicación en el *Boletín Oficial del Estado* y se aplicará retroactivamente en cuanto resulte más favorable para los responsables de los delitos o infracciones en ella tipificados.» Esta Ley ha sido también modificada por la Ley 41/1999, de 12 de noviembre (*BOE* n.º 272, de 13 de noviembre), sobre sistemas de pagos y de liquidación de valores.

V. art. 5.º Convenio Europeo de Extradición de 13 de diciembre de 1957, ratificado por Instrumento de 21 de abril de 1982 (*BOE* n.º 136, de 8 de junio), reproducido en nota al Preámbulo de la LE (Apéndice 4) V. RD 1.816/1991, de 20 de diciembre, sobre Transacciones Económicas con el Exterior (*BOE* n.º 310, de 27 de diciembre), modificado por RD 42/1993, de 15 de enero (*BOE* n.º 27, de 1 de febrero), RD 1.638/ 1996, de 5 de julio (*BOE* n.º 165, de 9 de julio), y RD 2.660/1998, de 14 de diciembre (*BOE* n.º 299, de 15 de diciembre), que tiene el siguiente texto:

«*Art. 1.º* 1. Son libres los actos, negocios, transacciones y operaciones de toda índole que supongan, o de cuyo cumplimiento se deriven o puedan derivarse, cobros o pagos entre residentes y no residentes, o transferencias al o del exterior, a que se refieren los artículos 1 y 2 de la Ley 40/1979, sobre Régimen Jurídico de Control de Cambios, sin más excepciones que las que se deriven de la aplicación de lo dispuesto en los artículos 3.º, 4.º y 5.º del presente Real Decreto y de lo que dispongan las Leyes específicamente aplicables.

»2. La liberalización de los actos, negocios, transacciones y operaciones a que se refiere el párrafo anterior se extiende asimismo a los cobros y pagos exteriores, efectuados bien directamente, bien por compensación y a las transferencias del o al exterior derivados de los mismos, así como a la importación o exportación de los instrumentos de giro o crédito utilizados, sin perjuicio de las medidas indispensables de control que pudieran establecerse para impedir las infracciones al ordenamiento jurídico vigente.

»*Art. 2.º* 1. En relación con lo dispuesto en el artículo 4.3 de la Ley 40/1979, de 10 de diciembre, se consideran residentes a efectos de lo dispuesto en el presente Real Decreto, los establecimientos y sucursales en territorio español de personas físicas residentes en el extranjero o de personas jurídicas extranjeras. Análogamente se consideran no residentes los establecimientos y sucursales en el extranjero de personas físicas residentes en España o de personas jurídicas españolas.

»2. A los efectos de lo dispuesto en el citado artículo 4.4 de la Ley 40/1979, la residencia o no residencia en España deberá acreditarse en la forma dispuesta en el presente artículo.

»3. La condición de residente en España deberá acreditarse de la siguiente forma:

»*a*) Las personas físicas de nacionalidad extranjera, mediante la tarjeta o carné individual de autorización de residencia o cualquier otro documento público en el que conste la concesión de la autorización de residencia por el Ministerio del Interior.

»Nada obstará a la condición de residente de la persona física extranjera, a efectos de la Ley 40/1979, de 10 de diciembre, y del presente Real Decreto mientras dure su autorización de residencia, el que tenga además domicilio en el extranjero. En tal caso se entenderá que tiene su residencia principal en España, salvo que hubiera hecho devolución del carné o tarjeta de autorización de residencia.

»*b*) Los establecimientos y sucursales en territorio español de personas jurídicas extranjeras o de personas físicas residentes en el extranjero, mediante cualquier documento público en el que consten los datos correspondientes a su constitución, de acuerdo con la legislación española, o certificado de inscripción en el Registro Mercantil.

»*c*) Las personas físicas de nacionalidad española y las personas jurídicas domiciliadas en España se presumirán residentes en España salvo prueba en contrario.

»4. La condición de no residente deberá acreditarse de la siguiente forma:

»*a*) Las personas físicas españolas, mediante certificación de la autoridad consular española expedida con una antelación máxima de dos meses, que acredite su inscripción en el Registro de Matrícula del Consulado o Sección Consular de la Embajada correspondiente.

»*b*) Las personas físicas extranjeras, mediante certificación negativa de residencia expedida por el Ministerio del Interior con antelación máxima de dos meses.

»*c*) Las personas jurídicas domiciliadas en el extranjero, mediante documento fehaciente que acredite su naturaleza y domicilio.

»*d*) Las sucursales y establecimientos en el extranjero de personas jurídicas españolas o de personas físicas residentes en España, mediante certificación del Cónsul español correspondiente de que se hallan constituidos en el país de que se trate.

»*e*) El personal diplomático español acreditado en el extranjero y el personal español que, sin tener la anterior condición, preste servicios en Embajadas y Consulados españoles, así como en Organizaciones Internacionales, mediante pasaporte diplomático o certificación del Jefe de Misión, Cónsul o autoridad competente de la Organización correspondiente en los que conste tal situación.

»*f*) Los diplomáticos extranjeros acreditados en España y el personal extranjero que preste servicios en Embajadas y Consulados extranjeros o en Organizaciones internacionales en España, mediante tarjeta de identidad expedida por el Ministerio de Asuntos Exteriores.

»5. Fuera de los supuestos previstos en el artículo 4 de la Ley no se podrá gozar simultáneamente de la condición de residente y no residente a efectos de control de cambios.

»*Art. 3.º* 1. No obstante lo dispuesto en el artículo 1.º por Real Decreto se podrá, excepcionalmente, a propuesta del Ministro de Economía y Hacienda, prohibir o limitar la realización de determinadas categorías de transacciones con el exterior o de las correspondientes operaciones de cobro, pago o transferencia, cuando éstas afecten gravemente a los intereses de España, o en aplicación de medidas adoptadas por organismos internacionales de los que España sea miembro.

»2. Asimismo, en caso de que movimientos de capitales a corto plazo excepcionalmente amplios provoquen fuertes tensiones en el mercado de cambios u originen perturbaciones graves en la dirección de la política monetaria y de cambios española, el Gobierno, a propuesta del Ministro de Economía y Hacienda podrá adoptar las medidas de salvaguardia que resulten necesarias, sometiendo a un régimen de autorización administrativa determinados tipos de transacciones.

»3. Si cualquiera de las medidas a que se refieren los dos párrafos anteriores afectase a residentes en Estados miembros de la Comunidad Económica Europea (CEE), la medida se adoptará, en su caso, de acuerdo con los procedimientos establecidos en la normativa de la CEE sobre movimientos de capital, así como con las disposiciones vigentes en la CEE que por la especialidad de la medida resultaren de aplicación.

»4. En los supuestos señalados en este artículo, el Real Decreto correspondiente determinará la naturaleza del régimen de excepción que se establezca, su duración y los tipos de transacciones que queden prohibidos o restringidos mientras dicho régimen se encuentre en vigor, así como el procedimiento administrativo aplicable al supuesto de que se trate.

»5. Las transacciones relativas a inversiones extranjeras en España e inversiones españolas en el extranjero se regirán por sus disposiciones específicas.

»*Art. 4.º* 1. La salida del territorio nacional de moneda metálica, billetes de banco y cheques bancarios al portador, estén cifrados en pesetas o en moneda extranjera, es libre. No obstante lo anterior, dicha salida estará sometida a declaración cuando su importe sea superior a 1.000.000 de pesetas por persona y viaje.

»2. La introducción en territorio nacional de moneda metálica, billetes de banco o cualesquiera otros medios de pago o instrumentos de giro o crédito, cifrados en pesetas o en moneda extranjera, es libre. No obstante, los no residentes que pretendan introducir en territorio español moneda metálica, billetes de banco o cheques bancarios al portador, cifrados en pesetas o en divisas, por importe superior a 1.000.000 de pesetas para efectuar con ellos alguna operación que, de acuerdo con las normas sobre transacciones con el exterior o sobre inversiones extranjeras en España, requieran la acreditación del origen de los citados medios de pago, tendrán obligación de declararlos en la forma que se determine.

»3. Las normas que se dicten en ejecución del presente Real Decreto regularán el procedimiento aplicable a las declaraciones a las que se refieren los apartados anteriores.

»*Art. 5.º* 1. Los cobros y pagos entre residentes y no residentes, así como las transferencias al o del exterior, estén cifrados todos ellos en pesetas o en moneda extranjera, deberán efectuarse a través de una Entidad de depósito inscrita en los Registros Oficiales del Banco de España (en adelante, "Entidades registradas"), con las excepciones señaladas en los artículos 6.º y 7.º del presente Real Decreto.

»2. En todos los supuestos de cobro, pago o transferencia a que se refiere el apartado anterior, el residente deberá aportar a la "Entidad registrada" a través de la que dicho cobro, pago o transferencia se efectúe, las declaraciones o informaciones que se determinen. Las Entidades registradas no podrán ejecutar ningún pago o transferencia al exterior sin el cumplimiento de dicho requisito.

»3. En todo caso, el citado residente deberá declarar a la "Entidad registrada", en la forma que se determine, su nombre o razón social, domicilio, Número de Identificación Fiscal, nombre o razón social y domicilio del no residente remitente o beneficiario del cobro o pago, importe, moneda, país de origen o destino, y concepto de la operación por la que se produce el cobro, pago o transferencia.

»4. Las "Entidades registradas" facilitarán en la forma que determine el Ministro de Economía y Hacienda, y dentro de los treinta días siguientes a cada mes natural, la información a que se refiere el apartado anterior y, en general, la información que se les requiera sobre los cobros, pagos o transferencias exteriores en que intervengan, a los efectos de seguimiento estadístico y fiscal de las operaciones.

»*Art. 6.º* 1. Es libre la apertura y mantenimiento por residentes de cuentas denominadas en pesetas o en divisas en oficinas operantes en el extranjero tanto de "Entidades registradas" como de Entidades bancarias o de crédito extranjeras, así como los cobros y pagos entre residentes y no residentes mediante abonos o adeudos en dichas cuentas.

»2. Los residentes que abran una de las cuentas a que se refiere el apartado anterior están obligados a declararla dentro de los treinta días siguientes a su apertura, en la forma que se determine, haciendo constar su nombre o razón social, domicilio, Número de Identificación Fiscal, clase y número de la cuenta, moneda de denominación de la misma, y datos identificativos de la oficina en que haya sido abierta.

»3. Asimismo los residentes titulares de estas cuentas están obligados a facilitar, en la forma que se determine, información relativa a los movimientos al crédito y al débito de las mismas.

»*Art. 7.º* 1. Los cobros y pagos entre residentes y no residentes en moneda metálica, billetes de banco o cheques bancarios al portador, cifrados en pesetas o en divisas, efectuados tanto dentro como fuera del territorio español son libres, si bien quedan sujetos a la obligación de declaración en la forma y con el alcance que se determine.

»2. Lo dispuesto en el párrafo anterior no obsta para el cumplimiento de lo establecido en el artículo 4.º del presente Real Decreto, respecto de la obligación de declaración para la salida del territorio nacional portando tales medios de pago por importe superior al señalado.

»*Art. 8.º* No obstante lo dispuesto en el artículo 1.º del presente Real Decreto, el Ministro de Economía y Hacienda podrá excepcionalmente someter a un trámite de previa verificación o declaración las operaciones de cobro, pago o transferencia del o al exterior derivadas de los tipos de transacciones que se determinen, cuando dicho trámite resulte conveniente para el adecuado conocimiento por la Administración de las transacciones realizadas y, en particular, para el mantenimiento de los registros de activos o pasivos exteriores y la comprobación del cumplimiento de las obligaciones tributarias.

»*Art. 9.º* Las "Entidades registradas", así como las personas físicas o jurídicas residentes que realicen operaciones de las señaladas en el artículo 1.º del presente Real Decreto o mantengan activos o pasivos en el exterior, quedan sujetas a la obligación de facilitar a los órganos competentes de la Administración del Estado y al Banco de España, en la forma que se establezca, los datos que se les requieran para los fines de seguimiento estadístico y fiscal de las operaciones.

»*Art. 10.* 1. El incumplimiento de las obligaciones de declaración a que se refieren los artículos 4, 5, 6, 7 y 9 del presente Real Decreto constituirá infracción a los efectos de lo dispuesto en la Ley 40/1979, de 10 de diciembre.

»2. En aplicación de lo dispuesto en el artículo 15.2 de la Ley 40/1979, de 10 de diciembre, cuando por los Servicios de Aduanas se descubriera la salida del territorio nacional de moneda metálica, billetes de banco y cheques bancarios al portador por importe superior a 1.000.000 de pesetas, cifrados en pesetas o en moneda extranjera, sin haberse efectuado la preceptiva declaración, los funcionarios de Aduanas podrán intervenir cautelarmente los indicados medios de pago. En tales casos, el acuerdo de iniciación del procedimiento sancionador se pronunciará sobre las causas que justifiquen el levantamiento, total o parcial, de las medidas cautelares adoptadas o, en su caso, el mantenimiento de las mismas a los efectos previstos en el artículo 15.1 de la Ley 40/1979.

»Lo dispuesto en el presente apartado se entenderá sin perjuicio de las actuaciones que procedan en caso de apreciarse por los Servicios de Aduanas la presunta comisión de actividades delictivas.

»3. Las disposiciones que regulen el deber de colaboración con la Administración de las "Entidades Registradas" se considerarán normas de ordenación y disciplina a los efectos previstos en el artículo 1 de la Ley 26/1988, de 29 de julio, sobre Disciplina e Intervención de las Entidades de Crédito, y su infracción será sancionada en los términos establecidos en dicha Ley y por los órganos y autoridades competentes de acuerdo con la misma, sin perjuicio de la aplicación a las mismas de lo dispuesto en la Ley 40/1979, de 10 de diciembre.

»*Art. 11.* 1. Las competencias en materia de control de cambios objeto del presente Real Decreto corresponden al Ministro de Economía y Hacienda.

»2. Las citadas competencias serán ejercidas por el Ministerio de Economía y Hacienda a través de la Dirección General de Transacciones Exteriores, y del Banco de España, de acuerdo con lo establecido en el presente artículo.

»3. Corresponderán a la Dirección General de Transacciones Exteriores las competencias para:

»*a*) Conceder las autorizaciones, efectuar las verificaciones o establecer los controles sobre las transacciones exteriores y/o los cobros, pagos o transferencias con el extranjero que, en virtud del ejercicio de una cláusula de salvaguardia de las previstas en el artículo 3.º del presente Real Decreto, queden sujetas a prohibición o limitación.

»*b*) Establecer el procedimiento y tramitación relativos a las operaciones a que se refieren los artículos 4.º, 5.º, puntos 2 y 3, 6.º, 7.º y 8.º del presente Real Decreto.

»*c*) Ejercer el control e inspección de las operaciones efectuadas a través de las "Entidades registradas".

»*d*) Ejercer las actuaciones de inspección e investigación que resulten necesarias para prevenir y, en su caso, corregir las actividades contrarias al presente Real Decreto.

»*c*) Resolver los expedientes administrativos sancionadores a que se refiere el artículo 10 de la Ley 40/1979, de 10 de diciembre, dentro de las atribuciones que le confiere el artículo 12.3.*c)* de esta misma Ley.

»4. Corresponderán al Banco de España las competencias para:

»*a*) Conceder a bancos, cajas de ahorro y otras entidades financieras autorización para actuar en el mercado de divisas, en los casos en que dicha autorización se requiera de conformidad con la legislación vigente, así como autorizar las actividades de cambio de moneda extranjera en establecimientos abiertos al público de acuerdo con su normativa reguladora.

»*b*) Dictar, en el ámbito de las competencias que le confiere la Ley 26/1988, de 29 de julio, sobre Disciplina e Intervención de las Entidades de Crédito, las instrucciones relativas al contenido, procedimiento y frecuencia de las comunicaciones a que se refiere el artículo 5.º, punto 4, del presente Real Decreto.

»*c*) Recibir, en los términos prevenidos en el presente Real Decreto, y según el procedimiento establecido de acuerdo con los apartados 3.*b)* y 4.*b)* anteriores, las declaraciones e información a que se refieren los artículos 5.º, punto 4, y 6.º, puntos 2 y 3.

»*d*) Ejercer el control e inspección de las operaciones efectuadas a través de las "Entidades registradas".

»*e*) Ejercer las actuaciones de inspección e investigación que resulten necesarias para prevenir y, en su caso, corregir las actividades contrarias al presente Real Decreto.

»*Art. 12.* Para la imposición de las sanciones administrativas se aplicará lo dispuesto en el Real Decreto 1392/1993, de 4 de agosto, por el que se regula el procedimiento sancionador de las infracciones administrativas en materia de control de cambios.

»*Art. 13.* 1. Una vez firme la resolución en vía administrativa, se procederá a su ejecución. A tal efecto, se requerirá al expedientado a fin de que haga efectivo el importe de la multa en papel de pagos al Estado o mediante ingreso en la Caja-General de Depósitos en el plazo de quince días, prorrogables por otros quince por la Administración, con advertencia de que caso de no efectuarlo, se procederá a su exacción por el procedimiento administrativo de apremio.

»Vencido este plazo, se iniciará dicho procedimiento en el que la resolución sancionadora, junto con la certificación de no haberse hecho efectivo el pago de la multa, tendrá el valor y eficacia que el Reglamento General de Recaudación confiere a la certificación de descubierto.

»2. La sanción principal o la accesoria a que se refiere el artículo 10 de la Ley 40/1979, de 10 de diciembre, podrán hacerse efectivas sobre las garantías que, en su caso, hubieran sido constituidas durante la tramitación del procedimiento administrativo, de conformidad con lo dispuesto en el artículo 15 de la misma Ley.

»3. La resolución que ponga fin al procedimiento sancionador acordará lo procedente acerca de las garantías constituidas y de las medidas cautelares adoptadas.

»*Art. 14.* De conformidad con lo dispuesto en el artículo 17, punto 2, de la Ley 40/1979, los órganos competentes de la Administración llevarán a cabo, a petición de otros órganos de la Administración, de los órganos judiciales, o por propia iniciativa, actuaciones de investigación acerca de los particulares que directa o indirectamente conduzcan al esclarecimiento de los hechos que pudieran ser constitutivos de infracción o a la prevención de los mismos.

»*Art. 15.* Los libros y la documentación sometidos a investigación que tengan relación con la presunta infracción podrán ser examinados por los órganos inspectores de la Administración en la vivienda, local, escritorio, despacho u oficina de la persona poseedora de los mismos, en su presencia o en la de la persona que a tal efecto designe.

»*Art. 16.* 1. Las actuaciones de investigación se documentarán mediante acta en la que se consignarán:

»*a*) El nombre, apellidos y documento nacional de identidad de la persona con la que se entienda la diligencia, reflejando el carácter o representación con que comparece en la misma.

»*b*) Los elementos esenciales de las actuaciones, datos y documentos objeto de investigación.

»*c*) En su caso, el reconocimiento por parte del presunto infractor de la comisión del ilícito, que tendrá, si procede, los efectos previstos por el artículo 14 de la Ley 40/1979, de 10 de diciembre.

»2. El acta de investigación será elevada al órgano competente al objeto de que, si hubiera lugar, se instruya el correspondiente expediente sancionador o, en su caso, se remita lo actuado a los órganos judiciales.

»*Art. 17.* 1. La liberalización de los pagos de residentes a no residentes y de las transferencias al exterior a que se refiere el artículo 1.º del presente Real Decreto se entenderá sin perjuicio del necesario cumplimiento de las obligaciones fiscales que, en su caso, correspondan al acto, transacción o negocio jurídico principal del que dichos pagos o transferencias deriven, de conformidad con las normas vigentes aplicables.

»2. El incumplimiento de las obligaciones establecidas en los artículos 5.º, puntos 3 y 4, 6.º, punto 2, y 8.º del presente Real Decreto, constituirá infracción tributaria simple, sancionable con arreglo a lo dispuesto en la Ley General Tributaria y sus normas de desarrollo.

»*Disps. Adicionales.*

»*1.ª* Los establecimientos abiertos al público para cambio de moneda extranjera deberán registrarse en el Banco de España en la forma que éste determine.

»*2.ª* En relación con lo dispuesto en el artículo 5.º del presente Real Decreto, podrán también efectuarse cobros y pagos entre residentes y no residentes a través de aquellas otras Entidades de crédito y financieras inscritas en los Registros Oficiales correspondientes del Banco de España o de la Comisión Nacional del Mercado de Valores, siempre que tengan legalmente reconocida dicha posibilidad y, en todo caso, en el ámbito operativo propio de cada una de ellas. Tales Entidades quedarán asimismo sujetas a la obligación señalada en el artículo 9.º del presente Real Decreto.

»*3.ª* El Número de Identificación Fiscal a declarar por los residentes con arreglo al presente Real Decreto deberá acreditarse según lo dispuesto en los números 1 y 2 del artículo 14 del Real Decreto 338/1990, de 9 de marzo.

»*Disp. Transitoria.* El Fiscal informará a la Dirección General de Transacciones Exteriores del Ministerio de Economía y Hacienda de las resoluciones judiciales de sobreseimiento o archivo que se dicten respecto de aquellas conductas anteriores que carezcan de relevancia penal a tenor del presente Real Decreto, a los efectos de depurar, en su caso, las responsabilidades administrativas a que hubiere lugar.

»*Disps. Finales.*

»*1.ª* Por el Ministro de Economía y Hacienda se dictarán las normas de desarrollo de este Real Decreto, y se establecerán los procedimientos de comunicación e información entre los órganos de la Administración del Estado competentes en materia de control de cambios, los órganos de la Administración Tributaria y el Banco de España.

»*2.ª* Quedan derogados el Real Decreto 2.402/1980, de 10 de octubre, sobre Régimen Jurídico de Control de Cambios, el Real Decreto 1.750/1987, de 18 de diciembre, por el que se liberaliza la transferencia de tecnología y la prestación de asistencia técnica extranjera a Empresas españolas y el Real Decreto 1.723/1985, de 28 de agosto, simplificando y unificando el sistema de cuentas extranjeras en pesetas.

»Asimismo, quedan derogadas las siguientes Órdenes ministeriales:

»Orden de 25 de noviembre de 1959, sobre forma de pago de los billetes que expiden las Compañías de navegación aérea para líneas internacionales.

»Orden de 28 de julio de 1962 sobre oficinas para cambio de divisas.

»Orden de la Presidencia del Gobierno de 15 de septiembre de 1970, sobre exportación de billetes de banco y demás instrumentos de giro o crédito cifrados en divisas.

»Orden del Ministerio de Economía y Hacienda de 13 de marzo de 1987, sobre gastos de viaje y estancia en el extranjero y movimiento de divisas y pesetas por frontera.

»Orden del Ministerio de Economía y Hacienda de 26 de junio de 1987, sobre regulación de las cuentas extranjeras de pesetas convertibles.

»Orden del Ministerio de Economía y Hacienda de 10 de mayo de 1988, sobre cobros y pagos exteriores relacionados con exportaciones.

»Orden de 10 de abril de 1989, por la que se modifica parcialmente la de 26 de junio de 1987, sobre regulación de las cuentas extranjeras de pesetas convertibles.

»Orden del Ministerio de Economía y Hacienda de 29 de mayo de 1989, sobre pagos y cobros exteriores relacionados con importaciones.

»Orden de 29 de junio de 1989, por la que se modifica la de 10 de mayo de 1988, sobre cobros y pagos exteriores relacionados con exportaciones.

»Artículo 1.º de la Orden de 12 de marzo de 1990, sobre cuentas extranjeras de pesetas convertibles e inversiones extranjeras en Deuda del Estado.

»Orden del Ministerio de Economía y Hacienda de 19 de junio de 1990, sobre liberalización de garantías exteriores.

»Orden del Ministerio de Economía y Hacienda de 16 de abril de 1991, por la que se autorizan préstamos en pesetas otorgados por las Entidades delegadas a no residentes.

»Orden del Ministerio de Economía y Hacienda de 16 de abril de 1991, por la que se autorizan cuentas en divisas de residentes.

....

CAPÍTULO II

Delitos monetarios

Art. 6.º Cometen delito monetario los que contravinieren el sistema legal de control de cambios mediante cualquiera de los actos u omisiones siguientes, siempre que su cuantía exceda de 2.000.000 de pesetas:

A) Los que sin haber obtenido la preceptiva autorización previa o habiéndola obteni-

---

»Orden del Ministerio de Economía y Hacienda de 13 de junio de 1991, por la que se regulan las operaciones invisibles corrientes con el exterior.

»El presente Real Decreto entrará en vigor el 1 de febrero de 1992.»

V. también Orden de 27 de diciembre de 1991, de desarrollo del RD 1.816/1991, de 27 de diciembre, sobre transacciones económicas con el exterior (*BOE* n.º 313, de 31 de diciembre), modificada por Orden de 2 de febrero de 1993 (*BOE* n.º 36, de 11 de febrero), por Orden de 9 de julio de 1996 (*BOE* n.º 168, de 12 de julio), y por Orden EHA/1.439/2006, de 3 de mayo (*BOE* n.º 114, de 13 de mayo); Ley 18/1992, de 1 de julio, por la que se establecen determinadas normas en materia de inversiones extranjeras en España (*BOE* n.º 159, de 3 de julio); RD 664/1999, de 23 de abril (*BOE* n.º 106, de 4 de mayo), sobre inversiones exteriores, desarrollado por Orden de 28 de mayo de 2001 (*BOE* n.º 134, de 5 de junio), por la que se establecen los procedimientos aplicables para las declaraciones de inversiones exteriores y su liquidación; Orden EHA/1.439/2006, de 3 de mayo (*BOE* n.º 114, de 13 de mayo), reguladora de la declaración de movimientos de medios de pago en el ámbito de la prevención del blanqueo de capitales; y Resolución de 9 de julio de 1996 (*BOE* n.º 168, de 12 de julio; corrección de errores en *BOE* n.º 172, de 17 de julio), de la Dirección General de Política Comercial e Inversiones Exteriores, por la que se dictan normas para la aplicación de los arts. 4.º, 5.º, 7.º y 10 de la Orden de 27 de diciembre de 1991, modificada por Resolución de 31 de octubre de 2000 (*BOE* n.º 280, de 22 de noviembre), por Orden EHA/1.439/2006, de 3 de mayo (*BOE* n.º 114, de 13 de mayo), y por Resolución de 20 de diciembre de 2007 (*BOE* n.º 310, de 27 de diciembre); RD 1.392/1993, de 4 de agosto, por el que se regula el procedimiento sancionador de las infracciones administrativas en materia de control de cambios (*BOE* n.º 191, de 11 de agosto), modificado por RD 664/1999, de 23 de abril (*BOE* n.º 106, de 4 de mayo), sobre inversiones exteriores; Circular n.º 1/1994, de 25 de febrero, del Banco de España, sobre cuentas de no residentes abiertas en España, Operaciones con billetes y efectos, Entidades registradas (*BOE* n.º 63, de 15 de marzo); Orden de 6 de febrero de 1995, sobre ordenación del pago y pago material en divisas (*BOE* n.º 37, de 13 de febrero); Ley 10/1995, de 29 de abril, por la que se crea la Fiscalía Especial para la Represión de los Delitos Económicos relacionados con la Corrupción (*BOE* n.º 98, de 25 de abril); RD 923/1995, de 9 de junio (*BOE* n.º 162, de 8 de julio), por el que se fija la plantilla orgánica de la Fiscalía Especial para la Represión de los Delitos Económicos relacionados con la Corrupción; y Resolución de 8 de enero de 1996 (*BOE* n.º 11, de 12 de enero), de la Agencia Estatal de Administración Tributaria, por la que se crea la Unidad de Apoyo a la Fiscalía Especial para la Represión de los Delitos Económicos relacionados con la Corrupción.

Art. 6.A): V. las normas citadas en nota a la rúbrica de la presente Ley, y téngase en cuenta que las Sentencias del Tribunal de Justicia de las Comunidades Europeas de 23 de febrero y 14 de diciembre de 1995 han declarado que los arts. 73.B.1 y

do mediante la comisión de un delito:

1.º Exportaren moneda metálica o billetes de Banco españoles o extranjeros, o cualquier otro medio de pago o instrumentos de giro o crédito, estén cifrados en pesetas o en moneda extranjera.

2.º Importaren moneda metálica española o billetes del Banco de España, o cualquier otro medio de pago o instrumento de giro o crédito cifrados en pesetas.

3.º Los residentes que a título oneroso adquirieran bienes muebles o inmuebles sitos en el extranjero o títulos mobiliarios emitidos en el exterior y los residentes que aceptaran préstamos o créditos de no residentes o se los otorgaren, o garantizasen obligaciones de no residentes.

4.º Los que en territorio español aceptasen cualquier pago, entrega o cesión de pesetas de un no residente, o por su cuenta, o los realizaren en su favor o por su cuenta.

B) Los residentes que no pusieren a la venta, a través del mercado español autorizado, y dentro de los quince días siguientes a su disponibilidad, las divisas que posean.

C) El que obtuviere divisas mediante alegación de causa

73.D.1.*b*) del Tratado CEE se oponen a una regulación nacional que subordine, de una manera general, la exportación de monedas, billetes de banco o cheques al portador a una autorización previa, y que aquellas normas pueden ser directamente invocadas ante los Jueces nacionales para obtener la inaplicación de las disposiciones nacionales que les sean contrarias. Por ello, la Fiscalía del Tribunal Supremo, en su Consulta 1/1996, ha concluido «no perseguir por la vía penal los actos de exportación de capital sin declaración, tanto sean inferiores como superiores a 5.000.000 de pesetas. Debe de pasarse el tanto de culpa no obstante a las autoridades administrativas a los efectos legales procedentes y por si desde ese ámbito legal fuera aplicable alguna sanción.» Aquellas Sentencias son el fundamento, precisamente, del RD 1.638/1996, de 5 de julio (*BOE* n.º 165, de 9 de julio), por el que se modifica el RD 1.816/1991, de 20 de diciembre, sobre Transacciones Económicas con el Exterior. V. finalmente la STC de 8 de abril de 2002, en cuyo Fundamento de Derecho Sexto se dice: «todo aquel que exporte dinero de España debe cumplimentar dicha declaración previa, independientemente de que, tras la transposición de la normativa comunitaria, ya no haga falta el permiso de las autoridades españolas para enviar dinero al exterior, aunque la cantidad sea superior a los cinco millones de pesetas. Lo que no es admisible es pensar que, suprimida la autorización para grandes cantidades de dinero, en el caso de éstas tampoco es preciso hacer la declaración. Dicho razonamiento nos conduciría al absurdo de que la exportación de cantidades inferiores a cinco millones de pesetas estaría gravada con la exigencia de la declaración y la de las superiores sería, por el contrario, totalmente libre, siendo así que el lógico objetivo de toda esta normativa es el de mantener una mínima vigilancia sobre las transacciones exteriores, mínima vigilancia que sirve a unos objetivos lógicos en un Estado social y democrático de Derecho y que no tiene por qué ser incompatible con las exigencias comunitarias de liberalización de la circulación de capitales.»

falsa o por cualquier otra forma ilícita.

D) El que destinare divisas lícitamente adquiridas a fin distinto del autorizado.

Art. 7.º 1. Los autores de delito monetario serán castigados:

1.º Con la pena de prisión mayor y multa del tanto al décuplo de la cuantía del delito, cuando exceda de 50.000.000 de pesetas.

2.º Con la pena de prisión menor y multa de tanto al quíntuplo, cuando exceda de 10.000.000 de pesetas y no pase de 50.000.000 de pesetas.

3.º Con la pena de arresto mayor y multa del tanto al triplo, cuando exceda de 5.000.000 de pesetas y no pase de 10.000.000 de pesetas.

4.º Con la pena de multa del tanto al duplo, cuando exceda de 2.000.000 de pesetas y no pase de 5.000.000 de pesetas.

2. Los Tribunales impondrán las penas en su grado máximo cuando los delitos se cometan por medio o en beneficio de Entidades u Organizaciones en las que de su propia naturaleza o actividad pudiera derivarse una especial facilidad para la comisión de delito.

3. Cuando los actos previstos en el artículo 6.º se cometan en el seno de una Sociedad o Empresa u Organización serán también responsables de los delitos las personas físicas que efectivamente ejerzan la dirección y gestión de la entidad y aquéllas por cuenta de quien obren, siempre que tuvieran conocimiento de los hechos.

4. Los Tribunales, teniendo en cuenta la trascendencia económica del hecho para los intereses sociales, las especiales circunstancias que en él concurran y específicamente la reparación o disminución de los efectos del delito y la repatriación del capital, podrán imponer las penas inferiores en grado a las señaladas en el apartado 1 de este artículo.

5. La moneda española, divisa, objetos y cualquier otro de los elementos por cuyo medio se cometa delito monetario, se reputará instrumento del delito a efectos de lo previsto en el artículo 48 del Código Penal.

6. El Código Penal se aplicará con carácter supletorio.

Art. 7.º: Téngase en cuenta que, en virtud de lo previsto en la Disp. Trans. 11.ª1 de la LO 10/1995, por la que se aprueba el nuevo Código Penal, las penas de prisión mayor, establecidas para hechos castigados como delito en Leyes penales especiales, deben entenderse sustituidas por la pena de prisión de tres a ocho años y que, en los mismos términos, la pena de prisión menor ha de entenderse sustituida por la de prisión de seis meses a tres años, y que las multas proporcionales seguirán aplicándose proporcionalmente.

Art. 8.º Los administradores, directivos o empleados de las Entidades autorizadas referidas en el artículo 5.º que, por negligencia en el ejercicio de sus funciones, apreciada por los Tribunales, hayan facilitado la comisión de alguna de las conductas descritas en el artículo 6.º serán castigados con multa de hasta 2.000.000 de pesetas.

Art. 9.º 1. Los Tribunales españoles serán competentes para el conocimiento de los delitos establecidos en el artículo 6.º de la presente Ley, cualquiera que fuera el lugar donde hubieran sido ejecutados los hechos.

2. La competencia y procedimientos para conocer de los delitos monetarios se regulará por la Ley de Enjuiciamiento Criminal y el Real Decreto-ley 1/1977, de 4 de enero.

3. Conforme a lo dispuesto en el artículo 142 de la Ley de Enjuiciamiento Criminal, la sentencia, sin perjuicio de los demás pronunciamientos que dicho precepto establece, determinará, en su caso, la responsabilidad civil que regula el artículo 104 del Código Penal.

En los supuestos contemplados en el apartado 3 del artículo 7.º serán responsables civiles subsidiarios la Sociedad, Empresa o las personas integrantes de la organización en cuyo seno se cometió el delito.

4. *a*) En todo caso los Jueces y Tribunales de la jurisdicción penal competente para conocer de los delitos de esta Ley podrán requerir el conocimiento de cualquier expediente que se esté instruyendo por la Administración por hechos sancionados en esta Ley, de oficio o por denuncia, y la Administración tendrá la obligación de remitir las actuaciones, sin que quepa el planteamiento de conflicto jurisdiccional. Igual obligación de remisión tendrá la Administración cuando, con motivo del conocimiento de un expediente administrativo en materia de control de cambios, apreciase indicios de que el hecho pueda ser constitutivo de delito tipificado en el artículo 6.º de esta Ley.

b) Mientras estuviera conociendo de un hecho la autoridad judicial, la Administración se abstendrá de toda acción sancionadora en relación con las conductas origen

---

Art. 9.º2: El Real Decreto-Ley 1/1977, de 4 de enero, ha sido derogado por la LOPJ. V. ahora el art. 65.1.º*b*) de dicha LOPJ, que atribuye a la Audiencia Nacional la competencia para enjuiciar los «delitos monetarios y relativos al control de cambios», salvo que correspondan en primera instancia a los Juzgados Centrales de lo Penal; por otra parte, el art. 23.3.*i*) de la citada LOPJ atribuye a la jurisdicción española el conocimiento de los hechos cometidos fuera del territorio nacional por españoles o extranjeros cuando constituyan delitos relativos al control de cambios.

del mismo. La actividad sancionadora de la Administración, en virtud de las infracciones administrativas previstas en esta Ley, sólo podrá iniciarse o continuarse cuando el proceso penal termine por sentencia absolutoria u otra resolución que la ponga fin, provisional o definitivamente, sin declaración de responsabilidad penal, siempre que estén basadas en motivo que no sea la inexistencia del hecho, la declaración expresa de no haber participado en él el acusado o la exención de responsabilidad penal del mismo. Sin embargo, en estos dos últimos supuestos, la Administración podrá sancionar las infracciones administrativas relacionadas con el hecho y cometidas por tercero no sujeto al procedimiento penal.

....

B) LEY 19/2003, DE 4 DE JULIO, SOBRE RÉGIMEN JURÍDICO DE LOS MOVIMIENTOS DE CAPITALES Y DE LAS TRANSACCIONES ECONÓMICAS CON EL EXTERIOR *

(*BOE* n.º 160, de 5 de julio de 2003)

EXPOSICIÓN DE MOTIVOS

I

La Ley 40/1979, de 10 de diciembre, sobre Régimen Jurídico de Control de Cambios, se ha caracterizado, tras más de veinte años de vigencia, por su singularidad, ya que, en palabras del Consejo de Estado, su ejecución se encomendó al Gobierno y su desarrollo se consumó en el terreno reglamentario.

Efectivamente, nuestra Ley de Control de Cambios ni prohibía ni restringía ni imponía ningún tipo de exigencia ni de requisito administrativo. Tan sólo se limitaba a facultar, con carácter general, al Gobierno para que estableciese, según las exigencias impuestas por la coyuntura económica en cada momento, las normas de restricción o control que estimase más oportunas.

* Esta Ley ha sido modificada (incluida su denominación) por la Ley 10/2010, de 28 de abril (*BOE* n.º 103, de 29 de abril), de prevención del blanqueo de capitales y de la financiación del terrorismo. Téngase cuenta que la LIRPF derogó la Disp. Trans. 2.ª de esta Ley.

En definitiva, se ha tratado de una norma con rango de ley que ha permitido tanto una absoluta restricción como una absoluta libertad.

Sin embargo, este amplio abanico de posibles medidas que sirve, ya para situaciones de libertad, ya para situaciones de prohibición, debe limitarse definitivamente para proclamar, con carácter general, la libertad de movimientos de capitales.

Fue el Tratado Constitutivo de la Comunidad Europea el que proclamó tal libertad, logrando así una equiparación con las restantes libertades comunitarias básicas. Incluso se va más allá, cuando el artículo 56 del Tratado Constitutivo de la Comunidad Europea no sólo prohíbe las restricciones a los movimientos de capitales y a los pagos entre Estados miembros, sino también entre éstos y terceros países.

Al mismo tiempo, el propio Tratado, en su artículo 58.1.*b*), reconoce el derecho de los Estados miembros a establecer procedimientos de declaración de movimientos de capitales a efectos de información administrativa o estadística, o tomar medidas justificadas por razones de orden público o de seguridad pública.

Esta ley trata, por tanto, de garantizar la completa adecuación de nuestro ordenamiento jurídico al derecho comunitario.

II

Teniendo en cuenta que el objetivo principal es incorporar plenamente a nuestro ordenamiento interno las previsiones del Tratado Constitutivo, no es menos cierto que la Ley 40/1979, de 10 de diciembre, sobre Régimen Jurídico de Control de Cambios, presentaba importantísimas disfunciones nada acordes con la nueva etapa de liberalización.

Se planteaban importantes contradicciones y lagunas de regulación, además de problemas relacionados con el propio lenguaje e imagen de la Ley 40/1979 y otros asuntos menores como eran, entre otros, las referencias a la adquisición, tenencia y cesión de divisas o pesetas por residentes o no residentes, o los conceptos de patrimonio exterior e interior, que estaban pensados para un sistema de convertibilidad y transferibilidad limitadas.

Cabe resaltar entre estas importantes contradicciones la figura del delito monetario. Al suprimirse en 1996 el único supuesto subsistente de delito monetario consistente en la exportación de moneda metálica, billetes de banco y cheques bancarios al portador, en pesetas o en divisas, por importe superior a cinco millones de pesetas o su contravalor, sin haber obtenido autorización previa, la reforma operada en la Ley 40/1979, de 10 de diciembre, por la Ley Orgánica 10/1983, de 16 de agosto, ha quedado completamente vacía de contenido.

Igualmente, el sistema sancionador previsto en la Ley 40/1979 ha manifestado falta de coherencia y ajuste con la actual situación de libertad de movimientos de capitales.

Esta situación se enmendó a través de la Ley 41/1999, de 12 de noviembre, sobre sistemas de pagos y de liquidación de valores, cuya disposición adicional cuarta abordó la tipificación de infracciones muy graves y eliminó el concepto residual de infracción leve. Sin embargo, tal modificación hay que considerarla muy parcial y efectuada con carácter urgente para abordar el específico supuesto de los embargos financieros impuestos por la Unión Europea y Naciones Unidas.

Es por tanto necesario establecer un nuevo cuadro sancionador en el que se incluya una tipificación expresa de las distintas acciones y omisiones infractoras y una mayor concreción de las sanciones aplicables en cada caso.

En definitiva, todas las circunstancias descritas suponen la necesidad de proceder a una actualización de la Ley 40/1979.

III

Esta ley se estructura en dos capítulos perfectamente diferenciados.

El capítulo I contiene, a lo largo de siete artículos, el régimen general de los movimientos de capitales y de las transacciones económicas con el exterior.

El artículo 1 declara, en línea con el Tratado Constitutivo de la Comunidad Europea, el principio de libertad de los movimientos de capitales, recogiendo desde un punto de vista objetivo lo que ha de entenderse por transacciones económicas con el exterior.

Desde una óptica subjetiva, el criterio fundamental en materia de movimientos de capitales es el de la residencia. De ahí que en el artículo 2 se definan los conceptos de residente y no residente en España.

Se ha producido un acercamiento al concepto de residencia contenido en la normativa fiscal, buscando con ello una mejor identificabilidad y prueba de la condición de residente en España.

En el artículo 3 se posibilita el conocimiento de los movimientos de capitales y transacciones económicas con el exterior a través de un mecanismo de declaración y, a efectos de información administrativa y estadística de las operaciones, se identifican los sujetos obligados a declarar y los destinatarios de tal información.

Con ello se hace uso de la facultad reconocida a los Estados miembros por el artículo 58.1.*b*) del Tratado Constitutivo de la Comunidad Europea en cuanto a la posibilidad de establecer procedimientos de declaración.

Los artículos 4 y 5 recogen las cláusulas de salvaguardia y las medidas excepcionales contenidas en el título III, capítulo IV, del Tratado Constitutivo de la Comunidad Europea, de forma que se establece un mecanismo ágil, a través de acuerdo del Consejo de Ministros, que permita aplicar medidas adoptadas no sólo por la Comunidad Europea, sino por otros organismos internacionales de los que España sea miembro.

En el artículo 6 se posibilita la realización de actos y negocios afectados por cláusulas de salvaguardia o medidas excepcionales a través de la correspondiente autorización administrativa.

En el artículo 7 se recoge una facultad de control otorgada a los Estados miembros por el artículo 58.1.*b*) del Tratado y que se ha traducido en la posibilidad de, en circunstancias tasadas, suspender el régimen de liberalización.

Los artículos 8 a 12 constituyen el capítulo II, que establece el régimen sancionador en materia de movimientos de capitales, de acuerdo con los principios de legalidad, tipicidad y proporcionalidad y respetando la garantía de procedimiento.

En las disposiciones adicionales se modifica la Ley 19/1993, de 28 de diciembre, sobre determinadas medidas de prevención del blanqueo de capitales, en el sentido de mejorar los instrumentos de control sobre el efectivo y otros medios de pago, por el riesgo que suponen desde el punto de vista de la prevención del blanqueo de capitales y la financiación del terrorismo. Se modifica igualmente la Ley 230/1963, de 28 de diciembre, General Tributaria, de cara a incrementar la efectividad en el desarrollo de investigaciones sobre blanqueo de capitales.

CAPÍTULO PRIMERO

RÉGIMEN GENERAL DE LOS MOVIMIENTOS DE CAPITALES Y DE LAS TRANSACCIONES ECONÓMICAS CON EL EXTERIOR

Artículo 1.º *Principio de libertad de los movimientos de*

Art. 1.º: Téngase en cuenta el contenido de los arts. 34 y 35 de la Ley 10/2010, de 28 de abril (*BOE* n.º 103, de 29 de abril), de prevención del blanqueo de capitales y de la financiación del terrorismo.

capitales y de las transacciones económicas con el exterior.—1. Esta ley tiene por objeto establecer el régimen jurídico de los movimientos de capitales y de las transacciones económicas con el exterior, así como establecer determinadas medidas de prevención del blanqueo de capitales.

2. Son libres cualesquiera actos, negocios, transacciones y operaciones entre residentes y no residentes que supongan o de cuyo cumplimiento puedan derivarse cobros y pagos exteriores, así como las transferencias de o al exterior y las variaciones en cuentas o posiciones financieras deudoras o acreedoras frente al exterior, sin más limitaciones que las dispuestas en esta ley y en la legislación sectorial específica.

Art. 2.º *Definiciones de residencia y no residencia.*—1. A los efectos de lo dispuesto en el artículo anterior, se consideran:

A) «Residentes»:

a) Las personas físicas que residan habitualmente en España, salvo lo dispuesto en el párrafo *b*) correspondiente al epígrafe de «No residentes».

b) Los diplomáticos españoles acreditados en el extranjero y el personal español que preste servicios en embajadas y consulados españoles o en organizaciones internacionales en el extranjero.

c) Las personas jurídicas con domicilio social en España.

d) Las sucursales y los establecimientos permanentes en territorio español de personas físicas o jurídicas residentes en el extranjero.

e) Otros que se determinen reglamentariamente en casos análogos.

B) «No residentes»:

a) Las personas físicas que tengan su residencia habitual en territorio extranjero, salvo lo dispuesto en el párrafo *b*) correspondiente al epígrafe de «Residentes».

b) Los diplomáticos extranjeros acreditados ante el Gobierno español y el personal extranjero que preste servicios en embajadas y consulados extranjeros o en organizaciones internacionales en España.

c) Las personas jurídicas con domicilio social en el extranjero.

d) Las sucursales y los establecimientos permanentes en el extranjero de personas físicas o jurídicas residentes en España.

e) Otros que se determinen reglamentariamente en casos análogos.

2. Por residencia habitual se entenderá lo establecido en la normativa fiscal con las adaptaciones que reglamentariamente se determinen.

3. La condición de residente o no residente, a los efectos de esta

ley, se acreditará en la forma que reglamentariamente se establezca.

Art. 3.º *Obligaciones de información.*—1. Los actos, negocios, transacciones y operaciones a que se refiere el apartado 2 del artículo 1 deberán ser declarados por los sujetos obligados mencionados en el apartado siguiente en la forma y plazos que se determinen reglamentariamente, a los efectos de información administrativa y estadística de las operaciones.

2. Las personas físicas o jurídicas residentes o no residentes en España que realicen las operaciones señaladas en el apartado 2 del artículo 1 quedan obligadas a facilitar al Ministerio de Economía y al Banco de España, en la forma y plazos que se establezcan, los datos que se les requieran, a los efectos de lo dispuesto en el apartado anterior.

Además, las entidades de crédito, las empresas de servicios de inversión y otros intermediarios financieros, que intervengan en la realización de las operaciones mencionadas por cuenta de sus clientes, vendrán obligados a remitir al Ministerio de Economía y al Banco de España la información correspondiente a las transacciones de sus clientes, en la forma y plazos que se establezcan.

Art. 4.º *Cláusulas de salvaguardia.*—1. Se entenderá prohibida o limitada, en los términos que señalen las normas comunitarias, la realización de determinados movimientos de capitales y sus correspondientes operaciones de cobro o pago, así como las transferencias de o al exterior o las variaciones en cuentas o posiciones financieras deudoras o acreedoras frente al exterior, respecto de terceros países en relación con los cuales el Consejo de la Unión Europea, de conformidad con lo establecido en el artículo 59 del Tratado Constitutivo de la Comunidad Europea, haya adoptado medidas de salvaguardia.

2. Cuando las normas comunitarias citadas en el apartado anterior reconozcan poderes a los Estados miembros o les impongan la adopción de medidas indispensables, necesarias para la correcta aplicación de dichas normas, el Gobierno, mediante acuerdo del Consejo de Ministros, establecerá las especificaciones ulteriores que resulten precisas, incluido el procedimiento de autorización aplicable, si procediera.

3. El Gobierno, mediante acuerdo del Consejo de Ministros, a propuesta del Ministro de Economía, podrá prohibir o limitar la

---

Art. 3.º: Téngase en cuenta el contenido de los arts. 17 a 25 de la Ley 10/2010, de 28 de abril (*BOE* n.º 103, de 29 de abril), de prevención del blanqueo de capitales y de la financiación del terrorismo.

realización de determinados movimientos de capitales y sus correspondientes operaciones de cobro o pago, así como transferencias de o al exterior o variaciones en cuentas o posiciones financieras deudoras o acreedoras frente al exterior, respecto de un Estado, un territorio o centro extraterritorial, o grupo de Estados en aplicación de medidas adoptadas por organismos internacionales, distintos de la Comunidad Europea, de los que España sea miembro.

Art. 5.º *Medidas excepcionales.*—1. Se entenderá prohibida o limitada, en los términos que señalen las normas comunitarias, la realización de determinados movimientos de capitales y sus correspondientes operaciones de cobro o pago, así como las transferencias de o al exterior o las variaciones en cuentas o posiciones financieras deudoras o acreedoras frente al exterior, respecto a terceros países en relación con los cuales el Consejo de la Unión Europea haya adoptado las medidas que correspondan, de conformidad con lo establecido en el artículo 57.2 del Tratado Constitutivo de la Comunidad Europea.

2. Se entenderán prohibidos o limitados, en los términos que señalen las normas comunitarias, los movimientos de capitales y pagos respecto a terceros países en relación con los cuales el Consejo de la Unión Europea haya adoptado las medidas urgentes que sean necesarias, de conformidad con lo establecido en el artículo 60.1 del Tratado Constitutivo de la Comunidad Europea.

3. Cuando, de acuerdo con lo dispuesto en los apartados anteriores de este artículo, las normas comunitarias reconozcan poderes a los Estados miembros o les impongan la adopción de medidas indispensables, necesarias para la correcta aplicación de dichas normas, el Gobierno, mediante acuerdo del Consejo de Ministros, establecerá las especificaciones ulteriores que resulten precisas, incluido el procedimiento de autorización aplicable, si procediera.

4. De conformidad con lo establecido en el artículo 60.2 del Tratado Constitutivo de la Comunidad Europea, el Gobierno, mediante acuerdo del Consejo de Ministros, a propuesta del Ministro de Economía, podrá en tanto no se hayan adoptado las medidas a que se refiere el artículo 60.1 del citado Tratado, por razones políticas graves y por motivos de urgencia, tomar medidas unilaterales contra un tercer país en lo relativo a los movimientos de capitales y a los pagos.

Art. 6.º *Autorizaciones sobre actos, negocios, transacciones u operaciones afectados por cláusulas de salvaguardia o medidas* *excepcionales.*—1. Los actos, negocios, transacciones y operaciones afectados por las medidas previstas en los artículos 4 y 5 podrán realizarse, si así se dispone expresamente, mediante la previa obtención de la correspondiente autorización administrativa y en las condiciones que ésta establezca. Dicha autorización se otorgará por los órganos y a través del procedimiento que se disponga reglamentariamente.

2. Si, transcurrido el plazo máximo en el que debe dictarse y notificarse la autorización, no se produjera resolución expresa, se entenderá que la operación no es autorizada. Consecuentemente, la solicitud se entenderá desestimada a los efectos previstos en la Ley 30/1992, de 26 de noviembre, de Régimen Jurídico de las Administraciones Públicas y del Procedimiento Administrativo Común.

Art. 7.º *Suspensión del régimen de liberalización.*—El Gobierno podrá acordar la suspensión del régimen de liberalización establecido en esta ley cuando se trate de actos, negocios, transacciones u operaciones que, por su naturaleza, forma o condiciones de realización, afecten o puedan afectar a actividades relacionadas, aunque sólo sea de modo ocasional, con el ejercicio de poder público, o actividades directamente relacionadas con la defensa nacional, o a actividades que afecten o puedan afectar al orden público, seguridad pública y salud pública.

Tal suspensión determinará el sometimiento de ulteriores operaciones a la obtención de autorización administrativa, de acuerdo con lo señalado en el artículo 6.

CAPÍTULO II

RÉGIMEN SANCIONADOR

Art. 8.º *Infracciones.*—1. Las infracciones de las disposiciones previstas en esta ley se clasifican en muy graves, graves y leves.

2. Constituirán infracciones muy graves:

a) La realización de actos, negocios, transacciones u operaciones prohibidas en virtud de la adopción de las medidas a que se refieren los artículos 4, 5 y 7.

b) La realización de actos, negocios, transacciones u operaciones sin solicitar autorización cuando sea preceptiva conforme a los artículos 6 y 7, o con carácter previo a su concesión o con incumplimiento de las condiciones establecidas en la autorización.

c) La falta de veracidad en las solicitudes de autorización presentadas ante los organismos competentes, siempre que pueda estimarse como especialmente relevante.

3. Constituirán infracciones graves:

a) La falta de declaración de operaciones cuya cuantía supere los 6.000.000 de euros.

b) La falta de veracidad, la omisión o inexactitud en los datos de las declaraciones respecto de operaciones cuya cuantía supere los 6.000.000 de euros.

c) Los incumplimientos de los requerimientos efectuados, de modo expreso y por escrito, por los organismos competentes en el cumplimiento de sus funciones.

4. Constituirán infracciones leves:

a) Las declaraciones realizadas por los sujetos obligados fuera de los plazos reglamentariamente establecidos.

b) La falta de declaración de operaciones cuya cuantía no supere 6.000.000 de euros, así como la falta de veracidad, la omisión o inexactitud en los datos de las declaraciones que no superen dicha cuantía.

Art. 9.º *Sanciones.*—1. Las infracciones a que se refiere el artículo anterior darán lugar a la imposición de las sanciones previstas en este artículo.

2. Por la comisión de infracciones muy graves se impondrán simultáneamente las siguientes sanciones:

a) Multa, que podrá ascender hasta el tanto del contenido económico de la operación sin que pueda ser inferior a 30.000 euros, y

b) Amonestación pública o privada.

3. Por la comisión de infracciones graves se impondrán simultáneamente las siguientes sanciones:

a) Multa, que podrá ascender hasta la mitad del contenido económico de la operación sin que pueda ser inferior a 6.000 euros, y

b) Amonestación pública o privada.

4. Por la comisión de infracciones leves se impondrán simultáneamente las siguientes sanciones:

a) Multa, que podrá ascender hasta un cuarto del contenido económico de la operación sin que pueda ser inferior a 3.000 euros, y

b) Amonestación privada.

5. Cuando la infracción consista en la presentación fuera de plazo de las declaraciones por los sujetos obligados, sin actuación o requerimiento previo de la Administración, se impondrán las siguientes sanciones:

a) Si no han transcurrido más de seis meses, hasta 300 euros, sin que pueda ser inferior a 150 euros.

b) Si han transcurrido más de seis meses, hasta 600 euros, sin que pueda ser inferior a 300 euros.

Art. 10. *Graduación de sanciones.*—Las sanciones aplicables en cada caso por la comisión de infracciones muy graves, graves o leves se determinarán considerándose, además de los criterios establecidos en el artículo 131.3 de la Ley 30/1992, de 26 de noviembre, de Régimen Jurídico de las Administraciones Públicas y del Procedimiento Administrativo Común, las siguientes circunstancias:

a) La naturaleza y entidad de la infracción.

b) El grado de responsabilidad e intencionalidad en los hechos que concurran en el interesado.

c) El tiempo que haya mediado entre la comisión de la infracción y el intento de subsanación de ésta por iniciativa propia del interesado.

d) La capacidad económica del interesado.

e) La conducta anterior del interesado, en relación con las normas en materia de movimientos de capitales y pagos exteriores, tomando en consideración al efecto las sanciones firmes que le hubieran sido impuestas durante los últimos cinco años.

Art. 11. *Prescripción de las infracciones y de las sanciones.*—
1. Las infracciones muy graves prescribirán a los cinco años; las graves, a los tres años, y las leves, al año.

2. El plazo de prescripción se contará desde la fecha en que la infracción hubiera sido cometida.

3. Las sanciones que se impongan, en virtud de resolución firme, conforme a esta ley prescribirán a los cinco años, las muy graves; a los cuatro años, las graves, y a los tres años, las leves.

Art. 12. *Procedimiento sancionador.*—1. Los órganos competentes de las Administraciones públicas, así como los dependientes de la Comisión de Prevención del Blanqueo de Capitales e Infracciones Monetarias llevarán a cabo, a petición del órgano instructor o por propia iniciativa, las actuaciones de investigación que resulten adecuadas para el esclarecimiento de los hechos que pudieren ser constitutivos de las infracciones tipificadas en esta ley.

Art. 12: El apartado 2 de este artículo figura redactado conforme a la Ley 10/2010, de 28 de abril (*BOE* n.º 103, de 29 de abril), de prevención del blanqueo de capitales y de la financiación del terrorismo.

2. La competencia para la incoación e instrucción de los procedimientos sancionadores resultantes de la aplicación del régimen previsto en la Ley y para la imposición de las sanciones correspondientes se regirá por las reglas siguientes:

a) La competencia para la incoación e instrucción de los procedimientos sancionadores corresponderá a la Secretaría de la Comisión de Prevención del Blanqueo de Capitales e Infracciones Monetarias.

b) La imposición de sanciones por infracciones muy graves corresponderá al Consejo de Ministros, a propuesta del Ministro de Economía y Hacienda.

c) La imposición de sanciones por infracciones graves corresponderá al Ministro de Economía y Hacienda, a propuesta del Secretario de Estado de Economía.

d) La imposición de sanciones por infracciones leves corresponderá al Director General del Tesoro y Política Financiera, a propuesta del instructor.

3. El procedimiento sancionador de las infracciones contempladas en esta ley será el previsto, con carácter general, para el ejercicio de la potestad sancionadora de las Administraciones públicas, con las adaptaciones que reglamentariamente se establezcan.

DISPOSICIONES ADICIONALES

1.ª *Modificación de la Ley 19/1993, de 28 de diciembre, sobre determinadas medidas de prevención del blanqueo de capitales.*—[...]

2.ª *Modificación de la Ley 230/1963, de 28 de diciembre, General Tributaria.*—Uno. Se introduce un nuevo párrafo *j*) en el artículo 113.1 de la Ley 230/1963, de 28 de diciembre, General Tributaria, con el siguiente tenor literal:

«*Art. 113.* 1. Los datos, informes o antecedentes obtenidos por la Administración tributaria en el desempeño de sus funciones tienen carácter reservado y sólo podrán ser utilizados para la efectiva aplicación de los tributos o recursos cuya gestión tenga encomendada, sin que puedan ser cedidos o comunicados a

---

Disp. Adic. 1.ª: Esta Disposición ha quedado sin objeto, al haber sido derogada la Ley 19/1993 por la Ley 10/2010, de 28 de abril (*BOE* n.º 103, de 29 de abril), de prevención del blanqueo de capitales y de la financiación del terrorismo.

terceros, salvo que la cesión tenga por objeto:

[...]

j) La colaboración con el Servicio Ejecutivo creado por la Ley 19/1993, de 28 de diciembre, sobre determinadas medidas de prevención del blanqueo de capitales, en las actividades que dicho servicio lleve a cabo en el ámbito de lo previsto en el artículo 1 de la mencionada ley.»

Dos. Se introduce un nuevo apartado 5 en el artículo 112 de la Ley 230/1963, de 28 de diciembre, General Tributaria, con el siguiente tenor literal:

«5. El Servicio Ejecutivo de la Comisión de Prevención del Blanqueo de Capitales e Infracciones Monetarias facilitará a la Administración tributaria cuantos datos con trascendencia tributaria obtenga en el ejercicio de sus funciones, con carácter general o mediante requerimiento individualizado.»

3.ª *Modificación de la Ley 13/1985, de 25 de mayo, de coeficientes de inversión, recursos propios y obligaciones de información de los intermediarios financieros.*—Se introduce una nueva disposición adicional segunda en la Ley 13/1985, con el siguiente tenor literal:

«*Disposición adicional segunda.* 1. Las participaciones preferentes a que se refiere el artículo séptimo de esta ley tendrán que cumplir los siguientes requisitos:

a) Ser emitidas por una entidad de crédito o por una entidad residente en España o en un territorio de la Unión Europea, que no tenga la condición de paraíso fiscal, y cuyos derechos de voto correspondan en su totalidad directa o indirectamente a una entidad de crédito dominante de un grupo o subgrupo consolidable de entidades de crédito y cuya actividad u objeto exclusivos sea la emisión de participaciones preferentes.

b) En los supuestos de emisiones realizadas por una entidad filial, los recursos obtenidos deberán estar depositados en su totalidad, descontados los gastos de emisión y gestión, y de forma permanente en la entidad de crédito dominante o en otra entidad del grupo o subgrupo consolidable. El depósito así constituido deberá ser aplicado por la entidad depositaria a la compensación de pérdidas, tanto en su liquidación como en el saneamiento general de aquélla o de su grupo o subgrupo consolidable, una vez agotadas las reservas y reducido a cero el capital ordinario. En estos supuestos las participaciones deberán contar con la garantía solidaria e irrevocable de la entidad de crédito dominante o de la entidad depositaria.

c) Tener derecho a percibir una remuneración predeterminada de carácter no acumulativo. El devengo de esta remuneración estará condicionado a la existencia de beneficios distribuibles en la entidad de crédito dominante o en el grupo o subgrupo consolidable.

d) No otorgar a sus titulares derechos políticos, salvo en los supuestos excepcionales que se establezcan en las respectivas condiciones de emisión.

e) No otorgar derechos de suscripción preferente respecto de futuras nuevas emisiones.

f) Tener carácter perpetuo, aunque se pueda acordar la amortización anticipada a partir del quinto año desde su fecha de desembolso, previa autorización del Banco de España.

g) Cotizar en mercados secundarios organizados.

h) En los supuestos de liquidación o disolución, u otros que den lugar a la aplicación de las prioridades contempladas en el Código de Comercio, de la entidad de crédito emisora o de la dominante del grupo o subgrupo consolidable de las entidades de crédito, las participaciones preferentes darán derecho a obtener exclusivamente el reembolso de su valor nominal junto con la remuneración devengada y no satisfecha y se situarán, a efectos del orden de prelación de créditos, inmediatamente detrás de todos los acreedores, subordinados o no, de la entidad de crédito emisora o de la dominante del grupo o subgrupo consolidable de entidades de crédito y delante de los accionistas ordinarios y, en su caso, de los cuotapartícipes.

i) En el momento de realizar una emisión, el importe nominal en circulación no podrá ser superior al 30 por 100 de los recursos propios básicos del grupo o subgrupo consolidable, incluido el importe de la propia emisión, sin perjuicio de las limitaciones adicionales que puedan establecerse a efectos de solvencia. Si dicho porcentaje se sobrepasara una vez realizada la emisión, la entidad de crédito deberá presentar ante el Banco de España para su autorización un plan para retornar al cumplimiento de dicho porcentaje. El Banco de España podrá modificar el indicado porcentaje.

2. El régimen fiscal de las participaciones preferentes emitidas en las condiciones establecidas en el apartado anterior será el siguiente:

a) La remuneración a que se refiere el párrafo *c*) del apartado anterior tendrá la consideración de gasto deducible para la entidad emisora.

b) Las rentas derivadas de las participaciones preferentes se calificarán como rendimientos obtenidos por la cesión a terceros de capitales propios de acuerdo con lo establecido en el apartado 2 del artículo 23 de la Ley 40/1998, de 9 de diciembre, del Impuesto sobre la Renta de las Personas Físicas y otras Normas Tributarias.

c) Los rendimientos generados por el depósito a que se refiere el párrafo *b*) del apartado 1 anterior no estarán sometidos a retención alguna, siendo de aplicación, en su caso, la exención establecida en el párrafo *e*) del apartado 1 del artículo 13 de la Ley 41/1998, de 9 de diciembre, del Impuesto sobre la Renta de no Residentes y Normas Tributarias.

d) Las rentas derivadas de las participaciones preferentes obtenidas por sujetos pasivos del Impuesto sobre la Renta de no Residentes sin establecimiento permanente estarán exentas de dicho impuesto en los mismos términos establecidos para los rendimientos derivados de la deuda pública en el artículo 13 de la Ley 41/1998, de 9 de diciembre, del Impuesto sobre la Renta de no Residentes y Normas Tributarias.

e) Las operaciones derivadas de la emisión de participaciones preferentes estarán exentas de la modalidad de operaciones societarias del Impuesto sobre Transmisiones Patrimoniales y Actos Jurídicos Documentados.

3. La entidad de crédito dominante de un grupo o subgrupo consolidable de entidades de crédito tendrá la obligación de informar a la Administración tributaria y a las instituciones encargadas de la supervisión financiera, en la forma en que reglamentariamente se establezca, de las actividades realizadas por las filiales a que se refiere el párrafo *a*) del apartado 1 de esta disposición adicional y de la identidad de los titulares de los valores emitidos por aquéllas.

4. Lo dispuesto en esta disposición adicional será igualmente aplicable en los supuestos en los que la entidad dominante a que se refiere el párrafo *a*) de su apartado 1 sea una entidad que se rija por el derecho de otro Estado.

5. El régimen previsto en los apartados 2 y 3 de esta disposición será también aplicable a las emisiones de instrumentos de deuda realizados por entidades que cumplan los requisitos del párrafo *a*) del apartado 1 y cuya actividad u objeto exclusivo sea la emisión de participaciones preferentes y/u otros instrumentos financieros, siempre que se cumplan los requisitos de cotización en mercados organizados y, en su caso, de depósito permanente y garantía de la entidad domi-

nante, que se establecen en los párrafos *g*) y *b*) de dicho apartado.

6. Lo dispuesto en esta disposición adicional será aplicable, igualmente, a las participaciones preferentes o a otros instrumentos de deuda emitidos por una sociedad residente en España o en un territorio de la Unión Europea, que no tenga la condición de paraíso fiscal y cuyos derechos de voto correspondan en su totalidad, directa o indirectamente, a entidades cotizadas que no sean de crédito. En estos casos, para proceder a la amortización anticipada no será necesaria la autorización prevista en el párrafo *f*) del apartado 1, y no será de aplicación el límite establecido en el párrafo *i*) del mismo apartado 1.»

4.ª *Modificación de la Ley 46/2002, de 18 de diciembre.*— Se modifica la disposición adicional cuarta de la Ley 46/2002, de 18 de diciembre, de reforma parcial del Impuesto sobre la Renta de las Personas Físicas y por la que se modifican las Leyes de los Impuestos sobre Sociedades y sobre la Renta de no Residentes, que quedará redactada en los siguientes términos:

«*Disposición adicional cuarta.* El Gobierno elaborará y aprobará en el plazo de un año a partir de la entrada en vigor de esta ley los textos refundidos del Impuesto sobre la Renta de las Personas Físicas, del Impuesto sobre la Renta de no Residentes y del Impuesto sobre Sociedades.»

5.ª *Modificación de la Ley 51/2002, de 27 de diciembre.*— Se añade una nueva disposición adicional decimotercera a la Ley 51/2002, de 27 de diciembre, de reforma de la Ley 39/1988, de 28 de diciembre, reguladora de las Haciendas Locales, que quedará redactada en los siguientes términos:

«*Disposición adicional decimotercera.* El Gobierno elaborará y aprobará en el plazo de un año a partir de la entrada en vigor de esta ley el texto refundido de la Ley reguladora de las Haciendas Locales.»

DISPOSICIONES TRANSITORIAS

1.ª *Vigencia temporal de las disposiciones normativas de desarrollo de la Ley 40/1979, de 10 de diciembre, sobre Régimen Jurídico de Control de Cambios.*—Hasta tanto no se publiquen las normas de desarrollo de esta ley y siempre que no se opongan a lo dispuesto en ella, se mantendrán vigentes las disposiciones normativas dictadas en desarrollo de la Ley 40/1979, de 10 de diciembre, sobre Régimen Jurídico de Control de Cambios. En particular, permanecerán vigentes durante este período transitorio el artículo 10.4 del Reglamento de Armas, así como el artículo 5 del Reglamento de Explosivos.

2.ª [...]

DISPOSICIÓN DEROGATORIA

Única. *Derogación normativa.*—A la entrada en vigor de esta ley quedarán derogadas la Ley 40/1979, de 10 de diciembre, sobre Régimen Jurídico de Control de Cambios, con excepción de su capítulo II, en la redacción dada por la Ley Orgánica 10/1983, la disposición adicional cuarta de la Ley 41/1999, de 12 de noviembre, sobre sistemas de pagos y de liquidación de valores, así como las disposiciones de igual o inferior rango que se opongan a lo dispuesto en esta Ley.

DISPOSICIÓN FINAL

Única. *Habilitación y entrada en vigor.*—1. El Gobierno dictará las disposiciones de desarrollo y ejecución de esta ley en el plazo de seis meses a partir de su entrada en vigor.

2. La presente ley entrará en vigor el día siguiente al de su publicación en el *Boletín Oficial del Estado*. No obstante, la obligación de declarar el origen, destino y tenencia de fondos establecida en el apartado tres de la disposición adicional primera de esta ley sólo se aplicará a supuestos que se produzcan con posterioridad a la entrada en vigor de la disposición reglamentaria prevista en dicho apartado.

APÉNDICE 3

LEY ORGÁNICA 12/1995, DE 12 DE DICIEMBRE, DE REPRESIÓN DEL CONTRABANDO*

(*BOE* n.º 297, de 13 de diciembre de 1995)

EXPOSICIÓN DE MOTIVOS

1. Necesidad de la norma

En los últimos años la aduana española ha pasado por un período de cambio sin precedentes. La configuración de la Unión Europea como un mercado interior establecida en el Acta Única Europea ha traído consigo la libertad de circulación de mercancías sin que queden sometidas éstas a

---

* Las Disposiciones Adicionales, Transitoria, Derogatoria y Finales de esta Ley tienen el siguiente texto:

«*Disp. Adicional 1.ª Organización funcional.*—1. Las autoridades, los funcionarios y fuerzas a quienes está encomendada la persecución y el descubrimiento del contrabando continuarán desempeñando sus cometidos, con los derechos y facultades que, para la investigación, persecución y represión de estas conductas, han venido ostentando desde su creación.

»El Servicio de Vigilancia Aduanera, en la investigación, persecución y represión de los delitos de contrabando, actuará en coordinación con las Fuerzas y Cuerpos de Seguridad del Estado y tendrá, a todos los efectos legales, carácter colaborador de los mismos.

»2. Los órganos de la Administración aduanera de la Agencia Estatal de Administración Tributaria, a requerimiento de los organismos y servicios encargados de la persecución del contrabando, podrán autorizar, sin interferencias obstativas, la salida de mercancías de los recintos o lugares habilitados por la Administración aduanera, a fin de facilitar las investigaciones encaminadas al descubrimiento del contrabando.

»3. Con idéntico fin los organismos y servicios encargados de la persecución del contrabando podrán establecer contactos e intercambiar información con otros servicios homólogos nacionales o internacionales.

»*Disp. Adicional 2.ª Presupuestos de la Agencia Estatal de Administración Tributaria.*—1. La Agencia Estatal de Administración Tributaria podrá consignar en sus presupuestos partidas específicamente destinadas a operaciones confidenciales relacionadas con la persecución del contrabando.

»2. La fiscalización y control de estas partidas se llevará a cabo mediante el procedimiento que establezca la Intervención General de la Administración del Estado, en el que se regulará en todo caso la confidencialidad antes indicada.

»Del resultado de la fiscalización y control referidos se dará traslado al Tribunal de Cuentas.

»*Disp. Transitoria única. Retroactividad.*—1. Los preceptos contenidos en

controles como consecuencia del cruce de las fronteras interiores. Esta nueva situación hace necesaria una modificación de la normativa referente a la circulación intracomunitaria de mercancías,

---

la presente Ley tendrán efectos retroactivos, en cuanto favorezcan a los responsables de los actos constitutivos de contrabando a que la misma se refiere, en los términos establecidos en el Código Penal.

»2. Igual eficacia retroactiva tendrán las disposiciones sancionadoras previstas en esta Ley, conforme a lo dispuesto en el artículo 128.2 de la Ley 30/1992, de 26 de noviembre, de Régimen Jurídico de las Administraciones Públicas y del Procedimiento Administrativo Común.

»*Disp. Derogatoria única.* 1. Quedan derogados la Ley Orgánica 7/1982, de 13 de julio, que modifica la legislación vigente en materia de contrabando y regula los delitos e infracciones administrativas en la materia; el artículo primero de la Ley Orgánica 3/1992, de 30 de abril, que establece supuestos de contrabando en materia de exportación de material de defensa o de doble uso, y cuantas disposiciones de igual o inferior rango se opongan a lo establecido en esta Ley.

»2. En tanto que por el Gobierno no se aprueben las disposiciones reglamentarias de desarrollo de la presente Ley, el Real Decreto 971/1983, de 16 de febrero, que desarrolla el Título II de la Ley Orgánica 7/1982, de 13 de julio, continuará en vigor en todo aquello que no se oponga a la presente Ley.

»*Disp. Final 1.ª Normativa supletoria.*—1. En lo no previsto en el Título I de la presente Ley se aplicará supletoriamente el Código Penal.

»2. En lo no previsto en el Título II de la presente Ley se aplicarán supletoriamente las disposiciones reguladoras del régimen tributario general y, en concreto, la Ley General Tributaria, así como subsidiariamente la Ley 30/1992, de 26 de noviembre, de Régimen Jurídico de las Administraciones Públicas y del Procedimiento Administrativo Común.

»*Disp. Final 2.ª Carácter de la Ley.*— El artículo 4 del Título I, los preceptos contenidos en el Título II, así como los apartados 2 y 3 de la disposición adicional primera, el apartado 2 de la disposición transitoria única y el apartado 2 de la disposición final primera de la presente Ley tienen el carácter de Ley ordinaria.

»*Disp. Final 3.ª Entrada en vigor.*— La presente Ley entrará en vigor el día siguiente al de su publicación en el *Boletín Oficial del Estado.*»

Téngase en cuenta que las Leyes 13/1996, de 30 de diciembre, de medidas fiscales, administrativas y del orden social (*BOE* n.º 315, de 31 de diciembre), y 50/1998, de 30 de diciembre (*BOE* n.º 313, de 31 de diciembre; corrección de errores en *BOE* n.º 109, de 7 de mayo de 1999), han modificado los arts. 11, 12 y 14 de la presente Ley, que en este texto no se reproducen; que la Ley 66/1997, de 30 de diciembre (*BOE* n.º 311, de 31 de diciembre de 1997; corrección de errores en *BOE* n.º 157, de 2 de julio de 1998), de medidas fiscales, administrativas y del orden social, volvió a modificar esos arts. 11 y 12, incorporando un nuevo art. 12 bis; que la Ley 1/1998, de 26 de febrero (*BOE* n.º 50, de 27 de febrero), ha modificado el art. 15, que tampoco se reproduce; y que el RD 1.649/1998, de 24 de julio (*BOE* n.º 214, de 7 de septiembre), desarrolló el Título II de la presente Ley Orgánica, relativo a las infracciones administrativas de contrabando, que aquí tampoco se reproduce.

V. art. 113.2 Ley General Tributaria, modificada parcialmente por Leyes 10/1985, de 26 de abril (*BOE* n.º 101, de 27 de abril; corrección de errores en *BOE* n.º 134, de 5 de junio) y 25/1995, de 20 de julio (*BOE* n.º 174, de 22 de julio; corrección de errores en *BOE* n.º 245, de 13 de octubre); Disp. Adic. 1.ª 4 Ley 14/1985, de 29 de marzo, de Régimen Fiscal de Determinados Activos Financieros (*BOE* n.º 129, de 30 de mayo); art. 5.º Convenio Europeo de Extradición, reproducido en nota al Preámbulo de la LE (Apéndice 4); RD 1.631/1992, de

que respondía a un modelo basado, precisamente, en la imposición y el control fronterizos, lo que aconseja, a su vez, a proceder a una adecuación de la legislación conducente a reprimir la introducción ilícita de mercancías en el territorio aduanero.

Con la consagración del mercado único, la aduana española ha dejado de actuar como frontera fiscal para el tráfico con otros Estados miembros de la Unión Europea. El desafío fundamental del mercado único en este campo consiste en compatibilizar las facilidades dadas al libre movimiento de mercancías con la necesidad de mantener la efectividad del esfuerzo en la represión del contrabando.

Al mismo tiempo parece oportuno proceder a una revisión de la Ley Orgánica 7/1982, de 13 de julio, que modifica la legislación vigente en materia de contrabando y regula los delitos e infracciones administrativas en la materia, tras trece años de vigencia para, entre otras finalidades, actualizar el valor límite que en la misma se fijó de 1.000.000 de pesetas para la distinción entre delito e infracción administrativa de contrabando, incluir las operaciones ilícitas con algunas mercancías no recogidas anteriormente, como las especies de flora y fauna amenazadas de extinción y los precursores de drogas, y, por fin, colmar algunas lagunas que la experiencia ha puesto de manifiesto, así como tomar en consideración la nueva situación producida tras la incorporación de la Comunidad Autónoma Canaria al territorio aduanero comunitario, no obstante no formar parte del sistema común del Impuesto sobre el Valor Añadido.

---

29 de diciembre, sobre restricciones a la circulación de ciertos bienes y mercancías (*BOE* n.º 1, de 1 de enero de 1993); arts. 27 ss. LIVA; Ley 13/1998, de 4 de mayo (*BOE* n.º 107, de 5 de mayo), de Ordenación del Mercado de Tabacos y Normativa Tributaria; RD 1.394/1993, de 4 de agosto, por el que se regula el procedimiento sancionador en el ámbito del Monopolio de Tabacos (*BOE* n.º 191, de 11 de agosto); Ley 10/1995, de 24 de abril, por la que se crea la Fiscalía Especial para la Represión de los Delitos Económicos relacionados con la Corrupción (*BOE* n.º 98, de 25 de abril); RD 923/ 1995, de 9 de junio (*BOE* n.º 162, de 8 de julio), por el que se fija la plantilla orgánica de la Fiscalía Especial para la Represión de los Delitos Económicos relacionados con la Corrupción; Resolución de 8 de enero de 1996 (*BOE* n.º 11, de 12 de enero), de la Agencia Estatal de Administración Tributaria, por la que se crea la Unidad de Apoyo a la Fiscalía Especial para la Represión de los Delitos Económicos relacionados con la Corrupción; Orden de 1 de febrero de 2001 (*BOE* n.º 35, de 9 de febrero), del Ministerio de Hacienda, por la que se eliminan los procedimientos de despacho previo a la importación y exportación de mercancías; y Convenio celebrado sobre la base del art. K.3 del Tratado de la Unión Europea, relativo a la asistencia mutua y la cooperación entre las Administraciones aduaneras, hecho en Bruselas el 18 de diciembre de 1997 (*BOE* n.º 199, de 20 de agosto de 2002).

2. ÁMBITO DE LA REFORMA

Como novedad respecto a la Ley precedente se incluyen en la nueva ciertas definiciones con el fin de delimitar su ámbito de aplicación habida cuenta la puesta en marcha del mercado único comunitario.

Se incrementa la cuantía del valor de las mercancías para la tipificación del delito hasta 3.000.000 de pesetas, no sólo para actualizar la equivalencia real del valor de la peseta, sino también para aliviar la carga que pesa sobre el orden jurisdiccional penal.

El impacto social, económico y recaudatorio del comercio ilegítimo de labores del tabaco obliga a intensificar la reacción jurídica frente a este ilícito. A tal fin, se considerarán géneros estancados, a efectos de la nueva Ley, las labores del tabaco, aunque se trate de mercancías comunitarias.

Como se ha indicado ya, la entrada en vigor del mercado interior comunitario el 1 de enero de 1993 supuso la supresión de los controles fronterizos entre los Estados miembros, lo que ha dado lugar a un abuso de las facilidades ofrecidas al comercio regular al amparo de los regímenes de tránsito y ocasionado desviaciones ilícitas de mercancías. Ello ha aconsejado que se penalicen los ilícitos que suponen el incumplimiento de la normativa reguladora del tránsito aduanero, recogida en el Reglamento (CEE) número 2.913/1992, del Consejo, de fecha 12 de octubre, por el que se aprueba el Código Aduanero Comunitario, y en sus normas de aplicación, así como en el Convenio TIR.

La nueva Ley consagra la existencia de contrabando en los casos de salida del territorio nacional de bienes que integren el Patrimonio Histórico Español, incluso si su destino es otro Estado miembro de la Unión. Esta inclusión se hace posible en virtud de lo prevenido en la Directiva 93/7/CEE, relativa a la restitución de bienes culturales, que deja libertad a cada Estado miembro para ejercer las acciones civiles y penales oportunas. Por otra parte, la nueva Ley tipifica como contrabando las operaciones realizadas con especímenes de la fauna y flora silvestres al tratarse de un comercio prohibido en ciertos casos, y en aplicación del Convenio de Washington de 3 de marzo de 1973 y del correspondiente Reglamento comunitario.

Entre los supuestos constitutivos de delito de contrabando se ha incluido la exportación de material de defensa o material de doble uso, en el sentido que desarrolla el artículo 1. Ambos conceptos estaban ya considerados como contrabando en virtud de lo dispuesto en la Ley Orgánica 3/1992, de 30 de abril.

En cuanto a las penas, la nueva Ley mantiene la pena de prisión menor para el delito de contrabando y eleva la cuantía de la multa para el mismo, dada la alarma social que entraña la comisión repetida de estos ilícitos.

Como productos económicos generados por el contrabando susceptibles de comiso se incluyen las ganancias obtenidas del delito, lo que se corresponde con el artículo 344 bis e) del Código Penal, en su redacción dada por la Ley Orgánica 8/1992, de 23 de diciembre.

El Título II de la Ley define y regula las infracciones administrativas de contrabando. Al propio tiempo eleva las cuantías hasta las que se consideren como infracciones administrativas y a partir de las cuales las conductas tipificadas constituyen delito de contrabando.

Como novedad respecto al texto de la Ley 7/1982, de 13 de julio, se incrementa el importe de las multas por infracciones administrativas de contrabando y se precisa el momento en que comienza el plazo de prescripción tanto para las propias infracciones como para las sanciones que de ellas se deriven.

La nueva Ley faculta a los órganos de la Administración aduanera para autorizar la salida de mercancías de los recintos aduaneros, como entrega vigilada, a fin de facilitar las investigaciones encaminadas al descubrimiento del contrabando, y autoriza a los organismos y servicios encargados de la persecución del contrabando para establecer contactos e intercambiar información con otros servicios homólogos.

Por último, dado su contenido, parte de la Ley tiene el carácter de Ley ordinaria.

TÍTULO PRELIMINAR

Disposiciones generales

Artículo 1.º *Definiciones.*— A los efectos de la presente Ley se entenderá por:

1. «Importación»: la entrada de mercancías no comunitarias en el territorio español comprendido en el territorio aduanero de la Unión Europea, así como la entrada de mercancías, cualquiera que sea su procedencia, en el ámbito territorial de Ceuta y Melilla. Se asimila a la importación la entrada de mercancías desde las áreas exentas.

2. «Exportación»: la salida de mercancías del territorio español. No se considerará exportación la salida de mercancías comunitarias

del territorio español comprendido en el territorio aduanero de la Unión Europea, con destino al resto de dicho territorio aduanero.

3. «Áreas exentas»: las zonas y depósitos francos y los depósitos aduaneros definidos en los artículos 166 y 98, apartado 2, del

---

Art. 1.º3: Los arts. 98.2, 99 y 166 a 168 del Reglamento (CEE) 2.913/92 del Consejo (*DOCE* n.º L 302, de 19 de octubre de 1992), derogado por el Reglamento (CE) n.º 450/2008 del Parlamento Europeo y del Consejo, de 23 de abril de 2008 (*DOUE* de 4 de junio), tienen el siguiente texto:

«*Art. 98.2.* Se entenderá por "depósito aduanero", todo lugar reconocido por las autoridades aduaneras y sometido a su control, en el que puedan almacenarse mercancías en las condiciones establecidas.»

«*Art. 99.* El depósito aduanero podrá ser un depósito aduanero público, o bien un depósito aduanero privado.

»Se entenderá por:

»—"depósito aduanero público", un depósito aduanero que pueda utilizar cualquier persona para depositar mercancías:

»—"depósito aduanero privado", un depósito aduanero reservado para el depósito de mercancías por parte del depositario.

»Se entenderá por depositario la persona autorizada para gestionar el depósito aduanero.

»Se entenderá por depositante la persona vinculada por la declaración de inclusión de las mercancías en el régimen de depósito aduanero o aquella a la que han sido cedidos los derechos y obligaciones de esa primera persona.»

«*Art. 166.* Las zonas francas o depósitos francos son partes del territorio aduanero de la Comunidad o locales situados en ese territorio, separados, del resto del mismo, en los cuales:

»*a*) se considerará que las mercancías no comunitarias, para la aplicación de los derechos de la importación y de las medidas de políticas comercial de importación, no se encuentran en el territorio aduanero de la Comunidad, siempre que no se despachen a libre práctica, ni se incluyan en otro régimen aduanero, ni se utilicen o consuman en condiciones distintas de las establecidas en la normativa aduanera;

»*b*) las mercancías comunitarias, para las que una regulación comunitaria específica lo prevea, se beneficiarán, en razón de su inclusión en zona franca o en depósito franco, de las medidas relacionadas en principio con la exportación de mercancías.

»*Art. 167.* 1. Los Estados miembros podrán constituir determinadas partes del territorio aduanero de la Comunidad en zonas francas o autorizar la creación de depósitos francos.

»2. Los Estados miembros determinarán el límite geográfico de cada zona. Los locales destinados a constituir un depósito franco deberán estar autorizados por los Estados miembros.

»3. Las zonas francas estarán cercadas. Los Estados miembros fijarán los puntos de acceso y de salida de la zona franca o del depósito franco.

»4. Cualquier construcción de inmueble en una zona franca estará supeditada a una autorización previa de las autoridades aduaneras.

»*Art. 168.* 1. Los límites y los puntos de acceso y de salida de la zona franca y de los depósitos francos estarán sometidos a la vigilancia de las autoridades aduaneras.

»2. Las personas y los medios de transporte que entren en una zona franca o en un depósito franco o salgan de ellos podrán ser sometidos a control aduanero.

»3. El acceso a una zona franca o a un depósito franco podrá prohibirse a las personas que no ofrezcan todas las garantías necesarias para el cumplimiento de las disposiciones previstas en el presente Código.

»4. Las autoridades aduaneras podrán controlar las mercancías que entren en una zona franca o depósito franco, permanezcan en ellos o salgan de ellos. Para permi-

Reglamento (CEE) número 2.913/92, del Consejo, de 12 de octubre de 1992, por el que se aprueba el Código Aduanero Comunitario.

4. «Mercancías comunitarias»: las mercancías definidas como tales en el apartado 7 del artículo 4 del Reglamento (CEE) número 2.913/92, del Consejo, de 12 de octubre de 1992, por el que se aprueba el Código Aduanero Comunitario.

5. «Mercancías no comunitarias»: las mercancías definidas como tales en el apartado 8 del artículo 4 del Reglamento (CEE) número 2.913/92, del Consejo, de 12 de octubre de 1992, por el que se aprueba el Código Aduanero Comunitario.

6. «Géneros o efectos estancados»: los artículos, productos o sustancias cuya producción, adquisición, distribución o cualquiera otra actividad concerniente a los mismos sea atribuida por ley al Estado con carácter de monopolio, así como las labores del tabaco y todos aquellos a los que por ley se otorgue dicha condición.

7. «Géneros prohibidos»: todos aquellos cuya importación, exportación, circulación, tenencia, comercio o producción esté prohibida expresamente por disposición con rango de ley o por reglamento de la Unión Europea. El carácter de prohibido se limitará para cada género a la realización de la activi-

---

tir este control, se deberá entregar o mantener a disposición de las autoridades aduaneras, a través de cualquier persona designada al efecto por dichas autoridades, una copia del documento de transporte, que deberá acompañar a las mercancías en el momento de su entrada y de su salida. Cuando se exija este control, las mercancías deberán ponerse a disposición de las autoridades aduaneras.»

Art. 1.º4: El art. 4.º del Reglamento (CEE) 2.913/92 del Consejo, derogado por el Reglamento (CE) n.º 450/2008 del Parlamento Europeo y del Consejo, de 23 de abril de 2008 (*DOUE* de 4 de junio), establece:

«A los efectos del presente Código, se entenderá por

»[...]

»7) "mercancías comunitarias": las mercancías:

»—que se obtengan totalmente en el territorio aduanero de la Comunidad, en las condiciones contempladas en el artículo 23, sin agregación de mercancías importadas de países o territorios que no formen parte del territorio aduanero de la Comunidad,

»—importadas de países o territorios que no formen parte del territorio aduanero de la Comunidad y despachadas a libre práctica,

»—que se obtengan en el territorio aduanero de la Comunidad a partir de las mercancías a que se hace referencia en el segundo guión exclusivamente, o bien a partir de las mercancías a que se hace referencia en los guiones primero y segundo;».

Art. 1.º5: El art. 4.º del Reglamento (CEE) 2.913/92 del Consejo, derogado por el Reglamento (CE) n.º 450/2008 del Parlamento Europeo y del Consejo, de 23 de abril de 2008 (*DOUE* de 4 de junio), establece:

«A los efectos del presente Código, se entenderá por

»[...]

dad o actividades que de modo expreso se determine en la norma que establezca la prohibición y por el tiempo que la misma señale.

8. «Material de defensa»: el armamento y todos los productos y tecnologías concebidos específicamente o modificados para uso militar como instrumento de fuerza, información o protección en conflictos armados, así como los destinados a la producción, ensayo o utilización de aquéllos y que se encuentren incluidos en el Real Decreto 824/1993, de 28 de mayo, o disposiciones que lo sustituyan.

9. «Material de doble uso»: los productos y tecnologías de habitual utilización civil que puedan ser aplicados a algunos de los usos enumerados en el apartado anterior y que se encuentren incluidos en el Real Decreto 824/1993, de 28 de mayo, o disposiciones que los sustituyan.

10. «Precursores»: las sustancias y productos susceptibles de ser utilizados en el cultivo, la producción o la fabricación de drogas tóxicas, estupefacientes o sustancias psicotrópicas, enumeradas en los cuadros I y II de la Convención de Naciones Unidas hecha en Viena el 20 de diciembre de 1988, sobre el tráfico ilícito de estupefacientes y sustancias psicotrópicas y cualesquiera otros productos adicionados al mismo Convenio o en otros futuros Convenios ratificados por España.

»8) "mercancías no comunitarias": las mercancías no contempladas en el punto 7.

»Sin perjuicio de los artículos 163 y 164 las mercancías comunitarias perderán este estatuto aduanero al salir efectivamente del territorio aduanero de la Comunidad».

Art. 1.º8: V. Ley 53/2007, de 28 de diciembre (*BOE* n.º 312, de 29 de diciembre), sobre el control del comercio exterior de material de defensa y de doble uso.

V. también RD 1.631/1992, de 29 de diciembre, por el que se establecen restricciones a la circulación de material de defensa (*BOE* n.º 1, de 1 de enero de 1993), así como la Orden de 17 de mayo de 1994, por la que se desarrolla el art. 3.º de dicho RD (*BOE* n.º 119, de 19 de mayo), y, finalmente, RD 2.061/2008, de 12 de diciembre (*BOE* n.º 6, de 7 de enero de 2009; corrección de errores en *BOE* n.º 21, de 24 de enero), por el que se aprueba el Reglamento de control del comercio exterior de material de defensa, de otro material y de productos y tecnologías de doble uso; y Orden de 24 de noviembre de 1998 (*BOE* n.º 289, de 3 de diciembre), por la que se regula el procedimiento de tramitación de las autorizaciones administrativas de importación y de las notificaciones previas de importación.

Art. 1.º9: V. el extenso Anexo III del RD citado en nota al apartado precedente, en el que se contiene un exhaustivo listado de productos y tecnologías industriales, nucleares y relativos a la proliferación de armas químicas y biológicas (precursores de armas químicas, equipos químicos, agentes biológicos, agentes patógenos para el hombre, agentes patógenos para los animales, y equipos biológicos).

11. «Deuda aduanera»: la obligación definida como tal en el apartado 9 del artículo 4 del Reglamento (CEE) número 2.913/92, del Consejo, de 12 de octubre de 1992, por el que se aprueba el Código Aduanero Comunitario.

TÍTULO PRIMERO

Delito de contrabando

Art. 2.º *Tipificación del delito.*—1. Cometen delito de contrabando, siempre que el valor de los bienes, mercancías, géneros o efectos sea igual o superior a 3.000.000 de pesetas, los que:

a) Importen o exporten mercancías de lícito comercio sin presentarlas para su despacho en las oficinas de aduanas o en los lugares habilitados por la Administración aduanera.

La ocultación o sustracción dolosa de cualquier clase de mercancías a la acción de la Administración aduanera dentro de los recintos o lugares habilitados equivaldrá a la no presentación.

b) Realicen operaciones de comercio, tenencia o circulación de mercancías no comunitarias de lícito comercio, sin cumplir los requisitos legalmente establecidos para acreditar su lícita importación.

c) Destinen al consumo las mercancías en tránsito con incumplimiento de la normativa reguladora de este régimen

---

Art. 1.º11: El art. 4.º del Reglamento (CEE) 2.913/92 del Consejo, derogado por el Reglamento (CE) n.º 450/2008 del Parlamento Europeo y del Consejo, de 23 de abril de 2008 (*DOUE* de 4 de junio), establece:

«A los efectos del presente Código, se entenderá por

»[...]

»9) "deuda aduanera": la obligación que tiene una persona de pagar los derechos de importación (deuda aduanera de importación) o los derechos de exportación (deuda aduanera de exportación) aplicables a una determinada mercancía con arreglo a las disposiciones comunitarias vigentes;».

Art. 2.º1.c): Los arts. 91 a 97 y 163 a 165 del Reglamento (CEE) citado, derogado por el Reglamento (CE) n.º 450/2008 del Parlamento Europeo y del Consejo, de 23 de abril de 2008 (*DOUE* de 4 de junio), tienen el siguiente texto:

«*Art. 91.* 1. El régimen de tránsito externo permitirá la circulación de uno a otro punto del territorio aduanero de la Comunidad:

»*a*) de mercancías no comunitarias, sin que dichas mercancías estén sujetas a los derechos de importación y demás gravámenes ni a medidas de política comercial;

»*b*) de mercancías comunitarias que sean objeto de una medida comunitaria que requiera su exportación a países terceros y para las que se cumplan los trámites aduaneros de exportación correspondientes.

»2. La circulación contemplada en el apartado 1 podrá efectuarse:

»*a*) bien al amparo del régimen de tránsito comunitario externo;

»*b*) bien al amparo de un cuaderno TIR (Convenio TIR), siempre que:

»1) haya comenzado o deba terminar en el exterior de la Comunidad, o

»2) se refiera a envíos de mercancías que deban descargarse en el territorio aduanero de la Comunidad y sean despachadas con mercancías que deban descargarse en un país tercero, o

»3) Se efectúe de un punto a otro de la Comunidad pasando por el territorio de un país tercero;

»*c*) bien al amparo de un cuaderno ATA (Convenio ATA), utilizado como documento de tránsito;

»*d*) bien al amparo del manifiesto renano (artículo 9 del Convenio revisado para la navegación del Rin);

»*e*) bien al amparo del impreso 302 establecido en el marco del Convenio entre los Estados que son partes en el Tratado del Atlántico Norte, relativo al estatuto de sus fuerzas, firmado en Londres el 19 de junio de 1951;

»*f*) bien por envíos postales (incluidos los paquetes postales).

»3. El régimen de tránsito externo se aplicará sin perjuicio de las disposiciones específicas aplicables a la circulación de mercancías sometidas a un régimen aduanero económico.

»*Art. 92.* El régimen de tránsito externo finalizará cuando las mercancías y el documento correspondiente sean presentados en aduana en el lugar de destino, de conformidad con lo dispuesto en el régimen de que se trate.

»*Art. 93.* El régimen de tránsito comunitario externo únicamente se aplicará a los transportes que utilicen el territorio de un país tercero cuando:

»*a*) un acuerdo internacional prevea dicha posibilidad; o

»*b*) el paso a través de dicho país se efectúe al amparo de un título único de transporte, expedido en el territorio aduanero de la Comunidad; en ese caso, el efecto de dicho régimen quedará suspendido en el territorio del tercer país.

»*Art. 94.* 1. Sin perjuicio de lo dispuesto en el artículo 95, el obligado principal deberá prestar una garantía con objeto de asegurar el pago de la deuda aduanera y demás gravámenes que puedan surgir con respecto a dicha mercancía.

»2. Salvo casos que se determinarán por el procedimiento del comité cuando sea necesario, no se requerirá garantía alguna para cubrir:

»*a*) las travesías marítimas y aéreas;

»*b*) los transportes de mercancías por el Rin y las vías fluviales renanas;

»*c*) los transportes por conductos;

»*d*) las operaciones efectuadas por las compañías ferroviarias de los Estados miembros.

»3. Se determinarán con arreglo al procedimiento del Comité los casos en que los transportes de mercancías por otras vías navegables distintas de las mencionadas en la letra *b*) del apartado 1 quedarán dispensados de la prestación de garantía.

»*Art. 95.* 1. Cualquier persona que cumpla los requisitos establecidos en el apartado 2 podrá obtener de las autoridades aduaneras del Estado miembro en que esté establecida, y dentro de los límites previstos en el apartado 3, una dispensa de garantía para las operaciones de tránsito comunitario externo que efectúe, sean cuales fueren el Estado miembro de partida y los Estados miembros cuyo territorio se utilice para dichas operaciones.

»2. La dispensa de garantía contemplada en el apartado 1 sólo se concederá a las personas:

»*a*) que estén establecidas en el Estado miembro en que se conceda la dispensa de garantía;

»*b*) que utilicen habitualmente el régimen de tránsito comunitario;

»*c*) cuya situación financiera les permita hacer frente a sus compromisos;

»*d*) que no hayan cometido ninguna infracción grave de la legislación aduanera y fiscal; y

»*e*) que hayan suscrito, de conformidad con un modelo que se determinará, un compromiso de pagar, al primer requerimiento escrito de las autoridades aduaneras, las cantidades reclamadas por las operaciones de tránsito comunitario que efectúen.

»3. La dispensa de garantía concedida de conformidad con los apartados 1 y 2 no se aplicará a las operaciones de tránsito comunitario referidas a mercancías:

»*a*) cuyo valor global sea superior a un importe determinado con arreglo al procedimiento del Comité; o

»*b*) que presenten riesgos incrementados, habida cuenta del nivel de los derechos de importación y otros gravámenes a que estén sujetas en uno o varios Estados miembros.

»4. A cada persona que haya obtenido la dispensa de garantía, se le expedirá por parte de las autoridades que le han concedido la dispensa, en uno o varios ejemplares, un certificado de dispensa de garantía.

»*Art. 96.* 1. El obligado principal es el titular del régimen de tránsito comunitario externo. El obligado principal deberá:

»*a*) presentar las mercancías intactas en la oficina de aduana de destino, en el plazo señalado y habiendo respetado las medidas de identificación tomadas por las autoridades aduaneras;

»*b*) respetar las disposiciones relativas al régimen de tránsito comunitario.

»2. Sin perjuicio de las obligaciones del obligado principal contempladas en el apartado 1, el transportista o el destinatario de las mercancías que las acepte sabiendo que están bajo régimen de tránsito comunitario también deberá presentarlas intactas en la oficina de aduana de destino, en el plazo señalado y habiendo respetado las medidas de identificación tomadas por las autoridades aduaneras.

»*Art. 97.* 1. Las formas de funcionamiento del procedimiento y las excepciones se determinarán con arreglo al procedimiento del Comité.

»2. Siempre que se garantice la aplicación de las medidas comunitarias a que estén sujetas las mercancías:

»*a*) los Estados miembros tendrán la facultad de establecer entre ellos, mediante acuerdos bilaterales o multilaterales, procedimientos simplificados de conformidad con los criterios que se establezcan, cuando sea necesario, aplicables a determinados tráficos o a determinadas empresas;

»*b*) cada Estado miembro tendrá la facultad de establecer procedimientos simplificados aplicables, en determinadas circunstancias, en beneficio de mercancías que no tengan que circular por el territorio de otro Estado miembro.»

«*Art. 163.* 1. El régimen de tránsito interno permitirá, en las condiciones dispuestas en los apartados 2, 3 y 4, la circulación de un punto a otro del territorio aduanero de la Comunidad, pasando por el territorio de un país tercero, de mercancías comunitarias sin que su estatuto aduanero se modifique. Esta disposición no impedirá la aplicación de la letra *b*) del apartado 1 del artículo 91.

»2. La circulación a que se hace referencia en el apartado 1 podrá efectuarse:

»*a*) según el régimen de tránsito comunitario interno, siempre que esté prevista tal posibilidad en un acuerdo internacional;

»*b*) al amparo de un cuaderno TIR (Convenio TIR);

»*c*) al amparo de un cuaderno ATA (Convenio ATA) utilizado como documento de tránsito;

d) al amparo del Manifiesto Renano (artículo 9 del Convenio revisado relativo a la navegación sobre el Rin);

»*e*) al amparo de un impreso 302 previsto en el Convenio entre los Estados partes en el Tratado del Atlántico Norte sobre el estatuto de sus fuerzas armadas, firmado en Londres el 19 de junio de 1951;

»*f*) a través de envíos postales (incluidos los paquetes postales).

»3. En el caso contemplado en la letra *a*) del apartado 2, se aplicarán *mutatis mutandis* los artículos 92, 94, 95, 96 y 97.

»4. En los casos contemplados en las letras *b*) a *f*) del apartado 2 las mercancías conservarán su estatuto aduanero únicamente si dicho estatuto está establecido en las condiciones y en la forma prescrita por las disposiciones adoptadas con arreglo al procedimiento del Comité.

aduanero, establecida en los artículos 91 a 97 y 163 a 165 del Reglamento (CEE) número 2.913/92, del Consejo, de 12 de octubre, y sus disposiciones de aplicación y en el Convenio TIR de 14 de noviembre de 1975.

d) Realicen operaciones de importación, exportación, producción, comercio, tenencia, circulación o rehabilitación de géneros estancados o prohibidos, sin cumplir los requisitos establecidos por las leyes.

e) Saquen del territorio español bienes que integren el Patrimonio Histórico Español, sin la autorización de la Administración del Estado cuando ésta sea necesaria.

f) Realicen, sin cumplir con los requisitos legalmente establecidos, operaciones de impor-

---

»*Art. 164.* Con arreglo al procedimiento del Comité se determinarán las condiciones en que las mercancías comunitarias podrán circular, sin ser sometidas a un régimen aduanero, de un punto a otro del territorio aduanero de la Comunidad y temporalmente fuera de dicho territorio sin que se modifique su estatuto aduanero.

»*Art. 165.* El régimen de tránsito comunitario interno será aplicable asimismo en el caso de que una disposición comunitaria establezca expresamente su aplicación.»

Art. 2.º1.d): La STC 34/2005, de 17 de febrero, ha declarado constitucional la Disp. Adic. 18.ª de la Ley 46/1985, de 27 de diciembre, de Presupuestos Generales del Estado para 1986, en la que se disponía que «a los efectos de lo previsto en los artículos 1.1, 1.4, 3.2 y 3.3 de la Ley Orgánica 7/1982, de 13 de julio, se entiende prohibida la circulación, comercio, tenencia o producción de billetes, boletos, sellos, cartones, resguardos, máquinas o cualquier otro elemento, incluso técnico o informativo, que constituya soporte en la práctica de juegos de azar, sorteos, loterías, rifas, tómbolas, quinielas, combinaciones aleatorias y, en general, todas aquellas actividades en las que se arriesguen cantidades de dinero u objetos económicamente evaluables en forma de envites o traviesas sobre resultados».

Art. 2.º1.e): V. Convención de 17 de noviembre de 1970 sobre las medidas que deben adoptarse para prohibir e impedir la importación, la exportación y la transferencia de propiedad ilícita de bienes culturales, ratificada por Instrumento de 13 de diciembre de 1985 (*BOE* n.º 31, de 5 de febrero de 1986); Ley 13/1985, de 25 de junio, del Patrimonio Histórico Español (*BOE* n.º 155, de 19 de junio), desarrollada parcialmente por RD 111/1986, de 10 de enero (*BOE* n.º 24, de 28 de enero), modificado por RD 64/1994, de 11 de enero (*BOE* n.º 51, de 2 de marzo); Ley 36/1994, de 23 de diciembre, de incorporación al ordenamiento jurídico español de la Directiva 93/7/CEE, del Consejo, de 15 de marzo de 1993, relativa a la restitución de bienes culturales que hayan salido de forma ilegal del territorio de un Estado miembro de la Unión Europea (*BOE* n.º 307, de 24 de diciembre), parcialmente modificada por Ley 18/1998, de 15 de junio (*BOE* n.º 143, de 16 de junio), y por RD 211/2002, de 22 de febrero (*BOE* n.º 52, de 1 de marzo); y Convenio de UNIDROIT sobre bienes culturales robados o exportados ilegalmente, hecho en Roma el 24 de junio de 1995, ratificado por Instrumento de 9 de mayo de 2002 (*BOE* n.º 248, de 16 de octubre de 2002). V., también, art. 282 bis LECr., reproducido en nota al art. 368 de este Código.

Art. 2.º1.f): El Convenio de Washington, citado en el texto, fue publicado en el *BOE* el 30 de julio de 1986, y existen modificaciones y correcciones de errores

tación, exportación, comercio, tenencia o circulación de especímenes de fauna y flora silvestres y sus partes y productos, de especies recogidas en el Convenio de Washington, de 3 de marzo de 1973, y en el Reglamento (CEE) número 3.626/82, del Consejo, de 3 de diciembre de 1982.

g) Obtengan, mediante alegación de causa falsa o de cualquier otro modo ilícito, el despacho aduanero de géneros estancados o prohibidos o mercancías de lícito comercio o la autorización para los actos a que se refieren los apartados anteriores.

h) Conduzcan en buque de porte menor que el permitido por los reglamentos, salvo autorización para ello, mercancías no comunitarias o géneros estancados o prohibidos, en cualquier puerto o lugar de las costas no habilitado a efectos aduaneros o en cualquier punto de las aguas interiores o del mar territorial español.

i) Alijen o transborden de un buque clandestinamente cualquier

---

en *BOE* de fechas 10 de agosto de 1991 y 27 de febrero y 29 y 30 de abril de 1996. El Reglamento (CEE) también citado en el texto fue publicado en el *DOCE* n.º L 378, de fecha 31 de diciembre de 1982.

Art. 2.º1.i): El art. 23 de la Convención de 29 de abril de 1958 sobre la alta mar, a la que España se adhirió el 25 de febrero de 1971 (*BOE* n.º 309, de 27 de diciembre), tiene el siguiente texto:

«1. El Estado ribereño podrá emprender la persecución de un buque extranjero cuando tenga motivos fundados para creer que ha cometido una infracción de sus Leyes y Reglamentos. La persecución habrá de empezar mientras el buque extranjero o una de sus lanchas se encuentre en las aguas interiores o en el mar territorial o en la zona contigua del Estado del buque perseguidor, y podrá continuar fuera del mar territorial o de la zona contigua a condición de que no se haya interrumpido. No es necesario que el buque que da la orden de detenerse a un buque extranjero que navega por el mar territorial o por la zona contigua se encuentre también en ellos en el momento en que el buque interesado reciba dicha orden. Si el buque extranjero se encontrase en una zona contigua, tal como está definida en el artículo 24 de la Convención sobre el Mar Territorial y la Zona Contigua, la persecución no se podrá emprender más que por atentado a los derechos para cuya protección fue creada dicha zona.

»2. El derecho de persecución cesará en el momento en que el buque perseguido entre en el mar territorial del país a que pertenece o en el de una tercera Potencia.

»3. La persecución no se considerará comenzada hasta que el buque perseguidor haya comprobado, por los medios prácticos de que disponga, que el buque perseguido o una de sus lanchas y otras embarcaciones que trabajen en equipo utilizando el buque perseguido como buque madrina se encuentran dentro de los límites del mar territorial o, si es del caso, en la zona contigua. No podrá darse comienzo a la persecución mientras no se haya emitido la señal de detenerse, visual o auditiva, desde una distancia que permita al buque interesado oírla o verla.

»4. El derecho de persecución sólo podrá ser ejercido por buques de guerra o por aeronaves militares, o por otros buques o aeronaves, destinados al servicio de un Gobierno y especialmente autorizados a tal fin.

»5. Cuando la persecución sea efectuada por una aeronave:

clase de mercancías, géneros o efectos dentro de las aguas interiores o del mar territorial español o en las circunstancias previstas por el artículo 23 de la Convención de Ginebra sobre alta mar de 29 de abril de 1958.

j) Exporten material de defensa o material de doble uso sin autorización o habiéndola obtenido mediante declaración falsa o incompleta en relación con la naturaleza o el destino último de los mismos o de cualquier otro modo ilícito.

2. También comete delito de contrabando el que, en ejecución de un plan preconcebido o aprovechando idéntica ocasión, realizare una pluralidad de acciones u omisiones constitutivas, aisladamente consideradas, de infracciones administrativas de contrabando, siempre que el valor acumulado de los bienes, mercancías, géneros o efectos en cuestión sea igual o superior a 3.000.000 de pesetas.

3. Cometen asimismo delito de contrabando quienes realicen alguno de los hechos descritos en el apartado 1 de este artículo, si concurre alguna de las circunstancias siguientes:

a) Cuando el objeto del contrabando sean drogas tóxicas, estupefacientes, sustancias psicotrópicas, sustancias catalogadas como precursores, armas, explosivos o cualesquiera otros bienes cuya tenencia constituya delito o cuando el contrabando se realice a través de una organización, aunque el valor de los bienes, mercancías, géneros o efectos sea inferior a 3.000.000 de pesetas.

b) Cuando se trate de labores del tabaco cuyo valor sea igual o superior a 1.000.000 de pesetas.

»*a*) Las disposiciones de los párrafos 1 a 3 de este artículo se aplicarán *mutatis mutandis* a esta forma de persecución.

»*b*) La aeronave que haya dado la orden de detención habrá de continuar activamente la persecución del buque hasta que un buque o aeronave del Estado ribereño llamado por ella llegue y la continúe, salvo si la aeronave puede por sí sola detener al buque. Para justificar la visita y registro de un buque en alta mar no basta que la aeronave lo haya descubierto cometiendo una infracción, o que tenga sospechas de que la ha cometido, si no le ha dado la orden de detenerse y no ha emprendido la persecución o no lo han hecho otras aeronaves o buques que continúan la persecución sin interrupción.

»6. Cuando el buque sea detenido en un lugar sometido a la jurisdicción de un Estado y escoltado hacia un puerto de este Estado a los efectos de una investigación por las autoridades competentes, no se podrá exigir que sea puesto en libertad por el solo hecho de que el buque y su escolta hayan atravesado una parte de alta mar, si las circunstancias han impuesto dicha travesía.

»7. Cuando un buque sea interceptado o detenido en alta mar en circunstancias que no justifiquen el ejercicio del derecho de persecución, se le resarcirá todo perjuicio o daño que haya sufrido por dicha detención o intercepción.»

Art. 2.º1.j): V. nota al art. 1.º8 y 1.º9 de esta misma Ley.

Art. 2.º2: V. arts. 11 ss. de esta Ley y 74 y 132 CP.

Art. 3.º *Penalidad.*—1. Los que cometieren el delito de contrabando serán castigados con las penas de prisión menor y multa del duplo al cuádruplo del valor de los bienes, mercancías, géneros o efectos.

En los casos previstos en las letras *a*) y *b*) del apartado 1 del artículo 2, las penas se impondrán en su grado mínimo y en los restantes en grado medio o máximo.

2. Los Jueces o Tribunales impondrán la pena correspondiente en su grado máximo cuando el delito se cometa por medio o en beneficio de personas, entidades u organizaciones de cuya naturaleza o actividad pudiera derivarse una facilidad especial para la comisión del mismo.

Art. 4.º *Responsabilidad civil.*—La responsabilidad civil que proceda declarar a favor del Estado derivada de los delitos de contrabando se extenderá en su caso al importe de la deuda aduanera y tributaria defraudada.

Art. 5.º *Comiso.*—1. Toda pena que se impusiere por un delito de contrabando llevará consigo el comiso de los siguientes bienes, efectos e instrumentos:

a) Las mercancías que constituyan el objeto del delito.

b) Los materiales, instrumentos o maquinaria empleados en la fabricación, elaboración, transformación o comercio de los géneros estancados o prohibidos.

c) Los medios de transporte con los que se lleve a efecto la comisión del delito, salvo que pertenezcan a un tercero que no haya tenido participación en éste, y el Juez o el Tribunal competente estimen que dicha pena accesoria resulta desproporcionada en atención al valor del medio de transporte objeto del comiso y al importe de las mercancías objeto del contrabando.

d) Las ganancias obtenidas del delito, cualesquiera que sean las transformaciones que hubieran podido experimentar.

e) Cuantos bienes y efectos, de la naturaleza que fueren, hayan servido de instrumento para la comisión del delito.

2. No se procederá al comiso de los bienes, efectos e instrumentos del contrabando cuan-

---

Art. 3.º: V. arts. 66 y 72 CP, y téngase en cuenta que, en virtud de lo previsto en la Disp. Trans. 11.ª1 de la LO 10/1995, por la que se aprueba el nuevo Código Penal, las penas de prisión menor, establecidas para hechos castigados como delito en Leyes penales especiales, deben entenderse sustituidas por la pena de prisión de seis meses a tres años, y que las multas proporcionales seguirán aplicándose proporcionalmente.

Art. 4.º: V. arts. 109 ss. y 116 ss. CP.

Art. 5.º: V. arts. 127 y 128 CP.

do éstos sean de lícito comercio y hayan sido adquiridos por un tercero de buena fe.

3. Los bienes, efectos e instrumentos definitivamente decomisados por sentencia se adjudicarán al Estado.

Art. 6.º *Intervención de bienes no monopolizados.*—1. El Juez o Tribunal acordarán la intervención de los bienes, efectos e instrumentos a que se refiere el artículo anterior, a resultas de lo que se decida en la resolución que ponga término al proceso.

2. La autoridad judicial, en atención a las circunstancias del hecho y a las de sus presuntos responsables, podrá designar a éstos como depositarios de los bienes, efectos e instrumentos intervenidos, con prestación, en su caso, de la garantía que se establezca.

3. La autoridad judicial podrá acordar, asimismo, que, mientras se sustancia el proceso, los bienes, efectos e instrumentos intervenidos se utilicen provisionalmente por las fuerzas o servicios encargados de la persecución del contrabando.

Art. 7.º *Enajenación anticipada.*—1. Los bienes, efectos e instrumentos intervenidos podrán ser enajenados, si éste fuere su destino final procedente, sin esperar al pronunciamiento o firmeza del fallo en los siguientes casos:

a) Cuando su propietario haga expreso abandono de ellos.

b) Cuando la autoridad judicial estime que su conservación pueda resultar peligrosa para la salud o seguridad pública o dar lugar a disminución importante de su valor. Se entenderán comprendidos en este apartado las mercancías, géneros o efectos que sin sufrir deterioro material se deprecian por el transcurso del tiempo.

2. La enajenación a la que se refiere este artículo será ordenada por la autoridad judicial. A tal efecto se procederá a la valoración de las mercancías, géneros o efectos, cuando ésta no estuviere practicada, en la forma prevista en esta Ley.

3. El importe de la enajenación, deducidos los gastos ocasionados, quedará en depósito a resultas del correspondiente proceso penal.

Art. 8.º *Adscripción de los bienes, efectos e instrumentos intervenidos.*—El uso de los bienes, efectos e instrumentos intervenidos que no sean enajenables quedarán adscritos a las fuerzas o servicios encargados de la persecución del contrabando de acuerdo con lo que prevea la legislación específica aplicable a esta materia.

Art. 9.º *Mercancías de monopolio.*—1. Cuando las mercancías aprehendidas sean de las comprendidas en los monopolios públicos, la autoridad judicial a cuya disposición se hayan colocado procederá en la forma que indiquen las disposiciones reguladoras de dichos monopolios.

2. La autoridad judicial podrá autorizar la realización de actos de disposición por parte de las compañías gestoras de los monopolios respecto a las mercancías o géneros que hayan sido aprehendidos a reserva de la pertinente indemnización, si hubiese lugar a ella, según el contenido de la sentencia firme.

Art. 10. *Valoración de los bienes.*—La fijación del valor de los bienes, mercancías, géneros o efectos objeto de contrabando se hará conforme a las siguientes reglas:

1. Si se trata de géneros estancados, por el precio máximo de venta al público. De no estar señalado dicho precio se adoptará la valoración establecida para la clase más similar. Si no fuera posible la asimilación, el juez fijará la valoración, previa tasación pericial.

2. Si se trata de mercancías no comunitarias, por aplicación de las normas que regulan la valoración en aduana. El valor resultante se incrementará con el importe de los tributos exigibles a su importación.

3. Respecto a las mercancías comunitarias, se estará a los precios oficiales, si los hubiere, o, en su defecto, a los precios medios del mercado señalados en ambos casos para mayoristas.

4. Para la valoración de los bienes, géneros y efectos comprendidos en las letras *e*) y *f*) del apartado 1 del artículo 2 de la presente Ley, así como para la de los de ilícito comercio, el juez recabará de los servicios competentes los asesoramientos e informes que estime necesarios.

....

APÉNDICE 4

LEY 4/1985, DE 21 DE MARZO, DE EXTRADICIÓN PASIVA

(*BOE* n.º 73, de 26 de marzo de 1985; corrección de errores en *BOE* n.º 90, de 15 de abril)

PREÁMBULO

El régimen de la extradición pasiva, especialmente en cuanto al procedimiento que ha de seguirse para su concesión, ha venido regulado por la Ley de 26 de diciembre de 1958.

En el relativamente escaso tiempo de su vigencia, tal régimen ha evidenciado su inadecuación, tanto en su aspecto interno como internacional.

En el primero, la Constitución española* extrema las garantías y formalidades a seguir para el respeto de derecho tan fundamental como la libertad de las personas que, por su propia esencia, en todo caso, queda bajo el control de la Autoridad judicial, y, lógicamente, también cuando el reclamado de extradición ha de ser privado de aquélla como medida precautoria que garantice la entrega al país reclamante, si tal extradición fuera acordada.

Por otra parte, la ratificación por España de varios Convenios europeos sobre la materia —Represión del Terrorismo, en 9 de mayo de 1980; el de Asistencia Judicial en Materia Penal, en 14 de julio de 1982, y, especialmente, el de Extradición, de 21 de abril de 1982**— hace indis-

* Véase art. 13.3 CE: «La extradición sólo se concederá en cumplimiento de un tratado o de la ley, atendiendo al principio de reciprocidad. Quedan excluidos de la extradición los delitos políticos, no considerándose como tales los actos de terrorismo.»

** El Convenio Europeo de Extradición, de 13 de diciembre de 1957, ratificado por Instrumento de 21 de abril de 1982 (*BOE* n.º 136, de 8 de junio), y modificado por el Protocolo Adicional (n.º 86), de 15 de octubre de 1975, ratificado por Instrumento de 18 de febrero de 1985 (*BOE* n.º 139, de 11 de junio) y por el Segundo Protocolo Adicional (n.º 98), de 17 de marzo de 1978, ratificado por Instrumento de 18 de febrero de 1985 (*BOE*

pensable una revisión a fondo de nuestra Ley interna para suprimir obsoletos criterios y recoger aquellos otros que la técnica in-

---

n.º 139, de 11 de junio), tiene el siguiente texto:

«Por cuanto el día 24 de julio de 1979, el Plenipotenciario de España, nombrado en buena y debida forma al efecto, firmó en Estrasburgo el Convenio Europeo de Extradición, hecho en París el 13 de diciembre de 1957.

»*Vistos y examinados* los treinta y dos artículos de dicho Convenio,

»*Concedida* por las Cortes Generales la Autorización prevista en el artículo 94.1 de la Constitución.

»*Vengo en aprobar y ratificar* cuanto en él se dispone, como en virtud del presente lo apruebo y ratifico, prometiendo cumplirlo, observarlo y hacer que se cumpla y observe puntualmente en todas sus partes, a cuyo fin, para su mayor validación y firmeza, *Mando* expedir este Instrumento de Ratificación firmado por Mí, debidamente sellado y refrendado por el infrascrito Ministro de Asuntos Exteriores, con las siguientes reservas y declaraciones:

»A) Reservas:

»— Al artículo 1: "La persona objeto de extradición no podrá ser sometida en el territorio del Estado requirente a un Tribunal de excepción. No se concederá la extradición para ello, ni para la ejecución de una pena o medida de seguridad impuesta por Tribunales que tengan este carácter."

»— Al artículo 10: "España no concederá la extradición si se hubiera producido la extinción de la responsabilidad criminal por cualquier causa prevista en la legislación de la Parte requirente o de la Parte requerida."

»— Al artículo 21.5: "España sólo concederá el tránsito en las condiciones que para la extradición se precisan en el presente Convenio."

»— Al artículo 23: "España exigirá de la Parte requirente una traducción al español, al francés o al inglés, de la solicitud de extradición y de los documentos aportados con la misma."

»B) Declaraciones:

»— Al artículo 2.7: "España se atendrá a la regla de la reciprocidad en cuanto a las infracciones excluidas del ámbito de aplicación del presente Convenio, en virtud del artículo 2 del mismo."

»— Al artículo 3: "A los efectos de la extradición, no se considerarán delitos políticos, además de los excluidos en el artículo 3, apartado 3, del Convenio, los delitos de terrorismo."

»— Al artículo 6.1.*b)*: "A los efectos del presente Convenio, España considerará como nacionales a las personas que ostentan esta condición con arreglo a las normas del Título I del Libro I del Código Civil Español."

»— Al artículo 9: "Se entenderá que la persona ha sido definitivamente sentenciada cuando la resolución judicial no sea susceptible de recurso ordinario alguno, por haberse agotado éstos, por haber sido consentida la resolución o por la propia naturaleza de la misma."

»— Al artículo 11: "Cuando el delito por el cual se pide la extradición pueda ser castigado con la pena de muerte según las leyes de la Parte requirente, España denegará la extradición, a no ser que la Parte requirente ofrezca garantías, consideradas suficientes por la Parte requerida, de que no se impondrá la pena de muerte o de que si se impone no será ejecutada.

»CONVENIO EUROPEO DE EXTRADICIÓN.

»Los Gobiernos signatarios, miembros del Consejo de Europa,

»Considerando que la finalidad del Consejo de Europa es lograr una unión más estrecha entre sus miembros;

»Considerando que tal objetivo puede alcanzarse mediante la conclusión de convenios o la adopción de una acción común en la esfera jurídica;

»Convencidos de que la aceptación de reglas uniformes en materia de extradición es adecuada para hacer progresar dicha obra de unificación,

ternacional ha perfeccionado a través del tiempo hasta ser aceptados por la generalidad de los países.

»Han convenido lo siguiente:

»*Art. 1.º Obligación de conceder la extradición.*—Las partes contratantes se obligan a entregarse recíprocamente, según las reglas y en las condiciones prevenidas en los artículos siguientes, a las personas a quienes las autoridades judiciales de la Parte requirente persiguieren por algún delito o buscaren para la ejecución de una pena o medida de seguridad.

»*Art. 2.º Hechos que dan lugar a extradición.*—1. Darán lugar a la extradición aquellos hechos que las leyes de la Parte requirente y de la Parte requerida castiguen, bien con pena privativa de libertad o medida de seguridad privativa de libertad cuya duración máxima sea de un año por lo menos, bien con pena más severa. Cuando en el territorio de la Parte requirente se hubiere pronunciado condena a una pena o se hubiere infligido una medida de seguridad, la sanción impuesta deberá tener una duración de cuatro meses cuando menos.

»2. Si la solicitud de extradición se refiere a varios hechos distintos castigados, cada uno de ellos, por la Ley de la Parte requirente y por la Ley de la Parte requerida con pena privativa de libertad o medida de seguridad privativa de libertad, pero algunos de tales hechos no cumplieren el requisito relativo a la duración mencionada de la pena, la Parte requerida tendrá la facultad de conceder también la extradición por estos últimos. Esta facultad se aplicará asimismo a los hechos castigados con sanciones de naturaleza pecuniaria.

»3. Toda parte contratante cuya legislación no autorizare la extradición por determinados delitos previstos en el párrafo 1 del presente artículo, podrá, por lo que atañe a dicha Parte, excluir los mismos del ámbito de aplicación del Convenio.

»4. Toda parte contratante que quisiere ejercitar la facultad prevista en el párrafo 3 del presente artículo entregará al Secretario general del Consejo de Europa, en el momento del depósito de su Instrumento de Ratificación o de Adhesión, bien una lista de los delitos por los cuales la extradición queda autorizada, bien una lista de los delitos por los cuales la extradición queda excluida, con expresión de las disposiciones legales que autoricen o excluyan la extradición. El Secretario General del Consejo remitirá dichas listas a los demás signatarios.

»5. Si posteriormente la legislación de una Parte contratante excluyere de la extradición otros delitos, dicha Parte notificará esta exclusión al Secretario general del Consejo, quien informará de la misma a los demás signatarios.

»Dicha notificación no surtirá efecto hasta que haya transcurrido un término de tres meses a partir de la fecha de su recepción por el Secretario general.

»6. Toda Parte que hubiere hecho uso de la facultad prevista en los párrafos 4 y 5 del presente artículo podrá, en todo momento, someter a la aplicación del presente Convenio los delitos que se hubieren excluido del mismo. Dicha Parte notificará tales modificaciones al Secretario general del Consejo quien las comunicará a los demás signatarios.

»7. Toda Parte podrá aplicar la regla de la reciprocidad por lo que atañe a las infracciones excluidas del ámbito de aplicación del Convenio en virtud del presente artículo.

»*Art. 3.º Delitos políticos.*—1. No se concederá la extradición si el delito por el cual se solicita es considerado por la Parte requerida como delito político o como hecho conexo con un delito de tal naturaleza.

»2. Se aplicará la misma regla si la Parte requerida tuviere razones fundadas para creer que la solicitud de extradición, motivada por un delito de naturaleza común, se ha presentado con el fin de perseguir o castigar a una persona por consideraciones de raza, religión, nacionali-

La presente Ley mantiene el mismo sistema y principio cardinal de la anterior, en cuanto que la extradición, como acto de sobera-

dad u opiniones políticas, o que la situación de dicha persona corre el riesgo de verse agravada por una u otra de tales consideraciones.

»3. Para la aplicación del presente Convenio, no se considerará como delito político, el atentado contra la vida de un Jefe de Estado o de un miembro de su familia.

»4. La aplicación del presente artículo no afectará a las obligaciones que las Partes hubieren contraído o contrajeren en lo futuro con arreglo a cualquier otro Convenio internacional de carácter multilateral.

»*Art. 4.º Delitos militares*.—Queda excluida del ámbito de aplicación del presente Convenio la extradición por causa de delitos militares que no constituyan delitos de naturaleza común.

»*Art. 5.º Delitos fiscales*.—1. En materia de tasas e impuestos, de aduana y de cambio, la extradición se concederá entre las Partes Contratantes, con arreglo a las disposiciones del Convenio, por los hechos que se correspondan, según la Ley de la Parte requerida, con un delito de la misma naturaleza.

»2. La extradición no podrá denegarse por el motivo de que la legislación de la Parte requerida no imponga el mismo tipo de impuestos o de tasas o no contenga el mismo tipo de reglamentación en materia de impuestos y tasas, de aduana y de cambio, que la legislación de la Parte requirente.

»*Art. 6.º Extradición de nacionales*.—1. *a*) Toda Parte contratante tendrá la facultad de denegar la extradición de sus nacionales.

»*b*) Cada Parte contratante podrá, mediante declaración hecha en el momento de la firma o del depósito de su instrumento de ratificación o de adhesión, definir, por lo que respecta a la misma, el término "nacionales" en el sentido del presente Convenio.

»*c*) La cualidad de nacional se apreciará en el momento de la decisión sobre la extradición. Sin embargo, si dicha cualidad hubiere sido concedida entre la fecha de la decisión y la fecha prevista para la entrega, la Parte requerida podrá también acogerse a lo dispuesto en la letra *a*) del presente párrafo.

»2. Si la Parte requerida no accediese a la extradición de un nacional, deberá, a instancia de la Parte requirente, someter el asunto a las autoridades competentes a fin de que pueda procederse judicialmente, en su caso, contra aquél. A tal efecto, los documentos, informaciones y objetos relativos al delito se remitirán gratuitamente por la vía prevenida en el párrafo 1, del artículo 12. Se informará a la Parte requirente del resultado que hubiere obtenido su solicitud.

»*Art. 7.º Lugar de comisión*.—1. La Parte requerida podrá denegar la extradición de la persona reclamada por causa de un delito que, según su legislación, se hubiere cometido total o parcialmente en su territorio o en lugar asimilado al mismo.

»2. Cuando el delito que motivare la solicitud de extradición se hubiere cometido fuera del territorio de la Parte requirente, la extradición solamente podrá ser denegada si la legislación de la Parte requerida no autorizare la persecución de un delito del mismo género cometido fuera de su territorio o no autorizare la extradición por el delito objeto de la solicitud.

»*Art. 8.º Actuaciones en curso por los mismos hechos*.—La Parte requerida podrá denegar la extradición de la persona reclamada si ésta fuera objeto de persecución por las autoridades competentes de aquélla, a causa del hecho o los hechos motivadores de la solicitud de extradición.

»*Art. 9.º [Non bis in idem]*.—1. No se concederá la extradición cuando la persona reclamada hubiera sido definitivamente sentenciada por las autoridades competentes de la Parte requerida, por el hecho o los hechos motivadores de la solicitud

nía en relación con otros Estados, es función del Poder Ejecutivo, bajo el imperio de la Constitución y de la Ley, sin perjuicio de su

---

de extradición. Podrá ser denegada la extradición si las autoridades competentes de la Parte requerida hubieren decidido no entablar persecución, o poner fin a los procedimientos pendientes por el mismo o los mismos hechos.

»2. No se concederá la extradición de una persona sobre la que haya recaído sentencia firme en un tercer Estado, Parte Contratante del Convenio, por el delito o los delitos por razón de los cuales se haya presentado la solicitud:

»*a*) Cuando dicha sentencia sea absolutoria;

»*b*) Cuando la pena privativa de libertad o la otra medida impuesta:

»i. Se haya cumplido íntegramente.

»ii. Haya sido objeto de gracia o amnistía sobre la totalidad o sobre la parte no cumplida;

»*c*) Cuando el Juez hubiere declarado la culpabilidad del autor sin imposición de sanción alguna.

»3. Sin embargo, en los casos previstos en el párrafo 2, podrá concederse la extradición:

»*a*) Si el delito que hubiere dado lugar a la sentencia se hubiere cometido contra una persona, una institución o un bien que tenga carácter público en el Estado requirente;

»*b*) Si la persona sobre la cual recayere la sentencia tuviera ella misma un carácter público en el Estado requirente;

»*c*) Si el delito que hubiere dado lugar a la sentencia se hubiere cometido, en su totalidad o en parte, en el territorio del Estado requirente o en un lugar asimilado a su territorio.

»4. Las disposiciones de los párrafos 2 y 3 no serán obstáculo para la aplicación de disposiciones nacionales más amplias relativas al efecto *non bis in idem* inherente a las resoluciones judiciales dictadas en el extranjero.

»*Art. 10. Prescripción.*—No se concederá la extradición si se hubiere producido la prescripción de la acción penal o de la pena, con arreglo a la legislación de la Parte requirente o a la de la Parte requerida.

»*Art. 11. Pena capital.*—Si el hecho que motivare la solicitud de extradición estuviere castigado con pena capital por la Ley de la Parte requirente y, en tal caso, dicha pena no se hallare prevista en la legislación de la Parte requerida, o generalmente no se ejecutare, podrá no concederse la extradición sino a condición de que la Parte requirente dé seguridades, consideradas suficientes por la Parte requerida, de que la pena capital no será ejecutada.

»*Art. 12. Solicitud y documentos anejos.*—1. La solicitud se formulará por escrito y se dirigirá por el Ministerio de Justicia de la Parte requirente al Ministerio de Justicia de la Parte requerida; sin embargo, la vía diplomática no quedará excluida. Podrá convenirse otra vía mediante acuerdo directo entre dos o más Partes.

»2. En apoyo de la solicitud, se presentarán:

»*a*) El original o copia auténtica, bien de una decisión ejecutoria de condena, bien de un mandamiento de detención o de cualquier otro documento que tenga la misma fuerza, expedidos en la forma prescrita por la Ley de la Parte requirente.

»*b*) Una exposición de los hechos por los cuales se solicitare la extradición, indicando con la mayor exactitud posible el tiempo y lugar de su perpetración, su calificación legal y las referencias a las disposiciones legales que les fueran aplicables; y

»*c*) Una copia de las disposiciones legales aplicables o, si tal cosa no fuere posible, una declaración sobre el derecho aplicable, así como la filiación lo más precisa posible de la persona reclamada, y cualesquiera otros datos que permitan determinar su identidad y nacionalidad.

»*Art. 13. Información complementaria.*—Si la información proporcionada por la Parte requirente resultare insuficiente

aspecto técnico penal y procesal que han de resolver los Tribunales en cada caso con la intervención del Ministerio Fiscal.

---

para permitir a la Parte requerida tomar una decisión en aplicación del presente Convenio dicha Parte requerida solicitará la información complementaria necesaria, pudiendo fijar un plazo para la obtención de la misma.

»*Art. 14. Principio de especialidad.*—1. La persona que hubiere sido entregada no será perseguida, ni sentenciada, ni detenida a fines de ejecución de una pena o medida de seguridad, ni sometida a ninguna otra restricción de su libertad personal, por cualquier hecho anterior a la entrega distinto del que hubiera motivado la extradición, excepto en los casos siguientes:

»*a*) Cuando la parte que la hubiese entregado consintiere en ello. A tal efecto, se presentará una solicitud, acompañada de los documentos previstos en el artículo 12 y de un testimonio judicial de la declaración de la persona entregada. Se dará el consentimiento cuando el delito para el cual se solicite hubiere determinado la obligación de proceder a la extradición con arreglo al presente Convenio.

»*b*) Cuando la persona entregada, habiendo tenido la posibilidad de abandonar el territorio de la Parte a la cual se efectuó la entrega, no lo hubiere hecho así dentro de los cuarenta y cinco días siguientes a su excarcelación definitiva o hubiere regresado a dicho territorio después de haberlo abandonado.

»2. Sin embargo, la Parte requirente podrá tomar las medidas necesarias, de un lado, para una posible expulsión de su territorio y, de otro, para una interrupción de la prescripción con arreglo a su legislación, incluido el procedimiento en rebeldía.

»3. Cuando la calificación del hecho imputado se modificare durante el procedimiento, la persona entregada no será perseguida o sentenciada sino en la medida en que los elementos constitutivos de la infracción nuevamente calificada hubieran permitido la extradición.

»*Art. 15. Reextradición a un tercer Estado.*—Salvo en el caso previsto en el párrafo 1, letra *b*), del artículo 14, será necesario el consentimiento de la Parte requerida para permitir a la Parte requirente entregar a otra Parte o a un tercer Estado a la persona que le hubiese sido entregada a aquélla y que fuere reclamada por la mencionada otra Parte o tercer Estado a causa de delitos anteriores a la entrega. La Parte requerida podrá exigir el envío de los documentos previstos en el párrafo 2 del artículo 12.

»*Art. 16. Detención preventiva.*—1. En caso de urgencia, las autoridades competentes de la Parte requirente podrán solicitar la detención preventiva de la persona reclamada; las autoridades competentes de la Parte requerida resolverán acerca de esta solicitud de conformidad a la Ley de esta última Parte.

»2. La solicitud de detención preventiva indicará la existencia de alguno de los documentos previstos en el párrafo 2, letra *a*), del artículo 12, y notificará la intención de cursar una solicitud de extradición; mencionará asimismo el delito por el cual se solicitará la extradición, el tiempo y lugar de la comisión de aquél, y, en la medida de lo posible, la filiación de la persona reclamada.

»3. La solicitud de detención preventiva se remitirá a las autoridades competentes de la Parte requerida, bien por vía diplomática, bien directamente por vía postal o telegráfica, bien por conducto de la Organización Internacional de Policía Criminal (Interpol), bien por cualquier otro medio que deje constancia escrita o sea admitido por la mencionada Parte. Se informará sin dilación a la autoridad requirente del resultado que haya tenido su solicitud.

»4. La detención preventiva podrá concluir si, dentro de los dieciocho días siguientes a la misma, la Parte requerida no hubiere recibido la solicitud de extra-

Por lo demás, las novedades más sustanciales que la Ley contiene son las siguientes:

Primera.— En materia tan fundamental como la prisión preventiva se sigue íntegramente

---

dición ni los documentos mencionados en el artículo 12; en ningún caso la detención excederá de cuarenta días, contados desde la fecha de la misma. Sin embargo, será posible en cualquier momento la puesta en libertad provisional, pero en tal caso la Parte requerida habrá de tomar las medidas que estimare necesarias para evitar la fuga de la persona reclamada.

»5. La puesta en libertad no será obstáculo para una nueva detención, ni tampoco para la extradición si la solicitud de ésta se presentare ulteriormente.

»*Art. 17. Concurso de solicitudes de extradición.*—Si la extradición fuere solicitada concurrentemente por varios Estados, bien por el mismo hecho, o por hechos diferentes, la Parte requerida resolverá teniendo en cuenta todas las circunstancias y especialmente la gravedad relativa y lugar de los delitos, las respectivas fechas de las solicitudes, la nacionalidad de la persona reclamada y la posibilidad de una ulterior extradición a otro Estado.

»*Art. 18. Entrega del extradicto.*—1. La Parte requerida dará a conocer a la Parte requirente, por la vía prevista en el párrafo 1, del artículo 12, su decisión sobre la extradición.

»2. Toda denegación total o parcial será motivada.

»3. En caso de aceptación, la Parte requirente será informada del lugar y la fecha de la entrega, así como de la duración de la detención sufrida a fines de extradición por la persona reclamada.

»4. A reserva del caso previsto en el párrafo 5 del presente artículo, si la persona reclamada no hubiere sido recibida en la fecha fijada, podrá ser puesta en libertad una vez transcurrido un plazo de quince días a contar de dicha fecha, y será en todo caso puesta en libertad una vez transcurrido un plazo de treinta días, pudiendo la Parte requerida denegar la extradición por el mismo hecho.

»5. En caso de fuerza mayor que impidiere la entrega o la recepción del extradicto, la Parte interesada informará de ello a la otra Parte; en tal caso, ambas Partes convendrán en una nueva fecha de entrega, y se aplicarán las disposiciones del párrafo 4 del presente artículo.

»*Art. 19. Entrega aplazada o condicional.*—1. La Parte requerida podrá después de haber resuelto la solicitud de extradición, aplazar la entrega de la persona reclamada, a fin de que pueda ser perseguida por ella o, si ya hubiera sido condenada a fin de que pueda cumplir en su territorio de una pena impuesta por un hecho distinto de aquel que hubiere motivado la solicitud de la extradición.

»2. En lugar de aplazar la entrega, la parte requerida podrá entregar temporalmente a la Parte requirente a la persona reclamada, en las condiciones que se fijaren de común acuerdo entre las Partes.

»*Art. 20. Entrega de objetos*—1. A petición de la Parte requirente, la Parte requerida ocupará y entregará, en la medida en que lo permitiere su legislación, los objetos:

»*a*) Que pudieren servir de piezas de convicción, o

»*b*) Que, procediendo del delito, hubieran sido encontrados en el momento de la detención en poder de la persona reclamada, o fueren descubiertos con posterioridad.

»2. La entrega de los objetos mencionados en el párrafo 1 del presente artículo se efectuará incluso en el caso en que la extradición ya concedida no pudiere tener lugar a consecuencia de la muerte o evasión de la persona reclamada.

»3. Cuando dichos objetos fueren susceptibles de embargo o comiso en el territorio de la Parte requerida, esta última podrá a efectos de un proceso penal en curso, conservarlos temporalmente o entregarlos bajo condición de su restitución.

el criterio constitucional de dar intervención al Juez desde un principio, suprimiendo, en consecuencia, el régimen antiguo que

---

»4. En todo caso quedarán a salvo los derechos que la Parte requerida o terceros hubieran adquirido sobre los citados objetos. Si existieren tales derechos, los objetos serán restituidos lo antes posible y sin gastos de la Parte requerida, una vez terminado el proceso.

»*Art. 21. Tránsito.*—1. El tránsito a través del territorio de una de las Partes contratantes será concedido previa solicitud dirigida por la vía prevista en el párrafo 1 del artículo 12, a condición de que no se tratare de un delito considerado por la Parte requerida para el tránsito como de carácter político o puramente militar, habida cuenta de los artículos 3 y 4 del presente Convenio.

»2. El tránsito de un nacional, en el sentido del artículo 6, del país requerido para el tránsito, podrá ser denegado.

»3. A reserva de lo dispuesto en el párrafo 4 del presente artículo, será necesaria la presentación de los documentos previstos en el párrafo 2 del artículo 12.

»4. En el caso de que se utilizare la vía aérea, se aplicarán las disposiciones siguientes:

»*a*) Cuando no estuviere previsto aterrizaje alguno, la Parte requirente avisará a la Parte cuyo territorio haya de ser sobrevolado y certificará la existencia de algunos de los documentos previstos en el párrafo 2, letra *a*), del artículo 12. En caso de aterrizaje fortuito esta notificación surtirá los efectos de la solicitud de detención preventiva regulada en el artículo 16, y la Parte requirente presentará una solicitud formal de tránsito.

»*b*) Cuando estuviere previsto el aterrizaje, la Parte requirente presentará una solicitud formal de tránsito.

»5. No obstante, una de las Partes podrá declarar en el momento de la firma del presente Convenio o del depósito de su Instrumento de Ratificación o de Adhesión, que no concederá el tránsito de una persona mas que en las mismas condiciones que la extradición o algunas de ellas. En este caso podrá aplicarse el principio de reciprocidad.

»6. El tránsito de la persona entregada no se efectuará a través de un territorio en el que hubiere motivo para creer que su vida o su libertad podrían verse amenazadas a causa de su raza, religión, nacionalidad u opiniones políticas.

»*Art. 22. Procedimiento.*—Salvo disposición en contrario del presente Convenio, la ley de la Parte requerida es la única aplicable al procedimiento de extradición, así como al de la detención preventiva.

»*Art. 23. Lenguas.*—Los documentos que se presenten estarán redactados en la lengua de la Parte requirente o de la Parte requerida. Esta última podrá exigir una traducción en la lengua oficial del Consejo de Europa que eligiere.

»*Art. 24. Gastos.*—1. Los gastos ocasionados por la extradición en el territorio de la Parte requerida serán de cargo de ésta.

»2. Los gastos ocasionados por el tránsito a través del territorio de la Parte requerida para el tránsito serán de cargo de la Parte requirente.

»3. En caso de extradición procedente de un territorio no metropolitano de la Parte requerida, los gastos ocasionados por el transporte entre este territorio y el territorio metropolitano de la Parte requirente serán de cargo de esta última. Regirá la misma norma con respecto a los gastos ocasionados por el transporte entre el territorio no metropolitano de la Parte requerida y el territorio metropolitano de ésta.

»*Art. 25. Definición de "medidas de seguridad".*—A efectos del presente Convenio, la expresión "medidas de seguridad" designará cualquier medida de privación de libertad que hubiere sido impuesta como complemento o en sustitución de una pena por sentencia de un Organismo judicial penal.

»*Art. 26. Reservas.*—1. Toda Parte contratante podrá, en el momento de la firma del presente Convenio o del depósito

permitía la detención sin intervención judicial, hasta la resolución del expediente en vía gubernativa. Su duración se acomoda

---

de su Instrumento de Ratificación o Adhesión, formular alguna reserva con respecto a una o varias disposiciones determinadas del Convenio.

»2. Toda Parte Contratante que hubiere formulado alguna reserva la retirará tan pronto como lo permitieren las circunstancias. La retirada de reservas se hará por notificación dirigida al Secretario general del Consejo de Europa.

»3. La Parte contratante que hubiere formulado alguna reserva con respecto a una disposición del Convenio no podrá pretender la aplicación de dicha disposición por otra Parte más que en la medida en que ella misma la hubiere aceptado.

»*Art. 27. Ámbito de aplicación territorial.*—1. El presente Convenio se aplicará a los territorios metropolitanos de las Partes contratantes.

»2. Se aplicará igualmente, en lo que concierne a Francia, a Argelia y a los departamentos de ultramar; y en lo que concierne al Reino Unido de Gran Bretaña e Irlanda del Norte, a las islas Anglonormandas y a la isla de Man.

»3. La República Federal de Alemania podrá extender la aplicación del presente Convenio al *Land* de Berlín, por medio de declaración dirigida al Secretario general del Consejo de Europa. Éste notificará dicha declaración a las demás Partes.

»4. Por acuerdo directo entre dos o varias Partes Contratantes, podrá ampliarse el ámbito de aplicación del presente Convenio en las condiciones que se estipularen en el Acuerdo, a cualquier territorio de alguna de las Partes distinto de los mencionados en los párrafos 1, 2 y 3 del presente artículo y cuyas relaciones internacionales tuviere a su cargo una de las Partes.

»*Art. 28. Relaciones entre el presente Convenio y los acuerdos bilaterales.*—1. El presente Convenio abroga, en lo que concierne a los territorios en los cuales se aplica, las disposiciones de los Tratados, Convenios o Acuerdos bilaterales que regulen la materia de la extradición entre dos Partes contratantes.

»2. Las Partes contratantes no podrán concluir entre ellas Acuerdos bilaterales o multilaterales, mas que para completar las disposiciones del presente Convenio o para facilitar la aplicación de los principios contenidos en éste.

»3. Cuando entre dos o varias Partes contratantes se practicare la extradición sobre la base de una legislación uniforme, las Partes tendrán la facultad de regular sus relaciones mutuas en materia de extradición fundándose exclusivamente en dicho sistema, no obstante las disposiciones del presente Convenio. El mismo principio será aplicable entre dos o varias Partes Contratantes, cada una de las cuales tuviere en vigor una Ley que previere la ejecución en su territorio de los mandamientos de detención librados en el territorio de la otra o de las otras. Las Partes Contratantes que excluyan o excluyeren de sus relaciones mutuas la aplicación del presente Convenio, de conformidad con lo dispuesto en el presente párrafo, deberán remitir una notificación a este efecto al Secretario general del Consejo de Europa. Éste comunicará a las demás Partes Contratantes toda notificación recibida en virtud del presente párrafo.

»*Art. 29. Firma, ratificación, entrada en vigor.*—1. El presente Convenio quedará abierto a la firma de los miembros del Consejo de Europa. Será ratificado y los Instrumentos de Ratificación serán depositados en poder del Secretario general del Consejo.

»2. El Convenio entrará en vigor noventa días después de la fecha del depósito del tercer Instrumento de Ratificación.

»3. El mismo entrará en vigor, con respecto a cualquier signatario que lo ratificare con posterioridad, noventa días después del depósito de su Instrumento de Ratificación.

»*Art. 30. Adhesión.*—1. El Comité de Ministros del Consejo de Europa podrá

al criterio de los nuevos Convenios europeos, no sólo por unificar criterios sobre la materia, sino porque, al propio tiempo, se su-

---

invitar a cualquier Estado no miembro del Consejo a adherirse al presente Convenio. El Acuerdo concerniente a esta invitación deberá ser objeto de la aprobación unánime de los miembros del Consejo que hubieren ratificado el Convenio.

»2. La adhesión se efectuará por medio del depósito en poder del Secretario general del Consejo, de un Instrumento de Adhesión que surtirá efectos noventa días después de su depósito.

»*Art. 31. Denuncia.*—Cualquier Parte contratante podrá, en lo que le concierne, denunciar el presente Convenio dirigiendo una notificación al Secretario general del Consejo de Europa. Esta denuncia surtirá efecto seis meses después de la fecha de la recepción de su notificación por el Secretario general del Consejo.

»*Art. 32. Notificaciones.*—El Secretario general del Consejo de Europa notificará a los miembros del Consejo y al Gobierno de todo Estado que se hubiere adherido al presente Convenio:

»*a*) El depósito de todo Instrumento de Ratificación o de Adhesión.

»*b*) La fecha de entrada en vigor.

»*c*) Toda declaración hecha en aplicación de las disposiciones del párrafo 1 del artículo 6 y del párrafo 5 del artículo 21.

»*d*) Toda reserva formulada en aplicación de las disposiciones del párrafo 1 del artículo 26.

»*e*) La retirada de toda reserva efectuada en aplicación de las disposiciones del párrafo 2 del artículo 26.

»*f*) Toda notificación de denuncia recibida en aplicación de las disposiciones del artículo 31 del presente Convenio y la fecha en que ésta surtiere efecto.

»En fe de lo cual, los infrascritos, debidamente autorizados a este efecto, han firmado el presente Convenio.

»Hecho en París a 13 de diciembre de 1957, en francés y en inglés, haciendo fe igualmente ambos textos en un solo ejemplar que será depositado en los archivos del Consejo de Europa. El Secretario general del Consejo enviará copia fehaciente del mismo a los Gobiernos signatarios.»

Téngase en cuenta, además, la norma complementaria sobre el art. 3 del Convenio contenida en el Título I, art. 1, del Protocolo Adicional del Convenio Europeo de Extradición (n.º 86), y que dispone lo siguiente:

«Para la aplicación del artículo 3 del Convenio, no se considerará que son delitos políticos:

»*a*) Los crímenes de lesa humanidad previstos en el Convenio para la prevención y la sanción del delito de genocidio, aprobado el 9 de diciembre de 1948 por la Asamblea General de las Naciones Unidas;

»*b*) Las infracciones previstas en los artículos 50 del Convenio de Ginebra de 1949 para mejorar la suerte de los heridos y enfermos de las Fuerzas Armadas en Campaña, 51 del Convenio de Ginebra de 1949 para mejorar la suerte de los heridos, enfermos y náufragos de las Fuerzas Armadas en el Mar, 130 del Convenio de Ginebra de 1949 relativo al trato de los prisioneros de guerra y 147 del Convenio de Ginebra de 1949 relativo a la protección de personas civiles en tiempo de guerra;

»*c*) Cualesquiera violaciones análogas de las leyes de la guerra en vigor cuando empiece a aplicarse el presente Protocolo y de las costumbres de la guerra existentes en ese momento, que no estén ya previstas por las susodichas disposiciones de los Convenios de Ginebra.»

Ténganse en cuenta, también, las disposiciones complementarias contenidas en el Título III, art. 3, y en el Título IV, art. 4, del Segundo Protocolo Adicional al Convenio Europeo de Extradición (n.º 98), y que tienen el siguiente texto:

«TÍTULO III.

»*Art. 3. El Convenio se completará con las disposiciones siguientes: "Sentencias en rebeldía".*—1. Cuando una Parte Contratante pida a otra Parte Contratante la extradición de una persona con el fin de ejecutar una pena o una medida de seguridad

primen plazos intermedios que podían inducir, y con frecuencia han inducido, a confusión.

El plazo de prisión preventiva para casos de urgencia se fija en cuarenta días, tiempo ya consagrado en reciente práctica judicial y que se estima suficiente para que el Estado reclamante curse la demanda de extradición, habida cuenta que ésta debe formularse en base a la misma sentencia condenatoria o auto de prisión que justifica aquella medida provisional.

A este plazo sigue otro de cuarenta días, a partir de la presentación formal de la demanda, lo que supone un total máximo de

---

impuesta en virtud de una resolución dictada contra ella en rebeldía, la Parte requerida podrá denegar dicha extradición si, en su opinión, el proceso que dio lugar a la sentencia no respetó los derechos mínimos de defensa reconocidos a cualquier persona acusada de un delito. No obstante, se concederá la extradición si la Parte requirente diese la seguridad que se estimare suficiente para garantizar a la persona cuya extradición se solicita el derecho a un nuevo proceso que salvaguarde los derechos de la defensa. Esta decisión autorizará a la Parte requirente bien a ejecutar la sentencia de que se trate, si el condenado no se opusiere a ello, bien en caso contrario a proceder contra la persona objeto de extradición.

»2. Cuando la Parte requerida comunicare a la persona cuya extradición se solicite la resolución dictada contra ella en rebeldía, la Parte requirente no considerará esta comunicación como una notificación que produzca efectos con respecto al procedimiento penal en dicho Estado.

»TÍTULO IV.

»*Art. 4. El Convenio se completará con las disposiciones siguientes: "Amnistía".*—No se concederá la extradición por un delito objeto de una amnistía en el Estado requerido si éste tuviera competencia para perseguir dicho delito con arreglo a su propia Ley penal.»

V., también, los Convenios establecidos sobre la base del art. K.3 del Tratado de la Unión Europea relativos a la extradición entre los Estados miembros de la Unión Europea, hecho en Dublín el 27 de septiembre de 1996 (*BOE* n.º 47, de 24 de febrero de 1998); y al procedimiento simplificado de extradición entre los Estados miembros de la Unión Europea, hecho en Bruselas el 10 de marzo de 1995 (*BOE* n.º 89, de 14 de abril de 1999); y el Acuerdo de 26 de mayo de 1989 entre los Estados miembros de las Comunidades Europeas relativo a la simplificación y a la modernización de las formas de transmisión de las solicitudes de extradición, ratificado por Instrumento de 18 de diciembre de 1991 (*BOE* n.º 117, de 17 de mayo de 1995); así como arts. 59 ss., referidos a la extradición, del Acuerdo de Adhesión del Reino de España al Convenio de aplicación del Acuerdo de Schengen, de 14 de junio de 1985, ratificado por Instrumento de 23 de julio de 1993 (*BOE* n.º 81, de 5 de abril de 1994); Declaración de aplicación provisional del Convenio de asistencia judicial en materia penal entre los Estados miembros de la Unión Europea (*BOE* n.º 247, de 15 de octubre de 2003), que entró en vigor el 5 de octubre de 2005, según Declaración de entrada en vigor de 18 de octubre de 2005 (*BOE* n.º 258, de 28 de octubre).

V., además, la Decisión marco relativa a la orden de detención europea y a los procedimientos de entrega entre los Estados miembros (*DOCE* L 190/1, de 17 de julio de 2002), así como la Ley Orgánica 2/2003, de 14 de marzo, complementaria de la Ley sobre la orden europea de detención y entrega, y la Ley 3/2003, de 14 de marzo, sobre la orden europea de detención y entrega (reproducidas ambas en el Apéndice 5 de esta obra); y la Ley 1/2008, de 4 de diciembre (*BOE* n.º 293, de 5 de diciembre), para la ejecución en la Unión Europea de resoluciones que impongan sanciones pecuniarias.

ochenta días, que, unido al tiempo que exija la tramitación en fase puramente judicial, no debe sobrepasar, en ningún caso, por respeto al principio de presunción de inocencia y al derecho fundamental a la libertad que a toda persona alcanza los límites máximos señalados en nuestro derecho para la prisión provisional.

Tampoco contiene esta Ley previsiones que puedan limitar el arbitrio judicial o contradecir el régimen general instaurado por Ley Orgánica 7/1983, de 23 de abril, sobre esta materia en desarrollo de preceptos constitucionales.

Segunda.— En cuanto a los hechos que puedan dar lugar a la extradición, se sigue el sistema de identidad normativa o doble incriminación junto al de apertura en los tipos. Basta, pues, que la infracción esté tipificada en la legislación de ambos países, sin que, en consecuencia, deba estar incluida en la lista cerrada; sistema éste, olvidado en la actualidad, aunque continúe imperando en viejos Convenios bilaterales del pasado siglo.

Novedad importante en esta materia es la fijación de un límite mínimo a la gravedad del hecho, determinada por la pena aplicable —un año— o aplicada en sentencia condenatoria —cuatro meses—. Se sigue así la orientación marcada por el Convenio europeo; ya que éste comprende, además de las penas, las medidas de seguridad privativas de libertad de la misma duración.

Tercera.— Como excepciones a la extradición, se mantiene la de los nacionales y los supuestos que sean de la competencia de nuestros Tribunales, uno y otros por razón de soberanía, lo que no implica impunidad, ya que, en ambos supuestos, se invitará al país reclamante a que remita las actuaciones seguidas para que los presuntos culpables puedan ser juzgados en España.

Por lo demás, se mantienen también otras excepciones, delitos militares, de prensa, privados con algunas limitaciones, etc. Pero se silencian otros casos como faltas o contravenciones administrativas, cuya cita era innecesaria.

En todo caso y por la misma razón de no existir Tratado vinculante, se declara siempre potestativa la concesión de la extradición, artículo segundo, con la que España, a la vista de las circunstancias concurrentes, podrá decidir con libertad cada demanda de extradición.

Cuarta.—Se establece la facultad del Gobierno de no proceder a la extradición, aun habiéndola considerado procedente el Tribunal en base al principio de reciprocidad, soberanía, seguridad, orden público y demás intereses de España. Con ello se siguen los sistemas francés e italiano en los que la decisión favorable a la extradición no es obligatoria, si bien se precisan los criterios de esta última decisión del Gobierno tal y como establece la legislación suiza.

Ello es lógico, y en ningún caso implicará incumplimiento de resoluciones judiciales, habida cuenta del distinto campo y finalidad en que actúan y persiguen los Tribunales y el Gobierno; técnico y sobre todo tutelar del derecho a la libertad los primeros y políticos, esencialmente, el segundo. Otra cosa sería que, denegada la extradición por el Tribunal, pudiera el Gobierno decretar la entrega.

Quinta.—Se mantienen las dos fases del procedimiento extradicional, incluso los trámites para casos de urgencia, debidamente acomodados a las facultades judiciales para acordar la prisión preventiva. No obstante, y en atención a precedentes que así lo aconsejan, se admite el recurso de súplica contra los autos del propio Tribunal, que, con el de reforma ya admitido en la ley hasta ahora vigente, permiten posibles correcciones, antes vedadas en esta segunda parte del procedimiento judicial, que pudieran resultar aconsejables ante circunstancias concretas puestas de manifiesto por los propios interesados o el Ministerio Fiscal.

Sexta.—Otras adaptaciones afectan especialmente a la extradición en tránsito que, por circunstancias no muy comprensibles, ha sido objeto de reserva por parte de España al ratificar el Convenio Europeo de Extradición, y que, en consecuencia, sólo se concederá a los países que lo han ratificado, en las mismas condiciones que la extradición ordinaria, marginando así el procedimiento más racional, ágil y aconsejable que admite el propio Convenio. No parece que deban concederse a los demás países beneficios o ventajas que por esta reserva se niegan a los que han ratificado el Convenio Europeo y, en régimen de reciprocidad, al propio Estado español. Únicamente se admite el supuesto excepcional.

Séptima.—Quizá también, como novedad digna de mención, debe citarse el procedimiento consignado para la ampliación de extradición como complemento indispensable del principio de especialidad, que permitirá otorgar autorización para proceder por hechos anteriores y distintos a los que motivaron la entrega. Se recoge así el criterio del Convenio europeo, el seguido con otros países, y, en definitiva, el que resulta aconsejable para evitar situaciones anteriores de impunidad por delitos, incluso más graves y rechazables en el concierto social, que el que motivó la extradición concedida.

Octava.—Por lo demás, se ha suprimido la autorización que la anterior Ley concedía al Gobierno para «convenir reciprocidad en materia de extradición», por estimar que tal autorización podría vulnerar el artículo 94 de la Constitución, que, para los supuestos que contempla en su apartado *c*), requiere previa autorización de las Cortes Generales, autorización que debe entenderse para cada «Convenio», cuyo contenido ha de someterse previamente al Parlamento. Lo que no excluye la aplicación del principio de reciprocidad en cada caso concreto, según el artículo 1.º, autorizado por el artículo 13.3 de la misma Constitución, incluso existiendo tantos Tratados como Leyes de Extradición.

Novena.— También se han suprimido las referencias al grado de participación (autores, cómplices y encubridores) o al de ejecución del delito (intentado, frustrado y consumado), por anticuadas e innecesarias. El Convenio europeo tampoco las recoge. Bastará, en consecuencia, que al reclamado le corresponda una de las penas que pueden motivar la extradición para que, con o sin aquellas indicaciones, pueda acordarse su entrega.

Por último, se trata de una Ley, que, si bien se inspira en el Convenio europeo, tal vez el más perfecto, no supone necesariamente una ejecución, cumplimiento o desarrollo del mismo ni de ningún otro. De no existir Convenio o no habiéndolo ratificado España, la Ley seguiría siendo necesaria. Así, pues, no se considera preceptiva la consulta al Consejo de Estado que prevé el artículo 21.2 de su Ley orgánica reguladora.

Artículo 1.º Las condiciones, los procedimientos y los efectos

---

Art. 1.º: Los Tratados de extradición actualmente en vigor son los siguientes:

Albania: Se aplica el Convenio Europeo, ratificado por Albania el 19 de mayo de 1998, entrando en vigor el 17 de agosto de 1998.

Acuerdo entre el Reino de España y la República de Albania sobre cooperación en la lucha contra la delincuencia, hecho en Tirana el 20 de mayo de 2009 (*BOE* n.º 161, de 4 de julio), y con aplicación provisional desde el 19 de junio de 2009.

Alemania: Firmado el 2 de mayo de 1978 (*Gaceta* n.º 327, de 23 de noviembre de 1878). (Abrogado por el art. 28 del Convenio Europeo reproducido en nota al Preámbulo de esta Ley.)

Andorra: Se aplica el Convenio Europeo de Extradición, entrando en vigor el 11 de enero de 2001, con las reservas y declaraciones que se enumeran en *BOE* n.º 62, de 13 de marzo de 2001.

Arabia Saudí: Convenio entre el Reino de España y el Reino de Arabia Saudí para evitar la doble imposición y prevenir la evasión fiscal en materia de impuestos sobre la renta y sobre el patrimonio, hecho en Madrid el 19 de junio de 2007 (*BOE* n.º 169, de 14 de julio de 2008).

Convenio de traslado de personas condenadas a penas privativas de libertad, entre el Reino de Arabia Saudí y el Reino de España, hecho *ad referendum* en Jeddah el 27 de mayo de 2008 (*BOE* n.º 170, de 15 de julio de 2009).

Argelia: Firmado el 12 de diciembre de 2006 (*BOE* n.º 178, de 24 de julio de 2008).

Convenio relativo a la asistencia judicial en materia penal entre el Reino de España y la República Argelina Democrática y Popular, hecho en Madrid el 7 de octubre de 2002, y ratificado mediante Instrumento de 2 de junio de 2004 (*BOE* n.º 65, de 17 de marzo de 2005).

Convenio entre el Reino de España y la República Argelina Democrática y Popular para evitar la doble imposición y prevenir la evasión fiscal en materia de impuestos sobre la renta y sobre el patrimonio, hecho *ad referendum* en Madrid el 7 de octubre de 2002 (*BOE* n.º 174, de 22 de julio de 2005; corrección de errores en *BOE* n.º 81, de 4 de abril de 2007).

Convenio entre el Reino de España y la República Argelina Democrática y Popular en materia de seguridad y de lucha contra el terrorismo y la criminalidad organizada, hecho en Argel el 15 de junio de 2008 (*BOE* n.º 260, de 28 de octubre de 2009; corrección de errores en *BOE* n.º 282, de 23 de noviembre).

Argentina: Firmado el 3 de marzo de 1987 (*BOE* n.º 170, de 17 de julio de 1990; corrección de errores en *BOE* n.º 222, de 15 de septiembre). V., también, Canje de Notas de 12 y 20 de febrero de 1991, constitutivo de Acuerdo entre España y la República Argentina, sobre el desarrollo del Tratado de Extradición y Asistencia Judicial en Materia Penal Hispano-Argentino de 3 de marzo de 1987 (*BOE* n.º 122, de 22 de mayo de 1991); Tratado de 29 de octubre de 1987 entre el Reino de España y la República Argentina sobre traslado de condenados (*BOE* n.º 127, de 27 de mayo de 1992; corrección de errores en *BOE* n.º 141, de 12 de junio); y Acuerdo entre el Reino de España y la República Argentina, sobre cooperación en materia de prevención del uso indebido y control del tráfico ilícito de estupefacientes y sustancias psicotrópicas, hecho *ad referendum* en Madrid el 7 de octubre de 1998 (*BOE* n.º 278, de 20 de noviembre de 2000).

Armenia: Se aplica el Convenio Europeo, ratificado por Armenia el 25 de enero de 2002, entrando en vigor el 25 de abril de 2002.

Australia: Firmado el 22 de abril de 1987 (*BOE* n.º 101, de 27 de abril de 1988; corrección de errores en *BOE* n.º 241, de 7 de octubre de 1988). V., también, Tratado de asistencia mutua en materia penal entre el Reino de España y Australia, hecho en Madrid el 3 de julio de 1989 (*BOE* n.º 11, de 2 de enero de 1991).

Austria: Se aplica el Convenio Europeo, ratificado por Austria el 21 de mayo de 1969, entrando en vigor el 19 de agosto del mismo año.

Azerbaiyán: Se aplica el Convenio Europeo, que Azerbaiyán ratificó el 28 de junio de 2002, entrando en vigor el 26 de septiembre de 2002.

Bélgica: Se aplica el Convenio Europeo, que Bélgica ratificó el 29 de agosto de 1997, entrando en vigor el 25 de noviembre de 1997.

Convenio entre España y Bélgica tendente a evitar la doble imposición y prevenir la evasión y el fraude fiscal en materia de impuestos sobre la renta y patrimonio, hecho en Bruselas el 14 de junio de 1995 (y modificado por Acta hecha en Madrid el 22 de junio de 2000) (*BOE* n.º 159, de 4 de julio de 2003; corrección de erratas en *BOE* n.º 295, de 10 de diciembre, y corrección de errores en *BOE* n.º 98, de 22 de abril de 2004).

Bolivia: Firmado el 24 de abril de 1990 (*BOE* n.º 128, de 30 de mayo de 1995; corrección de errores en *BOE* n.º 160, de 6 de julio).

Tratado entre España y Bolivia sobre transferencia de personas condenadas, ratificado por Instrumento de 27 de febrero de 1995 (*BOE* n.º 128, de 30 de mayo).

Acuerdo entre el Reino de España y la República de Bolivia sobre cooperación en materia de prevención del consumo y control del tráfico de estupefacientes y sustancias psicotrópicas, hecho en La Paz el 10 de noviembre de 1997 (*BOE* n.º 80, de 3 de abril de 1998), con entrada en vigor el 26 de diciembre de 1998 (*BOE* n.º 281 de 24 de noviembre).

Convenio entre el Reino de España y la República de Bolivia para evitar la doble imposición y prevenir la evasión fiscal en materia de impuestos sobre la renta y sobre el patrimonio, hecho *ad referendum* en La Paz el 30 de junio de 1997 (*BOE* n.º 295, de 10 de diciembre de 1998).

Convenio entre el Reino de España y la República de Bolivia sobre asistencia judicial en materia penal, hecho *ad referendum* en La Paz el 16 de marzo de 1998, y ratificado por Instrumento de 14 de abril de 1999 (*BOE* n.º 53, de 2 de marzo de 2000).

Bosnia-Herzegovina: Se aplica el Convenio Europeo, que Bosnia-Herzegovina ratificó el 25 de abril de 2005, entrando en vigor el 24 de julio de 2005.

Brasil: Firmado el 2 de febrero de 1988 (*BOE* n.º 148, de 21 de junio de 1990).

Tratado sobre traslado de presos entre el Reino de España y la República Federativa del Brasil, hecho en Brasilia el 7 de noviembre de 1996 (*BOE* n.º 84, de 8 de abril de 1998).

Acuerdo entre el Reino de España y la República Federativa de Brasil sobre cooperación en materia de prevención del consumo y control del tráfico ilícito de estupefacientes y sustancias psicotrópicas, hecho *ad referendum* en Madrid el 11 de noviembre de 1999 (*BOE* n.º 182, de 29 de julio de 2004).

Convenio de Cooperación Jurídica y Asistencia Judicial en materia penal entre el Reino de España y la República Federativa de Brasil, hecho en Brasilia el 22 de mayo de 2006 (*BOE* n.º 30, de 4 de febrero de 2008).

Bulgaria: Se aplica el Convenio Europeo, que Bulgaria ratificó el 17 de junio de 1994, entrando en vigor el 15 de septiembre de 1994.

Convenio entre el Gobierno del Reino de España y el Gobierno de la República de Bulgaria para Cooperación en la Lucha contra la Delincuencia, hecho *ad referendum* en Sofía el 21 de julio de 1998 (*BOE* n.º 65, de 17 de marzo de 1999).

Cabo Verde: Convenio de Extradición entre el Reino de España y la República de Cabo Verde, hecho *ad referendum* en Madrid el 20 de marzo de 2007 (*BOE* n.º 224, de 16 de septiembre de 2009).

Convenio entre el Reino de España y la República de Cabo Verde sobre cooperación en materia de lucha contra la delincuencia, hecho *ad referendum* en Praia el 26 de junio de 2006 (*BOE* n.º 153, de 25 de junio de 2008).

Convenio entre el Reino de España y la República de Cabo Verde relativo a la asistencia judicial en materia penal, hecho *ad referendum* en Madrid el 20 de marzo de 2007 (*BOE* n.º 224, de 16 de septiembre de 2009).

Convenio sobre traslado de personas condenadas entre el Reino de España y la República de Cabo Verde, hecho *ad referendum* en Madrid el 20 de marzo de 2007 (*BOE* n.º 224, de 16 de septiembre de 2009).

Canadá: Firmado el 31 de mayo de 1989 (*BOE* n.º 189, de 8 de agosto de 1990; corrección de errores en *BOE* n.º 223, de 17 de septiembre).

Tratado de asistencia mutua en materia penal entre el Reino de España y Canadá, hecho en Madrid el 4 de julio de 1994 (*BOE* n.º 47, de 24 de febrero de 1995; correción de errores en *BOE* n.º 136, de 8 de junio).

Chile: Tratado de Extradición y de Asistencia Judicial en Materia Penal, firmado el 14 de abril de 1992 (*BOE* n.º 8, de 10 de enero de 1995; corrección de errores en *BOE* n.º 53, de 3 de marzo).

Acuerdo sobre cooperación en materia de prevención del uso indebido y el control del tráfico ilícito de estupefacientes y sustancias psicotrópicas, hecho *ad referendum* en Santiago el 12 de noviembre de 1996 (*BOE* n.º 121, de 21 de mayo de 1998; corrección de erratas en *BOE* n.º 141, de 13 de junio).

Convenio entre el Reino de España y la República de Chile para evitar la doble imposición y prevenir la evasión fiscal en materia de Impuestos sobre la Renta y sobre el Patrimonio, hecho en Madrid el 7 de julio de 2003 (*BOE* n.º 28, de 2 de febrero de 2004).

China: Firmado el 14 de noviembre de 2005, y ratificado por Instrumento de 30 de junio de 2006 (*BOE* n.º 75, de 28 de marzo de 2007). Convenio de cooperación para la lucha contra la delincuencia organizada, entre el Gobierno del Reino de España y el Gobierno de la República Popular China, hecho *ad referendum* en Pekín el 25 de junio de 2000 (*BOE* n.º 135, de 6 de junio de 2002).

Convenio sobre traslado de personas condenadas entre la República Popular de China y el Reino de España, hecho en Madrid el 14 de noviembre de 2005, y ratificado por Instrumento de 30 de junio de 2006 (*BOE* n.º 76, de 29 de marzo de 2007).

Tratado entre el Reino de España y la República Popular China sobre asistencia judicial en materia penal, hecho en Pekín el 21 de julio de 2005, y ratificado por Instrumento de 11 de julio de 2006 (*BOE* n.º 77, de 30 de marzo de 2007).

Chipre: Se aplica el Convenio Europeo, reproducido en nota al Preámbulo de esta Ley, ratificado por Chipre el 22 de enero de 1971, entrando en vigor el 22 de abril del mismo año.

Convenio entre el Reino de España y la República de Chipre sobre cooperación en materia de lucha contra la delincuencia, hecho en Nicosia el 30 de abril de 2007, y que entró en vigor el 31 de marzo de 2008 (*BOE* n.º 64, de 14 de marzo).

Colombia: Firmado el 23 de julio de 1892 (*Gaceta* n.º 51, de 20 de febrero de 1894), y modificado por Protocolo de 16 de marzo de 1999 (*BOE* n.º 219, de 13 de septiembre de 2005), que entró en vigor el 17 de septiembre de 2005.

Canje de notas de 19 de septiembre de 1991 constitutivo de Acuerdo entre el Reino de España y la República de Colombia para desarrollar el Convenio de Extradición Hispano-Colombiano de 23 de julio de 1892 (*BOE* n.º 159, de 3 de julio de 1992).

Tratado sobre traslado de personas condenadas entre el Reino de España y la República de Colombia, hecho *ad referendum* en Madrid el 28 de abril de 1993 (*BOE* n.º 109, de 7 de mayo de 1998).

Convenio de cooperación judicial en materia penal entre el Reino de España y la República de Colombia, hecho en Bogotá el 29 de mayo de 1997, y ratificado por Instrumento de 4 de julio de 2000 (*BOE* n.º 276, de 17 de noviembre). Protocolo Adicional a dicho Convenio, ratificado por Instrumento de 10 de noviembre de 2009 (*BOE* n.º 149, de 19 de junio de 2010).

Acuerdo entre el Reino de España y la República de Colombia sobre cooperación en materia de prevención del uso indebido y control del tráfico ilícito de estupefacientes y sustancias psicotrópicas, hecho *ad referendum* en Bogotá el 14 de septiembre de 1998 (*BOE* n.º 40, de 16 de febrero de 2004).

Convenio entre el Reino de España y la República de Colombia para evitar la doble imposición y prevenir la evasión fiscal en materia de impuestos sobre la renta y el patrimonio, hecho en Bogotá el 31 de marzo de 2005, y ratificado por Instrumento de 8 de julio de 2008 (*BOE* n.º 260, de 28 de octubre).

Corea: Firmado el 17 de enero de 1994 (*BOE* n.º 30, de 4 de febrero de 1995).

Costa Rica: Firmado el 23 de octubre de 1997 (*BOE* n.º 175, de 23 de julio de 1998) corrección de erratas en *BOE* n.º 229, de 24 de septiembre).

Tratado sobre traslado de personas condenadas, entre el Reino de España y la República de Costa Rica, hecho en Madrid el 23 de octubre de 1997 (*BOE* n.º 267, de 7 de noviembre de 2000).

Acuerdo complementario de cooperación entre el Reino de España y la República de Costa Rica sobre coopeación en materia de prevención del consumo y control del tráfico ilícito de estupefacientes y sustancias psicotrópicas, hecho *ad referendum* en San José de Costa Rica el 24 de noviembre de 1999 (*BOE* n.º 178, de 26 de julio de 2001).

Croacia: Se aplica el Convenio Europeo, que Croacia ratificó el 25 de enero de 1995, entrando en vigor el 25 de abril de 1995.

Convenio entre el Reino de España y la República de Croacia para evitar la doble imposición y prevenir la evasión fiscal en materia de impuestos sobre la renta y el patrimonio, hecho en Zagreb el 19 de mayo de 2005 (*BOE* n.º 122, de 23 de mayo de 2006; corrección de errores en *BOE* n.º 76, de 29 de marzo de 2007).

Cuba: Firmado el 26 de octubre de 1905 (*Gaceta* n.º 213, de 1 de agosto de 1906).

Convenio entre el Reino de España y la República de Cuba sobre ejecución de Sentencias penales, hecho *ad referendum* en Madrid el 23 de julio de 1998 (*BOE* n.º 267, de 7 de noviembre; corrección de erratas en *BOE* n.º 288, de 2 de diciembre), que entró en vigor el 16 de junio de 2000 (*BOE* n.º 240, de 6 de octubre).

Acuerdo entre el Reino de España y la República de Cuba sobre cooperación en materia de prevención del consumo y lucha contra el tráfico ilícito de estupefacientes y sustancias psicotrópicas, hecho en La Habana el 10 de noviembre de 1998 (*BOE* n.º 312, de 30 de diciembre de 1998; corrección de erratas en *BOE* n.º 24, de 28 de enero de 1999, y corrección de errores en *BOE* n.º 240, de 6 de octubre de 2000), y con entrada en vigor el 26 de enero de 2001 (*BOE* n.º 183, de 1 de agosto).

Convenio entre el Reino de España y la República de Cuba para evitar la doble imposición y prevenir la evasión fiscal en materia de impuestos sobre la renta y sobre el patrimonio, hecho en Madrid el 3 de febrero de 1999; y Canje de Notas de 9 de noviembre y 30 de diciembre de 1999, que lo modifica (*BOE* n.º 9, de 10 de enero de 2001; corrección de erratas en *BOE* n.º 122, de 22 de mayo).

Dinamarca: Se aplica el Convenio Europeo, reproducido en nota al Preámbulo de esta Ley, ratificado por Dinamarca el 13 de septiembre de 1992, entrando en vigor el 12 de diciembre del mismo año.

Por Nota de 10 de junio de 2008 (*BOE* n.º 279, de 19 de noviembre), la Embajada de Dinamarca comunicó la denuncia del Convenio entre España y Dinamarca para evitar la doble imposición en materia de impuestos sobre la renta y sobre el patrimonio, firmado el Copenhague el 3 de julio de 1972, y el Protocolo modificativo de 17 de marzo de 1999, que han dejado de estar en vigor el 1 de enero de 2009.

República Dominicana: Firmado el 4 de mayo de 1981 (*BOE* n.º 273, de 14 de noviembre de 1984).

Acuerdo entre el Reino de España y la República Dominicana sobre cooperación en materia de prevención del consumo y control del tráfico ilícito de estupefacientes y sustancias psicotrópicas, hecho en Santo Domingo el 15 de noviembre de 2000 (*BOE* n.º 309, de 26 de diciembre de 2001).

Convenio entre el Reino de España y la República Dominicana sobre ejecución de sentencias penales, hecho en Madrid el 15 de septiembre de 2003 (*BOE* n.º 254, de 23 de octubre de 2003; corrección de erratas en *BOE* n.º 309, de 26 de diciembre), que entró en vigor el 1 de diciembre de 2006 (*BOE* n.º 279, de 22 de noviembre).

Ecuador: Firmado el 28 de junio de 1989 (*BOE* n.º 313, de 31 de diciembre de 1997; corrección de erratas en *BOE* n.º 25, de 29 de enero de 1998).

Convenio entre el Reino de España y la República del Ecuador para el cumplimiento de condenas penales, hecho en Quito el 25 de agosto de 1995 (*BOE* n.º 72, de 25 de marzo de 1997).

Acuerdo entre el Reino de España y la República del Ecuador sobre cooperación en materia de prevención del consumo y control del tráfico ilícito de estupefacientes, sustancias psicotrópicas y precursores químicos, hecho *ad referendum* en San Francisco de Quito, el 30 de junio de 1999 (*BOE* n.º 45, de 22 de febrero de 2000).

Egipto: Convenio entre el Reino de España y la República Árabe de Egipto sobre traslado de personas condenadas, firmado en El Cairo el 5 de abril de 1994 (*BOE* de 26 de junio de 1995).

Convenio entre el Reino de España y la República Árabe de Egipto para evitar la doble imposición y prevenir la evasión fiscal en materia de impuestos sobre la renta y el patrimonio, hecho en Madrid el 10 de junio de 2005 (*BOE* n.º 164, de 11 de julio de 2006).

Emiratos Árabes Unidos: Convenio entre el Reino de España y los Emiratos Árabes Unidos para evitar la doble imposición y prevenir la evasión fiscal en materia de impuestos sobre la renta y sobre el patrimonio, hecho en Abu Dhabi el 5 de marzo de 2006 (*BOE* n.º 20, de 23 de enero de 2007; corrección de errores en *BOE* n.º 75, de 28 de marzo).

Eslovaquia: Convenio Europeo, ratificado por Eslovaquia el 15 de abril de 1992, entrando en vigor el 1 de enero de 1993.

Convenio entre el Gobierno del Reino de España y el Gobierno de la República Eslovaca sobre la cooperación en materia de la lucha contra la delincuencia organizada, hecho *ad referendum* en Bratislava el 3 de marzo de 1999 (*BOE* n.º 192, de 12 de agosto), y cuya entrada en vigor fue el 29 de enero de 2000 (*BOE* n.º 21, de 25 de enero).

Eslovenia: Convenio Europeo, ratificado por Eslovenia el 16 de febrero de 1995, entrando en vigor el 17 de mayo de 1995.

Convenio entre el Reino de España y la República de Eslovenia para evitar la doble imposición y prevenir la evasión fisal en materia de impuestos sobre la renta y sobre el patrimonio, hecho en Liubliana el 23 de mayo de 2001 (*BOE* n.º 154, de 28 de junio de 2002).

Estados Unidos de América: Firmado el 29 de mayo de 1970 (*BOE* n.º 220, de 14 de septiembre de 1971).

Tratado suplementario de extradición, firmado el 25 de enero de 1975 (*BOE* n.º 152, de 27 de junio de 1978).

Segundo Tratado Suplementario de extradición entre el Reino de España y EEUU, ratificado por Instrumento de 23 de abril de 1993 (*BOE* n.º 156, de 1 de julio; corrección de errores en *BOE* n.º 192, de 12 de agosto de 1993).

Tercer Tratado Suplementario de extradición entre el Reino de España y los Estados Unidos de América, ratificado por Instrumento de 14 de mayo de 1999 (*BOE* n.º 162, de 8 de julio).

Instrumento para la aplicación del Tratado de Extradición entre España y EEUU de 29 de mayo de 1979 y Tratado Suplementario de Extradición de 25 de enero de 1975, 9 de febrero de 1988 y 12 de marzo de 1996, hecho *ad referendum* en Madrid el 17 de diciembre de 2004 (*BOE* n.º 22, de 26 de enero de 2010).

Tratado de Asistencia Jurídica Mutua en Materia Penal entre el Reino de España y EEUU, ratificado por Instrumento de 23 de abril de 1993 (*BOE* n.º 144, de 17 de junio; corrección de errores en *BOE* n.º 170, de 17 de julio).

Instrumento para la aplicación del Tratado de asistencia jurídica mutua en materia penal entre USA y el Reino de España firmado el 20 de noviembre de 1990, hecho *ad referendum* en Madrid el 17 de diciembre de 2004 (*BOE* n.º 22, de 26 de enero de 2010).

Acuerdo Amistoso, de 30 de enero y 15 de febrero de 2006 (*BOE* n.º 195, de 13 de agosto de 2009), relativo a la aplicación del Convenio para evitar la doble imposición entre España y Estados Unidos, hecho en Madrid el 22 de febrero de 1990.

Aplicación provisional del Convenio entre los Estados Unidos de América y el Reino de España sobre incremento de la cooperación para impedir y combatir la delincuencia grave, hecho en Washington el 23 de junio de 2009 (*BOE* n.º 225, de 17 de septiembre).

Estonia: Convenio Europeo, ratificado por Estonia el 28 de abril de 1997, entrando en vigor el 27 de julio de 1997.

Acuerdo de extradición entre el Reino de España y la República de Estonia, hecho en Tallinn el 28 de junio de 1999 (*BOE* n.º 115, de 13 de mayo de 2000).

Convenio entre el Reino de España y la República de Estonia para evitar la doble imposición y prevenir la evasión fiscal en materia de impuestos sobre la renta y sobre el patrimonio, hecho en Tallinn el 3 de septiembre de 2003 (*BOE* n.º 29, de 3 de febrero de 2005).

Filipinas: Tratado sobre traslado de personas condenadas entre la República de Filipinas y el Reino de España, hecho en Madrid el 18 de mayo de 2007 (*BOE* n.º 13, de 15 de enero de 2008).

Tratado sobre asistencia judicial en materia penal entre el Reino de España y la República de Filipinas, hecho en Manila el 2 de marzo de 2004 (*BOE* n.º 73, de 26 de marzo de 2009).

Finlandia: Se aplica el Convenio Europeo, reproducido en nota al Preámbulo de esta Ley, al que Finlandia se adhirió el 12 de mayo de 1971, entrando en vigor el 11 de agosto del mismo año.

Francia: Firmado el 14 de diciembre de 1877 (*Gaceta* n.º 180, de 29 de junio de 1878).

Los arts. 13, 14 y 15 del Convenio de Extradición fueron sustituidos por el Convenio de 9 de abril de 1969 con Francia sobre asistencia judicial en materia penal (*BOE* n.º 197, de 18 de agosto de 1970). (Abrogado por el Convenio Europeo reproducido en nota al Preámbulo de esta Ley.) V. Canje de Cartas de 23 de marzo de 1992 y 3 de mayo de 1993, constitutivo de Acuerdo entre España y Francia para la extensión a los territorios franceses de Ultramar del Convenio Europeo n.º 30, sobre Asistencia Judicial en Materia Penal y del Convenio Europeo n.º 24 sobre Extradición (*BOE* n.º 156, de 1 de julio de 1993).

Convenio de cooperación transfronteriza en materia policial y aduanera entre el Reino de España y la República Francesa, hecho *ad referendum* en Blois el 7 de julio de 1998 (*BOE* n.º 224, de 18 de septiembre de 2003).

Intercambio de cartas de 1 de marzo y 22 de abril de 2005 (*BOE* n.º 189, de 6 de agosto de 2009), relativo a la aplicación del Convenio para evitar la doble imposición entre España y Francia, hecho en Madrid el 10 octubre de 1995.

Georgia: Convenio Europeo, ratificado por Georgia el 15 de junio de 2001, entrando en vigor el 13 de septiembre de 2001.

Grecia: Firmado el 7 y 20 de mayo de 1910 (*Gaceta* n.º 271, de 28 de septiembre de 1910). (Abrogado por el Convenio Europeo reproducido en nota al Preámbulo de esta Ley.)

Convenio entre el Reino de España y la República Helénica para evitar la doble imposición y prevenir la evasión fiscal en materia de impuestos sobre la renta y sobre el patrimonio, hecho en Madrid el 4 de diciembre de 2000 (*BOE* n.º 236, de 2 de octubre de 2002).

Guatemala: Firmado el 7 de noviembre de 1895 (*Gaceta* n.º 161, de 10 de junio de 1897).

Protocolo adicional aclarando el art. 6.º del Tratado, firmado el 23 de febrero de 1897 (*Gaceta* n.º 174, de 23 de junio de 1897).

Acuerdo entre el Reino de España y el Gobierno de la República de Guatemala sobre cooperación en materia de prevención del consumo y control del tráfico ilícito de estupefacientes y sustancias psicotrópicas, hecho *ad referendum* en Guatemala el 9 de julio de 1999 (*BOE* n.º 43, de 19 de febrero de 2002; corrección de erratas en *BOE* n.º 81, de 4 de abril).

Tratado sobre traslado de personas condenadas entre el Reino de España y la República de Guatemala, hecho *ad referendum* en Madrid el 26 de marzo de 1996, y ratificado por Instrumento de 21 de febrero de 2007 (*BOE* n.º 107, de 4 de mayo).

Honduras: Tratado de extradición entre el Reino de España y la República de Honduras, hecho *ad referendum* en Tegucigalpa el 13 de noviembre de 1999 (*BOE* n.º 129, de 30 de mayo).

Tratado sobre traslado de personas condenadas, entre el Reino de España y la República de Honduras, hecho en Tegucigalpa el 13 de noviembre de 1999, y ratificado por Instrumento de 9 de febrero de 2001 (*BOE* n.º 112, de 10 de mayo).

Acuerdo entre el Reino de España y la República de Honduras sobre cooperación en materia de prevención del consumo y control del tráfico ilícito de estupefacientes y sustancias psicotrópicas, hecho *ad referendum* en Tegucigalpa el 13 de noviembre de 1999 (*BOE* n.º 27, de 31 de enero de 2002).

Hungría: Firmado el 10 de mayo de 1985 (*BOE* n.º 25, de 29 de enero de 1988). V. también Convenio sobre ejecución recíproca de resoluciones judiciales en materia penal entre el Reino de España y la República Popular Húngara, ratificado por Instrumento de 22 de septiembre de 1988 (*BOE* n.º 10, de 12 de enero de 1989). (Abrogado por el Convenio Europeo reproducido en nota al Preámbulo de esta Ley.)

India: Tratado de extradición entre el Reino de España y la República de la India, hecho en Madrid el 20 de junio de 2002 (*BOE* n.º 74, de 27 de marzo de 2003).

Acuerdo de asistencia judicial en materia penal entre el Reino de España y la República de la India, hecho en Nueva Delhi el 3 de julio de 2006 (*BOE* n.º 70, de 22 de marzo).

Irán: Acuerdo entre el Reino de España y la República Islámica del Irán para evitar la doble imposición y prevenir la evasión fiscal en materia de impuestos sobre la renta y sobre el patrimonio, hecho en Teherán el 19 de julio de 2003, y ratificado por Instrumento de 12 de diciembre de 2005 (*BOE* n.º 235, de 2 de octubre de 2006).

Irlanda: Se aplica el Convenio Europeo, reproducido en nota al Preámbulo de esta Ley, ratificado por Irlanda el 2 de mayo de 1966, entrando en vigor el 1 de agosto del mismo año.

Canje de Notas de 13 y 21 de febrero de 2003, constitutivo de Acuerdo entre España e Irlanda para la Extradición de Nacionales (*BOE* n.º 294, de 9 de diciembre).

Islandia: Se aplica el Convenio Europeo, ratificado por Islandia el 20 de junio de 1984, entrando en vigor el 18 de septiembre del mismo año.

Convenio entre el Reino de España y la República de Islandia para evitar la doble imposición y prevenir la evasión fiscal en mateia de impuestos sobre la renta y sobre el patrimonio, hecho en Madrid el 22 de enero de 2002 (*BOE* n.º 250, de 18 de octubre de 2002).

Israel: Se aplica el Convenio Europeo al que Israel se adhirió el 27 de septiembre de 1967, entrando en vigor el 26 de diciembre del mismo año.

Convenio entre el Reino de España y el Estado de Israel para evitar la doble imposición y prevenir la evasión fiscal en materia de impuestos sobre la renta y sobre el patrimonio, hecho en Jerusalén el 30 de noviembre de 1999 (*BOE* n.º 9, de 10 de enero de 2001).

Acuerdo entre el reino de España y el Estado de Israel de cooperación en materia de lucha contra la delincuencia, hecho *ad referendum* en Jerusalén el 19 de abril de 2007 (*BOE* n.º 39, de 14 de febrero de 2008).

Italia: Firmado el 22 de mayo de 1973 (*BOE* n.º 281, de 24 de noviembre de 1977). (Abrogado por el Convenio Europeo reproducido en nota al Preámbulo de esta Ley.)

Jamaica: Convenio entre el Reino de España y Jamaica para evitar la doble imposición y prevenir la evasión fiscal en materia de impuestos sobre la renta, hecho en Kingston el 8 de julio de 2008 (*BOE* n.º 115, de 12 de mayo de 2009).

Letonia: Convenio Europeo, ratificado por Letonia el 2 de mayo de 1997, entrando en vigor el 31 de julio de 1997.

Acuerdo entre el Reino de España y la República de Letonia sobre cooperación en materia de lucha contra el terrorismo, la delincuencia organizada, el tráfico ilícito de estupefacientes, sustancias psicotrópicas y precursores, y otros delitos, hecho en Madrid el 24 de noviembre de 2003 (*BOE* n.º 32, de 6 de febrero de 2004), y que entró en vigor el 31 de mayo de 2005 (*BOE* n.º 170, de 18 de julio).

Convenio entre el Reino de España y la República de Letonia para evitar la doble imposición y prevenir la evasión fiscal en materia de impuestos sobre la renta y sobre el patrimonio, hecho en Riga el 4 de septiembre de 2003 (*BOE* n.º 8, de 10 de enero de 2005; corrección de errores en *BOE* n.º 57, de 8 de marzo).

Liechtenstein: Se aplica el Convenio Europeo, reproducido en nota al Preámbulo de esta Ley, al que Liechtenstein se adhirió el 28 de octubre de 1969, entrando en vigor el 26 de enero de 1970.

Lituania: Convenio Europeo, ratificado por Lituania el 20 de junio de 1995, entrando en vigor el 18 de septiembre de 1995.

Convenio entre el Reino de España y la República de Lituania para evitar la doble imposición y prevenir la evasión fiscal en materia de impuestos sobre la renta y sobre el patrimonio, hecho en Madrid el 22 de julio de 2003 (*BOE* n.º 28, de 2 de febrero de 2004; corrección de erratas en *BOE* n.º 76, de 29 de marzo de 2004).

Acuerdo entre el Reino de España y la República de Lituania sobre cooperación en la detección, investigación y prevención del delito, hecho en Madrid el 3 de diciembre de 2007 (*BOE* n.º 88, de 10 de abril de 2009).

Luxemburgo: Se aplica el Convenio Europeo, ratificado por Luxemburgo el 18 de noviembre de 1976, entrando en vigor el 16 de febrero de 1977.

Convenio entre el Gran Ducado de Luxemburgo y el Reino de España para evitar la doble imposición en materia de impuestos sobre la renta y sobre el patrimonio, y para prevenir el fraude y la evasión fiscal (*BOE* n.º 185, de 4 de agosto de 1987), ratificado por Protocolo de 10 de noviembre de 2009 (*BOE* n.º 132, de 31 de mayo de 2010).

Macedonia: Convenio Europeo, ratificado por Macedonia el 28 de julio de 1999, entrando en vigor el 26 de octubre de 1999.

Convenio entre el Gobierno español y el Gobierno macedonio para evitar la doble imposición y prevenir la evasión fiscal en materia de impuestos sobre la renta y sobre el patrimonio, hecho en Madrid el 20 de junio de 2005 (*BOE* n.º 2, de 3 de enero de 2006).

Malasia: Convenio entre el Reino de España y Malasia para evitar la doble imposición y prevenir la evasión fiscal en materia de impuestos sobre la renta, hecho en Madrid el 24 de mayo de 2006 (*BOE* n.º 38, de 13 de febrero de 2008).

Malta: Convenio Europeo, ratificado por Malta el 19 de marzo de 1996, entrando en vigor el 17 de junio de 1996.

Acuerdo entre el Reino de España y la República de Malta sobre cooperación en materia de prevención del uso ilícito y lucha contra el tráfico ilícito de estupefacientes y sustancias psicotrópicas, hecho en La Valetta el 28 de mayo de 1998 (*BOE* n.º 181, de 30 de julio), y con entrada en vigor el 27 de noviembre de este año (*BOE* n.º 264, de 4 de noviembre).

Convenio entre el Reino de España y Malta para evitar la doble imposición y prevenir la evasión fiscal en materia de impuestos sobre la renta, hecho en Madrid el 8 de noviembre de 2005 (*BOE* n.º 214, de 7 de septiembre de 2006).

Marruecos: Firmado el 24 de junio de 2009 (*BOE* n.º 238, de 2 de octubre), y con aplicación provisional desde el día de su firma.

Convenio relativo a la asistencia judicial en materia penal entre el Reino de España y el Reino de Marruecos, firmado en Rabat el 24 de junio de 2009 (*BOE* n.º 238, de 2 de octubre), y con aplicación provisional desde el día de su firma.

Convenio entre el Reino de España y el Reino de Marruecos relativo a la asistencia a personas detenidas y al traslado de personas condenadas, firmado en Madrid el 30 de mayo de 1997 (*BOE* n.º 145, de 18 de junio), y con entrada en vigor el 1 de julio de 1999 (*BOE* n.º 151, de 25 de junio de 1999).

Mauritania: Firmado el 12 de septiembre de 2006 (*BOE* n.º 267, de 8 de noviembre; corrección de errores en *BOE* n.º 296, de 12 de diciembre).

Convenio relativo a la asistencia judicial en materia penal entre el Reino de España y la República Islámica de Mauritania, hecho en Madrid el 12 de septiembre de 2006 (*BOE* n.º 267, de 8 de noviembre; corrección de errores en *BOE* n.º 292, de 7 de diciembre).

Convenio entre el Reino de España y la República Islámica de Mauritania, relativo a la asistencia a personas detenidas y al traslado de personas condenadas, hecho en Madrid el 12 de septiembre de 2006 (*BOE* n.º 267, de 8 de noviembre).

México: Firmado el 21 de noviembre de 1978 (*BOE* n.º 145, de 17 de junio de 1980), y modificado por Protocolo de 23 de junio de 1995, ratificado por Instrumento de 23 de enero de 1996 (*BOE* n.º 190, de 7 de agosto; corrección de errores en *BOE* n.º 207, de 27 de agosto), y por Protocolo de 6 de diciembre de 1999, ratificado por Instrumento de 16 de febrero de 2001 (*BOE* n.º 80, de 3 de abril).

Canje de notas, constitutivo de Acuerdo, entre España y los Estados Unidos Mexicanos para desarrollar el Convenio Hispano-Mejicano de Extradición de 1978, realizado en Madrid el 1 de diciembre de 1984 (*BOE* n.º 267, de 7 de noviembre de 1986).

V. también Tratado sobre ejecución de sentencias penales entre el Reino de España y los Estados Unidos Mexicanos, ratificado por Instrumento de 20 de enero de 1989 (*BOE* n.º 115, de 15 de mayo); y Acuerdo entre el Reino de España y los Estados Unidos Mexicanos de cooperación en materia de prevención del uso indebido y lucha contra el tráfico ilícito de estupefacientes y sustancias psicotrópicas, hecho *ad referendum* en Ciudad de México el 6 de noviembre de 1997 (*BOE* n.º 152, de 26 de junio).

Acuerdo de cooperación mutua entre el Reino de España y el Gobierno de los Estados Unidos Mexicanos para el intercambio de información respecto de operaciones financieras realizadas a través de instituciones financieras para prevenir y combatir operaciones de procedencia ilícita o de lavado de dinero, hecho *ad referendum* en Madrid el 24 de mayo de 1999 (*BOE* n.º 221, de 14 de septiembre de 2000).

Tratado de Asistencia Jurídica Mutua en materia penal entre el Reino de España y los Estados Unidos Mexicanos, de 29 de septiembre de 2006 (*BOE* n.º 182, de 31 de julio de 2007).

Moldavia: Convenio Europeo, ratificado por Moldavia el 2 de octubre de 1997, entrando en vigor el 31 de diciembre de 1997.

Convenio entre el Reino de España y la República de Moldavia para evitar la doble imposición y prevenir la evasión fiscal en materia de impuestos sobre la renta y sobre el patrimonio, hecho *ad referendum* en Chisinau el 8 de octubre de 2007 (*BOE* n.º 89, de 11 de abril de 2009).

Montenegro: Convenio Europeo, ratificado por Montenegro el 30 de septiembre de 2002, entrando en vigor el 6 de junio de 2006.

Nicaragua: Firmado *ad referendum* en Managua el 12 de noviembre de 1997 (*BOE* n.º 235, de 30 de septiembre de 2000).

Convenio entre el Reino de España y la República de Nicaragua para el cumplimiento de condenas penales, firmado en Managua el 18 de febrero de 1995 y ratificado por Instrumento de 9 de septiembre de 1996 (*BOE* n.º 140, de 12 de junio de 1997).

Noruega: Se aplica el Convenio Europeo, ratificado por Noruega el 19 de enero de 1960, que entró en vigor el 18 de abril del mismo año.

Convenio entre el Reino de España y el Reino de Noruega para evitar la doble imposición y prevenir la evasión fiscal en materia de impuestos sobre la renta y sobre el patrimonio, hecho en Madrid el 6 de octubre de 1999 (*BOE* n.º 9, de 10 de enero de 2001).

Nueva Zelanda: Convenio entre el Reino de España y el Gobierno de Nueva Zelanda para evitar la doble imposición y prevenir la evasión fiscal en materia de impuestos sobre la renta, y Protocolo, hecho en Wellington el 28 de julio de 2005 (*BOE* n.º 243, de 11 de octubre de 2006), y que entró en vigor el 31 de julio de 2006.

Países Bajos: Firmado el 28 de octubre de 1894 (*Gaceta* n.º 1, de 1 de enero de 1895). (Abrogado por el Convenio Europeo de Extradición.)

Canje de notas referente al Convenio de 14 de septiembre de 1951 (*BOE* n.º 315, de 11 de noviembre de 1951). (Abrogado por el Convenio Europeo reproducido en nota al Preámbulo de esta Ley.) V. también Canje de notas, de fechas 11 de noviembre de 1993 y 24 de noviembre de 1994, constitutivo de Acuerdo entre el Reino de España y el Reino de los Países Bajos para la extensión a Antillas Neerlandesas y Aruba del Convenio Europeo número 24 (*BOE* n.º 41, de 17 de febrero de 1995; corrección de errores en *BOE* n.º 230, de 26 de septiembre de 1995).

Panamá: Firmado el 10 de noviembre de 1997 (*BOE* n.º 213, de 5 de septiembre de 1998; corrección de erratas en *BOE* n.º 231, de 26 de septiembre).

Tratado entre el Reino de España y la República de Panamá sobre traslado de personas condenadas, firmado en Madrid el 20 de marzo de 1996 y ratificado por Instrumento de 19 de diciembre de 1996 (*BOE* n.º 153, de 27 de junio).

Acuerdo entre el Reino de España y la República de Panamá sobre cooperación en materia de prevención del consumo y control del tráfico ilícito de estupefacientes y sustancias psicotrópicas hecho *ad referendum* en Panamá el 13 de febrero de 1998 (*BOE* n.º 172, de 20 de julio de 1999).

Convenio entre el Reino de España y la República de Panamá sobre asistencia legal y cooperación judicial en materia penal, hecho en Madrid, *ad referendum*, el 19 de octubre de 1998, ratificado por Instrumento de 17 de septiembre de 1999, y con entrada en vigor el 1 de marzo de 2000 (*BOE* n.º 42, de 18 de febrero de 2000).

Paraguay: Firmado el 27 de julio de 1998 (*BOE* n.º 89, de 13 de abril de 2001, corrección de erratas en *BOE* n.º 119, de 18 de mayo), que entró en vigor el 23 de febrero de 2001.

Tratado sobre traslado de personas condenadas, firmado entre el Reino de España y la República de Paraguay, el 7 de septiembre de 1994 en Asunción (*BOE* n.º 263, de 3 de noviembre de 1995).

Convenio de cooperación judicial en materia penal entre el Reino de España y la República de Paraguay, hecho *ad referendum* en Asunción el 26 de junio de 1999, y ratificado por Instrumento de 16 de febrero de 2001 (*BOE* n.º 99, de 25 de abril).

Acuerdo entre el Reino de España y la República del Paraguay sobre cooperación en materia de prevención del consumo y control del tráfico ilícito de estupefacientes y sustancias psicotrópicas, hecho en Asunción el 1 de agosto de 2003 (*BOE* n.º 240, de 7 de octubre de 2003), que entró en vigor el 4 de septiembre de 2005 (*BOE* n.º 194, de 15 de agosto).

Perú: Ratificado por Instrumento de 19 de noviembre de 1993 (*BOE* n.º 21, de 25 de enero de 1994).

Acuerdo entre el Reino de España y la República del Perú sobre cooperación en materia de prevención del consumo, desarrollo alternativo, y control del tráfico ilícito de estupefacientes y sustancias psicotrópicas, hecho *ad referendum* en Lima el 17 de septiembre de 1998 (*BOE* n.º 151, de 25 de junio de 1999).

Tratado de asistencia judicial en materia penal entre el Reino de España y la República del Perú, hecho *ad referendum* en Madrid, el 8 de noviembre de 2000 (*BOE* n.º 53, de 2 de marzo de 2002).

Polonia: Convenio Europeo, ratificado por Polonia el 15 de junio de 1993, entrando en vigor el 13 de septiembre de 1993.

Acuerdo entre el Reino de España y la República de Polonia sobre la cooperación en el ámbito de lucha contra la delincuencia organizada y otros delitos graves, hecho en Madrid el 27 de noviembre de 2000 (*BOE* n.º 289, de 3 de diciembre de 2003).

Portugal: Firmado el 25 de junio de 1867 (*Gaceta* n.º 38, de 7 de febrero de 1869). (Abrogado por el Convenio Europeo de Extradición.)

Artículos adicionales al Convenio firmados el 7 de febrero de 1873 (*Gaceta* n.º 9, de 9 de enero de 1876).

Canje de notas referente a dicho Convenio de 10 y 12 de mayo de 1884 (*Gaceta* n.º 151, de 30 de mayo de 1884).

Convenio entre el Reino de España y la República Portuguesa relativo a la cooperación judicial en materia penal y civil, hecho en Madrid el 19 de noviembre de 1997 (*BOE* n.º 18, de 21 de enero de 1999).

Acuerdo entre el Reino de España y la República Portuguesa sobre la creación de comisarías comunes en frontera, hecho *ad referendum* en Madrid el 19 de noviembre de 1997 (*BOE* n.º 231, de 26 de septiembre de 1998).

Acuerdo entre el Reino de España y la República Portuguesa sobre persecución transfronteriza, hecho *ad referendum* en Albufeira, el 30 de noviembre de 1998 (*BOE* n.º 42, de 18 de febrero de 2000).

Tratado entre el Reino de España y la República Portuguesa para la represión del tráfico ilícito de drogas en el mar, hecho en Lisboa el 2 de marzo de 1998 (*BOE* n.º 18, de 20 de enero de 2001).

Acuerdo entre el Reino de España y la República Portuguesa sobre cooperación transfronteriza en materia policial y aduanera, hecho *ad referendum* en Évora el 19 de noviembre de 2005 (*BOE* n.º 67, de 18 de marzo de 2008).

Reino Unido de Gran Bretaña e Irlanda del Norte: Firmado el 22 de julio de 1985 (*BOE* n.º 102, de 2 de abril de 1986). V. también Canjes de notas de 1 de febrero de 1991 para extender el Tratado de Extradición a territorios cuyas relaciones internacionales asume el Reino Unido y a Gibraltar (*BOE* n.º 153, de 27 de junio; corrección de errores en *BOE* n.º 204, de 26 de agosto). (Abrogado por el Convenio Europeo reproducido en nota al Preámbulo de esta Ley.)

Acuerdo entre el Reino de España y el Reino Unido de Gran Bretaña e Irlanda del Norte en materia de prevención y represión del tráfico ilícito y el uso indebido de drogas, hecho en Madrid el 26 de junio de 1989, y extendido a la isla de Man (*BOE* n.º 100, de 26 de abril de 2001).

Canje de Notas, de fechas 5 de mayo de 2000 y 5 de febrero de 2001 (*BOE* n.º 196, de 16 de agosto de 2001), constitutivo de Acuerdo entre el Reino de España y el Reino Unido de Gran Bretaña e Irlanda del Norte, para la extensión a la Isla de Man del Convenio Europeo n.º 30, de Asistencia Judicial en Materia Penal, de 20 de abril de 1959.

República Checa: Convenio Europeo, ratificado por la República Checa el 15 de abril de 1992, entrando en vigor el 1 de enero de 1993.

Rumania: Convenio Europeo, ratificado por Rumania el 10 de septiembre de 1997, entrando en vigor el 9 de diciembre de 1997.

Convenio entre España y Rumania sobre cooperación en materia de lucha contra la delincuencia, hecho en Madrid el 30 de marzo de 2006 (*BOE* n.º 41, de 16 de febrero de 2007).

Acuerdo entre Rumania y España sobre cooperación en el ámbito de la protección de los menores de edad rumanos no acompañados en España, su repatriación y lucha contra la explotación de los mismos, hecho en Madrid el 15 de diciembre de 2005 (*BOE* n.º 195, de 16 de agosto de 2006).

Rusia: Convenio Europeo, ratificado por Rusia el 10 de diciembre de 1999, entrando en vigor el 9 de marzo de 2000.

Convenio entre el Reino de España y la Federación de Rusia relativo al traslado de personas condenadas para el cumplimiento de penas privativas de libertad, hecho en Moscú el 16 de enero de 1998 (*BOE* n.º 45, de 21 de febrero; corrección de erratas en *BOE* n.º 63, de 14 de marzo), y ratificado mediante Instrumento de 11 de mayo de 2001 (BOE n.º 141, de 13 de junio).

Convenio entre el Gobierno del Reino de España y el Gobierno de la Federación de Rusia sobre cooperación en materia de lucha contra la delincuencia, hecho en Moscú el 17 de mayo de 1999 (*BOE* n.º 158, de 3 de julio; corrección de errores en *BOE* n.º 251, de 20 de octubre), cuya entrada en vigor tuvo lugar el 9 de junio de 2000 (*BOE* n.º 106, de 3 de mayo).

Convenio entre el Gobierno del Reino de España y el Gobierno de la Federación Rusa para evitar la doble imposición y prevenir la evasión fiscal en materia de impuestos sobre la renta y sobre el patrimonio, hecho en Madrid el 16 de diciembre de 1998 (*BOE* n.º 161, de 6 de julio de 2000).

El Salvador: Firmado el 10 de marzo de 1997 (*BOE* n.º 38, de 13 de febrero de 1998).

Tratado sobre el traslado de personas condenadas, firmado entre el Reino de España y la República de El Salvador, el 14 de febrero de 1995 en San Salvador (*BOE* n.º 139, de 8 de junio de 1996).

Convenio de cooperación judicial en materia penal entre el Reino de España y la República de El Salvador, hecho *ad referendum* en Madrid el 10 de marzo de 1997 (*BOE* n.º 182, de 31 de julio de 1998).

Convenio entre el Reino de España y la República de El Salvador para evitar la doble imposición y prevenir la evasión fiscal en materia de impuestos sobre la renta y sobre el patrimonio, hecho en Madrid el 7 de julio de 2008 (*BOE* n.º 136, de 5 de junio de 2009).

Senegal: Convenio entre los Gobiernos del Reino de España y de la República de Senegal sobre cooperación en materia de lucha contra la delincuencia, hecho *ad referendum* en Dakar el 5 de diciembre de 2006 (*BOE* n.º 63, de 12 de marzo de 2009).

Serbia: Convenio Europeo, ratificado por Serbia el 30 de septiembre de 2002, entrando en vigor el 29 de diciembre de 2002.

Sudáfrica: Convenio Europeo, ratificado por Sudáfrica el 12 de febrero de 2003, entrando en vigor el 13 de mayo de 2003.

Convenio entre el Reino de España y la República de Sudáfrica para evitar la doble imposición y prevenir la evasión fiscal en materia de impuestos sobre la renta y sobre el patrimonio, hecho en Madrid el 23 de junio de 2006 (*BOE* n.º 40, de 15 de febrero de 2008).

Suecia: Se aplica el Convenio Europeo, ratificado por Suecia el 22 de enero de 1959.

Suiza: Firmado el 31 de agosto de 1883 (*Gaceta* n.º 36, de 5 de febrero de 1884). (Abrogado por el Convenio Europeo reproducido en nota al Preámbulo de esta Ley.)

Protocolo que modifica el Convenio de 26 de abril de 1996 entre España y la Confederación Suiza para evitar la doble imposición en materia de impuestos sobre la renta y sobre el patrimonio, hecho en Madrid el 29 de junio de 2006 (*BOE* n.º 74, de 27 de marzo de 2007).

Tailandia: Convenio entre el Gobierno del Reino de España y el Gobierno del Reino de Tailandia a fin de evitar la doble imposición y de prevenir la evasión y el fraude fiscal en materia de impuestos sobre la renta, hecho en Madrid el 14 de octubre de 1997 (*BOE* n.º 242, de 9 de octubre de 1998).

Trinidad y Tobago: Convenio entre el Reino de España y la República de Trinidad y Tobago para evitar la doble imposición y prevenir la evasión fiscal en materia de impuestos sobre la renta, hecho en Puerto España el 17 de febrero de 2009 (*BOE* n.º 295, de 8 de diciembre).

Túnez: Convenio entre el Reino de España y la República Tunecina sobre asistencia judicial en materia penal, hecho en Túnez el 24 de septiembre de 2001 (*BOE* n.º 52, de 1 de marzo de 2003).

Turquía: Se aplica el Convenio Europeo, ratificado por Turquía el 7 de enero de 1960, y que entró en vigor el 18 de abril del mismo año.

Convenio entre el Reino de España y la República de Turquía para evitar la doble imposición y prevenir la evasión fiscal de impuestos sobre la renta, hecho en Madrid el 5 de julio de 2002 (*BOE* n.º 16, de 19 de enero de 2004; corrección de erratas en *BOE* n.º 60, de 10 de marzo, y corrección de errores en *BOE* n.º 85, de 8 de abril).

Convenio entre el Reino de España y la República de Turquía en materia de cooperación en la lucha contra la delincuencia, hecho *ad referendum* en Estambul el 5 de abril de 2009 (*BOE* n.º 290, de 2 de diciembre).

Ucrania: Convenio Europeo, ratificado por Ucrania el 11 de marzo de 1998, entrando en vigor el 9 de junio de 1998.

Convenio entre el Reino de España y Ucrania sobre cooperación en materia de lucha contra la delincuencia, hecho en Kiev el 7 de noviembre de 2001 (*BOE* n.º 38, de 13 de febrero de 2003).

Uruguay: Firmado el 28 de febrero de 1996 (*BOE* n.º 93, de 18 de abril de 1997).

Convenio de cooperación jurídica entre el Reino de España y la República Oriental del Uruguay, hecho en Montevideo el 4 de noviembre de 1987 (*BOE* n.º 103, de 30 de abril de 1998).

Tratado de Asistencia Jurídica Mutua en Asuntos Penales entre el Reino de España y la República Oriental del Uruguay, hecho en Montevideo el 19 de noviembre de 1991, y ratificado por Instrumento de 30 de noviembre de 1999 (*BOE* n.º 47, de 24 de febrero de 2000; corrección de errores en *BOE* n.º 66, de 17 de marzo).

Acuerdo entre el Reino de España y la República Oriental del Uruguay, sobre cooperación en materia de prevención del uso indebido y la lucha contra el tráfico ilícito de estupefacientes y sustancias psicotrópicas, hecho *ad referendum* en Montevideo el 18 de marzo de 1998.

Yugoslavia: Firmado el 8 de julio de 1980 (*BOE* n.º 137, de 9 de junio de 1982).

Venezuela: Firmado el 4 de enero de 1989 (*BOE* n.º 294, de 8 de diciembre de 1990).

Convenio entre el Reino de España y la República de Venezuela sobre ejecución de sentencias penales, firmado en Caracas el 17 de octubre de 1994 (*BOE* n.º 276, de 18 de noviembre).

Acuerdo entre el Reino de España y la República de Venezuela sobre cooperación en materia de prevención del consumo y represión del tráfico ilícito de estupefacientes y sustancias psicotrópicas, hecho *ad referendum* en Madrid el 24 de septiembre de 1996 (*BOE* n.º 74, de 27 de marzo de 1998).

Convenio entre el Reino de España y la República Bolivariana de Venezuela para evitar la doble tributación y prevenir la evasión y el fraude fiscal en materia de Impuestos sobre la Renta y sobre el Patrimonio, hecho en Madrid el 8 de abril de 2003 (*BOE* n.º 144, de 15 de junio de 2004).

Vietnam: Convenio entre el Reino de España y la República Socialista de Vietnam para evitar la doble imposición y prevenir la evasión fiscal en materia de impuestos sobre la renta, hecho en Hanoi el 7 de marzo de 2005 (*BOE* n.º 8, de 10 de enero de 2006; corrección de errores en *BOE* n.º 81, de 4 de abril de 2007).

Yemen: Convenio sobre traslado de personas condenadas entre el Reino de España y la República del Yemen, hecho en Madrid el 18 de octubre de 2007 (*BOE* n.º 33, de 7 de febrero de 2008).

A estos Tratados hay que añadir los Convenios multilaterales firmados y ratificados por España que afectan a la materia extradicional y que son los siguientes:

Convenio de Ginebra de 20 de abril de 1929 para la represión de la falsificación de moneda, ratificado por España el 28 de abril de 1930 (*Gaceta* n.º 98, de 8 de abril de 1931). Los arts. 3.º, 8.º, 9.º y 10 y los párrafos que afectan a la extradición del protocolo facultativo disponen lo siguiente:

«*Art. 3.º* Deberán ser castigados como infracciones de derecho común:

»1.º Todos los hechos fraudulentos de fabricación o alteración de moneda, cualquiera que sea el medio empleado para producir el resultado.

»2.º El hecho de poner en circulación fraudulenta la moneda falsa.

»3.º Los hechos, con objeto de poner en circulación, de introducir en el país o de recibir o procurarse moneda falsa sabiendo que lo es.

»4.º Las tentativas de dichas infracciones y los hechos de participación dolosa.

»5.º Los hechos fraudulentos de fabricar, recibir o procurarse instrumentos u otros objetos destinados por su naturaleza a la fabricación de moneda falsa o a la alteración de las monedas.»

«*Art. 8.º* En los países que no admitan el principio de extradición de los nacionales, sus súbditos que hayan vuelto al territorio de su país, después de haber sido culpables en el extranjero de hechos previstos por el artículo 3, deberán ser castigados de la misma manera que si el hecho hubiese sido cometido en su propio territorio, y eso aun en el caso de que el culpable hubiere adquirido su nacionalidad posteriormente a la realización de la infracción.

»Esta disposición no será aplicable si, en caso semejante, no pudiere ser concedida la extradición de un extranjero.

»*Art. 9.º* Los extranjeros que hayan cometido hechos previstos en el artículo 3 y que se encuentren en el territorio de un país cuya legislación interna admitía, como regla general, el principio de la persecución de infracciones cometidas en el extranjero, deberán ser castigados de la misma manera que si el hecho hubiere sido cometido en el territorio de dicho país.

»La obligación de la persecución se subordinará a la condición de que la extradición haya sido solicitada y que el país requerido no pueda entregar al inculpado por una razón sin relación con el hecho.

»*Art. 10.* Los hechos previstos en el artículo 3 serán de pleno derecho comprendidos como casos de extradición en todo tratado de extradición ultimado o que fuera a ultimarse entre las diversas Altas Partes contratantes.

»Las Altas Partes contratantes que no subordinen la extradición a la existencia de un tratado o a una condición de reciprocidad, reconocerán, desde ahora, los hechos previstos en el artículo 3 como casos de extradición entre ellas.

»La extradición se concederá conforme al derecho del país requerido.»

«Protocolo facultativo. Reconociendo los importantes progresos en materia de represión de la falsificación de moneda realizados por el Convenio para la represión de la falsificación de moneda que lleva la fecha de hoy, las Altas Partes signatarias de este Protocolo, a reserva de ratificación, se comprometen, en sus relaciones recíprocas, a considerar desde el punto de vista de la extradición, los hechos previstos en el artículo 3 del susodicho Convenio como infracciones de derecho común.

»La extradición será concedida conforme al derecho del país requerido.»

Con fecha 1 de agosto de 2006 (*BOE* n.º 191, de 11 de agosto), España designó una Oficina Central conforme a los arts. 12 a 15 de este Convenio.

Convenio de 9 de diciembre de 1948 para la prevención y sanción del delito de genocidio, al que España se adhirió el 13 de septiembre de 1968 (*BOE* n.º 34, de 8 de febrero de 1969), cuyo art. VII, reproducido en nota al art. 607 CP, dispone que, a efectos de extradición, el genocidio no será considerado delito político.

Convenio de 21 de marzo de 1950 para la Represión de la Trata de Personas y de la Explotación de la Prostitución Ajena, al que España se adhirió el 18 de junio de 1962 (*BOE* n.º 230, de 25 de septiembre de 1962), cuyos arts. 1.º, 2.º, 8.º, 9.º y 10 disponen lo siguiente:

«*Art. 1.º* Las Partes en el presente Convenio se comprometen a castigar a toda persona que, para satisfacer las pasiones de otra:

»1. Concertare la prostitución de otra persona, la indujere a la prostitución o la corrompiere con objeto de prostituirla, aun con el consentimiento de tal persona.

»2. Explotare la prostitución de otra persona, aun con el consentimiento de tal persona.

»*Art. 2.º* Las Partes en el presente Convenio se comprometen asimismo a castigar a toda persona que:

»1. Mantuviere una casa de prostitución, la administrare o a sabiendas la sostuviere o participare en su financiación.

»2. Diere o tomare a sabiendas en arriendo, un edificio u otro local, o cualquier parte de los mismos para explotar la prostitución ajena.»

«*Art. 8.º* Las infracciones mencionadas en los artículos 1 y 2 del presente Convenio serán consideradas como casos de extradición en todo tratado de extradición ya concertado o que ulteriormente se concierte entre cualesquiera de las Partes en el presente Convenio.

»Las Partes en el presente Convenio que no subordinen la extradición a la existencia de un tratado, deberán reconocer en adelante las infracciones mencionadas en los artículos 1 y 2 del presente Convenio como casos de extradición entre ellas.

»La extradición será concedida con arreglo a las leyes del Estado al que se formulare la petición de extradición.

»*Art. 9.º* En los Estados cuya legislación no admita la extradición de nacionales, los nacionales que hubieren regresado a su propio Estado después de haber cometido en el extranjero cualquiera de las infracciones mencionadas en los artículos 1 y 2 del presente Convenio, serán enjuiciados y castigados por los tribunales de su propio Estado.

»No se aplicará esta disposición cuando, en casos análogos entre las Partes en el presente Convenio, no puede concederse la extradición de un extranjero.

»*Art. 10.* Las disposiciones del artículo 9 no se aplicarán cuando el inculpado hubiese sido enjuiciado en un Estado extranjero y, caso de haber sido condenado, hubiere cumplido su condena o se le hubiere condenado o reducido la pena con arreglo a lo dispuesto en las leyes de tal Estado extranjero.»

Convenio Europeo de Extradición de 13 de diciembre de 1957, ratificado por Instrumento de 21 de abril de 1982, reproducido en nota al Preámbulo de esta Ley de Extradición.

Convención única de 1961 sobre estupefacientes, enmendada por el Protocolo que modifica la Convención única de 1961 sobre estupefacientes, Nueva York, 8 de agosto de 1975 (*BOE* n.º 264, de 4 de noviembre de 1981), cuyo art. 36 dispone lo siguiente:

«1. *a)* A reserva de lo dispuesto por su Constitución, cada una de las Partes se obliga a adoptar las medidas necesarias para que el cultivo y la producción, fabricación, extracción, preparación, posesión, ofertas en general, ofertas de venta, distribución, compra, venta, despacho de cualquier concepto, corretaje, expedición, expedición en tránsito, transporte, importación y exportación de estupefacientes, no conformes a las disposiciones de esta Convención o cualesquiera otros actos que en opinión de la Parte puedan efectuarse en infracción de las disposiciones de la presente Convención, se consideren como delitos si se cometen intencionadamente y que los delitos graves sean castigados en forma adecuada, especialmente con penas de prisión u otras penas de privación de libertad.

»*b)* No obstante lo dispuesto en el apartado anterior, cuando las personas que hagan uso indebido de estupefacientes hayan cometido esos delitos, las Partes podrán en vez de declararlas culpables o de sancionarlas penalmente, o además de declararlas culpables o de sancionarlas, someterlas a medidas de tratamiento, educación, postramiento, rehabilitación y readaptación social, de conformidad con lo dispuesto en el párrafo 1 del artículo 38.

»2. A reserva de lo dispuesto por su Constitución, del régimen jurídico y de la legislación nacional de cada Parte:

»*a)* i) Cada uno de los delitos enumerados en el inciso 1, si se comete en diferentes países, se considerará como un delito distinto:

»ii) La participación deliberada o la confabulación para cometer cualquiera de esos delitos, así como la tentativa de cometerlos, los actos preparatorios y operaciones financieras, relativos a los delitos de que trata este artículo, se considerarán como delitos, tal como se dispone en el inciso 1;

»iii) Las condenas pronunciadas en el extranjero por esos delitos serán computadas para determinar la reincidencia, y

»iv) Los referidos delitos graves cometidos en el extranjero, tanto por nacionales como por extranjeros, serán juzgados por la Parte en cuyo territorio se haya cometido el delito, o por la Parte en cuyo territorio se encuentre el delincuente, si no procede la extradición de conformidad con la Ley de la Parte a la cual se la solicita, y si dicho delincuente no ha sido ya procesado y sentenciado.

»*b*) i) Cada uno de los delitos enumerados en el párrafo 1 y en el inciso ii) del apartado *a*) del párrafo 2 del presente artículo se considerará incluido entre los delitos que den lugar a extradición en todo tratado de extradición celebrado entre las Partes. Las Partes se comprometen a incluir tales delitos como casos de extradición en todo tratado de extradición que celebren entre sí en el futuro;

»ii) Si una Parte, que subordine la extradición a la existencia de un tratado, recibe de otra Parte, con la que no tiene tratado, una solicitud de extradición, podrá discrecionalmente considerar la presente Convención como la base jurídica necesaria para la extradición referente a los delitos enumerados en el párrafo 1 y en el inciso ii) del apartado *a*) del párrafo 2 del presente artículo. La extradición estará sujeta a las demás condiciones exigidas por el derecho de la Parte requerida;

»iii) Las Partes que no subordinen la extradición a la existencia de un tratado reconocerán los delitos enumerados en el párrafo 1 y en el inciso ii) del apartado *a*) del párrafo 2 del presente artículo como casos de extradición entre ellas, sujetos a las condiciones exigidas por el derecho de la Parte requerida;

»iv) La extradición será concedida con arreglo a la legislación de la Parte a la que se haya pedido y, no obstante lo dispuesto en los incisos i), ii) y iii) del apartado *b*) de este párrafo, esa Parte tendrá derecho a negarse a conceder la extradición si sus autoridades competentes consideran que el delito no es suficientemente grave.

»3. Las disposiciones del presente artículo estarán limitadas por las disposiciones del derecho penal de la Parte interesada, en materia de jurisdicción.

«4. Ninguna de las disposiciones del presente artículo afectará el principio de que los delitos a que se refiere han de ser definidos, perseguidos y castigados de conformidad con la legislación nacional de cada Parte.»

Convenio de 14 de septiembre de 1963 sobre Infracciones y ciertos otros actos cometidos a bordo de aeronaves, ratificado por Instrumento de 25 de agosto de 1969 (*BOE* n.º 308, de 25 de diciembre de 1969), cuyo art. 16 dispone lo siguiente:

«1. Las infracciones cometidas a bordo de aeronaves matriculadas en un Estado Contratante serán consideradas, a los fines de extradición, como si se hubiesen cometido, no sólo en el lugar en el que hayan ocurrido, sino también en el territorio del Estado de matrícula de la aeronave.

»2. A reserva de lo dispuesto en el párrafo anterior, ninguna disposición de este Convenio se interpretará en el sentido de crear una obligación de conceder la extradición.»

Convenio de 16 de diciembre de 1970 para la Represión del Apoderamiento Ilícito de Aeronaves, ratificado por Instrumento de 6 de octubre de 1972 (*BOE* n.º 13, de 15 de enero de 1973); véanse, especialmente, arts. 4.º ss.

Convenio de 23 de septiembre de 1971 para la Represión de Actos Ilícitos contra la Seguridad de la Aviación Civil, ratificado por Instrumento de 6 de octubre de 1972 (*BOE* n.º 9, de 10 de enero de 1974), y Protocolo de 24 de febrero de 1988 para la represión de actos ilícitos de violencia en los aeropuertos que presten Servicio a la aviación civil internacional, complementario de dicho Convenio, ratificado por Instrumento de 8 de abril de 1991 (*BOE* n.º 56, de 5 de marzo de 1992); véanse, especialmente, arts. 5.º ss.

Convenio Europeo de 27 de enero de 1977 para la Represión del Terrorismo, ratificado por Instrumento de 9 de mayo de 1980 (*BOE* n.º 242, de 8 de octubre de 1980, corrección de errores en *BOE* n.º 208, de 31 de agosto de 1982), cuyos arts. 1 a 7 disponen lo siguiente:

«*Art. 1.º* A los efectos de la extradición entre Estados contratantes, ninguno de los delitos mencionados a continuación se considerarán como delito político, como delito conexo con un delito político o como delito inspirado por móviles políticos:

»*a*) Los delitos comprendidos en el ámbito de aplicación del Convenio para la represión del apoderamiento ilícito de aeronaves, firmado en La Haya el 16 de diciembre de 1970;

»*b*) Los delitos comprendidos en el ámbito de aplicación del Convenio para la represión de actos ilícitos contra la seguridad de la aviación civil, firmado en Montreal el 23 de septiembre de 1971;

»*c*) Los delitos graves constituidos por un ataque contra la vida, la integridad corporal o la libertad de las personas que tengan derecho a una protección internacional, incluidos los agentes diplomáticos;

»*d*) Los delitos que impliquen rapto, toma de rehenes o secuestro arbitrario;

»*e*) Los delitos que impliquen la utilización de bombas, granadas, cohetes, armas de fuego automáticas, o cartas o paquetes con explosivos ocultos, en los casos en que dicha utilización represente un peligro para las personas:

»*f*) La tentativa de comisión de alguno de los delitos anteriormente mencionados o la participación como coautor o cómplice de una persona que cometa o intente cometer dichos delitos.

»*Art. 2.º* A los efectos de la extradición entre Estados Contratantes, un Estado Contratante podrá no considerar como delito político, como delito conexo con éste o como delito inspirado por móviles políticos, cualquier acto grave de violencia no comprendido en el artículo primero y que esté dirigido contra la vida, la integridad corporal o la libertad de las personas.

»2. Se aplicará el mismo criterio respecto de cualquier acto grave contra los bienes, no comprendido en el artículo primero, cuando dicho acto haya creado un peligro colectivo para las personas.

»3. Se aplicará el mismo criterio respecto de la tentativa de comisión de algunos de los delitos anteriormente mencionados, o de la participación como coautor o cómplice de una persona que cometa o intente cometer dichos delitos.

»*Art. 3.º* Las disposiciones de cualesquiera tratados y convenios de extradición aplicables entre los Estados Contratantes, incluido el Convenio Europeo de Extradición, quedarán modificadas, en cuanto a las relaciones entre Estados Contratantes, en la medida en que resulten incompatibles con el presente Convenio.

»*Art. 4.º* A los efectos del presente Convenio, en los casos en que alguno de los delitos comprendidos en los artículos 1.º o 2.º no figuren en la lista de supuestos de extradición en un tratado o convenio de extradición en vigor entre los Estados Contratantes, se considerará como incluido en dicha lista.

»*Art. 5.º* Ninguna disposición del presente Convenio deberá interpretarse en el sentido de que implique una obligación de llevar a cabo la extradición si el Estado requerido tiene serias razones para creer que la solicitud de extradición motivada por un delito mencionado en el artículo 1.º o 2.º se ha presentado con el fin de perseguir o de castigar a una persona por consideración de raza, religión, nacionalidad u opiniones políticas, o que la situación de dicha persona corre el riesgo de agravarse por una u otra de las citadas razones.

»*Art. 6.º* 1. Cada Estado Contratante adoptará las medidas necesarias para establecer su competencia, con el fin de conocer de un delito comprendido en el artículo 1.º, en el caso de que el presunto autor de aquél se encuentre en su territorio y que el Estado no lleve a cabo la extradición después de haber recibido una solicitud de extradición de un Estado Contratante cuya jurisdicción esté fundada sobre una norma de competencia que exista igualmente en la legislación del Estado requerido.

»2. El presente Convenio no excluirá ninguna competencia en materia penal ejercida con arreglo a las leyes nacionales.

»*Art. 7.º* El Estado Contratante en cuyo territorio se descubra al presunto autor de un delito comprendido en el artículo primero y que haya recibido una solicitud de extradición en las condiciones mencionadas en el párrafo primero del artículo 6.º, en el supuesto de que no accediese a la extradición del citado individuo, someterá el caso, sin excepción alguna y sin demora injustificada a sus autoridades competentes para el ejercicio de la correspondiente acción penal. Dichas autoridades tomarán la decisión que proceda, en las mismas condiciones que para cualquier delito de carácter grave, con arreglo a las leyes del Estado.»

Convención Internacional de 17 de diciembre de 1979 contra la Toma de Rehenes, a la que España se adhirió por Instrumento de 9 de marzo de 1984 (*BOE* n.º 162, de 7 de julio de 1984), cuyos arts. 1.º, 8.º, 9.º y 10 establecen lo siguiente:

«*Art. 1.º* 1. Toda persona que se apodere de otra (que en adelante se denominará "el rehén") o la detenga y amenace con matarla, herirla o mantenerla detenida a fin de obligar a un tercero, a saber, un Estado, una organización internacional intergubernamental, una persona natural o jurídica o un grupo de personas, a una acción u omisión como condición explícita o implícita para la liberación del rehén, comete el delito de toma de rehenes en el sentido de la presente Convención.

»2. Toda persona que:

»*a*) Intente cometer un acto de toma de rehenes; o

»*b*) Participe como cómplice de otra persona que cometa o intente cometer un acto de toma de rehenes comete igualmente un delito en el sentido de la presente Convención.»

«*Art. 8.º* 1. El Estado Parte en cuyo territorio sea hallado el presunto delincuente, si no concede su extradición, estará obligado a someter el caso a las autoridades competentes a efectos de enjuiciamiento, sin excepción alguna y con independencia de que el delito haya sido o no cometido en su territorio, según el procedimiento previsto en la legislación de ese Estado. Dichas autoridades tomarán su decisión en las mismas condiciones que las aplicables a los delitos comunes de carácter grave de acuerdo con el derecho de tal Estado.

»2. Toda persona respecto de la cual se entable un procedimiento en relación con cualquiera de los delitos previstos en el artículo 1 gozará de las garantías de un trato equitativo en todas las fases del procedimiento, incluido el goce de todos los derechos y garantías previstos en el derecho del Estado en cuyo territorio se encuentre.

»*Art. 9.º* 1. No se accederá a la solicitud de extradición de un presunto delincuente, de conformidad con la presente Convención si el Estado Parte al que se presenta la solicitud tiene motivos fundados para creer:

»*a*) Que la solicitud de extradición por un delito mencionado en el artículo 1 se ha hecho con el fin de perseguir o castigar a una persona por causa de su raza, religión, nacionalidad, origen étnico u opinión política; o

»*b*) Que la posición de esa persona puede verse perjudicada;

»i) Por alguna de las razones mencionadas en el inciso *a*) del presente párrafo; o

»ii) Porque las autoridades competentes del Estado que esté facultado para ejercer derechos de protección no pueden comunicarse con ella.

»2. Con respecto a los delitos definidos en la presente Convención, las disposiciones de todos los Tratados y Acuerdos de extradición aplicables entre Estados Partes quedan modificadas en lo que afecte a los Estados Partes en la medida en que sean incompatibles con la presente Convención.

»*Art. 10.* 1. Los delitos previstos en el artículo 1 se considerarán incluidos entre los delitos que dan lugar a extradición en todo tratado de extradición celebrado entre Estados Partes. Los Estados Partes se comprometen a incluir tales delitos como casos de extradición en todo tratado de extradición que celebren entre sí en el futuro.

»2. Si un Estado Parte que subordine la extradición a la existencia de un tratado recibe de otro Estado Parte, con el que no tiene tratado, una solicitud de extradición, podrá discrecionalmente considerar la presente Convención como la base jurídica necesaria para la extradición con respecto a los delitos previstos en el artículo 1. La extradición estará sujeta a las demás condiciones exigidas por el derecho del Estado al que se ha hecho la solicitud.

»3. Los Estados Partes que no subordinen la extradición a la existencia de un tratado reconocerán los delitos previstos en el artículo 1 como casos de extradición entre ellos, con sujeción a las condiciones exigidas por el derecho del Estado al que se ha hecho la solicitud.

»4. A los fines de la extradición entre Estados Partes se considerará que los delitos previstos en el artículo 1 se han cometido no sólo en el lugar donde ocurrieron, sino también en el territorio de los Estados obligados a establecer su jurisdicción de acuerdo con el párrafo 1 del artículo 5.»

Convenio Europeo de 19 de agosto de 1985 sobre la violencia e irrupciones de espectadores con motivo de manifestaciones deportivas y especialmente de partidos de fútbol, ratificado por Instrumento de 22 de junio de 1987 (*BOE* n.º 193, de 13 de agosto). V. art. 5.º

Convención de 3 de marzo de 1980 sobre protección física de los materiales nucleares, ratificado por Instrumento de 20 de abril de 1987 (*BOE* n.º 256, de 25 de octubre de 1991). V. arts. 10 ss.

Convenio de 10 de marzo de 1988 para la represión de actos ilícitos contra la seguridad de la navegación marítima, ratificado por Instrumento de 15 de junio de 1989 (*BOE* n.º 99, de 24 de abril de 1992). V. art. 11.

Protocolo de 10 de marzo de 1988 para la represión de actos ilícitos contra la seguridad de las plataformas fijas emplazadas en la plataforma continental, ratificado por Instrumento de 15 de junio de 1985 (*BOE* n.º 99, de 24 de abril de 1992). V. art. 1.º

Convención sobre la Seguridad del Personal de las Naciones Unidas y el Personal Asociado, hecha en Nueva York el 9 de diciembre de 1994 y ratificada por España mediante Instrumento de 11 de diciembre de 1997 (*BOE* n.º 124, de 25 de mayo de 1999).

Convenio Internacional para la represión de los atentados terroristas cometidos con bombas, hecho en Nueva York el 15 de diciembre de 1997, y ratificado mediante Instrumento de 22 de abril de 1999 (*BOE* n.º 140, de 12 de junio; corrección del texto auténtico español en *BOE* n.º 137, de 8 de junio de 2002).

Convenio Internacional para la Represión de la Financiación del Terrorismo, hecho en Nueva York el 9 de diciembre de 1999, y ratificado mediante Instrumento de 1 de abril de 2002 (*BOE* n.º 123, de 23 de mayo; corrección de erratas en *BOE* n.º 141, de 13 de junio).

Convenio establecido sobre la base del art. K.3 del Tratado de la Unión Europea, relativo a la protección de los intereses financieros de las Comunidades Europeas, hecho en Bruselas el 26 de julio de 1995 (*BOE* n.º 180, de 29 de julio de 2003), y que entró en vigor el 17 de abril de 2003.

Convenio establecido sobre la base de la letra c*) del apartado 2 del artículo K.3 del Tratado de la Unión Europea, relativo a la lucha contra los actos de corrupción en los que estén implicados funcionarios de las Comunidades Europeas o de los Estados miembros de la Unión Europea,* hecho en Bruselas el 26 de mayo de 1997 (*BOE* n.º 74, de 28 de marzo de 2006).

Convención de las Naciones Unidas contra la Delincuencia Organizada Transnacional, hecho en Nueva York el 15 de noviembre de 2000, y ratificado por Instrumento de 21 de febrero de 2002 (*BOE* n.º 233, de 29 de septiembre de 2003); y complementado por Protocolos contra el tráfico ilícito de migrantes por tierra, mar y aire, ratificado por Instrumento de 21 de febrero de 2002 (*BOE* n.º 295, de 10 de diciembre de 2003); para prevenir, reprimir y sancionar la trata de personas, especialmente mujeres y niños, ratificado por Instrumento de 21 de febrero de 2002 (*BOE* n.º 296, de 11 de diciembre de 2003), y contra la fabricación y el tráfico ilícitos de armas de fuego, sus piezas y componentes, y municiones, ratificado por Instumento de 25 de enero de 2007 (*BOE* n.º 71, de 23 de marzo).

Convenio Internacional para la represión de los actos de terrorismo nuclear, de 13 de abril de 2005, ratificado por Instrumento de 29 de enero de 2007 (*BOE* n.º 146, de 19 de junio). V. art. 11.

Convenio del Consejo de Europa (n.º 196), para la prevención del terrorismo, hecho en Varsovia el 16 de mayo de 2005, y ratificado por España mediante Instrumento de 23 de febrero de 2009 (*BOE* n.º 250, de 16 de octubre).

Véanse, además, *Convenio Europeo de 20 de abril de 1959, de Asistencia Judicial en Materia Penal,* ratificado por Instrumento de 14 de julio de 1982 (*BOE* n.º 223, de 17 de septiembre de 1982), y *Protocolo Adicional de 17 de marzo de 1978 al Convenio Europeo de Asistencia Judicial en Materia Penal,* ratificado por Instrumento de 27 de mayo de 1991 (*BOE* n.º 184, de 2 de agosto); arts. 48 ss., referidos a asistencia judicial en materia penal, del Acuerdo de Adhesión del Reino de España al Convenio de Aplicación del Acuerdo de Schengen, de 14 de junio de 1985, ratificado por Instrumento de 23 de julio de 1993 (*BOE* n.º 81, de 5 de abril de 1994); *Convenio Europeo de 15 de mayo de 1972 sobre la Transmisión de Procedimientos en Materia Penal,* ratificado por Instrumento de 24 de junio de 1988 (*BOE* n.º 270, de 10 de noviembre); *Convenio de 21 de marzo de 1983 sobre traslado de personas condenadas,* ratificado por Instrumento de 18 de febrero de 1985 (*BOE* n.º 138, de 10 de junio de 1985), y reformulación de la Declaración por parte de España al art. 3.3 del Convenio (*BOE* n.º 65, de 17 de marzo de 1995); Acuerdo relativo a la aplicación entre los Estados miembros de las Comunidades Europeas del Convenio sobre traslado de personas condenadas, hecho en Bruselas el 25 de mayo de 1987, y ratificado por Instrumento de 11 de marzo de 1992 (*BOE* n.º 132, de 31 de mayo de 1996); arts. 67 ss., referidos a la transmisión de la ejecución de sentencias penales, del Acuerdo de Adhesión del Reino de España al Convenio de Aplicación del Acuerdo de Schengen (*BOE* n.º 81, de 5 de abril de 1994); Convenio Europeo n.º 70, sobre el valor internacional de las sentencias penales, de 28 de mayo de 1970, ratificado por Instrumento de 9 de agosto de 1994 (*BOE* n.º 78, de 30 de marzo de 1996); Convenio de asistencia judicial en materia penal entre los Estados miembros de la Unión Europea, hecho en Bruselas el 29 de mayo de 2000 (*BOE* n.º 247, de 15 de octubre de 2003), que entró en vigor el 23 de agosto de 2005 (*BOE* n.º 258, de 28 de octubre); Protocolo del Convenio relativo a la asistencia judicial en materia penal entre los Estados miembros de la Unión Europea, celebrado por el Consejo de conformidad con el art. 34 del Tratado de la Unión Europea, hecho en Luxemburgo el 16 de octubre de 2001 (*BOE* n.º 89, de 14 de abril de 2005), y que entró en vigor el 5 de octubre de 2005 (*BOE* n.º 258, de 28 de octubre); Convención de las Naciones Unidas contra la corrupción, hecha en Nueva York el 31 de octubre de 2003, y ratificada por España mediante Instrumento de 9 de junio de 2006 (*BOE* n.º 171, de 19 de julio); Convenio Internacional para la represión de los actos de terrorismo nuclear, hecho en Nueva York el 15 de abril de 2005, y ratificado por España mediante Instrumento de 29 de enero de 2007 (*BOE* n.º 146, de 19 de junio); Convenio relativo a la profundización de la cooperación transfronteriza, en particular en materia de lucha contra el terrorismo, la delincuencia transfronteriza y la migración ilegal, hecho en Prüm el 27 de mayo de 2005, y ratificado por España mediante Instrumento de 18 de julio de 2006 (*BOE* n.º 307, de 25 de diciembre de 2006); Convenio del Consejo de Europa sobre la lucha contra la trata de seres humanos, hecho en Varsovia el 16 de mayo de 2005, y ratificado por España mediante Instrumento de 23 de febrero de 2009 (*BOE* n.º 219, de 10 de septiembre); y Protocolo n.º 7 al Convenio para la protección de los Derechos Humanos y de las Libertades Fundamentales, hecho en Estrasburgo el 22 de noviembre de 1984, y ratificado por España el 28 de agosto de 2009 (*BOE* n.º 249, de 15 de octubre).

de la extradición pasiva se regirán por la presente Ley, excepto en lo expresamente previsto en los Tratados en los que España sea parte.

En todo caso, la extradición sólo se concederá atendiendo al principio de reciprocidad. El Gobierno podrá exigir una garantía de reciprocidad al Estado requirente.

Art. 2.º Se podrá conceder la extradición por aquellos hechos para los que las Leyes españolas y las de la parte requirente señalen una pena o medida de seguridad cuya duración no sea inferior a un año de privación de libertad en su grado máximo o a una pena más grave; o cuando la reclamación tuviere por objeto el cumplimiento de condena a una pena o medida de seguridad no inferior a cuatro meses de privación de libertad por hechos también tipificados en la legislación española.

Cuando la solicitud se refiera a varios hechos y sólo concurran en algunos de ellos los requisitos del párrafo anterior sobre duración de las penas o medidas de seguridad, el acuerdo de extradición podrá extenderse también a los que tengan señalada penalidad inferior.

Si la solicitud de extradición se basa en sentencia dictada en rebeldía del reclamado, en la que éste haya sido condenado a pena que, con arreglo a la legislación española, no puede ser impuesta a quien no haya estado presente en el acto del juicio oral, se concederá la extradición condicionándola a que la representación diplomática en España del país requirente, en el plazo que se le exija, ofrezca garantías suficientes de que el reclamado será sometido a nuevo juicio en el que deberá estar presente y debidamente defendido.

Art. 3.º 1. No se concederá la extradición de españoles, ni de

---

Art. 3.º1: Sobre la competencia de los Tribunales españoles en materia penal, v. art. 23 LOPJ, que dispone lo siguiente:

«1. En el orden penal corresponderá a la jurisdicción española el conocimiento de las causas por delitos y faltas cometidos en territorio español o cometidos a bordo de buques o aeronaves españoles, sin perjuicio de lo previsto en los tratados internacionales en los que España sea parte.

»2. Asimismo conocerá de los hechos previstos en las leyes penales españolas como delitos, aunque hayan sido cometidos fuera del territorio nacional, siempre que los criminalmente responsables fueren españoles o extranjeros que hubieren adquirido la nacionalidad española con posterioridad a la comisión del hecho y concurrieren los siguientes requisitos:

»*a*) Que el hecho sea punible en el lugar de ejecución, salvo que, en virtud de un Tratado internacional o de un acto normativo de una Organización internacional de la que España sea parte, no resulte necesario dicho requisito.

»*b*) Que el agraviado o el Ministerio Fiscal denuncien o interpongan querella ante los Tribunales españoles.

»*c*) Que el delincuente no haya sido absuelto, indultado o penado en el extranje-

los extranjeros por delitos de que corresponda conocer a los Tribunales españoles, según el Ordenamiento nacional. La cualidad de nacional será apreciada por el Tribunal competente para conocer de la extradición en el momento de la decisión sobre la misma, con arreglo a los preceptos correspondientes del Ordenamiento jurídico español, y siempre que no fuera adquirida con el fraudulento propósito de hacer imposible la extradición.

2. Cuando proceda denegar la extradición por el motivo previsto en el apartado anterior, si el Estado en que se hayan ejecutado los hechos así lo pidiere el Gobierno español dará cuenta del

---

ro, o, en este último caso, no haya cumplido la condena. Si sólo la hubiere cumplido en parte se le tendrá en cuenta para rebajarle proporcionalmente la que le corresponda.

»3. Conocerá la jurisdicción española de los hechos cometidos por españoles o extranjeros fuera del territorio nacional cuando sean susceptibles de tipificarse, según la ley penal española, como alguno de los siguientes delitos:

»*a*) De traición y contra la paz o la independencia del Estado.

»*b*) Contra el titular de la Corona, su Consorte, su Sucesor o el Regente.

»*c*) Rebelión y sedición.

»*d*) Falsificación de la firma o estampilla reales, del sello del Estado, de las firmas de los Ministros y de los sellos públicos u oficiales.

»*e*) Falsificación de moneda española y su expendición.

»*f*) Cualquier otra falsificación que perjudique directamente al crédito o intereses del Estado, e introducción o expedición de lo falsificado.

»*g*) Atentado contra autoridades o funcionarios públicos españoles.

»*h*) Los perpetrados en el ejercicio de sus funciones por funcionarios públicos españoles residentes en el extranjero y los delitos contra la Administración Pública española.

»*i*) Los relativos al control de cambios.

»4. Igualmente será competente la jurisdicción española para conocer de los hechos cometidos por españoles o extranjeros fuera del territorio nacional susceptibles de tipificarse, según la ley penal española, como alguno de los siguientes delitos:

»*a*) Genocidio.

»*b*) Terrorismo.

»*c*) Piratería y apoderamiento ilícito de aeronaves.

»*d*) Falsificación de moneda extranjera.

»*e*) Los delitos relativos a la prostitución y los de corrupción de menores o incapaces.

»*f*) Tráfico ilegal de drogas psicotrópicas, tóxicas y estupefacientes.

»*g*) Tráfico ilegal o inmigración clandestina de personas, sean o no trabajadores.

»*h*) Los relativos a la mutilación genital femenina, siempre que los responsables se encuentren en España.

»*i*) Y cualquier otro que, según los tratados o convenios internacionales, deba ser perseguido en España.

»5. En los supuestos de los apartados 3 y 4 será de aplicación lo dispuesto en la letra *c*) del apartado 2 de este artículo.»

Sobre la nacionalidad española, v. arts. 17 ss. CC.

Art. 3.º2: V. Convenio Europeo, de 20 de abril de 1959, de Asistencia Judicial en Materia Penal, ratificado por Instrumento de 14 de julio de 1982 (*BOE* n.º 223, de 17 de septiembre), y Protocolo Adicional de 17 de marzo de 1978 al Convenio Europeo de Asistencia Judicial en Materia Penal, ratificado por Instrumento de 27 de marzo de 1991 (*BOE* n.º 184, de 2 de agosto).

hecho que motivó la demanda al Ministerio Fiscal a fin de que se proceda judicialmente, en su caso, contra el reclamado. Si así se acordare, solicitará del Estado requirente que remita las actuaciones practicadas o copia de las mismas para continuar el procedimiento penal en España.

3. Cuando el delito se hubiere cometido fuera del territorio del país que solicite la extradición, ésta podrá ser denegada si la legislación española no autorizare la persecución de un delito del mismo género cometido fuera de España.

Art. 4.º No se concederá la extradición en los casos siguientes:

1.º Cuando se trate de delitos de carácter político, no considerándose como tales los actos de terrorismo; los crímenes contra la Humanidad previstos por el Convenio para la prevención y penalización del crimen de genocidio adoptado por la Asamblea General de las Naciones Unidas, ni el atentado contra la vida de un Jefe de Estado o de un miembro de su familia.

2.º Cuando se trate de delitos militares tipificados por la legislación española y sin perjuicio de lo establecido al respecto en los Convenios internacionales suscritos y ratificados por España; de los cometidos a través de los medios de comunicación social en el ejercicio de la libertad de expresión, y de los que sólo son perseguibles a instancia de parte, con excepción de los delitos de violación, estupro, rapto y abusos deshonestos.

3.º Cuando la persona reclamada deba ser juzgada por un Tribunal de excepción.

4.º Cuando se haya extinguido la responsabilidad criminal, conforme a la legislación española o la del Estado requirente.

5.º Cuando la persona reclamada haya sido juzgada o lo esté siendo en España por los mismos hechos que sirvan de base a la solicitud de extradición. Podrá, no obstante, accederse a ésta cuando se hubiere decidido no entablar persecución o poner fin al procedimiento pendiente por los referidos hechos y no haya tenido lugar por sobreseimiento libre

---

Art. 4.º1.º: Véase art. 13.3 CE, reproducido en nota al Preámbulo de esta Ley; Declaración al art. 3 del Convenio Europeo de Extradición, reproducida igualmente en la nota al Preámbulo de esta Ley; norma complementaria sobre el art. 3 del mismo Convenio contenida en el Protocolo Adicional y reproducida también en la misma nota; art. VII del Convenio de 9 de diciembre de 1948 para la prevención y sanción del delito de genocidio, reproducido en la nota al art. 607 CP; arts. 1.º ss. Convenio Europeo de 27 de enero de 1977 para la represión del Terrorismo, reproducidos en nota al art. 1 de la presente Ley de Extradición.

Véanse, igualmente, arts. 571 ss. CP y sus correspondientes notas.

Art. 4.º4.º: Véase art. 130 CP.

o cualquier otra resolución que deba producir el efecto de cosa juzgada.

6.º Cuando el Estado requirente no diera la garantía de que la persona reclamada de extradición no será ejecutada o que no será sometida a penas que atenten a su integridad corporal o a tratos inhumanos o degradantes.

7.º Cuando el Estado requirente no hubiera dado las garantías exigidas en el párrafo 3.º del artículo segundo.

8.º Cuando a la persona reclamada le hubiere sido reconocida la condición de asilado. El no reconocimiento de la condición de asilado, cualquiera que sea su causa, no impedirá la denegación de la extradición por cualquiera de las causas previstas en esta Ley.

Art. 5.º Asimismo podrá denegarse la extradición:

1.º Si se tuvieran razones fundadas para creer que la solicitud de extradición, motivada por un delito de naturaleza común, se ha presentado con el fin de perseguir o castigar a una persona por consideraciones de raza, religión, nacionalidad u opiniones políticas, o que la situación de dicha persona corre el riesgo de verse agravada por tales consideraciones.

2.º Cuando la persona reclamada sea menor de dieciocho años en el momento de la demanda de extradición y teniendo residencia habitual en España, se considere que la extradición puede impedir su reinserción social, sin perjuicio de adoptar, de acuerdo con las autoridades del Estado requirente, las medidas más apropiadas.

Art. 6.º Si la resolución firme del Tribunal denegare la extradición, dicha resolución será definitiva y no podrá concederse aquélla.

La resolución del Tribunal declarando procedente la extradición no será vinculante para el Gobierno, que podrá denegarla en el ejercicio de la soberanía nacional, atendiendo al principio de reciprocidad o a razones de seguridad, orden público o demás intereses esenciales para España.

Contra lo acordado por el Gobierno no cabrá recurso alguno.

Art. 4.º8.º: Véase art. 13.4 CE («La ley establecerá los términos en que los ciudadanos de otros países y los apátridas podrán gozar del derecho de asilo en España»); Ley 12/2009, de 30 de octubre, reguladora del derecho de asilo y de la protección subsidiaria (*BOE* n.º 263, de 31 de octubre). V. también el Convenio relativo a la determinación del Estado responsable del examen de las solicitudes de asilo presentadas en los Estados miembros de las Comunidades Europeas, de 15 de junio de 1990, ratificado por Instrumento de 27 de marzo de 1995 (*BOE* n.º 183, de 1 de agosto de 1997).

Art. 7.º 1. La solicitud de extradición se formulará por vía diplomática, o directamente por escrito del Ministro de Justicia de la parte requirente al Ministro de Justicia español, debiendo acompañarse:

a) La sentencia condenatoria o el auto de procesamiento y prisión o resolución análoga según la legislación del país requirente con expresión sumaria de los hechos y lugar y fecha en que fueron realizados.

b) Cuantos datos sean conocidos sobre la identidad, nacionalidad y residencia del sujeto reclamado y, a ser posible, su fotografía y huellas dactilares.

c) Copia de los textos legales con expresión de la pena aplicable.

d) Si el hecho estuviere castigado con alguna de las penas a que se refiere el número 6.º del artículo 4.º, el Estado requirente dará seguridades, suficientes a juicio del Gobierno español, de que tales penas no serán ejecutadas.

2. Los referidos documentos, originales o en copia auténtica, se acompañarán de una traducción oficial al español.

Art. 8.º 1. En caso de urgencia podrá ser interesada la detención como medida preventiva, si bien deberá hacerse constar expresamente en la solicitud que ésta responde a una sentencia condenatoria o mandamiento de detención firmes con expresión de la fecha y hechos que lo motiven, tiempo y lugar de la comisión de éstos y filiación de la persona cuya detención se interesa, con ofrecimiento de presentar seguidamente demanda de extradición.

2. La solicitud de detención preventiva se remitirá por vía postal, telegráfica o cualquier otro medio que deje constancia escrita, bien por vía diplomática, bien directamente al Ministerio de Justicia, bien por conducto de la Organización Internacional de Policía Criminal, y si en ella constaren todas las circunstancias necesarias, se procederá a la detención del reclamado, poniéndolo a disposición del Juzgado Central de Instrucción de guardia en plazo no superior a veinticuatro horas para que, si lo estima procedente, decrete la prisión provisional, que dejará sin efecto si transcurridos cuarenta días el país requirente no hubiere presentado en forma la solicitud de extradición.

3. El Juez podrá, en cualquier momento y en atención a las circunstancias del caso, acordar la

Art. 8.º2: El art. 65.4.º LOPJ, establece que la Sala de lo Penal de la Audiencia Nacional conocerá «de los procedimientos judiciales de extradición pasiva, sea cual fuere el lugar de residencia o en que hubiere tenido lugar la detención del presunto extradicto».

libertad del detenido, adoptando alguna o algunas de las medidas siguientes para evitar su fuga: vigilancia a domicilio, orden de no ausentarse de un lugar determinado sin la autorización del Juez, orden de presentarse periódicamente ante la autoridad designada por el Juez, retirada de pasaporte y prestación de una fianza. El incumplimiento de estas medidas dará lugar a la prisión provisional dentro del plazo establecido en el apartado anterior.

La puesta en libertad, con o sin medidas alternativas de la prisión provisional, no será obstáculo para una nueva detención ni para la extradición, si la solicitud de ésta llegara después de la expiración del plazo mencionado en el apartado anterior.

4. En todo caso, se informará al país reclamante de las resoluciones adoptadas, especialmente y con la urgencia posible, de la detención y del plazo dentro del cual deberá presentarse la demanda de extradición.

Art. 9.º 1. Cuando la solicitud se hubiera formulado por vía diplomática, el Ministerio de Asuntos Exteriores remitirá al de Justicia la solicitud de extradición con expresión de la fecha en que se hubiere recibido.

2. El Ministerio de Justicia, atendidas las circunstancias de la solicitud y cuando el reclamado no estuviera ya detenido preventivamente, podrá interesar del Ministerio del Interior que proceda a la detención de la persona reclamada y la ponga a disposición del Juzgado Central de Instrucción de guardia, y remitirá a este Juez información bastante acerca de la demanda de extradición.

Puesto a disposición judicial el reclamado y a la vista de la información recibida, el Juez podrá acordar la prisión provisional del detenido.

3. El Ministerio de Justicia, en un plazo máximo de ocho días, computados desde el siguiente al de la recepción de la solicitud o, en su caso, de los justificantes, aclaraciones o traducciones por él reclamados, elevará al Gobierno propuesta motivada sobre si ha lugar o no a continuar en vía judicial del procedimiento de extradición en base a los artículos 2.º a 5.º de esta Ley.

4. El Gobierno adoptará su decisión dentro del plazo de quince días, contados desde la elevación de la propuesta por el Ministerio de Justicia. Transcurrido este plazo sin que el Gobierno haya adoptado resolución, el Ministerio de Justicia lo hará en su nombre, dentro de los tres días siguientes a la expiración del mismo, sin perjuicio de lo establecido en el apartado 5 de este artículo.

5. Cuando el acuerdo fuere denegatorio se pondrá en cono-

cimiento del Estado requirente. Si el reclamado estuviere en prisión, se notificará al Juez que la hubiere decretado para que acuerde su libertad.

Art. 10. Cuando el procedimiento se inicie, por petición urgente de detención preventiva, conforme al artículo 8.º, uno y dos, la prisión preventiva se dejará sin efecto si transcurridos cuarenta días el Estado requirente no hubiere presentado en forma la solicitud de extradición por vía diplomática ante el Ministerio de Asuntos Exteriores o directamente ante el Ministerio de Justicia españoles. Si se hubiese presentado dentro de dicho plazo de cuarenta días, éste se ampliará a cuarenta días más, para dar tiempo a que el Ministerio de Justicia y el Gobierno españoles puedan cumplir lo establecido en el artículo anterior, números tres y cuatro.

Si el procedimiento se inicia por la recepción de la solicitud de extradición por vía diplomática ante el Ministerio de Asuntos Exteriores o directamente ante el Ministerio de Justicia españoles, el Juez Central de Instrucción competente dejará sin efecto la prisión provisional del reclamado que hubiese decretado, si no recibe dentro del plazo de cuarenta días el acuerdo gubernativo de continuación de la vía judicial del procedimiento de extradición.

El límite máximo de la prisión provisional del reclamado y los derechos que corresponden al detenido por causa de extradición se regirán en lo no previsto por esta Ley, por los preceptos correspondientes de la Ley de Enjuiciamiento Criminal.

Art. 11. Si el Gobierno acordare la continuación del procedimiento en vía judicial remitirá el expediente al Juzgado Central de Instrucción, y si el reclamado no estuviere en prisión, el Ministerio de Justicia oficiará también al Ministerio del Interior para que se practique la detención, se redacte el oportuno atestado y en el plazo de veinticuatro horas siguientes se ponga al detenido, con los documentos, efectos o dinero, que le hubieren sido ocupados, a disposición de la misma autoridad judicial.

Art. 12. 1. Acordada la continuación del procedimiento en vía judicial, el Juez, a cuya disposición estuviere el reclamado, ordenará la inmediata comparecencia de éste, quien

---

Art. 10: V. arts. 503 y 504 LECr.

Art. 12: V. art. 65.4.º LOPJ, reproducido en nota al art. 8.2 de la presente Ley de Extradición.

deberá hacerlo asistido de Abogado y, en su caso, de intérprete. Se citará siempre al Ministerio Fiscal.

2. Identificado el detenido, el Juez le invitará a que manifieste, con expresión de sus razones, si consiente en la extradición o intenta oponerse a ella; si consintiera y no se suscitaran obstáculos legales que a ello se opongan, el Juez podrá acceder, desde luego, a la demanda de extradición. En otro caso adoptará la resolución que proceda, bien ordenando la libertad del detenido o bien elevando su detención a prisión, si antes no hubiera decretado ésta, con o sin fianza u otras medidas previstas en el apartado 3 del artículo 8.º, a resultas del procedimiento subsiguiente, a cuyo fin acordará elevar lo actuado a la Sala de lo Penal de la Audiencia Nacional.

3. Las resoluciones anteriores adoptarán la forma de auto, que se dictará dentro de las veinticuatro horas siguientes a la comparecencia y del que se dará traslado inmediato al Ministerio de Justicia. Contra este auto sólo procederá el recurso de reforma por los trámites de la Ley de Enjuiciamiento Criminal.

4. El Juez, de oficio, a instancia del Fiscal o del reclamado, podrá acordar que se complete la información aportada con los datos necesarios referentes a la identidad del reclamado y a los supuestos de hecho y de derecho justificativos de la solicitud de extradición, pudiendo señalar un plazo que en ningún caso excederá de treinta días. Las resoluciones del Juez, en esta materia, serán recurribles conforme a lo establecido en el apartado anterior.

Art. 13. 1. Recibido el expediente, el Tribunal lo pondrá de manifiesto en Secretaría al Fiscal y al Abogado defensor por plazo sucesivo de tres días, y podrá reclamar, a petición de cualquiera de ambos o de oficio, los antecedentes que juzgue convenientes en relación con el artículo siguiente, sin que contra la resolución del Tribunal sobre este extremo quepa recurso alguno.

2. Si el reclamado de extradición no tuviera defensor se le nombrará de oficio antes de ponerle de manifiesto el expediente.

Art. 14. 1. Dentro de los quince días siguientes al período de instrucción, se señalará la vista que tendrá lugar con intervención del Fiscal, del reclamado de extradición asistido, si fuera necesario, de intérprete y del Abogado defensor. En la vista podrá intervenir, y a tal efecto será citado el representante del Estado requirente cuando así lo hubiere solicitado y el Tribunal lo acuerde atendido el principio de reciprocidad, a cuyo fin reclamará, en su caso, la garantía necesaria a través del Ministerio de Justicia.

2. El reclamado prestará declaración durante la vista, pero solamente se admitirá y practicará la prueba que verse sobre extremos relacionados con las condiciones exigidas por el Tratado aplicable o por esta Ley.

Art. 15. 1. El Tribunal resolverá, por auto motivado, en el plazo improrrogable de los tres días siguientes a la vista, sobre la procedencia de la extradición, y, al propio tiempo, sobre si ha lugar a la entrega al Estado requirente de los valores, objetos o dinero que hubiesen sido ocupados al reclamado.

2. Contra este auto sólo cabrá recurso de súplica, que deberá ser resuelto por el Pleno de la Sala de lo Penal de la Audiencia Nacional y sin que pueda ser designado ponente ninguno de los Magistrados que dictaren el auto suplicado.

Art. 16. Si la extradición hubiere sido solicitada por varios Estados, bien por el mismo hecho o por hechos diferentes, se decidirá sobre aquélla por el Gobierno y en su caso la entrega del reclamado, teniendo en cuenta todas las circunstancias concurrentes y, especialmente, la existencia o no de tratado, la gravedad relativa y lugar de la comisión del delito, fechas de las respectivas solicitudes, nacionalidad de la persona reclamada y posibilidad de una ulterior extradición a otro Estado.

Art. 17. Cuando sea firme la resolución denegatoria de la extradición, el Tribunal, sin dilación, librará testimonio de la misma al Ministerio de Justicia, que a su vez lo comunicará al de Asuntos Exteriores para su notificación a la representación diplomática del país que formuló la demanda de extradición.

Asimismo, el Tribunal ordenará la inmediata puesta en libertad de la persona requerida de extradición.

Art. 18. 1. Si el Tribunal dictare auto declarando procedente la extradición, librará sin dilación testimonio del mismo al Ministerio de Justicia. El Gobierno decidirá la entrega de la persona reclamada o denegará la extradición de conformidad con lo dispuesto en el párrafo segundo del artículo 6.º

Asimismo, el Tribunal notificará las indicaciones que, de oficio o a instancia del representante diplomático, estime pertinente formular para la entrega de la persona reclamada, así como del tiempo en que ésta fue privada de libertad a fines de extradición, que quedará condicionada a que se compute como período de cumplimiento de condena.

2. Acordada la entrega de la persona requerida de extradición, el Ministerio de Justicia lo comunicará al de Asuntos Exteriores para su notificación a la representación diplomática del país que formuló la demanda de extradición. Dicho acuerdo será comunicado asimismo a la persona requerida de extradición.

3. Si el Gobierno denegare la extradición de conformidad con el párrafo segundo del artículo 6.º, el Ministerio de Justicia lo comunicará al Tribunal para que acuerde la puesta en libertad de la persona reclamada, sin perjuicio de su posible expulsión de España, de conformidad con la legislación de extranjeros. Igualmente, lo comunicará al de Asuntos Exteriores para su notificación a la representación diplomática que formuló la demanda de extradición.

Art. 19. 1. La entrega de la persona cuya extradición haya sido acordada se realizará por agente de la autoridad española, previa notificación del lugar y fecha fijados, observándose la legislación nacional vigente en este orden. Con aquélla, se entregarán a las autoridades o agentes del Estado requirente acreditados a tal fin los documentos, efectos y dinero que deban ser igualmente puestos a su disposición. Si la entrega del individuo reclamado no puede efectuarse, se procederá a la de dichos documentos, efectos y dinero, quedando a salvo, en todo caso, los derechos que pudieran corresponder sobre los mismos a otros interesados. El lugar y fecha fijados para la entrega serán comunicados asimismo al Tribunal que entendió de la solicitud.

2. Si la persona reclamada se encontrara sometida a procedimiento o condena por los Tribunales españoles o sancionada por cualquier otra clase de organismos o autoridades nacionales, la entrega podrá aplazarse hasta que deje extinguidas sus responsabilidades en España o efectuarse temporal o definitivamente en las condiciones que se fijen de acuerdo con el Estado requirente.

3. Si la persona reclamada no hubiera sido recibida en la fecha y lugar fijados podrá ser puesta en libertad transcurridos quince días a contar de dicha fecha y necesariamente a los treinta, y se podrá denegar su extradición por el mismo hecho si de nuevo se solicitara.

Art. 20. 1. La extradición en tránsito se otorgará previo el cumplimiento de los requisitos y con las mismas condiciones que para la extradición exige la presente Ley.

2. Excepcionalmente, por razones de urgencia, y cuando se utilizare la vía aérea y no estuviera previsto aterrizaje en territorio español, el Gobierno podrá autorizar el tránsito previa recepción de una solicitud con el contenido a que se refiere el número 1 del artículo 8.º y que producirá los efectos previstos en el citado artículo en caso de aterrizaje fortuito.

Art. 21. 1. Para que la persona que haya sido entregada pueda ser juzgada, sentenciada o sometida a cualquier restricción de su libertad personal, por hechos anteriores y distintos a los que hubieran motivado su extradición, será preciso autorización ampliatoria de la extradición concedida, a cuyo fin se presentará otra solicitud acompañada de los documentos previstos en el artículo séptimo y testimonio judicial de la declaración de la persona entregada que se tramitará como nueva demanda de extradición. Iguales requisitos será necesario cumplir para conceder la reextradición de la persona entregada a un tercer Estado.

2. No será necesaria esta autorización cuando la persona entregada, habiendo tenido la posibilidad de abandonar el territorio del Estado al que se entregó, permanezca en él más de cuarenta y cinco días o regrese al mismo después de abandonarlo.

Art. 22. Los gastos ocasionados por la extradición en territorio nacional serán, en régimen de reciprocidad, a cargo del Gobierno español. Los causados por extradición en tránsito serán de cuenta del Estado requirente.

DISPOSICIÓN DEROGATORIA

Queda derogada la Ley de Extradición de 26 de diciembre de 1958.

DISPOSICIÓN TRANSITORIA

Las disposiciones de naturaleza procesal contenidas en esta Ley sólo serán aplicables a las extradiciones que se soliciten a partir de su entrada en vigor.

Las de naturaleza sustantiva sólo tendrán efecto retroactivo en cuanto favorezcan al reclamado, el cual, en todo caso, será oído para que manifieste lo que le resulta más ventajoso, atendidas sus personales circunstancias.

APÉNDICE 5

ORDEN EUROPEA DE DETENCIÓN Y ENTREGA

A) LEY 3/2003, DE 14 DE MARZO, SOBRE LA ORDEN EUROPEA DE DETENCIÓN Y ENTREGA

(*BOE* n.º 65, de 17 de marzo de 2003)

EXPOSICIÓN DE MOTIVOS

El día 13 de junio de 2002 se adoptó por el Consejo de Ministros de Justicia e Interior la Decisión marco relativa a la orden de detención europea y a los procedimientos de entrega entre Estados miembros (*DOCE* L 190/1, de 17 de julio de 2002), primer instrumento jurídico de la Unión en el que se hace aplicación del principio de reconocimiento mutuo enunciado en las conclusiones del Consejo Europeo de Tampere.

El mandato de crear un espacio de libertad, seguridad y justicia que el Tratado de Amsterdam ha encomendado a la Unión tiene por objeto asegurar que el derecho a la libre circulación de los ciudadanos pueda disfrutarse en condiciones de seguridad y justicia accesible a todos. Se trata, por tanto, de la creación de una verdadera comunidad de Derecho en la que se asegure la protección jurídica efectiva de los derechos ciudadanos y en la que la lesión de tales derechos cuente con la respuesta de un sistema judicial sin fronteras dentro de la Unión.

En este contexto, los mecanismos tradicionales de cooperación judicial tienen que dejar paso a una nueva forma de entender las relaciones entre los sistemas jurídicos de los Estados miembros basada en la confianza. Aquí es donde se inserta el principio de reconocimiento mutuo, que permite la ejecución prácticamente automática de las resoluciones dictadas por las autoridades judiciales de los demás Estados.

La presente ley tiene por objeto cumplir con las obligaciones que la Decisión marco establece para los Estados miembros, consistentes en la sustitución de los procedimientos extradicionales por un nuevo procedimiento de entrega de las personas sospechosas de haber cometido algún delito o que eluden la acción de la justicia después de haber sido condenadas por sentencia firme. Este procedimiento se articula en torno a un modelo de resolución judicial unificado a escala de la Unión, la orden europea de detención y entrega, que puede ser emitida por cualquier juez o tribunal español que solicite la entrega de una persona a otro Estado miembro para el seguimiento de actuaciones penales o para el cumplimiento de una condena impuesta. De la misma forma, la autoridad judicial competente en España deberá proceder a la entrega cuando sea requerida por la autoridad judicial de otro Estado miembro.

La aplicación del principio de reconocimiento mutuo determina que, recibida la orden europea por la autoridad judicial competente para su ejecución, ésta se produzca de forma prácticamente automática, sin necesidad de que la autoridad judicial que ha de ejecutar la orden realice un nuevo examen de la solicitud para verificar la conformidad de la misma a su ordenamiento jurídico interno. De esta forma los motivos por los que la autoridad judicial puede negarse a la ejecución están tasados en el texto de la ley y su naturaleza permite una apreciación objetiva por parte de la autoridad judicial. Desaparecen, por tanto, motivos de denegación habituales en los procedimientos extradicionales, como los relativos a la no entrega de nacionales o a la consideración de los delitos como delitos políticos.

El carácter profundamente innovador de este procedimiento se acentúa si se tiene en cuenta que el mismo se aplica en relación con una amplia lista de categorías delictuales que se establecen en la Decisión marco, y con respecto a las cuales ya no puede seguir controlándose la existencia de doble incriminación. De esta forma, recibida una orden europea por la autoridad judicial por alguno de los tipos delictivos establecidos en esta lista, y siempre que supere un determinado umbral de pena, ésta deberá proceder a la ejecución con independencia de que su ordenamiento penal recoja tal figura delictiva.

Otra de las importantes aportaciones que se incorpora a nuestro ordenamiento con la presente ley consiste en configurar el procedimiento de detención y entrega como un procedimiento puramente judicial, sin apenas intervención del ejecutivo. Esta previsión tiene todo el sentido si se tiene en cuenta que, en el espacio en el que opera el principio de reconocimiento mutuo, que es un espacio de confianza recíproca, proceder a una verificación de la situación política del Estado emisor de la orden europea no parece tener ya mucho sentido. Puesto que desaparece del procedimiento el margen para la apreciación discrecional de la conveniencia a los intereses del Estado, la aplicación de las previsiones de la orden europea puede atribuirse como competencia judicial exclusiva.

Ello lleva aparejada otra gran ventaja, como es la relativa a la agilidad del procedimiento. La orden europea es remitida directamente por la autoridad judicial que la emite a la autoridad que ha de proceder a su ejecución, sin necesidad de que intervenga la autoridad central. La entrega de la persona se efectúa tras haber seguido un procedimiento que la ley ha tomado especial cuidado en configurar como ágil y rápido, a fin de dar cumplimiento a los breves plazos a los que obliga la norma europea. Si hay consentimiento a la entrega, la decisión ha de adoptarse en los diez días siguientes a la prestación del consentimiento. En caso de que la persona reclamada no consienta en la entrega, la decisión se adoptará en los sesenta días siguientes a la detención. La entrega deberá producirse normalmente, en uno y otro caso, en los diez días siguientes a la adopción de la decisión.

Se trata, por tanto, de una ley que introduce modificaciones tan sustanciales en el clásico procedimiento de extradición que puede afirmarse sin reservas que éste ha desaparecido de las relaciones de cooperación judicial entre los Estados miembros de la Unión Europea. El procedimiento de entrega que se aplicará en su lugar permitirá a partir de ahora que esta forma de cooperación judicial directa opere de manera eficaz y rápida, entre Estados cuyos valores constitucionales se basan en el respeto de los derechos fundamentales y en los principios democráticos.

CAPÍTULO PRIMERO

DISPOSICIONES GENERALES*

Artículo 1.º *Definiciones.*— 1. La orden de detención europea (en adelante, la orden euro-

* Sobre la aplicación del Convenio de extradición entre los Estados de la Unión Europea, en relación con la Decisión marco relativa a la orden de detención europea, v. la STJCE (Sala 3.ª) de 12 de agosto de 2008.

pea) es una resolución judicial dictada en un Estado miembro de la Unión Europea con vistas a la detención y la entrega por otro Estado miembro de una persona a la que se reclama para el ejercicio de acciones penales o para la ejecución de una pena o una medida de seguridad privativas de libertad.

2. A los efectos de esta ley, se entiende por:

— «autoridad judicial de emisión»: la autoridad judicial del Estado miembro emisor que sea competente para dictar una orden europea en virtud del derecho de ese Estado;

— «autoridad judicial de ejecución»: la autoridad judicial del Estado miembro de ejecución que sea competente para ejecutar la orden europea en virtud del derecho de ese Estado.

Art. 2.º *Designación de autoridades competentes en España.*—1. En España, son «autoridades judiciales de emisión» competentes a efectos de emitir la orden europea el juez o tribunal que conozca de la causa en la que proceda tal tipo de órdenes.

2. En España, son «autoridades judiciales de ejecución» competentes a efectos de dar cumplimiento a la orden europea los Juzgados Centrales de Instrucción y la Sala de lo Penal de la Audiencia Nacional, en los casos y forma determinados por la presente ley.

3. La Autoridad Central competente es el Ministerio de Justicia.

Art. 3.º *Contenido de la orden de detención europea.*— La orden europea contendrá, en una de las lenguas oficiales del Estado miembro de ejecución o en cualquier otra lengua aceptada por éste, la información siguiente, establecida de conformidad con el formulario que figura en el anexo:

a) La identidad y nacionalidad de la persona reclamada.

b) El nombre, la dirección, el número de teléfono y de fax y la dirección de correo electrónico de la autoridad judicial de emisión.

c) La indicación de la existencia de una sentencia firme, de una orden de detención o de cualquier otra resolución judicial ejecutiva que tenga la misma fuerza prevista en el ámbito de aplicación de los artículos 5 y 9 de la presente ley.

d) La naturaleza y tipificación legal del delito, en particular con respecto a los artículos 5 y 9 de la presente ley.

e) Una descripción de las circunstancias en que se cometió el delito, incluidos el momento, el lugar y el grado de participación en el mismo de la persona reclamada.

f) La pena dictada, si hay una sentencia firme, o bien, la escala de penas que establece la legislación para ese delito.

g) Si es posible, otras consecuencias del delito.

Art. 4.º *Gastos.*—Los gastos ocasionados en territorio español por la ejecución de una orden europea de detención serán a cargo del Estado español. Los demás gastos correrán a cargo del Estado de emisión.

CAPÍTULO II

EMISIÓN DE UNA ORDEN EUROPEA

Art. 5.º *Objeto de la orden europea.*—1. Las autoridades judiciales de emisión españolas podrán dictar una orden europea en los siguientes supuestos:

a) Con el fin de proceder al ejercicio de acciones penales, por aquellos hechos para los que la ley penal española señale una pena o una medida de seguridad privativas de libertad cuya duración máxima sea, al menos, de doce meses.

b) Con el fin de proceder al cumplimiento de una condena a una pena o una medida de seguridad no inferior a cuatro meses de privación de libertad.

2. Cuando se trate de delitos para los que se prevea una pena o medida de seguridad privativa de libertad cuya duración máxima sea de, al menos, tres años y sean susceptibles de integrarse en alguna de las categorías previstas en el artículo 9.1, la autoridad judicial de emisión deberá hacerlo constar expresamente.

3. Asimismo, la autoridad judicial de emisión española podrá solicitar a las autoridades de ejecución que, de conformidad con su derecho interno, entreguen los objetos que constituyan medios de prueba o efectos del delito.

4. Las autoridades judiciales de emisión españolas deducirán del período total de privación de libertad que haya de cumplirse en España como consecuencia de una condena a una pena o medida de seguridad privativas de libertad cualquier período de privación de libertad derivado de la ejecución de una orden europea.

Art. 6.º *Transmisión de una orden europea.*—1. Cuando se conozca el paradero de la persona reclamada, la autoridad judicial de emisión española podrá comunicar directamente a la autoridad judicial competente de ejecución la orden europea.

2. En caso de no ser conocido dicho paradero, la autoridad judicial de emisión española podrá decidir introducir una descripción de la persona reclamada en el Sistema de Información Schengen.

3. Sin perjuicio de lo dispuesto en el apartado 1 la autoridad judicial de emisión española podrá decidir, en cualquier circunstancia, introducir una descripción de la persona reclamada en el Sistema de Información Schengen.

4. Las citadas descripciones se efectuarán de conformidad con lo dispuesto en el artículo 95 del Convenio de Aplicación del Acuerdo de Schengen de 14 de junio de 1985, relativo a la supresión gradual de los controles en fronteras comunes de 19 de junio de 1990. Una descripción en el Sistema de Información Schengen, acompañada de la información que figura en el artículo 3 de la presente ley, equivaldrá a todos los efectos a una orden de detención europea.

5. Si no es posible recurrir al Sistema de Información Schengen, la autoridad judicial de emisión española podrá recurrir a los servicios de Interpol para la comunicación de la orden europea.

Art. 7.º *Procedimiento de transmisión.*—La autoridad judicial española de emisión podrá transmitir la orden europea por cualesquier medio fiable que pueda dejar constancia escrita, en condiciones que permitan a la autoridad de ejecución establecer su autenticidad.

Cualquier dificultad que surja en relación con la transmisión o la autenticidad de algún documento necesario para la ejecución de la orden europea se solventará mediante comunicación directa entre las autoridades judiciales implicadas.

Con posterioridad de la transmisión de la orden europea, la autoridad judicial española de emisión podrá transmitir a la autoridad judicial de ejecución cuanta información complementaria sea de utilidad para proceder a su ejecución.

Las autoridades judiciales de emisión españolas remitirán una copia de las órdenes europeas enviadas al Ministerio de Justicia.

Art. 8.º *Entregas temporales.*—1. Cuando se haya emitido una orden europea en el supuesto previsto en el apartado 1.*a*) del artículo 5, la autoridad judicial de emisión española podrá solicitar de la autoridad judicial de ejecución, antes de que ésta se haya pronunciado sobre la entrega definitiva, bien el traslado temporal a España de la persona reclamada para la práctica de diligencias penales o la celebración de la vista oral, o bien ser autorizada para trasladarse al Estado de ejecución con el fin de tomar declaración a dicha persona.

2. Si la autoridad judicial de ejecución, tras haber acordado la entrega de la persona reclamada,

decidiera suspender la misma hasta la celebración de juicio o hasta el cumplimiento de la pena impuesta en el Estado de ejecución, por un hecho distinto del que motivare la orden europea, la autoridad judicial de emisión española podrá solicitar el traslado temporal de dicha persona con el fin de proceder a la práctica de diligencias penales o para la celebración de la vista oral.

CAPÍTULO III

EJECUCIÓN DE UNA ORDEN EUROPEA

Art. 9.º *Hechos que dan lugar a la entrega.*—1. Cuando la orden europea hubiera sido emitida por un delito que, tal como se define en el derecho del Estado de emisión, pertenezca a una de las categorías de delitos que a continuación se relacionan, y dicho delito estuviera castigado en el Estado de emisión con una pena o una medida de seguridad privativa de libertad cuya duración máxima sea, al menos, de tres años, se acordará la entrega de la persona reclamada sin control de la doble tipificación de los hechos:

— pertenencia a organización delictiva,

— terrorismo,

— trata de seres humanos,

— explotación sexual de los niños y pornografía infantil,

— tráfico ilícito de estupefacientes y sustancias psicotrópicas,

— tráfico ilícito de armas, municiones y explosivos,

— corrupción,

— fraude, incluido el que afecte a los intereses financieros de las Comunidades Europeas con arreglo al Convenio de 26 de julio de 1995, relativo a la protección de los intereses financieros de las Comunidades Europeas,

— blanqueo del producto del delito,

— falsificación de moneda, incluida la falsificación del euro,

— delitos de alta tecnología, en particular delito informático,

— delitos contra el medio ambiente, incluido el tráfico ilícito de especies animales protegidas y de especies y variedades vegetales protegidas,

— ayuda a la entrada y residencia en situación ilegal,

— homicidio voluntario, agresión con lesiones graves,

— tráfico ilícito de órganos y tejidos humanos,

— secuestro, detención ilegal y toma de rehenes,

— racismo y xenofobia,

— robos organizados o a mano armada,

— tráfico ilícito de bienes culturales, incluidas las antigüedades y las obras de arte,

— estafa,

— chantaje y extorsión de fondos,

— violación de derechos de propiedad industrial y falsificación de mercancías,

— falsificación de documentos administrativos y tráfico de documentos falsos,

— falsificación de medios de pago,

— tráfico ilícito de sustancias hormonales y otros factores de crecimiento,

— tráfico ilícito de materiales radiactivos o sustancias nucleares,

— tráfico de vehículos robados,

— violación,

— incendio voluntario,

— delitos incluidos en la jurisdicción de la Corte Penal Internacional,

— secuestro de aeronaves y buques,

— sabotaje.

2. En los restantes supuestos no contemplados en el apartado anterior, siempre que estén castigados en el Estado de emisión con una pena o medida de seguridad privativa de libertad cuya duración máxima sea, al menos, de doce meses o, cuando la reclamación tuviere por objeto el cumplimiento de condena a una pena o medida de seguridad no inferior a cuatro meses de privación de libertad, la entrega podrá supeditarse al requisito de que los hechos que justifiquen la emisión de la orden europea sean constitutivos de un delito conforme a la legislación española, con independencia de los elementos constitutivos o la calificación del mismo.

Art. 10. *Actuaciones iniciales*.—1. Si el órgano judicial español que recibe una orden europea no es competente para darle curso, transmitirá de oficio dicha orden a la Audiencia Nacional e informará de ello a la autoridad judicial de emisión.

2. El Juzgado Central de Instrucción, como autoridad judicial de ejecución española, comprobará que la orden europea esté traducida al español.

En el supuesto de que no se remita la orden traducida, la autoridad judicial de ejecución española lo comunicará a la autoridad judicial de emisión, al objeto de que la remita en el más breve plazo. El procedimiento se suspenderá hasta tanto no se reciba la misma.

Cuando la detención de la persona reclamada sea consecuencia de la introducción de su descripción en el Sistema de Información Schengen, efectuada de conformidad con lo dispuesto en el artículo 95 del Convenio de aplicación del acuerdo de Schengen, de 14 de junio de 1985, relativo a la supresión gradual de los controles en las fronteras comunes, el Juzgado Central de Instrucción procederá, de oficio, a la traducción de la orden, sin suspender el procedimiento.

3. El Juzgado Central de Instrucción comunicará al Ministerio de Justicia, a la mayor brevedad posible, la recepción de cuantas órdenes europeas le sean remitidas para su ejecución.

Art. 11. *Garantías que deberán ser solicitadas del Estado de emisión en casos particulares.*—1. Cuando la infracción en que se basa la orden europea esté castigada con una pena o una medida de seguridad privativas de libertad a perpetuidad, la ejecución de la orden de detención europea por la autoridad judicial española estará sujeta a la condición de que el Estado miembro de emisión tenga dispuesto en su ordenamiento una revisión de la pena impuesta, o la aplicación de medidas de clemencia a las cuales la persona se acoja con arreglo al derecho o práctica del Estado de emisión, con vistas a la no ejecución de la pena o medida.

2. Asimismo, cuando la persona que fuere objeto de la orden europea a efectos de entablar una acción penal fuera de nacionalidad española, su entrega se podrá supeditar, después de ser oída al respecto, a la condición de que sea devuelta a España para cumplir la pena o medida de seguridad privativas de libertad que pudiere pronunciar en su contra el Estado de emisión.

Art. 12. *Causas de denegación.*—1. La autoridad judicial de ejecución española denegará la ejecución de la orden europea en los casos siguientes:

a) Cuando de la información de que disponga la autoridad judicial de ejecución española se desprenda que la persona reclamada ha sido juzgada definitivamente por los mismos hechos por un Estado miembro distinto del Estado de emisión, siempre que, en caso de condena, la sanción haya sido ejecutada, o esté en esos momentos en curso de ejecución o ya no pueda ejecutarse en virtud del derecho del Estado miembro de condena.

b) Cuando la persona que sea objeto de la orden de detención europea aún no pueda ser, por razón de su edad, considerada responsable penalmente de los hechos en que se base dicha orden, con arreglo al derecho español.

c) Cuando la persona reclamada haya sido indultada en España de la pena impuesta por los mismos hechos en que se funda la orden europea y éste fuera perseguible por la jurisdicción española.

2. La autoridad judicial de ejecución española podrá denegar la ejecución de la orden europea en los casos siguientes:

a) Cuando se dé el supuesto previsto en el artículo 9.2; no obstante, en materia de tasas e impuestos, de aduana y de cambio, no podrá denegarse la ejecución de la orden europea por el motivo de que la legislación española no imponga el mismo tipo de tasas o de impuestos o no contenga el mismo tipo de reglamentación en materia de tasas e impuestos, de aduana y de cambio que la legislación del Estado miembro emisor.

b) Cuando la persona que fuere objeto de la orden europea esté sometida a un procedimiento penal en España por el mismo hecho que haya motivado la orden europea.

c) Cuando se haya acordado el sobreseimiento libre en España por los mismos hechos.

d) Cuando sobre la persona que fuere objeto de la orden europea haya recaído en otro Estado miembro de la Unión Europea una resolución definitiva por los mismos hechos que impida definitivamente el posterior ejercicio de diligencias penales.

e) Cuando la persona objeto de la orden europea haya sido juzgada definitivamente por los mismos hechos en un tercer Estado no miembro de la Unión Europea, siempre que, en caso de condena, la sanción haya sido ejecutada o esté en esos momentos en curso de ejecución o ya no pueda ejecutarse en virtud del derecho del Estado de condena.

f) Cuando la orden europea se haya dictado a efectos de ejecución de una pena o medida de seguridad privativas de libertad, siendo la persona reclamada de nacionalidad española, salvo que consienta en cumplir la misma en el Estado de emisión. En otro caso, deberá cumplir la pena en España.

g) Cuando la orden europea contemple delitos que el ordenamiento jurídico español considere cometidos en su totalidad o en parte en el territorio español.

h) Cuando la orden europea contemple delitos que se hayan cometido fuera del territorio del Estado de emisión y el ordenamiento español no permita la persecución de esos mismos hechos cuando se hayan cometido fuera del territorio español.

i) Cuando conforme a la legislación española el delito en que se funda la orden europea o la pena impuesta hubieran prescrito, si respecto de los hechos delictivos hubieran sido competentes para su persecución los tribunales españoles.

Art. 13. *Detención y puesta a disposición de la autoridad judicial.*—1. La detención de una persona afectada por una orden europea de detención y entrega se practicará en la forma y con los requisitos y garantías previstos por la Ley de Enjuiciamiento Criminal.

2. En el plazo máximo de setenta y dos horas tras su deten-

ción, la persona detenida será puesta a disposición del Juez Central de Instrucción de la Audiencia Nacional.

3. Puesta la persona detenida a disposición de la autoridad judicial, ésta le informará de la existencia de la orden europea, su contenido, la posibilidad de consentir con carácter irrevocable su entrega al Estado emisor, así como del resto de los derechos que le asisten.

4. La detención de la persona reclamada será comunicada a la autoridad judicial de emisión por el Juzgado Central de Instrucción.

Art. 14. *Audiencia del detenido.*—1. La audiencia de la persona detenida se celebrará ante el Juez Central de Instrucción, en el plazo máximo de setenta y dos horas desde la puesta a disposición judicial, con asistencia del Ministerio Fiscal, del abogado de la persona detenida y, en su caso, de intérprete, debiendo realizarse conforme a lo previsto para la declaración del detenido por la Ley de Enjuiciamiento Criminal.

2. En primer lugar, se oirá a la persona detenida sobre la prestación de su consentimiento irrevocable a la entrega.

Si la persona detenida consintiera en su entrega, se extenderá acta comprensiva de este extremo, que será suscrita por la persona detenida, el secretario, el representante del Ministerio Fiscal y el juez. En la misma acta se hará constar la renuncia a acogerse al principio de especialidad, si se hubiere producido.

En todo caso, el Juez Central de Instrucción comprobará si el consentimiento a la entrega por parte de la persona detenida ha sido prestado libremente, y con pleno conocimiento de sus consecuencias, en especial de su carácter irrevocable. De la misma forma procederá respecto de la renuncia a acogerse al principio de especialidad.

A continuación, si no hubiere consentido, el juez oirá a las partes sobre la concurrencia de causas de denegación o condicionamiento de la entrega.

3. En todo caso, se oirá al Ministerio Fiscal sobre la procedencia de la entrega o la imposición de condiciones a la misma.

4. En la audiencia podrán proponerse por las partes los medios de prueba relativos a la concurrencia de causas de denegación o condicionamiento de dicha entrega.

Si la prueba no pudiera practicarse en el curso de la audiencia, el juez fijará plazo para su práctica, teniendo en cuenta la necesidad de respetar los plazos máximos previstos en esta ley.

Art. 15. *Información adicional.*—1. Cuando la orden europea transmitida no contenga la información preceptiva referida en el artículo 3, el Juez Central de Instrucción solicitará a la autoridad judicial de emisión la información omitida. Igualmente, podrá solicitar de la autoridad judicial de emisión información complementaria sobre los posibles motivos de denegación o condicionamiento de la ejecución.

2. El Juez Central de Instrucción podrá fijar un plazo para que se le envíe dicha información, teniendo en cuenta la necesidad de respetar los plazos máximos previstos por el artículo 19.

Art. 16. *Traslado temporal o toma de declaración de la persona reclamada.*—1. En los supuestos previstos en el apartado 1.*a*) del artículo 5, si la autoridad judicial de emisión lo solicitare, el Juzgado Central de Instrucción podrá acordar, bien que se tome declaración a la persona reclamada conforme lo dispuesto en el apartado segundo, o bien el traslado temporal de dicha persona al Estado de emisión.

2. La toma de declaración de la persona reclamada se llevará a cabo por la autoridad judicial de emisión que se trasladará a España y, en su caso, con la asistencia de la persona designada de conformidad con el derecho del Estado de emisión. Dicha declaración se practicará según lo previsto por la ley española y en las condiciones pactadas entre las autoridades judiciales concernidas. En todo caso, se respetará el derecho a la asistencia letrada del detenido, su derecho a no declarar contra sí mismo y a no confesarse culpable, así como a ser asistido de un intérprete.

El Juzgado Central de Instrucción podrá establecer que dicha diligencia se practique en su presencia o con la de un secretario judicial que deje constancia del cumplimiento de las condiciones previstas en este artículo y las pactadas entre las autoridades judiciales que conocen del procedimiento.

3. En caso de haberse acordado el traslado temporal de la persona detenida, se llevará a cabo dicho traslado en las condiciones y con la duración que se acuerde con la autoridad judicial de emisión. En todo caso, la persona reclamada deberá volver a España para asistir a las vistas orales que le conciernan en el marco del procedimiento de entrega.

Art. 17. *Situación personal de la persona reclamada.*—1. En el curso de la audiencia a que se refiere el artículo 14, el Juez Central de Instrucción, oído el Ministerio Fiscal, decretará la prisión provisional o la libertad provisional, adoptando cuantas medidas cautelares considere necesarias para asegurar la plena disponibilidad de los afectados, y de modo especial las previstas a tal efecto en la Ley de Enjuiciamiento Criminal.

2. El juez resolverá atendiendo a las circunstancias del caso y la finalidad de asegurar la ejecución de la orden europea.

3. En cualquier momento del procedimiento y en atención a las circunstancias del caso, el juez, oído el Ministerio Fiscal, podrá acordar que cese la situación de prisión provisional, pero en tal caso deberá adoptar alguna o algunas de las medidas cautelares referidas en el apartado 1 anterior.

4. Contra las resoluciones judiciales a que se refiere este artículo cabrá recurso de apelación ante la Sala de lo Penal de la Audiencia Nacional.

Art. 18. *Decisión sobre la entrega de la persona reclamada.*—1. Si la persona afectada hubiera consentido en ser entregada al Estado de emisión y el Ministerio Fiscal no advirtiera causas de denegación o condicionamiento de la entrega, el Juez Central de Instrucción podrá acordar mediante auto su entrega al Estado de emisión. Este auto se dictará en el plazo máximo de diez días a partir de la celebración de la audiencia y contra él no cabrá recurso alguno.

2. En los demás supuestos, el Juez Central de Instrucción elevará sus actuaciones a la Sala de lo Penal de la Audiencia Nacional. La Sala resolverá mediante auto, con observancia del plazo máximo fijado por el artículo siguiente. Contra este auto no cabrá recurso alguno.

Art. 19. *Plazos.*—1. La orden europea de detención se tramitará y ejecutará con carácter de urgencia.

2. Si la persona reclamada consiente la entrega, la decisión judicial deberá adoptarse en los diez días siguientes.

3. Si no media consentimiento, se adoptará la decisión en plazo de sesenta días tras su detención.

4. Cuando por razones justificadas no se pueda adoptar la decisión en los plazos señalados, éstos podrán prorrogarse por otros treinta días, comunicando a la autoridad judicial de emisión tal circunstancia y sus motivos, manteniendo entretanto las condiciones necesarias para la entrega.

5. Cuando, excepcionalmente, no se puedan cumplir los plazos previstos en el presente artículo, la autoridad judicial de ejecución española informará a Eurojust precisando los motivos de la demora.

Art. 20. *Entrega de la persona reclamada.*—1. La entrega de la persona reclamada se hará efectiva por agente de la autoridad española, previa notificación a la autoridad designada al efecto por la autoridad judicial de emisión del lugar y fechas fijados, siempre dentro de los diez días siguientes a la decisión judicial de entrega.

2. Si por causas ajenas al control de alguno de los Estados de emisión o de ejecución no pudiera verificarse en este plazo, las autoridades judiciales implicadas se pondrán en contacto inmediatamente para fijar una nueva fecha, dentro de un nuevo plazo de diez días desde la fecha inicialmente fijada.

3. Excepcionalmente, la autoridad judicial podrá suspender provisionalmente la entrega por motivos humanitarios graves, pero ésta deberá realizarse en cuanto dichos motivos dejen de existir. La entrega se verificará en los diez días siguientes a la nueva fecha que se acuerde cuando dichos motivos dejen de existir.

4. Transcurridos los plazos máximos para la entrega sin que la persona reclamada haya sido recibida por el Estado de emisión, se procederá a la puesta en libertad de la persona reclamada, sin que ello sea fundamento para la denegación de la ejecución de una posterior orden europea basada en los mismos hechos.

5. En todo caso, en el momento de la entrega la autoridad judicial de ejecución española pondrá en conocimiento de la autoridad judicial de emisión el período de privación de libertad que haya sufrido la persona a que se refiera la orden europea, a fin de que sea deducido de la pena o medida de seguridad que se imponga.

Art. 21. *Entrega suspendida o condicional.*—1. Cuando la persona reclamada tenga proceso penal pendiente ante la jurisdicción española por un hecho distinto del que motive la orden europea, la autoridad judicial de ejecución española, aunque haya resuelto dar cumplimiento a la orden, podrá suspender la entrega hasta la celebración de juicio o hasta el cumplimiento de la pena impuesta.

2. En el supuesto del apartado anterior, la autoridad judicial de ejecución española acordará, si así lo solicitara la autoridad judicial de emisión, la entrega temporal de la persona reclamada en las condiciones que formalice por escrito con dicha autoridad judicial y que tendrán carácter vinculante para todas las autoridades del Estado miembro emisor.

Art. 22. *Entrega de objetos.*—1. A petición de la autoridad judicial emisora o por propia iniciativa, la autoridad judicial de ejecución española intervendrá y entregará, de conformidad con el derecho interno, los objetos que constituyan medio de prueba o efectos del delito, sin perjuicio de los derechos que el Estado español o terceros puedan haber adquirido sobre los mismos. En este caso, una vez concluido el juicio, se procederá a su restitución.

2. Los objetos mencionados en el apartado anterior deberán entregarse aun cuando la orden de detención europea no pueda ejecutarse debido al fallecimiento o la evasión de la persona reclamada.

3. En el caso de que los bienes estén sujetos a embargo o comiso en España, la autoridad judicial de ejecución española podrá denegar la entrega o efectuarla con carácter meramente temporal, si ello es preciso para el proceso penal pendiente.

Art. 23. *Decisión en caso de concurrencia de solicitudes.*—1. En el caso de que dos o más Estados miembros hubieran emitido una orden europea en relación con la misma persona, la decisión sobre la prioridad de ejecución será adoptada por la autoridad judicial de ejecución española, teniendo en cuenta todas las circunstancias y, en particular, el lugar y la gravedad relativa de los delitos, las respectivas fechas de las órdenes, así como el hecho de que la orden se haya dictado a efectos de la persecución penal o a efectos de ejecución de una pena o una medida de seguridad privativas de libertad.

La autoridad judicial de ejecución española podrá solicitar, en su caso, el dictamen de Eurojust con vistas a la elección mencionada.

2. En caso de concurrencia entre una orden europea y una solicitud de extradición presentada por un tercer Estado, la autoridad judicial de ejecución española suspenderá el procedimiento y remitirá toda la documentación a la Autoridad Central. La propuesta de decisión sobre si debe darse preferencia a la orden europea o a la solicitud de extradición se elevará por el Ministro de Justicia al Consejo de Ministros, una vez consideradas todas las circunstancias y, en particular, las contempladas en el apartado 1 y las mencionadas en el convenio o acuerdo aplicable. Este trámite se regirá por lo dispuesto en la Ley de Extradición Pasiva.

3. En caso de que se decida otorgar preferencia a la solicitud de extradición, se notificará a la autoridad judicial de ejecución española, que lo pondrá en conocimiento de la autoridad judicial de emisión.

En caso de que se decida otorgar preferencia a la orden europea, se notificará a la autoridad judicial de ejecución española al objeto de que se continúe con el procedimiento en el trámite en el que se suspendió.

4. Lo dispuesto en este artículo se entiende sin perjuicio de las obligaciones derivadas del Estatuto de la Corte Penal Internacional.

CAPÍTULO IV

OTRAS DISPOSICIONES

Art. 24. *Principio de especialidad.*—1. El consentimiento o autorización para el enjuiciamiento, condena o detención con vistas a la ejecución de una pena o de una medida de seguridad privativas de libertad, por toda infracción cometida antes de la entrega de una persona y que sea distinta de la que motivó dicha entrega al Estado español, se presumirá que existe siempre que el Estado de la autoridad judicial de ejecución haya notificado a la Secretaría General del Consejo de la Unión Europea su disposición favorable al respecto, salvo que en un caso particular la autoridad judicial de ejecución declare lo contrario en su resolución de entrega.

2. Si se hubiese formulado la declaración, la persona entregada a España no podrá ser procesada, condenada o privada de libertad por una infracción cometida antes de su entrega distinta de la que hubiere motivado ésta, salvo que el Estado de ejecución lo autorizase. A tal efecto, la autoridad judicial de emisión española presentará a la autoridad judicial de ejecución una solicitud de autorización, acompañada de la información mencionada en el apartado 1 del artículo 3.

3. En el supuesto de que España sea el Estado de ejecución, en tanto no se practique la notificación a la Secretaría General del Consejo a que se refiere el apartado 1, para el enjuiciamiento, condena o detención con vistas a la ejecución de una condena o medida de seguridad privativa de libertad por toda infracción cometida antes de la entrega de una persona y que sea distinta de la que motivó dicha entrega, el Estado de emisión deberá solicitar la autorización a la que se refiere el apartado anterior, que deberá adoptarse por la autoridad judicial de ejecución española en el plazo máximo de treinta días, si la infracción que motiva la solicitud fuese motivo de entrega de conformidad con lo dispuesto en la presente ley, y sin perjuicio de las garantías a que se refiere el artículo 11 de esta ley.

4. Los apartados anteriores no serán de aplicación cuando concurra alguna de las siguientes circunstancias:

a) Cuando la persona hubiere renunciado expresamente ante la autoridad judicial de ejecución al principio de especialidad antes de la entrega.

b) Cuando la persona hubiere renunciado expresamente, después de la entrega, a acogerse al principio de especialidad en relación con determinadas infracciones anteriores a su entrega. La renuncia se efectuará ante la autoridad judicial competente del Estado miembro emisor, y se levantará acta de la misma con arreglo al derecho interno de éste. La renuncia se efectuará en condiciones que pongan de manifiesto que la persona lo ha hecho voluntariamente y con plena conciencia de las consecuencias que ello acarrea. Con este fin, la persona tendrá derecho a la asistencia de un abogado.

c) Cuando, habiendo tenido la oportunidad de salir del territorio del Estado miembro al que haya sido entregada, la persona no lo haya hecho en un plazo de cuarenta y cinco días desde su puesta en libertad definitiva, o haya vuelto a dicho territorio después de haber salido del mismo.

d) Cuando la infracción no sea sancionable con una pena o medida de seguridad privativas de libertad.

e) Cuando el proceso penal no concluye con la aplicación de una medida restrictiva de la libertad individual de la persona.

f) Cuando la persona esté sujeta a una pena o medida no privativas de libertad, incluidas las sanciones pecuniarias, o a una medida equivalente, aun cuando dicha pena o medida pudieren restringir su libertad individual.

Art. 25. *Tránsito*.—1. El tránsito de una persona para la ejecución de una orden europea por territorio español requerirá únicamente la aportación por el Estado de emisión de los siguientes datos:

a) La identidad y nacionalidad de la persona que es objeto de la orden europea.

b) La existencia de una orden europea.

c) La calificación jurídica del delito.

d) La descripción de las circunstancias del delito, incluidos la fecha y el lugar.

2. Se exceptúa el tránsito aéreo sin escalas, salvo si se produjera un aterrizaje forzoso.

3. En España, la competencia para recibir la información sobre el tránsito corresponde a la Autoridad Central.

Art. 26. *Entrega ulterior*.—1. El consentimiento para la entrega por el Estado español de una persona a otro Estado miembro, en virtud de una orden europea dictada para una infracción cometida antes de su entrega, se presumirá que ha sido dado respecto de todos aquellos Estados de ejecución que hayan notificado a la Secretaría General del Consejo su disposición favorable al respecto, a menos que en un caso particular la autoridad judicial de ejecución declare lo contrario en su resolución de entrega.

2. El Estado español tampoco necesitará el consentimiento de la autoridad judicial de ejecución, para entregar a una persona que le haya sido entregada en ejecución de una orden europea por una infracción cometida antes de su entrega, en los siguientes casos:

a) Si la persona reclamada, habiendo tenido ocasión de abandonar el territorio del Estado al que hubiere sido entregada, no lo hiciere en el plazo de cuarenta y cinco días desde su puesta en libertad definitiva, o hubiere regresado a dicho territorio después de abandonarlo.

b) Si la persona reclamada hubiere consentido en ser entregada a otro Estado miembro distinto del Estado miembro de ejecución en virtud de una orden de detención europea. El consentimiento se prestará ante la autoridad judicial competente del Estado miembro emisor, y se levantará acta del mismo con arreglo al derecho interno de éste. El consentimiento se prestará en condiciones que pongan de manifiesto que la persona lo ha hecho libremente y con pleno conocimiento de sus consecuencias. Con este fin, la persona reclamada tendrá derecho a la asistencia de un abogado.

c) Si la persona reclamada no se acoge al principio de la especialidad, de conformidad con lo dispuesto en los párrafos *a*), *b*) y *c*) del apartado 4 y en el apartado 2 del artículo 24.

3. En los supuestos no contemplados en el apartado anterior, el Estado español necesitará la autorización de la autoridad judicial de ejecución, que se solicitará de conformidad con lo dispuesto en el artículo 6 adjuntando a la solicitud la información mencionada en el apartado 1 del artículo 3 y una traducción.

4. El consentimiento del Estado español para la entrega por el Estado de emisión a un tercer Estado, en virtud de una orden europea dictada para una infracción cometida antes de su entrega, en tanto no se realice por España la declaración a la que se refiere el apartado 1 de este artículo, exigirá la solicitud de autorización por el Estado de que se trate que deberá adoptarse por la autoridad judicial de ejecución española en el plazo máximo de treinta días, si la infracción que motiva la solicitud fuese motivo de entrega de conformidad con lo dispuesto en la presente ley, y sin perjuicio de las garantías a que se refiere el artículo 11 de esta ley.

Art. 27. *Entrega ulterior a una extradición.*—1. En caso de que la persona reclamada haya sido extraditada a España desde un tercer Estado, y de que la misma estuviere protegida por disposiciones del acuerdo en virtud del cual hubiere sido extraditada relativas al principio de especialidad, la autoridad judicial española de ejecución solicitará la autorización del Estado que la haya extraditado para que pueda ser entregada al Estado de emisión. Los plazos contemplados en el artículo 19 empezarán a contar en la fecha en que dichas reglas relativas al principio de especialidad dejen de aplicarse.

2. En tanto se tramita la autorización, la autoridad judicial española de ejecución garantizará que siguen dándose las condiciones materiales necesarias para una entrega efectiva.

Art. 28. *Extradición ulterior.*—1. Cuando una persona haya sido entregada a España en virtud de una orden europea, si es solicitada posteriormente su extradición por un Estado que no sea miembro de la Unión Europea, no podrá otorgarse dicha extradición sin el consentimiento de la autoridad judicial de ejecución que acordó la entrega, a cuyo efecto el Juzgado Central de Instrucción cursará la pertinente solicitud.

2. Si las autoridades judiciales españolas hubieran acordado la entrega de una persona a otro Estado miembro de la Unión Europea, en virtud de una orden europea, y les fuera solicitado su consentimiento por las autoridades judiciales de emisión con el fin de proceder a su extradición a un tercer Estado no miembro de la Unión Europea, dicho consentimiento se prestará de conformidad con los convenios bilaterales o multilaterales en los que España sea parte, teniendo la petición de autorización la consideración de demanda de extradición a estos efectos.

Art. 29. *Inmunidades y privilegios.*—1. Cuando la persona a que se refiere la orden europea goce de inmunidad en España, la autoridad judicial de ejecución solicitará sin demora a la autoridad competente el levantamiento de dicho privilegio. Si compete a otro Estado o a una organización internacional, corresponderá hacer la solicitud a la autoridad judicial que haya emitido la orden europea, a cuyo efecto la autoridad judicial de ejecución comunicará a la de emisión dicha circunstancia.

2. En tanto se resuelve sobre la solicitud de retirada de la inmunidad a la que se refiere el apartado anterior, la autoridad judicial de ejecución deberá adoptar las medidas cautelares que considere necesarias para garantizar una entrega efectiva cuando la persona haya dejado de disfrutar de un privilegio o inmunidad de este tipo.

3. Una vez haya sido informada la autoridad judicial de eje-

cución de la retirada de la inmunidad o privilegio antes referidos, comenzarán a computarse los plazos previstos en esta ley.

4. Cuando la persona a que se refiere la orden europea haya llegado a España como consecuencia de una extradición de un tercer Estado no perteneciente a la Unión Europea, y la entrega esté limitada al delito para el que se concedió, los plazos de resolución citados en el apartado anterior comenzarán a correr desde que las autoridades del Estado que extraditó a la persona reclamada muestren su conformidad para que quede sin efecto el principio de especialidad y pueda entregarse el individuo al Estado emisor de la orden europea. Mientras se notifica la decisión, el juez o tribunal mantendrá las condiciones precisas para hacer la entrega, en su caso.

DISPOSICIONES ADICIONALES

1.ª *Relación con otros instrumentos jurídicos.*—Las condiciones, requisitos y procedimiento para emitir y dar cumplimiento a la orden de detención europea se regirán por lo establecido en la presente ley, salvo lo previsto en los convenios bilaterales o multilaterales suscritos por España en los que se simplifique o facilite el procedimiento de entrega, de acuerdo con lo dispuesto en el apartado segundo del artículo 31 de la Decisión marco.

2.ª *Transmisión de la orden europea a través de la Red Judicial Europea.*—La transmisión de la orden europea a que se refiere el artículo 7, primer párrafo, de esta ley, podrá efectuarse, en el momento en que sea operativo, a través del sistema de telecomunicaciones protegido de la Red Judicial Europea, regulada en la Decisión 2002/187/JAI, de 28 de febrero de 2002.

3.ª *Remisión y ejecución de órdenes europeas provenientes o dirigidas a Gibraltar.*—La aplicación de las disposiciones en lo que respecta a órdenes europeas provenientes o dirigidas a la colonia británica de Gibraltar se regirán por lo dispuesto en el «Régimen acordado sobre autoridades de Gibraltar en el contexto de los instrumentos de la Unión Europea y de la Comunidad Europea y Tratados Conexos», contenido en el documento del Consejo 7998/00 JAI 45 MI 73, de 19 de abril de 2000.

DISPOSICIONES TRANSITORIAS

1.ª *Equivalencia de la descripción del Sistema de Información Schengen.*—Con carácter provisional, hasta el momento en que el Sistema de Información Schengen tenga capacidad para transmitir toda la información que figura en el artículo 3, la descripción equivaldrá a una orden europea hasta que la autoridad judicial de ejecución reciba el original en buena y debida forma.

2.ª *Régimen transitorio.*—1. La presente ley será aplicable a las órdenes europeas de detención y entrega que se emitan con posterioridad a su entrada en vigor, aun cuando se refieren a hechos anteriores a la misma.

2. Los procedimientos de extradición que se encuentren en curso en el momento de la entrada en vigor de la presente ley seguirán tramitándose como tales hasta su conclusión.

3. Las disposiciones de la presente ley sólo serán aplicables respecto de los Estados miembros que hayan notificado a la Secretaría General del Consejo y a la Comisión de la Unión Europea el texto y la entrada en vigor de las disposiciones de adaptación de sus legislaciones nacionales, en virtud de las obligaciones derivadas de la Decisión Marco del Consejo de la Unión Europea 2002/584/JAI, de 13 de junio de 2002, relativa a la orden de detención europea y a los procedimientos de entrega entre Estados miembros. Entretanto, y respecto de los demás Estados miembros, se continuarán aplicando las disposiciones vigentes en materia de extradición hasta la fecha en que en dichos Estados miembros se apliquen aquellas disposiciones.

DISPOSICIÓN FINAL

Única. *Entrada en vigor.*—La presente ley entrará en vigor el día siguiente al de su publicación en el *Boletín Oficial del Estado.*

ANEXO*

....

* No se reproduce el anexo documental.

B) LEY ORGÁNICA 2/2003, DE 14 DE MARZO, COMPLEMENTARIA DE LA LEY SOBRE LA ORDEN EUROPEA DE DETENCIÓN Y ENTREGA

(*BOE* n.º 65, de 17 de marzo de 2003)

EXPOSICIÓN DE MOTIVOS

La Ley 3/2003, de 14 de marzo, sobre la orden europea de detención y entrega, establece en el artículo 2 la designación de las autoridades judiciales de ejecución, atribuyendo a éstas la competencia para proceder al cumplimiento de las órdenes europeas de detención y entrega que deban ejecutarse en España. Por este motivo, es necesario modificar la Ley Orgánica 6/1985, de 1 de julio, del Poder Judicial, que enumera las competencias de los órganos jurisdiccionales.

El artículo 65, apartado 4, de la Ley Orgánica del Poder Judicial atribuye a la Sala de lo Penal de la Audiencia Nacional la competencia sobre los procedimientos judiciales de extradición pasiva, por lo que es procedente añadir a este precepto la competencia sobre el cumplimiento de las órdenes europeas de detención y entrega. Asimismo, en el artículo 88 de la citada Ley Orgánica se atribuye a los Juzgados Centrales de Instrucción la tramitación de los expedientes de extradición pasiva, de modo que, igual que en el caso anterior, debe añadirse la atribución de competencia sobre los expedientes derivados de las órdenes europeas de detención y entrega.

Artículo único. *Modificación de los artículos 65.4.º y 88 de la Ley Orgánica 6/1985, de 1 de julio, del Poder Judicial.*—

Uno. El apartado 4.º del artículo 65 de la Ley Orgánica 6/1985, de 1 de julio, del Poder Judicial, tendrá la siguiente redacción:

«4.º Del procedimiento para la ejecución de las órdenes europeas de detención y entrega y de los procedimientos judiciales de extradición pasiva, sea cual fuere el lugar de residencia o en que hubiese tenido lugar la detención del afectado por el procedimiento.»

Dos. El artículo 88 de la Ley Orgánica 6/1985, de 1 de julio, del Poder Judicial, tendrá la siguiente redacción:

«En la Villa de Madrid podrá haber uno o más Juzgados Centrales de Instrucción, con jurisdicción en toda España, que instruirán las causas cuyo enjuiciamiento corresponda a la Sala de lo Penal de la Audiencia Nacional o, en su caso, a los Juzgados Centrales de lo Penal y que tramitarán los expedientes de ejecución de las órdenes europeas de detención y entrega, así como los expedientes de extradición pasiva, en los términos previstos en la ley.»

DISPOSICIÓN FINAL

Única. *Entrada en vigor.*— La presente ley orgánica entrará en vigor el día siguiente al de su publicación en el *Boletín Oficial del Estado*.

APÉNDICE 6

LEY ORGÁNICA 5/1985, DE 19 DE JUNIO, DEL RÉGIMEN ELECTORAL GENERAL*

(*BOE* n.º 147, de 20 de junio de 1985; corrección de errores en *BOE* n.º 17, de 20 de enero de 1986)

....

TÍTULO PRIMERO

Disposiciones comunes para las elecciones por sufragio universal directo

....

CAPÍTULO VIII

DELITOS E INFRACCIONES ELECTORALES

SECCIÓN 1.ª

Disposiciones generales

Art. 135. 1. A los efectos de este Capítulo son funcionarios públicos los que tengan esa consideración según el Código Penal, quienes desempeñen alguna función pública relacionada con las elecciones, y en particular los Presidentes y Vocales de las Juntas Electorales, los Presidentes, Vocales e Interventores de las Mesas Electorales y los correspondientes suplentes.

2. A los mismos efectos tienen la consideración de documentos oficiales, el censo y sus copias

* Modificada por LO 1/1987, de 2 de abril, para la regulación de las elecciones al Parlamento Europeo (*BOE* n.º 80, de 3 de abril); por LO 8/1991, de 13 de marzo (*BOE* n.º 63, de 14 de marzo; corrección de errores en *BOE* n.º 65, de 16 de marzo); por LO 6/1992, de 2 de noviembre (*BOE* n.º 264, de 3 de noviembre); por LO 13/1994, de 30 de marzo (*BOE* n.º 77, de 31 de marzo); por LO 3/1995, de 23 de marzo (*BOE* n.º 71, de 24 de marzo); por el apartado 1.*f*) de la Disp. Derog. Única de la LO 10/1995, por la que

autorizadas, las Actas, listas, certificaciones, talones o credenciales de nombramiento de quienes hayan de intervenir en el proceso electoral y cuantos emanen de personas a quienes la presente Ley encargue su expedición.

Art. 136. Los hechos susceptibles de ser calificados con arreglo a esta Ley y al Código Penal lo serán siempre por aquel precepto que aplique mayor sanción al delito o falta cometidos.

Art. 137. Por todos los delitos a que se refiere este Capítulo se impondrá, además de la pena señalada en los artículos siguientes, la de inhabilitación especial para el derecho del sufragio pasivo.

Art. 138. En lo que no se encuentre expresamente regulado en este Capítulo se aplicará el Código Penal.

También serán de aplicación, en todo caso, las disposiciones del Capítulo I, Título I, del Código Penal a los delitos penados en esta Ley.

SECCIÓN 2.ª

Delitos electorales

Art. 139. Serán castigados con las penas de arresto mayor y

---

se aprueba el nuevo Código Penal; por LO 1/1997, de 30 de mayo, para la transposición de la Directiva 94/80/CE, de Elecciones Municipales (*BOE* n.º 130, de 31 de mayo); por LO 3/1998, de 15 de junio (*BOE* n.º 143, de 16 de junio); por LO 8/1999, de 21 de abril (*BOE* n.º 96, de 22 de abril); por LO 6/2002, de 27 de junio (*BOE* n.º 154, de 28 de junio), de Partidos Políticos; por LO 1/2003, de 10 de marzo (*BOE* n.º 60, de 11 de marzo; corrección de errores en *BOE* n.º 207, de 29 de agosto), para la garantía de la democracia en los Ayuntamientos y la seguridad de los Concejales; por LO 16/2003, de 28 de noviembre (*BOE* n.º 286, de 29 de noviembre); por Ley Orgánica 3/2007, de 22 de marzo (*BOE* n.º 71, de 23 de marzo), para la igualdad efectiva de mujeres y hombres; y por LO 9/2007, de 8 de octubre (*BOE* n.º 242, de 9 de octubre). V. arts. 214, n.º 3.º, 217, n.º 1.º, y 218, n.º 1.º, CP de 1973 (Apéndice 1); RD 1.732/1985, de 24 de septiembre, por el que se regulan las condiciones de los locales y las características oficiales de los elementos materiales a utilizar en los procesos electorales (*BOE* n.º 233, de 28 de septiembre); y RD 605/1999, de 16 de abril (*BOE* n.º 92, de 17 de abril), de regulación complementaria de los procesos electorales, modificado por RD 1.382/2002, de 20 de diciembre (*BOE* n.º 305, de 21 de diciembre; corrección de erratas en *BOE* n.º 8, de 9 de enero de 2003).

Art. 135.1: V. art. 24 CP.

Art. 135.2: V. arts. 26 y 390 ss. CP.

Art. 136: V. art. 8 CP.

Art. 137: V. art. 44 CP. Téngase en cuenta que el apartado 1.*f)* de la Disp. Derog. Única de la LO 10/1995, por la que se aprueba el nuevo CP, derogó los términos «activo y» que figuraban también en este precepto.

Art. 138: V. art. 9.º, Título Preliminar y Título I del Libro I CP.

Art. 139: Téngase en cuenta que, en virtud de lo previsto en la Disp. Trans. 11.ª1 de la LO 10/1995, por la que se aprueba el nuevo CP, las penas de multa en cuantía superior a cien mil pesetas, señaladas para hechos castigados como delito en Leyes penales especiales, deben entenderse sustituidas por la

multa de 30.000 a 300.000 pesetas los funcionarios públicos que dolosamente:

1. Incumplan las normas legalmente establecidas para la formación, conservación y exhibición al público del censo electoral.
2. Incumplan las normas legalmente establecidas para la constitución de las Juntas y Mesas Electorales, así como para las votaciones, acuerdos y escrutinios que éstas deban realizar.
3. No extiendan las actas, certificaciones, notificaciones y demás documentos electorales en la forma y momentos previstos por la Ley.
4. Susciten, sin motivo racional, dudas sobre la identidad de una persona o la entidad de sus derechos.
5. Suspendan, sin causa justificada, cualquier acto electoral.
6. Nieguen, dificulten o retrasen indebidamente la admisión, curso o resolución de las protestas o reclamaciones de las personas que legalmente estén legitimadas para hacerlas, o no dejen de ellas la debida constancia documental.
7. Causen, en el ejercicio de sus competencias, manifiesto perjuicio a un candidato.
8. Incumplan los trámites establecidos para el voto por correspondencia.

Art. 140. 1. Serán castigados con las penas de prisión mayor y multa de 30.000 a 300.000 pesetas los funcionarios que abusando de su oficio o cargo dolosamente realicen alguna de las siguientes falsedades:

a) Alterar sin autorización las fechas, horas o lugares en que de-

---

multa de tres a diez meses, y que, en los mismos términos, las multas de cuantía inferior a cien mil pesetas deben entenderse sustituidas por la multa de dos a tres meses, y la pena de arresto mayor sustituida por la de arresto de siete a quince fines de semana.

Art. 139.1: V. arts. 31 ss. de la presente Ley del Régimen Electoral General.

Art. 139.2: V. arts. 80 ss. de la presente Ley.

Art. 139.3: V. arts. 98 ss. de la presente Ley.

Art. 139.6: V. art. 108 de la presente Ley.

Art. 139.8: V. arts. 72 ss. de la presente Ley del Régimen Electoral General.

Art. 140: El apartado 1.*i*) de este artículo fue introducido por LO 1/2003, de 10 de marzo (*BOE* n.º 60, de 11 de marzo; corrección de errores en *BOE* n.º 207, de 29 de agosto), para la garantía de la democracia en los Ayuntamientos y la seguridad de los Concejales.V. arts. 26 y 390 ss. CP. Téngase en cuenta que, en virtud de lo previsto en la Disp. Trans. 11.ª1 de la LO 10/1995, por la que se aprueba el nuevo CP, las penas de multa en cuantía superior a cien mil pesetas, señaladas para hechos castigados como delito en Leyes penales especiales, deben entenderse sustituidas por la multa de tres a diez meses, y que, en los mismos términos, las multas de cuantía inferior a cien mil pesetas deben entenderse sustituidas por la multa de dos a tres meses, la pena de prisión mayor por la de prisión de tres a ocho años, y la prisión menor por la de prisión de seis meses a tres años.

ba celebrarse cualquier acto electoral incluso de carácter preparatorio, o anunciar su celebración de forma que pueda inducir a error a los electores.

b) Omitir o anotar de manera que induzca a error sobre su autenticidad los nombres de los votantes en cualquier acto electoral.

c) Cambiar, ocultar o alterar, de cualquier manera, el sobre o papeleta electoral que el elector entregue al ejercitar su derecho.

d) Realizar con inexactitud el recuento de electores en actos referentes a la formación o rectificación del Censo, o en las operaciones de votación y escrutinio.

e) Efectuar proclamación indebida de personas.

f) Faltar a la verdad en manifestaciones verbales que hayan de realizarse en algún acto electoral, por mandato de esta Ley.

g) Consentir, pudiendo evitarlo, que alguien vote dos o más veces o lo haga sin capacidad legal, o no formular la correspondiente protesta.

h) Imprimir, confeccionar o utilizar papeletas o sobres electorales con infracción de las normas establecidas.

i) Incumplir las obligaciones relativas a certificaciones en materia de subvenciones por gastos electorales previstas en esta ley.

j) Cometer cualquier otra falsedad en materia electoral, análoga a las anteriores, por alguno de los modos señalados en el artículo 302 del Código Penal.

2. Si las alteraciones de la verdad a las que se refiere este artículo fueran producidas por imprudencia temeraria, serán sancionadas con la pena de prisión menor.

3. En la apreciación de los supuestos a que se refiere el presente artículo, los Tribunales se atendrán a lo dispuesto en el artículo 318 del Código Penal.

Art. 141. 1. El particular que dolosamente vulnere los trámites establecidos para el voto por correo será castigado con las penas de arresto mayor y multa de 30.000 a 300.000 pesetas.

2. El particular que participe dolosamente en alguna de las falsedades señaladas en el artículo

---

Art. 141. Téngase en cuenta que, en virtud de lo previsto en la Disp. Trans. 11.ª1 de la LO 10/1995, por la que se aprueba el nuevo CP, las penas de multa en cuantía superior a cien mil pesetas, señaladas para hechos castigados como delitos en Leyes penales especiales, deben entenderse sustituidas por la multa de tres a diez meses, y que, en los mismos términos, las multas de cuantía inferior a cien mil pesetas deben entenderse sustituidas por la multa de dos a tres meses, la pena de arresto mayor por la de arresto de siete a quince fines de semana, y la de prisión menor, por la prisión de seis meses a tres años.

Art. 141.1: Introducido por LO 6/1992, de 2 de noviembre (*BOE* n.º 264, de 3 de noviembre).

anterior será castigado con las penas de prisión menor y multa de 30.000 a 300.000 pesetas. En estos supuestos los Tribunales se atendrán igualmente a lo dispuesto en el artículo 318 del Código Penal.

Art. 142. Serán castigados con las penas de prisión menor en grado mínimo, inhabilitación especial y multa de 30.000 a 300.000 pesetas quienes voten dos o más veces en la misma elección o quienes voten dolosamente sin capacidad para hacerlo.

Art. 143. El Presidente y los Vocales de las Mesas Electorales así como sus respectivos suplentes que dejen de concurrir a desempeñar sus funciones, las abandonen sin causa legítima o incumplan sin causa justificada las obligaciones de excusa o aviso previo que les impone esta Ley, incurrirán en la pena de arresto mayor y multa de 30.000 a 300.000 pesetas.

Art. 144. 1. Serán castigados con la pena de arresto mayor o multa de 30.000 a 300.000 pesetas quienes lleven a cabo alguno de los actos siguientes:

a) Realizar actos de propaganda una vez finalizado el plazo de la campaña electoral.

b) Infringir las normas legales en materia de carteles electorales y espacios reservados de los mismos, así como las normas relativas a las reuniones y otros actos públicos de propaganda electoral.

2. Serán castigados con las penas de prisión menor en grado mínimo y multa de 100.000 a 500.000 pesetas los miembros en activo de las Fuerzas Armadas y Seguridad del Estado, de las Policías de las Comunidades Autónomas y locales, los Jueces, Magistrados y Fiscales y los miembros de las Juntas Electorales que difundan propaganda electoral o lleven a cabo otras actividades de campaña electoral.

Art. 142: V. arts. 42 ss., 66 y 72 CP, y téngase en cuenta que, en virtud de lo previsto en la Disp. Trans. 11.ª1 de la LO 10/1995, por la que se aprueba el nuevo CP, las penas de multa en cuantía superior a cien mil pesetas, señaladas para hechos castigados como delito en Leyes penales especiales, deben entenderse sustituidas por la multa de tres a diez meses, y, en los mismos términos, las multas de cuantía inferior a cien mil pesetas deben entenderse sustituidas por la multa de dos a tres meses, y la de prisión menor, por la de prisión de seis meses a tres años.

Art. 143: V. arts. 407 y 463 CP, y nota al art. 139 de esta misma Ley.

Téngase en cuenta que la STS (2.ª) de 20 de enero de 2006 ha establecido que, tras la conversión de la pena de arresto mayor en arrestos de fin de semana, y la posterior supresión de esta pena, la sanción prevista en este artículo debe entenderse que es privación de libertad de catorce a treinta días.

Art. 144: V. arts. 66 y 72 CP y nota al art. 141 de la presente Ley.

Art. 144.1: V. arts. 53 ss. de la presente Ley del Régimen Electoral General.

Art. 145. Serán castigados con la pena de arresto mayor, multa de 500.001 a 5.000.000 de pesetas y accesoria de inhabilitación especial para el ejercicio de la profesión quienes dolosamente infrinjan la normativa vigente en materia de encuestas electorales.

Art. 146. 1. Serán castigados con la pena de arresto mayor y multa de 30.000 a 300.000 pesetas:

a) Quienes por medio de recompensas, dádivas, remuneraciones o promesas de las mismas, soliciten directa o indirectamente el voto de algún elector, o le induzcan a la abstención.

b) Quienes con violencia o intimidación presionen sobre los electores para que no usen de su derecho, lo ejerciten contra su voluntad o descubran el secreto de voto.

c) Quienes impidan o dificulten injustificamente la entrada, salida o permanencia de los electores, candidatos, apoderados, interventores y notarios en los lugares en los que se realicen actos del procedimiento electoral.

2. Incurrirán en la pena señalada en el número anterior y, además, en la inhabilitación especial para cargo público, los funcionarios públicos que usen de sus competencias para algunos de los fines señalados en este artículo.

Art. 147. Los que perturben gravemente el orden en cualquier acto electoral o penetren en los locales donde éstos se celebren portando armas u otros instrumentos susceptibles de ser usados como tales, serán castigados con la pena de arresto mayor y multa de 30.000 a 300.000 pesetas.

Art. 148. Cuando los delitos de calumnia e injuria se cometan en período de campaña electoral y con motivo u ocasión de ella, las penas privativas de libertad previstas al efecto en el Código Penal se impondrán en su grado máximo.

Art. 149. 1. Los administradores generales y de las candidaturas de los partidos, federaciones, coaliciones o agrupaciones de electores que falseen las cuentas, reflejando u omitiendo indebidamente en las mismas aportaciones o gastos o usando de cualquier artificio que

---

Art. 145: V. arts. 45 CP y 69 de la presente Ley y nota al art. 139 de ésta.

Art. 146: V. arts. 42 y 172 CP y nota al art. 139 de esta misma Ley.

Art. 147: V. arts. 558 y 559 CP y nota al art. 139 de esta misma Ley.

Art. 148: V. arts. 66, 72 y 205 ss. CP.

Art. 149: V. arts 310 y 390 ss. CP y nota al art. 142 de la presente Ley.

suponga aumento o disminución de las partidas contables, serán castigados con la pena de prisión menor y multa de 30.000 a 300.000 pesetas.

2. Los Tribunales, atendiendo a la gravedad del hecho y sus circunstancias, podrán imponer la pena en un grado inferior a la señalada en el párrafo anterior.

Art. 150. 1. Los administradores generales y de las candidaturas, así como las personas autorizadas a disponer de las cuentas electorales, que se apropien o distraigan fondos para fines distintos de los contemplados en esta Ley serán sancionados con las penas de prisión menor y multa de 30.000 a 300.000 pesetas.

2. Si concurre ánimo de lucro personal, la pena será de prisión mayor y multa de 30.000 a 300.000 pesetas.

3. Los Tribunales, teniendo en cuenta la gravedad del hecho y sus circunstancias, las condiciones del culpable y la finalidad perseguida por éste, podrán imponer la pena inferior en un grado a la señalada.

SECCIÓN 3.ª

Procedimiento judicial

Art. 151. 1. El procedimiento para la sanción de estos delitos se tramitará con arreglo a la Ley de Enjuiciamiento Criminal. Las actuaciones que se produzcan por aplicación de estas normas tendrán carácter preferente y se tramitarán con la máxima urgencia posible.

2. La acción penal que nace en estos delitos es pública y podrá ejercitarse sin necesidad de depósito o fianza alguna.

Art. 152. El Tribunal o Juez a quien corresponda la ejecución de las Sentencias firmes dictadas en causas por delitos a los que se refiere este Título dispondrá la publicación de aquéllas en el *Boletín Oficial* de la Provincia y remitirá testimonio de las mismas a la Junta Electoral Central.

Art. 150: V. art. 252 CP y nota al art. 140 de esta misma Ley.

COMISIÓN POR OMISIÓN: EL AUTOR NO HACE LO QUE DEBE HACER Y SE PRODUCE UN RESULTADO QUE NO DEBE PRODUCIR.

SECCIÓN 4.ª

Infracciones electorales

Art. 153. 1. Toda infracción de las normas obligatorias establecidas en la presente Ley que no constituya delito será sancionada por la Junta Electoral competente. La multa será de 20.000 a 200.000 pesetas si se trata de autoridades o funcionarios y de 5.000 a 100.000 si se realiza por particulares.

2. Las infracciones de lo dispuesto en esta Ley sobre régimen de encuestas electorales serán sancionadas con multa de 50.000 a 500.000 pesetas.

3. A las infracciones electorales en materia de subvenciones por gastos electorales les será de aplicación lo previsto en el texto refundido de la Ley General Presupuestaria, aprobado por Real Decreto Legislativo 1.091/1998, de 23 de septiembre.

....

Art. 153: El apartado tercero de este artículo fue introducido por LO 1/2003, de 10 de marzo (*BOE* n.º 60, de 11 de marzo; corrección de errores en *BOE* n.º 207, de 29 de agosto), para la garantía de la democracia en los Ayuntamientos y la seguridad de los Concejales.

APÉNDICE 7

LEY ORGÁNICA 5/1995, DE 22 DE MAYO, DEL TRIBUNAL DEL JURADO*

(*BOE* n.º 122, de 23 de mayo de 1995)

....

DISPOSICIONES ADICIONALES

....

2.ª *Infracciones penales.*—1. Los jurados que abandonen sus funciones sin causa legítima, o incumplan las obligaciones que les imponen los artículos 41.4 y 58.2 de esta Ley incurrirán en

---

* Modificada por LO 8/1995, de 16 de noviembre (*BOE* n.º 275, de 17 de noviembre), y LO 10/1995, de 23 de noviembre (*BOE* n.º 281, de 24 de noviembre), por la que se aprueba el nuevo CP. Por RD 385/1996, de 1 de marzo (*BOE* n.º 64, de 14 de marzo; corrección de errores en *BOE* n.º 90, de 13 de abril), se estableció el régimen retributivo e indemnizatorio del desempeño de las funciones de jurado.

Disp. Adic. 2.ª: Los arts. 41, 55 y 58 LOTJ, a los que se remite esta Disp. Adic. 2.ª, disponen lo siguiente:

«*Art. 41. Juramento o promesa de los designados.*—1. Una vez que el Tribunal se haya constituido, se procederá a recibir juramento o promesa a los designados. Puestos en pie el Magistrado-presidente dirá: "¿Juráis o prometéis desempeñar bien y fielmente vuestra función de jurado, examinar con rectitud la acusación formulada contra —aquí indicará el nombre y apellidos de cada acusado—, apreciando sin odio ni afecto las pruebas que se os dieren, y resolver con imparcialidad si son o no culpables de los delitos imputados, así como guardar el secreto de las deliberaciones?"

»2. Los jurados se irán aproximando, de uno en uno, a la presencia del Magistrado-presidente y, colocados frente a él, dirán: "sí juro" o "sí prometo", y tomarán asiento en el lugar destinado al efecto.

»3. El Magistrado-presidente, cuando todos hayan jurado o prometido, dirá: "Si así lo hiciereis, vuestros conciudadanos os lo premien; y, si no, os lo demanden" y mandará comenzar la audiencia pública.

»4. Nadie podrá ejercer las funciones de jurado sin prestar el juramento o promesa indicados. Quien se negase a prestarlo será conminado con el pago de una multa de 50.000 pesetas que el Magistrado-presidente impondrá en el acto. Si el llamado persiste en su negativa se deducirá el oportuno tanto de culpa y en su lugar será llamado el suplente.»

«*Art. 55. Deliberación del Jurado.*—1. Seguidamente el Jurado se retirará a la sala destinada para su deliberación.

la pena de multa de 100.000 a 500.000 pesetas.

2. Los jurados que incumplan las obligaciones impuestas en el apartado 3 del artículo 55, incurrirán en la pena de arresto mayor y multa de 100.000 a 500.000 pesetas.

....

»2. Presididos inicialmente por aquél cuyo nombre fuese el primero en salir en el sorteo, procederán a elegir al portavoz.

»3. La deliberación será secreta, sin que ninguno de los jurados pueda revelar lo en ella manifestado.»

«*Art. 58. Votación nominal.*—1. La votación será nominal, en alta voz y por orden alfabético, votando en último lugar el portavoz.

»2. Ninguno de los jurados podrá abstenerse de votar. Si alguno insistiere en abstenerse, después de requerido por el portavoz, se hará constar en acta y, en su momento, será sancionado por el Magistrado-presidente con 75.000 pesetas de multa. Si, hecha la constancia y reiterado el requerimiento, persistiera la negativa de voto, se dejará nueva constancia en acta de la que se deducirá el testimonio correspondiente para exacción de la derivada responsabilidad penal.

»3. En todo caso, la abstención se entenderá voto a favor de no considerar probado el hecho perjudicial para la defensa y de la no culpabilidad del acusado.»

Téngase en cuenta que, en virtud de lo previsto en la Disp. Trans. 11.ª1 de la LO 10/1995, por la que se aprueba el nuevo CP, las penas de multa en cuantía superior a cien mil pesetas, señaladas para hechos castigados como delito en Leyes penales especiales, deben entenderse sustituidas por la multa de tres a diez meses, y que, en los mismos términos, la pena de arresto mayor ha de entenderse sustituida por la de arresto de siete a quince fines de semana.

APÉNDICE 8

LEY ORGÁNICA 5/2000, DE 12 DE ENERO, REGULADORA DE LA RESPONSABILIDAD PENAL DE LOS MENORES*

(*BOE* n.º 11, de 13 de enero de 2000)

EXPOSICIÓN DE MOTIVOS

I

1. La promulgación de la presente Ley Orgánica reguladora de la responsabilidad penal de los menores era una necesidad impuesta por lo establecido en la Ley Orgánica 4/1992, de 5 de junio, sobre reforma de la Ley reguladora de la competencia y el pro-

---

* Esta Ley fue modificada por las Leyes Orgánicas 7/2000, de 22 de diciembre (*BOE* n.º 307, de 23 de diciembre); 9/2000, de 22 de diciembre (*BOE* n.º 307, de 23 de diciembre), sobre medidas urgentes para la agilización de la Administración de Justicia; 15/2003, de 25 de noviembre (*BOE* n.º 283, de 26 de noviembre); y 8/2006, de 4 de diciembre (*BOE* n.º 290, de 5 de diciembre). La Exposición de Motivos de la primera de ellas, en lo que a esta reforma se refiere, dice:

«Finalmente, en el artículo segundo de esta Ley, se introduce una modificación en la Ley Orgánica 5/2000, de 12 de enero, de responsabilidad penal de los menores, que se traduce en la incorporación de una nueva disposición adicional —y en la consecuente modificación técnica de algunos preceptos afectados por dicha disposición—, que tiene por finalidad reforzar la aplicación de los principios inspiradores de la citada Ley a los menores implicados en delitos de terrorismo, así como conciliar tales principios con otros bienes constitucionalmente protegidos a los que ya se ha hecho reiterada alusión en esta exposición y que aquí se ven particularmente afectados por la creciente participación de menores, no sólo en las acciones de terrorismo urbano, sino en el resto de las actividades terroristas.

»No se trata, en consecuencia, de excepcionar de la aplicación de la Ley 5/2000 a estos menores, ni tampoco de aplazar o graduar la entrada en vigor de la misma, prevista para el próximo 13 de enero de 2001, sino de establecer las mínimas especialidades necesarias para que el enjuiciamiento de las conductas de los menores responsables de delitos terroristas se realice en las condiciones más adecuadas a la naturaleza de los supuestos que se enjuician y a la trascendencia de los mismos para el conjunto de la sociedad manteniendo sin excepción todas las especiales garantías procesales que, para los menores, ha establecido la Ley 5/2000, y para que la aplicación de las medidas rehabilitadoras, especialmente valiosas y complejas respecto de conductas que ponen radicalmente en cuestión los valores más elementales de la convivencia, pueda desarrollarse en condiciones ambientales favorables, con apoyos técnicos especializados, y por un tiempo suficiente para hacer eficaz el proceso rehabilitador.

»A ello responden la articulación en la Audiencia Nacional de un Juez Central de Menores [apartados *a*) y *b*)], la posible prolongación de los plazos de internamiento [apartado *c*)] y la previsión de la ejecución de las medidas de internamiento que la Audiencia acuerde con el apoyo y control del personal especializado que el Gobierno ponga a disposición y bajo dirección de la propia Audiencia [apartados *c*) y *d*)]. Todo ello, sin mayores modificaciones de las facultades que la Ley 5/2000 atribuye en estos procedimientos a Jueces y Fiscales, quienes mantienen un amplio margen para discriminar de acuerdo con la diferente gravedad de las conductas el tiempo de duración del internamiento, y para flexibilizar el régimen del menor, mediante modificación, suspensión o sustitución de la medida impuesta, especialmente en lo que se refiere a los menores de dieciséis años.

»Del mismo modo que, según acaba de señalarse, se considera conveniente establecer un tratamiento diferenciado entre los menores de dieciséis años y los de edades comprendidas entre los dieciséis y los dieciocho años, se consolida lo que, por otra parte se deduce ya de lo dispuesto en el artículo 4 de la Ley reguladora de la responsabilidad penal de los menores, como es que no procede aplicar dicha norma a los jóvenes mayores de dieciocho años.»

Por su parte, la Exposición de Motivos de la Ley Orgánica 8/2006, de 4 de diciembre, establece:

«La disposición adicional sexta de la Ley Orgánica 5/2000, de 12 de enero, reguladora de la responsabilidad penal de los menores, introducida por el apartado tercero de la disposición final segunda de la Ley Orgánica 15/2003, de 25 de noviembre, por la que se modifica la Ley Orgánica 10/1995, de 23 de noviembre, del Código Penal, prevé que el Gobierno impulsará las medidas orientadas a sancionar con más firmeza y eficacia los hechos delictivos cometidos por personas que, aun siendo menores, revistan especial gravedad, tales como los previstos en los artículos 138, 139, 179 y 180 del Código Penal. A tal fin, continúa señalando la disposición adicional, se establecerá la posibilidad de prolongar el tiempo de internamiento, su cumplimiento en centros en los que se refuercen las medidas de seguridad impuestas y la posibilidad de su cumplimiento a partir de la mayoría de edad en centros penitenciarios.

»En cumplimiento del mandato legal, una vez transcurridos cinco años desde su aprobación, el Gobierno ha realizado una evaluación de los resultados de aplicación de la Ley Orgánica 5/2000, de 12 de enero, reguladora de la responsabilidad penal de los menores. Existe el convencimiento de que la Ley en estos sus cinco primeros años de vigencia ofrece un balance y consideración positiva, y ello no impide reconocer que, como toda ley, en su aplicación presenta algunas disfunciones que es conveniente y posible corregir.

»Las estadísticas revelan un aumento considerable de delitos cometidos por menores, lo que ha causado gran preocupación social y ha contribuido a desgastar la credibilidad de la Ley por la sensación de impunidad de las infracciones más cotidianas y frecuentemente cometidas por estos menores, como son los delitos y faltas patrimoniales. Junto a esto, debe reconocerse que, afortunadamente, no han aumentado significativamente los delitos de carácter violento, aunque los realmente acontecidos han tenido un fuerte impacto social.

»Con el objetivo de resolver estos problemas, esta Ley Orgánica plantea la revisión de determinados aspectos de la Ley Orgánica 5/2000, de 12 de enero, reguladora de la responsabilidad penal de los menores.

»El interés superior del menor, que va a seguir primando en la Ley, es perfectamente compatible con el objetivo de pretender una mayor proporcionalidad entre la respuesta sancionadora y la gravedad del hecho cometido, pues el sistema sigue dejando en manos del juez, en último caso, la valoración y ponderación de ambos principios de modo flexible y en favor de la óptima individualización de la respuesta. De otro modo, nos llevaría a entender de un modo trivial que el interés superior del menor es no sólo superior, sino único y excluyente frente a otros bienes constitucionales a cuyo aseguramiento obedece toda norma punitiva o correccional.

»Así, en primer lugar, se amplían los supuestos en los que se pueden imponer medidas de internamiento en régimen cerrado a los menores, añadiendo al ya existente los casos de comisión de delitos graves y de delitos que se cometan en grupo o cuando el menor perteneciere o actuare al servicio de una banda, organización o asociación, incluso de carácter transitorio, que se dedicare a la realización de tales actividades.

»Por otra parte, se adecua el tiempo de duración de las medidas a la entidad de los delitos y a las edades de los menores infractores, y se suprime definitivamente la posibilidad de aplicar la Ley a los comprendidos entre dieciocho y veintiún años. Además, se añade una nueva medida, semejante a la prevista en el Código Penal, consistente en la prohibición al menor infractor de aproximarse o comunicarse con la víctima o con aquellos de sus familiares u otras personas que determine el juez.

»Se faculta al juez para poder acordar, previa audiencia del Ministerio Fiscal y la entidad pública de protección o reforma de menores, que el menor que estuviese cumpliendo una medida de internamiento en régimen cerrado y alcanzase la edad de dieciocho años, pueda terminar de cumplir la medida en un centro penitenciario cuando su conducta no responda a los objetivos propuestos en la sentencia. Al mismo tiempo, si la medida de internamiento en régimen cerrado se impone al que ha cumplido veintiún años o, impuesta con anterioridad, no ha finalizado su cumplimiento al alcanzar dicha edad, el juez ordenará su cumplimiento en un centro penitenciario, salvo que excepcionalmente proceda la sustitución o modificación de la medida.

»Se incorpora como causa para adoptar una medida cautelar el riesgo de atentar contra bienes jurídicos de la víctima, y se establece una nueva medida cautelar consistente en el alejamiento de la víctima o su familia u otra persona que determine el juez. Al mismo tiempo, se amplía la duración de la medida cautelar de internamiento, que pasa de tres meses, prorrogable por otros tres meses, a seis meses prorrogable por otros tres meses.

»Por otra parte, se revisa el régimen de imposición, refundición y ejecución de las medidas, otorgándose al juez amplias facultades para individualizar la o las medidas que deba cumplir el menor infractor.

»Finalmente, se refuerza especialmente la atención y reconocimiento de los derechos de las víctimas y los perjudicados, entre los que se encuentra el derecho a ser informado en todo momento, se hayan o no personado en el procedimiento, de aquellas resoluciones que afecten a sus intereses. Asimismo, y en su beneficio, se establece el enjuiciamiento conjunto de las pretensiones penales y civiles.

»Un segundo objetivo de la Ley es recoger en el proceso de menores las nuevas misiones del secretario judicial previstas en la Ley Orgánica 6/1985, de 1 de julio, del Poder Judicial, tras la reforma operada por la Ley Orgánica 19/2003.

»Por último, se incluye una modificación de los artículos 448 y 707 de la Ley de Enjuiciamiento Criminal, en los que se sustituye el último párrafo, a fin de dotar de mayor protección a los menores víctimas de determinados delitos, donde se prevé que cuando se trate de testigos menores de edad víctimas de delitos contra la libertad e indemnidad sexual, el Juez o Tribunal necesariamente debe acordar que se evite la confrontación visual del mismo con el inculpado, utilizando para ello cualquier medio técnico que haga posible la práctica de las distintas pruebas (declaración, interrogatorio).»

La Disp. Trans. única de esta Ley Orgánica establece:

«1. Los hechos delictivos cometidos por menores hasta el día de la entrada en vigor de esta Ley se juzgarán conforme a la legislación vigente en el momento de su comisión

cedimiento de los Juzgados de Menores; en la moción aprobada por el Congreso de los Diputados el 10 de mayo de 1994, y en el artículo 19 de la vigente Ley Orgánica 10/1995, de 23 de noviembre, del Código Penal.

2. La Ley Orgánica 4/1992, promulgada como consecuencia de la sentencia del Tribunal Constitucional 36/1991, de 14 de febrero, que declaró inconstitucional el artículo 15 de la Ley de Tribunales Tutelares de Menores, texto refundido de 11 de junio de 1948, establece un marco flexible para que los Juzgados de Menores puedan determinar las medidas aplicables a éstos en cuanto infractores penales, sobre la base de valorar especialmente el interés del menor, entendiendo por

---

y las medidas impuestas se ejecutarán conforme a la legislación vigente en el momento de la comisión de los hechos. No obstante lo anterior, se aplicará esta Ley, una vez que entre en vigor, si las disposiciones de la misma son más favorables para el menor, aunque los hechos hubieran sido cometidos con anterioridad a su entrada en vigor.

»2. Para la determinación de cuál sea la ley más favorable se tendrá en cuenta la medida que correspondería al hecho enjuiciado con la aplicación de las normas completas de la Ley Orgánica 5/2000, de 12 de enero, reguladora de la responsabilidad penal de los menores y de la reforma contenida en esta Ley.

»3. En todo caso, será oído el menor y su representante legal.

»4. En relación con las sentencias firmes que estuvieren ejecutándose o pendientes de ejecución, el Ministerio Fiscal, tras recabar los informes correspondientes, instará, si procede, al Juez de Menores a revisar la sentencia y, en tal caso, le informará sobre los términos de la revisión. A continuación, el Juez de Menores oirá al menor sancionado y a su letrado en relación con la revisión propuesta por el Ministerio Fiscal. Una vez practicada la audiencia, el Juez de Menores revisará la sentencia aplicando la ley más favorable.

»El Juez de Menores también revisará la sentencia a instancias del letrado del menor, oído el Ministerio Fiscal.

»5. Lo previsto por el apartado 2 del artículo 14 de la Ley Orgánica 5/2000, de 12 de enero, reguladora de la responsabilidad penal de los menores, en su redacción dada por la presente Ley Orgánica, no se aplicará a quienes cumplan medidas impuestas con anterioridad a la entrada en vigor de la presente Ley.»

V. arts. 19 y 69 CP; RD 1.774/2004, de 30 de julio (*BOE* n.º 209, de 30 de agosto), por el que se aprueba el Reglamento de la presente Ley, cuya conformidad a Derecho ha sido declarada por la Sentencia del Tribunal Supremo (Sala 3.ª) de 10 de noviembre de 2006; Ley 12/2001, de 2 de julio (*BOE* n.º 189, de 8 de agosto), de la Infancia y la Adolescencia en Aragón; Ley 27/2001, de 31 de diciembre (*BOE* n.º 34, de 8 de febrero de 2002; corrección de errores en *BOE* n.º 58, de 8 de marzo), de la Generalidad de Cataluña, de Justicia Juvenil; Ley 3/2004, de 10 de diciembre, de creación de la Agencia de la Comunidad de Madrid para la reeducación y reinserción del menor infractor (*BOE* n.º 42, de 18 de febrero de 2005); y Decreto 80/2009, de 21 de abril (*BOPV* n.º 180, de 18 de septiembre), sobre centros educativos de cumplimiento de medidas privativas de libertad en la Comunidad Autónoma del País Vasco. De manera complementaria, v. Ley 1/2006, de 28 de febrero, de protección de menores de La Rioja (*BOE* n.º 70, de 23 de marzo); y Decreto 4/2010, de 26 de enero (*DOCLM* n.º 19, de 29 de enero), de la Junta de Comunidades de Castilla-La Mancha, de protección social y jurídica de los menores en Castilla-La Mancha.

menores a tales efectos a las personas comprendidas entre los doce y los dieciséis años. Simultáneamente, encomienda al Ministerio Fiscal la iniciativa procesal, y le concede amplias facultades para acordar la terminación del proceso con la intención de evitar, dentro de lo posible, los efectos aflictivos que el mismo pudiera llegar a producir. Asimismo, configura al equipo técnico como instrumento imprescindible para alcanzar el objetivo que persiguen las medidas y termina estableciendo un procedimiento de naturaleza sancionadora-educativa, al que otorga todas las garantías derivadas de nuestro ordenamiento constitucional, en sintonía con lo establecido en la aludida sentencia del Tribunal Constitucional y lo dispuesto en el artículo 40 de la Convención de los Derechos del Niño de 20 de noviembre de 1989.

Dado que la expresada Ley Orgánica se reconocía a sí misma expresamente «el carácter de una reforma urgente, que adelanta parte de una renovada legislación sobre reforma de menores, que será objeto de medidas legislativas posteriores», es evidente la oportunidad de la presente Ley Orgánica, que constituye esa necesaria reforma legislativa, partiendo de los principios básicos que ya guiaron la redacción de aquélla (especialmente, el principio del superior interés del menor), de las garantías de nuestro ordenamiento constitucional, y de las normas de Derecho internacional, con particular atención a la citada Convención de los Derechos del Niño de 20 de noviembre de 1989, y esperando responder de este modo a las expectativas creadas en la sociedad española, por razones en parte coyunturales y en parte permanentes, sobre este tema concreto.

3. Los principios expuestos en la moción aprobada unánimemente por el Congreso de los Diputados el día 10 de mayo de 1994, sobre medidas para mejorar el marco jurídico vigente de protección del menor, se refieren esencialmente al establecimiento de la mayoría de edad penal en los dieciocho años y a la promulgación de «una ley penal del menor y juvenil que contemple la exigencia de responsabilidad para los jóvenes infractores que no hayan alcanzado la mayoría de edad penal, fundamentada en principios orientados hacia la reeducación de los menores de edad infractores, en base a las circunstancias personales, familiares y sociales, y que tenga especialmente en cuenta las competencias de las Comunidades Autónomas en esta materia...».

4. El artículo 19 del vigente Código Penal, aprobado por la Ley Orgánica 10/1995, de 23 de noviembre, fija efectivamente la mayoría de edad penal en los dieciocho años y exige la regulación expresa de la responsabilidad penal de los menores de dicha edad

en una Ley independiente. También para responder a esta exigencia se aprueba la presente Ley Orgánica, si bien lo dispuesto en este punto en el Código Penal debe ser complementado en un doble sentido. En primer lugar, asentando firmemente el principio de que la responsabilidad penal de los menores presenta frente a la de los adultos un carácter primordial de intervención educativa que trasciende a todos los aspectos de su regulación jurídica y que determina considerables diferencias entre el sentido y el procedimiento de las sanciones en uno y otro sector, sin perjuicio de las garantías comunes a todo justiciable. En segundo término, la edad límite de dieciocho años establecida por el Código Penal para referirse a la responsabilidad penal de los menores precisa de otro límite mínimo a partir del cual comience la posibilidad de exigir esa responsabilidad y que se ha concretado en los catorce años, con base en la convicción de que las infracciones cometidas por los niños menores de esta edad son en general irrelevantes y que, en los escasos supuestos en que aquéllas pueden producir alarma social, son suficientes para darles una respuesta igualmente adecuada los ámbitos familiar y asistencial civil, sin necesidad de la intervención del aparato judicial sancionador del Estado.

5. Asimismo, han sido criterios orientadores de la redacción de la presente Ley Orgánica, como no podía ser de otra manera, los contenidos en la doctrina del Tribunal Constitucional, singularmente en los fundamentos jurídicos de las sentencias 36/1991, de 14 de febrero, y 60/1995, de 17 de marzo, sobre las garantías y el respeto a los derechos fundamentales que necesariamente han de imperar en el procedimiento seguido ante los Juzgados de Menores, sin perjuicio de las modulaciones que, respecto del procedimiento ordinario, permiten tener en cuenta la naturaleza y finalidad de aquel tipo de proceso, encaminado a la adopción de unas medidas que, como ya se ha dicho, fundamentalmente no pueden ser represivas, sino preventivo-especiales, orientadas hacia la efectiva reinserción y el superior interés del menor, valorados con criterios que han de buscarse primordialmente en el ámbito de las ciencias no jurídicas.

II

6. Como consecuencia de los principios, criterios y orientaciones a que se acaba de hacer referencia, puede decirse que la redacción de la presente Ley Orgánica ha sido conscientemente guiada por los siguientes principios generales: naturaleza formalmente penal pero materialmente sancionadora-educativa del procedimiento y de las medidas aplicables a los

infractores menores de edad, reconocimiento expreso de todas las garantías que se derivan del respeto de los derechos constitucionales y de las especiales exigencias del interés del menor, diferenciación de diversos tramos a efectos procesales y sancionadores en la categoría de infractores menores de edad, flexibilidad en la adopción y ejecución de las medidas aconsejadas por las circunstancias del caso concreto, competencia de las entidades autonómicas relacionadas con la reforma y protección de menores para la ejecución de las medidas impuestas en la sentencia y control judicial de esta ejecución.

7. La presente Ley Orgánica tiene ciertamente la naturaleza de disposición sancionadora, pues desarrolla la exigencia de una verdadera responsabilidad jurídica a los menores infractores, aunque referida específicamente a la comisión de hechos tipificados como delitos o faltas por el Código Penal y las restantes leyes penales especiales. Al pretender ser la reacción jurídica dirigida al menor infractor una intervención de naturaleza educativa, aunque desde luego de especial intensidad, rechazando expresamente otras finalidades esenciales del Derecho penal de adultos, como la proporcionalidad entre el hecho y la sanción o la intimidación de los destinatarios de la norma, se pretende impedir todo aquello que pudiera tener un efecto contraproducente para el menor, como el ejerccio de la acción por la víctima o por otros particulares.

Y es que en el Derecho penal de menores ha de primar, como elemento determinante del procedimiento y de las medidas que se adopten, el superior interés del menor. Interés que ha de ser valorado con criterios técnicos y no formalistas por equipos de profesionales especializados en el ámbito de las ciencias no jurídicas, sin perjuicio desde luego de adecuar la aplicación de las medidas a principios garantistas generales tan indiscutibles como el principio acusatorio, el principio de defensa o el principio de presunción de inocencia.

8. Sin embargo, la Ley tampoco puede olvidar el interés propio del perjudicado o víctima del hecho cometido por el menor, estableciendo un procedimiento singular, rápido y poco formalista para el resarcimiento, en su caso, de daños y perjuicios, dotando de amplias facultades al Juez de Menores para la incorporación a los autos de documentos y testimonios relevantes de la causa principal. En este ámbito de atención a los intereses y necesidades de las víctimas, la Ley introduce el principio en cierto modo revolucionario de la responsabilidad solidaria con el menor responsable de los hechos de sus padres, tutores, acogedores o guardadores, si bien permitien-

do la moderación judicial de la misma y recordando expresamente la aplicabilidad en su caso de la Ley 30/1992, de 26 de noviembre, de Régimen Jurídico de las Administraciones Públicas y del Procedimiento Administrativo Común, así como de la Ley 35/1995, de 11 de diciembre, de ayudas y asistencia a las víctimas de delitos violentos y contra la libertad sexual.

Asimismo la Ley regula, para procedimientos por delitos graves cometidos por mayores de dieciséis años, un régimen de intervención del perjudicado en orden a salvaguardar el interés de la víctima en el esclarecimiento de los hechos y su enjuiciamiento por el orden jurisdiccional competente, sin contaminar el procedimiento propiamente educativo y sancionador del menor.

Esta Ley arbitra un amplio derecho de participación a las víctimas ofreciéndoles la oportunidad de intervenir en las actuaciones procesales proponiendo y practicando prueba, formulando conclusiones e interponiendo recursos. Sin embargo, esta participación se establece de un modo limitado ya que respecto de los menores no cabe reconocer a los particulares el derecho a constituirse propiamente en parte acusadora con plenitud de derechos y cargas procesales. No existe aquí ni la acción particular de los perjudicados por el hecho criminal, ni la acción popular de los ciudadanos, porque en estos casos el interés prioritario para la sociedad y para el Estado coincide con el interés del menor.

9. Conforme a las orientaciones declaradas por el Tribunal Constitucional, anteriormente aludidas, se instaura un sistema de garantías adecuado a la pretensión procesal, asegurando que la imposición de la sanción se efectuará tras vencer la presunción de inocencia, pero sin obstaculizar los criterios educativos y de valoración del interés del menor que presiden este proceso, haciendo al mismo tiempo un uso flexible del principio de intervención mínima, en el sentido de dotar de relevancia a las posibilidades de no apertura del procedimiento o renuncia al mismo, al resarcimiento anticipado o conciliación entre el infractor y la víctima, y a los supuestos de suspensión condicional de la medida impuesta o de sustitución de la misma durante su ejecución.

La competencia corresponde a un Juez ordinario, que, con categoría de Magistrado y preferentemente especialista, garantiza la tutela judicial efectiva de los derechos en conflicto. La posición del Ministerio Fiscal es relevante, en su doble condición de institución que constitucionalmente tiene encomendada la función de promover la acción de la Justicia y la defensa de la legalidad, así como de los derechos de los menores, velando por el interés de éstos. El letrado del menor tiene participación en todas y cada una de las fases del proceso, conociendo en todo momento el contenido del expediente, pudiendo proponer pruebas e interviniendo en todos los actos que se refieren a la valoración del interés del menor y a la ejecución de la medida, de la que puede solicitar la modificación.

La adopción de medidas cautelares sigue el modelo de solicitud de parte, en audiencia contradictoria, en la que debe valorarse especialmente, una vez más, el superior interés del menor.

En defensa de la unidad de doctrina, el sistema de recursos ordinario se confía a las Salas de Menores de los Tribunales Superiores de Justicia, que habrán de crearse, las cuales, con la inclusión de Magistrados especialistas, aseguran y refuerzan la efectividad de la tutela judicial en relación con las finalidades que se propone la Ley. En el mismo sentido, procede destacar la instauración del recurso de casación para unificación de doctrina, reservado a los casos de mayor gravedad, en paralelismo con el proceso penal de adultos, reforzando la garantía de la unidad de doctrina en el ámbito del derecho sancionador de menores a través de la jurisprudencia del Tribunal Supremo.

10. Conforme a los principios señalados, se establece, inequívocamente, el límite de los catorce años de edad para exigir este tipo de responsabilidad sancionadora a los menores de edad penal y se diferencian, en el ámbito de aplicación de la Ley y de la graduación de las consecuencias por los hechos cometidos, dos tramos, de catorce a dieciséis y de diecisiete a dieciocho años, por presentar uno y otro grupo diferencias características que requieren, desde un punto de vista científico y jurídico, un tratamiento diferenciado, constituyendo una agravación específica en el tramo de los mayores de dieciséis años la comisión de delitos que se caracterizan por la violencia, intimidación o peligro para las personas.

La aplicación de la presente Ley a los mayores de dieciocho años y menores de veintiuno, prevista en el artículo 69 del Código Penal vigente, podrá ser acordada por el Juez atendiendo a las circunstancias personales y al grado de madurez del autor, y a la naturaleza y gravedad de los hechos. Estas personas reciben, a los efectos de esta Ley, la denominación genérica de «jóvenes».

Se regulan expresamente, como situaciones que requieren una respuesta específica, los supuestos en los que el menor presente síntomas de enajenación mental o la concurrencia de otras circunstancias modificativas de su responsabilidad, debiendo promover el Ministerio Fiscal, tanto la adopción de las medidas más adecuadas al interés del menor que se encuentre en tales situaciones, como la constitución de los organismos tutelares previstos por las leyes. También se establece que las acciones u omisiones imprudentes no puedan ser sancionadas con medidas de internamiento en régimen cerrado.

11. Con arreglo a las orientaciones expuestas, la Ley establece un amplio catálogo de medidas aplicables, desde la referida perspectiva sancionadora-educativa, debiendo primar nuevamente el interés del menor en la flexible adopción judicial de la medida más idónea, dadas las características del caso concreto y de la evolución personal del sancionado durante la ejecución de la medida. La concreta finalidad que las ciencias de la conducta exigen que se persiga con cada una de las medidas relacionadas, se detalla con carácter orientador en el apartado III de esta exposición de motivos.

12. La ejecución de las medidas judicialmente impuestas corresponde a las entidades públicas de protección y reforma de menores de las Comunidades Autónomas, bajo el inexcusable control del Juez de Menores.

Se mantiene el criterio de que el interés del menor tiene que ser atendido por especialistas en las áreas de la educación y la formación, pertenecientes a esferas de mayor inmediación que el Estado. El Juez de Menores, a instancia de las partes y oídos los equipos técnicos del propio Juzgado y de la entidad pública de la correspondiente Comunidad Autónoma, dispone de amplias facultades para suspender o sustituir por otras las medidas impuestas, naturalmente sin mengua de las garantías procesales que constituyen otro de los objetivos primordiales de la nueva regulación, o permitir la participación de los padres del menor en la aplicación y consecuencias de aquéllas.

13. Un interés particular revisten en el contexto de la Ley los temas de la reparación del daño causado y la conciliación del delincuente con la víctima como situaciones que, en aras del principio de intervención mínima, y con el concurso mediador del equipo técnico, pueden dar lugar a la no incoación o sobreseimiento del expediente, o a la finalización del cumplimiento de la medida impuesta, en un claro predominio, una vez más, de los criterios educativos y resocializadores sobre los de una defensa social esencialmente basada en la prevención general y que pudiera resultar contraproducente para el futuro.

La reparación del daño causado y la conciliación con la víctima presentan el común denominador de que el ofensor y el perjudicado por la infracción llegan a un acuerdo, cuyo cumplimiento por parte del menor termina con el conflicto jurídico iniciado por su causa. La conciliación tiene por objeto que la víctima reciba una satisfacción psicológica a cargo del menor infractor, quien ha de arrepentirse del daño causado y estar dispuesto a disculparse. La medida se aplicará cuando el menor efectivamente se arrepienta y se disculpe, y la persona ofendida lo acepte y otorgue su perdón. En la reparación el acuerdo no se alcanza únicamente mediante la vía de la satisfacción psicológica, sino que requiere algo más: el menor ejecuta el compromiso contraído con la víctima o perjudicado de reparar el daño causado, bien mediante trabajos en beneficio de la comunidad, bien mediante acciones, adaptadas a las necesidades del sujeto, cuyo beneficiario sea la propia víctima o perjudicado.

III

14. En la medida de amonestación, el Juez, en un acto único que tiene lugar en la sede judicial, manifiesta al menor de modo concreto y claro las razones que hacen socialmente intolerables los hechos cometidos, le expone las consecuencias que para él y para la víctima han tenido o podían haber tenido tales hechos, y le formula recomendaciones para el futuro.

15. La medida de prestaciones en beneficio de la comunidad, que, en consonancia con el artículo 25.2 de nuestra Constitución, no podrá imponerse sin consentimiento del menor, consiste en realizar una actividad, durante un número de sesiones previamente fijado, bien sea en beneficio de la colectividad en su conjunto, o de personas que se encuentren en una situación de precariedad por cualquier motivo. Preferentemente, se buscará relacionar la naturaleza de la actividad en que consista esta medida con la de los bienes jurídicos afectados por los hechos cometidos por el menor.

Lo característico de esta medida es que el menor ha de comprender, durante su realización, que la colectividad o determinadas personas han sufrido de modo injustificado unas consecuencias negativas derivadas de su conducta. Se pretende que el sujeto comprenda que actuó de modo incorrecto, que merece el reproche formal de la sociedad, y que la prestación de los trabajos que se le exigen es un acto de reparación justo.

16. Las medidas de internamiento responden a una mayor peligrosidad, manifestada en la naturaleza peculiarmente grave de los hechos cometidos, caracterizados en los casos más destacados por la violencia, la intimidación o el peligro para las personas. El objetivo prioritario de la medida es disponer de un ambiente que provea de las condiciones educativas adecuadas para que el menor pueda reorientar aquellas disposiciones o deficiencias que han caracterizado su comportamiento antisocial, cuando para ello sea necesario,

al menos de manera temporal, asegurar la estancia del infractor en un régimen físicamente restrictivo de su libertad. La mayor o menor intensidad de tal restricción da lugar a los diversos tipos de internamiento, a los que se va a aludir a continuación. El internamiento, en todo caso, ha de proporcionar un clima de seguridad personal para todos los implicados, profesionales y menores infractores, lo que hace imprescindible que las condiciones de estancia sean las correctas para el normal desarrollo psicológico de los menores.

El internamiento en régimen cerrado pretende la adquisición por parte del menor de los suficientes recursos de competencia social para permitir un comportamiento responsable en la comunidad, mediante una gestión de control en un ambiente restrictivo y progresivamente autónomo.

El internamiento en régimen semiabierto implica la existencia de un proyecto educativo en donde desde el principio los objetivos sustanciales se realizan en contacto con personas e instituciones de la comunidad, teniendo el menor su residencia en el centro, sujeto al programa y régimen interno del mismo.

El internamiento en régimen abierto implica que el menor llevará a cabo todas las actividades del proyecto educativo en los servicios normalizados del entorno, residiendo en el centro como domicilio habitual.

El internamiento terapéutico se prevé para aquellos casos en los que los menores, bien por razón de su adicción al alcohol o a otras drogas, bien por disfunciones significativas en su psiquismo, precisan de un contexto estructurado en el que poder realizar una programación terapéutica, no dándose, ni, de una parte, las condiciones idóneas en el menor o en su entorno para el tratamiento ambulatorio, ni, de otra parte, las condiciones de riesgo que exigirían la aplicación a aquél de un internamiento en régimen cerrado.

17. En la asistencia a un centro de día, el menor es derivado a un centro plenamente integrado en la comunidad, donde se realizan actividades educativas de apoyo a su competencia social. Esta medida sirve el propósito de proporcionar a un menor un ambiente estructurado durante buena parte del día, en el que se lleven a cabo actividades socio-educativas que puedan compensar las carencias del ambiente familiar de aquél. Lo característico del centro de día es que en ese lugar es donde toma cuerpo lo esencial del proyecto socio-educativo del menor, si bien éste puede asistir también a otros lugares para hacer uso de otros recursos de ocio o culturales. El sometido a esta medida puede, por lo tanto, continuar

residiendo en su hogar, o en el de su familia, o en el establecimiento de acogida.

18. En la medida de libertad vigilada, el menor infractor está sometido, durante el tiempo establecido en la sentencia, a una vigilancia y supervisión a cargo de personal especializado, con el fin de que adquiera las habilidades, capacidades y actitudes necesarias para un correcto desarrollo personal y social. Durante el tiempo que dure la libertad vigilada, el menor también deberá cumplir las obligaciones y prohibiciones que, de acuerdo con esta Ley, el Juez puede imponerle.

19. La realización de tareas socio-educativas consiste en que el menor lleve a cabo actividades específicas de contenido educativo que faciliten su reinserción social. Puede ser una medida de carácter autónomo o formar parte de otra más compleja. Empleada de modo autónomo, pretende satisfacer necesidades concretas del menor percibidas como limitadoras de su desarrollo integral. Puede suponer la asistencia y participación del menor a un programa ya existente en la comunidad, o bien a uno creado *ad hoc* por los profesionales encargados de ejecutar la medida. Como ejemplos de tareas socio-educativas, se pueden mencionar las siguientes: asistir a un taller ocupacional, a un aula de educación compensatoria o a un curso de preparación para el empleo; participar en actividades estructuradas de animación sociocultural, asistir a talleres de aprendizaje para la competencia social, etc.

20. El tratamiento ambulatorio es una medida destinada a los menores que disponen de las condiciones adecuadas en su vida para beneficiarse de un programa terapéutico que les ayude a superar procesos adictivos o disfunciones significativas de su psiquismo. Previsto para los menores que presenten una dependencia al alcohol o las drogas, y que en su mejor interés puedan ser tratados de la misma en la comunidad, en su realización pueden combinarse diferentes tipos de asistencia médica y psicológica. Resulta muy apropiado para casos de desequilibrio psicológico o perturbaciones del psiquismo que puedan ser atendidos sin necesidad de internamiento. La diferencia más clara con la tarea socioeducativa es que ésta pretende lograr una capacitación, un logro de aprendizaje, empleando una metodología, no tanto clínica, sino de orientación psicoeducativa. El tratamiento ambulatorio también puede entenderse como una tarea socio-educativa muy específica para un problema bien definido.

21. La permanencia de fin de semana es la expresión que define la medida por la que un menor se ve obligado a permanecer en su hogar desde la tarde o noche

del viernes hasta la noche del domingo, a excepción del tiempo en que realice las tareas socioeducativas asignadas por el Juez. En la práctica, combina elementos del arresto de fin de semana y de la medida de tareas socioeducativas o prestaciones en beneficio de la comunidad. Es adecuada para menores que cometen actos de vandalismo o agresiones leves en los fines de semana.

22. La convivencia con una persona, familia o grupo educativo es una medida que intenta proporcionar al menor un ambiente de socialización positivo, mediante su convivencia, durante un período determinado por el Juez, con una persona, con una familia distinta a la suya o con un grupo educativo que se ofrezca a cumplir la función de la familia en lo que respecta al desarrollo de pautas socioafectivas prosociales en el menor.

23. La privación del permiso de conducir ciclomotores o vehículos a motor, o del derecho a obtenerlo, o de licencias administrativas para caza o para el uso de cualquier tipo de armas, es una medida accesoria que se podrá imponer en aquellos casos en los que el hecho cometido tenga relación con la actividad que realiza el menor y que ésta necesite autorización administrativa.

24. Por último, procede poner de manifiesto que los principios científicos y los criterios educativos a que han de responder cada una de las medidas, aquí sucintamente expuestos, se habrán de regular más extensamente en el Reglamento que en su día se dicte en desarrollo de la presente Ley Orgánica.

TÍTULO PRELIMINAR

Artículo 1.º *Declaración general.*—1. Esta Ley se aplicará para exigir la responsabilidad de las personas mayores de catorce años y menores de dieciocho por la comisión de hechos tipificados como delitos o faltas en el Código Penal o las leyes penales especiales.

2. Las personas a las que se aplique la presente Ley gozarán de todos los derechos reconocidos en la Constitución y en el ordenamiento jurídico, particularmente en la Ley Orgánica 1/1996, de 15 de enero, de Protección Jurídica del Menor, así como en la Convención sobre

Art. 1.º: Este artículo figura redactado conforme al texto de la Ley Orgánica 8/2006, de 4 de diciembre (*BOE* n.º 290, de 5 de diciembre). V. arts. 19 y 69 CP.

los Derechos del Niño de 20 de noviembre de 1989 y en todas aquellas normas sobre protección de menores contenidas en los Tratados válidamente celebrados por España.

TÍTULO PRIMERO

Del ámbito de aplicación de la Ley

Art. 2.º *Competencia de los Jueces de Menores.*—1. Los Jueces de Menores serán competentes para conocer de los hechos cometidos por las personas mencionadas en el artículo 1 de esta Ley, así como para hacer ejecutar las sentencias, sin perjuicio de las facultades atribuidas por esta Ley a las Comunidades Autónomas respecto a la protección y reforma de menores.

2. Los Jueces de Menores serán asimismo competentes para resolver sobre las responsabilidades civiles derivadas de los hechos cometidos por las personas a las que resulta aplicable la presente Ley.

3. La competencia corresponde al Juez de Menores del lugar donde se haya cometido el hecho delictivo, sin perjuicio de lo establecido en el artículo 20.3 de esta Ley.

4. La competencia para conocer de los delitos previstos en los artículos 571 a 580 del Código Penal corresponderá al Juzgado Central de Menores de la Audiencia Nacional.

La referencia del último inciso del apartado 4 del artículo 17 y cuantas otras se contienen en la presente Ley al Juez de Menores se entenderán hechas al Juez Central de Menores en lo que afecta a los menores imputados por cualquiera de los delitos a que se refieren los artículos 571 a 580 del Código Penal.

Art. 3.º *Régimen de los menores de catorce años.*—Cuando el autor de los hechos mencionados en los artículos anteriores sea menor de catorce años, no se le exigirá responsabilidad con arreglo a la presente Ley, sino que se le aplicará lo dispuesto en las normas sobre protección de menores previstas en el Código Civil y demás disposiciones vigentes. El Ministerio Fiscal deberá remitir a la entidad pública de protección de menores testimonio de los

---

Art. 2.º: Este artículo figura redactado conforme al texto de la Ley Orgánica 8/2006, de 4 de diciembre (*BOE* n.º 290, de 5 de diciembre).

particulares que considere precisos respecto al menor, a fin de valorar su situación, y dicha entidad habrá de promover las medidas de protección adecuadas a las circunstancias de aquél conforme a lo dispuesto en la Ley Orgánica 1/1996, de 15 de enero.

Art. 4.º *Derechos de las víctimas y de los perjudicados.*—El Ministerio Fiscal y el Juez de Menores velarán en todo momento por la protección de los derechos de las víctimas y de los perjudicados por las infracciones cometidas por los menores.

De manera inmediata se les instruirá de las medidas de asistencia a las víctimas que prevé la legislación vigente.

Las víctimas y los perjudicados tendrán derecho a personarse y ser parte en el expediente que se incoe al efecto, para lo cual el secretario judicial les informará en los términos previstos en los artículos 109 y 110 de la Ley de Enjuiciamiento Criminal, instruyéndoles de su derecho a nombrar abogado o instar el nombramiento de abogado de oficio en caso de ser titulares del derecho a la asistencia jurídica gratuita. Asimismo, les informará de que, de no personarse en el expediente y no hacer renuncia ni reserva de acciones civiles, el Ministerio Fiscal las ejercitará si correspondiere.

Los que se personaren podrán desde entonces tomar conocimiento de lo actuado e instar la práctica de diligencias y cuanto a su derecho convenga.

Sin perjuicio de lo anterior, el secretario judicial deberá comunicar a las víctimas y perjudicados, se hayan o no personado, todas aquellas resoluciones que se adopten tanto por el Ministerio Fiscal como por el Juez de Menores, que puedan afectar a sus intereses.

En especial, cuando el Ministerio Fiscal, en aplicación de lo dispuesto en el artículo 18 de esta Ley, desista de la incoación del expediente deberá inmediatamente ponerlo en conocimiento de las víctimas y perjudicados haciéndoles saber su derecho a ejercitar las acciones civiles que les asisten ante la jurisdicción civil.

Del mismo modo, el secretario judicial notificará por escrito la sentencia que se dicte a las víctimas y perjudicados por la infrac-

---

Art. 4.º: Este artículo figura redactado conforme al texto de la Ley Orgánica 8/2006, de 4 de diciembre (*BOE* n.º 290, de 5 de diciembre). La Disp. Adic. 2.ª de la Ley Orgánica 9/2000, de 22 de diciembre (*BOE* n.º 307, de 23 de diciembre), establece: «Todas las referencias a las Salas de Menores de los Tribunales Superiores de Justicia contenidas en la Ley Orgánica 5/2000, de 12 de enero, reguladora de la responsabilidad penal de los menores, deben entenderse realizadas a las Audiencias Provinciales.»

ción penal, aunque no se hayan mostrado parte en el expediente.

Art. 5.º *Bases de la responsabilidad de los menores.*—1. Los menores serán responsables con arreglo a esta Ley cuando hayan cometido los hechos a los que se refiere el artículo 1 y no concurra en ellos ninguna de las causas de exención o extinción de la responsabilidad criminal previstas en el vigente Código Penal.

2. No obstante lo anterior, a los menores en quienes concurran las circunstancias previstas en los números 1.º, 2.º y 3.º del artículo 20 del vigente Código Penal les serán aplicables, en caso necesario, las medidas terapéuticas a las que se refiere el artículo 7.1, letras *d*) y *e*), de la presente Ley.

3. Las edades indicadas en el articulado de esta Ley se han de entender siempre referidas al momento de la comisión de los hechos, sin que el haberse rebasado las mismas antes del comienzo del procedimiento o durante la tramitación del mismo tenga incidencia alguna sobre la competencia atribuida por esta misma Ley a los Jueces y Fiscales de Menores.

Art. 6.º *De la intervención del Ministerio Fiscal.*—Corresponde al Ministerio Fiscal la defensa de los derechos que a los menores reconocen las leyes, así como la vigilancia de las actuaciones que deban efectuarse en su interés y la observancia de las garantías del procedimiento, para lo cual dirigirá personalmente la investigación de los hechos y ordenará que la policía judicial practique las actuaciones necesarias para la comprobación de aquéllos y de la participación del menor en los mismos, impulsando el procedimiento.

TÍTULO II

De las medidas

Art. 7.º *Definición de las medidas susceptibles de ser impuestas a los menores y reglas generales de determinación de las mismas.*—1. Las medidas que pueden imponer los Jueces

---

Art. 6.º: V. RD 1.436/2001, de 21 de diciembre (*BOE* n.º 20, de 23 de enero de 2002), por el que se modifica el RD 34/1988, de 21 de enero, por el que se regulan los pagos, depósitos y consignaciones judiciales.

Art. 7.º: Este artículo figura redactado conforme al texto de la Ley Orgánica

de Menores, ordenadas según la restricción de derechos que suponen, son las siguientes:

a) Internamiento en régimen cerrado. Las personas sometidas a esta medida residirán en el centro y desarrollarán en el mismo las actividades formativas, educativas, laborales y de ocio.

b) Internamiento en régimen semiabierto. Las personas sometidas a esta medida residirán en el centro, pero podrán realizar fuera del mismo alguna o algunas de las actividades formativas, educativas, laborales y de ocio establecidas en el programa individualizado de ejecución de la medida. La realización de actividades fuera del centro quedará condicionada a la evolución de la persona y al cumplimiento de los objetivos previstos en las mismas, pudiendo el Juez de Menores suspenderlas por tiempo determinado, acordando que todas las actividades se lleven a cabo dentro del centro.

c) Internamiento en régimen abierto. Las personas sometidas a esta medida llevarán a cabo todas las actividades del proyecto educativo en los servicios normalizados del entorno, residiendo en el centro como domicilio habitual, con sujeción al programa y régimen interno del mismo.

d) Internamiento terapéutico en régimen cerrado, semiabierto o abierto. En los centros de esta naturaleza se realizará una atención educativa especializada o tratamiento específico dirigido a personas que padezcan anomalías o alteraciones psíquicas, un estado de dependencia de bebidas alcohólicas, drogas tóxicas o sustancias psicotrópicas, o alteraciones en la percepción que determinen una alteración grave de la conciencia de la realidad. Esta medida podrá aplicarse sola o como complemento de otra medida prevista en este artículo. Cuando el interesado rechace un tratamiento de deshabituación, el Juez habrá de aplicarle otra medida adecuada a sus circunstancias.

e) Tratamiento ambulatorio. Las personas sometidas a esta medida habrán de asistir al centro designado con la periodicidad requerida por los facultativos que las atiendan y seguir las pautas fijadas para el adecuado tratamiento de la anomalía o alteración psíquica, adicción al consumo de bebidas alcohólicas, drogas tóxicas o sustancias psicotrópicas, o alteraciones en la percepción que padezcan. Esta medida podrá aplicarse sola o como complemen-

---

8/2006, de 4 de diciembre (*BOE* n.º 290, de 5 de diciembre). V. art. 4.º del RD 1.774/2004, de 30 de julio (*BOE* n.º 209, de 30 de agosto), por el que se aprueba el Reglamento de la presente Ley.

to de otra medida prevista en este artículo. Cuando el interesado rechace un tratamiento de deshabituación, el Juez habrá de aplicarle otra medida adecuada a sus circunstancias.

f) Asistencia a un centro de día. Las personas sometidas a esta medida residirán en su domicilio habitual y acudirán a un centro, plenamente integrado en la comunidad, a realizar actividades de apoyo, educativas, formativas, laborales o de ocio.

g) Permanencia de fin de semana. Las personas sometidas a esta medida permanecerán en su domicilio o en un centro hasta un máximo de treinta y seis horas entre la tarde o noche del viernes y la noche del domingo, a excepción, en su caso, del tiempo que deban dedicar a las tareas socioeducativas asignadas por el Juez que deben llevarse a cabo fuera del lugar de permanencia.

h) Libertad vigilada. En esta medida se ha de hacer un seguimiento de la actividad de la persona sometida a la misma y de su asistencia a la escuela, al centro de formación profesional o al lugar de trabajo, según los casos, procurando ayudar a aquélla a superar los factores que determinaron la infracción cometida. Asimismo, esta medida obliga, en su caso, a seguir las pautas socio-educativas que señale la entidad pública o el profesional encargado de su seguimiento, de acuerdo con el programa de intervención elaborado al efecto y aprobado por el Juez de Menores. La persona sometida a la medida también queda obligada a mantener con dicho profesional las entrevistas establecidas en el programa y a cumplir, en su caso, las reglas de conducta impuestas por el Juez, que podrán ser alguna o algunas de las siguientes:

1.ª Obligación de asistir con regularidad al centro docente correspondiente, si el menor está en edad de escolarización obligatoria, y acreditar ante el Juez dicha asistencia regular o justificar en su caso las ausencias, cuantas veces fuere requerido para ello.

2.ª Obligación de someterse a programas de tipo formativo, cultural, educativo, profesional, laboral, de educación sexual, de educación vial u otros similares.

3.ª Prohibición de acudir a determinados lugares, establecimientos o espectáculos.

4.ª Prohibición de ausentarse del lugar de residencia sin autorización judicial previa.

5.ª Obligación de residir en un lugar determinado.

6.ª Obligación de comparecer personalmente ante el Juzgado de Menores o profesional que se designe, para informar de las actividades realizadas y justificarlas.

7.ª Cualesquiera otras obligaciones que el Juez, de oficio o a instancia del Ministerio Fiscal, estime convenientes para la reinserción social del sentenciado, siempre que no atenten contra su dignidad como persona. Si alguna de estas obligaciones implicase la imposibilidad del menor de continuar conviviendo con sus padres, tutores o guardadores, el Ministerio Fiscal deberá remitir testimonio de los particulares a la entidad pública de protección del menor, y dicha entidad deberá promover las medidas de protección adecuadas a las circunstancias de aquél, conforme a lo dispuesto en la Ley Orgánica 1/1996.

i) La prohibición de aproximarse o comunicarse con la víctima o con aquellos de sus familiares u otras personas que determine el Juez. Esta medida impedirá al menor acercarse a ellos, en cualquier lugar donde se encuentren, así como a su domicilio, a su centro docente, a sus lugares de trabajo y a cualquier otro que sea frecuentado por ellos. La prohibición de comunicarse con la víctima, o con aquellos de sus familiares u otras personas que determine el Juez o Tribunal, impedirá al menor establecer con ellas, por cualquier medio de comunicación o medio informático o telemático, contacto escrito, verbal o visual. Si esta medida implicase la imposibilidad del menor de continuar viviendo con sus padres, tutores o guardadores, el Ministerio Fiscal deberá remitir testimonio de los particulares a la entidad pública de protección del menor, y dicha entidad deberá promover las medidas de protección adecuadas a las circunstancias de aquél, conforme a lo dispuesto en la Ley Orgánica 1/1996.

j) Convivencia con otra persona, familia o grupo educativo. La persona sometida a esta medida debe convivir, durante el período de tiempo establecido por el Juez, con otra persona, con una familia distinta a la suya o con un grupo educativo, adecuadamente seleccionados para orientar a aquélla en su proceso de socialización.

k) Prestaciones en beneficio de la comunidad. La persona sometida a esta medida, que no podrá imponerse sin su consentimiento, ha de realizar las actividades no retribuidas que se le indiquen, de interés social o en beneficio de personas en situación de precariedad.

l) Realización de tareas socio-educativas. La persona sometida a esta medida ha de realizar, sin internamiento ni libertad vigilada, actividades específicas de contenido educativo encaminadas a facilitarle el desarrollo de su competencia social.

m) Amonestación. Esta medida consiste en la reprensión de la persona llevada a cabo por el Juez de Menores y dirigida a hacerle comprender la gravedad de los hechos cometidos y las consecuencias que los mismos han tenido o podrían haber tenido, instándole a no volver a cometer tales hechos en el futuro.

n) Privación del permiso de conducir ciclomotores y vehículos a motor, o del derecho a obtenerlo, o de las licencias administrativas para caza o para uso de cualquier tipo de armas. Esta medida podrá imponerse como accesoria cuando el delito o falta se hubiere cometido utilizando un ciclomotor o un vehículo a motor, o un arma, respectivamente.

ñ) Inhabilitación absoluta. La medida de inhabilitación absoluta produce la privación definitiva de todos los honores, empleos y cargos públicos sobre el que recayere, aunque sean electivos; así como la incapacidad para obtener los mismos o cualesquiera otros honores, cargos o empleos públicos, y la de ser elegido para cargo público, durante el tiempo de la medida.

2. Las medidas de internamiento constarán de dos períodos: el primero se llevará a cabo en el centro correspondiente, conforme a la descripción efectuada en el apartado anterior de este artículo; el segundo se llevará a cabo en régimen de libertad vigilada, en la modalidad elegida por el Juez. La duración total no excederá del tiempo que se expresa en los artículos 9 y 10. El equipo técnico deberá informar respecto del contenido de ambos períodos, y el Juez expresará la duración de cada uno en la sentencia.

3. Para la elección de la medida o medidas adecuadas se deberá atender de modo flexible, no sólo a la prueba y valoración jurídica de los hechos, sino especialmente a la edad, las circunstancias familiares y sociales, la personalidad y el interés del menor, puestos de manifiesto los dos últimos en los informes de los equipos técnicos y de las entidades públicas de protección y reforma de menores cuando éstos hubieran tenido conocimiento del menor por haber ejecutado una medida cautelar o definitiva con anterioridad, emitidos conforme a lo dispuesto en el artículo 27 de la presente Ley. El Juez deberá motivar en la sentencia las razones por las que aplica una determinada medida, así como el plazo de duración de la misma, a los efectos de la valoración del mencionado interés del menor.

4. El Juez podrá imponer al menor una o varias medidas de las previstas en esta Ley con independencia de que se trate de uno o más hechos, sujetándose si procede a lo dispuesto en el artículo 11 para el enjuiciamiento conjunto de varias infracciones; pero, en ningún caso, se impondrá a un menor en una misma resolución más de una medida de la misma clase, entendiendo por tal cada una de las que se enumeran en el apartado 1 de este artículo.

Art. 8.º *Principio acusatorio.*—El Juez de Menores no podrá imponer una medida que suponga una mayor restricción de derechos ni por un tiempo superior a la medida solicitada por el Ministerio Fiscal o por el acusador particular.

Tampoco podrá exceder la duración de las medidas privativas de libertad contempladas en el artículo 7.1.*a*), *b*), *c*), *d*) y *g*), en ningún caso, del tiempo que hubiera durado la pena privativa de libertad que se le hubiere impuesto por el mismo hecho, si el sujeto, de haber sido mayor de edad, hubiera sido declarado responsable, de acuerdo con el Código Penal.

Art. 9.º *Régimen general de aplicación y duración de las medidas.*—No obstante lo establecido en los apartados 3 y 4 del artículo 7, la aplicación de las medidas se atendrá a las siguientes reglas:

1. Cuando los hechos cometidos sean calificados de falta, sólo se podrán imponer las medidas de libertad vigilada hasta un máximo de seis meses, amonestación, permanencia de fin de semana hasta un máximo de cuatro fines de semana, prestaciones en beneficio de la comunidad hasta cincuenta horas, privación del permiso de conducir o de otras licencias administrativas hasta un año, la prohibición de aproximarse o comunicarse con la víctima o con aquellos de sus familiares u otras personas que determine el Juez hasta seis meses, y la realización de tareas socio-educativas hasta seis meses.

2. La medida de internamiento en régimen cerrado sólo podrá ser aplicable cuando:

a) Los hechos estén tipificados como delito grave por el Código Penal o las leyes penales especiales.

b) Tratándose de hechos tipificados como delito menos grave, en su ejecución se haya empleado violencia o intimidación en las personas o se haya generado grave riesgo para la vida o la integridad física de las mismas.

c) Los hechos tipificados como delito se cometan en grupo o el menor perteneciere o actuare al servicio de una banda, organización o asociación, incluso de carácter transitorio, que se dedicare a la realización de tales actividades.

3. La duración de las medidas no podrá exceder de dos años, computándose, en su caso, a estos efectos el tiempo ya cumplido por

---

Art. 8.º: Figura redactado conforme al texto de la LO 15/2003, de 25 de noviembre (*BOE* n.º 283, de 26 de noviembre).

Art. 9.º: Este artículo figura redactado conforme al texto de la Ley Orgánica 8/2006, de 4 de diciembre (*BOE* n.º 290, de 5 de diciembre).

el menor en medida cautelar, conforme a lo dispuesto en el artículo 28.5 de la presente Ley. La medida de prestaciones en beneficio de la comunidad no podrá superar las cien horas. La medida de permanencia de fin de semana no podrá superar los ocho fines de semana.

4. Las acciones u omisiones imprudentes no podrán ser sancionadas con medidas de internamiento en régimen cerrado.

5. Cuando en la postulación del Ministerio Fiscal o en la resolución dictada en el procedimiento se aprecien algunas de las circunstancias a las que se refiere el artículo 5.2 de esta Ley, sólo podrán aplicarse las medidas terapéuticas descritas en el artículo 7.1, letras *d*) y *e*), de la misma.

Art. 10. *Reglas especiales de aplicación y duración de las medidas.*—1. Cuando se trate de los hechos previstos en el apartado 2 del artículo anterior, el Juez, oído el Ministerio Fiscal, las partes personadas y el equipo técnico, actuará conforme a las reglas siguientes:

a) Si al tiempo de cometer los hechos el menor tuviere catorce o quince años de edad, la medida podrá alcanzar tres años de duración. Si se trata de prestaciones en beneficio de la comunidad, dicho máximo será de ciento cincuenta horas, y de doce fines de semana si la medida impuesta fuere la de permanencia de fin de semana.

b) Si al tiempo de cometer los hechos el menor tuviere dieciséis o diecisiete años de edad, la duración máxima de la medida será de seis años; o, en sus respectivos casos, de doscientas horas de prestaciones en beneficio de la comunidad o permanencia de dieciséis fines de semana.

En este supuesto, cuando el hecho revista extrema gravedad, el Juez deberá imponer una medida de internamiento en régimen cerrado de uno a seis años, complementada sucesivamente con otra medida de libertad vigilada con asistencia educativa hasta un máximo de cinco años. Sólo podrá hacerse uso de lo dispuesto en los artículos 13 y 51.1 de esta Ley Orgánica una vez transcurrido el primer año de cumplimiento efectivo de la medida de internamiento.

A los efectos previstos en el párrafo anterior, se entenderán siempre supuestos de extrema gravedad aquellos en los que se apreciara reincidencia.

2. Cuando el hecho sea constitutivo de alguno de los delitos

Art. 10: Este artículo figura redactado conforme al texto de la Ley Orgánica 8/2006, de 4 de diciembre (*BOE* n.º 290, de 5 de diciembre).

tipificados en los artículos 138, 139, 179, 180 y 571 a 580 del Código Penal, o de cualquier otro delito que tenga señalada en dicho Código o en las leyes penales especiales pena de prisión igual o superior a quince años, el Juez deberá imponer las medidas siguientes:

a) Si al tiempo de cometer los hechos el menor tuviere catorce o quince años de edad, una medida de internamiento en régimen cerrado de uno a cinco años de duración, complementada en su caso por otra medida de libertad vigilada de hasta tres años.

b) Si al tiempo de cometer los hechos el menor tuviere dieciséis o diecisiete años de edad, una medida de internamiento en régimen cerrado de uno a ocho años de duración, complementada en su caso por otra de libertad vigilada con asistencia educativa de hasta cinco años. En este supuesto sólo podrá hacerse uso de las facultades de modificación, suspensión o sustitución de la medida impuesta a las que se refieren los artículos 13, 40 y 51.1 de esta Ley Orgánica, cuando haya transcurrido al menos, la mitad de la duración de la medida de internamiento impuesta.

3. En el caso de que el delito cometido sea alguno de los comprendidos en los artículos 571 a 580 del Código Penal, el Juez, sin perjuicio de las demás medidas que correspondan con arreglo a esta Ley, también impondrá al menor una medida de inhabilitación absoluta por un tiempo superior entre cuatro y quince años al de la duración de la medida de internamiento en régimen cerrado impuesta, atendiendo proporcionalmente a la gravedad del delito, el número de los cometidos y a las circunstancias que concurran en el menor.

4. Las medidas de libertad vigilada previstas en este artículo deberán ser ratificadas mediante auto motivado, previa audiencia del Ministerio Fiscal, del letrado del menor y del representante de la entidad pública de protección o reforma de menores al finalizar el internamiento, y se llevará a cabo por las instituciones públicas encargadas del cumplimiento de las penas.

Art. 11. *Pluralidad de infracciones.*—1. Los límites máximos establecidos en el artículo 9 y en el apartado 1 del artículo 10 serán aplicables, con arreglo a los criterios establecidos en el artículo 7, apartados 3 y 4, aunque el menor fuere responsable de dos o más infraccio-

---

Art. 11: Este artículo figura redactado conforme al texto de la Ley Orgánica 8/2006, de 4 de diciembre (*BOE* n.º 290, de 5 de diciembre).

nes, en el caso de que éstas sean conexas o se trate de una infracción continuada, así como cuando un sólo hecho constituya dos o más infracciones. No obstante, en estos casos, el Juez, para determinar la medida o medidas a imponer, así como su duración, deberá tener en cuenta, además del interés del menor, la naturaleza y el número de las infracciones, tomando como referencia la más grave de todas ellas.

Si pese a lo dispuesto en el artículo 20.1 de esta Ley dichas infracciones hubiesen sido objeto de diferentes procedimientos, el último Juez sentenciador señalará la medida o medidas que debe cumplir el menor por el conjunto de los hechos, dentro de los límites y con arreglo a los criterios expresados en el párrafo anterior.

2. Cuando alguno o algunos de los hechos a los que se refiere el apartado anterior fueren de los mencionados en el artículo 10.2 de esta Ley, la medida de internamiento en régimen cerrado podrá alcanzar una duración máxima de diez años para los mayores de dieciséis años y de seis años para los menores de esa edad, sin perjuicio de la medida de libertad vigilada que, de forma complementaria, corresponda imponer con arreglo a dicho artículo.

3. Cuando el menor hubiere cometido dos o más infracciones no comprendidas en el apartado 1 de este artículo será de aplicación lo dispuesto en el artículo 47 de la presente Ley.

Art. 12. *Procedimiento de aplicación de medidas en supuestos de pluralidad de infracciones.*—1. A los fines previstos en el artículo anterior, en cuanto el Juez sentenciador tenga conocimiento de la existencia de otras medidas firmes en ejecución, pendientes de ejecución o suspendidas condicionalmente, impuestas al mismo menor por otros jueces de menores en anteriores sentencias, y una vez que la medida o medidas por él impuestas sean firmes, ordenará al secretario judicial que dé traslado del testimonio de su sentencia, por el medio más rápido posible, al Juez que haya dictado la primera sentencia firme, el cual será el competente para la ejecución de todas, asumiendo las funciones previstas en el apartado 2 de este artículo.

2. El Juez competente para la ejecución procederá a la refun-

---

Art. 12: Este artículo figura redactado conforme al texto de la Ley Orgánica 8/2006, de 4 de diciembre (*BOE* n.º 290, de 5 de diciembre).

dición y a ordenar la ejecución de todas las medidas impuestas conforme establece el artículo 47 de esta Ley. Desde ese momento, pasará a ser competente a todos los efectos con exclusión de los órganos judiciales que hubieran dictado las posteriores resoluciones.

Art. 13. *Modificación de la medida impuesta.*—1. El Juez competente para la ejecución, de oficio o a instancia del Ministerio Fiscal o del letrado del menor, previa audiencia de éstos e informe del equipo técnico y, en su caso, de la entidad pública de protección o reforma de menores, podrá en cualquier momento dejar sin efecto la medida impuesta, reducir su duración o sustituirla por otra, siempre que la modificación redunde en el interés del menor y se exprese suficientemente a éste el reproche merecido por su conducta.

2. En los casos anteriores, el Juez resolverá por auto motivado, contra el cual se podrán interponer los recursos previstos en la presente Ley.

Art. 14. *Mayoría de edad del condenado.*—1. Cuando el menor a quien se le hubiere impuesto una medida de las establecidas en esta Ley alcanzase la mayoría de edad, continuará el cumplimiento de la medida hasta alcanzar los objetivos propuestos en la sentencia en que se le impuso conforme a los criterios expresados en los artículos anteriores.

2. Cuando se trate de la medida de internamiento en régimen cerrado y el menor alcance la edad de dieciocho años sin haber finalizado su cumplimiento, el Juez de Menores, oído el Ministerio Fiscal, el letrado del menor, el equipo técnico y la entidad pública de protección o reforma de menores, podrá ordenar en auto motivado que su cumplimiento se lleve a cabo en un centro penitenciario conforme al régimen general previsto en la Ley Orgánica General Penitenciaria si la conducta de la persona internada no responde a los objetivos propuestos en la sentencia.

3. No obstante lo señalado en los apartados anteriores, cuan-

---

Art. 13: Este artículo figura redactado conforme al texto de la Ley Orgánica 8/2006, de 4 de diciembre (*BOE* n.º 290, de 5 de diciembre). Cfr. la Circular 1/2009, de 27 de abril, de la Fiscalía General del Estado, sobre la sustitución en el sistema de justicia juvenil de medidas no privativas de libertad por la de internamiento en centro semiabierto, en supuestos de quebrantamiento.

Art. 14: Este artículo figura redactado conforme al texto de la Ley Orgánica 8/2006, de 4 de diciembre (*BOE* n.º 290, de 5 de diciembre). V. art. 4.º del RD 1.774/2004, de 30 de julio (*BOE* n.º 209, de 30 de agosto), por el que se aprueba el Reglamento de la presente Ley.

do las medidas de internamiento en régimen cerrado sean impuestas a quien haya cumplido veintiún años de edad o, habiendo sido impuestas con anterioridad, no hayan finalizado su cumplimiento al alcanzar la persona dicha edad, el Juez de Menores, oídos el Ministerio Fiscal, el letrado del menor, el equipo técnico y la entidad pública de protección o reforma de menores, ordenará su cumplimiento en centro penitenciario conforme al régimen general previsto en la Ley Orgánica General Penitenciaria, salvo que, excepcionalmente, entienda en consideración a las circunstancias concurrentes que procede la utilización de las medidas previstas en los artículos 13 y 51 de la presente Ley o su permanencia en el centro en cumplimiento de tal medida cuando el menor responda a los objetivos propuestos en la sentencia.

4. Cuando el menor pase a cumplir la medida de internamiento en un centro penitenciario, quedarán sin efecto el resto de medidas impuestas por el Juez de Menores que estuvieren pendientes de cumplimiento sucesivo o que estuviera cumpliendo simultáneamente con la de internamiento, si éstas no fueren compatible con el régimen penitenciario, todo ello sin perjuicio de que excepcionalmente proceda la aplicación de los artículos 13 y 51 de esta Ley.

5. La medida de internamiento en régimen cerrado que imponga el Juez de Menores con arreglo a la presente Ley se cumplirá en un centro penitenciario conforme al régimen general previsto en la Ley Orgánica General Penitenciaria siempre que, con anterioridad al inicio de la ejecución de dicha medida, el responsable hubiera cumplido ya, total o parcialmente, bien una pena de prisión impuesta con arreglo al Código Penal, o bien una medida de internamiento ejecutada en un centro penitenciario conforme a los apartados 2 y 3 de este artículo.

Art. 15. *De la prescripción.*—1. Los hechos delictivos cometidos por los menores prescriben:

1.º Con arreglo a las normas contenidas en el Código Penal, cuando se trate de los hechos delictivos tipificados en los artículos 138, 139, 179, 180 y 571 a 580 del Código Penal o cualquier otro sancionado en el Código Penal o en las leyes penales especiales con pena de

---

Art. 15: Este artículo figura redactado conforme al texto de la Ley Orgánica 8/2006, de 4 de diciembre (*BOE* n.º 290, de 5 de diciembre).

prisión igual o superior a quince años.

2.º A los cinco años, cuando se trate de un delito grave sancionado en el Código Penal con pena superior a diez años.

3.º A los tres años, cuando se trate de cualquier otro delito grave.

4.º Al año, cuando se trate de un delito menos grave.

5.º A los tres meses, cuando se trate de una falta.

2. Las medidas que tengan una duración superior a los dos años prescribirán a los tres años. Las restantes medidas prescribirán a los dos años, excepto la amonestación, las prestaciones en beneficio de la comunidad y la permanencia de fin de semana, que prescribirán al año.

TÍTULO III

De la instrucción del procedimiento

CAPÍTULO PRIMERO

REGLAS GENERALES

Art. 16. *Incoación del expediente.*—1. Corresponde al Ministerio Fiscal la instrucción de los procedimientos por los hechos a los que se refiere el artículo 1 de esta Ley.

2. Quienes tuvieren noticia de algún hecho de los indicados en el apartado anterior, presuntamente cometido por un menor de dieciocho años, deberán ponerlo en conocimiento del Ministerio Fiscal, el cual admitirá o no a trámite la denuncia, según que los hechos sean o no indiciariamente constitutivos de delito; custodiará las piezas, documentos y efectos que le hayan sido remitidos, y practicará, en su caso, las diligencias que estime pertinentes para la comprobación del hecho y de la responsabilidad del menor en su comisión, pudiendo resolver el archivo de las actuaciones cuando los hechos no constituyan delito o no tengan autor conocido. La resolución recaída sobre la denuncia deberá notificarse a quienes hubieran formulado la misma.

3. Una vez efectuadas las actuaciones indicadas en el apartado anterior, el Ministerio Fiscal dará cuenta de la incoación del expediente al Juez de Menores, quien iniciará las diligencias de trámite correspondientes.

Art. 16: Los apartados 4 y 5 de este artículo figuran redactados conforme al texto de la Ley Orgánica 8/2006, de 4 de diciembre (*BOE* n.º 290, de 5 de diciembre).

4. El Juez de Menores ordenará al propio tiempo la apertura de la pieza separada de responsabilidad civil, que se tramitará conforme a lo establecido en las reglas del artículo 64 de esta Ley.

5. Cuando los hechos mencionados en el artículo 1 hubiesen sido cometidos conjuntamente por mayores de edad penal y por personas de las edades indicadas en el mismo artículo 1, el Juez de Instrucción competente para el conocimiento de la causa, tan pronto como compruebe la edad de los imputados, adoptará las medidas necesarias para asegurar el éxito de la actividad investigadora respecto de los mayores de edad y ordenará remitir testimonio de los particulares precisos al Ministerio Fiscal, a los efectos prevenidos en el apartado 2 de este artículo.

Art. 17. *Detención de los menores.*—1. Las autoridades y funcionarios que intervengan en la detención de un menor deberán practicarla en la forma que menos perjudique a éste y estarán obligados a informarle, en un lenguaje claro y comprensible y de forma inmediata, de los hechos que se le imputan, de las razones de su detención y de los derechos que le asisten, especialmente los reconocidos en el artículo 520 de la Ley de Enjuiciamiento Criminal, así como a garantizar el respeto de los mismos. También deberán notificar inmediatamente el hecho de la detención y el lugar de la custodia a los representantes legales del menor y al Ministerio Fiscal. Si el menor detenido fuera extranjero, el hecho de la detención se notificará a las correspondientes autoridades consulares cuando el menor tuviera su residencia habitual fuera de España o cuando así lo solicitaran el propio menor o sus representantes legales.

2. Toda declaración del detenido, se llevará a cabo en presencia de su letrado y de aquellos que ejerzan la patria potestad, tutela o guarda del menor —de hecho o de derecho—, salvo que, en este último caso, las circunstancias aconsejen lo contrario. En defecto de estos últimos la declaración se llevará a cabo en presencia del Ministerio Fiscal, representado por persona distinta del instructor del expediente.

El menor detenido tendrá derecho a la entrevista reservada con su abogado con anterioridad y al

---

Art. 17: El párrafo segundo del apartado 2 de este artículo fue incorporado por la Ley Orgánica 8/2006, de 4 de diciembre (*BOE* n.º 290, de 5 de diciembre). V. arts. 2.º y 3.º del RD 1.774/2004, de 30 de julio (*BOE* n.º 209, de 30 de agosto), por el que se aprueba el Reglamento de la presente Ley.

término de la práctica de la diligencia de toma de declaración.

3. Mientras dure la detención, los menores deberán hallarse custodiados en dependencias adecuadas y separadas de las que se utilicen para los mayores de edad, y recibirán los cuidados, protección y asistencia social, psicológica, médica y física que requieran, habida cuenta de su edad, sexo y características individuales.

4. La detención de un menor por funcionarios de policía no podrá durar más tiempo del estrictamente necesario para la realización de las averiguaciones tendentes al esclarecimiento de los hechos, y, en todo caso, dentro del plazo máximo de veinticuatro horas, el menor detenido deberá ser puesto en libertad o a disposición del Ministerio Fiscal. Se aplicará, en su caso, lo dispuesto en el artículo 520 bis de la Ley de Enjuiciamiento Criminal, atribuyendo la competencia para las resoluciones judiciales previstas en dicho precepto al Juez de Menores.

5. Cuando el detenido sea puesto a disposición del Ministerio Fiscal, éste habrá de resolver, dentro de las cuarenta y ocho horas a partir de la detención, sobre la puesta en libertad del menor, sobre el desistimiento al que se refiere el artículo siguiente, o sobre la incoación del expediente, poniendo a aquél a disposición del Juez de Menores competente e instando del mismo las oportunas medidas cautelares, con arreglo a lo establecido en el artículo 28.

6. El Juez competente para el procedimiento de hábeas corpus en relación a un menor será el Juez de Instrucción del lugar en el que se encuentre el menor privado de libertad; si no constare, el del lugar donde se produjo la detención, y, en defecto de los anteriores, el del lugar donde se hayan tenido las últimas noticias sobre el paradero del menor detenido.

Cuando el procedimiento de hábeas corpus sea instado por el propio menor, la fuerza pública responsable de la detención lo notificará inmediatamente al Ministerio Fiscal, además de dar curso al procedimiento conforme a la ley orgánica reguladora.

Art. 18. *Desistimiento de la incoación del expediente por corrección en el ámbito educativo y familiar.*—El Ministerio Fiscal podrá desistir de la incoación del expediente cuando los hechos denunciados constituyan delitos menos graves sin violencia o intimidación en las personas, o faltas,

---

Art. 18: El párrafo primero de este artículo figura redactado conforme al texto de la Ley Orgánica 8/2006, de 4 de diciembre (*BOE* n.º 290, de 5 de diciembre).

tipificados en el Código Penal o en las leyes penales especiales. En tal caso, el Ministerio Fiscal dará traslado de lo actuado a la entidad pública de protección de menores para la aplicación de lo establecido en el artículo 3 de la presente Ley. Asimismo, el Ministerio Fiscal comunicará a los ofendidos o perjudicados conocidos el desistimiento acordado.

No obstante, cuando conste que el menor ha cometido con anterioridad otros hechos de la misma naturaleza, el Ministerio Fiscal deberá incoar el expediente y, en su caso, actuar conforme autoriza el artículo 27.4 de la presente Ley.

Art. 19. *Sobreseimiento del expediente por conciliación o reparación entre el menor y la víctima.*—1. También podrá el Ministerio Fiscal desistir de la continuación del expediente, atendiendo a la gravedad y circunstancias de los hechos y del menor, de modo particular a la falta de violencia o intimidación graves en la comisión de los hechos, y a la circunstancia de que además el menor se haya conciliado con la víctima o haya asumido el compromiso de reparar el daño causado a la víctima o al perjudicado por el delito, o se haya comprometido a cumplir la actividad educativa propuesta por el equipo técnico en su informe.

El desistimiento en la continuación del expediente sólo será posible cuando el hecho imputado al menor constituya delito menos grave o falta.

2. A efectos de lo dispuesto en el apartado anterior, se entenderá producida la conciliación cuando el menor reconozca el daño causado y se disculpe ante la víctima, y ésta acepte sus disculpas, y se entenderá por reparación el compromiso asumido por el menor con la víctima o perjudicado de realizar determinadas acciones en beneficio de aquéllos o de la comunidad, seguido de su realización efectiva. Todo ello sin perjuicio del acuerdo al que hayan llegado las partes en relación con la responsabilidad civil.

3. El correspondiente equipo técnico realizará las funciones de mediación entre el menor y la víctima o perjudicado, a los efectos indicados en los apartados anteriores, e informará al Ministerio Fiscal de los compromisos adquiridos y de su grado de cumplimiento.

Art. 19: El apartado 2 de este artículo figura redactado conforme al texto de la Ley Orgánica 8/2006, de 4 de diciembre (*BOE* n.º 290, de 5 de diciembre). V. art. 5.º del RD 1.774/2004, de 30 de julio (*BOE* n.º 209, de 30 de agosto), por el que se aprueba el Reglamento de la presente Ley.

4. Una vez producida la conciliación o cumplidos los compromisos de reparación asumidos con la víctima o perjudicado por el delito o falta cometido, o cuando una u otros no pudieran llevarse a efecto por causas ajenas a la voluntad del menor, el Ministerio Fiscal dará por concluida la instrucción y solicitará del Juez el sobreseimiento y archivo de las actuaciones, con remisión de lo actuado.

5. En el caso de que el menor no cumpliera la reparación o la actividad educativa acordada, el Ministerio Fiscal continuará la tramitación del expediente.

6. En los casos en los que la víctima del delito o falta fuere menor de edad o incapaz, el compromiso al que se refiere el presente artículo habrá de ser asumido por el representante legal de la misma, con la aprobación del Juez de Menores.

Art. 20. *Unidad de expediente.*—1. El Ministerio Fiscal incoará un procedimiento por cada hecho delictivo, salvo cuando se trate de hechos delictivos conexos.

2. Todos los procedimientos tramitados a un mismo menor se archivarán en el expediente personal que del mismo se haya abierto en la Fiscalía. De igual modo se archivarán las diligencias en el Juzgado de Menores respectivo.

3. En los casos en los que los delitos atribuidos al menor expedientado hubieran sido cometidos en diferentes territorios, la determinación del órgano judicial competente para el enjuiciamiento de todos ellos en unidad de expediente, así como de las entidades públicas competentes para la ejecución de las medidas que se apliquen, se hará teniendo en cuenta el lugar del domicilio del menor y, subsidiariamente, los criterios expresados en el artículo 18 de la Ley de Enjuiciamiento Criminal.

4. Los procedimientos de la competencia de la Audiencia Nacional no podrán ser objeto de acumulación con otros procedimientos instruidos en el ámbito de la jurisdicción de menores, sean o no los mismos los sujetos imputados.

Art. 21. *Remisión al órgano competente.*—Cuando el conocimiento de los hechos no corresponda a la competencia de los Juzgados de Menores, el Fiscal acordará la remisión de lo actuado al órgano legalmente competente.

Art. 20: Este artículo figura redactado conforme al texto de la Ley Orgánica 8/2006, de 4 de diciembre (*BOE* n.º 290, de 5 de diciembre). V. arts. 17 y 18 LECr.

Art. 22. *De la incoación del expediente.*—1. Desde el mismo momento de la incoación del expediente, el menor tendrá derecho a:

a) Ser informado por el Juez, el Ministerio Fiscal, o agente de policía de los derechos que le asisten.

b) Designar abogado que le defienda, o a que le sea designado de oficio y a entrevistarse reservadamente con él, incluso antes de prestar declaración.

c) Intervenir en las diligencias que se practiquen durante la investigación preliminar y en el proceso judicial, y a proponer y solicitar, respectivamente, la práctica de diligencias.

d) Ser oído por el Juez o Tribunal antes de adoptar cualquier resolución que le concierna personalmente.

e) La asistencia afectiva y psicológica en cualquier estado y grado del procedimiento, con la presencia de los padres o de otra persona que indique el menor, si el Juez de Menores autoriza su presencia.

f) La asistencia de los servicios del equipo técnico adscrito al Juzgado de Menores.

2. El expediente será notificado al menor desde el momento mismo de su incoación, a salvo lo dispuesto en el artículo 24. A tal fin, el Fiscal requerirá al menor y a sus representantes legales para que designen letrado en el plazo de tres días, advirtiéndoles que, de no hacerlo, se le nombrará de oficio de entre los integrantes del turno de especialistas del correspondiente Colegio de Abogados. Una vez producida dicha designación, el Fiscal la comunicará al Juez de Menores.

3. Igualmente, el Ministerio Fiscal notificará a quien aparezca como perjudicado, desde el momento en que así conste en la instrucción del expediente, la posibilidad de ejercer las acciones civiles que le puedan corresponder, personándose ante el Juez de Menores en la pieza de responsabilidad civil que se tramitará por el mismo.

Art. 23. *Actuación instructora del Ministerio Fiscal.*—1. La actuación instructora del Ministerio Fiscal tendrá como objeto, tanto valorar la participación del menor en los hechos para expresarle el reproche que merece su conducta, como proponer las concretas medidas de contenido educativo y sancionador

---

Art. 22: Este artículo figura redactado conforme al texto de la Ley Orgánica 8/2006, de 4 de diciembre (*BOE* n.º 290, de 5 de diciembre). V. art. 520 LECr.

Art. 23: Este artículo figura redactado conforme al texto de la Ley Orgánica 8/2006, de 4 de diciembre (*BOE* n.º 290, de 5 de diciembre).

adecuadas a las circunstancias del hecho y de su autor y, sobre todo, al interés del propio menor valorado en la causa.

2. El Ministerio Fiscal deberá dar vista del expediente al letrado del menor y, en su caso, a quien haya ejercitado la acción penal, en un plazo no superior a veinticuatro horas, tantas veces como aquél lo solicite.

3. El Ministerio Fiscal no podrá practicar por sí mismo diligencias restrictivas de derechos fundamentales, sino que habrá de solicitar del Juzgado la práctica de las que sean precisas para el buen fin de las investigaciones. El Juez de Menores resolverá sobre esta petición por auto motivado. La práctica de tales diligencias se documentará en pieza separada.

Art. 24. *Secreto del expediente.*—El Juez de Menores, a solicitud del Ministerio Fiscal, del menor o de su familia, o de quien ejercite la acción penal, podrá decretar mediante auto motivado el secreto del expediente, en su totalidad o parcialmente, durante toda la instrucción o durante un período limitado de ésta. No obstante, el letrado del menor y quien ejercite la acción penal deberán, en todo caso, conocer en su integridad el expediente al evacuar el trámite de alegaciones. Este incidente se tramitará por el Juzgado en pieza separada.

Art. 25. *De la acusación particular.*—Podrán personarse en el procedimiento como acusadores particulares, a salvo de las acciones previstas por el artículo 61 de esta Ley, las personas directamente ofendidas por el delito, sus padres, sus herederos o sus representantes legales si fueran menores de edad o incapaces, con las facultades y derechos que derivan de ser parte en el procedimiento, entre los que están, entre otros, los siguientes:

a) Ejercitar la acusación particular durante el procedimiento.

b) Instar la imposición de las medidas a las que se refiere esta Ley.

c) Tener vista de lo actuado, siendo notificado de las diligencias que se soliciten y acuerden.

d) Proponer pruebas que versen sobre el hecho delictivo y las circunstancias de su comisión, salvo en lo referente a la situación psicológica, educativa, familiar y social del menor.

Art. 24: Este artículo figura redactado conforme al texto de la Ley Orgánica 8/2006, de 4 de diciembre (*BOE* n.º 290, de 5 de diciembre).

Art. 25: Figura redactado conforme al texto de la LO 15/2003, de 25 de noviembre (*BOE* n.º 283, de 26 de noviembre).

e) Participar en la práctica de las pruebas, ya sea en fase de instrucción ya sea en fase de audiencia; a estos efectos, el órgano actuante podrá denegar la práctica de la prueba de careo, si ésta fuera solicitada, cuando no resulte fundamental para la averiguación de los hechos o la participación del menor en los mismos.

f) Ser oído en todos los incidentes que se tramiten durante el procedimiento.

g) Ser oído en caso de modificación o de sustitución de medidas impuestas al menor.

h) Participar en las vistas o audiencias que se celebren.

i) Formular los recursos procedentes de acuerdo con esta Ley.

Una vez admitida por el Juez de Menores la personación del acusador particular, se le dará traslado de todas las actuaciones sustanciadas de conformidad con la presente Ley y se le permitirá intervenir en todos los trámites en defensa de sus intereses.

Art. 26. *Diligencias propuestas por las partes.*—1. Las partes podrán solicitar del Ministerio Fiscal la práctica de cuantas diligencias consideren necesarias. El Ministerio Fiscal decidirá sobre su admisión, mediante resolución motivada que notificará al letrado del menor y a quien en su caso ejercite la acción penal y que pondrá en conocimiento del Juez de Menores. Las partes podrán, en cualquier momento, reproducir ante el Juzgado de Menores la petición de las diligencias no practicadas.

2. No obstante lo dispuesto en el apartado anterior, cuando alguna de las partes proponga que se lleve a efecto la declaración del menor, el Ministerio Fiscal deberá recibirla en el expediente, salvo que ya hubiese concluido la instrucción y el expediente hubiese sido elevado al Juzgado de Menores.

3. Si las diligencias propuestas por alguna de las partes afectaren a derechos fundamentales del menor o de otras personas, el Ministerio Fiscal, de estimar pertinente la solicitud, se dirigirá al Juez de Menores conforme a lo dispuesto en el artículo 23.3, sin perjuicio de la facultad de quien haya propuesto la diligencia de reproducir su solicitud ante el Juez de Menores conforme a lo dispuesto en el apartado 1 de este artículo.

Art. 27. *Informe del equipo técnico.*—1. Durante la instruc-

---

Art. 26: Este artículo figura redactado conforme al texto de la Ley Orgánica 8/2006, de 4 de diciembre (*BOE* n.º 290, de 5 de diciembre).

Art. 27: V. arts. 4.º y 5.º del RD 1.774/2004, de 30 de julio (*BOE* n.º 209, de 30 de agosto), por el que se aprueba el Reglamento de la presente Ley.

ción del expediente, el Ministerio Fiscal requerirá del equipo técnico, que a estos efectos dependerá funcionalmente de aquél sea cual fuere su dependencia orgánica, la elaboración de un informe o actualización de los anteriormente emitidos, que deberá serle entregado en el plazo máximo de diez días, prorrogable por un período no superior a un mes en casos de gran complejidad, sobre la situación psicológica, educativa y familiar del menor, así como sobre su entorno social, y en general sobre cualquier otra circunstancia relevante a los efectos de la adopción de alguna de las medidas previstas en la presente Ley.

2. El equipo técnico podrá proponer, asimismo, una intervención socio-educativa sobre el menor, poniendo de manifiesto en tal caso aquellos aspectos del mismo que considere relevantes en orden a dicha intervención.

3. De igual modo, el equipo técnico informará, si lo considera conveniente y en interés del menor, sobre la posibilidad de que éste efectúe una actividad reparadora o de conciliación con la víctima, de acuerdo con lo dispuesto en el artículo 19 de esta Ley, con indicación expresa del contenido y la finalidad de la mencionada actividad. En este caso, no será preciso elaborar un informe de las características y contenidos del apartado 1 de este artículo.

4. Asimismo podrá el equipo técnico proponer en su informe la conveniencia de no continuar la tramitación del expediente en interés del menor, por haber sido expresado suficientemente el reproche al mismo a través de los trámites ya practicados, o por considerar inadecuada para el interés del menor cualquier intervención, dado el tiempo transcurrido desde la comisión de los hechos. En estos casos, si se reunieran los requisitos previstos en el artículo 19.1 de esta Ley, el Ministerio Fiscal podrá remitir el expediente al Juez con propuesta de sobreseimiento, remitiendo además, en su caso, testimonio de lo actuado a la entidad pública de protección de menores que corresponda, a los efectos de que actúe en protección del menor.

5. En todo caso, una vez elaborado el informe del equipo técnico, el Ministerio Fiscal lo remitirá inmediatamente al Juez de Menores y dará copia del mismo al letrado del menor.

6. El informe al que se refiere el presente artículo podrá ser elaborado o complementado por aquellas entidades públicas o privadas que trabajen en el ámbito de la educación de menores y conozcan la situación del menor expedientado.

CAPÍTULO II

DE LAS MEDIDAS CAUTELARES

Art. 28. *Reglas generales.*— 1. El Ministerio Fiscal, de oficio o a instancia de quien haya ejercitado la acción penal, cuando existan indicios racionales de la comisión de un delito y el riesgo de eludir u obstruir la acción de la justicia por parte del menor o de atentar contra los bienes jurídicos de la víctima, podrá solicitar del Juez de Menores, en cualquier momento, la adopción de medidas cautelares para la custodia y defensa del menor expedientado o para la debida protección de la víctima.

Dichas medidas podrán consistir en internamiento en centro en el régimen adecuado, libertad vigilada, prohibición de aproximarse o comunicarse con la víctima o con aquellos de sus familiares u otras personas que determine el Juez, o convivencia con otra persona, familia o grupo educativo.

El Juez, oído el letrado del menor, así como el equipo técnico y la representación de la entidad pública de protección o reforma de menores, que informarán especialmente sobre la naturaleza de la medida cautelar, resolverá sobre lo propuesto tomando en especial consideración el interés del menor. La medida cautelar adoptada podrá mantenerse hasta que recaiga sentencia firme.

2. Para la adopción de la medida cautelar de internamiento se atenderá a la gravedad de los hechos, valorando también las circunstancias personales y sociales del menor, la existencia de un peligro cierto de fuga, y, especialmente, el que el menor hubiera cometido o no con anterioridad otros hechos graves de la misma naturaleza.

El Juez de Menores resolverá, a instancia del Ministerio Fiscal o de la acusación particular, en una comparecencia a la que asistirán también el letrado del menor, las demás partes personadas, el representante del equipo técnico y el de la entidad pública de protección o reforma de menores, los cuales informarán al Juez sobre la conveniencia de la adopción de la medida solicitada en función de los criterios consignados en este artículo. En dicha comparecencia el Ministerio Fiscal y las partes personadas podrán proponer los medios de prueba que puedan practicarse en

---

Art. 28: Los tres primeros apartados de este artículo figuran redactados conforme al texto de la Ley Orgánica 8/2006, de 4 de diciembre (*BOE* n.º 290, de 5 de diciembre).

el acto o dentro de las veinticuatro horas siguientes.

3. El tiempo máximo de la medida cautelar de internamiento será de seis meses, y podrá prorrogarse, a instancia del Ministerio Fiscal, previa audiencia del letrado del menor y mediante auto motivado, por otros tres meses como máximo.

4. Las medidas cautelares se documentarán en el Juzgado de Menores en pieza separada del expediente.

5. El tiempo de cumplimiento de las medidas cautelares se abonará en su integridad para el cumplimiento de las medidas que se puedan imponer en la misma causa o, en su defecto, en otras causas que hayan tenido por objeto hechos anteriores a la adopción de aquéllas. El Juez, a propuesta del Ministerio Fiscal y oídos el letrado del menor y el equipo técnico que informó la medida cautelar, ordenará que se tenga por ejecutada la medida impuesta en aquella parte que estime razonablemente compensada por la medida cautelar.

Art. 29. *Medidas cautelares en los casos de exención de la responsabilidad.*—Si en el transcurso de la instrucción que realice el Ministerio Fiscal quedara suficientemente acreditado que el menor se encuentra en situación de enajenación mental o en cualquiera otra de las circunstancias previstas en los apartados 1.º, 2.º ó 3.º del artículo 20 del Código Penal vigente, se adoptarán las medidas cautelares precisas para la protección y custodia del menor conforme a los preceptos civiles aplicables, instando en su caso las actuaciones para la incapacitación del menor y la constitución de los organismos tutelares conforme a derecho, sin perjuicio todo ello de concluir la instrucción y de efectuar las alegaciones previstas en esta Ley conforme a lo que establecen sus artículos 5.2 y 9, y de solicitar, por los trámites de la misma, en su caso, alguna medida terapéutica adecuada al interés del menor de entre las previstas en esta Ley.

CAPÍTULO III

DE LA CONCLUSIÓN DE LA INSTRUCCIÓN

Art. 30. *Remisión del expediente al Juez de Menores.*—1. Acabada la instrucción, el Ministerio Fiscal resolverá la conclusión del expediente, notificándosela a las partes personadas, y

---

Art. 30: Los apartados 1 y 3 de este artículo figuran redactados conforme al texto de la Ley Orgánica 8/2006, de 4 de diciembre (*BOE* n.º 290, de 5 de diciembre). V. arts. 637 y 641 LECr.

remitirá al Juzgado de Menores el expediente, junto con las piezas de convicción y demás efectos que pudieran existir, con un escrito de alegaciones en el que constará la descripción de los hechos, la valoración jurídica de los mismos, el grado de participación del menor, una breve reseña de las circunstancias personales y sociales de éste, la proposición de alguna medida de las previstas en esta Ley con exposición razonada de los fundamentos jurídicos y educativos que la aconsejen, y, en su caso, la exigencia de responsabilidad civil.

2. En el mismo acto propondrá el Ministerio Fiscal la prueba de que intente valerse para la defensa de su pretensión procesal.

3. Asimismo, podrá proponer el Ministerio Fiscal la participación en el acto de la audiencia de aquellas personas o representantes de instituciones públicas y privadas que puedan aportar al proceso elementos valorativos del interés del menor y de la conveniencia o no de las medidas solicitadas. En todo caso serán llamadas al acto de audiencia las personas o instituciones perjudicadas civilmente por el delito, así como los responsables civiles.

4. El Ministerio Fiscal podrá también solicitar del Juez de Menores el sobreseimiento de las actuaciones por alguno de los motivos previstos en la Ley de Enjuiciamiento Criminal, así como la remisión de los particulares necesarios a la entidad pública de protección de menores en su caso.

TÍTULO IV

De la fase de audiencia

Art. 31. *Apertura de la fase de audiencia.*—Recibido el escrito de alegaciones con el expediente, las piezas de convicción, los efectos y demás elementos relevantes para el proceso remitidos por el Ministerio Fiscal, el secretario del Juzgado de Menores los incorporará a las diligencias, y el Juez de Menores procederá a abrir el trámite de audiencia, para lo cual el secretario judicial dará traslado simultáneamente a quienes ejerciten la acción penal y la civil para que en un plazo común de cinco días

Art. 31: Este artículo figura redactado conforme al texto de la Ley Orgánica 8/2006, de 4 de diciembre (*BOE* n.º 290, de 5 de diciembre).

hábiles formulen sus respectivos escritos de alegaciones y propongan las pruebas que consideren pertinentes. Evacuado este trámite, el secretario judicial dará traslado de todo lo actuado al letrado del menor y, en su caso, a los responsables civiles, para que en un plazo de cinco días hábiles formule a su vez escrito de alegaciones y proponga la prueba que considere pertinente.

Art. 32. *Sentencia de conformidad.*—Si el escrito de alegaciones de la acusación solicitara la imposición de alguna o algunas de las medidas previstas en las letras *e*) a *ñ*) del apartado 1 del artículo 7, y hubiere conformidad del menor y de su letrado, así como de los responsables civiles, la cual se expresará en comparecencia ante el Juez de Menores en los términos del artículo 36, éste dictará sentencia sin más trámite.

Cuando el menor y su letrado disintiesen únicamente respecto de la responsabilidad civil, se limitará la audiencia a la prueba y discusión de los puntos relativos a dicha responsabilidad.

Cuando la persona o personas contra quienes se dirija la acción civil no estuvieren conformes con la responsabilidad civil solicitada, se sustanciará el trámite de la audiencia sólo en lo relativo a este último extremo, practicándose la prueba propuesta a fin de determinar el alcance de aquélla.

Art. 33. *Otras decisiones del Juez de Menores.*—En los casos no previstos en el artículo anterior, a la vista de la petición del Ministerio Fiscal y de los escritos de alegaciones de las partes, el Juez adoptará alguna de las siguientes decisiones:

a) La celebración de la audiencia.

b) El sobreseimiento, mediante auto motivado, de las actuaciones.

c) El archivo por sobreseimiento de las actuaciones con remisión de particulares a la entidad pública de protección de menores correspondiente cuando así se haya solicitado por el Ministerio Fiscal.

d) La remisión de las actuaciones al Juez competente, cuando el Juez de Menores considere que no le corresponde el conocimiento del asunto.

e) Practicar por sí las pruebas propuestas por las partes y que hubieran sido denegadas por el Fiscal durante la instrucción,

---

Art. 32: Este artículo figura redactado conforme al texto de la Ley Orgánica 8/2006, de 4 de diciembre (*BOE* n.º 290, de 5 de diciembre).

Art. 33: Este artículo figura redactado conforme al texto de la Ley Orgánica 8/2006, de 4 de diciembre (*BOE* n.º 290, de 5 de diciembre).

conforme a lo dispuesto en el artículo 26.1 de la presente Ley, y que no puedan celebrarse en el transcurso de la audiencia, siempre que considere que son relevantes a los efectos del proceso. Una vez practicadas, dará traslado de los resultados al Ministerio Fiscal y a las partes personadas, antes de iniciar las sesiones de la audiencia.

Contra las precedentes resoluciones cabrán los recursos previstos en esta Ley.

Art. 34. *Pertinencia de pruebas y señalamiento de la audiencia.*—El Juez de Menores, dentro del plazo de cinco días desde la presentación del escrito de alegaciones del letrado del menor y, en su caso, de los responsables civiles, o una vez transcurrido el plazo para la presentación sin que ésta se hubiere efectuado, acordará, en su caso, lo procedente sobre la pertinencia de las pruebas propuestas, mediante auto de apertura de la audiencia, y el secretario judicial señalará el día y hora en que deba comenzar ésta dentro de los diez días siguientes.

Art. 35. *Asistentes y no publicidad de la audiencia.*—1. La audiencia se celebrará con asistencia del Ministerio Fiscal, de las partes personadas, del letrado del menor, de un representante del equipo técnico que haya evacuado el informe previsto en el artículo 27 de esta Ley, y del propio menor, el cual podrá estar acompañado de sus representantes legales, salvo que el Juez, oídos los citados Ministerio Fiscal, letrado del menor y representante del equipo técnico, acuerde lo contrario. También podrá asistir el representante de la entidad pública de protección o reforma de menores que haya intervenido en las actuaciones de la instrucción, cuando se hubiesen ejecutado medidas cautelares o definitivas impuestas al menor con anterioridad. Igualmente, deberán comparecer la persona o personas a quienes se exija responsabilidad civil; aunque su inasistencia injustificada no será por sí misma causa de suspensión de la audiencia.

2. El Juez podrá acordar, en interés de la persona imputada o de la víctima, que las sesiones no sean públicas y en ningún caso se permitirá que los medios de comunicación social obtengan o difundan imágenes del menor ni datos que permitan su identificación.

3. Quienes ejerciten la acción penal en el procedimiento regu-

---

Art. 34: Este artículo figura redactado conforme al texto de la Ley Orgánica 8/2006, de 4 de diciembre (*BOE* n.º 290, de 5 de diciembre).

Art. 35: Este artículo figura redactado conforme al texto de la Ley Orgánica 8/2006, de 4 de diciembre (*BOE* n.º 290, de 5 de diciembre).

lado en la presente Ley, habrán de respetar rigurosamente el derecho del menor a la confidencialidad y a la no difusión de sus datos personales o de los datos que obren en el expediente instruido, en los términos que establezca el Juez de Menores. Quien infrinja esta regla será acreedor de las responsabilidades civiles y penales a que haya lugar.

Art. 36. *Conformidad del menor.*—1. El secretario judicial informará al menor expedientado, en un lenguaje comprensible y adaptado a su edad, de las medidas y responsabilidad civil solicitadas por el Ministerio Fiscal y, en su caso, la acusación particular y el actor civil, en sus escritos de alegaciones, así como de los hechos y de la causa en que se funden.

2. El Juez seguidamente preguntará al menor si se declara autor de los hechos y si está de acuerdo con las medidas solicitadas y con la responsabilidad civil. Si mostrase su conformidad con dichos extremos, oídos el letrado del menor y la persona o personas contra quienes se dirija la acción civil, el Juez podrá dictar resolución de conformidad. Si el letrado no estuviese de acuerdo con la conformidad prestada por el propio menor, el Juez resolverá sobre la continuación o no de la audiencia, razonando esta decisión en la sentencia.

3. Si el menor estuviere conforme con los hechos pero no con la medida solicitada, se sustanciará el trámite de la audiencia sólo en lo relativo a este último extremo, practicándose la prueba propuesta a fin de determinar la aplicación de dicha medida o su sustitución por otra más adecuada al interés del menor y que haya sido propuesta por alguna de las partes.

4. Cuando el menor o la persona o personas contra quienes se dirija la acción civil no estuvieren conformes con la responsabilidad civil solicitada, se sustanciará el trámite de la audiencia sólo en lo relativo a este último extremo, practicándose la prueba propuesta a fin de determinar el alcance de aquélla.

Art. 37. *Celebración de la audiencia.*—1. Cuando proceda la celebración de la audiencia, el Juez invitará al Ministerio Fiscal, a quienes hayan ejercitado, en su caso, la acción penal, al letrado del menor, y eventualmente y respecto de las cuestio-

---

Art. 36: Este artículo figura redactado conforme al texto de la Ley Orgánica 8/2006, de 4 de diciembre (*BOE* n.º 290, de 5 de diciembre).

Art. 37: Este artículo figura redactado conforme al texto de la Ley Orgánica 8/2006, de 4 de diciembre (*BOE* n.º 290, de 5 de diciembre).

nes que estrictamente tengan que ver con la responsabilidad civil al actor civil y terceros responsables civilmente, a que manifiesten lo que tengan por conveniente sobre la práctica de nuevas pruebas o sobre la vulneración de algún derecho fundamental en la tramitación del procedimiento, o, en su caso, les pondrá de manifiesto la posibilidad de aplicar una distinta calificación o una distinta medida de las que hubieran solicitado. Seguidamente, el Juez acordará la continuación de la audiencia o la subsanación del derecho vulnerado, si así procediere. Si acordara la continuación de la audiencia, el Juez resolverá en la sentencia sobre los extremos planteados.

2. Seguidamente se iniciará la práctica de la prueba propuesta y admitida y la que, previa declaración de pertinencia, ofrezcan las partes para su práctica en el acto, oyéndose, asimismo, al equipo técnico sobre las circunstancias del menor. A continuación, el Juez oirá al Ministerio Fiscal, a quien haya ejercitado en su caso la acción penal, al letrado del menor y al actor civil y terceros responsables civilmente respecto de los derechos que le asisten, sobre la valoración de la prueba, su calificación jurídica y la procedencia de las medidas propuestas; sobre este último punto, se oirá también al equipo técnico y, en su caso, a la entidad pública de protección o reforma de menores. Por último, el Juez oirá al menor, dejando el expediente visto para sentencia.

3. En su caso, en este procedimiento se aplicará lo dispuesto en la legislación relativa a la protección de testigos y peritos en causas penales.

4. Si en el transcurso de la audiencia el Juez considerara, de oficio o a solicitud de las partes, que el interés del menor aconseja que éste abandone la sala, podrá acordarlo así motivadamente, ordenando que continúen las actuaciones hasta que el menor pueda retornar a aquélla.

TÍTULO V

De la sentencia

Art. 38. *Plazo para dictar sentencia.*—Finalizada la audiencia, el Juez de Menores dictará sentencia en un plazo máximo de cinco días.

Art. 38: Este artículo figura redactado conforme al texto de la Ley Orgánica 8/2006, de 4 de diciembre (*BOE* n.º 290, de 5 de diciembre).

Art. 39. *Contenido y registro de la sentencia.*—1. La sentencia contendrá todos los requisitos previstos en la vigente Ley Orgánica del Poder Judicial y en ella, valorando las pruebas practicadas, las razones expuestas por el Ministerio Fiscal, por las partes personadas y por el letrado del menor, lo manifestado en su caso por éste, tomando en consideración las circunstancias y gravedad de los hechos, así como todos los datos debatidos sobre la personalidad, situación, necesidades y entorno familiar y social del menor, la edad de éste en el momento de dictar la sentencia, y la circunstancia de que el menor hubiera cometido o no con anterioridad otros hechos de la misma naturaleza, resolverá sobre la medida o medidas propuestas, con indicación expresa de su contenido, duración y objetivos a alcanzar con las mismas. La sentencia será motivada, consignando expresamente los hechos que se declaren probados y los medios probatorios de los que resulte la convicción judicial.

En la misma sentencia se resolverá sobre la responsabilidad civil derivada del delito o falta, con el contenido indicado en el artículo 115 del Código Penal.

También podrá ser anticipado oralmente el fallo al término de las sesiones de la audiencia, sin perjuicio de su documentación con arreglo al artículo 248.3 de la citada Ley Orgánica del Poder Judicial.

2. El Juez, al redactar la sentencia, procurará expresar sus razonamientos en un lenguaje claro y comprensible para la edad del menor.

3. Cada Juzgado de Menores llevará un registro de sentencias en el que se incluirán firmadas todas las definitivas. La llevanza y custodia de dicho registro es responsabilidad del secretario judicial.

Art. 40. *Suspensión de la ejecución del fallo.*—1. El Juez competente para la ejecución, de oficio o a instancia del Ministerio Fiscal o del letrado del menor, y oídos en todo caso éstos, así como el representante del equipo técnico y de la entidad pública de protección o reforma de menores, podrá acordar motivadamente la suspensión de la ejecución del fallo contenido en la sentencia, cuando la medida impuesta no sea superior a dos años de duración, durante un tiempo determinado y hasta un

Art. 39: Los apartados 1 y 3 de este artículo figuran redactados conforme al texto de la Ley Orgánica 8/2006, de 4 de diciembre (*BOE* n.º 290, de 5 de diciembre). V. arts. 245 y 248 LOPJ y 141 y 142 LECr.

Art. 40: El apartado 1 de este artículo figura redactado conforme al texto de la Ley Orgánica 8/2006, de 4 de diciembre (*BOE* n.º 290, de 5 de diciembre).

máximo de dos años. Dicha suspensión se acordará en la propia sentencia o por auto motivado del Juez competente para la ejecución cuando aquélla sea firme, debiendo expresar, en todo caso, las condiciones de la misma. Se exceptúa de la suspensión el pronunciamiento sobre la responsabilidad civil derivada del delito o falta.

2. Las condiciones a las que estará sometida la suspensión de la ejecución del fallo contenido en la sentencia dictada por el Juez de Menores serán las siguientes:

a) No ser condenado en sentencia firme por delito cometido durante el tiempo que dure la suspensión, si ha alcanzado la mayoría de edad, o no serle aplicada medida en sentencia firme en procedimiento regulado por esta Ley durante el tiempo que dure la suspensión.

b) Que el menor asuma el compromiso de mostrar una actitud y disposición de reintegrarse a la sociedad, no incurriendo en nuevas infracciones.

c) Además, el Juez puede establecer la aplicación de un régimen de libertad vigilada durante el plazo de suspensión o la obligación de realizar una actividad socio-educativa, recomendada por el equipo técnico o la entidad pública de protección o reforma de menores en el precedente trámite de audiencia, incluso con compromiso de participación de los padres, tutores o guardadores del menor, expresando la naturaleza y el plazo en que aquella actividad deberá llevarse a cabo.

3. Si las condiciones expresadas en el apartado anterior no se cumplieran, el Juez alzará la suspensión y se procederá a ejecutar la sentencia en todos sus extremos. Contra la resolución que así lo acuerde se podrán interponer los recursos previstos en esta Ley.

TÍTULO VI

Del régimen de recursos

Art. 41. *Recursos procedentes y tramitación.*—1. Contra la sentencia dictada por el Juez de Menores en el procedimien-

---

Art. 41: Este artículo figura redactado conforme al texto de la Ley Orgánica 8/2006, de 4 de diciembre (*BOE* n.º 290, de 5 de diciembre). V. arts. 211, 212, 216, 217, 219 a 222 y 787 LECr.

to regulado en esta Ley cabe recurso de apelación ante la correspondiente Audiencia Provincial, que se interpondrá ante el Juez que dictó aquélla en el plazo de cinco días a contar desde su notificación, y se resolverá previa celebración de vista pública, salvo que en interés de la persona imputada o de la víctima, el Juez acuerde que se celebre a puerta cerrada. A la vista deberán asistir las partes y, si el Tribunal lo considera oportuno, el representante del equipo técnico y el representante de la entidad pública de protección o reforma de menores que hayan intervenido en el caso concreto. El recurrente podrá solicitar del Tribunal la práctica de la prueba que, propuesta y admitida en la instancia, no se hubiera celebrado, conforme a las reglas de la Ley de Enjuiciamiento Criminal.

2. Contra los autos y providencias de los Jueces de Menores cabe recurso de reforma ante el propio órgano, que se interpondrá en el plazo de tres días a partir de la notificación. El auto que resuelva la impugnación de la providencia será susceptible de recurso de apelación.

3. Contra los autos que pongan fin al procedimiento o resuelvan el incidente de los artículos 13, 28, 29 y 40 de esta Ley, cabe recurso de apelación ante la Audiencia Provincial por los trámites que regula la Ley de Enjuiciamiento Criminal para el procedimiento abreviado.

4. Contra los autos y sentencias dictados por el Juzgado Central de Menores de la Audiencia Nacional cabe recurso de apelación ante la Sala de lo Penal de la Audiencia Nacional.

5. Contra las resoluciones dictadas por los secretarios judiciales caben los mismos recursos que los expresados en la Ley de Enjuiciamiento Criminal, que se sustanciarán en la forma que en ella se determina.

Art. 42. *Recurso de casación para unificación de doctrina.*— 1. Son recurribles en casación, ante la Sala Segunda del Tribunal Supremo, las sentencias dictadas en apelación por la Audiencia Nacional y por las Audiencias Provinciales cuando se hubiere impuesto una de las medidas a las que se refiere el artículo 10.

2. El recurso tendrá por objeto la unificación de doctrina con ocasión de sentencias dictadas en apelación que fueran contradictorias entre sí, o con sentencias del Tribunal Supremo, respecto

Art. 42: Este artículo figura redactado conforme al texto de la Ley Orgánica 8/2006, de 4 de diciembre (*BOE* n.º 290, de 5 de diciembre).

de hechos y valoraciones de las circunstancias del menor que, siendo sustancialmente iguales, hayan dado lugar, sin embargo, a pronunciamientos distintos.

3. El recurso podrá prepararlo el Ministerio Fiscal o cualquiera de las partes que pretenda la indicada unificación de doctrina dentro de los diez días siguientes a la notificación de la sentencia de la Audiencia Nacional o Provincial, en escrito dirigido a la misma.

El escrito de preparación deberá contener una relación precisa y circunstanciada de la contradicción alegada, con designación de las sentencias aludidas y de los informes en que se funde el interés del menor valorado en sentencia.

4. Si la Audiencia Nacional o Provincial ante quien se haya preparado el recurso estimara acreditados los requisitos a los que se refiere el apartado anterior, el secretario judicial requerirá testimonio de las sentencias citadas a los Tribunales que las dictaron, y en un plazo de diez días remitirá la documentación a la Sala Segunda del Tribunal Supremo, emplazando al recurrente y al Ministerio Fiscal, si no lo fuera, ante dicha Sala.

5. El recurso de casación se interpondrá ante la Sala Segunda del Tribunal Supremo, siendo de aplicación en la interposición, sustanciación y resolución del recurso lo dispuesto en la Ley de Enjuiciamiento Criminal, en cuanto resulte aplicable.

TÍTULO VII

De la ejecución de las medidas*

CAPÍTULO PRIMERO

DISPOSICIONES GENERALES**

Art. 43. *Principio de legalidad.*—1. No podrá ejecutarse ninguna de las medidas establecidas en esta Ley sino en virtud de sentencia firme dictada de acuerdo con el procedimiento regulado en la misma.

2. Tampoco podrán ejecutarse dichas medidas en otra forma que la prescrita en esta Ley y

* V. arts. 6.º a 58 del RD 1.774/2004, de 30 de julio (*BOE* n.º 209, de 30 de agosto), por el que se aprueba el Reglamento de la presente Ley.

** V. arts. 6.º a 9.º del RD 1.774/2004, de 30 de julio (*BOE* n.º 209, de 30 de agosto), por el que se aprueba el Reglamento de la presente Ley.

en los reglamentos que la desarrollen.

Art. 44. *Competencia judicial.*—1. La ejecución de las medidas previstas en esta Ley se realizará bajo el control del Juez de Menores que haya dictado la sentencia correspondiente, salvo cuando por aplicación de lo dispuesto en los artículos 12 y 47 de esta Ley sea competente otro, el cual resolverá por auto motivado, oídos el Ministerio Fiscal, el letrado del menor y la representación de la entidad pública que ejecute aquélla, sobre las incidencias que se puedan producir durante su transcurso.

2. Para ejercer el control de la ejecución, corresponden especialmente al Juez de Menores, de oficio o a instancia del Ministerio Fiscal o del letrado del menor, las funciones siguientes:

a) Adoptar todas las decisiones que sean necesarias para proceder a la ejecución efectiva de las medidas impuestas.

b) Resolver las propuestas de revisión de las medidas.

c) Aprobar los programas de ejecución de las medidas.

d) Conocer de la evolución de los menores durante el cumplimiento de las medidas a través de los informes de seguimiento de las mismas.

e) Resolver los recursos que se interpongan contra las resoluciones dictadas para la ejecución de las medidas, conforme establece el artículo 52 de esta Ley.

f) Acordar lo que proceda en relación a las peticiones o quejas que puedan plantear los menores sancionados sobre el régimen, el tratamiento o cualquier otra circunstancia que pueda afectar a sus derechos fundamentales.

g) Realizar regularmente visitas a los centros y entrevistas con los menores.

h) Formular a la entidad pública de protección o reforma de menores correspondiente las propuestas y recomendaciones que considere oportunas en relación con la organización y el régimen de ejecución de las medidas.

i) Adoptar las resoluciones que, en relación con el régimen disciplinario, les atribuye el artículo 60 de esta Ley.

3. Cuando, por aplicación de lo dispuesto en el artículo 14 de esta Ley, la medida de internamiento se cumpla en un establecimiento penitenciario, el Juez de Menores competente para la ejecución conservará la competencia para decidir sobre la per-

---

Art. 44: Este artículo figura redactado conforme al texto de la Ley Orgánica 8/2006, de 4 de diciembre (*BOE* n.º 290, de 5 de diciembre).

vivencia, modificación o sustitución de la medida en los términos previstos en esta Ley, asumiendo el Juez de Vigilancia Penitenciaria el control de las incidencias de la ejecución de la misma en todas las cuestiones y materias a que se refiere la legislación penitenciaria.

Art. 45. *Competencia administrativa.*—1. La ejecución de las medidas adoptadas por los Jueces de Menores en sus sentencias firmes es competencia de las Comunidades Autónomas y de las Ciudades de Ceuta y Melilla, con arreglo a la disposición final vigésima segunda de la Ley Orgánica 1/1996, de 15 de enero, de Protección Jurídica del Menor. Dichas entidades públicas llevarán a cabo, de acuerdo con sus respectivas normas de organización, la creación, dirección, organización y gestión de los servicios, instituciones y programas adecuados para garantizar la correcta ejecución de las medidas previstas en esta Ley.

2. La ejecución de las medidas corresponderá a las Comunidades Autónomas y Ciudades de Ceuta y Melilla, donde se ubique el Juzgado de Menores que haya dictado la sentencia, sin perjuicio de lo dispuesto en el apartado 3 del artículo siguiente.

3. Las Comunidades Autónomas y las Ciudades de Ceuta y Melilla podrán establecer los convenios o acuerdos de colaboración necesarios con otras entidades, bien sean públicas, de la Administración del Estado, Local o de otras Comunidades Autónomas, o privadas sin ánimo de lucro, para la ejecución de las medidas de su competencia, bajo su directa supervisión, sin que ello suponga en ningún caso la cesión de la titularidad y responsabilidad derivada de dicha ejecución.

Art. 45: V. Ley 3/2004, de 10 de diciembre (*BOE* n.º 42, de 18 de febrero de 2005), de la Comunidad de Madrid, de creación de la Agencia para la reeducación y reinserción del menor infractor; la Resolución de 24 de marzo de 2010 (*BOE* n.º 97, de 22 de abril), de la Secretaría General de Política Social y Consumo, por la que se publica la Addenda al Convenio de colaboración entre la Administración General del Estado y el Departamento de Justicia, Empleo y de Seguridad Social del Gobierno Vasco para el ejecución de las medidas cautelares y de las impuestas en Sentencia o Auto, dictadas por el Juzgado Central de Menores de la Audiencia Nacional; y Decreto 80/2009, de 21 de abril (*BOPV* n.º 180, de 18 de septiembre), sobre centros educativos de cumplimiento de medidas privativas de libertad en la Comunidad Autónoma del País Vasco. Y, entre los Convenios suscritos, a título de ejemplo, v. las tres resoluciones de 29 de enero de 2008 (*BOE* n.º 35, de 9 de febrero), de la Secretaría General Técnica, por las que se publican los Convenios de Colaboración suscritos entre el Ministerio de Trabajo y Asuntos Sociales y, respectivamente, la Comunidad Autónoma de Andalucía, la de Canarias y la del Principado de Asturias, para la realización de programas de ejecución de medidas para menores infractores.

CAPÍTULO II

REGLAS PARA LA EJECUCIÓN DE LAS MEDIDAS*

Art. 46. *Liquidación de la medida y traslado del menor a un centro.*—1. Una vez firme la sentencia y aprobado el programa de ejecución de la medida impuesta, el secretario del Juzgado de Menores competente para la ejecución de la medida, practicará la liquidación de dicha medida, indicando las fechas de inicio y de terminación de la misma, con abono en su caso del tiempo cumplido por las medidas cautelares impuestas al interesado, teniendo en cuenta lo dispuesto en el artículo 28.5. Al propio tiempo, abrirá un expediente de ejecución en el que se harán constar las incidencias que se produzcan en el desarrollo de aquélla conforme a lo establecido en la presente Ley.

2. De la liquidación mencionada en el apartado anterior y del testimonio de particulares que el Juez considere necesario y que deberá incluir los informes técnicos que obren en la causa, el secretario judicial dará traslado a la entidad pública de protección o reforma de menores competente para el cumplimiento de las medidas acordadas en la sentencia firme. También se notificará al Ministerio Fiscal el inicio de la ejecución, y al letrado del menor si así lo solicitara del Juez de Menores.

3. Recibidos por la entidad pública el testimonio y la liquidación de la medida indicados en el apartado anterior, aquélla designará de forma inmediata un profesional que se responsabilizará de la ejecución de la medida impuesta, y, si ésta fuera de internamiento, designará el centro más adecuado para su ejecución de entre los más cercanos al domicilio del menor en los que existan plazas disponibles para la ejecución por la entidad pública competente en cada caso. El traslado a otro centro distinto de los anteriores sólo se podrá fundamentar en el interés del menor de ser alejado de su entorno familiar y social y requerirá en todo caso la aprobación del Juzgado de Menores competente para la ejecución de la medida. En todo caso los menores pertenecientes a una banda, organización o asociación no podrán cumplir la medida impuesta en el mismo centro, debiendo designárseles uno distinto aunque la elección del mismo suponga alejamiento del entorno familiar o social.

* V. arts. 10 a 15 del RD 1.774/2004, de 30 de julio (*BOE* n.º 209, de 30 de agosto), por el que se aprueba el Reglamento de la presente Ley.

Art. 46: Este artículo figura redactado conforme al texto de la Ley Orgánica 8/2006, de 4 de diciembre (*BOE* n.º 290, de 5 de diciembre).

Art. 47. *Refundición de medidas impuestas.*—1. Si se hubieran impuesto al menor varias medidas en la misma resolución judicial, y no fuere posible su cumplimiento simultáneo, el Juez competente para la ejecución ordenará su cumplimiento sucesivo conforme a las reglas establecidas en el apartado 5 de este artículo.

La misma regla se aplicará a las medidas impuestas en distintas resoluciones judiciales, siempre y cuando dichas medidas sean de distinta naturaleza entre sí. En este caso será el Juez competente para la ejecución quien ordene el cumplimiento simultáneo o sucesivo con arreglo al apartado 5 de este artículo, según corresponda.

2. Si se hubieren impuesto al menor en diferentes resoluciones judiciales dos o más medidas de la misma naturaleza, el Juez competente para la ejecución, previa audiencia del letrado del menor, refundirá dichas medidas en una sola, sumando la duración de las mismas, hasta el límite del doble de la más grave de las refundidas.

El Juez, previa audiencia del letrado del menor, deberá proceder de este modo respecto de cada grupo de medidas de la misma naturaleza que hayan sido impuestas al menor, de modo que una vez practicada la refundición no quedará por ejecutar más de una medida de cada clase de las enumeradas en el artículo 7 de esta Ley.

3. En caso de que, estando sujeto a la ejecución de una medida, el menor volviera a cometer un hecho delictivo, el Juez competente para la ejecución, previa audiencia del letrado del menor, dictará la resolución que proceda en relación a la nueva medida que, en su caso se haya impuesto, conforme a lo dispuesto en los dos apartados anteriores. En este caso podrá aplicar además las reglas establecidas en el artículo 50 para el supuesto de quebrantamiento de la ejecución.

4. A los fines previstos en este artículo, en cuanto el Juez sentenciador tenga conocimiento de la existencia de otras medidas firmes de ejecución, pendientes de ejecución o suspendidas condicionalmente, y una vez que la medida o medidas por él impuestas sean firmes, procederá conforme a lo dispuesto en el artículo 12 de esta Ley.

5. Cuando las medidas de distinta naturaleza, impuestas directamente o resultantes de la refundición prevista en los números anteriores, hubieren de ejecutarse de manera sucesiva, se atenderá a los siguientes criterios:

a) La medida de internamiento terapéutico se ejecutará con preferencia a cualquier otra.

Art. 47: Este artículo figura redactado conforme al texto de la Ley Orgánica 8/2006, de 4 de diciembre (*BOE* n.º 290, de 5 de diciembre).

b) La medida de internamiento en régimen cerrado se ejecutará con preferencia al resto de las medidas de internamiento.

c) La medida de internamiento se cumplirá antes que las no privativas de libertad, y en su caso interrumpirá la ejecución de éstas.

d) Las medidas de libertad vigilada contempladas en el artículo 10 se ejecutarán una vez finalizado el internamiento en régimen cerrado que se prevé en el mismo artículo.

e) En atención al interés del menor, el Juez podrá, previo informe del Ministerio Fiscal, de las demás partes y de la entidad pública de reforma o protección de menores, acordar motivadamente la alteración en el orden de cumplimiento previsto en las reglas anteriores.

6. Lo dispuesto en este artículo se entiende sin perjuicio de las previsiones del artículo 14 para el caso de que el menor pasare a cumplir una medida de internamiento en centro penitenciario al alcanzar la mayoría de edad.

7. Cuando una persona que se encuentre cumpliendo una o varias medidas impuestas con arreglo a esta Ley sea condenada a una pena o medida de seguridad prevista en el Código Penal o en leyes penales especiales, se ejecutarán simultáneamente aquéllas y éstas si fuere materialmente posible, atendida la naturaleza de ambas, su forma de cumplimiento o la eventual suspensión de la pena impuesta, cuando proceda.

No siendo posible la ejecución simultánea, se cumplirá la sanción penal, quedando sin efecto la medida o medidas impuestas en aplicación de la presente Ley, salvo que se trate de una medida de internamiento y la pena impuesta sea de prisión y deba efectivamente ejecutarse. En este último caso, a no ser que el Juez de Menores adopte alguna de las resoluciones previstas en el artículo 13 de esta Ley, la medida de internamiento terminará de cumplirse en el centro penitenciario en los términos previstos en el artículo 14, y una vez cumplida se ejecutará la pena.

Art. 48. *Expediente personal de la persona sometida a la ejecución de una medida.*—1. La entidad pública abrirá un expediente personal único a cada menor respecto del cual tenga encomendada la ejecución de una medida, en el que se recogerán los informes relativos a aquél, las resoluciones judiciales que le afecten y el resto de la documentación generada durante la ejecución.

2. Dicho expediente tendrá carácter reservado y solamente tendrán acceso al mismo el Defensor del Pueblo o institución análoga de la correspondiente Comunidad Autónoma, los Jueces de Menores competentes, el

Ministerio Fiscal y las personas que intervengan en la ejecución y estén autorizadas por la entidad pública de acuerdo con sus normas de organización. El menor, su letrado y, en su caso, su representante legal, también tendrán acceso al expediente.

3. La recogida, cesión y tratamiento automatizado de datos de carácter personal de las personas a las que se aplique la presente Ley, sólo podrá realizarse en ficheros informáticos de titularidad pública dependientes de las entidades públicas de protección de menores, Administraciones y Juzgados de Menores competentes o del Ministerio Fiscal, y se regirá por lo dispuesto en la Ley Orgánica 15/1999, de 13 de diciembre, de Protección de Datos de Cáracter Personal, y sus normas de desarrollo.

Art. 49. *Informes sobre la ejecución.*—1. La entidad pública remitirá al Juez de Menores y al Ministerio Fiscal, con la periodicidad que se establezca reglamentariamente en cada caso y siempre que fuese requerida para ello o la misma entidad lo considerase necesario, informes sobre la ejecución de la medida y sus incidencias, y sobre la evolución personal de los menores sometidos a las mismas. Dichos informes se remitirán también al letrado del menor si así lo solicitare a la entidad pública competente.

2. En los indicados informes la entidad pública podrá solicitar del Ministerio Fiscal, cuando así lo estime procedente, la revisión judicial de las medidas en el sentido propugnado por el artículo 13.1 de la presente Ley.

Art. 50. *Quebrantamiento de la ejecución.*—1. Cuando el menor quebrantare una medida privativa de libertad, se procederá a su reingreso en el mismo centro del que se hubiera evadido o en otro adecuado a sus condiciones, o, en caso de permanencia de fin de semana, en su domicilio, a fin de cumplir de manera ininterrumpida el tiempo pendiente.

2. Si la medida quebrantada no fuere privativa de libertad, el Ministerio Fiscal podrá instar del Juez de Menores la sustitución de aquélla por otra de la misma naturaleza. Excepcionalmente, y a propuesta del Ministerio Fiscal, oídos el letrado y el representante legal del menor, así como el equipo técnico, el Juez de Menores podrá sustituir la medida por otra de internamiento en

---

Art. 49: La remisión del apartado 2 de este artículo figura redactada conforme a la Ley Orgánica 8/2006, de 4 de diciembre (*BOE* n.º 290, de 5 de diciembre).

Art. 50: El tercer apartado de este artículo figura redactado conforme a la Ley Orgánica 8/2006, de 4 de diciembre (*BOE* n.º 290, de 5 de diciembre).

centro semiabierto, por el tiempo que reste para su cumplimiento.

3. Asimismo, el Juez de Menores acordará que el secretario judicial remita testimonio de los particulares relativos al quebrantamiento de la medida al Ministerio Fiscal, por si el hecho fuese constitutivo de alguna de las infracciones a que se refiere el artículo 1 de la presente Ley Orgánica y merecedora de reproche sancionador.

Art. 51. *Sustitución de las medidas.*—1. Durante la ejecución de las medidas el Juez de Menores competente para la ejecución podrá, de oficio o a instancia del Ministerio Fiscal, del letrado del menor o de la Administración competente, y oídas las partes, así como el equipo técnico y la representación de la entidad pública de protección o reforma de menores, dejar sin efecto aquellas o sustituirlas por otras que se estimen más adecuadas de entre las previstas en esta Ley, por tiempo igual o inferior al que reste para su cumplimiento, siempre que la nueva medida pudiera haber sido impuesta inicialmente atendiendo a la infracción cometida. Todo ello sin perjuicio de lo dispuesto en el apartado 2 del artículo anterior y de acuerdo con el artículo 13 de la presente Ley.

2. Cuando el Juez de Menores haya sustituido la medida de internamiento en régimen cerrado por la de internamiento en régimen semiabierto o abierto, y el menor evolucione desfavorablemente, previa audiencia del letrado del menor, podrá dejar sin efecto la sustitución, volviéndose a aplicar la medida sustituida de internamiento en régimen cerrado. Igualmente, si la medida impuesta es la de internamiento en régimen semiabierto y el menor evoluciona desfavorablemente, el Juez de Menores podrá sustituirla por la de internamiento en régimen cerrado, cuando el hecho delictivo por la que se impuso sea alguno de los previstos en el artículo 9.2 de esta Ley.

3. La conciliación del menor con la víctima, en cualquier momento en que se produzca el acuerdo entre ambos a que se refiere el artículo 19 de la presente Ley, podrá dejar sin efecto la medida impuesta cuando el Juez,

---

Art. 51: Este artículo figura redactado conforme al texto de la Ley Orgánica 8/2006, de 4 de diciembre (*BOE* n.º 290, de 5 de diciembre). V. art. 5.º del RD 1.774/2004, de 30 de julio (*BOE* n.º 209, de 30 de agosto), por el que se aprueba el Reglamento de la presente Ley. Cfr. la Circular 1/2009, de 27 de abril, de la Fiscalía General del Estado, sobre la sustitución en el sistema de justicia juvenil de medidas no privativas de libertad por la de internamiento en centro semiabierto, en supuestos de quebrantamiento.

a propuesta del Ministerio Fiscal o del letrado del menor y oídos el equipo técnico y la representación de la entidad pública de protección o reforma de menores, juzgue que dicho acto y el tiempo de duración de la medida ya cumplido expresan suficientemente el reproche que merecen los hechos cometidos por el menor.

4. En todos los casos anteriores, el Juez resolverá por auto motivado, contra el cual se podrán interponer los recursos previstos en la presente Ley.

Art. 52. *Presentación de recursos.*—1. Cuando el menor pretenda interponer ante el Juez de Menores recurso contra cualquier resolución adoptada durante la ejecución de las medidas que le hayan sido impuestas, lo presentará de forma escrita ante el Juez o Director del centro de internamiento, quien lo pondrá en conocimiento de aquél dentro del siguiente día hábil.

El menor también podrá presentar un recurso ante el Juez de forma verbal, o manifestar de forma verbal su intención de recurrir al Director del centro, quien dará traslado de esta manifestación al Juez de Menores en el plazo indicado. En este último caso, el Juez de Menores adoptará las medidas que resulten procedentes a fin de oír la alegación del menor.

El letrado del menor también podrá interponer los recursos, en forma escrita, ante las autoridades indicadas en el párrafo primero.

2. Si el Juez de Menores admitiese a trámite el recurso, el secretario judicial recabará informe del Ministerio Fiscal y, previa audiencia del letrado del menor, aquél resolverá el recurso en el plazo de dos días, mediante auto motivado. Contra este auto cabrá recurso de apelación ante la correspondiente Audiencia Provincial, conforme a lo dispuesto en el artículo 41 de la presente Ley.

Art. 53. *Cumplimiento de la medida.*—1. Una vez cumplida la medida, la entidad pública remitirá a los destinatarios designados en el artículo 49.1 un informe final, y el Juez de Menores dictará auto acordando lo que proceda respecto al archivo de la causa. Dicho auto será notificado por el secretario judicial al Ministerio Fiscal, al letrado del menor, a la entidad pública y a la víctima.

2. El Juez, de oficio o a instancia del Ministerio Fiscal o del letrado del menor, podrá instar de la correspondiente entidad pú-

---

Art. 52: Este artículo figura redactado conforme al texto de la Ley Orgánica 8/2006, de 4 de diciembre (*BOE* n.º 290, de 5 de diciembre).

Art. 53: El apartado 2 de este artículo figura redactado conforme al texto de la Ley Orgánica 8/2006, de 4 de diciembre (*BOE* n.º 290, de 5 de diciembre).

blica de protección o reforma de menores, una vez cumplida la medida impuesta, que se arbitren los mecanismos de protección del menor conforme a las normas del Código Civil, cuando el interés de aquél así lo requiera.

CAPÍTULO III

Reglas especiales para la ejecución de las medidas privativas de libertad*

Art. 54. *Centros para la ejecución de las medidas privativas de libertad.*—1. Las medidas privativas de libertad, la detención y las medidas cautelares de internamiento que se impongan de conformidad con esta Ley se ejecutarán en centros específicos para menores infractores, diferentes de los previstos en la legislación penitenciaria para la ejecución de las condenas penales y medidas cautelares privativas de libertad impuestas a los mayores de edad penal.

La ejecución de la detención preventiva, de las medidas cautelares de internamiento o de las medidas impuestas en la sentencia, acordadas por el Juez Central de Menores o por la Sala correspondiente de la Audiencia Nacional, se llevará a cabo en los establecimientos y con el control del personal especializado que el Gobierno ponga a disposición de la Audiencia Nacional, en su caso, mediante convenio con las Comunidades Autónomas.

La ejecución de las medidas impuestas por el Juez Central de Menores o por la Sala correspondiente de la Audiencia Nacional será preferente sobre las impuestas, en su caso, por otros Jueces o Salas de Menores.

2. No obstante lo dispuesto en el apartado anterior, las medidas de internamiento también podrán ejecutarse en centros socio-sanitarios cuando la medida impuesta así lo requiera. En todo caso se requerirá la previa autorización del Juez de Menores.

3. Los centros estarán divididos en módulos adecuados a la edad, madurez, necesidades y habilidades sociales de los menores internados y se regirán por una normativa de funcionamiento interno cuyo cumplimiento tenrá como finalidad la consecución de una convivencia ordenada, que permita la ejecución de los diferentes programas de intervención

* V. arts. 23 a 58 del RD 1.774/2004, de 30 de julio (*BOE* n.º 209, de 30 de agosto), por el que se aprueba el Reglamento de la presente Ley.

Art. 54: El apartado 1 de este artículo figura redactado conforme al texto de la Ley Orgánica 8/2006, de 4 de diciembre (*BOE* n.º 290, de 5 de diciembre).

educativa y las funciones de custodia de los menores internados.

Art. 55. *Principio de resocialización.*—1. Toda la actividad de los centros en los que se ejecuten medidas de internamiento estará inspirada por el principio de que el menor internado es sujeto de derecho y continúa formando parte de la sociedad.

2. En consecuencia, la vida en el centro debe tomar como referencia la vida en libertad, reduciendo al máximo los efectos negativos que el internamiento pueda representar para el menor o para su familia, favoreciendo los vínculos sociales, el contacto con los familiares y allegados, y la colaboración y participación de las entidades públicas y privadas en el proceso de integración social, especialmente de las más próximas geográfica y culturalmente.

3. A tal fin se fijarán reglamentariamente los permisos ordinarios y extraordinarios de los que podrá disfrutar el menor internado, a fin de mantener contactos positivos con el exterior y preparar su futura vida en libertad.

Art. 56. *Derechos de los menores internados.*—1. Todos los menores internados tienen derecho a que se respete su propia personalidad, su libertad ideológica y religiosa y los derechos e intereses legítimos no afectados por el contenido de la condena, especialmente los inherentes a la minoría de edad civil cuando sea el caso.

2. En consecuencia, se reconocen a los menores internados los siguientes derechos:

a) Derecho a que la entidad pública de la que depende el centro vele por su vida, su integridad física y su salud, sin que puedan, en ningún caso, ser sometidos a tratos degradantes o a malos tratos de palabra o de obra, ni ser objeto de un rigor arbitrario o innecesario en la aplicación de las normas.

b) Derecho del menor de edad civil a recibir una educación y formación integral en todos los ámbitos y a la protección específica que por su condición le dispensan las leyes.

c) Derecho a que se preserve su dignidad y su intimidad, a ser designados por su propio nombre y a que su condición de internados sea estrictamente reservada frente a terceros.

d) Derecho al ejercicio de los derechos civiles, políticos, sociales, religiosos, económicos y culturales que les correspondan, salvo cuando sean incompatibles con el objeto de la detención o el cumplimiento de la condena.

e) Derecho a estar en el centro más cercano a su domicilio, de acuerdo a su régimen de internamiento, y a no ser trasladados fuera de su Comunidad Autónoma excepto en los casos y con los requisitos previstos en esta Ley y sus normas de desarrollo.

f) Derecho a la asistencia sanitaria gratuita, a recibir la enseñanza básica obligatoria que corresponda a su edad, cualquiera que sea su situación en el centro, y a recibir una formación educativa o profesional adecuada a sus circunstancias.

g) Derecho de los sentenciados a un programa de tratamiento individualizado y de todos los internados a participar en las actividades del centro.

h) Derecho a comunicarse libremente con sus padres, representantes legales, familiares u otras personas, y a disfrutar de salidas y permisos, con arreglo a lo dispuesto en esta Ley y sus normas de desarrollo.

i) Derecho a comunicarse reservadamente con sus letrados, con el Juez de Menores competente, con el Ministerio Fiscal y con los servicios de Inspección de centros de internamiento.

j) Derecho a una formación laboral adecuada, a un trabajo remunerado, dentro de las disponibilidades de la entidad pública, y a las prestaciones sociales que pudieran corresponderles, cuando alcancen la edad legalmente establecida.

k) Derecho a formular peticiones y quejas a la Dirección del centro, a la entidad pública, a las autoridades judiciales, al Ministerio Fiscal, al Defensor del Pueblo o institución análoga de su Comunidad Autónoma y a presentar todos los recursos legales que prevé esta Ley ante el Juez de Menores competente, en defensa de sus derechos e intereses legítimos.

l) Derecho a recibir información personal y actualizada de sus derechos y obligaciones, de su situación personal y judicial, de las normas de funcionamiento interno de los centros que los acojan, así como de los procedimientos concretos para hacer efectivos tales derechos, en especial para formular peticiones, quejas o recursos.

Art. 56.2.j): El art. 39 de la Ley 53/2002, de 30 de diciembre (*BOE* n.º 313, de 31 de diciembre), de Medidas Fiscales, Administrativas y del Orden Social, establece:

«Se considerará relación laboral de carácter especial la de los menores incluidos en el ámbito de aplicación de la Ley Orgánica 5/2000, de 12 de enero, reguladora de la responsabilidad penal de los menores, sometidos a la ejecución de medidas de internamiento.

»Con respecto a la relación laboral de carácter especial a que se refiere la presente disposición, tendrá la consideración de empleador la entidad pública correspondiente o la persona física o jurídica con la que tenga establecido el oportuno concierto, sin perjuicio de la responsabilidad solidaria de la entidad pública respecto de los incumplimientos en materia salarial y de Seguridad Social.

»Se autoriza al Gobierno para establecer un marco de protección de Seguridad Social para los menores a que se refiere la presente disposición, que tenga en cuenta las especiales características y necesidades del colectivo.»

m) Derecho a que sus representantes legales sean informados sobre su situación y evolución y sobre los derechos que a ellos les corresponden, con los únicos límites previstos en esta Ley.

n) Derecho de las menores internadas a tener en su compañía a sus hijos menores de tres años, en las condiciones y con los requisitos que se establezcan reglamentariamente.

Art. 57. *Deberes de los menores internados.*—Los menores internados estarán obligados a:

a) Permanecer en el centro a disposición de la autoridad judicial competente hasta el momento de su puesta en libertad, sin perjuicio de las salidas y actividades autorizadas que puedan realizar en el exterior.

b) Recibir la enseñanza básica obligatoria que legalmente les corresponda.

c) Respetar y cumplir las normas de funcionamiento interno del centro y las directrices o instrucciones que reciban del personal de aquél en el ejercicio legítimo de sus funciones.

d) Colaborar en la consecución de una actividad ordenada en el interior del centro y mantener una actitud de respeto y consideración hacia todos, dentro y fuera del centro, en especial hacia las autoridades, los trabajadores del centro y los demás menores internados.

e) Utilizar adecuadamente las instalaciones del centro y los medios materiales que se pongan a su disposición.

f) Observar las normas higiénicas y sanitarias, y sobre vestuario y aseo personal establecidas en el centro.

g) Realizar las prestaciones personales obligatorias previstas en las normas de funcionamiento interno del centro para mantener el buen orden y la limpieza del mismo.

h) Participar en las actividades formativas, educativas y laborales establecidas en función de su situación personal a fin de preparar su vida en libertad.

Art. 58. *Información y reclamaciones.*—1. Los menores recibirán, a su ingreso en el centro, información escrita sobre sus derechos y obligaciones, el régimen de internamiento en el que se encuentran, las cuestiones de organización general, las normas de funcionamiento del centro, las normas disciplinarias y los medios para formular peticiones, quejas o recursos. La información se les facilitará en un idioma que entiendan. A los que tengan cualquier género de dificultad para comprender el contenido de esta información se les explicará por otro medio adecuado.

2. Todos los internados podrán formular, verbalmente o por escrito, en sobre abierto o cerrado, peticiones y quejas a la entidad pública sobre cuestiones referentes a su situación de internamiento. Dichas peticiones o quejas también podrán ser presentadas al Director del centro, el cual las atenderá si son de su competencia o las pondrá en conocimiento de la entidad pública o autoridades competentes, en caso contrario.

Art. 59. *Medidas de vigilancia y seguridad.*—1. Las actuaciones de vigilancia y seguridad interior en los centros podrán suponer, en la forma y con la periodicidad que se establezca reglamentariamente, inspecciones de los locales y dependencias, así como registros de personas, ropas y enseres de los menores internados.

2. De igual modo se podrán utilizar exclusivamente los medios de contención que se establezcan reglamentariamente para evitar actos de violencia o lesiones de los menores, para impedir actos de fuga y daños en las instalaciones del centro o ante la resistencia activa o pasiva a las instrucciones del personal del mismo en el ejercicio legítimo de su cargo.

Art. 60. *Régimen disciplinario.*—1. Los menores internados podrán ser corregidos disciplinariamente en los casos y de acuerdo con el procedimiento que se establezca reglamentariamente, de acuerdo con los principios de la Constitución, de esta Ley y del Título IX de la Ley 30/1992, de 26 de noviembre, de Régimen Jurídico de las Administraciones Públicas y del Procedimiento Administrativo Común, respetando en todo momento la dignidad de aquéllos y sin que en ningún caso se les pueda privar de sus derechos de alimentación, enseñanza obligatoria y comunicaciones y visitas, previstos en esta Ley y disposiciones que la desarrollen.

2. Las faltas disciplinarias se clasificarán en muy graves, graves y leves, atendiendo a la violencia desarrollada por el sujeto, su intencionalidad, la importancia del resultado y el número de personas ofendidas.

3. Las únicas sanciones que se podrán imponer por la comisión de faltas muy graves serán las siguientes:

a) La separación del grupo por un período de tres a siete días en casos de evidente agresividad, violencia y alteración grave de la convivencia.

Art. 60: V. arts. 59 a 84 del RD 1.774/2004, de 30 de julio (*BOE* n.º 209, de 30 de agosto), por el que se aprueba el Reglamento de la presente Ley.

b) La separación del grupo durante tres a cinco fines de semana.

c) La privación de salidas de fin de semana de quince días a un mes.

d) La privación de salidas de carácter recreativo por un período de uno a dos meses.

4. Las únicas sanciones que se podrán imponer por la comisión de faltas graves serán las siguientes:

a) Las mismas que en los cuatro supuestos del apartado anterior, con la siguiente duración: dos días, uno o dos fines de semana, uno a quince días, y un mes respectivamente.

b) La privación de participar en las actividades recreativas del centro durante un período de siete a quince días.

5. Las únicas sanciones que se podrán imponer por la comisión de faltas leves serán las siguientes:

a) La privación de participar en todas o algunas de las actividades recreativas del centro durante un período de uno a seis días.

b) La amonestación.

6. La sanción de separación supondrá que el menor permanecerá en su habitación o en otra de análogas características a la suya, durante el horario de actividades del centro, excepto para asistir, en su caso, a la enseñanza obligatoria, recibir visitas y disponer de dos horas de tiempo al día al aire libre.

7. Las resoluciones sancionadoras podrán ser recurridas, antes del inicio de su cumplimiento, ante el Juez de Menores. A tal fin, el menor sancionado podrá presentar el recurso por escrito o verbalmente ante el Director del establecimiento, quien, en el plazo de veinticuatro horas, remitirá dicho escrito o testimonio de la queja verbal, con sus propias alegaciones, al Juez de Menores y éste, en el término de una audiencia y oído el Ministerio Fiscal, dictará auto, confirmando, modificando o anulando la sanción impuesta, sin que contra dicho auto quepa recurso alguno. El auto, una vez notificado al establecimiento, será de ejecución inmediata. En tanto se sustancia el recurso, en el plazo de dos días, la entidad pública ejecutora de la medida podrá adoptar las decisiones precisas para restablecer el orden alterado, aplicando al sancionado lo dispuesto en el apartado 6 de este artículo. El letrado del menor también podrá interponer los recursos a que se refiere el párrafo anterior.

TÍTULO VIII

De la responsabilidad civil

Art. 61. *Reglas generales.*—1. La acción para exigir la responsabilidad civil en el procedimiento regulado en esta Ley se ejercitará por el Ministerio Fiscal, salvo que el perjudicado renuncie a ella, la ejercite por sí mismo en el plazo de un mes desde que se le notifique la apertura de la pieza separada de responsabilidad civil o se la reserve para ejercitarla ante el orden jurisdiccional civil conforme a los preceptos del Código Civil y de la Ley de Enjuiciamiento Civil.

2. Se tramitará una pieza separada de responsabilidad civil por cada uno de los hechos imputados.

3. Cuando el responsable de los hechos cometidos sea un menor de dieciocho años, responderán solidariamente con él de los daños y perjuicios causados sus padres, tutores, acogedores y guardadores legales o de hecho, por este orden. Cuando éstos no hubieren favorecido la conducta del menor con dolo o negligencia grave, su responsabilidad podrá ser moderada por el Juez según los casos.

4. En su caso, se aplicará también lo dispuesto en el artículo 145 de la Ley 30/1992, de 26 de noviembre, de Régimen Jurídico de las Administraciones Públicas y del Procedimiento Administrativo Común, y en la Ley 35/1995, de 11 de diciembre, de ayudas y asistencia a las víctimas de delitos violentos y contra la libertad sexual, y sus disposiciones complementarias.

Art. 62. *Extensión de la responsabilidad civil.*—La responsabilidad civil a la que se refiere el artículo anterior se regulará, en cuanto a su extensión, por lo dispuesto en el capítulo I del Título V del Libro I del Código Penal vigente.

Art. 63. *Responsabilidad civil de los aseguradores.*—Los aseguradores que hubiesen asumido el riesgo de las responsabilidades pecuniarias derivadas de los actos de los menores a los que se refiere la presente Ley serán responsables civiles directos hasta el límite de la indemnización legalmente establecida o convencionalmente pactada, sin perjuicio de su derecho de repetición contra quien corresponda.

Art. 62: V. arts. 109 a 115 CP.

Art. 64. *Reglas de procedimiento.*—Los trámites para la exigencia de la responsabilidad civil aludida en los artículos anteriores se acomodarán a las siguientes reglas:

1.ª Tan pronto como el Juez de Menores reciba el parte de la incoación del expediente por el Ministerio Fiscal, ordenará abrir de forma simultánea con el proceso principal una pieza separada de responsabilidad civil, notificando el secretario judicial a quienes aparezcan como perjudicados su derecho a ser parte en la misma, y estableciendo el plazo límite para el ejercicio de la acción.

2.ª En la pieza de referencia, que se tramitará de forma simultánea con el proceso principal, podrán personarse los perjudicados que hayan recibido notificación al efecto del Juez de Menores o del Ministerio Fiscal, conforme establece el artículo 22 de la presente Ley, y también espontáneamente quienes se consideren como tales. Asimismo, podrán personarse las compañías aseguradoras que se tengan por partes interesadas, dentro del plazo para el ejercicio de la acción de responsabilidad civil. En el escrito de personación, indicarán las personas que consideren responsables de los hechos cometidos y contra las cuales pretendan reclamar, bastando con la indicación genérica de su identidad.

3.ª El secretario judicial notificará al menor y a sus representantes legales, en su caso, su condición de posibles responsables civiles.

4.ª Una vez personados los presuntos perjudicados y responsables civiles, el Juez de Menores resolverá sobre su condición de partes, continuándose el procedimiento por las reglas generales.

5.ª La intervención en el proceso a los efectos de exigencia de responsabilidad civil se realizará en las condiciones que el Juez de Menores señale con el fin de preservar la intimidad del menor y que el conocimiento de los documentos obrantes en los autos se refiera exclusivamente a aquellos que tengan una conexión directa con la acción ejercitada por los mismos.

6.ª El Juez, inmediatamente que tenga en su poder los escritos de unos y de otros, convocará a los demandantes y a los demandados a una vista oral en la que aquéllos y éstos, por su orden, expondrán sus pretensiones y sus alegaciones sobre todo aquello que consideren

Art. 64: Este artículo figura redactado conforme al texto de la Ley Orgánica 8/2006, de 4 de diciembre (*BOE* n.º 290, de 5 de diciembre).

relevante al objeto del proceso. En el mismo acto se admitirán las pruebas pertinentes y se practicarán las pruebas propuestas. No podrá rechazarse la confesión en juicio o la prueba testifical por el hecho de haber sido ya practicadas en el expediente principal.

7.ª El Juez, de oficio, mandará unir a los autos aquellos particulares del expediente del procedimiento de menores y de las actas de la audiencia que considere relevantes para su decisión.

8.ª Una vez celebrada la audiencia en el procedimiento de menores y dictada sentencia o recaída otra resolución definitiva, el Juez dictará sentencia civil absolviendo a los demandados o declarando los responsables civiles, con el contenido indicado en el artículo 115 del vigente Código Penal.

9.ª Contra la sentencia indicada en el apartado anterior cabrá recurso de apelación ante la Sala de Menores del Tribunal Superior de Justicia, que se sustanciará por los trámites de la apelación regulados en la Ley de Enjuiciamiento Civil que por la cuantía corresponda. Una vez firme la sentencia, podrá ser ejecutada de acuerdo con las normas del Código Penal y de la citada Ley de Enjuiciamiento Civil.

10. La sentencia dictada en este procedimiento no producirá fuerza de cosa juzgada, quedando a salvo el derecho de las partes para promover juicio ordinario sobre la misma cuestión, en el cual se considerarán hechos probados los hechos que el Juez de Menores haya estimado acreditados, así como la participación del menor.

11. En la pieza de responsabilidad civil no se precisa letrado ni procurador, pero, si fuere solicitado, se designará letrado de oficio al presunto responsable. Los representantes legales del menor podrán ser defendidos por el letrado designado al menor en el procedimiento principal, si así se aceptare por aquél.

DISPOSICIONES ADICIONALES

1.ª [*Derogada.*]

2.ª *Aplicación de medidas en casos de riesgo para la salud.*—Cuando los Jueces de Menores aplicaren alguna de las medidas terapéuticas a las que se refieren los artículos 5.2, 7.1 y

---

Disp. Adic. 1.ª: Esta Disposición fue derogada por la Disp. Derog. única de la LO 8/2006, de 4 de diciembre (*BOE* n.º 290, de 5 de diciembre).

29 de esta Ley, en caso de enfermedades transmisibles u otros riesgos para la salud de los menores o de quienes con ellos convivan, podrán encomendar a las autoridades o Servicios de Salud correspondientes su control y seguimiento, de conformidad con lo dispuesto en la Ley Orgánica 3/1986, de 14 de abril, de medidas especiales en materia de salud pública.

3.ª *Registro de sentencias firmes dictadas en aplicación de lo dispuesto en la presente Ley.*— En el Ministerio de Justicia se llevará un Registro de sentencias firmes dictadas en aplicación de lo dispuesto en la presente Ley, cuyos datos sólo podrán ser utilizados por los Jueces de Menores y por el Ministerio Fiscal a efectos de lo establecido en los artículos 6, 30 y 47 de esta Ley, teniendo en cuenta lo dispuesto en la Ley Orgánica 15/1999, de 13 de diciembre, de Protección de Datos de Carácter Personal, y sus disposiciones complementarias.

4.ª [*Derogada.*]

5.ª El Gobierno dentro del plazo de cinco años desde la entrada en vigor de esta Ley Orgánica remitirá al Congreso de los Diputados un informe, en el que se analizarán y evaluarán los efectos y las consecuencias de la aplicación de la disposición adicional cuarta.

6.ª Evaluada la aplicación de esta Ley Orgánica, oídos el Consejo General del Poder Judicial, el Ministerio Fiscal, las Comunidades Autónomas y los Grupos Parlamentarios, el Gobierno procederá a impulsar las medidas orientadas a sancionar con más firmeza y eficacia los hechos delictivos cometidos por personas que, aún siendo menores, revistan especial gravedad, tales como los previstos en los artículos 138, 138, 179 y 180 del Código Penal.

A tal fin, se establecerá la posibilidad de prolongar el tiempo de internamiento, su cumplimiento en centros en los que se refuercen las medidas de seguridad impuestas y la posibilidad de su cumplimiento a partir de la mayoría de edad en centros penitenciarios.

Disp. Adic. 3.ª: V. el RD 95/2009, de 6 de febrero (*BOE* n.º 33, de 7 de febrero), por el que se regula el Sistema de registros administrativos de apoyo a la Administración de Justicia.

Disp. Adic. 4.ª: Esta Disposición fue derogada por la Disp. Derog. única de la LO 8/2006, de 4 de diciembre (*BOE* n.º 290, de 5 de diciembre).

Disp. Adic. 5.ª: Incorporada por Ley Orgánica 7/2000, de 22 de diciembre (*BOE* n.º 307, de 23 de diciembre).

Disp. Adic. 6.ª: Fue introducida por LO 15/2003, de 25 de noviembre (*BOE* n.º 283, de 26 de noviembre).

DISPOSICIÓN TRANSITORIA

Única. *Régimen transitorio*.— 1. A los hechos cometidos con anterioridad a la entrada en vigor de la presente Ley por los menores sujetos a la Ley Orgánica 4/1992, de 5 de junio, sobre Reforma de la Ley Reguladora de la Competencia y el Procedimiento de los Juzgados de Menores, que se deroga, les será de aplicación la legislación vigente en el momento de su comisión. Quienes estuvieren cumpliendo una medida de las previstas en la citada Ley Orgánica 4/1992 continuarán dicho cumplimiento hasta la extinción de la responsabilidad en las condiciones previstas en dicha Ley.

2. A la entrada en vigor de la presente Ley, cesará inmediatamente el cumplimiento de todas las medidas previstas en la Ley Orgánica 4/1992 que estuvieren cumpliendo personas menores de catorce años, extinguiéndose las correspondientes responsabilidades.

3. A los menores de dieciocho años, juzgados con arreglo a lo dispuesto en el Código Penal de 1973, en las leyes penales especiales derogadas o en la disposición derogatoria del Código Penal vigente, a quienes se hubiere impuesto una pena de dos años de prisión menor o una pena de prisión superior a dos años, que estuvieren pendientes de cumplimiento a la entrada en vigor de la presente Ley, dichas penas les serán sustituidas por alguna de las medidas previstas en esta Ley, a instancia del Ministerio Fiscal, previo informe del equipo técnico o de la correspondiente entidad pública de protección o reforma de menores. A tal efecto, se habrá de dar traslado al Ministerio Fiscal de la ejecutoria y de la liquidación provisional de las penas impuestas a los menores comprendidos en los supuestos previstos en este apartado.

4. Si, en los supuestos a los que se refiere el apartado anterior, la pena impuesta o pendiente de cumplimiento fuera de prisión inferior a dos años o de cualquiera otra naturaleza, se podrá imponer al condenado una medida de libertad vigilada simple por el tiempo que restara de cumplimiento de la condena, si el Juez de Menores, a petición del Ministerio Fiscal y oídos el letrado del menor, su representante legal, la correspondiente

---

Disp. Trans. Única: Los apartados 5 y 6 de esta Disposición están redactados conforme al texto de la Ley Orgánica 9/2000, de 22 de diciembre (*BOE* n.º 307, de 23 de diciembre).

entidad pública de protección o reforma de menores y el propio sentenciado, lo considerara acorde con la finalidad educativa que persigue la presente Ley. En otro caso, el Juez de Menores podrá tener por cumplida la pena y extinguida la responsabilidad del sentenciado.

5. Las decisiones del Juez de Menores a que se refieren los apartados anteriores se adoptarán mediante auto recurrible directamente en apelación, en el plazo de cinco días hábiles, ante la Audiencia Provincial. Los Jueces de Menores deberán adoptar estas decisiones en el plazo de dos meses desde la entrada en vigor de esta Ley. Durante este plazo la situación del menor no se verá afectada.

6. En los procedimientos penales en curso a la entrada en vigor de la presente Ley, en los que haya imputadas personas por la comisión de hechos delictivos cuando aún no hayan cumplido los dieciocho años, el Juez o Tribunal competente remitirá las actuaciones practicadas al Ministerio Fiscal para que instruya el procedimiento regulado en la misma.

Los que se hallaren sujetos a prisión preventiva a la entrada en vigor de la Ley serán excarcelados y conducidos a un centro de reforma a disposición del Ministerio Fiscal. Si el Ministerio Fiscal estima procedente el mantenimiento del internamiento, deberá solicitarlo en el plazo de cuarenta y ocho horas del Juez de Menores, quien convocará la comparecencia prevista en el artículo 28.2.

Si el imputado lo fuere por hechos cometidos cuando era mayor de dieciocho años y menor de veintiuno, el Juez instructor acordará lo que proceda, según lo dispuesto en el artículo 4 de esta Ley.

DISPOSICIONES FINALES

1.ª *Derecho supletorio.*—Tendrán el carácter de normas supletorias, para lo no previsto expresamente en esta Ley Orgánica, en el ámbito sustantivo, el Código Penal y las leyes penales especiales, y, en el ámbito del procedimiento, la Ley de Enjuiciamiento Criminal, en particular lo dispuesto para los trámites del procedimiento abreviado regulado en el Título III del Libro IV de la misma.

2.ª *Modificación de la Ley Orgánica del Poder Judicial y del Estatuto Orgánico del Ministerio Fiscal.*—1. El Gobierno, en el plazo de seis meses a partir de la publicación de la presente

Ley en el *Boletín Oficial del Estado*, elevará al Parlamento un proyecto de Ley Orgánica de reforma de la Ley Orgánica 6/1985, de 1 de julio, del Poder Judicial, para la creación de las Salas de Menores de los Tribunales Superiores de Justicia y para la adecuación de la regulación y competencia de los Juzgados de Menores y de la composición de la Sala Segunda del Tribunal Supremo a lo establecido en la presente Ley.

2. El Gobierno, en el plazo de seis meses a partir de la publicación de la presente Ley en el *Boletín Oficial del Estado*, elevará al Parlamento un proyecto de Ley de reforma de la Ley 50/1981, de 30 de diciembre, por la que se regula el Estatuto Orgánico del Ministerio Fiscal, a fin de adecuar la organización del Ministerio Fiscal a lo establecido en la presente Ley.

3.ª *Reformas en materia de personal.*—1. El Gobierno, a través del Ministerio de Justicia, oído el Consejo General del Poder Judicial, la Fiscalía General del Estado y las Comunidades Autónomas afectadas, en el plazo de seis meses desde la publicación de la presente Ley en el *Boletín Oficial del Estado* adoptará las disposiciones oportunas para adecuar la planta de los Juzgados de Menores y las plantillas de las Carreras Judicial y Fiscal a las necesidades orgánicas que resulten de la aplicación de lo dispuesto en la presente Ley.

2. Las plazas de Jueces de Menores deberán ser servidas necesariamente por Magistrados pertenecientes a la Carrera Judicial. A la entrada en vigor de esta Ley los titulares de un Juzgado de Menores que ostenten la categoría de Juez deberán cesar en dicho cargo, quedando, en su caso, en la situación que prevé el artículo 118.2 y concordantes de la vigente Ley Orgánica del Poder Judicial, procediéndose a cubrir tales plazas por concurso ordinario entre Magistrados.

3. El Gobierno, a través del Ministerio de Justicia, y las Comunidades Autónomas con competencia en la materia, a través de las correspondientes Consejerías, adecuarán las plantillas de funcionarios de la Administración de Justicia a las necesidades que presenten los Juzgados y las Fiscalías de Menores para la aplicación de la presente Ley. Asimismo, determinarán el número y plantilla de los Equipos Técnicos compuestos por personal funcionario o

---

Disp. Final 3.ª: El apartado 3 de este artículo figura redactado conforme al texto de la Ley Orgánica 8/2006, de 4 de diciembre (*BOE* n.º 290, de 5 de diciembre).

laboral al servicio de las Administraciones Públicas, que actuarán bajo los principios de independencia, imparcialidad y profesionalidad.

4. Asimismo, el Gobierno, a través del Ministerio del Interior, y sin perjuicio de las competencias de las Comunidades Autónomas, adecuará las plantillas de los Grupos de Menores de las Brigadas de Policía Judicial, con objeto de establecer la adscripción a las Secciones de Menores de las Fiscalías de los funcionarios necesarios a los fines propuestos por esta Ley.

4.ª *Especialización de Jueces, Fiscales y abogados.*—1. El Consejo General del Poder Judicial y el Ministerio de Justicia, en el ámbito de sus competencias respectivas, procederán a la formación de miembros de la Carrera Judicial y Fiscal especialistas en materia de Menores con arreglo a lo que se establezca reglamentariamente. Dichos especialistas tendrán preferencia para desempeñar los correspondientes cargos en las Salas de Menores de los Tribunales Superiores de Justicia y en los Juzgados y Fiscalías de Menores, conforme a lo que establezcan las leyes y reglamentos.

2. En todas las Fiscalías existirá una Sección de Menores compuesta por miembros de la Carrera Fiscal, especialistas, con las dotaciones de funcionarios administrativos que sean necesarios, según se determine reglamentariamente.

3. El Consejo General de la Abogacía deberá adoptar las disposiciones oportunas para que en los Colegios en los que resulte necesario se impartan cursos homologados para la formación de aquellos letrados que deseen adquirir la especialización en materia de menores a fin de intervenir ante los órganos de esta Jurisdicción.

5.ª *Cláusula derogatoria.*—1. Se derogan: la Ley Orgánica reguladora de la competencia y el procedimiento de los Juzgados de Menores, texto refundido aprobado por Decreto de 11 de junio de 1948, modificada por la Ley Orgánica 4/1992, de 5 de junio; los preceptos subsistentes del Reglamento para la ejecución de la Ley Orgánica reguladora de la competencia y el procedimiento de los Juzgados de Menores, aprobado por Decreto de 11 de junio de 1948; la disposición transitoria duodécima de la Ley Orgánica 10/1995, de 23 de noviembre, del Código Penal; y los artículos 8.2, 9.3, la regla 1.ª del artículo 20, en lo que se refiere al número 2.º del artículo 8, el segundo párrafo del artículo 22 y el artículo 65 del texto refundido del Código Penal, publicado por el Decreto 3.096/1973, de 14 de septiembre, conforme a la Ley 44/1971, de 15 de noviembre.

2. Quedan asimismo derogadas cuantas otras normas, de igual o inferior rango, se opongan a lo establecido en la presente Ley.

6.ª *Naturaleza de la presente Ley.*—Los artículos 16, 20, 21, 23 a 27, 30 a 35, 37 a 39, 41, 42 y 61 a 64, la disposición adicional tercera y la disposición final tercera de la presente Ley Orgánica tienen naturaleza de Ley ordinaria.

7.ª *Entrada en vigor y desarrollo reglamentario.*—1. La presente Ley Orgánica entrará en vigor al año de su publicación en el *Boletín Oficial del Estado*. En dicha fecha entrarán también en vigor los artículos 19 y 69 de la Ley Orgánica 10/1995, de 23 de noviembre, del Código Penal.

2. Durante el plazo mencionado en el apartado anterior, las Comunidades Autónomas con competencia respecto a la protección y reforma de menores adaptarán su normativa para la adecuada ejecución de las funciones que les otorga la presente Ley.

APÉNDICE 9

LEY ORGÁNICA 2/2010, DE 3 DE MARZO, DE SALUD SEXUAL Y REPRODUCTIVA Y DE LA INTERRUPCIÓN VOLUNTARIA DEL EMBARAZO

(*BOE* n.º 55, de 4 de marzo de 2010)

PREÁMBULO

I

El desarrollo de la sexualidad y la capacidad de procreación están directamente vinculados a la dignidad de la persona y al libre desarrollo de la personalidad y son objeto de protección a través de distintos derechos fundamentales, señaladamente, de aquellos que garantizan la integridad física y moral y la intimidad personal y familiar. La decisión de tener hijos y cuándo tenerlos constituye uno de los asuntos más íntimos y personales que las personas afrontan a lo largo de sus vidas, que integra un ámbito esencial de la autodeterminación individual. Los poderes públicos están obligados a no interferir en ese tipo de decisiones, pero, también, deben establecer las condiciones para que se adopten de forma libre y responsable, poniendo al alcance de quienes lo precisen servicios de atención sanitaria, asesoramiento o información.

La protección de este ámbito de autonomía personal tiene una singular significación para las mujeres, para quienes el embarazo y la maternidad son hechos que afectan profundamente a sus vidas en todos los sentidos. La especial relación de los derechos de las mujeres con la protección de la salud sexual y reproductiva ha sido puesta de manifiesto por diversos textos internacionales. Así, en el ámbito de Naciones Unidas, la Convención sobre la eliminación de todas las formas de discriminación contra la Mujer, adoptada por la Asamblea General mediante Resolución 34/180, de 18 de diciembre de 1979, establece en su artículo 12 que «Los Estados Partes adoptarán todas las medidas apropiadas para eliminar la discriminación contra la mujer en la esfera de la atención médica a fin de asegurar, en condiciones de igualdad entre hombres y mujeres, el acceso a servicios de atención médica, incluidos los que se refieren a la planificación familiar». Por otro lado, la Plataforma de Acción de Beijing acordada en la IV Conferencia de Naciones Unidas sobre la mujer celebrada en 1995, ha reconocido que «los derechos humanos de las mujeres incluyen el derecho a tener el control y a decidir libre y responsablemente sobre su sexualidad, incluida la salud sexual y reproductiva, libre de presiones, discriminación y violencia». En el ámbito de la Unión Europea, el Parlamento Europeo ha aprobado la Resolución 2001/2128(INI) sobre salud sexual y reproductiva y los derechos asociados, en la que se contiene un conjunto de recomendaciones a los Gobiernos de los Estados miembros en materia de anticoncepción, embarazos no deseados y educación afectivo sexual que tiene como base, entre otras consideraciones, la constatación de las enormes desigualdades entre las mujeres europeas en el acceso a los servicios de salud reproductiva, a la anticoncepción y a la interrupción voluntaria del embarazo en función de sus ingresos, su nivel de renta o el país de residencia.

Por su parte, la Convención sobre los Derechos de las Personas con discapacidad de 13 de diciembre de 2006, ratificada por España, establece la obligación de los Estados Partes de respetar «el derecho de las personas con discapacidad a decidir libremente y de manera responsable el número de hijos que quieren tener [...] a tener acceso a información, educación sobre reproducción y planificación familiar apropiada para su edad y a que se provean los medios necesarios que les permitan ejercer esos derechos», así como a que «mantengan su fertilidad, en igualdad de condiciones que los demás».

La presente Ley pretende adecuar nuestro marco normativo al consenso de la comunidad internacional en esta materia, mediante la actualización de las políticas públicas y la incorporación de nuevos servicios de atención de la salud sexual y reproductiva. La Ley parte de la convicción, avalada por el mejor conocimiento científico, de que una educación afectivo sexual y reproductiva adecuada, el acceso universal a prácticas clínicas efectivas de planificación de la reproducción, mediante la incorporación de anticonceptivos de última generación, cuya eficacia haya sido avalada por la evidencia científica, en la cartera de servicios comunes del Sistema Nacional de Salud y la disponibilidad de programas y servicios de salud sexual y reproductiva es el modo más efectivo de prevenir, especialmente en personas jóvenes, las infecciones de transmisión sexual, los embarazos no deseados y los abortos.

La Ley aborda la protección y garantía de los derechos relativos a la salud sexual y reproductiva de manera integral. Introduce en nuestro ordenamiento las definiciones de la Organización Mundial de la Salud sobre salud, salud sexual y salud reproductiva y prevé la adopción de un conjunto de acciones y medidas tanto en el ámbito sanitario como en el educativo. Establece, asimismo, una nueva regulación de la interrupción voluntaria del embarazo fuera del Código Penal que, siguiendo la pauta más extendida en los países de nuestro entorno político y cultural, busca garantizar y proteger adecuadamente los derechos e intereses en presencia, de la mujer y de la vida prenatal.

II

El primer deber del legislador es adaptar el Derecho a los valores de la sociedad cuyas relaciones ha de regular, procurando siempre que la innovación normativa genere certeza y seguridad en las personas a quienes se destina, pues la libertad sólo encuentra refugio en el suelo firme de la claridad y precisión de la Ley. Ése es el espíritu que inspira la nueva regulación de la interrupción voluntaria del embarazo.

Hace un cuarto de siglo, el legislador, respondiendo al problema social de los abortos clandestinos, que ponían en grave riesgo la vida y la salud de las mujeres y atendiendo a la conciencia social mayoritaria que reconocía la relevancia de los derechos de las mujeres en relación con la maternidad, despenalizó ciertos supuestos de aborto. La reforma del Código Penal supuso un avance al posibilitar el acceso de las mujeres a un aborto legal y seguro cuando concurriera alguna de las indicaciones legalmente previstas: grave peligro para la vida o la salud física y psíquica de la embarazada, cuando el embarazo fuera consecuencia de una violación o cuando se presumiera la existencia de graves taras físicas o psíquicas en el feto. A lo largo de estos años, sin embargo, la aplicación de la ley ha generado incertidumbres y prácticas que han afectado a la seguridad jurídica, con consecuencias tanto para la garantía de los derechos de las mujeres como para la eficaz protección del bien jurídico penalmente tutelado y que, en contra del fin de la norma, eventualmente han podido poner en dificultades a los profesionales sanitarios de quienes precisamente depende la vigilancia de la seguridad médica en las intervenciones de interrupción del embarazo.

La necesidad de reforzar la seguridad jurídica en la regulación de la interrupción voluntaria del embarazo ha sido enfatizada por el Tribunal Europeo de Derechos Humanos en su sentencia de 20 de marzo de 2007 en la que se afirma, por un lado, que «en este tipo de situaciones las previsiones legales deben, en primer lugar y ante todo, asegurar la claridad de la posición jurídica de la mujer embarazada» y, por otro lado, que «una vez que el legislador decide permitir el aborto, no debe estructurar su marco legal de modo que se limiten las posibilidades reales de obtenerlo».

En una sociedad libre, pluralista y abierta, corresponde al legislador, dentro del marco de opciones que la Constitución deja abierto, desarrollar los derechos fundamentales de acuerdo con los valores dominantes y las necesidades de cada momento histórico. La experiencia acumulada en la aplicación del marco legal vigente, el avance del reconocimiento social y jurídico de la autonomía de las mujeres tanto en el ámbito público como en su vida privada, así como la tendencia normativa imperante en los países de nuestro entorno, abogan por una regulación de la interrupción voluntaria del embarazo presidida por la claridad en donde queden adecuadamente garantizadas tanto la autonomía de las mujeres, como la eficaz protección de la vida prenatal como bien jurídico. Por su parte, la Asamblea Parlamentaria del Consejo de Europa, en su Resolución 1607/2008, de 16 de abril, reafirmó el derecho de todo ser humano, y en particular de las mujeres, al respeto de su integridad física y a la libre disposición de su cuerpo y en ese contexto, a que la decisión última de recurrir o no a un aborto corresponda a la mujer interesada y, en consecuencia, ha invitado a los Estados miembros a despenalizar el aborto dentro de unos plazos de gestación razonables.

En la concreción del modelo legal, se ha considerado de manera especialmente atenta la doctrina constitucional derivada de las sentencias del Tribunal Constitucional en esta materia. Así, en la sentencia 53/1985, el Tribunal, perfectamente dividido en importantes cuestiones de fondo, enunció sin embargo, algunos principios que han sido respaldados por la jurisprudencia posterior y que aquí se toman como punto de partida. Una de esas afirmaciones de principio es la negación del carácter absoluto de los derechos e intereses que entran en conflicto a la hora de regular la interrupción voluntaria del embarazo y, en consecuencia, el deber del legislador de «ponderar los bienes y derechos en función del supuesto planteado, tratando de armonizarlos si ello es posible o, en caso contrario, precisando las condiciones y requisitos en que podría admitirse la prevalencia de uno de ellos» (STC 53/1985). Pues si bien «los no nacidos no pueden considerarse en nuestro ordenamiento como titulares del derecho fundamental a la vida que garantiza el artículo 15 de la Constitución» esto no significa que resulten privados de toda protección constitucional (STC 116/1999). La vida prenatal es un bien jurídico merecedor de protección que el legislador debe hacer eficaz, sin ignorar que la forma en que tal garantía se configure e instrumente estará siempre intermediada por la garantía de los derechos fundamentales de la mujer embarazada.

La ponderación que el legislador realiza ha tenido en cuenta la doctrina de la STC 53/1985 y atiende a los cambios cualitativos de la vida en formación que tienen lugar durante el embarazo, estableciendo, de este modo, una concordancia práctica de los derechos y bienes concurrentes a través de un modelo de tutela gradual a lo largo de la gestación.

La presente Ley reconoce el derecho a la maternidad libremente decidida, que implica, entre otras cosas, que las mujeres puedan tomar la decisión inicial sobre su embarazo y que esa decisión, consciente y responsable, sea respetada. El legislador ha considerado razonable, de acuerdo con las indicaciones de las personas expertas y el análisis del derecho comparado, dejar un plazo de 14 semanas en el que se garantiza a las mujeres la posibilidad de tomar una decisión libre e informada sobre la interrupción del embarazo, sin interferencia de terceros, lo que la STC 53/1985 denomina «autodeterminación consciente», dado que la intervención determinante de un tercero en la formación de la voluntad de la mujer gestante, no ofrece una mayor garantía para el feto y, a la vez, limita innecesariamente la personalidad de la mujer, valor amparado en el artículo 10.1 de la Constitución.

La experiencia ha demostrado que la protección de la vida prenatal es más eficaz a través de políticas activas de apoyo a las mujeres embarazadas y a la maternidad. Por ello, la tutela del bien jurídico en el momento inicial de la gestación se articula a través de la voluntad de la mujer, y no contra ella. La mujer adoptará su decisión tras haber sido informada de todas las prestaciones, ayudas y derechos a los que puede acceder si desea continuar con el embarazo, de las consecuencias médicas, psicológicas y sociales derivadas de la prosecución del embarazo o de la interrupción del mismo, así como de la posibilidad de recibir asesoramiento antes y después de la intervención. La Ley dispone un plazo de reflexión de al menos tres días y, además de exigir la claridad y objetividad de la información, impone condiciones para que ésta se ofrezca en un ámbito y de un modo exento de presión para la mujer.

En el desarrollo de la gestación, «tiene —como ha afirmado la STC 53/1985— una especial trascendencia el momento a partir del cual el nasciturus es ya susceptible de vida independiente de la madre». El umbral de la viabilidad fetal se sitúa, en consenso general avalado por la comunidad científica y basado en estudios de las unidades de neonatología, en torno a la vigésimo segunda semana de gestación. Es hasta este momento cuando la Ley permite la interrupción del embarazo siempre que concurra alguna de estas dos indicaciones: «que exista grave riesgo para la vida o la salud de la embarazada», o «que exista riesgo de graves anomalías en el feto». Estos supuestos de interrupción voluntaria del embarazo de carácter médico se regulan con las debidas garantías a fin de acreditar con la mayor seguridad posible la concurrencia de la indicación. A diferencia de la regulación vigente, se establece un límite temporal cierto en la aplicación de la llamada indicación terapéutica, de modo que en caso de existir riesgo para la vida o salud de la mujer más allá de la vigésima segunda semana de gestación, lo adecuado será la práctica de un parto inducido, con lo que el derecho a la vida e integridad física de la mujer y el interés en la protección de la vida en formación se armonizan plenamente.

Más allá de la vigésima segunda semana, la ley configura dos supuestos excepcionales de interrupción del embarazo. El primero se refiere a aquellos casos en que «se detecten anomalías fetales incompatibles con la vida», en que decae la premisa que hace de la vida prenatal un bien jurídico protegido en tanto que proyección del artículo 15 de la Constitución (STC 212/1996). El segundo supuesto se circunscribe a los casos en que «se detecte en el feto una enfermedad extremadamente grave e incurable en el momento del diagnóstico y así lo confirme un comité clínico». Su comprobación se ha deferido al juicio experto de profesionales médicos conformado de acuerdo con la evidencia científica del momento.

La Ley establece además un conjunto de garantías relativas al acceso efectivo a la prestación sanitaria de la interrupción voluntaria del embarazo y a la protección de la intimidad y confidencialidad de las mujeres. Con estas previsiones legales se pretende dar solución a los problemas a que había dado lugar el actual marco regulador tanto de desigualdades territoriales en el acceso a la prestación como de vulneración de la intimidad. Así, se encomienda a la Alta Inspección velar por la efectiva igualdad en el ejercicio de los derechos y el acceso a las prestaciones reconocidas en esta Ley.

Asimismo se recoge la objeción de conciencia de los profesionales sanitarios directamente implicados en la interrupción voluntaria del embarazo, que será articulado en un desarrollo futuro de la Ley.

Se ha dado nueva redacción al artículo 145 del Código Penal con el fin de limitar la pena impuesta a la mujer que consiente o se practica un aborto fuera de los casos permitidos por la ley eliminando la previsión de pena privativa de libertad, por un lado y, por otro, para precisar la imposición de las penas en sus mitades superiores en determinados supuestos. Asimismo se introduce un nuevo artículo 145 bis, a fin de incorporar la penalidad correspondiente de las conductas de quienes practican una interrupción del embarazo dentro de los casos contemplados por la ley, pero sin cumplir los requisitos exigidos en ella.

Finalmente, se ha modificado la Ley 41/2002, de 14 de noviembre, Básica Reguladora de la Autonomía del Paciente, con el fin de que la prestación del consentimiento para la práctica de una interrupción voluntaria del embarazo se sujete al régimen general previsto en esta Ley y eliminar la excepcionalidad establecida en este caso.

III

La Ley se estructura en un Título Preliminar, dos Títulos, tres disposiciones adicionales, una disposición derogatoria y seis disposiciones finales.

El Título Preliminar establece el objeto, las definiciones, los principios inspiradores de la ley y proclama los derechos que garantiza.

El Título Primero, bajo la rúbrica «De la salud sexual y reproductiva», se articula en cuatro capítulos. En el capítulo I se fijan los objetivos de las políticas públicas en materia de salud sexual y reproductiva. El capítulo II contiene las medidas en el ámbito sanitario y el capítulo III se refiere a las relativas al ámbito educativo. El capítulo IV tiene como objeto la previsión de la elaboración de la Estrategia Nacional de Salud Sexual y Reproductiva como instrumento de colaboración de las distintas administraciones públicas para el adecuado desarrollo de las políticas públicas en esta materia.

En el Título Segundo se regulan las condiciones de la interrupción voluntaria del embarazo y las garantías en el acceso a la prestación.

La disposición adicional primera mandata que la Alta Inspección verifique el cumplimiento efectivo de los derechos y prestaciones reconocidas en esta Ley.

La disposición adicional segunda impone al Gobierno la evaluación del coste económico de los servicios y prestaciones incluidos en la Ley así como la adopción de medidas previstas en la Ley 16/2003, de 28 de mayo, de Cohesión y Calidad del Sistema Nacional de Salud.

Finalmente, la disposición adicional tercera se refiere al acceso a los métodos anticonceptivos y su inclusión en la cartera de servicios comunes del Sistema Nacional de Salud.

La disposición derogatoria deroga el artículo 417 bis del Código Penal introducido en el Código Penal de 1973 por la Ley Orgánica 9/1985, de 5 de julio, y cuya vigencia fue mantenida por el Código Penal de 1995.

La disposición final primera da nueva redacción al artículo 145 del Código Penal e introduce un nuevo artículo 145 bis, y la disposición final segunda modifica el apartado cuarto del artículo 9 de la Ley 41/2002, de 14 de noviembre, básica reguladora de la autonomía del paciente y de derechos y obligaciones en materia de información y documentación clínica. Finalmente, las restantes disposiciones finales se refieren al carácter orgánico de la ley, la habilitación al Gobierno para su desarrollo reglamentario, el ámbito territorial de aplicación de la Ley y la entrada en vigor que se fija en cuatro meses desde su publicación, con el fin de que se adopten las medidas necesarias para su plena aplicación.

TÍTULO PRELIMINAR

Disposiciones generales

Artículo 1.º *Objeto.*—Constituye el objeto de la presente Ley Orgánica garantizar los derechos fundamentales en el ámbito de la salud sexual y reproductiva, regular las condiciones de la interrupción voluntaria del embarazo y establecer las correspondientes obligaciones de los poderes públicos.

Art. 2.º *Definiciones.*—A los efectos de lo dispuesto en esta Ley se aplicarán las siguientes definiciones:

a) Salud: el estado de completo bienestar físico, mental y social y no solamente la ausencia de afecciones o enfermedades.

b) Salud sexual: el estado de bienestar físico, psicológico y sociocultural relacionado con la sexualidad, que requiere un entorno libre de coerción, discriminación y violencia.

c) Salud reproductiva: la condición de bienestar físico, psicológico y sociocultural en los aspectos relativos a la capacidad reproductiva de la persona, que implica que se pueda tener una vida sexual segura, la libertad de tener hijos y de decidir cuándo tenerlos.

Art. 3.º *Principios y ámbito de aplicación.*—1. En el ejercicio de sus derechos de libertad, intimidad y autonomía personal, todas las personas tienen derecho a adoptar libremente decisiones que afectan a su vida sexual y reproductiva sin más límites que los derivados del respeto a los derechos de las demás personas y al orden público garantizado por la Constitución y las Leyes.

2. Se reconoce el derecho a la maternidad libremente decidida.

3. Nadie será discriminado en el acceso a las prestaciones y servicios previstos en esta Ley por motivos de origen racial o étnico, religión, convicción u opinión, sexo, discapacidad, orientación sexual, edad, estado civil, o cualquier otra condición o circunstancia personal o social.

4. Los poderes públicos, de conformidad con sus respectivas competencias, llevarán a cabo las prestaciones y demás obligaciones que establece la presente Ley en garantía de la salud sexual y reproductiva.

Art. 4.º *Garantía de igualdad en el acceso.*—El Estado, en el ejercicio de sus competencias de Alta Inspección, velará por que se garantice la igualdad en el acceso a las prestaciones y servicios establecidos por el Sistema Nacional de Salud que inciden en el ámbito de aplicación de esta Ley.

TÍTULO PRIMERO

De la salud sexual y reproductiva

CAPÍTULO PRIMERO

POLÍTICAS PÚBLICAS PARA LA SALUD SEXUAL Y REPRODUCTIVA

Art. 5.º *Objetivos de la actuación de los poderes públicos.*—1. Los poderes públicos en el desarrollo de sus políticas sanitarias, educativas y sociales garantizarán:

a) La información y la educación afectivo sexual y reproductiva en los contenidos formales del sistema educativo.

b) El acceso universal a los servicios y programas de salud sexual y reproductiva.

c) El acceso a métodos seguros y eficaces que permitan regular la fecundidad.

d) La eliminación de toda forma de discriminación, con especial atención a las personas con algún tipo de discapacidad, a las que se les garantizará su derecho a la salud sexual y reproductiva, estableciendo para ellas los apoyos necesarios en función de su discapacidad.

e) La educación sanitaria integral y con perspectiva de género sobre salud sexual y salud reproductiva.

f) La información sanitaria sobre anticoncepción y sexo seguro que prevenga, tanto las enfermedades e infecciones de transmisión sexual, como los embarazos no deseados.

2. Asimismo en el desarrollo de sus políticas promoverán:

a) Las relaciones de igualdad y respeto mutuo entre hombres y mujeres en el ámbito de la salud sexual y la adopción de programas educativos especialmente diseñados para la convivencia y el respeto a las opciones sexuales individuales.

b) La corresponsabilidad en las conductas sexuales, cualquiera que sea la orientación sexual.

Art. 6.º *Acciones informativas y de sensibilización.*—Los poderes públicos desarrollarán acciones informativas y de sensibilización sobre salud sexual y salud reproductiva, especialmente a través de los medios de comunicación, y se prestará particular atención a la prevención de embarazos no deseados, mediante acciones dirigidas, principalmente, a la juventud y colectivos con especiales necesidades, así como a la prevención de enfermedades de transmisión sexual.

CAPÍTULO II

MEDIDAS EN EL ÁMBITO SANITARIO

Art. 7.º *Atención a la salud sexual y reproductiva.*—Los servicios públicos de salud garantizarán:

a) La calidad de los servicios de atención a la salud sexual integral y la promoción de estándares de atención basados en el mejor conocimiento científico disponible.

b) El acceso universal a prácticas clínicas efectivas de planificación de la reproducción, mediante la incorporación de anticonceptivos de última generación cuya eficacia haya sido avalada por la evidencia científica, en la cartera de servicios comunes del Sistema Nacional de Salud.

c) La provisión de servicios de calidad para atender a las mujeres y a las parejas durante el embarazo, el parto y el puerperio. En la provisión de estos servicios, se tendrán en cuenta los requerimientos de accesibilidad de las personas con discapacidad.

d) La atención perinatal, centrada en la familia y en el desarrollo saludable.

Art. 8.º *Formación de profesionales de la salud.*—La formación de profesionales de la salud se abordará con perspectiva de género e incluirá:

a) La incorporación de la salud sexual y reproductiva en los programas curriculares de las carreras relacionadas con la medicina y las ciencias de la salud, incluyendo la investigación y formación en la práctica clínica de la interrupción voluntaria del embarazo.

b) La formación de profesionales en salud sexual y salud reproductiva, incluida la práctica de la interrupción del embarazo.

c) La salud sexual y reproductiva en los programas de formación continuada a lo largo del desempeño de la carrera profesional.

d) En los aspectos formativos de profesionales de la salud se tendrán en cuenta la realidad y las necesidades de los grupos o sectores sociales más vulnerables, como el de las personas con discapacidad.

CAPÍTULO III

MEDIDAS EN EL ÁMBITO EDUCATIVO

Art. 9.º *Incorporación de la formación en salud sexual y reproductiva al sistema educativo.*—El sistema educativo contemplará la formación en salud sexual y reproductiva, como parte del desarrollo integral de la personalidad y de la formación en valores, incluyendo un enfoque integral que contribuya a:

a) La promoción de una visión de la sexualidad en términos de igualdad y corresponsabilidad entre hombres y mujeres con especial atención a la prevención de la violencia de género, agresiones y abusos sexuales.

b) El reconocimiento y aceptación de la diversidad sexual.

c) El desarrollo armónico de la sexualidad acorde con las características de las personas jóvenes.

d) La prevención de enfermedades e infecciones de transmisión sexual y especialmente la prevención del VIH.

e) La prevención de embarazos no deseados, en el marco de una sexualidad responsable.

f) En la incorporación de la formación en salud y salud sexual y reproductiva al sistema educativo, se tendrán en cuenta la realidad y las necesidades de los grupos o sectores sociales más vulnerables, como el de las personas con discapacidad proporcionando, en todo caso, a este alumnado información y materiales accesibles, adecuados a su edad.

Art. 10. *Actividades formativas.*—Los poderes públicos apoyarán a la comunidad educativa en la realización de actividades formativas relacionadas con la educación afectivo sexual, la prevención de infecciones de transmisión sexual y embarazos no deseados, facilitando información adecuada a los padres y las madres.

CAPÍTULO IV

ESTRATEGIA DE SALUD SEXUAL Y REPRODUCTIVA

Art. 11. *Elaboración de la Estrategia de Salud Sexual y Reproductiva.*—Para el cumplimiento de los objetivos previstos en esta Ley, el Gobierno, en cooperación con las Comunidades Autónomas y con respeto a su ámbito competencial, aprobará un Plan que se denominará Estrategia de Salud Sexual y Reproductiva, que contará con la colaboración de las sociedades científicas y profesionales y las organizaciones sociales.

La Estrategia se elaborará con criterios de calidad y equidad en el Sistema Nacional de Salud y con énfasis en jóvenes y adolescentes y colectivos de especiales necesidades.

La Estrategia tendrá una duración de cinco años y establecerá mecanismos de evaluación bienal que permitan la valoración de resultados y en particular del acceso universal a la salud sexual y reproductiva.

TÍTULO II

De la interrupción voluntaria del embarazo

CAPÍTULO PRIMERO

CONDICIONES DE LA INTERRUPCIÓN VOLUNTARIA DEL EMBARAZO

Art. 12. *Garantía de acceso a la interrupción voluntaria del embarazo.*—Se garantiza el acceso a la interrupción voluntaria del embarazo en las condiciones que se determinan en esta Ley. Estas condiciones se interpretarán en el modo más favorable para la protección y eficacia de los derechos fundamentales de la mujer que solicita la intervención, en particular, su derecho al libre desarrollo de la personalidad, a la vida, a la integridad física y moral, a la intimidad, a la libertad ideológica y a la no discriminación.

Art. 13. *Requisitos comunes.*—Son requisitos necesarios de la interrupción voluntaria del embarazo:

1.º Que se practique por un médico especialista o bajo su dirección.

2.º Que se lleve a cabo en centro sanitario público o privado acreditado.

3.º Que se realice con el consentimiento expreso y por escrito de la mujer embarazada o, en su caso, del representante legal, de conformidad con lo establecido en la Ley 41/2002, Básica Reguladora de la Autonomía del Paciente y de Derechos y Obligaciones en materia de información y documentación clínica.

Podrá prescindirse del consentimiento expreso en el supuesto previsto en el artículo 9.2.*b*) de la referida Ley.

4.º En el caso de las mujeres de dieciséis y diecisiete años, el consentimiento para la interrupción voluntaria del embarazo les corresponde exclusivamente a ellas de acuerdo con el régimen general aplicable a las mujeres mayores de edad.

Al menos uno de los representantes legales, padre o madre, personas con patria potestad o tutores de las mujeres comprendidas en esas edades deberá ser informado de la decisión de la mujer.

Art. 13: V. art. 8.º del RD 825/2010, de 25 de junio (*BOE* n.º 155, de 26 de junio), de desarrollo de la presente LO.

Se prescindirá de esta información cuando la menor alegue fundadamente que esto le provocará un conflicto grave, manifestado en el peligro cierto de violencia intrafamiliar, amenazas, coacciones, malos tratos, o se produzca una situación de desarraigo o desamparo.

Art. 14. *Interrupción del embarazo a petición de la mujer.*—Podrá interrumpirse el embarazo dentro de las primeras catorce semanas de gestación a petición de la embarazada, siempre que concurran los requisitos siguientes:

a) Que se haya informado a la mujer embarazada sobre los derechos, prestaciones y ayudas públicas de apoyo a la maternidad, en los términos que se establecen en los apartados 2 y 4 del artículo 17 de esta Ley.

b) Que haya transcurrido un plazo de al menos tres días, desde la información mencionada en el párrafo anterior y la realización de la intervención.

Art. 15. *Interrupción por causas médicas.*—Excepcionalmente, podrá interrumpirse el embarazo por causas médicas cuando concurra alguna de las circunstancias siguientes:

a) Que no se superen las veintidós semanas de gestación y siempre que exista grave riesgo para la vida o la salud de la embarazada y así conste en un dictamen emitido con anterioridad a la intervención por un médico o médica especialista distinto del que la practique o dirija. En caso de urgencia por riesgo vital para la gestante podrá prescindirse del dictamen.

b) Que no se superen las veintidós semanas de gestación y siempre que exista riesgo de graves anomalías en el feto y así conste en un dictamen emitido con anterioridad a la intervención por dos médicos especialistas distintos del que la practique o dirija.

c) Cuando se detecten anomalías fetales incompatibles con la vida y así conste en un dictamen emitido con anterioridad por un médico o médica especialista, distinto del que practique la intervención, o cuando se detecte en el feto una enfermedad extremadamente grave e incurable en el momento del diagnós-

---

Art. 14: V. art. 5.º del RD 825/2010, de 25 de junio (*BOE* n.º 155, de 26 de junio), de desarrollo de la presente LO.

Art. 15: V. arts. 6.º del RD 825/2010, de 25 de junio (*BOE* n.º 155, de 26 de junio), de desarrollo de la presente LO, y 7.º del RD 831/2010, de 25 de junio (*BOE* n.º 155, de 26 de junio), de garantía de la calidad asistencial de la prestación a la interrupción voluntaria del embarazo.

tico y así lo confirme un comité clínico.

Art. 16. *Comité clínico.*—1. El comité clínico al que se refiere el artículo anterior estará formado por un equipo pluridisciplinar integrado por dos médicos especialistas en ginecología y obstetricia o expertos en diagnóstico prenatal y un pediatra. La mujer podrá elegir uno de estos especialistas.

2. Confirmado el diagnóstico por el comité, la mujer decidirá sobre la intervención.

3. En cada Comunidad Autónoma habrá, al menos, un comité clínico en un centro de la red sanitaria pública. Los miembros, titulares y suplentes, designados por las autoridades sanitarias competentes, lo serán por un plazo no inferior a un año. La designación deberá hacerse pública en los diarios oficiales de las respectivas Comunidades Autónomas.

4. Las especificidades del funcionamiento del Comité clínico se determinarán reglamentariamente.

Art. 17. *Información previa al consentimiento de la interrupción voluntaria del embarazo.*—1. Todas las mujeres que manifiesten su intención de someterse a una interrupción voluntaria del embarazo recibirán información sobre los distintos métodos de interrupción del embarazo, las condiciones para la interrupción previstas en esta Ley, los centros públicos y acreditados a los que se pueda dirigir y los trámites para acceder a la prestación, así como las condiciones para su cobertura por el servicio público de salud correspondiente.

2. En los casos en que las mujeres opten por la interrupción del embarazo regulada en el artículo 14 recibirán, además, un sobre cerrado que contendrá la siguiente información:

a) Las ayudas públicas disponibles para las mujeres embarazadas y la cobertura sanitaria durante el embarazo y el parto.

b) Los derechos laborales vinculados al embarazo y a la maternidad; las prestaciones y ayudas públicas para el cuidado y atención de los hijos e hijas; los beneficios fiscales y demás información relevante sobre incentivos y ayudas al nacimiento.

c) Datos sobre los centros disponibles para recibir informa-

Art. 16: V. arts. 2.º y 3.º del RD 825/2010, de 25 de junio (*BOE* n.º 155, de 26 de junio), de desarrollo de la presente LO.

Art. 17: V. arts. 4.º, 5.º y 7.º del RD 825/2010, de 25 de junio (*BOE* n.º 155, de 26 de junio), de desarrollo de la presente LO.

ción adecuada sobre anticoncepción y sexo seguro.

d) Datos sobre los centros en los que la mujer pueda recibir voluntariamente asesoramiento antes y después de la interrupción del embarazo.

Esta información deberá ser entregada en cualquier centro sanitario público o bien en los centros acreditados para la interrupción voluntaria del embarazo. Junto con la información en sobre cerrado se entregará a la mujer un documento acreditativo de la fecha de la entrega, a los efectos de lo establecido en el artículo 14 de esta Ley.

La elaboración, contenidos y formato de esta información será determinada reglamentariamente por el Gobierno.

3. En el supuesto de interrupción del embarazo previsto en la letra *b*) del artículo 15 de esta Ley, la mujer recibirá además de la información prevista en el apartado primero de este artículo, información por escrito sobre los derechos, prestaciones y ayudas públicas existentes de apoyo a la autonomía de las personas con alguna discapacidad, así como la red de organizaciones sociales de asistencia social a estas personas.

4. En todos los supuestos, y con carácter previo a la prestación del consentimiento, se habrá de informar a la mujer en los términos de los artículos 4 y 10 de la Ley 41/2002 de 14 de noviembre, y específicamente sobre las consecuencias médicas, psicológicas y sociales de la prosecución del embarazo o de la interrupción del mismo.

5. La información prevista en este artículo será clara, objetiva y comprensible. En el caso de las personas con discapacidad, se proporcionará en formatos y medios accesibles, adecuados a sus necesidades.

Se comunicará, en la documentación entregada, que dicha información podrá ser ofrecida, además, verbalmente, si la mujer lo solicita.

CAPÍTULO II

Garantías en el acceso a la prestación

Art. 18. *Garantía del acceso a la prestación.*—Los servicios públicos de salud, en el ámbito de sus respectivas competencias, aplicarán las medidas precisas para garantizar el derecho a la prestación sanitaria de la interrupción voluntaria del embarazo en los supuestos y con los requisitos establecidos en esta Ley. Esta prestación estará incluida en la cartera de servicios comunes del Sistema Nacional de Salud.

Art. 19. *Medidas para garantizar la prestación por los servicios de salud.*—1. Con el fin de asegurar la igualdad y calidad asistencial de la prestación a la interrupción voluntaria del embarazo, las administraciones sanitarias competentes garantizarán los contenidos básicos que el Gobierno determine, oído el Consejo Interterritorial de Salud. Se garantizará a todas las mujeres por igual el acceso a la prestación con independencia del lugar donde residan.

2. La prestación sanitaria de la interrupción voluntaria del embarazo se realizará en centros de la red sanitaria pública o vinculados a la misma.

Los profesionales sanitarios directamente implicados en la interrupción voluntaria del embarazo tendrán el derecho de ejercer la objeción de conciencia sin que el acceso y la calidad asistencial de la prestación puedan resultar menoscabadas por el ejercicio de la objeción de conciencia. El rechazo o la negativa a realizar la intervención de interrupción del embarazo por razones de conciencia es una decisión siempre individual del personal sanitario directamente implicado en la realización de la interrupción voluntaria del embarazo, que debe manifestarse anticipadamente y por escrito. En todo caso los profesionales sanitarios dispensarán tratamiento y atención médica adecuados a las mujeres que lo precisen antes y después de haberse sometido a una intervención de interrupción del embarazo.

Si excepcionalmente el servicio público de salud no pudiera facilitar en tiempo la prestación, las autoridades sanitarias reconocerán a la mujer embarazada el derecho a acudir a cualquier centro acreditado en el territorio nacional, con el compromiso escrito de asumir directamente el abono de la prestación.

3. Las intervenciones contempladas en la letra *c*) del artículo 15 de esta Ley se realizarán preferentemente en centros cualificados de la red sanitaria pública.

Art. 20. *Protección de la intimidad y confidencialidad.*—1. Los centros que presten la interrupción voluntaria del embarazo asegurarán la intimidad de las mujeres y la confidencialidad en el tratamiento de sus datos de carácter personal.

Art. 19: V. arts. 1.º a 5.º del RD 831/2010, de 25 de junio (*BOE* n.º 155, de 26 de junio), de garantía de la calidad asistencial de la prestación a la interrupción voluntaria del embarazo.

Art. 20: V. art. 6.º del RD 831/2010, de 25 de junio (*BOE* n.º 155, de 26 de junio), de garantía de la calidad asistencial de la prestación a la interrupción voluntaria del embarazo.

2. Los centros prestadores del servicio deberán contar con sistemas de custodia activa y diligente de las historias clínicas de las pacientes e implantar en el tratamiento de los datos las medidas de seguridad de nivel alto previstas en la normativa vigente de protección de datos de carácter personal.

Art. 21. *Tratamiento de datos.*—1. En el momento de la solicitud de información sobre la interrupción voluntaria del embarazo, los centros, sin proceder al tratamiento de dato alguno, habrán de informar a la solicitante que los datos identificativos de las pacientes a las que efectivamente se les realice la prestación serán objeto de codificación y separados de los datos de carácter clínico asistencial relacionados con la interrupción voluntaria del embarazo.

2. Los centros que presten la interrupción voluntaria del embarazo establecerán mecanismos apropiados de automatización y codificación de los datos de identificación de las pacientes atendidas, en los términos previstos en esta Ley.

A los efectos previstos en el párrafo anterior, se considerarán datos identificativos de la paciente su nombre, apellidos, domicilio, número de teléfono, dirección de correo electrónico, documento nacional de identidad o documento identificativo equivalente, así como cualquier dato que revele su identidad física o genética.

3. En el momento de la primera recogida de datos de la paciente, se le asignará un código que será utilizado para identificarla en todo el proceso.

4. Los centros sustituirán los datos identificativos de la paciente por el código asignado en cualquier información contenida en la historia clínica que guarde relación con la práctica de la interrupción voluntaria del embarazo, de forma que no pueda producirse con carácter general, el acceso a dicha información.

5. Las informaciones relacionadas con la interrupción voluntaria del embarazo deberán ser conservadas en la historia clínica de tal forma que su mera visualización no sea posible salvo por el personal que participe en la práctica de la prestación, sin perjuicio de los accesos a los que se refiere el artículo siguiente.

Art. 22. *Acceso y cesión de datos de carácter personal.*—1.

Art. 21: V. art. 6.º del RD 831/2010, de 25 de junio (*BOE* n.º 155, de 26 de junio), de garantía de la calidad asistencial de la prestación a la interrupción voluntaria del embarazo.

Únicamente será posible el acceso a los datos de la historia clínica asociados a los que identifican a la paciente, sin su consentimiento, en los casos previstos en las disposiciones legales reguladoras de los derechos y obligaciones en materia de documentación clínica.

Cuando el acceso fuera solicitado por otro profesional sanitario a fin de prestar la adecuada asistencia sanitaria de la paciente, aquél se limitará a los datos estricta y exclusivamente necesarios para la adecuada asistencia, quedando constancia de la realización del acceso.

En los demás supuestos amparados por la ley, el acceso se realizará mediante autorización expresa del órgano competente en la que se motivarán de forma detallada las causas que la justifican, quedando en todo caso limitado a los datos estricta y exclusivamente necesarios.

2. El informe de alta, las certificaciones médicas y cualquier otra documentación relacionada con la práctica de la interrupción voluntaria del embarazo que sea necesaria a cualquier efecto, será entregada exclusivamente a la paciente o persona autorizada por ella. Esta documentación respetará el derecho de la paciente a la intimidad y confidencialidad en el tratamiento de los datos de carácter personal recogido en este Capítulo.

3. No será posible el tratamiento de la información por el centro sanitario para actividades de publicidad o prospección comercial. No podrá recabarse el consentimiento de la paciente para el tratamiento de los datos para estas actividades.

Art. 23. *Cancelación de datos.*—1. Los centros que hayan procedido a una interrupción voluntaria de embarazo deberán cancelar de oficio la totalidad de los datos de la paciente una vez transcurridos cinco años desde la fecha de alta de la intervención. No obstante, la documentación clínica podrá conservarse cuando existan razones epidemiológicas, de investigación o de organización y funcionamiento del Sistema Nacional de Salud, en cuyo caso se procederá a la cancelación de todos los datos identificativos de la paciente y del código que se le hubiera asignado como consecuencia de lo dispuesto en los artículos anteriores.

2. Lo dispuesto en el apartado anterior se entenderá sin perjuicio del ejercicio por la paciente de su derecho de cancelación, en los términos previstos en la Ley Orgánica 15/1999, de 13 de diciembre, de Protección de Datos de Carácter Personal.

DISPOSICIONES ADICIONALES

1.ª *De las funciones de la Alta Inspección.*—El Estado ejercerá la Alta Inspección como función de garantía y verificación del cumplimiento efectivo de los derechos y prestaciones reconocidas en esta Ley en todo el Sistema Nacional de Salud.

Para la formulación de propuestas de mejora en equidad y accesibilidad de las prestaciones y con el fin de verificar la aplicación efectiva de los derechos y prestaciones reconocidas en esta Ley en todo el Sistema Nacional de Salud, el Gobierno elaborará un informe anual de situación, en base a los datos presentados por las Comunidades Autónomas al Consejo Interterritorial del Sistema Nacional de Salud.

2.ª *Evaluación de costes y adopción de medidas.*—El Gobierno evaluará el coste económico de los servicios y prestaciones públicas incluidas en la Ley adoptando, en su caso, las medidas necesarias de conformidad a lo dispuesto en la Ley 16/2003, de 28 de mayo, de Cohesión y Calidad del Sistema Nacional de Salud.

3.ª *Acceso a métodos anticonceptivos.*—El Gobierno, en el plazo de un año, desde la entrada en vigor de la Ley, concretará la efectividad del acceso a los métodos anticonceptivos. En este sentido, se garantizará la inclusión de anticonceptivos de última generación cuya eficacia haya sido avalada por la evidencia científica, en la cartera de servicios comunes del Sistema Nacional de Salud en las mismas condiciones que las prestaciones farmacéuticas con financiación pública.

DISPOSICIÓN DEROGATORIA

Única. *Derogación del artículo 417 bis del Código Penal.*—Queda derogado el artículo 417 bis del Texto Refundido del Código Penal publicado por el Decreto 3096/1973, de 14 de septiembre, redactado conforme a la Ley Orgánica 9/1985, de 5 de julio.

DISPOSICIONES FINALES

1.ª *Modificación de la Ley Orgánica 10/1995, de 23 de noviembre, del Código Penal.*— Uno. El artículo 145 del Código Penal queda redactado de la forma siguiente:

«*Art. 145.* 1. El que produzca el aborto de una mujer, con su consentimiento, fuera de los casos permitidos por la ley será castigado con la pena de prisión de uno a tres años e inhabilitación especial para ejercer cualquier profesión sanitaria, o para prestar servicios de toda índole en clínicas, establecimientos o consultorios ginecológicos, públicos o privados, por tiempo de uno a seis años. El juez podrá imponer la pena en su mitad superior cuando los actos descritos en este apartado se realicen fuera de un centro o establecimiento público o privado acreditado.

2. La mujer que produjere su aborto o consintiere que otra persona se lo cause, fuera de los casos permitidos por la ley, será castigada con la pena de multa de seis a veinticuatro meses.

3. En todo caso, el juez o tribunal impondrá las penas respectivamente previstas en este artículo en su mitad superior cuando la conducta se llevare a cabo a partir de la vigésimo segunda semana de gestación.»

Dos. Se añade un nuevo artículo 145 bis del Código Penal, que tendrá la siguiente redacción:

«*Art. 145 bis.* 1. Será castigado con la pena de multa de seis a doce meses e inhabilitación especial para prestar servicios de toda índole en clínicas, establecimientos o consultorios ginecológicos, públicos o privados, por tiempo de seis meses a dos años, el que dentro de los casos contemplados en la ley, practique un aborto:

a) sin haber comprobado que la mujer haya recibido la información previa relativa a los derechos, prestaciones y ayudas públicas de apoyo a la maternidad;

b) sin haber transcurrido el período de espera contemplado en la legislación;

c) sin contar con los dictámenes previos preceptivos;

d) fuera de un centro o establecimiento público o privado acreditado. En este caso, el juez podrá imponer la pena en su mitad superior.

2. En todo caso, el juez o tribunal impondrá las penas previstas en este artículo en su mitad superior cuando el aborto se haya practicado a partir de la vigésimo segunda semana de gestación.

3. La embarazada no será penada a tenor de este precepto.»

Tres. Se suprime el inciso «417 bis» de la letra *a*) del apartado primero de la disposición derogatoria única.

2.ª *Modificación de la Ley 41/2002, de 14 de noviembre, Básica Reguladora de la Autonomía del Paciente y de Derechos y Obligaciones en materia de información y documentación clínica.*—El apartado 4 del artículo 9 de la Ley 41/2002, de 14 de noviembre, Básica Reguladora de la Autonomía del Paciente y de Derechos y Obligaciones en materia de información y documentación clínica, tendrá la siguiente redacción:

«4. La práctica de ensayos clínicos y de técnicas de reproducción humana asistida se rige por lo establecido con carácter general sobre la mayoría de edad y por las disposiciones especiales de aplicación.»

3.ª *Carácter orgánico.*—La presente Ley Orgánica se dicta al amparo del artículo 81 de la Constitución.

Los preceptos contenidos en el Título Preliminar, el Título I, el capítulo II del Título II, las disposiciones adicionales y las disposiciones finales segunda, cuarta, quinta y sexta no tienen carácter orgánico.

4.ª *Habilitación para el desarrollo reglamentario.*—El Gobierno adoptará las disposiciones reglamentarias necesarias para la aplicación y desarrollo de la presente Ley.

En tanto no entre en vigor el desarrollo reglamentario referido, mantienen su vigencia las disposiciones reglamentarias vigentes sobre la materia que no se opongan a lo dispuesto en la presente Ley.

5.ª *Ámbito territorial de aplicación de la Ley.*—Sin perjuicio de las correspondientes competencias autonómicas, el marco de aplicación de la presente Ley lo será en todo el territorio del Estado.

Corresponderá a las autoridades sanitarias competentes garantizar la prestación contenida en la red sanitaria pública, o vinculada a la misma, en la Comunidad Autónoma de residencia de la mujer embarazada, siempre que así lo solicite la embarazada.

6.ª *Entrada en vigor.*—La Ley entrará en vigor en el plazo de cuatro meses a partir del día siguiente al de su publicación en el *Boletín Oficial del Estado*.

ÍNDICE ANALÍTICO

A

B

C

D

E

F

G

H

I

J

L

M

N

O

P

Q

R

S

T

U

V

X

Y

NOTAS

NOTAS

NOTAS

NOTAS

NOTAS

NOTAS

NOTAS

NOTAS

NOTAS

NOTAS